豪杰义士　沙场驰骋　政权更替　宫廷斗争

白话史记

（青少年读本·上册）

司马迁［汉］撰　著
龚远会　主　编
窦孝鹏　审　定

金盾出版社

全书内容提要

《白话史记》是根据司马迁编撰的《史记》编译的一部历史著作，作者以文史兼容的手法，记叙了从传说中的黄帝到汉武帝时期三千多年的历史，包括按帝王世代顺序记叙政治军事大事及帝王本人事迹的“本纪”（十二篇），记叙经济文化等专门问题的“书”（八篇），记叙先秦各诸侯国以及汉代开国元勋世袭相传事迹的“世家”（三十篇）和记叙一些有地位、有影响人物的“列传”（七十篇），既详细地反映了历史，又栩栩如生地描写了各种代表人物。本书以白话的形式成书，语言流畅，通俗易懂，更适合青少年朋友阅读，也具珍藏价值。

图书在版编目（CIP）数据

白话史记：青少年读本：全2册 /（汉）司马迁撰著；龚远会主编；窦孝鹏审定. —1版. —北京：金盾出版社，2016.5

ISBN 978-7-5082-8108-7

Ⅰ. ①史…　Ⅱ. ①司…②龚…③窦…　Ⅲ. ①中国历史—古代史—纪传体 ②《史记》—译文　Ⅳ. ① K204.2

中国版本图书馆 CIP 数据核字（2013）第 027989 号

金盾出版社出版、总发行

北京太平路5号（地铁万寿路站往南）

邮政编码：100036　电话：68214039　83219215

传真：68276683　网址：www.jdcbs.cn

印刷装订：中煤（北京）印务有限公司

各地新华书店经销

开本：880×1230 1/32　本册印张：20.125　本册字数：680千字

2016年5月第1版第1次印刷

印数：1～3 000册　二册定价：120元

司马迁认为：人固有一死，或重于泰山，或轻于鸿毛。他在遭受宫刑后，痛不欲生。但他以文王拘，而演《周易》；仲尼厄，而作《春秋》；屈原放逐，乃赋《离骚》；左丘失明，厥有《国语》；孙子膑脚，《兵法》修列；不韦迁蜀，世传《吕览》；韩非囚秦，《说难》《孤愤》为榜样，撰著了《史记》。

记录史实　咏颂英雄

弘扬正气　鞭挞丑恶

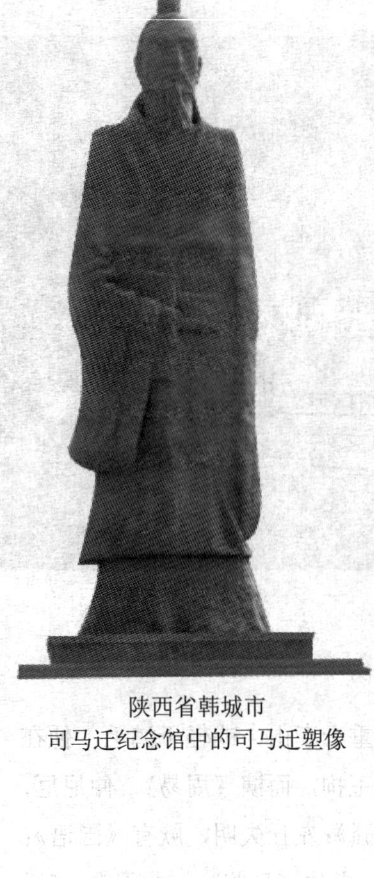

陕西省韩城市
司马迁纪念馆中的司马迁塑像

司马迁撰著《史记》是“究天人之际，通古今之变，成一家之言”。鲁迅在《汉文学史纲要》中评价《史记》是“恨为弄臣，寄心楮墨，感身世之戮辱，传畸人于千秋，虽背《春秋》之义，固不失为史家之绝唱，无韵之《离骚》矣。”

《白话史记》撰著、编译、审校人员

撰著：司马迁（前145—？），字子长，夏阳（今陕西韩城）人，我国古代伟大的史学家和文学家。太初元年（前104年）开始撰写《史记》。天汉三年（前98年），李陵兵败投降匈奴，司马迁因替李陵辩解触怒汉武帝，被处以宫刑。司马迁年轻时就阅读过大量文献资料，并游遍全国各地，访问遗闻旧事，风土人情，搜集了大量资料，后继承父职任太史令，有机会阅读国家收藏的大量图书，这都为他创作《史记》奠定了基础。因此，《史记》不但是我国古代成就最高的历史著作，同时也是一部伟大的文学作品，两千年来一直是古代散文的典范，在文学、史学上对后代都有重大影响。

主编：龚远会，女，湖北省仙桃市人。清华大学文学院博士，现任《军工文化》编辑部主任。主编《宋词鉴赏大辞典》（中华书局，2011年版），《何其芳作品新编》（人民文学出版社，2010年版），《世界著名作家传奇故事》（金盾出版社，2011年版），《史记》（金盾出版社，2014年版）等。

翻译：刘彭　马淑贞　潘峰　邓小棒　龚双会　纪婧　羽渊　李勋山　王昕　李阳　桑泽轩　张璇　周涛　龙霜　徐振阳

审定：窦孝鹏，金盾出版社原副社长、编审。中国作家协会会员、中国散文学会会员、中国报告文学学会会员。

甄定、校对、部分补译人员：王鹏　啜立　任延行　王涛　刘美　李静　刘淑英　纽进生　黄楠　张琰　邢子俊　张桐　辛北虎　龚大庆　刘铮　华文浩　王秋花　李学茹　施定凯　祝青　侯晓天　姜永久　崔慧明　孙学良　敖春辉　吕波　周正龙　张国群　洪海华　郑学勤　王文俊　周慧　刘鹏

配图：文清　秦奋　黄河　常胜　李楠　向阳

金盾出版社2014年12月出版的《史记》

前　言

“史家之绝唱，无韵之离骚”是鲁迅先生在他的《汉文学史纲要》一书中称赞《史记》的论断。这一论断，在肯定《史记》开创我国史学纪传体体裁这一先河的同时，也肯定了《史记》的文学性，同时也有对作者司马迁品格的赞许。

《史记》是中国史学史上第一部贯通古今、包罗万象的通史名著，开创了以人物为中心的纪传体先例。全书一百三十篇，包括十二本纪、十表、八书、三十世家、七十列传。司马迁还在《太史公自序》中对各篇的内容及缘何作此篇进行了论述，《太史公自序》相当于一篇有目有录的导读。我国古代的史学并没有自己的独立地位，它包含在经学范围内。自从司马迁修成《史记》后，受此影响，仿效《史记》修史也就相继成风，专门的史学著作越来越多，因此，可以说司马迁的《史记》建立了史学的独立地位。有学者认为，《史记》在中国古代史学史上具有最辉煌的成就。

从严格意义上说，司马迁创作《史记》的初衷不是要进行文学创作，但《史记》的文学性却可与先秦集文学成就之大成的《离骚》相提并论，甚至可以说是中国文学发展到汉代时的最高成就之作。专家学者普遍认为，《史记》在风格上兼有西汉前期的气势磅礴、感情激切和后期的深广宏富、醇厚典雅的特点；其内容既有前期历史反思的余绪，又有后期沟通天地人的尝试。《史记》的写作技巧、文章风格、语言特点，对中国后来的唐宋八大家、清朝桐城派等都影响甚深。

司马迁的父亲司马谈，曾任太史令，知识广博。史官家庭环境对司马迁影响很大，再加上司马迁勤奋好学，师从儒学大师孔安国学习古文《尚书》，向董仲舒学习公羊派《春秋》，任太史令后又广泛阅读朝廷典藏文献资料，知识渊博。司马谈一直把修史作为神圣的使命，可惜壮志未酬就与世长辞，临终之际寄厚望于司马迁，勉励他完成自己的未竟大业。父亲的生死之托，司马迁牢记于心。修史之初，司马迁把修史看作是载“明圣盛德”、述“功臣世家贤大夫之业”（《太史公自序》)。但事出意外，司马迁因为替战败投降匈奴的李陵解释原委触怒汉武帝，被捕入狱，处以宫刑。身体的伤害、精神的凌辱，使得司马迁对朝廷正统和历史人物有了新的认知，再修《史记》，叙述中寓寄了作者的感慨。正因如此，《史记》有了更深层次的丰富内涵，是一部心灵巨著。

《史记》在流传中缺失了一些篇幅，后代学者作了补足。一些字词句意，因为记载流传的原因，几经更迭，给后人的理解造成了一些困惑。我们受邀做一本适合青少年朋友阅读的《白话史记》，也是出于能给更多读者阅读和理解这本旷世名著多一种选择的初衷。参与本次翻译的十几位同仁，有博士、硕士和本科生，都热爱古文，且钻研勤奋。为了做好这部书，大家参考了中华书局等几个比较权威的版本，采取直译和意译相结合，不惜文字，力求通俗，对有些难理解的字、词、句及人物、事件，又以括号的形式在译文中做了说明，使青少年朋友信手可读，以最大限度地传达本书的精华。但是因为时间和知识所限，多少存在一些纰漏，恳望读者见谅。

本书是专为青少年朋友作的，是在本社 2014 年出版的《史记》文白对照本的基础上，经过两年多的进一步编辑修改、加工润色而成的，意在通过白话的形式，使青少年朋友以文学欣赏的方式了解司马迁《史记》记载的那些历史人物和事件。为了节省篇幅，原书中的“表”没有涉及，如果您想更全面地了解《史记》，作专业研究，可参考历代对《史记》的训释，比较权威与经典的有《史记》“三家注”，即南朝宋裴骃所作《史记集解》八十卷、唐司马贞所作《史记索隐》三十卷、唐张守节倾毕生精力所撰的《史记正义》三十卷。

需要指出的是，本书在翻译、编修过程中，尽管我们反复考证核实、文字加工，但书中仍有一些不尽人意之处，希望广大读者批评指正，我们表示深深的感谢。

编译者

目 录

《史记》卷一　五帝本纪第一 …………… 刘　彭译 1
《史记》卷二　夏本纪第二 …………… 马淑贞译 10
《史记》卷三　殷本纪第三 …………… 马淑贞译 20
《史记》卷四　周本纪第四 …………… 潘　峰译 27
《史记》卷五　秦本纪第五 …………… 潘　峰译 48
《史记》卷六　秦始皇本纪第六 …………… 潘　峰译 68
《史记》卷七　项羽本纪第七 …………… 潘　峰译 99
《史记》卷八　高祖本纪第八 …………… 邓小棒译 118
《史记》卷九　吕太后本纪第九 …………… 邓小棒译 141
《史记》卷十　孝文本纪第十 …………… 邓小棒译 151
《史记》卷十一　孝景本纪第十一 …………… 邓小棒译 164
《史记》卷十二　孝武本纪第十二 …………… 邓小棒译 168
《史记》卷十三　三代世表第一 …………… 龚双会译 185
《史记》卷十四　十二诸侯年表第二 …………… 龚双会译 188
《史记》卷十五　六国年表第三 …………… 龚双会译 190
《史记》卷十六　秦楚之际月表第四 …………… 羽　渊译 192
《史记》卷十七　汉兴以来诸侯王年表第五 …………… 羽　渊译 193
《史记》卷十八　高祖功臣侯者年表第六 …………… 纪　婧译 195
《史记》卷十九　惠景间侯者年表第七 …………… 羽　渊译 197
《史记》卷二十　建元以来侯者年表第八 …………… 羽　渊译 198
《史记》卷二十一　建元以来王子侯者年表第九 …………… 羽　渊译 199

《史记》卷二十二　汉兴以来将相名臣年表第十 ………… 羽　渊译 199
《史记》卷二十三　礼书第一 ………………………………… 龚双会译 200
《史记》卷二十四　乐书第二 ………………………………… 龚双会译 206
《史记》卷二十五　律书第三 ………………………………… 龚双会译 224
《史记》卷二十六　历书第四 ………………………………… 羽　渊译 230
《史记》卷二十七　天官书第五 ……………………………… 龚双会译 239
《史记》卷二十八　封禅书第六 ……………………………… 纪　婧译 264
《史记》卷二十九　河渠书第七 ……………………………… 李勋山译 289
《史记》卷三十　平准书第八 ………………………………… 羽　渊译 293
《史记》卷三十一　吴太伯世家第一 ………………………… 马淑贞译 307
《史记》卷三十二　齐太公世家第二 ………………………… 马淑贞译 317
《史记》卷三十三　鲁周公世家第三 ………………………… 马淑贞译 335
《史记》卷三十四　燕召公世家第四 ………………………… 马淑贞译 349
《史记》卷三十五　管蔡世家第五 …………………………… 王　昕译 356
《史记》卷三十六　陈杞世家第六 …………………………… 王　昕译 362
《史记》卷三十七　卫康叔世家第七 ………………………… 李　阳译 368
《史记》卷三十八　宋微子世家第八 ………………………… 李　阳译 376
《史记》卷三十九　晋世家第九 ……………………………… 李　阳译 387
《史记》卷四十　楚世家第十 ………………………………… 桑泽轩译 415
《史记》卷四十一　越王勾践世家第十一 …………………… 桑泽轩译 438
《史记》卷四十二　郑世家第十二 …………………………… 张　璇译 447
《史记》卷四十三　赵世家第十三 …………………………… 张　璇译 458
《史记》卷四十四　魏世家第十四 …………………………… 张　璇译 484
《史记》卷四十五　韩世家第十五 …………………………… 周　涛译 497
《史记》卷四十六　田敬仲完世家第十六 …………………… 周　涛译 504

《史记》卷四十七　孔子世家第十七 …………………… 周　涛 译 517
《史记》卷四十八　陈涉世家第十八 …………………… 龚双会 译 537
《史记》卷四十九　外戚世家第十九 …………………… 龚双会 译 545
《史记》卷五十　楚元王世家第二十 …………………… 龚双会 译 555
《史记》卷五十一　荆燕世家第二十一 ………………… 龙　霜 译 557
《史记》卷五十二　齐悼惠王世家第二十二 …………… 龙　霜 译 560
《史记》卷五十三　萧相国世家第二十三 ……………… 龙　霜 译 569
《史记》卷五十四　曹相国世家第二十四 ……………… 龙　霜 译 574
《史记》卷五十五　留侯世家第二十五 ………………… 龙　霜 译 580
《史记》卷五十六　陈丞相世家第二十六 ……………… 龚双会 译 590
《史记》卷五十七　绛侯周勃世家第二十七 …………… 龚双会 译 599
《史记》卷五十八　梁孝王世家第二十八 ……………… 龚双会 译 607
《史记》卷五十九　五宗世家第二十九 ………………… 龚双会 译 615
《史记》卷六十　三王世家第三十 ……………………… 龚双会 译 622

上册内容提要

《白话史记》上册收录了有关诸侯国军事、政治及帝王本人事迹的“本纪”十二篇，记叙经济文化等专门问题的书“八”篇，记叙先秦各诸侯国以及汉代开国元勋事迹的“世家”三十篇。司马迁运用高超的艺术手法，给人们展现了丰富多彩而又各具个性的历史人物及其与他们有关的事迹。如有震铄古今的帝王秦始皇、项羽、刘邦、汉武帝、吕太后的故事；有历朝皇后、公子、大臣为争夺帝位勾心斗角、玩弄权术、惊心动魄的斗争故事；还有记叙天下推动政治、经济、文化发展的人物和事迹。在这些故事中，司马迁采取夹叙夹议、记史与抒情相结合的手法，以浓厚的爱憎于叙事、描写之中，褒奖了一批人物和他们的事迹，揭露、鞭挞了一些人的罪恶行径和丑陋嘴脸。

《史记》卷一 五帝本纪第一

黄帝是少典部落的后裔，姓公孙，名叫轩辕。轩辕生下来就很神奇，婴儿阶段就能说话，幼儿时期就很聪明，少年时代敦厚机灵，成年后更是耳聪目明，见识广博。黄帝时代，神农氏部族衰落，诸侯之间相互攻伐，残害百姓，神农氏部族却不能讨伐这些作乱的诸侯。于是黄帝就训练军队，讨伐不来朝贡的诸侯，诸侯都来归附。但是蚩尤最是暴虐，没人能够讨伐。当时，炎帝想要欺凌诸侯，诸侯都归顺了黄帝。黄帝于是修行品德、整顿军旅，研究四时节气变化，种植五谷，安抚百姓，丈量四方土地，训练熊罴、貔貅、貙虎等各种猛兽，和炎帝在阪泉的野外战斗。几次大战之后，才降伏了炎帝部落。蚩尤作乱，不听从黄帝的命令，黄帝于是在诸侯中征兵，和蚩尤在涿鹿的郊野开战，抓获并杀死了蚩尤。诸侯于是都尊奉公孙轩辕做天子，取代了神农氏，这就是黄帝。天下有不顺从的诸侯，黄帝就会前去讨伐，平定之后离开，一路上见山开山，无路开路，没有机会做宁静的休息。

黄帝最东到过东海，登上了丸山，并到达了泰山。西边到过空桐，登上了鸡头山。南边到过长江，登上了熊山和湘山。北边驱逐了荤粥部落，和诸侯在釜山合符会师，并在涿鹿的山脚下建立了城邑。黄帝四处迁移，没有固定的处所，军队走到哪里，自己就驻扎在哪里。黄帝手下的官职都用云来命名，军队也叫作云师。设置左右大监的职位，监察众多诸侯国。诸侯国和睦，因此，自古以来，祭祀鬼神山川的要数黄帝时最多。黄帝获得上天赐予的宝鼎，观测太阳，推算四时历法。任用风后、力牧、常先、大鸿治理百姓。顺应天地的规律，推测阴阳的变化，研究生与死的道理，论述存与亡的关系。顺世四季播种百谷和花草树木，驯养教化鸟兽飞虫，根据日月星辰变化制定历法，网罗土石金玉供百姓使用，身心劳累，耳目辛勤，节约使用水、火、材、物等物品。有土属性的祥瑞仁德，土色崇尚黄色，所以叫作黄帝。

黄帝共二十五个儿子，其中建立了自己氏族的有十四人。

黄帝住在轩辕山上，娶了西陵国的女子为妻，这就是嫘祖。嫘祖是黄帝的正妻，生了两个儿子，两个儿子的后代都领有天下：一个叫作玄嚣，也就是青阳，青阳被封在江水做诸侯；另外一个叫昌意，被封在若水做诸侯。昌意娶了蜀山氏的女儿昌仆，生下了高阳，高阳有神圣的品德。黄帝死后，葬在了桥山。他的孙子，昌意的儿子高阳即位，这就是帝颛顼。

帝颛顼名叫高阳，是黄帝的孙子、昌意的儿子。性格沉静稳重又有谋略，人情练达又明白事理；种植了各种庄稼，养殖了各种牲畜，充分利用地利，顺应天时制定四时历法，敬畏鬼神制定礼仪，研究四时节气，教化百姓，诚心诚意地开展祭祀活动。他往北到过幽灵，往南到过交趾，往西到过流沙，往东到过蟠木。不管是动物植物，草木山石，还是大小神灵，日月可以照得到的地方，没有不平定归顺的。

帝颛顼生的孩子叫穷蝉。颛顼死后，玄嚣的孙子高辛即位，这就是帝喾。

帝喾名叫高辛，是黄帝的曾孙。高辛的父亲叫蟜极，蟜极的父亲叫玄嚣，玄嚣的父亲叫黄帝。玄嚣和蟜极都没有获得帝位，到高辛登上了帝位。高辛是颛顼同族的侄子。

高辛生下来就很神奇，自己能叫自己的名字。他普遍施恩泽给百姓，却从来不考虑自身。他耳聪目明，可以知道远处的事情，也可以看透细微的事物。他顺应天意，了解人民的疾苦。他仁厚又有威严，温厚而且有信用，修养身心而天下归附。高辛取用土地上的万物，有节度的使用，抚养教化万民，教导他们有利的事物；推算日月运行的规律，制定历法；分明鬼神并且恭敬地祭祀。他仪表堂堂又道德高尚。他活动符合四时，衣着符合身份。帝喾对待百姓，像雨水灌溉一样公平而普遍，日月照到的地方，风雨到达的地方，没有不服从他的。

帝喾娶了陈锋氏的女儿，生下放勋。又娶了娵訾氏的女儿，生下挚。帝喾死后，挚即位。帝挚即位后，干得不好，他的弟弟放勋即位，这就是帝尧。

帝尧，名叫放勋。他的仁德像天一样，他的智慧像神明一样。靠近他就像太阳一样温暖，远远地望着他就像云朵一样。他富有却不骄傲，高贵却不放纵。他戴着黄色的帽子，穿着黑色的衣服，坐着红色的车，驾着白色的马，他能尊敬有品德的人，让九族和睦相处。九族和睦了，就去彰明百姓。百姓明白事理，各个诸侯国就能和睦相处了。

帝尧命令羲氏、和氏，顺应天时，根据日月星辰变化，制定历法，谨慎地教授百姓四时节气。又命令羲仲，住在郁夷叫旸谷的地方，恭敬地迎接太阳升起，按照节气安排春季的耕作。春分那天，白天和黑夜一样长，朱雀七宿中的星宿出现在正南方，这时就是春分。这时的民众分散耕作，鸟兽生育繁殖。又命令羲叔，住在南交，按照季节安排夏季的农活儿，谨慎地工作。夏至那天，白昼最长黑夜最短，苍龙七宿中的心宿（又称大火）初昏时出现在正南方，这时就是仲夏。仲夏的时候，百姓住在高处，鸟兽羽毛稀疏。又命令和仲，居住在西土叫作昧谷的地方，恭敬地送太阳西落，有计划地安排好秋天的收获。秋分那天，黑夜和白昼一样长，玄武七宿中的虚宿初昏时出现在正南方，这时就是仲秋。仲秋的时候，百姓搬到平地上居住，鸟兽长出新毛。又命令和叔，住在北方叫作幽都的地方，仔细安排好冬季的收藏。冬至那天，白昼最短，白虎七宿中的昴宿初昏时出现在正南方，这时就是仲冬。仲冬的时候，百姓在屋里取暖，鸟兽长满细毛。一年有三百六十六天，用设置闰月的办法来矫正春夏秋冬四季。帝尧真诚地告诫百官各司其职，各种事情都办起来了。

尧问："谁可以继承我的位置？"放齐说："您的儿子丹朱开明通达。"尧说："哎！丹朱顽劣凶恶，难堪大用。"尧又问："谁可以继承我的位置？"谨兜说："共工聚集百姓，功德显著，可以继承。"尧说："共工能言善辩，用心险恶，看起来恭敬，实际上欺瞒上天，不能用。"尧又问："哎，各位首领，如今洪水滔天，浩浩荡荡地淹没了高山和平原，百姓们很忧虑，有人能治理这洪水吗？"大家都说鲧可以。尧说："鲧背弃天命，毁灭同族，不能用。"首领们说："不对，可以试用鲧，如果不行就换了他。"尧于是听了首领们的话，但是鲧治理了九年，还是没能成功。

尧说："哎，各位首领，我在位七十年了，你们能顺应天命，接替我的职位吗？"首领们回答："我们的德行卑贱，配不上帝位。"尧说："那就为我推举所有亲近和疏远的隐居贤人吧。"大家都推荐说："有一个叫虞舜的在民间。"尧说："对，我听说过他。他这个人怎么样？"首领们说："他是个盲人的儿子，父亲顽劣，母亲愚昧，弟弟傲慢，舜能够尽孝道和他们和睦相处，把家治理得井井有条，不让他们走入歧途。"尧说："那我就试试他吧！"于是尧把两个女儿嫁给了舜，想从两个女儿身上看看舜的品德。舜让她们降下尊贵的身躯住在妫河边，谨守妇道。尧觉得舜表现得不错，就派舜理顺父义、母慈、兄友、弟恭、子孝五种纲常关系，五种纲常关系也被舜理顺了。于是尧又让舜参与百官事务，百官井井有序。让舜在四门接待宾客，四门和睦，来自远方的诸侯宾客都很恭敬。尧让舜进入山林和沼泽，暴风雷雨大作，舜也不会迷路。尧认为舜圣明，召见舜说："你做事周密，声望很高，三年以来一直如此。你登上帝位吧。"舜认为自己的德行还不够，推辞了起来。正月初一，舜最终在文祖庙接受了尧帝的禅让。文祖，就是尧帝的太祖。

这时帝尧已经老了，命令舜以天子的身份摄政，尧想借机看看舜是不是顺应天命。舜于是用观测天象的仪器观察北斗七星，考察日月金木水火土是否正常。又祭告天帝，祭祀天地四时，遥祭大山大河，普遍的祭祀众神。他准备了公侯伯子男五等侯爵持有的玉璧符信，选择良辰吉日，会见首领们和各州州牧，颁发给大家。二月，舜帝去东方巡视，到达了泰山，并且举行了祭祀仪式，并遥祭了名山大川。又召见了东方的诸侯，校正四时节气，统一度量衡，修订吉凶宾军嘉五种礼仪，规定诸侯朝见时用五种玉璧，三种丝帛，卿大夫用羊羔、大雁两种动物，士用死大雁作为礼物，而朝见的五种玉璧，会在朝见结束时还给诸侯。五月，到南方巡视；八月，到西方巡视；十一月，到北方巡视；都像到东方巡视时一样的程序。回来后，到祖宗庙祭祀，用一头牛做祭品。以后每五年巡视一次，其中的四年，诸侯会按时前来朝见。舜普遍的向诸侯们讲述了治国之道，根据诸侯的功绩进行考察，根据功劳赐予车马衣服。把天下划分为十二个州，疏通山川河流。同时明正刑法，用流放的方法代替残酷的五种刑法，官府里的刑法用鞭刑，学校里的刑法用戒尺，缴纳罚金还可以赎罪。因为灾害而犯的错，免罪；屡教不改，作恶多端的，处刑。谨慎，谨慎，一定要谨慎地施用刑法。

谨兜举荐共工即位，尧说共工不可以，让他担任土木工师的职位考验他，共工果然骄纵。首领们推荐鲧治理水患，尧认为鲧不可以，首领们还是坚持让尧试用鲧，鲧果然无法胜任，百姓也因此受到灾害。三苗部落在江淮、荆州地区屡次作乱。舜巡视回来的时候对帝尧建议，流放共工到幽陵，教化北方的狄族；流放谨兜到南蛮，教化南方的蛮族；把三苗部落迁移到三危山，教化西方的戎族；把鲧发配到羽山，教化东方的夷族；四项惩罚措施一经实行，天下都很顺服。

尧在位七十年得到舜，二十年后尧年老退位，让舜履行天子的职能，并把舜举荐给了上天。尧退位后二十八年去世。百姓就像父母去世一样伤心。尧死后三年间，天下没有演奏音乐，来表达对尧的哀思。尧知道自己的儿子丹朱不成器，不足以托付天下，于是把帝位禅让给舜。帝位传给舜，天下便利，只是对丹朱不利；如果传给丹朱，对天下不利，只让丹朱得利。尧说："不能让天下不利，而让一人得利。"最终把天下传给了舜。尧死后，三年的丧礼结束，舜隐居在南河的南边，让位丹朱。诸侯不去朝拜丹朱而去朝拜舜，打官司的都不去找丹朱而去找舜，人们不歌颂丹朱而是歌颂舜。舜说："这是天意啊！"之后舜到中原继承了帝位，这就是帝舜。

虞舜，名叫重华。重华的父亲叫作瞽叟，瞽叟的父亲叫作桥牛，桥牛的父亲叫作句望，句望的父亲叫作敬康，敬康的父亲叫作穷蝉，穷蝉的父亲是帝颛顼，颛顼的父亲是昌意：历经七代啊！从穷蝉到帝舜，都是低微的平民。

舜的父亲瞽叟是个盲人，舜的生母死后，瞽叟又娶了个妻子，生下儿子叫象，象为人傲慢。瞽叟喜欢后一任妻子，总想杀了舜，舜躲过了；等到舜犯了小的过错，总被重罚。舜恭顺地侍奉父亲、后母和弟弟，每天都很恭谨，没有懈怠。

舜，是冀州人士。舜在历山耕过田，在雷泽打过鱼，在黄河边做过陶，在寿丘做过各种器物，在负夏做过生意。舜的父亲瞽叟顽劣，母亲愚昧，弟弟傲慢，都想杀了舜。舜恭谨地对待他们，没有违背做儿子的原则，对待兄弟也很慈祥友爱。他们想要杀舜时，总找不到；需要舜的时候，舜又总在身边。

舜二十岁的时候因为孝顺闻名天下。舜三十岁的时候，帝尧询问谁可以继承帝位，首领们都推荐舜，尧说可以。于是尧把两个女儿嫁给舜，考察舜的品德，让九个儿子和他相处，考察舜的行为举止。舜住在妫水边，内心更加恭谨。尧的两个女儿不敢因为身份高贵，而对舜的亲戚傲慢，很守妇道。尧的九个儿子也都更加忠厚。舜在历山耕田的时候，历山的人都互相谦让地界；在雷泽打鱼的时候，雷泽的人都谦让捕鱼的地方；在黄河边做陶的时候，河边的陶器都没有了残次品。一年之后，舜住的地方就聚集了很多人，两年之后就成了城邑，三年就成了大城市。尧于是赐给舜一套葛布衣服，给了舜一把琴，帮他建造了仓库，并赐予了牛羊。瞽叟还是想杀舜，让舜登高修补仓库，瞽叟在下边放火烧仓。舜用两个斗笠，利用浮力从仓库顶上跳了下来，离开，免于一死。之后瞽叟又让舜挖井，舜在井道旁开了一个暗道。舜深入井口后，瞽叟和象一起往井里倒土，舜从暗道逃了出去。瞽叟和象很高兴，以为舜已经死了。象说："这个主意是我出的。"象和父母开始分舜的遗产，说："尧把两个女儿嫁给舜，赐给舜琴，这些都归我。牛羊和仓库给父母。"象于是住在舜的房屋里，弹舜的琴。舜前去见象，象很惊愕，不高兴地说："我很思念你啊！"舜说："是啊，你真够兄弟！"舜对待瞽叟更加尊敬，对待弟弟更加友爱。于是尧试着让舜理顺五种纲常伦理，治理百官，舜做得都很好。

当初高阳为帝时，有八个才子，世人都享受到了他们带来的便利，这八个人被称为"八恺"。高辛为帝时，有八个才子，世人称之为"八元"。这十六个部族的人，世代保留着祖先的美德，没有陨落祖先的名声。到了尧帝的时候，尧没能推举他们。舜推举了八恺，让他们掌管土地，处理各种事务，全都井井有条。推举了八元，让他们教化四方百姓，于是父亲仁义，母亲慈爱，兄弟友善，弟弟恭谨，儿子孝顺，家庭和睦，邻里融洽。

当初，帝鸿氏有个不成器的儿子，践踏道义，包藏祸心，常常做坏事，天下人称之为混沌。少皞氏有个不成器的儿子，背信弃义，厌恶忠直，虚言浮夸，胡言乱语，天下人称之为穷奇。颛顼氏有个不成器的儿子，不能服从教化，不知道好话坏话，天下人称之为梼杌。这三个部族世人都很担忧。尧的时候，没有除掉他们。缙云氏有个不成器的儿子，贪吃贪喝，过度追求财货，天下人称之为饕餮。天下人讨厌他，把他和三凶并列。舜在四门接待诸侯，流放四大凶族，把他们迁到边地，抵御害人的妖魔，于是四门开放，大家都说没有恶人了。

舜进入了大山，狂风暴雨不会迷路，尧于是知道舜值得托付天下。尧老了，让舜代为管理天下，到四方巡视。舜被举荐，治理天下二十年，尧让舜摄政。舜摄政八年，尧去世。三年丧期结束，舜辞让天子位给丹朱，天下人却归附于舜。而禹、皋陶、契、后稷、伯夷、夔、龙、倕、益、彭祖在尧的时候都被举用，但是没有具体的职务。舜于是和各位首领商量，打开四周的大门，通达四方耳目，命令十二州的州牧讨论天子应该具有的品德，忠厚做事，远离小人，这样蛮夷全都会归服。舜对各位首领说：“有谁能奋发光大尧帝的功业，可以授予官职的呢？”首领们都说：“伯禹做司空，可以光大尧帝的功业。”舜说：“对！禹，你去治理水土，一定要努力啊。”禹磕头拜谢，让位于稷、契与皋陶。舜说：“好了，你去吧。”舜说：“弃，百姓正在挨饿，你去负责按时播种粮食，教授他们种植百谷。”舜说：“契，百姓关系不够亲善，五种纲常不顺，你担任司徒，教化百姓，重点是宽厚。”舜说：“皋陶，蛮族夷族侵扰中原，抢掠杀人，为祸不浅，你担任司法官，五种刑法要合理使用，大罪要在原野上执行，次罪要在闹市、朝会上执行，同族人犯罪交给甸师氏处理。五种流放的惩罚也要有所节制，按照罪行轻重流放到不同的地方：只有公平严明，才能让人信服。”舜说：“谁能管理我的工匠们呢？”首领们都说垂可以。于是任命垂担任共工。舜说：“谁能管理境内的草木鸟兽？”首领们都说益可以，于是任命益担任朕虞。益跪地磕头，辞让官位给朱虎、熊罴。舜说：“去吧，你可以的。”于是任命朱虎、熊罴担任益的副手。舜说：“各位首领，谁能理顺天、地、人三种祭祀？”首领们都说伯夷可以。舜说：“伯夷，任命你担任秩宗，日日夜夜，一定要恭谨虔敬，正直，肃穆。”伯夷让位给夔、龙。舜说：“好。让夔做典乐，教育子弟，正直而温顺，宽厚而严厉，刚正而不要暴虐，简朴而不要傲慢；诗是用来表达心意的，歌是用来延长诗歌的音节，乐声是和诗歌相配的，音律是应和乐声的，八种乐器的声音要相互和谐，不要互相干扰，这样才能达到人神合一的境界。”夔说：“我敲击石头演奏音乐，百兽都跟着跳舞。”舜说：“龙，我厌恶那些流言蜚语和灭绝人性的行为，这些行为让百姓们惊恐，我命令你担任纳言，日夜传达我的旨意，报告下情，一定要真实。”舜说：“你们二十二个人，一定要谨守职责，辅佐我治理好天下。”三年进行一次考核，三次考核之后决定是继续任用还是罢免，远近的事业都兴盛了起来。舜又根据是否归顺，分解了三苗部落。

这二十二个人都成就了他们的功业：皋陶担任大理，断案公平，百姓都拜服他能够了解案件的实情；伯夷主管礼仪，上下之间都互相谦让；垂主管工匠，各工种都能各司其职；益主管山泽，山泽都开辟了；弃主管农业，各种庄稼都很繁茂；契担任司徒，百姓亲近和睦；龙主管接待宾客，远处的诸侯都来朝贡；十二州牧各司其职，九州没有人敢违抗。其中禹的功劳最大，开通九座大山，疏通九个湖泊，开通了九条河流，安定了九州，诸侯各自依照自己的职责前来朝贡，没有什么不恰当的。舜的领土方圆五千里，到达了荒凉的地方。南端到达了交阯、北发，西方平定了戎、析枝、渠廋、氐、羌，北方平定了山戎、发、息慎，东方平定了长、鸟夷，四海之内都对舜的功业感恩戴德。于是禹做了《九招》的音乐，招来了祥瑞的灵物，凤凰前来，随着音乐翩翩起舞。天下的开明德政都从虞舜开始了。

舜二十岁时因为孝顺闻名天下，三十岁时被尧举荐，五十岁时行天子之事，五十八岁的时候尧去世，六十一岁时取代尧，继承帝位。继承帝位三十九年，到南方巡视时，在苍梧的野外去世。死后葬在长江南岸的九嶷山，这就是零陵。舜即帝位后，打着天子旗，去拜见父亲瞽叟，恭敬谨慎，恪守身为儿子的道义。把弟弟象封为诸侯。舜的儿子商均也不成器，舜于是打算把禹举荐给上天。十七年后，舜去世，禹也让天子位于舜的儿子，就像舜让位于尧的儿子一样。诸侯都去归附禹，之后禹就登上了天子位。尧的儿子丹朱，舜的儿子商均，都拥有土地，用来侍奉自己的祖先。禹还让他们穿自己家族的衣服，礼乐等仪式也和往常一样。尧和舜的儿子用宾客的礼仪来拜见禹，禹不把他们当作臣子对待，借以表示自己不敢专擅帝位。

从黄帝到舜、禹都出自同一个姓氏，只是国号不同，以此来表明他们各自的道德功业。所以黄帝把国号叫有熊，颛顼把国号叫高阳，帝喾把国号叫高辛，帝尧把国号叫陶唐，帝舜把国号叫有虞，帝禹把国号叫夏后，又把姓氏叫作姒氏。契把国号叫商，姓子氏。弃把国号叫周，姓姬氏。

太史公说：学者们都讲述过五帝之事，可是五帝的年代久远。就算《尚书》也只是记载了尧以后的事情；而诸子各家讲述黄帝，内容又不合乎规范，读书人是不会相信那些话的。孔子流传下来的《宰予问五帝德》和《帝系姓》，有的儒家学者也不传承。我曾经向西到过空桐山，向北到过涿鹿，向东到过大海边，向南渡过淮河长江，这些地方年长的人多称颂黄帝、尧、舜的事情，可是这些不同地区的风土人情又大不相同，因此总的感觉还是古文典籍的说法比较接近事实。我读过《春秋》《国语》，其中对《五帝德》《帝系姓》中一些记载的阐明是很清楚的，只是人们没有进行深入的研究，其实这两本书所记载的内容还是真实的。《尚书》的内容已经散失很久了，散失的内容经常能从其他著作中见到。如果不是喜欢学习和思考，了解内容背后深意的读书人，本来就难以对那些学识寡陋的人说清楚的。所以我把这些资料编排评说，选择其中确实可信的材料，完成了这“本纪”部分的第一篇。

（刘　彭 译）

《史记》卷二 夏本纪第二

夏禹，名叫文命。夏禹的父亲名叫鲧，鲧的父亲是颛顼帝（五帝之一），颛顼的父亲名叫昌意，昌意的父亲是黄帝。夏禹，也就是黄帝的玄孙、帝颛顼的孙子。禹的曾祖父昌意及父亲鲧都不在帝位，而为臣子。

在尧为帝的时候，洪水滔天，浩浩荡荡包围了高山，淹没了丘陵，老百姓忧心忡忡。尧寻找能治水的人，群臣、首领们都说鲧可用。尧说："鲧是个违背上司命令、使族群陷入毁灭境地的人，不可用。"首领们说："相比而言，没有比鲧更能干的了，希望您试试。"于是尧听从了首领们的意见，任用鲧治理洪水。九年过去了，洪水之患没有停止，治水无功。于是帝尧就另寻治水人才，这才得到了舜。舜履职，代理执行天子的政务，巡行视察各地诸侯所守的疆土。巡行中发现鲧治水一团糟，就在羽山海边诛杀了鲧。天下之人都认为舜诛杀鲧是正确的。同时舜举荐鲧的儿子禹，让他继承鲧的治水事业。

尧去世后，舜帝问首领们："有能够很好地成就尧的事业并可担任官职的人吗？"众人都说："如果让伯禹做司空，一定能很好地完成尧的功业。"舜帝说："啊，就这样吧！"于是就任命禹说："你去治理水土，要好好地干啊！"禹下拜叩头，推让给契、后稷、皋陶等人。舜没有答应，说："你一定要去完成你的使命啊！"

禹做事敏捷而且十分勤奋：他的品德不违背正道，他仁爱让人想亲近，他说的话诚实可信，说话时发出的声音悦耳动听，行为举止成为人们行为的标杆，乃至重要规范准则都可从他身上得出。他勤勉肃敬，行为可作为纲纪。

禹于是就和伯益、后稷一起奉帝舜之命，命令诸侯百官征集被罚服劳役的人，开始分治九州土地。他穿山越岭，立下木桩做标记，测定高山大河的状貌。禹为父亲鲧治水无功被杀感到悲伤，因此不辞辛劳，苦苦思索治水方略。他在外十三年，几次经过自己家门也没敢进去。他节衣缩食，但对祖先神明的祭祀却尽心尽力。他住的房子非常简陋，却不惜在修渠挖沟等水利工程上投入巨资。他走旱路坐车，走水路坐船，走泥泞的路坐橇，走山路用屐底有齿的檋。他经常行不离身的东西，就是测定平直的水准和绳墨以及划定图式的圆规和方矩，四时都带着它们，用以从事于划分九州，开辟通九州道路，修筑九州湖泽堤坝，测量九州山岳高度。同时命令伯益给老百姓发放稻种，教老百姓在低凹潮湿的地方种植。命令后稷在老百姓缺粮的时候发给食物。缺粮少食的地方，便从粮食有余的地方调来粮食来补其不足，让各诸侯境内丰歉均等。禹又巡视各地所特有的物产以确定他们的贡赋，还视察了各地山川地形，以便弄清楚各诸侯入供时交通是否便利。

禹督导治水的行程是从冀州开始的。冀州：已截住了壶口之水，接下来就治理梁山和岐山。治理了太原地区一直到太岳山之南。治理好了覃怀地区，就继续修治衡漳水一带。这一州的土壤是白色土壤，赋税居第一等，不过随年的丰歉杂出第二等。常水、卫水都随河道疏通了。大陆泽地也修治完毕。东北的鸟夷族纳贡的供品是供贵族做衣服用的珍奇异兽的皮毛。他们从碣石山南侧经由黄河入海口溯流而上驶入黄河航道。

济水和黄河之间是兖州。黄河下游的九条河道已疏通了，雷夏洼地已汇聚成湖泽了，雍水、沮水汇流到雷夏湖泽中，能种桑的地方已经开始养蚕，于是人民能够从从前为了躲避洪水而迁居的高地下来，回到平地居住。这一州的土地呈黑色而隆起，它上面披盖着茂盛的长林丰草。田地列在第六等，赋税则列入第九等。这一州经过十三年的农作耕耘，才赶上其他各州。这一州的进贡品是漆和丝，还有装在筐子里进贡的色彩美丽的丝织品。它的进贡道路是由船运经由济水、漯水，直达黄河。

地跨东边的大海，一直到西边的泰山，这一区域是青州。已经给东北的堣夷族划定疆界，使他们得以安居；又疏通潍水、淄水。这一州的土壤呈白色而隆起，海滨到处是咸卤盐场。田地列在第三等，赋税则列为第四等。这一州的贡物是盐、精细的葛布、海产品以及磨玉的砺石，还有泰山山谷里出产的丝、麻、铅、松、形状奇异的石头和莱夷族所献的畜产，以及装在筐子里进贡的山桑蚕丝。它的进贡道路是由汶水用船载运直达济水。

地跨东边的沿海，北至泰山，南至淮水，这一区域是徐州。淮水和沂水都已经治理好了，蒙山、羽山地方也都能耕种其上了，大野泽已汇积成湖，东原地区的水已经退去，地已整平。这一州的土壤是红色的黏土，地隆起，上面的草木繁茂丛生。田地列在第二等，赋税则列为第五等。这一州的贡物是五色土，羽山谷中所出的五色雉羽，峄山之南特产的制琴良材名桐，泗水滨的浮磬石，和淮夷族所献的珍珠贝及渔产，还有装在筐子里进贡的赤黑色细绸和白色帛丝绢。它进贡的道路是由淮水船运入泗，再通于菏水。

北起淮河，东南到海，这一区域是扬州。彭蠡一带的众水已经汇集成湖，成为鸿雁之类候鸟的栖居地。彭蠡以东的诸江水已汇入大海，太湖水域也安定了，苍翠的竹林遍地丛生，芳草萋萋，树木参天。这一州的土壤是湿润的泥土，田地列在第九等，赋税则列为第七等，有时杂出为第六等。这一州的贡物是三种成色的铜，以及瑶琨美玉、竹材、象牙、异兽的皮、珍禽的羽毛、牦牛的尾巴，及岛夷族所献的一种称为"卉服"的细葛布，还有装在筐子里进贡的绚丽的贝锦，和妥加包装进贡的橘子、柚子。它的进贡道路是沿着长江入海，再沿海通于淮水和泗水。

由荆山一带直到衡山以南的广阔地域是荆州。长江、汉水到这里汇合奔流入海，到九江地区，才居于地势的中间部位。两水的支流沱、涔诸水都已疏通，云梦泽水域也已获得治理。这一州的土壤也是湿润的泥土，田地列在第八等，赋税则列为第三等。这一州的贡物是珍禽的羽毛、旄牛的尾巴、象牙、异兽的皮革，三种成色的铜，杶木、干木、栝木、柏木，精、粗两种磨刀石、砮镞石、朱砂，和云梦泽边三国所献的制箭良材箘竹、簬竹、楛木，以及有名的捆扎起来专供宗庙缩酒之用的菁茅。还有装在筐子里进贡的赤黑色与黄赤色的丝织物和用以佩玉的饰有玑珠称为"玑组"的绶带，更有九江贡纳的大龟。它的进贡道路是用船运经由江水及各支津沱、涔等通于汉水，然后经过陆路运至洛水，再进入南河（冀州以南的黄河）。

荆山和黄河之间是豫州：伊水、雒水、瀍水、涧水都已疏通导入了黄河，荥播地域横溢之水都已经汇积成湖了，疏导菏泽之水进入明都泽。这一州的土壤是无块柔土，低下之处是坟垆，田地列在第四等，赋税则为第二等，有时可上下浮动。这一州的贡物是漆、丝、精细葛布、纻麻，还有装在筐子里进贡的细丝绵，并进贡磨磬的砺石。它的进贡道路是由雒水船运至黄河。

华山以南至黑水之间的区域是梁州：汶山和嶓冢山已可种植了，江汉两水的支津沱涔等水都已疏浚了，蔡山和蒙山的山道也都整平了，洮水以南的和夷族等西南夷民的安定也已获致成功了。这一州的土壤是青骊（黑）色，田地列在第七等，赋税则为第八等，还可做上下三种浮动。这一州的贡物是黄金、铁、银、镂钢、砮镞石、磬石，和熊、罴、狐、狸，以及诸兽之毛织的毳布与用以制裘的兽皮。它的进贡道路可由西倾山顺着桓水前来，先用船运经由支津潜水入于沔水，再起岸由陆路运至渭水，由渭水汇入黄河。

黑水和西河之间的区域是雍州：弱水已经向西流去，泾水也流入渭水隈湾里，漆水和沮水汇合为漆沮水流入渭水，沣水同样也注入渭水。地处渭水北面，东起荆山西迄岐山的蜿蜒山道已经修治平整；渭水之南，东自终南山，西越敦物山，往更西北的地方延伸直抵渭源鸟鼠同穴之山，这美丽的千里沃野，无论一马平川的平原，还是浅浅的湿地，都已治理成功，直达都野泽这一肥沃的湖沼地区。三危山已成人们安居之所，三苗人民生活也安置就绪。这一州的土壤是黄壤，田地列在第一等，赋税则为第六等。这一州的贡物是称为璆（球）的美玉、带青碧色的琳玉和称为琅玕的玉石，以及兽毛制成的毳布和用来制裘的兽皮。它的进贡道路是从积石山下的黄河上航行千里，直达龙门山下的黄河，南与渭水航道会于渭水入河处。西边的昆仑、析支、渠搜三族向朝廷贡献织皮，西戎地区也归于和顺。

然后循行九州内的大山：穿行汧山、岐山到达荆山，越过黄河；从壶口山经雷首山，直到太岳山；沿着砥柱山、析城山，直到王屋山；自太行山、常山直到碣石山，山势斜伸入于海中；从西倾山经朱圉山、鸟鼠山，直到太华山；沿熊耳山、外方山、桐柏山，直到负尾山；从嶓冢山到达荆山；接着从内方山直至大别山；又再次沿江水，从汶山之南到达衡山；接着再过九江直至敷浅源。

又巡视九州内的各大河流：弱水，西流到合黎山下，它的下游折而北流，没入沙漠中。黑水，通流至于三危山下，最后长流入于南海。河水，通流于积石山下，直至龙门，更南到华山之北，东过砥柱，又东到盟津，东过雒水入河处，再前流就到了大邳山，然后折而北流，经过降水入河处，再前流注入了大陆泽，又自泽的东北流出，分布为九条河道，各河道下游入海口河段都受海水倒灌成为逆河，最后都入于海中。漾水，流出自嶓冢山，东流后称为汉水，又向东流称为苍浪之水，再向前流经三澨，接着流入大别山区，再南就流入了长江，又东流汇积为彭蠡泽，自泽再东出称为北江，最后流入海中。江水，从汶山开始通流，在流程中从它的东边分出支津为沱水，江水的主河道径自折而东流，直至醴水地带，然后流过九江，到达东陵，再自东陵东去，逶迤北流，会于彭蠡泽，然后自泽中再东出称为中江，最后入于海。沇水，通流向东，称为济水，注入黄河，接着越过黄河向南溢出为荥泽，再自荥泽东出到陶丘北，再东流至与菏水相会处，又向东北流，与来注的汶水相会然后向东北长流入海。淮水，从桐柏山开始通流，东流汇合泗水和沂水，向东流入海中。渭水，从鸟鼠同穴山流出，长驱向东流，与沣水相汇合后，再东北流至泾水入渭处，又东流经漆沮水入渭处，然后东注于黄河。雒水，通流自熊耳获舆山，向东北流，与涧水、瀍水汇合后，又向东流汇合伊水，再东北流入黄河。

九州的山水都已得到治理，四境内都可供老百姓安居了，九州的山都经在木桩上刻上标志慢慢成通途，九州的水已疏通其源流，九州低洼沼泽之地都已修筑堤防积成湖泊，四海之内会同一致了。掌收贡赋的官府可以很好地完成其职责，所有的领土上都可征收赋税，但必须谨慎地征取税收，一定要依土地肥瘠为准则来定税额，天子分封诸侯，赐给他们土地和姓氏："须把尊敬我的德行放在首位，不许违背我的一贯行为作风。"

规定在天子国都以外五百里的区域称为甸服：其中，离国都一百里内的区域要缴纳禾，二百里内的区域要缴纳禾穗，三百里内的区域要缴纳去掉了芒的穗，四百里内的区域要缴纳谷粒，五百里内的区域要缴纳米粒。甸服以外五百里内的地域称为侯服，其中百里以内为采地，二百里以内为男爵地，其余三百里为诸侯地。侯服以外的五百里内的地域称为绥服，其中内三百里地区要发扬推广文教，外二百里地区奋力兴办国防。绥服以外五百里地域称为要服，其中内三百里内的地区住夷族，往外二百里地区则安置判处为蔡刑的罪犯。要服以外五百里地域称荒服，其中三百里内的地区住蛮族，外二百里地区则安置判处流放的罪犯。

我们的疆域东边靠近大海，西边到大沙漠，在北方和南方则以能到达的境地为边境，华夏的声威教化达到了四海的尽头。于是帝舜赐给禹一个黑色的玉圭，用来向普天之下宣布大功告成。天下从此太平共治了。

任命皋陶为审理刑狱的官长来治理人民。有一天帝舜接受大臣朝见时，禹和伯夷、皋陶就在舜的面前相互讨论。皋陶陈述他的主张说："要真诚地引导德教，提出明智的谋议，团结一致地辅佐天子。"禹说："太对了！怎样实现你的主张呢？"皋陶说："啊！要谨慎地提升自身的品德，深谋远虑，团结各氏族，推举众多贤明的人才做辅翼之臣，使清明的政治逐步地由近及远。"禹非常佩服这样好的议论，说："有道理！"

皋陶又说："啊！这全在于能识别人才，在于安定老百姓。"禹说："唉！要都能做到这样，连我们的君上也将感到是一件不容易的事。知人者要具备智慧，才能识别和选拔真正的贤才任职；安民要使人民得到实惠，才能使人民感恩戴德。能够知人善任又能够施惠于人民，还怕什么驩兜作乱？还需要什么放逐三苗？还畏惧什么花言巧语的伪善坏人呢？"皋陶说："是呀，啊！人们本应有九种德行，有必要谈谈这九种德行。"

于是就列举说："关于人的德行，要从他的开始行事来看。宽仁而又严肃，柔和而又坚定，谨厚而又有干办之才，治事有为而又谦敬，和顺而又果毅，正直而又温良，简率而又有廉隅操守，刚劲而又踏实，强直无所屈挠而又合于义行，这些品德能昭彰为人所共见而又能经常保持这样做，那就好了。对于这九种德行，如果每天能做到其中三种，从早到晚都能敬勉遵行，就能保有你的家；如果每天能进而抓紧做到其中六种，用以诚信地治理政事，就能保有你的国。应该总承这九德而普加施行，使备有九德的人都获在位，贤俊之才都能任职，所有官吏都肃敬谨饬，不让邪淫和施阴谋诡计的人得逞。如果不合职位的人占着职位，就叫作乱天事，上天是要讨伐有罪的人的，那就按五刑去分别执行惩罚。我这些话可以成功地贯彻实行吗？”禹说：“你的话是完全可以成功地实行的。”皋陶说：“我并没有智能，不过是想赞助治国之道罢了！”

帝舜对禹说：“你也说说你的好意见。”禹拜手说：“啊！我说什么呢！我只想到每天要孜孜不倦地为您工作。”皋陶于是诘问禹说：“什么叫孳孳啊？”禹说：“滔天的洪水，浩浩荡荡地包围了山岳，淹没了丘陵，老百姓都浸在水中，苦于水患。我走旱路坐车，走水路坐船，走泥泞的路坐橇，走山路用屐底有齿的檋，循行山岭刊削树木以为标志，和益一道给老百姓稻谷和生鲜食物。我把九州的河流疏通导入海中，把沟渠修通导入河流中。又和稷一道使老百姓在难于得到食物时能得到食物。缺粮少食的地方，调有余地方的粮食来补其不足，为他们迁居，老百姓才安定下来，万国之地都长治久安了。”皋陶插话说：“对啊！你这话真是太好了！”

禹对舜说：“啊！尊敬的舜帝，您在帝位上要特别谨慎小心呀！应该安于您所能做到的，不要做轻率之举。同时还要辅之以德，使天下都能顺应您的教化。要以清晰而昭明的意志来等待天帝的命令。上天一定会重新赐给您以美好的命运。”帝舜说：“唉！大臣啊！大臣啊！臣子将成为我的手足耳目。我要佑助人民，你们应辅助我完成这样的大业；我要观察古人昭分上下等级的章服色彩，服饰上的那些日、月、星、辰等文绣图案，你们要把它考订明确；我还要要谛听六律、五声、八音、七始咏等各种乐律，用以结合于维系伦理五常之言，你们要为我详审听清。我有违失之处，你们要匡正辅弼我。你们不要当面颂扬讨好我，下去就在背地里诽谤我。我敬重前后左右近臣，而那些进谗言邀宠幸的邪恶坏人，只要我真正地履行了为君的规范正道，自然都会被清除的。”禹说：“太对了！陛下倘使不是这样，而使贤愚善恶的人同时在位，那么治国就不会成功。”

帝舜说：“不要像丹朱那样生性傲慢，只爱好游乐，河中无水也强行船，在家里聚众淫乱，这些行为最终导致他自己家族的灭亡。我们不能像他这样。”禹说：“我娶涂山氏的女儿做妻子，新婚第四天就离开了家去治水，生了儿子启，却不曾尽一丝抚育儿子的责任，因而能全心全力完成治理水患的使命而立下功劳。最终辅助您完成划天下为五服的大业，使疆域达到方圆五千里，每州内又制定十二师的地方行政区划，向外则疆域远至四海，五方诸侯国都建立君长，他们都能各按正途建成事功。最后只剩下苗蛮没有成就事功，您要加以注意啊。”帝舜说：“你把我的德教推广于天下，这些全是你的功劳所获得的！”

皋陶由此非常敬重禹的德业，于是让老百姓都要以禹为表率好好学习他。如果有不听话的，就以刑罚加以惩治。如此一来，舜的德业日益昌明了。这时，乐官夔举行音乐会演奏乐曲，被音乐感动了的祖先们的神灵都纷纷降临，前来的诸侯们也都互相礼让，鸟兽们也翩翩飞舞。等到演完《箫韶》九章的时候，神鸟凤凰也仪态万方地飞来，地面上的百兽也纷纷起舞，百官们也都能配合和谐一致。帝舜由此高兴地作起歌来：“敬奉上天的命令，只是在于顺时，只是在于慎微。”接着唱正曲道：“大臣们欣喜啊，元首奋起啊，百官们和睦而乐于治理啊！”皋陶拜手叩头大声说道：“大家要记住呀！要带头兴起事功，要慎重您的法令，千万要诚敬啊！”接着改唱道：“元首为政圣明啊，大臣辅政就严谨贤良呀，万事就能蒸蒸日上呀！”又唱道：“元首为政昏聩不明啊，大臣辅政就会松懈怠惰啊，万事都会堕落颓败啊！”帝舜拜谢说：“对啊！去吧，大家要恭敬严谨，不懈努力啊！”到这时，天下都崇仰禹能昌明度数和声音乐律，尊奉他为祭祀山川之神的主持人。

帝舜就向上天举荐，认为禹可以作为天子的继承人。过了十七年，帝舜去世。等舜的儿子三年的守孝期结束后，禹为了避让天子之位给舜的儿子商均，便跑到阳城躲起来，但是天下诸侯都离开商均而去朝拜禹，禹于是就登上了天子之位，面向南方而受天下朝拜，国号叫作夏后，姓姒。

禹被立为天子后，立即向上天荐举皋陶，并授予他以管理政务的职位。不久皋陶死去，禹就封他的后代于英、六等国，也有的封在许国。然后推举皋陶的儿子益，任命他管理政务。

禹在位第十年，曾到东边巡视诸侯守地，到达会稽的时候去世了，临死前把天下交给了益。等帝禹的儿子启三年的守孝期结束后，益又把天下让给启而自己避让并居住到箕山的南边。禹的儿子启很贤能，天下都希望他能当天子。禹去世前虽把天下授给益，但由于益辅佐禹的时间不长，还没取得天下的拥戴和信服，所以诸侯都离开益而去朝拜启，说："这是我君王帝禹的儿子啊！"于是启登上了天子之位，这就是夏后帝启。

夏后帝启，是夏禹之子，他的母亲就是涂山氏部族的女儿。

有扈氏抗拒不服从命令，夏启率军讨伐他，在甘地进行了一次大战。临战之前作了誓师词《甘誓》，召集被号称为"六卿"的六位重臣申明这一誓言。启说："喂！六军用事大臣们，我以誓词告诫你们：有扈氏对上不敬五行天象，对下不重三正大臣，上天因此要剿灭断绝它的国命。现在我奉行上天的这种惩罚。所有站在战车左边的将士，如果你们不能好好完成战车左边的战斗任务，所有站在战车右边的战士，如果你们不能好好完成战车右边的战斗任务，就是你们不奉行命令；驾驭战车的士兵，如果不胜任而贻误了御车的任务，也是你们不奉行命令。努力奉行命令的，我将在祖庙里给予奖赏；不努力奉行命令的，我将在社坛里杀掉他，连同家属也杀的杀、做奴隶的做奴隶。"就这样灭掉了有扈氏，天下都来朝贺。

夏后帝启去世后，儿子帝太康继位。帝太康因荒于游乐失去天下，他的兄弟五人逃到洛汭等待太康来，作了伤时念乱的《五子之歌》。

太康去世后，他的弟弟仲康继位，这就是帝仲康。帝仲康在位时，掌管天文历法的官员羲、和因沉湎于酒色，导致时序和日历都发生错乱，造成对一次日食未能准时测报，于是命大臣胤前往征讨他，还写了一篇记载此次战事的《胤征》。

仲康去世后，他的儿子帝相继位。帝相去世后，他的儿子帝少康继位。帝少康去世后，他的儿子帝予继位。帝予去世后，他的儿子帝槐继位。帝槐去世后，他的儿子帝芒继位。帝芒去世后，他的儿子帝泄继位。帝泄去世后，他的儿子帝不降继位。帝不降去世后，他的弟弟帝扃继位。帝扃去世后，他的儿子帝廑继位。帝廑去世后，帝不降的儿子孔甲被立为帝，这就是帝孔甲。帝孔甲即位后，一心喜欢并向往鬼神之事，又专做淫乱之事，致使夏后氏王朝德政衰败，导致诸侯背叛他。当时，从天上降下两条龙，雌、雄各一条，孔甲不知道如何饲养，又找不到舜帝时期善养龙的豢龙氏后裔。当时已经衰败了的陶唐氏后代中有个叫刘累的曾经向豢龙氏学得了养龙的本领，就来为孔甲饲养这两条龙。孔甲赐他姓御龙氏，并封他于豕韦国，取代原来姓彭的豕韦国君。后来雌龙死了，刘累竟把龙做熟了给夏后孔甲吃。后来孔甲想起要看这两条龙，刘累因害怕而逃走了。

孔甲去世后，儿子帝皋即位。帝皋去世后，儿子帝发即位。帝发去世后，儿子帝履癸即位，这就是桀。帝桀的时候，由于自孔甲以来，诸侯多数已背叛夏王朝，桀不知道用修行德政去挽救颓势，却一味用武力去镇压诸侯百官，百官无法忍受。这时桀就把诸侯中最有影响力的汤召来因禁在夏台的监狱中，但过后不久又把汤放了。汤能勤修德政，天下诸侯都归顺汤，汤于是率兵征伐夏桀，桀败逃到鸣条，终于流亡而死。败逃时桀对人说："我真懊悔没有在夏台把汤杀掉，以致落到今天的下场。"汤于是登上天子之位，夺得了夏王朝的天下。但汤分封了夏代的后裔，传至周代时，封国在杞。

太史公说：禹姓姒，他的后代实行分封，就以他们的封国为姓，因此有夏后氏、有扈氏、有男氏、斟寻氏、彤城氏、褒氏、费氏、杞氏、缯氏、辛氏、冥氏、斟戈氏。孔子主张采用夏代历法，所以学者们有很多致力于解释《夏小正》一书。从虞、夏时代开始，贡纳赋税制度就已经完备了。有一种说法是，禹曾经在江南召集诸侯以综合核计诸侯的功劳，后来死在那里，于是就葬在那儿，就把当地名叫会稽。会稽的意义本来就是会计，即综合核计之意。

（马淑贞　译）

《史记》卷三　殷本纪第三

殷的先祖契，他的母亲名叫简狄，她是有娀氏的女儿，也是帝喾的第二个妃子。有一天，简狄等三人出去洗澡，看见燕子刚好生下一个蛋，简狄拿起燕蛋吞进了肚子，于是怀孕生下契。契长大后辅佐大禹治理洪水立下功劳。舜帝于是命令契说："百姓不和睦相爱，五伦不协调有序，你做司徒，要恭敬地推行五伦教育，推行时要注意宽大为怀。"舜把契封在商地，赐他姓子。契兴起在尧、舜、禹时代，契所建立的功勋在百官当中最为显著，百姓由此和平安定。

契去世，儿子昭明继位。昭明去世，儿子相土继位。相土去世，儿子昌若继位。昌若去世，儿子曹圉继位。曹圉去世，儿子冥继位。冥去世，儿子振继位。振去世，儿子微继位。微去世，儿子报丁继位。报丁去世，儿子报乙继位。报乙去世，儿子报丙继位。报丙去世，儿子主壬继位。主壬去世，儿子主癸继位。主癸去世，儿子天乙继位，天乙也就是成汤。

成汤，从先祖契到他本人共经历了八次迁都。自成汤起才开始在亳建都，这是为了追思先王，迁到帝喾旧都，汤写下了《帝诰》篇。

成汤征伐各诸侯国。葛伯不祭祀祖先，汤首先征伐他。汤说："我说过：人看见水便能了解自己的形象，看到人民便能了解国家治理情况。"伊尹说："英明啊！意见能被采纳，道德才能进步。君主治理国家要视他的人民为子，做好事的都能得到任用。努力吧，努力吧！"汤对葛伯说："你不能敬奉天命，我要狠狠地惩罚你，不能赦免你。"于是写下《汤征》。

伊尹名叫阿衡。阿衡想求见成汤却苦于没有门路，于是他就充当有莘氏陪嫁的奴仆，身背烹煮用的锅和切肉用的砧板，用烹调的滋味来比喻治理国家的事，游说成汤，要致力于推行王道。有人说，伊尹是个隐士，汤派人聘请迎接他出山，使者往返了五次后，伊尹才肯前往追随汤，与汤论及古代帝王和九类国君的不同作为。汤提拔任用他主持国政。伊尹曾经离开汤到夏朝，又认为夏朝政治丑恶，于是重新回到亳地。他从城北门进去，遇到女鸠、女房，写下了《女鸠》《女房》。

汤外出，看见野外有人在四面布置罗网，并祈愿说："从天上地下四方来的都进入我的罗网。"汤说："唉，你想一网打尽啊！"于是让那人撤去三面罗网，并命那人祈愿："想往左的，就向左边去；想往右的，就向右走。不听从命令的，才进入我的罗网。"诸侯听说此事，都说："汤的恩德高到极点了，竟能推及禽兽。"

当时，夏桀正施行暴政且荒淫无道，诸侯昆吾氏又在兴兵作乱。汤于是起兵率领诸侯讨伐，伊尹跟随着汤，汤亲自手持大斧讨伐昆吾。接着又讨伐夏桀。汤说："你们众人都过来，仔细听我说，不是我成汤胆敢发动叛乱，是因为夏朝罪行累累，我听说你们在私下议论纷纷，但夏朝有罪，我敬畏上天，不敢不去征伐他。如今夏朝罪恶累累，上天命令我消灭他。现在你们中有人可能会说：'我们国君不怜悯我们，让我们丢弃农事去打仗。'你们也可能会问：'夏王有罪，他的罪行是什么呢？'夏王大肆地消耗国民力量，肆意地窃夺国家资财。民众懈怠消极，怨恨而不和睦。都说：'这个太阳什么时候才能消亡呢？我们愿与你一起灭亡！'夏王的德行如此，现在我一定要前去征讨。希望你们随我一起执行上天的惩罚，我将大大地赏赐你们。你们不要不相信，我不会说假话的。你们如果不听从我的誓言，我就要从严惩罚你们和你们的亲属，绝不赦免。"汤把这些话告诉文书，写下了《汤誓》。当时，汤说"我很勇武"，于是自号为武王。

夏桀在有娀氏的旧都打了败仗，逃到鸣条，夏朝的军队溃不成军。汤于是又攻打三嵕，从那里缴获了珍宝玉石，义伯、仲伯二位大臣写下了《典宝》。汤战胜夏桀之后，想把夏朝的神社撤走，没能实现，就写了一篇《夏社》。伊尹公布政绩。诸侯都表示臣服，汤于是登上天子的尊位，平定了天下。

汤从三嵕凯旋而归到达泰卷这个地方时，仲虺作了诰命。汤废除了夏朝政令，回到亳地，写下《汤诰》："这年三月，王亲自到达东郊，告诉各国诸侯：'你们要对民众立下功劳，要勤奋努力履职，否则，我会狠狠地惩罚你们，到时候可别怨恨我。'接着说：'古代大禹、皋陶常年辛劳在外，他们有功于老百姓，老百姓才安居乐业。东边的长江，北边的济水，西边的黄河，南边的淮水，四大水系治理疏通后，万民才能有安居之所。后稷传下播种方法，神农氏教会人民种植各种谷物。三位先辈都对人民有功，所以他们的后代能被人民所拥立为帝。从前，蚩尤和他的大夫们因一己之私大肆造乱侵扰百姓，上帝不护佑他，最终被黄帝消灭。先王的话不能不努力记取。’接着又说：‘你们如果无道，我就不封你们做诸侯，你们不要怨恨我。’”汤让人把这些话告知诸侯。伊尹写下了《咸有一德》，咎单写下了《明居》。于是，汤更改了历法，更换了服饰的颜色，崇尚白色，在白天举行朝会。

汤去世以后，太子太丁还没来得及继位就去世了，因而就立太丁的弟弟外丙为帝，这就是外丙帝。外丙帝即位三年后去世，于是立外丙帝的弟弟中壬为帝，这就是中壬帝。中壬帝即位四年后去世，伊尹就拥立太丁的儿子太甲为帝。太甲是汤的嫡长孙，这就是太甲帝。太甲帝元年，伊尹写下了《伊训》《肆命》和《徂后》。

太甲帝继位已经三年了，国政昏暗不明，为人则暴虐成性，且不遵循汤的法度，道德败坏，于是伊尹把他流放到桐宫。三年期间，伊尹代行国政，接受各方诸侯的朝拜。

太甲帝在桐宫住了三年，三年中他痛改前非，不断责备自己，反省向善，于是伊尹又把他迎接回来，把行政大权交还给他。帝太甲修养德行，诸侯都归服殷商，百姓由此安宁。伊尹称赞他，便写了《太甲训》三篇，褒扬太甲帝，称他为太宗。

太宗逝世后，他的儿子沃丁继位。沃丁帝在位时，伊尹去世。沃丁帝把伊尹安葬在亳地后，咎单为了用伊尹的事迹教育后人，就写下了《沃丁》。

沃丁去世，他的弟弟太庚即位，这就是太庚帝。太庚帝去世后，他的儿子小甲帝即位。小甲帝去世后，他的弟弟雍己即位，这就是雍己帝。雍己帝在位时，殷势力衰败，有的诸侯不来朝拜。雍己帝去世，弟弟太戊即位，这就是太戊帝。太戊帝任命伊陟为相国。当时亳地有怪异的桑树和楮树合生在朝堂上，一夜之间长得有二手合抱那么大。太戊帝惊恐，问伊陟。伊陟说：“我听说妖魔鬼怪战胜不了有德行的人。

君王的国政一定有过失吧？您务必修养德行。”太戊听从了他的话，怪桑树果然枯死。伊陟把这件事以赞赏的语气告诉巫咸。巫咸治理王家政事有成绩，写了《咸艾》和《太戊》。太戊帝在祖庙称赞伊陟的功勋，声称今后不再把他当臣子看待。伊陟推辞不敢当，写下了《原命》。殷朝又兴盛起来，诸侯都归顺他，因此人们称太戊为中宗。

中宗去世后，儿子中丁即位。中丁帝迁都到隞地。后来，河亶甲又定都于相，祖乙则再次迁都于邢。中丁帝去世后，他的弟弟外壬继位，这就是外壬帝。中丁史料残缺，因而无法得到关于他的详细记载。外壬帝去世后，他的弟弟河亶甲即位，这就是河亶甲帝。河亶甲在位时，殷朝势力又衰败了。

河亶甲去世后，儿子祖乙帝即位。祖乙帝即位后，殷朝又兴盛起来。巫贤得到任用。祖乙去世后，儿子祖辛即位。祖辛帝去世后，他的弟弟沃甲即位，这就是沃甲帝。沃甲帝去世后，沃甲的哥哥祖辛的儿子祖丁即位，这就是祖丁帝。祖丁帝去世，他的堂弟也即沃甲的儿子南庚即位，这就是南庚帝。南庚帝去世，祖丁帝的儿子阳甲即位，这就是阳甲帝。阳甲帝在位时，殷朝国势继续衰落。

从中丁以来，废弃嫡长子而改立兄弟或兄弟的儿子为帝，兄弟儿子之间互相争夺继承权，人们称之为“九世之乱”，于是诸侯都不来朝见。

阳甲帝去世后，他的弟弟盘庚即位，这就是盘庚帝。盘庚即位时，殷朝建都黄河以北，盘庚决定渡过黄河南下，重新迁回成汤的旧地定居。此前，殷朝已经历了五次迁都，老百姓一直没有安定的居所。于是殷的民众相互慨叹，怨言四起，表示不想搬迁。盘庚于是努力说服诸侯和大臣说：“昔日先王成汤和你们祖先共同平定天下，一切法则都能遵循。舍弃这些好的法则，而不努力实行，凭什么成就德政呢？”于是渡河南下，修治亳都，推行汤的政令，百姓由此安宁，殷商的国势又振兴了。诸侯都来朝见盘庚，因为他遵循成汤的德政。

盘庚帝去世后，他的弟弟小辛即位，这就是小辛帝。小辛帝即位后，殷朝又开始衰败了。百官思念盘庚德行，于是写了《盘庚》三篇。小辛帝去世后，弟弟小乙即位，这就是小乙帝。

小乙帝去世后，儿子武丁即位。武丁帝即位后，想复兴殷朝，但没有得到辅佐他的大臣。他三年不说话，一切政事由冢宰裁决，自己则观察国家风气。武丁夜晚做梦遇到一个圣人，此人名叫说。他按梦中见到的形貌观察群臣百官，都不是所梦之人。于是他派百官到处寻找，终于在一个叫傅险的地方找到说。当时，说是一名刑徒，在傅险筑工事，官吏把他带来见武丁，武丁说："正是他。"与他谈话，果然是一位圣人。提拔任命他为宰相，殷朝于是治理得非常好。于是就用傅险做了他的姓，称他为傅说。

武丁帝祭祀成汤，第二天，一只野鸡飞来落在大鼎的耳上鸣叫，武丁惊惧。祖己说："大王不要担心，只管先把国家政事办理好。"于是祖己开导武丁说："上天监察下民，以民众的道义为标准。上天赐给下民的寿命有长有短，不是天使下民夭折，而是人们自己中途断送了自己的性命。有人违背道德，拒不认罪，上天降下命令要矫正他的品行。他才说：'怎么办呢？'唉！君王勤勉地为民办事，敬重他的子民，所做的这些无不是继承天意的表现，祭祀有常规，不要信奉应该抛弃的方法。"武丁于是修明政事，推行德政，天下欢欣，殷朝又兴盛起来。

武丁帝去世，他的儿子祖庚帝即位。祖己赞美武丁以野鸡鸣叫的事作为警戒，推行德政，于是给武丁立庙，称为高宗，于是写下《高宗肜日》和《高宗之训》。

祖庚帝去世，弟弟祖甲即位，这就是甲帝，甲帝荒废伦常，淫乱无道，殷朝又走向衰败了。甲帝去世后，他的儿子廪辛帝即位。廪辛帝去世后，他的弟弟庚丁即位，这就是庚丁帝。庚丁帝去世，他的儿子武乙帝即位。殷朝再次离开亳地，迁都到黄河以北。

武乙帝昏庸不遵天命，叫人做了一个偶人，称它为"天神"。他与"天神"赌博，命令旁人做评判。"天神"输了，就想法侮辱它。他又做了一个皮袋，袋中装满血，高高挂起，朝天射它，称这种行为为"射天"。武乙在黄河、渭水汇合处打猎，暴露在雷电中，武乙被雷电击死。于是他的儿子太丁帝即位。太丁帝去世后，儿子乙帝即位。乙帝即位时，殷朝更加衰败。

乙帝的长子名叫微子启。启的母亲地位卑贱，因而启不能继承王位。乙帝的小儿子名叫辛，辛的母亲是正王后，因而就立辛做继承人。

乙帝去世后，儿子辛即位，这就是辛帝，天下人称他为纣。

纣思维敏捷，能言善辩，见多识广，观察力和见识都很灵敏；同时力气超过常人，能赤手与猛兽格斗；他的智慧足够用来拒绝采纳臣下的建议，他的言辞足够用来掩饰自己的过错；他向群臣夸耀自己的才能，他在天下人面前抬高自己的声威，认为别人都不如自己。他好沉湎于喝酒和纵欲享乐，迷恋女人。他宠爱妲己，唯妲己的话是从。于是，他让那位名叫涓的乐师创作淫荡的曲子，编制低俗的舞蹈和颓废消极的音乐。他加重人民的赋税用来充实鹿台的钱财储备和巨桥储存的粮食。他命令人四处收集狗马之类宠物和各种珍奇玩好，让这些宠物和珍玩充满宫廷。同时他大肆增加和扩建沙丘花园楼台，大量地捕捉飞禽走兽在里面放养。他轻慢鬼神。他整日与后妃们在沙丘花园中聚会玩乐嬉戏，把美酒灌满池子，把肉挂起来形成树林，叫男女脱光衣服在花园中相互追逐，通宵达旦地饮酒作乐。

朝中贵族们心生怨恨，也有的诸侯开始背叛他。于是，纣王加重了刑罚，发明一种叫炮烙的酷刑。他任命西伯昌、九侯、鄂侯为三公。九侯有一个美丽的女儿，他把她进献给纣王。九侯的女儿不喜欢做淫荡的举动，纣王恼羞成怒，就杀了她，并把九侯剁成肉酱。鄂侯与他据理力争，由于言辞激烈，纣把鄂侯做成了肉干。西伯昌听到这件事，暗自叹息。崇侯虎得知，报告给纣，纣于是把西伯昌拘禁在羑里。西伯的臣子闳夭等人，四处搜求美丽的女子和奇异的玩物以及良马，拿去进献给纣，纣这才赦免西伯。西伯出狱后，主动献出洛河西岸的大片土地，用它来换取纣废除炮烙的酷刑。纣同意了他的请求，并赐给西伯弓箭大斧，使他有权征讨其他诸侯，从而成为西部地区的方伯。纣用费仲管理国家政事。费仲善于奉承，贪图小利，殷朝的人都不敢亲近纣王。纣又任用恶来。恶来善于毁谤，搬弄是非，诸侯因此更加疏远纣王。

西伯回到他的封国，就暗中修养道德，推行善政。诸侯中很多背叛了纣而前往归顺西伯，西伯的力量渐渐强大起来。纣因此渐渐失去权势威望。王子比干劝说纣，纣听不进去。商容是一个贤能的人，百官敬爱他，纣却弃之不用。等到西伯攻打饥国，并把它灭掉了，纣的臣子祖伊听说此事而怨恨周国，惊惧之余赶紧跑去报告纣说：“上天已经终止我们殷朝的命运，眼光敏锐的人观察，大龟占卜，都没有好兆头。并不是先王不帮助我们这些后人，而是大王荒淫无道，暴虐成性，自绝于天，所以上天要抛弃我们。大王你使每个人不能安心吃饭，又不考虑和了解天意，不遵循常法。现在我们百姓没有谁不想你灭亡，他们说：‘上天为什么不降下惩罚？执行天命的人为什么不到来？’大王，现在你有什么感想呢？”纣说：“我生下来不就是有天命吗？”祖伊回去对人说：“纣没办法劝谏了。”西伯死后，周武王往东征伐，到达盟津，诸侯背叛殷而与周会盟的达八百个。诸侯们都说：“可以讨伐殷纣了。”周武王说：“你们不知道天命。”于是又领兵返回去了。

纣更加荒淫无度。微子多次劝谏他，他听不进去。于是微子与太师、少师谋划一番，然后离去。比干说：“作为大臣，不能不冒死强争力谏劝诫君王。”于是强劝纣王。纣发怒说：“我听说圣人的心眼多，有七个孔。”便令人剖开比干的胸膛，取出他的心脏来观看。箕子害怕，假装癫狂，扮成奴隶，纣王又囚禁了他。殷朝的太师、少师于是带着祭器和乐器逃往周国。周武王这才率领诸侯讨伐纣。纣也出兵在牧野抵抗。甲子这一天，纣王战败，跑进宫中，登上鹿台，穿上他缀有宝玉的衣服，投火自焚而死。周武王于是砍下纣的头，悬挂在大白旗杆上。杀了妲己。把箕子从牢中放了出来，培高比干的坟基，表彰了商容居住的家乡。分封纣王的儿子武庚禄父，让他延续殷朝的祭祀，执行盘庚的政令。殷地的人民非常高兴。于是周武王做了天子。他的后代自己感到德行浅薄不及五帝，因此，贬帝号，不称帝而称王。周武王封殷朝的后代为诸侯，隶属于周朝。

周武王去世后，武庚和管叔、蔡叔发动叛乱，周成王命令周公诛灭了他们。而把微子封在宋国，以延续殷代祭祀。

太史公说：根据《商颂》按照顺序编写契的事迹，从成汤以来，采取《尚书》《诗经》的记载。契赐姓子，他的后代分封到各国，以国名做姓氏，有殷氏、来氏、宋氏、空桐氏、稚氏、北殷氏、目夷氏。孔子说，殷人乘坐的车最好，殷人崇尚白色。

（马淑贞 译）

《史记》卷四　周本纪第四

周的始祖后稷，名叫弃。他的母亲是有邰氏部族的女儿，名叫姜原。姜原是帝喾的正妃。姜原外出到郊野，看见一个巨人脚印，心里欣然爱慕，想去踩它一脚，一踩就觉得身子震动，像怀了孕似的。满了十月就生下一个儿子，姜原认为这孩子不吉祥，就把他扔到了一个狭窄的小巷里，但不论是马还是牛从他身边经过都绕着躲开而不踩他，于是又把他扔在树林里，正赶上树林里人多，所以又挪了个地方，把他扔在渠沟的冰上，有飞鸟飞来用翅膀盖在他身上，垫在他身下。姜原觉得这太神异了，就抱回来把他养大成人。由于起初想把他扔掉，所以就给他取名叫“弃”。

弃小的时候就很出众，有伟人的高远志向。他游戏的时候，喜欢种植麻、豆之类的庄稼，种出来的麻、豆长得都很茂盛。到他成人之后，就喜欢耕田种谷，仔细观察什么样的土地适宜种什么，适宜种庄稼的地方就在那里种植收获，民众都来向他学习。帝尧听说了这情况，就举荐弃担任农师的官，教给民众种植庄稼，天下都得到他的好处，他做出了很大成绩。帝舜说：“弃，黎民百姓开始挨饿时，你担任了农师，播种了各种谷物。”把弃封在邰，以官为号，称后稷，另外以姬为姓。后稷的兴起，正在唐尧、虞舜、夏商的时代，这一族都有美好的德望。

后稷死后，他的儿子不窋继位。不窋晚年，夏后氏政治衰败，废弃农师，不再务农，不窋因为失了官职就流浪到戎狄地区，不窋死后，他的儿子鞠继位。鞠死后，儿子公刘继位。公刘虽然生活在戎狄地区，仍然治理后稷的基业，从事农业生产，巡行考察土地适宜种什么，从漆水、沮水，渡过渭水，伐取木材以供使用，使得出门的人有旅费，居家的人有积蓄。民众的生活都靠他好起来。各姓的人都感念他，很多人迁来归附他。周朝事业的兴盛就是从这时候开始的，所以，诗人们创歌谱乐来怀念他的功德。公刘去世后，儿子庆节继位，在豳地建立了国都。

庆节去世后，儿子皇仆继位。皇仆去世后，儿子差弗继位。差弗去世后，儿子毁隃继位。毁隃去世后，儿子公非继位。公非去世后，儿子高圉继位。高圉去世后，儿子亚圉继位。亚圉去世后，儿子公叔祖类继位。公叔祖类去世后，儿子古公亶父继位。古公亶父重修后稷、公刘的大业，积累德行，普施仁义，国人都爱戴他。戎狄的薰育族来侵扰，想要夺取财物，古公亶父就主动给他们。后来又来侵扰，想要夺取土地和人口。人民都很愤怒，想奋起反击。古公说："民众拥立君主，是想让他给大家谋利益。现在戎狄前来侵犯，目的是为了夺取我的土地和民众。民众跟着我或跟着他们，有什么区别呢？民众为了我的缘故去打仗，我牺牲人家的父子兄弟却做他们的君主，我实在不忍心这样干。"于是带领家众离开豳地，渡过漆水、沮水，翻越梁山，到岐山脚下居住。豳邑的人全城上下扶老携幼，又都跟着古公来到岐下。以致其他邻国听说古公这么仁爱，也有很多来归从他。于是古公就废除戎狄的风俗，营造城郭，建筑房舍，把民众分成邑落定居下来。又设立各种官职，来办理各种事务。民众都谱歌作乐，歌颂他的功德。

古公的长子名叫太伯，次子叫虞仲。他的妃子太姜生下小儿子季历，季历娶太任为妻，她也像太姜一样是贤惠的妇人，生下昌，有圣贤的祥兆。古公说："我们家族有一代要兴旺起来，恐怕就在昌身上应验吧？"长子太伯、次子虞仲知道古公想让季历继位以便传给昌，就一块逃到了南方荆、蛮之地，随当地的习俗，在身上刺上花纹，剪掉了头发，把王位让给季历。

古公去世后，季历继位，这就是公季。公季学习实行古公的政教，努力施行仁义，诸侯都归顺他。公季去世后，他的儿子昌继位，也就是西伯。西伯也就是文王，他继承后稷、公刘的遗业，效法古公、公刘的法则，一心一意施行仁义，敬重老人，慈爱晚辈。礼贤下士，有时甚至顾不上吃午饭也要接待贤士，天下有德之才都归附于他。伯夷、叔齐在孤竹国，听说西伯非常敬重老人，就商量说为什么不去投奔西伯呢？太颠、闳夭、散宜生、鬻子、辛甲大夫等人都一起归顺了西伯。

崇侯虎向殷纣说西伯的坏话，他说："西伯积累善行、美德，诸侯都归向他，这将对您不利呀！"于是纣帝就把西伯囚禁在羑里。闳夭等人都为西伯担心，就设法找来有莘氏的美女，骊戎地区出产的红鬃白身、目如黄金的骏马，有熊国出产的三十六匹好马，还有其他一些珍奇宝物，通过殷的宠臣费仲献给纣王。纣见了这些非常高兴，说："这些东西有了一件就可以释放西伯了，何况这么多呢！"于是赦免了西伯，还赐给他弓箭斧钺，让他有权征讨邻近的诸侯。纣说："说西伯坏话的是崇侯虎啊！"西伯回国之后就献出洛水以西的土地，请求纣废除炮烙的刑法（这种刑罚就是在铜柱上涂上油，下面烧起炭火，让受罚者爬铜柱，爬不动了就落在炭火里——译者注）。纣答应了西伯的请求。

西伯暗中做善事，诸侯都来请他裁决争端。当时，虞国人和芮国人发生争执不能裁决，就一块儿到周国来。进入周国境后，发现种田的人都互让田界，人们都有谦让长者的习惯。虞、芮两国发生争执的人，还没有见到西伯，就觉得惭愧了，都说："我们所争的，正是人家周国人以为羞耻的，我们还找西伯干什么，只会自讨耻辱罢了。"于是各自返回，都把田地让出然后离去。诸侯听说了这件事，都说："西伯恐怕就是那承受天命的君王。"

第二年，西伯征伐犬戎。下一年，征伐密须。又下年，打败了耆国。殷朝的祖伊听说了，非常害怕，把这些情况报告给纣帝。纣说："我不是承奉天命的人吗？他这个人能干成什么！"次年，西伯征伐邘。次年，征伐崇侯虎。营建了丰邑，从岐下迁都到丰。次年，西伯逝世，太子发登位，这就是武王。

西伯在位大约五十年。他被囚禁在羑里的时候，据说曾经增演《易》的八卦为六十四卦。《诗经》的作者称颂西伯，说他是从裁决虞、芮争执以后，诸侯们尊他为王，那一年就是他承受天命而称王的一年。后来过了九年逝世，谥号是文王。他曾改变了殷之律法制度，制定了新的历法。曾追尊古公为太王，公季为王季：那意思就是说，大概帝王的瑞兆是从太王时开始兴起的。

武王登位，太公望任太师，周公旦做辅相，还有召公、毕公等人辅佐帮助，以文王为榜样，承继文王的事业。

武王受命第九年，在毕地祭祀文王。然后往东方去检阅部队，到达盟津。制作了文王的牌位，用车载着，供在中军帐中。武王自称太子发，宣称是奉文王之命前去讨伐，不敢自己擅自做主。他向司马、司徒、司空等受王命执符节的官员宣告："大家都要严肃恭敬，要诚实啊，我本是无知之人，只因先祖有德行，我承受了先人的功业。现在已制定了各种赏罚制度，来确保完成祖先的功业。"于是发兵。师尚父向全军发布命令说："集合你们的兵众，把好船桨，落后的一律斩杀。"武王乘船渡河，船走到河中央，有一条白鱼跳进武王的船中，武王俯身抓起来用它祭天了。渡过河之后，有一团火从天而降，落到武王住的房子上，转动不停，最后变成一只乌鸦，赤红的颜色，发出魄魄的鸣声。这时候，诸侯们虽然未曾约定，却都会集到盟津，共有八百多个。诸侯都说："纣可以讨伐了！"武王说："你们不了解天命，现在还不可以。"于是率领军队回去了。

过了两年，武王听说纣昏庸暴虐更加严重，杀了王子比干，囚禁了箕子。太师疵、少师强抱着乐器逃奔到周国来了。于是武王向全体诸侯宣告说："殷王罪恶深重，不可以不讨伐了！"于是遵循文王的遗旨，率领战车三百辆，勇士三千人，披甲战士四万五千人，东进伐纣。第十一年十二月戊午日，军队全部渡过盟津，诸侯都来会合。武王说："要奋发努力，不能懈怠！"武王作了《太誓》，向全体官兵宣告："如今殷王纣竟听任妇人之言，以致自绝于天，毁坏天、地、人的正道，疏远他的亲族弟兄，又抛弃了他祖先传下的乐曲，竟谱制淫荡之声，扰乱雅正的音乐，去讨女人的欢心。所以，现在我姬发要恭敬地执行上天的惩罚。各位努力吧，不能再有第二次，更不能再有第三次！"

二月甲子日的黎明，武王一早就来到商郊牧野，举行誓师。武王左手拿着黄色大斧，右手拿着有牦牛尾做装饰的白色旗帜，用来指挥。说："辛苦了，西方来的将士们！"武王说："喂！我的友邦的国君们，司徒、司马、司空、亚旅、师氏各位卿大夫们，千夫长、百夫长各位将领们，还有庸人、蜀人、羌人、髳人、微人、纑人、彭人、濮人，高举你们的戈，排齐你们的盾，竖起你们的矛，让我们来发誓！"武王说："古人有句老话：'母鸡不报晓。母鸡报晓，就会使家毁败。'如今殷王纣只听妇人之言，废弃祭祀祖先的事不加过问，放弃国家大政，抛开亲族兄弟不予任用，却纠合四方罪恶多端的逃犯，抬高他们，尊重他们，信任他们，使用他们，让他们欺压百姓，在商国为非作歹。现在我姬发恭敬地执行上天的惩罚。今天我们作战，每前进六步七步，就停下来齐整队伍，大家一定要努力呀！刺击过四五次、六七次，就停下来齐整队伍，努力吧，各位将士！希望大家威风勇武，像猛虎，像熊罴，像豺狼，像蛟龙。在商都郊外，不要阻止前来投降的殷纣士兵，要让他们帮助我们西方诸侯，一定要努力呀，各位将士！你们谁要是不努力，你们自身就将遭杀戮！”誓师完毕，前来会合的诸侯军队，共有战车四千辆，在牧野摆开了阵势。

帝纣听说武王来攻，也发兵七十万来抵抗武王。武王派师尚父率领百名勇士前去挑战，然后率领大部队急驱冲进殷纣的军队。纣的军队人数虽多，却都没有打仗的心思，心里盼着武王赶快攻进来。他们都掉转兵器攻击殷纣的军队，给武王做了先导。武王急驱战车冲进来，纣的士兵全部崩溃，背叛了殷纣。殷纣败逃，返回城中登上鹿台，穿上他的宝玉衣，投火自焚而死。武王手持大白旗指挥诸侯，诸侯都向他行拜礼，武王也作揖还礼，诸侯全都跟着武王。武王进入商都朝歌，商都的百姓都在郊外等待着武王。于是武王命令群臣向商都百姓宣告说：“上天赐福给你们！”商都人全都拜谢，叩头至地，武王也向他们回拜行礼。于是进入城中，找到纣自焚的地方。武王亲自发箭射纣的尸体，射了三箭然后走下战车，又用轻吕宝剑刺击纣尸，用黄色大斧砍下了纣的头，悬挂在大白旗上。然后又到纣的两个宠妃那里，两个宠妃都上吊自杀了。武王又向她们射了三箭，用剑刺击，用黑色的大斧砍下了她们的头，悬挂在小白旗上。武王做完这些才出城返回军营。

第二天，清除道路，修治祭祀土地的社坛和商纣的宫室。开始动工时，一百名壮汉扛着有几条飘带的云罕旗在前面开道。武王的弟弟叔振铎护卫并摆开了插着太常旗的仪仗车，周公旦手持大斧，毕公手持小斧，侍卫在武王两旁。散宜生、太颠、闳夭都手持宝剑护卫着武王。进了城，武王站在社坛南大部队的左边，群臣都跟在身后。毛叔郑捧着明月夜取的露水，卫康叔封铺好了公明草编的席子，召公奭献上了彩帛，师尚父牵来了供祭祀用的牲畜。尹佚朗读祝文祝祷说：“殷的末代子孙季纣，完全败坏了先王的明德，侮慢鬼神，不进行祭祀，欺凌商邑的百姓，他罪恶昭彰，被天皇上帝知道了。”于是武王拜了两拜，叩头至地，说：“承受上天之命，革除殷朝政权，接受上天圣明的旨命。”武王又拜了两拜，叩头至地，然后退出。

武王把殷朝的遗民封给商纣的儿子禄父。武王因为殷地刚刚平定，还没有安定下来，就命令他的弟弟管叔鲜、蔡叔度辅佐禄父治理殷国，然后命令召公把箕子从牢狱里释放出来。又命令毕公释放了被囚禁的百姓，表彰商容的里巷，以褒扬他的德行。命令南宫括散发鹿台的钱财，发放巨桥粮仓的粮食，赈济贫弱的民众。命令南宫括、史佚展示传国之宝九鼎和殷朝的宝玉。命令闳夭给比干的墓培土筑坟。命令主管祭祀的祝官在军中祭奠阵亡将士的亡灵。然后才撤兵回西方去。路上武王巡视各诸侯国，记录政事，写下了《武成》，宣告灭殷武功已成。又分封诸侯，颁赐宗庙祭器，写下《分殷之器物》，记载了武王的命令和各诸侯得到的赐物。武王怀念古代的圣王，就表彰并赐封神农氏的后代于焦国，赐封黄帝的后代于祝国，赐封尧帝的后代于蓟，赐封舜帝的后代于陈，赐封大禹的后代于杞。然后分封功臣谋士，其中师尚父是第一个受封的。把尚父封在营丘，国号为齐。把弟弟周公旦封在曲阜，国号为鲁。封召公奭于燕。封弟弟叔鲜于管，封弟弟叔度于蔡。其他人各自依次受封。

武王召见九州的长官，登上豳城附近的土山，远远地向商朝的国都眺望。武王回到周都镐京，直到深夜不能安睡。周公旦来到武王的住处，问道：“你为什么不能入睡？”武王说：“告诉你吧：上天不享用殷朝的祭品，从我姬发没出生到现在已经六十年了，郊外怪兽成群，害虫遍野。上天不保佑殷朝，才使我们取得了今天的成功。上天建立殷朝，曾经任用有名之士三百六十人，虽然说不上政绩卓著，但也不至于灭亡，才使殷朝维持至今。我还不能使上天赐给周朝的国运永葆不变，哪里顾得上睡觉呢！”武王又说：“我要确保周朝的国运不可改变，要靠近天帝的居室，要找出所有的恶人，惩罚他们，像对待殷王一样。我要日夜勤勉努力，确保我西方的安定，我要办好各种事情，直到功德在四方放光。从洛水湾直到伊水湾，地势平坦没有险阻，是从前夏朝定居的地方。我南望三涂，北望岳北，观察黄河，仔细察看了洛水、伊水地区，这里离天帝的居室不远，是建都的好地方。”于是对在洛邑修建周都进行了测量规划，然后离去。把马放养在华山南面，把牛放养在桃林区域；让军队把武器放下，进行整顿然后解散：向天下表示不再用兵。

武王战胜殷朝之后二年，向箕子询问殷朝灭亡的原因。箕子不忍心说殷朝的过错，就向武王讲述了如何使已亡的殷国得以继续存在应做之事。武王也觉得不太好意思，所以又故意询问了天地自然规律的事。

武王生了病。这时，天下还没有安定，王室大臣非常担心，虔诚地进行占卜；周公斋戒沐浴，祷告上天，为武王消灾除邪，愿意用自己的身体去代替武王。后来武王逝世了，太子诵继承了王位，这就是成王。

成王年纪小，周又刚刚平定天下，周公担心诸侯背叛周朝，就代理成王管理政务，主持国事。管叔、蔡叔等弟兄怀疑周公篡位，联合武庚发动叛乱，背叛周朝。周公奉成王的命令，平定叛乱，诛杀了武庚、管叔，流放了蔡叔。让微子开继承殷朝的后嗣，在宋地建国。又收集了殷朝的全部遗民，封给武王的小弟弟封，让他做了卫康叔。晋唐叔得到一种二苗同穗的禾谷，献给成王。成王又把它赠给远在军营中的周公。周公在东方接受了米谷，颂扬了天子赐禾谷的圣命。起初，管叔、蔡叔背叛了周朝，周公前去讨伐，经过三年时间才彻底平定，所以先写下了《大诰》，向天下陈述东征讨伐叛逆的大道理；接着又写下了《微子之命》，封命微子继续殷后；写下了《归禾》《嘉禾》，记述和颂扬天子赠送嘉禾；写下《康诰》《酒诰》《梓材》，下令封康叔于殷，训诫他戒除嗜酒，教给他为政之道。那些事件的经过记载在《鲁周公世家》中。周公代行国政七年，成王长大成人，周公把政权交还给成王，自己又回到群臣的行列中去。

成王住在丰邑，派召公再去洛邑测量，目的是为了遵循武王的遗旨。周公又进行占卜，反复察看地形，最后营建成功，把九鼎安放在那里。说：“这里是天下的中心，四方进贡的路程都一样。”在测量和营建洛邑的过程中，写下了《诏诰》《洛诰》。成王把殷朝遗民迁徙到那里，周公向他们宣布了成王的命令，写下了训诫殷民的《多士》《无佚》。召公担任太保，周公担任太师，往东征伐淮夷，灭了奄国，把奄国国君迁徙到薄姑。成王从奄国回来，在宗周写下了《多方》，告诫天下诸侯。成王消灭了殷朝的残余势力，袭击了淮夷，回到丰邑，写下了《周官》，说明周朝设官分职用人之法，重新规定了礼仪，谱制了音乐，法令、制度这时也都进行了修改，百姓和睦、太平，颂歌四处兴起。成王讨伐了东夷之后，息慎前来恭贺，成王命令荣伯写下了《贿息慎之命》。

成王临终之前，担心太子钊胜任不了国事，就命令召公、毕公率领诸侯辅佐太子登位。成王逝世之后，召公、毕公率领诸侯，带着太子钊去拜谒先王的宗庙，用文王、武王开创周朝王业的艰难反复告诫太子，要他一定力行节俭，戒除贪欲，专心办理国政，写下了《顾命》。太子钊于是登位，这就是康王。康王即位，通告天下诸侯，向他们宣告文王、武王的业绩，反复加以说明写下了《康诰》（康王之诰）。所以在成王、康王之际，天下安宁，一切刑罚都放置一边，四十年不曾使用。康王命令毕公写作策书，让民众分开村落居住，划定周都郊外的境界，作为周都的屏卫，为此写下《毕命》，记录了毕公受命这件事。

康王逝世之后，儿子昭王瑕继位，昭王在位的时候，王道衰落不振。昭王到南方巡视，没有回来，（因为当地人憎恶他，给他一只用胶黏合的船）结果淹死在江中。他死的时候没有向诸侯报丧，是因为忌讳这件事。后来立了昭王的儿子满，这就是穆王。穆王继位时，已经五十岁了。国家政治衰微，穆王痛惜文王、武王的德政遭到损害，就命令伯冏反复告诫太仆，要管好国家的政事，写下了《冏命》。这样，天下才又得以安定。

穆王准备去攻打犬戎，祭公谋父劝他说："不能去。我们先王都以光耀德行来服人，而不炫耀武力。军队平时蓄积力量，待必要时才出动，一出动就有威力。如果只是炫耀武力，就会漫不经心，漫不经心就没有人惧怕了。所以歌颂周公的颂诗说：'收起干与戈，藏起弓和箭。求贤重美德，华夏都传遍，王业永保全。'先王对待民众，努力端正他们的品德，使他们的性情纯厚，增加他们的财产，改善他们的器用，让他们懂得利和害的所在，用礼法来教育他们，使他们专心致力于有利的事情而躲避有害的事情，心怀德政而惧怕刑威，所以才能保住先王的事业世代相承并日益壮大。从前我们的先祖世代担任农师，为虞舜、夏禹谋事。当夏朝衰落的时候，夏朝废弃农师，不务农事，我们的先王不窋因而失掉官职，自己流落到戎狄地区，但对农事却不敢松懈，时时宣扬弃的德行，继续他的事业，修习他的教化法度，早晚恭谨努力，用敦厚笃实的态度来保持，用忠实诚信的态度来奉行。后来世代继承这种美德，没有玷污前人。到文王、武王的时候，发扬先人的光荣美德，再加上慈祥和善，侍奉鬼神，保护民众，普天之下没有不高兴的。商王帝辛对民众犯下了大罪，民众再也不能忍受，都高兴地拥戴武王，因此才发动了商郊牧野的战争。所以说，先王并不崇尚武力，而是勤勤恳恳地体恤民众的疾苦，为民除害。先王的制度规定国都近郊五百里内的地区是甸服，甸服以外五百里的地区是侯服，侯服至卫服共二千五百里内的地区总称为宾服，蛮夷地区为要服，戎狄地区为荒服。甸服地区要供日祭，即供给天子祭祀祖父、父亲的祭品；侯服地区要供月祀，即供给天子祭祀高祖、曾祖的祀品；宾服地区要供时享，即供给天子祭祀远祖的祭品；要服地区要供岁贡，即供给天子祭神的祭品；荒服地区要来朝见天子。祭祀祖父、父亲，每日一次；祭祀高祖、曾祖，每月一次；祭祀远祖，每季一次；祭神，每年一次；朝见天子，终生一次。先王留下这样的遗训：有不供日祭的，就检查自己的思想；有不供月祀的，就检查自己的言论；有不供时享的，就检查自己的法律制度；有不供岁贡的，就检查上下尊卑的名分；有不来朝见的，就检查仁义礼乐等教化。以上几点都依次检查完了，仍然有不来进献朝见的，就检查刑罚。因此有时就惩罚不祭的，攻伐不祀的，征讨不享的，谴责不贡的，告谕不来朝见的，于是也就有了惩罚的法律，有了攻伐的军队，有了征讨的装备，有了严厉谴责的命令，有了告谕的文辞。如果宣布了命令，发出了文告，仍有不来进献朝见的，就进一步检查自己的德行，而不是轻易地劳民远征。这样一来，不论是近是远，就没有不服，没有不归顺的了。如今自从大毕、伯士死后，犬戎各族按照荒服的职分前来朝见，而您却说'我要用宾服不享的罪名征伐它，而且要让它看到我的军队的威力’，这岂不是违背先王的教诲，而您也将遭受劳顿吗？我听说犬戎已经建立了敦厚的风尚，遵守祖先传下来的美德，始终如一地坚守终生入朝的职分，看来他们是有力量来和我们对抗的。”穆王终究还是去征伐西戎了，结果只获得四只白狼和四只白鹿回来。从此以后，荒服地区就不来朝见天子了。

诸侯有不亲睦的，甫侯向穆王报告，于是制定了刑法。穆王说："喂，过来！各位有国家的诸侯和有采地的大臣，我告诉你们善用刑法之道。现在你们安抚百姓，应该选择什么呢，不是贤德的人才吗？应该严肃对待什么呢，不是刑法吗？应该怎样处置各种事务，不是判案公正得当吗？原告和被告都到齐了，狱官通过观察言语、脸色、气息、听话时的表情、看人时的表情来审理案件。五种审讯的结果确凿无疑了，就按照墨、劓、膑、宫、大辟五种刑的规定来判决。如果五刑不合适，就按照用钱赎罪的五种惩罚来判决。如果用五罚不合适，就按照五种过失来判决。按照五种过失来判决会产生弊病，这就是依仗官势，乘机报恩报怨，通过宫中受宠女子进行干预，行贿受贿，受人请托。遇有这类情况，即使是大官贵族，也要查清罪状，与犯罪的人一样判他们的罪。判五刑之罪如果有疑点，就减等按五罚处理；判五罚之罪如果有疑点，就减等按五过处理；一定要审核清楚。要在众人中加以核实，审讯的结果要与事实相符。没有确凿的证据就不要怀疑，应当共同尊敬上天的声威，不要轻易用刑。要判刺面的墨刑而有疑点的，可以减罪，罚以黄铜六百两，但要认真核实，如果确实有罪，还应施刑。要判割鼻的劓刑而有疑点的，可以减罪，罚以黄铜一千二百两，比墨刑加倍，但也要认真核实，如果确实有罪，还应施刑。判挖掉膝盖骨的膑刑而有疑点的，可以减罪，罚以黄铜三千两，比劓刑加一倍半，但也要认真核实，如果确实有罪，还应施刑。判破坏生殖机能的宫刑而有疑点的，可以减罪，罚以黄铜三千六百两，但也要认真核实，如果确实有罪，还应施行。判杀头之刑大辟而有疑点的，可以减罪，罚以黄铜六千两，但也要认真核实，如果确证有罪，还应施行。有关墨刑类的条款有一千条，劓刑类有一千条，膑刑类有五百条，宫刑类有三百条，大辟类有二百条：五种刑罚的条文共三千条。”这套刑法因为是甫侯提出来的，所以叫作《甫刑》。

穆王在位五十五年逝世，儿子共王繄扈继位。共王出游到泾水边上，密康公跟随着，有三个女子来投奔密康公。密康公的母亲说："你一定要把她们献给国王。野兽够三只就叫'群'，人够三个就叫'众'，美女够三人就叫'粲'。君王田猎都不敢猎取太多的野兽，诸侯出行对众人也要谦恭有礼，君王娶嫔妃不娶同胞三姐妹。那三个女子都很美丽。那么多美人都投奔你，你有什么德行承受得起呢？君王尚且承受不起，更何况你这样的小人物呢？小人物而拥有宝物，最终准会灭亡。"康公没有献出那三个女子，只一年，共王就把密国灭了。共王逝世后，他的儿子懿王囏登位。懿王在位的时候，周王室衰落了，诗人们开始作诗讥刺。

懿王逝世，共王的弟弟辟方登位，这就是孝王。孝王逝世后，诸侯又拥立懿王太子燮，这就是夷王。夷王逝世后，儿子厉王胡继位。厉王登位三十年，贪财好利，亲近荣夷公。大夫芮良夫规谏厉王说："王室恐怕要衰微了！那个荣公只喜欢独占财利，却不懂得大祸难。财利，是从各种事物中产生出来的，是天地自然拥有的，而有谁想独占它，那危害就大了。天地间的万物谁都应得到一份，哪能让一个人独占呢？独占就会触怒很多人，却又不知防备大祸难。荣公用财利来引诱您，君王您难道能长久吗？做人君的人，应该是开发各种财物分发给上下群臣百姓。使神、人、万物都能得到所应得的一份，即使这样，还要每日小心警惕，恐怕招来怨恨呢。所以《颂诗》说：'我祖后稷有文德，功高能比天与地。种植五谷养万民，无人不向你看齐。'《大雅》说'广施恩泽开周业'。这不正是说要普施财利而且要警惕祸难来临吗？正是因为这样，先王才能建立起周朝的事业一直到现在。而如今，君王您却去学独占财利，这怎么行呢？普通人独占财利，尚且被人称为是强盗；您如果也这样做，那归服您的人就少啦。荣公如果被重用，周朝肯定要败亡了。"厉王不听劝谏，还是任用荣公做了卿士，掌管国事。

厉王暴虐无道，放纵骄傲，国人都公开议论他的过失。召公劝谏说："人民忍受不了您的命令了！"厉王发怒，找来一个卫国的巫师，让他来监视那些议论的人，发现之后就来报告，立即杀掉。这样一来，议论的人少了，可是诸侯也不来朝拜了。三十四年，厉王更加严苛，国人没有谁再敢开口说话，路上相见也只能互递眼色示意而已。厉王见此非常高兴，告诉召公说："我能消除人们对我的议论了，他们都不敢说话了。"召公说："这只是把他们的话堵回去了。堵住人们的嘴巴，要比堵住水流更厉害。水蓄积多了，一旦决口，伤害人一定会多；不让民众说话，道理也是一样。所以，治水的人开通河道，使水流通畅，治理民众的人，也应该放开他们，让他们讲话。所以天子治理国政，使公卿以下直到列士都要献讽喻朝政得失的诗篇，盲人乐师要献反映民情的乐曲，史官要献可资借鉴的史书，乐师之长要献箴戒之言，由一些盲乐师诵读公卿列士所献的诗，由另一些盲乐师诵读箴戒之言，百官可以直接进谏言，平民则可以把意思辗转上达天子，近臣要进行规谏，同宗亲属要补察过失，乐师、太史要负责教诲，师、傅等年长者要经常告诫，然后由天子斟酌而行，所以事情做起来很顺当，没有错误。民众有嘴巴，就如同大地有山川，财物器用都是从这里生产出来；民众有嘴巴，又好像大地有饶田沃野，衣服粮食也是从这里生产出来的。民众把话从嘴里说出来了，政事哪些好哪些坏也就可以从这里看出来了。好的就实行，坏的就防备，这个道理，就跟大地出财物器用衣服粮食是一样的。民众心里想什么嘴里就说什么，心里考虑好了就去做。如果堵住他们的嘴巴，那能维持多久呢？"厉王不听劝阻。从此，国人都不敢说话，过了三年，大家就一起造反，袭击厉王。厉王被迫逃亡到彘。

厉王的太子静被藏在召公家里，国人知道了，就把召公家包围起来。召公说："先前我多次劝谏君王，君王不听，以至于遭到这样的灾难。如果现在太子被人杀了，君王将会以为我对他们记仇而在怨恨君王吧？侍奉国君的人，即使遇到危险也不该怨恨；即使怨恨也不该发怒，更何况侍奉天子呢？"于是用自己的儿子代替了太子，太子终于免遭杀害。

召公、周公二辅相共理朝政，号称"共和"。共和十四年，厉王死在彘地。太子静已在召公家长大成人，二辅相就一块儿扶立他为王，这就是宣王。宣王登位之后，由二相辅佐，修明政事，师法文王、武王、成王、康王的遗风，诸侯又都尊奉周王室了。十二年，鲁武公前来朝拜天子。

宣王不到千亩去耕种籍田，这是专供天子带头亲耕以示重农的田地，虢文公劝谏说这样不行，宣王不听。三十九年，在千亩打了一仗，宣王的军队被姜戎打得大败。宣王丢掉了从南方江、淮一带征来的军队,就在太原清点人口以备征兵。仲山甫劝谏说:“人口是不能清点的。”宣王不听劝阻，最终还是清点了。

四十六年，宣王逝世，他的儿子幽王宫湦继位。幽王二年，西周都城和附近泾水、渭水、洛水三条河的地区都发生了地震。伯阳甫说：“周快要灭亡啦。天地间的阴阳之气，不应该没有秩序；如果打乱了秩序，那也是有人使它乱的。阳气沉伏在下，不能出来，阴气压迫着它使它不能上升，所以就会有地震发生。如今三川地区发生地震，是因为阳气离开了它原来的位置，而被阴气压在下面了。阳气不在上面却处在阴气的下面，水源就必定受到阻塞，水源受到阻塞，国家一定灭亡。水土通气才能供民众从事生产之用。土地得不到滋润，民众就会财用匮乏，如果到了这种地步，国家不灭亡还等待什么！从前，伊水、洛水干涸夏朝就灭亡了，黄河枯竭商朝就灭亡了。如今周的气数也像夏、商两代末年一样了，河源的水流又被阻塞，水源被阻塞，河流必定要枯竭。一个国家的生存，一定要依赖于山川，高山崩塌，河川枯竭，这是亡国的征象。河川枯竭了，高山就一定崩塌。这样看来，国家的灭亡用不了十年了，因为十刚好是数字的一个循环。上天所要抛弃的，不会超过十年。”这一年，果然三川枯竭了，岐山崩塌了。

三年，幽王宠爱褒姒。褒姒生的儿子叫伯服，幽王想废掉太子。太子的母亲是申侯的女儿，是幽王的王后。后来幽王得到褒姒，非常宠爱，就想废掉申后，并把太子宜臼也一块儿废掉，好让褒姒当王后，让伯服做太子。周太史伯阳诵读历史典籍，感慨道：“周朝就要灭亡啦。”从前还是夏后氏衰落时候，有两条神龙降落在夏帝的宫廷，说：“我们是褒国的两个先君。”夏帝不知道是该杀掉它们，还是赶跑它们，还是留住它们，就进行占卜，结果不吉利。又卜占要它们的唾液藏起来，结果才吉利。于是摆设出币帛祭物，书写简策，向二龙祷告，两条龙不见了，留下了唾液。夏王让人拿来木匣子把龙的唾液收藏起来。

夏朝灭亡之后，这个匣子传到了殷朝，殷朝灭亡之后，又传到了周朝。连着三代，从来没有人敢把匣子打开。但到周厉王末年，打开匣子看了。龙的唾液流在殿堂上，怎么也清扫不掉。周厉王命令一群女人，赤身裸体对着唾液大声呼叫。那唾液变成了一只黑色的大蜥蜴，爬进了厉王的后宫。后宫有一个小宫女，六七岁，刚刚换牙，碰上了那只大蜥蜴，后到成年时竟然怀孕了，没有丈夫就生下了孩子，她非常害怕，就把那孩子扔掉了。在周宣王的时代，小女孩们唱着这样的儿歌："山桑弓，箕木袋，灭亡周国的祸害。"宣王听到了这首歌，有一对夫妻正好卖山桑弓和箕木制的箭袋，宣王命人去抓捕他们，想把他们杀掉。夫妇二人逃到大路上，发现了先前被小宫女扔掉的婴孩，听着她在深更半夜里啼哭，非常怜悯，就收留了她。夫妇二人继续往前逃，逃到了褒国。后来褒国人得罪了周朝，就想把被小宫女扔掉的那个女孩献给厉王，以求赎罪，因为当初这个被扔掉的女孩是褒国献出的，所以叫她褒姒。周幽王三年，幽王到后宫去，一见到这女子就非常喜爱，她生下儿子伯服，最后竟把申后和太子都废掉了，让褒姒当了王后，伯服做了太子。太史伯阳感慨地说："祸乱已经造成了，没有法子可想了！"

褒姒不爱笑，幽王用了各种办法想让她笑，褒姒仍然不笑。周幽王设置了烽火狼烟和大鼓，有敌人来侵犯就点燃烽火。周幽王为了让褒姒笑，点燃了烽火，诸侯见到烽火，全都赶来了，赶到之后，却不见有敌寇，褒姒看了果然哈哈大笑。幽王很高兴，因而又多次点燃烽火。后来诸侯们都不相信了，也就渐渐不来了。

周幽王任用虢石父做卿，在国中当政，国人都愤愤不平。石父为人奸诈乖巧，善于阿谀奉承，贪图财利，周幽王却重用他。幽王又废掉了申后和太子。申侯很气愤，就联合缯国、犬戎一起攻打幽王。幽王点燃烽火召集诸侯的救兵，诸侯们没有人再派救兵来。申侯就把幽王杀死在骊山脚下，俘虏了褒姒，把周朝的财宝全都拿走才离去。于是诸侯都靠拢申侯了，共同立幽王从前的太子宜臼为王，这就是平王，由他来继承周朝的祭祀。

平王登位之后，把国都迁到东都洛邑，以躲避犬戎的侵扰。平王的时候，周王室衰微，各诸侯以强并弱，齐国、楚国、秦国、晋国势力开始强大，一切政事都要经由各方诸侯的首领。

四十九年，鲁隐公登位。

五十一年，周平王去世，而太子泄父死得早，立了他的儿子林，这就是桓王。桓王，是周平王的孙子。

桓王三年，郑庄公前来朝见，桓王没有按礼节接待他。五年，郑国因怨恨桓王，和鲁国调换了许地的田地。许地的田地，是天子用来祭祀泰山的专用田。八年，鲁国人杀掉隐公，拥立桓公。十三年，周桓王征伐郑国，郑国人祝聃射伤了桓王的肩膀，桓王就撤离回去了。

二十三年，桓王去世，儿子庄王佗登位。庄王四年，周公黑肩想杀掉庄王拥立王子克。辛伯把这个消息报告给庄王，庄王杀掉周公黑肩，王子克逃往燕国。

十五年，庄王去世。儿子釐王胡齐登位。釐王三年，齐桓公开始称霸诸侯。

五年，釐王去世，儿子惠王阆登位。惠王二年，起初，庄王宠爱姚姬，生下一子叫釐，很受宠爱。到惠王即位后，又夺了大臣的园林作为自己豢养牲畜的场所，因为这事，大夫边伯等五人就起来作乱，打算召集燕国、卫国的军队，攻打惠王。惠王逃到温邑，后来又住到郑国的栎邑去了。边伯等拥立釐王的弟弟颓为王。他们奏乐，表演各种歌舞，郑国、虢国的国君知道了很恼火。四年，郑国和虢国一起发兵进攻，杀死了周王颓，又把惠王护送回朝廷，惠王十年，赐封齐桓公为诸侯首领。

二十五年，惠王逝世，儿子襄王郑登位。襄王的母亲早已去世。继母就是惠后。惠后生了叔带，很受惠王的宠爱，襄王不放心他。三年，叔带和戎国、翟国商议攻打襄王，襄王想要杀掉叔带，叔带逃到了齐国。齐桓公派管仲去劝说戎和周讲和，派隰朋去劝说戎和晋讲和。襄王以上卿的礼节接待管仲。管仲辞谢道："我身为下卿，不过是个低下的一般官吏，齐国还有天子您亲自任命的两位大臣上卿国氏、高氏在，如果他们届时在春秋两季来朝见天子，接受王命，您将用什么更高的礼遇来接待他们呢？我还是得谢绝您的好意。"襄王说："你是我舅父家的使臣，我赞赏你的功绩，请不要拒绝我的好意。"管仲最终还是接受了下卿的礼节，然后回国了。九年，齐桓公逝世。十二年，叔带又返回周朝。

十三年，郑国攻打滑国。周襄王派游孙、伯服为滑说情，郑国拘禁了这两个人。郑文公怨恨惠王被护送回朝廷之后，送给虢公酒器玉爵而不送给郑厉公，又怨恨襄王帮助卫国和滑国，所以拘禁了伯服。襄王很生气，派翟国军队去攻打郑国。富辰劝谏襄王说："周朝东迁的时候，靠的是晋国和郑国的力量。子颓叛乱，又是依靠郑国得以平定，如今能因为一点小小的怨恨就抛弃它吗？"襄王不听劝阻。十五年，襄王派翟国的军队前去攻打郑国。襄王感激翟人，准备把翟王的女儿立为王后。富辰又劝谏说："平王、桓王、庄王、惠王都曾受到郑国的好处，君王您抛开同姓之亲的郑国而去亲近翟国，这样做实在不可取。"襄王仍是不听。十六年，襄王废黜了翟后，翟人前来诛讨，杀死了周大夫谭伯。富辰说："我屡次劝谏君王，君王都不听，如今到了这个局面，我若不出去迎战，君王可能会以为我在怨恨他吧！"于是就带领着他的属众出去与狄子作战，结果战死。

当初，惠后想立王子叔带为太子，所以用亲信给翟人做先导，翟人这才攻进了周都。襄王逃到郑国，郑国把他安置在氾邑。子带立为王，娶了襄王黜的翟后和她一起住在温邑。十七年，襄王向晋国告急，晋文公把襄王护送回朝，杀死了叔带。襄王就赐给晋文公玉珪、香酒、弓箭，让他担任诸侯的首领，并把河内的地盘赐给晋国。二十年，晋文公召见襄王，襄王前往河阳、践土与他相会，诸侯都前去朝见，《春秋》因避讳以臣召君这种事，就写成了"天王到河阳巡视"。

二十四年，晋文公逝世。

三十一年，秦穆公逝世。

三十二年，周襄王逝世。儿子顷王壬臣登位。顷王六年，顷王逝世，儿子匡王班登位。匡王在位六年逝世，他的弟弟瑜登位，这就是周定王。

定王元年，楚庄王征伐陆浑地方的戎族，军队驻扎在洛邑，楚王派人询问九鼎的大小轻重。定王命王孙满用巧妙的辞令应付了他，楚兵这才离去。十年，楚庄王包围了郑国，郑伯投降，不久又恢复了郑国。十六年，楚庄王去世。

二十一年，定王逝世，儿子简王夷登位。简王十三年，晋人杀了他们的国君厉公，从周迎回了子周，立为悼公。

十四年，简王逝世，儿子灵王泄心登位。灵王二十四年，齐国的崔杼杀了他们的君王庄公。

二十七年，灵王逝世，儿子景王贵立。景王十八年，王后所生的太子精明通达却过早去世。二十年，景王喜爱子朝，想立他为太子，正好这时景王逝世，子丐的党徒和他争夺王位，朝臣拥立长子猛为王，子朝攻杀猛。猛就是悼王。晋人攻打子朝扶立丐为王，这就是敬王。

敬王元年，晋人护送他回朝。因子朝已自立为王，敬王不能进入国都，就居住在泽邑。四年，晋率领诸侯把敬王护送回周，子朝做了臣子，诸侯给周修筑都城。十六年，子朝的党羽们又起来作乱，敬王逃奔到晋国。十七年，晋定公终于把敬王护送回周了。

三十九年，齐国田常杀了他们的国君简公。

四十一年，楚灭掉了陈国。孔子在这一年去世。

四十二年，周敬王逝世，儿子元王仁登位。元王八年，逝世，儿子定王介登位。

定王十六年，韩、赵、魏三家消灭了智伯，瓜分了他的土地。

二十八年，定王逝世，长子去疾登位，这就是哀王。哀王登位三个月，他的弟弟叔袭杀了哀王，自己登上王位，这就是思王。思王登位五个月，他的小弟弟嵬攻杀思王自立为王，这就是考王。这三个王都是定王的儿子。

考王十五年，逝世，儿子威烈王午登位。

考王把他的弟弟封在河南，这就是桓公，让他承续周公这个官位职事。桓公去世后，儿子威公继任。威公去世后，儿子惠公继任，把他的小儿子封在巩地以护卫周王，号为东周惠公。

威烈王二十三年，九鼎震动。这一年，周王命韩、魏、赵为诸侯。

二十四年，威烈王逝世，儿子安王骄登位。这一年，盗贼杀了楚声王。

安王登位二十六年，逝世，儿子烈王喜登位。烈王二年，周太史儋拜见秦献公说："当初周和秦是合在一起的，后来分开了，分开五百年之后又合在一起，合在一起十七年后，将会有一位称霸统一天下的人出现。”

十年，周烈王逝世，他的弟弟扁登位，这就是显王。显王五年，祝贺秦献公，献公称霸。九年，显王又送上了祭祀文王、武王的胙肉。二十五年，秦在周国与诸侯会盟。二十六年，周王把诸侯之长方伯这个名称送给秦孝公。三十三年，祝贺秦惠王。三十五年，又送上了祭祀文王、武王的胙肉。四十四年，秦惠王称王。自此以后，诸侯都各自称王了。

四十八年，周显王逝世，儿子慎靓王定登位。慎靓王登位六年，逝世，儿子赧王延登位。王赧在位时，东西周各自为政。赧王把国都迁到了西周。

西周武公的共太子去世了，还有五个儿子都是庶出的，没有嫡子可以立为太子。司马翦对楚王说：“不如用土地资助公子咎，替他请求立为太子。”左成说：“不行。如果我们用土地资助了公子咎，而周君却不听我们的，这样您的主意就行不通了，与周君的交情也疏远了。不如去问问周君想要立谁为太子，悄悄地告诉给司马翦，然后司马翦再让楚国资助给他土地。”结果，西周真的立公子咎为太子。

八年，秦攻打宜阳，楚派兵去援救。而楚国以为周是帮助秦国，所以想攻打周。苏代为周游说楚王说：“您怎么知道周是帮助秦国？说周帮助秦国比帮助楚国更出力的人，是想让周投到秦国方面去，所以人们都把周、秦放在一起说‘周秦’啊！周明白了自己解脱不了，就必定投向秦国一方，这真是帮助秦国取周的妙计呀！如果为大王考虑，周为秦出力，您要好好待他；不为秦出力，仍然好好待他，这样，才能让它与秦疏远。周与秦绝了交，就一定会投向楚国郢都。”

秦向东周和西周借道，想通过两周之间的地区去攻打韩国，周担心借了会得罪韩，不借又会得罪秦。史厌对周君说：“为什么不派人去见韩公叔呢？就对韩公叔说：‘秦国敢穿过周地去攻打韩国，是由于信任东周。您为什么不给周一些土地，并派出人质前往楚国呢？’这样，秦国一定会怀疑楚国，不相信周君，也就不会攻打韩国了。您再派人去对秦国说：‘韩国非要给我们周一些土地，想以此来让秦国怀疑周君，周不敢不接受。’秦国也就没有说辞，不让周接受韩国的土地了，这样就既得到了韩国的土地，又听命于秦国了。”

秦国召见西周君入秦，西周君不愿意去，故意派人对韩王说：“秦国召见西周君，他是想攻打大王的南阳，大王为什么不派兵驻守南阳？西周君将以此为借口不到秦国去。周君不到秦国去，秦国就一定不敢渡河来攻打南阳了。”

东周和西周打仗，韩国派兵去救援西周。有人为东周游说韩王说：“西周原先是天子的国都，有许多钟鼎宝器和贵重的宝物。您如果控制住军队不出动，就既可以让东周感激您，又可以使您尽得西周的宝物。”

周王赧被称作成君。楚国包围了韩国的雍氏，韩国向东周要兵器和粮草，东周君害怕了，叫来苏代把这事告诉了他。苏代说：“您何必为这件事担忧呢！我能使韩国不向东周要兵器和粮草，又能让您得到高都。”周君说：“你如果能办到，我可以把国政交给你。”苏代会见了韩相国公仲侈说：“楚国包围了雍氏，原来计划三个月攻下，如今五个月了，还攻不下来，这说明楚兵已经疲惫了。现在您向周要兵器粮草，就是向楚国宣告您自己已经疲惫了。”韩相国说：“对。可是使者已经派出去了。”苏代于是说：“为什么不把高都送给周朝呢？”韩相国非常生气，说：“我不向周朝要兵器粮草也就够可以了，为什么还要把高都送给周朝呢？”苏代说:“把高都送给周朝，周朝会转过来投向韩国，秦国听了一定很恼火，怨恨周朝，与周朝断绝使者的往来，这样就等于是拿一个破烂的高都换来一个完整的周朝。为什么不给呢？”韩相国说：“好。”果然把高都送给周朝了。

三十四年，苏厉对周君说：“秦国攻克了韩国、魏国，打败了魏将师武，往北攻取了赵的蔺、离石二县，这些都是白起干的。这个人善于用兵，又有天命佑助。而今他又带兵出伊阙塞去攻打梁国，如果梁国被攻破，那么周朝就危险了。您为什么不派人去劝说白起呢？您可以说:‘楚国有个养由基，是个善于射箭的人。在离柳叶百步之外射箭，可以百发百中。左右旁观的人有好几千，都说他箭射得好。可是有一个汉子站在他的旁边，说：“好，可以教给他射箭了。”养由基很生气，扔掉弓，握住剑说“你有什么本事教我射箭呢”？那个人说“并不是说我能教你怎么伸直左臂撑住弓身，怎样弯曲右臂拉开弓弦。一个人在百步之外射柳叶，百发百中，如果不在射得最好的时候停下来，过一会儿力气小了，身体累了，弓摆不正，箭射出去不直，只要有一发射不中，那么一百发就全部作废了”。如今，您攻克了韩国、魏国，打败了师武，往北攻取了赵国的蔺、离石二县，您的功绩是很大了。现在您又带兵出伊阙塞，过东西两周，背对韩国，攻打梁国，这一次如果打不胜，就会前功尽弃。您不如称病，不要出兵去攻打梁国了’。”

四十二年，秦国攻破了魏国的华阳。周的大臣马犯对周君说：“请允许我去让梁国给周筑城。”他去对梁王说：“周王病了，如果他真的死了，我也一定活不成。请让我把九鼎献给大王，您拿到了九鼎之后希望能想办法救我。”梁王说：“好。”于是给他一批士兵，声称是去保卫周朝。马犯又去对秦王说：“梁国并非是想保卫周朝，而是要攻打周朝。您可以派兵到国境去看看。”秦国果然出兵。马犯又去对梁王说：“周王病好了，九鼎的事没有办成，请您让我在以后找适当的机会再献九鼎吧！但是现在您已经派兵到周国去了，诸侯都起了疑心，怀疑您要讨伐周国，以后您办事将不会有人相信了。不如让那些士兵为周国筑城，借此把诸侯怀疑您要伐周的事掩盖住。”梁王说：“好。”于是就让那些士兵给周国筑城。

四十五年，周君的秦国宾客对周冣说：“您不如称赞秦王的孝道，趁便把应地献给秦国作为太后的供养之地，秦王一定很高兴，这样您和秦国就有了交情。交情好了，周君一定认为这是您的功绩；交情不好，劝周君归附秦国的人一定会获罪。”秦国去攻打周国，周冣对秦王说：“如果为大王您考虑，那就不应该去攻打周。攻打周，实在利益不多，却使您的名声让天下人都害怕。天下人都因为秦攻打周国的名声而害怕，一定会往东边去与齐国联合。您的军队在周打得疲惫了，又使天下都去与齐联合，这样，秦国就称不了王了。天下正希望使秦国疲惫呢，所以鼓励您去攻打周国。如果秦国和诸侯都疲惫了，那样您的命令就不会通行于诸侯了。”

五十八年，韩、赵、魏三国与秦国相对抗。周君派相国前往秦国，因为怕遭到秦国的轻视，就半路返回来了。有人对相国说：“秦国是轻视您还是重视您，这个还不能确定。秦国是想要了解那三国的实情。您不如赶快去拜见秦王，就说‘请让我来给您打探东方三国的变化’，秦王一定会重视您。秦王重视您，就表明秦王重视周国，周国因此也取得了秦国的信任。至于齐国对周的重视，那么早就有周冣和齐国联络好了。这样，周国就可以永远不会失去与强国的交情。”秦国信任周国了，就发兵去攻打韩、赵、魏三国。

五十九年，秦攻取了韩国的阳城、负黍，西周很害怕，背叛了秦国，与东方各诸侯相联合，率领天下的精锐部队出伊阙去攻打秦国，使得秦国与阳城之间无法相通。秦昭王很生气，派将军摎攻打西周。西周君跑到秦国，叩头认罪，把全部三十六邑三万人口都献给了秦王。秦接受了西周君献的人口、土地，让他又回到西周去了。

周君、王赧逝世后，周地的民众就向东方逃亡。秦收取了九鼎和其他珍宝器物，又把西周公迁到𢠸狐。此后七年，秦庄襄王灭掉了东周。东西周就全都归属于秦了，周朝的祭祀从此断绝。

太史公说：学者都说周伐纣之后，定居在洛邑，综合考察它的实际情况并非如此。洛邑是武王测量的，成王又派召公去进行了占卜，把九鼎安放在那里，而周都仍然是在丰邑、镐京。一直到犬戎打败了幽王，周都才东迁到洛邑。所谓“周公安葬于毕”，毕在镐京东南的杜中。秦国灭掉了周朝。汉朝建立九十多年后，天子将要去泰山封禅，向东巡视到河南时，访求周朝的后代，把三十里的土地封给周朝的后代嘉，号为周子南君，和其他列侯平列，让他供奉对周朝祖先的祭祀。

（潘　峰　译）

《史记》卷五 秦本纪第五

秦的祖先，是颛顼帝的后代孙女，名叫女修。女修织布的时候，有一只燕子掉落一颗蛋，女修把它吞食了，生下儿子，名叫大业。大业娶了少典部族的女儿，名叫女华。女华生下大费，大费辅助夏禹治理水土。治水成功后，舜帝为表彰禹的功劳，赐给他一块黑色的玉圭。禹接受了赏赐，说："治水不是我一个人能完成的，也是因为有大费做助手。"舜帝说："啊！大费，你帮助禹治水成功，我赐你一副黑色的旌旗飘带。你的后代将会兴旺昌盛。"于是把一个姓姚的美女嫁给他。大费行拜礼接受了赏赐，为舜帝驯养禽兽，禽兽大多驯服，这个人就是柏翳。舜帝赐他姓嬴。

大费生有两个儿子，一个名叫大廉，这就是鸟俗氏；另一个叫若木，这就是费氏。费氏的玄孙叫费昌，他的子孙有的住在中原地区，有的住在夷狄那里。费昌正处在夏桀的时候，就离开夏国，归附了商汤，给商汤驾车，在鸣条打败了夏桀。大廉的玄孙叫孟戏、中衍，身体长得很像鸟，但说人话。太戊帝听说了他们，想让他们给自己驾车，就去占卜，卦相吉利，于是把他们请来驾车，并且给他们娶了妻子。自太戊帝以后，中衍的后代子孙，每代都有功劳，辅佐殷国，所以嬴姓子孙大多显贵，后来终于成了诸侯。

中衍的玄孙叫中潏，住在西部戎族地区，保卫西部边疆。中潏生了蜚廉。蜚廉生了恶来。恶来力气大，蜚廉善奔跑。父子俩都凭才能力气侍奉殷纣王。周武王伐纣的时候，把恶来也一并杀了。当时，蜚廉为纣出使北方，回来时，因纣已死，没有地方禀报，就在霍太山筑起祭坛向纣王报告，祭祀时获得一副石棺，石棺上刻的字说是"天帝命令你不参与殷朝的灾乱，赐给你一口石棺，以光耀你的氏族"。蜚廉死后，就埋葬在霍太山。蜚廉还有个儿子叫季胜。季胜生了孟增。孟增受到周成王的宠幸，他就是宅皋狼。皋狼生了衡父。衡父生了造父。造父因善于驾车得到周缪王的宠信。周缪王获得名叫骥、温骊、骅骝、騄耳的四匹骏马，驾车到西方巡视，乐而忘返。等到徐偃王作乱时，造父给缪王驾车，兼程驱赶回周朝，日行千里，平定了叛乱。缪王把赵城封给造父，造父族人从此姓赵。自蜚廉生季胜以来经过五代直到造父时，才另外分出来居住在赵城。春秋晋国大夫赵衰就是他的后代。恶来革，是蜚廉的儿子，死得早。他有个儿子叫女防，女防生了旁皋，旁皋生了太几，太几生了大骆，大骆生了非子。因为造父受到周王的恩宠，他们都承蒙恩荫住在赵城，姓赵。

非子居住在犬丘，喜爱马和其他牲口，并善于饲养繁殖。犬丘的人把这事告诉了周孝王，孝王召见非子，让他在汧河、渭河之间管理马匹。马匹大量繁殖。孝王想让非子做大骆的继承人。申侯的女儿是大骆的妻子，生了儿子成，成做了继承人。申侯就对孝王说："从前我的祖先是郦山那儿的女儿，她做了西戎族仲衍的曾孙胥轩的妻子，生了中潏，因为与周相亲而归附周朝，守卫西部边境，西部边境因此和睦太平。现在我又把女儿嫁给大骆为妻，生下成做继承人。申侯与大骆再次联姻，西戎族都归顺，这样，您才得以称王。希望您考虑一下吧。"于是孝王说："从前伯翳为舜帝掌管牲畜，牲畜繁殖很多，所以获得土地的封赐，受赐姓嬴。现在他的后代也给我驯养繁殖马匹，我也分给他土地做附属国吧。"赐给他秦地作为封邑，让他接管嬴氏的祭祀，号称秦嬴。但也不废除申侯女儿生的儿子做大骆的继承人，以此来与西戎和好。

秦嬴生了秦侯。秦侯在位十年去世。秦侯生公伯。公伯在位三年去世。公伯生秦仲。

秦仲即位三年，周厉王无道，有的诸侯背叛了他。西戎族反叛周王朝，灭了犬丘大骆的全族。周宣王登上王位之后，任用秦仲当大夫，讨伐西戎。西戎杀掉了秦仲。秦仲即位为侯王二十三年，死在西戎手里。秦仲有五个儿子，大儿子叫庄公。周宣王召见庄公兄弟五人，交给他们七千兵卒，命令他们讨伐西戎，把西戎打败了。周宣王于是再次赏赐秦仲的子孙，包括他们的祖先大骆的封地犬丘在内，一并归他们所有，任命他们为西垂大夫。

庄公居住在他们的故地西犬丘，生下三个儿子，长子叫世父。世父说："西戎杀了我祖父秦仲，我不杀死西戎王就绝不回家。"于是率兵去攻打西戎，把继承人的位置让给他弟弟襄公。襄公做了太子。庄公在位四十四年去世，太子襄公继位。襄公元年，襄公把他妹妹缪嬴嫁给西戎丰王做妻子。襄公二年，西戎包围犬丘，世父反击，最后被西戎俘虏。过了一年多，西戎放还世父。七年春，周幽王因宠爱褒姒而废除太子宜臼，把褒姒所生的儿子伯服立为继承人，周幽王多次举烽火把诸侯骗来京师，以求褒姒一笑，诸侯们因此背叛了他。西戎的犬戎和申侯一起攻打周朝，在骊山下杀死了幽王。秦襄公率兵营救周朝，作战有力，立了战功。周平王为躲避犬戎的骚扰，把都城向东迁到雒邑，襄公带兵护送了周平王。周平王封襄公为诸侯，赐给他岐山以西的土地。平王说："西戎不讲道义，侵夺我岐山、丰水的土地，秦国如果能赶走西戎，西戎的土地就归秦国。"平王与他立下誓约，赐给他封地，授给他爵位。襄公在这时才使秦国成为诸侯国，跟其他诸侯国互通使节，互致聘问献纳之礼。又用黑鬃赤身的小马、黄牛、公羊各三匹，在西畤祭祀天帝。十二年，他讨伐西戎，到达岐山时，在那里去世了。他生了文公。

文公元年，文公住在西垂宫。三年，文公带着七百名兵卒到东边去打猎。文公四年，他们到达汧、渭两河的交汇之处。文公说："从前，周朝把这里赐给我的祖先秦嬴做封邑，后来我们终于成了诸侯。"于是占卜这里是否适宜居住，占卜的结果说吉利，就在这里营造起城邑。文公十年，开始建造祭天地的鄜畤，用牛羊猪三种牲畜举行祭祀。文公十三年，开始设立史官记载大事，百姓大多受到教化。文公十六年，文公派兵讨伐西戎，西戎败逃。于是文公就收集周朝的遗民归为己有，地盘扩展到岐山，把岐山以东的土地献给周天子。文公十九年，得到一块名叫"陈宝"的异石。文公二十年，开始设立诛灭三族的刑罚。文公二十七年，砍伐南山的大梓树，梓树中蹿出一头大青牛逃进了丰水。文公四十八年，文公的太子去世，赐谥号为竫公。竫公的长子立为太子，他是文公的孙子。文公五十年，文公去世，埋葬在西山。竫公的儿子登位，这就是宁公。

宁公二年，宁公迁居到平阳，派遣军队征伐荡社。宁公三年，与西戎的一支亳部落作战，亳王逃往西戎，于是灭了荡社。宁公四年，鲁公子翚杀死了他的君王隐公。宁公十二年，宁公攻打荡氏，攻了下来。宁公从十岁开始登上王位，在位十二年去世，葬在西山。他生了三个儿子：长子武公为太子；武公的弟弟德公，与武公是异父同母兄弟；宁公之妾鲁姬子生了出子。宁公去世后，大庶长弗忌、威垒和三父废掉太子，拥立出子为君主。出子六年，三父等人又一起派人杀害了出子。出子五岁即位，在位六年被杀。三父等人又拥立了原太子武公。

武公元年，征伐彭戏氏，到了华山下，住在平阳的封宫里。武公三年，杀了三父等人，夷灭了他们的三族，因为他们杀了出子。郑国的高渠眯杀了他的君主昭公。武公十年，攻打邽、冀戎两地的戎族，并开始在杜、郑两地设县，灭了小虢。

武公十三年，齐国人管至父、连称等杀了他们的君主襄公，拥立公孙无知。晋国灭了霍、魏、耿三国。齐国雍廪杀死无知、管至父等人，拥立齐桓公。齐国、晋国成了强国。

武公十九年，晋国的曲沃武公灭掉晋侯缗，开始做了晋侯。齐桓公在鄄地称霸。

武公二十年，秦武公去世，葬在雍邑平阳。这时开始用人殉葬，给武公殉葬的有六十六人。武公有个儿子，名叫白。白没有被立为君，被封在平阳。立武公的弟弟德公做了国君。

德公元年，开始住进雍城的大郑宫。用牛羊猪各三百头在鄜畤祭祀天地。占卜居住在雍地是否适宜，占卜的结果是：后代子孙将到黄河边上去饮马。梁伯、芮伯来朝见。德公二年，开始规定伏日，杀狗祭祀以祛除热毒邪气。德公到三十三岁才登位，在位两年去世。他生了三个儿子：长子宣公，次子成公，少子穆公。长子宣公继位。

宣公元年，卫国、燕国攻打周王室，把惠王赶出朝廷，拥立王子颓为帝。三年，郑伯、虢叔杀死了王子颓，送惠王返回朝中。四年，秦国修建密畤。与晋国在河阳作战，战胜了晋军。十二年，宣公去世。他生了九个儿子，没有一个继位，立了他的弟弟成公。

成公元年，梁伯、芮伯来朝见。齐桓公征伐山戎，军队驻扎在孤竹。

成公在位四年去世。他有七个儿子，没有一个继位，立了他的弟

弟缪公。（注：穆公与缪公为同一人）

缪公任好元年，缪公亲自率兵征伐茅津，取得胜利。缪公四年，从晋国迎娶了妻子，她是晋太子申生的姐姐。这年，齐桓公攻打楚国，打到邵陵。

穆公五年，晋献公灭了虞国和虢国，俘虏了虞君和他的大夫百里傒，这是由于事先晋献公送给虞君白玉和良马以借道伐虢，虞君答应了。俘获了百里傒之后，用他做秦缪公夫人出嫁时陪嫁的奴隶送到秦国。百里傒逃离秦国跑到宛地，楚国边境的人捉住了他。缪公听说百里傒有才能，想用重金赎买他，但又担心楚国不给，就派人对楚王说："我家的陪嫁奴隶百里傒逃到这里，请允许我用五张黑色公羊皮赎回他。"楚国就答应了，交出百里傒。这时，百里傒已经七十多岁了。缪公解除了对他的禁锢，跟他谈论国家大事。百里傒推辞说："我是亡国之臣，哪里值得您来询问？"缪公说："虞国国君不任用您，所以亡国了。这不是您的罪过。"缪公坚决询问。谈了三天，缪公非常高兴，把国家政事交给了他，号称五羖大夫。百里傒谦让说："我比不上我的朋友蹇叔，蹇叔有才能，可是世人没有人知道。我曾外出游学求官，被困在齐国，向铚地的人讨饭吃，蹇叔收留了我。我因而想事奉齐国国君无知，蹇叔阻止了我，我得以躲过了齐国发生政变的那场灾难，于是到了周朝。周王子颓喜爱牛，我凭着养牛的本领求取禄位，颓想任用我时，蹇叔劝阻我，我离开了颓，才没有跟颓一起被杀；事奉虞君时，蹇叔也劝阻过我。我虽知道虞君不能重用我，但实在是心里喜欢利禄和爵位，就暂时留下了。我两次听了蹇叔的话，都得以逃脱险境；一次没听，就遇上了这次因虞君亡国而遭擒的灾难：因此我知道蹇叔有才能。"于是缪公派人带着厚重的礼物去迎请蹇叔，让他当了上大夫。

秋天，缪公亲自带兵攻打晋国，在河曲与晋交战。晋国骊姬制造了内乱，太子申生被骊姬所害，死在新城，公子重耳、夷吾出逃。

穆公九年，齐桓公在葵丘与各地诸侯会盟。

晋献公去世。立骊姬的儿子奚齐，他的臣子里克杀了奚齐。荀息立卓子，里克又杀死了卓子和荀息。夷吾派人请秦国帮他回晋国。缪公答应了，派百里傒率兵去护送夷吾。夷吾对秦国人说：“我如果真能登位，愿意割让晋国的河西八座城给秦国。”等到他回到晋国登上了君位，却派丕郑去向秦国道歉，违背了诺言，不肯给秦国河西八座城，并且杀了里克。丕郑听说此事，十分害怕，就跟秦缪公商议说：“晋国人不想要夷吾为君，实际上想立重耳为君。现在夷吾违背诺言而且杀了里克，都是吕甥、郤芮的主意。希望您用重利赶快把吕甥、郤芮叫到秦国来，如果吕、郤两人来了，那么再送重耳回国就方便了。”缪公答应了他，就派人跟丕郑一起回晋国去叫吕甥、郤芮。吕、郤等人怀疑丕郑有诈谋，就报告夷吾，杀死了丕郑。丕郑的儿子丕豹逃奔到秦国，劝缪公说：“晋国君主无道，百姓不亲附他，可以讨伐他了。”缪公说：“百姓如果认为不合适，不拥护晋君，他们为什么能杀掉他们的大臣呢？既然能杀死他们的大臣，这正是由于晋国上下还是协调的。”缪公不公开听从丕豹的计谋，但在暗中却重用他。

穆公十二年，齐国管仲、隰朋去世。

晋国大旱，派人来秦国请求援助粮食。丕豹劝说缪公不要给，要缪公趁着晋国荒歉去攻打它。缪公去问公孙支，公孙支说：“荒歉与丰收是交替出现的事，不能不给。”又问百里傒，百里傒说：“夷吾得罪了您，他的百姓有什么罪？”缪公采纳百里傒、公孙支的意见，最后还是给晋国粮食了。水路用船，陆路用车给晋国运去粮食，从雍都出发，源源不断地直到绛城。

穆公十四年，秦国发生饥荒，请求晋国援助粮食。晋国就此事征求群臣的意见。虢射说：“趁着秦国闹饥荒去攻打它，可以大获成功。”晋君听从了他的意见。十五年，晋国发动军队攻打秦国。缪公也发兵，让丕豹率领大军，亲自前往迎击。九日壬戌日，与晋惠公夷吾在韩地交战。晋君甩下自己的部队独自往前冲，跟秦军争夺财物，回来的时候，驾车的战马陷到深泥里。缪公与部下纵马驱车追赶，没能抓到晋君，反而被晋军包围了。晋军攻击缪公，缪公受了伤。这时，曾在岐山下偷吃缪公良马的三百多个乡下人不顾危险驱马冲入晋军，晋军的包围被冲开，不仅使缪公得以脱险，反而又活捉了晋君。当初，缪公丢失了一匹良马，岐山下的三百多个乡下人一块儿把它抓来吃掉了，官吏捕捉到他们，要加以法办。缪公说："君子不能因为牲畜的缘故而伤害人。我听说，吃了良马肉，如果不喝酒，会伤身体。"于是就赐酒给他们喝，并赦免了他们。这三百人听说秦国要去攻打晋国，都要求跟着去。在作战时，他们发现缪公被敌包围，都高举兵器，争先死战，以报答吃马肉被赦免的恩德。于是缪公俘虏了晋君回到秦国，向全国发布命令："人人斋戒独宿，我将用晋君祭祀上帝。"周天子听说此事，说"晋君是我的同姓"，替晋君求情。夷吾的姐姐是秦缪公的夫人，她听到这件事，就穿上丧服，光着脚，说："我不能挽救自己的兄弟，以致还得让君上下命令杀他，实在有辱于君上。"缪公说："我俘获了晋君，以为成就了一件大事，可是现在天子来求情，夫人也为此事而忧愁。"于是跟晋君订立盟约，答应让他回国，并给他换了上等的房舍住宿，送给他牛羊猪各七头，以诸侯之礼相待。十一月，送晋君夷吾回国；夷吾献出晋国河西的土地，派太子圉到秦国做人质。秦国把同宗的女儿嫁给子圉。这时候，秦国的地盘向东已经扩展到黄河。

穆公十八年，齐桓公去世。二十年，秦国灭了梁、芮二国。

穆公二十二年，晋公子圉听说晋君生病，说："梁国是我母亲的家乡，秦国却灭了它。我兄弟众多，如果父君百年后，秦国必定留住我，晋国也不会重视我，而改立其他公子。"于是子圉逃离秦国，回到晋国。二十三年，晋惠公去世，子圉即位为君。秦君对圉的逃离十分恼恨，就从楚国迎来晋公子重耳，并把原来子圉的妻子嫁给重耳。重耳起初推辞不肯，后来就接受了。缪公对重耳更加以礼厚待。二十四年春天，秦国派人告诉晋国大臣，要送重耳回国。晋国答应了，于是派人护送重耳回到晋国。二月，重耳登位成为晋君，这就是晋文公。文公派人杀了子圉。子圉就是晋怀公。

这年秋天，周襄王的弟弟带借助狄人的军队攻打襄王，襄王出逃，住在郑国。穆公二十五年，周襄王派人向晋国、秦国通告了发生祸难的情况。秦缪公率兵帮助晋文公护送周襄王回朝，杀死襄王的弟弟带。穆公二十八年，晋文公在城濮打败楚军。穆公三十年，帮助晋文公包围了郑国。郑国派人对缪公说："灭掉郑国，其结果是使晋国实力增强，这对晋国是有利的，而对秦国却无利。晋国强大了，就会成为秦国的忧患。”缪公于是撤军，返回秦国。晋国也只好撤军。穆公三十二年冬，晋文公去世。

郑国有个人向秦国出卖郑国说：“我掌管郑国的城门，你们可以来偷袭郑国。”缪公去问蹇叔、百里傒，两个人回答说：“路经数国地界，到千里之外去袭击别人，很少有占便宜的。再说，既然有人出卖郑国，怎么知道我国的人就没有把我们的实情告诉郑国呢？不能袭击郑国。”缪公说：“你们不懂得，我已经决定了。”于是出兵，派百里傒的儿子孟明视、蹇叔的儿子西乞术和白乙丙率兵。军队出发的那天，百里傒、蹇叔二人对着军队大哭。缪公听说了，生气地说：“我派兵出发，你们却拦着军队大哭，这是为什么？”二位老人说：“为臣不敢阻拦军队。部队要走了，我俩的儿子在军队中也将前往，如今我们年岁已大，他们如果回来晚了，恐怕就见不着了，所以才哭。”二位老人退回来对他们的儿子说：“你们的部队如果失败，一定是在殽山的险要处。”三十三年春天，秦国军队向东进发，穿过晋国，从周朝都城北门经过。周朝的王孙满看见了秦国的军队以后说：“秦军不懂礼仪，不打败仗还等什么！”军队开进到滑邑，郑国商人弦高带着十二头牛准备去周朝都城出卖，碰见了秦军，他害怕被秦军杀掉或俘虏，就献上他的牛，说：“听说贵国要去讨伐郑国，郑君已认真做了防守和抵御的准备，还派我带了十二头牛来慰劳贵国士兵。”秦国的三位将军一起商量说：“我们要去袭击郑国，郑国现在已经知道了，去也袭击不成了。”于是不去袭郑，而是灭掉滑邑。滑邑是晋国的边境城邑。

这时候，晋文公死了还没有安葬。太子襄公愤怒地说：“秦国欺侮我刚刚丧父，趁我办丧事的时候攻破我国的滑邑。”于是把丧服染成黑色，以方便行军作战，发兵在殽山阻截秦军。晋军发起攻击，把秦军打得大败，没有一个人能够逃脱。晋军俘获了秦军三位将军返回都城。晋文公的夫人是秦缪公的女儿，他替秦国三位被俘的将军求情说：“缪公对这三个人恨之入骨，希望您放他们回国，好让我国国君能亲自痛痛快快地煮掉他们。”晋君答应了，放秦军三位将军归国。三位将军回国后，缪公穿着白色丧服到郊外迎接他们，向三人哭着说：“寡人因为没有听从百里傒、蹇叔的话，以致让你们三位受了屈辱，你们三位有什么罪呢？你们要拿出全部心力洗雪这个耻辱，不要松懈。”于是恢复了三个人原来的官职俸禄，更加厚待他们。

穆公三十四年，楚国太子商臣杀了他的父亲楚成王，接替了王位。秦缪公这时候再次派孟明视等率兵攻打晋国，在彭衙交战。秦军作战不利，撤军返回。

戎王派由余出使秦国。由余，祖先是晋国人，逃亡到戎地，他还能说晋国方言。戎王听说缪公贤明，就派由余去观察秦国。秦缪公向他炫示了宫室和积蓄的财宝。由余说：“这些宫室积蓄，如果是让鬼神营造，那么就使鬼神劳累了；如果是让百姓营造，那么也使百姓受苦了。”缪公觉得他的话奇怪，问道：“中原各国借助诗书礼乐和法律处理政务，还不时地出现祸乱呢，现在戎族没有这些，用什么来治理国家，岂不很困难吗？”由余笑着说：“这些正是中原各国发生祸乱的根源所在。自上古圣人黄帝创造了礼乐法度，并亲自带头贯彻执行，也只是实现了小的太平。到了后代，君主一天比一天骄奢淫逸。依仗着法律制度的威严来要求和监督民众，民众感到疲惫了就怨恨君上，要求实行仁义。上下互相怨恨，篡夺屠杀，甚至灭绝家族，都是由于礼乐法度这些东西啊！而戎族却不是这样。在上位者怀着淳厚的仁德来对待下面的臣民，臣民满怀忠信来侍奉君上，整个国家的政事就像一个人支配自己的身体一样，无须了解什么治理的方法，这才真正是圣人治理国家啊！”缪公退朝之后，就问内史王廖说：“我听说邻国有圣人，这将是对立国家的忧患。现在由余有才能，这就是我的祸害，我该怎么办呢？”内史王廖说:“戎王地处偏僻，不曾听过中原地区的乐曲。您不妨试试送他歌舞伎女，借以改变他的心志。并且为由余向戎王请求延期返戎，以此来疏远他们君臣之间的关系；同时留住由余不让他回去，以此来延误他回国的日期。戎王一定会感到奇怪，因而怀疑由余。他们君臣之间有了隔阂，就可以俘获他了。再说戎王喜欢上音乐，就一定没有心思处理国事了。”缪公说：“好。”于是缪公与由余座席相连而坐，互递杯盏一块儿吃喝，向由余询问戎地的地形和兵力，把情况了解得一清二楚，然后命令内史王廖送给戎王十六名歌伎。戎王接受，并且非常迷恋，整整一年不理朝政。这时候，秦国才让由余回国。由余多次向戎王进谏，戎王都不听，缪公又屡次派人秘密邀请由余，由余于是离开戎王，投降了秦国。缪公以宾客之礼相待，向他询问应该在什么样的形势下进攻戎族。

缪公三十六年，他更加厚待孟明等人，派他们率兵进攻晋国，渡过黄河就焚毁了船只，以示决死战斗，结果把晋国打得大败，夺取了王官和鄗地，为殽山战役报了仇。晋国军队都据城防守，不敢出战。于是缪公就从茅津渡过黄河，为殽山战役牺牲的将士筑坟，给他们发丧，全国哀悼三天。向秦军发誓说："喂，将士们！你们听着，不要吵嚷，我向你们发誓。我要告诉你们，古人办事虚心听取老年人的意见，所以不会有什么过错。"缪公反复思考自己不采纳蹇叔、百里傒的计谋而造成的过失，因此发出这样的誓言，让后代记住自己的过失。君子们听说这件事，都为之落泪，说："啊！秦缪公待人真周到，终于得到了孟明等人胜利的喜庆。"

缪公三十七年，秦国采用由余的计谋攻打戎王，增加了十二个属国，开辟了千里疆土，终于称霸于西戎地区。周天子派召公过带着钲、鼓等军中指挥用的器物去向缪公表示祝贺。三十九年，秦缪公去世，安葬在雍。陪葬的人达一百七十七人，秦国良臣子舆氏的奄息、仲行、针虎的三个人也属陪葬者之列。秦国人为他们悲痛，并为此而作了一首题为《黄鸟》的诗。君子说："秦缪公扩展疆土，增加属国，在东方征服了强大的晋国，在西方称霸了西戎，但是他没有成为诸侯的盟主，这也是理所当然的！因为他死了就置百姓于不顾，还拿他的良臣为自己殉葬。古代有德行的帝王逝世尚且遗留下好的道德和法度，而他没有做到这些，更何况还夺走百姓所同情的好人、良臣呢？由此可以断定秦国不可能再东进了。"缪公的儿子有四十人，他的太子罃继承王位，这就是康公。

康公元年。前一年，缪公去世的时候，晋襄公也去世了。晋襄公的弟弟叫雍，是秦国之女所生，住在秦国。晋卿赵盾想拥立他为君，派随会来接他，秦国派兵把雍护送到令狐。而晋国已立了襄公的儿子，反倒来攻打秦军，秦军战败，随会逃奔到秦国。康公二年，秦攻打晋国，攻占了武城，为令狐之战报了仇。康公四年，晋国攻打秦国，攻占了少梁。

康公六年，秦国攻打晋国，攻占了羁马。两军在河曲交战，把晋军打得大败。晋国人担心随会在秦国会给晋国造成祸患，就派魏雠余诈称叛晋降秦，与随会共谋返晋，用蒙骗手段笼住了随会，随会于是回到晋国。康公在位二十年去世，儿子共公继位。

共公二年，晋国的赵穿杀了他的君主灵公。共公三年，楚庄王强大起来，向北进兵，一直深入到洛邑，询问周朝传国之宝九鼎的大小轻重，图谋夺取周朝的政权。共公在位五年去世，儿子桓公继位。

桓公三年，晋军打败秦军，俘虏了秦国的将领赤。桓公十年，楚庄王征服郑国，往北又在黄河岸上打败了晋军。就在这个时候，楚国称霸，召集各诸侯举行盟会。桓公二十四年，晋厉公刚刚即位，与秦桓公订立了以黄河为界的盟约。桓公回国后就背弃了盟约，与狄人合谋一块儿攻打晋国。桓公二十六年，晋国率领诸侯攻打秦国，秦军败逃，晋军一直追赶到泾水边上才返回。桓公在位二十七年去世，儿子景公继位。

景公四年，晋国的栾书杀了他的君主厉公。景公十五年，秦军救郑国，在栎邑打败晋军。这时候，晋悼公成为盟主。景公十八年，晋悼公强大起来，多次召集诸侯会盟，率领诸侯攻打秦国，打败了秦军。秦军败逃，晋兵在后面追赶，一直渡过泾水，追到棫林才返回。景公二十七年，秦景公到晋国，与晋平公订立盟约，不久就背叛了盟约。景公三十六年，楚国公子围杀了他的君主自立为王，这就是楚灵王。秦景公的同母兄弟后子针得宠，而且富有，有人说坏话诬陷他，他害怕被杀，就逃奔到晋国，带着辎重车上千辆。晋平公说:“您这样富有，为什么还要逃亡呢？”后子针回答说：“秦君无道，我害怕被杀害。想等到他的继承人登位再回去。”景公三十九年，楚灵王强大起来，在申地与诸侯会盟，做了盟主，杀了齐国的庆封。景公在位四十年去世，儿子哀公继位。后子针又回到秦国。

哀公八年，楚国公子弃疾杀了楚灵王，自立为王，这就是平王。哀公十一年，楚平王来迎娶秦女做太子建的妻子。回到楚国，平王见女子漂亮，就自己娶了她。哀公十五年，楚平王想杀死太子建，建逃跑了；伍子胥逃奔到吴国。晋国国君家族的权力削弱，范氏、中行氏、智氏、赵氏、韩氏、魏氏六个家族世代为晋卿，势力强大，想策动内战，因此好长时间秦、晋两国没有打仗。哀公三十一年，吴王阖闾与伍子胥攻打楚国，楚王逃往随地，吴军于是进入郢都。楚国大夫申包胥来秦国告急求援，一连七天不吃饭，日夜哭泣。于是秦国就派兵车五百辆去援救楚国，打败了吴国军队。吴军撤走了，楚昭王才得以重回郢都。哀公在位三十六年去世。太子名叫夷公，夷公早死，没能继位，夷公的儿子继位，这就是惠公。

惠公元年，孔子代理鲁国国相的职务。惠公五年，晋卿中行氏、范氏反叛晋国，晋君派智氏和赵简子讨伐他们，范氏、中行氏逃到齐国。惠公在位十年去世，儿子悼公继位。

悼公二年，齐国大臣田乞杀了他的国君孺子，立孺子的哥哥阳生为君，这就是齐悼公。悼公六年，吴军打败齐军。齐国人杀了悼公，立他的儿子简公为君。悼公九年，晋定公与吴王夫差在黄池会盟，争做盟主，最终是让吴王占了先。吴国强盛，欺凌中原各国。悼公十二年，齐国田常杀了齐简公，立他的弟弟平公为君，田常当了国相。悼公十三年，楚国灭掉陈国。秦悼公在位十四年去世，儿子厉共公继位。孔子在悼公十二年去世。

厉共公二年，蜀人前来进献财物。厉共公十六年，在黄河旁挖掘壕沟。派兵两万去攻打大荔国，攻占了大荔国的都城。厉共公二十一年，开始设置频阳县。晋国攻占了武城。厉共公二十四年，晋国发生内乱，智伯被杀，把智伯的领地分给赵氏、韩氏、魏氏。厉共公二十五年，智开带领邑人来投奔秦国。厉共公三十三年，攻打义渠戎族，俘虏了戎王。厉共公三十四年，发生日食。厉共公去世，他的儿子躁公继位。

躁公二年，南郑邑反叛。躁公十三年，义渠来攻打秦国，到了渭南。躁公十四年，躁公去世，他的弟弟怀公继位。

怀公四年，庶长鼌和大臣围攻怀公，怀公自杀。怀公太子名叫昭子，死得早，大臣们就拥立昭子的儿子为君，这就是灵公。灵公，是怀公的孙子。

灵公六年，晋国在少梁筑城，秦军攻打晋国。灵公十三年，秦国在籍姑筑城。灵公去世，儿子献公没能继位，立了灵公的叔父悼子，这就是简公。简公是昭子的弟弟，怀公的儿子。

简公六年，开始让官吏带剑。在洛水边挖了壕沟。在重泉筑城。十六年，简公去世，儿子惠公继位。

惠公十二年，儿子出子出生。惠公十三年，攻打蜀国，攻占了南郑。惠公去世，出子继位。

出子二年，庶长改从河西迎接灵公的儿子献公回国，立他为君。杀了出子和他的母亲，把他们的尸体沉入深渊。秦国因为在此以前频繁更换君主，君臣之间关系不协调，所以晋国的力量又强大起来，夺去了秦国河西的土地。

献公元年，废止了殉葬的制度。献公二年，在栎阳筑城。献公四年正月庚寅日，孝公出生。献公十一年，周朝太史儋拜见献公说："周与秦本来是合在一起的，后来秦分了出去，分开五百年后又合在一起，合在一起十七年后，将会有称霸统一天下的人出现。"献公十六年，桃树冬天开了花。献公十八年，栎阳上空下了黄金雨。献公二十一年，与晋国在石门交战，杀了晋兵六万人，天子送来绣有花纹的特制礼服表示祝贺。献公二十三年，与晋国在少梁交战，俘虏了晋将公孙痤。献公二十四年，献公去世，儿子孝公继位，这时孝公已经二十一岁了。

孝公元年，黄河和殽山以东有六个强国，秦孝公与齐威王、楚宣王、魏惠王、燕悼侯、韩哀侯、赵成侯并立。淮河、泗水之间有十多个小国。楚国、魏国与秦国接壤。魏国修筑长城，从郑县筑起，沿洛河北上，北边据有上郡之地。楚国的土地从汉中往南，据有巴郡、黔中。周王室衰微，诸侯用武力相征伐，彼此争杀吞并。秦国地处偏僻的雍州，不参加中原各国诸侯的盟会，诸侯们像对待夷狄一样对待秦国。孝公于是广施恩德，救济孤寡，招募战士，明确了论功行赏的法令，并向全国发布命令说："从前，我们缪公在岐山、雍邑之间，实行德政，振兴武力，在东边平定了晋国的内乱，疆土达到黄河边上；在西边称霸于戎狄，拓展疆土达千里。天子赐予霸主称号。诸侯各国都来祝贺，给后世开创了基业，盛大辉煌。但是就在前一段厉公、躁公、简公、出子的时候，接连几世不安宁，国家内有忧患，没有空暇顾及国外的事,结果晋国攻夺了我们先王河西的土地,诸侯也都看不起秦国,耻辱没有比这更大的了。献公即位,安定边境,迁都栎阳,并且想要东征,收复缪公时的原有疆土,重修缪公时的政令。我缅怀先君的遗志,心中常常感到悲痛。宾客和群臣中有谁能献出高明的计策,使秦国强盛起来,我将让他做高官,分封给他土地。”于是便发兵东进,围攻陕城,西进杀了戎族的獂王。

卫鞅听说颁布了这个命令,就西行来到秦国,通过景监求见孝公。

孝公二年,周天子送来祭肉。

孝公三年,卫鞅劝说孝公实行变法,制订刑罚,在国内致力于农耕,对外鼓励效死作战,给以各种奖罚。孝公认为这个办法很好。但甘龙、杜挚等人不同意,双方为此而争辩起来。最后孝公采用卫鞅的新法,百姓对此抱怨不休;过了三年,百姓反而觉得适应了。于是孝公任命卫鞅担任左庶长。此事记载在《商君列传》里。

孝公七年,孝公与魏惠王在杜平会盟。孝公八年,秦国与魏国在元里交战,取得胜利。孝公十年,卫鞅任大良造,率兵包围了魏国安邑,使安邑归服。孝公十二年,修造咸阳城,筑起了公布法令的门阙,秦国就迁都到咸阳。秦国把各个小乡小村合并为大县,每县设县令一人,全国共有四十一个县。开辟田地,废除了井田制下纵横交错的田埂。这时秦国东边的地界已经越过了洛水。孝公十四年,开始制定新的赋税制度。孝公十九年,天子赐予霸主称号。孝公二十年,诸侯都来祝贺。秦国派公子少官率领军队与诸侯在逢泽会盟,朝见天子。

孝公二十一年,齐国在马陵打败魏国。

孝公二十二年,卫鞅攻打魏国,俘虏了魏公子卬。秦孝公封卫鞅为列侯,号为商君。

孝公二十四年,秦国与魏军在岸门作战,俘虏了魏国将军魏错。

秦孝公去世,儿子惠文君继位。这一年,惠文君杀了卫鞅。卫鞅刚在秦国施行新法时,法令行不通,太子触犯了禁令。卫鞅说:“法令行不通,根源起自国君的亲族。国君果真要实行新法,就要从太子做起。太子不能受刺面的墨刑,就让他的师傅代受墨刑。”从此,法令顺利施行,秦国治理得很好。等到孝公去世,太子登位,秦国的宗室大多怨恨卫鞅,卫鞅潜逃，于是定他有反叛之罪，最后处以五马分尸之刑，在都城示众。

惠文君元年，楚国、韩国、赵国、蜀国派人来朝见。惠文君二年，周天子前来祝贺。惠文君三年，惠文君年满二十，举行冠礼。惠文君四年，天子送来祭祀文王、武王的祭肉。齐国、魏国称王。

惠文君五年，阴晋人犀首任大良造。惠文君六年，魏国把阴晋送给秦国，阴晋改名为宁秦。惠文君七年，公子卬与魏作战，俘虏了魏将龙贾，杀了八万人。惠文君八年，魏国把河西之地送给秦国。惠文君九年，秦军渡过黄河，攻占了汾阴、皮氏。秦王与魏王在应邑会盟。秦军包围了焦城，使焦城归降了。惠文君十年，张仪做了秦相。魏国把上郡十五县送给秦国。惠文君十一年，在义渠设县。把焦城、曲沃归还给魏国，义渠国君称臣。把少梁改名为夏阳。惠文君十二年，效仿中原各国，初次举行十二月的腊祭。惠文君十三年，四月戊午日，魏君称王，即魏襄王；韩君也称王，即韩宣惠王。秦君派张仪攻取陕县，把那里的居民赶出去交给魏国。

惠文君十四年，改为后元元年。后元二年，张仪与齐国和楚国的大臣在啮桑会盟。后元三年，韩国、魏国的太子前来朝见。张仪担任魏国国相。五年，惠文王巡游到北河。后元七年，乐池做了秦相。韩国、赵国、魏国、燕国、齐国带领匈奴一起进攻秦国。后元八年，秦国派庶长疾与他们在修鱼交战，俘虏了韩国将军申差，打败赵国公子渴和韩国太子奂，杀了八万二千人。张仪再次担任秦相。后元九年，司马错攻打蜀国，灭掉了蜀国。攻占了赵国的中都、西阳。后元十年，韩国太子苍来做人质。攻占了韩国石章。打败了赵国的将军泥。攻占了义渠的二十五座城邑。后元十一年，秦将樗里疾攻打魏国焦城，使焦城降服了。在岸门打败了韩军，杀了一万人，韩将犀首逃跑。公子通被封为蜀侯。燕军把君位让给他的大臣子之。后元十二年，秦王与梁王在临晋会盟。庶长疾进攻赵国，俘虏了赵国将军庄。张仪任楚相。后元十三年，庶长章在丹阳攻击楚国军队，俘虏了楚将屈匄，杀了八万人；又攻入楚国的汉中，夺取了六百里土地，设置了汉中郡。楚军包围了韩国的雍氏，秦国派遣庶长樗里疾帮助魏国向东攻打齐国，又派到满帮助魏国攻打燕国。后元十四年，攻打楚国，攻占了召陵。

戎族的丹、犁两个部落向秦国称臣，蜀相陈庄杀死蜀侯前来投降。

惠王去世，儿子武王继位。韩国、魏国、齐国、楚国、越国都归服秦国。

武王元年，武王与魏惠王在临晋会盟。杀了蜀相陈庄。张仪、魏章都离开秦国往东到魏国去了。秦军攻打义渠、丹、犁等部落。武王二年，开始设置丞相，樗里疾、甘茂分别担任左右丞相。张仪死在魏国。武王三年，秦王与韩襄王在临晋城外会盟。南公揭去世，樗里疾担任韩相。武王对甘茂说："我想开一条哪怕只能容车子通过的路，到达洛阳，看一看周王的都城，即使死了也不遗憾了。"那年秋天，派甘茂和庶长封攻打宜阳。武王四年，攻占了宜阳，杀了六万人。渡过黄河，在武遂筑城。魏国太子来朝见。秦武王有力气，喜好角力，所以大力士任鄙、乌获、孟说都做了大官。武王与孟说举鼎比力气，折断了膝盖骨。八月，武王去世；孟说被灭族。武王娶魏国女子做王后，没有生儿子。武王死后，立了他的异母弟弟，这就是昭襄王。昭襄王的母亲是楚国人，姓芈，称为宣太后。武王死时，昭襄王在燕国做人质，燕国人送他回国，他才得以继位。

昭襄王元年，严君疾担任相。甘茂离开秦国到魏国去了。昭王二年，彗星出现。庶长壮和大臣、诸公子造反，都被杀，牵连到惠文王后也不得善终。悼武王后离开秦国回魏国了。昭王三年，昭襄王举行冠礼，与楚王在黄棘会盟，把上庸还给楚国。昭王四年，攻占了蒲阪。彗星出现。昭王五年，魏王来应亭朝见，秦国又把蒲阪交还给魏国。昭王六年，蜀侯辉反叛，司马错平定了蜀国。庶长奂攻打楚国，杀了两万人。泾阳君被抵押在齐国做人质。那一年发生了日食，白昼有如黑夜一样昏暗。昭王七年，攻占了新城。樗里子去世。昭王八年，派将军芈戎攻打楚国，攻占了新市。齐国派章子，魏国派公孙喜，韩国派暴鸢，一块儿进攻楚国的方城，俘获唐眛。赵国攻破了中山国，中山国君出逃，最后死在齐国。魏公子劲、韩公子长被封为诸侯。昭王九年，孟尝君薛文来秦国当丞相。庶长奂攻打楚国，攻占了八座城，杀了楚将景快。昭王十年，楚怀王来秦朝见，秦国扣留了他。薛文因为金受在昭王面前说了坏话，被免了相职。楼缓担任了丞相。昭王十一年，齐国、韩国、魏国、赵国、宋国、中山五国共同攻打秦国，军队开到盐氏就退了回去。秦国送给韩国、魏国黄河北边以及封陵的土地，与韩、魏讲和。这一年出现了彗星。楚怀王逃到赵国，赵国不敢收留，又让他回到秦国，不久他就死了，秦国把他送还给楚国安葬。昭王十二年，楼缓被罢免，穰侯魏冉担任丞相。秦国送给楚国五万石粮食。

昭王十三年，向寿进攻韩国，攻占了武始。左更白起攻打新城。五大夫吕礼出亡逃到魏国。任鄙担任汉中郡守。昭王十四年，左更白起在伊阙攻击韩国和魏国，杀了二十四万人，俘虏了公孙喜，攻克五座城。昭王十五年，大良造白起攻打魏国，攻占了垣城，又还给了魏国。进攻楚国，攻占了宛城。昭王十六年，左更错攻占了轵城和邓城。魏冉被免除丞相职务。把公子市封在宛，公子悝封在邓，魏冉封在陶，他们都成了诸侯。昭王十七年，城阳君来朝见，东周国也来朝见。秦国把垣城改为蒲阪、皮氏。秦王到了宜阳。昭王十八年，左更错攻打垣城、河雍，折断桥梁攻占了两地。昭王十九年，秦昭王称西帝，齐闵王称东帝，不久都又取消了帝号。吕礼回来自首。齐国攻破宋国，宋王逃到魏国，死在温地。任鄙去世。昭王二十年，秦王前往汉中，又到了上郡、北河。昭王二十一年，左更错进攻魏国河内。魏国献出了安邑。秦国赶走城中的魏国居民，然后招募秦国人迁到河东地区定居，并赐给爵位，又把被赦免的罪人迁到河东。泾阳君被封在宛。昭王二十二年，蒙武攻打齐国。在河东设置了九个县。秦王与楚王在宛城会盟，秦王与赵王在中阳会盟。昭王二十三年，都尉斯离与韩国、赵国、魏国及燕国一起进攻齐国，在济水西岸打败齐军。秦王与魏王在宜阳会盟，与韩王在新城会盟。昭王二十四年，秦王与楚王在鄢城会盟，又在穰城会盟。秦国攻取魏国的安城，一直打到国都大梁，燕国、赵国援救魏国，秦军撤离。魏冉被免去丞相职务。昭王二十五年，秦攻占赵国两座城。秦王与韩王在新城会盟，与魏王在新明邑会盟。昭王二十六年，赦免罪人，把他们迁往穰城。侯魏冉恢复丞相职位。昭王二十七年，左更错攻打楚国，赦免了罪犯并把他们迁往南阳。白起攻打赵国，夺取光狼城。又派司马错从陇西出发，通过蜀地攻打楚国的黔中，攻占下来。昭王二十八年，大良造白起进攻楚国，攻占了鄢城、邓城，赦免罪人迁往那里。昭王二十九年，大良造白起进攻楚国，攻占了郢都，改为南郡，楚王逃跑了。周君来秦。秦王与楚王在襄陵会盟。白起被封为武安君。昭王三十年，蜀守张若进攻楚国，夺取巫郡和江南，设置黔中郡。昭王三十一年，白起攻打魏国，攻占了两座城。楚国人在江南反秦。昭王三十二年，丞相穰侯进攻魏国，一直攻到大梁，打败暴鸢，杀了四万人，暴鸢逃跑了，魏国给秦国三个县请求讲和。昭王三十三年，客卿胡阳进攻魏国的卷城、蔡阳、长社，都攻了下来。在华阳攻打芒卯，打败了他，杀了十五万人。魏国把南阳送给秦国请求讲和。昭王三十四年，秦国把上庸给了韩国和魏国，设立一个郡，让南阳被免罪的臣民迁往那里居住。昭王三十五年，帮助韩国、魏国、楚国攻打燕国，开始设置南阳郡。昭王三十六年，客卿灶进攻齐国，攻占了刚、寿两地，送给了穰侯。昭王三十八年，中更胡阳进攻赵国的阏与，没有攻下。昭王四十年，悼太子死在魏国，运回国葬在芷阳。昭王四十一年夏天，攻打魏国，攻占了邢丘、怀两地。昭王四十二年，安国君立为太子。十月，宣太后去世，埋葬在芷阳郦山。九月，穰侯离开都城到陶地去了。昭王四十三年，武安君白起攻打韩国，攻下九座城，杀了五万人。昭王四十四年，进攻韩国的南阳，攻了下来。昭王四十五年，五大夫贲攻打韩国，攻下了十座城。叶阳君悝离开都城前往封国，没有到那里就死了。昭王四十七年，秦国攻打韩国的上党，上党却投降了赵国，秦国因此去攻打赵国，赵国出兵反击秦军，两军相持不下。秦派武安君白起攻击赵国，在长平大败赵军，四十多万降卒全部被活埋。昭王四十八年十月，韩国向秦献出垣雍。秦军分为三部分：武安君率军回国；王龁带兵攻打赵国的武安、皮牢，攻了下来；司马梗率军向北，平定太原，全部占领了韩国的上党。正月，军队停止战斗，驻守在上党。这年十月，五大夫陵进攻赵国的邯郸。昭王四十九年正月，增加兵力帮助五大夫陵。陵作战不力，被免职，王龁替代他带兵。这年十月，将军张唐攻打魏国，蔡尉把防守的地盘丢了，张唐回来就斩了他。昭王五十年十月，武安君白起犯了罪，被免职降为士兵，贬谪到阴密。张唐进攻郑，攻了下来。十二月，增派军队驻扎在汾城旁边。武安君白起有罪，自杀而死。王龁攻打邯郸，没打下来，撤军离去，返回驻扎在汾城旁的军队休整了两个多月以后，攻打魏军，杀了六千人，魏军和楚军落水漂流死在黄河中的有两万多人。又进攻汾城。接着又跟随张唐攻下了宁新中，把宁新中改名为安阳。开始修造蒲津桥。

昭王五十一年，将军摎进攻韩国，攻占了阳城、负黍，杀了四万人。攻打赵国，攻占了二十多个县，斩获首级九万。西周君武公背叛秦国，和各诸侯订约联合率领天下的精锐部队出伊阙进攻秦国，使得秦国与阳城之间的交通被阻断。秦国于是派将军摎进攻西周。西周君跑到秦国来自首，叩头认罪，并全部献出他的三十六个城邑和三万人口。秦王接受了这些城邑和人口，让西周君回归西周。昭王五十二年，周地的民众向东方逃亡，周朝的传国宝器九鼎运进了秦国。周朝从这时候起就灭亡了。

昭王五十三年，天下都来归服。魏国落在最后，秦国就派将军摎去讨伐魏国，攻占了吴城。韩王来朝见；魏王也把国家托付给秦国听从命令了。昭王五十四年，秦王在雍城南郊祭祀上帝。昭王五十六年秋天，昭襄王去世，儿子孝文王登位。追尊生母唐八子为唐太后，与昭襄王合葬一处。韩王穿着孝服前来祭吊，其他诸侯也都派他们的将相前来祭吊，参与料理丧事。

孝文王元年，大赦罪人，论列表彰先王的功臣，优待宗族亲属，毁掉王家的园囿。孝文王服丧期满，十月己亥日登位，第三天辛丑日去世，儿子庄襄王继位。

庄襄王元年，大赦罪人，论列表彰先王的功臣，广施德惠，厚待宗亲族属，对民众施以恩泽。东周君与诸侯图谋反秦，秦襄王派相国吕不韦将其诛灭，全部占有了东周的土地。秦国没有断绝周朝的祭祀，把阳人聚这块地盘赐给周君，让他来祭祀周朝的祖先。秦王派蒙骜进攻韩国，韩国献出成皋、巩县。秦国国界伸展到大梁，开始设置三川郡。庄襄王二年，秦王又派蒙骜攻打赵国，平定了太原。蒙骜进攻魏国的高都、汲县，攻了下来。蒙骜又进攻赵国的榆次、新城、狼孟，攻占了三十七座城。四月间发生日食。庄襄王三年，王龁攻打上党。开始设置太原郡。魏将无忌率五国的军队反击秦军，秦军退到黄河以南。蒙骜打了败仗，解脱围困撤离了。五月丙午日，庄襄王去世，儿子嬴政登位，这就是秦始皇帝。

秦王嬴政登位二十六年才并吞了天下，设立三十六郡，号称始皇帝。始皇帝五十一岁去世，儿子胡亥登位，就是二世皇帝。二世皇帝三年，诸侯纷纷起来反叛秦朝，赵高杀死二世，拥立子婴为皇帝。子婴即位一个多月，诸侯杀了他，于是灭掉了秦朝。这些事都记载在《始皇本纪》中。

太史公说：秦国的祖先姓嬴。他的后代分封各地，各自以所封国名作为姓氏，有徐氏、郯氏、莒氏、终黎氏、运奄氏、菟裘氏、将梁氏、黄氏、江氏、修鱼氏、白冥氏、蜚廉氏、秦氏。而秦国因为它的祖先造父封在赵城，所以是赵氏。

（潘　峰　译）

《史记》卷六 秦始皇本纪第六

秦始皇帝是秦国庄襄王的儿子。庄襄王曾以秦昭王之孙的身份作为人质抵押在赵国，在那里看见吕不韦的妾，十分喜爱，就娶了她，生了始皇。秦始皇是秦昭王四十八年在邯郸出生的。出生后，起名叫政，姓赵。在他十三岁那年，庄襄王去世，政继承王位做了秦王。这时候，秦国的疆域已吞并了巴郡、蜀郡和汉中，跨过宛县占据了楚国的郢都，设置了南郡；往北收取了上郡以东，占据了河东、太原和上党郡；往东到荥阳，灭掉西周、东周两国，设置了三川郡。吕不韦为相国，封十万户，封号是文信侯。招揽宾客游士，想借此吞并天下。李斯为舍人。蒙骜、王齮、麃公等为将军。秦王年纪小，刚刚登上位，把国事委托给大臣们。

晋阳发生叛乱。始皇元年，将军蒙骜前去讨伐，平定了叛乱。始皇二年，麃公率兵攻打卷邑，杀了三万人。始皇三年，蒙骜攻打韩国，夺取十三座城邑。王齮死了。将军蒙骜攻打魏国畛、有诡。这年发生严重饥荒。始皇四年，攻取了畛、有诡。三月，停止进军。秦国人质从赵国返国，赵国太子也从秦国回赵。十月庚寅日，蝗虫从东方飞来，遮天蔽日。全国瘟疫流行。老百姓献上一千石粮食，授给爵位一级。始皇五年，将军蒙骜攻打魏国，平定了酸枣、燕邑、虚邑、长平、雍丘、山阳城，全部攻下来，夺取了二十个城邑。开始设置东郡。这年冬天打雷了。始皇六年，韩国、魏国、赵国、卫国、楚国一起进攻秦国，攻占了寿陵邑。秦国派出军队，五国停止了进军。秦国攻下卫国，逼近东郡，卫君角率领他的宗族迁居到野王，凭借山势险阻，保住了魏国的河内。始皇七年，彗星先在东方出现，又在北方出现，五月，又在西方出现。将军蒙骜在攻打龙、孤、庆都时战死了，秦军回师进攻汲县。彗星又在西方连续出现了十六天。夏太后去世。

始皇八年，秦王弟长安君成蟜率领军队攻打赵国，在屯留造反了，结果死于屯留，他手下的军官都被杀死，那里的百姓被迁往临洮。前来讨伐成蟜的将军壁死了，屯留人士兵蒲鹝。又造反，结果战死，死后还遭到戮尸。（遭水灾）黄河的鱼大批涌上岸边，秦人赶着马车到东方去寻找食物。

嫪毐被封为长信侯。赐给他山阳的土地，让他居住在那里。宫室、车马、衣服、园林、打猎都听凭嫪毐的意愿。事情无论大小全由嫪毐决定。又把河西太原郡改为嫪毐的封国。

始皇九年，彗星又出现了，有时划过整个天空。秦国进攻魏国的垣邑和蒲阳邑。四月，秦王留宿在雍地。己酉日，秦王举行表示已经成年的加冠礼，佩带宝剑。长信侯嫪毐作乱的事被发觉，他盗用秦王的大印和太后的印玺，发动京城部队和侍卫、官骑、戎狄族首领、家臣，企图攻打蕲年宫，发动叛乱。始皇得知后，命令相国昌平君、昌文君发兵攻击嫪毐。在咸阳作战中，杀死数百人，凡有功之人秦王都授给他们爵位，连同参战的宦官，也授给爵位一级。嫪毐等人战败逃走。当即通令全国：如谁活捉到嫪毐，赐给赏钱一百万；杀掉他，赐给赏钱五十万。嫪毐等人全部被抓获。卫尉竭、内史肆、佐戈竭、中大夫令齐等二十人都被判处枭刑，即斩下头颅悬挂在木杆上。对嫪毐处以五马分尸的车裂之刑以示众，并灭了他的家族。至于他的家臣，罪轻的处以鬼薪之刑（鬼薪为宗庙打柴三年的劳役）。还有四千余家被剥夺了官爵，迁徙到蜀郡，住在房陵县。这个月虽属孟夏，但十分寒冷，有冻死的人。杨端和进攻衍氏邑。彗星出现在西方，不久又出现在北方，从北斗往南接连出现了八十天。

始皇十年，相国吕不韦因受嫪毐牵连而被罢官。桓齮为将军。齐国和赵国派来使臣摆酒祝贺。齐国人茅焦劝说秦王道："秦国正以夺取天下为大事，而大王有流放太后的名声，恐怕诸侯听说了，因此而背弃秦国啊！"秦王于是把太后从雍地接回咸阳，仍让她住在甘泉宫。

秦国大规模地进行搜索，驱逐在秦国做官的别国人。李斯上书劝说，秦王才废止了逐客令。李斯借机劝说秦王，建议首先攻取韩国，以此来恐吓其他国家，于是秦王派李斯去降服韩国。韩王为此而担忧，就跟韩非谋划削弱秦国。大梁人尉缭来到秦国，劝说秦王道："凭着秦国这样强大，诸侯就像郡县的首脑，我只担心山东各国合纵，联合起来进行出其不意的袭击，这就是从前智伯、夫差、湣王所以灭亡的原因所在。希望大王不要吝惜财物，给各国权贵大臣送礼，利用他们打乱诸侯的计划，这样只不过损失三十万金，而诸侯就可以完全消灭了。”秦王听从了他的计谋，会见尉缭时以平等的礼节相待，秦王的衣服饮食也与尉缭一样。尉缭说：“秦王这个人，高鼻梁，大眼睛，老鹰的胸脯，豺狼的声音，缺乏仁德，而有虎狼之心，穷困的时候容易对人谦下，得志的时候也会轻易地吃人。我是个平民，然而他见到我总是那样谦下。如果秦王夺取天下的心愿得以实现，天下的人就都成为奴隶了。我不能跟他长久交往。”于是逃走，秦王发觉，坚决劝止，让他当秦国的最高军事长官，终于采用了他的计谋。这时李斯执掌国政。

始皇十一年，秦国把主将王翦、次将桓齮、末将杨端和并为一军，去攻打邺邑，先夺取了九座城邑。王翦另外去攻打阏与、橑杨。秦国还把各路兵马统由王翦统率十八天，让军中年俸禄不满百石的小官回家，十人中挑选二人留在军队。夺取了邺城、安阳之后，桓齮被任为主将。

始皇十二年，文信侯吕不韦死去，被其宾客偷偷安葬在洛阳北芒山。对于他的家臣参加哭吊的，如是晋国人，就赶出国境；如是秦国人，俸禄在六百石以上的官剥夺其爵位，迁到房陵；俸禄在五百石以下而未参与哭吊的，也迁到房陵，但不剥夺爵位。从此以后，掌管国事不遵循正道像嫪毐、吕不韦这样的，就登记没收他的家人充做奴隶，不得做官，全部照此办理。秋天，赦免迁居蜀郡的嫪毐家臣的罪行，准其返回原籍。这时，全国大旱，从六月起，直到八月才下了雨。

始皇十三年，桓齮攻打赵国平阳邑，杀了赵将扈辄，斩首十万人。秦王到河南去。正月，彗星出现在东方。十月，桓齮攻打赵国。十四年，在平阳攻击赵军，攻占了宜安，打败了赵国军队，杀死了赵国的将军。桓齮平定了平阳、武城。韩非出使到秦国，秦国采纳了李斯的计谋，扣留了韩非，韩非死在云阳。韩王请求向秦称臣。

始皇十五年，秦国大举出兵，一路到达邺县，一路到达太原，攻占了狼孟。这一年发生了地震。十六年九月，派军队去接收原韩国南阳一带土地，任命腾为代理南阳太守。开始命令男子登记年龄，以便征发兵卒、徭役。魏国向秦国献地。秦国设置丽邑。十七年，内史腾去攻打韩国，擒获了韩王安，收缴了他的全部土地。把那个地方设置为郡，命名为颍川郡，又发生了地震。华阳太后去世。人民遭遇到大饥荒。

始皇十八年，秦大举兴兵攻赵，王翦统率上地的军队，攻占了井陉。杨端和率领河内的军队，羌瘣攻打赵国，杨端和包围了邯郸城。始皇十九年，王翦、羌瘣全部平定打下了赵国的东阳，俘获赵王。他们又想率兵攻打燕国，驻扎在中山。秦王到邯郸去，找到当初与秦王生在赵国时的母家有仇的那些人，把他们全部活埋了。秦王返回，经由太原、上郡回到都城。秦始皇的母太后去世。赵公子嘉率领他的宗族几百人到代地，自立为代王，向东与燕国的军队会合，驻扎在上谷郡。这年发生大饥荒。

始皇二十年，燕太子丹担心秦国军队打到燕国来，十分恐慌，派荆轲去刺杀秦王。秦王发现了，处荆轲以肢解之刑来示众，然后就派遣王翦、辛胜去攻打燕国。燕国、代国发兵迎击秦军，秦军在易水西边击溃了燕军。始皇二十一年，王贲去攻打楚国。秦王增派援兵到王翦军队中去，终于打败燕太子的军队，攻占了燕国的蓟城，拿到了燕太子丹的首级。燕王向东收取了辽东郡的地盘，在那里称王。王翦推说有病，告老还乡。新郑造反。昌平君被迁谪到郢城。这一年下了大雪，雪厚二尺五寸。始皇二十二年，王贲去攻打魏国，引汴河的水灌大梁城，大梁城墙塌坏，魏王请求投降，秦军取得了魏国的全部土地。

始皇二十三年，秦王再次诏令征召王翦，强行起用他，派他去攻打楚国。攻占了陈县往南直到平舆县的土地，俘虏了楚王。秦王巡游来到郢都和陈县。楚将项燕拥立昌平君做了楚王，在淮河以南反秦。始皇二十四年，王翦、蒙武去攻打楚国，打败楚军，昌平君死，项燕也自杀了。

始皇二十五年，大规模举兵，派王贲为将领，攻打燕国的辽东郡，俘获燕王姬喜。回来时又进攻代国，俘虏了代王赵嘉。王翦于是平定了楚国的长江以南一带，降服了越族的首领，设置了会稽郡。五月，秦国为庆祝灭掉五国而下令特许天下聚饮。

始皇二十六年，齐王田建和他的相国后胜派军队防守齐国西部边境，断绝和秦国的来往。秦王派将军王贲经由燕国往南进攻齐国，俘获了齐王田建。

秦国刚统一天下，命令丞相、御史说："从前韩王交出土地献上印玺，请求做守卫边境的臣子，不久又背弃誓约，与赵国、魏国联合反叛秦国，所以派兵去讨伐他们，俘虏了韩国的国王。我认为这很好，因为这样或许就可以停止战争了。赵王派他的相国李牧来订立盟约，所以归还了他们抵押在这里的质子。不久他们就违背了盟约，在太原反抗我们，所以派兵去讨伐他们，俘获了赵国的国王。赵公子嘉竟然自立为代王，所以就派兵去灭了赵国。魏王起初已约定归服于秦，不久却与韩国、赵国合谋袭击秦国，秦国官兵前去讨伐，终于打败了他们。楚王献出青阳以西的地盘，不久也背弃誓约，袭击我南郡，所以派兵去讨伐，俘获了楚国的国王，终于平定了楚地。燕王昏乱糊涂，他的太子丹竟然暗中派荆轲来做刺客，秦国官兵前去讨伐，灭掉了他的国家。齐王采用后胜的计策，断绝了与秦国的使臣来往，想要作乱，秦国官兵前去讨伐，俘虏了齐国国王，平定了齐地。我凭着这个渺小之身，兴兵诛讨暴乱，靠的是祖宗的神灵，六国国王都依他们的罪过受到了应有的惩罚，天下安定了。现在如果不更改名号，就无法显扬我的功业，传给后代。请商议帝号。"丞相王绾、御史大夫冯劫、廷尉李斯等都说："从前五帝的土地纵横各千里，外面还划分有侯服、夷服等地区，诸侯有的朝见，有的不朝见，天子不能控制，现在您兴正义之师，讨伐四方残贼之人，平定了天下，在全国设置郡县，法令归于一统，这是亘古不曾有。五帝也比不上的。我们恭谨地跟博士们商议说：'古代有天皇、有地皇、有泰皇，泰皇最尊贵。'我们这些臣子冒死罪献上尊号，王称为'泰皇'。发教令称为'制书'，下命令称为'诏书'，天子自称为'朕'。"秦王说："去掉'泰'字，留下'皇'字，采用上古'帝'的位号，称为'皇帝'，其他就按你们议论的办。"于是下令说："可以。"追尊庄襄王为太上皇。又下令说："我听说上古有号而没有谥，中古有号，死后根据生前品行事迹给个谥号。这样做，就是儿子议论父亲，臣子议论君主了，非常没有意义，我不取这种做法。从今以后，废除谥法。我就叫作始皇帝，后代就从我这儿开始，称二世、三世直到万世，永远相传，没有穷尽。"

秦始皇按照水、火、木、金、土五行相生相克、终始循环的原理进行推求，认为周朝占有火德的属性，秦朝要取代周朝，就必须取周朝的火德所抵不过的水德。现在是水德开始之年，为顺天意，要更改一年的开始。群臣朝见拜贺都在十月初一这一天。衣服、符节和旗帜的装饰，都崇尚黑色。因为水德属阴，而《易》卦中表示阴的符号阴爻叫作“元”，就把数目以十为终极改成以六为终极，所以符节和御史所戴的法冠都规定为六寸，车宽为六尺，六尺为一步，一辆车驾六匹马。把黄河改名为“德水”，以此来表示水德的开始。刚毅严厉，一切事情都依法律决定，刻薄而不讲仁爱、恩惠、和善、情义，这样才符合五德中水主阴的命数。于是把法令搞得极为严酷，犯了法久久不能得到宽赦。

丞相王绾等进言说:“诸侯刚刚被打败，燕国、齐国、楚国地处偏远，不给它们设王，就无法镇抚那里。请封立各位皇子为王，希望皇上恩准。”始皇把这个建议下交给群臣商议，群臣都认为这样做有利。廷尉李斯发表意见说 :“周文王、周武王分封子弟和同姓亲属很多，可是他们的后代逐渐疏远了，互相攻击，就像仇人一样，诸侯之间彼此征战，周天子也无法阻止。现在天下靠您的神灵之威获得统一，都划分成了郡县，对于皇子功臣，用公家的赋税重重赏赐，这样就很容易控制了。要让天下人没有邪异之心，这才是使天下安宁的好办法啊！设置诸侯没有好处。”始皇说 :“以前，天下人都苦于连年不断的战争，就是因为有哪些诸侯王。现在我依仗祖宗的神灵，天下刚刚安定，如果又设立诸侯国，这等于是又挑起战争，想要求得安宁太平，岂不困难吗？廷尉说得对。”

于是把天下分为三十六郡，每郡都设置守、尉、监。把百姓改称为“黔首”。下令全国特许聚饮以表示欢庆。收集天下的兵器，聚集到咸阳，熔化之后铸成大钟，十二个铜人，每个重达十二万石，放置在宫廷里。统一法令和度量衡标准。统一车辆两轮间的宽度。书写使用统一的隶书。领土东到大海和朝鲜，西到临洮、羌中，南到北向户，往北据守黄河作为要塞。沿着阴山往东一直到达辽东郡。迁徙天下富豪十二万户到咸阳居住。诸如祖庙及章台宫、上林苑都在渭水南岸。

秦国每灭掉一个诸侯，都按照该国宫室的样子，在咸阳北面的山坡上进行仿造，南边濒临渭水，从雍门往东直到泾、渭二水交汇处，殿屋之间有天桥和环行长廊互相连接起来。从诸侯那里虏得的美人和钟鼓乐器之类，都放到那里面。

二十七年，秦始皇去巡视陇西、北地，穿过鸡头山，路经回中。于是在渭水南面建造信宫。不久，又把信宫改名叫极庙，以象征处于天极的北极星。从极庙开通道路直达郦山，又修建了甘泉前殿。修造两旁筑墙的甬道，从咸阳一直连接到骊山。这一年，普遍赐给爵位一级。修筑供皇帝巡行用的通向全国各地的驰道。

二十八年，始皇到东方去巡视郡县，登上邹县峄山。在山上立了石碑，又跟鲁地儒生们商议，想刻石以颂扬秦之德业，商议在泰山祭天、在梁父山祭地和遥祭名山大川的事情。于是登上泰山，树立石碑，筑起土坛，举行祭天盛典。下山时，突然风雨大作，始皇歇息在一棵树下，因此赐封那棵树为“五大夫”。接着在梁父山举行祭地典礼，在石碑上镌刻碑文。碑文是：

皇帝登基即位，创立昌明法度，臣下端正谨慎。就在二十六年，天下归于一统，四方无不归顺。亲自巡视远方，登临这座泰山，东方一览极尽。随臣思念伟绩，推溯事业本源，敬赞功德无限。治世之道实施，诸种产业得宜，一切法则大振。大义清明美善，传于后代子孙，永世承继不变。皇帝圣明通达，既已平定天下，毫不懈怠国政。每日早起晚睡，建设长远利益，专心教化兴盛。训民皆以常道，远近通达平治，圣意人人尊奉。贵贱清楚分明，男女依礼有别，供职个个虔敬。光明通照内外，处处清净安泰，后世永续德政。教化所及无穷，定要遵从遗诏，重大告诫永世遵奉。

于是就沿着渤海岸往东走，途经黄县、腄县，攀上成山的顶峰，又登上芝罘山，树立石碑歌颂秦之功德，然后离去。

秦始皇又往南走登上了琅邪山，十分高兴，在那里停留了三个月。于是迁来百姓三万户到琅邪台下居住，免除他们十二年的赋税徭役。修筑琅邪台。立石刻字，歌颂秦之功德，表明自己因如愿以偿而感到满意的心情。碑文说：

二十六年，
皇帝刚刚登基。端正一切法度，整治万物纲纪。彰明人事之宜，
提倡子孝父慈。皇帝圣智仁义，宣明各种道理。亲临东土安抚，
慰劳视察兵士。大事业已完毕，巡行滨海之地。皇帝伟大功绩，
操劳根本大事。实行重农抑商，为使百姓富裕。普天之下同心，
顺从皇帝意志。统一器物度量，统一书写文字。日月照耀之处，
车船所到之地，无不遵奉王命，人人得志满意。顺应四时行事，
自有大秦皇帝。整顿恶劣习俗，跋山涉水千里。怜惜黎民百姓，
日夜不肯歇息。除疑惑定法律，无人不守法纪。地方长官分职，
各级官署治理，举措必求得当，无不公平整齐。皇帝如此圣明，
亲自视察四方。无论尊卑贵贱，不越等级规章。奸邪一律不容，
务求忠贞贤良。事情不分大小，竭力不倦争强。无论远处近处，
只求严肃端庄。正直敦厚忠诚，事业才能久长。皇帝大恩大德，
四方均得安抚。讨伐清除祸乱，为国谋利造福。劳役不误农时，
百业繁荣富足。黎民安居乐业，不再用兵动武。六亲终得相保，
盗寇从此尽除。欢欣接受教化，法规都能记住。天地四方之内，
尽是皇帝之土。西边越过沙漠，南边到达北户。东边到达东海，
北边越过大夏。人迹所到之处，无不称臣归服。功高盖过五帝，
恩泽遍及马牛。无人不受其德，家家安宁和睦。

秦王兼有天下，建立名号称作皇帝，亲临东土安抚百姓，到达琅邪。列侯武成侯王离、列侯通武侯王贲、伦侯建成侯赵亥、伦侯昌武侯成、伦侯武信侯冯毋择、丞相隗林、丞相王绾、卿李斯、卿王戊、五大夫赵婴、五大夫杨樛随从着在海上一起议论皇帝的功德。都说："古代的帝王，土地不超过千里，诸侯各守受封之土，朝见与否各异。互相攻伐侵犯，暴乱残杀不止，还要刻金镂石，立碑夸耀自己。古代五帝三王，知识教育不同，法令制度不明，借助鬼神之威，欺凌压迫远方，其实不称其名，所以不能久长。他们还未死，诸侯业已背叛，法令名存实亡。当今皇帝统一海内，全国设立郡县，天下安定太平。显明祖先宗庙，施行公道德政，皇帝尊号大成。群臣齐颂皇帝功德，刻于金石，树作永恒典范。"

刻石事情完毕，齐地人徐市等上书，说大海之中有三座神山，名叫蓬莱、方丈、瀛洲，有仙人居住在那里。希望能斋戒沐浴，带领童男童女前往求仙。于是就派徐市挑选童男童女几千人，到海中去寻找仙人。

始皇返回京城，路经彭城，斋戒祈祷，想要从泗水中打捞出那只落水的周鼎。派了一千人潜入水底寻找，没有找到。于是向西南渡过淮河，前往衡山、南郡。乘船顺江而下，来到湘山祠。遇上了大风，几乎不能渡河。皇上问博士说："湘君是什么神？"博士回答说："听说是尧的女儿，舜的妻子，埋葬在这里。"始皇非常生气，就派了三千服刑役的罪犯，把湘山上的树全部砍光，因为当地是红土，所以使山变成了赭红色。皇上从南郡经由武关回到京城。

二十九年，始皇到东方去巡游。到达阳武县博浪沙时，遭到张良和一名力士的行刺，刺客误中副车，始皇受了惊吓。捉拿刺客没有捉到，就命令全国大规模搜捕了十天。

登上芝罘山，刻石立碑，碑文是：二十九年

正值仲春时节，春日阳气上升。皇帝东来游览，巡行登上芝罘，观赏大海汪洋。诸臣赞赏景物，追颂伟业初创。圣君始建治道，确定制度法规，彰明准则纪纲。对外教化诸侯，广施礼乐恩德，大义公理显扬。六国之君邪僻，贪利永无满足，虐杀不止疯狂。皇帝哀怜民众，发师前往征讨，武德奋扬大振。仗义讨伐守信，声威光烈遍传，海内无不归顺。彻底消除强暴，努力拯救万民，遍安四方远近。明法普遍施行，天下治理安定，永为法则无伦。伟大啊！天地神州赤县，圣意共同遵循。群臣歌颂功德，请求刻于石碑，表率千古永不陨。

在东观，又刻碑文说：二十九年

皇帝春日出游，巡行来到远方。幸临东海之滨，登上芝罘高山，观赏初升朝阳。遥望广阔绚丽，众臣推原思念，圣道灿烂辉煌。圣法刚刚实行，对内清理陋习，对外诛灭暴强。军威远扬四海，震撼四面八方，终于擒灭六王。开拓一统天下，灭绝种种灾害，兵器永远收藏。皇帝修明圣德，经营治理天下，明视兼听不倦。

树立申明大义，设置种种器物，全有等级标志。大臣安守职分，
都知各自事务，诸事毕无猜疑。百姓移风易俗，远近同一法度，
终身守法不移。贯常职务已定，后代遵循先业，永远承袭圣治。
群臣颂扬大德，敬赞圣明伟业，请刻芝罘永志。

不久，始皇前往琅邪，经由上党返回京城。

始皇三十年，没有什么事情。

始皇三十一年十二月，因为一首民谣说“帝若学之（仙）腊嘉平”，始皇有求仙之志，所以把腊月改名为“嘉平”。赐给每个里（一百户）六石米，两只羊。始皇在咸阳穿便装出行，和四个武士一起，晚上在兰池遇见了强盗，情势危急，武士们打死了强盗，于是在关中大规模搜查了二十天。米价每石一千六百钱。

始皇三十二年，始皇前往碣石，派燕国人卢生访求方士羡门、高誓。在碣石山门刻石立碑。毁坏了城墙，挖通了堤防。所以碑文说：

皇帝兴师用兵，诛灭无道之君，要把反叛平息。武力消灭暴徒，
依法平反良民，民心全都归服。论功行赏众臣，惠泽施及牛马，
皇恩遍布全国。皇帝振奋神威，以德兼并诸侯，天下统一太平。
拆除关东旧城，挖通河川堤防，夷平各处险阻。地势既已平坦，
众民不服徭役，天下都得安抚。男子欣喜耕作，女子修治女红，
事事井然有序。皇恩覆盖百业，合力勤勉耕田，无不乐业安居。
群臣敬颂伟业，敬请镌刻此石，永留典范规矩。

于是派韩终、侯公、石生去寻找仙人不死之药。始皇巡视北部边界，经由上郡返回京城。燕国人卢生被派入海求仙回来，为了鬼神的事，他奏上了宣扬符命占验的图录之书，上面写着“灭亡秦朝的是胡”。（据说这个“胡”字是指胡亥，可是始皇没有理解）始皇就派将军蒙恬率兵三十万去攻打北方的胡人，夺取了黄河以南的土地。

始皇三十三年，征发那些曾经逃亡的犯人，典押给富人做奴隶、主家又给娶了妻子的人，以及商贩，去夺取陆梁地区，设置桂林、象郡、南海等郡，把受贬谪的人派去防守。又在西北驱逐匈奴。从榆中沿黄河往东一直连接到阴山，划分成四十四个县。沿河修筑城墙，设置要塞。又派蒙恬渡过黄河去夺取高阙、阳山、北假一带地方，筑起堡垒以驱

逐戎狄。迁移被贬谪的人，让他们充实新设置的县。发布禁令不准祭祀主稼穑的灵星。彗星出现在西方。始皇三十四年，贬谪执法不正的法官去修筑长城及戍守南越地区。

秦始皇在咸阳宫摆设酒宴，七十位博士上前敬酒祝寿。仆射周青臣走上前去颂扬说："从前秦国土地不过千里，仰仗陛下神灵明圣，平定天下，驱逐蛮夷，凡是日月所照耀到的地方，没有不臣服的。把诸侯国改置为郡县，人人安居乐业，不必再担心战争，功业可以传之万代。您的威德，自古及今无人能比。"始皇十分高兴。博士齐人淳于越上前说："我听说殷朝、周朝统治天下达一千多年，分封子弟功臣，给自己当作辅佐。如今陛下拥有天下，而您的子弟却是平民百姓，一旦出现像齐国田常、晋国六卿之类谋杀君主的臣子，没有辅佐，靠谁来救援呢？凡事不师法古人而能长久的，还没有听说过。刚才周青臣又当面阿谀，以致加重陛下的过失，这不是忠臣。"始皇把他们的意见下交群臣议论。丞相李斯说："五帝的制度不是一代重复一代，夏、商、周的制度也不是一代因袭一代，可是都凭着各自的制度治理好了，这并不是他们故意要彼此相反，而是由于时代变了，情况不同了。现在陛下开创了大业，建立起万世不朽之功，这本来就不是愚陋的儒生所能理解的。况且淳于越所说的是夏、商、周三代的事，哪里值得取法呢？从前诸侯并起纷争，才大量招揽游说之士。现在天下平定，法令出自陛下一人，百姓在家就应该致力于农工生产，读书人就应该学习法令刑禁。现在儒生们不学习今天的礼仪，却要效法古代的做法，以此来诽谤当世，惑乱民心。丞相李斯冒死罪进言：古代天下散乱，没有人能够统一，所以诸侯并起，说话都是称引古人为害当今，矫饰虚言扰乱名实，人们只欣赏自己私下所学的知识，指责朝廷所建立的制度。当今皇帝已统一天下，分辨是非黑白，一切决定于至尊皇帝一人。可是私学却一起非议法令，教化人们一听说有命令下达，就各根据自己所学加以议论，入朝就在心里指责，出朝就去街巷谈议，在君主面前夸耀自己以求取名利，追求奇异说法以抬高自己，在民众当中带头制造谤言。像这样却不禁止，在上面君主的威势就会下降，在下面朋党的势力就会形成。

臣以为禁止这些是合适的。我请求让史官把不是秦国的典籍全部焚毁。除博士官署所掌管的之外，天下敢有收藏《诗》《书》诸子百家著作的，全都送到地方官那里去一起烧掉。有敢在一块儿谈议《诗》《书》的处以死刑示众，借古非今的满门抄斩。官吏如果知道而不举报，以同罪论处。命令下达三十天仍不烧书的，处以脸上刺字的黥刑，处以城旦之刑四年，发配边疆。所不取缔的，是医药、占卜、种植之类的书。如果有人想要学习法令，就以官吏为师。”秦始皇下诏说："可以。”

始皇三十五年，开始修筑道路，经由九原一直修到云阳，挖掉山峰填平河谷，笔直贯通。这时始皇认为咸阳人口多，先王宫廷窄小，听说周文王建都在丰，武王建都在镐，丰、镐两城之间，才是帝王的都城所在。于是就在渭水南上林苑内修建朝宫。先在阿房建前殿，东西长五百步，南北宽五十丈，宫中可以容纳一万人，下面可以树立五丈高的大旗。四周架有天桥可供驰走，从宫殿之下一直通到南山。在南山的顶峰修建门阙作为标志。又修造天桥，从阿房跨过渭水，与咸阳连接起来，以象征天上的北极星、阁道星跨过银河抵达营室星。阿房宫没有建成；计划等竣工之后，再选择一个好名字给它命名。因为是在阿房修筑此宫，所以人们就称它为“阿房宫”。受过宫刑、徒刑的七十多万人，分别被派去修建阿房宫，有的去营建骊山。从北山开采来山石，从蜀地、荆地运来木料。关中总共建造宫殿三百座，关外建四百座。于是在东海边的朐山上竖立大石，作为秦朝国境的东门。为此迁徙三万家到骊邑，五万家到云阳，都免除十年的赋税和徭役。

卢生劝说始皇说："我们寻找灵芝、奇药和仙人，一直找不到，好像是有什么东西伤害了它们。我们心想，皇帝要经常秘密出行以便驱逐恶鬼，恶鬼避开了，神仙真人才会来到。皇上住的地方如果让臣子们知道，就会妨害神仙。真人是入水不会沾湿，入火不会烧伤的，能够乘驾云气遨游，寿命和天地共久长。现在皇上治理天下，还没能做到清静恬淡。希望皇上所住的宫室不要让别人知道，这样，不死之药或许能够得到。”于是始皇说："我羡慕神仙真人，我自己就叫‘真人’，不再称‘朕’了。”于是令咸阳四旁二百里内的二百七十座宫观都用天桥、甬道相互连接起来；把帷帐、钟鼓和美人都安置在里边，全部按照所登记的位置不得移动。皇帝所到的地方，如有人说出去，就判死罪。有一次皇帝幸临梁山宫，从山上望见丞相的随从车马众多，很不赞成。宦官近臣里有人把这件事告诉了丞相，丞相以后就减少了车马数目，始皇生气地说："这是宫中有人泄露了我的话。"经过审问，没有人认罪，就下诏把当时跟随在旁的人抓起来，全部杀掉。从此以后再没有人知道皇帝的行踪。处理事务，群臣接受命令，全在咸阳宫进行。

侯生、卢生一起商量说："始皇为人，天性粗暴凶狠，自以为是，他出身诸侯，兼并天下，诸事称心，为所欲为，认为从古到今没有人比得上他。他专门任用治狱的官吏，狱吏们都受到亲近和宠幸。博士虽然也有七十人，但只不过是虚设充数的人员。丞相和各位大臣都只是接受已经决定的命令，倚仗皇上办事。皇上喜欢用重刑、杀戮显示威严，官员们都怕获罪，都想保住禄位，所以没有人敢真正竭诚尽忠。皇上听不到自己的过错，因而一天更比一天骄横。臣子们担心害怕，专事欺骗，屈从讨好。秦法规定，一个方士不能兼有两种方术，如果方术不能应验，就要处死。然而占候星象云气以测吉凶的人多达三百，都是良士，然而由于害怕获罪，就得避讳奉承，不敢正直地说出皇帝的过错。天下的事无论大小都由皇上决定，皇上甚至用秤来称量各种书写文件的竹简木简的重量，日夜都有定额，阅读达不到定额，就不能休息。他贪于权势到如此地步，咱们不能为他去找仙药。"于是他们就逃跑了。始皇听说二人逃跑，十分恼怒地说："我先前查收了天下所有不适用的书都把它们烧掉。征召了大批文章博学之士和有各种技艺的方术之士，想用他们振兴太平，这些方士想要炼造仙丹寻找奇药。今天听说韩众逃跑了不再还报。徐市等人花费的钱数以万计，最终也没找到奇药，只是他们非法牟利、互相告发的消息传到我耳朵里。对卢生等人我尊重他们，赏赐十分优厚，如今竟然诽谤我，企图以此加重我的无德。这些人在咸阳的，我派人去查问过，有的人竟妖言惑众，扰乱民心。"于是派御史去一一审查，这些人辗转告发，一个供出另一个，始皇亲自把他们从名籍上除名，一共四百六十多人，全部活埋在咸阳，让天下的人知道，以惩戒以后的人。征发更多的流放人员去戍守边疆。始皇的大儿子扶苏进谏说："天下刚刚平定，远方百姓还没有归附，儒生们都诵读诗书，效法孔子，现在皇上一律用重法制裁他们，我担心天下将会不安定，希望皇上明察。”始皇听了很生气，就派扶苏到北方上郡去监督蒙恬的军队。

始皇三十六年，火星侵入心宿，这种天象象征着帝王有灾。有颗陨星坠落在东郡，落地后变为石块，老百姓有人在那块石头上刻了“始皇帝死而土地分”。始皇听说了，就派御史前去挨家查问，没有人认罪，于是把居住在那块石头周围的人全部抓来杀了，焚毁了那块陨石。始皇不高兴，让博士作了一首《仙真人诗》，等到巡行天下时，走到一处就传令乐师弹奏唱歌。秋天，使者从关东走夜路经过华阴平舒道，有人手持玉璧拦住使者说：“替我送给滈池君。”趁便说：“今年祖龙死。”使者问他缘由，那人忽然就不见了，放下那块玉璧离去。使者捧回玉璧向秦王陈述了所遇见的情况。始皇沉默了好一会儿，说：“山里鬼怪本来不过能预知一年的事。”当时已是秋季，始皇说今年的日子已不多，这话未必能应验。退朝后他又说:“祖龙就是人的祖先。”（故意把“祖”解释成祖先，祖先是已死去的人，因此“祖龙死”自然与他无关）始皇让御府察看那块玉璧，竟然是始皇二十八年出外巡视渡江时沉入水中的那块。于是始皇为此事进行占卜，占卜的结果是迁徙才吉利。于是就迁移三万户人家到北河、榆中地区。每户授给爵位一级。

始皇三十七年十月癸丑日，始皇外出巡游。左丞相李斯跟随着，右丞相冯去疾留守京城。少子胡亥想去巡游，要求跟随着，皇上答应了他。十一月，走到云梦，在九疑山遥祭虞舜。然后乘船沿长江而下，观览籍柯，渡过海渚，经过丹阳，到达钱塘。到浙江边上的时候，水波凶险，就向西走了一百二十里，从江面狭窄的地方渡过。登上会稽山，祭祀大禹，遥望南海。在那里刻石立碑，颂扬秦朝的功德。碑文是：

皇帝功业伟大，统一平定天下，德惠深厚久长。三十七年，亲自巡行天下，遍游观览远方。登临会稽山峰，考察民间习俗，百姓恭敬景仰。群臣齐颂功德，推原皇帝事迹，追溯英明高强。秦朝圣王登位，创制刑法名称，阐述旧有规章。建立公平法则，审慎区分职责，确立永久纲纪。六国之王专横，贪利傲慢凶狠，凭借人多逞强。暴虐横行无忌，倚仗武力骄横，屡动干戈打仗。暗中安置坐探，联合六国合纵，行为卑鄙猖狂。对内说谎狡诈，向外侵我边境，由此引起祸殃。仗义扬威诛讨，消灭凶暴叛逆，乱贼终于灭亡。圣德广博深厚，天地四海之内，恩泽覆盖无疆。皇帝统一天下，一人兼理万机，远近到处清明。执掌管理万物，考察验证事实，分别记录其名。贵贱都能相通，好坏当前陈述，无人隐瞒实情。治有过扬道义，有夫弃子而嫁，背夫不贞无情。以礼分别内外，禁止纵欲放荡，男女都应洁诚。丈夫在外淫乱，杀了没有罪过，男子须守规程。妻子弃夫逃嫁，子不认她为母，都要感化清正。治理荡涤恶俗，全民承受教化，天下沐浴新风。人人遵守规矩，和好安定互勉，无不顺从命令。百姓美善清洁，全都自愿守法，乐保天下太平。后人敬奉圣法，大治大安无边，车船不翻不倾。众臣颂扬功业，请求刻石作铭，传千古放光明。

始皇返回，途经吴地，从江乘县渡江。沿海岸北上，到达琅邪。方士徐市等人入海寻找仙药，好几年也没找到，花费钱财很多，害怕遭受责罚，就欺骗说："蓬莱仙药可以找到，但常被大鲨鱼困扰，所以无法到达，希望皇上派善于射箭的人一起去，遇到大鲨鱼就用装有机关可以连续发射的弓弩射它。"始皇做梦与海神交战，海神的形状好像人。请占梦的博士给圆梦，博士说："水神本来是看不到的，它用大鱼蛟龙做侦探。现在皇上祭祀周到恭敬，却出现这种恶神，应当除掉它，然后真正的善神就可以找到了。"于是命令入海的人携带捕大鱼的工具，亲自带着有机关的弓弩去等候大鱼出来以便射它。从琅邪向北直到荣成山，都不曾遇见。到达芝罘的时候，遇见了大鱼，射死了一条。于是又沿海向西进发。

秦始皇到达平原津时生了病。始皇讨厌说"死"这个字，群臣没有敢说死的事情。皇帝病得更厉害了，就写了一封盖上御印的信给公子扶苏说："回咸阳来参加丧事，在咸阳安葬。"信已封好了，存放在中东府令赵高兼掌印玺事务的办公处，没有交给使者。七月丙寅日，始皇在沙丘平台逝世。丞相李斯认为皇帝在外地逝世，恐怕皇子们和各地乘机制造变故，就对此事严守秘密，不发布丧事消息。棺材放置在既密闭又能通风的辒凉车中，让过去受始皇宠幸的宦官做陪乘，每走到适当的地方，就献上饭食，百官像平常一样向皇上奏事。宦官就在辒凉车中降诏批签。只有胡亥、赵高和五六个曾受宠幸的宦官知道皇上死了。赵高过去曾经教胡亥写字和狱律法令等事，胡亥私下里很喜欢他。赵高与公子胡亥、丞相李斯秘密商量拆开始皇赐给公子扶苏的那封已封好的信。谎称李斯在沙丘接受了始皇遗诏，立皇子胡亥为太子。又写了一封信给公子扶苏、蒙恬，列举他们的罪状，赐他们自杀。这些事都记载在《李斯列传》中。继续往前走，从井陉到达九原。正赶上是暑天，始皇的尸体在辒凉车中发出了臭味，就下令随从官员让他们往车里装一石有腥臭气的腌鱼，让人们分不清尸臭和鱼臭。

一路行进，从直道回到咸阳，发布治丧的公告。皇太子继承皇位，就是二世皇帝。九月，把始皇安葬在郦山。始皇当初刚刚登位，就挖通治理了郦山，到统一天下后，从全国各地遣来七十多万徒役，凿地三重泉水那么深，灌注铜水，填塞缝隙，把外棺放进去，又修造宫观，设置百官位次，把珍奇器物、珍宝怪石等搬了进去，放得满满的。命令工匠制造由机关操纵的弓箭，如有人挖墓，一走近就能射死他。用水银做成百川江河大海，用机器递相灌注输送，顶壁装有天文图像，下面置有地理图形。用娃娃鱼的油脂做成火炬，估计很久不会熄灭。二世说：“先帝后宫妃嫔没有子女的，放她们出去不合适。”就命令这些人全部殉葬，殉葬的人很多。下葬完毕，有人说是工匠制造了机械，墓中所藏宝物他们都知道，宝物多而贵重，这就难免会泄露出去。隆重的丧礼完毕，宝物都已藏好，就封闭了墓道的中间一道门，又把墓地最外面的一道门放下来，工匠们全部被封闭在里边，没有一个再出来的。墓上栽种草木，从外边看上去好像一座山。

二世皇帝元年，二世二十一岁，赵高担任郎中令，执掌朝廷大权。二世下诏，增加始皇祠庙里用来祭祀的牲畜数量，增加山川各种祭祀的礼仪。命令大臣们讨论推尊始皇庙号的事。大臣们都叩头说：“古时候天子的祖庙为七庙，祭祀七代祖宗，诸侯五庙，大夫三庙，如今始皇庙是至高无上的，即使是万世以后也不能毁除，天下人都要贡献祭品赋税，增加祭祀用的牲畜，礼仪完全具备，不能有比这个再高的。先王庙有的在西雍，有的在咸阳。天子按礼仪应当单独捧着经多次酿制的醇酒祭祀始皇庙。从襄公以下的庙都毁除。所建共七庙。大臣们都依礼进献祭祀，推尊始皇庙为皇帝始祖庙。皇帝仍自称为‘朕’。”

二世跟赵高商议说：“我年纪轻，刚登位，百姓还不顺从。先帝巡视各郡县，以显示他的强有力，威势震服海内。现在我安然住在皇宫不出去巡游，就让人看着我无能，没有办法统治天下。”春天，二世东行巡视郡县，李斯随行。到达碣石山，沿海南行到达会稽，在始皇所立的石碑上都刻上字，碑石旁都增刻上随从的大臣的名字，以使先帝的功业盛德更加显著。

皇帝说：“金石碑刻全是始皇帝建造的。现在我承袭了皇帝名号，可是金石碑刻上不称始皇帝，以后年代久远了，就好像是后代子孙建造的，以致不能称扬始皇帝的功业和盛德。”丞相臣李斯、臣冯去疾、御史大夫臣德冒死罪进言说：“我们请求把诏书全刻在石碑上，这样就明白了。为臣冒死罪请求。”制书批复说：“可以。”

接着到了辽东，然后返回。

这时候秦二世就按照赵高的建议，申明法令。他暗中与赵高谋划说：“大臣们都不服从，官吏还很有力量，还有各位皇子一定要跟我争权，对此我该怎么办呢？”赵高说：“这些话我本来就想说却没敢说。先帝在位时的大臣，都是世代有名望的贵人，建功立业，世代相传，已经很久了。如今为臣赵高生来卑贱，幸蒙陛下抬举，让我身居高位，管理宫廷事务。大臣们并不满意，只在表面上服从，实际上心里不服。现在皇上出巡，何不借此机会查办郡县守尉中的有罪者，把他们杀掉，这样，在上可以使皇上的威严震天下，在下可以除掉皇上一向所不满意的人。现时不能师法文治而应取决于武力，希望陛下能顺应时势，切勿犹豫，那么大臣们就来不及谋算了。英明的君主收集举用那些被弃不用的人。让卑贱的显贵起来，让贫穷的富裕起来，让疏远的变得亲近，这样就能上下团结国家安定了。”二世说：“好！”于是就诛杀大臣和皇子们，捏造罪名连带拘捕近侍小臣中郎、外郎、散郎，没有一个得以免罪，六个皇子被杀死在杜县。皇子将闾兄弟三人被囚禁在内宫，议定他们的罪状。秦二世派使者命令将闾说："你们不尽臣道，当判死罪，官吏依法行刑来了。"将闾说："宫廷的礼节，我从来不敢不听从掌管司仪的宾赞；朝廷的位次，我从来不敢有失礼节；奉命对答，我从来不敢说错话。怎么能说不尽臣道呢？希望能知道罪名再死。"使者说："我未能参与谋议，只是奉命行事。"将闾仰天再三大声呼苍天，说："天啊！我没有罪！"兄弟三人都流着眼泪拔剑自杀了。皇族为之震惊恐慌。大臣们进谏的被认为是诽谤，大官们为保住禄位而屈从讨好，百姓震惊恐惧。

四月，二世返回到咸阳，说："先帝因为咸阳朝廷小，所以营建阿房宫。室堂还没有建成，赶上始皇去世，只得让修建的人停下来，调到郦山去修墓。郦山修墓的工作已全部完毕，现在放下阿房宫而不把它建成，就是表明先帝办事有失误。"于是又开始修建阿房宫。对外安抚四方的外族，遵循始皇的策略，征召了五万身强力壮的兵丁守卫咸阳。下令教习射箭，还要饲养供宫廷玩赏的狗马禽兽，兵丁狗马禽兽所需粮食很多，估计咸阳仓里的粮食不够用，就从下面各郡县征调运来粮食和饲料，让转运人员都自带干粮，咸阳四百里之内不准吃这些粮食。施法更加严酷。

七月，戍卒陈胜等在原楚国之地造反，国号为"张楚"，取张大楚国之意。陈胜自立为楚王，住在陈县，派遣将领们夺取土地。崤山函谷关以东的山东各郡县，年轻人因为受尽秦朝官吏之苦，都杀掉了他们的郡守、郡尉、县令、县丞，起来造反，以响应陈胜，并在各地相继拥立侯王，联合起来向西进攻，旗号都是讨伐秦朝，人数多得数也数不清。掌管传达通报的谒者出使山东回来，把山东造反的情况报告了二世。二世很生气，就把谒者下交给主管官吏去处理。后边的使者回来，皇上问他，他回答说："那不过是一群盗匪，郡守、郡尉正在追捕，现在全部抓获了，不值得担心。"皇上高兴了。武臣自立为赵王，魏咎为魏王，田儋为齐王，沛公在沛县起义。项梁在会稽郡起兵。

二年冬天，陈胜派遣的周章等将领向西到达戏水，兵力有几十万。二世大为吃惊，跟群臣商议说："怎么办？"少府章邯说："盗匪已经来了，人多势强，现在征发附近各县的军队是来不及了。郦山徒役很多，请赦免他们，授予他们兵器去迎击起义军。”于是二世大赦天下，派章邯领兵，打败了周章的军队，周章败逃，被杀死在曹阳。二世又增派长史司马欣、董翳去帮助章邯攻打起义军，在城父杀死了陈胜，在定陶打败了项梁，在临济杀死了魏咎。楚地起义军的名将已经被杀死，章邯就向北渡过黄河，到巨鹿攻打赵王赵歇等人。

赵高劝说二世道：“先帝登位治理天下时间很久，所以群臣不敢做非分之事，不敢进言异端邪说。现在陛下正年轻，刚登皇位，怎么能跟公卿在朝廷上议决大事呢？事情如果有错误，就让群臣看出了自己的弱点。天子称‘朕’，朕既然有征兆的意思，本来就是不让别人听到他的声音。”于是二世经常居住在深宫之内，只跟赵高一个人决定各种事情。从这以后公卿很少有机会朝见皇上，各地起义的人更多了，关中军队被征发到东边去攻打起义军的一直没有停止。右丞相冯去疾、左丞相李斯、将军冯劫进谏说：“关东各路盗贼纷纷而起，朝廷派兵前去诛讨，杀死的人很多，然而还不能平息。盗贼多是因为戍边、运输、劳作的事情太劳苦，赋税太重。我们请求暂停阿房宫的修建，减少戍边兵役和运输徭役。”二世说：“我听韩子说：‘尧、舜用柞木做椽子，不进行砍削加工，用芦苇茅草盖屋顶不修剪，吃饭用瓦碗，喝水用瓦罐，即使是看门人的供养，也不会比这再俭薄了。禹平凿龙门，疏通大夏，疏导黄河淤积停滞之水，引水入海，亲自拿着杵和锹，小腿上的毛都被磨光了，即使是奴隶的劳苦，也不会比这再厉害了。’人们之所以看重享有天下，就是为了能纵欲而为，尽情享受，做君主重要的是修明法制，这样，臣下就不敢干坏事，就能统治天下了。虞、夏的君主，地位尊贵，做了天子，却身处穷苦境地，为百姓做出牺牲，这还有什么值得学习呢？天下被称为万乘之主，拥有万辆兵车，我身居万乘之高位，却没有万乘的实际，我要建造千乘之车驾，设立万乘之徒属，让实际跟我的名号相符。再说，先帝出身于诸侯，兼并了天下，天下已经平定，对外排除四方外族以安定边境，对内修建宫室来显示成功的得意，你们都看到了先帝功业已经就绪。而现在我登位两年的时间，盗贼纷起，你们不能禁止，又想要终止先帝所要做的事情。这样做，对上不能报答先帝，其次也是不为我尽忠尽力，你们还凭什么身处高位呢？”于是把冯去疾、李斯、冯劫下交给狱吏，审讯追究三人的其他罪过。冯去疾、冯劫说：“将相不能受侮辱。”于是自杀了。李斯最后被囚，受遍了各种刑罚。

二世三年，章邯等率兵包围了巨鹿，楚国上将军项羽率领楚兵前去援救巨鹿。冬天，赵高担任丞相，终于判决杀了李斯。夏天，章邯等作战多次败退，二世派人去谴责章邯，章邯害怕了，就派长史司马欣回京汇报情况，请求指示。赵高既不接见，也不信任。司马欣害怕了，赶紧逃离，赵高派人去追，没有追到。司马欣见到章邯说：“赵高在朝廷中掌权，将军您有功是被杀，无功也是被杀。”这时，项羽加紧进攻秦军，俘虏了王离，章邯等人就率兵投降了诸侯。八月己亥日，赵高想要谋反，恐怕群臣不听从他，就先设下计谋进行试验，带来一只鹿献给二世，说：“这是一匹马。”二世笑着说：“丞相错了，把鹿说成是马。”问左右大臣，左右大臣有的沉默，有的故意迎合赵高说是马，有的说是鹿。赵高就暗中对所有说是鹿的人强加罪名，予以惩治。以后，大臣们都畏惧赵高。

赵高以前多次说：“关东的盗贼成不了什么气候。”后来项羽在巨鹿城下俘虏了王离等人并继续前进，章邯等人的军队多次败退，上书请求增援，燕国、赵国、齐国、楚国、韩国、魏国都自立为王，从函谷关往东，大抵全部背叛了秦朝官吏而响应诸侯，诸侯都率兵西进。沛公率领几万人屠灭了武关，派人来跟赵高秘密接触。赵高害怕二世发怒，诛杀加害自己，就谎称有病不去朝见皇上。二世梦见一只白虎咬了他车驾的骖马，他杀了那只白虎，但心中不乐，觉得奇怪，就去问解梦的人。解梦人卜得卦辞说：“泾水水神在作怪。”二世就在望夷宫斋戒，想要祭祀泾水水神，把四匹白马沉入泾水。二世派人以起义者日益逼近的事谴责赵高。赵高恐惧不安，就暗中跟他的女婿咸阳县令阎乐、他的弟弟赵成商量说：“皇上不听劝谏，如今事态危急，想要把罪祸推给咱们家族。我想另立天子，改立公子婴。子婴仁爱谦下，百姓都听他的话。”就让郎中令做内应，谎称有大盗，命令阎乐召集官吏发兵追捕，又劫持了阎乐的母亲，安置到赵高府中当人质。派阎乐带领官兵一千多人在望夷宫殿门前，捆绑上卫令仆射，喝问道：“盗贼从这里进去了，为什么不阻止？”卫令说：“皇宫周围警卫哨所都有卫兵防守，十分严密，盗贼怎么敢进入宫中？”阎乐就斩了卫令，带领官兵径直冲进去，一边走一边射箭，郎官宦官大为吃惊，有的逃跑，有的格斗，格斗的就被杀死，被杀死的有几十人。郎中令和阎乐一同冲进去，用箭射中了二世的帷帐。二世很生气，召唤左右的人，左右的人都慌乱了不敢动手。旁边有一个宦官服侍着二世不敢离开。二世进入内宫，对他说：“您为什么不早告诉我，竟到了现在这种地步！”宦官说：“为臣不敢说，才得以保住性命，如果早说，我们这班人早就都被您杀了，怎能活到今天？”阎乐走上前去历数二世的罪状说：“你骄横放纵、肆意诛杀，不讲道理，天下的人都背叛了你，怎么办你自己考虑吧！”二世说：“我可以见丞相吗？”阎乐说：“不行。”二世说：“我希望得到一个郡做个王。”阎乐不答应。二世又说：“我希望做个万户侯。”阎乐还是不答应。二世又说：“我希望和妻子儿女去做普通百姓，跟诸公子一样。”阎乐说：“我是奉丞相之命，为天下人来诛杀你，你即使说了再多的话，我也不敢替你回报。”于是指挥士兵上前。二世自杀。

阎乐回去禀报赵高，赵高就召来了所有的大臣和公子，把杀死二世的情况告诉了他们。赵高说：“秦国本来是个诸侯国，始皇统治了天下，所以称帝。现在六国又各自立了王，秦国地盘越来越小，竟然还凭着个空名称皇帝，这不合适。应像过去一样称王，才合适。”于是立二世兄长的儿子子婴为秦王。按照平民的葬仪把二世埋葬在杜南宜春苑中。让子婴斋戒，到宗庙去拜祖先，接受国王印玺。斋戒五天后，子婴跟他的两个儿子商议说：“丞相赵高在望夷宫杀了二世，害怕大臣们杀他，就假装按照道义立我为王。我听说赵高竟与楚国约定，灭掉秦宗室后他在关中称王。现在让我斋戒，朝见宗庙，这是想趁着我在庙里把我杀掉。我推说生病不能前往，丞相一定会亲自来，他来了就杀掉他。”赵高派人去请子婴，前后去了好几趟，子婴却不走，赵高果然亲自去请，说：“国家大事，王为什么不去呢？”子婴于是在斋宫杀了赵高，杀死赵高家三族在咸阳示众。子婴做秦王四十六天，楚将沛公打败秦军进入武关，接着就到了霸上，派人去招降子婴。子婴用丝带系上脖子，驾着白车白马，捧着天子的印玺符节，在轵道亭旁投降。沛公于是进入咸阳，封了宫室府库，回师驻扎在霸上。过了一个多月，各路诸侯的军队也到了，项羽是各路诸侯的盟主，杀了子婴和秦公子宗室所有的人。随后屠戮咸阳，焚烧宫室，俘虏宫女，没收秦宫的珍宝财物，跟各路诸侯一起分了。灭掉秦王朝之后，把原来秦国的地盘划成三份各自为王，就是雍王、塞王、翟王，号称三秦。项羽为西楚霸王，主持分割天下，赐封诸侯王，秦朝终于灭亡了。此后五年，天下统一于汉朝。

太史公说：秦朝的祖先伯益，在唐尧、虞舜的时候，曾经建立功勋，被封给土地，受赐姓嬴。到夏朝、商朝时衰落了。到周朝衰落的时候，秦国兴起，在西部边境建起城邑。从穆公即位以来，逐渐蚕食诸侯，最终成了始皇帝。始皇自以为功业超过五帝，地盘比三王宽广，就认为跟五帝、三王相提并论是羞耻。贾生评论的话说得多好啊！他说：

秦朝兼并了诸侯，山东有三十多个郡，修筑渡口关隘，占据着险要地势，修治武器，守护着这些地方。然而陈涉凭着几百名散乱的戍卒，振臂大呼，不用弓箭矛戟等武器，光靠锄把和木棍，虽然没有给养，但只要看到有人家住的房屋就能吃上饭，纵横驰骋天下，所向无敌。秦朝险阻之地不防守了，关卡桥梁不封了，长戟不刺了，强弩不射了。楚军很快深入境内，鸿门一战，竟然连篱笆一样的阻拦都没有遇到。于是山东大乱，诸侯纷纷起事，豪杰相继立王。秦王派章邯率兵东征，章邯得此机会，就凭着三军的众多兵力，在外面跟诸侯相约，做交易，图谋他的主上。大臣们不可信用，从这件事就可以看出来了。子婴登位，最终也不曾觉悟，假使子婴有一般君主的才能，仅仅得到中等的辅佐之臣，山东地区虽然混乱，秦国的地盘还是可以保全的，宗庙祭祀也不会断绝。

秦国地势有高山阻隔，有大河环绕，形成坚固防御，是个四面都有险要关塞的国家。从穆公以来，一直到秦始皇，二十多个国君，经常在诸侯中称雄。难道代代贤明吗？这是地位形势造成的呀！再说天下各国曾经同心合力进攻秦国。在这种时候，贤人智士会聚，有良将指挥各国的军队，有贤相沟通彼此的计谋，然而被险阻困住不能前进。秦国就引诱诸侯进入秦国境内作战，为他们打开关塞，结果山东百万军队败逃崩溃。难道是因为勇气、力量和智慧不够吗？是地形不利，地势不便啊！秦国把小邑并为大城，在险要关塞驻军防守，把营垒筑得高高的而不轻易跟敌方作战，紧闭关门据守险塞，肩扛矛戟守卫在那里。诸侯们出身平民，是为了利益联合起来，并没有德高望重而居王位者的德行。他们的交往不亲密，他们的下属不亲附。名义上是说灭亡秦朝，实际上是为自己谋求私利。他们看见秦地险阻难以进犯，就必定退兵。如果他们能安定本土，让人民休养生息，等待秦的衰败，收纳弱小，扶助疲困，那么凭着能对大国发号施令的君主，就不用担心在天下实现不了自己的愿望了。可是他们尊贵身为天子，富足拥有天下，自己却遭擒获，这是因为他们挽救败亡的策略错误啊！

秦王满足一己之功，不求教于人，一错到底而不改变。二世承袭父过，因循不改，残暴苛虐以致加重了祸患。子婴孤立无亲，自处危境，却又柔弱而没有辅佐，三位君主一生迷惑而不觉悟，秦朝灭亡，不也是应该的吗？在这个时候，世上并非没有深谋远虑懂得形势变化的人士，然而他们所以不敢竭诚尽忠，纠正主上之过，就是由于秦朝的风气多有忌讳的禁规，忠言还没说完而自己就被杀戮了。所以使得天下之士只能侧着耳朵听，重叠双脚站立，闭上嘴巴不敢说话。因此，三位君主迷失了路途，而忠臣不敢进谏言，智士不敢出主意，天下已经大乱，皇上还不知道，难道不可悲吗？先王知道壅塞不通就会伤害国家，所以设置公卿、大夫和士，来整治法律设立刑罚，天下因而得到治理。强盛的时候，禁止残暴诛讨叛乱，天下服从；衰弱的时候，五霸为天子征讨，诸侯也顺从；土地被割削的时候，在内能自守备，在外还有亲附，社稷得以保存。所以秦朝强盛的时候，繁法严刑，天下震惊；等到它衰弱的时候，百姓怨恨，天下背叛。周朝的公、侯、伯、子、男五等爵位合乎根本大道，因而传国一千多年不断绝。而秦朝则是本末皆失，所以不能长久。由此看来，安定和危亡的纲纪相距太远了！俗话说“前事不忘，后事之师”。因此君子治理国家，考察于上古的历史，验证以当代的情况，还要通过人事加以检验，从而了解兴盛衰亡的规律，详知谋略和形势是否合宜，做到取舍有序，变化适时，所以历时长久，国家安定。

秦孝公占据了殽山和函谷关的险固地势，拥有雍州的土地，君臣牢固防守，窥伺着周朝王室以图夺取政权，心怀席卷天下、包举宇内的意图，有着囊括四海、并吞八方的雄心。那时候，商君辅佐他，对内建立法令制度，致力于农耕和纺织，修治防守和攻战的器械设备；对外实行连横，挑起诸侯之间的争斗，于是秦国人仅以举手之劳就取得了西河以外的土地。

孝公死后，惠王、武王继承原有的基业，遵循孝公留下来的策略，向南兼并了汉中，向西夺得了巴、蜀，向东割取了肥沃的土地，占据了险要的郡县。诸侯害怕了，举行盟会来商议削弱秦国，不吝惜珍奇的器物、贵重的财宝和肥美的土地，用来招请天下贤士，实行合纵，缔约结交，互相联合，结成一体。在这个时候，齐国有孟尝君，赵国有平原君，楚国有春申君，魏国有信陵君。这四君子，个个明智忠信，宽仁爱人，尊重贤士，重用能人，他们结约合纵，拆散连横，聚合起韩、魏、燕、楚、齐、赵、宋、卫、中山等国的众多军队。这时候六国的谋士有宁越、徐尚、苏秦、杜赫这些人给他们谋划，有齐明、周最、陈轸、昭滑、楼缓、翟景、苏厉、乐毅这些人为他们沟通各国的意见，有吴起、孙膑、带佗、倪良、王廖、田忌、廉颇、赵奢这些人为他们统率军队。他们曾经凭着十倍于秦国的土地，用上百万的军队，去攻打函谷关进攻秦国。秦国敞开关门把敌人放进来打，九国的军队却退缩奔逃，不敢前进。秦国没有损失一支箭、丢一个箭头的耗费，各国诸侯就已经疲困不堪了。因此合纵离散了，盟约解除了，争着割让地盘以侍奉秦国。这就使得秦国有充足的力量利用各国疲困的机会去制服他们，追逐败逃之敌，杀人上百万，尸体遍地；鲜血流成河，可以漂起盾牌。秦国乘着有利的形势，控制了天下，切割诸侯土地，使得强国请求归服，弱国入秦朝拜。王位传到孝文王、庄襄王，他们在位的时间很短，国家没有什么大事。

到了秦始皇，继承了六代先人留下来的功业，举起长鞭驾驭各国，吞并东周、西周，灭亡诸侯，登临皇帝之位，统一了整个天下，用刑罚残酷统治全国，声威震动四海。又向南夺取了百越的土地，改设成桂林、象郡。百越的君长低着头，系上脖颈，把性命交付给秦国官吏。于是派蒙恬在北方修筑长城戍守边防，驱赶匈奴使它后退七百多里，匈奴人不敢南下牧马，六国之士不敢张弓报仇。于是废弃了先王的治国之道，焚毁了百家的书籍著作，对百姓实行愚民政策。拆毁名城，杀戮豪杰，收缴天下兵器，聚集到咸阳，销毁兵刃，熔化乐器，用它们做成十二尊铜人，以削弱百姓的反抗力量。然后据守华山当作城墙，凭借黄河当作壕沟，上据万丈高城，下临无底深沟，以此作为坚固的屏障。有优秀的将领、强劲的弓弩把守着险关要塞，有忠信的大臣，又有精锐的部队，摆开了锐利武器，谁人能奈我何？天下已经安定。秦始皇的心理，以为关中那样坚固，有如千里长的铜铸城墙，是子子孙孙做帝王的万世基业。

始皇死后，他的余威仍然震慑着风俗各异的边远地区。陈涉不过是个破瓮做窗户、绳子捆门枢的贫寒人家子弟，是个为人耕田的雇农，被征服役的戍卒，才能赶不上中等人，没有仲尼、墨翟的贤能，没有陶朱、猗顿的富有，出身于士卒行伍，起事于田间村野，带着疲劳涣散的士兵，领着几百人的徒众，转过身来攻打秦朝。砍下树枝做武器，举起竹竿当旗帜，天下的人像云彩一样地聚集成群，像回声一样响应起义，背负干粮，像影不离身一样跟随着他，山东地区的豪杰俊士，于是同时起来诛灭了秦王朝家族。

再说秦朝的天下并没有变小削弱，雍州的土地、殽山和函谷关的坚固，仍然像以前一样。陈涉的地位比不上齐、楚、燕、赵、韩、魏、宋、卫、中山各国的国君那么尊贵，锄把和木棍比不上钩戟、长矛那样锋利；被流放守边的徒众，比不上九国的军队；深谋远虑、行军用兵的方略，也比不上先前六国的谋士。然而成功失败各不相同，功业成就完全相反。假使让山东各国跟陈涉比比长短大小，量量权势实力，就不能同日而语了。然而秦国凭着雍州那块小小的地盘，拥有千辆兵车的诸侯的权力，攻取了八州兼有了天下，使地位等级相同的六国诸侯都朝拜臣服，经历了一百多年。然而后来秦统一了天下，以天下为家，以殽山和函谷关为宫殿，谁想到一个普通人带头发难，就使得秦之宗庙被毁，国家灭亡，皇子皇孙死在他人手中，让天下人耻笑，这是因为什么呢？这是因为不施行仁义、夺取天下跟守住天下的形势不同啊！

秦统一天下，吞并诸侯，临朝称帝，供养四海，天下的士人顺服地慕风向往，为什么会像这样呢？回答是：近古以来没有统一天下的帝王已经很久了。周王室力量微弱，五霸相继死去以后，天子的命令不能通行天下，因此诸侯凭着武力相征伐，强大的侵略弱小的，人多的欺凌人少的，战事不止，军民疲惫。现在秦皇南面称帝统治了天下，这就是在上有了天子啊！这样一来，那些可怜的百姓就都希望能靠他安身活命，没有谁不诚心景仰皇上，在这个时候，应该保住威权，稳定功业，是安定还是危败，关键就在于此了。

秦王怀着贪婪卑鄙之心，只想施展他个人的智慧，不信任功臣，不亲近士民，抛弃仁政王道，树立个人权威，禁除诗书古籍，实行严刑酷法，把诡诈权势放在前头，把仁德信义丢在后头，一开始就在全国实行残暴苛虐的统治。在兼并诸侯时可以崇尚阴谋诡诈；在治理国家时就要重视顺应民心：这就是说夺天下和保天下不能用同样的方法。秦经历了战国到统一天下，它的路线没有改，他的政令没有变，这是它夺天下和保天下所用的方法没有不同。秦王孤身无辅却拥有天下，所以他的灭亡很快就来到了。假使秦王能够考虑古代的情况，顺着商、周的道路来驾驭自己的国家政权，那么后代即使出现骄奢淫逸的君主，也不会有倾覆危亡的祸患。所以夏禹、商汤、周文王和周武王建立国家，名号卓著，功业长久。

当今秦二世登上王位，普天之下没有人不伸长脖子盼着看一看他的政策。受冻的人穿上粗布短袄就觉得很好，挨饿的人吃上糟糠也觉得香甜。天下苦苦哀叫的百姓，正是新皇帝执政的凭借。这就是说在劳苦人民面前容易博得仁政的名声。当初如果二世有一般君主的德行，任用忠贞贤能的人，君臣一心，为天下的苦难而忧心；丧服期间就改正先帝的过失，割地分民，封赏功臣的后代，封国立君，对天下的贤士以礼相待；把牢狱里的犯人放出来，免去刑戮，废除没收犯罪者妻子儿女为官家奴婢之类的杂乱刑罚，让被判刑的人各自返回家乡；打开仓库，散发钱财，以赈济孤独穷困的士人；减轻赋税，减少劳役，帮助百姓解除急困，简化法律，减少刑罚；给犯罪人以把握以后的机会，使天下的人都能自新，改变节操，修养品行，各自谨慎对待自身；满足万民的愿望，以威信仁德对待天下人，天下人就归附了。如果天下到处都欢欢喜喜安居乐业，唯恐发生变乱，那么即使有奸诈不轨的人，也不至于犯上作乱，那么图谋不轨的臣子也就无法掩饰他的奸诈，暴乱的阴谋就可以被阻止了。二世不实行这种办法，却比始皇更加暴虐无道，重新修建阿房宫，使刑罚更加繁多，杀戮更加严酷，官吏办事苛刻狠毒，赏罚不得当，赋税搜刮没有限度，国家的事务太多，官吏们都治理不过来；百姓穷困已极，而君主却不加收容救济。于是奸险欺诈之事纷起，上下互相欺骗，蒙受罪罚的人很多，道路上遭到刑戮的人前后相望，连绵不断，天下的人都陷入了苦难。从君卿以下直到平民百姓，人人心中自危，身处穷苦之境，到处都不得安静，所以容易动乱。因此陈涉不凭商汤、周武王那样的贤能，不借公侯那样的尊贵，在大泽乡振臂一呼而天下响应，其原因就在于人民正处于危难之中。所以古代圣王能洞察开端与结局的变化，知道生存与灭亡的关键，因此统治人民的方法，就在于使他们安定罢了。这样，天下即使出现叛逆的臣子，也必然没有人响应去帮助他。所谓“处于安定状态的百姓可以共同行仁义，处于危难之中的百姓容易一起做坏事”，就是说的这种情况。尊贵到做了天子，富足到拥有天下，而自身却不能免于被杀戮，就是由于挽救倾覆局势的方法错了。这就是二世的错误。

襄公登位，在位十二年。开始建造西畤。葬在西垂。生了文公。

文公登位，住在西垂宫。在位五十年去世，葬在西垂。生了静公。

静公没有登位就死了。生了宪公。

宪公在位十二年。住在西新邑。死后葬在衙县。生了武公、德公、出子。

出子在位六年，住在西陵。庶长弗忌、威累和参父三人，率领刺客在鄙衍刺杀了出子，葬在衙县。武公登位。

武公在位二十年。住在平阳封宫。葬在宣阳聚东南。三个庶长受到应有的惩罚。德公继位。

德公在位二年。住在雍邑大郑宫。生了宣公、成公、缪公。葬在阳地。开始规定伏日，以抵御热毒邪气。

宣公在位十二年。住在阳宫。葬在阳地。开始记载闰月。

成公在位四年。住在雍邑的宫殿。葬在阳地。齐国攻打山戎、孤竹。

缪公在位三十九年。周天子为他称霸而致贺。葬在雍邑。缪公曾向宫殿的侍卫学习。生了康公。

康公在位十二年。住在雍邑高寝。葬在竘社。生了共公。

共公在位五年。住在雍邑高寝。葬在康公南面。生了桓公。

桓公在位二十七年。住在雍邑太寝。葬在义里丘的北边。生了景公。

景公在位四十年。住在雍邑高寝。葬在丘里南边。生了毕公。

毕公在位三十六年。葬在车里北边。生了夷公。

夷公没有登位。死后葬在左宫。生了惠公。

惠公在位十年。葬在车里，位于康公、景公墓之间。生了悼公。

悼公在位十五年。葬在僖公西面。在雍邑修筑城墙。生了剌龚公。

剌龚公在位二十四年。葬在入里。生了躁公、怀公。第十年，出现了彗星。

躁公在位十四年。住在受寝。葬在悼公南面。躁公元年，出现了彗星。

怀公从晋国回来。在位四年。葬在栎圉氏。生了灵公。大臣们包围怀公，怀公自杀。

肃灵公是昭子的儿子。住在泾阳。在位十年。葬在悼公西面，生了简公。

简公从晋国回来。在位十五年。葬在僖公西面。生了惠公。第七年，百姓开始佩剑。

惠公在位十三年。葬在陵圉。生了出公。

出公在位二年。自杀。葬在雍邑。

献公在位二十三年。葬在嚣圉。生了孝公。

孝公在位二十四年。葬在弟圉。生了惠文王。孝公十三年，开始建都咸阳。

惠文王在位二十七年。葬在公陵。生了悼武王。

悼武王在位四年。葬在永陵。

昭襄王在位五十六年。葬在茝阳。生了孝文王。

孝文王在位一年。葬在寿陵。生了庄襄王。

庄襄王在位三年。葬在茝阳。生了始皇帝。吕不韦任相国。

献公登位第七年，开始设立集市。第十年，登记户口，五户相连共为一伍。

孝公登位第十六年，这年桃树李树在冬天开了花。

惠文王十九岁登位。登位第二年，开始实行用钱币。有个新生婴儿说“秦国将称王”。

悼武王十九岁登位。登位第三年，渭水变红了三天。

昭襄王十九岁登位。登位第四年，开始实行井田制并开辟田间小路（或地界）。

孝文王五十三岁登位。

庄襄王三十二岁登位。登位第二年，夺取了太原地区。庄襄王元年，宣布大赦，论功表彰先王功臣，施予恩惠，厚待骨肉至亲，对百姓施以惠泽。东周联合诸侯谋划攻秦，秦国派相国吕不韦征讨，东周全部纳入秦国。秦国不断绝东周的祭祀，把阳人这个地方赐给周君，让他供奉祖宗祭祀。

始皇在位三十七年。葬在郦邑。生了二世皇帝。始皇是十三岁登位的。

二世皇帝在位三年。葬在宜春苑。赵高任丞相，封安武侯。二世是十二岁登位的。

以上从秦襄王到秦二世，总共六百一十年。

汉孝明皇帝十七年十月十五日，这一天是乙丑日，（东汉明帝向班固询问贾谊、司马迁论秦二世亡天下的得失）班固说：

“周朝的命数已经过去，（周属木德，汉为火德，木生火，就是说周为汉母，子不代母）汉朝的仁德还不能直接代替周朝。而秦朝正赶上了木德与火德之间的帝王之位，吕政（指秦始皇）为政残忍暴虐。然而他十三岁就当上了诸侯王，后来兼并了天下，放纵妄为，却又养育家族宗亲。三十七年间，四处用兵，他制定法律政令，传留给后代帝王。这大概是由于获得了圣人的神威，河神授予了象征帝王受命的河图，凭借着主弓矢的狼星、狐星之气，和主斩杀的参星、伐星之气，帮助嬴政消除了天下诸侯，直到自称始皇帝。”

秦始皇死后，胡亥极其愚蠢，郦山工程还没有完成，又重新营造阿房宫，以实现先王的计划。还说什么“对于据有天下的人来说，最可贵的就是想干什么就干什么，大臣们竟然要废弃先君想干的事情”。杀了李斯、冯去疾，任用赵高。二世的这些话叫人多么痛心啊！他还说：“胡亥长着人的脑袋，却发出牲畜一样的叫声。如果他不逞淫威，人们就不会讨伐他的罪恶；如果他的罪恶不深重，就不至于国灭身亡。”直到帝位保不住了，残酷暴虐又加速了他的灭亡，虽然占据着地形有利的国度，还是不能长存。

子婴越序继承了王位，戴上垂着玉饰的王冠，佩上系着华美丝带的御玺，乘坐上帝王的黄屋车，带领百官，朝拜七庙。小人物登上本不属于他的高位，无不惶恐不安，心无主宰，每天苟且偷安；而子婴这个人却能谋虑长远，排除顾虑，跟他的儿子一起权衡策划，在一房室之内就近擒获赵高，终于杀死奸臣，为先君诛讨了逆贼。赵高死后，子婴还没来得及一一慰劳宾客亲属，饭没来得及咽下，酒没来得及沾唇，楚军已经屠灭了关中，真人天子刘邦已经飞临霸上，只得驾着白马白车，脖颈上系着丝带，手捧符节御玺，献给应该称帝的人。春秋时楚庄王侵郑，郑伯持祭祀用的礼器茅旌和鸾刀，使楚庄王退兵三十里。然而黄河开了口子不能再堵住，鱼腐烂了不能再复原。贾谊、司马迁说：“假使子婴有一般君主的才能，仅仅得到中等的辅佐之臣，山东地区虽然混乱，秦国的地盘还是可以保全的，宗庙的祭祀也不会断绝。”秦朝的衰弱是积久而成，天下已经土崩瓦解，即使有周公旦的那样的才能，也无法施展他的良策，而贾谊、司马迁竟拿秦朝的灭亡来责备登位几天的子婴，实在是错误啊！民间相传，是秦始皇造成的罪恶，胡亥把它推到顶点，这话是说到理上了。贾谊、司马迁又指责子婴，说原来的秦国土地可以保住，它就是所谓的不通晓时势变化呀！纪季为保住宗庙，不得已把酅邑献给齐国，

《春秋》不写出他的名字，是为了表彰他的贤德。我读《秦始皇本纪》，读到子婴车裂赵高时，未尝不感到他那样果断干练，怜爱他的志气。子婴对待生死大义，已经是完美无缺了。

（潘　峰 译）

《史记》卷七 项羽本纪第七

项籍是下相人，字羽。刚起兵时二十四岁。他最小的叔叔是项梁，项梁的父亲就是被秦将王翦所杀害的楚国大将项燕。项家世世代代在楚国为将，因为有功而被封在项地，所以姓项。

项籍小的时候曾学习写字，还没学到啥就不学了，又去学习剑术，也没有什么结果。项梁对他很生气。项籍说："文字能够用来记姓名就可以了，剑术也不过能对付一个人而已，不值得学，我要学可以敌得过万人的本事。"于是项梁就教项籍兵法，项籍非常高兴，粗略地知晓了兵法大意，就又不肯深入研究了。项梁曾因犯罪被栎阳县逮捕，就请蕲县狱掾曹咎写信给栎阳狱掾司马欣，因而事情才算了结。项梁杀了人，和项籍到吴中躲避仇家。吴中有才能的士大夫都比不上项梁。每当吴中有大规模的徭役和丧葬，项梁常当主办人，暗中用兵法的原则部署组织宾客和青年，以此考察了解他们的能力。秦始皇巡游会稽，渡过浙江，项梁和项籍一同去观看。项籍说："那个人我可以取而代之。"项梁捂住他的嘴，说："不许胡说八道，要满门抄斩的！"项梁因此觉得项籍有过人之处。项籍身高八尺有余，力大能举鼎，才气过人，即使吴中当地的年轻人也都很惧怕他。

秦二世元年七月，陈涉等人在大泽乡起义。这年九月，会稽郡守殷通对项梁说："大江以西都造反了，这是上天要灭亡秦朝的时候到了。我听说抢占先机可以制人，落后了就会为人所制。我想发兵，委你和桓楚二人统领全军。"那时桓楚逃亡在草泽之中。项梁说："桓楚亡匿在外，别人都不知道他的下落，只有项籍知道。"于是项梁走出来，吩咐项籍持剑在外面等候。项梁又走进去，与郡守一块儿坐着。项梁说："请允许我叫项籍进来，让他接受命令召回桓楚。"郡守说："好吧！"项梁招呼项籍进来。过了一会儿，项梁给项籍使了个眼色，说："可以行动了！"于是项籍拔出剑来砍掉了郡守的脑袋。项梁拿着郡守的脑袋，身上系着郡守的官印。郡守的侍从护卫大为惊慌，乱作一团，项籍一连杀死了数百人。整个郡府中的人都吓得趴倒在地上，没有人敢起来反抗。项梁召集昔日所熟悉的有胆识的府吏，向他们说明起事反秦的道理，于是征集吴中士卒起义。派人搜罗下属各县丁壮，得到精兵八千人。项梁部署郡中豪杰，分封他们为校尉、候、司马。有一人没有得到任用，自己去向项梁申述。项梁说："前些时候有一件丧事，我让你主办，你都没有办好，所以不任用你。"大家听了都很敬服。于是项梁成了会稽郡守，项籍为副将，去巡行占领下属各县。

广陵人召平这时为陈王巡行占领广陵，没有攻下。召平听说陈王战败逃走，秦兵又将要到达，就渡江假托陈王的命令，拜项梁为楚王的上柱国。召平说："江东已经平定，赶快引兵西进攻打秦军。"项梁就率领八千人渡江向西进发。他听说陈婴已经攻下东阳，便派遣使者，想要与陈婴联合西进。陈婴原来是东阳令史，在县里一向诚实谨慎，人们称他为忠厚长者。东阳的青年杀死了他们的县令，聚合了几千人，想要推举出一个首领，没有找到合适的人选，就请陈婴来担任。陈婴推辞说不能胜任，大家就强行推立他做首领。县中追随他的有两万人。青年们打算拥立陈婴就便称王，士兵为了同其他各路军队相区别，头上裹以青巾，表示是一支新起事的义军。陈婴的母亲对他说："自从我做你们陈家的媳妇，没听说你的祖先有过高官贵爵，现在突然有了这么大的名声，不是好的兆头。不如去归属别人，起事成功了，还可以得到封侯，起事失败了，也容易逃脱，因为不是社会上指名注目的人。"因此陈婴不敢为王。他对军吏说："项家世代为将，在楚国很有名望。现在要想干成大事，将帅非项家不可。我们依附名门大族，一定能使秦朝灭亡。"于是大家听从他的话，把军队归属项梁。项梁渡过淮水，黥布、蒲将军也率军归附。项梁共有六七万人，驻军在下邳。

这时，秦嘉已拥立景驹为楚王，驻军彭城东面，想要抵挡项梁。项梁对军吏说："陈王首先起事，作战不利，不知道下落。现在秦嘉背叛陈王而拥立景驹，这是大逆不道。"于是项梁进兵攻打秦嘉，秦嘉的军队败逃，项梁追到胡陵。秦嘉回军，双方交战了一天，秦嘉阵亡，军队全部投降。景驹逃到梁地，死在那里了。项梁收编了秦嘉的军队，驻军在胡陵，准备引军西进。章邯的军队到达栗县，项梁派别将朱鸡石、余樊君与他交战。余樊君战死，朱鸡石兵败，逃到胡陵。项梁便带兵进入薛县，杀了朱鸡石。项梁在这之前派项羽另率一军攻打襄城，襄城坚守不降。项羽攻下襄城以后，活埋了那里的全部守城军，回来报告项梁。项梁听说陈王确实死了，召集各路将领会合到薛县商讨大事。这时沛公也在沛县起兵，赶往薛县。

居鄛人范增已经七十岁了，平素隐居家中，喜欢奇策妙计。他去游说项梁说："陈胜本来就应该失败。秦灭六国时，楚国最没有过错。自从楚怀王被骗到秦国没有返回，楚国人到今天还非常同情他。所以楚南公说'楚国即便只剩下三户人家，灭亡秦国的也必定是楚国'。如今陈胜首先起事，没有立楚王的后裔而自立为王，这样当然不会长久。现在您起兵江东，楚地将领有如群蜂纵横，都争先恐后地归附您，是因为项家世代为楚国的将领，能够再立楚王的后裔。"项梁认为他说的对，就到民间找到了楚怀王名叫心的孙子，他那时还在给人放羊，项梁立他为楚怀王，以顺从人民的意愿。同时封陈婴为上柱国，并给他五个县做封地，让他陪同楚怀王建都盱台。项梁自称为武信君。

过了几个月，项梁带兵攻打亢父，与齐国田荣、司马龙且的军队一起援救东阿，在东阿大败秦军，田荣率军回到旧地，赶跑了齐王田假。田假逃到楚国。田假的相国田角逃到赵国。田角的弟弟田间原来是齐国的将领，留在赵国不敢回去。田荣立了田儋的儿子田市为齐王。项梁打垮了东阿一带的秦军后，就乘胜追击。屡次派遣使者催促齐军，打算与它联军西进。田荣说："楚国杀了田假，赵国杀了田角、田间，我才能出兵。"项梁说:"田假是我们盟国的国君，走投无路了来依附我，我不忍心杀他。"赵国也不愿杀田角、田间来与齐国做交易。于是齐国不肯发兵帮助楚国。项梁派沛公和项羽另率一支军队攻打城阳，血洗了县城。向西在濮阳东面击破了秦军，秦军收兵进入濮阳。沛公、项羽就攻打定陶，没有攻下，于是二人率军离去，西进略地，到达雍丘，大破秦军，并杀死了秦将李由。然后回军攻打外黄，没有攻下来。

项梁从东阿出发一路西进到达定陶后，一连几次大破秦军，项羽等又杀死了李由，因此项梁越来越轻视秦军，渐渐显露出骄傲的神色。宋义劝告项梁说："打了胜仗，将领就骄傲，士卒就懈怠，这样的军队一定要吃败仗。现在我们的士兵已经开始松懈了，而秦兵一天天增多，我真是替您担心。”项梁不听劝告，打发宋义去出使齐国。宋义途中遇到齐国的使者高陵君显，就问他：“你是要去见武信君吗？”高陵君回答说：“是的。”宋义说：“我估计武信君的军队必定会失败。你迟一步去就可以免死，走得快了就会赶上灾祸。”秦朝果然发动全部兵力增援章邯，攻打楚军，大破楚军于定陶，项梁战死。沛公、项羽离开外黄攻打陈留，陈留坚兵固守，没有攻下来。沛公、项羽两人合计道：“如今项梁的军队垮了，我们的军心已经动摇。”于是就领兵同吕臣的军队一起向东进发。吕臣驻扎在彭城东面，项羽驻扎在彭城西面，沛公驻扎在砀县。

章邯打垮了项梁的军队后，觉得楚地的散兵游勇不值得忧虑了，于是渡过黄河攻打赵地，大破赵军。这个时候，赵歇为赵王，张耳为国相，都逃进了巨鹿城。章邯命令王离、涉间围攻巨鹿，章邯驻扎在巨鹿南面，修筑甬道给他们输送粮食。陈余作为赵国大将，统率士卒数万人驻扎在巨鹿的北面，这就是所谓的河北军。

楚军在定陶战败后，楚怀王很惊恐，从盱台前往彭城，合并了项羽、吕臣的军队亲自统率。任命吕臣为司徒，任命他的父亲吕青为令尹。任命沛公刘邦为砀郡长，封他为武安侯，统率砀郡的军队。

先前，宋义所遇到的齐国使者高陵君显这时正好在楚国的军中，他见到楚怀王说：“宋义曾料到武信君的军队一定会失败，过了几天，他的军队果然失败了。两军还未交战而事先看出了失败的征兆，这称得上是深通兵法了。”楚怀王召见宋义，和他商计军中大事，非常欣赏他，就委任他为上将军，封项羽为鲁公，担任副将，以范增为末将，前去援救赵国。其他各路将领都隶属于宋义，宋义号为卿子冠军。行军至安阳，在那里停留了四十六天不前进。项羽说：“我听说秦军把赵王围在巨鹿，如果可以迅速带兵渡过黄河，楚军从外进攻，赵军在内响应，一定能够打垮秦军。”宋义说：“并非如此。能叮咬大牛的牛虻却伤不到小小的虱子。现在秦军攻打赵军，即使打胜了士卒也会疲惫，我们乘秦军疲惫再发动进攻；即使打不胜，我们也可以率领军队鸣鼓西进，一定能够打垮秦军。所以现在不如先让秦、赵相斗。若论身披甲胄，手执利器，冲锋陷阵，我宋义不如您；若论坐下来运筹划策，您就比不上我宋义了。”于是向军中下令：“凶猛如虎，违逆如羊，贪婪如狼，倔强不听指挥的人，一律斩首。”宋义又派他的儿子宋襄去辅助齐国，亲自送他到无盐，摆酒设宴，大会宾客。当时天寒大雨，士卒冻饿交加。项羽说：“本来打算合力攻秦，却久久停留不前。现在年荒岁饥，人民贫困，将士们只有芋艿掺豆子可吃，军中没有存粮，宋义竟然置备酒筵，大会宾客，不率领军队渡河就地取用赵国的粮食，与赵国合力攻秦，却说什么‘等待秦军疲惫’。以秦那样强大的兵力，进攻新建立的赵国，形势发展的结果必定是秦军打垮赵国的军队。一旦赵国战败，秦军将会变得更加强大，还有什么疲惫的机会可乘！而且楚军不久前才吃了败仗，楚王坐立不安，把举国的兵力都集中起来让上将军统领，国家安危，在此一举。如今上将军不体恤士卒，徇情营私，他不是国家的贤良之臣。”项羽早晨参见上将军宋义，就在军帐中斩了宋义的脑袋，出来发令军中说：“宋义和齐国阴谋反楚，楚王秘密命令我杀死他。”这时候，将领们都很畏服，没有谁敢提出异议。都说：“最先创建楚国的，是将军一家。现在又是将军处死了叛乱的人。”于是将领们共同推立项羽为代理上将军。项羽即刻派人去追宋义的儿子，在齐国杀死了他。项羽派桓楚向楚怀王报告。楚怀王很是无奈，只好任命项羽为上将军，当阳君、蒲将军都归项羽统率。

项羽杀死了卿子冠军宋义之后，威震楚国，名闻于诸侯。于是项羽派遣当阳君、蒲将军率领两万士卒渡河，援救巨鹿。战事刚获得一些胜利，陈余又向项羽请求增援。于是项羽率领全军渡河，凿沉全部的船只，砸破炊具，烧毁营舍，携带三天口粮，以此向士卒们表示决死战斗，毫无退还之心。楚军一到巨鹿，就立即包围了王离，随即与秦军遭遇，交战九次，截断了秦军的甬道，大破秦军，杀死了苏角，俘虏了王离，涉间不向楚军投降，自焚而死。这时候，楚军勇冠诸侯。援救巨鹿的诸侯军有十多个营垒驻扎在城下，都不纵兵出战。等到楚军攻击秦军时，诸侯将领都在营垒上观战。楚军的战士们无不以一当十，楚兵喊声震天，诸侯军队人人胆战心惊。于是打败了秦军之后，项羽召见各诸侯将领，他们进入辕门时，全部用膝盖跪着前行，不敢抬头仰视。项羽从此成为诸侯军的上将军，诸侯都隶属于他。

章邯驻扎在棘原，项羽驻扎在漳水南岸，两军相持，没有交战。秦军多次退却，秦二世派人责问章邯。章邯恐惧，派长史司马欣去朝中说明原委，请求指示。司马欣到了咸阳，在司马门等了三天，赵高不予接见，有不信任之意。司马欣非常害怕，逃回军中。他怕有人来追杀，没敢从原路返回。赵高果然派人追赶他，只是没有追上。司马欣到了军中，向章邯报告说："赵高在朝中独揽大权，下面的人不可能有所作为。如今仗能打赢，赵高必定嫉妒我们的功劳；仗打不赢，我们免不了被处死。希望将军仔细考虑。"陈余也送给章邯一封信说："白起身为秦将，向南攻拔鄢郢，向北坑杀马服君赵括的军队，攻城略地，不可胜数，而最后竟被赐死。蒙恬为秦将，北逐匈奴，开辟榆中几千里的土地，最终竟然在阳周被杀害。为什么呢？因为他们功劳太多，秦朝不能全都封赏，因此罗织罪名，从法令上找借口杀害他们。现在将军为秦将三年了，所损失的士卒以十万计，而诸侯军队起事的越来越多。那个赵高历来阿谀奉承，为时已久，眼下形势危急，也怕二世杀他，所以要想法杀死将军，借以推卸责任，另外找人替代将军，以此来摆脱他的祸患。将军在外时间长了，朝廷中很多人与你有隔阂，有功也是被杀，无功也是被杀。况且天要灭亡秦朝，无论是愚笨的人还是聪明的人都知道。如今将军对内不能直言规谏，在外成了亡国的将领，孤立无援却想长期生存下去，难道不是很可怜吗！将军为什么不倒戈与各路诸侯联合，签订和约，共同攻秦，割地为王，南向而坐，称孤道寡；这同自己伏砧受戮，妻儿被杀，究竟哪条路子好呢？"章邯犹豫不决，暗中派军候始成到项羽营中，想要签署和约。和约没有商妥，项羽让蒲将军昼夜领兵渡过三户津，扎营漳水南岸，与秦军交战，又一次打败了秦军。项羽率领全军士卒在汙水向秦军发动进攻，把秦军打得一败涂地。"

章邯派人去见项羽，打算订立和约。项羽召集军吏商议说："军中粮草不多了，想与他们签订和约。"军吏都说："好。"项羽就与章邯约定好日期在洹水南岸殷墟相见，缔结了盟约，章邯见到项羽，涕泪交下，向项羽诉说赵高的种种劣行。于是项羽封章邯为雍王，把他留在自己军中，任命长史司马欣为上将军，率领归降的秦军充当先头部队。

军队到达新安。诸侯军的官兵以前曾因服徭役、屯戍边疆路过秦中时，秦中官兵对他们多有无礼举动。等到秦军投降了诸侯军，诸侯军中的官兵乘战胜之机，像对待奴隶和俘虏一样地使唤秦军官兵，随意折磨、侮辱他们。秦军官兵中很多人私下议论说："章将军等欺骗我们投降诸侯军，如今能够入关破秦，当然最好；如果不能，诸侯军俘虏我们到东边去，秦朝势必把我们的父母妻子全部处死。"诸侯军的将领们暗中听到了这些议论，报告了项羽。项羽就找来黥布、蒲将军商量说："秦军官兵还很多，他们心里不服，要是到了关中不听从命令，那局面就危险了，不如杀掉他们，而只带章邯、长史司马欣、都尉董翳三人入关。"于是楚军乘夜在新安城南坑杀了秦军士卒二十多万人。

项羽将要攻取秦关中地带。函谷关有兵把守，不能进去。又听说沛公已经攻破咸阳，项羽大怒，派当阳君等攻打函谷关。项羽便进入了函谷关，到达戏水西岸。沛公驻军霸上，没有能够和项羽相见。沛公的左司马曹无伤派人对项羽说："沛公想要称王关中，让秦朝降王子婴给他当相国，并把所有珍宝都占为己有。"项羽一听，勃然大怒，说："明天早晨好好犒劳士卒，给我击溃沛公的军队！"这时，项羽有兵四十万，驻扎在新丰鸿门，沛公有兵十万，驻扎在霸上。范增劝告项羽说："沛公在山东时，贪图财宝，喜爱美女。如今进了关，不收财物，不亲近妇女，由此可见，他的志向不小。我派人观望了他上空的云气，都呈龙虎状，五颜六色，这是天子之气。赶快进攻，不要错失良机。"

楚国左尹项伯是项羽的叔父，平素与留侯张良要好。张良这时跟随着沛公，项伯就连夜骑马来到沛公军营，私下见到张良，把事情全部告诉了他，打算叫张良和他一块走。项伯说："不要跟沛公一块送死。"张良说："我为韩王护送沛公，现在沛公形势危急，我独自逃走是不道义的，不能不告诉他。"于是张良进入军帐，把情况全部告诉了沛公。沛公大吃一惊，说："这可如何是好？"张良说："谁给大王出的这个主意？"沛公说："一个无知小人劝我说'守住函谷关，不要让诸侯军进来，您就可以占据整个秦地称王了'。我听信了他的话。"张良说："大王认为以您的兵力足以抵挡项王吗？"沛公默然不语，过了一会儿说："我的兵力当然不如项羽，又该怎么办呢？"张良说："请让我去告诉项伯，说沛公不敢背叛项王。”沛公说：“你怎么与项伯有交情的？”张良说：“在秦朝的时候，项伯和我有过交往，项伯杀了人，我救了他。现在形势危急，幸亏他来告诉我。”沛公说：“项伯与你，谁年纪大？谁年纪小？”张良说：“他比我大。”沛公说：“你替我叫他进来，我要用对待兄长的礼节对待他。”张良走出来，邀请项伯。于是项伯就进去见沛公。沛公举杯给项伯敬酒，并与他约为儿女亲家。沛公说：“我进驻函谷关以来，连最细小的东西都没敢动，造册登记吏民，封存府库，只等着将军到来。之所以遣将守关，是为了防备别的盗贼出入和意外事件。我日日夜夜盼望将军到来，怎么敢反叛啊！请您向将军详细说明我是不敢背弃道义的。”项伯答应了他。项伯又对沛公说：“明天早晨一定要早点来亲自向项王赔罪。”沛公说：“是。”于是项伯又连夜赶了回去，回到项羽的大营，把沛公的话原原本本报告了项王。随即向项羽说：“沛公不先攻破关中，您难道敢进来吗？如今人家立有大功您却要去攻打他，这是不道义的，不如借他来请罪的机会好好对待他。”项王答应了。

第二天一大早，沛公带着一百多名侍从人马来见项王，到了鸿门，向项王谢罪说：“我和将军齐心协力攻打秦朝，将军在河北作战，我在河南作战，然而我自己也没有想到会先入关攻破秦地，能在这里又见到将军。如今有小人散布流言，使将军和我有了隔阂。”项王说：“这是你的左司马曹无伤说的，不然，我项籍怎么会这样。”项王当天就留沛公一同饮酒。项王、项伯面朝东坐，亚父面朝南坐。亚父就是范增。沛公面朝北坐，张良面朝西陪侍。范增多次向项王使眼色，再三举起佩带的玉玦向项王示意，项王默然不予理会。范增起身出去找来项庄，对他说：“大王为人心肠太软，你进去上前祝酒，祝酒完了，请求舞剑，乘机袭击沛公，在座席上杀死他。不然的话，你们这些人都将成为他的俘虏。”项庄便进去祝酒。祝酒完了说：“大王与沛公饮酒，军中没有什么可供娱乐的，请允许我舞剑助兴。”项王说：“好吧。”项庄拔剑起舞，项伯也拔剑起舞，常常用身体掩护沛公，项庄没有办法得手。见此情形，张良赶紧出帐来到军门，找来樊哙。樊哙说：“现在情况怎么样？”张良说：“极为危急。此刻项庄正在舞剑，他的意图常在沛公身上。”樊哙说：“这就很紧急了，请让我进去，与沛公同生共死。”樊哙就带着剑，手拥盾牌，往军门中闯。交叉持戟的卫士想要阻拦，不让他进去，樊哙侧过他的盾牌撞击，卫士倒在地上，樊哙于是闯进了大帐，揭开帷帐，向西而立，圆睁怒目，看着项王，头发根根竖起，两边眼角都要睁裂了。项王伸手握住宝剑，挺直身子，问：“来客是干什么的？”张良说：“这是沛公的参乘樊哙。”项王说：“真是位壮士！赏赐他一杯酒。”左右就给他一大杯酒。樊哙拜谢后起来，站着一饮而尽。项王说：“赏给他猪腿。”左右就给他一只生猪腿。樊哙把盾牌反扣在地上，把猪腿放在上面，拔出剑来边切边吃。项王说：“好一位壮士！还能再喝酒吗？”樊哙说：“我连死都不怕，区区一杯酒又有什么可推辞的！那秦王有虎狼之心，杀人唯恐杀不完，给人加刑唯恐用不尽，天下人都反叛他。楚怀王和将领们约定说‘谁先攻破秦地进入咸阳，就让他在关中为王’。如今沛公先攻破了秦地进入咸阳，连最细小的东西都没敢动，封闭宫室，把军队撤回到霸上，等待大王到来。之所以派遣将士把守函谷关，是为了防备别的盗贼和意外事件。如此劳苦功高，没有得到封侯的赏赐，大王您反而听信闲言碎语，要杀有功的人。这是继续在走已经灭亡的秦朝的老路，我认为大王您是不会这样做的。”项王没有回答，只说：“坐。”樊哙在张良旁边坐下来。坐了一会儿，沛公起身上厕所，乘机把樊哙叫了出来。

沛公出去后，项王派都尉陈平去叫沛公回来。沛公对樊哙说：“刚才我们出来，还没有辞行，怎么办呢？”樊哙说：“做大事不必顾及小的礼节，行大礼无须躲避小的责备，如今人家好比是菜刀、砧板，而我们好比是受人宰割的鱼肉，为什么还要告辞呢！”于是一行人离去。让张良留下来向项王致歉。张良问：“大王来的时候带了什么？”沛公说：“我带来一双白璧，想献给项王，一双玉斗，想送给亚父，他们正值余怒未消，我没敢进献。您替我献给他们。”张良说：“遵命。”当时，项王的军队驻扎在鸿门一带，沛公的军队在霸上，相距四十里。于是沛公丢下车骑，脱身而走，独自一人骑马，樊哙、夏侯婴、靳强、纪信等四人握剑持盾徒步奔跑跟随，从郦山下，经芷阳抄小路而行。沛公对张良说：“从这条路到我们的军营，不过二十里而已。估计我到达军中后，您再进去。”沛公等一行离开鸿门，抄小路回到霸上军中，张良进去致歉说：“沛公不胜酒力，不能亲自来辞行。谨使我张良奉上白璧一双，拜献大王；玉斗一双，拜送大将军。”项王说：“沛公在哪里？”张良说：“听说大王有意责备他，独自脱身而去，已经回到军中了。”项王接过玉璧，放在座席上。亚父接过玉斗，放在地上，拔剑把它击碎，说：“唉！项庄这班小子没法与他们共谋大事。夺走项王天下的，必定是沛公，我们这些人就要被他俘虏了。”沛公回到军中，立刻把曹无伤处决了。

过了几天，项羽带兵西进，血洗咸阳，杀死了秦朝已经投降的国王子婴，焚烧秦朝宫室，大火烧了三个月都没有熄灭；而后项羽搜罗了秦朝的财宝和女人，率军东去。有人劝项王说：“关中依靠山河为屏障，四面关塞，土地肥饶，可在这里建都而定霸业。”项王看见秦朝宫室都已烧毁，残破不堪，同时又怀念故乡，一心想回东方，就说：“富贵了不回故乡，就好比穿着锦绣的衣服在夜里行走，有谁能知道！”劝项王的人说：“人们说楚国人是猕猴戴帽子，果然如此。”项王听到了这话，烹杀了劝说他的那个人。

项王派人向楚怀王请示分封各路诸侯为王的相关事宜。楚怀王说：“按照约定办。”项羽就尊楚怀王为义帝。项羽想自己称王，就先封各诸侯将相为王。对他们说：“天下最初发难的时候，临时拥立诸侯后裔为王，以便讨伐秦朝。然而身披坚甲，手执戈矛，率先起义，三年来风餐露宿，推翻秦朝、平定天下的，是各位将相和我项籍啊。义帝虽说没有什么战功，但分出一块土地让他称王，本来也是应该的。”将领们都说：“好。”于是项王分割天下，封各路将领为王侯。项王、范增担心沛公将来霸占天下，但既已和解，又不好反悔，怕由此引起其他各路诸侯的反叛，于是暗中谋划道：“巴、蜀两郡道路险恶，秦朝流放的人都居住在蜀地。”就散布言论：“巴、蜀也是关中的地盘。”所以封沛公为汉王，统治巴、蜀、汉中，建都南郑。而把真正的关中平原分为三块，封秦朝三名降将为王以阻断汉王的东出之路。项王封章邯为雍王，称王于咸阳以西的地区，建都废丘。长史司马欣，以前是栎阳狱掾，曾对项梁有过恩德；都尉董翳，当初劝说章邯降楚。所以封司马欣为塞王，称王于咸阳以东到黄河一带，建都栎阳；封董翳为翟王，称王于上郡，建都高奴。徙封魏王豹为西魏王，称王于河东，建都平阳。瑕丘申阳是张耳的宠臣，先攻下河南，在黄河岸边迎接楚军，所以立申阳为河南王，建都洛阳。韩王成封号不变，仍居旧都，都城在阳翟。赵将司马卬平定河内，屡立战功，所以封司马卬为殷王，称王于河内，建都朝歌。改立赵王歇为代王。赵相张耳素来贤能，又随从项王入关，所以封张耳为常山王，称王于赵地，建都襄国。当阳君黥布为楚军将领，常常勇冠全军，所以封黥布为九江王，建都于六县。原来鄱县县令吴芮率领百越兵协助诸侯军，又随从入关，所以封吴芮为衡山王，建都于邾县。义帝的上柱国共敖率兵攻打南郡，功劳很多，于是封共敖为临江王，建都江陵。改封燕王韩广为辽东王。燕将臧荼曾随楚军救赵，又跟随项王入关，所以封臧荼为燕王，建都于蓟县。改封齐王田市为胶东王。齐将田都曾随从项王共同救赵，遂又跟随入关，所以立田都为齐王，建都临菑。当初被秦朝灭亡的齐王建的孙子田安，在项王渡河救赵时，攻下济水北边的几座城邑，率领他的军队投降了项王，所以封田安为济北王，建都博阳。田荣多次有负项梁，又不愿率军随楚击秦，因此没有封王。成安君陈余丢弃将印离去，没有随从入关，但他平素以贤能闻名，而且保卫赵国有功，听说他当下正在南皮，所以把南皮周边的三个县封给他。原来鄱县县令的将领梅铜战功很多，所以封为十万户侯。项王自立为西楚霸王，封地有九郡，建都在彭城。

汉元年四月，项王麾下诸侯罢兵散归，各自回到封国。项王也出关回到封国，派人转移义帝，说："古时候帝王拥有的土地纵横千里，而且一定要居住在河流的上游。"于是就派遣使者把义帝迁往长沙郴县，催促义帝快些动身。义帝的群臣渐渐背叛了他。项王就暗中命令衡山王、临江王把义帝截杀于大江之中。韩王成没有军功，项王不让他去封国，带他一起到了彭城，废去王号，改封为侯，不久又杀了他。臧荼到了封国，就驱逐韩广去辽东，韩广不服从，臧荼就在无终击杀了韩广，兼并了他的封地。

田荣听说项羽改封齐王市去胶东，而立齐将田都为齐王，十分气愤，他不愿让齐王田市去胶东，于是据齐反叛，迎击田都。田都逃往楚国。齐王田市害怕项王，偷偷逃出临菑，前往胶东的封国上任。田荣勃然大怒，派兵追击，在即墨杀死了齐王田市。于是田荣自立为齐王，向西进兵，击杀了济北王田安，这样一来，昔日齐地的三个国家都纳入了他的统辖。田荣把将军印授予彭越，让他在梁地反楚。陈余秘密派遣张同、夏说劝告齐王田荣说："项羽为天下的主宰，分封王侯时不公平。如今把原来的诸侯王都封在坏地方称王，而他的群臣诸将都封在好地方称王，驱逐了原来的君主赵王，让他往北徙居到代地，我认为这样是不合适的。听说大王已经起兵，而且不听从项羽不道义的命令，希望大王援助我一些兵马，让我用以攻打常山，以帮助赵王收复旧地，我们愿把赵国作为齐国的屏障。"齐王答应了，随即派兵前往赵国。陈余调动了自己辖区三县的全部兵力，与齐军并力攻打常山，大败常山的军队。张耳逃走归附了汉王。陈余去代地迎接原赵王歇返归赵国。赵王随即封陈余为代王。

这时，汉王从汉中杀了回来，并平定了三秦。项羽听说汉王已经兼并了关中，将要东进，齐、赵两国又反叛了他，勃然大怒，于是封以前的吴县令郑昌为韩王，让他西去阻挡汉军。命令萧公角等人攻击彭越。彭越打败了萧公角等人。汉王派张良巡行韩地，张良就给项王写信说："汉王没有如约称王关中，有失职守，打算取得关中，实现了原来的约定就停止进军，不敢继续东进。"张良又把齐、赵两国檄告天下的反书也附给项王，说："齐想和赵并力灭楚。"楚军因此无意西进，而向北攻打齐国。项王向九江王黥布征调兵力，黥布称病不去，只派将领率兵几千人前去。项王从此怨恨黥布。汉二年冬天，项羽北上到达城阳，田荣也率军到此与项羽会战。田荣兵败，逃到平原，平原百姓杀死了他。楚军北进，烧毁齐国房屋，夷平齐国城郭，坑杀了所有田荣手下投降的士兵，掳掠了齐国的老弱妇女。在齐攻城略地，直至北海，到处烧杀掠夺。齐国人联合起来反抗项羽。田荣的弟弟田横收容齐国逃散的士卒，得到几万人，在城阳反击楚军。项王因此而停下来，连续进攻都没有拿下城阳。

这年春天，汉王率领五路诸侯的军队，共五十六万人，向东进兵讨伐楚国。项王听到这个消息，就命令诸将攻打齐国，而自己带领精兵三万人南下，由鲁越过胡陵。四月，汉军已全部进入彭城，掳掠了那里的财物珍宝和美女，天天设宴会饮。这时项王已经到达彭城西面的萧县。第二天一早，项王向东发动进攻，一路打到彭城。中午时分，项王大破汉军。汉军四处逃散，相继逃入谷水、泗水，楚军杀死了十多万汉军士卒。汉兵向南往山里逃跑，楚军又追击到灵壁东面的睢水上。汉军再次溃退，但是前有大河，后有追兵，汉军被楚军逼得无路可逃，很多人被杀伤，汉军士卒十多万人落入睢水，睢水都被堵塞得不向前流动了。楚军把汉王包围了三层。就在这个时候，狂风从西北刮起，吹断了树木，掀毁了房屋，飞沙走石，天色昏昏沉沉，狂风夹杂着沙石向楚军迎面扑来。楚军大乱，阵形溃散，汉王这才得以带领几十名骑兵慌忙逃离战场。汉王原打算经过沛县，接取家眷向西逃亡。而这时楚军也派人追到沛县，去抓汉王的家眷。但汉王的家眷都已逃亡，没有与汉王相见。汉王在路上遇到了儿子及女儿，也就是后来的孝惠帝和鲁元公主，就载着他们一块儿走。楚军骑兵追赶汉王，汉王很着急，竟把孝惠和鲁元推下车去，滕公夏侯婴每次都下车把他们重新扶上来，这样推下扶上了好几次。滕公说："虽然情况危急，马也不能赶得再快一些，可是怎么能抛弃他们呢？"汉王最终得以逃脱。他寻找太公、吕后，没有找到，审食其跟随太公、吕后从小路潜行，寻找汉王，反而碰上了楚军。楚军就带他们回到军营，报告了项王，项王把他们留置在军中做人质。

这时吕后的哥哥周吕侯为汉王带兵驻扎在下邑，汉王抄小路去投奔他，逐渐聚集了一些逃散的士卒。到了荥阳，各路败军都会合在一起，萧何也把关中没有载入兵役名册的老弱人丁全部带到荥阳，汉军又一次大振。楚军从彭城出发，一路乘胜追击败兵，与汉军在荥阳南面的京县和索亭一带交战，汉军打败了楚军，楚军因此没能越过荥阳继续西进。

项王前去援救彭城，进而追击汉王到荥阳，这时田横乘机收复了齐国，立田荣的儿子田广为齐王。汉王在彭城战败，诸侯又都归附楚而背叛了汉。汉军驻扎在荥阳，修筑了一条甬道，与黄河相连，以便运取敖仓的粮食。汉三年，项王屡次侵夺汉军的甬道，汉王粮食匮乏，恐慌起来，请求讲和，条件是把荥阳以西的地盘划归汉王。

项王正准备答应。历阳侯范增说："现在的汉军容易对付，如果放他们走而不征服他们，以后一定会后悔。"于是项王就和范增加紧围攻荥阳。汉王深为忧虑，就采用陈平的计策离间项王和范增。项王的使者来了，汉王给他准备了牛、羊、豕齐全的丰盛筵席，打算端上去。端饭菜的人一见使者，假装惊愕地说："我还以为是亚父的使者呢，原来是项王的使者啊！"随即把饭菜又端了下去，拿粗劣的饭食给项王的使者吃。使者回来报告了项王，项王就怀疑范增私通汉军，渐渐剥夺了他的权力。范增非常生气，说："天下的形势，大局已定，大王您自己去干吧！希望您准许我回乡为民。"项王答应了他。范增还没有走到彭城，就因背上毒疮发作而死。

汉军将领纪信劝汉王说："形势已经很危急了，请允许我假扮成大王替你去诓骗楚军，大王可以乘机逃出城去。"于是汉王夜间从荥阳东门放出两千名身穿铠甲的妇女，楚军四面围攻。纪信乘坐黄屋车，车辕横木左方插着有毛羽装饰的旗帜，卫士大声地说："城中粮食吃光了，汉王投降。"楚军都高呼万岁。汉王这时和几十名骑兵从西门出城，逃到成皋。项王见到纪信，问他："汉王在哪里？"纪信说："汉王已经出城了。"项王烧死了纪信。

汉王派御史大夫周苛、枞公、魏豹守卫荥阳。周苛、枞公商量说："魏豹这个叛国之王，难以和他共守城池。"就一起杀死了魏豹。楚军攻下荥阳城，活捉了周苛。项王对周苛说："给我做将军，我任命你为上将军，封你为三万户侯。"周苛骂道："你不赶快投降汉军，汉军就会俘虏你，你不是汉军的对手。"项王大怒，烹死了周苛，一并杀了枞公。

汉王逃出荥阳后，向南跑到宛城、叶县，收服了九江王黥布，一边行进一边收罗士兵，再次进入成皋固守。汉四年，项王进兵围攻成皋。汉王逃走，单身一人与滕公出了成皋北门，渡河奔向修武，投奔了张耳、韩信的部队。诸将也陆续逃出成皋，追随汉王，楚军于是攻下成皋，想要向西进军。汉王派兵在巩县抵抗，使楚军不能西进。

这时，彭越渡河在东阿攻击楚军，杀死了楚国将军薛公。项王就亲自率兵东进攻打彭越。汉王得到淮阴侯的军队，打算渡河南进。郑忠劝阻汉王，汉王就停留下来在河内筑起营垒。派刘贾领兵协同彭越，烧掉楚军的粮草辎重。项王东进打败了他们，赶走了彭越。汉王这时就率军渡河，又夺取了成皋，驻扎在广武，就近取食敖仓。项王已经平定了东海，率军回来，和汉军都靠近在广武驻扎，两军各自坚守，相持了好几个月。

这时，彭越在梁地多次反抗楚军，断绝楚军的粮食，项王为此深感忧虑。他派人搭建了一处高台，上设案板，把汉王的父亲太公放在上面，向汉王喊话："你要是不赶紧投降，我就烹杀太公。"汉王说："我和你项羽一道北面称臣，受命于怀王，说是'结为兄弟'，我的父亲就是你父亲，如果你项羽非要烹杀你的父亲，那么我希望你分给我一杯肉羹。"项王十分气愤，要杀死太公。项伯说："天下的大局还是个未知数，而且打天下的人是不会顾及家的，就算你杀了太公也没有什么好处，只会增加祸患罢了。"项王听从了项伯的话。

楚汉长期相持，胜负未决，年轻力壮的厌倦了军旅生活，年老体弱的疲于水陆运输。项王对汉王说："几年来天下扰攘不安，只是因为我们两个人的缘故，希望与你挑战，一决雌雄，不要再让百姓老小空受痛苦了。"汉王笑着拒绝说："我宁愿斗智，不愿斗力。"项王让勇士出去挑战。汉军有擅长骑马射箭的楼烦，楚军派壮士挑战三次，楼烦都把他们射死。项王大怒，就亲自披甲持戟出来挑战。楼烦正准备射他，项王瞪大眼睛向他大吼一声，楼烦被吓得目不敢正视，手不敢发箭，跑回营垒，不敢再出来。汉王派人问原因，才知道原来是项王亲自出战。汉王大为震惊。于是项王靠近汉王军营，和他隔着广武涧对话。汉王历数项王的罪状，项王非常气愤，要和汉王决一死战，汉王不答应，项王埋伏的弓弩手射中了汉王。汉王受伤，跑回成皋。

项王听说淮阴侯韩信已经攻下河北，打败了齐国，而且将要进攻楚军，就派龙且前去迎击。淮阴侯与龙且交战，汉骑将灌婴也出击龙且，大败楚军，杀死了龙且。韩信乘机自立为齐王。项王听说龙且的军队被打垮了，大为恐慌，派遣盱台人武涉去游说淮阴侯。淮阴侯不听。这时，彭越又起来反楚，攻下梁地，断绝楚军的粮草。项王就对海春侯大司马曹咎等人说："你们要小心谨慎地守住成皋，如果汉军挑战，千万别和他们交战，只要不让他们东进就可以了。我十五天内一定杀死彭越，平定梁地，再与你们会合。"于是项王率军东去，进军途中攻打陈留、外黄。

外黄没有很轻易地拿下。几天过后，终于投降了，项王很生气，下令让所有十五岁以上的男子都到城东集合，要活埋他们。这时，外黄令有个门客的儿子才十三岁，他跑去劝告项王说："彭越用武力逼迫外黄百姓，外黄百姓很害怕，所以才暂且投降，等待大王到来。大王到了，又要把他们全部活埋，百姓怎么会有归顺之心呢？从这儿往东，梁地十多个城邑的人都会心怀恐惧，没有肯投降的了。"项王觉得他的话很有道理，于是赦免了外黄那些准备活埋的人。从外黄往东直至睢阳，沿途的守军听到这个消息，都争先恐后地向项王投降。

汉军多次向楚军挑战，楚军不出来应战。汉军派人在阵前辱骂他们，一连五六天，大司马十分愤怒，派士卒渡汜水，迎击汉军。士卒刚渡过一半，汉军出击，大败楚军，缴获了楚军全部物资。大司马曹咎、长史司马欣都自刎在汜水上。大司马曹咎，原来是蕲县的狱掾，长史司马欣就是以前的栎阳狱吏，两人曾对项梁有过恩德，因此项王信任他们。当时，项王在睢阳，听说海春侯的军队被打败，就率军返回，汉军当时正把楚将钟离昧包围在荥阳东边，项王一到，汉军害怕楚军，全部撤走到险阻地带。

这时，汉军兵多粮足，项王兵疲粮绝。汉王派遣陆贾劝说项王，请求放太公回来，项王没有答应。汉王又派遣侯公前去劝说项王，项王才和汉定约，平分天下，鸿沟以西的地方划归汉，鸿沟以东的地方划归楚。项王答应了，随即把汉王的父母妻子送了回来。汉军都高呼万岁。汉王于是封侯公为平国君。然而侯公隐匿起来，不肯再见汉王，汉王说："这个人是天下善辩之士，所到之处，可以使国家覆灭，所以封号为平国君。"项王签订和约后，就解除了军事对峙，率军东归。

汉王准备撤兵西归，张良、陈平劝他说："汉占据了大半个天下，而诸侯都归附了我们。楚军兵疲粮尽，这是上天要灭亡楚国的时候到了，不如乘这个机会消灭它。现在放走项王不去攻打他，这就是所谓

‘养虎遗患’。”汉王听取了他们的建议。汉五年，汉王追击项王到了阳夏南面，军队驻扎下来，与淮阴侯韩信、建成侯彭越约好日期会合进攻楚军。汉军到达固陵，而韩信、彭越的军队未来会合。楚军进攻汉军，把汉军打得大败，汉王躲进营垒，掘深壕沟坚守。汉王对张良说：“诸侯不遵守约定，怎么办呢？”张良回答说：“楚军即将被打败，韩信、彭越没有分到一块封地，他们不来是很自然的。您如果能和他们共分天下，就可以使他们立刻前来。如果不能这样，天下的形势仍然很难预料。君王如果能把从陈县以东到海滨一带的地区全部划给韩信，睢阳以北到谷城分给彭越，使他们各自为战，那么楚军是容易打败的。”汉王说：“好。”于是就派遣使者告诉韩信、彭越说：“合力攻打楚军。打败楚军后，从陈县以东到海滨一带的地区给予齐王，睢阳以北到谷城给予彭相国。”使者一到，韩信、彭越都回话说：“请让我们立刻进兵。”韩信就从齐地出发，刘贾的军队从寿春出发并行，顺势屠灭了城父，到达垓下。大司马周殷背叛了楚国，利用舒地的兵力屠戮了六县，调动九江全部士卒，随同刘贾、彭越都会师垓下，来到项王阵前。

项王的军队在垓下修筑了营垒，兵少粮尽，汉军和各路诸侯军队把他包围了好几层。夜晚听到四面的汉军都在唱楚地的歌，项王大为震惊，说：“难道汉军已经完全取得了楚地？为什么汉军中楚人如此众多啊？”于是项王夜间起来，在帐幕里饮酒。有一个名叫虞的美人，一直受宠跟在项王身边。有一匹叫骓的骏马，项王常骑着它。于是项王不禁慷慨悲歌，自己作诗唱道：“力拔山兮气盖世，时不利兮骓不逝。骓不逝兮可奈何，虞兮虞兮奈若何！”唱了好几遍，美人伴唱相和，项王悲泣，泪下数行，左右侍从也都哭泣，悲痛得不能抬头仰视。

于是项王上马准备突围，部下壮士骑马追随他的有八百多人，他们趁着夜半时分突破重围，向南飞驰而去。快天亮的时候，汉军才发觉，派骑兵将领灌婴率五千骑兵追赶项王。项王渡过淮水，部下壮士骑兵能够跟上的只有一百多人了。项王逃至阴陵，迷失了道路，询问一个种田的人，种田的人骗他说：“往左边走。”项王于是往左去，结果陷入了一大片沼泽中。因此，汉军追上了他们。项王就又带兵向东，到了东城，这时项王身边只有二十八个骑兵了。汉军追赶他们的骑兵有几千人。项王自己估计不能脱身了，对手下的骑兵说："我起兵到现在八年了，亲身经历过七十多场大战，所有抵抗我的敌军都被打败，我所攻打的敌军都被降服，没有打过败仗，因而称霸天下。然而如今却被围困在这里，这是天要亡我，不是我作战不利。今日肯定要决一死战了，我愿为各位痛痛快快地打一仗，一定要接连三次取胜，为各位突破重围，斩杀敌将，砍倒敌人军旗，让各位知道是上天亡我，不是我作战不利。"项王就把他的骑兵分为四队，面向四方，汉军把项王包围了好几层。项王对手下的骑兵说："我为你们斩他一将。"项王命令骑兵四面疾驰而去，约定在山的东面分作三处会合。于是项王大吼一声，飞奔直下，汉军惊惶溃乱，项王当即斩杀了一个汉军将领。当时，赤泉侯作为骑兵将领，追赶项王，项王怒目大吼，赤泉侯连人带马受到惊吓，退避了好几里。项王和他的骑兵分三处会合。汉军不知道项王在哪里，就把军队分为三部分，又把项王包围起来。项王飞马奔驰，又斩了汉军的一个都尉，杀死了近百人，再把他的骑兵集合起来，仅仅损失了两人。项王就对他的骑兵说："怎么样？"骑兵都佩服地说："正如大王所说的那样。"

这时，项王就想向东渡过乌江。乌江亭长把船靠在岸边等候。他对项王说："江东虽然小，但土地纵横上千里，民众数十万，也足以称王。希望大王赶快渡江。现在只有我有船只，汉军来到这里，就没法渡过去了。"项王笑着说："上天要灭亡我，我渡江干什么呢！况且我项籍和江东子弟八千人渡江西进，如今没有一个人回来；即使江东父老兄弟怜悯我，让我称王，我有什么脸面去见他们？即使他们不说什么，难道我项籍心里不会惭愧吗？"于是项王对亭长说："我知道您是位忠厚长者。我骑这匹马五年了，所向无敌，曾经一天奔驰一千里，不忍心杀了它，把它送给您吧。"就命令骑兵都下马步行，手持短兵迎战。单单项籍一人杀死的汉军就有几百人。项王身上也受了十多处伤。他回头看见汉军的骑司马吕马童，说："你不是我的老相识吗？"吕马童面对项王，指给王翳说："这就是项王。"项王说："我听说汉王悬赏黄金千斤，封邑万户买我的脑袋，我给你做件好事吧。"于是就自刎而死。王翳割了他的头，其他骑兵自相蹂躏践踏，争夺项王的尸体，自相残杀了几十人。到最后，郎中骑杨喜，骑司马吕马童，郎中吕胜、杨武各自得到了项王的一段肢体。五个人把肢体合拢起来，都确实是项王的。所以把准备封赏的土地分为五份：封吕马童为中水侯，封王翳为杜衍侯，封杨喜为赤泉侯，封杨武为吴防侯，封吕胜为涅阳侯。

项王死后，楚国各地都投降了汉军，只有鲁城没有投降。汉王就带领天下之兵打算屠戮鲁城。但考虑到他们坚守礼义，为君主以死守节，就拿项王的头给鲁城人看，鲁城父老乡亲这才投降了。当初，楚怀王曾封项籍为鲁公，等到他死后，鲁城最后又投降，所以用鲁公的礼仪把项王埋葬在谷城。汉王为项王发丧，哭了一场，然后离开了鲁城。

项氏宗族各旁枝，汉王都没有诛杀。封项伯为射阳侯。桃侯、平皋侯、玄武侯都是项氏宗族，都被赐姓刘。

太史公说：我听周生说“舜的眼睛大概是两个瞳孔”，又听说项羽也是两个瞳孔。项羽难道是舜的后裔吗？不然他为什么兴起得如此迅猛啊！秦朝政治腐败，陈涉最先起来反抗，豪杰蜂拥而起，相互争夺，数也数不清。然而项羽并没有尺寸的封地为根基，他趁秦末大乱之势于民间揭竿而起，三年时间，就率领五路诸侯军消灭了秦朝，分割天下，封王建侯，政令全都由项羽发出，号为“霸王”，其地位虽然未能善终，但近古以来，还未曾有过这样的事情。等到项羽放弃关中，怀恋楚地，放逐义帝而自立为王，抱怨诸侯们背叛自己，这时局势已经难以控制了。项羽自我夸耀功勋，逞一己私智，却不以古人为师，以为创立霸王的伟业，想要依靠武力征伐来经营天下，最后在五年内使自己的国家灭亡，身死东城，还没有觉悟，不自我反省，这实在是错误的。而他竟然用“上天要灭亡我，不是我用兵不利”为借口，难道不是太荒谬了吗！

（潘　峰　译）

《史记》卷八 高祖本纪第八

高祖是沛郡丰邑县中阳里人（今江苏省丰县），姓刘，字季。人们称他的父亲叫刘太公，称他的母亲叫刘太媪。当年，刘太媪曾在大泽岸边睡着了，梦中与天神相会。这时电闪雷鸣，天昏地暗，刘太公去寻找刘太媪，只见一条蛟龙伏在她身上。后来刘太媪有了身孕，生了高祖刘邦。

高祖刘邦长着高高的鼻梁，像龙一样丰满的额角，漂亮的须髯，左腿上有七十二颗黑痣。他仁厚爱人，喜欢施舍，心胸豁达。他平素就有成就一番大事业的气度，不从事普通百姓人家生产劳作的事。到了成年以后，他试着去做官，当了泗水亭亭长，虽然地位不高，但县衙里的官吏没有不被他戏侮的。他喜欢喝酒，好女色。常常到王老太和武老婆子那里去赊酒喝，喝醉了躺倒就睡，武老婆子和王老太看到他身上常常有龙出现，感到很奇怪。高祖每次去买酒，留在店中畅饮，售出去的酒就会比平常多好几倍。由于这种种奇怪的现象，年终时，这两家酒店常毁弃借据，免除债务。

高祖曾经去咸阳服徭役，有一次秦始皇出巡，允许人们夹道观看，刘邦看到了秦始皇，长叹一声说："唉，大丈夫就应该像这样啊！"

单父县的吕公与沛县县令关系很好，为躲避仇人来到沛县县令家做客，后来就在沛县安家。沛县的豪杰、官吏们听说县令家里来了贵客，都前往祝贺。当时萧何是县令的属官，掌管收贺礼事宜，他对那些送礼的宾客们说："凡是贺礼不满千金的请坐在堂下。"高祖当时是亭长，平素就看不起这帮官吏，于是在贺帖上谎称"贺钱一万"，实际上他一文钱也没带。贺帖递进去后，吕公一见大为吃惊，起身到门口去迎接他。吕公喜欢给人看相，一见高祖的相貌，就非常敬重他，把他领到堂上就坐。萧何说："刘季向来满口大话，很少能成事。"而高祖则趁机戏弄那些宾客，干脆坐在上座，一点也不谦让。酒宴即将结束的时候，吕公向高祖递眼色，让他务必留下来。高祖喝完了酒，就留在后面。吕公说："我年轻的时候就喜欢给人看相，相过的人多了，但还没有见过像你刘季这样的贵相，希望你好自珍爱。我有一个亲生女儿，希望她能服侍你，做你的妻子。”酒宴结束后，吕老太恼怒地对吕公说：“你起初总是想让这个女儿出人头地，想把她许配给一个贵人。沛县县令与你关系好，想娶这个女儿你都没有答应，今天你为什么胡乱地把她许给刘季了呢？”吕公说：“这不是你们女人家所能理解的。”终于还是把女儿嫁给了刘季。吕公的女儿就是吕后，她生下了孝惠帝和鲁元公主。

高祖做亭长时，曾经请假回家到田里去。有一次吕后和两个孩子正在田中除草，有一个老人家从这里经过向她讨水喝，吕后给他喝了水，又拿了些吃的给他。老人家给吕后相面说：“夫人真是天下的贵人。”吕后又让他给两个孩子相面，老人家见了孝惠帝，说：“夫人之所以显贵，正是因为这个男孩。”他又给鲁元相面，也同样是富贵面相。老人家走后，高祖正巧从旁边的屋子走来，吕后就把刚才这位老人家给他们母子看相，说他们都是富贵之相的情况，原原本本地告诉了高祖。高祖问老人家的去向，吕后说：“刚走不远。”于是高祖赶忙追了上去，问老人家刚才的事，老人家说：“刚才我看贵夫人及子女的面相都很像您，您的面相简直是贵不可言。”高祖于是道谢说：“如果真如您所说，我绝不会忘记您的恩德。”等到高祖刘邦显贵的时候，却始终找不到那位老人家的下落。

高祖刘邦做亭长时，喜欢戴用竹皮编成的帽子，这是他让巡捕去薛地专门定做的，他经常戴着，到后来显贵了，仍然经常戴着。人们所说的“刘氏冠”，指的就是这种帽子。

高祖曾经以亭长的身份为沛县押送苦役犯去郦山，很多苦役犯在路上逃跑了。高祖估计等到了郦山苦役犯也跑光了，于是走到丰邑西边的沼泽地带时，就停下来饮酒，到了夜里就把所有的苦役犯都放了。高祖说：“你们都走吧，从此我也要远走高飞了！”苦役犯中有十多个壮士愿意跟随他一起走。高祖乘着醉意，夜里抄小路通过沼泽地，他派一个人走在前面。那个走在前面的人回来报告说：“前边有条大蛇挡住了去路，还是回去吧！”高祖醉醺醺地说：“大丈夫走路，有什么可怕的！”于是他就走在前面，拔剑把大蛇斩杀。蛇分成两段，道路打通了。

他们继续前行了几里路，高祖醉倒在地上睡着了。后边的人来到斩蛇的地方，看见有一位老妇在哭泣。有人问她为什么哭，老妇说："有人杀了我的孩子，所以我在哭他。"有人问："您的孩子为什么被杀呢？"老妇说："我的孩子是白帝之子，变化成蛇，挡在路上，如今被赤帝之子杀了，所以我才哭啊！"众人觉得老妇人是在说谎，正要打她，老妇人却忽然不见了。后面的人赶上了高祖，这时高祖也醒了。那些人把刚才的事告诉了高祖，高祖心中暗暗高兴，觉得自己真的不是一般人。而那些追随他的人也更加敬畏他了。

秦始皇常说"东南方有天子之气"，于是巡游东方，借以镇伏东南方的天子之气。高祖怀疑这件事和自己有关，就逃跑隐藏起来，躲在芒山、砀山一带的岩洞里。吕后和别人一起去寻找，常常一去就能找到他。高祖感到很奇怪，就问吕后。吕后说："你所处的地方上空常有云气，跟随着那股云气就可以找到你。"高祖心里非常高兴。沛县子弟中有人听说了这件事，很多人都想归附刘邦。

秦二世元年秋天，陈胜等人在蕲县起事，到了陈县后自立为王，号称"张楚"。这时，各郡县的人们都纷纷杀死自己郡县官吏来响应陈胜。沛县县令大为恐慌，想要率领沛县响应陈胜。县里的主吏萧何、狱掾曹参对他说："您身为秦朝的官吏，如今要叛秦，率领沛县子弟起义，恐怕他们不会听命。希望您召集那些逃亡在外的人，这样您就可以得到几百人，并利用他们来胁迫城里的民众，他们就不敢不听您的命令了。"于是县令就派樊哙去找刘季，而此时刘季的队伍已经有上百人了。

于是樊哙和刘季一起来到沛县。这时沛县县令又后悔了，他害怕刘季的到来会引发变故，就关闭城门，据守城池，而且想要杀掉萧何和曹参。萧何和曹参害怕，逃出城去投靠了刘季。刘季用缣帛写了封信射到城上去，向沛县的父老百姓宣告说："天下百姓饱受秦朝的暴政已经很久了。如今父老们竟然还为沛县县令守城，各地诸侯纷纷起兵反秦，现在很快就要杀到沛县。你们现在只有一起杀了沛县县令，从沛县子弟中挑选一个可以拥立的人为首，来响应各地诸侯，你们的家室才能得以保全。不然的话，全城老少都要遭屠杀，那就太不值得了。"沛县父老见信后，率领城中子弟一起杀了沛县县令，打开城门迎接刘季，想让他当沛县县令。刘季说："如今正当乱世，诸侯纷纷起事，如果将领推选不当，就将一败涂地。我不敢顾惜自己的性命，只是怕自己能力浅薄，不能保全父老兄弟。这是一件大事，希望大家另外推选更加合适的人。"萧何、曹参等都是文官，顾惜身家性命，害怕起事不成被秦朝满门抄斩，所以他们极力地推选刘季。城中父老也都说："我们平素就听说刘季的那些奇异之事，日后必当显贵，而且占卜的结果显示没有谁比刘季更吉利。"刘季还是再三推让。众人也没有敢出头的，于是就拥立刘季做了沛公。然后在沛县祭祀能定天下的黄帝和善制兵器的蚩尤，杀牲取血涂在旌旗和战鼓上，旗帜都是红色的。因为先前高祖刘邦所杀的那条蛇是白帝之子，而杀蛇的刘邦就是赤帝之子，所以崇尚红色。萧何、曹参、樊哙等年轻有为的官吏为高祖在沛县召集了二三千人，一起攻打胡陵、方与，然后返回驻守丰邑。

秦二世二年，陈胜的将领周章率军入关打到戏水，被章邯打败而回。燕、赵、齐、魏各国都自立为王。项梁、项羽在吴县起兵。秦朝泗川郡监平率兵包围了丰邑，两天后，沛公率众出城迎击，打败了泗川郡监率领的部队。沛公让雍齿守卫丰邑，自己率兵攻打薛县。泗川郡守壮在薛县被打败，逃到戚县，沛公的左司马曹无伤抓获泗川郡守壮并杀了他。沛公回师亢父，一直到方与，（此时陈涉部将周市来攻方与）没有发生战斗。陈胜派魏国人周市攻城略地。周市派人对雍齿说："丰邑，是过去魏国一度迁都的地方。如今魏国已经平定了几十座城邑。如果你现在归降魏国，魏国就封你为侯驻守丰邑；如果你不归降，我就要屠戮丰邑。"雍齿本来就不愿跟着沛公，现在魏国又来招降，他立刻就背叛了沛公而为魏国驻守丰邑。沛公带兵攻打丰邑，没能攻下。这时沛公病倒了，只好撤回了沛县。沛公怨恨雍齿和丰邑的子弟背叛他，他听说东阳县的宁君和秦嘉拥立景驹做了代理王，驻守在留县，于是前去投奔景驹，想向他借兵攻打丰邑。这时秦将章邯正在追击陈胜的军队，章邯的别将司马尸带兵向北平定楚地，屠戮相县，到达了砀县。东阳宁君和沛公领兵向西，与司马尸在萧县西边交战，作战失利。只好退回来收集兵卒聚集在留县，然后出兵攻打砀县，三天后攻取了砀县。于是收编了砀县的兵卒，共得到五六千人。接着攻打下邑，夺取了它。

随后他们回师驻军丰邑。听说项梁在薛县，沛公就带着一百多随从前去拜见项梁。项梁又给沛公增兵五千人，并给了十名五大夫级的将领。沛公回来后，带兵攻打丰邑。

刘邦跟随项梁一个多月后，项羽已经攻克襄城回来。项梁把各路将领都召集到薛县，听说陈胜确实已经死了，于是立楚国后人楚怀王的孙子熊心为楚王，建都盱台。项梁号为武信君。休整了几个月后，向北攻打亢父，救援被秦军困在东阿的齐军，击败了秦军。齐军返回，楚军独自追击败逃的秦军。项梁派沛公、项羽另率军队攻打城阳，屠戮了城阳。沛公和项羽驻军濮阳东面，与秦军交战，打败了秦军。

秦军再次重整旗鼓，坚守濮阳，引水环城作为屏障。楚军离去转而攻打定陶，没有攻下，沛公和项羽向西攻城略地，直到雍丘城下，在那里与秦军交战，大败秦军，杀了秦将李由。然后回军攻打外黄，但没有攻下。

项梁再次击败了秦军后，露出了骄傲的神色。宋义劝谏项梁戒骄戒躁，他却不听。秦朝派兵增援章邯，章邯乘着夜色让士兵口里衔枚不发出声响，偷袭了项梁，在定陶大破项梁的军队，项梁战死。此时沛公和项羽正在攻打陈留，听说项梁战死，就带领军队和吕臣将军一起向东进发。吕臣驻扎在彭城的东面，项羽驻扎在彭城的西面，沛公驻扎在砀县。

章邯打败了项梁的军队后，觉得楚地的军队不值得担忧了，于是渡过黄河，北攻赵国，大破赵军。当时，赵歇为赵王，秦将王离把赵歇围困在巨鹿城，这就是所谓的河北军。

秦二世三年，楚怀王熊心看到项梁的军队被打败，害怕了，就把都城从盱台迁到了彭城，合并了吕臣和项羽的军队，亲自统领。并任命沛公刘邦为砀郡郡长，封他为武安侯，统领砀郡的军队。封项羽为长安侯，号为鲁公。任命吕臣为司徒，任命吕臣的父亲吕青为令尹。

赵国几次向楚军求援，于是楚怀王任命宋义为上将军，项羽担任副将，范增担任末将，北上救赵。命令刘邦向西攻城略地，进军关中。楚怀王与各位将领约定：先攻入函谷关平定关中的可以在关中称王。

这时候，秦军仍然很强大，常常乘着胜利继续追击败逃之敌，各路将领都不认为先入关是有利的事。唯独项羽怨恨秦军打败了项梁的军队，自告奋勇表示愿意和沛公一起西进入关。楚怀王手下的老将们都说："项羽这个人敏捷勇猛，狡诈而残忍。他曾经攻下襄城，那里的军民无一幸免，项羽把他们全部活埋了。凡是他经过的地方，没有不被毁灭的。况且楚军多次西进，先前陈王、项梁都失败了，不如改派一个忠厚老实的人，实行仁义，率军西进，向秦地的父老兄弟讲明道理。秦地的父老兄弟饱受他们君主的暴政已经很久了，现在如果真的能有一位忠厚老实的人前往，不侵犯暴掠，那么应该能够拿下关中。项羽为人残暴凶悍，不能派他去。而沛公向来宽大忠厚，可以派他前往。"怀王采纳了大家的意见，最终没有答应项羽，而派遣沛公领兵西进攻城略地，沛公一路上收编了陈胜及项梁的部分散兵。他取道砀县到达成阳，与杠里的秦军对垒，结果击败了两支秦军。这时北上救赵的楚军也出击王离，把王离的军队打得大败。

刘邦率兵西进，在昌邑遇上了彭越。于是和他一起攻打秦军，结果作战不利。撤兵到栗县，正好遇到了刚武侯，就把他的军队夺了过来，大约有四千多人，刘邦把他们并入了自己的军队。又与魏将皇欣、魏申徒武蒲的军队合力攻打昌邑，没有攻下。沛公继续西进，经过高阳。当时，郦食其在高阳看守城门，他说："各路将领经过此地的很多，我看只有沛公才是个德行高尚的仁厚长者。"于是前去求见并游说沛公。沛公当时正坐在床上，让两个女子给他洗脚。郦食其见了沛公并不下拜，只是拱手高举，自上而下行礼，说："如果您真想消灭残暴无道的秦朝，就不应该这样坐着接见长者。"于是沛公站起身来，整理衣服向郦食其道歉，并请他坐在上座。郦食其劝沛公袭击陈留，夺取了秦军储存的粮食。沛公就封郦食其为广野君，并任命他的弟弟郦商为将军，率领陈留的军队，与沛公一起攻打开封，结果没有攻下开封。随后刘邦继续西进，与秦将杨熊在白马打了一仗，又在曲遇东面交战，大破杨熊的军队。杨熊逃到荥阳，秦二世派使者将他斩首示众。接着沛公南下攻打颍阳，屠戮了颍阳。随后在张良的帮助下占领了韩国的轘辕关。

这时候，赵国的别将司马卬正想渡过黄河，进入函谷关，沛公为了阻止他前进就向北进攻平阴，封锁了黄河渡口。接着向南进军，与秦军在洛阳东面交战，结果作战不利，退回到了阳城，沛公聚集了军中的骑兵，与南阳太守吕齮在犨县东面交战，打败了秦军，夺取了南阳郡，南阳郡守吕齮逃到宛城据守。沛公想率兵绕过宛城西进，张良劝他说："您入关的心情迫切，但目前秦兵数量仍然很多，又占据着险要的地势。如果现在不攻下宛城，日后宛城的敌人从后面发动进攻，前面又有强大的秦军，这是危险的作战方式啊！"于是沛公夜里率兵从另一条路返回，更换旗帜，黎明时分，把宛城包围了三层。南阳郡守见此情形想要自刎。他的门客陈恢说："还没到要寻死的时候。"于是他越过城墙去见沛公，说："我听说怀王与您有约在先，先攻入咸阳的可以在关中称王。如今您停下来围攻宛城。宛城是南阳大郡的首府，相连的城池有几十座，人口众多，粮草充足，军民都认为投降必死，所以都决心据守城池。如今您一天天停在这里攻城，士兵伤亡必定很多；如果您率兵离开宛城，继续西进，宛城军队一定从您后方出击。这样一来，您向西前进则错过先进咸阳就可称王的约定，后面又有宛城强大军队的忧患。为您着想，不如与宛城约定条件让他们投降，封赏南阳太守，让他留下来驻守南阳，您率领宛城的士兵一道西进。那些还没有攻下的城邑，听到了这个消息，一定会争相打开城门恭候您。您就可以畅通无阻地西进，没有什么顾虑了。"沛公说："好！"便封宛城郡守为殷侯，封给陈恢一千户。于是沛公率兵继续西进，所过之处没有不臣服的。沛公到达丹水时，高武侯戚鳃、襄阳侯王陵也在西陵归降了。沛公回师攻打胡阳，遇到了番君的别将梅鋗，便跟他一起，攻下了析县和郦县。随后沛公派遣魏国人宁昌出使秦地，宁昌还没有回来。这时，秦将章邯已经在赵地率领秦军投降项羽了。

当初，项羽和宋义北上援救赵国，待至项羽杀死宋义，取代他做了上将军，黥布等将领都归属了项羽；后来项羽打败了秦将王离的军队，招降了章邯，各路诸侯纷纷归附了项羽。等到赵高杀死了秦二世，派人求见沛公，想和他订约在关中分地称王，沛公怀疑其中有诈，就采纳了张良的计策，派郦生、陆贾去游说秦将，并用利益引诱他们，然后乘机偷袭武关，攻破了武关。接着在蓝田南面与秦军交战。增设疑兵旗帜，命令全军所到之处不得掳掠，秦地的民众非常高兴，秦军也逐渐瓦解，于是沛公大败秦军。又在蓝田北面与秦军交战，再次大败秦军。沛公率军乘胜追击，终于彻底打败了秦军。

汉元年十月，沛公的军队先于各路诸侯到达霸上。秦王子婴驾着普通的白色车马，用丝绳系着脖子，封好皇帝的御玺和符节，在轵道旁向沛公投降。沛公的将领们有的说应该杀掉秦王。沛公说："当初怀王之所以派我来，就是认为我能宽厚待人，况且他已经投降了，我们还要杀掉他，这么做不吉利。"于是把秦王子婴交给主管官吏，然后向西进入了咸阳。沛公想留在秦宫中休息，樊哙和张良劝阻，他才下令封起秦宫中的珍宝财物和库府，回师驻扎在霸上。沛公召集关中各县的父老及豪杰，对他们说："你们苦于秦朝的苛政已经很久了，秦朝的法令规定，敢说朝廷坏话的要灭族，私下聚集议论国事的要处以死刑。我们各路诸侯有约在先，率先进入关中的可以称王，我理所应当称王关中。现在我与诸位父老约定，法律只有三条：杀人者偿命，伤人及偷盗抢劫酌情治罪。其余秦朝的法令一律废除。所有官吏和百姓都和以往一样，安居乐业。总之，我之所以来到这里，就是要为父老们除害，而不会侵害或者残暴地对待你们，请大家不要恐慌！我之所以把军队撤回霸上，是想等各路诸侯到来后一起制定法律法规。"随即派人跟着秦朝的官吏一起前往各县镇乡村，向民众讲明情况。秦地的百姓都非常高兴，争相带着牛羊酒食慰劳士兵。沛公又推让不肯接受，说："仓库里的粮食很多，并不缺乏，不想让大家破费。"于是人们更加欢喜，唯恐沛公不在关中称王。

有人劝沛公说："秦地的富足是其他地区的十倍，而且地势险要。如今听说章邯已经投降了项羽，项羽封他为雍王，让他在关中称王。现在如果他来了，沛公您恐怕就不能占有关中地区了。您可以赶紧派兵把守函谷关，不要让诸侯军进来，再逐步征集关中的兵卒，加强自己的实力，以此来抵御他们。"沛公觉得他说得很对，就采纳了他的计策。十一月中旬，项羽果然率领诸侯军西进，想要进入函谷关，可是关门紧闭。听说沛公已经平定了关中，项羽大怒，就派黥布等人攻下了函谷关。十二月中旬，到达戏水。沛公的左司马曹无伤听说项羽发怒，要攻打沛公，就派人对项羽说："沛公要在关中称王，以秦王子婴为丞相，把秦地的珍宝都占为己有。"曹无伤想以此求得项羽的封赏。亚父范增劝项羽攻打沛公。项羽同意了，于是犒劳将士，准备第二天和沛公会战。当时，项羽的兵力达四十万，号称百万。沛公兵力十万，号称二十万，实力不如项羽。恰巧项伯想救张良，他趁着夜色来到沛公军营见张良，而张良和沛公借此机会写了一封信给项羽，项羽这才作罢。第二天，沛公带着百余名随从，骑马来到鸿门，见了项羽后向他道歉。项羽说："这都是你的左司马曹无伤说的，不然我怎么会这样呢？"沛公在樊哙和张良的帮助下，才得以脱身，返回霸上。回来之后，沛公立即杀了曹无伤。

项羽向西进军，一路屠杀，焚烧了咸阳城内的秦朝宫室，所到之处，无不遭到摧残破坏。秦地的百姓大失所望，然而他们害怕项羽，不敢不服从。

项羽派人回去报告楚怀王，楚怀王说："按照原来的约定办。"项羽怨恨楚怀王当初不肯让他与沛公一起西进入关，而派他北上救赵，使得自己在天下诸侯争夺称王关中的约定中落于下风。他就说："楚怀王是我叔叔项梁所立，没有什么功劳，凭什么主持约定！平定天下的，本来就是各路将领和我项籍。"于是假意推尊楚怀王为义帝，实际上根本不听从他的命令。

正月，项羽自立为西楚霸王，在梁、楚地区的九个郡称王，建都彭城。又违背当初的约定，改立沛公为汉王，管辖巴、蜀、汉中之地，建都南郑。把关中地区分为三份，封给秦朝投降他的三个将领：章邯为雍王，建都废丘；司马欣为塞王，建都栎阳；董翳为翟王，建都高奴。封楚将瑕丘申阳为河南王，建都洛阳。封赵将司马卬为殷王，建都朝歌。把赵王歇改封为代王。封赵相张耳为常山王，建都襄国。封当阳君黥布为九江王，建都六县。封楚怀王的柱国共敖为临江王，建都江陵。封原番县县令君吴芮为衡山王，建都邾县。封燕将臧荼为燕王，建都蓟县。把原燕王韩广改封到辽东为辽东王。韩广不听，臧荼率兵攻打他，把他杀死在无终。项羽又封给成安君陈余河间一带的三个县，让他住在南皮县。封给梅锠十万户。

四月，在项羽旌麾之下罢兵散归，诸侯各自回到封国。汉王刘邦也前往封国，项羽派了三万士兵随从前往，楚国和诸侯国中因为敬慕而跟随汉王的有几万人，他们从杜县城南进入蚀地的山谷中。每通过一处就把在陡壁上架起的栈道烧毁，为的是防备诸侯或其他强盗来侵扰汉中，也是向项羽表示没有东进之意。到达南郑时，很多部将和士兵在途中逃跑回去了，士兵们都唱着歌，想东归回乡。韩信劝汉王说："项羽封各位有功的将领为王，而唯独您被封在南郑，这实际上是流放。军中官吏和士卒都是崤山以东的人，日夜翘足期盼回到故乡。乘他们气势旺盛时加以利用，可以建立大的功业。等到日后天下太平，人人都自享安乐，就再也用不上他们了。不如立即决策，率兵东进，争夺天下大权。"

项羽出了函谷关，派人让义帝迁都。说："古代的帝王拥有纵横各千里的土地，而且一定要居住在江河的上游。"项羽就派使者把义帝迁徙到长沙的郴县，催促义帝赶快动身。义帝部下的群臣渐渐开始背离项羽，项羽暗地里让衡山王、临江王袭击义帝，把他杀死在江南。项羽怨恨田荣，封齐将田都为齐王。田荣大怒，便自立为齐王，杀死田都，反叛了楚国。他把将军印交给彭越，让他在梁地起兵反楚。项羽派萧公角攻打彭越，结果彭越大败萧公角。陈余也怨恨项羽不封自己为王，派夏说游说田荣，向田荣借兵攻打张耳。田荣给了陈余一些兵力，陈余打败了常山王张耳，张耳逃走投奔了汉王刘邦。陈余把赵王歇从代地接了回来，重新拥立他为赵王。赵王因此立陈余为代王。项羽大怒，亲自率兵北伐齐国。

八月，汉王采用韩信的计策，从陈仓故道返回关中，袭击雍王章邯。章邯在陈仓迎击汉军。雍王兵败逃走，在好畤停下来接战，再次战败，逃到废丘。于是汉王刘邦平定了雍地。接着向东挺进咸阳，率军在废丘包围了雍王，并派遣将领攻城略地，平定了陇西、北地、上郡。派将军薛欧、王吸率兵出武关，借助王陵驻扎在南阳的兵力，到沛县去迎接太公和吕后。楚王听说后，派兵到阳夏阻截，汉军无法前进。楚王又封原吴县县令郑昌为韩王，抵拒汉军。

汉二年，刘邦率兵东出夺取土地，塞王司马欣、翟王董翳、河南王申阳纷纷投降。韩王郑昌不肯归降，刘邦派韩信打败了他。于是设置了陇西、北地、上郡、渭南、河上、中地各郡；在关外地区设置了河南郡。改封韩国的太尉信为韩王。凡是带着一万人或一个郡投降的将领，封为万户侯。刘邦还派人修缮河套地区的防御工事。开放秦朝时期的各处苑囿园池，让百姓耕种。正月，俘虏了雍王的弟弟章平。刘邦宣布大赦有罪的人。

汉王出函谷关来到陕县，抚慰关外的父老，返回后，张耳前来投奔，汉王给予他优厚的待遇。

二月，汉王下令废除秦社稷，改立汉社稷。

三月，汉王从临晋渡黄河进入魏国，魏王豹领兵跟随。刘邦攻下河内，俘虏了殷王司马卬，在那里设置了河内郡。然后率军南渡平阴津，到达洛阳。新城县的三老董公拦住了汉王，向他诉说了义帝被杀的情况。汉王听后，袒露左臂大哭起来。随即下令为义帝发丧，哭吊了三天。派使者通告各诸侯说："天下诸侯共同拥立义帝，向他称臣并侍奉他。如今项羽把义帝流放到江南并杀害了他，真是大逆不道。我亲自为义帝发丧，诸侯们也都应该披麻戴孝。我将发动关中所有兵力，聚集河南、河东、河内三郡的士兵，向南沿长江、汉水而下，希望与各路诸侯共同讨伐楚国那个杀害义帝的罪人！"

这时项羽正在北边攻打齐国，田荣和他在城阳交战。田荣战败，逃到平原县，平原的民众杀了他。齐国各地也都向楚国投降。楚军却到处放火焚烧齐国的城邑，掳掠齐人的子女，逼得齐国人又反叛了楚国。田荣的弟弟田横立田荣的儿子田广为齐王，齐王田广在城阳举兵反楚。这时项羽虽然听说了汉王已经向东方杀来，但他想既然已经和齐军连续作战多日，就干脆打败齐军之后再去迎击汉军。汉王乘此机会挟持常山王张耳、河南王申阳、韩王郑昌、魏王魏豹、殷王卬五诸侯的军队，攻入了彭城。项羽听说彭城失守，立即率兵离开齐国，从鲁县穿过胡陵到达萧县，与汉军在彭城灵壁以东的睢水上激战，大败汉军，杀死了很多士兵，以至于睢水都被阻塞得不能畅流。项羽又派人从沛县抓来了汉王的父母、妻子和儿女，把他们放在军中做人质。当时，诸侯们见楚军强大，汉军战败，又纷纷背离汉王而去归附楚王。塞王司马欣也逃亡到了楚国。

吕后的哥哥周吕侯为汉王统率一支军队，驻扎在下邑，汉王随他到了那里。逐渐收编了一些士兵，然后驻军砀县。汉王西行经过梁地，到了虞县。他派谒者随何去九江王黥布那里，汉王对随何说："你如果能说服黥布举兵反楚，项羽必然会留下来攻打他。如果能够拖延几个月的时间，我一定可以夺取天下。"于是随何去游说九江王黥布，黥布果然背叛了楚国。楚王派龙且去攻打他。

汉王兵败彭城向西撤退的时候，途中派人去寻找他的家眷，他的家眷都已逃走，没有找到他们。战败后只找到了他的儿子刘盈，六月，汉王刘邦立刘盈为太子，大赦有罪之人。让太子镇守栎阳，把在关中的各诸侯的儿子也都聚集到栎阳来守卫。接着，刘邦采用水攻迫使废丘投降，章邯自杀。刘邦下令把废丘改名为槐里。然后命令主管祭祀的官员按时祭祀天地、四方、上帝、山川，发动关内的士兵把好各大要塞。

这时九江王黥布与龙且交战，没有取得胜利，就与随何潜行归附了汉王。汉王逐步征集了一些士兵，加上各路将领和关中地区兵力的增援，汉军在荥阳重振声威，在京、索之间击败了楚军。

汉王三年，魏王豹请假回去探视父母的疾病，到了魏地就断绝了黄河渡口，叛汉归楚。汉王派郦食其去劝说魏豹，魏豹不听。于是汉王派将军韩信率军征讨，大败魏军，俘虏了魏豹。于是平定了魏地，在那里设置了河东、太原、上党这三个郡。汉王随即命令张耳和韩信率兵东出井陉攻打赵国，杀了陈余和赵王歇。第二年，汉王封张耳为赵王。

汉王刘邦驻军荥阳南面，修筑了一条两边有防御工事的甬道，和黄河南岸相连接，以便取用敖仓的粮食。就这样和项羽对峙了一年多。项羽多次侵袭夺取了汉王的甬道，汉军粮草供应不上，于是项羽包围了汉王。汉王请求讲和，条件是把荥阳以西的区域划归汉王。项王不答应。汉王为此而忧虑，就采用了陈平的计策，给了陈平黄金四万斤，用以离间项羽和范增之间的君臣关系。结果项羽对亚父范增起了疑心。范增当时劝项羽赶紧攻下荥阳，当他知道项羽已经怀疑自己之后，非常愤怒，就推辞说自己年事已高，请求项王准许他告退回乡为民，项王答应了他的请求，结果范增还没有到彭城就死了。

被围困的汉军粮草断绝，于是趁夜把二千多名女子放出东门，并让她们身披士兵的铠甲，楚军见此情形，从四面追击围堵。这时将军纪信乘汉王的车驾，冒充汉王，诳骗楚军，楚军以为抓住了汉王刘邦，都高呼万岁，到城东去观看，而汉王乘机带着几十名随从骑兵从西门逃走。出城之前，汉王命令御史大夫周苛、魏豹和枞公留守荥阳。那些没能跟随汉王出城的将领和士兵，都留在城中，周苛与枞公商量说："魏豹是有过反叛前科的侯国之王，没法和他一起守城。"于是他们把魏豹杀了。

汉王逃出荥阳回到关中，想组织兵力再次东进。袁生劝汉王说："我们和项羽在荥阳对峙好几年了，汉军常陷于被动的处境。希望汉王出武关，项羽一定率军南下，那时大王居深沟高垒不出，让荥阳、成皋一带得以休整。派韩信等去平定河北赵地，夺取燕国和齐国，到那时大王再前往荥阳也不晚。这样一来，楚军就要多方防备，力量分散，而汉军得以休整，再与楚军交战，必然能够打败楚军。"汉王采纳了他的计策，出兵于宛县、叶县之间，与黥布一边前进，一边收集人马。

项羽听说汉王刘邦在宛县，果然带兵南下。汉王坚壁固守，不和他交战。这时彭越渡过睢水，在下邳与项声、薛公交战，彭越大败楚军。于是项羽领兵向东攻打彭越。汉王乘机引兵向北驻军成皋。项羽败走彭越后，得知汉王又率兵驻扎在成皋，就又领兵西进，攻克荥阳，杀死了周苛和枞公，俘虏了韩王信，接着包围了成皋。

汉王逃走了，独自一人与滕公同乘一辆车出了成皋玉门，往北渡过黄河，一路跑到修武，在那里住了一夜。他们自称是使者，第二天清晨，跑到张耳、韩信的军营，接管了他们的军队。然后派张耳去北边赵地收集更多的兵力，派韩信向东攻打齐国。汉王得到韩信的军队，重振军威。率军来到黄河岸边，在小修武的南面犒劳部队，打算与项羽再战。郎中郑忠劝阻汉王，让他坚守深沟高垒，不要和项羽交战。汉王采用了他的计策，派卢绾、刘贾率两万步兵和几百名骑兵，渡过白马津，进入楚地，跟彭越的军队一起在燕县西面再次打败了楚军，接着又攻取了梁地十多座城池。

淮阴侯韩信奉命东进伐齐，到达平原县还没有渡河。这时，汉王却暗中派郦食其去游说齐王田广，田广反叛了楚国，答应与刘邦联合共同攻打项羽。韩信见此情形，本打算停止伐齐，但后来还是采用了蒯通的计策，发动突袭大破齐军。齐王一怒之下烹死了郦食其，向东逃到高密。项羽听说韩信已经率领河北军打败了齐国，而且很快就要进攻楚国，就派龙且、周兰前去攻打韩信。韩信与他们交战，骑将灌婴出击，大败楚军，杀死龙且。齐王田广逃奔彭城。这时候，彭越率领部队驻扎在梁地，反复骚扰楚军，断绝楚军的粮食供给。

汉王四年，项羽对海春侯大司马曹咎说："你小心地守住成皋。如果汉军挑战，千万不要应战，只要不让他们东进就可以了。我十五天内定能平定梁地，回头再与你会合。"说完项羽就出发率兵攻打陈留、外黄、睢阳，把它们全部攻了下来。项羽离开成皋后，汉军果然屡次向楚军挑战，楚军都不出来应战，汉军派人一连辱骂了他们五六天，大司马曹咎十分恼怒，出兵横渡汜水。楚兵刚刚渡过一半，汉军突然向他们发动攻击，大败楚军，把楚国囤积在成皋的金玉财物洗劫一空。大司马曹咎、长史司马欣都在汜水上自刎了。项羽到达睢阳，得知海春侯被击败，就率军赶回来。汉军这时正把楚将钟离眜围困在荥阳东面，项羽一来，汉军立即全部撤退到险要地带。

韩信平定了齐国后，派人对刘邦说："齐国临近楚国，我的权力太小，如果不任命我为代理齐王，恐怕不能安定齐地。"汉王听后很生气，想要攻打韩信。留侯张良说："不如就此封他为王，让他为自己防守齐地。"于是汉王刘邦便派遣张良带着印绶前去立韩信为齐王。

项羽听说龙且的军队被打败，心里恐慌，派盱眙人武涉去游说韩信。韩信没有听从。

楚、汉长期相持，胜负未分，年轻力壮的厌倦了长期行军作战，老弱的也被抓去运送粮饷而疲惫不堪。刘邦和项羽隔着广武涧对话。项羽提出要跟汉王刘邦单独决一雌雄，汉王则罗列了项羽的罪状说："当初我和你项羽一同受怀王之命，说好了谁先入关中就在关中为王，你违背约定，让我去蜀汉为王，这是你的第一条罪状。你假托怀王之命杀死卿子冠军宋义，然后自任上将军，这是你的第二条罪状。你奉命援救赵国之后，本应当回去汇报，而你却擅自劫持诸侯的军队入关，这是你的第三条罪状。怀王当初约定入关后不许烧杀掳掠，你却放火焚毁秦朝宫室，挖掘始皇帝的陵墓，把秦地的财物占为己有，这是你的第四条罪状。又硬是杀掉了已经投降的秦王子婴，这是你的第五条罪状。你采用欺骗的手段在新安坑杀了二十万秦兵，却封他们的将领为王，这是你的第六条罪状。你把自己手下的将领都封在好地方，而赶走原来的诸侯王，致使他们的臣下为争王位而反叛，这是你的第七条罪状。你把义帝赶出彭城，自己在那里建都，又夺取了韩王的地盘，把梁、楚之地一并占为己有，这是你的第八条罪状。你派人在江南暗杀了义帝，这是你的第九条罪状。你身为臣子却杀君弑主，残杀已经投降的人，你主持政事而不公，主持盟约而不守信用，为天下所不容，大逆不道，这是你的第十条罪状。如今我率领义兵和各路诸侯来讨伐你这个残暴的罪人，让那些受过刑的罪人就可以击杀你项羽，又何必亲自动手呢？”项羽大怒，他让埋伏好的弓弩手放箭射中了汉王。汉王胸部中箭，却按着脚说：“这个贼人射中了我的脚趾！”汉王受了箭伤卧病不起，张良坚决请求他起来前去慰劳军队，以稳定军心，免得楚军乘此机会向汉军发动进攻。汉王出去巡视军队，病情加重，只好驱车进入成皋。

汉王病愈后，向西进入函谷关，到达栎阳，向父老们表示慰问，设置酒宴招待大家，砍了原塞王司马欣的脑袋，挂在栎阳街市上示众。汉王在栎阳停留了四天后，又回到军中，驻扎在广武。这时关中派出的后续部队越来越多。

当时，彭越带兵驻扎在梁地，反复骚扰楚军，断绝楚军的粮食供给。田横前往依附彭越。项羽多次攻打彭越等人，齐王韩信又攻击楚军。项羽害怕了，就与汉王约定，平分天下，划鸿沟以西的地区归汉，鸿沟以东的地区归楚。项王送回汉王的父母和妻子，汉军都高呼万岁，于是楚、汉双方都撤军而去。

项羽撤兵向东回去，汉王也准备率军回西方。但汉王采用了张良和陈平的计策，进兵追击项羽，到阳夏南面停了下来，与齐王韩信，建成侯彭越约定日期会合，共同攻击楚军。汉王到达固陵，韩信和彭越却没有如约前来会合。楚军攻击汉军，把汉军打得大败。汉王再次躲进营垒，深沟高垒固守。又采用张良的计策派使者封给韩信和彭越土地，使他们为各自的利益而战，于是韩信和彭越都前来会合了。此前刘贾已经进入楚地，围攻寿春。汉王在固陵战败后，派人去召大司马周殷，让他出动九江的军队去迎接武王黥布，行军途中屠戮了城父，然后跟着刘贾以及齐地和梁地的诸侯们会师垓下。汉王封武王黥布为淮南王。

汉王五年，高祖刘邦与诸侯军一起攻击楚军，在垓下与项羽决战。淮阴侯韩信率领三十万大军与楚军正面对阵，他的部将孔将军在左翼，费将军在右翼，汉王刘邦领兵随后，绛侯周勃、柴将军跟在汉王的后面。这时项羽的军队大约有十万人。淮阴侯韩信率先与楚军交锋，佯装作战失利，向后撤退。孔将军、费将军从左右两边纵兵围攻，楚军陷入困境，淮阴侯乘势从正面攻击楚军，大败楚军于垓下。项羽的士兵们听到汉军唱的是楚地的歌，以为汉军已经完全占领了楚地，于是项羽溃败而逃，楚军也因此全部崩溃。汉王派骑将灌婴一路追杀项羽到东城，杀了八万楚兵，终于攻取了楚地，项羽兵败自刎。这时，只有曲阜还在为项羽坚守，不肯投降，汉王就率领诸侯军北上，拿着项羽的人头给曲阜的父老们看，曲阜这才投降。因为项羽曾被怀王封为鲁公，于是汉王就以鲁公的名号把项羽葬在谷城。汉王回师定陶后，驰入齐王韩信的军营，夺了他的兵权。

同年正月，各路诸侯及汉王刘邦手下的将相们共同请求他即位为皇帝。汉王说："我听说贤能的人才能据有皇帝的宝座，虚言浮语，徒有虚名的人是不能享有帝位的，我可不敢承受皇帝之位。"群臣都说："大王从平民起事，诛伐暴逆，平定四海，对于有功之人，大王划地而封他们为王侯。如果大王不称帝，人们都会对此而疑虑不安。我们愿意以死相请求。"汉王再三谦让，实在没有办法推辞，就说："既然大家一定要让我做皇帝，认为这样有利于国家，我只好听从大家的意见了。"于是在二月初三那一天，刘邦在汜水北面即位称帝。

刘邦说，义帝没有后代。齐王韩信熟悉楚地的风俗，因此改封韩信为楚王，建都下邳。封建成侯彭越为梁王，建都定陶。原来的韩王信为韩王，建都阳翟。改封衡山王吴芮为长沙王，建都临湘。番君的部将梅鋗有功，曾经随汉军进入武关，所以刘邦很感激番君。淮南王黥布、燕王臧荼、赵王张敖都保留原来的封号。

天下已经基本平定。高祖定都洛阳，各路诸侯都向高祖称臣。原临江王共驩仍然忠于项羽，反叛了汉朝，高祖派卢绾、刘贾包围了他，没有攻下。几个月后，共驩投降，高祖在洛阳杀死了他。

五月，各路人马都解甲回家了。刘邦下令各路诸侯的儿子留在关中的免除徭役十二年，回去的免除赋税徭役六年，此外，国家供养他们一年。

高祖在洛阳南宫设酒宴。高祖说："在座的各位诸侯、将领不要对我有所隐瞒，只管说实话。我为什么能够取得天下？而项羽又为什么会失去天下？"高起、王陵回答说："陛下您傲慢而喜欢羞辱别人，项羽仁厚而爱护部下。然而陛下派人攻城略地，把所招降攻占的地方就势封给他，与天下人共享利益。而项羽却妒贤嫉能，谁有功他就忌妒谁，谁有才能他就怀疑谁，打了胜仗不给人家赏赐，夺得了土地不给人家好处，这就是他失去天下的原因。"高祖说："你们只知其一，不知其二。论运筹帷幄，决胜千里，我比不上张良。论镇守国家，安抚百姓，供给粮饷，保证粮道不被阻断，我比不上萧何。论统率百万大军，逢战必胜，每攻必取，我比不上韩信。这三位都是人中俊杰，我能够重用他们，这就是我取得天下的原因。项羽身边有一位范增却不能善用他，这就是我打败他的原因。"

高祖打算长期定都洛阳，齐人刘敬劝阻他，等到留侯张良说服高祖进入关中定都，高祖当天就起驾入关，迁都关中。六月，高祖大赦天下。

这年七月，燕王臧荼谋反，攻下代地。高祖亲自率军攻打他，俘获了燕王臧荼。高祖随即立太尉卢绾为燕王。并派丞相樊哙率军清剿代地的叛军。

这年秋天，利几谋反，高祖亲自带兵攻打他，利几逃跑。利几原是项羽的将领。项羽失败时，利几为陈县县令，没有跟随项羽，而是及早投奔了高祖，高祖封他为颍川侯。高祖消灭臧荼回到洛阳后，召见全部在名册上的列侯，利几心里恐惧，因此起兵反叛。

高祖六年，高祖每隔五天就去朝拜太公一次，像平民百姓那样行父子礼节。太公的管家对太公说："天上不会有两个太阳，一个国家也不会有两个君主。如今高祖虽然在家为子，在天下却是万民之主；太公您在家虽然身为父亲，但却是君主的臣民。怎么能够让君主给臣民行礼呢！长此以往，会使君主失去威严和尊重。"后来高祖再去拜见太公，太公就抱着扫帚到门口迎接，然后倒退着给他引路。高祖见状大吃一惊，赶紧下车搀扶太公。太公说："皇帝乃是万民之主，怎么能因为我而乱了天下的规矩呢！"于是高祖就尊太公为太上皇。高祖心里对那个管家的话大为赞赏，赐给他五百斤黄金。

十二月，有人上书举报楚王韩信谋反，高祖向左右大臣询问对策，左右大臣们都争着想去讨伐韩信。最后高祖采用了陈平的计策，假装去游览云梦泽，让各地诸侯到陈县来拜会他，楚王韩信前来迎接，高祖立即趁机逮捕了他。当天，高祖宣布大赦天下。这时，田肯向高祖表示祝贺，趁机劝高祖说："陛下捉拿了韩信，又建都关中。秦地是地理形势优越的地方，四周有高山大河作为屏障，疆界绵延千里，如果关东拥有百万军队，那么秦地只需二万士兵就可以凭借险要地势固守。秦地势便利，如果出兵东征诸侯，就好比在高屋脊上把水向下倾倒，居高临下，势不可当。再说齐地，它东有富饶的琅邪、即墨，南有险固的泰山，西有黄河天险，北有渤海鱼盐之利。土地纵横二千里，如果诸侯拥有百万军队，齐地凭借与诸侯的疆界被山水阻隔超过千里的有利地理条件，只需二十万兵甲就可以抵挡。所以说，秦地为西秦而齐地称得上是东秦啊！除了陛下的嫡亲子弟，其他人不能派去齐地称王。"高祖说："好。"于是赏赐田肯黄金五百斤。

过了十来天，高祖封韩信为淮阴侯，把他原来的封地分为两个侯国。高祖说将军刘贾屡次立功，就封他为荆王，管辖淮水以东。高祖又封自己的弟弟刘交为楚王，管辖淮水以西。封皇子刘肥为齐王，管辖七十多座城，把凡是能说齐国方言的人都划归齐国。接着高祖论功行赏，与各列侯剖分符节进行分封。高祖又把韩王信的封国迁徙到太原郡。

高祖七年，匈奴攻打韩王信的都城马邑，韩王信就势勾结匈奴在太原谋反。这时，白土县的曼丘臣、王黄拥立前赵将赵利为王，反叛朝廷。高祖亲自率兵去讨伐他们。恰逢天气寒冷，有十分之二三的士兵冻掉了手指，高祖到达平城后，匈奴的军队包围了平城，七天之后才撤走。高祖让樊哙留下来平定代地，立他的哥哥刘仲为代王。

同年二月，高祖从平城经过邯郸、洛阳，到达长安。这时长乐宫已经建成，高祖下令让丞相以下的整个国家机构迁到新都长安。

八年，高祖向东出兵东垣清剿韩王信的余党。

丞相萧何主持兴建未央宫，未央宫建东阙、北阙、前殿、武库、太仓。高祖回来，看到宫殿修建得非常壮观，大怒，对萧何说："天下纷纷扰扰，苦苦争战这么多年，成败还是个未知之数，为什么要把宫殿建造得如此豪华壮美呢？"萧何说："正因为天下尚未安定，才可以乘此机会把宫殿建好。况且天子以四海为家，宫殿不壮丽就无法树立天子的威严，而且也不能被后世修建的宫室所超越啊！"高祖这才高兴起来。

高祖去东垣，经过柏人县，赵相贯高等人想要谋害高祖，高祖本想在柏人留宿，可是心动异常，认为是不祥之兆，因而没有在柏人停留。后来代王刘仲遭到匈奴的侵袭，弃国而逃，自己跑回洛阳，高祖废掉了他的王位，把他降为合阳侯。

高祖九年，赵相贯高等策划谋害高祖的阴谋败露，被夷灭三族。赵王张敖也被废除王位，降为宣平侯。这一年，高祖把楚国贵族昭氏、屈氏、景氏、怀氏和齐国贵族田氏迁徙到关中。

未央宫建成了。高祖召集诸侯、群臣，在未央宫前殿摆设酒宴。高祖捧着玉制酒杯，起身向太上皇敬酒，说："当初大人总认为我没有出息，无可依仗，不能给家里治产业，不如二哥刘仲勤劳。如今我成就的事业与二哥相比，谁的多呢？"殿上群臣听后哄堂大笑，一起高呼万岁。

高祖十年十月，淮南王黥布、梁王彭越、燕王卢绾、荆王刘贾、楚王刘交、齐王刘肥、长沙王吴芮都来长乐宫朝见高祖。这年春、夏，国家太平无事。

这年七月，太上皇死于栎阳宫。楚王刘交、梁王彭越都来送葬。

高祖下令赦免栎阳的囚犯。把郦邑改名为新丰。

这年八月，代国的相国陈豨在代地发动叛乱。高祖说："陈豨曾给我做事，为人很讲信义。代地是我很看重的地方，所以我才封陈豨为列侯，以相国的身份守卫代地，如今他竟然和王黄等人劫掠代地！代地的官吏和百姓并没有什么罪过，一律予以赦免。"九月，高祖御驾亲征，率军东进讨伐陈豨。抵达邯郸后，高祖高兴地说："陈豨竟然不南去据守邯郸，在漳水上设防，由此可见他没有什么本事。"又听说陈豨的将领过去都是商人，高祖说："我知道该怎么对付他们了。"于是就用大量金钱去引诱陈豨的将领，陈豨的将领有很多都投降了。

高祖十一年，高祖在邯郸讨伐陈豨等人还没有结束，陈豨的部将侯敞率领一万多人四处打游击，王黄驻军曲逆，张春率部队渡过黄河攻打聊城。高祖派将军郭蒙与齐国的将领去攻打他们，把他们打得大败。太尉周勃从太原攻入，平定了代地。周勃到马邑后，马邑叛军坚守不降，于是周勃摧毁了马邑。

陈豨的部将赵利守卫东垣，高祖攻打东垣，没有攻下。一个多月后，东垣的士兵辱骂高祖，高祖大怒。东垣投降后，高祖下令交出那些曾经辱骂他的人，把他们全部处死，没有辱骂高祖的人获得了赦免。随后高祖把赵国常山以北的地区划归代国，立皇子刘恒为代王，建都晋阳。

这年春天，淮阴侯韩信在关中谋反，被夷灭三族。

这年夏天，梁王彭越谋反，被废除了封号，发配到蜀地；结果彭越再次反叛，于是高祖夷灭了他三族。接着高祖封皇子刘恢为梁王，封皇子刘友为淮阳王。

同年秋天七月，淮南王黥布造反，向东兼并了荆王刘贾的领地，向北渡过淮水，楚王刘交逃到薛县。高祖亲自率军前去讨伐他。高祖封皇子刘长为淮南王。

十二年十月，高祖在会甄击败了黥布的军队，黥布逃走，高祖派别将继续追击他。

高祖返回京都，路过沛县时停留下来。在沛宫摆设酒宴，把老朋友和父老子弟都请来一起开怀畅饮，从沛县挑选了一百二十个儿童，教他们唱歌。酒喝得正痛快时，高祖一边弹击着筑琴，一边自己作歌道："大风起兮云飞扬，威加海内兮归故乡，安得猛士兮守四方！"让儿童们跟着学唱。接着高祖翩然起舞，慷慨激昂又万分感伤，泪下数行。高祖对沛县父老兄弟说："离家的游子总是思念故乡。我虽然建都关中，但是将来死后我的魂魄还是会喜爱和思念沛县。而且我当初是以沛公的身份起兵讨伐暴逆，最终夺取天下的，我把沛县作为我的封地，免除沛县百姓的赋税徭役，并且让他们世世代代不必纳税服役。"沛县父老兄弟、长辈妇女、旧日朋友，天天开怀畅饮，尽情欢宴，叙谈往事取乐。过了十多天，高祖要走了。沛县父老执意请求高祖多留几天。高祖说："我的随从众多，父兄们供应不起。"于是准备离去。这天，沛县父老倾城而出，百姓们纷纷拿着礼物赶到城西来敬献高祖。高祖见此情形，再次停留下来，搭起帐篷，畅饮三天。沛县父兄都叩头请求说："沛县有幸得以免除赋税徭役，丰邑却没有免除，希望陛下可怜他们，免除他们的赋税徭役。"高祖说："丰邑是我出生的地方，我最不能忘，只因当初丰邑人跟着雍齿反叛我而帮助魏王，我才没有免除他们的赋税徭役。"沛县父老兄弟再三请求，高祖才答应一并免除丰邑的赋税徭役，让他们享受跟沛县一样的待遇。接着，高祖封沛侯刘濞为吴王。

汉军将领在洮水南北分别追击黥布，击败了叛军，在鄱阳追到了黥布，并杀死了他。

樊哙另带一支部队平定代地，杀陈豨于当城。

这年十一月，高祖从讨伐黥布的军中返回长安。十二月，高祖说："秦始皇、楚隐王陈胜、魏安釐王、齐缗王、赵悼襄王都没有后代，给他们每人安排十户人家守墓，秦始皇二十户，魏公子无忌五户。"代地的官吏和百姓，凡是被陈豨和赵利胁迫参与谋反的，全部予以赦免。陈豨的降将说陈豨造反时，燕王卢绾曾派人到陈豨那里与他密谋。高祖派辟阳侯审食其去接卢绾进京，卢绾称病不来。辟阳侯回来后，报告说卢绾有谋反的迹象。二月，高祖派樊哙、周勃率军攻打燕王卢绾。赦免了燕地参与造反的官吏和百姓。平定燕地后，高祖立皇子刘建为燕王。

高祖讨伐黥布的时候，被流矢射中，行进途中得了病。由于病情严重，吕后请来一位名医为他治疗。医生进来看过之后，高祖问医生病情如何。医生说："这病可以治好。"高祖一听，谩骂道："我一介草民，手提三尺之剑夺取天下，这难道不是天命吗？人的命运取决于上天，纵然你是神医扁鹊，对我又能起什么作用呢！"于是不让医生替他治病，赏赐了五十斤黄金就把他打发走了。过后，吕后问高祖："陛下百年之后，如果相国萧何也死了，让谁来接替他做相国呢？"高祖说："曹参可以。"吕后又问："曹参以后呢？"高祖说："王陵可以。不过他略显憨厚刚直，陈平可以帮助他。陈平智慧有余，然而难以独当大任。周勃稳重厚道，缺少文采，但是安定刘氏天下的人必定是周勃，可以任命他为太尉。"吕后再问以后的事，高祖说："再往后的事情也不是你所能知道的了。"

此时，卢绾和数千名骑兵正在边塞等待着，希望在高祖病愈后，亲自去长安请罪。

这一年的四月甲辰日，高祖在长乐宫驾崩。吕后过了四天仍未发布丧事消息。吕后与审食其商量说："朝中的很多将领当初和皇帝一样同为登记在册的平民百姓，如今却北面称臣，为此常常怏怏不乐，很不服气，现在又要侍奉年轻的皇帝，如果不把他们全部诛灭，天下不得安宁。"有人听到了这话，告诉了将军郦商。郦将军去见审食其，说："我听说皇上已经驾崩，过去四天了仍没有发丧，说是要杀掉所有的将领。如果真是这样，天下恐怕就要危险了。如今陈平、灌婴率领十万大军守卫荥阳，樊哙、周勃率领二十万大军平定燕地和代地，如果他们听说皇上驾崩了，朝中将领全部被杀，必定联合军队回过头来进攻关中。到那时，大臣们在朝内叛乱，诸将们在外面造反，国家覆亡举足可待。"审食其进宫把这番话告诉了吕后，于是吕后便在丁未日发布了高祖驾崩的消息，同时宣布大赦天下。

卢绾得知高祖驾崩，便逃到匈奴去了。

丙寅日，在长陵安葬了高祖。己巳，皇太子刘盈到太上皇庙朝拜。群臣都说："高祖起于细微平民，拨乱反正，平定天下，是汉王朝的开国始祖，功劳最高。"于是尊称刘邦为高皇帝。太子刘盈即位为帝，这就是孝惠帝。孝惠帝命令各郡和各国诸侯建立高祖庙，每年按时祭祀。

到孝惠帝五年，孝惠帝想起高祖生前回到沛县时的悲乐情景，就把沛宫定为高祖的原庙。高祖曾教他们唱歌的那一百二十个儿童，都定为高祖原庙中演奏音乐的人员，以后一有空缺，就立即补上。

高祖有八个儿子：长子是庶出的齐悼惠王刘肥；次子孝惠皇帝，是吕后的儿子；三子是戚夫人的儿子赵隐王如意；四子是代王刘恒，后来被立为孝文帝，是薄太后的儿子；五子是梁王刘恢，吕太后当政时改封他为赵共王；六子是淮阳王刘友，吕太后时改封他为赵幽王；七子是淮南厉王刘长；八子是燕王刘建。

太史公说：夏朝的政治质朴厚道。过于质朴厚道的弊病，在于使细民百姓粗野少礼，所以殷朝的人用恭敬而讲究威仪来承替它。恭敬而讲究威仪到了极点，就使得细民百姓过分地相信鬼神，所以周朝人用讲究尊卑礼仪来承替它。过分地拘泥于尊卑礼仪的弊病，在于使细民百姓不能以诚相见，而补救不能以诚相见的办法没有比以质朴厚道为政更好的了。夏、商、周三代开国君主的治国之道循环往复，终而复始。周朝和秦朝之间，其弊病可以说就在于过分讲究尊卑礼仪了。秦朝的政治不但没有改变，反而使刑法更加残酷，这不是太荒谬了吗？所以汉朝兴起，面对过去的弊病，改变了治国方略，使百姓们不至于倦怠，这也就符合循环终始的天道了。汉以十月为岁首，诸侯每年十月进京朝拜。规定车服制度，皇帝的车子用黄缯做盖顶，车前横木的左上方用牦牛尾或野鸡尾装饰。高祖葬在长陵。

（邓小棒 译）

《史记》卷九 吕太后本纪第九

吕太后是高祖刘邦微贱时的配偶，生了孝惠帝刘盈和女儿鲁元太后。到高祖做了汉王的时候，得到了定陶的戚姬，戚姬很受喜爱和宠幸，生了赵隐王如意。刘盈为人仁慈软弱，高祖觉得他不像自己，常常想废掉太子刘盈，改立戚姬的儿子如意，高祖认为如意像自己。戚姬受到宠幸，常常跟随高祖去关东，她日夜号哭，想让高祖改立她的儿子为太子来取代刘盈。吕后当时年纪大了，常留守关中，很少见到高祖，关系日益疏远。如意被立为赵王以后，有好多次差点取代太子，靠着大臣们的极力诤谏，以及留侯张良的计策，刘盈才没有被废掉。

吕后为人刚毅，辅佐高祖平定天下，在后来诛杀韩信、黥布、彭越等大臣的过程中多有吕后之力。吕后有两个哥哥，都是高祖的部将。长兄周吕侯吕泽殉职，他的儿子吕台被封为郦侯，另一个儿子吕产被封为交侯；吕后的二哥吕释之被封为建成侯。

高祖于十二年四月甲辰日驾崩于长乐宫，太子继位做了皇帝。当时高祖有八个儿子：长子刘肥是孝惠帝的哥哥，异母所生，刘肥被封为齐王；其余的都是孝惠帝的弟弟，戚姬的儿子刘如意被封为赵王，薄夫人的儿子刘恒被封为代王，其他姬妾生的儿子刘恢被封为梁王，刘友被封为淮阳王，刘长被封为淮南王，刘建被封为燕王。高祖的弟弟刘交被封为楚王，高祖哥哥的儿子刘濞被封为吴王。非刘氏子弟功臣原鄱县县令吴芮的儿子吴臣被封为长沙王。

吕后最怨恨戚夫人和她的儿子赵王，高祖一死，吕后就下令把戚夫人囚禁永巷，并召赵王进京。使者往返了多次，赵国丞相建平侯周昌对使者说："高祖皇帝把赵王托付给我，赵王年纪还小。我听说太后怨恨戚夫人，想把赵王召去一起杀死，因此我不敢让赵王去。况且赵王也病了，不能奉诏前往。"吕后一听大怒，就派人去召周昌。周昌被召至长安后，吕后又派人去召赵王。赵王动身赴京，还没有到京城。孝惠帝为人仁慈，知道太后发怒，于是亲自到霸上迎接赵王，和赵王一起回到宫中，与赵王同饮食，共起居。太后想要杀害赵王，却没有机会下手。孝惠帝元年十二月，惠帝早晨出去打猎。赵王年龄小，没能早起。太后听说赵王单独一人在家，就派人拿着毒酒去给他喝。等到天亮以后，孝惠帝回到宫中，赵王已经死了。于是吕后就把淮阳王刘友迁为赵王。同年夏天，吕后下诏追谥郦侯的父亲为令武侯。吕后砍断了戚夫人的手脚，挖掉了她的眼睛，用火熏聋了她的耳朵，给她喝了哑药，把她扔进猪圈里，称她为“人彘”。过了几天，吕后让孝惠帝去观看人彘。孝惠帝看到后，经过询问，才知道这是戚夫人，就放声大哭起来，随即病倒，一年多不能起来。孝惠帝派人去见太后说：“这简直不是人干的事！我身为您的儿子，无论如何也不能治理天下了。”孝惠帝从此天天饮酒淫乐，不问朝政，以致身患疾病。

孝惠帝二年，楚元王刘交、齐悼惠王刘肥都进京参加十月初一的朝贺，孝惠帝和齐王在太后跟前设宴饮酒，孝惠帝觉得齐王是兄长，就按平民百姓的礼节安排他坐在上座。太后见此情形大怒，就让人倒了两杯毒酒，放在他们面前，让齐王起来为她祝酒。齐王站起来，孝惠帝也站了起来，拿过酒杯想和齐王一起给太后祝酒。太后大为惊慌，赶紧起身倒掉了孝惠帝杯子里的酒。齐王觉得很奇怪，因而没敢喝这杯酒，假装酒醉退了席。后来一问，才知道那是毒酒。齐王很害怕，估计自己这回不能从长安脱身，心里非常忧虑。齐王的内史向齐王献策说：“太后只有孝惠帝和鲁元公主两个亲生子女。如今大王您坐拥七十多座城，而鲁元公主的食邑才寥寥几座。大王如果能把一个郡的封地献给太后，把它作为公主收取赋税的私邑，太后一定会很高兴，大王也一定没有什么可忧虑的了。”于是齐王就献上了城阳郡，并违背常礼尊自己的异母妹鲁元公主为王太后。吕后很高兴，准许了齐王的请求。随后就在齐王驻京的官邸摆酒设宴，欢饮一番，酒宴结束后，放齐王返回了封国。孝惠帝三年，开始修筑长安城，四年时，修完了一半，五年九月全部完工。

孝惠帝七年，诸侯们进京参加十月初一的朝贺。秋天，八月十二日，孝惠帝驾崩。发丧时，太后哭了，却不见流眼泪。留侯张良的儿子张辟强为侍中，当时十五岁，他对丞相陈平说：“太后只有孝惠帝这么一个儿子，如今去世了，她却哭得并不悲伤，您知道这其中的缘故吗？”

丞相问："是什么缘故？"张辟强说："皇帝没有成年的儿子，太后怕的是制不住你们这些大臣。你现在要求拜吕台、吕产、吕禄为将，统领两宫卫队南北二军，再等其他吕家的人都进入朝廷，在朝廷中掌握实权，这样太后就放心了，你们这些大臣也就能够幸免于祸了。"丞相就按照张辟强的计策去做了。太后很高兴，这才哭得伤心起来。吕氏家族的权势由此而起。接着吕后宣布大赦天下。九月五日，安葬了孝惠帝。太子即位做了皇帝，拜谒了高祖庙。吕后元年，朝廷的号令一律由太后下达。

吕后行使皇帝的职权后，打算封吕氏子弟为王，她询问右丞相王陵。王陵说："高帝当年杀白马和大臣们盟誓说：'不是刘氏子弟而称王的，天下人一起讨伐他。'现在如果封吕氏子弟为王，是不合先帝盟约的。"吕后很不高兴，又问左丞相陈平与绛侯周勃。周勃等人回答说："高帝平定天下，封刘氏子弟为王，如今太后行使皇帝职权，封自己的弟兄以及其他吕氏子弟为王，没有什么不可以的。"吕后这才高高兴兴地退了朝。王陵责备陈平和周勃说："当初和高帝歃血盟誓，难道你们不在场吗？如今高帝驾崩了，太后一个女人当权，想封吕氏子弟为王，你们竟然纵容她的私欲，阿谀逢迎，背弃盟誓，将来你们有什么面目到九泉之下去见高帝？"陈平、周勃说："如今在太后面前公开反对，当朝力争，我们不如您；但说到保住大汉江山，安定刘氏后代的君王地位，您就不如我们了。"王陵无言以对。十一月，吕后想要罢免王陵，就假意拜他为幼帝的太傅，夺了他的丞相权。而王陵也声称患病，解职回乡了。于是吕后任命左丞相陈平为右丞相，任命辟阳侯审食其为左丞相。左丞相不管日常宰相事务，而是像郎中令一样负责监督宫中事务。审食其由于受吕后的宠幸，常常决断政务，公卿大臣们有什么事情都找他决断。吕后接着又追尊郦侯的父亲为悼武王，打算以此作为封吕氏子弟为王的开端。

四月，太后准备封吕氏子弟为侯，就先封高祖的功臣郎中令冯无择为博城侯。鲁元公主死了，赐谥为鲁元太后。她的儿子张偃被封为鲁王。鲁王的父亲就是宣平侯张敖。封齐悼惠王刘肥的儿子刘章为朱虚侯，把吕禄的女儿嫁给他为妻。齐丞相齐寿被封为平定侯。少府阳成延被封为梧侯。接着就封吕种为沛侯，吕平为扶柳侯，张买为南宫侯。

太后为了封吕氏子弟为王，先立孝惠帝后宫所生的儿子刘强为淮阳王，刘不疑为常山王，刘山为襄城侯，刘朝为轵侯，刘武为壶关侯。太后又放出口风暗示大臣，于是大臣们请求封郦侯吕台为吕王，太后准许了。建成康侯吕释之去世，本该继承侯位的儿子犯了罪，被废黜了，于是改立吕释之的少子吕禄为胡陵侯，作为继承康侯吕释之的后代。二年，常山王刘不疑去世，封他的弟弟襄城侯刘山为常山王，改名刘义。十一月，吕王吕台死了，追谥为肃王，他的儿子吕嘉接替为王。吕后三年，没有发生重大的事情。四年，吕后封她的妹妹吕媭为临光侯，吕他为俞侯，吕更始为赘其侯，吕忿为吕城侯，此外，还封五个吕氏子弟去当诸侯国的丞相。

宣平侯张敖的女儿为孝惠皇后的时候，没有儿子，假装有了身孕，抱来一个后宫姬妾的儿子谎称是自己生的，杀死了孩子的母亲，立这个孩子为太子。孝惠帝死后，太子即位做了皇帝。听说他的亲生母亲已经死了，自己并非皇后所生，便放出话来说："母后怎么能杀死我的亲生母亲而把我称作她的儿子？我现在还没有长大，长大了就要造她的反。"太后听说这件事以后很担心，怕他闹出什么乱子，就把他幽禁在永巷中，对外声称皇帝病得很厉害，左右大臣们谁也见不到他。太后说："凡据有天下治理万民的人，像天一样覆盖一切，像地一样托载万物，皇帝怀有欢快的心情来抚慰百姓，百姓也欣然地侍奉皇帝，上下欢悦欣喜的感情相通，天下才能太平。现在皇帝久病不愈，以至于迷惑昏乱，不能再担当宗庙祭祀的责任，不能把天下托付给他，应该找人取而代之。"大臣们都叩头说："皇太后为了天下百姓的利益，安定宗庙社稷，考虑得极为深远，我们恭敬地叩头听命。"于是皇帝被废除了，太后暗中杀害了他。五月十一日，立常山王刘义为皇帝，改名刘弘。之所以没有改年号称元年，是因为太后手握一切大权治理天下。以轵侯刘朝为常山王。设置太尉这一官职，以绛侯周勃为太尉。五年八月，淮阳王刘强死了，封他的弟弟壶关侯刘武为淮阳王。六年十月，吕后说吕王吕嘉平常骄横放纵，废掉了他，封肃王吕台的弟弟吕产为吕王。同年夏天，大赦天下。封齐悼惠王的儿子刘兴居为东牟侯。

吕后七年正月，吕后召赵王刘友进京。刘友的王后是吕氏的女儿，刘友不喜欢她，而喜欢别的姬妾。这个吕氏的女儿心怀嫉妒，一怒之下离开了家，在太后面前诽谤刘友，以种种罪行诬陷他，说赵王曾说“吕氏怎么能称王！太后死后，我一定消灭他们”。太后大怒，因此召赵王前来。赵王来到京城，被安置在驻京官邸而不予接见，吕后命令卫兵把他围困起来，不给他吃东西。赵王的臣属有的偷偷地给他送一些吃的，一旦被发现就抓起来论罪。赵王饥饿，于是唱道：“诸吕专权啊，刘氏岌岌可危！胁迫王侯啊，硬要我娶吕氏女为妃。我妃嫉妒啊，诬蔑我犯了罪行。坏女人扰乱国家啊，在上的人竟然不明察。我没有忠臣啊，否则为什么会失去了自己的封国？自尽于荒野啊，是非曲直苍天明辨！无可后悔啊，宁愿及早自裁。身为王侯而饿死啊，有谁怜惜！吕氏灭绝天理啊，只好托上天为我报仇。”十八日，赵王刘友被幽禁而活活饿死，死后以平民的礼仪被埋葬在长安的平民墓地。

三十日，发生了日食，白日里天昏地暗。太后心里恐惧厌恶，闷闷不乐，于是对左右随侍人员说：“这是因为我的缘故吧！”

二月，吕后下令调梁王刘恢为赵王。调吕产为梁王，梁王不去封国就任，留在京城担任皇帝的太傅。立孝惠帝的儿子昌平侯刘太为吕王。改称梁国为吕国，改称吕国为济川。太后的妹妹吕媭有一个女儿为营陵侯刘泽的妻子，刘泽是大将军。太后封吕氏子弟为王，害怕自己死后刘将军作乱，就封刘泽为琅邪王，想以此来稳住他的心。

梁王刘恢被调到赵国称王，心里很不高兴。这时太后又把吕产的女儿嫁给赵王做王后。王后的随侍官员都是吕氏家族的人，他们专权用事，暗中监视赵王，赵王没有一点自由。赵王有一个宠爱的姬妾，王后派人用毒酒把她害死。为此赵王作了诗歌四章，让乐工歌唱。赵王内心痛楚悲伤，仅仅六个月就自杀了。太后听说了这件事，认为赵王为了一个女人就连祭祀宗庙的礼仪都不要了，于是废黜了他后代的王位继承权。

宣平侯张敖死了，因为他的儿子张偃已被封为鲁王，所以赐给张敖鲁元王的谥号。

这年秋天，太后派遣使者告诉代王刘恒，想要把他调到赵地为王。

代王谢绝了，表示自己甘愿守卫代国这片边远的国土。

太傅吕产、丞相陈平等人进言，武信侯吕禄是最尊贵的侯爵，官居第一位，请求立他为赵王。太后准许了，追尊吕禄的父亲康侯为赵昭王。九月，燕灵王刘建死了，他有一个姬妾生的儿子，太后派人杀死了他，燕灵王没了后嗣，封国被废除了。八年十月，立吕肃王的儿子东平侯吕通为燕王，封吕通的弟弟吕庄为东平侯。

三月中旬，吕后举行了祈求免除灾祸的祭祀，回来路过轵道，看见一只很像黑狗的怪物，一下子撞到吕后的腋下，而后就突然消失了。占卜后，说是赵王如意作祟。太后从此腋下受了伤。

高后见外孙鲁元王张偃年幼，又自幼失去了父母，孤单势弱，就封了张敖前妾的两个儿子，张侈为新都侯，张寿为乐昌侯，让他们来辅佐鲁元王张偃。又封中大谒者张释为建陵侯，吕荣为祝兹侯。那些在宫中由宦官担任的令丞也都封为关内侯，每人食邑五百户。

七月中旬，太后病重，她任命赵王吕禄为上将军，统率北军；吕王吕产统率南军。太后告诫吕产、吕禄说："高帝平定天下后，曾和大臣们立下誓约，说'不是刘氏子弟而称王的，天下人一起讨伐他'。如今吕家的人被封为王，大臣们愤愤不平。我就要死了，皇帝年幼，大臣们恐怕会起来叛乱。你们一定要率领军队保卫皇宫，千万不要给我送丧，不要被人家控制。"八月一日，吕后去世，留下遗嘱赏赐诸侯王每人黄金一千斤，将军、丞相、列侯、郎吏都根据等级赏赐黄金。大赦天下。任命吕王吕产为相国，把吕禄的女儿嫁与皇帝为皇后。

吕后安葬完毕，以左丞相审食其为皇帝的太傅。

朱虚侯刘章有气概，有勇力，东牟侯刘兴居是他的弟弟，他们都是齐哀王刘襄的弟弟，居住在长安。当时，吕氏一伙人专权用事，想要篡位作乱，但由于他们害怕高帝的老臣绛侯周勃、灌婴等人，所以没敢动手。朱虚侯刘章的妻子是吕禄的女儿，刘章暗中知道了他们的阴谋。刘章怕被杀害，就私下派人告诉他的哥哥齐王刘襄，想让他发兵西进，诛灭吕氏而自立为帝。朱虚侯打算和朝廷中的大臣们给他做内应。齐王想要发兵，他的丞相却不服从。八月丙午日，齐王准备派人杀死丞相，丞相召平反叛，打算举兵围攻齐王，齐王于是杀死了他的丞相召平，随即发兵东进，用计夺取了琅邪王刘泽的军队，然后率领着两国的军队向西进发。这件事记载在《齐悼惠王世家》中。

齐王写信给各诸侯王说："高帝平定天下，分封子弟为王，悼惠王被封在齐地为王。悼惠王死后，孝惠帝派留侯张良立我为齐王。孝惠帝驾崩后，吕后执掌朝权，由于她年事已高，听从吕氏一伙人的意见，擅自废掉皇帝，改立他人，又接连杀害了如意、刘友、刘恢三位赵王，废除了梁、赵、燕三个刘氏封国改封吕氏子弟为王，还把齐国一分为四。忠臣们纷纷进谏劝阻，可是吕后被蛊惑而听不进去。如今吕后去世，而皇帝年龄还小，不能治理天下，本来应该倚仗大臣和诸侯。可是吕氏一伙人又擅自主持封赏，利用手中的兵权，扩张威势，胁迫列侯忠臣，假托君命行事，向天下发号施令，大汉江山因此岌岌可危。我此次率兵入京，就是要去除掉那些不应当为王的人。"朝廷听到这一消息，相国吕产等人就派遣颍阴侯灌婴率兵迎击齐王。灌婴到了荥阳，就和人商量说："吕氏一伙人在关中掌握了兵权，想要推翻刘氏而自立。如果现在我打垮齐国的军队回去复命，这就更加壮大了吕氏的势力。"于是灌婴屯兵荥阳，派出使者告谕齐王和各国诸侯，要同他们联合起来，等待吕氏叛乱，而后合力诛灭他们。齐王听到这个消息后，就把军队撤回到齐国的西部边界等候消息按约行事。

吕禄、吕产想在关中发动叛乱，但在朝内他们怕绛侯、朱虚侯等人，在外怕齐国、楚国的军队，又担心灌婴叛变，准备等灌婴的军队与齐国的军队交战后再发动叛乱，所以一直犹豫不决。当时，济川王刘太、淮阳王刘武、常山王刘朝这些名义上皇帝的弟弟，和吕后的外孙鲁元王，都因年幼没有去各自的封国，住在长安。赵王吕禄、梁王吕产分别统率南北军，他们都是吕家的人。列侯群臣人人自危。

绛侯周勃虽名为太尉，但无法进入军营掌握兵权。曲周侯郦商年老多病，他的儿子郦寄和吕禄关系很好。绛侯就和丞相陈平合谋，派人劫持郦商，让他的儿子郦寄去欺骗吕禄说："高帝和吕后共同平定天下，刘氏被封了九个王，吕氏被封了三个王，这都是大臣们议定的，这些事情已经通告给了各路诸侯，诸侯们都认为是妥当的。如今太后驾崩了，皇帝年幼，而您佩带赵王印绶，不赶快回国守卫国土，却以上将军的身份率领军队留在这里，惹得大臣和诸侯们猜疑。您为什么不归还将军印绶，把兵权交给太尉周勃呢？并请梁王归还相国印绶，和大臣们订立盟约，前往自己的封国，这样齐国必然罢兵，朝里的大臣们也能安心了，您也可以在千里封国高枕无忧地做您的王了，这才是有利于子孙万代的事啊！”吕禄很赞同郦寄的建议，准备交还将军印绶，把兵权交给太尉。他派人去通知吕产和吕氏宗族的各位老人，他们有的认为妥当，有的说不妥当，犹犹豫豫，一直拿不定主意。吕禄很信任郦寄，时常和他出去游猎。有一次经过姑母吕媭家，吕媭很生气，说:“你身为将军而放弃军权，吕氏宗族将无安身立命的地方了。”说着就拿出全部珠玉宝器扔到了院子里，说：“不用替别人守着这些东西了。”

不久，左丞相审食其被罢免。

九月庚申日早晨，代行御史大夫职务的平阳侯曹窋去见相国吕产商量事情。恰逢郎中令贾寿出使齐国回来，他责备吕产说：“您不早些去自己的封国，现在即使想走，还能走得了吗？”他把灌婴与齐、楚联合起来，准备诛灭吕氏家族的事情告诉了吕产，催促吕产赶紧进宫。平阳侯大致听到了贾寿这些话，就立即骑马跑去报告了丞相和太尉。太尉想进入北军，但没能进去。这时，襄平侯纪通主管符节，他派人手持符节假传诏令，让太尉进入了北军。太尉又派郦寄和典客刘揭先劝告吕禄说：“皇帝派太尉周勃统率北军，想让您去自己的封国，您还是赶快交出将军印绶，离开这里，不然的话，就要大祸临头了。”吕禄认为郦寄不会欺骗自己，就解下印绶交给典客刘揭，把兵权交给了太尉周勃。太尉掌握兵权后进入军门，对全军下令说：“拥护吕氏的袒露右臂，拥护刘氏的袒露左臂。”全军官兵都袒露左臂表示拥护刘氏。太尉快到北军时，将军吕禄已经解下印绶离开了，于是太尉统率了北军。

然而还有南军没有控制。平阳侯曹窋听到了贾寿对吕产说的那些话，把吕产的阴谋告诉了丞相陈平。丞相陈平就找来朱虚侯刘章协助太尉周勃。太尉让朱虚侯监守营门。派平阳侯告诉未央宫卫尉：“不要让相国吕产进入殿门。”当时吕产还不知道吕禄已经离开北军，就进入未央宫，想要作乱，结果进不了殿门，在那里徘徊。平阳侯担心不能取胜，骑马跑去把情况告诉了太尉。太尉也担心不能战胜吕氏一伙人，不敢明说要诛灭他们，就调遣朱虚侯，对他说：“赶快进入宫廷保护皇帝。”朱虚侯要求带兵，太尉拨给他士卒一千多人。朱虚侯进入未央宫门，看见吕产正在宫内。到了傍晚时分，就开始攻击吕产，吕产逃跑了。这时突然狂风大作，随即吕产的随从官吏一片混乱，没有人敢抵抗。朱虚侯追赶吕产，最终把他杀死在郎中令官府的厕所里面。

朱虚侯刘章杀死吕产后，皇帝派使者手持符节慰劳朱虚侯。朱虚侯想要把节信夺过来，使者不给，朱虚侯就和他一起乘车，凭借节信驱车飞奔，杀了长乐宫卫尉吕更始。然后返回，驱车进入北军，报告了太尉。太尉起身拜贺朱虚侯说：“我们所担心的就是吕产，现在他已经被诛杀，天下大局已定。”随即派人分头把吕氏男男女女都抓起来，不分老少，全部处死。辛酉日，捕获了吕禄并把他斩首，用鞭杖活活打死了吕媭。派人诛杀了燕王吕通，废黜了鲁王张偃。壬戌日，恢复了皇帝的太傅审食其左丞相职务。戊辰日，改封济川王刘太为梁王，立原赵幽王的儿子刘遂为赵王。派遣朱虚侯刘章把诛灭吕氏的事情告知齐王，让他撤回军队。灌婴的军队也从荥阳撤回了京城。

大臣们聚在一起秘密商量说：“当今的小皇帝以及吕王刘太、淮阳王刘武、常山王刘朝，都不真是孝惠帝的儿子。是吕后用欺诈的手段，把别人的儿子抱来谎称是孝惠帝的儿子，杀掉他们的生母，养在后宫，让孝惠皇帝把他们说成是自己的儿子，立为继承人，或者封为诸侯王，以此来壮大吕氏的势力。现在已经全部消灭了吕氏宗族，如果留着这些吕氏所立的人，那么等他们长大后掌了权，我们这些人就要被杀戮无遗。不如从诸王中选择一个最贤明的立他为皇帝。”有的说“齐悼惠王刘肥是高帝的长子，现在他的嫡子是齐王，从亲疏嫡庶方面探本求源，齐王是高帝的嫡亲长孙，可以立为皇帝”。大臣们都说：“吕氏以外戚的身份秉权作恶，差点颠覆了刘氏天下，摧残功臣。现在齐王外祖母家姓驷，齐王的舅舅驷钧是个恶人，如果立齐王为皇帝，那就会是又一伙‘吕氏’上台了。”于是想立淮南王，又觉得他太年轻，同时他的母家也很凶恶。大家就说：“代王刘恒是高帝现今在世的儿子之一，年纪最大，为人仁孝宽厚。太后薄夫人娘家恭谨善良。拥立年长的皇子本来就名正言顺，而且代王又以仁爱孝顺闻名天下，还是立他为帝好。”于是就一起暗地里派人召代王来都城。代王派人推辞。使者再次去迎接，然后代王才乘着六匹马拉的驿车开始起程。闰九月月底己酉这一天，代王到达了长安，住在代王的驻京官邸。大臣们都前往拜见，向代王献上天子印玺，一致拥立代王为帝。代王一再推让，大臣们坚决请求，代王终于答应了。

东牟侯刘兴居说：“在诛灭吕氏的斗争中我没有功劳，现在请让我去清理皇宫吧。”便和太仆汝阴侯滕公一起进入未央宫，刘兴居上前对少帝说：“您不是刘氏的人，不应该做皇帝。”于是回头命令少帝左右执戟的侍卫放下武器离开。有几个人不肯放下武器，宦官的头领张泽向他们说明了情况，他们也放下了武器，滕公就叫来车驾载着少帝出了宫。少帝说:“你们要把我拉到哪儿去？”滕公说:“出去找个地方住。”少帝被安置在少府住宿。接着就备好天子的法驾，去代王官邸迎接代王。向代王报告说：“宫内已经清理完毕。”代王当天晚上进入未央宫。有十名侍卫持戟守卫正门，说：“天子在这里，你是什么人想进去？”代王把情况告诉了太尉。太尉前往说明了情况，十名内侍都放下武器离开了。代王随即入宫执政。当天夜里，主管部门的官吏分头到梁王、淮阳王、常山王和少帝的住处把他们杀死了。

代王刘恒做了天子。在位二十三年去世，谥号是孝文皇帝。

太史公说：孝惠皇帝和高后当政的时候，百姓脱离了战争的苦难，皇帝和大臣们都想休养生息，无为而治，所以孝惠皇帝垂衣拱手，清静无为，高后一介女流代行天子职权，施政不用出房门，而天下太平无事。很少使用刑罚，罪人却寥寥无几。百姓勤于耕种，衣食渐渐富足。

（邓小棒 译）

《史记》卷十 **孝文本纪第十**

孝文皇帝刘恒，是高祖排行居中的儿子。高祖十一年春天，击溃了陈豨的叛军，平定了代地，立刘恒为代王，建都中都。刘恒是薄太后所生。在他做代王的第十七年，也就是高后八年七月，高后驾崩。九月，吕氏家族的吕产等人企图发动叛乱，篡夺刘氏天下，大臣们共同诛灭了吕氏家族，商议迎立代王为皇帝，这件事记载在《吕太后本纪》中。

丞相陈平、太尉周勃等派人去迎接代王。代王询问左右大臣郎中令张武等人的意见。张武等人商议说："朝中大臣都是当初高帝时的大将，会带兵，多谋善诈，他们当初的企图恐怕也绝不止于当一个臣下，这样做只是畏惧高帝、吕太后的威势罢了。如今他们已经诛灭吕氏家族，刚刚喋血京城，这次前来名义上说是迎接大王，实在不能轻信。希望大王称病，不要前往，以便观察事态发展变化。"中尉宋昌进言说："众位大臣的意见都是不对的。当初秦朝丧失对朝政的控制，诸侯豪杰纷纷起事，自以为能够夺取天下的人数以万计，然而最终登上天子之位的是刘氏，天下豪杰断绝了做皇帝的希望，这是第一点。高帝封刘氏子弟为王，让他们的封地与周边地区像犬牙一样彼此交错，互相制约，这就是所谓的宗室封藩巩固如磐石，天下人都折服于刘氏的强大，这是第二点。汉朝建立以后，废除了秦朝的苛政，修定新的法令，对民众施以恩德，百姓们都过上了太平的生活，人心难以动摇，这是第三点。再说当初以吕后的威严，封吕氏子弟三人为王，把持朝政，独断专行，然而太尉周勃凭朝廷一支符节进入吕氏把持的北军，一声呼唤，将士们就都袒露左臂，以示效忠刘氏，背叛了吕氏，最终消灭了吕氏家族。这是上天的旨意，而不是人力所能做到的。如今即使大臣们想作乱，百姓也不会被他们所驱使，他们的党羽难道能够同心一致吗？如今朝内我们有朱虚侯、东牟侯这样的亲族，朝外有令他们生畏的吴、楚、淮南、琅邪、齐、代这样强大的诸侯。现在高帝的儿子就只有淮南王和大王您了，大王是长兄，贤圣仁孝闻名天下，所以大臣们是顺应天下百姓的心愿要迎立大王为帝，大王不要怀疑了。"代王又向薄太后禀报，与她商议此事，但还是犹豫不决。于是就用龟甲进行占卜，得到的卦象是一条大的横向裂纹，卦辞说："大横预示着更替，我将成为天王，像夏禹的儿子夏启那样，把先帝的事业发扬光大。"代王说："我本来就是代王了，还要做什么王呢？"占卜的人回答说："卦辞所说的天王指的是天子。"于是代王就派遣太后的弟弟薄昭前往京城会见绛侯周勃。绛侯等人原原本本地向薄昭说明了为什么要迎立代王。薄昭回来报告说："情况真实可信，没什么可怀疑的。"代王于是笑着对宋昌说："果然如您所说。"随即任命宋昌担任随车参乘，张武等六人也乘驿车前往长安。到离京不远的高陵县时停了下来，派宋昌先驱车前去长安观察事态变化。

宋昌到了长安城西北的渭桥，丞相以下的官员都已经在那里等候迎接。宋昌返回向代王报告。代王驱车到了渭桥，众大臣都跪拜参见称臣。代王也下车答拜。太尉周勃上前说："有些事情希望能够单独向大王禀报。"宋昌说："如果您要谈公事，就请公开讲。如果谈私事，我们大王不受私人请托。"太尉于是跪下，呈上皇帝的玉玺和符节。代王辞谢说："等到代王官邸再商议这些事情。"于是驱车来到代王驻京官邸。众大臣也跟随而至。丞相陈平、太尉周勃、大将军陈武、御史大夫张苍、宗正刘郢、朱虚侯刘章、东牟侯刘兴居、典客刘揭都上前再拜行礼，然后说："皇子刘弘等人都不是孝惠皇帝的儿子，不应当继位主持宗庙祭祀。我们恭敬地与阴安侯、顷王后、琅邪王以及宗室、大臣、列侯、二千石以上的官员们商议，大家都说：'大王是高帝现存最年长的儿子，应当做高帝继承人。'希望大王即天子之位。"代王说："奉祀高帝宗庙是一件重大的事情。我无德无能，胜任不了祭祀宗庙的大事。希望请叔父楚王考虑更合适的人选，我不敢当此重任。"众大臣都拜伏不起，坚决请求。代王先是面向西坐谦让了三次，而后向南而坐，又谦让了两次。丞相陈平等人都说："我们仔细研究了这件事，认为大王奉祀高帝宗庙是最适宜的。即使让天下诸侯和百姓来考虑，也都会认为是适宜的。我们是为宗庙社稷着想，不敢有丝毫的疏忽。希望大王能听取我们的建议。我们恭敬地奉上天子的玉玺和符节，再次请求您接受。"代王说："既然宗室、将相、诸王、列侯都认为没有人比我更合适，那我就不敢推辞了。”于是代王即位做了皇帝。

众大臣按照礼仪依次侍立。于是皇帝派太仆夏侯婴与东牟侯刘兴居先去清理皇宫，然后用天子的法驾到代王府邸迎接新皇帝。皇帝当天晚上就入住未央宫。连夜任命宋昌为卫将军，统领宫廷及京城的卫戍部队南、北两军；任命张武为郎中令，负责宫殿内部的巡逻。皇帝回到前殿坐下，当夜下诏说：“近来吕氏家族把持朝政，独断专行，阴谋叛逆，妄图危害刘氏宗庙社稷，全靠众位将相列侯和宗室大臣诛灭了他们，使他们全部受到了应有的惩罚。我刚刚即位，现宣布大赦天下，赐给每个成年男子一级爵位，赐给没有成年男子的女户每百户牛、酒若干，准许百姓欢聚宴饮五天。”

孝文皇帝元年十月庚戌日，改封原琅邪王刘泽为燕王。

文帝在辛亥日正式即位，拜谒高祖庙。右丞相陈平改任左丞相，太尉周勃任右丞相，大将军灌婴任太尉。吕氏家族所剥夺的原齐、楚两国的封地，全部又都归还给了他们。

壬子日，文帝派车骑将军薄昭去代国迎接皇太后。文帝说：“吕产自封为相国，吕禄自封为上将军，他们擅自假托皇帝诏令，派将军灌婴率兵攻打齐国，企图取代刘氏，灌婴驻军荥阳没有发动进攻，与诸侯合谋诛灭了吕氏。吕产想要作乱，丞相陈平与太尉周勃用计夺了吕产等人的兵权，朱虚侯刘章首先捕杀了吕产等人。太尉周勃亲自率领襄平侯纪通持节奉诏进入北军。典客刘揭亲自夺了赵王吕禄的印信。因此，加封太尉周勃食邑一万户，赏赐黄金五千斤；加封丞相陈平、将军灌婴食邑各三千户，赏赐黄金二千斤；加封朱虚侯刘章、襄平侯纪通、东牟侯刘兴居食邑各二千户，赏赐黄金一千斤；封典客刘揭为阳信侯，赏赐黄金一千斤。”

十二月，文帝说：“法令是治理国家的准则，是用来禁止暴行，引导人们向善的。现在犯罪的人治罪后，却还要使他们无罪的父母、妻子、儿女和兄弟姐妹受牵连治罪，以及被收为奴婢。我认为这种做法很不可取，请你们商议此事。”主管官员都说：“平民百姓不能自行管理，所以制定法令来约束他们。实施一人犯法，株连亲属同时治罪，一并收捕，就是要使人们心理上畏惧，感到犯法干系重大。这种做法由来已久，还是依照原来的做法好。”文帝说：“我听说法令公正则百姓忠厚，判罪得当则百姓服从。况且治理百姓引导他们向善，这是官吏的职责。如果官吏们既不能引导百姓，又采用不公正的法令处罚他们，这样反倒是加害于民而使他们去做坏事，又怎能禁止犯罪呢？我看不出这法令有什么好的地方，请你们再好好考虑一下。”主管官员们都说：“皇上对百姓施以莫大的恩惠，功德无量，这不是我们这些臣下所能赶得上的。我们谨奉诏书，废除一人犯罪，株连亲属同时治罪，收为官奴等各种连坐的法令。”

正月，主管大臣进言说：“及早确立太子，是为了尊奉宗庙。请皇上册立太子。”文帝说：“我的德行不高，上帝神明还没有欣然享受我的祭祀，天下百姓心里还没有对我表示满意。如今我纵使没能广求天下贤圣有德的人而把天下让给他，却要预先确立太子，这是加重我的无德。我如何向天下人交代？这事现在还是不要提了。”主管大臣说：“预先册立太子，是以宗庙社稷为重，不忘天下的表现。”文帝说：“楚王是我的叔父，年岁大，经历见识过很多天下的大道理，明白治理国家的要务。吴王是我的兄长，为人贤惠仁慈，好施恩德。淮南王是我的弟弟，能秉持才德以辅佐我。难道他们不能算作是将来的继承人么？那些诸侯王、宗室、兄弟和有功的大臣，很多都是有才能有德义的人，如果推举有德之人继承我不能完成的事业，这也是社稷神明的威灵，天下人的福分。现在不举荐他们，却说一定要传给我的儿子，这样做人们就会认为我忘掉了贤能有德的人，而只想着自己的儿子，不是为天下人着想。我觉得这样做很不可取。”大臣们都坚决请求说：“古代殷、周立国，太平安定都达一千多年，古来享有天下的王朝没有比它们更长久的了，就是因为采取了这个办法。册立继承人必须是自己的儿子，这是由来已久的。高帝亲自率领众将士最早平定天下，封建诸侯，成为本朝皇帝的太祖。诸侯王和列侯最初接受封国的，也都成为他们各自封国的始祖。子孙相继承位，世世代代不断绝，这是普天之下的大义，所以高帝设立了这种制度来安定天下人心。如今放弃应当立为太子的人，而从诸侯或宗室中另选他人，这不是高帝的本意。另立其他人的做法是不合适的。陛下的儿子刘启年龄最长，淳厚仁爱，请立他为太子。”文帝这才答应了。于是赐给天下百姓中有继承权的男子每人一级爵位。封皇帝的舅舅薄昭将军为轵侯。

三月，主管大臣请求立皇后。文帝的母亲薄太后说：“诸侯王都是同姓，不能从同姓的女子中选立皇后，就立太子的母亲为皇后吧。”皇后姓窦。文帝因为立皇后的缘故，赏赐天下无妻、无夫、无父、无子的穷困人，以及八十岁以上的老人、不满九岁的孤儿每人若干布、帛、米、肉。文帝从代国入京，即位不久，就对天下广施德惠，安抚诸侯和周边蛮夷，使得大家都融洽欢乐，于是文帝论功封赏从代国随同来京的功臣。文帝说：“当朝廷大臣诛灭了吕氏家族迎接我入朝的时候，我心存疑虑，代国的大臣们也都劝阻我，只有中尉宋昌劝我不要怀疑，我才得以事奉宗庙。先前我已任命宋昌为卫将军，现在再封宋昌为壮武侯。其他随我进京的六个人，官职都升至九卿。”

皇上说：“当年跟随高帝进入蜀郡和汉中的列侯六十八人，都各加封食邑三百户；曾经跟随过高帝的老臣，官阶在两千石以上的颍川郡守刘尊等十人各加封食邑六百户；淮阳郡郡守申徒嘉等十人，各加封食邑五百户；卫尉定等十人，各加封食邑四百户。封淮南王的舅父赵兼为周阳侯，齐王的舅父驷钧为清郭侯。”这年秋天，封原常山国的丞相蔡兼为樊侯。

有人劝告右丞相周勃说：“您是诛灭吕氏家族并迎请代王为帝的功臣，现在居功心安理得地接受重赏，安处尊位，那灾祸马上就要降临到您身上了。”于是周勃就推辞说有病辞去了右丞相的职务，由左丞相陈平一人专任丞相之职。

文帝二年十月，丞相陈平去世，文帝重新起用绛侯周勃为丞相。文帝说：“我听说古代诸侯建立国家的有一千多个，他们各自守卫自己的封地，按时节入朝进贡，封地上的百姓不过于劳苦，上下欢欣，没有发生不遵守道德的事情。如今受封的列侯大多居住在长安，距离各自的封邑路途遥远，封地上的官吏士卒给他们供应运输给养烦费而劳苦，而这些列侯也没有机会去教导和管理封地的百姓。于是命令列侯们回到各自的封国去，在朝廷担任职务和诏令所准许留下的诸侯，就派自己的太子去封地。”

十一月的最后一天，发生了日食。十二月十五日，又发生了月食。文帝说：“我听说上天生育了黎民百姓，然后为他们设置君主，来抚育治理他们。如果君主不贤德，施政不公，那么上天就会显现出灾异现象，来告诫他没有治理好天下。如今十一月末发生了日食，这是上天对人世的警告，哪还有比这更大的灾象！我能够事奉宗庙，以这微小之躯居于万民和诸侯之上，天下的治乱，责任在我一人，诸位执政大臣好比是我的股肱手足。我对下不能很好地治理抚育百姓，对上又牵累了日、月、星辰的光辉，我的失德实在是太严重了。接到诏令后，你们都要好好思考一下我的过失，以及那些我所知、所见、所思的不到之处，请你们一定要告诉我。还要推举贤良方正和能直言劝谏的人，来弥补我的疏漏。趁此机会你们也要严格管理好各自所担任的职事，务必减少徭役和各种开支以便利百姓。我不能以道德感化境外的国家和民族，所以心里不安，担心外族侵扰边境为非作歹，因此边疆的防务一直没有停止。现在既然不能撤除边塞的军队，又怎么能增加兵力来严密守卫宫廷？所以应当撤销宋昌将军统辖的近卫军。太仆掌管的现有马匹，只留下够用的就可以了，其余的都交给驿站使用。”

正月，文帝说：“农业，是天下的根本，应当开垦籍田，我要亲自带头耕作，来供给宗庙祭祀所用的谷物。”

三月，主管大臣请求封皇子们为诸侯王。文帝说：“赵幽王刘友被幽禁而死，我很怜悯他，他的长子刘遂已经被立为赵王。刘遂的弟弟刘辟强和齐悼惠王的儿子朱虚侯刘章、东牟侯刘兴居对国家有功，可以封他们为王。”于是封赵幽王的小儿子刘辟强为河间王，割出齐国的重要大郡封朱虚侯为城阳王，封东牟侯为济北王，封皇子刘武为代王，刘参为太原王，刘揖为梁王。

文帝说：“古人治理天下，在通衢设置进善言的旌旗，在宫前设置批评朝政的木牌，用以畅通治国之道，吸引直言敢谏的人前来发表意见。现在法令中有诽谤朝廷妖言惑众的罪状，这使大臣们不敢畅所欲言，而皇上也无从知晓自己的过失。这还怎么能招来远方的贤良之士呢？应当废除这些法律条文。百姓中有人一起诅咒皇帝，约定互相隐瞒，后来又相互告发，官吏们认为这是大逆不道；如果再有其他不满的话，官吏们又认为是诽谤朝廷。这些实际上只是小民愚昧无知而犯了死罪。我非常不赞成这种做法。从今以后，再有犯这类罪的，一律不加审理不予治罪。”

九月，初次把调兵遣将用的铜虎符和使臣出使所持的竹使符发给各诸侯国丞相和各郡郡守。

三年十月底丁酉日，发生日食。十一月，文帝说：“前些日子我曾诏令列侯们回各自的封国，但还有人找借口推辞没有动身。我很敬重丞相，希望丞相为我给其他列侯们做个表率，即刻前往自己的封国。”于是绛侯周勃免去丞相职务，去了自己的封国。文帝任命太尉颍阴侯灌婴为丞相。取消了太尉这个官职，太尉所掌管的事务划归丞相。四月，城阳王刘章去世。淮南王刘长和他的随从魏敬杀了辟阳侯审食其。

五月，匈奴侵入北地郡，占据黄河以南抢掠为害。文帝初次驾临甘泉宫。六月，文帝说：“汉朝曾与匈奴结为兄弟，目的是不让他们侵扰边境，为此给他们送去了十分丰厚的物资。现在匈奴的右贤王离开自己的国土，率领部队进驻已归属汉朝的黄河以南地区，没有任何正当的理由，他们游走于边塞地区，捕杀我们的官兵，驱逐那些已经归顺并为我们守卫边塞的蛮夷部族，不让他们在原来的地方居住，他们欺凌我们的边防官吏，侵入内地抢劫，十分骄横无理，违背了过去的盟约。现在我调遣边防官吏骑兵八万五千人前往高奴，派丞相颍阴侯灌婴率兵出击匈奴。”后来匈奴竟不战而退。文帝又征调中尉属下勇武的士卒归属于卫将军统领，驻守长安。

六月二十七日，文帝从甘泉前往高奴，顺便驾临太原，接见了以前自己为代王时的大臣，全都给以赏赐。根据功劳大小给以不同的奖赏，赐给百姓牛、酒，免除晋阳、中都两地百姓三年的劳役和赋税。文帝留在太原游历了十多天。

济北王刘兴居听说文帝到了代地，要去攻打匈奴，就趁势发动叛乱，调遣军队准备袭击荥阳。于是文帝下令撤回丞相灌婴的部队，派遣棘蒲侯陈武为大将军，率兵十万前去讨伐叛军。任命祁侯缯贺为将军，驻军荥阳。七月辛亥日，文帝从太原回到长安。诏令有关大臣说：“济北王违背道义，反叛朝廷，连累了济北的官吏及百姓，这是大逆不道。济北的吏民和士兵，凡是在朝廷大军到来之前就自行停止反叛活动的，以及率部投降或献出城邑投降的，一律赦免，恢复原来的官职和爵位。那些曾与刘兴居有往来但后来投降的人，也予以赦免。”八月，击溃了济北叛军，俘虏了济北王。文帝宣布赦免济北国中随济北王造反的官吏百姓。

六年，主管大臣报告淮南王刘长废弃先帝的法律，不听从天子的诏令，宫室居所奢华无度，出入车马仪仗仿效天子的规格，擅自颁行法令，与棘蒲侯的太子陈奇图谋造反，派人出使闽、越和匈奴，发动他们的军队，企图危害宗庙社稷。群臣讨论此事，都说“刘长应当在闹市斩首示众”。文帝不忍心法办淮南王，赦免了他的死罪，只是予以废黜，不准他再做诸侯王。群臣请求把淮南王流放到蜀郡的严道的邛邮，文帝准许了。刘长还没到达流放地，就在途中病死。文帝怜悯他，后来到十六年时，追尊淮南王刘长谥号为厉王，并封他的三个儿子：刘安为淮南王，刘勃为衡山王，刘赐为庐江王。

十三年夏天，文帝说：“我听说上天的规律是祸患由怨而起、福泽由德义而兴。百官的过错，应当由我一人来承担。如今祷祝的官员把过错都推给下面的大臣，以显示我的无德，我认为这很不可取。应当取消这种做法。”

五月，齐国的太仓令淳于公犯了罪，应该受刑，朝廷下诏让狱官逮捕他并押解到长安。太仓令没有儿子，只有五个女儿。他被捕临走时，埋怨他的女儿们说：“生孩子如果不生个男孩，一旦遇到紧急情况，就没有指望了！”他的小女儿缇萦听后伤心地哭了，就跟随父亲来到长安，向朝廷上书说：“我的父亲做太仓令，齐人都称赞他廉洁公平，现在他触犯法律，应当受刑。我哀伤的是，人死不能复生，受了肉刑的人肢体断了不能再接起来，即使想要改过自新，也没有办法了。我愿意被收入官府做奴婢，来赎父亲应该受刑之罪，使他得以改过自新。”上书送到文帝手里，文帝怜悯缇萦的孝心，就下诏说：“我听说虞氏时代，只是在罪犯的衣帽上画上特别的图形或颜色，以此来让他们感到羞耻，这样，民众就不犯法了。为什么能这样呢？因为当时政治清明至极。如今法令中有刺面、割鼻、断足三种肉刑，可是坏人犯法屡禁不止，这其中的原因在哪儿呢？不就是因为我德义浅薄、教化不明吗？

我深感惭愧。所以是训导的方法不完善而导致愚昧的百姓陷入犯罪。《诗经》上说‘平易近人的君子，才是百姓的父母’。如今人犯了过错，还没进行教育就施加刑罚，有的人想改过从善也没有机会了。我非常怜悯他们。施用刑罚割断犯人的肢体，刻伤犯人的肌肤，终身不能恢复，多么令人痛苦而又不合道德啊，这样做哪里有一点为民父母的意思啊！应该废除肉刑。”淳于公的肉刑得以免除。

文帝说：“农业是天下的根本，没有什么比它更重要。如今农民辛勤地从事农业生产却还要缴纳租税，使得务农和从事工商业的人没有区别，这恐怕是鼓励农耕的方法还不完备。应当免除农田的租税。”

十四年冬天，匈奴预谋侵入边境进行劫掠，他们攻打朝那塞，杀死了北地郡都尉孙卬。文帝于是派遣三位将军率兵分别驻守在陇西、北地、上郡，任命中尉周舍为卫将军，郎中令张武为车骑将军，驻扎在渭水北岸，当时有战车达千辆，骑兵达十万人。文帝亲自慰劳军队，统领部队，申明教令，奖赏全军将士。文帝准备亲自率兵征讨匈奴，群臣劝阻，他一概不听。后来薄太后出面坚决阻拦文帝，文帝这才作罢。于是任命东阳侯张相如为大将军，成侯董赤为内史，栾布为将军，攻打匈奴。匈奴逃跑了。

这年春天，文帝说：“我有幸得以奉执祭品、礼器来祭祀上帝和宗庙，到现在已经十四年了，经历了漫长的岁月，我这样一个既不聪敏又不贤明的人长期治理天下，深感惭愧。应当广泛增设祭祀的场所和礼器。从前先王远施恩惠而不求回报，遥祭山川而不是为自己祈福，他们尊崇贤能而不偏重亲戚，他们先民后己，圣明至极。如今我听说掌管祭祀的祠官祈福时，全都是为我求福，而不是为百姓，我为此感到万分惭愧。凭着我这样一个无德之人，却独自享受神灵的福佑，而百姓却未能分享，这是在加重我的不道德。现在我命令祠官祭祀要向神灵献上敬意，不要再为我有所祈祷。”

这时，北平侯张苍任丞相，刚刚明确了新的乐律和历法。鲁国人公孙臣上书讲述五行相生相克、终而复始以寓意王朝兴替的五德学说，说现在是土德时期，土德当行将有黄龙出现作为征兆，应当更改历法、服色等制度。文帝把此事交给丞相张苍去研究。张苍经过推算认为现今是水德，应该明确把冬十月作为岁首，并崇尚黑色，他认为公孙臣的说法不对，请求文帝否定他的建议。

十五年，黄龙出现在陇西郡的成纪县，文帝就又召来鲁国的公孙臣，任命他为博士官，让他阐明当今应为土德的道理。于是文帝下诏说："有奇异的神物出现在成纪，对百姓没有危害，今年又是个好年成。我要亲自到郊外祭祀上帝和各位神灵。礼官们讨论一下这件事，不要因为怕我劳累而有所忌讳。"主管大臣和礼官们都说："古代天子每年夏天亲自到郊外祭祀上帝，所以称作'郊'。"于是文帝第一次驾临雍县，郊祭五帝，在夏初四月向天帝致礼。赵国人新垣平凭借可以预知凶吉的望气之术而得到文帝的召见，他劝文帝在渭城建五帝庙，说想要发现周朝的传国宝鼎，应当有奇异的美玉出现。

十六年，文帝亲自到渭阳五帝庙郊祭，仍在夏季向天帝致礼，并崇尚红色。

十七年，文帝得到一个玉杯，上面刻有"人主延寿"四个字。于是文帝把这一年改为后元元年，下令天下百姓尽情聚会饮酒。当年，新垣平弄虚作假的事情（刻有"人主延寿"四个字的玉杯实际上是新垣平为欺骗文帝而派人献上的）暴露，被夷灭了三族。

后元二年，文帝说："由于我不英明，不能远施恩德，致使境外有些国家时常侵扰生事。四方荒远地区的百姓不能安定地生活，内地的百姓辛勤劳动也无法安居乐业，这两方面的过失，都是由于我德薄，不能惠及远方。最近几年，匈奴接连犯我边境，杀死我许多官吏和百姓，边境的官兵又不理解我内心的想法，以致加重我的无德。这样长久结下怨仇，兵祸不断，中外各国将怎么能各自安宁呢？现在我起早睡晚，为天下操劳，为万民忧虑，为这些事情惶惶不安，没有一天心里不想着这些事情，所以我派出一批又一批使者，车辙往返交错，目的是想让他们向单于说明我的意愿。现在单于已经回到从前友好相处的道路上来了，重新考虑国家的安定，为了万民的利益，愿意和我一起完全抛弃那些轻微的过失，携手迈向和平大道，结兄弟情谊，以保全天下善良的百姓。和亲的协议已经确定，从今年开始。"

后元六年冬天，匈奴三万人入侵上郡，三万人入侵云中郡。文帝任命中大夫令勉为车骑将军，驻军飞狐口；任命原楚国丞相苏意为将军，驻军句注山；任命将军张武驻守北地郡；任命河内郡郡守周亚夫为将军，驻军细柳；任命宗正刘礼为将军，驻军霸上；任命祝兹侯徐悍驻扎棘门，以防备匈奴。过了几个月，匈奴撤兵，汉军也撤了回来。

这年天下大旱，发生蝗灾。文帝施恩于民：诏令诸侯不用向朝廷进贡，允许民众开发山林湖泊，减少宫中各种服饰、车驾和狗马，裁减皇帝身边侍从官员的人数，打开粮仓救济贫苦百姓，准许有爵位的人出售爵位。

孝文帝从代国来到京城，即位二十三年，宫室、园林、狗马、服饰、车驾等都没有增加。但凡有对百姓不便的事情，就开放禁令以便利民众。文帝曾打算建造一座高台，召来工匠预算费用，造价达黄金百斤。文帝说：“百斤黄金相当于十户中等人家的产业，我奉守先帝留下来的宫室，时常担心有辱于先帝，还建造高台做什么呢？”文帝平时穿的是质地粗厚的丝织衣服，所宠爱的慎夫人，穿衣服也不能长得拖至地面，所用的帏帐不准织文绣锦，以此来倡导敦厚俭朴，为天下人做表率。文帝规定，建造他的陵墓霸陵，一律用瓦器，不准用金银铜锡做装饰，不修高大的坟墓，目的就是想节省，不烦扰百姓。南越王尉佗自立为武帝，文帝却把尉佗的兄弟召来，使他们显贵，以德相报。尉佗于是取消了帝号，向汉朝称臣。汉与匈奴和亲，匈奴却背约入侵劫掠，而文帝只命令边塞戒备防守，不发兵深入匈奴境内，怕的就是给百姓带来烦扰和劳苦。吴王刘濞谎称有病不来朝见，文帝就赐给他木几和手杖以示关怀。群臣中如袁盎等人进言说事，虽然直率尖锐，而文帝总是宽容采纳。大臣中如张武等人接受金钱贿赂，事情被察觉，文帝就从皇宫仓库中取出金钱赏赐给他们，以使他们内心羞愧，没有把他们下交给执法官吏处理。文帝一心一意致力于用恩德感化臣民，因此天下富足，礼义兴盛。

后元七年六月己亥日，文帝在未央宫逝世。临终前留下遗诏说：“我听说天下万物萌芽生长，最终没有不死的。死是天地间的常理，生物的自然归宿，有什么值得过分悲哀呢！当今世人都喜欢活着而害怕死亡，为了安葬死者不惜花费大量财物以致倾尽家业，加重服丧以致伤害身体。我认为很不可取。况且我也没有多么高的德行，没能给百姓什么帮助；现在死了，又让人们加重服丧长期哭吊，遭受严寒酷暑的折磨，使天下的父子为我悲哀，使天下老幼心灵受到损害，减少饮食，中断对鬼神的祭祀，这就更加重了我的无德，我如何向天下人交代呢？我有幸得以侍奉宗庙，以微妙的身躯凌驾于天下诸侯王之上，至今已有二十多年了。靠着天地的威灵，社稷的福祉，才使得国内安宁，没有战乱。我并不聪敏，常常担心行为有过失，使先帝遗留下来的美德蒙受羞辱；在位的时间长了，总是担心不能善始善终。如今没想到能有幸享尽天年，又能被供奉在高庙里享受祭祀，我如此不贤明，却能得到这样好的结果，还有什么可悲哀的呢！请告知天下吏民，听到我死亡的消息后哭吊三日就脱去丧服。不要禁止娶妻、嫁女、祭祀、饮酒、吃肉。应当参加丧事、服丧哭祭的人，都不要赤脚。服丧的麻带宽度不要超过三寸，不要陈列车驾和兵器，不要发动男女百姓到宫殿来哭祭。宫中应当哭祭的人，都在早晚各哭十五声，礼毕就停止。不是早晚哭祭的时间，禁止擅自号哭。下葬以后，应穿大功之服的只服丧十五天，应穿小功之服的只服丧十四天，应服丧三个月的缌麻只服七天，期满就脱去丧服。其他不在这份遗令中的事项，都参照此令的精神办理。通告天下，使天下人都明白我的心意。葬我的霸陵周围山川要保留其原来的样子，不要有所改变。后宫夫人以下直至少使，全都遣送回娘家。”任命中尉周亚夫为车骑将军，典属国徐悍为将屯将军，郎中令张武为复土将军。调集京城附近各县现役士卒一万六千人，调集内史所统辖的京城士卒一万五千人，负责安葬棺椁的挖土、填土等工作，由将军张武指挥。

乙巳日，群臣叩首至地，奉上谥号，尊称为孝文皇帝。

太子刘启在高庙即位。六月丁未日，太子承袭尊号称皇帝。

孝景皇帝元年十月，下诏给御史大夫：“我听说古代的帝王中，夺取天下有功的称为‘祖’，治理天下有德的称为‘宗’，祭祀某个去世的帝王所使用的礼乐应该符合他们各自的身份。我还听说歌是用来颂扬德行的，舞是用来显扬功绩的。在高庙献酒祭祀，要表演《武德》《文始》《五行》等歌舞。在孝惠庙献酒祭祀，要表演《文始》《五行》等歌舞。孝文皇帝君临天下，使关卡桥梁畅通无阻，远近没有区别。废除了诽谤罪，取消肉刑，赏赐老人，收养抚恤孤苦无依的人，以抚育天下众生。他减少各种嗜好欲望，不受臣下进献贡品，不求一己私利；处治罪犯不株连家属，不诛罚无罪之人。废除宫刑，放出后宫美人，慎重处理绝人后嗣的事。我不聪敏，不能认识孝文皇帝的一切。这些都是上古帝王做不到的，而孝文皇帝身体力行。他功德显赫，可与天地媲美，他的恩泽遍及四海，没有哪儿享受不到他赐予的福泽。孝文皇帝的光辉如同日月，而祭祀他时所用的歌舞却不相称，对此我惶恐不安。应当为孝文皇帝庙制作《昭德》舞以显扬他的美德。然后将创业之祖与治天下有德之宗的功德载入史册，流传万代，永远没有尽头，我认为这样做很好。此事交给丞相、列侯、中二千石级的官员和礼官，你们一起制定出祭祀孝文皇帝的礼仪上报给我。”丞相申徒嘉等人说：“陛下始终深思孝道，想制作《昭德》之舞来显扬孝文皇帝的盛大功德，这都是臣等愚钝之人所想不到的。我们恭敬地建议：世间取天下之功没有大过高皇帝的，治天下之德没有超过孝文皇帝的，高皇帝庙应当作为汉朝皇帝的太祖庙，孝文皇帝庙应当作为汉朝皇帝的太宗庙。后代天子应当世世供奉祭祀太祖和太宗之庙。各郡郡守与各国诸侯也应当分别为孝文皇帝建立太宗之庙。每年朝廷祭祀时，诸侯王和列侯都要按时派使者陪侍天子祭祀，每年都要祭祀太祖、太宗。请把这些写入法典条文，公布于天下。”景帝批示说：“可以。”

太史公说：孔子说过“治理国家，一定要经历三十年才能仁政大兴。品德高尚的人治理国家百年，也就可以感化残暴的人，使其不再作恶，继而废除死刑”，这话真的很有道理啊！从汉朝建立到孝文帝经历了四十多年，德政达到了极盛的阶段。孝文帝已逐渐开始着手更改历法、服色和进行封禅了，可是由于他的谦让，至今尚未完成。啊，这难道不正是仁德的表现吗！

（邓小棒 译）

《史记》卷十一 孝景本纪第十一

孝景帝刘启是孝文帝排行居中的儿子。他的生母是窦太后。孝文帝在代国的时候，前一位王后有三个儿子，等到窦太后得宠，前一位王后死去，三个儿子也相继死亡，所以景帝得以继位。

孝景帝即位元年四月乙卯日，大赦天下。赐给民众每户户主爵位一级。五月，下诏减免全国农民一半的田租。为孝文帝修建太宗庙。诏令群臣不要为自己即位而上朝拜贺。这年，匈奴侵入代地，朝廷与匈奴约定和亲。

二年春天，封原相国萧何的孙子萧系为武陵侯。规定男子年满二十岁就要登记入册，开始服徭役。四月壬午日，文帝的母亲薄太后驾崩。景帝的儿子广川王刘彭祖、长沙王刘发都前往自己的封国。丞相申屠嘉去世。八月，任命御史大夫开封侯陶青为丞相。这一年，有彗星出现在东北方向。秋天，衡山一带下了冰雹，雹子最大的直径达五寸，最深的地方有二尺。同年，火星向相反的方向运行到北极星所处的星空。月亮从北极星星空穿过。木星在太微垣区域向相反的方向运行。这年里，景帝下诏设置南陵和内史、祋祤为县。

三年正月乙巳日，大赦天下。这年，有长尾彗星出现在西方。随后，天火烧掉了淮阳的东宫大殿和城楼。同年，吴王刘濞、楚王刘戊、赵王刘遂、胶西王刘卬、济南王刘辟光、菑川王刘贤和胶东王刘雄渠反叛，率领军队向西进发。景帝为安抚反叛的诸侯王而诛杀了御史大夫晁错，并派袁盎通告七国，但他们仍不罢兵，继续西进，包围了梁国。景帝于是就派遣大将军窦婴、太尉周亚夫率军讨伐，平定了叛乱。六月乙亥日，景帝下诏赦免在与七国作战中逃跑的朝廷士兵和楚元王的儿子刘蓺等参与谋反的人。封大将军窦婴为魏其侯。立楚元王的儿子平陆侯刘礼为楚王。立皇子刘端为胶西王，刘胜为中山王，改封济北王刘志为菑川王，淮阳王刘余为鲁王，汝南王刘非为江都王。这一年，齐王刘将庐、燕王刘嘉相继去世。

四年夏天，立刘荣为皇太子。立皇子刘彻为胶东王。六月甲戌日，大赦天下。闰九月，改易阳县为阳陵县。重新在水陆要道设置关卡，凭证件才能出入。冬天，撤销赵国改设为邯郸郡。

五年三月，开始修建阳陵和渭桥。五月，招募百姓迁居阳陵，拨钱二十万。这年，从西边来的大风暴侵袭江都一带，摧毁城墙十二丈。丁卯日，景帝封姐姐长公主的儿子陈蟜为隆虑侯。改封广川王刘彭祖为赵王。

六年春天，封中尉卫绾为建陵侯，江都丞相程嘉为建平侯，陇西郡太守公浑邪为平曲侯，赵国丞相苏嘉为江陵侯，原来的将军栾布为鄃侯。这一年，梁王和楚王相继去世。闰九月，景帝下令砍伐驰道两旁的树木，填平兰池。

七年冬天，栗太子刘荣被废，改封为临江王。十一月最后一天，发生日食。这年春天，景帝下令赦免修建阳陵的囚犯和奴隶。丞相陶青被免职。二月乙巳日，任命太尉条侯周亚夫为丞相。四月乙巳日，立胶东王的母亲为皇后。丁巳日，立胶东王为太子，名叫刘彻。

景帝中元元年，封前御史大夫周苛的孙子周平为绳侯，前御史大夫周昌的孙子周左车为安阳侯。四月乙巳日，大赦天下，赐给民众每户户主爵位一级。废除不准商人、入赘女婿做官和不准犯过罪的官吏重新做官等律令。这年发生了地震。衡山、原都地区下了冰雹，最大的直径达一尺八寸。

中元二年二月，匈奴入侵燕地，于是朝廷与匈奴断绝和亲。三月，景帝下令召临江王刘荣进京受审。不久，刘荣就死在了中尉府中。这年夏天，立皇子刘越为广川王，刘寄为胶东王。分封了四个列侯。九月甲戌日，发生日食。

中元三年冬天，撤销诸侯国中御史中丞一职。这年春天，两位匈奴王率领自己的部属前来归降，都被封为列侯。立皇子刘方乘为清河王。三月，有彗星出现在西北方。丞相周亚夫被免职，任命御史大夫桃侯刘舍为丞相。四月，发生了地震。九月最后一天戊戌日，发生日食。因为天变异常，在京城的东都门外驻扎了军队。

中元四年三月，修建德阳宫。这年发生了大蝗灾。秋天，再次下令赦免修建阳陵的囚犯。

中元五年夏天，立皇子刘舜为常山王。又分封了五位列侯。六月丁巳日，大赦天下，赐给民众每户户主爵位一级。这年全国发生严重涝灾。下令将诸侯国的丞相改称为“相”。秋天，发生了地震。

中元六年二月己卯日，景帝驾临雍县，在雍县郊祀五帝。三月，天降冰雹。四月，梁孝王刘武、城阳共王刘喜、汝南王刘非都去世了。立梁孝王的儿子刘明为济川王，刘彭离为济东王，刘定为山阳王，刘不识为济阴王，把原梁国一分为五。封立五人为王。把廷尉这个官职改名为大理，将作少府改名为将作大匠，主爵中尉改名为都尉，长信詹事改名为长信少府，将行改名为大长秋，大行改名为行人，奉常改名为太常，典客改名为大行，治粟内史改名为大农。把主管京城仓库的大内定为二千石级的官员，设置左右内官，隶属于掌管大内的长官。七月辛亥日，发生了日食。八月，匈奴入侵上郡。

后元元年冬天，把中大夫令改名为卫尉。三月丁酉日，大赦天下，赐给民众每户户主爵位一级。赐给中二千石一级的朝官与诸侯国的国相右庶长的爵位。四月，下令准许民众欢聚宴饮。五月丙戌日，发生地震，早饭时再次地震。上庸县的地震持续了二十二天，城墙被震毁。七月乙巳日，发生了日食。丞相刘舍被免职。八月壬辰日，任命御史大夫卫绾为丞相，封为建陵侯。

后元二年正月，一天之内发生了三次地震。郅都将军出击匈奴。景帝下令准许民众欢聚宴饮五天。诏令京城所在的内史郡不得用粮食喂马，否则将其马匹收归官府。下令罪犯和奴隶穿粗糙的布衣服。禁止用马舂米。因为这一年收成不好，诏令全国节约用粮，严禁不到收获时节就把口粮吃完。减少驻京的列侯，让他们前往各自的封国。三月，匈奴入侵雁门郡。七月，把高祖陵墓长陵附近的官田租给农民耕种。这年大旱。衡山国、河东郡和云中郡发生瘟疫。

后元三年十月，太阳和月亮都变为红色，一连持续了五天。十二月最后一天，忽然打雷。太阳变成紫色。金木水火土五大行星倒转运行逼近太微垣区域。月亮从太微垣星区穿过。正月甲寅日，皇太子刘彻举行加冠典礼。甲子日，孝景皇帝驾崩。遗诏赐给诸侯王以下至平民成年男子每人爵位一级，全国每户一百钱。把后宫宫人遣散回家，并使他们终身免除劳役和赋税。太子即位，这就是孝武帝。三月，封皇太后的弟弟田蚡为武安侯，田蚡的弟弟田胜为周阳侯。景帝被安葬在阳陵。

太史公说：汉朝兴起以来，孝文帝广施恩德，天下百姓安居乐业。到孝景帝即位，不用再担心异姓诸侯反叛，然而晁错严厉削夺同姓诸侯王的封地，使得吴、楚等七国一同起兵反叛，联合向西进攻朝廷，这是由于诸侯势力太强大，而晁错又没有采取逐步削弱的办法。等到主父偃提出实行“推恩”法，令诸侯王各分为若干国，使诸侯王的子孙依次分享封土，才使诸侯王的势力弱下来，天下最终得以安定。可见国家安危的关键，不就在于谋略吗？

（邓小棒 译）

《史记》卷十二 孝武本纪第十二

孝武帝刘彻是孝景帝排行居中的儿子。孝武皇帝的母亲是王太后。孝景四年，孝武帝以皇子身份被封为胶东王。孝景帝七年，栗太子刘荣被废，改封为临江王，而立胶东王刘彻为太子。景帝在位十六年驾崩，太子继承皇位，这就是孝武帝。在孝武帝继承皇位的初期，就对鬼神的祭祀特别重视。

孝武帝元年，汉朝已经有六十多年的历史了，天下太平，朝廷的大臣们都希望皇上能够举行祭祀泰山和梁父山的封禅大典，并改善各种制度。而皇上崇尚儒家学说，广招贤良人士，赵绾、王臧等人就凭借自己的文采学识获得了公卿的高位。他们想向皇上提出建议，按照古代的制度在城南建立一座明堂，以作为接受诸侯朝拜之用。他们为皇上草拟出巡、封禅、改用新历法，以及改换服色等制度的事宜尚未完成，正赶上窦太后大力推广黄帝和老子的学说，而窦太后不喜欢儒家学说，所以私下派人查探赵绾等人的“非法”之事，下狱拷问赵绾、王臧，赵绾、王臧自杀，他们所建议兴办的那些事情也都废止了。

六年后，窦太后驾崩。第二年，皇上征召贤良文学之士公孙弘等人。

又过了一年，皇上第一次来到雍县，在五畤郊祭五位天帝。自此以后，每三年祭祀一遍。这个时候皇上求得一位“神君”，并供奉在上林苑的蹄氏观中。“神君”原本是长陵的一名女子，因她的儿子夭折而悲伤致死，所以显灵于她的妯娌宛若身上。宛若将其供奉在家里，很多村民前去祭祀。战国时的赵国公子平原君曾经去祭祀过她，所以他的后代子孙地位尊贵，声名显赫。等到孝武帝继位后，就用隆重的礼仪把“神君”安置在宫里供奉，能够听见“神君”说话，但是却没见过真身。

当时有个李少君也以祭灶致福、辟谷不食、长生不老的方术觐见皇上，受到皇上的敬重。李少君是由已经去世的深泽侯引荐来主管方术之事的。他隐瞒了自己的真实年龄和籍贯，常常自称已经七十岁了，能够驱使精灵魔怪，使人长生不老。他依靠自己的方术游遍诸侯各国。

他没有妻子和子女。人们听说他能驱使精灵魔怪和使人长生不老，就不断地赠送财物给他，因此他常常有多余的金钱、丝织品、衣服和食物。大家都知道他不经营产业却非常富有，又不知道他来自何方，所以都对他更加信服，争相侍奉他。李少君生来爱好方术，非常善于用巧语说到人们心坎上。他曾经在武安侯家做客。宾客之中有一位九十多岁的老人，李少君就跟他聊起与老人的祖父一起游猎过的地方。这位老人小时候曾经跟随祖父游猎，仍记得那些地方，这使得在座的宾客都惊讶不已。李少君拜见皇上时，皇上有一件古铜器，拿出来询问李少君。李少君说："这件古铜器在齐桓公十年时摆放在柏寝台。"随后查看铜器上的铭文，果真是齐桓公时的器物。这使得整个皇宫为之震惊，都以为李少君是神君，年龄可能有几百岁了。

李少君对皇帝说："祭祀灶神就能够请到神君，请到神君之后，就可以把朱砂炼制成黄金，黄金炼成了用它打造饮食器具，使用这些器具饮食就可以延年益寿。延年益寿就能够见到位于东海之中的蓬莱岛上的仙人，见到仙人之后再举行封禅仪式的话，就可以使人永生。黄帝就是这样飞身成仙的。我曾经在大海上游历，遇见了安期生，他给我枣吃，那枣像瓜一样大。安期生是仙人，他常常往返于蓬莱岛，只有跟他投合的人，他才会相见，不投合的就躲起来不见。"于是皇上就开始亲自祭祀灶神，并派遣懂得方术的人去东海寻访安期生一类的仙人，并试着用丹砂等药剂提炼黄金。

过了很久，李少君得病而死。皇上以为他不是死了而是成仙了，于是命令黄锤县的官吏宽舒继续研究他的方术。那些派去寻访蓬莱仙人安期生的人始终没能找到，而燕、齐沿海一带许多荒唐迂腐的方士却有许多人仿效李少君，纷纷前来谈论神仙之类的事情。

亳县人薄谬忌向皇上进奏祭祀泰一神的方术，他说："泰一神是天神之中最尊贵的神，辅佐泰一的是五帝。古代的皇帝在春秋两季到东南郊祭祀泰一神，用牛、羊、猪三牲祭祀七天，筑祭坛，祭坛八面开有供神鬼来往的通道。"于是皇上就命令太祝在长安城的东南郊建造一座泰一祠堂，常常按照谬忌的方法来祭祀和供奉。此后，有人上书，说"古代的皇帝每隔三年就用猪、牛、羊这三种牲畜来祭祀三神，也就是泰一神，天一神，地一神”。皇上批准了，命令太祝负责在泰一祠堂上祭祀，按照史书上的方法来进行。后来又有人上书，说“古时候天子经常在春秋两季举行除灾求福的祭祀，用一只猫头鹰和一只眼睛像虎的野兽祭祀黄帝；用羊祭祀冥羊神；用青色雄马祭祀马行神；用牛来祭祀泰一神、皋山山君和地长神；用干鱼来祭祀武夷山神；用一头牛来祭祀阴阳使者神”。皇上也命祠官按照上书人说的方法予以办理，在谬忌所奏请建立的泰一神坛旁边举行祭祀。

后来，天子的上林苑里有白鹿，用它的皮毛做成货币，以促使上天发出吉祥的征兆，于是引发了天子铸造“白金”事件。

第二年，皇帝到雍县的郊外祭祀，捕获了一头独角兽，它的样子像獐鹿。主管官员说：“陛下恭恭敬敬地举行郊祀，上天为了回报您的供奉，特赐一头独角兽，这大概就是麒麟吧！”于是把它献给五帝之畤，每畤的祭品外加一头牛，举行焚柴祭天的燎祭。赏赐给诸侯“白金”，向他们暗示朝廷铸造“白金”是顺应天意的。

这时候，济北王刘胡认为天子将要到泰山举行封禅大典，就上书向天子献出泰山及其周围的城邑。天子接受了，用其他的城池给他作为补偿。常山王刘勃有罪，被流放，天子把他的弟弟刘平封在真定，来延续对先王的祭祀，并把常山这个地方改为郡。这样一来，五岳就都在天子直接管辖的郡县之内了。

第二年，齐国人少翁以招神引鬼的方术来觐见皇上。皇上宠幸的王夫人死了，少翁用方术在晚上使王夫人和灶神的形貌显现，皇上隔着帷幕望见了。于是就册封少翁为文成将军，给他的赏赐非常多，用宾客之礼来对待他。文成将军说：“皇上如果想要与神交往，就得营造适合神的环境，而现在宫室、被服等用具却不像神用的，神当然不会来。”于是就打造了画有云气的车子，按照五行相克的规律，在不同的日子里分别乘不同颜色的车子以驱赶恶鬼。并重建了甘泉宫，在宫内建起高台宫室，室内画着天、地和泰一等神，而且摆设了祭祀用具来招天神。过了一年多的时间，他的方术越来越不灵了，一个神仙也没来。文成将军就在一块绸缎上写了一些字喂给牛吃了，然后装作不知情的样子，说这头牛的肚子里有怪异。皇上派人把牛杀了，发现了那块绸缎，上面写着一些很古怪的话，皇上怀疑这件事。有人认得文成的字迹，皇上通过询问有关人员，发现这一切果然是文成伪造的。于是杀了文成将军并且隐瞒了这件事。

在这以后，孝武帝又建造了柏梁台、铜柱和承露仙人掌之类的建筑。

文成将军被处死后的第二年，皇上在鼎湖宫病得很厉害，巫医们所有的方法都用过了，却不见好转。游水发根就说："上郡有个巫师，他生病的时候有鬼神附在他身上。"于是皇上把这个巫师召来，供奉在甘泉宫。等到巫师生病的时候，派人去问附在巫师身上的神君。神君说："皇上不必为您的病情担忧。等您的病情稍有好转，就振作精神来甘泉宫与我相见。"于是皇帝病情稍有好转，就亲自驾临甘泉宫，果然痊愈了。于是大赦天下，把神君供奉在寿宫。神君中最尊贵的是太一神，他的辅佐神是大禁、司命等，都跟随着他。人们看不见众神仙，只能听到他们说话的声音，神仙的声音与凡人一样。神仙们时而去，时而来，来的时候使人感到飒飒的微风。他们住在宫室的帷帐中，白天偶尔说话，但经常是在夜里。皇帝举行除灾求福的祓祭，然后才能进去。由巫师担任负责人，关照神君的饮食。神君所说的话，由巫师传达下去。又把神君安置在寿宫、北宫，里边张挂羽旗，设置祭祀的器皿来供奉神君。神君所说的话，皇帝都让人记录下来，称之为"画法"。其实，神君所说的那些一般人都知道，没有什么特别的，但是皇帝就是爱听。这些事情都很保密，外界无法得知。

在那以后的第三年，主管官员上书谏言纪元根据上天所降的吉祥征兆来命名比较适宜，不应该按一年、二年的顺序来计数。第一个纪元可称为"建元"；第二个纪元因为有一颗叫长星的彗星出现，可称为"元光"；第三个纪元，因为郊祀时得到了独角兽，可以称为"元狩"。

第二年的冬天，皇帝到雍城举行郊祀，提出："如今我已经亲自祭天，可是还没有祭拜地神后土，这样在礼法上还不够完备。"主管官员和太史令司马谈、祠官宽舒等人商量后说："祭天地所用的牛应该是犄角像蚕茧、板栗那样大小的幼牲。现在陛下要亲自祭祀后土，祭祀后土应该在大泽中的圆丘上筑五个祭坛，每个祭坛用黄牛犊外加一猪一羊作为祭品，祭完以后全部埋掉，参加祭祀的人员都要穿黄色衣服。”于是皇帝东行，依照宽舒等人的建议首次在汾阴丘上立了后土祠。皇帝亲自望拜地神，与祭天的礼仪一样。祭礼完毕，天子就经由荥阳回宫。途经洛阳时，下诏说：“夏、商、周三代已经很久远了，难以保存下多少后代。可以划出三十里的地方赐封周王的后代为周子南君，以供奉祭祀他们的祖先。”这一年，天子开始巡视东方郡县，逐渐靠近泰山了。

这年春天，乐成侯丁义上书举荐栾大。栾大是胶东王刘贤宫中管日常生活事务的宫人。以前曾经与文成将军同师学习，后来给胶东王做了掌管配制药品的尚方令。乐成侯的姐姐是胶东康王的王后，没有孩子。康王逝世之后，其他姬妾的儿子被立为王。康后行为不检点，与新王不合，彼此互相找寻罗列罪名。康后听说文成将军已死，自己想要去讨好皇上，就派栾大通过乐成侯求见皇上谈论方术。皇上杀死文成将军后，很后悔这么早就杀了他，正惋惜没有让他把方术全部施展出来。所以皇上见了栾大后非常高兴。栾大长得高大英俊，说话很有策略，而且敢说大话，吹起牛来毫不犹豫。他曾大言不惭地说：“我曾经在海中往来，见到过安期生、羡门高等仙人。但是他们觉得我地位低下，不信任我。又觉得康王只是个诸侯罢了，不值得给他神仙方术。我屡次向康王建议，但是康王又不任用我。我的师傅说：‘黄金可以炼成，黄河决口可以堵塞，不死之药可以求得，神仙也可以招来。’但是我害怕像文成一样招来杀身之祸，如果真是那样，天下的方士们就都闭口不说话了，哪里还敢再谈论方术呢？”皇上说：“文成是误食马肝而中毒身亡的。如果您对师傅的方术真的有研究，我还会吝惜什么呢！”栾大说：“我的师傅并不有求于人，而是人们有求于他。陛下如果一定想要招来仙人，那就要让仙人的使者地位尊贵，让他们有自己的家眷，用宾客之礼来对待他们，不要瞧不起他们，并让他们佩带各种印信，这样他们才能够替您传话给神仙。神仙究竟肯不肯来，这没法确定。但只有让仙人的使者极为尊贵，才有可能把神仙招来。”皇上听罢让栾大先使个小方术，以便考验一下他，于是栾大就借用磁力为皇上表演斗棋，让棋子在棋盘上自己互相撞击。

这时候皇上正在为黄河决口的事忧虑，而且黄金又没有炼成，就封栾大为五利将军。在这前后一个多月的时间里，栾大获得了四枚金印，身上佩戴着“天士将军”“地士将军”“大通将军”和“天道将军”印。皇上下诏书给御史大夫说：“从前大禹疏浚九江，开通四渎。近来，泛滥的河水涌出淹没了广阔的土地，筑堤的劳役连续不断。我治理天下二十八年了，上天如果要送给我方士，那就是大通将军了。《周易》的《乾卦》上说到‘飞龙在天’，《渐卦》提到‘鸿渐于般’，如今我和栾大君臣相得差不多就是这样的情形吧。我命令以二千户的封邑封地士将军栾大为乐通侯。”同时皇帝赏赐给栾大列侯等级的宅第和奴仆千人。皇帝所用多余的车马和帷帐等器物一并赏赐给栾大，摆满了他的家中。又把卫长公主许配给栾大，赠给卫长公主万斤黄金作为陪嫁，把卫长公主的封号改为当利公主。皇帝亲临五利将军的府第。派使者前去慰问，所赐赠的物品在道路上络绎不绝。皇帝的姑姑大长公主以及将军、丞相等官员，都在家里置备酒宴招待他并且赠送礼物给他。随后皇帝又刻了一枚“天道将军”的玉印，派遣使者手里拿着玉印，身穿羽衣，夜里站在白茅草上，五利将军也身穿羽衣，站在白茅草上接受玉印，以表示皇帝不把栾大当臣下看待。佩戴上“天道”之印，是要为皇帝引导天神降临的意思。当时五利将军常常夜间在家里举行祭祀，想请天神降临。结果神仙没有请来，各种鬼怪却聚集而来，不过五利将军能驱使这些鬼怪。后来栾大整理行装，向东边的海上而去，据说是要去寻找他的师傅。栾大在被引见的几个月的时间里，就佩上了六枚大印，他的尊贵震惊天下，使得沿海一带燕、齐等地的方士们都握住手腕，激动地发誓要学习栾大，他们都争着说自己也有秘方，能通神仙。

这年的夏季六月中旬，汾阴县一个叫锦的巫师在魏脽的后土祠旁为百姓祭祀，看到地面上有弯钩状的裂纹，扒开一看，得到一只鼎。这只鼎与其他鼎很不一样，上面雕刻着花纹，但没有铸刻文字，巫师觉得很奇怪，就报告了当地官吏。当地官吏报告了河东太守胜，太守胜禀告了皇帝。皇帝派使者来检验并查问巫师锦得鼎的详细情况，确认其中没有造假之后，就按礼仪举行祭祀，把鼎请到甘泉宫，皇帝随鼎而行，想亲自把它献给天帝。走到云阳中山时，天气晴暖，有一片黄云覆盖在上空。这时有一头獐鹿跑过，皇上亲自射中了它，就把它用来祭天。到长安以后，公卿大夫们都上书奏请尊崇宝鼎。皇帝说："近年来黄河泛滥，一连几年收成都不好，所以我才出巡祭祀后土，祈求神灵为百姓滋育庄稼。今年五谷丰登，还没有举行祭祀感谢神灵，这鼎为什么会出现呢？"主管官员都说："听说从前太帝太昊伏羲氏制作了一只神鼎，表示天下一统，是天地万物都归于此鼎的象征。黄帝造了三只宝鼎，象征着天、地、人。夏禹收集了九州出产的金属，铸成九只宝鼎，曾用它们来烹煮牲畜以祭祀天帝和鬼神。遇到圣主鼎就会出现，宝鼎就这样经历了夏朝商朝传了下来。到周朝末期世德衰败，宋国祭祀土神的社坛也被毁灭，宝鼎就沦没隐伏而不再出现了。《诗经》的《周颂》说'从堂到基，从羊到牛；陈列好大鼎、中鼎和小鼎，不喧哗不傲慢，神灵保佑长寿多福'。如今宝鼎已供奉到甘泉宫，焕发出夺目的光彩，变化神奇莫测，这意味着大汉必将获得无穷无尽的吉祥。这跟行至中山时，上有黄白祥云覆盖，下逢獐鹿吉兽跑过，这些祥瑞征兆相符合，还有在神坛下获得大弓和四箭，这都是您在太庙合祭祖先神灵得到的回报。只有受天命做皇帝的人才能知晓并顺应天意。这宝鼎应该进献祖先，珍藏在天帝宫廷，以与天帝昭示的祥瑞相呼应。"皇上批示说："可以。"

那些到海上去寻找蓬莱仙山的人说蓬莱并不遥远，可是总也不能够到达，大概是因为看不到它的云气。皇上于是就派出善于望气的官员帮助他们观测海上的云气。

这一年的秋天，皇帝驾临雍县，将要举行郊祀。有人说："五帝辅佐泰一神，应该立泰一神坛，并且让皇帝亲自举行郊祀。"皇上犹豫未决。齐国人公孙卿说："今年得到宝鼎，而今年冬天的辛巳日是初一，这天的早晨恰值冬至，与黄帝得到宝鼎的时间相同。"公孙卿有一部木简书，上面说道："黄帝在宛朐县得到宝鼎，询问鬼臾区。鬼臾区回答说：'皇帝得到宝鼎和占卜用的神策，这年的己酉日是初一，早晨又正好是冬至，符合天道历数，天道历数是周而复始、循环往复的。'于是黄帝经过推算而预知未来的节气历数，以后大致每二十年就会轮到一次冬至在初一的早晨，一共推算了二十次，共三百八十年，黄帝便成仙升天了。"公孙卿想通过所忠把这份书札奏给皇帝，所忠看过后觉得这书荒诞不经，怀疑是故意编造的假书，因此推辞说："宝鼎的事已经定下来了，还提它干什么！"公孙卿只好通过另外一个皇帝所宠信的人把这份书札奏给皇帝。皇帝看了非常高兴，于是就把公孙卿召来详细询问。公孙卿回答说："我是从申功那里获得这份书札的，申功已经死了。"皇帝问："申功是什么人？"公孙卿说："申功是齐国人，与安期生有过交往，接受过黄帝的教诲，没留下别的书籍，只有这部与鼎有关的书札。书中说'汉代的兴盛期应当在黄帝的时令再次出现的时候。汉代的圣君将出在高祖皇帝的孙子或曾孙之中。宝鼎出现后，就能与神仙相通，而后就可以举行封禅大典。自古以来，举行过封禅大典的有七十二位君王，但只有黄帝能登上泰山封禅'。申功曾说：'汉代的皇帝也应该登上泰山封禅，上泰山封禅就可以成仙升天了。黄帝时代有上万个诸侯国，为祭祀神灵而建立的封国就占了七千个之多。天下有八座名山，其中三座在蛮夷境内，五座在中原地区。中原有华山、首山、太室山、泰山和东莱山，这五座山是黄帝常去游览的地方，他在那里与神仙相见。黄帝一边作战一边学习仙道。他担心百姓对他所学的仙道有非议，就断然处死那些诋毁鬼神的人。这样经过了一百多年，黄帝才得以与神仙相通。黄帝当年在雍县郊祀上帝，在那里住了三个月。鬼臾区别称大鸿，死后葬在雍县，这就是后代所传说的鸿冢。从那以后黄帝在明廷迎接过上万的神灵。明廷就是现在的甘泉山。黄帝在寒门升仙，寒门就是现在的谷口。黄帝开采首山的铜矿，在荆山的山脚下铸造大鼎。宝鼎铸成以后，有一条龙垂着长须从天而降来迎接黄帝。黄帝骑了上去，大臣和后宫嫔妃跟着上去的有七十多人，于是龙飞升离去。其余的小臣们没能上去，都抓住龙须不放，龙须被拔掉了，黄帝的弓也落了下来。百姓们抬头望着黄帝升上天去，就抱着他的弓和龙须号哭，所以后来的世人们就把那个地方称作鼎湖，把那张弓称作'乌号'。"皇帝听了公孙卿的这番话后说："哎呀！如果我真能像黄帝那样升仙，我就会把离开妻子儿女看得如同脱掉鞋子一样容易。"于是皇帝册封公孙卿为郎官，派他东去太室山迎候神灵。

接着皇上去雍县郊祀，而后又到达陇西郡，西行登上了崆峒山，然后回到甘泉宫。命令祠官宽舒等人设置泰一神的祭坛。祭坛仿照薄谬忌所设计的泰一坛建造，一共三层。五帝的祭坛环绕在泰一坛的下面，各自依照他们所属的方位，黄帝坛在西南方，四角修筑八条供鬼神往来的通道。泰一坛的所有祭品，与雍县五畤中的各畤相同，只是外加了甜酒、枣果和干肉等，还杀一头牦牛盛在祭器中作为牲牢。而五帝坛只进献牛羊等牲牢和甜酒。祭坛下的四周，作为祭祀随从的众神和北斗星的地方。祭祀完毕，把用过的祭品统统烧掉。祭祀所用的牛是白色的，把鹿装进牛肚子里，再把猪装进鹿肚子里，然后放在水里浸泡。祭日神用一头牛，祭月神用一头羊或一头猪。祭祀泰一神的祝官穿紫色绣花礼服，祭祀五帝的祝官，其礼服颜色各按照五帝所属的颜色，祭日神身穿红色礼服，祭月神身穿白色礼服。

十一月初一早晨冬至时刻来临，这天刚刚拂晓，皇帝就开始在郊外拜祭泰一神。而后在日出时祭祀日神，在傍晚时祭祀月神，都是拱手行揖礼；而祭拜泰一神则按照在雍县祭天的礼仪进行。劝神进食的祝辞说："上天把宝鼎和神策赐给皇帝，使天下月复一月，年复一年，终而复始，永无止息地循环。皇帝在此恭敬地拜祭参见您。"陪祭人员都身着黄色。祭祀时坛上布满火炬，祭坛旁边摆着烹煮用的器具。主管官员说"祭坛上方有光亮显现"。公卿大臣们说"皇帝当初在云阳宫郊祀，祭拜泰一神，主管官员手捧六寸的碧玉和毛纯膘肥的美牲献给神灵享用。当夜有美丽的光彩出现，到了白天，黄色的云气冉冉升起与天相连"。太史公司马谈和祠官宽舒等说："神灵降下美好的景象，是保佑我们大汉福寿安康的吉祥征兆，应该在这神光所照的地域建立泰畤坛以回报上天。皇上命令太祝主管此事，在秋天和腊月间举行祭祀。每三年天子亲自郊祀一次。"

这年秋天，为了讨伐南越而祭告泰一神，用牡荆做幡旗杆，旗上画着日月北斗和腾空升起的龙，以象征天一三星，把天一三星作为泰一神的先锋旗，命名为"灵旗"。在为战事祈祷时，由太史官手持灵旗指向要讨伐的国家的方向。当时，五利将军身为使者却不敢入海求仙，只到泰山去祭祀。皇上派人暗中跟随考察，发现他实际上没有见到什么神仙。五利将军谎称见到了自己的仙师，他的方术已经用尽，大多没有应验。于是皇上杀了五利将军。

这年冬天，公孙卿在太室山恭候神仙，说是在缑氏县的县城上发现了仙人的足迹，还有个像山鸡一样的神物，在城上来回走动。天子亲自驾临缑氏城察看仙人的足迹。问公孙卿："你该不是在仿效文成和五利欺骗我吧？"公孙卿说："并非仙人有求于皇帝，而是皇帝有求于仙人。求仙人道，如果不稍微宽限些时日，神仙是不会来的。说起神仙的事情，好像是迂腐荒诞的，其实只要积年累月耐心等待就可以招来神仙。"于是天下各郡国都修整道路，修缮宫殿观台和名山大川的神祠，以期待皇帝的驾临。

这年，消灭了南越之后，皇上有个宠臣叫李延年，他以擅长音乐被皇上召见。皇上很欣赏他，就移交公卿大臣们商议，说："民间祭祀的时候尚且敲锣打鼓，唱歌跳舞为乐，如今我举行郊祀却没有音乐，这难道相称吗？"公卿们说："古时候祭祀天地都有音乐，这样神灵才会来享受祭祀。"有人说："泰帝让素女弹奏五十弦的瑟，由于声音悲切，泰帝让她停止，可是她却没有停下来，所以泰帝把她的瑟剖开改成了二十五弦。"于是朝廷在为平定南越而酬祭泰一、后土神时，开始采用音乐歌舞，并增加了歌舞乐队的规模，制作二十五弦瑟和箜篌就是从这个时候开始的。

第二年冬天，皇上提议说："古代帝王先要整理军容撤除武装，然后才进行封禅。"于是就北上巡视朔方郡，统率着十几万军队，回师途中在桥山黄帝陵墓前祭拜，在须如遣散了军队。皇上说："我听说黄帝长生不死，而现在却有陵墓，这是怎么回事？"有人回答说："黄帝成仙升天后，众臣把他的衣帽安葬在这里。"皇上到了甘泉宫后，为了要上泰山举行封禅，就先以祭天的仪式祭祀了泰一神。

自从获得了宝鼎，皇上就与公卿大臣及众儒生商议封禅之事。由于封禅大典历史上很少举行，时间隔久了，已经失传，没人知道它的具体礼仪，众儒生主张采用《尚书》《周官》和《王制》中记载的望祀与天子射牛的有关仪式来作为参考。齐国有位九十多岁的丁公说："封禅应该是长生不死的意思。秦始皇中途遭遇风雨而没能登上泰山行封礼。您如果非要上山，就必须坚持，稍微登得高一些就没有风雨阻挡了，这样就可以登上泰山行封礼了。”皇上于是命令儒生们练习射牛，草拟封禅的礼仪。过了好几年，到了将要出发的时候。天子又听公孙卿和方士们说，黄帝以前的那些封禅者，都招来了奇异之物而与神灵相沟通，就想仿效黄帝以前的那些封禅者，希望能够见到仙人的使者、蓬莱之士，以表明自己超乎世俗，德行可与上古的九皇相媲美，而且还多采用儒书上的文字来修饰自己。可是儒生们既不能明辨封禅的具体事宜，又拘泥于《诗》《书》等古文经籍而不能尽情发挥他们的想象。皇上把封禅用的祭器拿给儒生们看，儒生们有的说“与古代的不相同”。徐偃又说“太常祠官们行礼不如古代鲁国的好”，而周霸则聚集儒生们重新策划封禅之事，皇上没了耐心，免去了徐偃、周霸等人的职务，罢黜了所有儒生不再任用。

三月，皇上到东方去，驾临缑氏县，登上中岳太室山举行祭祀。随行的官员在山下听到好像有人喊“万岁”。问山上的人，山上的人都说没喊过；问山下的人，也说没喊。于是皇上就把三百户人家封给太室山，以供奉太室山的祭祀，命名叫崇高邑。然后皇上往东登上泰山，当时山上的草木还没长出新叶，皇上叫人把石碑运上山，立在泰山之巅。

接着皇上就东巡海上，行礼祭祀天主、地主、兵主、阴主、阳主、月主、日主和四时主八大神灵。当时，数以万计的齐人上书谈神仙鬼怪仙方奇药，但没有一个灵验。于是皇上增派船只，让那些谈论海上神山的几千人去寻访蓬莱仙人。公孙卿经常手持符节，先到各大名山等候神仙，到东莱县时，他说夜间看见一个人，身高数丈，等到靠近他时，却又消失不见了，只看到了他留下的巨大脚印，与禽兽的脚印类似。群臣中有人说看见一位老人牵着狗，他说“我要见皇上”，但一转眼又不见了。皇上见到大脚印时，还不相信，等到群臣中有人说到老人的事，才相信此地真的是有仙人。于是皇上留宿海上，同时让方士们有的乘驿车，有的秘密出行，四下去寻找仙人，派出去的人数以千计。

四月，皇上返回到奉高县。他想到儒生和方士们对封禅礼仪的说法各不相同，既不合常理，又实在难以施行。天子又到了梁父山，在那里行礼祭祀了地神。乙卯日，他让侍中官儒生头戴白鹿皮帽，身穿官服，举行射牛仪式。然后在泰山东麓筑坛祭天，与郊祀泰一神的礼仪一样。祭坛宽一丈二尺，高九尺，祭坛下放有封禅的文书，文书的内容是保密的。祭祀的礼仪完毕后，天子单独带着侍中奉车都尉霍子侯登上泰山，在山顶举行了祭天仪式。这些事情都禁止泄露。第二天，从泰山北坡下山。丙辰日，在泰山东北麓的肃然山举行祭地仪式，与祭祀后土的礼仪一样。以上这些，天子都是亲自跪拜觐见，身着黄色礼服，整个祭祀过程都有音乐伴奏。祭坛上用采自江淮一带的三棱灵茅做神垫。祭坛是用五色泥土混杂修筑而成。在举行祭祀的时候，放出远方进贡的奇异飞禽走兽及白毛野鸡等动物，大大增加了礼仪的隆重气氛。但不用牦牛、犀牛、大象之类的动物。天子及其随从都是到了泰山然后离去的。举行封禅大典的那天晚上，天空仿佛有光辉闪现，白天有白云从祭坛中升起。

天子封禅归来，坐在明堂上，群臣相继上前向他祝寿。这时天子给御史大夫下旨说："我以渺小之身继承了至高无上的帝位，一直小心谨慎，唯恐不能胜任。我德行微薄，不懂礼乐。祭祀泰一神时，天上好像有瑞祥之光，我内心不安好像望见了什么，被这种奇异景象所震撼，想要停止祭祀却不能，终于登上泰山举行封礼，又到了梁父山，然后在肃然山举行禅礼。我希望自己从此有一个新的开端，勉力与士大夫们重新开创一个新的局面，赐给百姓每百户一头牛、十石酒，八十岁以上的孤寡老人，每人另加布帛二匹。免除博县、奉高、蛇丘和历城等地的徭役，不用缴纳今年的租税。大赦天下，和元朔三年的大赦令一样。凡是我巡行所经过的地方，被强制服劳役的苦役犯统统赦免。两年前犯的罪，一律不再追究。"又下诏说："古时天子每五年出巡一次，到泰山举行祭祀，诸侯们来朝拜的时候在泰山都有住所。于是下令让诸侯在泰山下各自修建官邸。"

天子在泰山封禅完毕，没有遇到风雨阻挠，方士们进一步鼓吹蓬莱等神山可能就要找到了。于是皇上也满心欢喜地认为或许能遇到神仙，就又东行到海边眺望，希望能遇见蓬莱仙人。这时，奉车都尉霍子侯突然生病，一天之内就死了。皇上无奈，只好离去，他沿海而上，往北到达碣石，又从辽西开始巡行，沿着北方边境到达九原县。五月，皇上回到甘泉宫。这时，主管官员说，宝鼎出现那年的年号为“元鼎”，今年皇上在泰山举行封禅大典，年号应为“元封元年”。

元封元年秋天，有彗星出现在东井宿天区。十几天后，又有彗星出现在三台宿天区。观测天文的方士王朔说：“我只见那星出现时形状如葫芦瓜，一会儿就又消失了。”主管官员说：“陛下创建了汉朝的封禅制度，所以上天用象征吉祥的德星来回报您。”

第二年冬天，天子到雍县郊祀五帝，返回后，又拜祭了泰一神。祝辞说：“德星光明普照，象征美好吉祥。寿星相继出现，光明照耀远方。这些星作为符信显现，为此皇帝恭敬地向诸神献上太祝们准备的祭品。”

这年春天，公孙卿说在东莱山见到了神仙，那神仙好像说“想见天子”。天子于是来到缑氏城，任命公孙卿为中大夫。随后皇上又到了东莱，在那里留宿了几天，什么也没看见，只看见了巨人的足迹。天子又派出数以千计的方士去寻找神灵，采集灵芝仙药。这年大旱。于是天子没有了出巡的正当名义，就去万里沙祷告求雨，路过泰山时又举行了祭祀。返回时到了瓠子口，皇上亲自来到堵塞黄河决口的现场，在那里停留了两天，他将白马、玉璧投入河中祭河神，然后离去。皇上派两位将军率领士兵堵塞黄河决口，疏凿了两条河渠，恢复了当初大禹治水后的面貌。

当时已经消灭了南越，越地人勇之向皇上进言说“越人的风俗是迷信鬼神，而且他们祭祀时都能见到鬼神，祈祷也往往能应验。从前东瓯王敬重鬼神，高寿达一百六十岁。后世子孙对鬼神怠慢，所以就衰微下来”。皇上听了他这番话就命越地巫师建立越祠，只设台而没有祭坛，他们也祭祀天神、上帝及百鬼，用鸡骨占卜。由于皇上相信这一套，所以越祠和鸡卜从此开始流行起来。

公孙卿说：“仙人是可以见到的，而皇上总是来去匆匆，因此见不到。如今陛下可以修建一座台阁，就像缑氏城所建的一样，摆上干肉枣果之类的祭品，这样应该就能够招来仙人了。而且仙人喜欢住楼阁。”于是皇上命令在长安城中修建蜚廉观和桂观，在甘泉宫修建益延寿观，派公孙卿手持符节设置祭品以迎候仙人。又建造了通天台，在台下摆设祭祀用的各种礼器，希望能招来神仙。又在甘泉宫加修了前殿，开始增建宫室。夏天，在甘泉宫殿房内长出了灵芝草。接着，天子为黄河决口得以堵塞而兴建了通天台，据说当时天上隐约出现了神光，皇上就下诏书说："甘泉宫殿房内长出了九茎灵芝草，特此大赦天下，被强制服劳役的苦役犯统统赦免。"

第二年，汉朝征伐朝鲜。这年夏天大旱。公孙卿说："黄帝那时举行完封礼也遭遇了干旱，这是为了使封坛的土晾干，要持续三年。"皇上就下诏书说："天旱，大概是为了晾干封坛的土吧？我命令天下百姓尊祭主宰农业的灵星。"

第二年，皇上到雍县郊祀，由于当时开通了回中道，于是皇上便亲自去巡察回中一带。春天的时候，到达鸣泽，再经由西河返回。

第二年冬天，皇上巡视南郡，到江陵后往东走。登上了潜县的天柱山，举行祭祀，并称这座山为"南岳"。然后乘船顺江而行，从浔阳穿过枞阳，又经过彭蠡泽，沿途祭祀名山大川。然后北至琅邪郡，再沿海而上。四月中旬，到达泰山东南麓的奉高县举行了祭天仪式。

当初，天子在泰山举行封禅典礼时，就去过泰山东北麓的古明堂旧址，那里地势崎岖又不宽敞。于是皇上想要在奉高县旁修建一个新明堂，但不知道明堂的形制尺度。这时，济南人公王带献上一张据说是黄帝时期的明堂图。明堂图中有一座殿堂，四面没有墙壁，用茅草盖顶，殿堂四周通水，环绕着宫墙修有天桥，殿上有楼，从西南方伸入殿堂，命名为昆仑道，天子从这里进入殿堂，以祭祀上帝。于是皇上命令按照公王带的图样在奉高的汶上建造明堂。等到第五年再来举行封禅时，就把泰一神和五帝的神位摆在明堂的正座进行祭祀，把高皇帝的灵位摆放在正座的对面。在大殿下的其他房舍祭祀后土神，以牛、羊、猪各二十头做祭品。天子从昆仑道进入正殿，开始按郊祀的礼仪在明堂祭拜。正殿行礼完毕，在堂下烧掉祭品。随后皇上又登上泰山，在山顶举行一番神秘的祭祀。在泰山下祭祀五帝时，按照他们各自所属的方位，只有黄帝与赤帝并排，这些由主管官员前去祭祀。祭祀的时候泰山上举起火把，山下也都举火与之相呼应。

此后两年，十一月初一是甲子日，这天早晨是冬至，推算历法的人认为以这一天为推历的起点是正统。天子亲临泰山，在十一月初一甲子日那天的早晨到明堂去祭祀上帝，因为距上一次封禅不到五年，所以没有举行封禅典礼。祝辞说："上天授予皇帝太初历法，周而复始。皇帝在此虔诚地拜祭泰一神。"之后，皇上又东行到海上，询问那些出海的人和寻访神仙的方士们，没有什么效果，但皇上还是增派人手继续寻找，希望能遇到神仙。

十一月乙酉日，长安桂宫的柏梁台发生火灾。十二月初一，皇上亲临泰山下的高里山，在那里祭祀后土神。然后皇上来到渤海边，遥望拜祭蓬莱之类的仙山，希望能到达一种别样的境界。

皇上返回京城后，由于柏梁台发生火灾焚毁了，就改在甘泉宫接见各郡国上计官员的朝见，并听取各郡国经济收支情况的报告。公孙卿说："当初黄帝建成青灵台，十二天后就被烧毁了，黄帝于是修建了明庭。明庭就是甘泉宫。"很多方士也说古代帝王有在甘泉建都的。此后天子又在甘泉宫接见诸侯，并在甘泉建造各诸侯的官邸。越人勇之说："越地的风俗是火灾之后重新修建的房屋，一定要比原来的大，以此来镇住火灾。"于是天子修建章宫，设计建章宫千门万户。它的前殿的格局比未央宫还要高大。建章宫的东门称作"凤阙"，高二十多丈。建章宫的西面是唐中苑，有几十里宽的虎圈。建章宫的北面修了大水池，池中筑有二十多丈高的渐台，这池被称作泰液池，池中有蓬莱、方丈、瀛洲和壶梁四岛，仿照海中仙山，还有石头雕成的龟鱼之类。它的南面有玉堂宫、壁门和大鸟雕像之类。此外还建了神明台、井干楼，都高达五十多丈，这些楼台之间有皇帝的御道相互连接。

这年夏天，汉朝改用新历法，以夏历正月作为一年的开始，冠服崇尚黄色，把官员的印章一律改为五个字，把当年定为太初元年。这一年，汉朝向西讨伐大宛。同年发生了严重的蝗灾。丁夫人和洛阳的虞初等人用方术诅咒匈奴和大宛。

太初二年，主管官员说，雍县五畤祭祀时没有用煮熟的三牲畜做祭品，没有芬芳的香味。于是皇上命令祠官用牛犊做成熟牲祭品分别进献给五畤，所用牲牢的毛色，按照与该帝相同的颜色配置，同时，用木偶马代替生马驹做祭品。只有在五月"尝驹"和皇上亲自郊祭时才用生马驹做供品。祭祀各名山大川该用生马驹做祭品的，一律改用木偶马代替。皇帝出巡经过时举行祭祀，也用生马驹。其他礼仪按照以前的做法。

又过了一年，皇上东巡海上，问到求仙方面的事情，仍然没有什么进展。有的方士说“黄帝时曾建造了五城十二楼，以便在执期迎候神仙，命名为‘迎年’”。皇上批准按他的说法建造五城十二楼，命名为“明年”。皇上亲自到那里行礼祭祀上帝，身着黄色礼服。

公王带说：“黄帝时虽然已经在泰山举行了祭天，然而他的大臣风后、封钜、岐伯等人又劝黄帝去东泰山祭天，去凡山举行祭地，以求与上帝显示的征兆相合，然后才能长生不死。”天子一听，马上命令准备祭品，来到东泰山，见东泰山非常矮小，与它的名声不相称，就让祠官祭祀，但不举行封禅。然后让公王带在那里供奉祭祀，迎候神灵。这年夏天，天子返回泰山，像以前那样举行五年一次的封禅典礼，另外增加了在石闾山祭地的仪式。石闾山在泰山脚下的南面，方士中有很多人都说这里是仙人居住的地方，所以皇上亲自到这里举行祭祀。

过了五年，皇帝又到泰山举行封禅大典，返回途中经过常山并举行了祭祀。

当今天子所兴建的神祠，泰一祠和后土祠，天子每三年亲自郊祀一次，建立了汉家的封禅制度，每五年举行一次封禅大典。亳人谬忌建议设立的泰一及三一、冥羊、马行、赤星五座神祠，由宽舒等祠官每年按时祭祀。加上后土祠，总共六座神祠，都由太祝管理。至于像八神中的各神，以及明年、凡山等其他有名的神祠，天子巡行路过时就祭祀，离开后就算了。方士们所兴建的祠庙，由他们各自主管，主管的方士死后就作罢，祠官不再管祭祀。其他神祠全部依照原来的规定办。当今皇上举行首次封禅大典以后的十二年里，所祭祀的神灵已遍及五岳、四渎。而方士们迎候祭祀神仙，到大海中寻访蓬莱仙山，最终也没有什么结果。而像公孙卿那样迎候神仙的人，还是用巨人的足迹来搪塞，始终也没有灵验。如此一来，天子也越来越厌倦方士们的荒唐话了，然而始终笼络着他们，没有和他们断绝往来，总希望有一天能够遇上真正懂方术的人。从此以后，越来越多的方士提议祭神，然而效果究竟如何，可以想见。

太史公说：我曾跟随皇上出巡，祭祀天地众神和名山大川，参加过封禅大典。我也曾进入寿宫陪祭鬼神，听到过祝官的祷辞，观察考究过方士和祠官们的言论，于是回来依次论述自古以来祭祀鬼神的情况，清楚地认识其具体的活动和实际的用心。后世的君子们能够以此较为清晰地看到这些过程。至于有关祭祀时所用的俎豆等礼器以及玉帛的详情，以及敬献感恩神灵的具体礼仪，各主管部门都有相关的条文规定。

（邓小棒 译）

《史记》卷十三　三代世表第一

太史公说：五帝、三代的记载，年代太久远了。殷以前的诸侯，史籍没有记载，已经很难考证了，周代以来的史实才有些记载。孔子根据有限的历史文献编写了《春秋》，以鲁国纪元年数为纲纪，订正了季节日月，很详尽了。至于以序编纂的《尚书》记录简略，一般没有年月；有的虽然有年月，但大多都有缺漏，不便著录。因此，有疑问的就保留疑问，大概是谨慎的缘故吧！

我阅读牒记，从谱牒上看自黄帝以来都有年代的记叙。考察那些年历谱牒和五德终始循环转换的情况，古代文献的记载都不一样，差异不小。孔夫子之所以没有论列编次那些年月，难道是没有道理的吗？于是，我根据《五帝系谍》《尚书》所汇集的世系，记载黄帝以来到共和时期，写成《三代世表》(《世表》具体内容从略)。

张长安问褚少孙说："《诗经》里说契、后稷都没有父亲。现在考察各传记，都说他们有父亲，而且他们的父亲都是黄帝的子孙，难道不是和《诗经》相矛盾吗？"

褚少孙说：不是这样的。《诗经》里说契因为其母吞鸟卵而出生，后稷是因为其母踩上了人的足迹而出生，这是想表明上天的意旨真诚。鬼神不能自己形成，必须靠人产生，没有父亲怎么会诞生呢！一种说法认为他们有父亲，一种说法认为他们没有父亲，相信的就因而传信，怀疑的则因而传疑，所以有了两种说法。帝尧知道契、后稷都是贤能的人，是上天生的，因此封给契七十里的封地，其后经过十多世到了汤，便称王天下。尧知道后稷的子孙后来也会称王，于是加封后稷一百里封地，他的后代经历了近千年，到文王时便称王天下。《诗传》上说：'汤的祖先是契，他没有父亲就出生了。契的母亲与其姊妹们在玄丘水洗澡，有只燕子衔着的卵落了下来，契的母亲得到了它，本来含在嘴里，误把它吞了下去，便生了契。契天生具有贤能，尧立他为司徒，赐他姓氏。子，就是兹的意思；兹，是日益增长的意思。诗人赞美称颂他说："殷的国土很广阔，上天命玄鸟降下来产生了商。"商，质朴的意思，是殷的称号。文王的祖先是后稷，后稷也是没有父亲而出生的。后稷的母亲是姜嫄，她外出时看见巨人的脚印并踏了上去，便感到自己怀孕了，就生下了后稷。姜嫄认为后稷没有父亲，因而瞧不起他，并把他遗弃在大道的中央，可是牛羊躲避他而不去踩他。姜嫄又把他抱到山中，山里人喂养了他。又把他扔到大泽里，飞鸟覆盖他，铺垫他，喂养他。姜嫄觉得很奇怪，因此知道他是天子，便把他带回去抚养成人。尧知道他是贤才，立他为大农，赐给他姬的姓氏。姬，是"根本""根基"的意思。诗人赞美称颂他说"当初生下始祖后稷的人"，加深修炼更加有所成就，称道后稷是周氏族的开始。孔子说：'尧曾经赐契为子氏，是因为他的后代有汤。赐后稷为姬氏，是因为他的后代有文王。大王任命季历继承王位，是为了表明上天的祥瑞。太伯逃往吴地，成就了周人传衍不息的本源。'上天的旨意难以言说，不是圣人就不能得知。舜、禹、契、后稷都是黄帝的子孙。黄帝秉承天命治理天下，德泽深远流传于后世，因而他的子孙都相继立为天子，这是上天报答有德行的人啊！人们不知道这个道理，以为帝王是从普通人兴起的。普通人怎能没有缘由就兴起而称王天下呢？这是由上天的意旨决定的。"

张长安问："黄帝的后代为什么统治天下这么久远呢？"

褚少孙说："《诗传》上说，天下的君王是百姓的首领，延续人民生命的人称帝，福泽将流传万世。黄帝就是这样的人。五政修明就兴修礼义，顺应天时，举兵征伐而得胜者称王，其福泽及于千世。蜀王是黄帝的后代，到现在还建国在大汉西南五千里的地方，经常来朝觐，进贡给汉。不是因为其祖先的恩德吗？修行道德是不可敷衍的，做君主统治天下的人，要树立德行来省察自己。汉代的大将军霍子孟霍光，也是黄帝的后代。这些事情可以和博闻远见的人讲，难以和见识浅短的人讲清楚。为什么这样说呢？古代诸侯都是以封地作为姓氏，霍是国名。周武王分封给他弟弟叔处的地方叫霍，后来晋献公灭掉霍公，他的后代子孙就成了庶民，居住在平阳。平阳在河东，河东从前属于晋国，后来划分为魏国的土地。依据《诗经》的记载，卫也可以说是周的后裔。周起自后稷，后稷是没有父亲而出生的。按三代以来相传的说法，后稷的父亲叫高辛；高辛是黄帝的曾孙。《黄帝终始传》说：

‘汉朝兴起一百多年，有一个人个子适中，出生于白燕之乡，主持天下的政事，当时天子年幼，他能够命令幼主的辇车退行。霍将军本来居住在平阳白燕乡。我做郎官时，和方士考功相会在旗亭下，他们给我说了这事。这难道不是壮举吗？’”

（龚双会 译）

《史记》卷十四　十二诸侯年表第二

太史公阅读《春秋历谱牒》，每当读到周厉王，都会合上书感叹不已。他说：唉，师挚早就预见到周朝将会衰败了！商纣王制作象牙筷子的时候，箕子也叹息。周朝的治道有缺失，诗人有感于帝王对朝政的作用，作了《关雎》。仁义衰微，诗人作《鹿鸣》进行讽喻。到了周厉王时代，因为他不喜欢别人说他的过失，公卿害怕被诛灭不敢直言，最终引发祸乱，厉王只好逃出京师到彘避祸。动乱从京城开始，造成京城由周公和召公联合执政的局面。从这以后各诸侯间武力征伐以强凌弱，出动军队也不用请示天子。打着王室的旗号征讨攻伐，更有充当诸侯盟主者。政令由五霸操纵，诸侯横行霸道，骄奢淫逸，置法度于不顾，乱臣贼子层出不穷。齐国、晋国、秦国、楚国在西周的时候还是微不足道的小诸侯，封地大的方圆百余里，封地小的方圆不过五十里。而晋依仗三河之险，齐背靠东海。楚盘踞长江淮河之间，秦拥有雍州险固之地。他们在周的四方兴起，成为各方霸主。当初文王、武王褒奖封授的大国，都慑于他们的威势而服从于他们。

因此孔子为了阐明帝王之道，先后游说了七十多个诸侯国君，但没有一个听他的主张。于是孔子西行到周王室考察，论列史籍记载和以前的旧闻，以鲁国的史书为基础开始编撰《春秋》。从鲁隐公写起，至鲁哀公猎获麒麟的年份为止，简约其文辞，删除繁冗之处以定修史的意义和理法，以致王道齐备，人事通透。他的七十多个弟子从他的口述中领会《春秋》的要义，因为《春秋》里有讥讽、褒奖、忌讳、贬抑的言语不便写出来给人看。鲁国的君子左丘明担心孔子弟子立场不一，各持己见，以致丧失孔子本意，所以依照孔子的《春秋》，详尽真实地记录他的观点，编撰成《左氏春秋》。铎椒任楚威王太傅，由于楚王不能全面理解《春秋》，他便抄摘其中关于国家兴衰成败的地方，合成四十章，名为《铎氏微》。赵孝成王的时期，虞卿上采《春秋》，下看近代各国形势，也著成八篇，名为《虞氏春秋》。吕不韦是秦庄襄王的相国，他上看前代古史，删减补合《春秋》的内容，汇集当时六国局势，写成八览、六论、十二纪，名为《吕氏春秋》。至于荀卿、孟子、公孙固、韩非等人，都摘取《春秋》言论著书立说，这样的人事很多，就不一一列举了。汉代丞相张苍根据《春秋》编排历法。上大夫董仲舒推论《春秋》大义，写了不少文章。

太史公说：对于《春秋》，儒家只取其要义，而奔走游说之人尽情施用辞藻，他们都不注重其前后贯通的过程。历法家只取其年月记载，阴阳数术家只注重神通气运；牒谱家只记世系；他们的语言都非常简略，要想了解重要的问题是非常困难的。于是我编写了《十二诸侯世系年表》，从共和元年到孔子逝世，列表反映《春秋》《国语》的作者所考察的有关盛衰的史事（《十二诸侯》表具体内容从略），为那些研究《左传》《国语》的人删去繁文而撮其大要。

（龚双会 译）

《史记》卷十五　六国年表第三

太史公研读《秦记》，读到犬戎部族打败周幽王，周王室东迁都洛阳，秦襄公刚被封为诸侯就建造西畤来事奉天帝的时候，觉得秦国越位犯上的苗头已经显现出来了。《礼记》上说："只有天子才有权祭祀天地，诸侯只能祭祀本国封区内的名山大川。"当时秦国夹杂着西戎北狄的民风习俗，而他们崇尚暴力，轻仁德道义，秦襄公身为一方诸侯，却行天子祭祀的礼仪，当时的君子们对这种状况都很忧惧。到了秦文公的时候，他率军越过陇山，驱逐戎狄，祭祀陈宝，开发了岐山到雍地这片地区。秦穆公修明政治，把东部国境扩展到黄河边上，就与齐桓公、晋文公这些中原霸主势均力敌了。此后，诸侯的臣子执掌国政，大夫世袭禄位，晋国的六卿独揽晋国的大权，无论征伐还是会盟，他们的威势都在诸侯之上。等到田常杀掉齐简公而成为齐国之相，诸侯却安然不出兵讨伐他，这意味着依靠武力争夺的时代到来了。韩、赵、魏三国终于瓜分了晋国，田和也灭掉姜氏将齐国据为己有，六国并立的局面从此开始。彼此的首要之务是壮大军事力量，兼并对方，权谋诈术盛行，合纵连横之说兴起。谎言诈骗蜂拥而出，誓词盟约失去诚意，即使互派人质和立信符都起不到约束作用。秦国起初只是一个地处偏远的小国，中原各国都排斥它，把它看作戎翟。然而到了秦献公时期，它的实力常在诸侯中称雄。论起秦国的德义，还不如鲁、卫两国的暴戾之人；论起秦国的兵力，也不如韩、赵、魏三国强大，但它最后统一了天下，并不一定是因为地理形势非常有利，大概是上天对它有所扶助吧！

有人说"东方是万物开始生长的地方，西方是万物成熟的地方"。据此看来，开创事业一定出现在东南，获取胜利的却常常在西北。所以大禹在西羌兴起，成汤是在亳县兴起的，周成天下是在丰、镐起兵去讨伐殷商的，秦国完成帝业是由于从雍州发展，汉朝兴盛是从巴蜀汉中开始的。

秦国统一天下后，焚烧天下的《诗》《书》，而各诸侯国的国史被烧毁得更为彻底，因为其中有讽刺讥笑秦国的文辞。《诗》《书》之所以能够再现于世，是因为民间收藏得多，而各诸侯国的国史只收藏在周王室，因此一下子就全毁灭了。可惜啊，可惜！只有《秦纪》传下来，又没有写明年月，内容简略也不完整。不过战国时代纵横家的游说之词和游说故事也有可供采取借鉴的资料，不必一定采于上古之时。秦国统一天下的手段虽然残暴，但能随着时代的不同采取不同的对策，所以获得了巨大的成功。有的著作提倡“要以后代帝王为榜样”，这是为什么呢？因为他和我们所处的时代相近，民俗的变化也差不多，道理讲起来切实明白，容易推行。一些学者局限于自身的学识，看见秦朝统治的时间短，不考察它兴衰变化的全过程，于是就耻笑它，不敢谈论，这和用耳朵吃东西没有什么两样，真可悲呀！

我于是根据《秦纪》，继孔子的《春秋》之后，编成了这份年表，年表从周元王起到秦二世，总共二百七十年，列表编排了六国发生的大小事件，记载了我所闻知的各国兴盛衰败的事情，供后代的君子们阅读参考。(《六国年表》具体内容从略)

(龚双会 译)

《史记》卷十六 秦楚之际月表第四

太史公读到有关秦楚之际的历史材料时，说：带头发难反秦的，是陈涉；用武力灭掉秦朝的，起自项羽；拨乱除暴，平定天下，最终登上帝位，建立了汉王朝的是刘邦。八年里，政权三次更换，自从有人类历史以来，还未见有君主接受天命登上帝位像这样快的。

从前虞舜和夏禹两朝的兴起，经过了几十年的积德行善，功德深入人心，惠及广大老百姓，还代替天子处理政事，接受了上天的考验，然后才正式登上了帝位。商汤和周武王称王统治天下，但是早在十几代之前，从契和后稷就一直修仁行义，因此，当武王伐纣时，没有约定就有八百多个诸侯同时会聚孟津，但是即便如此，武王还认为起兵伐商的时机不成熟。过了很久，商汤才把夏桀放逐，武王才把殷纣杀掉。秦朝是在襄公时开始立国，到了文公、穆公时逐渐强大，到了献公、孝公时，才慢慢地蚕食东方六国，再经过一百多年，到秦始皇时才并吞诸侯，统一天下。虞舜、汤武德行很高，统一天下还用了那么长时间；秦国凭借强大的武力，也用了那么长时间才一统天下，可见统一天下是多么的不容易啊！

秦始皇称帝以后，他认为过去战乱不息的原因，是因为诸侯割据的缘故。因此他废除分封制，不再分封有功之臣，还毁坏东方各国的城池，把收缴的武器统统熔毁，诛灭英雄豪杰，想通过这些手段维持帝业的长治久安。然而新的帝王却来自平民百姓，各地豪杰联合起来攻击秦朝，取得帝王的速度远超过夏商周三代。从前秦朝推行的那些防备措施，反倒给讨伐它的人扫清了障碍。使汉高祖得以发挥他的才能，而成了天下的雄主，哪有“没有封地便不能称王”的道理呢？这就是古书中所讲的大圣人么？这难道不是天意吗，这难道不是天意吗！如果不是大圣人，谁又能在这样的乱世这么快就承受天命成为帝王呢？（《秦楚之际月表》具体内容从略）

（羽　渊 译）

《史记》卷十七　汉兴以来诸侯王年表第五

太史公说，殷代以前的事情太遥远了。周代的封爵分为公、侯、伯、子、男五等。当时封伯禽于鲁，封康叔于卫，每人的地域各为四百里，这一方面是因为亲缘关系，同时也是对有德之人的褒奖。当时还封姜太公于齐，让他享有五个侯爵那么多的封地，这是对劳苦功高的人的尊崇。除此之外，在武王、成王、康王时代，所封的诸侯有数百个，其中与周室同姓者有五十五个，他们的封地最大不过百里，最小者只有三十里，分封他们是用来辅卫王室。管叔、蔡叔、康叔和曹、郑始封之君，他们的封地有的超过爵位应得之数，有的则不足。等到了厉王、幽王以后，周室逐渐衰败，争强称霸的诸侯国兴盛起来，周天子的力量单薄，已经没有办法再控制这些诸侯。这并不是周天子的道德不醇厚，而是形势对周天子越来越不利的缘故。

汉朝建国之后，把功臣分为王、侯两个等级。高祖晚年明确地规定，不是刘氏而称王者，或没有功劳未经皇帝特别允许而称侯者，天下都可以共同讨伐他。高祖的子侄兄弟被封为王者有九个人，异族人被封为王的只有吴芮一个，而有功之臣被封为侯者有一百多人。当时的国土，西起雁门、太原，东至辽阳，为燕国和代国的封地；常山以南，太行以东，过黄河、济水，以及阿县、甄县以东一直到海边，为齐国和赵国的封地；从陈县往西，南到九疑山，东到长江、淮河、谷水、泗水，一直到会稽，为梁国、楚国、淮南国和长沙国的封地；这些封地的边界都和北方的匈奴和南方的越国接壤。而内地太行山以东，都是诸侯王的封地，大的诸侯王国有五六个郡、几十座城池，他们那里的政府建制和宫殿规模有的比皇帝还排场。汉朝廷直接控制的地盘，只有河东、河西、河南、东郡、颍川、南阳，以及从江陵以西至蜀地，北从云中至陇西，加上内史共十五个郡，而且还有公主列侯的食邑有不少也在其中。为什么会形成这种局面呢？这是因为当时天下初定时，皇帝的同胞兄弟很少，所以只好封了一些非刘姓的子弟为王，靠他们去镇抚四海，保卫天子。

汉朝平定天下之后百年间，诸侯王与皇帝的关系越来越疏远，有的诸侯王骄奢成性，竟听从手下一些奸邪之臣的计谋胡作非为，大的谋反叛逆，小的不遵纪守法，结果危及性命，身死国灭。天子借鉴古代的制度，对诸侯们施加恩惠，让他们推恩把国土再分封给各自的子弟。所以齐分为七国，赵分为六国，梁分为五国，淮南分为三国，连同天子的支庶子被分为王者、诸侯王的支庶子被分为侯者，共有一百多个。早在吴楚反叛时，有的诸侯王先后因犯罪而被削减封地，因此燕、代失去了北部的郡，吴、淮南、长沙失去了南部的郡，齐、赵、梁、楚的支郡、名山、陂海也都被朝廷收回。这样一来，诸侯的势力渐渐衰弱，大国不过十多座城池，小国只剩下几十里的地盘，对上足以完成进贡，对下足以维持自己的生活和祭祀祖先，能尽到保卫京师的作用就行了。这样，汉王朝直接管辖的地方有八九十个。这些郡与诸侯王的封地犬牙交错，控制着要塞的地利，形成了本干强大、枝叶弱小的形势，使尊卑等级分明，而国家万事各得其所。

我这里记载了高祖以来至太初年间的诸侯王国的情况，用表格的形式记录他们各自兴衰变化的时间，以便后世的人参考借鉴。总之，这些问题之所以能够解决，看似朝廷势力强大，但根本的还是要施行仁义。（《汉兴以来诸侯王年表》具体内容从略）

（羽　渊 译）

《史记》卷十八　高祖功臣侯者年表第六

太史公说，古时臣子的功绩分五等：凭借仁德打下江山、安定国家的叫作“勋”，凭借出谋献计的叫作“劳”，凭借武力的叫作“功”，清楚功劳等级的叫作“伐”，计算任事长短的叫作“阅”。分封功臣为列侯时的誓词说：“即使黄河细得像衣带那样窄，泰山变得像磨刀石那样小，你们的封国也会永远安宁，还要把对你们的恩泽延及后代子孙。”最初朝廷不是不想稳固这些功臣们的根本，然而他们的子孙却渐渐地衰微了。

我阅读高祖当年分封功臣的史料，考察功臣侯们当初受封的情景和他们后代失掉侯国的原因，我觉得，这真是和我们听说的情景不一样啊！《尚书》说：“各个邦国都应和睦相处”，有的邦国存在到了夏商时代，经历了几千年。周朝分封了八百个诸侯，经历幽王、厉王之后，在《春秋》的记载上还能见到。《尚书》上记载了唐尧、虞舜时的侯伯，经历夏、商、周三代一千多年，假如都能保全自己并守卫天子，难道不是因为他们忠于仁义、遵奉君主的法令吗？汉朝兴起的时候，受到分封的功臣有一百多人。当时天下刚刚安定，旧时那些大城名都的人都已经离散逃亡，可以统计的人数是原来的十分之二三，因此，大侯的封户不过万户，小侯的只有五六百户。以后几代，民众们都回归故乡了，人口渐渐繁衍起来，萧何、曹参、周勃、灌婴这些人的后裔有的封户达到了四万，小侯的封户也增加了一倍，财产也是这样。这些人的后代越来越骄傲自满，忘记了自己祖先创业的艰难，干起了荒淫邪恶的勾当。从高祖到太初时的一百多年里，所封的侯爵只剩下五家，其余的都因犯法而丧命亡国，一下子全完了。虽然皇帝对列侯的法网稍微严厉一点，然而他们自己都没有谨慎地对待当世的禁令。

生活在当今，学习古代为人处世的道理，把他们当作镜子来提醒自己，但古今不一定完全相同。帝王们因为各自的礼法不同，制定出的统治方法就不同，要把成就功业作为纲要，怎么能拘泥于教条呢？想想功臣侯门得到尊荣恩宠和受到废黜羞辱的原因，也可为当今提供许多经验和教训，何必听信旧时的传闻呢？于是我谨慎地弄清楚他们的来龙去脉，把关于他们的文献改列成下表，其中有少许没能完全说清楚本末的，所以把清楚的记载下来，有疑惑的地方空下来。以后如果有君子之人想进一步研究并谱列它，可以参阅这个表。

（纪　婧　译）

《史记》卷十九　**惠景间侯者年表第七**

太史公阅读有关列侯的史料时读到长沙王吴浅的时候，情不自禁地感慨说，这是有原因的啊！当初高祖平定天下时，非刘姓亲属的功臣被裂土封王的有八个人。到惠帝即位的时候，只剩下长沙王吴浅了。长沙王吴氏一共传了五代，由于没有儿子继承而绝后，在整个为王的过程中没有任何过错，作为遵守规章制度的臣子，吴氏一族简直无可挑剔。所以他家享受的恩惠能够辐射到其他非本家的子孙，好几个都是没有任何功劳就被封了列侯。从惠帝到景帝五十年间，被封为列侯的一共有五种人：第一种是辅佐高祖开国有功而高祖时未能封侯，现在给补上的；第二种是跟随文帝由代国入承大统，有翊卫之力的；第三种是平定吴楚之乱有功的；第四种是诸侯王的儿子或者其他皇室的亲属受封的；第五种是周边部落率部投降，朝廷特意奖赏的，受封者共九十三人。现在我把他们的始末缘由全列出来，这些都是当代比较明显的由于施行仁义之道而获得成功的人。

（《惠景间侯者年表》具体内容从略）

（羽　渊　译）

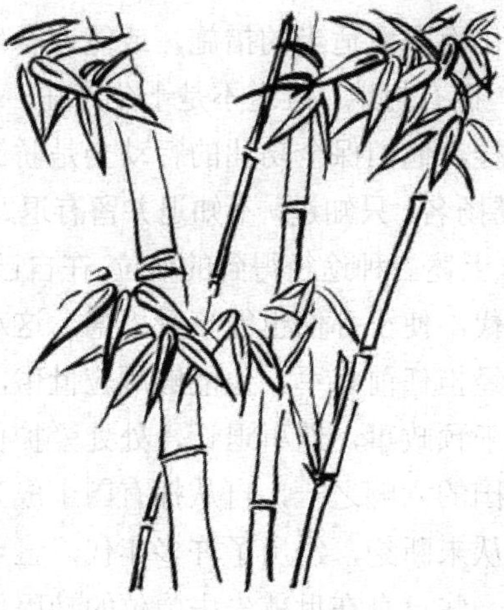

《史记》卷二十　建元以来侯者年表第八

太史公说：匈奴破坏和亲条约，攻击汉朝首当其冲的边塞；闽越人凭借武力，擅自攻伐东瓯，致使东瓯请求迁入内地。南北两夷一起侵扰汉朝边境，正在汉朝最昌盛的时候，因此朝廷起兵反击，大臣立功封侯，功臣受封之多当与高祖开国时相当。为什么会这样呢？自《诗经》《书经》称夏、商、周三代"抵御抗击北方的戎狄，讨伐惩罚南方的荆荼"以来，东周的齐桓公曾越过燕国攻打山戎，赵武灵王凭着一个小小的赵国使匈奴的单于降服，秦穆公依靠百里奚的辅佐称霸西戎，吴、楚两国的国君不过是一方诸侯，也能役使百越。何况作为一个一统天下的圣明天子在位，兼有文武之才，志在平定四方，使国内亿万民众都和睦相处，安居乐业，怎能面对外夷的侵扰无动于衷，不发兵讨伐呢！从此以后，汉朝出兵北方征讨凶悍的匈奴，出兵南方消灭强劲的南越，建立军功的将士们也都按时间顺序被封侯。

后进好事的大儒褚先生曾经说：太史公记事记到孝武帝时为止，所以我又撰记孝昭帝以后功臣封侯的事情，编于左方。其目的在于使后世那些好事者能看到功臣们的成败，享国长短，侯位有的传世，有的中断的道理，引以为戒。当世的君子如果能不守常规，随机应变，或能根据形势的变化而采取适当的措施，或能迎合世俗得到重用，建立功业，受封侯爵，拥有封地，难道不是十分兴旺、令人羡慕的事吗？然而，他们不是这样，他们保全功业的行动全是骄傲自满，不谦虚谨慎，争权夺利，招摇扬名，只知进，不知退并留有退路，终于犯罪被杀，封国随之灭绝。依靠上述三种途径得到的侯位，在自己这一代就失掉了，不能把功业传给后代，使子孙们也能享受恩德，这难道不是十分可悲的吗？那龙雒侯曾经担任前将军，他能够顺应世俗，行善积德，为人忠厚，讲诚信，不干预政事，遇事退让，处处爱护他人。所以，他的祖先本是春秋时晋国的六卿之一，自从拥有国土成为诸侯以来，为王为侯，代代相传，从未断绝，经历了许多年代，直至如今，算起来已有一百多年了，和一些自身在世就失去爵位的功臣们是无法同日而语的！？真是可悲啊，后人应该引以为戒啊！

（《建元以来侯者年表》具体内容从略）

（羽　渊 译）

《史记》卷二十一　建元以来王子侯者年表第九

皇帝下令给御史大夫说：“请告诉诸侯王们，凡是想将自己的封地分封给自己的儿子或兄弟的，都把名单开列清楚报上来，我将亲自裁定赐给他们的名号。”

太史公说：多么盛大啊，皇帝的道德！一个人有德惠，天下人都跟着享福。

（《建元以来王子侯者年表》具体内容从略）

（羽　渊 译）

《史记》卷二十二　汉兴以来将相名臣年表第十

（此表无序）

（《汉兴以来将相名臣年表》具体内容从略）

（羽　渊 译）

《史记》卷二十三 礼书第一

太史公说："礼是多么完美盛大的德行！它主宰万物、役使民众，哪是人力所能够做到的？我曾经到大行礼官那里，研究有关夏、商、周三朝礼制演变的资料，才知道根据人情来制定礼，依据人性来制定仪，是由来已久的事了。

做人的道理有千条万条，而礼法规则则无不贯通其间，用仁义作为诱导，并以刑罚加以约束，因此道德高尚的人地位尊显，俸禄优厚的人享受宠信光荣，使天下人有共同的意识和行动。人乘坐车马感到舒适，于是以黄金装饰和镶嵌花纹等来增加车子的华美；眼睛喜欢看到绚烂的美色，于是设计了不同图案颜色的花纹；耳朵喜欢听动听的声音，就调谐各种乐器以奏出动人的乐音；口舌喜欢品尝美味的食物，就烹调出各种或酸或咸极尽口味之美的佳肴；人们喜爱珍贵完美的物品，就用美玉制成各种顺心遂意的玉器。于是，帝王乘坐的车子席位铺上草席；帝王上朝时头戴白鹿皮冠，身着白衣；帝王用的琴瑟是以捣练的熟丝上成朱红色后制成的；举行祭祀时用五味不调的淡肉汤，以清水代酒，这么做都是为了防止过分奢侈，挽救衰败啊！所以，上自朝廷中君臣贵贱的等级，下到黎民百姓的衣食住行、婚丧嫁娶，做每件事情都有适宜的分寸，每件物器的修饰都有节制。孔子说："自从第一次禘祭时以酒灌尸于地之后，我就不愿再看了。"

周朝衰落后，礼制废弃，乐制破坏，人们不顾尊卑等级，管仲娶三姓妇女为妻。遵循法制、守正道的人受到世俗的诟病，过分奢侈、不循礼法的人被称作显贵。就连子夏这样的孔子高徒，尚且还说"出门见到华丽盛美的事物心情就愉悦，回来听到夫子的学说也觉得快乐，二者无法取舍"，更何况中等才能以下的人，长期受不良教化濡染，流于社会习惯之中呢？孔子说"必须把名分与实际不符者纠正过来"，但在卫国终究无法做到。孔子死后，受业弟子被埋没不被提拔，有的到了齐国、楚国，有的遁入河北、海内。令人感到痛惜！

到了秦国统一天下，尽纳六国礼仪制度，择其优者而用之，虽与先圣先贤的制度不合，但也和古代一样，尊君抑臣，使朝廷威仪隆重。及至汉高祖光复四海，拥有天下，儒者叔孙通对秦朝礼制有所增减，制定了汉代制度，基本沿袭秦朝旧制。上自皇帝的称号，下至僚佐、宫殿和官名都少有变更。孝文帝即位后，有关官员建议制定礼仪制度，那时孝文帝推崇道家学说，认为烦琐的礼节只是粉饰外表，无益于天下治乱，治国要靠以身作则，没有采纳这类建议。孝景帝时期，精通世务和刑名之学的御史大夫晁错屡屡建议说："藩国诸侯，都是天子的臣子，古往今来都是如此。现今诸侯大国独断专行，与朝廷政令不同，诸事不禀京师，这种做法恐怕不可流传于后世诸侯。"孝景帝采纳他的计策，削弱诸侯，导致了六国叛乱，以诛杀晁错为起兵的首要借口，景帝不得已，杀晁错以缓解时局的危难。此事详细记载在《袁盎晁错列传》中。自此以后，为官者安分结交朋友、安享俸禄而已，无人敢再议论这事了。

汉武帝即位后，招纳精通儒学的人才，命他们共同制定礼仪，搞了十几年也没有完成。有人说：古时天下太平，百姓和洽欢喜，祥瑞的景象轮番而至，国家采择各地风俗，制礼仪定制度。皇帝听到这个说法，向御史下诏书道："历朝帝王受天命而为王，虽然各有其兴盛的原因，但是殊途同归，即因民心而起，随民俗确定制度。如今议事的人都厚古而薄今，百姓还有什么指望？汉朝作为一个朝代，典法制度不能流传，如何向后世子孙交代？治化隆盛的对后世影响也自博大闳深，治化浅的影响就褊窄狭小，怎可不自我勉励呢！"于是就以"太初"为元年改定历法，变换服饰所崇尚的颜色，封祭泰山，制定宗庙、百官礼仪，作为不变的制度，流传于后世。

礼是人们在社会活动中产生的。人生来就有欲望，欲望达不到满足就会有怨愤，怨愤得不到节制就要产生争斗，争斗就会产生祸乱。古代帝王憎恶祸乱，才制定礼仪来调节人的欲望，满足人的需求，使欲望不因物不足而受到抑制，物也不因欲望太大而枯竭，物质和欲望两者相互调和，这就是礼产生的原因。所以，礼就是养护的意思。稻粱等五味是用来养口的；椒兰香草是用来养鼻的；钟鼓管弦是用来养耳的；雕刻花纹是用来养眼的；宽房床席是养人体的。所以说礼就是养的意思。

君子的欲望既得到礼的调养，又乐于受到礼的区别。所谓区别，就是贵贱有等级，长幼有差别，贫富轻重都能得到相称的待遇。因此，天子乘坐铺着蒲草的车子以保养身体；身旁放着香草以用来养鼻；车前端有纹饰以用来养目；车缓行时，铃声节奏缓和如《武》《象》二舞的乐曲，车疾行时铃声节奏如《韶》《濩》舞曲，以用来养耳；天子用画有蛟龙、竿有悬铃的龙旗和旗上下垂九根飘带的旗做仪卫，是用来培养威信的。车上用兕牛皮为席，用猛兽皮纹饰倚校，用鲛鱼皮蒙马腹，雕龙文饰车轭，以用来养威严的。所以天子的马，必须调教顺驯，才能乘坐，是为了养安。谁知道出生入死追求名节是为了使生命不朽，谁知道节俭才能聚集财富，谁知道恭敬辞让才能养生安体，谁知道知书达理重视礼节才能涵养性情。

人如果苟且偷生，这样的人必不能保全性命；如果唯利是图，这样的人必遭祸害；如果以懈怠懒惰为安逸，这样的人必遭危难；如果以恣情任性为安逸，这样的人必遭灭亡。因此，圣人一切从礼仪出发，按礼仪办事，就能使礼仪和性情兼得；反之，若一概任情尽性，就会两者皆失。而儒者的学说使人两全其美，墨家学说使人两者皆失。这是儒家和墨家的区别。

礼是治理国家、辨别名分的最高准则，是使国家巩固富强的根本办法，是天子威行天下的唯一途径，是功名位集大成的重要因素。帝王奉行它，可以统一天下，臣服诸侯；不奉行就会国破家亡。所以，坚韧的甲胄、锋利的兵器，称不上胜利，高大的城墙、宽深的护城河，称不上坚固，严酷的号令、繁苛的刑罚，称不上威严。遵循礼仪之道，就事事成功，反之，则诸事皆废。楚国人用蛟鱼皮和犀牛与兕牛的皮革做衣甲，坚韧如同金石；用宛城铁制的大铁矛，钻刺时犀利如锋虿之尾；军队轻利彪悍迅捷，士兵像疾风般迅捷。可是兵败于垂涉，将军唐昧战死；楚人庄跻起兵，楚国四分五裂。这能说是由于没有坚甲利兵吗？是统领者不循礼法之道啊！楚国以汝水、颍水为天险，以长江、汉水为城池，以邓林与中原相阻隔，以方城山为边境。然而，秦国军队直攻到楚国的都城，一路如摧枯拉朽。这怎能说是因它无险可守呢？

是统驭的方法不对啊！殷纣王挖大臣比干之心，囚禁箕子，发明炮烙刑具，杀害无罪之人，当时大臣恐惧，生命难以自保。周朝军队一到，纣王的命令无人奉行，百姓不为所用。这怎能说是号令不严、刑罚不苛呢？这是统治的方法不对头啊！

古代作战用的兵器，不过戈矛弓矢罢了，然而，不等使用，敌国已经折服了。不用修建城墙，不用挖掘护城河，不用建立坚固的要塞，不用兵法谋略，然而国家安定，不畏外敌而江山稳固。这没有其他原因，只不过是彰显礼仪之道，使礼仪与性情等量齐观，役使以时并且诚心爱民，所以，百姓听命如影随形。间有不服从命令的，以刑罚处治他，老百姓也就知罪了。有不守教令的，等待他的是刑罚，那么民众就知罪了。所以一人受刑天下人皆服。犯罪的人不埋怨上级，知道是自己罪有应得。所以虽然刑罚减少了，但威行却如流水般的畅通，没有其他的原因，是由于遵循了礼仪之道。所以，遵行礼义之道，万事能行；不遵此道，诸事皆废。古时帝尧治理天下，仅仅杀一人、刑二人，天下就大治了。这是古书上说的“威令虽然猛厉却不施行，刑罚虽然设立而不使用”。

天地是生命的根本，先祖是宗族的根本，君主与业师是治理的根本。没有天地哪里会有生命？没有先祖种族从哪里来？没有君主和业师国家怎能得到治理？三者缺其一，就没有人民的安居乐业。所以礼仪的作用，对上事奉天，对下事奉地，尊敬先祖而尊崇君、师之恩，是礼的三项根本原则。

所以，帝王祭天时以太祖配天而祭之，诸侯不敢怀想，大夫、士虽各自为祖，但自有常宗，不能越宗而祭，以此来区分贵贱。贵贱的等差区分清楚，这是道德的根本。只有天子有祭天地、祭太祖的权力，只有诸侯才得立社，下及士大夫各有定制，以此表现地位尊贵者做高阶层的事情、地位低微者做低阶层的事情，应大则大，应小则小的原则。所以，天子可以追祭七世宗庙，诸侯可以追祭五世之祖，下大夫可以追祭三世之祖，有二乘采地的士可以追祭二世之祖，牛耕而食的人不得立宗庙，以此来表现位高者德厚，位低者德薄的原则。

祭祀飨神，樽酒崇尚玄酒，俎实之中以腥鱼俎为贵，羹以大羹为先，是贵本原、尊先祖的意思。飨神时虽然崇尚玄酒，饮用的却是薄味的酒；进食时先上黍稷，而把稻粱作为“加饭”；祭祀时先上大羹，填饱肚子的却是各种肴核杂馐，这是既贵本原而又亲近实用的意思。贵本并不是实用所需，纯是为了表达某种观念强加在礼之上的，是对礼的文饰，所以叫作文；亲近实用是理所应当，理之所在，所以叫作理。礼和文加在一起叫作文，礼文结合后，共同归向太一，这是礼的最高形式。因此，樽酒崇尚玄酒，俎实崇尚腥鱼，羹崇尚大羹，都是贵本原的意思。祭祀时，仪礼祭毕献，祝西面告成，佐食不啐酒，一饮而尽；卒哭之祭有献无酢，参加祭祀的人除尸之外，不尝俎实；祝与佐食劝尸用饭，礼成于三，三劝之后，礼数已成，尸停止用饭，大成就不再食了。大婚时祭神以前，祭祀时迎尸入太庙以前，丧礼从始绝气到小敛之间，以上三事情况相同，都保留了原始的质朴性。天子出行，车上用素色帷盖，祭天时头戴麻布制的冠冕，丧服之中最新着的是散麻，这三种情况相同，说的是同一个道理，都是礼贵质朴，也是贵本原的意思。至亲之丧哭声哀痛无文，重情不重声，不讲究声音的曲折动听；《清庙》这首祭歌，一人唱，三人随声叹咏，情致绵绵，有超出歌词之外者；虽然悬挂着声音动听美妙的乐器钟，但是崇尚的却是声音难听得多的拊和膈；朱弦华美，声音清越动听，偏偏要加上一个破洞，使其声重浊，三者的道理也都相同。

凡礼都始于简略疏脱，加上文采，礼的终极目的是愉悦人情，使人心快慰。所以，完备之至的礼，是情文并茂的；次一等的是文胜于情，或者情胜于文，二者具其一；最下等的违背情性，有如同无，恢复到了太一原始的状态。完备的礼能使天地和谐，日月光明，四时更迭有序，星辰运行正常，江河流动，万物昌盛，好恶有所节制，喜怒调节适当。礼仪用于臣民，则臣民顺从，用于君王，则君王贤明。

太史公说：神圣完美极了！树立隆盛的礼作为人道的最高准则，天下无人能随意地增减它。礼之情文相符合，首尾呼应，礼虽极富文采，但并不繁缛以致失去了辨别贵贱等级的基本功能；虽然明察秋毫、纤介无隐，能委屈以顺人情，使人心悦服。天下的君子遵从礼仪就能得到治理，否则就生祸乱；遵从礼仪就得安定，否则就危亡。平民百姓靠自身是不能遵循礼法的。

礼的各种表现形式实在是太深奥了，如将“坚白”“同异”的分辨放入礼的范畴之中来探讨，自然丧败无疑。礼本身实在太博大了，那些擅自制作的典章制度及狭隘、浅陋的理论，放到礼仪体系来认识，就会自愧渺小了。礼本身太高尚了，那些粗暴、傲慢、放纵、暴慢无礼的人，纳入礼仪中来检验，就会坠灭形象。所以说，只要把墨绳陈设出来，则在曲直方面就不会受到欺骗；把秤锤悬在那里，则在轻重方面就不会受到欺骗；把圆规和角尺摆在那里，则在方圆方面就不会受到欺骗；君子只要把握住明辨是非之礼，就不会受到狡诈虚伪的欺骗。因为，墨绳是直的标准；秤锤是轻重的标准；圆规和角尺是方圆的标准；礼则是人道的标准。但是，不守礼法的人不值得待之以礼，称为不守法术之民；守礼者才配以礼相待，称为守法术之士。能得礼之中道，不偏不倚，又能事事思索，不违情理，叫作善于思考；能虑而又不变易礼法，叫作信念坚定。善于思考又信念坚定，加上对礼的由衷喜好，就是圣人了。天是高的准则，地是低的准则，日月是光明的准则，无穷无尽是广大的准则，圣人则是礼义之道的最高典范。

礼是通过使用财物表现出来的，礼的文采是用以区分贵贱等级的，礼由上下等级的差异定其繁简多少，以繁简为要领。文采繁多而人情淡薄的，是过盛的礼；文采不足而人情浓厚的，是简易的礼；文采和人情互为表里，糅合混杂，才是礼的适中情况。作为君子，上则达到过盛之礼，下则极尽简易之礼，中则文情适中，行中流之礼。所以说，君子的本性就是常居中道，不偏不倚，举手投足，随意所之，无论怎样做都不会失礼。君子严格以礼仪的范畴作为活动的范畴，绝不超越。此外的是平民百姓。在君子和平民百姓之间，既不像君子那样严守礼的规范，也不像平民百姓那样不守礼法，虽加变通而不失于礼，便是圣人。所以，道德深厚的人，是多行礼义，积累所致；恢弘博大，是礼义拓广的结果；道德高尚，是礼义隆盛的原因；心智聪明，是事事尽礼的缘故。

（龚双会　译）

《史记》卷二十四　乐书第二

太史公说：每当我读《虞书》，读到君臣之间互相告诫勉励，由此而使国家近于安定，而得力的大臣不好，就万事毁坏，没有哪一次不感慨流泪的。周成王作《颂》，推求自己所受的创伤、痛苦，悲痛国家难以处理之事，怎可说不是位战战兢兢、善守善终的帝王呢？在位的君子若不为道家所倡导的那种简约之政，则必然要修治功德，制礼乐。君子若无向上之心，自满自足，则很容易抛弃礼法，不遵成宪。安乐而能不忘天下之初的劳苦，安定能想到创始时的艰难，处身在极其优越的地位和条件之下，而能歌颂勤苦，不是有大道德的人，谁能够做到这样！古代礼书上说“大功成就，天下太平以后，才可制定礼、乐等制度”。天下治民之道推行得愈是深入人心，人们的道德修养愈接近于德化的境界，人们所追求的喜乐就愈益不同。水满而不减损就会向外溢，器满而不扶持就会倾倒。大凡作乐的原因就是为了节制欢乐。君子以谦虚退让为制礼的准则，以自损自减为作乐的准则，乐的作用就在于此啊！由于各州各国的环境不同，性情习俗也不相同，所以在采风时要广泛地采集风俗，与声律相谐调，以此补充治道的缺陷，移风易俗，帮助推行政令教化。天子亲临明堂观乐，而百姓在音乐的熏陶感化下涤除人性的邪恶和污秽，使德性无亏缺，修治其性情。所以说《雅》《颂》这样的乐曲得到整理，民风就端正了，激烈呼号的音声兴起，则士心振奋，郑国和卫国的歌曲使人心生邪念，不能守礼。当乐与情性和谐时，连鸟兽都受到感动，何况怀五常之性、有好恶之情的人呢，这是自然的趋势啊！

治国的方法有缺陷而导致郑国的音乐兴起，有封地的贵族和世袭的君王在相邻州地赫赫有名，都争相夸耀郑音。孔子自从不能与齐国赠送的女优人共同相处后，便退出鲁国政界，整理雅正的音乐以劝诫世人，作《五章》以讥刺时事，也没能感化那些人。衰落延续到战国时期，诸侯封君仍放纵沉溺，陷于淫乐生活而不能自拔，最终身死国灭，被秦国兼并。

秦二世更加沉湎于淫乐。丞相李斯进谏说："抛弃《诗》《书》，沉湎于音声和女色，这是殷代贤臣祖伊忧惧的事情；不注意细小的过失和恣意于长夜的欢乐，是殷纣王灭亡的原因。"赵高说："自伏羲氏以来至周初的乐曲各不相同，表明它们彼此不相沿袭。上自朝廷，下至百姓，都靠它来交流欢乐的感情，融洽亲切的情意。否则，非和乐的感情不能相通，推行的恩泽不能流布，这也是一个时代有一个时代的教化，有符合时俗的音乐。难道一定要是华山的骏马才能远行吗？"秦二世赞成赵高的说法。

汉高祖刘邦讨平淮南王黥布的叛乱，回兵路过沛县时，做了《三侯之章》的诗歌，叫当地儿童歌唱。高祖死后，命令沛县在四季祭祀宗庙时用此歌舞乐曲。历孝惠帝、孝文帝、孝景帝无所变化，乐府中不过是演习这些旧有的乐曲罢了。

今皇帝即位后，做《郊祀歌十九章》，命侍中李延年依次谱曲，并任命他为协律都尉官。当时仅通晓一种经书的儒士们不能单独解释歌词含义，必须会集五经各名家，共同研读，才能完全理解它的含义，许多歌词出自《尔雅》。

汉代朝廷常常在正月的第一个辛日于甘泉宫祭祀太一神，从黄昏开始夜祀，到黎明时结束。祭祀时常有流星划过祠坛上空。使童男童女共七十人一起歌唱。春季唱《青阳》，夏季唱《朱明》，秋天唱《西暤》，冬天唱《玄冥》。歌词世间多有流传，所以不再细说了。

还曾经在渥洼水中得到一匹神马，又编排了一首《太一之歌》。歌曲说："太一恩赐啊，降临天马；冒着赤色的汗珠啊，口吐赭色涎沫；从容驰骋啊，已过万里；谁能匹敌啊，唯有与龙为友。"此后兵伐大宛得到一匹千里马，取名蒲梢，又编排了一首歌，歌词是："天马啊来自西方极远处；途经万里啊，归于有德的人；承神灵之威啊，收降外国；跋涉经过大漠啊，使少数民族臣服。"中尉汲黯进谏说："大凡帝王作乐，上以继承祖宗之德，下以感化亿万百姓。现在陛下得到了一匹马，又是作诗，又是作歌，还在宗庙演奏，先帝和百姓难道能够理解这乐歌的含义吗？"皇帝听了默然，心中不悦。丞相公孙弘说："汲黯诽谤圣上创作的诗歌，罪当灭族。"

大凡音是由人内心产生的。而人内心的变动，是由物的影响造成的。内心感受于物而发生变动，由声音表现出来；声音与声音互相应和，就会发生变化;按照一定的规则变化，就叫作音;随着音调的变化，用乐器演奏之，再加上文舞中舞人手执的器具演绎，就叫作乐了。所以说乐是由音产生的，而其根本是人心有感于外物造成的。因此，感受外物而产生哀痛心情时，其声急促而短促的；感受外物而产生快乐的心情时，其声舒慢而和缓；感受外物而产生喜悦的心情时，其声昂扬而轻散；感受外物而产生愤怒的心情时，其声粗猛而严厉；感受外物而心生敬意时，其声正直而清亮；感受外物而心生爱意时，其声柔和且动听。以上六种情况，与性情无关，大家都明白是感于物而发生的变化，所以先王对外物的影响格外慎重。因此说礼是用来引导人的意志，乐是用来调和人的声音，政是用来统一人的行动，刑是用来防止产生奸乱的。礼乐政刑，其终极目的是相同的，都是为了统一民心，建立天下大治的世道啊！

大凡音都是在人内心产生的。感情在内心回荡，从而形成声，由于声的清浊变化有规律，形成了一定的结构和组织，就不再是简单的声了，整体称为音。所以太平盛世的音充满了安适与欢乐，表征其政治平和；乱世时的音充满了怨恨与愤怒，表征其政治混乱；亡国时期的音充满了悲哀和忧伤，表征百姓困苦无望。声音的道理与政治是相通的。五声中宫好比君，商好比臣，角好比民，徵好比事，羽好比物。若五声各得其所用，不相坏乱，就不会产生不和谐的音了。如果宫声乱，则五声尽废，表示其国君骄纵；商声乱，则乐曲跳掷不定，表示其臣官堕落；角声乱，则五音谱成的乐曲基调不定，表示其百姓忧思；徵音乱，则曲调低沉哀婉，表示国家多事；羽声乱，则曲调可能出现演奏失败，显得危急。五声全部混乱，就会互相冲突侵凌，则曲调轻忽怠慢。如果这样，国家的灭亡也就指日可待了。郑国、卫国的音声是乱世之音，可与轻忽怠慢之音相比拟；桑间濮上的音声是亡国之音，其国的政治混乱，百姓流荡，臣子诬君、徇私情到了不可收拾的地步。

大凡音都是在人内心产生的；乐是与伦理相通的。所以懂得“声”

而不懂得“音”的是禽兽；懂得“音”而不懂得“乐”的是普通百姓。有知识深明乐理的是君子。所以详细审察“声”以了解“音”，审察“音”以了解“乐”，审察“乐”进而了解政治情况，治理国家的方法也就完备了。因此，没有必要与不懂得“声”的人谈论“音”，没有必要与不懂得“音”的人谈论“乐”，懂得“乐”就近于明“礼”了。对“礼”“乐”都很精通的人，就可以称为有德之人了。德就是得的意思。所以说“乐”的隆盛，并不在于“声”的规模；宗庙的“礼”的隆盛，不在于祭品的丰盛。宗庙中用的瑟，仅采用朱红色弦，下有两个通气孔，毫不起眼；演奏时一人唱三人和，形式单调简单，然而于乐声之外寓意无穷。大飨的礼仪中崇尚玄酒，要有盛生鱼的俎，肉汁羹是味道单一的咸肉汤，不调合五味，然而，在实际的滋味之外另有滋味。所以先王制定礼乐的目的，不是为了满足口腹耳目的欲望，而是要以此教导百姓要注意调节自己的好恶之心，从而归于人道的正路上来。

人生来好静，这是天性的表现；受到外界事物的影响后发生变动，是本性的表现。接触到外界事物，人的心智感知于它，然后形成对事物的喜好或厌恶之情。好恶之情如果在内心得不到节制，理智被外在的事物所诱惑，不能归于自身原有的天性，天性就要泯灭了。外物对人的诱惑无穷无尽，而人对外物的好恶之情不能节制，这样，一旦接触到外物，人就为物所化，随物变易其善恶。人被外界事物所同化，就会灭绝原本安静的天性而一味追求好恶无节产生的贪欲。于是就产生了不顺天理、恣意而为、欺诈、虚伪的念头，就有了荒淫、逸乐、犯上作乱的事发生。因此，强者胁迫弱者，众人欺辱少数，智者欺诈愚昧无知的人，勇悍的折磨怯懦者，有疾病的人得不到疗养，老人、小孩、孤儿、寡妇没有安身之处，这些是导致天下大乱的原因。所以，先王制礼作乐，是为了使百姓有所节制：衰麻哭泣的礼仪制度，是为了节制人们的丧葬；钟鼓干戚等乐制，是为了调和人们的安乐；婚礼冠礼的制度，是为了区分男女有别；乡射、乡饮酒礼及其他宴客享食的礼节制度，是为了规范人们的交往关系。礼的作用是节制民心，乐的作用是调和民气，政治的作用是推行国家的政令，刑罚的作用是防范罪恶事件的发生。礼乐刑政通行四方而不相悖乱，帝王的治民之道也就完备了。

乐是用来协同好恶的，礼是用来区分等差的。同好恶使人们互相亲爱，等级分明则使人互相敬重。乐事太过就会使人放纵；礼事太过就会使人疏远。和合人们的感情，整饬人们的仪表，这就是礼和乐的作用了。礼得以实现，则贵贱就有了等级；乐得以统一，则上下就会和睦；好恶有了分明的标准，贤与不贤自然区分开来；用刑罚禁止暴行，以爵禄推举贤能，就会政事均平公正。用仁心来爱护百姓，以义理来教化百姓，这样就会天下大治了。

乐是从内心产生的，礼是外在的表现。乐是从内心产生的，所以它是静的；礼是外在的表现，所以它是华美的。伟大的乐必定是简易的，盛大的礼必定是俭朴的。乐事做得好了，就不会产生埋怨，礼事做得好了，就不会产生争夺。君主不施刑罚、威仪，无所为而天下治，就是指以礼乐治天下啊。富于反抗精神的老百姓不作乱，诸侯恭敬服从天子，兵器甲胄不用，刑罚不施行，百姓没有忧患，天子没有怨怒，这样的状况就是乐的功用发挥到极点了。促进父子之间的亲情，明确长幼之间的次序，使四海之内互相敬爱。天子能做到这些，就是礼的功用发挥到极点了。

伟大的音乐和天地一样阴阳调和，伟大的礼仪和天地一样使贵贱高下有等。阴阳调和，万物才生长不绝其种；贵贱高下有等，才有如今祭祀天地的仪式。人间有礼乐，阴司有鬼神，这样普天之下就能做到互相敬爱了。礼虽然有等级，其目的是要在各种场合下都做到互相尊敬；乐虽有不同的曲调，其目的是体现同样的爱心。礼和乐的宗旨都是教化于人，所以贤明的帝王一代代沿袭礼乐。所以制定的礼仪和音乐与社会需求相符，与时代功德相符。所以钟、鼓、管、磬、羽、籥、干、戚，是表演乐的道具；屈伸、俯仰、舒缓、急速，是表演乐的形式。簠、簋、俎、豆，是表现礼的规范；升降、上下、周旋、袒免，是实现礼的形式。懂得礼乐之情的人才能制礼作乐，识得礼乐表现形式的人才能传授礼乐。能制定礼乐的人称为圣者，能传授礼乐的人称为贤明。所谓明和圣，就是能传授和制定的意思。

乐，是天地间和谐的表现；礼，是天地间有序的表现。和谐，才能使万物融合；有序，才使事物有所区别。乐是按照天的榜样构造而成的，礼是按照地的榜样构造而成的。所制过分就会由于贵贱不分而生祸乱，过分地制作则会使上下失和。明白了天地的这些性质，才能制礼作乐。言与实和合不悖，是乐的主旨；欣喜欢爱，是乐的事迹。而中正且不偏颇，是礼的本质，庄严顺从则是礼的形制。至于礼乐要通过钟磬等乐器表现出来，借助于声音传播，用于祭祀宗庙社稷和山川鬼神的形式，天子与众民都是相同的。

帝王在功成业就了就会制作乐，国家安定了就会制定礼。功业大的所制的乐就更加完备，功治广的所制的礼也更为具体。舞动干戚那样的舞乐，不是完备的乐；用烹熟的食物祭祀，不是盛大的礼。五帝之间所处的时代不同，所作的乐不互相沿袭；三王之间所处的世事各异，所制的礼不互相承袭。乐太盛则淫而废事，必有后忧，礼太简略则不易周全，失于偏狭。至于使乐既敦厚而又不产生忧患，礼完备又没有偏狭的，唯有大圣人才能做到如此吧？天空高远，地面低下，万物分散其中，各不相同，礼制因而产生并且实行起来；世间事物，变化不息，融合而化为一体，仿照这些制起了乐并使之兴盛。春生夏长，化育万物，这是天地仁德的表现；秋收冬藏，敛藏决断，这是天地义道的表现。仁德和乐精神相近，礼与义性质相近。乐本质上敦厚和睦，尊神而顺从天道；礼本质上是区别同异等差，敬鬼而顺从地道。所以圣人作乐以顺应天时，制礼以顺应地时。礼和乐详明而完备，都是取法天地自然的结果。

天尊贵而地卑贱，君臣之间的地位差别就像天地，其地位高下就确定了。高卑有别，布陈在那里，贵贱之分就可以确立了。天地万物，或动或静，各有常态；有大有小，各自不同。同类的相聚，不同类的分离，它们在本质上是不同的。万物在天出现的则显光亮，在地上出现的则成形体，这样说来，礼就是天地间万物有界限和区别的表现。地气上升，天气下降，地气为阴，天气为阳，阴阳互相交汇相融，所以天地之气相互激荡，导致雷霆鼓动，风雨润泽，四季交替，日月照耀，万物就变化生长起来了。这样说来，乐就是天地万物间和谐的表现。

化育不得其时万物就不生长，男女没有分别就会产生祸乱，这是天地间的自然情理。礼乐充斥于天地之间，连阴阳鬼神也与礼乐之事相关，它的影响无处不在。乐产生于万物始生的太始时期，而礼则产生于万物形成以后。时刻在变化的是天，永不变化的是地。有动有静的，是天地间的万物。所以圣人说“礼乐像天地”。

舜曾经做了五弦琴，用来歌唱《南风》；夔是舜的典乐之官，自他开始作乐以赏赐诸侯。所以天子作乐，是用来赏赐那些有德行的诸侯的。德行隆盛而又教化严明，五谷应季丰收，这样天子就赏给他乐舞。因此治化使民劳苦的诸侯，赏赐给他的乐舞者的人数就少，舞者间的行距就大；治化使民安乐的诸侯，赏赐给的乐舞者的人数就多，舞者间的行距就小。所以只要看到诸侯的乐舞就能知道他德行的大小，听到他的谥号就能知道他的善恶。《大章》，是表彰唐尧的德行盛明的意思；《咸池》，是说黄帝施德完备的；《韶》，是说舜能绍继尧的功德；《夏》，是歌颂禹能光大尧舜的功业；殷乐《大濩》、周乐《大武》，也都是各自尽述其人事的。

天地的规律，是寒暑不合时令就会产生疾病，风雨不调时就会产生饥荒。教化对于百姓来说，犹如寒暑一样，如果不合时宜就会有损世道。徭役兵事对于百姓来说，犹如风雨一样，不加调节就会劳而无功。由此看来，先王作乐，是用来作为治化的法则。好的乐舞，其行长短就象征着治化之德的大小。养猪和造酒不是为了制造祸端，但由于酒肉引起的酗酒斗殴诉讼案件越来越多了，所以先王制定了饮酒的礼节制度，宾主多次行礼仅敬酒一次，这样即使终日饮酒也不会醉倒。这就是先王用来防范饮酒惹祸端的办法。所以酒食，只是用来合众而欢乐的。

乐是用来引导人们的行为符合道德准则的，礼是用来防止人们的行为过度放纵的。所以，先王遇到死丧大事，必有相应的礼以表示哀痛之情；遇到喜庆大事，必有相应的礼以顺其欢乐的心情。哀痛、欢乐的尺度，都以礼的规定来把握。

乐是施予；礼是报答。乐是为自己心中所生的情感而表示欢乐；礼是要追返其始祖，对施恩者予以报答回馈。乐的作用是张扬功德，礼的作用是报答恩情，追返原始。所谓大路，是天子所乘之车；图绘龙案、饰有九旒的旗子，是天子的旗子；以青黑色为缘饰的龟，是天子用于占卜的宝龟；还附有成群的牛羊，这些都是天子赏赐诸侯的。

乐歌颂的是人情中不能任意改变的情感；礼表现的则是世事中不可移易的道理。乐是为了协调情感，礼是为了区别等差，礼和乐相合就贯穿人情的始终了。探究人类情感的本源，推知它变与不变的规律，是乐的特征；彰明诚实，去除虚伪的表现，是礼的精神。礼和乐顺应天地的诚实之情，通达神明赐予的恩惠，以感召天地神祇，形成礼乐的内在意蕴和外部形式，统领父子君臣的关系。

因此贤德之人若推行礼乐，天地将会变得光明。天地之气欣然和合，阴阳相互融汇，熏陶沐浴万物，于是草木茂盛，作物抽芽萌发，飞鸟奋飞，走兽生长，蛰虫复苏，禽卵孵化，兽畜生育，胎生的不死胎，卵生的不夭亡，至此礼乐之道都有了归宿。

乐不是指的黄钟大吕、弹琴唱歌和持着盾和大斧的舞蹈，这些只是乐的细微末节，所以只需要儿童去表演就可以了；布置筵席，陈列酒杯肉案，摆列盛果脯的竹器，进退揖拜，这些所谓的礼，不过是礼的细微末节，命典礼的主管官掌管就够了。乐师辨晓乐歌，只让他在卑位演奏；宗祝熟知宗庙祭礼，地位却在“尸”的后面；商祝熟悉丧礼，地位也在主人后面。所以说掌握礼乐本质意义的居上位，通晓礼乐之末节的居下位；品德高尚的在前，职任琐事的在后。因此先王确立了上下先后，然后才制礼作乐，颁行于天下。

乐是圣人所喜爱的，它可以使民心向善。乐对人感化很深，可以移风易俗，所以先王很重视乐的教育意义。

凡人都有情感和心智等天性，但喜怒哀乐等常情却不是固定不变的，人心感受到外物而产生波动，然后内在的思想感情就显现出来。所以促迫而气韵微弱的乐声奏起，人们就感到忧愁；疏缓大度、简易而有节制的乐声奏起，人们就感到安乐；粗疏刚猛、亢奋急疾而博大的乐声奏起，人们就感到刚毅；廉正不阿、庄重诚挚的乐声奏起，人们就感到整肃；宽裕厚重、谐和顺畅的乐声，人们就会变得慈爱亲睦；听放纵淫邪不正派的乐声，人们就会变得淫乱。

所以先王以人的性情为本，考察乐律的度数，按照礼仪的规定，调和阴阳二气的融合状态，遵循五行的规律，使性刚的人阳刚之气不散，性柔的人阴柔之性不密，具有阳刚气质的人不暴怒，具有阴柔气质的人不胆小畏惧，阴阳刚柔四者交融于心中，表现于行动之外，各自相安不相争夺。然后根据各人才智的高低分别学习，逐步增加节奏练习，研究乐舞的形式，以判断如何表现仁厚的道德。规音律的大小名称，排列音律终始的先后顺序，以象征人事行为，使亲疏、贵贱、长幼、男女的道理都通过音乐表现出来，所以人们说"乐的道理太深奥了"。

土壤瘠薄则草木就不能生长，水流太急则鱼鳖就难以长大，阴阳之气衰微则生物就不能生育，社会动荡则礼仪就会废弃，音乐就会淫荒。所以这样的乱世之音就会悲哀而不庄重，逸乐而不安宁，漫涣不敬而节奏混乱，流连沉湎而不能返璞归真。节奏缓慢的乐音蕴涵着淫邪，节奏激烈的乐音撩拨人的欲念，它们使人感受邪逆之气而失去平和的德行，因此君子轻视这样的乐声。

大凡受淫邪不正派的乐声所感，逆气就会相应产生，逆气形成风气，淫乐就会兴起。受正派的乐声所感，正气就会相应产生，正气形成风气，和乐就会兴起。这两种乐声唱和呼应，使邪曲平直各得其所，世间万物也都与此一样，各依其类，互相感应。

所以君子约束其情欲，调和自己的心志，比照榜样以修炼自己的德行。奸邪淫乱的声色不存留于耳目；淫乐秽礼不接触心灵；轻慢邪辟的气息不沾染身体，使耳、目、口、鼻、心及身体的各个部位都按照"顺""正"二字的原则，得到适当的发展。然后通过声音来表达，用琴瑟来演奏，以干、戚来配舞，以羽旄来扮饰，用箫管伴奏，发扬天地间的恩德光泽，推动四时阴阳和顺之气，显现万物生发的道理。所以歌声清朗，像爽朗的天空；钟鼓声音宏大，像宽广的大地；音乐周而复始，像四时的循环；舞姿回旋，像风雨的周旋往复。五色错综成文而不乱，八风随月律而至不相干扰，乐舞节拍像百刻计时那样有一定之规；大与小相辅相成，终与始循环相生，此唱彼和，清浊交错，循环更替，形成规律。所以乐得以施行，使人伦分明，使人耳聪目明，血气平和，移风易俗，天下太平。所以说"音乐就是使人欢乐的"。君子感到快乐是因为从乐中得到正天下的道理，小人感到快乐是因为从乐中满足了自己的私欲。若以道德克制私欲，就能得到真正的快乐而不会迷乱；若因私欲遗忘了道德，就会迷惑而得不到真正的快乐。因此君子约束其性情以使心志和顺，推广乐治以达到教化的作用。乐得以推广，百姓心向道德，就可由此以观察人们的德行了。

德是人性的根本，乐是德的表现，金石丝竹是奏乐用的器具。诗是表述心志的，歌是对诗词声调的咏唱，舞表现人们的体态仪容。这三者都发自人的内心，然后用乐器表达出来。所以情致深远文采就清明，气势盛大就能变化神通，和顺之气蕴藏心中，诗、歌、舞的神采之美就表现出来了，只有音乐不能造假。

乐是心感动于外物产生的；声是乐的表现形式；曲折变化、强弱停顿的规律，是对声音的美饰。君子内心感动，演奏乐曲来表现形象，然后进行加工和修饰。所以《武》乐先击鼓以警众，然后三举步表示伐纣开始，复又开始，表明第二次伐纣开始，舞毕整列队形，鸣铙而退。舞姿奋疾而不凌乱，含义幽深而不隐晦。乐曲表现了自己志愿实现后的快乐，又不违背仁义之道；既能全面体现仁义之道，又不放纵自己的私欲。所以既表达了情感又建立了仁义之道，乐曲结束后，它所表现的仁德也得到了尊显。君子观后更加好善，小人观后改正自己的过失。所以说“治理百姓的方法中，乐可以说是最重要的了”。

君子说：礼和乐片刻不能离开身心。追求音乐陶冶性情，那么平易、正直、慈爱、诚信的心性就会自然而生。平易、正直、慈爱、诚信的心性产生，就会感到快乐，心情快乐就会安宁，安宁了就会长寿，长寿了就表明人的身体达到了很高的境界，达到了很高的境界，人就玄妙莫测了。修养达到了很高的境界，虽不说话却很有威信。修养达到了很高的境界，虽不发怒却会使人感到畏惧。学习乐是为了陶冶人心的；学习礼是为了修身的。修身则容貌庄重恭敬，庄重恭敬则严肃威严。心中有片刻的不和顺不快乐，卑鄙欺诈之心就会乘虚而入；外貌片刻不庄重不恭敬，轻忽怠慢之心就会乘虚而入。所以乐是影响内在感情的；礼是影响外在行为的。乐的最终目的是使内心平和，礼的最终目的是使行为恭顺。心中平和而又行为恭顺，人们看见他的面色就不会与他竞争，望见他的容貌就不会生轻忽怠慢之心。内心平和，人们无不听从他的；外表庄重恭敬，人们无不顺从。所以说“懂得礼、乐的道理，把它施行于天下，就不会遇到难事了”。

乐是对人的内在情感起作用的；礼是对人的容貌举止起作用。所以说礼注重外在谦逊，乐注重内心充盈。礼注重谦逊，从而使人勉力进取，以进取为美德；乐注重内心盈满，从而使人自我节制，以节制为美德。礼若只注重谦逊，但不自勉力进取，则会使人意志消沉；乐若只注重内心充盈，但不自我节制，就会使人放纵。所以礼需要进取，乐需要节制。学习礼，使人进取了，心里就会快乐；学习乐，使人有所节制了，心里就会得到安宁。礼的进取，乐的节制，二者的意义是相同的。

乐就是快乐的意思，是人情不能避免的。快乐就会发之于声音，用行动表现出来，这是遵循人之本性。声音与行动所反映出的人性道路的变化，都表现在这些方面了。所以，人不能没有快乐，有了快乐不能没有表达的方式，有方式而没有正确的引导方式，就难免会发生混乱了。先王不愿出现混乱，所以制定了《雅》《颂》之类的乐作为引导，它的声音能让人感到快乐而不放纵，它的乐章能让人感到清晰且维系不绝，它的声音的曲折平直、歌词的多少、表里节奏，都足以感发人的善心，不使放纵之心、淫邪之气触及人的心灵，是先王作乐的方法。所以在宗庙中奏乐，君臣上下一起倾听，就没有不和顺恭敬；在郊外奏乐，长幼老少一起倾听，就没有不和睦顺从；在家中演奏，父子兄弟听了，就没有不和睦亲爱。所以乐，就是详审声律以调的和谐之音，调和各种乐器表现音乐的节奏，然后各种节奏调合成为优美的乐章，以此来协调父子君臣关系，使万民亲附，这是先王作乐的道理和手法。所以听了《雅》《颂》这种音乐，人的志向和意气变得宽广；手持盾斧，练习俯仰屈伸等舞姿，人的容貌就会变得庄严；踏着舞步的位点，使得舞步与乐曲的节奏相合，则舞者行列方正，进退整齐。因此乐是天地的和谐，是使人心和顺的纪纲，是人情不可缺少的。

乐，是先王用来表达喜乐的，军队和武器，则是先王用来表达愤怒的。所以先王喜怒都有相应的表现方式。这样，先王高兴，则天下人都和乐；先王愤怒，则暴乱者都感到畏惧。先王治国的方法，可以说把礼乐发展到了极盛的地步了。

魏文侯问子夏说："我穿上礼服、戴上礼帽，恭恭敬敬地听古乐，却唯恐睡着了，听郑国和卫国的乐曲却一点都不疲倦。请问古乐令人昏昏欲睡，是什么原因呢？新乐却令人乐不知疲，这又是为何？"

子夏回答说："今天说的古乐，舞者同进同退，整齐划一，乐声平和雅正，气势宽广，弦、匏、笙、簧等乐器都等待击鼓而奏，击鼓众乐开始，乐曲结束时，击金铙而退场，以击鼓来调理节奏，用"雅"这种乐器来节制迅急的节奏。君子通过乐发表议论，通过乐称颂古代的事迹，从而达到修身、理家、平治天下的目的。这是古乐所起的作用。如今的新乐，舞者进退曲折，不求整齐，乐声淫邪，使人沉迷不能自拔，并有俳优和侏儒，表演者像猕猴一样男女杂处，不知有父子尊卑。乐终之后不知道它表达的是什么意思，更不称赞古代的事迹，这是新乐的作用。现在您所问的是古乐，所喜好的却是新乐。乐与音虽然相近，其实不同。"

文侯说："请问音与乐有哪些不同？"

子夏回答道："古时候天地间万物正常，四时调和，人们讲道德，粮食作物丰盛，没有疾病也没有灾害，这就是所说的天地之间一切都非常得当。然后圣人规定了父子君臣伦理关系，并把它作为纪纲法度，纪纲既立，天下真正安定了，天下安定，然后端正'六律'，调和'五声'，弹琴吟唱《雅》《颂》，这就是有德之音，有德之音才称为乐。《诗经》说：'美好的德音啊，其德行能光照四方，既能明照四方又能施惠同类，能为师长也能为人君。如今做了大邦之王，能使民心归顺也能使上下服从，与文王相比，他的德行毫不逊色。既受了上帝的赐福，又能延续到子子孙孙。'这些话说的就是有德之音啊！如今您所喜好的，不是那种有德之音，而是那种使人沉迷的音乐吧？"

文侯说："请问使人沉迷的音是怎样产生的呢？"

子夏回答说："郑国之音偏于放荡而浸淫人志，宋国之音安逸柔媚使人志气丧失，卫国之音急促快速使人心志烦乱，齐国之音傲慢怪异使人心志骄纵，这四者都沉溺于女色，有损于德行，所以祭祀时不使用它们。《诗经》说：‘和敬相应而鸣的声音，才是先祖爱听的音乐。’肃肃，是尊敬的意思；雍雍，是和谐的意思。尊敬而又和谐，还有什么事情不能成功呢？作为君主，能对自己的好恶之心谨慎一些罢了。因为君主喜好什么，臣子就会去实行，上面做什么事情，下面的人就会去效仿。《诗经》说‘教导百姓非常容易’，就是这个道理。然后圣人制作了鞉、鼓、椌、敔、埙、篪，这六种乐器音色质素无华，是德音一类的音声。然后又制成钟、磬、竽、瑟等，发出的华美音声与它们相赞和，再以干、戚、旄、狄等为道具的舞蹈加以配合。这种乐，可以用来祭祀先王宗庙，用于主客之间饮酒时的献酳酬酢各种礼仪，也可以用于叙明官职大小、身份贵贱，使各得其宜，不相悖乱，用来启示后世，使他们懂得尊卑长幼的次序。钟声洪亮，以此立为号令以警众，以号令的威严树立军士勇敢的气概，有此气概就可以在敌人面前显示威武了。所以君子听钟声，就会想到勇敢的武将。磬石声音硁直有力，硁直的音声用来辨别节义，节义分明，心怀节义者就会效死不顾了。所以君子听磬声，就会想到为捍卫边疆而献身的大臣。丝弦乐的声音悲哀，悲哀就会使人树立廉直的作风，廉直可以使人树立志向和节义。所以君子听到琴瑟之音，就会想到有志重义的大臣。竹类乐器的声音滥杂，滥杂就可以会聚百姓，能会聚百姓，就可以使万众归心。所以君子听竽笙箫管的声音，就会想到善于会聚的大臣。鼓鼙的声音喧嚣，听了就会使人受到鼓动，鼓动则激励兵众奋进。所以君子听了鼓鼙的声音，就会想到将帅之臣。所以，君子听音，不只是听它的金石和鸣的乐音，必使乐声和自己心志有所契合，并促成相应心志的产生。”

宾牟贾陪坐在孔子旁边，孔子与他谈话，说到乐，孔子问道：“《武》乐开始的时候，击鼓警众的时间，与别的乐相比，持续得很长，这又是什么缘故呢？”

宾牟贾答道：“这表示武王伐纣之初，担心得不到众诸侯的拥护，迟迟不敢发动。”

“其歌声反复咏叹，乐声连绵不绝，又是什么意思呢？”

回答说：“那是心有疑虑，恐怕事情不能成功。”

“《武》舞一开始便手足发扬，动作威猛刚厉，却又很快结束，这是什么意思？”

回答说：“表示时至则动，当机立断，不要错过了时机，速战速决。”

“《武》舞坐的动作与他舞不同，是右腿单膝着地，左膝离地弯曲以支撑身体，那是什么意思？”

回答说：“这不是《武》舞应有的动作。”

“歌声中反映了周对商作战，有贪图商王政权的不正当目的，这是什么原因？”

回答说：“这不是《武》舞所应有的曲调。”

孔子说：“不是《武》舞原有的曲调，那是什么曲调？”

回答说：“掌管《武》的乐官没有传授下来。如果不是这种情况，就表示武王作乐时，已经老糊涂了。”

孔子说：“我曾听苌弘说过，他的话与您所说的差不多。”

宾牟贾起身，离开自己的座席，问道：“《武》乐击鼓警众，迟迟不开始，我所知道的仅限于此，承蒙您所说，苌弘也这样解释，知道的确是那样。但我不明白的是舞者站在原地迟迟不动，拖那么久，又是为什么呢？”

孔子说：“您先坐下，我来告诉您。乐是对已发生的成功的事形象化再现，如《武》乐开始时，舞者手持盾牌，像山一样兀立不动，象征武王蓄势待发，部下全副武装，只等诸侯响应，就出兵了；《武》一开始舞者就手足发扬，动作威猛刚烈，象征太公吕望指挥战斗，欲一举灭商的决心；《武》即将结束时，舞者右膝跪地，象征周公、召公战后治理国家归于安定。而且《武》乐开始时，舞者自南而北，象征向北进军；第二部分象征灭掉商朝；第三部分象征凯旋而归；第四部分象征南方诸国归服，列入版图；第五部分象征分陕而治，周公居左，治陕以东，召公居右，治陕以西；第六部分舞者归服原位，表示对天子的崇敬；王与大将分立舞者两旁，摇动铎铃以为节奏，以增士气，出兵四面讨伐，向全国显示军威。夹舞者分进出击，是为了战事迅速成功。舞者站在原地久立不动，是为了等待诸侯大军的到来。难道你没有听说过有关牧野之战的传说吗？武王打败纣王以后，来到商朝，不及下车，就封黄帝的后人于蓟，封帝尧的后人于祝，封帝舜的后人于陈；下车后，封夏禹的后人于杞，封殷汤的后人于宋，为殷代贤臣比干的坟墓添土，把纣王贤臣箕子从监狱中释放出来，行商容之志，恢复他的官位。废除殷纣王时期的苛政，增加士人的俸禄。然后渡过黄河，西行入陕，把战马散于华山南坡，不再使用；把牛散于华山以东桃林地区的荒野之中，不再使用；作战用的兵车、衣甲等全部收拾起来，藏在仓库之中不再使用；把干戈等兵器锋刃向里放置，并用虎皮把它们包起来；将有功将帅封为诸侯，不再用兵，因称建立诸侯为'建櫜'：从此以后天下人都知道武王不再用兵了。武王遣散军队，行郊射求贤之礼，东郊射礼歌唱《狸首》的曲子，西郊射礼唱《驺虞》的曲子，废除军中那种角力比武的贯穿革甲的射击；使天下贤者人人穿着裨衣冕冠等礼服，衣带上插着笏板，勇士解下武剑；天子在明堂中祭祀先祖，百姓由此懂得了为人子者应该行孝；建立朝觐天子之礼，诸侯由此懂得了怎样做个贤臣；建立天子亲耕藉田之礼，诸侯由此知道了怎样敬奉先祖。以上五项（郊射、裨冕、祀明堂、朝觐、耕藉田）是教化天下重要的方法。此外在太学举行奉养年高德昭的长者之礼，天子亲自切割牲肉，端着酱，进献食物，拿着酒杯请他们饮酒洗漱，头戴冠冕、手执干盾，亲自舞蹈，以此教化诸侯，尊长敬老，懂得爱敬兄长之道。像这样，周朝的教化之道达于四方，礼乐传播到全国，那么，《武》舞的迟缓和历时长久，不是理所当然的吗？"

子贡见到乐师乙问道："我听说不同的歌适合于不同性情的人，像我这样的人适合唱什么歌呢？"

乐师乙说："我不过是个低贱的乐工，没有资格说谁适宜唱什么歌。我说说我所知道的，先生自己来决定唱什么歌吧。性情宽厚平静、柔顺而又正直的人适合唱《颂》；性情开朗平静、豁达诚实的人适合唱《大雅》；性情恭敬俭朴而又好礼的人适合唱《小雅》；性情正直、廉洁而又谦虚的人适合唱《风》；性情恣肆爽直又慈爱的人适宜唱《商》；性情温顺良善而果断的人适合唱《齐》。歌唱是为了披露自己的心胸，表达自己的美德；它可以触动自己的情感，使天地感应，四时相和，星辰有序，万物化育。因此《商》虽然是五帝时代遗留下来的，但商人记述它并使之流传下来，所以称之《商》；《齐》是三代遗留下来的，齐人记述它并使之流传下来，所以称之《齐》。真正懂得《商》含义的，处事果断；懂得《齐》含义的，能见利而让人。处事果断的，表现出了勇气；见利能让人的，表现了义气。有勇有义，如果不理解歌，怎能保持这样的品格？所以歌声高亢时如人扛举而上，低音时有如坠落，回旋时如被弯折，终止时静如槁木，小曲如矩，大曲如钩，殷殷然如累珠落盘。把歌比作语言的话，就是一种长声调的语言。有可说的东西了，就说出来；如果言语表达得不充分，才用咏叹的语言表达；仍不能充分表达，就不知不觉地手舞足蹈起来了。”以上是《子贡问乐》章。

所有的音乐都是由人的心性产生的，上天和人的心性有相通的地方，如同影子像形体一样，回响声和原来的声音相应和一样。所以行善的人，上天就以福回报他；作恶的人，上天就使他遭祸殃，这是自然的道理。

所以舜弹奏五弦琴，歌唱《南风》的诗篇，从而使天下得到治理；商纣王听朝歌北鄙的乐曲，落得身死国亡。舜的治民之道为什么宽广？纣王的治民之道为什么狭隘？因为《南风》是属于生长性质的音乐，而舜爱好它，这种喜乐爱好与天地的意旨相同，得天下人的欢心，所以天下能治理得很好。而朝歌是早晨的歌，时间不会太久，预示着统治也不会太久，北是失败的意思，鄙是鄙陋的意思，纣王喜爱这样的音乐，与天下人的心意不同，诸侯不肯顺附于他，老百姓不与他亲近，天下人都背叛他，所以就身死国亡。

卫灵公在位时，有一次他去晋国，走到濮水流域，住在一个上等馆舍中。半夜里卫灵公突然听到抚琴的声音，问左右侍从听到没有，都回答说“没有听到”。于是召来乐师师涓，对他说：“我听到了抚琴的声音，问身边的侍从，他们都说没有听到。看样子好像有鬼神，你仔细听一听，把乐曲记下来。”师涓说：“好吧。”于是端坐下来，取出琴，听着抚琴的声音，随手记录下来。第二天，师涓对卫灵公说：“我已经记下了所有的声音，但还不熟悉，难以成曲，请再给我一个晚上，让我多练习几遍。”灵公说：“可以。”于是师涓又住一宿。第二天，他对卫灵公说：“我已经练习好了。”卫灵公这才再次动身，前往晋国，会见晋平公。晋平公在施惠台摆酒筵招待卫灵公一行。酒兴酣畅之时，卫灵公说：“这次我来晋国途中，得了一首新曲子，请让乐师为您演奏以助酒兴。”晋平公说：“好的。”于是卫灵公让师涓坐在晋国乐师旷的身边，取琴弹奏。一曲未了，师旷便按住琴弦止住琴音，说：“这是亡国之音，不要再弹奏了。”晋平公说：“乐曲出自哪里？”师旷说：“这是师延作的曲子。他为纣王谱了这些靡靡之音，武王伐纣后，师延东逃，投濮水自杀，所以这首曲子一定是在濮水边上听到的。先听到这首曲子的国家，一定会衰亡。”晋平公说：“我喜好的就是音乐，但愿能够听完它。”这样，师涓就把这首曲子演奏完毕。

平公问道：“还有比这首曲子这更动人的吗？”师旷说：“有。”平公说：“能让我们听听吗？”师旷说：“您还不能听此曲，必须德义修行深厚的才能听。”平公说：“我所喜好的只有听曲子一件事，但愿能听到它。”师旷没有办法，只好取琴弹奏起来，奏第一段时，有十数只黑鹤飞集到廊门之前；奏到第二段时，这些黑鹤伸长脖子，鸣叫起来，还舒展翅膀，随琴声跳起舞来。

平公非常高兴，站起身来为师旷祝酒。回身落座，问道：“还有比这更动人的曲子吗？”师旷道:“有。只是您在德义方面的修养还不够，不可以听罢了，听了将有败亡之祸。”平公说：“我已经老了，我喜好的只有听曲，但愿能够听到它。”师旷没有办法，只好取琴弹奏起来。奏了第一段，就有白云从西北天际涌起；奏到第二段，大风夹着暴雨，铺天盖地而至，廊瓦横飞，左右大臣都惊慌得四处奔走。平公害怕起来，伏身躲在廊屋里。随后晋国大旱三年，寸草不生。

同是一支曲子，听乐曲的后果，或是吉祥，或是凶恶。可见，乐曲是不能随意演奏的。

太史公说：上古时代的贤明帝王之所以兴乐，并不是为了使自己身心愉悦，恣情肆欲，而是为了治理天下。端正教化都是从音乐做起的，音乐端正，人的行为也端正。所以音乐是用来激动人的血脉，交流精神、调和端正人心的。因此宫声激动脾脏，从而调和端正心性中的信；商声激动肺脏，调和端正心性中的义；角声激动肝脏，调和端正心性中仁；徵声激动心脏，调和端正心性中的礼；羽声激动肾脏，调和端正心性中的智。所以说乐对内是用来辅助正派的心性，对外是用来分别贵贱等差；对上是用来奉事宗庙，对下是用来教化黎民百姓。琴身长度为八尺一寸，这是标准的尺度。琴弦中最粗大的一根是宫弦，安置在琴的中央，象征国君。商弦布置在它的右侧，其他各弦也都按五音高低依次排列，井然有序，这样君臣的位置就确定了。所以听宫声，会使人的品性温和宽舒而且胸怀宽广；听商声，会使人品性端方而且好义；听角声，会使人产生恻隐之心而去关爱他人；听徵音，会使人乐于行善并且慷慨助人；听羽声，会使人讲究整洁规矩并且注重礼节。礼是通过一些规定从外部对人起作用的，乐却是从人心中产生的。所以君子片刻也不能离开礼，片刻离开礼，就会有暴横轻慢的行为充分表现出来；君子片刻也不能离开乐，片刻离开乐，就会有奸邪的行为从心中大量产生。所以音乐，是君子用来修养身心的。古时候，天子诸侯听钟磬乐声的时候，从不离开宫廷，卿大夫听琴瑟乐声的时候，从不离开演奏者跟前，这是为了修养行义，防止荒淫放纵的行为产生。防止荒淫放纵的行为产生是从没有礼的约束开始的，所以贤圣的帝王使人只听《雅》《颂》之音，眼观威仪的礼节，只表现出恭敬的容貌，嘴里只谈仁义的道理。这样，君子终日言谈仁义的道理，荒淫的欲念也没有机会侵入他的心灵。

（龚双会 译）

《史记》卷二十五 律书第三

帝王制定章程、建立法度、测量器物、制定规则，一切都是依据六律，六律是万事万物的根本。

六律对于兵法尤其重要，所以有“望敌方阵地上方的云气，可知道出师的凶吉；听两军发出的声音，可以判定出胜负”，这是许多帝王不能改变的法则。

武王讨伐商纣王的时候，太师听军队乐师吹律管所发出的声音，由此占卜出兵的凶吉，自正月至十二月的音律，通推十二律的声音以与军声相比较，律声中含有杀气，而军声与宫声相合。声音相同则能互相调和，这是事物自然的道理，有什么值得奇怪的呢？

兵事是圣人用来讨伐暴政，平定乱世，铲除险阻，挽救危急局面的。就连那些口含利齿头上长角的兽类，见有来犯者还会激烈反抗，何况是怀有好恶之心、喜怒之情的人呢？他们欢喜时就会互相敬爱，愤怒时就会以武力解决矛盾，这是人之常情。

从前黄帝发动过涿鹿之战，以平定属于火德的炎帝；颛顼有过与共工氏的对阵，以平定属于水德的共工氏；成汤讨伐夏桀直到南巢才结束战斗，以灭掉夏朝的祸乱。一代又一代，起伏不绝，战胜者得以统治天下，那是承受天命。

从此之后，名士一个接一个产生，晋国任用咎犯做领兵的将军，而齐国授军权于王子成父，吴国任用孙武为部队的主帅，这些善于用兵的人都申明军纪，奖赏和惩罚都兑现，结果使他们的君主都做了诸侯霸主，兼并别国土地，虽然他们的事迹不如三代时受诰誓封为诸侯那样的荣耀，然而同样是自身宠荣，君主尊显，显名扬声于当世，不也很荣耀吗？怎能与那些做事糊涂，不权衡轻重缓急，唠唠叨叨要以德化世，不该出兵，结果重则君亲受辱，国家失守，轻者遭受侵犯，国家削弱，终至于不可挽回的世儒相提并论呢！所以家庭中不能没有教诲和鞭笞，管理国家不可没有刑罚，要想天下太平不可没有诛杀和征伐，不过用起来有巧有拙，施行时有顺有逆罢了。

夏桀可手搏猛兽，殷纣王可跑步追赶四匹马拉的车子，他们的勇武不算少；他们百战皆胜，诸侯个个慑服，他们的权势不能算轻了。秦二世驻军于匈奴和南越边境，边境上兵营相连，其军力不算弱小。征讨匈奴，平定南越，其势力不算单薄。但到他的威势已尽之时，陈胜、吴广等闾巷平民发动反秦农民起义，灾祸起于它的穷兵黩武，贪得无厌。

高祖皇帝统一天下，北方的匈奴、岭南的南越和东北的朝鲜相继反叛称王；国内韩信、彭越等大的诸侯王虽然名义上是朝廷的拱卫者，但他们并没有尽到作为臣子的义务与职责。正当高祖皇帝厌恶用武力解决问题，又有萧何、张良这些开国功臣的筹划，所以全国都休养生息，采取羁縻政策，不加武力防范。

等到孝文帝即位，将军陈武等议论说："南越、朝鲜在秦朝统治稳定时期都是接受朝廷管辖的臣子，后来他们拥兵凭险而守，迟疑观望。高祖皇帝时天下初定，人民稍稍安定，不可以再用兵。如今陛下您以仁惠之心抚慰百姓，恩泽遍加四海，应该到了百姓乐意为朝廷出力之时，可以征讨叛逆，统一天下。"孝文皇帝说："我在自己能够穿衣服的孩童时期，想不到今天自己会成为皇帝。当吕氏控制朝政、刘氏政权行将灭亡之时，功臣周勃、陈平、灌婴等和宗室之臣刘章，恭敬地奉承宗庙社稷，没有愧对先帝，一举消灭了吕氏党，我自己侥幸被拥立为帝，我经常是战战兢兢，担心自己不能完成使命。况且兵器，那些凶恶不祥之物，即使能达到克敌制胜的目的，军队一有行动就要消耗大量的人力物力，我怎么能让老百姓远赴边地去打仗呢？高祖皇帝知道不可兴兵劳民，所以不以征伐四方、讨击叛乱为意。我哪敢说自己能这么做呢？如今匈奴多次入侵，军吏们不能有效阻止，致使边疆百姓长期扛枪戍边，我常常为此而内心深感悲痛，一天也不敢忘记此事。至今未能和反叛者消除敌对状态，但愿暂且坚守边防，远派哨兵和侦探人员，和匈奴议和并互通使者，安定北部边境，这样做就是功德无量了。暂且不要商议兴兵打仗之事。"因此百姓免去了繁重的内外徭役，一心从事于自家的农耕劳动，天下遂殷实富足，十来个铜钱就可买到一斗粮食，农村里鸡鸣狗吠，万里炊烟，真可以说是祥和欢乐的太平盛世了！

太史公说：文帝时，正赶上天下刚刚脱离水深火热的处境，百姓安居乐业，官府顺应他们的意愿，能做到不加扰乱，所以百姓安然。就连六七十岁的老翁也未曾到过集市之中，终日守在乡里像个无忧无虑的孩子一样玩耍游戏。这就是孔子称赞的有德君子啊！

《书》中记载，“日、月、五星可以正天时，二十八舍，二十八宿之所止”。律历，是天用来沟通五行和八节之气的，是天用来产生和养育万物的。舍指的是日月在天宫运动所经历的星空区域。舍就是气息舒缓的意思。

不周风在西北方，主管杀生的事。东壁宿在不周风以东，主开辟生气，使向东行，使营室胎孕之。营室，主管胎育阳气并把它产生出来。再向东到达危宿。危，就是垝的意思，指阳气被损坏，所以称为危。以上室、壁、危三宿与十月相应，于律对应应钟。应钟虽与阳气相应，但阳气在这个时节还不主事。十二支与亥相应。亥，就是该的意思。说阳气还在地下，所以是该的意思。

广莫风在北方。广莫，是说阳气在地下，阴气比阳气盛，所以称为广莫。广莫风往东到虚宿。虚，是指能实能虚，是说阳气冬季则蕴藏于空虚之中，到冬至日的时候阴气就开始向下，阳气开始上升发散出来，所以称之为虚。再向东到达须女宿。须女，是说万物开始转换之处，阴阳二气没有分离开，他们还互相需要，所以称为须女。月份与十一月对应，于律对应黄钟。黄钟表示阳气从地下黄泉冒出。十二支与子对应。子就是滋生的意思；滋，是说万物在地下开始滋长。十干与壬癸对应。壬就是妊，是说阳气负担着在地下养育万物的重任。癸就是揆，说万物滋生可以揆度。须女向东到牵牛宿。牵牛的意思是说阳气牵引万物而出。牛就是冒，有的地面虽然没有解冻，万物却能冒出地面生长出来。牛又指耕耘种植万物的帮手。牵牛再向东到建星。建星，就是建立起新生命的意思。与十二月对应，于律为大吕。大吕，其在十二支与丑相对应。

条风在东北方，主管万物的产生。条风意思是说条治万物的先生后长，所以称为条风。条风向南到箕宿。箕就是万物的根基，所以称为箕。与正月对应，于律对应泰蔟。泰蔟，是说万物蔟拥而生的意思，所以称为泰蔟。十二支与寅对应。寅指万物在地下已蠕动生长，所以称为寅。

箕宿向南到达尾宿，尾是说万物初出地面细小形状如尾细。再向南到达心宿，心是说万物初生幼芽顶着皮壳破土而出似心的形状。再向南到房宿。房，是指为万物的门户，到门前接下来就要长出地面了。

明庶风在东方。明庶的意思是各种植物已经冒出地面萌发出来了。与二月对应，律与夹钟对应。夹钟，是说阴阳二气相夹。十二子与卯对应。卯就是茂，是说植物茂盛。十干与甲乙对应。甲，是说各种植物破壳萌发出来；乙，是说各种植物生长时经历的曲折。向南到达氐宿。氐是指万物都已抵达、来到的意思。氐宿向南到达亢宿。亢是指万物渐渐长高了。再向南到角宿。角的意思是说万物都已有了枝杈，就像角一样。明庶风与三月对应，于律对应姑洗。姑洗的意思是说万物初生，颜色光鲜如洗。十二支与辰相对应。辰，指万物振兴。

清明风在东南方向，主管吹动万物。角宿往西为轸宿。轸，是说万物生长得繁茂，更加盛大了。轸宿向西为翼宿。翼，是说万物都已长大，如同有了羽翼。轸翼两宿与四月对应，于律为中吕。中吕指植物已长到极盛开始转向成熟。于十二支对应巳。巳的意思是说阳气已经到达极点。翼宿向西到达七星。七星，是由于阳数成于七，所以称为七星。七星向西到张宿。张指植物都已张开。张宿再向西到注宿。注是指万物开始衰落，阳气下注。以上三宿对应五月，于律对应蕤宾。蕤宾中的蕤是指阴气开始升发；宾指阳气开始衰落，不再发挥作用。

景风在南方。景是指阳气已尽，所以称为景风。于十二支对应午。午是指阴阳二气交午的意思。于十干对应丙丁。丙是说阳道显明；丁是说万物丁壮。景风向西到弧宿。弧是指万物凋落，很快就要枯死了。弧宿向西到狼宿。狼是指万物都可度量，可判断万物之量，所以称之为狼。

凉风在西南方，主管大地。地，就是断绝万物生气的意思。凉风与六月对应，律与林钟对应。林钟，是说万物的衰亡之气已经很明显。于十二支与未对应。未与味同音，是说万物都已成熟，有滋味了。狼星向北是罚宿。罚，是说万物气势已夺，可以砍伐了。罚宿向北是参宿。参，是说万物可以互相掺杂。以上两宿于七月对应，律与夷则对应。夷则指阴气侵犯万物的意思。于十二子与申对应。申，是说阴气主事并侵犯万物。参宿向北是浊宿。浊，与触音相近，是说万物触阴气而死。

向北是留宿。留是指阳气稽留没有去尽。以上两宿与八月对应，于律对应南吕。南吕是指阳气旅行入于藏所，就要被收藏起来了。于十二支对应酉。酉，就是万物已衰老，所以称为酉。

阊阖风在西方。阊，倡导的意思；阖，闭藏的意思。阊阖是说阳气可以倡导万物出声，但是现在阖藏于黄泉之下起不了作用。于十干与庚辛对应。庚是指阴气使万物变更；辛是指万物生存艰辛。由留向北是胃宿。胃是指阳气被收藏，好比物品被缩聚在仓库中。胃宿向北是娄宿。娄就指拽拉万物使入于内的意思。娄宿向北是奎宿。奎有使植物灭亡并收藏它们种子的意思。以上三宿与九月对应，于律对应无射。无射是指阴气正盛，占主导地位，阳气隐藏地下，没有剩余，所以称为无射。于十二支与戌对应。戌，是说万物全都灭亡了，所以称为戌。

律数：

九乘九得八十一为宫声律数。将八十一减去三分之一得五十四，就是徵声律数。将五十四加上三分之一得七十二，就是商声律数。把七十二减去三分之一得四十八，就是羽声律数。将四十八加上三分之一得六十四，就是角声律数。

黄钟的长度为八十一寸，其声为宫。大吕的长是七十五寸又三分之二。太蔟长为七十二寸为角声。夹钟长六十七寸又三分之一。姑洗长六十四寸为羽声。仲吕长五十九寸又三分之二为徵声。蕤宾长五十六寸又三分之二。林钟长五十四寸为角声。夷则长五十寸又三分之二为商声。南吕长为四十八寸为徵声。无射长四十四寸又三分之二。应钟长四十寸又三分之二为羽声。

钟律的产生：

子一分，丑为三分之二分。寅为九分之八分。卯为二十七分之十六分。辰为八十一分之六十四分。巳为二百四十三分之一百二十八分。午为七百二十九分之五百一十二分。未为二千一百八十七分之一千零二十四分。申为六千五百六十一分之四千零九十六分。酉为一万九千六百八十三分之八千一百九十二分。戌为五万九千零四十九分之三万二千七百六十八分。亥为十七万七千一百四十七分之六万五千五百三十六分。

由黄钟产生十二律的方法是：由原律数除以二再乘以三得之。由短律管生长律管则是原律数乘以四再除以三得之。数最大为九，音数为五，所以以宫为五；宫生徵，以徵为九；徵生商，以商为八；商生羽，以羽为七；羽生角，以角为六。以“生钟律数”中的黄钟大数十七万余为分子，另把一枚算筹放置在算盘上，用三去乘，一乘得三，再乘得九，依次乘下去，直乘到“生钟律数”中的酉数一万九千余。以每次乘得的数为分母，用分母除分子，得到一些长度为寸的数，直到得到九寸的数为止，这个音律就是“黄钟之宫”。所以说五音是由宫声开始，止于角声的。而数从一开始，到十终止，变化则由三来完成。阳气萌发于冬至开始，周而复始。

神本在太虚之中而无形，形体则是由看得见、摸得着的物质产生的，有形体然后才有数量，有形体然后才能生成声音，所以说神能运用气，气或质依附于形。形体的特征是大都可以以类加以区别。有的没有形体因而不可分类，有的形体相同因此属于同一类，有类就能把它的特征表示出来，分类就可以识别万物。圣人能知道天、地等有形体之物并识别万物，所以是从有形推断无形的东西，从而能识别轻细如气体、微小如声音的东西。然而圣人借助神来认识事物，事物虽然微妙必然要在情性中表现出来，能符合事实的实际情况，内部的本质特征也就明了。如果没有圣人的心灵和聪明，有谁能够既知道天地万物的本质，又能推知其形体的性情等外部特征呢？神存在于万物之中而不显示其来去的踪影，所以圣人十分重视并希望能够保留它。谁希望认识事物的本质，本质的知识也能把他“圣人”的名字保留下来，使不致名不副实。没有比这更重要的了。

太史公说：以浑仪观测天体，使日、月、五星运行协调，即指天地二十八宿，十天干，十二地支与钟律之间的关系，自上古时就加以协调，建立起一定比率以运算历法编造日月度数，可根据这些对日月运行加以度量了。万物随时令不同表现出不同的状貌，并与道德相沟通，这些都是从建立律数开始的。

（龚双会 译）

《史记》卷二十六　历书第四

上古时候，历法中的正月建置在孟春。这时候冰雪融化，冬眠的动物苏醒过来，百草萌生新芽，杜鹃鸟开始鸣叫。万物又开始了一年一次的循环：它们在春天萌芽，经历夏天和秋天，在冬天枯死。雄鸡三唱，天色黎明。正月是寅月，为一年的开始，经过十二个月后，于丑月结束。观测日月运动，制成历月、历年，依据时节安排事情，十分明了。明即孟，有生长的意思，明亮为阳；幽即幼，有孕育的意思，幽暗为阴；幽明即阴阳，阴阳交替，孕育生长，四季循环，规律而有秩序。太阳从西边落下，从东方升起；而残月消失于西方，新月从东方升起。万事万物的发展既不由天，也不由人，所以凡事都易于破坏，难以促成了。

帝王受天命改朝换代，必须谨慎地制定政令，修改历法，更换朝服的颜色，推算历法的起始时刻，顺应天时，上承天意。

太史公说：神农以前年代太远，历法就无从考证了。自黄帝起，开始根据星体的运行，制定历法，建立了表示五个时节五气运行的五行序列，确立起阴阳死生消长的规律，纠正了闰月余分设置闰月的方法，于是有了分管天地神祇和其他物类的官员，称为五官。他们各自掌管分属自己的事务，并按照时节顺序执行而不会发生混乱。这样老百姓能够依据时节从事生产，神明也能够适时地享受老百姓的祭祀。老百姓与神灵各尽其职，老百姓敬畏神灵不去冒犯，神灵赐予老百姓好收成，使其安享生活，物产丰富，不生灾祸，丰衣足食。

少皞氏衰落以后，诸侯九黎作乱，破坏了历法，老百姓和神灵原有的秩序被打乱了，各种活动不再按照以前的秩序运行，灾祸接连不断，神灵得不到应有的祭祀，老百姓也不能依据时节从事生产。颛顼即位后，就任命南正重负责天事，负责立法和主管祭祀等事宜；任命火正黎负责地事，管理老百姓农事生产等，从此一切又恢复了以前的秩序，神受到祭祀，老百姓也得到神灵保佑。

后来诸侯三苗又像九黎一样叛乱，重、黎二官都无法尽到自己的职责，没有人制订历法，也不计算闰月，造成各月太阳所在的星次位置与预报不符，混乱的历法造成时序不再。尧登上帝位之后，重新任命重黎二氏的后人，让他们主管历法，为他们设立了羲和的官职。从此时刻明了，历度准确，就阴阳调和，风调雨顺，农作物丰富，老百姓也没有发生瘟疫。尧年岁高后，禅位给舜时，在文祖庙中告诫舜说："按照天体运行的规律制定和颁布历法，是事关社稷的大事，责任全在你身上。"舜也用同样的话告诫禹。由此看来，历代帝王都很重视修订历法。

夏朝以正月为历正，殷朝以十二月为历正，周朝以十一月为历正。夏、商、周三朝的历法如此循环，各自有规律地循环，历法就不失时序。天下治理得好，就不会乱了次第；天下治理得不好，连诸侯也不会执行王者的历法。

周幽王和周厉王以后，西周王朝衰微，诸侯国的卿大夫各自为政，史官记事没有统一的年月日，君王因为历法混乱也不再依据历法举行典礼，所以历算世家的子弟纷纷出走。有的分散在中原诸国，有的流入夷狄，各自树立门派，没有统一的天文星占卜凶吉。周襄王二十六年有闰三月，而《春秋》书中非难它置闰月不当。因为按照先前制定历法的规律，一部历法首先要确定好历法的起算点——历元。其次一年各月月长要以朔望月为准，六个大月六个小月平均取中接近正确值。第三，由于十二个月的总日数与季节变化周期的年长相差近十一天，约过三年要增加一个闰月，所以设置闰月的年份要将闰月置于年终，可见鲁历闰三月违背了年终置闰的原则。定好历年，历法的计算也有根有据；年中月长正确，老百姓才不致迷惑；该加闰月之年年终置闰，诸事才不悖乱。

此后，战国诸侯争霸，各国的目的都只在于强国胜敌，或者是替盟友挽救危机，解决纠纷而已，哪里会顾及编制历法的事！当时只有一个叫邹衍的人还在潜心研究历法的事，他认为五德终始相传，提出五行相胜，因此而显名于诸侯。后来秦灭六国，战争频繁，建立了秦王朝之后，又因为建立的时间短，也顾不上历法的事。但是秦时非常重视邹衍的理论，自以为是得了五行中水德的祥瑞，所以把黄河改名为“德水”，岁正取为十月，五色中崇尚黑色。然而秦朝历法的推算星度闰月余分等，未能做到更为准确一些。

汉朝建国后，汉高祖说“北方黑帝帮助我建立了天下，我应该建立祠庙祭祀黑帝”，也是自认为得了水德的祥瑞。大臣中有通晓天文的张苍，也都以为如此。当时天下刚刚平定，当务之急是在大的方面建立国家的规章制度和法令，此后吕氏专权，都顾不上历法的事情，所以沿袭了秦朝的历法和朝服的颜色。

到孝文帝时，鲁人公孙臣以五德终始的理论上书，说“汉朝所得是土德，而不是水德，应该改变历元，制定新的历法，更换朝服的颜色。这样天就会降下祥瑞，有黄龙出现”。文帝将此事交给张苍处理，张苍也是习学律历的人，不认同公孙臣的建议，把事情搁了起来。此后果然有黄龙出现于成纪地区，张苍只好引咎降职，他打算制定的应和水德的汉历也不了了之。后来又有一个叫新垣平的人因为善于望云气而得见天子，再次提出了更改历法和朝服颜色的事，得到天子信任，后来新垣平自己作乱，所以汉文帝再也不谈更改历法的事情了。

直到当今皇帝即位，招致方士唐都，负责测量天空二十八宿以及日月行星相对于二十八宿的运动；任用巴郡的落下闳运算制历，他们得到的日月运行位置的度数与夏历法正好相符。于是汉武帝决定改定年号，更改官名，到泰山举行封禅大典。因而下诏书对御史说：“过去，司天官吏说星度没有测定，于是朕广泛征求、询问臣下意见，该怎样测定星度，未能得到确切的答复。听说古时黄帝圣德与神灵相合，固得不死，乘龙仙去。他曾经察星名，验度数，判定五音清浊高低，确立起四时与五行的关系，建立了节气的日分余数。然而这已经是很久远的事情了。如今有关天文历书的典籍缺少，礼乐废弛，朕深觉遗憾。只是朕又无力把它们补修完备。所幸现在经过周密测量与推算，应验了土德胜过水德，如今已临近夏至，以黄钟为宫声，林钟为徵声，太蔟为商声，南宫为羽声，姑洗为角声。从此之后，节气又开始正确了，羽声重新成为最清音，律名等又得到纠正，以甲子日和冬至相和为历法的起算点，则阴阳交替合乎规律，现在十一月甲子日恰逢朔旦冬至，正是更改历法的好时机，更定元封七年为太初元年。年名是‘焉逢摄提格'，即甲寅年，月名是'毕聚'，即正月，日名已算得为甲子，又算得月朔夜半时为冬至。"

历术甲子篇

本历法的历元为太初元年，岁名是"焉逢摄提格"，月名是"毕聚"，十一月朔旦日名得甲子，夜半时为冬至节。

冬至时太阳位于正北方向，时刻为子午。

全年为十二个月；月朔无大余，无小余；冬至无大余，无小余。

焉逢摄提格，即太初元年，即甲寅年。

全年为十二个月；月朔大余为五十四日，小余为三百四十八分；冬至大余为五日，小余为八分；端蒙单阏，即太初二年，即乙卯年。

有闰月，全年为十三个月；月朔大余四十八日，小余六百九十六分；冬至大余十日，小余十六分；游兆执徐，即太初三年，即丙辰年。

全年为十二个月；月朔大余十二日，小余六百零三分；冬至大余十五日，小余二十四分；强梧大荒落，即太初四年，即丁巳年。

全年为十二个月；月朔大余七日，小余十一分；冬至大余二十一日，无小余；徒维敦牂，即天汉元年，即戊午年。

有闰月，全年为十三个月；月朔大余一日，小余三百五十九分；冬至大余二十六日，小余八分；祝犂协洽，即天汉二年，即己未年。

全年为十二个月；月朔大余二十五日，小余二百六十六分；冬至大余三十一日，小余十六分；商横涒滩，即天汉三年，即庚申年。

全年为十二个月；月朔大余十九日，小余六百一十四分；冬至大余三十六日，小余二十四分；昭阳作鄂，即天汉四年，即辛酉年。

有闰月，全年为十三个月；月朔大余十四日，小余二十二分；冬至大余四十二日，无小余；横艾淹茂，即太始元年，即壬戌年。

全年为十二个月；月朔大余三十七日，小余八百六十九分；冬至大余四十七日，小余八分；尚章大渊献，即太始二年，即癸亥年。

有闰月，全年为十三个月；月朔大余三十二日，小余二百七十七分；冬至大余五十二日，小余十六分；焉逢困敦，即太始三年，即甲子年。

全年为十二个月；月朔大余五十六日，小余一百八十四分；冬至大余五十七日，小余二十四分；端蒙赤奋若，即太始四年，即乙丑年。

全年为十二个月；月朔大余五十日，小余五百三十二分；冬至大余三日，无小余；游兆摄提格，即征和元年，即丙寅年。

本年闰年十三个月；大余四十四日，小余八百八十分；大余八日，小余八分；强梧单阏，即征和二年，即丁卯年。

全年为十二个月；月朔大余八日，小余七百八十七分；冬至大余十三日，小余十六分；徒维执徐，即征和三年，即戊辰年。

全年为十二个月；月朔大余三日，小余一百九十五分；冬至大余十八，小余二十四分；祝犁大芒落，即征和四年，即己巳年。

有闰月，全年为十三个月；月朔大余五十七日，小余五百四十三分；冬至大余二十四日，无小余；商横敦牂，即后元元年，即庚午年。

全年为十二个月；月朔大余二十一日，小余四百五十分；冬至大余二十九日，小余八分；昭阳汁洽，即后元二年，即辛未年。

有闰月，全年为十三个月；月朔大余十五日，小余七百九十八分；冬至大余三十四日，小余十六分；横艾涒滩，即始元元年，即壬申年。

冬至在酉时，方位正西；全年为十二个月；月朔大余三十九日，小余七百零五分；冬至大余三十九日，小余二十四分；尚章作噩，即始元二年，即癸酉年。

全年为十二个月；月朔大余三十四日，小余一百一十三分；冬至大余四十五日，无小余；焉逢淹茂，即始元三年，即甲戌年。

有闰月，全年为十三个月；月朔大余二十八日，小余四百六十一分；冬至大余五十日，小余八分；端蒙大渊献，即始元四年，即乙亥年。

全年为十二个月；月朔大余五十二日，小余三百六十八分；冬至大余五十五日，小余十六分；游兆困敦，即始元五年，即丙子年。

全年为十二个月；月朔大余四十六日，小余七百一十六分；冬至无大余，小余二十四分；强梧赤奋若，即始元六年，丁丑年。

有闰年，全年为十三个月；月朔大余四十一日，小余一百二十四分；冬至大余六日，无小余；徒维摄提格，即元凤元年，即戊寅年。

全年为十二个月；月朔大余五日，小余三十一分；冬至大余十一日，小余八分；祝犁单阏，即元凤二年，即己卯年。

全年为十二个月；月朔大余五十九日，小余三百七十九分；冬至大余十六日，小余十六分；商横执徐，即元凤三年，即庚辰年。

有闰月，全年为十三个月；月朔大余五十三日，小余七百二十七分；冬至大余二十一日，小余二十四分；昭阳大荒落，即元凤四年，即辛巳年。

全年为十二个月；月朔大余十七日，小余六百三十四分；冬至大余二十七日，无小余；横艾敦牂，即元凤五年，即壬午年。

有闰月，全年为十三个月；月朔大余十二日，小余四十二分；冬至大余三十二日，小余八分；尚章汁洽，即元凤六年，癸未年。

全年为十二个月；月朔大余三十五日，小余八百八十九分；冬至大余三十七日，小余十六分；焉逢涒滩，即元平元年，即甲申年。

全年为十二个月；月朔大余三十日，小余二百九十七分；冬至大余四十二日，小余二十四分；端蒙作噩，即本始元年，即乙酉年。

有闰月，全年为十三个月；月朔大余二十四日，小余六百四十五分；冬至大余四十八日，无小余；游兆阉茂，即本始二年，即丙戌年。

全年为十二个月；月朔大余四十八日，小余五百五十二分；冬至大余五十三日，小余八分；强梧大渊献，即本始三年，即丁亥年。

全年分为十二个月；月朔大余四十二日，小余九百分；冬至大余五十八日，小余十六分；徒维困敦，即本始四年，即戊子年。

有闰月，全年为十三个月；月朔大余三十七日，小余三百零八分；冬至大余三日，小余二十四分；祝犁赤奋若，即地节元年，即己丑年。

全年为十二个月；月朔大余一日，小余二百一十五分；冬至大余九日，无小余；商横摄提格，即地节二年，即庚寅年。

有闰月，全年为十三个月；月朔大余五十五日，小余五百六十三分；冬至大余十四日，小余八分；昭阳单阏，即地节三年，即辛卯年。

冬至在午时，方位为正南；全年为十二个月；月朔大余十九日，小余四百七十分；冬至大余十九日，小余十六分；横艾执徐，即地节四年，即壬辰年。

全年为十二个月；月朔大余十三日，小余八百一十八分；冬至大余二十四日，小余二十四分；尚章大荒落，即元康元年，即癸巳年。

有闰月，全年为十三个月；月朔大余八日，小余二百二十六分；

冬至大余三十日，无小余；焉逢敦牂，即元康二年，即甲午年。

全年为十二个月；月朔大余三十二日，小余一百三十三分；冬至大余三十五日，小余八分；端蒙协洽，即元康三年，即乙未年。

全年为十二个月；月朔大余二十六日，小余四百八十一分；冬至大余四十日，小余十六分；游兆涒滩，即元康四年，即丙申年。

有闰月，全年为十三个月；月朔大余二十日，小余八百二十九分；冬至大余四十五日，小余二十四分；强梧作噩，即神雀元年，即丁酉年。

全年为十二个月；月朔大余四十四日，小余七百三十六分；冬至大余五十一日，无小余；徒维淹茂，即神雀二年，即戊戌年。

全年为十二个月；月朔大余三十九日，小余一百四十四分；冬至大余五十六日，小余八分；祝犁大渊献，即神雀三年，即己亥年。

有闰月，全年为十三个月；月朔大余三十三日，小余四百九十二分；冬至大余一日，小余十六分；商横困敦，即神雀四年，即庚子年。

全年为十二个月；月朔大余五十七日，小余三百九十九分；冬至大余六日，小余二十四分；昭阳赤奋若，即五凤元年，即辛丑年。

有闰月，全年为十三个月；月朔大余五十一日，小余七百四十七分；冬至大余十二日，无小余；横艾摄提格，即五凤二年，即壬寅年。

全年为十二个月；月朔大余十五日，小余六百五十四分；冬至大余十七日，小余八分；尚章单阏，即五凤三年，即癸卯年。

全年为十二个月；月朔大余十日，小余六十二分；冬至大余二十二日，小余十六分；焉逢执徐，即五凤四年，即甲辰年。

有闰月，全年为十三个月；月朔大余四日，小余四百一十分；冬至大余二十七日，小余二十四分；端蒙大荒落，即甘露元年，即乙巳年。

全年为十二个月；月朔大余二十八日，小余三百一十七分；冬至大余三十三日，无小余；游兆敦牂，即甘露二年，即丙午年。

全年为十二个月；月朔大余二十二日，小余六百六十五分；冬至大余三十八日，小余八分；强梧协洽，即甘露三年，即丁未年。

有闰月，全年为十三个月；月朔大余十七日，小余七十三分；冬至大余四十三日，小余十六分；徒维涒滩，即甘露四年，即戊申年。

全年为十二个月；月朔大余四十日，小余九百二十分；冬至大余四十八日，小余二十四分；祝犁作噩，即黄龙元年，即己酉年。

有闰月，全年为十三个月；月朔大余三十五日，小余三百二十八分；冬至大余五十四日，无小余；商横淹茂，即初元元年，即庚戌年。

冬至在卯时，方位正东；全年为十二个月；月朔大余五十九日，小余二百三十五分；冬至大余五十九日，小余八分；昭阳大渊献，即初元二年，即辛亥年。

全年为十二个月；月朔大余五十三日，小余五百八十三分；冬至大余四日，小余十六分；横艾困敦，即初元三年，即壬子年。

有闰月，全年为十三个月；月朔大余四十七日，小余九百三十一分；冬至大余九日，小余二十四分；尚章赤奋若，即初元四年，即癸丑年。

全年为十二个月；月朔大余十一日，小余八百三十八分；冬至大余十五日，无小余；焉逢摄提格，即初元五年，即甲寅年。

全年为十二个月；月朔大余六日，小余二百四十六分；冬至大余二十日，小余八分；端蒙单阏，即永光元年，即乙卯年。

有闰月，全年为十三个月；月朔无大余，小余五百九十四分；冬至大余二十五日，小余十六分；游兆执徐，即永光二年，即丙辰年。

全年为十二个月；月朔大余二十四日，小余五百零一分；冬至大余三十日，小余二十四分；强梧大荒落，即永光三年，即丁巳年。

全年为十二个月；月朔大余十八日，小余八百四十九分；冬至大余三十六日，无小余；徒维敦牂，即永光四年，即戊午年。

有闰月，全年为十三个月；月朔大余十三日，小余二百五十七分；冬至大余四十一日，小余八分；祝犁协洽，即永光五年，即己未年。

全年为十二个月；月朔大余三十七日，小余一百六十四分；冬至大余四十六日，小余十六分；商横涒滩，即建昭元年，即庚申年。

有闰月，全年为十三个月；月朔大余三十一日，小余五百一十二分；冬至大余五十一日，小余二十四分；昭阳作噩，即建昭二年，即辛酉年。

全年为十二个月；月朔大余五十五日，小余四百一十九分；冬至大余五十七日，无小余；横艾阉茂，即建昭三年，即壬戌年。

全年为十二个月；月朔大余四十九日，小余七百六十七分；冬至大余二日，小余八分；尚章大渊献，即建昭四年，即癸亥年。

有闰月，全年为十三个月；月朔大余四十四日，小余一百七十五分；冬至大余七日，小余十六分；焉逢困敦，即建昭五年，即甲子年。

全年为十二个月；月朔大余八日，小余八十二分；冬至大余十二日，小余二十四分；端蒙赤奋若，即竟宁元年，即乙丑年。

全年为十二个月；月朔大余二日，小余四百三十分；冬至大余十八日，无小余；游兆摄提格，即建始元年，即丙寅年。

有闰月，全年为十三个月；月朔大余五十六日，小余七百七十八分；冬至大余二十三日，小余八分；强梧单阏，即建始二年，即丁卯年。

全年为十二个月；月朔大余二十日，小余六百八十五分；冬至大余二十八日，小余十六分；徒维执徐，即建始三年，即戊辰年。

有闰月，全年为十三个月；月朔大余十五日，小余九十三分；冬至大余三十三日，小余二十四分；祝犁大荒落，即建始四年，即己巳年。

以上历书中的专有名词解释如下：大余，是指余日。小余，是指余分。端蒙等，是年名。干支包括两部分：支，如丑名赤奋若，寅名摄提格等。干，如丙名游兆等。正北，是指冬至在子时；正西，是指冬至在酉时；正南，是指冬至在午时；正东，是指冬至在卯时。

（羽　渊 译）

《史记》卷二十七　天官书第五

中宫的北极星座，其中有一颗较明亮而接近正北不动的，是太一神的常位；旁边三颗星象征三公，有人说是象征天神太一的诸子之属。天极星的后面四颗星成勾状排列，其中末尾较亮的一颗是正妃，其余三颗是后宫嫔妃之属。环绕一周有十二颗匡扶守卫中宫天神的星，象征文、武诸藩臣。以上这些星构成紫宫（中宫）。

紫宫前面对着斗口有三颗星，呈锥状向北排列，处在尖角位置，星光暗淡，若隐若现的那颗叫阴德星，也称天一星。紫宫左侧的三颗星叫天枪，右侧的五颗星叫天棓，后面六颗星横跨银河直指壁宿和室宿，叫作阁道。

北斗七星就是《尚书》所说的"旋、玑、玉衡以齐七政"中的"七政"。北斗的斗杓与东宫的角宿相连，斗衡与南斗宿隐隐相对，斗魁四星枕于参宿头顶。黄昏时以斗杓所指十二辰方位建明四时月份，这种月建方法叫作昏建。昏建时斗杓的分野（地面上与之对应的地区）是华山西南的地区。夜半时以斗衡所指方位建明四时月份，这种月建方法叫作半夜建。半夜建时斗衡的分野是黄河、济水之间的中原地区。黎明时以斗魁所指方位建明四时月份，这种月建方法叫作平旦建。平旦建时斗魁的分野是东部及东北部地区。北斗为天帝的车子，在中央天极附近运行，主宰、钳制四方。区分阴阳，建明四时，配合五行匀分五个节气，计量各节气太阳度数，确定历法的纪年、纪月等，全都依靠北斗。

北斗斗魁上方有六颗星，组成筐状，名为文昌宫：这六颗星的名称分别是上将、次将、贵相、司命、司中和司禄。在斗魁中，有星名贵人之牢。斗魁下方有六颗星，两两并肩，共三对，称为三能。三能六星颜色明暗相同，意味着君臣和睦；不同，则君臣关系紧张。北斗的第六星开阳旁边的辅星明亮且靠近主星开阳，则辅佐的大臣受信任且权重；辅星暗淡且远离主星，意味着辅臣与皇帝疏远，权轻而弱。

斗杓的尾端有二颗星，靠近杓的为天矛，就是招摇星，较远的为盾，又名天锋星。靠近斗杓有十五颗星，组成上如勾下如环的形状，名为贱人之牢。牢中可见的星多，象征尘世中的囚犯多，牢中星光隐约，则囚犯少。

天一、天枪、天棓、天矛和盾这些星看上去好像在摇动，星光的芒角大，是发生战事的预兆。

东宫状如苍龙，中央是房宿和心宿。心宿是天帝宣明政教的明堂，其中最亮的那颗就是天王，前后二星为诸子。三颗星不宜呈直线排列，直则意味着天王政令失宜。房宿为天府，又名天驷。房宿北边有星名右骖。右骖旁有二星名为衿；衿北边有一星名为辖。房宿东北边弯曲排列的十二颗星是旗，它与对面十星围成一圈，圈内有四颗星叫天市，圈内靠南居中的六星叫市楼。天市中呈现的星多表示世间富足殷实；星少则国虚民贫。房宿以南有许多星，组成骑官星座。

角宿两星一左一右，左边的为李，右边的为将。大角星是天王的帝廷。它两旁各有三颗星，鼎足而立如勾状，叫摄提。之所以称为摄提，是由于它们正在斗杓所指的方向上，和斗一样有建明时节的作用，所以又有“摄提格”的名号。亢宿是天神的外朝，主管人间疾病。亢宿往南有一南一北两颗亮星，名为南门。氐宿靠近地平，所以说它是天根，主管瘟疫之类的传染病。

尾宿九星也是君臣关系的表象；各星间相距绝远，就表示君臣不和。箕宿为说客，是口舌是非的表象。

火星运行时接近或停留在角宿附近，预示有战争发生。守在房宿、心宿附近，则很不吉利，这是帝王厌恶的天象。

南宫状如凤凰，所以被称为朱鸟或朱雀，主体星座是权和衡。衡指太微垣，是日、月、五星的宫廷。周围有匡辅和护卫的十二颗星，代表藩臣：西边是将，东边是相，南边四颗星为执法，执法之间为端门，端门左右是掖门。门内有六星，其一为诸侯，另五星为五帝座。诸侯、五帝座之后聚集着十五颗星，蔚然丛杂，名为郎位；郎位旁有一亮星叫将位。月、五星自西而东顺行进入太微，沿正常的轨道运行时，要留心观察它们所出与所留守的星官，而与其对应的官员，则是天子所以有所诛罚的对象。如果月、五星自东而西逆行进入太微，不按常规运行，则按照所凌犯的星官给相应的官员定罪。如果凌犯了中间的五帝座，意味着灾祸已成，无法可解，这是群下相从而谋、共同作乱的结果。如果是金星、火星犯帝座，问题尤其严重。太微廷的西侧有从上垂下的五颗星，名为少微，是士大夫的象征。权就是轩辕星座，形态像一条黄龙。前面一颗亮星，是女主的象征；旁边的暗星代表后宫奉御妃嫔之属。月、五星运行至轩辕附近或是停留在此，占卜的方法与太微一样。

东井宿主水情之事。它的西面偏曲处有一星座名为钺。钺北面有北河星座，南面有南河星座，两河与天阙星之间有黄道通过，所以这里是日月五星运行的通道。舆鬼宿主占卜鬼神祭祀之事，舆鬼宿中有一团白雾状星体是质。火星留守在南、北河星区，预示有兵祸起，五谷不登。所以，从太微廷可以看出帝王是否行德政，从五帝车舍天潢星座可以看出天子游观、巡幸的表象，从星座钺可见伤损之兆，从井宿可见灾祸之兆，从质可见诛罚之兆。

柳宿为朱鸟的嘴，主占草木事。七星宿在朱鸟的颈部，是朱鸟的喉，故主占急切之事。张宿在朱鸟的嗉囊部位，是天廷的厨房，故主占宴请宾客事宜。翼宿的位置在朱鸟的鸟翼，故主占远方客事。

轸宿为车，主预示风事。它旁边有一小星，叫长沙，此星有星光时不宜明亮，如亮度与轸宿的四颗星一样，则与五星进入轸宿一样，表示将有大的战争发生。轸宿以南众星属于天库楼星座，天库楼星座中的一些星组成五车。五车星光出现芒角、星数太多或太少，都预示天下将出现动乱，以至于连车马都无处安顿。

西宫咸池，叫天五潢。五潢，是天上五帝的车舍。火星入五潢，则预示有旱情发生；金星入五潢，则有兵灾；水星入五潢，则有水灾。五潢中有分别由三颗星组成的柱星共三柱九颗星，其中位于西北的柱星中的三星通常明显可见，如果看不清，则会发生战争。

奎宿又称封豕，主占卜有关沟渠、河川之事。娄宿主预示聚集祭祀用的供奉事宜。胃宿主预示天子的仓库。胃宿南面众星叫廥积。

昴宿又称髦头，主预示胡人的星，又主丧事，称为白衣之会。毕宿也叫罕车，象征边防之兵，主游猎之事。毕宿中最亮的星旁边有一暗星叫附耳星。附耳星摇动，则预示天子身边有谗言之乱臣。昴宿、毕宿之间的两星是天街。其中靠北的星为阴国，主预示北方之国的事；靠南的星为阳国，主预示南方之国的事。

参宿形状如同白虎。中间三颗东西直立的星像一杆秤，称为衡石。衡石下有三颗星，直立如锥，叫罚，主预示有关斩杀之事。衡石外的四颗星分别是参宿的左右肩、左右股。参宿上方略偏向一边有三颗暗星排成三角形，名为觜觿，如同参宿这头白虎的虎头，主占卜军需运输事务。参宿南面有四星名天厕。天厕下有一星，叫天矢。天矢星呈现黄色是吉兆；呈现青、白、黑等色则是凶兆。参宿西面勾连弯曲排列着九颗星，分成三组：第一处名为天旗，第二处名为天苑，第三处名为九游。参宿东面有一颗全天最亮的星叫狼星，狼星星光有芒角并变色，是盗贼多的表象。狼星下有四星叫弧，正对着狼星。狼星正南靠近地平有一颗亮星，叫南极老人。老人星出现，预示世道安宁；不出现，预示有兵祸起。通常是在秋分时候的晴夜于城南郊观察和等候老人星出现。

附耳星如果看似进入毕宿之中，是有战事的征兆。

北宫名为玄武，主体是虚宿和危宿。危宿主天府、天市盖房等土工事；虚宿主哭泣之事。

北宫南面有众多的星，它们被命名为羽林天军。羽林天军西部诸星名垒，或者叫钺星，钺星旁边有一颗亮星叫北落星。北落星如果微暗或隐而不见，羽林天军星摇动而芒角越稀，以及五星的光芒凌犯北落星，或进入羽林天军星星区，都是有战事发生的征兆。五星中尤以火星、金星、水星发生上述凌犯的情况严重。火星入星区，军队则忧；水星入星区则有水灾；土星、木星入星区则对军事有利。危宿东面有六颗星，两两相邻成对，名为司空。

营室宿是天廷的清庙，中有离宫、阁道等星座。在银河中的四星叫天驷。天驷旁边有一星叫王良。王良星闪动，宛如策马，是人间车骑遍野动乱的征兆。王良星旁边有八星，横跨银河，叫天潢。天潢旁有一星叫江星。江星摇动，预示要有大水灾。

叫杵、臼的四颗星在危宿南。在天潢南边的匏瓜星旁，如果有青黑色星停留在附近，则预示人间鱼盐贵。

南斗是天帝的庙堂，它的北边有建星。建星如同天庙前的旗。牵牛宿是天帝祭祀的供奉，牵牛宿北面有河鼓星，河鼓三星中最亮的，为上将；其左右各有一颗较暗的星，是左右将。婺女宿，它的北面有织女星。织女星是天帝的孙女。

观察日、月的运行，据此可判断岁星是顺行还是逆行。依据五行说，岁星于五方主东方，于五行为木，于四季主春，于十天干为甲乙。如果仁义不存，从岁星可以看出天降惩罚的征兆。岁星运行的实际位置与平均推算位置的偏差表现为赢缩，以其所在星宿判定相应分野的吉凶，与岁星所在天区相对应的分野之国是不可以去征伐的，但这个国家可以征伐别国。岁星运行超过了推算位置而到达下一宿称为赢，未到推算位置而落后一宿称为缩。赢，岁星超前到达那一宿的分野国战事不止；缩，岁星落后到达的那一宿的分野国将有忧患，可能发生将亡国倾的祸事。岁星所在的那一宿，若五星也都聚集于此，则对应的国家可以义取天下。

在寅年：这时与岁星反向运行的假想星岁阴在寅位从东向西行，而岁星在丑位从西向东行。正月时，岁星和斗宿、牵牛宿黎明前出现在东方，此时的岁星名为监德。星色青苍而明亮。如果岁星没有运行在应处的躔次上，在它出现时，犹能看到柳宿。岁星超前了，有水灾；滞后了，则有旱灾。

岁星初见，先自西向东行十二度，历时一百天，然后开始向西逆行；逆行八度，用了一百天的时间，重又向东行。一年共行三十度又十六分之七度，平均每天行十二分之一度，经过十二年在星空中运行一周。初见时常在东方，表现为晨星；隐入地下则通常在西方，表现为昏星。

在卯年：岁阴在卯位，岁星处于子位。二月时，岁星与婺女、虚、危三宿一道于天亮前在东方出现，这时的岁星名为降入。星大而明亮。如果岁星没有运行在应处的躔次上，出现时犹能看到张宿，这样的年份有大水灾。

在辰年：岁阴在辰位，岁星处于亥位。在三月份时，岁星与营室、东壁二宿一道于天亮前在东方出现，这时的岁星名为青章。星光青青而章明。如果岁星没有运行在应处的躔次上，出现时应能见到轸宿。岁星超前了，有旱灾；滞后了，有水灾。

在巳年：岁阴在巳位，岁星处于戌位。四月份时，岁星与奎、娄二宿一道于天亮前在东方出现，这时的岁星名为跰踵。星光呈赤色而明亮。如果失次运行，出现时应能见到亢宿。

在午年：岁阴在午位，岁星处于酉位。五月份时，岁星与胃、昴、毕三宿一起，在清晨出于东方，这时的岁星名为天明。星炎炎有光。这一年应该停止战事，有利于帝王推行政令，不利于穷兵黩武者。如果岁星失次，出现时应能见到房宿。岁星超前了，天旱;滞后了，天涝。

在未年：岁阴在未位，岁星处于申位。六月份时，岁星与觜觿、参晨二宿一起，在清晨出于东方，这时的岁星名为长列。星光璀璨。这一年利于出兵行武事。如果岁星运行失次，出现时应能见到箕宿。

在申年：岁阴在申位，岁星处于未位。七月份时，岁星与东井、舆鬼二宿一起，在清晨出于东方，这时的岁星名为大音。星体昭昭呈白色。如果运行失次，出现时应能见到牵牛宿。

在酉年:岁阴在酉位，岁星在午位。八月份时，岁星与柳宿、七星、张宿三宿一起，在清晨出于东方，这时的岁星名为长王。星光明亮像有芒角一样。这一年国家吉利，五谷丰登。如果运行失次，出现时应能见到危宿。如果有旱灾而国家仍昌盛，有女主的丧事，民间有疾疫。

在戌年：岁阴在戌位，岁星在巳位。九月份时，岁星与翼、轸二宿一起，在清晨出于东方，这时的岁星名为天睢。星光大而明亮。如果运行失次，出现时应能见到东壁宿。这一年有水灾，有女主的丧事。

在亥年：岁阴在亥位，岁星在辰位。在十月份，岁星与角、亢二宿一起，在清晨出于东方，这时的岁星名为大章。星光苍苍然，岁星如同欲从黎明前的黑暗跃入日旦的光明中去一样，这时的岁星名为正严。这一年宜于兴兵用武，其将帅必然勇武；岁星所在国因为有德而能拥四海。如果运行失次，应能见到娄宿。

在子年:岁阴在子位,岁星在卯位。十一月份时,岁星与氐宿、房宿、心宿三宿一起，在清晨出于东方，这时的岁星名为天泉。色黑而明亮。

这一年水产丰收，不利于起兵。如果运行失次，应能见到昴宿。

在丑年：岁阴在丑位，岁星在寅位。十二月份时，岁星与尾宿、箕宿二宿一起，在清晨出于东方，这时的岁星名为天皓。色青黑而明亮。如果运行失次，应能见到参宿。

木星应当停留在某一宿而没有停，或虽然停在了某一宿又左右晃动，或者不应当离开某一宿而离开了，与其他星交会，相应的国度会有灾难。在某一宿停留的时间太久，是因为相应国德泽深厚。岁星光的芒角动摇，或忽大忽小，颜色好像经常变化，预示着该国国君有忧患。

木星运行失次有如下情况：向东北方向行，三个月后就会出现天棓星，它长四丈，尾巴尖。向东南方向行，三个月后就会出现彗星，它长二丈，形状与扫帚相似。向西北方向逆行，三个月后就会出现天欃星，它长四丈，尾巴尖。向西南方向逆行，三个月后就会出现天枪星，它长数丈，两头尖。发生这些天象的国家，要谨慎行事，不可以举兵行事。木星出时如浮如沉，相应国领土会扩张；木星出时如沉如浮，相应国会失去领地。木星赤红而且有芒角，相应国必定昌盛，与该国打仗不得胜利。木星颜色赤黄而浓重，相应国五谷大丰收。木星颜色青白带赤灰，相应国会有忧患。木星隐于月亮之后，相应国有被放逐的宰相；木星遇上金星，相应国在战事中会被打败。

岁星又名摄提，也叫重华、应星、纪星。前面提到的营室是天上的清庙，就是指岁星庙。

观察刚正的气概以对荧惑（火星）做出决断。主管南方，五行属火，执掌四时中的夏季，干支为丙丁。行为失礼的国家，天降惩罚可以从火星不规则的运行中表现出来。火星出现，就会有战争，火星不出现，战争就会停止。以火星所在的星宿占卜该国的吉凶。火星的出现预示着动乱、流寇、疾病、死丧、饥饿和战争等灾难将要发生。火星逆行超过两宿并在某宿停留下来，停留三个月，所停处的相应国有祸殃，停留五个月有外兵入侵，停留七个月国土丧失半数，停留九个月国土有大半会丧失。停留九个月以后仍留而不去，则该国会灭亡。火星停留不去的地方，如果祸殃很快就发生了，那么遇到的严重灾祸会减轻；如果灾祸缓缓而来，那么所受祸殃看似小反而大。如果火星向南运行，预示男子死丧多；如果火星向北运行，则预示着女子死丧多。如果火星有芒角，向各个方向转动，以及忽前忽后、忽左忽右，那么祸殃就更大。如果火星在运行中与其他星复离复合，两者亮度相差不多，有危害；星的亮度相差悬殊，就不会有灾害。连同火星一起的五大行星聚集在同一宿之中，对应的国度能够以礼号召天下。

火星运行的规律：晨从东方出后向东移动经十六宿后停留，停留后向西逆移动二宿，共用两个月的时间，然后又向东移动经数十宿，共用十个月的时间，从西方隐入地平线下；在地下伏行五个月后又从东方出。如果它隐于地下后从西方出现，称为“反明”，这样预示着人君不利。火星向东行速度比较快，每日移动一度半。

火星在东、西、南、北任意一个方向都可以迅速移动。在火星出现的时候往往会发生战争，用于占卜战争，顺着火星所行方向的所在国用兵可以取胜，逆着火星所行方向的所在国用兵则会失败。火星随金星运行，行兵有忧患；火星背向金星离去，军队要退却。火星运行到金星以北，军队分营；运火星行到金星以南，有不大的战事。如果火星运行时，被金星从后面追上，军队会被击溃，将军会被杀。火星运行过程中停留或接近太微垣、轩辕座、营室宿，这是人君忌讳的事情。心宿是明堂，是火星执法的庙堂。仔细观察以上情况，以断吉凶。

填星即是土星，由历法中填星与斗宿交会的年份可以判定土星的位置。按五行说，土星主持中央，在五行中属土，执掌四时中的季夏，干支为戊己，于五帝配黄帝，执掌道德，是女主的象征。土星每年镇守一宿，运行到哪一宿，则对相应国吉利。土星没有出现在推算宿而出现在别的宿，或者已经离开某宿而又返回来停留在该宿，相应国会扩充领土，或者得到子女玉帛。如果按推算土星应当停留在某宿而没有停留，或者刚刚停留在那里，又向西或者向东运行，相应国会丢失一部分国土，或者失去子女玉帛，不可以用兵于敌。如果土星在某一宿停留得久，相应国的福气大；如果土星在某一宿停留得短暂，相应国的福气小。

填星又称为地侯，主管收成好坏。土星每年运行十三度又一百一十二分之五，每天运行二十八分之一度，二十八年运行一周。

土星停留在某宿后，其他四星都相从聚集于同一宿，相应国可以重厚之德得天下。如果礼、德、义、杀、刑等全部丧失殆尽，土星将出现动摇。

土星早出，为王者不得安宁；土星晚出，出征的军队不能返回。土星呈现黄色，有九道光芒，对应的音律是黄钟宫。土星运行失次超过二三宿称为赢，预示相应国君主生命有危险，或者该国有大水灾。土星运行失次落后二三宿称为缩，预示相应国有悲戚之事发生，可能丧命，或者有天裂地动之事发生。

斗宿是文太室，是土星的庙堂，是占卜天子吉凶的星宿。

木星与土星会合，预示着有内乱和饥荒发生，国君不可以发动战争，否则战必失败；木星与水星会合则预示着谋事不终，应改变做法；木星与火星会合，预示着有旱灾；木星与金星会合则预示着有丧事或有水灾。金星在木星南称为牝牡，预示着五谷丰收；金星在木星北，预示着年成歉收。火星与水星会合称为焠，火星与金星会合称为铄，预示着有丧事，都不可举行重大之事，对外用兵则会兵败。火星与土星会合称为忧，预示着国家会出现庶子担任大臣；会有饥荒，作战失败，败北之军，军队被围困，举事会失败。土星与水星会合，五谷丰收却不能流通，预示着全军覆没，相应国不可以举兵。土星与水星都出现在天空中，则相应国国土丧失；土星与水星会合时隐而不见，则相应国失地可收复。土星与金星会合，预示着有疾病，外兵入侵，国土会丧失。五星中有三星在某宿会合，预示着会合处的相应国内外有战事和丧事，要改立君主。四星在某宿会合，预示着会合处的相应国有战事和丧事同时发生，君主有忧患，百姓流离失所。五星在某宿会合，预示着会合处的相应国要改朝换代了，有德的国家喜庆，改立的君主受天下拥立，子孙繁衍昌盛；无德的国家将遭受祸殃以致灭亡。五颗星都大，预示着事体也大；五颗星都小，预示着事体也小。

五星早于推算的时间出现称为赢，赢者为客星。晚于推算的时间出现称为缩，缩者为主人星。五星赢缩天必有反应，在北斗的杓星能看到兆应。五星同在一宿称为会合。处于相邻的两宿称为斗，如果斗者之间的距离在七寸以内，预示的祸事必然发生。

五颗行星发白光形体呈圆形，预示着有丧事和旱灾；发红光形体呈圆形，预示着内部有矛盾，有战争；发青光形体呈圆形，预示着有忧患和水灾；发黑光形体呈圆形，预示着有疾病，多死亡；发黄光形体呈圆形，预示着吉利。五颗行星有红色芒角预示着有敌侵犯，有黄色芒角预示着有领土之争，有白色芒角预示着有丧事，有青色芒角预示着军队有忧患，有黑色芒角则预示着有水灾。五颗行星的颜色和形状预示着举兵的结果。五颗行星同色，天下没有战事，百姓安居乐业。春风秋雨，冬寒夏热，五颗行星的动摇常在这些方面表现出来。

土星晨从东方出现以后，运行一百二十天后开始向西逆行，运行一百二十天后又向东顺行。总计在天空出现三百三十日后隐于地下，隐行三十日后再次在东方出现。太岁在甲寅位，镇星在东壁宿，所以说是在营室宿。

观察太阳的运行以判断金星的位置。按五行说，金星主持西方，执掌四时中的秋季，干支为庚辛，主管刑杀。刑杀失当，天降惩罚可以由金星表现出来。金星运行失常，按其所经行的位置可以推断出相应国家的吉凶。金星晨出东方后行经十八宿，经历二百四十日后而隐入地下。从东方隐入地下，在地下行经十一宿，需历时一百三十日；从西方隐入地下，则在地下行经三宿，需历时十六日然后重新出现。如果金星应当出现而没有出现，或者应当隐入地下而没有隐入，都称为失宿。与金星失宿相应的国家，如果没有军队打败仗，就必有国君被篡位的事件发生。

根据上元历法，在甲寅年时，金星与营室宿晨时同出东方，运行到角宿时隐入地下；然后与营室宿黄昏时同出于西方，至角宿隐入地下。然后再与角宿晨时同出于东方，运行到毕宿时隐入地下；然后与角宿黄昏时同出于西方，运行到毕宿时隐入地下；再与毕宿晨时同出于东方，运行到箕宿时隐入地下；然后与毕宿黄昏时同出于西方，到箕宿时隐入地下。再与箕宿晨时同出于东方，行到柳宿时隐入地下；然后与箕宿黄昏时同出于西方，到柳宿时隐入地下；再与柳宿晨时同出于东方，行到营室宿时隐入地下；然后与柳宿黄昏时同出于西方，运行到营室宿时隐入地下。出入东西五次为一个周期，历时八年，二千九百二十天，再一次与营室宿晨时同出于东方。金星大约每年运行一周天。金星在初出现于东方的时候运行较慢，大约每天行半度，历经一百二十天以后，必逆行一二宿；到达极点后反向东行，每天行一度半，经一百二十日后隐入地下。星位最低时距太阳最近，称为明星，性柔；星位最高时距太阳最远，称为大嚣，性刚。金星初出现于西方的时候运行较快，大约每天行一度半，历经一百二十天后，星位极高而后运行变慢，每天行半度，历经一百二十天以后将隐入地下时，必逆行一二宿然后隐入地下。星位最低时距太阳最近，称为大白，性柔；星位最高时距太阳最远，称为大相，性刚。金星晨出时方位在辰位、戌位，隐入地面的方位在丑位、未位。

金星在应当出现的时候不出现，在不应当隐入时隐入地下，预示着天下战事停息，军队若在外，应该能够返回本国。金星在不应当出现的时候出现，在应当隐入地下时而不隐入，预示着天下将要发生战争，有国家要灭亡。金星按期出现，相应国必昌盛。出于东方与东方国相对应，隐入于东方与北方国相对应；出于西方与西方国相对应，隐入于西方与南方国相对应。金星在某一宿停留的时间久，相应国吉利；在某一宿停留的时间短，相应国不吉利。

金星从西方出现向东运行，其正西方向上的国家吉利。从东方出现向西运行，其正东方向上的国家吉利。金星出现后不会经过整个天空，如果它经过整个天空，则预示着天下就要改朝换代了。

金星光弱并且芒角有动摇，预示着有战争要发生。金星刚开始出现时光线明亮，此后变暗淡，预示着相应国兵力弱；刚出现时光线暗淡，此后变明亮，预示着相应国兵力强。金星出现时位置高，预示着进攻国越深入敌国境内越吉利，否则就危险；出现时位置低，预示着进攻国越浅入敌国境内越吉利，否则就危险。太阳向南运行而金星在太阳南方，或者太阳向北行而金星在太阳北方，这两种情况称为赢，预示着侯王不得安宁，如果正在用兵，进兵吉利，退兵危险。太阳向南运行而金星在太阳以北，或者太阳向北运行而金星在太阳以南，这两种情况称为缩，预示着侯王有忧患，如果正在用兵，退兵吉利，进兵危险。用兵应该观察金星：金星运行得快，用兵应该速战速决；金星运行得慢，用兵应该持重缓行，静以待变。金星有芒角，士兵锋芒敢战。金星动摇躁动，兵也宜躁动。金星圆而静，兵也宜静。顺着金星芒角所指方向用兵吉利；逆着芒角方向用兵危险。金星出则出兵，金星隐入地下则应收兵。金星有红色芒角，预示着有战争发生；有白色芒角，预示着有死丧；有黑色芒角而且钝，预示着国有忧患，或有水灾；有青色芒角而且既小又钝，预示着国有忧患，或者有属木的祸事；有黄色芒角而且颜色平和，芒角圆钝，有属土的事发生，年成好。金星已经出现三日而又隐没，或者已经隐没三日又出现，称为耎，相应国军事失败，将军败北。金星已隐没三日又短暂出现，或者已出现三日又隐没很长的时间，相应国有忧患；军队的粮食会为敌人所用；士卒虽然很多，但将军却做了敌军的俘虏。金星在西方出现时运行失常，预示着外国入侵失败；在东方出现时运行失常，预示着本国兵败。金星大而且圆，色黄而又润泽，预示着有好事发生；金星圆大而色红，预示着兵力强盛但没有战争。

金星颜色为白色，与天狼星相似；为红色，与心星颜色相似；为色黄，与参宿左肩上的大星颜色相似；为苍色，与参宿右肩上的大星颜色相似；为黑色，与奎宿中的大星颜色相似。五颗行星随金星聚集在一宿之中，所聚处相应的国家可以横行于天下。金星所停留在按推算应停留的地方，相应国能有所得；停留的位置与推算所处的地方不一致，相应国无所得。用金星占卜，其运行状况比颜色更重要，颜色又比其所处的方位重要，但是有金星的方位吉利因素胜过没有此因素，有颜色吉利的因素胜过没有此因素，如果有运行吉利这一因素，则胜过其他所有因素。金星出以后，一直停留在树梢之间不下行，则相应国不利。金星出后向上运行速度极快，一天还没有结束，其运行已超过了星空的三分之一，预示着相应国的敌对国不利。金星在运行过程中忽上忽下，上下反复，预示着相应国有反叛的将军。金星被月亮遮掩，预示着反叛将军遭杀戮。金星与木星会合，会和后两星更明亮，相应国不会有战争，虽起兵而不战；两星会合后更暗淡，预示着反叛边境有溃败的军队。金星在西方出现，时在黄昏，为阴，象征阴兵强大；晚饭时出现，兵势稍弱；夜半时出现，兵势较弱；鸡鸣时出现，兵势最弱；这就是所说的阴陷于阳。金星在东方出现，时在黎明，为阳，所以象征阳兵强。在鸡鸣时出现，兵势稍弱；夜半时出现，兵势较弱；黄昏时出现，兵势最弱；这就是所说的阳陷于阴。金在星地下伏行的时候出兵，会有祸殃。金星在东南方向出现，预示着南方能战胜北方；在东北方向出现，预示着北方能战胜南方；正好在正东方向出现，预示着对东方国家有利。金星在西北方向出现，预示着北方能战胜南方；在西南方向出现，预示着南方能战胜北方；正好在正西方向出现，预示着对西方国家有利。

金星与诸恒星相犯，预示着有小规模的战争发生；金星与行星相犯，预示着有大规模的战争发生。相犯时，金星在所犯星以南，预示着南边的国家会失败；金星在所犯星以北，预示着北边的国家会失败。金星运行得快，象征着相应国勇武；停留不行，象征着相应国多礼有文。金星发白光并且有五个芒角，出现的时间比推算时间早，会发生月食，出现的时间比推算时间晚，会出现天夭星或彗星，相应国将有祸事发生。金星从东方出为德星，在金星左方或者面对金星举事，吉利。金星从西方出为刑星，在金星右方或背向金星举事，吉利。反之则凶险。金星投射的光如果能够见到影子，则作战能够取胜。白天见金星东升西落，称为争明，预示着强国将要变为弱国，弱国将要变为强国，国君是女人的国家将要昌盛。

亢宿是天神的外庙，也就是太白星神的外庙。太白星，是大臣的象征，号为上公。还有其他名称：殷星、太正、营星、观星、宫星、明星、大衰、大泽、终星、大相、天浩、序星、月纬等。官位为大司马者欲知吉凶应仔细观察太白星的运行。

通过观察太阳与其他星辰的会合以确定辰星的位置。按五行说，辰星属北方，五行中属水，是太阴月亮的精华聚成，执掌四时中的冬季，干支为壬癸。刑罚失当的国家，天降惩罚可以由辰星中表现出来，按其所经行的位置可以推断相应国家的吉凶。

由辰星所在的位置可以确定四时季节：二月春分，它黄昏时出现在奎、娄、胃以东五宿的范围内，对应的分野为齐的地域；五月夏至，它黄昏时出现在东井、舆鬼、柳以东七宿范围之内，对应的分野为楚的地域；八月秋分，它黄昏时出现在角、亢、氐、房以东四宿范围内，对应分野为汉的地域；十一月冬至，它清晨出现在尾宿、箕宿、南斗宿、牵牛宿的范围内，对应分野是中原地区。辰星出现与隐没的方位在辰、戌、丑、未四个方位之间。

辰星早于推算的时间出现，会发生月食；晚于推算的时间出现，会出现彗星或其他妖星。辰星按推算应当出现而没有出现称为失行，虽然有追兵在外但是不会发生战争。辰星一季不出现，则该季阴阳不和；四季不出现，则天下要发生大饥荒了。辰星按推算的时间出现，星色发白预示着有旱灾，色发黄预示着五谷丰收，色发红预示着有战争，色发黑预示着有水灾。辰星在东方出现，星体大而发白光，预示着有兵在外，但可以和解。辰星常在东方而发红光，预示着中原可以战胜别国；常在西方而发红光，预示着对外国有利。外无敌兵而辰星发红光，预示着会有战争发生。辰星与金星都出现在东方，都发红光而且有芒角，预示着外国在战争中会大败，中原会取得胜利；辰星与金星都出现在西方，都发红光而且有芒角，预示着外国在战争中会胜利。将天球从子午位中分，如果五星聚集在东半天球，预示着用兵对中原有利；如果五星聚集在西半天球，预示着用兵对外国有利。如果五星都随辰星聚于某一星宿，相应国可以统治天下。辰星不出现时，金星为客星；辰星出现时，金星为主星。辰星出现而与金星不在同一方位，边境虽有敌兵但是不会发生战争。辰星出现在东方，金星出现在西方；如果辰星出现在西方，金星出现在东方，都称为格，预示着边境有兵但是不会发生战争。辰星在不该出现的时候出现，预示着本该气候寒冷反而温暖，本该温暖反而寒冷。应当出现而不出现，称为击卒，预示着将会乱兵兴起。辰星入金星之中后又从金星上边升起，预示着有军败将亡、敌军取胜；从金星下边离去，预示着有敌军失败，丧失领土。辰星运行时追及金星，金星停留不动，预示着有将军战死。在辰星上方出现芒角，预示着军败将亡，客军胜利；下方出现芒角，预示着敌军失败，丧失领土。观察芒角所指方向，以判定何方军队失败。辰星环绕金星，好像在与金星相斗，预示着有大战发生，敌军取胜。（辰星也叫兔星），兔星从金星旁经过，近到其间距离只有约一剑宽，预示着有小规模的战争发生，敌军取胜。兔星在金星前，罢军休战；兔星从金星左方经过，预示着有小战发生；兔星与金星相触而过，预示着有数万人规模的战争发生，主军将领被杀；兔星从金星右方经过，相距三尺，预示着军情紧急，双方急于约战。兔星有青色芒角，预示着军队有忧患；有黑色芒角，预示着有水灾。有红色芒角而运行，预示着敌兵的末日来临。

兔星有七个名称，分别是小正、辰星、天欃、安周星、细爽、能星、钩星。发黄光而且不亮时，出现时不在按推算该出现的位置，预示着天下有大的政策变化，不利于百姓。兔星可以呈现五种颜色：青而圆预示着有忧患，白而圆预示着有死丧，赤而圆预示着不安定，黑而圆预示着吉利。兔星有红色芒角预示着有敌军来侵犯，有黄色芒角预示着有领土争端，有白色芒角预示着有哭泣之声。

辰星从东方出现，运行四宿，历经四十八日，其中快行二十日，然后反方向从东方隐入地下；辰星从西方出现，运行四宿，历经四十八日，其中快行二十日，然后反方向自西方隐入地下。可以在营室、角宿、毕宿、箕宿、柳宿之旁观测到辰星。辰星出现在房宿和心二宿之间，预示着将有地震发生。

辰星的颜色：春季是青黄色；夏季是赤白色；秋季是青白色，预示着年岁丰收；冬季是黄色但是不明亮。如果某季改变颜色，预示着该季不顺昌。辰星春季不出现，预示着有大风，秋天将歉收。夏季不出现，预示着有六十天的旱灾，有月食发生。秋季不出现，预示着有战争，春天物不萌发。冬季不出现，预示着有阴雨六十天，有城邑被大水冲毁，夏天庄稼不生长。

角、亢、氐三宿，分野在衮州。房、心二宿，分野在豫州。尾、箕二宿，分野在幽州。斗宿在江、湖地区。牵牛、婺女二宿，分野在扬州。虚、危二宿，分野在青州。营室到东壁，分野在并州。奎、娄、胃三宿，分野在徐州。昴、毕二宿分野在冀州。觜觿、参宿二宿，分野在益州。东井、舆鬼二宿，分野在雍州。柳、七星、张宿三宿，分野在三河。翼、轸二宿，分野在荆州。

七星是天上的员官，是辰星的庙堂，是主管四方异族的星宿。

两军对阵时，发生日晕，如果日晕均匀，则表示两军势均力敌；如果日晕厚而且长大，则表示可以获胜；如果日晕薄而且短小，则表示没有取胜的希望。抱晕出现两军言和。日晕光气背日向外抱则两军不得和。光晕有直气象征有自立事，预示着有自立的侯王；也预示着将发生溃军杀将。太阳上下方都有光晕，预示着有喜庆的事发生。日晕外有芒，预示着被围困者得胜；日晕内有芒，预示着围困方得胜。日晕外圈青色里圈红色，预示着双方言和撤离；外圈红里圈青色，预示着双方怀愤而去。气晕出现早慢慢消失，主军胜利。气晕出现早很快消失，起初对主军有利而后不利；气晕出现晚消失得慢，起初对主军不利而后有利；气晕出现晚消失很快，前后都对主军不利，主军肯定不能取胜。气晕出现后很快消失了，虽会取得胜利但不会有大功。气晕出现在半日以上才有大功。白虹短屈而且上下两端尖锐，则预示着相应地区有大规模的流血事情发生。由日晕判定胜负，应验期近者三十日之内，远者六十日之内。

日食象征不吉利；食后复发光，象征吉利；日全食吉凶的承担者是君主。根据日食的方位及所在星宿，再配合日食发生的时间，可以判定相应国的吉凶。

月亮在中道运行，预示着安宁和平。在中道以北的阴间运行，预示着多雨水，有阴事。阴间以北三尺有阴星，阴星以北三尺是太阴道，月亮运行于此预示着有大水灾和兵事。月亮运行在中道南预示着君主骄横恣肆。月亮运行于阳星间，预示着多以暴虐凶残治刑狱。月亮运行于太阳道，预示着将有大旱和死丧。如果月亮在十月运行于角宿和天门之间，则预示着来年四月有灾害，如果是在十一月运行在角宿和天门之间，则预示着来年五月有灾害；如果是在十二月运行于角宿和天门之间，则预示着来年六月有灾害，灾是大水灾，水深少则三尺，多则五尺。月亮与房四星中的任一颗相犯，预示着辅佐大臣可能会被诛杀。月亮运行到南河、星和北河星附近，按行道在阴或阳判断，在南河星之北或在北河星之南，有旱灾和兵事发生。

月亮掩蔽岁星，预示着相应地区有饥荒或死亡；月亮掩蔽荧惑星，预示着世道混乱；月亮掩蔽填星，预示着有臣下犯上作乱；月亮掩蔽太白星，预示着强国由于战争而衰败；月亮掩蔽辰星，预示着有女子作乱；月亮掩蔽大角星，是君主厌恶的天象；月亮掩蔽心宿，预示着有内贼作乱；月亮掩蔽其他诸星，预示着相应地区有忧患。

从月食发生的日子算起，每隔五个月发生的月食有六次，每隔六个月发生的月食有五次，重又每隔五个月发生的月食有六次，然后隔六个月发生月食一次，再每隔五个月发生的月食有五次，总计一百一十三个月为一个周期。所以月食是常见的；日食是不常见的。甲、乙日发生日月食，对应的地区是海外，所以不用其占吉凶。丙、丁日发生日月食，对应地区为江、淮、海岱。戊、己日发生日月食，对应地区是中州、河、济一带。庚、辛日发生日月食，对应地区为华山以西。壬、癸日发生日月食，对应地区为恒山以北。日食，吉凶由国君承当；月食，吉凶由将相承当。

国皇星明亮发红光，形状类似南极老人星。国皇星出现在哪一宿，预示着相应的地区有战争发生，而且该国兵势强盛；对和它相对一宿的相应地区不利。

昭明星明亮发白光，没有芒角，但是忽上忽下的。昭明星出现在哪一宿，预示着相应地区有战争发生，形势多变。

五残星出现在正东的方向，形状类似于辰星，在距地面高约六丈的地方。

大贼星出现在正南的方向，距地面高约六丈，明亮发红光，时常摇动，有光芒。

司危星出现在正西的方向，距地面高约六丈，明亮发白光，类似于金星。

狱汉星出现在正北的方向，距地面高约六丈，大而发红光，时常摇动，仔细观察可以发现星体中间呈青色。以上四个方向的星出现在不应该出现的方向上，相应地区都有战争发生，对相对位置的国家不利。

四填星出现在东北、东南、西北、西南四隅地区，距地面高约四丈。

地维咸光星，也出现在上述的四隅地区，距地面高约三丈，朦胧得像刚出现时的月亮一样。与星相应的地区有动乱；动乱的必定灭亡；有德行的必定昌盛。

烛星形状如同金星，出现后不动。瞬间就消失，相应城邑有动乱。

看上去似星非星、似云非云的星体都称为归邪。归邪出现，预示着有回归国家的人。

星是五行中金的离散之气，其本质是火。星多，相应的国家吉利；星少，相应的国家有凶险。

银河也是金的离散之气，其本质是水。银河中星多，预示着地上多水；星少，预示着地上有旱灾，以上是以星占卜吉凶的基本规律。

天鼓星出现时声大如雷，但不是雷声，声音在地上传播至地下，声音所往的方向有战事兴起。

天狗星的形状像一颗大流星，伴随有隆隆声，可以传至地上，像狗的叫声一样。它坠落的地方，远远望去火光炎炎，直冲天际。坠落的地方方圆有数顷地大小，上端尖锐处发出黄光，预示着千里之内有溃军杀将的事发生。

格泽星形状像炎火一样。黄白色，从地上升起向上，下面大上面尖。格泽星出现，预示着即使不耕种也有收获；如果没有土地上的收获，必有大害。

蚩尤之旗形状如同彗星而尾部弯曲，像旗子一样。蚩尤旗出现，预示着将有王者征伐四方。

旬始星出现在北斗星旁，形状像只雄鸡。它发怒时为青黑色，像一只伏鳖。

枉矢星如同大流星，运行轨迹如蛇行走，呈苍黑色，看上去像是有羽毛一样。

长庚星如同一匹布挂在天上。它的出现，则预示着有战争发生。

星体坠落到地上，则是石头。在黄河、济水流域之间，时常有星石坠落。

天空清朗时能见到景星。景星就是德星，它的形状不固定，常常出现在治理得好的国家。

凡是观察云气的，仰面能望见，云气距人三四百里；在树梢之上的高度能望见，相距大约一千到二千里；登上高处能望见，能见到云气与地相连，相距约有三千里。云气上方似有兽类的，预示着吉利。

自华山以南的云气，下边为黑色上边为红色。嵩山、三河一带的云气是正红色。恒山以北的云气，下边黑色上边为青色。渤海、碣石和海岱地区的云气，都是黑色。江、淮之间的云气，都是白色。

罪徒相聚之处的云气是白色的。有土方工程的地方云气是黄色的。车队行走产生的云气忽高忽低，还常常聚集在一起。骑兵奔走产生的云气低且分布面积广。步兵行走产生的云气则高而窄。云气前边低后边高，表示行走速度快；前边平后边高，表示部队精锐；云气后端细而低，表示部队要退却。云气平表示行军缓慢，前端高后端低，表示部队不断撤军后退。两云气相遇，气低的一方战胜气高的一方；气尖的一方战胜气平的一方。气来的低矮且循车辙方向行进，不超过三四日就可以见到敌方，五六里外可见。气来时高七八尺，不超过五六日可以见到敌方，十余里外可见。气高一丈多到二丈的，不超过三四十日可以见到敌方，五六十里外可见。

云梢呈亮白色的，其军队的将领彪悍，士兵怯懦。云气底部大而向前方延伸得很远的，应当战。云气青白，前端低矮的，作战能取胜；前端红色而上仰的，作战不能胜。兵阵形成的云气好像直立的城墙。杼云的形状像织布的木梭一样。轴云的两端，仿佛是经手揉过一样两段尖锐。杓云的形状细长如绳，横亘于天空，其一半有半个天空长。如虹霓又像旗子飘动的是雌云。钩云像弯曲的勾子。出现诸如以上云气，可以根据它们的颜色占卜。只有云气润泽、揉成团而且密，出现后足以动人的云气可以用来占卜；以上云气预示着有兵兴起，相应双方的云气呈交斗状。

王朔依云气占卜的时候，都依据日旁的云气。日旁的云气有帝王的气象。占卜时按云气所成的形状判定吉凶。

因此北方游牧民族形成的云气如同畜群和毡包，南方渔业民族形成的云气如同舟船旗幡。凡是有大水的地方，军队被击败的战场，灭亡国家留下的废墟，以及地下埋藏大量钱币、金宝等其上都有相应云气，不可不观察。海边蜃气形状像楼台；广阔的旷野上有像宫殿城阙的云气，可见云气能呈现所在地的山川、人民的风貌。

所以占卜某国虚实，应该到该国的城邑中去，观察那里的封疆、田畴治理得是否平正，观察城郭、房屋门户是否润泽，其次观察车辆、衣着、畜产等是否精华。殷实繁荣的则吉利，虚竭耗损的则凶险。

似烟而又不是烟，似云而又不是云，云气浓盛，回转盘旋，缠绕飘缈的云称为卿云。出现卿云象征着喜气。有一种像雾又不是雾，人的衣冠沾上它也不潮湿，此云出现则预示着域内有战事，军队披甲以往。

雷电、霞虹、霹雳、夜明等现象是阳气升发形成的，在春夏两季发生，秋冬两季隐藏，所以占卜的人无不观察它们。

天空开裂出现物象，地震出现裂缝，山岭崩摧移动，河川堵塞，溪谷不流，水涌地升，河湖枯竭等都是吉凶的预兆。对城郭闾里，观察门轴是润滑还是枯涩；对宫室庙宇、官邸宅第，观察平民所处的等次。对谣谚、风俗、车辆、衣着等，观察百姓的饮食。对庄稼草木，观察它们所属的类别。对粮仓、马厩、军械库等，观察四周的道路交通。对六畜禽兽，观察它们的产地和用场，对鱼鳖鸟鼠，观察其居处的环境。鬼哭如同呼叫，遇到的人必定受惊吓。这些虽是传言，理实不虚。

凡是占卜年岁的好坏，要谨慎地占卜岁始。岁始或是指冬至日，这一天阳气开始产生。或是指腊明日，众人在一起庆祝旧的一年结束，一起聚餐，以引发阳气，所以称初岁。或是指正月初一，这是君王历法的起始日；或是指立春日，这一天是四季的开始。以上四岁始都是占卜的重要日子。

汉朝人魏鲜根据腊明日与正月初一观察风来占卜。风从南方来，预示着有大旱灾；风从西南来，预示着有小旱；风从西方来，预示着有战争；风从西北方来，预示着大豆的收成好，多小雨，短时间内会有战争发生；风从北方来，预示着是中等年成；风从东北来，预示着是丰收年；风从东方来，预示着有大水；风从东南方向来，预示着民间有疾疫，庄稼歉收。因为八个方向的风与它们相对方向的风相比较，以风次数多少、来风时间长短、风速快慢来决断胜负：风次数多胜次数少的，时间长久胜时间短暂的，风速快胜风速缓慢的。风来时在黎明到早饭之间，占麦类；风来时在早饭到日偏西之间，占稷类；风来时在日偏西到晚饭之间，占黍类；风来时在晚饭后，占豆类；风来时在太阳落山之时，占麻类。如果这两天有云、有风、有太阳，预示着该年作物株深多结籽实。如果这两天无云、有风、有太阳，预示着该年作物株矮而多结籽实；如果这两天有云、有风，无太阳，预示着该年作物只长秸秆少结籽实；如果这两天只有太阳、无云、无风，预示着该年庄稼歉收。如果无风、无云的时间只有一顿饭的时间，则庄稼损失小；如果无风、无云的时间较长，相当于可以煮熟五斗米的时间，则庄稼损失大。如果此后又有云、有风，那么庄稼形势又好转，此外还可以由云气的颜色占卜种植何种作物最为合适。如果岁首那一天有雨雪，天气寒冷，该年的收成不好。

如果岁首那一天天气晴朗，可以根据都城人民的乐声占卜该年的吉凶。如果是宫声，预示着年岁好，吉利；如果是商声，预示着有战事；如果是徵声，预示着天旱少雨；如果是羽声，预示着有水灾；如果是角声，预示着年成坏。

还可以根据从正月初一日起连续下雨的天数来卜年成好坏。按下一天雨对应当年百姓每人每天可有一升口粮的比例预示收成，到七升时为极限，超过七日不占卜。如果从初一占卜到正月十二，每日与每月相对应，占卜本年每月的水旱灾情。如果所占卜的地区疆域千里，即是对整个天下占候，应该卜尽整个正月，正月里月亮在周天绕行，经过某宿时是否有太阳、有风、有云，由此占卜相应地区的年成好坏。然而必须观察太岁所在的方位。如果太岁在金位，预示着当年丰收；如果在水位，预示着当年歉收；如果在木位，预示着当年有饥荒；如果在火位，预示着当年有旱灾。以上是大致原则。

正月的甲日这天如果起东风，则该年宜于养蚕；如果起西风，而且有黄云，则年成歉收。

冬至这一天白天最短。在天平的两端分别悬土和炭并使其平衡，如果悬炭的一端仰起，鹿换新角，兰根生芽，泉水涌出，从以上这些现象可以判定冬至这一天的到来，但要准确测定冬至日是否到来，还是要利用日晷测定日影长短来判定。岁星所在宿相应的地区，五谷丰登。其相对星宿所相应的地区，这年会有灾殃。

太史公说：自从人类社会形成以来，没有哪一个君主不以日月星辰的运行定历法的。到了五帝、三代时期，把这事更加发扬光大了。内为冠带，外为夷狄，内外有别，把中国划分为十二个州，仰则观测天上的星象，俯则观察地面上可以效仿的事物，天上有日月，地上有阴阳；天上有五星，地上有五行；天上有列宿，地上有州郡。日、月、星三光是阴阳的精华。精气以地为本原，圣人统一治理它们。

周幽王和周厉王之前的事距今太遥远了。各国根据观测的天象来占卜的方法不尽相同；各家用以占卜的物怪一般与当时形势相符合，所以他们遗留下来的文字图书记载的占卜方法各不相同，不能效仿。因此孔子在论述六经的时候只记录异象，不记载理论，至于天道天命之类，更不传授。这是由于传得其人，即使不告诉也能自己领悟出来；如果不得其人，即使告诉其中的奥妙也不能明白。

往昔传授天数的人：高辛氏以前，有重、黎；唐、虞时期，有羲氏、和氏；夏朝时，有昆吾；殷商时，有巫咸；周朝时，有史佚、苌弘；宋国有子韦；郑国有裨灶；齐国有甘公；楚国有唐眛；赵国有尹皋；魏国有石申。

天体运行三十年一小变，一百年一中变，五百年一大变；三次大变称为一纪，三纪内所有变化都会出现，这是天体运行的大致规律。国家的君主必然重视三、五这两个数字。观察上下各一千年，才能了解天与人之间接续完备的关系。

太史公推求古代天象变化，发现没有可以适用于现在占卜的资料。在春秋二百四十二年之间，大概有三十六次日食，出现三次彗星，宋襄公时星体殒落如同降雨。那个时期天子权势微弱，诸侯以武力争夺霸权，五霸相继兴起，各自为政。从此以后，强势的欺凌弱小的，大国兼并小国。秦、楚、吴、越诸国都是夷狄之国，因为强有力而成为霸主。田氏篡夺了齐国政权，韩、赵、魏三家瓜分了晋国，进入战国时期。各国间互相争夺攻占，天下战争不断，城镇屡遭屠灭，饥饿、疾疫给百姓带来了巨大的灾难，各国君臣无不忧患，所以观察祥征兆、测候星气占卜吉凶成为社会急需。近代十二诸侯、七国争相为王，主张纵横的人接踵而至，尹皋、唐眛、甘德、石申等人各自根据当时情势写出了不同的占卜书籍，这就使得他们占验的资料杂乱无章，琐碎得如米盐等细事。

占卜以发生在二十八宿的天象变化占十二州，同时参考北斗柄的指向，很久以前就用这样的方法了。秦国疆域的吉凶，候望于金星，占卜于狼星、弧星。吴国、楚国疆域内的吉凶，候望于火星，占卜于南宫和天微垣。燕国和齐国疆域内的吉凶，候望于水星，占卜于虚宿和宿星。宋国和郑国疆域内的吉凶，候望于木星，占卜于房宿和心宿。晋国疆域内的吉凶，也是候望于水星，占卜于参宿和罚星。

到秦国并吞三晋和燕、代地区以后，华山和黄河以南的地区为中原。中原在四海的东南方向，属阳；阳则与太阳、木星、火星、土星相对应；占卜于天街之南，以毕宿为主。中原西北是胡、貉、月氏等穿毡裘、打猎的民族，属阴，阴则与月亮、金星、水星相对应，占卜于天街之北，以昴星为主。所以中原地区的山川多是东北的走向，山川的源头在陇蜀地区，末尾消失在渤海、碣石一带。所以秦、晋好用兵，复占金星，而秦、晋为中原地，所以金星也主中原域内的祸福吉凶；而胡、貉等民族多次侵掠中原，只能用水星作占，因为水星出入运行轻躁快速，主要用来占卜夷狄人的吉凶。这是大致情形。水星与金星更相为主位和客位。火星为悖乱，对外占卜兵事，对内占卜政事。所以文献说“虽然有圣明的天子在，也要观察火星的位置”。由于诸侯势力的迭次变更，灾异记录各不相同，故没有可以收录的。

秦始皇在位时期，十五年内彗星出现了四次，出现时间最长的有八十多天，长的几乎横空而过。后来秦朝以武力灭掉六国，统一中国，对外攘除夷狄，死人如麻，导致张楚王等人共同起兵反抗。三十多年之间打仗践踏，次数无以计数。自蚩尤以来，从没有如此过。

项羽援救巨鹿的时候，流星向西划过，崤山以东诸侯联合起来向西破秦，坑杀秦兵，屠灭了咸阳城。

汉朝兴起时，五颗行星会聚在东井宿。汉高祖被围于平城的时候，月晕出现在参宿和毕宿附近，多至七重。吕氏作乱的时候，发生日食，白昼晦暗。吴、楚等七国叛乱时，彗星长达数丈，天狗星划过梁国郊野。待及七国兵起以后，梁国城尸横血流。元光、元狩年间，两次出现蚩尤旗星，长约半个天空。此后京城向四处出兵，与夷狄作战长达数十年，其中与胡人的战争最多。越国灭亡的时候，火星出现在南斗宿；攻取朝鲜的时候，彗星出现在南河、北河；出兵征讨大宛，彗星出现在招摇星附近。以上都是非常明显的天象验证。至于一些间接的、小的天象验证，更是多不胜数。由此看来，没有一件事不是先由天象预兆然后再被验证的。

自汉朝以来运用天数的，观星象的为唐都，望云气的是王朔，卜年成的是魏鲜。甘、石的五星占卜法，只有火星才逆行。凡是火星逆行停留的地方以及其他星出现逆行，日月发生薄食，都要占卜。

我阅读史书的记载，考察历朝发生的事件，发现百年之间，五颗行星出现后都会逆行，而且逆行的时候不仅会变亮，颜色也会变化；是否发生月食，与太阳和月亮所处的南北相对位置有关，这是一般规律。所以紫宫、房心、权衡、咸池、虚危五星区，是天上五官的座位，为经星，它们不移动迁徙，各宿大小差别，但宽度不变。而水、火、金、木、土这五颗行星是天上五官的辅佐，为纬星，它们的出现或隐没有一定规律，所以它们的运行以及赢缩有一定的度数。

在日有变化的时候要修德，在月有变化的时候要减少刑罚，在其他星体有变化的时候要结和人心。只要天体变化超过常规就要占卜吉凶。国君强大有德行，国家就昌盛；国君弱小而诈诡，国家就衰亡。国君最主要的是提高自身的德行，其次是制定适于百姓的政策，再其次是在有危情的时候及时挽救，又其次是祈求上天解除灾害，最差的是不采取任何措施。恒星的变化很少见；而太阳、月亮、五星因为不停运行变化很大，所以常常用以占卜；日晕、月晕、日月食、云气、风都是天的过客，它们的出现也有大的规律可循。它们与国家的政事有关联，最直接表现天人之间的关系。以上这五种都是天对人间事情的征兆。占卜天数的人，必须通晓日月五星和以上五气的规律，纵观古今状况，深刻了解时事的变化，观察其微观和宏观的方面，这是掌管天文的官员必备的。

苍帝主政，有天门打开的天象。赤帝主政，天牢中虚无一星。皇帝主政，会出现妖异天象。有风从西北方向来，必定是在庚、辛这两天。秋季这种风来五次，有大赦；来三次，有小赦。白帝主政，在正月二十日、二十一日这两天有月晕成围，有大赦，是由于太阳出来就见到了光明。另一种说法是白帝主政，毕宿、昴宿被月晕包围，包围三个晚上，功德完成；不足三个晚上，或者月晕有缺口，功德不成。还有一种说法是月晕围辰星，不可能连续十天可以看到。黑帝主政，有天关星变动的天象。上述五天帝交替主政，天子要随之更改年号；若不能施行德泽，有疾风暴雨、石破天惊之灾。三能和三衡是天王帝廷，如果有客星出现在天廷之中，就会有奇异的政令产生。

（龚双会 译）

《史记》卷二十八　封禅书第六

自古以来受天命成为帝王的人，哪有不封禅的呢？可能存在没有必要的吉兆、瑞应就忙着行封禅礼的人，但是却从来没有过已经出现了封禅必要的吉兆、瑞应而不到泰山去的人。有承受天命但治世的大功未成的人，有有了帝王功业但道德还不到位的人，有功业、道德都相符合但又没时间行封禅礼的人，所以封禅的事进行得很少。古书上说："三年不行礼，礼制一定会废除；三年不举乐，音乐就会散乱。"每逢盛世的时候，就举行封禅礼来报答上天的功德，衰弱时候就不行礼了。远的有一千多年，近的有几百年，所以封禅的仪式残缺甚至湮灭，详细情形无法记录下来传闻后世了。

《尚书》说：舜用仪器观测天象，看到北斗七星。于是祭祀了先帝，祭祀了六宗，望祭了山川河流，遍祭了群神。收集了五种瑞玉，选择吉月吉日，会见四岳诸侯牧守，将所收瑞玉还给他们。当年二月，向东出行视察，到达岱宗。岱宗，就是泰山。焚烧柴薪，按次序望祭那些山川。于是觐见东后。东后，就是东方的诸侯。调合四时与月、日的相对误差，统一声律与度量衡，修整诸侯朝聘之礼以及五玉、三帛、二生、一死等各等级人的贽见礼。五月，视察到南岳。南岳，就是衡山。八月，视察到西岳。西岳，就是华山。十一月，视察到北岳，北岳，就是恒山。对这些山的祭拜都与岱宗的礼仪相同。中岳，就是嵩山，五年视察一次。

禹沿用了这些做法。之后的十四代，到孔甲帝，喜欢对神灵放荡无礼，神被他亵渎，有两条龙离去。之后三代，汤讨伐夏桀，想移走夏祭神的神坛，因为不合适作罢了，作了名为《夏社》的文诰。之后八代，到太戊帝时，有桑、谷二木合为一株，生于庭院中，一个晚上长到拱把那样粗，太戊很是害怕。伊陟说："妖不会战胜德行的。"于是太戊修德行善，那桑谷树枯萎而死。伊陟将此事告知巫咸，巫咸记录为《咸乂》四篇，从此巫咸的名字流传下来。之后十四代，帝武丁得到傅说做宰相，殷朝又重新兴盛起来，他称为高宗。有野鸡飞到鼎耳上打鸣，武丁害怕起来，祖己说："修德就不用怕了。"武丁听从了他的话，帝位一直安宁无事。之后五代，帝武乙由于怠慢神灵，遭雷震而死。之后三代，纣帝荒淫无道，武王兴兵讨伐了他。由此看来，帝王开始时未尝不恭敬神祇，只是后来渐渐怠慢松懈罢了。

《周官》说，冬至那一天，在京城南郊祭天，来迎接白天越来越长日子的到来；夏至那一天，祭地神。都用音乐、舞蹈，神才会接受你的礼敬。天子祭祀天下的名山大川，对五岳像对三公一样尊敬，对四渎像对诸侯一样行礼，诸侯只祭境内的名山大川。四渎，就是指长江、黄河、淮水、济水。天子祭天的地方叫作明堂、辟雍，诸侯祭祀的地方叫作泮宫。

周公做了成王的宰相之后，在南郊祭天时以周朝的始祖后稷为配享，在明堂祭祀上帝时以周朝的奠基人周文王为配享。自从夏禹兴起对土神的祭祀，后稷种庄稼有功，才有他的神祠，郊祭与社祭都有很悠久的历史了。

周朝灭掉殷后的十四代，世道渐渐衰落，礼乐逐渐废弃，诸侯恣意妄为，周幽王被犬戎打败，周朝都城东迁到洛邑。秦襄公攻打犬戎救周，所以开始被列为诸侯。秦襄公成为诸侯之后，居住在西部边陲，以为自己是少皞神的代表，建西畤，用马驹、黄牛、羝羊各一头祭祀白帝。过了十六年，秦文公到东方打猎，来到汧水、渭水汇合处，占卜欲往这里迁都很吉祥。文公梦见有一条黄蛇，身子从天上下垂到地面，嘴巴一直伸到鄜城一带的田野中。文公问史敦梦中的事，史敦回答说："这是上帝的象征，请您祭祀它。"于是文公建立了鄜畤，用牛、羊、猪郊祭白帝。

在立鄜畤之前，雍城旁有吴阳武畤，雍城东面有好畤，都已废弃无人祭祀。有人说："自古以来，雍州地势高，为神明聚居处，所以立畤郊祀上帝，其他诸神的祠庙也都聚集在这里。大约黄帝时增加祭祀，晚周也举行郊祭。"这些话在经典里没有见到，有身份的人也不说。

建鄜畤以后九年，秦文公得到一块质似石头的东西，于是在陈仓山北坡的城邑中祭祀它。它的神灵有时一年也不来一次，有时一年之中数次降临，降临常在夜晚，光芒像流星一样，从东南方来，汇集在祠城中，像公鸡一样，鸣叫声殷殷的样子，引得野鸡纷纷夜啼。用牲畜一头祭祀，名为陈宝。

建鄜畤后七十八年，秦德公继位，占卜居住在雍城是否吉祥，得到“后世子孙把疆域扩展到黄河沿岸”的结论，于是定都在雍城。雍城的许多祠庙就是这时建立的。每次用三百头牲畜祭祀。建祭伏的祠庙。把剁碎的狗肉放在城邑四方门口，来防御蛊灾的侵害。

秦德公在位两年就死了。又过了四年，秦宣王在渭水以南建密畤，祭祀青帝。

过了十四年，秦缪公即位，病卧五天不省人事；醒来后，自己说梦见上帝了，上帝命令缪公平定晋国内乱。史官记载下来后藏在内府。后来的人都说秦缪公上天了。

秦缪公即位第九年，齐桓公成为霸主，在葵丘召集诸侯会盟，想要封禅。管仲说：“古时候封泰山禅梁父的有七十二家，而我记得的只有十二家。以往无怀氏封泰山，禅于云云山；虙羲封泰山，禅于云云山；神农封泰山，禅于云云山；炎帝封泰山，禅于云云山；黄帝封泰山，禅于亭亭山；颛顼封泰山，禅于云云山；帝喾封泰山，禅于云云山；尧封泰山，禅于云云山；舜封泰山，禅于云云山；禹封泰山，禅于会稽；汤封泰山，禅于云云山；周成王封泰山，禅于社首山；都是受天命为帝王以后才得以封禅。”齐桓公说：“我向北征伐山戎，兵过孤竹；向西伐大夏，远涉流沙，勒马停车，登上卑耳山；向南征伐到召陵，登上熊耳山去眺望长江、汉水。为平乱伐叛等武事召集诸侯会兵三次，为政治、外交等文事集会了六次，前后九次集会诸侯，一统天下，诸侯无一人敢违背我。与以往三代受天命为帝王，又有什么两样？”于是管仲看出对桓公不可能用言辞说服，因此设置些难办的事情来阻止他，说道：“古时候封禅，需要用鄗上地区的黍，北里地区的禾，做祭天用的粢盛；用江淮之间生长的三脊茅，编织荐神的席子。东海来贡比目鱼，西海来贡比翼鸟，然后还有不求自至的十五种吉祥物出现。如今什么祥瑞也没有，凤凰麒麟没有降临，嘉谷没有产生，而田野中的蓬蒿杂草茂盛，鸱枭等恶鸟数次出现于朝堂，在这种情况下想要封禅，是否有点儿不太合适？”于是桓公打消了封禅的念头。这一年，秦穆公送夷吾回国立为晋君。此后又先后三次为晋国立君主，平定晋国的内乱。穆公在位三十九年后去世。

此后一百多年，孔子论述六艺，书传中曾简略地记述说天下改姓而出现的新王，封泰山禅梁父的有七十多人，而孔子论述中却看不到有关封禅的俎豆之礼，大概是难以记述的缘故。有人问及有关禘祭的事，孔子说："不知道。如果了解禘祭的事，对天下任何事都如同观察自己的手掌一样明白了。"按《诗经》所说纣王在位，文王受天命后，政事中没有封泰山的事。武王在灭殷以后两年，天下尚未安宁就死去了。所以周朝唯有到成王时才能说德政融洽，成王要封泰山才接近于合理。然而，此后诸侯各国的大夫们执政，鲁国季氏旅祭于泰山，孔子曾嘲笑此事。

这时期苌弘凭借法术效力于周灵王，诸侯不肯朝见周王，周朝微弱，没办法治其罪，于是苌弘就明目张胆地搞起了鬼神活动，设置了射《狸首》的仪式。狸首，指那些不来朝见的诸侯。想凭借神怪的力量招致诸侯来朝。诸侯不从，晋人就捕获苌弘，杀掉了他。周朝人谈法术神怪自苌弘开始。

一百多年后，秦灵公在吴阳建天畤，祭祀黄帝；建地畤，祭祀炎帝。

此后四十八年，周朝太史儋见秦献公说："起初秦与周联合，联合后又分离，五百年后该当重新联合，联合十七年就会有霸王出现了。"栎阳下雨，有黄金随雨而落，秦献公自认为是得了五行中属于金的祥瑞，因而在栎阳做畦畤祭祀白帝。

此后一百二十年，秦灭周朝，周朝的九鼎流入秦国。有人说宋国的太丘社坛被毁以后，九鼎在彭城下的泗水中沉没了。

又过了一百一十五年秦国统一天下。

秦始皇统一天下称帝后，有人说："黄帝五行得土德，有黄龙和大蚯蚓出现。夏朝得木德，有青龙降落在都城郊外，草木长得格外茁壮茂盛。殷朝得金德，所以才从山中流出银子来。周朝得火德，有红色乌鸦这种符瑞产生。如今秦朝改变了周朝天下，是得水德的时代，以前秦文公出外打猎，曾得到一条黑龙，这就是水德的吉祥物。"于是秦把黄河的名字改为“德水”，以冬季十月为每年的开头，颜色崇尚黑色，尺度以六为数，音声崇尚大吕，政事崇尚法令。

秦始皇即帝位的第三年，到东方视察郡县，在驺县峄山立祠祭祀，歌颂秦朝的功德事业。于是选拔齐鲁的儒生、博士七十人为随从，来到泰山下。众儒生有的建议说：“古时候封禅，乘坐用蒲草包裹车轮的车子，是怕伤害了山上的土石草木；把地面打扫一下，就作为祭祀场地，席子用草、禾稽编成，是由于容易办到、易于遵行的缘故。”始皇听到这些议论各不相同，而且与情理不合，难以实行，因此不用儒生。而命人修理、打扫行车道路，自阳坡登上泰山的顶峰，立石碑歌颂秦始皇的功德，表明他应该封禅的道理。从阴坡下山，在梁父山禅祭地神。封禅的仪式有许多是采用在雍城祭祀上帝所用的仪式，而所封所藏都很隐秘，世人无法记录下来。

秦始皇上泰山时，在山腰中遇到暴风雨，曾在大树下避雨。诸儒生已经被贬退了，不能参与封禅的礼仪，听说始皇遇风雨，就讥笑他。

封禅结束后，秦始皇继续东行到海上游览，一路祭祀名山大川以及八神，向仙人羡门高等祈求福佑。八神名目自古就有，有的说是齐太公以来制造出来的。齐国之所以叫作齐，就是由于八神之一的天齐神的缘故。天齐的祭祀已经废绝，不知起自何时。八神：一是天主，祀于天齐，有天齐渊水，在临淄城南郊的山脚下。二是地主，祀于泰山下的梁父山。这是由于天性喜阴，祭祀它必须在高山的下面，小山的上面，称为畤；地性喜阳，祭祀它必须在低洼地区的圆丘上。三是兵主，祭蚩尤，蚩尤祠在东平陆的监乡，为齐国西境。四是阴主，祭于参山。五是阳主，祭于芝罘山。六是月主，祭于莱山。以上三项在齐国北部，临近渤海。七是日主，祀于成山，成山绝壁回曲，入于海中，在齐东北部的最为边隅的地区，据说是迎接日出的地方。八是四时主，祀于琅邪山，琅邪在齐国东部，为太岁开始运行的地方。祭祀八神都用牺牲一头，而巫祝的数目有多有少，珪币的名目、数目也各不相同。

从齐威王、宣王以来，驺衍等人著书立说，论述五德终始变化，到秦称帝后有齐人把这套理论奏明秦王，所以秦始皇采用了它。而自宋毋忌、正伯侨、充尚、羡门高以后都是燕国人，实行神仙道家的法术，如形解销化、依托鬼神等事。驺衍以阴阳迭主运数的理论显名于诸侯，然而燕齐地区海上方士传习他的理论不能通达，因此一些荒诞奇怪、阿谀奉迎、苟且求合的人从此出现了，其人数之多数不胜数。

自从齐威王、齐宣王、燕昭王以来，就使人入海寻找蓬莱、方丈、瀛洲三座神山。这三座神山，相传在渤海之中，路程并不算远，困难在于将到山侧时，就会有海风吹引船只离山而去。据说曾有人到过那里，众仙人以及长生不老药那里都有。山上的东西凡禽兽都是白色的，以黄金和白银建造宫阙。到山上以前，望过去如同一片白云；来到跟前，见三座神山反而在海水以下。想要登上山，则每每被风吹引离去，终究不能到达。人间的君主帝王无不钦羡非常。及秦始皇统一天下后，到海上游览，向他谈及这些事的方士不计其数。秦始皇自以为亲到海上不见得就能找到神山，于是派人带着童男童女到海上寻找。船从海中回来，都以遇风不能到达为辞，说虽没到达，但确实看到了神山。第二年，始皇重游海上，到琅邪，路过恒山，取道上党而回。三年后，秦始皇巡游碣石山，考察被派遣入海寻找三神山的方士，从上郡返回京城。过了五年，秦始皇南游到湘山，于是登上会稽山，并来到海上，希望能得到海中三座神山中的长生不老药。没能如愿，回来的路上病死在沙丘宫。

二世元年，秦二世向东巡游碣石山和海南，经过泰山，到达会稽，每处都按礼仪祭祀神祇，并且在秦始皇当年所刻铭文旁再补刻一些文字，以颂扬始皇的功德。这年秋天，诸侯起兵背叛秦朝，三年后二世被杀。

秦始皇封禅以后十二年，秦朝灭亡。那些儒生们忌恨秦朝焚毁诗书，屠杀、侮辱文学士人，百姓怨恨秦朝法律苛严，天下人都背叛秦朝，因而都讹传说：“秦始皇上泰山，被暴风雨所阻，没能行封禅礼。”既然没封禅，怎么能像方士们所说是无封禅之德而行封禅之礼呢？

从前三代建国都在黄河、洛水之间，所以以嵩高山为中岳，其他四岳也都与各自的方位相合，而四渎都在崤山以东。到秦称帝，建都咸阳，则五岳、四渎都在都城东方。自五帝到秦朝一代代的迭兴迭衰，名山大川或在诸侯境内，或在天子国中，祭祀的礼仪有增有减，随世而异，不可胜计。及秦朝统一天下后，命令祠官们经常供奉的天地名山大川诸鬼神，便能按次序记述下来了。

于是知道了那时自崤山以东，有名山五个，大川两个。名为太室。太室就是嵩山、恒山、泰山、会稽山、湘山。水名是济水、淮水。春季用干肉、酒醴举行为祈求丰收的祭祀，此外趁河冰刚解冻之时，或秋季因河床涸落、开始结冰之时，或冬季进行感谢河神的赐福，随时祈祷祭祀。祭祀牺牲用牛犊各一头，与牛犊相配的礼器以及玉璧与丝帛等各不相同。

自华县以西名山有七个，名川有四个。名为华山、薄山。薄山，就是衰山。岳山，岐山，吴岳，鸿冢，渎山。渎山，就是蜀中的汶山。要祭祀的水首先是黄河，祭祀于临晋；沔水，祭祀于汉中；湫渊，祭祀于朝那；江水，祭祀于蜀中。也是在春秋天不结冰，河川干涸及感谢河神时祷祭，与东方名山川相同，但祭祀所用牺牲牛犊以及配用礼具和珪币等各不相同。此外四大冢鸿冢、岐冢、吴冢、岳冢，都有请神尝新粮的祭祀。

遇到陈宝神应节降临祠庙祭祀华山以西的河流时增加尝米酒的祭祀。这些都在雍州地域以内，靠近天子的都城，所以祭祀增加车一辆，马驹四匹。

霸水、产水、长水、沣水、涝水、泾水、渭水都不是大川，由于靠近咸阳，都得到与名山川相同的祭祀，但没有加祭的各项内容。

汧水、洛水二渊，鸣泽、蒲山、岳山之类，是小山川，也都有每年的水不冻结、河川干涸、感谢河神等祷祀，但礼仪不必相同。

雍州有日、月、参、辰、南北斗、荧惑星、太白星、岁星、填星、辰星、二十八宿、风伯、雨师、四海、九臣、十四臣、诸布、诸严、诸逑之类,共一百多个祠庙。西县也有数十座祠庙。在湖县有周天子祠，下邽有天神祠，沣县、滈县有昭明庙，天子辟池庙，在杜、亳二县有三杜主的祠庙、寿星祠庙；而雍州的营庙中也有杜主庙。杜主，原是周朝的右将军，在秦中地区，是小庙中最有灵验的庙宇。以上庙祠各按年岁、季节供奉和祭祀。

诸神祠中唯有雍州四畤的上帝祠地位最尊，祭祀场面最激动人心的要数陈宝祠。所以雍州四畤，春季举行岁祷，此外还有由于水不封冻、秋季河川干涸，冬季感谢河神的祭祀，五月的尝驹，以及每个季度第二个月举行的月祀；而陈宝祠只有陈宝应节降临时的一次祭祀。祭礼春夏季用骍牛，秋冬季用驹。每用驹四匹，由四匹木偶龙拉的木偶栾车一乘，四匹木偶马拉的木偶马车一乘，颜色与各帝相应的五方色相同。黄牛犊和羔羊各四只，珪币各有定数，牛、羊等都是活埋于地下，没有俎豆等礼器。三年郊祭一次。秦以冬季十月为每年的开头，所以常以十月斋戒后郊祀上帝，由祭的地方以权火直达宫禁，皇帝拜于咸阳宫旁，衣服崇尚白色，其他用具与通常祭祀相同。西畤、畦畤的祭祀与秦统以前相同，皇帝不亲身往祭。

此类祠庙都由太祝主持常务，按年岁季节加以祭祀。至于其他名山川、诸鬼神以及八神之类，皇帝路过它们的祠庙时就加祭祀，离去则停祭。郡县以及边远地区的神祠，百姓各自供奉祭祀，不归天子设置的祝官管辖。祝官中有一种秘祝，即遇有灾祸，每每祝祷祭祀，把过失转归到臣下身上。

汉朝兴起，汉高祖贫贱时，曾经杀死一条大蛇。有神物化作人形说："这条蛇，是白帝的儿子，杀它的是赤帝的儿子。"高祖初起兵时，曾祷于丰县的枌榆社坛。攻下沛县后，称为沛公，就祭祀蚩尤神，以血衅鼓旗染成红色。终于在十月兵至霸上，与诸侯兵共同平定咸阳，自立为汉王。因此以十月为一年的开头，颜色崇尚赤色。

第二年，向东攻打项籍，还兵入关后，问道："过去秦朝时祭祀的上帝是什么帝呢？"左右回答说："共四帝，有白帝、青帝、黄帝、赤帝等祠庙。"高祖说："我听说天有五帝，只有四庙，是什么原因呢？"谁也回答不出来。于是高祖说："我知道了，是等待我来凑足五帝之数的。"于是又建立了黑帝祠，命名为北畤。由有关机构主持祭祀，皇帝不亲自往祭。全部录用往时秦朝的祝官，又设置了太祝、太宰，仪礼也与以往相同。因命各县设置公用社坛。下诏书说："我很重视祠庙而敬重祭祀。如今上帝的祭祀以及山川诸神应当祭祀的，各州县及有关机构按时礼像往常一样加以祭祀。"

四年后，天下已经平定，诏命御史，令丰县整修枌榆社坛，恭谨祭祀，四时祭常于春季用羊猪祭祀。令祝官在长安建立蚩尤祠。在长安设置祠祝官、女巫。其中梁巫，祭祀天、地、天社、天水、房中、堂上之类；晋巫，祭祀五帝、东君、云中君、司命、巫社、巫祠、族人、先炊之类；秦巫，祭祀社主、巫保、族累之类；荆巫，祭祀堂下、巫先、司命、施糜之类；九天巫，祭祀九天。都按年岁、季节祭于宫中。其河巫祭河神于临晋，而南山巫祭祀南山和秦中。秦中，是祭祀二世皇帝的。祭祀各有定时。

此后二年，有人说周朝兴起就建立了郃邑，立了后稷庙，所以至今受天下人祭祀。于是高祖命令御史："下令各郡、诸侯国和县建立灵星庙，经常按岁时用牛祭祀。"

汉高祖十年春天，主管机构请求，命各县常以春二月和腊月祀社稷，牺牲用羊猪，百姓按里社各自集资加以祭祀。高祖以制书批复说："好。"

此后十八年，孝文帝即位。即位的第十三年，下诏书说："如今的秘祝把过失转移到臣下身上，朕很不喜欢这种法子，从今日起，除掉秘祝。"

起初名山大川在诸侯国境内的，由诸侯的祝官各自供奉祭祀，天子的祝官不领其事。及废除了齐、淮南国后，命令由太祝官负责，一律像往常一样按岁时加以祭祀。

这一年，文帝颁布制书说："朕即皇帝位至今已十三年，依赖宗庙的神灵，社稷的福报，境内安定，疾疫不兴。其间连年丰收，如朕这般无德，为何能享受这样的福报？这都是上帝诸神的赐予啊！听说古时候享受神的恩德必报答它的功劳，所以想增加对诸神的祭祀礼数。经主管机构议定雍州五畤增加路车各一乘，连同驾车以及车上各种装具；西畤、畦畤增加（木）偶车各一乘，（木）偶马各四匹，连同驾车和车上的各种装具；河、湫、汉水的祭祀增加玉各二枚；并且所有祠庙，各增大其祭坛场地，珪币俎豆也按等级有所增加。而祝福者把这些都归福于朕，百姓得不到好处。从今以后祝官向神致礼，不得为了朕再对神有所祈求。"

鲁人公孙臣上书说："起初秦朝得水的福德，如今汉承受了它，若推求五德终始的传授，汉朝应当受土德，受土德的感应是出现黄龙。应该更改岁正和月朔，变易服色，于五色崇尚黄色。”当时丞相张苍爱好律历的学问，认为汉朝是水德的开始，河水决口于金堤，便是水德的符兆。每年以十月为岁首，颜色崇尚外黑内红，能与五行之德相符合。公孙臣所说，是错误的。于是公孙臣的上书就被否决了。此后三年，黄龙出现于成纪地区。于是文帝召见公孙臣，拜他为博士官，与诸儒生一起起草更改历法和服色的事宜。当年夏天，颁下诏书说：“今有异类的神灵出现于成纪，对百姓不加伤害，且使每年得到好收成。朕欲郊祀上帝诸神，礼官商议一下具体事宜，不要怕劳累我而有所顾忌。”主管官员都说：“古时候天子在夏季亲自郊祀，在郊外祭祀上帝，所以称为郊。”于是夏季四月，文帝首次在雍县南郊的五畤拜祭上帝，礼服崇尚红色。

第二年，赵人新垣平以善望气得以朝见文帝，说“长安城的东北方有神气，色呈五彩，形状与人的冠冕相同。有人说东北方是神明居住的地方，西方是神明的坟墓。如今天降祥瑞，应该立庙祭祀上帝，以与这天降的祥瑞相应合”。于是在渭阳建五帝庙，五帝同庙而居，每帝居一殿，庙的每一面有五个门，颜色各与殿内所祭帝的五方色相同。祭祀所用以及诸仪式也都与雍城的五畤相同。

夏季四月，文帝亲自在霸、渭二水汇合处拜神，以郊祀渭阳五帝。五帝庙南临渭水，北部横跨蒲地池水，烽火燃烧起来时开始祭祀，火光照耀，好像一直烧到天上。于是封新垣平为上大夫，赏赐累计达千金之多。而命博士和诸生员搜辑《六经》中有关资料撰成《王制》，打算商讨巡狩和封禅的事宜。

文帝出游到长门，仿佛见到五人立于道路以北，于是在道路以北就其所立处建立了五帝坛，以牛、羊、猪各五头的祭品和相应的礼具祭祀。

第二年，新垣平使人带着玉杯，到天子阙下上书进献。新垣平自己预先对皇帝说：“有宝玉气来到了天子阙下。”事后，检查各处给皇帝的进献，果然发现有献玉杯的，上面刻着“人主延寿”四个字。新垣平又说：“就为臣观测，太阳在一日之内将会出现二个中午。”过了不久，太阳过午以后，向东逆行，重又出现一个中午。于是把文帝十七年改为后元元年，命令天下人得以聚饮庆贺。

新垣平对文帝说：“周鼎失落在泗水之中，如今河水泛滥通于泗水，臣望见东北方汾阴上空有金宝气，推想难道是周鼎要出现了吗？虽然征兆已经出现，但是如果没有人去迎接它是不会自己到人间来的。”于是皇上命人在汾阴南修了一座庙，临河而立，希望通过祭祀祈求周鼎的出现。

有人上书告发新垣平所说的种种望气事都是骗局。于是把新垣平交给司法官员审理，杀新垣平，并夷灭其三族。从此以后，文帝对于更改岁正、服色、神明等事再也没有兴趣了，把渭阳、长门的五帝庙交给祠官管领，按时祭祀，自己不再亲往祭祀了。

第二年，匈奴数次侵入边境，汉朝发兵守卫。此后几年收成不好。

多年后孝景帝即皇帝位。在位十六年，祠官像以往一样各自按照岁时祭祀，没有什么兴建，一直到本朝天子。

本朝天子即位之初，就特别注重对鬼神的祭祀。

到（武帝）元年时，汉朝建国已经六十多年了，天下安定，官绅等辈都希望天子行封禅礼并改定岁正、度数。而武帝心向儒术，招揽贤良士人。赵绾、王臧等是以文学升任为公卿的官员，打算按古制在城南建立明堂，以朝见诸侯；起草了皇帝巡狩、封禅的礼仪制度和改正历法、服色等事项，尚未完成。正赶上窦太后专攻黄老学说，不喜欢儒术，派人私下里搜集、访查赵绾等人干过的违法事，召集官员审理绾、臧的案件，赵绾、王臧自杀，他们主持兴办的各项事务也都随之废止。

此后六年，窦太后死。第二年，征召文学人士公孙弘等人为官。

第二年，本朝皇帝初次到雍城，郊祀五畤神灵。以后常常是每隔三年郊祀一次。当时皇帝求得神君偶像，供奉在上林苑中的蹄氏观。神君，原是长陵一女子，因难产而死，向她的妯娌宛若显灵。宛若在家中供奉她，百姓多到她家里来祭祀。平原君曾去祭祀，他的后世子孙因此而位尊名显。到本朝天子即位，就以隆重的礼节在宫中设庙祭祀。

据说能听到神君的说话声，但看不到她的形象。

当时李少君也以祭灶、辟谷、延缓衰老等法术见皇帝，受到皇帝的尊重。李少君，原来是深泽侯的舍人，主管方术。这时他隐瞒了自己的年龄和经历，经常自称是七十岁年纪，能驱使鬼物，长生不老。他用自己的法术遍交诸侯。无妻无子。人们听说他能驱使鬼物还能长生不死，不断赠送给他一些礼物，因此金钱衣食时常有余，不知情者都以为他不从事任何生业反而很富裕，又不知道他的来历出身，对他更加信奉，争相尊崇他。少君凭借着一套熟练技巧，善于猜中人们的心理。曾经随武安侯赴宴，宴席中有一位九十多岁的老人，少君就与他谈论早先与他祖父一起游玩射猎的地方，这位老人年幼时与祖父住在一起，还能记得这些地方，宴会上所有的人都惊讶不止。少君见皇帝，皇帝有一件古铜器，问少君，少君说："这件铜器是齐桓公十年时在柏寝台上的陈设品。"过后考察铜器上的铭文，果然是齐桓公时的器物，举宫上下，尽都惊骇，以为少君是活神仙，是数百岁人了。少君对皇帝说："祭灶能招致鬼物，招致来鬼物后丹砂就能炼成黄金，用变化来的黄金打造饮食器，使用后能延年益寿。益寿才能见到蓬莱山的仙人，见仙人后再行封禅礼就能长生不老了。黄帝就是一个例证。臣曾经在海中游历，见到安期生，他正吃着一种枣，像瓜一样大。仙人安期生，往来于蓬莱山中，缘分合就与人相见，不合就隐而不见。"于是天子开始亲自行祭灶礼，派遣方士到海中寻找安期生等仙人，并从事于炼丹砂等药剂为黄金的事情。

过了很久，李少君病死。天子认为没有死，是化去成仙了，指命黄锤县人史宽舒学习他的方术。蓬莱安期生寻找不到，而燕齐两地海上怪诞、迂腐的方士们一拨又一拨地相继前来讲述修炼神仙的事了。

亳县人谬忌以祭祀太一神的方法上奏朝廷，说："天神之中以太一为贵，太一的辅佐名为五帝。古时候天子在春秋两季祭太一神于东南郊，礼用太牢，祭祀共用七天，建造神坛，于八方设立阶梯，开门为鬼道。"于是天子命太祝在长安东南郊建祠庙，经常按谬忌的方法供奉和祭祀。后来有人上书，说"古时候的天子，每三年一次用太牢祭祀三一神：就是天一、地一、太一神"。天子准其奏，命太祝负责在谬忌奏请建立的太一神坛上祭祀三一神，祭法按上书人所说的方法。以后又有人上书，说“古时候天子常在春季举行解除灾殃的祭祀，祀黄帝用枭、破镜各一只；祀冥羊用羊；祀马行用一匹青色牡马；祀太一、泽山君、地长用牛；祀武夷君用干鱼；祀阴阳使者用牛一头”。命祠官负责，都按上书人说的方法，在谬忌太一神坛的旁边祭祀。

后来，天子苑中有白鹿，用白鹿皮作为货币，为了引发祥瑞征兆的产生，制造了白金。

第二年，在雍城郊祭，猎获一只独角兽，样子像麃。主管官员说：“陛下恭恭敬敬地进行郊祀，上帝作为报答，赐给独角兽，这大约就是麒麟。”于是把它献给五畤，每畤的祭物增加牛一头，在燎火中焚祭。（由于这是造白金引发天降下的祥瑞，所以）赐给诸侯白金，向他们暗示，造白金为瑞应是与天意相合的。

济北王以为天子将要封禅了，就上书把太山以及附近的城邑献给天子，天子赏给他其他县城作为报答。常山王有罪，贬除王爵，天子另封他的弟弟为真定王，以继续对先王的祭祀，而把常山国改为郡，这样五岳都在天子直接管辖的郡县之内了。

第二年，齐人少翁以能与鬼神相通的法术来见皇帝。皇帝有一位宠爱的妃嫔王夫人，王夫人死，少翁用法术使王夫人和灶鬼的形貌在黑夜中重现，天子隔着帷幕看到了她。于是就封少翁为文成将军，赏赐他很多东西，以客礼对待他。文成向皇帝进言说：“皇帝想与神交往，宫殿居室衣服用具没有神的样子，神就不会降临。”于是制造了画着云气的车子，并且所驾车的颜色必与干支相胜的日子合，以避恶鬼。又建造甘泉宫，在宫中起高台，台上建宫室，室内画着天、地、太一等鬼神像，而且摆上祭祀用具，以此召致天神。过了一年多，他的法术更加不灵了，天神总也不降临。于是用帛写上字让牛吃到肚子里，假装预先不知，说这头牛肚子里必有古怪。杀牛得帛，上面写的尽是怪里怪气的话。但天子认识他的笔迹，经过追查，果然是假的，于是杀文成将军，并把这事掩盖起来。

此后又建造了柏梁殿、铜柱，柱上立铜人举盘以盛露水。

文成死后的第二年，天子在鼎湖宫病得很厉害，巫师和医生都千方百计加以治疗，始终不见好转。游水发根推荐说，上郡有一个巫师，曾经有病，有鬼神附在身上，因而很灵验。皇帝召来巫师，为附在他身上的鬼神在甘泉宫建立了祠庙，称为神君。使人问神君这一次得病，吉凶如何。神君说道："天子不要为病忧心，等你病体稍愈，与我在甘泉宫相会。"于是病体见轻，就起身驾幸甘泉宫，病真的完全好了。因此颁布大赦，为神君建造寿宫。在寿宫神君之中最尊贵的是大夫，她的辅佐是大禁、司命之类，都跟随着她。人们看不到她的样子，能听到她的说话声，与人的声音相同。神君有时去有时来，来的时候则风声肃然。住在室内帷帐中，有时白天说话，然而经常是在夜间说话。天子先在外面做一些驱除不祥的仪式，然后才进入庙中。庙由一个巫祝来做主管，关照、领取神君饮食。神君有什么话，由巫祝传递到外面。又建造了寿宫的北宫，在宫中张挂羽旗，设置供具，以礼敬神君。神君说的话，皇帝使人记录下来，称为"画法"。她说的话，都是世俗人所知道的，没有特别不同之处，然而独有天子心里喜爱。此事很隐秘，世间无人知晓。

此后三年，主管官员说，纪元应该按天降的符瑞命名，不应该按一元二元的顺次数。一元称为"建"，二元因有长星出现称为"光"，如今郊祀得到独角兽，应称为"狩"。

第二年冬天，天子郊祀于雍城，说："如今上帝由朕亲自祭祀，却不祭后土，与礼不合。"负责官员与太史令司马谈、祠官宽舒商议后说："祭天地用牛角像茧栗那样大的牲牛。如今陛下要亲自祭祀后土，祭后土应在低洼地区建圆丘，在圆丘上设五个祭坛，每坛的祭牲用黄牛犊一头以及连带的太牢礼具，祭过以后全部埋掉，随从祭祀的人衣服用黄色。"于是天子遂东行，首次在汾阴脽丘建起了后土祠，祭仪按宽舒等议定的执行。皇帝亲自望祭礼拜，与祭天帝的礼仪相同。祭祀结束后，天子经荥阳回京。路过洛阳时下诏书说："夏、商、周三代离现在太久远，无法恢复封，但可划出三十里的地区，封周王的后人为周子南君，以供奉他们祖先的祭祀。"这一年，天子第一次巡察郡县，逐渐到了泰山下。

这年春天，乐成侯上书皇帝，介绍栾大事迹。栾大，是胶东王的宫人，以前曾与文成将军同师学习方术，后来做了胶东王的尚方。而乐成侯的姐姐是康王的王后，没有生子。康王死后，其他姬妾的儿子继承了王位。康后作风淫乱，与新王合不来，相互罗织罪名，明争暗斗。康后听说文成将军已死，想对皇上谄媚，就派栾大通过乐成侯求见皇帝讲述自己的法术。天子既已杀掉文成将军，后悔他死得太早，惋惜他的法术没有全部使用出来，及至见到栾大，很是高兴。栾大这个人身材高大俊美，言谈中有许多技巧，而又敢于说大话，像真有其事一样。曾自吹说："我经常往来于海中，会见安期生、羡门高这些仙人。他们因为我的地位低贱，不相信我的话。又以为康王不过是一个诸侯，不足以把神仙方术交给他。我曾数次对康王说，康王又不采用我的话。我的师父说：'黄金可以炼成，河水的决口可以堵塞，长生不死药可以得到，仙人可以招致而来。'但是我恐怕再走文成的老路，被诛而死，就会使方士人人掩口不言，怎么还敢再谈方术！"皇帝说："文成是吃马肝死的。先生倘若真有修成神仙的方术，我对爵禄等赏赐有何吝惜呢！"栾大说："我的师父不是有求于人，而是人们有求于他。陛下若一定要招他来，就要让招聘的使者地位更尊贵，使他做天子的亲属，以客礼对待他，不要鄙视他，让他佩带各种印信，才可使他传话给神人（神人，指栾大之师——译者）。神人是否来呢？总之要尊敬神人的使者，然后才有可能招致神人降临。"于是皇帝要他演示小法术，看有无效验。栾大演示斗棋，棋子能自相撞击。

那时皇帝正为河水决口而忧虑，而炼黄金又不成功，就封栾大为五利将军。过了一月多，他得到四颗官印，五利将军印之外，还佩有天士将军、地士将军、大通将军印。皇帝颁诏书给御史说："以前大禹能够疏导九江，决通四渎。前些日子黄河泛滥，修筑堤防徭役繁多，无暇休息。朕在帝位二十八年，如果天委派士人辅佐我，而栾大就是其中之一。《乾》卦说'飞龙在天'，是说君得臣，又说'鸿渐于般'，是说臣得君，我想我现在差不多就正是这种情况。你们给办理一下，以二千户封地士将军栾大为乐通侯。"赐给列侯的府第，童仆千人。从皇帝的乘骑用物中分出车马帷帐器物布置他的新居。又把卫夫人所生长公主嫁给他做妻子，送给黄金万斤，把他住的城邑改名为当利公主邑。

天子亲自到五利家里做客。到他家里慰问、赏赐物品的天子使者络绎不绝。自大长公主、将相以下，都在他家摆酒庆贺，献给物品。天子又刻了一颗“天道将军”的玉印，命使者穿着羽衣，夜间站在白茅草的上面，把印赐给五利将军，五利将军也穿着羽衣，夜间站在白茅上受印，以此表示不把栾大视为臣子。而佩戴“天道”将军印，只是姑且为了与天子引导天神。于是五利时常夜间在家中祭祀，欲请神仙下凡。可是神仙没有降临，各种鬼却聚集来了，然而五利善能驱使诸鬼。此后他治理行装上路，东行到海中，说是要寻找他的师父。栾大见皇帝后几个月的时间里佩戴六颗大印，其尊贵使天下震动，而海上的燕齐众方士，无不以手扼腕表示振奋，并自言有秘方，能够修炼成神仙。

这年夏季六月中旬，一个名叫锦的汾阴巫师在魏脽后土祠旁为百姓祭祀，见地下有个像钩一样的东西，挖开来看是一个鼎，尺寸很大，与普通鼎都不同，刻有花纹，没有款识，觉得奇怪，告诉了小吏。吏上报给河东太守胜，胜上报朝廷。天子派使者检查并询问巫师得鼎的经过，确认中间没有奸诈做伪事以后，就按礼祭祀，迎接鼎到甘泉宫，天子从行，将要把它献给上天。行到中山，鼎的上空出现一片黄云，氤氲缭绕如同车盖。恰有一头麃子经过，皇帝射死它，就势用来做了祭鼎的牲礼。到长安以后，公卿大夫都议论请求尊奉宝鼎。天子说:“最近以来，河水泛滥，一连数年收成不好，所以朕才巡察郡县，祭祀后土，为百姓祈求有个好年成。今年丰收与否尚不可知，鼎究竟是什么原因才出现的呢？原因不明，就不知是何兆头，怎可盲目尊奉？”有关官员都说:“听说过去泰帝制神鼎一个，一就是象征统一的意思，天地万物都系属于此。黄帝做宝鼎三个，三象征天地人。禹收集九州的铜，铸成九鼎，象征九州，都曾经用来烹煮牺牲祭祀上帝和鬼神。遭逢圣主盛世鼎就会出现，这些鼎一直传到了夏商二朝，到周末世德衰败，宋国社坛被毁以后，鼎就沦没了，从此隐伏不再出现。诗《颂》说:‘自堂上至于门塾，自牲羊至于牲牛，大鼎小鼎，全都验过，不喧哗，不倨傲，必能得享寿考之福。’如今鼎已到甘泉宫，看它色泽光润，变化如神，朝廷必承无疆之福。这与行到中山时，有黄白云盖降落在鼎上的征兆相符，还有麃兽这种符瑞，以及大弓和四支一套的箭，都是在神坛下得到的，应该回报上天的恩赏。只有受天命而为帝的人才能心知其意而与天德相合。鼎应该献给祖祢庙，藏于帝王宫廷，以与上述各种明显的瑞应相合。”皇帝下制书说道："就这么办。”

到海中寻找蓬莱山的人，说蓬莱山路程不远，而总也不能到达的原因，大约是看不到仙山的云气。于是皇上派遣善于望气者帮助他们观察云气。

这年秋天，皇上来到雍城，将要行郊祀五帝礼。有人说："五帝，是太一神的辅佐，应该建立太一庙，皇上亲自郊祀。”皇上犹豫未决。齐人公孙卿说："今年得到宝鼎，冬季辛巳日十一月初一是冬至节，与黄帝时完全一样。”公孙卿有一本札记书说："黄帝在宛朐城得到宝鼎，向鬼臾区询问，鬼臾区回答说：'帝得到了宝鼎和神策，这一年冬天己酉日的早晨交冬至节，从此进入天纪，终而复始，循环不止。'于是黄帝按日影用神策推算，以后大率每二十年重又出现初一黎明时为冬至节，到二十周，第三百八十年，黄帝成仙上天而去。”公孙卿想通过所忠把此事上奏皇上，所忠看他的书荒诞不经，怀疑是他妄造的假书，辞谢说："宝鼎的事已经定下来了，还上这种书做什么？”公孙卿又通过皇帝的私宠上奏。皇上很是高兴，就召问公孙卿。公孙卿回答说："这本书是申公传授给我的，如今申公已然去世。”皇上说："申公是个什么样的人？”公孙卿说："申公，是齐人。与安期生相交往，接受黄帝的教言，没有书，只有这本关于鼎的书。其中说'汉朝兴盛于黄帝时的历法重新采用之时'，说'汉朝的圣人出现在高祖皇帝的孙和曾孙之中。宝鼎出现后就能与神沟通，并行封禅礼。古来行封禅礼的共有七十二个帝王，唯有黄帝得以登上泰山顶行封祭礼'。申公说：'汉朝皇帝也应当上泰山行封祭礼，登上泰山封祭就能成仙登天了。黄帝时诸侯上万，其中有祭祀可主持的诸侯就占七千。天下有名山八座，其中三座在蛮夷境内，五座在中国。在中国的有华山、首山、太室山、泰山、东莱山，这五座山是黄帝经常游观的地方，在那里与神相会。黄帝一边作战一边学习修仙，恐怕百姓有对仙道非议者，就断然把非难鬼神的人杀掉。经过百多年的修炼然后能与神仙往来了。黄帝在雍城郊祭上帝，住了三个月。鬼臾区号称大鸿，死后葬在雍城，所以那里才有鸿冢这个地方。此后黄帝在明廷与万千神灵相见。明廷，就是甘泉山。黄帝升仙的地方为寒门，就是今天的谷口。黄帝采掘首山的铜矿，铸鼎于荆山脚下。鼎既铸成，云端里有一条龙垂下长长的胡须，迎接黄帝。黄帝骑在龙背上，群臣以及后宫妃嫔随他登上龙背的有七十多人，龙就向天上飞去。其余级别低的官员不得上，都抓住龙须不放手，龙须被拉断，从空中落下，匆忙间黄帝的弓也落了下来。百姓仰面望见黄帝慢慢飞上天去，于是就抱着他失落的弓以及拉断的龙须哭号，所以后世把这个地方称为鼎湖，弓的名字叫作乌号'。"于是天子说："呀！要是能像黄帝那样，我把离开妻子只当作是扔掉鞋子一样容易。"于是就封公孙卿为郎官，让他到东面太室山去迎候神仙。

皇上遂到雍城郊祀，后来到陇西，向西行登上崆峒山，回到甘泉宫后，命祠官宽舒等人准备好太一神的祭坛，祭坛仿照薄忌的太一坛建造，坛分三层。第一层是太一坛，五帝坛环绕在太一坛下，五帝各自所在方位与所主方位相同，只有主中央方位的黄帝处在西南方，太一坛共修上下八条通道。太一坛，祭祀所用与雍城五畤中的一畤相同，而增加酒醴、枣和肉脯之类，宰杀一头牦牛装入祭器，作为补充祭品 。而五帝坛只有酒醴和俎豆供奉。神坛以外四方的空地，以酒沃地，以享群神从者和北斗之神。祭祀完毕，剩余的胙肉都放在火上焚烧。牲牛用白色，把宰杀好的鹿塞入牛的腹腔中，再把猪塞入鹿的腹腔中，一起放在釜中加水烹煮。祭日神用牛，祭月神用羊猪，都用一只。太一坛的祝宰礼服用紫色以及五彩绣衣，五帝坛祝宰的礼服则各按帝所主方位的颜色，日坛祝宰礼服为赤色，月坛的为白色。

十一月初一，天刚拂晓，天子开始祭祀太一神，行跪拜礼。早晨朝见日神，傍晚朝见月神，都揖而不跪；而朝见太一神则和雍城的郊祭礼相同。其主祭官念道："天开始把宝鼎神策授给皇帝，此后朔日一次接着一次，永无穷尽，皇帝恭敬拜见天神。"黄色礼服，祭祀时满坛是一堆堆的火炬，坛旁放着烹煮等炊具。主管官员说"祀坛上有光出现了"。公卿说"皇帝最初在云阳郊祭，朝见太一神，主管官员供奉着瑄玉，嘉牲献给太一神享食。当夜就有很美的光辉出现，到天亮时，黄气上腾，与天相连"。太史公、祠官宽舒等说："这是神灵的美意，保佑降福于人的吉兆祥瑞，应该按照这里神光所照的地区建立太畤坛与神光的祥瑞吉兆相呼应。命太祝管领此事，每年秋天和腊月间祭祀。每隔三年天子郊祭一次。”

这年秋天，为了讨伐南越，向太一神祷告祈求福佑。以牡荆为幡竿，幡上画日月、北斗、升龙等图案，以象征太一座的三星，作为太一锋旗，命名为“灵旗”。在出兵祷告时，由太史官手捧灵旗指向被伐的国家。五利将军作为使者不敢入海求神，却来到泰山祭祷。皇上派人尾随着他察看他的行踪，知道他实际上什么也没见到。五利却妄言说见到他师父了。他的方术已经用尽，大多没有效验，于是皇上杀掉了五利。

这年冬天，公孙卿在河南迎候神仙，说在缑氏城上看到了仙人足迹，还有个东西样子像山鸡一样，往来于城上。天子亲自到缑氏城看了仙人足迹。问公孙卿：“莫非你又想学文成、五利弄虚作假吗？”公孙卿说：“仙人不是有求于皇帝，是皇帝求仙人。所以这事非得宽限时日，神就不会降临。谈论神仙事，好像是迂腐怪诞，然而多用些年岁就能办成。”于是郡国各自清扫道路，修治宫殿、列观、名山、神庙等，以等待皇帝到来。

这年春天，既已灭掉南越，皇上有位宠幸的官员李延年精通音律。皇上称赞他，命公卿商议说：“民间祠庙还有鼓舞乐曲，如今郊祭反而无乐，如何相称？”公卿说：“古时候祭祀天地都有乐，通过音乐来表示对神的恭敬。”还有人说：“太帝命素女奏五十弦瑟，由于太过悲哀，太帝禁而不能止，所以把她的瑟分为两半成二十五弦瑟。”于是祭神以感谢其在伐越战争中对汉军的保佑，开始用乐舞祷祭太一、后土，广召歌儿，并从这时期开始制作二十五弦瑟和箜篌。

来年冬天，臣下进言说：“古时候先振兵释旅，解除战争状态，然后行封禅礼。”于是皇帝巡察北方到达朔方郡，统率军队十多万人，回来时祭黄帝冢于桥山，在须如遣散军队。皇上说：“我听说黄帝没有死，如今有黄帝冢，是何原因？”有人回答说：“黄帝成仙后飞升上天，群臣把他的衣冠埋葬起来，因而有黄帝冢。”既已回到甘泉宫，由于不久就要到泰山行封禅礼，先类祭了太一神。

自从得到宝鼎以后，皇上就与公卿、诸经生员商议封禅之事。封禅由于以往很少举行，有关资料已旷废绝灭，无人知道礼仪的详细情形，而众儒者从《尚书》《周官》《王制》等书中摘引了封禅时望祭射牛的故事。齐人丁公年已九十多岁，说："封禅，就是合当不死的意思。秦始皇没有这种造化，所以没能够登上山顶行封祭礼。陛下若一定上山，上到一定高度，趁无风雨的时候，即刻行礼就算是上山封祭了。"皇上于是命诸儒者演习射牛的礼仪，起草封禅的程式。数年以后，终于到了将要封禅的日子。天子既然听了公孙卿以及方士的话，说黄帝以前的帝王封禅，都招徕异类以与神相通。所以想仿照黄帝以前的帝王招徕蓬莱士人以迎神仙，对世人抬高自己的身价以与九皇相比德，而又稍稍采用儒者的一套作为文饰。众儒者既不能把封禅的仪式搞明白，又牵缠拘泥于《诗》《书》等古文的记载，不能骋其想象。皇上亲自设计了封禅用的祭器让群儒观看，这些儒者有的说"与古时候不同"，一个名叫徐偃的人又说"太常诸生演习的礼不如鲁礼好"，周霸正在思考有关封禅的事情。于是皇上把徐偃、周霸免官，所有儒生也都不再用。

三月，东行到缑氏，登上中岳太室山行祭礼。随从官员在山下听到像有呼喊"万岁"的声音。问皇上，皇上不答；问下官，下官也不言语。于是将三百户人家封为太室奉祠，以他们的租税作为太室山祭祀的费用，把他们的居住区命名为崇高邑。继续东行到泰山，那时候泰山上的草木还没有长出叶子，乘机命人将大石运上泰山绝顶，备封禅时用。

皇上随即向东巡游来到海上，行礼祭祀八神。齐人纷纷上书谈论神怪和奇异方术，数以万计，然而没有一件能得到证实。于是调发了更多的船只，让那些谈论海中神山的数千人下海寻求蓬莱山的神人。天子出行，常常由公孙卿持天子符节先行到达，在名山胜境迎候天子车驾，他到东莱后，说夜间看到一个异常高大的人，身长数丈，走近后却看不到了，只留下一个很大的足迹，形状像是禽兽的足印。群臣还有的说见到一个老人牵着狗，说"我想见一见巨公（皇帝）"，说完忽然不见踪影。皇上亲自看了大脚印，尚不肯相信，等到又听群臣讲述牵狗老人的事，才深信这就是仙人了。特意在海上留宿以待仙人，准予方士乘坐驿站的车子以来往报信，陆续派出的求仙密使已有千人以上。

四月，皇上从海上回到奉高县。皇上认为众儒生和方士所说的封禅事各自不同，荒诞不经，难以施行。天子到了梁父山，以礼祭祀地神。乙卯日，命侍中和儒者穿着隆重的礼服：头戴皮弁，插笏垂绅，行射牛的礼仪。在泰山东面的山脚下封土行礼，礼仪程式与郊祭太一相同。所封土宽一丈二尺，高九尺。下面埋有玉牒书，书的内容隐秘无人知道。行礼毕，天子独自带了侍中奉车都尉霍子侯登上泰山，在山顶同样行了封土礼，只是在山顶事禁止外传。第二天，从山后阴道下山。丙辰日，在泰山脚下东北的肃然山上行禅祭礼，与祭后土仪式相同。封祭、禅祭天子都亲行拜见礼。礼服尚黄色，都用乐伴奏。荐神用的草席是用江淮间的三脊茅编织而成，封土用杂土石，上面加盖五色土。将远方进贡来的奇兽、飞禽以及白山鸡等放还山林，表示对神明的加祭，没有使用兕牛犀象之类。把它们都用于到泰山下祭祀后土。行封禅礼的地方，当夜仿佛有光出现，白天有白云从封土中升起。

天子从禅祭的地方回来后，坐于明堂，群臣轮番入见道贺。于是制诏告于御史说：“朕以渺小之身继承至尊大位，终日战战兢兢深恐不能胜任。由于德行微薄，不明礼乐。所以重修祭祀太一的盛典时，仿佛有霞光出现，又隐然见到一些奇怪物事，恐怕是怪物出现，欲停止行礼而又怕得罪神灵，于是强自支撑，登上泰山行封祭礼，到梁父，而后在肃然山行禅祭礼。欲从此自新，与士大夫一起重新做起，特赐给百姓每百户牛一头，酒十石，年八十岁以上的孤寡老人赠赐布帛两匹。博县、奉高、蛇丘、历城四县免除徭役和今年租税。大赦天下，细则与乙卯日赦令相同。此次出行所经过的地方所有劳改犯人一律赦免。凡两年以前所犯过失，都不再治罪。”又下诏说：“古时候天子每隔五年外出巡狩一次，到泰山行礼，诸侯都要有朝见而临时留宿的处所。今命诸侯各自在泰山下构筑邸舍房屋。”

天子已经封泰山，没有遇到风雨灾，因而方士纷纷说蓬莱山诸神不久将能见到，皇上也欣然以为或许可以遇到，就重新东行到海上观望，希望能遇到蓬莱山诸神。奉车霍子侯突然得急病，才一天就死了。皇上这才离去，沿海而上，北行到碣石，自辽西开始巡察，沿北部边境来到九原县。五月，返回到甘泉宫。主管官员说既然以前宝鼎出现改年号为元鼎，那么今年封禅也该改年号为元封元年。

这年秋天，有彗星出现于东井宿中。十多天后，又有彗星出现于三台星座附近。有个望气的方士王朔的说："测候时独有我看到填星出现时像瓜一样大，约一顿饭的工夫隐去不见了。"有关官员都说："陛下创建了汉朝封禅的礼仪，大约是上天以德星的出现作为报答。"

来年冬天，郊祭雍城的五帝祠，回来后拜祝并祭祀了太一神。赞礼官念道："德星光辉明亮，所照广远。频频出寿星，沉静清澈而光亮。信星明亮地出现，皇帝将贡品恭敬地进献给太一神享用。"

这年春天，公孙卿说在东莱山见到神人，隐约听到他说"要见天子"。天子于是来到缑氏城，封公孙卿为中大夫。随后到达东莱，住了数日，什么也没看到，有的说见到了大人的足印。皇帝又派遣方士寻访神仙、采掘灵芝达千余人。这一年天旱。天子既没有出游的理由，就借口说往万里沙祷神求雨，顺道祭祀泰山。回来时到达瓠子县，亲自到河水决口处视察，住了二日，沉祭河神以后离去。命上卿二人率领兵卒堵塞河水的决口，修通两条渠道，以恢复禹时水行的故道。

当时既已灭掉两越，一个名为勇之的越人说道："越人风俗是信鬼，祭祀时都能见到鬼，常常很有效验。过去东瓯王敬鬼，活了一百六十岁。后世人怠慢鬼神，所以很早就衰老了。"于是天子命越巫建立越祝庙，其有台而无坛，同样是祭祀上帝百鬼，而用鸡卜吉凶。皇上极为信任，越祭和鸡卜从此开始在天下行用。

公孙卿说："仙人本来可以看到，而皇上来往急剧，匆匆忙忙，因此才未见到。如今陛下可以建一座楼观，像缑氏城楼一样，上面摆上肉脯、枣，神人理应可以请到。而且仙人喜欢住在楼上。"于是皇上命在长安建造蜚廉观和桂观，在甘泉宫则建造益寿观和延寿观，使公孙卿持天子符节在上面设立供具，迎候神人。又作通天台，台下设置祭祀礼具，用来招致仙人、神人之属。于是在甘泉宫又建了前殿，开始扩建各处的宫殿。夏季，在甘泉殿的房中长出了灵芝草。天子以为是塞河，建通天台之报，好像还看见有天光。就下诏书说："甘泉宫房中长出一株九茎灵芝，为此天下大赦，免去所有劳改犯人的刑罚。"

第二年，出兵伐朝鲜。夏季，天旱。公孙卿说："黄帝时只要封祭就会出现天旱，是由于天要把封土晒干，一直晒上三年。"皇上就下诏书说："天旱，是天想要晒干封土吗？兹令天下人都尊祭龙星以祈雨。"

第二年，皇上在雍城郊祭，打通了关中平原与陇东高原之间的通道，到那里去巡察。春季，到达鸣泽，从西河县而归。

第二年冬天，皇上巡察南郡，到江陵后向东行。登上灊县境内的天柱山并且行了祭礼，此山号为南岳。然后乘船沿江而下，自寻阳起程，出枞阳，经过彭蠡湖，沿途祭奠了名山大河。再向北行到琅邪，沿海路北行。四月中旬，到奉高县举行祭天活动。

起初，天子封泰山，在泰山的东北方向有一处古时候的明堂旧址，周围地势险而且不宽敞。皇上想在奉高邑旁另建一座明堂，而不知道该建成什么规格。济南人公王带献上一幅黄帝时的明堂图。于明堂正中是一座殿，四周无墙，以茅草覆顶。与水相通，水环绕宫垣一周。又建有复道。殿上有楼，从西南方的复道进入大殿，称为昆仑道。天子从这里入殿，就可拜祀上帝了。于是皇上命奉高邑在汶水旁建造明堂，形制与公王带的明堂图相同。到元封五年重到此处祭天时候，就在明堂的尊贵位置祭祀太一和五帝，命高祖皇帝庙的神坐与它们相对。在明堂下层祭奠后土，用牛、羊、猪各二十头。天子从昆仑道进入，开始祭拜明堂，礼数与郊祭相同。行礼毕，在堂下点燃火焚烧祭品。皇上又登上泰山，在山顶又有一番外人不知详情的秘祭。而在泰山下祭祀五帝，则各按其方位进行，只有黄帝与赤帝合并祭祀，祭时都有主管官员分头负责。山上燃起燎火，山下各处都举火相应。

二年以后，适逢十一月甲子日朔旦为冬至节，推算历法的人认为这一天是进入统岁的开始。所以天子亲自到泰山下，在这一天于明堂祭祀上帝，但不行封禅礼。其赞礼官念道："天增授给皇帝太初历法，周而复始，无有穷尽。皇帝敬拜太一。"然后东行到海上，询问访求神仙的方士和其他下海人，没见有何效验，然而非但不停止这些活动，反而增派人员，希望能侥幸与神仙相遇。

十一月乙酉日，柏梁殿发生火灾。十二月甲午初一日，皇上亲自到高里禅祭，祭祀后土。来到渤海岸边，将要望祭蓬莱山的仙人之属，希望自己终有一日到达仙人之庭。

皇上回到京都，由于柏梁殿发生火灾的缘故，改在甘泉宫接受各郡国上计官员的朝见。公孙卿说："黄帝建造成青灵台，才十二天就被火烧掉，黄帝又建造了明廷。明廷，就是甘泉宫。"方士大都说古时帝王有建都于甘泉的。后来天子又在甘泉宫接受诸侯朝见，在甘泉宫建造诸侯的邸舍。勇之就说："越地的风俗是发生火灾后，重新盖屋必须比原来的更大，用以镇服、胜过原屋，以避灾害。"于是建造了建章宫，计有千门万户。前殿比未央宫还高。建章宫以东建有凤阙，二十多丈高。以西则是唐中，方圆数十里辟为虎圈。以北开凿了一个很大的池沼，其中有渐台，高二十多丈，名为太液池，池中有蓬莱、方丈、瀛洲、壶梁诸岛屿，以象征海中的神山龟鱼之类。以南有玉堂、璧门等建筑以及大鸟的塑像。又建造了神明台、井乾楼，高度为五十丈，以辇道彼此相连接。

夏季，汉朝更改历法，以每年正月为一年的开头，五色中崇尚黄色，刻着官名的印章改为五个字，以当年为太初元年。这一年，向西出兵讨伐大宛。遍地生蝗虫。丁夫人、洛阳虞初等人以方术祷祀诅咒匈奴和大宛。

第二年，主管官员说雍城五畤没有煮熟的牲牢等祭品，祭祀时芬芳之味不能齐备。于是命祠官给五畤煮牺牲的器具，按照五行相中该神所能享用的颜色配置。牲礼中的马驹以木偶马代替。只有天子亲行郊祀礼时才用真正的马驹做牺牲。所有名山川的祭祀有用马驹，也一律改用木偶马代替。天子出行路过该地祭祀时用真驹。其他礼数不变。

第二年，皇上东行巡察来到海上，考察方士们关于神仙之类的话，没有一件有效验的。有的方士说："黄帝时候建造了五个城邑十二座楼，在执期这个地方迎接、等候神人，称为迎年。"皇上准许按他所说的修建，称为"明年祠"。皇上亲自行礼祭祀上帝。

公王带说："黄帝时虽然封祭泰山，然而风后、封巨、岐伯等都是要黄帝封东泰山，禅祭凡山，与符瑞相合，然后才能长生不死。"天子既已命人准备祭祀用具，来到东泰山后，见东泰山很矮小，与名声不相称，就命祠官行礼，不在这里封禅了。此后命公王带在这里主持祭祀以迎候神人。夏季,又回到泰山,像从前一样举行五年一次的修封礼,另外增加了在石闾小山祭祀地神的礼仪。石闾，在泰山以南的山脚下，有许多方士说这是仙人居住的门闾，所以皇上亲加禅祭。

此后过了五年，重到泰山修封，回来时路过并祭祀了恒山。

本朝天子新制定的祭礼，有太一、后土，每隔三年天子亲自郊祭一次；建立了汉家的封禅制度，每隔五年修封一次，薄忌的太一祠以及三一、冥羊、马行、赤星、五床山祀，由宽舒等祀官按岁时祭祀，凡六庙，都由太祝官管领。至于此外的八神等神，明年、凡山等名祠，天子出行时路过则祭，离去则停祭。由方士建议所立的祠庙，各由建议者主持，此人死，祠庙废，与祠官无涉。其他祭祀凡是沿袭下来的都一仍旧例。今天子自封禅始，其后十二年间，遍祭五岳、四渎。而迎候并祭祀神人的方士，以及入海寻求蓬莱山的，终究没有效验。如公孙卿那样的候神者，还能以神人的脚印来辩解，再无其他效验。因而天子越来越对方士怪诞、迂阔的话感到厌倦懈怠了，然而仍对他们加以笼络，无使断绝往来，希望能遇到真有方术的人。从此以后，方士上言神仙和祭祀事的更多，然而其效验自然可以目睹了。

太史公说：我随从天子巡视并祭祀天地诸神和名山大川还参与了封禅礼。进入寿宫祭祀并等候神君说话，考究并观察了祠官们的心态、意向，于是退而论述自古以来祭祀鬼神的事，全部涉及了事情的表里内外。使后世君子得以观览。至于祭祀中关于俎豆珪币等情形，献酬的礼仪程式，则主管机构保存有详细档案。

（纪　婧 译）

《史记》卷二十九　河渠书第七

据《夏书》记载，大禹治水十三年，期间路过家门也没进去。行陆路则坐车，行水路则乘船，行泥路则踏橇，行山路则靠滑竿。他划分了九州的边界，依照山势疏导河川，根据土地物产确定贡赋等级。他开通了九州的道路，筑起了九州的泽岸，度量了九州的山势。然而黄河还是泛滥成灾，给中原造成的危害非常严重。治理黄河成为当务之急。为此引导黄河之水自积石山经过龙门。南行到华阴县，东下经砥柱，到孟津、洛汭，直至大邳。大禹认为黄河之水来自高处，水流湍急悍猛，难以在平地上流行，屡次将堤岸冲毁，于是疏通两条河渠来分引黄河之水。河水向北流经地势高的地方，途经降水，到达大陆泽，分散成多条河道，这些河道因有海水倒灌现象，均被称作“逆河”，且全部流入渤海。九州河川都已疏通，九州大泽都修筑了堤岸，华夏诸国得以安定，功泽施于夏、商、周三代。

从此以后，人们又自荥阳以下引河水东南流，成为鸿沟，将宋、郑、陈、蔡、曹、卫各国通连起来，并与济、汝、淮、泗诸水系交汇。在楚地，西边有河渠连通了汉水和云梦泽，东边则用邗沟把长江与淮河连通。在吴地，用河渠连通三江和五湖。在齐地，用河渠连通淄水和济水。在蜀地，郡守李冰开凿离碓，以避沫水造成的水灾；又开凿了两条江直达成都。这些河渠都能行船，多余的水则用来灌溉农田，百姓从中获利。至于河渠所经地区，人们往往又开凿了一些支渠引渠水灌田，数以万亿计，这些就用不着细讲了。

西门豹引漳水灌溉邺县的农田，使魏国的河内地区富裕起来。

韩国听说秦国喜好兴建工程，想借此消耗秦国的国力，使它无力向东侵略，于是派水利专家郑国当间谍，劝说秦国，让他凿渠引泾水自中山至瓠口，依傍北山，向东流入洛水，全程三百余里，用来灌溉农田。工程进展之中，阴谋被发觉，秦王想杀掉郑国。郑国说：“起初，我是以间谍身份而来，但渠成以后确实对秦国有利。”秦王认为有道理，便让他把渠修成。渠修好后，用这种饱含泥沙的河水灌溉两岸低洼的盐碱地四万多顷，亩产达一钟之多。从此关中沃野千里，再无荒年，秦国因此富强起来，最后并吞了诸侯各国，因而把此渠命名为“郑国渠”。

汉朝建国三十九年，孝文帝时，黄河在酸枣县决堤，向东冲溃了金堤，于是东郡动员了许多兵卒去堵塞决口。

此后过了四十多年，到当今皇帝元光年间，黄河在瓠子决口，向东南流入巨野泽，将淮河、泗水连成一片。于是天子命汲黯、郑当时调动人力前往堵塞决口，然而堵塞以后又被冲坏。那时武安侯田蚡为丞相，他的领地是鄃县。鄃县在黄河以北，黄河决口，水向南流，鄃县自然没有水灾，收成很好。田蚡对皇帝说：“江河决口都是上天注定的事，不易用人力强加堵塞，即便将决口堵塞了，也未必符合天意。”此外望云气和以术数占卜的人也都这样说。因此天子很久不再提堵塞决口的事。

那时郑当时担任大司农，说道：“以往从关东漕运的粮食是沿渭水逆流而上，大概要用六个月，水路全程九百多里，途中还有许多难行的地方。若从长安开一条渠引渭水，沿南山而下直通黄河，才三百多里，路直易于行船，估计三个月便可运到；而且沿渠的万顷农田也可得到灌溉；这样既省时省力，有能使关中土地肥沃，粮食增收。”天子认为有道理，命齐地的水利专家徐伯进行勘察标记，动员全部兵卒数万人开凿漕渠，三年完工。河渠通后，用来漕运，十分便利。此后，运粮渐渐频繁起来，而沿途的百姓都享受到了以水溉田的利益。

后来，河东太守番系说：“从山东漕运粮米西行入关，每年运一百多万石，中间要经过砥柱的障碍，船坏人亡的情况非常多，而且也很麻烦费事。若修凿渠道，引汾水灌溉皮氏、汾阴一带的土地，引黄河水灌溉汾阴、蒲坂一带的土地，估计可以造得良田五千顷。这五千顷地原来都是河边被遗弃的荒地，老百姓只在其中养草放牧，如果灌溉成良田，估计可得粮食二百万石以上。这些粮食沿渭水运入长安，与直接从关中收获的没有两样，却不必再从砥柱以东漕粮入关。”天子认为有理，派兵卒数万人开渠灌田。几年以后，黄河改道，渠的作用减小，收获的粮食还抵不上种子的费用。久而久之，黄河以东的渠田荒废了，朝廷便把它分给从越地迁来的百姓耕种，让少府能从中得到一点微薄的赋税收入。

后来有人上书，想打通褒、斜二水用于漕运，皇帝将此事交给御史大夫张汤。张汤向上书者询问有关情况，回答说：“从关中入蜀向来走故道，故道有许多山坂大坡，曲折路远。如果凿穿褒斜道，山坂坡路少，比故道近四百里的路程；而且褒水与沔水相通，斜水与渭水相通，都能漕运。粮船从南阳逆沔水而上驶入褒水，从褒水到斜水仅有一百多里的旱路，以车转运，再下船顺斜水下行驶入渭水。这样，不但汉中的粮食可以运到关中，关东的粮食从沔水漕运也没有了阻碍，比经由黄河砥柱漕运要方便。而且褒斜地区的木材箭竹富饶，可以与巴蜀相比拟。”天子认为有理，封张汤的儿子张卬为汉中郡太守，调发数万人开出一条长五百多里的褒斜道。果然方便而且路程近，但是水流湍急多石，无法漕运。

此后庄熊罴说：“临晋地区的老百姓愿意引洛水用来灌溉重泉县以东的一万多顷盐碱地。倘若果然能得水灌溉，可使每亩产量达到十石。”于是皇帝调发兵卒一万多人开渠，自徵城引洛水到商颜山下。由于堤岸容易塌方，于是改为凿井，最深的达到四十多丈。许多地方都凿了井，井下水流相互连通。水从地下穿商颜山而过，一直流到东边十多里的地方。“井渠”从此产生了。由于凿渠时曾掘出了龙骨，所以给此渠命名为“龙首渠”。这条渠筑了十多年，渠成后也很畅通，但是并未收到什么实惠。

自从黄河在瓠子决口后二十多年，每年土地都没有好收成，梁楚一带尤为严重。天子封禅后，巡祭了天下名山大川，第二年，天旱少雨，于是皇帝命汲仁、郭昌调发兵卒数万人堵塞瓠子决口。这时皇帝刚在万里沙祠祷神结束，回来的路上亲临黄河决口处，沉白马玉璧于河中祭奠河神，命群臣及随从官员自大将军以下都去背柴草，以填塞决口。当时东郡百姓以草为做饭取暖的烧柴，因此柴草很少，因而皇帝下令砍伐淇园的竹子，编制填塞决口的竹笼。

天子亲眼见到了黄河决口的情景，伤悼塞河没有成功，于是作歌唱道：“瓠子决口啊，有何办法？浩浩荡荡的大水啊，让村庄都变成了泽国！都成了泽国啊，大地不得安宁！填河无休止啊，山冈已经挖平了。

山冈被挖平了啊，钜野泽还是漫溢；鱼虾喧嚷游荡啊，已经快要冬天了。河道废弛啊，河水不走正道，蛟龙驰骋啊横行不归正。让水回到旧道去吧，神不是很有力量的吗？如果不是出来封禅，哪里会知道外面这些事情！替我问问河伯啊，为什么他如此不仁，泛滥不止，让我的子民愁苦不堪？啮桑邑整个被淹没了，淮水、泗水漫溢，河水长期不归故道了，唯愿水流能稍缓些。”另一首歌唱道：“河水浩荡汹涌，难于北渡又难以疏通。持长茭美玉祭祀河伯，河伯应允了却又缺少了柴草。缺柴草都是卫人的罪过啊，平日把柴草都烧掉了，又用什么来抵御洪水呢？砍掉淇园的竹子编成竹笼去堵水吧，只要堵住决口一切都会好起来的。”最后终于堵住了瓠子决口，并在上面建起了一座房子，名曰“宣房宫”。把黄河分成两条水道，恢复成大禹时代的老样子，梁、楚地区重新恢复了安宁，没有水灾了。

从此以后，主管官员争相建议修筑水利。朔方、西河、河西、酒泉等地都引黄河以及川谷中的水灌溉农田；而关中的辅渠、灵轵渠引的是当地诸多河流的水；汝南、九江地区引的是淮河的水；东海郡引的是巨定泽的水；泰山周围地区引的是汶水：各地都开渠灌溉农田，均达万余顷。其他小渠以及劈山通水道的，不胜枚举。但工程最大的还是宣房治河的工程。

太史公说：我曾南行登上庐山，看过禹疏导九江的遗迹，随后到会稽太湟，上姑苏台，眺望五湖；东行考察了洛汭、大邳、迎河，走过淮、泗、济、漯、洛诸水；西行瞻望了西蜀地区的岷山和离碓；北行自龙门走到朔方。我深切地感到：水带给人类的利益或者害处实在太大了！我随从皇帝参加了负薪塞宣房决口那件事，有感于皇帝所作的《瓠子》一诗，因而写下了《河渠书》。

（李勋山 译）

《史记》卷三十 平准书第八

汉朝建国后，承继的是秦朝凋敝的政局，壮年男子都参加军队，年老体弱的去运送粮饷，社会生产艰难，财政匮乏，即使天子的车子，也备不齐四匹同样颜色的马，大将丞相有的只能乘坐牛车，平民百姓几乎一无所有。因为秦朝的钱币太重，不方便流通，朝廷令老百姓铸造轻便的钱币，规定一锭黄金为一斤重，还简化了各种法令条文。而那些不守法令、唯利是图的商人囤积居奇以操纵物价，物价飞涨时卖出，米价涨到每石一万钱，一匹马更是价值百金。

天下平定后，高祖便下命令，商人不许穿丝绸衣服，不许乘车，还对他们加重征收种种租税，使他们经济困难，人格受侮辱。孝惠帝和高后执政时期，因为天下已经安定，就重新放宽了限制商人的法律，但是不允许商人的子孙进入仕途。朝廷依据官吏俸禄和政务开支，向百姓征收赋税。而山林、河川、园囿、坡地、市场的租税收入，以及自天子以下至于大小封君汤沐邑的收入，都作为各主管官员的私人费用，不从国家经费中支出。所以从山东通过水路运输粮食，来供给京都中的官员，每年不过数十万石。

到孝文帝时，民间铸造的小钱越来越多，分量也越来越不够，于是国家下令改铸四铢钱，钱文是“半两”，允许老百姓可以随意自行仿造。这样一来，吴国虽然是个诸侯国，但因为靠近铜山，能够就近开产铜矿自行铸钱，所以富可匹敌天子，后来终于造反。邓通是个大夫，也因为私自铸钱，财产超过了诸侯王。所以吴国和邓氏铸造的钱遍布天下，朝廷只好下令禁止私人铸造钱币。

后来匈奴常常侵扰汉朝北部边境，朝廷只好在北部边境驻扎了大量的士兵，边境屯粮不足供给。于是朝廷招募百姓向边境运送粮食，送了粮食的可以得到爵位，最高的可以做到大庶长。

孝景帝时，上郡以西发生旱灾，国家为了救灾重新修定了卖爵令，降低爵位价格，吸引老百姓来买官；被判徒刑的犯人，也可以向官府缴纳粮食，免除罪过。接着政府又大修牧场，多养厩马，以备战用，而宫殿、列观、车马等也修得越来越多了。

到汉武帝即位数年，距汉朝建国已经七十多年了，国家太平无事，除非遇到水旱灾害，老百姓人给家足，都城和边邑仓库里的粮食都堆得满满的，少府仓库还有许多布帛等各种货物。京城库府的钱币积累得越来越多，长久不动以致穿钱的绳子朽烂了，钱多得无以计数。京城国库里一批陈粮接着一批陈粮，有的露积在外，以至腐烂不能食用。普通街巷中的老百姓也有马匹，田野马匹成群，以至乘年轻母马的人受排斥，不许参加聚会。里巷的看门人也能吃小米和肉，为吏胥的老死不改任，甚至用职称当作自己的姓氏名号。老百姓人人自爱，不轻于犯法，崇尚行义，不愿意做不光彩的事情。那时候，法网宽疏，百姓富足，占有财产的人则骄奢淫逸，有些豪强恶霸，依仗武力横行于乡里。宗室有封地的以至公卿大夫以下，互相攀比，住所、车马、服饰都超过了自身等级，奢侈无度。物盛则衰，这是事物固有的变化。

从此以后，严助、朱买臣等人招抚东瓯，发生了对两越的战事，江淮之间费用浩大，从而变得萧条而烦乱。唐蒙、司马相如又为打通西南夷的道路，凿山开道一千多里，用以扩大巴蜀与外界的联系，这使得巴蜀的百姓疲惫不堪。接着彭吴贾灭掉了朝鲜，在那里设置了沧海郡，燕齐之间如风靡草偃一般骚动起来。等到王恢在马邑设计谋偷袭匈奴，匈奴与汉断绝和亲关系，不断侵扰北部边境，战争连年不断，老百姓困苦不堪，而战争还是日甚一日。出征的要携带衣食，后方的人要运送粮草，内外扰嚷骚动，都困于战争，老百姓弄虚作假逃避税赋，国家的财物衰竭消耗而不足以用。朝廷规定缴纳财物可以做官，交钱的可以免罪，朝廷选官制度被破坏，廉耻不分，有武力者被重用，朝廷开始采用严酷刑法，善于为国刮财谋利而获得官职的事情也开始发生了。

此后汉将每年都要带领几万人马出击匈奴。终至车骑将军卫青攻占被匈奴占领的河套一带，在那里修筑了朔方城。那时候，汉朝正在打通西南夷的道路，动用数万人，从千里之外肩扛担挑运送粮食，起运时有六七十石，运到的只有一石左右，于是朝廷又在邛、僰等地散钱以安定边民之心。一连数年，道路都没有修通，那里的边民屡次攻击修路的汉人，官吏发兵诛杀他们。这样使得巴蜀地区的全部租税不能满足开发西南夷之需要。于是朝廷又招募豪民到南夷种田，将收获的粮食交给国家，再到京城支取粮款。与此同时，朝廷又向东开凿通向沧海郡的道路，人工费用与在南夷花的差不多。朝廷又调拨十万多人修筑并守卫朔方郡，水陆运输的路程极为辽远，崤山以东的老百姓都被迫从事这份差事，花费数十以至百亿，朝廷府库更加空虚。于是招募百姓能向政府缴纳奴婢的，得以终身免除租赋徭役，原是郎官的，就提升他的官衔，向朝廷交羊获得郎官的风气，就从这时候开始了。

过了四年，汉派遣大将军卫青率领六位将军，十多万人，出击匈奴右贤王，杀死及俘获一万五千敌人。第二年，大将军卫青又率六位将军再次出击匈奴，杀死及俘获一万九千人。赏赐给杀获敌人将士的黄金多达二十多万斤，投降的数万胡虏也得到重赏，他们的衣服和食物都是国库供给。在这两次战争中，汉军士、马匹死了十多万，这还不包括兵器甲仗等器物和水陆运输的费用。当时，大司农掌管的国库中的钱财都已用尽，还不够支付战士的费用。主管官说："皇上曾说'五帝治国的主张各不相同，但都把天下治理得很好；禹和汤法令不同，但都是一代之王。他们的政令各不相同，但都建立了功业。如今北部边境未得安宁，朕深念于此。这些日子以来，大将军攻打匈奴，斩首并俘获一万九千人，但因为国库亏空，都没有东西给他们赏赐。你们商量一下，命百姓花钱买爵位，花钱免除禁锢，还可以全部免罪，或者减刑'。据此，请准于设置赏官，名为武功爵。最低的一级为十七万金，最高的为三十多万金。凡买武功爵到'官首'一级的，可通过测试补为吏，并优先录用；千夫一级与五大夫相当；有罪的降二等；武功爵最高可至乐卿。还剩两级用来赏赐立军功的人。"而实际很多人的军功超过了这两个等级，功大的封侯或封卿大夫，功小的为郎为吏。由此当官的路子越来越多，官员徒有虚名不尽职责。

自从公孙弘因为力主用《春秋》大义约束汉朝官吏，从而取得汉丞相的职位，张汤因为用严苛的法令断案，官至延尉，于是产生了处治知道别人犯罪而不告发的法令，而"不遵天子之命""诽谤朝廷"等罪名被穷追严办。第二年，淮南、衡山、江都王谋反的苗头出现，公卿寻根究底穷追党羽，数万人受到牵连而被处死，从此官吏执法越来越严厉，法令更加苛细了。

当时，朝廷正在招揽、尊崇方正、贤良、文学等儒生，有的人升任为卿大夫。公孙弘身为朝廷宰相，盖布被，饭食也很简单，想要以此给天下人起个带头作用。但对于世俗日益严重的竞相奢侈之风无济于事，从此便渐渐愈来愈追求功利了。

第二年，骠骑将军霍去病再次出击匈奴，斩敌首四万。当年秋天，匈奴的浑邪王率领数万人前来投降，汉朝调拨二万辆车迎接。匈奴降兵到京城后，受到赏赐，再加上霍去病部下立功的将士受到的赏赐，这一年花费达一百多亿。

早在十多年前，黄河在观县段决口，梁楚地区原本已数次遭到灾荒，而黄河沿岸的诸郡都在筑堤塞河，屡次修复屡次决口，花的钱无法计数。此后河东郡太守番系为了避免三门峡一带漕运出危险，建议引汾水、黄河水用来灌溉，动用了几万人开沟挖渠道。大司农郑当时因渭水漕运曲折路远，建议开通一条从长安直达华阴的渠道，又动用了数万人施工。这时河套地区的朔方郡也在开凿水渠，同样动用了数万人施工。这两处工程都耗时两三年之久，还没有完工，各消耗了十几亿钱财。

皇帝为讨伐匈奴，饲养了很多马，光在长安一带养的马就多达数万匹，关中地区养马的士卒不够，只好从附近诸郡调发。而投降的匈奴人都靠国家供给衣食，国库财力不足，皇帝只好减少自己的膳食费用，减少自己的御用马匹，从内廷府库拿出钱财养活他们。

第二年，崤山以东又遭受水灾，老百姓大多饥寒交迫，于是皇帝派遣使者，让各郡国出粮食赈济灾民。仍不够用，又招募富豪人家拿出粮食借给国家救灾。还是无法解救灾荒，朝廷只好把贫民迁徙到关西地区，或充实到朔方郡以南的新秦中去，约七十余万人，衣食都靠朝廷供给。在刚搬迁的几年，朝廷借给他们安家的产业和费用，国家派专人分区监督管理，一批批的天子使者络绎不绝。为此耗费的钱财数以亿计，无法统计。

于是，国库财力告竭。然而富商大贾却趁机囤积货物，奴役贫民；前呼后拥，用车百余辆做生意；囤积居奇，封君对他们也都伏首低眉，仰仗他们供给物资。他们冶铸煮盐，家财积累万金，但不帮助国家解决急难，黎民百姓极度贫困。于是皇帝与公卿大臣们商议，决定另造钱币满足需要，并借此打击那些浮华荒淫的兼并之徒。当时皇帝苑囿中有白鹿，少府有许多银锡。自孝文帝铸造四铢钱以来，已经过去了四十多年，从建元年间以来，国家由于用度不足，便开始在产铜多的山旁冶铜铸钱，百姓也乘机偷铸了很多钱。钱越来越多，越来越贬值，货物越来越少，而且更加昂贵了。有关机构的官员说："古时候有皮币，诸侯聘享时使用。金有三等，黄金最贵，白金居中，赤金最次。如今的半两钱法定重量是四铢，而一些不法之徒偷着磨取钱背面的碎屑来铸新钱，钱更轻薄物价更贵，远方的诸侯用钱来进贡很不方便。"于是用一张一尺见方的白鹿皮，饰以绣文，制成皮币，每张价值四十万钱。朝廷规定王侯宗室来朝拜皇帝时，玉璧都必须以皮币做衬垫进献，然后礼仪得行。

同时，朝廷又把银锡混杂制成白金。行于天上的莫过于龙，行于地上的莫过于马，人所用最重要的莫过于龟，所以把新铸的白金分作三种：第一种重八两，圆形，花纹为龙，名为"白选"，每一枚值三千钱；第二种重量较小，方形，花纹是马，值五百钱；第三种更小一些，椭圆形，花纹是龟，值三百钱。朝廷还命令县官销毁过去的半两钱，另铸三铢钱，钱上标的字样代表了重量。盗铸各种金钱一律处以死罪，但是官吏和老百姓盗铸白金还是不可胜数。

于是皇帝任命东郭咸阳、孔仅为大农丞，负责管理盐铁方面的事情；因为桑弘羊善于算账，被任命为侍中。东郭咸阳是齐地煮盐的大商人，孔仅是南阳地区冶铸业的首户，他们的产业都积累到千金以上的规模，所以郑当时才向朝廷推荐他们。桑弘羊，是洛阳商人的儿子，由于擅长心算，十三岁就当了侍中。这三人讲起为朝廷生财之事，那真可说是秋毫不遗了。

法律既然越来越严酷，被免官的人也越来越多。加上连年战争，百姓们花钱以求免赋役，或者花钱买官到五大夫一级的人越来越多，官府可征调的人越来越少了。于是朝廷只好强令千夫、五大夫爵位的人为吏，不愿为吏的向官府交马匹求免；凡是被免官的人，都被发配到上林苑砍伐荆棘，或去修建昆明池。

第二年，大将军卫青和骠骑将军霍去病大规模出击匈奴，捕获斩杀敌人八九万，赏赐有功将士就花费了五十万金，朝廷死于战场的马多达十余万匹，运输和制造兵车衣甲的费用还不计算在内。朝廷国库本来已经亏空，有些战士连每个月的俸禄都无法按时领取。

有关机构主管官向皇帝上奏，说三铢钱重量小，容易伪造，于是请准许诸郡国铸五铢钱，命令老百姓不许磨取铜屑重铸新钱。

大农令向皇帝转奏盐铁丞孔仅和东郭咸阳的话说："山和海是上天赐给皇帝的大宝库，都应该属于替皇帝理财的少府，陛下不占为私有，把它们交给大农作为赋税的补充。建议允许百姓自备经费，使用官府提供的器具煮盐，官府借给他们煮盐用的牢盆。一些工商业者欲独占山海的利益，攫取了大量的财富，并且奴役贫民取利。那些阻止盐铁官营的议论，不可胜计。对那些敢于私铸铁器和煮盐的人，处以钳箍左脚的刑罚，没收他们的器具和产品。在那些不产铁的郡里设置小铁官，归搁在所在的县。"于是皇帝派遣孔仅和东郭咸阳乘着驿站的车子到各地去巡察全国所有的盐铁事业，建立相应的官方机构，任命原来靠经营盐铁的富家为吏。这样一来，吏制更加杂乱，不再经过朝廷的选拔，官吏中有许多是商人了。

商人因为朝廷动辄变更货币，就大量囤积货物，谋取更多的私利。于是公卿大臣上奏说："郡国经常遭灾，那些无法生存的老百姓，都被政府迁徙到物产丰饶的地方。陛下也降低了膳食标准，节约用度，拿出内务府的钱来赈济百姓，还减免老百姓的赋税和政府给的贷款，然而百姓并没有专心从事农业生产，商人却越来越多。贫民没有积蓄，完全依靠国家。以前让有轻车的人纳税、让商人按资本多少纳税，请准许像往时一样来纳税。工商业者的交易活动，囤积居奇，以及从事其他谋取利益的人，即使不是已经记录在册的商人，也要各自按他们的货物、资产认定应占的税赋等级，通常按照资产二千缴纳一百二十文。各行手工行业以及冶铸业的人家，按照四千缴纳一百二十文为一算。

不属于官吏的三老、北部边境的骑士，有轺车一辆为一算；商人有轺车一辆为二算；有船长五丈以上的为一算。如果有人隐藏财产不上报，或者弄虚作假，可以处罚到边境戍守一年，并没收其全部家产。对于那些举报隐瞒资产不报的人，奖励他们被告发者财产的一半。凡是在册的商人连同他们的家属，都不许占有土地，以有利于农民从事从业生产。有敢违反此令的，就把他们的土地及童仆统统没收。”

皇帝想起卜式说过的话，就把卜式找来封他为中郎，并赐给他左庶长的爵位，还有十顷农田，还布告天下，使每个人都知道这件事。

卜式原本是河南人，以种田养畜为业。父母去世后，还留下一个年幼的弟弟。等弟弟长大成人，卜式就和他分家，把田地、房屋等财产全都留给了弟弟，自己只带走了一百多只羊。从此卜式入山养羊，经过十多年的发展，羊繁育到一千多只，还买了田地宅舍。他的弟弟却败光了家产，卜式只好一连几次再分给他一些财产。这时候汉朝廷正数次遣将出兵对匈奴作战，卜式就上书，请求把一半家产捐给官府，以支援边疆的战事。天子派使者问他：“你这样做是想做官吗？”卜式说：“我从小就放羊，不熟习官场的事，不愿做官。”使者又问：“你是家中有冤屈，想要申诉吗？”卜式道：“我长这么大从来没有与人发生过纠纷。我还经常救济乡里邻居的贫苦者，品行不端正的人我还教导他，邻里乡亲都很爱戴我，我怎么会受到冤屈呢！我并没有什么事情要申诉。”使者说：“既然如此，你为何要向朝廷捐赠一半家产呢？”卜式说：“天子要讨伐匈奴，我觉得应该是有力的出力，有钱的出钱，这样才能灭掉匈奴。”使者把他的话禀报给了天子。天子又转告丞相公孙弘。公孙弘说：“这不合常理。我们不能让这种不合规矩的人乱了法度，请陛下不要答应此事。”于是天子很久都没有答应卜式的请求。数年后，才打发他离开京城。卜式回家后，依旧种田放牧。又过了一年多，正赶上汉军屡次出征，浑邪王率领匈奴人前来投降，朝廷花费很大，财政亏空。第二年闹灾荒，贫民大迁徙，都靠国家供给，政府实在包揽不起。卜式又拿着二十万钱送给河南太守，支助官府负担迁徙老百姓的用度。后来太守向皇帝汇报富人资助贫人的名册，皇帝见到上面有卜式的名字，立刻想起了他。皇帝说“这就是从前要捐出一半家产助讨伐匈奴的那个人”，于是赏给卜式四百人欲免戍边徭役所纳的钱数。卜式又把这些钱全都交给官府。那时，别的富豪人家为了逃税都千方百计隐匿家产，唯有卜式总是向官府捐款。于是皇帝认为卜式的确是位宽厚之人，想要给他显官尊荣以为整个社会做出榜样。

起初，卜式不愿做郎官。皇帝说：“我也有羊在上林苑中，那就请你到上林苑替我放羊吧。”这样卜式才做了郎官，但是他穿着布衣草鞋在上林苑放羊。一年多以后，羊群肥壮且繁殖了很多。皇帝路过这里看到羊群，很是满意。卜式说：“不但放羊如此，治理百姓也是同样的道理：让他们按时起居，不断把凶恶的羊挑出去，不要让它毁坏了羊群。”皇帝听了很是惊奇，封他为缑氏县令，想试一试他的本领，果然缑氏百姓反映很好。后来皇帝又升任他为成皋令，办理漕运的政绩又最好。皇帝认为卜式为人朴实忠厚，封他做了齐王太傅。

而孔仅由于巡视各地铸铁煮盐等事，三年之中升任为大司农，位列九卿。而桑弘羊也当上了大农丞，管理各项财政收入，慢慢设置起均输制度以便于货物流通。

从这时开始，允许官吏缴纳谷物而升官，郎官也可以缴纳谷物，升到六百石的级别。

自制造白金和五铢钱以后五年，光是赦免因为盗铸金钱获死罪的就有数十万人，那些政府没有发现而依照法律该处死的人，不可胜数。自首而免罪的有百余万人，这个数字还不到实际犯罪的人的一半，普天之下几乎人人都在肆无忌惮地盗铸金钱了。犯罪的人太多，官吏不可能把他们全都逮捕杀头，于是派遣博士褚大、徐偃等人分批巡察各诸侯国，揭发、举报那些贪赃枉法、侵吞他人财物的郡守和国相。当时御史大夫张汤正处在官势显赫、大权在握的时候，减宣、杜周等人任御史中丞，义纵、尹齐、王温舒等人因为执法残忍苛暴而提升为九卿。于是绣衣直指夏兰这一类人也被朝廷派出去了。

这时，大司农颜异被杀了。当初，颜异曾经在济南郡当过亭长，因办事清廉直率慢慢官至九卿。皇帝与张汤商量发行“白鹿皮币”，询问颜异有什么意见，颜异说：“如今诸侯王朝见天子用的苍璧，价值不过数千钱，而作为垫衬的皮币反而值四十万，有点本末倒置，很不相称。”皇帝听了很不高兴。张汤又与颜异平素有些过节，到有人以其他事告发颜异，此事交给张汤审理。颜异曾经与门客闲谈，门客提到造白鹿皮币的诏令有些不恰当，颜异没有说话，只是咧了咧嘴巴。张汤知道此事后上奏皇帝说，颜异身为九卿，见法令有不妥处，不向朝廷进言，只在心中诽谤非难，其罪当死。从此之后，有了“腹诽”罪可供比照施行的先例，而公卿大夫只好谄媚取宠以求保命保官。

皇帝既然颁发了按照资金交税的“缗钱令”，并尊崇卜式为天下人的榜样，而百姓终究不肯拿出钱财支援国家，但告发他人隐瞒财产的事情倒是越发盛行起来了。

各诸侯国违法铸钱，大多不够分量，因而公卿请求令京城仿照钟官所造的赤侧钱来铸钱，每一个相当于五文旧钱的价值，并规定向官府缴纳赋税，不是赤侧钱不许使用。由于白金的实际价值较低，百姓也爱使用，官府下令干预，但依然无济于事。一年多后，白金终于废止不用。

这一年，张汤被杀，百姓对他毫无思念之情。

又过了两年，赤侧钱也贬值了，老百姓千方百计想把手上的赤侧钱倒腾出去，造成市场混乱，赤侧钱也被废弃了。于是朝廷下令所有诸侯国都不许再铸钱，专门命上林苑三官铸造。等到市场上这种钱流通很多了，就下令天下，凡不是三官铸造的钱币不许使用，各诸侯国以前铸造的钱币全都销毁，把销钱的铜都上缴朝廷。百姓私自铸钱的事慢慢就少了，因为成本高，得不偿失，只有巧工匠和大奸商才有能力盗铸。

卜式调任齐国诸侯相后，杨可掀起的告发隐匿缗钱的事，开始在全国盛行，有中等产业以上的人家大都被告发。此事交给杜周加以审理，很少有能平反的。于是朝廷分别派遣御史、廷尉、正监等官员按不同使命出使诸国，治理各诸侯国隐匿缗钱的案子，所得没收老百姓的钱物数以亿计，奴婢上千万；没收的田地大县数百顷，小县百余顷；房产也与这些数字相当。于是中等以上的商人大约全都破产了，老百姓满足于美衣美食，过一天算一天，谁也不再经营买卖、积累财富了。

而国家因为有官办盐铁和告缗钱的缘故，国库里的钱倒是越来越多了。

接着，朝廷把函谷关东迁三百多里扩大关中地域，设置了左右二郡以辅卫京城。

起初，大农令因管理盐铁、铸钱而所属的官员太多，分布太广，于是设置了水衡都尉，想让他主管盐铁之事。等到杨可告发隐匿缗钱的事发生后，交到上林苑的财物多得放不下，就命水衡都尉主管上林苑。上林苑财物既满，便扩大上林苑的规模。这时南越想与汉朝用船进行水战，于是大规模修建昆明池，在池的四周修筑亭台楼阁。水上的楼船，有十丈多高，旌旗飘扬，威武壮观。皇帝大受鼓舞，于是又建造了柏梁台，高达数十丈。从此皇家大兴土木修建的宫室越来越富丽堂皇。

于是朝廷把“缗钱”和“告缗”的事务交给各官府管理，让水衡、少府、大农、太仆还各自设置了农官，让他们组织老百姓在各郡县整治没收上来的土地上耕种。没收来的奴婢，则分给皇家的各个猎场苑囿，喂养狗马禽兽，或者分给诸官府充当劳役。由于诸官府下设的部门越来越杂、越来越多，做各种事情的奴婢和官奴数量也越来越大，虽然由黄河漕运至京城的粮食已经增加到每年约四百万石，但是还得各官府自行采购一部分粮食才能够用。

所忠向皇帝上书说：“世家子弟和富人或斗鸡赛狗赛马，或射猎赌博游戏，扰乱正常社会秩序。”于是朝廷把所有违反法令的人抓起来，让他们互相揭发，牵连达到数千人，称为“株送徒”。这些犯人如果能向朝廷交钱就可以免罪，交得多的，还可以补为郎官，郎官的选拔从此越来越混乱，郎官的素质也越来越差。

当时，崤山以东的大片地区遭受黄河水灾和其他灾害一连数年颗粒不收，甚至有人吃人的事情发生，灾区方圆一二千里。天子怜悯灾民，下诏书说：“江南耕作方式原始落后，可以让灾民到江淮一带谋生，想留在那里的，可在那里定居。”朝廷派遣使者到江淮管理此事，络绎不绝的使者来往于道路，护送这些饥民，还从巴蜀调运粮食赈济灾民。

第二年，皇帝开始到各郡国巡视。皇帝东渡黄河，河东郡太守没有想到皇帝会幸临，没有做好迎驾的准备工作，畏罪自杀。皇帝西行穿过陇山，陇西太守也因为皇帝突然幸临，准备不足，没法供应皇帝一行人的吃喝，也畏罪自杀了。接着皇帝北出萧关，带领几万骑兵，在河套地区射猎，检阅演练那里的边防部队，然后回到京城。皇帝在巡视中发现河套地区有的地方千里之间既无岗亭塞堡等防御工事，更无守卒，于是将北地太守和他下属的失职官员统统斩首，并下令当地百姓可以到边境诸县放牧牲畜，官府借给他们母马，三年归还，到产下小马，十个里交公家一个。并在河套地区废除告缗令，以鼓励人民到那里居住。

不久，皇帝在汾水得到了一口宝鼎，于是在那里设立了后土祠和太一祠，公卿大臣开始讨论封禅事宜，各郡国都开始修建道路铺设桥梁，整修原有的宫室，皇帝驰道所经各县，都早早准备物质，安排好各种宴席，盼望着皇帝幸临。

第二年，南越反叛，西羌也侵犯边境以逞凶暴，再加上崤山以东大片地区连年闹灾，皇帝下令大赦天下囚犯，就近派南方的楼船将军所率士卒二十多万人一起进攻南越；还从河东、河南和河内以西借调几万骑兵进攻西羌，又派数万人西渡黄河修筑令居城。这一年，汉朝设置了张掖、酒泉郡，而在上郡、朔方、西河、河西等地设置田官，开拓边塞的士卒达六十万人，前往那里垦田并担任守卫。中原内地则修筑道路，运送粮饷，路远的达三千里，近的也有一千多里，花费都由大司农支付。边境武器不够，就调发京城武库和主管铸造兵器的官署的兵器来满足那里的需要。前方战车和战马不够，国家钱少，无法大量购买马匹，于是朝廷又制定章程，让年俸三百石以上的各级官吏，都要按职位高低缴纳不同数目的母马，分给天下驻兵各亭牧养，使每亭都有母马，繁殖小马，国家每年向这些马场征收一定数量的小马作为税收。

齐国相卜式上书说："为臣曾听说'天子有忧虑是臣子的耻辱'。如今南越反叛，臣父子情愿和齐国的水兵一起战死于南越战场。"天子下诏说："卜式早在耕田牧羊时，就不仅仅考虑自己的利益，一有剩余就捐献钱财解救朝廷的困难。如今国家情势危急，而卜式奋勇请求父子为国捐躯，虽然现在还没有奔赴战场，但他可谓忠义发自内心。我想赐给他关内侯的爵位，赏给他黄金六十斤，农田十顷。”还特意将此事布告天下，但天下没有人响应。当时全国上百名诸侯，没有一个人主动请缨，去征讨西羌和南越。到了皇帝祭祀，少府检查诸侯们随份子出的金子时，其中由于金子的成色和分量不足，被削夺侯位的有一百多人。皇帝拜卜式为御史大夫。

卜式就任以后，见到许多郡国反映官府专卖盐铁的坏处，如铁器质量差，价钱贵，还有的强迫百姓买卖。再加上船要上税，以船运货的商人越来越少，东西也就更加昂贵，于是卜式求孔仅上书请求免除船只征收算赋的事。天子因此对卜式越来越不满意。

汉朝接连打了三年仗，打败了西羌，消灭了南越国，在新获得的番禺以西直到蜀南依次设置了十七个郡，并尽量按照当地的风俗加以治理，不向老百姓征收赋税。南阳、汉中以南各郡因与新设置的郡县相邻，就让他们各自承担与自己毗邻的吏卒的薪俸、食品、钱物，以及驿传所用的车马被服等用具的一切费用。而新设郡县还时常有小规模的反叛，诛杀官吏的事情时有发生，所以汉朝不得不征调南方的官吏兵卒前往镇压，每年都会出动上万人，费用都由大司农支付。大司农以均输法调各地盐铁所得，以补充赋税的不足，所以还能供应得上。然而凡是军队经过的县城，仅能做到供给无缺就是了，不能再巧立名目强取豪夺。

第二年，即元封元年，卜式降职做了太子太傅。而桑弘羊任治粟都尉，兼任大司农的职权，完全代替孔仅掌管天下盐铁专项事务。由于各地官员们都自己做买卖，争相夺利，导致物价飞涨，而各地向朝廷缴纳赋税的物资，有的还不够支付运输的费用，于是桑弘羊请求设立大农部丞官数十名，分别掌管各郡国的大农事务，在主要县分设立均输官和盐铁官，让各地均输官要趁当地物丰价贱时，令百姓用物品充当赋税，各地均输官可根据各地物产多少、价位高低而相互交流。在京城设立平衡全国物价的机构，管理全国各地物资的调拨、平衡工作。雇用工官制造车辆等器物，都由大司农供给费用。大司农所属各个机构全部垄断了天下的货物，市价贵时就大量抛售；市价低时，就大量买入。如此一来，则断了富商大贾操纵市场、牟取暴利的可能性，迫使他们从事农业生产，市场上商品的价格也比较稳定，不会出现飞涨的现象。这样的措施抑制了天下物价的大起大落，因此称为“平准”。皇帝认为可行，就答应了他的请求。这之后皇帝再次巡视天下，北到朔方郡，东到泰山，后沿海北上，又西行巡察北部边郡，然后才回到京城。所过之处都有赏赐，花费布帛一百多万匹，金钱数以亿计的，这些花销全部由大司农负担。

接着，桑弘羊又建议允许官吏多上缴粮食用来升官，允许犯人纳粮赎罪。老百姓凡能运送粮食到甘泉宫的达到一定的数额，可以终身免除赋役，并不再受“告缗令”的影响。其他郡县输送粮食到急需之处。各主管经济、财物的官府向京城长安运送粮食，经由山东漕运到京的粮食一年就增加了六百万石。一年之中，太仓和甘泉宫的粮仓都堆得满满的，边境剩余的粮食和其他物品，各地均输官所贮存的布帛五百万匹，老百姓的赋税没有增加，而官府的用度也很宽裕。于是皇帝赐给桑弘羊左庶长的爵位，还赏给他黄金二百斤。

这一年，有轻微的旱灾，皇帝派遣官员求雨。卜式说道：“国家应该靠赋税维持用度，如今桑弘羊却让官吏到市场中买卖货物，求取利润。只有将桑弘羊下锅煮了，天才会下雨。”

太史公说：自从有了农业、工业和商业之间的相互贸易，就有了龟、贝、金钱、刀、布等货币形式。这些事情由来已久，高辛氏以前年代太远，已经无从记述。所以《尚书》最早讲到唐虞时期的事情，《诗经》最早讲到殷周时期的事情，一般是世道安宁国家就看重发展教育，优先发展农业而抑制工商业，用礼义道德来约束赢利；如果世道混乱则会颠倒过来。所以物极必反，盛极必衰，有时候奢侈，有时候朴素，这是循环往复的规律。《禹贡》里记载的九州，各自根据其土地的产出和人口的多少来缴纳贡赋。商汤和周武王继位后，变革前朝不适用的法令制度，使百姓不致疲于奔命，他们都小心谨慎地致力于自己所从事的事业，但是与大禹时相比，已稍微呈现出衰败的趋势。齐桓公采用管仲的谋略，掌握着物价变化的法则，不让商人操控市场。齐桓公获得了发展山林和湖海的利益，国力逐渐强盛，使各诸侯国来朝，齐桓公也因此使得小小齐国而成就了霸主的威名。魏国重用李克，充分利用土地发展农业生产，魏文侯也成了战国初期的强大君主。从此以后，战国时期战乱不断，都利用权谋武力，轻视仁义道德，尊敬富人，瞧不起穷人。有些富有的老百姓，财产达到上亿，而穷困之民，则连糟糠都不够吃。那些强大的诸侯国，不断吞并弱小的国家使其称臣，有些弱小的国家则亡国了。一直发展到秦朝，秦始皇终于使海内统一。虞舜和夏禹时期使用的货币，金有三种，黄金、白银和红铜；此外还有钱、布、刀，或者龟贝。秦朝把货币统一为两种，一种是黄金，以溢为单位，是上等货币；另一种是铜钱，钱面上标着“半两”，重量与标识相同，是下等货币。而珠玉、龟贝、银锡之类只作为器物的装饰或者收藏品，不再当作货币流通。各种货币的价格随时变化，高低无常。这时候秦始皇对外发动了讨伐夷狄的战争，国内大兴土木，天下男人都努力耕种也不够供给粮饷，女人都努力纺织也供应不上穿衣。古时曾经倾尽天下的资财以供奉天子，还不够天子享用。没有别的缘故，主要是事物发展变化和时代风气造成的，有什么可奇怪的呢。

（羽 渊 译）

《史记》卷三十一　吴太伯世家第一

吴太伯和他弟弟仲雍，都是周太王的儿子，是大王季历的哥哥。季历贤能，并且又生有一个有圣德的儿子昌，太王想立季历为王，以便季历将来把王位传给昌，因而太伯、仲雍二人就逃往楚越一带的蛮夷之地，如当地人一样身上刺上花纹并剪断头发，以显示自己不能再继位，以避免与季历争夺王位。季历最终继位，即王季，昌就是周文王。太伯逃到楚越一带后，自称“句吴”。楚越人认为他有节义，追随并归顺他的有一千多户，人们尊立他为吴太伯。

太伯死后，由于没有子嗣，就由他弟弟仲雍继位，他就是吴仲雍。仲雍死后，他的儿子季简继位。季简死后，他的儿子叔达继位。叔达死后，他的儿子周章继位。这时，周武王已经战胜了殷纣王，寻找太伯、仲雍的后人，找到了周章。周章已经是吴国国君，于是就封他为吴国国君。于是把周章的弟弟虞仲封在周北边的夏朝都城旧址，这就是虞仲，位列诸侯。

周章死后，儿子熊遂继位。熊遂死后，儿子柯相继位。柯相死后，儿子强鸠夷继位。强鸠夷死后，儿子余桥疑吾继位。余桥疑吾死后，儿子柯卢继位。柯卢死后，儿子周繇继位。周繇死后，儿子屈羽继位。屈羽死后，儿子夷吾继位。夷吾死后，儿子禽处继位。禽处死后，儿子转继位。转死后，儿子颇高继位。颇高死后，儿子句卑继位。这时晋献公灭掉了周北边的虞国，目的是给晋国让开道路以便征伐虢国。句卑死后，儿子去齐继位。去齐死后，儿子寿梦继位。寿梦继位后吴国才开始日益强大，自称为王。

从太伯创建吴国算起，历经五代至武王战胜殷纣时，他的后代被封在两个地方：其中一个为虞国，在中原地区；另一个为吴国，在楚越一带。传至第十二代时，晋国灭掉了中原地区的虞国。中原地区的虞国被灭后，又经过了两代，楚越一带的吴国兴盛起来。从太伯到吴王寿梦共十九代。

吴王寿梦二年，在外流亡的楚国大夫申公巫臣怨恨楚国大将子反从而逃到晋国，后由晋出使到吴国，传授吴国用兵之术和车战之法，让自己的儿子当上了吴国的外交使节，吴国从此开始与中原各国交往。也开始派兵征伐楚国。吴王寿梦十六年，楚共王征伐吴国，一直打到衡山一带。

二十五年，吴王寿梦死去。寿梦有四个儿子：长子叫诸樊，次子叫余祭，三子叫余昧，四子叫季札。季札贤德，寿梦生前想立他为王，但季札避让不答应，于是立了长子诸樊为王储，代理执掌国政。

吴王诸樊元年，诸樊服丧期满，要把王位让给季札。季札推辞说："曹宣公死后，各国诸侯和曹国人都认为新立的曹君不节义，想要立子臧为曹国国君，子臧于是离开曹国，以成全新立的国君。有德行之士评论子臧'能遵守节义'。您作为长子原本就是合适的继位人，谁敢干涉侵犯您呢！当国君不是我这种操行的人所愿干的。我虽无能，也希望能效法子臧的义举。"吴国人坚持要立季札，于是季札抛弃了家室以耕种为生，吴国人只好放弃了拥立季札的打算。同年秋天，吴国又征伐楚国，楚国打败了吴军。吴王诸樊四年，晋平公继位。

十三年，吴王诸樊死去。留下遗命要把王位传给弟弟余祭，为的是通过以兄传弟的次序，一定要把国君之位最后传到季札手中为止，来满足先王寿梦的遗愿，并且褒奖季札的节义，兄弟们都想把国君之位让出来，让它能被依次逐渐传到季札手中。季札被封在延陵，故而被称为延陵季子。

吴王余祭三年，齐国相国庆封犯了罪，从齐国逃到吴国。吴王把朱方县封给庆封作为他的领地，并把女儿嫁给庆封，庆封于是比先前在齐国还富有。

吴王余祭四年，吴王派季札出使到鲁国，季札请求欣赏一下周天子使用的音乐。鲁国乐工为他演唱《周南》和《召南》。季札听后说："真美啊，音乐中可以听出周朝的基业已开始，但还未完成。曲中流露出百姓们虽然辛劳却毫无哀怨的情绪。"乐工又演唱《邶风》《鄘风》《卫风》。季札说："真美啊，曲调深沉，流露出虽遭坎坷但国家不致困乏，我听说卫康叔、卫武公的德行正如此，这是《卫风》的歌曲吧？”乐工又演唱《王风》。季札说：“真美啊，情绪虽然忧伤却毫不畏惧，这是周王室东迁后的歌曲吧？”乐工又演唱《郑风》。季札说：“歌声纤弱琐碎太甚，人民不堪忍受，这个国家恐怕要率先灭亡吧？”乐工又演唱《齐风》。季札说：“真美啊，曲调宏大深远，彰显出大国之风。堪为东海一方表率，这是姜太公的遗风吧！国家的前途不可限量！”乐工接着又演唱《豳风》。季札说：“真美啊，曲调宏阔坦荡，欢快而不放纵，这是周公东征的歌曲吧？”乐工又演唱《秦风》。季札说：“这叫夏声。既然歌曲曲调能演进为夏声，则国家也必然会日益强大，强大到极点，这不就达到周王朝从前占有的领土了吗？”乐工又演唱《魏风》。季札说：“真美啊，曲调舒缓平和，宏大而又宽广，朴实而平易，若能行此政教再辅以道德教化，就能使国君成为明主了。”乐工又演唱《唐风》。季札说：“思深而虑远啊，这是帝尧家族的风流余韵吧？不然，怎能如此忧思深远呢？若非具有美德之人的后代，怎能达到这种水平！”乐工又演唱《陈风》。季札说：“一个国家如果没有贤明君主，怎么能长久呢？”对于《郐风》以下的地方乐调，季札没有加以评论。乐工又演唱《小雅》。季札说：“真美啊，虽满怀忧思却无叛离之意，虽有怨愤情绪而无叛逆之言，这是周德衰微时期的乐曲吧？但还有先王遗民之情啊。”乐工又演唱《大雅》。季札说：“乐曲宽缓，多么和谐安乐，旋律曲折优美但基调仍刚直有力，这是周文王美德的象征吧？”乐工又演唱《颂》。季札说：“达到音乐的极致了。刚直有力却无倨傲不逊之意，柔顺而不降低身份，与君主亲近时却不使他感到受威胁，与君主疏远时不怀二心，受到迁谪时能坚守节操，官复原职而能永不倦怠，忧念国事而能不穷愁绝望，内心喜悦而能不忘乎所以，广施智慧而永不匮乏，道德远布而不自我张扬，施惠于民而不显耗费，征取而不陷贪婪，停在某处时而能不画地为牢，变动过程中能不随波逐流。五声和谐，八音协调，节拍尺寸整齐，旋律遵循法度，象征着所有圣德之人的共同风度啊。”季札看到乐工表演的《象箾》《南籥》之舞，说：“很美啊，但仍有微憾。”看到赞美武王功业的舞蹈《大武》，说：“很美啊，周朝的盛德就如此吧？”看到赞美商汤的舞蹈《韶护》，说："真象征了圣人的宏大之德，尚有自愧之心，可见达到圣人标准之难啊！"看到赞美大禹的舞蹈《大夏》，说："很美啊，甘心为民辛劳而不以有德于民而自居，除了大禹谁还能做到呢？"看到赞美虞舜的舞蹈《招箾》，说："已经达到美德的巅峰了啊，太伟大了，如上天覆盖万物，如大地无不承载，再好的德行，也不会比这乐舞所象征的舜的美德更高了。观乐可以停止了，如果还有别的音乐，我不敢再欣赏了。"

季札离开鲁国，就出使到齐国。季札劝说晏婴说："你快些交出你的封邑和官职。舍弃这两样东西，你才能免于祸患。齐国的政权快要易主了；易主之前，国家祸乱不会平息的。"于是晏子通过陈桓子交出了封邑与官职，从而在栾、高二氏争斗的祸难中免除祸患。

季札离开齐国，出使到郑国。见到子产，如同见到故人。他对子产说："郑国掌握政权的人骄奢放纵，大难即将来临，政权一定会落于你身上。你执政时，要谨慎地以礼治国，否则，郑国将会败亡！"离开郑国后，季札到了卫国。季札对蘧瑗、史狗、史鳍、公子荆、公叔发、公子朝说："卫国君子很多，因此国家没有祸患。"

从卫国到晋国，季札将住在戚城，听到击钟奏乐之声，说："奇怪啊！我听说有辩才而无德，祸必加身。孙文子正是因为这而得罪国君，小心翼翼尚恐不够，还可以玩乐吗？孙文子在这里，就如燕子在帷幕上筑巢一样危险。而且国君尚在殡期，怎么可以击钟作乐？"于是就离开了。孙文子听说后，一辈子不再听音乐。

季札到晋国，对赵文子、韩宣子、魏献子说："晋国的政权将集中到你们三家吧！"即将离开晋国时，他对叔向说："你要好自为之啊！晋国国君奢侈而良臣又多，大夫都富有，政权将要落到韩、赵、魏三家。您为人刚直，一定要深思如何使自己避免祸患。"

季札出使之初，向北走时造访徐国国君。徐君喜欢季札的宝剑，但嘴上没敢说出来。季札明白徐君的心思，但因为还要出使中原各国，就没献出宝剑。出使回来又经徐国，徐君已经死去，季札解下宝剑，挂在徐君墓前的树上然后离开。随从说："徐君已经死了，宝剑还给谁呀？"季子说："不是这样的。当初我内心已答应给他了，怎能因为徐君死去就违背我自己的心愿呢！"

七年，楚国公子围杀了楚王夹敖而自立为王，这就是灵王。十年，楚灵王与诸侯会盟，来征伐吴国的朱方县，为的是诛惩齐国的庆封。吴国也攻打楚国，占领楚国三个城邑后离开。十一年，楚国征伐吴国，到达雩娄这个地方。十二年，楚又来伐吴，驻军乾谿，最后败走。

十七年，吴王余祭死去，他的弟弟余眛继位。吴王余眛二年，楚国公子弃疾杀死楚灵王，自立为君。

四年，吴王余眛死去，想传位给弟弟季札。季札避让，逃离吴国。于是吴国人说："先王有遗令，兄长死后弟弟继位，一定要把国家政权传给季子。季子现在逃脱君位，那么吴王余眛成为兄弟中最后一个当国君的人。现在他死了，他的儿子应接替他成为吴王。"于是立余眛的儿子僚为吴王。

王僚二年，公子光率兵征伐楚国，打了败仗，把吴国先王的船也丢掉了。公子光害怕因此获罪，就偷袭楚军，又夺回了先王的船才回国。

五年，从楚国出亡的臣子伍子胥逃到吴国，公子光待以宾客礼。公子光是吴国先王诸樊的儿子。他一直认为"我父亲兄弟四人，应该传国传到季子。现在季子不当国君，我父亲是最先当国君的。既然季子不当国君，我就应当被立为国君。"他暗中招贤纳士，想利用他们暗杀王僚。

八年，吴王派公子光征伐楚国，大败楚军，把原楚太子建的母亲从居巢接回吴国。他又借势北伐，打败陈国、蔡国的军队。九年，公子光又征伐楚国，攻下楚国的居巢、钟离二城。当初，楚国边城卑梁氏有少女与吴国边城的女子争抢采摘桑叶，两个女子的家人气愤之下互相攻杀，两国边邑的长官听说后，一怒之下互相进攻，吴国边邑被灭掉。吴王听说此事后大怒，于是就讨伐楚国，攻取了居巢、钟离二城后才离开。

伍子胥刚逃到吴国时，向吴王僚陈说伐楚的好处。公子光对吴王说："伍子胥的父亲和兄长被楚王杀死，他劝您伐楚只不过是为了报自己的私仇罢了。看不出对我们吴国有什么好处。"伍子胥这才明白公子光另有打算，于是就寻找到一位名叫专诸的勇士，引见给公子光。公子光非常高兴，于是把伍子胥当作宾客对待。伍子胥退居郊野以耕田度日，来等待专诸完成大事。

十二年冬，楚平王死去。十三年春，吴王想趁楚国国丧之机征伐楚国，派两个弟弟公子盖余、烛庸用军队包围楚国的六、灊二邑，并派季札出使晋国，来观察诸侯的动静。谁知楚国派奇兵阻断吴兵的后路，吴兵不能回国。这时吴公子光说："这种好机会不能轻易放过。"他告诉专诸说："不主动索取就什么也得不到！我才是真正的吴王后代，应当立为国君，我想谋求这个王位。季子即使回来，也不会废掉我的。"专诸说："杀死吴王僚的条件已经具备。他母亲年老儿子还弱小，而两个弟弟又正率兵攻楚，被楚国阻绝了归路。现在吴王军队在境外为楚国所困扰，国内缺乏刚直忠诚的臣子，他拿我们没什么办法。"公子光说："我本身的利益，就是你的利益，我们祸福与共。"四月丙子日，公子光让披着盔甲的兵士在地下室埋伏起来，然后请吴王僚来宴饮。王僚派兵陈列于道路两旁进行保护，从王宫到公子光的家，公子光家的大门、台阶、屋门、座席旁，都布满了吴王僚的亲兵，人人手执利剑。王僚来到后，公子光假装脚疼，离开现场，进入地下室，派专诸将匕首藏在烤鱼的肚中，伪装上菜。专诸将鱼送至王僚面前时，从鱼腹中取出匕首刺向王僚，左右卫士急忙用剑刺入专诸的胸膛，但王僚已被杀死。公子光果真代立为吴王，这就是吴王阖庐。阖庐封专诸的儿子为卿。

季札归来，说："如果先君的祭祀不被废止，让百姓不至于没有国君，保证社稷之神得到奉祀，那此人就是我的国君。我敢怨责谁呢？我只有哀悼死者，侍奉生者，来对待上天的安排。祸乱不是我造成的，谁当了国君大家就服从谁，这是先人的原则啊。"于是就到吴王僚的墓前，汇报了自己完成外交使命的情况，并痛哭了一场，之后又回到朝廷等待新君的号令。带兵伐楚而遭楚军围困的吴国公子烛庸、盖余二人，听说公子光杀死王僚自立为王，就率领军队投降了楚国，楚王把他们封在舒这个地方。

阖庐元年，吴王任命伍子胥担任外交大臣并参政商议国事。楚王诛杀伯州犁，他的孙子伯嚭逃亡到吴国，吴王任命他为大夫。

三年，吴王阖庐与伍子胥、伯嚭带兵征伐楚国，攻下舒城，杀死吴国逃亡在外的两位公子盖余、烛庸。阖庐计划顺势进攻楚国都城郢，将军孙武说："军民征战已很劳顿，现在不宜攻打郢都，要等待时机成熟。"四年，吴又征伐楚国，攻下六与灊二城。五年，吴伐越，打败越军。六年，楚国派子常囊瓦征伐吴国，吴国迎头痛击，在豫章大败楚军，攻下楚国的居巢才班师回吴。

九年，吴王阖庐询问伍子胥和孙武说："当初你们说不能进攻郢都，现在情势如何？"二人回答说："楚国大将子常贪婪，唐国、蔡国都恨他。大王您如果一定要大举征伐楚国，必须有唐、蔡二国协力才行。"阖庐听从他们的话，出动所有军队，与唐国、蔡国一道从西边攻入楚国，来到汉水边上。楚国也出兵抵抗吴军，双方隔水列阵。吴王阖庐的弟弟夫概想出战，阖庐不同意。夫概说："大王已把军队托付给我，作战以抓住有利时机为上策，还等什么！"于是带领他的部下五千人从正面突袭楚军，楚军大败奔逃。吴王于是纵兵追击。到了郢都，又交战五次，楚兵五次都被打败。楚昭王逃出郢都，跑到郧县。郧公的弟弟想杀死昭王，昭王又与郧公逃到随国。吴兵则顺势进入郢都。伍子胥、伯嚭从墓中挖出楚平王的尸体加以鞭打，以报杀父之仇。

十年春，越王听说吴王的军队驻扎在郢都，国内空虚，于是出兵攻打吴国。吴国派另一支军队抗击越兵。楚国向秦国告急，秦国派兵援救楚国、攻打吴国，吴军战败。阖庐的弟弟夫概看到秦兵越兵交相打败吴国，吴王又留在楚国不归，夫概就跑回吴国自立为吴王。阖庐听到此消息后，就带兵回国，攻打夫概。夫概战败后逃往楚国。这样楚昭王才能够于九月返回郢都，并把夫概封在堂谿，这就是堂谿氏。十一年，吴王命太子夫差攻打楚国，攻下番城。楚王恐惧，把国都从郢迁到鄀。

十五年，孔子做了鲁国宰相。

十九年夏，吴兵攻打越国，越王勾践率兵在槜李这个地方迎战吴国。越国派遣敢死队挑战，三次冲向吴国军队，高呼口号，自杀于阵前。吴国军队只顾观看这种奇怪行为从而放松防备，越兵趁势攻入吴国，在苏州一带打败吴兵，吴王阖庐的脚趾被越军击伤，军队退却七里。

吴王因伤势转重而死。临死前阖庐让太子夫差站在自己跟前，对夫差说“你会忘记勾践杀死了你的父亲吗？”夫差回答说：“不敢忘！”过了三年，吴终于开始向越国复仇。

吴王夫差元年，任命大夫伯嚭为太宰。吴王坚持军事训练，常怀向越国报仇雪恨的志向。夫差二年，吴王出动全部精兵讨伐越国，在夫椒大败越军，终于报了槜李战败之仇。越王勾践只得带五千甲兵躲进会稽山，派大夫文种通过吴国太宰伯嚭请求媾和，愿将越国政权交给吴国，而自己愿作为吴王的奴仆。吴王想答应，伍子胥劝谏说：“从前有过氏杀了斟灌氏又征伐斟寻氏，灭掉夏后帝相。帝相的妻子后缗正怀孕，逃到有仍国生下少康。少康当了有仍国主管放牧之官。有过氏又想杀死少康，少康逃到有虞国，有虞氏感念夏的恩德，于是把两个女儿嫁给少康并把纶封给他作为采邑，当时少康只拥有方圆十里的土地，只有五百名部下。后来少康收聚夏的遗民，把夏朝的国家制度重新建立起来。派人打入有过氏内部，于是消灭了有过氏，恢复了夏禹的功业，祭祀夏祖为天帝，夏代过去的全部故物都恢复如初。现在吴国的疆域不如当年有过氏之广，而勾践的实力大于当年的少康。现在不借机彻底消灭越国的力量，反而又要宽恕他们，不是为以后找麻烦吗！而且勾践为人能坚韧吃苦，现在不消灭他，将来一定会后悔的。”吴王不听子胥的谏言，而听从太宰伯嚭的谗言，最终答应越国的求和，两国订立和平盟约后，吴国撤军回国。

七年，吴王夫差听说齐景公死后大臣争夺权力，新立之君幼小无势，于是兴兵北上讨伐齐国。伍子胥劝谏说：“越王勾践刻苦奋发，吃饭桌上没有第二个菜，穿衣没有第二种颜色，吊唁死者，慰问病者，这是想要笼络民众收买人心以便伐吴报仇啊。勾践不死，必为吴国大患。现在越国是我国的心腹大患，而您却不重视，反而把力量用于齐国，岂非大错特错！”吴王不听，坚持北伐齐国，在艾陵大破齐兵。兵至缯邑，夫差召见鲁哀公并要求鲁哀公以百牢之礼招待自己。季康子派子贡用周礼来劝说太宰伯嚭，吴王才停止。于是吴王留下来掠取齐、鲁两国南疆土地。九年，为邹国讨伐鲁国，到鲁国后，与鲁定盟后离开。十年，趁势伐齐而归。十一年，又一次北伐齐国。

越王勾践带领越国群臣朝拜吴王，献上丰厚贡礼，吴王大喜。只有伍子胥心中担忧，说："这是要丢掉吴国啊。"于是劝谏吴王说："越国是吴国的腹心之患，现在我国虽战胜了齐国，好比石头田地，没有用处。而且《盘庚》之诰说，对那些横暴不服管教之人要消灭干净，这就是商王朝能兴旺的原因。"吴王不听，派伍子胥出使齐国，子胥把自己的儿子带去委托给齐国鲍氏，回报吴王。吴王听说此事，大怒，赐给子胥属镂之剑令其自裁。子胥临死时说："你们在我坟上种上梓树，让它日后给你们做棺材。把我的眼睛挖出来放在吴都东门上，让我看到越国怎样灭掉吴国。"

齐国大夫鲍氏杀死齐悼公。吴王听说此事，在军门外痛哭三天，于是从海上出兵攻打齐国。齐国人打败吴军，吴王只好领兵回国。

十三年，吴王召集鲁、卫两国国君在橐皋会盟。

十四年春天，吴王北上与诸侯会盟于黄池，想称霸中原来保全周王室。六月丙子，越王勾践征伐吴。乙酉，越兵五千人与吴兵交战。丙戌，越国俘获了吴国太子友。丁亥，越军进入吴国都城。吴国人向夫差报告失败的消息，吴王害怕会盟的诸侯听到这一消息。结果有人泄露了消息，吴王怒而斩杀七人于帐前。七月辛丑，吴王与晋定公争夺盟主之位。吴王说："在周王室的宗族中我的祖先年辈最长。"晋定公说："在姬姓诸国中我晋国长期以来居于霸主地位。"晋国大夫赵鞅发怒，要攻打吴国。吴王这才让晋定公当了盟主。吴王盟会已毕，与晋定公分手，想讨伐宋国。太宰伯嚭说："你能打败宋国，但你不能留下来占有它。"于是引兵归国。吴国没有了太子，国内空虚，吴王在外时间太久，士卒疲惫，于是就派使者带上厚礼与越国媾和。

十五年，齐国的大夫田常杀死齐简公。

十八年，越国更加强大。越王勾践又率领军队在笠泽大败吴军。这一年，楚国灭掉了陈国。

二十年，越王勾践再次征伐吴国。二十一年，越兵又围困吴国。二十三年十一月丁卯，越国打败吴国。越王勾践想把吴王夫差流放到甬东，给他百户人家，让他住在那里。吴王说："我老了，不能再侍奉越王。我后悔没听伍子胥的话，让自己陷入此等境地。”于是自杀而死。越王灭掉吴国，诛杀了太宰伯嚭，认为他不忠于主上，然后引兵归国。

太史公说：孔子说过“吴太伯可称得上是道德的巅峰了，三次把天下让给他人，百姓们简直都不知用什么言辞来称颂他才好”。我读《春秋》古文，才知道中原的虞国和楚越的句吴是兄弟啊。延陵季子宅心仁厚，终生向往他人的节义，通过微小之处辨别清浊。啊，这是多么见多识广、博学多才的君子啊！

（马淑贞 译）

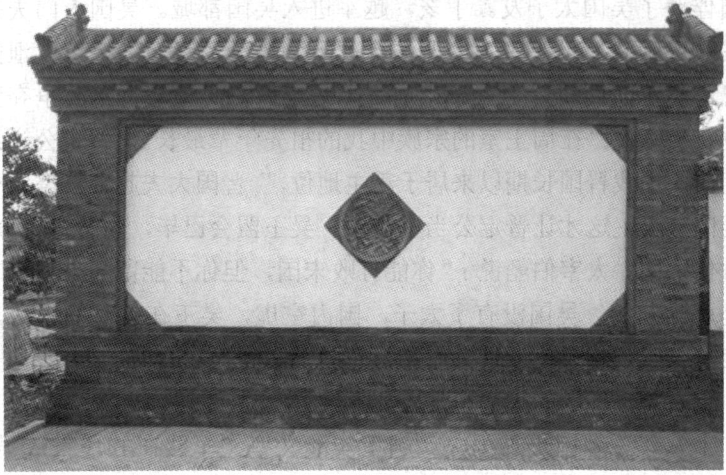

《史记》卷三十二　齐太公世家第二

姜太公吕望又称吕尚，是东海边的人。他的先祖们曾做过四岳的官，曾辅佐夏禹治理水患立下大功。舜、禹时期，他的先祖有的被封在吕，有的被封在申，姓姜。夏、商时期，申、吕有的封给姜氏的旁支子孙，有的姜氏后代则沦为平民，吕尚就是沦为平民的姜氏后裔。吕尚本姓姜，因为用他的封地之名为姓，所以又被称为吕尚。

吕尚曾经很穷困，年老时，借钓鱼的机会求见周的西伯侯。西伯侯在外出狩猎之前，曾占卜一卦，卦辞说："所得到的猎物既不是龙也不是螭，既不是老虎也不是人熊；所得是能成就霸王伟业的辅臣。"西伯侯于是出猎，果真在渭河的北岸遇到姜太公，与姜太公交谈一番后西伯侯十分高兴，说："从我国先君太公开始就说'会有圣人来周，周因此而兴旺'。您果真是那圣人么？我们太公盼望您很久了。"因此西伯侯就称吕尚为"太公望"，与吕尚一起乘车而归，任他为军师。

有人说，姜太公学问广博而名闻天下，曾经为商纣王效过力。商纣王不行王道，于是太公就离开了。他游说四方诸侯，而没遇到政治理想一致的国君，最后向西行进归依周西伯侯。也有人说，吕尚是一名处士，隐居在海边。周西伯侯被纣王囚禁在羑里时，西伯侯的臣子散宜生、闳夭早就听说吕尚的声名而召请他。吕尚也说"我听说西伯侯贤德，又一贯善待老年人，何不前往？"吕尚与散宜生、闳夭三人为了营救西伯侯，四处寻找美女和珍奇之物，把它们贡献给纣王，用它们来赎取西伯侯。西伯侯于是被释放，返回周都丰京。关于吕尚效力于周的原因说法虽然各不相同，但关键在于都认为他是文王和武王的老师。

周朝的西伯侯姬昌从羑里脱身归国后，就开始和吕尚暗中策划如何修养德行，以推行德政来推翻商纣的政权，他们的谋划很多涉及用兵的权谋和奇计，所以后世谈用兵之法和周朝的隐秘权谋的大都师法姜太公，以他的谋略为权谋之本。周西伯侯为政清平，尤其在明断了虞、芮两国的国土纷争后，被人称道为授命于天的文王。西伯侯又征伐了崇国、密须和犬夷，大规模建设丰邑。天下诸侯有三分之二都心向周朝，这其中很多是太公谋划筹措的结果。

文王死后，武王继承王位。武王九年，武王想继续文王的未竟大业，通过东征商纣来试探并察看诸侯们是否会云集响应。军队出征之际，被尊称为“师尚父”的吕尚左手持黄金装饰的大斧，右手握白旄军旗在军前宣誓，说：“苍兕苍兕（古代掌管舟楫的官），你去集合起所有的民众和船只，要是迟到就斩首。”于是军队到了盟津。事先没有约定而来的诸侯有八百个。诸侯们都说：“可以讨伐商纣了。”武王说：“还不行。”于是带领军队返回，与姜太公一起写了《太誓》。

又过了两年，商纣王杀死了王子比干，囚禁了箕子。武王准备讨伐商纣王，他卜了一卦，龟卦预兆不吉利，此刻暴风雨突然到来。众公卿都非常恐惧，只有太公竭力劝武王进军，武王于是出兵。十一年正月甲子日，武王在牧野进行誓师，讨伐商纣王。商纣王军队大败。纣王转身逃跑，登上鹿台，武王追击并斩杀纣王于鹿台。第二天，武王站在社稷坛前，群臣手捧洁净的水，卫康叔封铺好彩席，师尚父牵来祭祀用的牲畜，史佚按照策书进行祈祷，向天神禀告讨伐商纣罪恶之事。将商纣王积聚在鹿台的钱财和囤积在钜桥的粮食分发下去，用以赈济穷苦百姓。培筑加高了比干的坟墓，释放被囚禁的箕子。把象征天下最高权力的九鼎移到周，整顿周朝国政，与天下人除旧布新，重新开创新时代。上述诸事大多是采用师尚父的谋略。

此时武王已经平定商纣王，称王于天下，于是把齐国营丘封赏给师尚父。师尚父向东上任到自己的封国，在路上住宿，速度很慢。店家对他说：“我听说时机难得且容易丧失。客官睡得这样安稳，恐怕不是去封国就任的人吧。”太公听到了这番话，穿上衣服连夜赶路，天刚亮就到了齐国。恰巧遇莱侯带兵来进攻齐国，想与太公争夺营丘。营丘毗邻莱国。莱国人是蛮夷之族，想趁商纣大乱后周朝刚刚安定之时，还没有精力平定远方，因此就和太公争夺国土。

太公到他的封地后，整顿国政，依顺当地风俗，简化各种礼仪，使得商业制造业发展通畅，大力发展渔业盐业之利，因而人民大多都归附齐国，于是齐成为大国。等到年幼的周成王即位之时，管叔、蔡叔犯上作乱，江淮一带的蛮夷也背叛周朝，周成王派召康公命令太公说："东到大海，西到黄河，南到穆陵，北到无棣，这之间的各个诸侯，各地守官，如果有罪愆，你都可以讨伐他们。"齐国于是拥有征讨各诸侯国的特权，成为大国。定都营丘。

太公死时大约有一百多岁，他的儿子丁公吕伋继位。丁公死后，儿子乙公继位。乙公死后，儿子癸公慈母继位。癸公死后，儿子哀公吕不辰继位。

哀公在位的时候，纪侯向周王诬陷哀公，周王用大鼎煮死哀公，而立哀公的弟弟静为齐国国君，这就是胡公。胡公把国都迁往薄姑，此时正值周夷王在位。

与哀公同母所生的幼弟山怨恨胡公，于是与自己党徒们一道率领营丘人袭击薄姑并杀死胡公自立为齐君，这就是献公。献公元年，又将胡公的儿子们全部驱赶走，借机把国都从薄姑迁往临淄。

九年，献公去世，儿子武公寿继位。武公九年，周厉王逃亡，住在彘这个地方。十年，周王室大乱，大臣们共同主持国政，号称"共和"。二十四年，周宣王即位。

二十六年，武公去世，他的儿子厉公无忌继位。厉公残暴酷虐，因此胡公的儿子又返回齐国，齐国想立胡公的儿子为齐国国君，就一起攻杀厉公。胡公的儿子也战死。齐国人于是拥立厉公的儿子公子赤为齐国国君，这就是文公，他斩杀了七十多个曾攻杀厉公的人。

文公十二年，文公去世，儿子成公脱继位。成公九年，成公去世，儿子庄公购继位。

庄公二十四年，犬戎杀死了周幽王，周王室东迁定都洛阳。秦国开始位列于诸侯。五十六年，晋国人杀死他们国君晋昭侯。

六十四年，齐庄公去世，他儿子釐公禄甫继承王位。

釐公九年，鲁隐公继位。十九年，鲁桓公杀死他的兄长隐公而自立为鲁国国君。

二十五年，北戎攻伐齐国。郑国派太子忽来援救齐国，齐侯想把女儿嫁给他。忽说："郑国弱小齐国强大，我配不上。"于是谢绝了。

三十二年，齐釐公的同母弟弟夷仲年死去。他的儿子名叫公孙无知，釐公宠爱他，给他的级别车服生活待遇同太子一样。

三十三年，釐公去世，太子诸儿继位，这就是襄公。

襄公元年，襄公当初还是太子时，就曾经与无知争斗，等到即位以后，降低了无知的俸禄车马服饰的等级，无知心生怨恨。

四年，鲁桓公和夫人来到齐国。齐襄公过去曾经与鲁国国君的夫人私通。鲁国国君的夫人是襄公的妹妹，在齐釐公时嫁给鲁桓公为妻，此次与鲁桓公来齐国又与襄公通奸。鲁桓公发现此事，怒责鲁夫人，夫人把鲁国君怒斥之事告诉了齐襄公。齐襄公宴请鲁桓公，把桓公灌醉，派齐国的大力士彭生把鲁桓公抱上鲁君的马车，彭生趁机拽住鲁桓公，用力一扯，桓公立即断气，被抬出车时已经死掉了。鲁国人为此谴责齐国，齐襄公杀死彭生以向鲁国谢罪。

八年，齐国征伐纪国，纪国被迫迁都。

十二年，当初，襄公派连称、管至父驻守葵丘时，约定二人当年瓜熟时节前往葵丘，第二年瓜熟时节就派人去替换他们。他们前去驻守一年，瓜熟时期已过然而襄公却仍不派人去替换他们。有人替他们请求襄公派人去替换他们，襄公不答应。所以二人生气，借助公孙无知策划叛乱。连称有个堂妹在襄公宫内，不被宠幸，他们就让她侦伺襄公，对她说"事成以后让你给无知当夫人"。冬十二月，襄公到姑棼游玩，接着又到沛丘狩猎。见一头猪，侍从说是"彭生"。襄公大怒，用箭射它，猪像人一样站立着叫唤。襄公害怕，从车上摔下摔伤了脚，鞋子也掉了。回去后把管鞋的人茀鞭打了三百下。茀出宫。无知、连称、管至父等人听说襄公受伤，就带领众人来攻袭襄公宫殿。正遇到管鞋的茀，茀说："暂且不要进去以免惊动宫中，惊动宫中后就不易再攻进去了。"无知不相信他的话，茀把身上的伤痕给他看，无知才相信他的话。他们等在宫外，让茀先进去探听。茀先进去后，马上把襄公藏在屋门后。过了好久，无知等害怕，就进宫去。茀反而和宫中的人以及襄公的宠信大臣一起攻击无知等人，未能得胜，全被杀死。无知进入宫中，找不到襄公。有人见屋门下露出人脚，开门一看，门后正是襄公，就杀死襄公，无知自立为齐国国君。

桓公元年春天，齐国国君无知到雍林游玩。雍林有人曾经怨恨无知，等到无知去游玩时，雍林人以偷袭的方式杀死无知，向齐国大夫宣告说："无知杀死襄公自立为君，我们已将他处死。请大夫们改立其他公子中该即位的为国君，我们唯命是听。"

当初，襄公将鲁桓公灌醉杀死，与他夫人通奸，还屡屡杀罚不当，沉迷女色，多次欺侮大臣，他的弟弟们害怕被牵连遇祸，因此他的次弟纠逃亡到鲁国。因为他的母亲是鲁国之女。管仲、召忽辅佐他。次弟小白逃亡到莒国，鲍叔辅佐他。小白母亲是卫国之女，很得齐釐公宠幸。小白从小与大夫高傒交好。等到雍林人杀死无知后，齐国正商议立君之事时，高氏、国氏抢先暗中从莒国召回小白。鲁国听说无知已死，也派兵护送公子纠返回齐国，并命令管仲另带领军队遏阻莒国的通道，管仲在半道射中小白的衣带钩。小白假装死了，管仲派人飞驰报告鲁国。鲁国护送公子纠的部队速度就更放慢了，六天才到齐国，而小白已先入齐国，高傒立其为国君，这就是桓公。

桓公被射中衣带钩之后，装死以误导管仲，然后藏在篷车中飞速行进，也因为有高氏、国氏两大家族作为内应，所以能够先入齐国即位，即位后立即派兵抵御鲁军。秋天，齐军与鲁军在乾时作战，鲁兵败逃，齐兵切断鲁军的退路。齐国写信给鲁国说："公子纠是我兄弟，不忍亲手杀他，请鲁国自行将他杀死。召忽、管仲则是我的仇敌，请把他们交给我，我要把他们剁成肉酱才开心。不然，齐国将要发兵围攻鲁国。"鲁人害怕，就在笙渎杀死了公子纠。召忽自杀而死，管仲请求将自己囚禁起来。桓公派兵攻打鲁国时，本想杀死管仲。鲍叔牙说："我有幸跟从您，您最终成为国君。您的尊贵地位，我已经不能再帮助您提高。您如果只想治理齐国，那么有高傒和我也就足够了。您如果想成就霸王之业，没有管夷吾则不行。管夷吾所居之国，其国必强，不能失去这个人才。"于是桓公听了他的话。就假装召回管仲以报仇雪恨为快，实际上是想任用他。管仲心里明白，所以要求返齐。鲍叔牙迎接管仲，到了齐国境内的堂阜就给管仲除去刑具，让他斋戒沐浴而后拜见桓公。桓公赏以厚礼聘任管仲为大夫，主持国家政务。

桓公得到管仲后，与鲍叔、隰朋、高傒共同修治齐国政事，推行基层五家连兵的制度，铸造货币以控制物价，拓展渔业盐业之利，用以赡养贫民，奖励贤能之士，齐国人人欢欣。

二年，齐国征讨并灭掉郯国，郯国国君逃亡到莒国。当初，齐桓公逃亡国外时，曾经过郯国，郯国对桓公无礼，所以讨伐它。

五年，齐桓公征伐鲁国，鲁军眼看就要失败。鲁庄公请求献出遂邑来换取和平，桓公答应了，与鲁国人在柯地会盟。鲁国正要盟誓之际，鲁国的曹沫在祭坛上用匕首劫持齐桓公，说："请归还鲁国被侵占的土地！"桓公答应。然后曹沫扔掉匕首，回到面向北方的臣子之位。桓公后悔，想不归还鲁国被占领土并且杀死曹沫。管仲说："在被劫持时答应了人家的要求，然后又背弃诺言杀死人家，是满足于一件小小的快意之事，却在诸侯中失去了信义，也就失去了天下人的支持，不能这样做。"桓公于是就把曹沫三次战败所丢失的全部领土归还给鲁国。诸侯听说此事，都认为齐国守信而愿意归附。七年，诸侯与齐桓公在甄地盟会，齐桓公从此成为天下诸侯的霸主。

十四年，陈厉公的儿子陈完，号敬仲，逃亡到齐国。齐桓公想任命他为卿，他辞让不肯接受；于是让他做工正之官，掌管车服。这就是田成子田常的祖先。

二十三年，山戎侵伐燕国，燕向齐国告急。齐桓公派兵援救燕国，于是讨伐山戎，到达孤竹国后才班师回国。燕庄公于是送桓公进入齐国境内。桓公说："除了天子，诸侯之间相送不能超出自己的国界，我不能对燕国无礼。"于是把燕国国君所到的齐国领土划给燕国，让燕君重修燕召公时期的国政，恢复向周王室纳贡的制度，就像周成王、康王时代一样。诸侯听说此事后，都听从齐国。

二十七年，鲁湣公的母亲叫哀姜，是齐桓公的妹妹。哀姜与鲁国公子庆父私通，庆父杀死湣公，哀姜想立庆父为国君，鲁国人改立釐公。桓公于是把哀姜召回齐国杀死。

二十八年，卫文公被狄人侵伐，向齐国告急。齐国率领诸侯在楚丘筑成城池，把卫君安置在那里。

二十九年，桓公与夫人蔡姬乘船游玩。蔡姬熟悉水性，摇晃船只颠簸桓公，桓公害怕，命她停止，她仍不停，下船之后，桓公恼怒，把蔡姬送回娘家，却不断绝婚姻关系。蔡侯也十分生气，就把女儿蔡姬另嫁给别人。桓公听说后更加生气，兴兵讨伐蔡国。

三十年春，齐桓公率领诸侯讨伐蔡国，蔡国溃败。于是又征伐楚国。楚成王发兵来问：“为什么进入我的国土？”管仲回答说：“昔日召康公号令我国先君太公说：‘各个诸侯，各地守官，你有权征伐，以辅佐周室。’赐给我国先君有权征伐的疆域为东到大海，西到黄河，南到穆陵，北到无棣。楚国应该进贡的包茅没有进献给周王室，天子祭祀的用具不全，因此前来督责。昭王南征不归死在南方，因此前来问罪。”楚王说：“贡品没有进献，确有此事，是我的罪过，今后不敢不奉上。至于昭王一去不归，请你们去向汉水问罪。”齐军进驻陉地。夏天，楚王命令屈完领兵抗齐，齐军退驻召陵。桓公向屈完炫耀兵多将广。屈完说：“您合乎道义才能胜利；如若不然，楚国就以方城山为城墙，以长江、汉江为护城河，您怎么能进军呢？”齐桓公于是就与屈完订立协约回国。途径陈国，陈国大夫袁涛涂欺骗桓公，让齐军走东线难行之路，被齐国发觉。秋天，齐国讨伐陈国。这一年，晋国国君杀死其太子申生。

三十五年夏，齐桓公与诸侯在葵丘会盟。周襄王派宰孔赏赐桓公祭祀周文王和周武王的福肉、用丹彩装饰过的弓箭、供天子乘用的车乘，而且下令桓公可以不用跪拜谢恩。桓公原本想答应的，管仲说“不可以这么做”。桓公于是下拜接受赏赐。秋天，桓公再次与诸侯在葵丘会盟，更加骄傲。周襄王派宰孔参加盟会。诸侯中有一部分人因见桓公如此表现而心生叛离之意。晋国国君病重，上路迟了，途遇宰孔。宰孔说：“齐桓公骄傲了，只管可以不去。”晋君听从宰孔的话未去参加盟会。此年，晋献公去世，里克杀死晋献公的儿子奚齐和卓子，秦穆公因为自己夫人是晋公子夷吾的姐姐，所以以武力护送夷吾返回晋国当国君。桓公于是趁晋国内乱之际讨伐晋国，到达高梁这个地方，派隰朋拥立夷吾为晋国君，然后撤军返齐。

此时周朝王室日渐衰微，天下只有齐、楚、秦、晋四国强盛。晋国刚刚参加盟会，晋献公便死去，国内大乱。秦穆公地处偏远，不参加中原诸侯国的会盟。楚成王刚刚灭掉周边的蛮夷小国，认为自己是夷狄之邦中的老大。只有齐国是中原诸侯而参加盟会，齐桓公又能充分展示出其盛大德行，所以各国诸侯无不宾服而来会盟。因此桓公宣称道："寡人向南征伐到达召陵，望到了熊耳山；向北征伐到达山戎、离枝、孤竹国；向西征伐到达大夏，远涉流沙；包缠马蹄并挂牢战车登上太行山的险道，直达卑耳山而返。众诸侯没有人敢违抗我。我共召集军事盟会三次，和平盟会六次，九次会合诸侯，匡正天下于周王室之下。昔日夏商周三代的开国天子，与我的这些作为有何区别吗？我想要在泰山筑坛祭天，在泰山下的小丘梁父山祭地。"管仲竭力进谏，桓公不听；于是管仲说封禅之礼要等远方各种奇珍异物一一具备才能举行，桓公这才作罢。

三十八年，周襄王的弟弟带勾结戎人、翟人合谋侵犯周，齐国派管仲到周京畿去为双方讲和。周天子想按照接待上卿的礼节接待管仲，管仲叩头拜谢说："我是陪臣，怎么敢受此礼遇！"谦让再三，才接受按照下卿拜见天子的礼节拜见了周天子。三十九年，周襄王的弟弟、王子带逃亡到齐国。齐国派仲孙请求周襄王，允许他替代谢罪。周襄王很生气，不答应。

四十一年，秦穆公俘虏了晋惠公，又释放他归国。此年，管仲、隰朋都已经去世。管仲病重之时，齐桓公问他："你死以后群臣中谁有能力做相国？"管仲说："对臣下最了解的人莫过于国君您本人啊。"桓公说："易牙这人怎么样？"管仲回答说："他杀死自己的儿子来迎合国君的心意，不符合人之常情，不能任用。"桓公问："开方这人怎么样？"管仲回答说："他抛弃了父母来迎合国君的心意，不符合人之常情，不可接近。"桓公问："竖刀这人怎么样？"管仲回答说："阉割自己来迎合国君的心意，不符合人之常情，不可亲信。"管仲死后，桓公不听管仲的话，最终还是亲近任用这三人，结果三人掌握了齐国的大权。

四十二年，戎人征伐周，周向齐国告急，齐国命令诸侯各自派兵保卫周王朝。此年，晋公子重耳逃到齐国，齐桓公把本族之女嫁给重耳为妻。

四十三年，当初，齐桓公娶有三位夫人：名叫王姬、徐姬、蔡姬，都没生儿子。桓公好色，有很多宠幸的妾，其中地位等同于夫人的就有六个：长卫姬，生下无诡；少卫姬，生下惠公元；郑姬，生下孝公昭；葛嬴，生下昭公潘；密姬，生下懿公商人；宋华子，生下公子雍。齐桓公和管仲曾把孝公昭托付给宋襄公，立为太子。易牙受到长卫姬的宠幸，又通过宦官竖刀送给桓公厚礼，所以也受到桓公宠幸，桓公答应易牙立无诡为太子。管仲死后，五位公子都要求立为太子。冬十月乙亥日，齐桓公去世。易牙进宫，与竖刀借助宫内宠臣杀死诸大夫，立公子无诡为齐国国君。太子昭逃亡到宋国。

桓公病时，五公子各自结党要求立为太子。等到桓公死后，他们就互相攻战，由此宫中无人敢入，也就没人敢为桓公入殓。桓公停尸在床上六十七天，以至于尸虫都爬出门外。十二月乙亥日，无诡即位，棺材才得以进入宫内。辛巳日夜里，才得以入殓，停柩于堂。

桓公有儿子十余人，前后计有五人曾登坐上君位：无诡即位后三个月就死去，没有谥号；其次是孝公；接着是昭公；再接下去是懿公；最后是惠公。孝公元年三月，宋襄公率领众诸侯的军队送齐国太子昭回齐国并讨伐齐。齐国人害怕，于是就杀死他们的国君无诡。齐国人正要立太子昭为齐国君时，其余四公子的党徒们又攻打太子，太子逃到宋国，宋国于是与齐国四公子的军队作战。五月，宋军打败四公子的军队立太子昭为齐国国君，这就是齐孝公。宋国因为曾受桓公与管仲的嘱托而照顾太子，所以前来征伐。因为战乱，直到八月才顾上埋葬齐桓公。

六年春，齐国攻打宋国，因为宋国不参加在齐国举行的盟会。夏，宋襄公去世。七年，晋文公即位。

十年，孝公去世，孝公的弟弟潘因卫国公子开方杀死孝公的儿子，因而齐国就立潘为齐国国君，这就是昭公。昭公是桓公的儿子，他的母亲名叫葛嬴。

昭公元年，晋文公在城濮大败楚军，于是召集诸侯在践土这个地方会盟，并朝见周天子，周天子让晋国做各诸侯国的霸主。六年，狄人侵犯齐国。晋文公去世。秦兵在崤战败。十二年，秦穆公死去。

十九年五月，昭公去世，他的儿子舍被立为齐国国君。舍的母亲不被昭公所宠爱，齐国人都不怕他。昭公的弟弟商人因为桓公死去未能在君位之争中取胜，就暗中结交贤士，体恤安抚百姓，百姓拥戴他。等到昭公去世，他的儿子舍继承君位，舍孤立而软弱，商人就与众人合谋于十月在昭公坟前杀死齐国新君舍，商人自立为君，这就是懿公。懿公，是桓公的儿子，他的母亲名叫密姬。

懿公四年春，当懿公还是公子的时候，曾与丙戎的父亲一同打猎，互相争夺猎物，懿公未争赢丙戎的父亲，懿公即位以后，便砍断丙戎父亲的脚，并让丙戎为自己当仆从。庸职的妻子很漂亮，懿公将她抢入宫中，却让庸职陪乘。五月，懿公在申池游玩，丙戎和庸职一起洗澡，互相嬉戏。庸职说丙戎是"被砍了脚的人的儿子"，丙戎说庸职是"被人夺了妻子的丈夫"。两人都为他们所说的这些话感到耻辱，共同怨恨懿公。两个人谋划与懿公一起到竹林中游玩，二人在车上把懿公杀死，抛尸竹林后就逃跑了。

懿公在位时为人骄横，人民不归附他。他死后齐国人废黜懿公的儿子而到卫国把公子元迎接回了齐国，立为国君，这就是惠公。惠公，是桓公的儿子。他的母亲是卫国之女，名叫少卫姬，为躲避齐国内乱，所以一直待在卫国。

惠公二年，长翟来到齐国，王子城父攻击并杀死了长翟，把他埋在北门。晋国大夫赵穿杀死他的国君晋灵公。

十年，惠公去世，他的儿子顷公无野继位。当初，崔杼曾得到惠公的宠幸，等到惠公死后，高氏、国氏怕受他的胁迫，于是就把崔杼驱逐出国境，崔杼逃往卫国。

顷公元年，楚庄王强大起来，征伐陈国；二年，楚国围攻郑国，郑伯投降，后楚国又让郑伯复国。

六年春，晋国派郤克出使齐国，齐顷公让他的母亲齐国夫人坐在帷幕中观看。郤克上阶，齐国夫人就笑话他。郤克说："此辱不报，誓不再渡黄河！"回国后，请求晋君让他征伐齐国，晋君不答应。齐国使者到了晋国，郤克在河内捉住齐国使者四人，全部杀死。八年，晋国征伐齐国，齐国让公子强到晋国做人质，晋军才离去。十年春，齐国征伐鲁国、卫国。鲁、卫二国大夫到晋国请求发兵援救，这些都是通过郤克进行的。晋国派郤克率领战车八百乘，作为中军之将，士燮率领上军，栾书率领下军，来救鲁、卫，讨伐齐国。六月壬申日，晋军与齐军在靡笄山下交战。癸酉日，在鞍地摆开阵势。逢丑父是齐顷公的车右武士。顷公说："冲上去，击破晋军后会餐。"齐国射伤郤克，血流到脚。郤克想退回营垒，他战车的驭手说："我从进入战斗后，已两次负伤，我不敢说疼痛，害怕士卒恐惧，希望您也忍痛继续战斗。"郤克于是又投入战斗。战斗进行中，齐军危急，逢丑父害怕齐顷公被活捉，就与顷公互相交换了位置，顷公成为车右武士，战车绊在树上受阻。晋国小将韩厥拜伏在齐顷公战车之前，说："我们晋国国君派我来救援鲁、卫。"以此嘲笑齐顷公。逢丑父装扮成顷公，让装成车右的顷公下车取水来喝，顷公借此得以逃脱，跑回齐军阵中。晋国的郤克要杀逢丑父，逢丑父说："我替国君死而被杀，以后为人臣子的就不会有忠于君主的人了。"郤克就放了他，逢丑父于是才得以逃回齐国。晋军追赶齐军直到马陵这个地方。齐顷公请求用宝器谢罪，郤克不答应，一定要得到耻笑郤克的萧桐叔子，还命令齐国把田垅一律改成东西方向。齐国人回答说："萧桐叔子，就是齐顷公的母亲。齐君的母亲就如同晋君的母亲一样地位，您怎么处置她？而且您是以正义之师伐齐，但战胜后却暴虐无礼，这怎么可以呢？"于是郤克答应了他们，只让齐国归还侵占的鲁、卫二国的领土。

十一年，晋国开始设置六卿，用以封赏鞌之战中的有功人员。齐顷公朝见晋君，想尊晋景公为王，晋景公不敢承受，齐君于是回国。回国后顷公开放自己游猎的园林，减轻赋税，赈济孤寡吊问残疾，拿出国家积蓄来解救人民，人民也十分高兴。齐顷公还给诸侯们馈赠厚礼。直到顷公去世，百姓归附，诸侯没有敢侵犯齐国的。

十七年，顷公去世，他的儿子灵公环继位。

灵公九年，晋大夫栾书杀掉他的国君晋厉公。十年，晋悼公征伐齐国，齐让公子光到晋国做人质。十九年，齐国立公子光为太子，让高厚辅佐他，并派他到钟离参加诸侯盟会。二十七年，晋国派中行献子征伐齐国。齐军战败，灵公逃入临淄城。晏婴劝阻灵公，灵公不听。

晏子说："我们国君太没有勇气了。"晋兵合围临淄，齐人守在内城中不敢出击，晋军把临淄外城烧光后离去。

二十八年，当初，灵公娶了鲁国之女，生下儿子光，立为太子。后又娶了仲姬、戎姬。戎姬受宠，仲姬生儿子名叫牙，仲姬把他托付给戎姬抚养。戎姬请求立牙为太子，灵公答应了。仲姬说："不行。光立为太子，已经名列入诸侯，现在无故地废黜他，您将来一定会后悔的。"灵公说："废立全在于我。"于是把太子光迁往东部，让高厚辅佐牙为太子。灵公患病，崔杼迎回原来的太子光立为国君，这就是庄公。庄公杀死戎姬。五月壬辰日，灵公死，庄公即位，在句窦之丘捉住太子牙，并将其杀死。八月，崔杼杀死高厚。晋国闻知齐国内乱，趁机攻伐齐国，到达高唐。

庄公三年，晋国大夫栾盈逃亡到齐国，庄公待之以贵宾之礼。晏婴、田文子谏阻，庄公不听。四年，齐庄公派栾盈秘密进入曲沃做齐国内应，齐国大兵紧随其后，登上太行山，进入孟门山。栾盈败露，齐军还师，攻取了朝歌城。

六年，当初，棠公的妻子非常美丽，棠公死后，崔杼娶了她。庄公与她通奸，多次到崔杼家去，还把崔杼的帽子赏赐给别人。庄公的侍从说："您不能这样做。"崔杼得知后非常愤怒，趁着庄公讨伐晋国的时机，想与晋国合谋袭击庄公但没有得到机会。庄公曾经用鞭子抽打宦官贾举，贾举重新被任命为内侍，替崔杼寻找庄公的漏隙来报复昔日仇怨。五月，莒国国君朝见齐国国君，齐庄公准备在甲戌日宴请莒君。崔杼谎称有病不主持事务。乙亥日，庄公来探望崔杼的病情，接着就追逐着崔杼的妻子。崔杼的妻子进入房间，与崔杼一同把房门关上不出来，庄公在前堂抱着柱子唱歌。这时宦官贾举把庄公的那些侍从拦在外面自己进入院子，从里面关上院门。崔杼的党徒们手执兵器一拥而上。庄公登上高高的庭台请求和解，众人不答应；庄公又请求订立盟誓，众人也不答应；庄公最后请求让他到自己的祖庙里去自杀，众人仍不允许。大家说："国君您的大臣崔杼病情严重，不能听您的吩咐。这里离宫廷很近。我们只管捉拿淫乱之徒，没接到其他命令。"庄公跳墙想逃走，被人射中大腿，反身坠入墙内，于是被杀死。晏婴站在崔杼的院门外，说："国君如果为社稷而死那么身为臣子的我应为他殉葬；国君如果为社稷而流亡则身为臣子的我应追随他流亡；国君如果是为自己私利而死或逃亡，除了受他所宠幸私爱的臣子外，谁会为他殉葬或逃亡。"晏子打开大门进入院内，枕着庄公的尸体抚尸痛哭，向上跳三次以示哀痛然后走出院子。有人对崔杼说："一定要杀死晏婴！"崔杼说："他深孚众望，放过他，我们将得到民心。"

丁丑日，崔杼拥立庄公的异母弟弟杵臼为国君，这就是景公。景公的母亲，是鲁国大夫叔孙宣伯的女儿。景公即位后，让崔杼当右丞相，庆封当左丞相。二位相国害怕国内要出乱子，就与国人盟誓说："不跟从崔杼和庆封的人就得死！"晏子仰天长叹说："我做不到，我只跟从忠君利国的人！"不肯参加盟誓。庆封想杀晏子，崔杼说："他是个忠臣，放过他吧。"齐太史记载说"崔杼杀庄公"，于是崔杼把太史杀死。太史的弟弟再次将此事记载入简策，崔杼又杀了他。太史的小弟弟接着又把此事记载入简策，崔杼于是放过了他。

景公元年，当初，崔杼生有儿子成和强，他们的母亲死去，崔杼又娶了东郭氏之女，生下明。东郭氏女让他与前夫所生的儿子无咎和娘家弟弟东郭偃为崔杼管理家族事务。成犯了罪过，无咎和东郭偃立即严加惩治，把明立为太子。成请求允许他告老还乡去崔邑，崔杼答应，二位家相不答应，说："崔邑是崔氏宗庙所在地，成不能去。"成和强很愤怒，告知庆封。庆封与崔杼有矛盾，希望崔氏败落。成和强在崔杼家中杀死无咎、东郭偃后，一家人全部出逃。崔杼大怒，但家中一个人也没有了，只好让一个宦官为他驾车，去谒见庆封。庆封说："让我为您杀掉成和强。"于是派崔杼的仇人卢蒲嫳攻打崔氏，杀死了成和强，将崔氏全族消灭干净，崔杼之妻自杀。崔杼无家可归，也自杀了。庆封于是当上相国，大权在握。

三年十月，庆封外出打猎。当初，庆封杀死崔杼以后，越发骄横，酗酒游猎，不理朝政。他的儿子庆舍行使政令，后来国内出现了矛盾。田文子对田桓子说："动乱将要发生。"田、鲍、高、栾四个家族联合谋划消灭庆氏。庆舍派出甲兵围护庆封的宫室，四个家族的徒众们共同攻破了庆氏的家门。庆封回来，不能进家，于是逃亡到鲁国。齐人谴责鲁国，庆封于是逃到吴国。吴国把朱方这个地方赏给庆封，庆封与族人从此就居住在朱方，比在齐国时还富有。这年秋天，齐人移葬庄公，而把崔杼的尸体放在闹市上示众以宣泄民愤。

九年，景公派晏婴出使晋国，晏婴私下对叔向说：“齐国政权最终将归田氏所有。田氏虽没有什么大的功德，但能借公事施私恩，有恩德于老百姓，老百姓拥戴他。”十二年，景公到晋国，会见晋平公，想和晋国一起共同讨伐燕国。十八年，景公又到晋国，会见晋昭公。二十六年，景公在鲁国郊外打猎，于是进入鲁国国都，同晏婴一起询问鲁国的礼法。三十一年，鲁昭公为了躲避因季氏的叛乱带来的劫难，逃亡到齐国。景公想封给昭公千社之民使他享其租赋，子家劝阻昭公不要接受，昭公于是要求齐国征伐鲁国，攻取郓邑，让昭公居住在那里。

三十二年，彗星出现。景公坐在柏寝台上叹息说：“这富丽堂皇的亭台啊，最终归于谁手呢？”群臣都黯然泪下。晏子反而笑起来，景公很生气。晏子说：“臣是笑群臣过于谄谀了。”景公说：“彗星出现在东北天空，它出现的位置对应的地面区域是我们齐国，寡人为此而担忧。”晏子说：“您筑高台凿深池，敛取赋税唯恐收得不多，滥施刑罚唯恐不严苛，最凶的茀星将会出现，您还怕什么彗星呢？”景公说：“可以用祭祷来消除灾祸吗？”晏子说：“如果祝祷可以使神明降临，那么祈禳也可以使它离去。但百姓中愁苦怨恨的人数以万计，而您让一个人去祈禳，怎么能胜过众口的怨声呢？”当时景公喜欢大兴土木营造宫殿堂室，大肆养狗养马，奢侈无度，税重刑酷，所以晏子借机谏止齐景公。

四十二年，吴王阖闾攻伐楚国，攻入楚国的郢都。

四十七年，鲁国大夫阳虎攻打鲁国国君，失败后，逃到齐国，请求齐国攻鲁。鲍子谏止景公，景公于是把阳虎囚禁起来。阳虎逃脱，逃到晋国。

四十八年，景公与鲁定公在夹谷盟会修好。犁钼说：“孔丘精通礼仪然而怯懦不刚，请允许让莱人表演歌舞，趁机捉住鲁君，让鲁满足我们的要求。”景公担心孔子做鲁国的相国，害怕鲁国称霸，所以听从了犁钼的计谋。盟会时，齐国献上莱人的乐舞，孔子登阶上台，命有关人员捉住莱人斩首，用礼法谴责景公。景公惭愧，就归还了所侵占的鲁国领土以谢罪，然后离去。此年，晏婴去世。

五十五年，晋国大夫范氏、中行氏反叛他们的国君，晋国国君加紧进攻范、中行二氏，二氏来到齐国借粮食。田乞想在齐国作乱，想和晋国的叛臣结党，劝景公说："范氏、中行氏多次对齐国有恩，不能不救。"齐国于是派田乞去救援他们并供给他们粮食。

五十八年夏，景公夫人燕姬的嫡子死去。景公的宠妾芮姬生有儿子名荼，荼年纪幼小，他母亲芮姬出身寒微地位卑贱，荼又品行不端，众大夫担心荼会被立为太子，就都说希望在众公子中挑选年长且贤德者做太子。景公因年老，非常忌讳提立储的事情，又因为宠爱荼的母亲，想立荼为太子，因为有所顾忌就没有亲口说出来，于是就对各位大夫说："大家及时行乐吧，国家还怕没有君主吗？"秋天，景公病重，命令国惠子、高昭子立幼子荼为太子，并驱逐其他公子，让他们迁居到莱地。景公去世后，太子荼为国君，这就是晏孺子。已经到冬天了，齐景公还未下葬，众公子害怕被杀，都逃亡到国外。荼的异母兄寿、驹、黔逃到卫国，公子驵、阳生逃到鲁国。莱人为此唱道："景公死去了啊，五公子不能参与他的下葬，不能参与谋划国家的军事。众公子啊众公子，你们最终将去往何方？"

晏孺子元年春，田乞假装效忠于高氏、国氏，每次二氏上朝，田乞总是站在车右做他们的保镖，进言说："二位得到君王信任，众位大夫都人人自危，想图谋叛乱。"又对众位大夫说："高昭子太可怕了，趁他还没开始行动迫害我们，我们先动手除掉他。"大夫们都听从了他的言论。六月，田乞、鲍牧与众大夫带兵进入齐君晏孺子的宫中。昭子听到消息，与国惠子一起去救国君。国君兵败，田乞的部下去追击，国惠子逃到莒国，高昭子、晏圉逃到鲁国。八月，齐大夫秉意兹逃往鲁国。田乞击败高、国二位相国后，就派人到鲁国迎回公子阳生。阳生回到齐国后，暗藏在田乞家中。十月戊子日，田乞邀请各位大夫说："常的母亲在家中备好菲薄的菜肴，敬请光临饮酒。"会餐饮酒时，田乞事先把阳生装在大口袋里，放在座席中央，然后打开口袋放出阳生，说："这就是齐国国君！"众大夫就地拜见。田乞接着要与众大夫盟誓立阳生为君，此时鲍牧已醉，田乞就欺骗大家说："我和鲍牧谋划一致立阳生为君。"鲍牧生气地说："您忘记了景公立荼为君的遗命了吗？"众大夫面面相觑想反悔，阳生上前，叩拜说："对我而言，能被拥立为国君则立，不能就算了。"鲍牧也怕惹起祸乱，于是又说："都是景公的儿子，有什么不可的呢。"就与大家一起盟誓，立阳生为齐国国君，这就是悼公。悼公进入宫中，派人将晏孺子流放到骀，在途中设帐幕将晏孺子杀死在里面，驱逐了晏孺子的母亲芮子。芮子本来就出身微贱而孺子又年幼，所以无权势，国人轻视他们。

悼公元年，齐国征伐鲁国，攻取讙、阐二地。当初，阳生流亡到鲁国，季康子把妹妹嫁给他。等到阳生归国即位后，便派人迎接妻子回国。他的妻子季姬与季鲂侯私通，季姬向家人说出实情，鲁国人不敢把季姬送给齐国，所以齐国征伐鲁国，最终把季姬接到齐国。季姬很受悼公宠爱，齐国就又把所侵占的鲁国土地归还给鲁国。

鲍子与悼公有隔阂，二人关系不好。四年，吴国、鲁国征伐齐国南方。鲍子杀死悼公，向吴国报丧。吴王夫差按礼制在军门外哭吊了三日后，准备从海路进军讨伐齐国。齐军战胜吴军，吴军撤退。晋国赵鞅攻伐齐国，到达赖地后撤军。齐人一致拥立悼公的儿子壬为齐国国君，这就是简公。

简公四年春，当初，齐简公和他的父亲齐悼公同在鲁国时，宠幸大夫监止。简公即位后，让监止执政。田成子怕他加害于己，在朝堂之上频频地回头看他。简公的驭手田鞅向简公进言说："田成子和监止不能并存，您一定要选择其中的一个。"简公不听。监止晚间上朝，正巧遇上田逆杀人，就把田逆抓入狱中。田氏宗族此时正非常团结，就让田逆装病，借机由家人探监送酒给看守，看守醉后被杀掉，田逆逃脱。监止与田氏在田氏宗祠盟誓将此事和解。当初，田豹想做监止的家臣，就让大夫公孙向监止荐举，碰巧田豹服丧，此事于是作罢。最终田豹还是做了监止的家臣，而且受到监止的宠信。监止对田豹说："我把田氏家族全部驱逐，让你当田氏的族长，可以吗？"田豹回答说："我只不过是田氏家族中的疏远旁支，况且田氏家族中不服从您的不过几个人，何必全部都驱逐呢！"接着田豹把此事告知田氏。田逆说："他正得君主宠幸，你田常如果不抢先下手，一定会遭到他迫害。”田常就住在国君宫中以便接应。

夏五月壬申日，田常兄弟乘四辆车去见简公。监止正在简公的帏帐之中，出来迎接他们，他们一进去就把宫门关闭。宦官们抵抗田氏，田逆杀死宦官。简公正与妻妾在檀台上饮酒，田常把他带至寝宫。简公拿起戈正要反击，太史子余说：“田常不是要谋害您，而是要为您除害。”田常出宫住进了兵器库，听说简公还在发怒，就想逃到国外，并说：“哪儿没有可以效力的国君！”田逆拔剑说：“犹豫迟疑，是坏事的祸根。姓田的人谁不能做田氏的宗主？你如果还不动手，我就杀死你，祖宗为我作证。”田常这才留下。监止跑回家，调集军队进攻宫中大小各门，都未成功，于是就出逃而走。田氏之众追赶他。丰丘有人抓住了监止并报告田氏，田氏在郭门把监止杀死。田常要杀大陆子方，田逆为他求情才得到赦免。子方以简公的名义在路上拦截车辆，驰出雍门。田豹曾给他车，他不肯接受，说：“田逆为我说情，田豹给我车辆，人家会以为我与田氏有私交。作为监止的家臣而私交主人的仇家，我有何面目逃亡去见鲁国、卫国的士人呢？”

庚辰日，田常在徐州逮捕简公。简公说：“我要是早听田鞅的话，就不会落到今天的地步。”甲午日，田常在徐州杀死简公。田常拥立简公的弟弟骜为齐君，这就是平公。平公即位后，田常为相国，专擅齐国大权，划割齐国安平以东的大片国土为田氏封邑。

平公八年，越国灭掉吴国。二十五年平公去世，他的儿子宣公积继承君位。

宣公五十一年去世，他的儿子康公贷继位。田会在廪丘一带谋反。

康公二年，韩、魏、赵开始跻身于诸侯之列。十九年，田常的曾孙田和开始成为诸侯，把康公流放到海滨。

二十六年，康公去世，齐国吕氏的祭祀于是断绝。田氏终于取代吕氏成为齐国的国君，拥立齐威王，齐国成为天下强国。

太史公说：我到齐国去，那齐国西起泰山一直到濒临东海的琅邪，北至北海，其间沃土两千里，那儿的百姓心胸阔达而又深沉多智，这是他们的天性。由于太公的圣明，树好了立国根基，由于桓公的盛德，施行善政，并以此召集诸侯会盟，成为春秋时的霸主，不是顺理成章的事情吗？它广袤博大，正是大国应有的风貌啊！

（马淑贞 译）

《史记》卷三十三　鲁周公世家第三

周公旦，是周武王的弟弟。自周文王在世的时候，作为儿子的旦就非常孝顺，忠厚仁爱，与文王其他的儿子们很不相同。等到周武王继位后，旦就一直辅佐武王，处理很多政务。武王九年，周武王向东征伐到盟津，周公随军辅助。十一年，武王讨伐商纣，大军到达牧野，周公佐助武王，发布了动员战斗的《牧誓》。武王军队攻破殷商的国都，进入商纣王的王宫。武王杀掉纣王后，周公手持大斧，召公手持小斧，一左一右站在武王身边，祭祀殷朝的社团，向上天和殷商子民昭布纣王的罪行。武王把箕子从囚禁中释放出来。封赏了纣王的儿子武庚禄父，派管叔、蔡叔辅助他，以承续殷氏的祭祀。武王大规模地封赏有功之臣、同姓及亲戚。封周公于黄帝之子少昊氏的旧址曲阜，这就是鲁公。但周公未到自己的封国去，而是留在朝廷辅佐武王。

武王战胜殷纣的第二年，天下尚未一统于周，武王身患重病，不见痊愈，群臣恐惧，姜太公和武王的弟弟召公想到周朝的宗庙去通过虔敬的占卜来判断吉凶。周公说："不能让我们的先王们忧虑悲伤。"周公于是以自身为人质来占卜，设立三个祭坛，周公向北站立，佩戴着美玉手持着玉圭，向太王、王季、文王之灵位祈祷。命史官读简册说："先王在上，你们的长孙武王姬发，因勤勉辛劳而为疾病所困。如果你们三位先王欠上天一个儿子来承担助祭天神的责任，那么就用我来代替武王发吧。我机敏能干，多才多艺，能事奉鬼神。周王发不如我多才多艺，不会事奉鬼神。吾王姬发他受命于天庭，要佑护四方天下，他的才华能使你们三位先王的子孙在人世间安定地生活，四方百姓无不敬畏他。唯有他能使天赐的宝运长驻不失，我们的先王也能永远享到奉祀。今天我就受先王之命，用大龟来卜知吉凶，你们若能答应我的要求，我将圭璧献上，等待你们的吩咐。你们若不答应，我就把圭璧收藏起来。"周公命史官作册文向太王、王季、文王祝告要用自己的身体代替武王发之后，就到三王祭坛前占卜。协助卜师行事的官员都说吉利。周公十分高兴，又开锁察看藏于柜中的占兆书，也是吉象。周公于是进宫祝贺武王说："您一定没有灾难。我刚接受三位先王之命，让您只需考虑周室天下的长远大计。上天的意思已经关照了你。"周公把册文收进金丝缠束的柜中密封，告诫守柜者不许泄露。第二天，武王霍然痊愈。

后来武王去世，成王幼小，尚在襁褓之中。周公怕天下有人听说武王去世而背叛朝廷，就登天子位替成王代为处理国家政务，主持国家大权。管叔和他的弟弟们就在国都散布流言说："周公将会对成王不利。"周公于是告诉太公望、召公奭说："我之所以不避嫌疑代理国政，是怕天下人背叛周王室，没法向我们的先王太王、王季、文王交代。三位先王在世的时候曾为天下忧劳已久，现在才刚完成一统天下的王业。武王早早离世，成王又年幼无知，只是为了完成稳定周朝大业，我才这样做。"于是继续留下来辅佐成王，而派他的儿子伯禽代替自己到鲁地受封。周公告诫伯禽说："我是文王的儿子，武王的弟弟，成王的叔父，我在全天下人中地位不算低了。然而我洗一次头都要多次握起尚未梳理的头发，吃一顿饭都要多次吐出正在咀嚼的食物，起身接待贤士，这样还怕失掉天下贤人。你到鲁国之后，千万不要因为是国君而骄慢待人。"

管叔、蔡叔、武庚等人果然率领淮水一带的少数民族造反。周公于是奉成王的命令，起兵东征，发布了《大诰》。于是杀掉了管叔，处死了武庚，流放了蔡叔。收伏殷商的遗民，封康叔于卫，封微子于宋，让他们奉行殷国的祭祀。周公用两年的时间全部平定了淮水一带的少数民族及东部其他地区。诸侯们都承认周王朝为天下之宗主。

天降福瑞，唐叔得到二茎共生一穗的粟禾，把它献给成王，成王命唐叔到东部周公军队驻地赠给周公，并写了《馈禾》。周公接受馈赠后，感激天子之命，写下了《嘉禾》一文。东部平定后，周公回来向成王复命，作诗赠给成王，诗名为《鸱鸮》，成王心中不悦也未敢责备周公。

成王七年二月乙未日，成王为迁都之事，从镐京步行至丰京朝拜文王庙，命令太保召公先到洛邑勘察地形。三月，周公去洛邑修建成周城，并进行占卜，得象大吉，于是就以洛邑为国都。

成王长大后，能够处理国事了。于是周公就把国家的行政大权归还给成王，成王临朝听政。过去周公代替成王治理国家时，面向南方，背对扆壁，接受诸侯朝拜。七年之后，还政于成王，周公面向北站在臣子的位置上，又是一副谨慎恭敬如履薄冰的样子。

当初，周成王年幼时，有一次生病，周公就剪下自己的指甲沉入河中，向神祝告说："成王年幼无知，冒犯神命的是我。"祝告完后同样把祝告册文藏于秘府，成王的病果然好了。等到成王临朝听政后，有人以此诬陷周公，周公逃亡到楚国。成王打开秘府，发现周公当年的祈祷册文，于是泣不成声，立即迎回周公。周公归国后，怕成王年轻，为政荒淫放荡，就写了《多士》《毋逸》。《毋逸》里说："做父母的通过长时期的不懈耕耘才创下基业，他们的子孙骄纵奢侈忘记了祖先的创业之艰难，从而最后败毁掉家业，做儿子的怎能不谨慎行事呢！因此昔日殷王中宗，严肃恭敬不敢违逆天命，治理百姓时严于律己，兢兢业业不敢贪图逸乐而荒废国事，所以中宗保有君位长达七十五年之久。殷商的高宗，长期在民间劳碌，与普通百姓共同生活，他即位后即处于为父守孝期，曾三年不说话，而一旦发话就得到臣民拥戴，不敢荒淫逸乐，使殷朝国家安定，小民大臣均无怨言，所以高宗保有君位五十五年。殷商王祖甲，觉得自己当君主不符合道义，因此长时间逃于民间甘做普通百姓，深知黎民百姓的需要，他安定国家、施惠于民，不虐待鳏寡孤独之人，所以祖甲保有君位三十三年。"《多士》说："自成汤至帝乙，殷商时代的诸王没有不奉礼祭祀、彰显德行的，他们死后都能与上天一起享受祭祀。后来到殷纣时，贪图荒淫逸乐，不理天意民心，他的百姓都认为他该杀。""周文王每天日头偏西还顾不上吃饭，保有君位五十年。"周公写了这些用来告诫成王。

成王住在丰京，当时天下已经安定，但周朝的官职制度尚未安排得当，于是周公写下了《周官》，划定百官的职责范围。写下了《立政》，以有益百官，百官欢悦。

周公在丰京染上重病，临终时说："一定要把我埋葬在成周这个地方，来表示我不敢离开成王。"周公死后，成王也谦让，最后把周公葬于毕邑，伴随着文王，来表示成王不敢把周公当作臣子。

周公去世后，那年秋天，庄稼尚未收割，一场暴风伴随着雷霆，庄稼全部倒伏，大树被连根拔起。国都的人十分害怕。成王和众大夫穿好朝服打开金縢之书，看到了周公愿以自身代武王去死的册文。太公、召公和成王于是问史官和有关人员，他们说："确有此事，但过去周公命令我们不许说出去。"成王手执册文而痛哭流涕，说："今后恐怕再也看不到像周公这样虔敬的占卜了！过去周公为王室辛劳，我年幼不理解。如今上天发威来彰明周公之德，我应亲自去迎周公的灵柩，这也合于我们国家之礼。"成王出郊外行祭祀之礼，天于是下起雨来，风向反转，倒伏的庄稼全部立起。太公、召公命令国人，所有倒下的大树都应将它们扶起来再培实土基。当年大丰收。于是成王下令，允许鲁国举行郊祀之礼祭祀文王。鲁国之所以能享有周天子一样的礼乐，是周天子褒奖周公的德行的结果。

周公死时，他的儿子伯禽原本就在此前接受了封国，这就是鲁公。鲁公伯禽当初受封到鲁国，三年以后才向周公汇报施政情况。周公说："为什么这么晚才来报？"伯禽说："移变风俗，更改礼仪，要等服丧满三年除服之后才能看到效果，因此迟了。"姜太公也受封于齐国，五个月后就向周公汇报施政情况。周公说："为何如此迅速？"太公说："我简化齐国君臣之间的礼节，一切按照原来风俗去做。"等后来太公听说伯禽汇报政情很迟，就叹息说："唉！鲁国后代将要为齐国之臣了，为政不简约易行，百姓就不会亲近他；政令平易近民，百姓必然归附。"

伯禽即位后，管叔、蔡叔造反，淮夷、徐戎也一起兴兵造反。于是，伯禽率领军队在肸邑讨伐他们，作有《肸誓》，《肸誓》里说："准备你们的铠甲和头盔，务必精良。不许伤害牛马。遇有马牛走失，奴隶逃跑的情形，军士不得擅离职守去追捕，如有他人的马牛或奴隶跑到自己那里，务必归还给他人。不许抢掠侵扰百姓，不许入户盗窃。鲁国西、南、北三方近郊远郊之人，要备办粮草和筑工事的用具，不许缺少。甲戌日我军将修筑工事征伐徐戎，不许届时不至，否则处以极刑。"发布《肸誓》后，就讨伐平定徐戎，使鲁国得到稳定。

鲁公伯禽死后，儿子考公酋继位。考公四年去世，他的弟弟熙被立为国君，这就是炀公。炀公修建了茅阙门。六年炀公去世，他的儿子幽公宰继位。幽公十四年，他的弟弟沸杀死幽公自立为国君，这就是魏公。魏公五十年去世，他的儿子厉公擢继位。厉公三十七年去世，鲁国人拥立他的弟弟具为鲁国国君，这就是献公。献公三十二年去世，他的儿子真公濞继位。

真公十四年，周厉王为政不尊王道，出逃到彘邑，周公、召公共同执政。二十九年，周宣王即位。

三十年，真公去世，他的弟弟敖继位，这就是武公。

武公九年春，武公和长子括、小儿子戏，向西去朝拜周宣王。宣王喜欢戏，想立戏为鲁国太子。周朝大夫樊仲山甫劝谏宣王说："废弃长子而立少子，不符合于礼制；不符合礼制，必然违背嫡长子继位的制度；违背这一制度必被诛杀：所以发令不可违背礼制。命令难以实行，政令就没有权威；君令不合制度，百姓将不服从主上。而下级侍奉上级，年轻者侍奉年长者，这才符合礼制。现在天子您立诸侯之继承人，立他的小儿子，是教百姓违犯礼制。如果鲁国遵从您的命令，那么诸侯也仿效而行，先王之命必然受阻难以推行；如果鲁国不遵从您废长立幼的命令，您必要诛伐鲁国，您就等于自己诛伐先王之命。那时您诛伐鲁国是错误，不诛伐鲁国也是错误，请您慎重考虑。"宣王不听，最终还是立戏为鲁国太子。夏天，武公回鲁国后去世，戏继位，这就是懿公。

懿公九年，懿公哥哥括的儿子伯御和鲁国人攻杀懿公，拥立伯御为鲁国国君。伯御在位十一年，周宣王伐鲁，杀死鲁国国君伯御，而询问群臣鲁国公子中谁具备做诸侯的条件，并能做鲁国嗣君。樊穆仲说："鲁懿公的弟弟称，庄重恭谨敬畏神灵，敬事长者；处理事务执行法规时，一切都按过去的方针办，不违背先王遗训，凡是询问到的旧规范先例一概照办，绝不与之相抵触。"宣王说："好，这样就能训导治理民众了。"于是周宣王在夷宫立称为鲁国国君，这就是孝公。从这以后，诸侯违抗王命的事情就时有发生。

孝公二十五年，诸侯背叛周室，犬戎人杀死周幽王。秦国开始位列诸侯。

二十七年，孝公去世，他的儿子弗湟继位，这就是惠公。

惠公三十年，晋国人杀死他们的国君昭侯。四十五年，晋国人又杀死他们的国君孝侯。

四十六年，惠公去世，惠公庶出的长子息代理了国政，执掌鲁国君权，这就是隐公。当初，惠公的嫡妻没有儿子，惠公的一名出身卑微名叫声子的妾为惠公生下儿子息。息长大后，惠公为他娶了宋国的女子为妻。宋女来到鲁国，惠公看她长得美丽就抢过来作为自己的妻子。宋女生下儿子允。惠公就将宋女抬升为正妻，立允为太子。等到惠公去世时，因为允年纪太小，鲁国人一致要求息代理国政，而不叫继位。

隐公五年，鲁隐公在棠地观看捕鱼。八年，隐公将天子所赐的封邑即泰山的祊和许田二地与郑国交换，有德之士对此进行嘲讽。

十一年冬，公子挥向隐公献媚说："百姓认为您当国君有利于民，您就不要代理而正式当国君吧。请您让我为您杀掉子允，您让我当相国。"隐公说："先君有命在前。我是因为允年纪幼小，所以代理国政。现在允已经长大，我正在菟裘这个地方营造宫室准备在那儿养老，以便把国政交还给子允。"公子挥害怕自己的这番话传到子允的耳朵里而来诛杀他，于是反过来向子允诬陷鲁隐公说："隐公想正式做国君，除掉你，你要考虑和谋划此事。请允许我为你杀死隐公。"子允答应了。十一月，隐公将要祭祀钟巫之神，于社圃斋戒而住在芀氏家中。公子挥派人在芀氏家中杀死隐公，立子允为鲁君，这就是桓公。

桓公元年，郑国用玉璧换取天子赐给鲁国的封邑许田。二年，鲁国国君下令把宋国贿赂送的鼎放入太庙，有德之士都嘲讽此事。

三年，桓公派公子挥到齐国迎娶齐女作为夫人。六年，夫人生下一子，生日与桓公相同，所以取名为"同"。同长大后，被立为太子。

十六年，桓公与诸侯在曹国会盟，讨伐郑国，让郑厉公回国执政。

十八年春，桓公准备外出，就与夫人一同去齐国。申繻劝阻桓公，桓公没有听从，于是去了齐国。齐襄公与桓公夫人通奸。桓公知道了怒责夫人，夫人把遭桓公责骂这件事告诉了齐侯。夏四月丙子日，齐襄公宴请桓公，桓公喝醉，齐襄公命令公子彭生抱住鲁桓公，趁势令彭生折断桓公肋骨，桓公死在车中。鲁国人对齐国国君说："我们国君畏敬您的威严，不敢安居，到齐国修两国睦邻友好之礼。礼节完成然而人没有回来，罪责无法追究，请把彭生交给我们以便我们在诸侯面前洗掉丑闻。”齐国人杀死彭生以讨好鲁国。鲁国人立太子同为国君，这就是庄公。庄公的母亲桓公夫人于是留在齐国，不敢回到鲁国。

庄公五年冬，鲁国伐卫，以支持卫惠公回国执政。

八年，齐国公子纠逃亡来到鲁国。九年，鲁国以武力护送公子纠返回齐国当国君，但行动落在齐桓公之后，齐桓公发动军队攻打鲁国，鲁国危急，只好杀了公子纠，他的家臣召忽为公子纠殉死。齐国人告诉鲁国要活捉管仲。鲁人施伯说：“齐想得到管仲，并不是杀他，而是要任用他，他被任用后必为鲁国的祸患。不如杀死管仲，把他的尸体给齐国。”庄公不听他的建议，把管仲装入囚车押解到齐国。齐国人果然任用管仲为相。

十三年，鲁庄公和大夫曹沫在柯地与齐桓公会盟，曹沫劫持了齐桓公，索要鲁国被齐国侵占的土地，并与桓公盟誓订约，盟誓后释放桓公。桓公想毁约，管仲劝阻，桓公最终把所侵占的土地归还给鲁国。十五年，齐桓公开始称霸于诸侯。二十三年，鲁庄公到齐国去观看社祭。

三十二年，当初，鲁庄公建了一个台子，正好俯临大夫党氏之家，庄公看见党氏的孟女，满怀欢悦并爱上了她，答应立她为夫人，割破胳膊订下盟誓。孟女生了个儿子取名为斑。斑长大后，喜欢梁氏之女，到她家去看她。一个名叫荦的养马人从墙外进来与梁氏女调情。斑大怒，鞭打荦。庄公听说此事，说：“荦很有力气，应杀掉他，这人不能打完后就放了。”斑还没来得及杀荦，正赶上庄公生病。庄公有三个弟弟，大的弟弟名叫庆父，次弟名叫叔牙，最小的弟弟名叫季友。庄公娶了齐国的女子为夫人名叫哀姜。哀姜没生儿子，哀姜的妹妹叫叔姜，生了个儿子名叫开。庄公没有嫡子，因喜爱孟女，就想立孟女的儿子斑为太子。庄公生病后，向他弟弟叔牙询问谁可继承君位。叔牙说：“父亲死去儿子继承君位，兄长死去弟弟登位，这是鲁国常规。现在有个庆父，可为嗣君，您担忧什么？”庄公忧虑叔牙想立庆父，等叔牙离开后又问季友。季友说：“请允许我冒死立斑为君。”庄公说：“刚才叔牙想立庆父，怎么办？”季友就以庄公名义命令叔牙在大夫针巫氏家中待命，派针季强迫叔牙喝毒酒，对叔牙说：“你喝了这酒，可以不杀你的后人，你还可以享受后人祭祀；不然，你死了，你的后人也将被杀。”叔牙于是饮毒酒而死，鲁国拥立叔牙的儿子为叔孙氏。八月癸亥日，鲁庄公去世，季友终于拥立公子斑为国君，合于庄公遗命。斑服丧时，住在党氏家。

当初庆父与哀姜私通，庆父想立哀姜妹妹的儿子开为国君。等到庄公死时季友却拥立斑为国君，十月己未日，庆父派养马人荦在党氏家杀死鲁国公子斑。季友逃到陈国。庆父最终拥立了庄公的儿子开，这就是湣公。

湣公二年，庆父与哀姜私通更肆无忌惮。哀姜与庆父密谋想杀死湣公而立庆父为鲁君。庆父派卜齮在武闱杀死湣公。季友听到这一消息，与湣公的弟弟申从陈国到了邾国，要求鲁国人接纳申为鲁国国君。鲁国人想诛杀庆父，庆父害怕，逃到莒国。于是季友拥戴公子申回到鲁国，立为国君，这就是釐公。釐公也是庄公的小儿子。哀姜害怕，逃到了邾国。季友送礼给莒人索要庆父，庆父被遣送回鲁国，季友派人去杀庆父，庆父要求允许他流亡国外，季友不答应，派大夫奚斯哭着去告诉庆父。庆父听到奚斯的哭声，只好自杀。齐桓公听到哀姜与庆父淫乱而危害鲁国，就把哀姜从邾国召回齐国杀死，把尸体送回鲁国，准备陈尸示众，鲁釐公求情后，埋葬了哀姜。

季友的母亲是陈国的女子，所以季友逃亡时就去了陈国，陈国帮助护送季友和子申。季友临降生时，桓公派人为他占卜，占卜的人说：“是个男孩，名字就叫作‘友’，将来位列两社之间，定将成为王室的重要辅臣。季友死后，鲁国国运将衰落。”到降生时，他的手掌中有纹路为“友”字，于是就以“友”为名，号为“成季”。他的后人就是季氏，庆父的后人是孟氏。

釐公元年，釐公把汶阳和鄪两邑封给季友。季友担任鲁国相国。

九年，晋大夫里克杀死他们的国君奚齐、卓子。齐桓公率领鲁釐公讨伐晋国之乱，直到高梁才返回，拥立晋惠公为君。十七年，齐桓公去世。二十四年，晋文公即位。

三十三年，釐公死去，他的儿子兴继位，这就是文公。

文公元年，楚国太子商臣杀掉他的父亲楚成王，自立为楚国国君。三年，文公朝会晋襄公。

十一年十月甲午日，鲁国人在咸这个地方大败狄人，俘虏长狄乔如，鲁国大夫富父终甥用戈刺乔如的咽喉，杀死了他，并把乔如的首级埋在子驹之门，并以乔如二字为宣伯命名。

当初，宋武公的时候，鄋瞒征伐宋国，司徒皇父率领军队抵抗，在长丘击败翟人，俘虏了长翟缘斯。晋国灭掉路国时，俘虏了乔如的弟弟棼如。齐惠公二年，鄋瞒征伐齐，齐国王子城父俘虏了乔如的弟弟荣如，把他的首级埋在北门。卫国人俘虏了乔如的弟弟简如。鄋瞒国由此灭亡。

十五年，季文子出使晋国。

十八年二月，鲁文公去世。文公有两个妃子：长妃齐女是哀姜，生有儿子恶和视；次妃是敬嬴，特别受文公宠爱，生有儿子俀。俀暗中笼络襄仲，襄仲想拥立俀为君，叔仲说不可行。襄仲请求齐惠公的支持，齐惠公刚即位，想笼络鲁国，就答应了。冬十月，襄仲杀死公子恶与视而拥立俀为鲁国国君，这就是宣公。哀姜回到齐国，走过闹市时号啕大哭，说："天哪！襄仲大逆不道，杀嫡立庶！"集市上的人都跟着哭泣，鲁国人都称她为"哀姜"。从此鲁国王室衰微，而孟孙氏、叔孙氏、季孙氏三支桓公的后代强盛起来。

宣公俀十二年，楚庄王强大，围攻郑国。郑伯投降，后来楚庄王又恢复了郑的封国地位。

十八年，宣公去世，儿子成公黑肱继位，这就是鲁成公。季文子说："使我国杀嫡立庶失去众诸侯的大力支持的人，是襄仲。"襄仲拥立宣公后，襄仲的儿子公孙归父备受宣公宠爱。宣公想除掉鲁国的三支鲁桓公后裔，与晋国商量如何讨伐三桓。恰逢宣公去世，季文子怨恨公孙归父，公孙归父逃到齐国。

成公二年春，齐国讨伐鲁国并攻取了隆邑。夏天，成公与晋国大夫郤克联军在鞍地大败齐顷公的军队，齐国归还了所侵占的鲁国土地。四年，成公到晋国去，晋景公不尊重成公。成公想背叛鲁国与晋国的盟友关系而与楚国联盟，有人劝阻，成公才作罢。十年，成公到晋国去。

晋景公去世，晋国人顺便留下成公为景公送葬，鲁人讳言此事。十五年，鲁国开始与吴国来往并与吴王寿梦在钟离会盟。

十六年，宣伯告求晋国，想让晋国杀掉季文子。因为季文子是节义之人，晋人没有答应宣伯的请求。

十八年，成公去世，儿子午继位，这就是襄公。此时襄公才三岁。

襄公元年，晋人拥立悼公为国君。前一年的冬天，晋大夫栾书杀掉他的国君晋厉公。四年，襄公到晋国朝会。

五年，季文子死去。其家中无穿绫罗绸缎的侍妾，马厩中没有吃粮食的马匹，府中无金银玉石做的器具，这样俭朴地做了三代国君的相国。君子说："季文子真是廉洁忠正啊。"

九年，鲁国与晋国共同伐郑。晋悼公在卫国为襄公举行成人礼，季武子随从，辅助举行成人礼。

十一年，三支桓公后代分别掌握鲁国的三军。

十二年，鲁国朝会晋国。十六年，晋平公即位。二十一年，鲁国朝会晋平公。

二十二年，孔丘降生。

二十五年，齐国大夫崔杼杀死他的国君庄公，拥立庄公的弟弟景公为齐国国君。

二十九年，吴国的延陵季子出使鲁国，观赏周乐，能全部解说音乐所表达的思想感情，鲁国人十分敬重他。

三十一年六月，襄公去世。这年九月，太子去世。鲁人拥立襄公夫人的妹妹齐归所生的儿子裯为鲁国国君，这就是昭公。

昭公时年十九岁，依然童心未泯。穆叔不想立他为君，说："太子死了，还有和他同母的弟弟可立为君，如果没有同母的弟弟，才能立庶子中的长子。年龄相同的就要择贤能的，才能也相同则就用占卜来决定。现在裯不是嫡子，而且居丧时并不悲伤，反有喜色，若真的立了他，必为季氏的忧患。"季武子不听劝，最终还是拥立裯为国君。等到襄公下葬时，裯已因顽皮穿坏了三件丧服。有德之士说："这人将不得善终。"

昭公三年，鲁国国君到晋国去朝拜已经到达黄河边，晋平公婉言拒绝，让昭公返回，鲁国人视此事为耻辱。四年，楚灵王在申召诸侯会盟，昭公托病不去。七年，季武子去世。八年，楚灵王建成了章华台，召见昭公。昭公前去祝贺，灵王赐给昭公宝器；后又反悔，就又骗取回去。十二年，昭公去晋国朝会已经到达黄河，晋平公又辞谢，昭公返回。十三年，楚公子弃疾杀死他的国君灵王，自立为楚王。十五年，昭公朝会晋国，晋人留他给晋昭公送葬，鲁国人把此事视作耻辱。二十年，齐景公与晏子在边境巡狩，顺便到鲁国询问礼制。二十一年，昭公朝会晋国至黄河，晋国辞谢，昭公返回。

二十五年春，有鸲鹆鸟来鲁国筑巢。师己说："文公和成公时有童谣说：'鸲鹆来到鲁国筑巢，国君出居到乾侯。鸲鹆住进来，国君去野外。'"

季氏与郈氏斗鸡，季氏给鸡羽抹了芥末，郈氏给鸡爪套上金属套。季平子一怒之下侵占郈昭伯的房产，郈昭伯也憎恨季平子。臧昭伯的弟弟臧会曾造伪诬陷臧氏，一直藏在季氏家中，臧昭伯因此拘禁了季氏的家人。季平子大怒，把臧氏家臣也拘禁起来。臧氏与郈氏向昭公诉说各自的祸难。昭公于九月戊戌日攻伐季氏，攻入季氏的宫室。季平子登台请求说："您因听信谗言而不能细察我的过错，就来诛伐我，请允许我迁居到沂水边上。"昭公不答应。季平子又请求把自己囚禁在鄪邑，昭公仍不答应。季平子又请求带五辆车流亡国外，昭公还是不答应。子家驹说："您还是答应了吧。季氏掌握政权时间很长，他们家族的党羽极多，防止他们将合谋对付您。"昭公不听。郈氏说："一定要杀死季平子。"叔孙氏家臣戾对其部下说："季氏被灭亡或仍存在，哪样对我们有利？"大家都回答说："没有了季氏就等于没有了叔孙氏。"戾说："对，马上去救援季氏！"于是他们击败了昭公的军队。孟懿子听到叔孙氏战胜，也杀死了郈昭伯。郈昭伯此时正作为昭公使节派往孟氏，因此孟氏就抓住了他。孟孙、叔孙、季孙三家共同讨伐昭公，昭公于是逃亡。己亥日，昭公逃到齐国。齐景公说："我给你两万五千户人以及土地来接待你。"子家说："怎么能放弃周公基业而做齐国臣子？"昭公于是作罢。子家说："齐景公不讲信用，不如早去晋国。"昭公不听他的话。叔孙见昭公回国，就去见季平子，季平子叩头至地表示惶愧。开始他们想迎回昭公，孟孙、季孙后来又反悔，于是作罢。

二十六年春，齐国攻伐鲁国，攻下郓邑让鲁昭公居住在那里。夏天，齐景公想用武力护送昭公返国，命部下不得接受鲁国的礼物。鲁大夫申丰、汝贾许诺给齐大夫高龁、子将粟谷八万斗。子将就向齐侯说："鲁国群臣之所以不肯事奉鲁君，是因为鲁君有些怪现象。宋元公为鲁昭公到晋国求援，想支持昭公返国，死在途中。叔孙昭子请求让鲁君回国，也无病而死。不知是上天要抛弃鲁君，还是他得罪了鬼神？请您再等等看吧。"齐景公听从了他的话。

二十八年，昭公到晋国，要求晋国支持他回国为君。季平子贿赂晋国的六卿，六卿接受了季氏礼物，就去劝阻晋君，晋君于是作罢，只让昭公居住在乾侯。二十九年，昭公到郓邑去。齐景公派人给昭公送信，信中自称"主君"。昭公以之为耻辱，一怒之下又去了乾侯。三十一年，晋人想支持昭公回鲁，召见季平子。季平子身着布衣赤脚而行，通过晋国的六卿向鲁昭公请罪。晋国的六卿替季平子开脱说："晋国虽支持你回国，但鲁国多数人不愿意。"晋君也就作罢。三十二年，昭公死在乾侯。鲁国人一致拥立昭公的弟弟宋为国君，这就是定公。

定公即位时，赵简子问史墨说："季氏会灭亡吗？"史墨回答说："不会灭亡。季友为鲁国立过大功，受封于鄪，是国家的上卿，到季文子、季武子时，累世下来，功业大增。鲁文公死后，东门遂（即襄仲）杀嫡子视与恶而立庶子宣公，鲁国君丧失了政权。政权掌握在季氏手中，这种状况到现在已历四代国君了。百姓不知道他们的国君，这样的国君怎么能掌握国家！因此做国君的一定要慎守礼器爵号，不能给予别人。"

定公五年，季平子去世。阳虎因私愤囚禁季桓子，季桓子与他订立盟约，才得以释放。七年，齐国伐鲁，攻取郓邑，齐国把它赠给鲁国的阳虎作为奉邑，并让他掌管鲁国政务。八年，阳虎想把三桓家族的嫡子全部杀掉，改立与自己关系亲善的庶子代替嫡子；阳虎派车接季桓子准备杀掉他，季桓子用计脱身。三桓共同攻伐阳虎，阳虎迁居到阳关。九年，鲁国军队讨伐阳虎，阳虎逃到齐国，此后又逃至晋国赵氏处。

十年，鲁定公与齐景公在夹谷相会，身为相国的孔子主持礼仪。齐国人想袭击鲁定公，孔子依照礼仪登阶而上，责罚齐国奏淫乐的乐工，齐侯害怕，停止了加害定公的阴谋，而且归还了侵占鲁国的土地来谢罪。十二年，鲁定公派仲由拆毁三桓家族的城墙，没收他们的铠甲武器。孟氏不肯拆毁他们家族的城墙，鲁定公派兵攻打他，无法取胜而作罢。季桓子接受齐国送来的美女乐工，孔子离开鲁国。

十五年，定公去世，他的儿子将继位，这就是哀公。

哀公五年，齐景公去世。六年，齐国大夫田乞杀掉他的国君晏孺子。

七年，吴王夫差强大起来，征伐齐国，到缯地，要求鲁国用“百牢”（牛、羊、猪各一百头）这一僭越周代礼制的规格接待自己。季康子派子贡说服吴王和吴太宰伯嚭，试图用礼制使他们折服。吴王说：“我们是文身的蛮夷之人，不值得用礼制来责求我们。”于是停止了他们不合理的要求。

八年，吴国为邹国攻伐鲁国，到了城下，与鲁国签订盟约后离去。齐国攻伐鲁国，占领三邑。十年，鲁国攻伐齐国的南部边境。十一年，齐国又攻伐鲁国。季氏任用冉有辅政很有成效，因此思念孔子，孔子就从卫国返回鲁国。

十四年，齐国大夫田常在徐州杀死齐君简公。孔子要求哀公出兵征伐田常，哀公没有听从孔子的建议。十五年，哀公派子服景伯为使节，子贡为副手，到齐国去。齐国归还了所侵占的鲁国土地。田常刚登上齐国相国之位，想要亲睦诸侯，所以就归还了鲁国的失地。

十六年，孔子逝世。二十二年，越王勾践灭掉吴王夫差。

二十七年春天，季康子死去。夏天，哀公担心三桓的强大，想借助诸侯的武力挟制他们，三桓也害怕哀公向他们发难，因此君臣之间隔阂很深。哀公去陵阪游玩，路上遇到孟武伯，哀公说：“请问你，我的死期快到了吗？”孟武伯回答说：“不知道。”哀公想借越国的力量攻伐三桓。八月，哀公去陉氏家。三桓攻打哀公，哀公逃亡到卫国，又离开卫国逃到邹国，后又逃到越国。鲁国人又迎接哀公回国，死在有山氏家中。他的儿子宁继位，这就是悼公。

悼公时代，三桓家族强盛，鲁国国君反倒如同小国诸侯，比三桓氏还要卑弱。

十三年，韩、赵、魏三家灭掉同为晋国四卿的智伯，瓜分智伯的土地为三家所有。

三十七年，悼公去世，他的儿子嘉继位，这就是元公。元公在位二十一年去世，他的儿子显继位，这就是穆公。穆公在位三十三年去世，他的儿子奋继位，这就是共公。共公在位二十二年去世，他的儿子屯继位，这就是康公。康公在位九年去世，他的儿子匽继位，这就是景公。景公在位二十九年去世，他的儿子叔继位，这就是平公。此时魏、赵、韩、楚、燕、齐六国皆自称为王。

平公十二年，秦惠王去世。二十年，平公去世，他的儿子贾继位，这就是文公。文公元年，楚怀王死于秦国。二十三年，文公去世，他的儿子雠继位，这就是顷公。

顷公二年，秦国攻克楚国的郢都，楚顷（襄）王向东迁都于陈。十九年，楚国攻打鲁国，攻下徐州。二十四年，楚考烈王攻打并灭掉鲁国。鲁顷公逃亡，迁居到国都外的小邑，成为平民，鲁国祭祀灭绝。鲁顷公在柯邑死去。

鲁国自周公到顷公，总计三十四代。

太史公说：我听说孔子曾说“鲁国的道德已经衰微至极了！洙水泗水间的人们相争不已”。且看隐公桓公交替之事，庆父、叔牙和闵公在位时，鲁国是何等的混乱不堪！襄仲杀嫡立庶，孟孙、叔孙、季孙三家本应面北向鲁国国君称臣，却亲自带领军队攻打昭公，以致昭公逃亡。他们虽一直遵循礼仪揖让的表面礼节，但实际行事又多么残暴啊！

（马淑贞 译）

《史记》卷三十四　燕召公世家第四

召公奭和周王室同姓，姓姬。周武王灭掉商纣王以后，就把召公分封在北燕。

周成王的时候，召公位居三公之列：自陕地以西，均由召公主管；自陕地以东，由周公主管。当时成王尚年幼，周公代他主持国政，执掌着国家大权俨然像是天子。召公怀疑周公的行为，就写了《君奭》。《君奭》表达了对周公的不满。周公于是以殷商时期的旧事作比，说：“商汤时代有伊尹，治理国家合于天道；太戊时代，就有像伊陟、臣扈那样的人，治理国家合于天道，并有巫咸治理国家；祖乙时代，就有像巫贤那样的人；武丁时代，就有像甘般那样的人：这些大臣都有辅佐君王主持施政的功业，殷朝得到了治理和安定。”召公听了这番话才高兴起来。

召公治理西部一带，很受广大民众的拥戴。召公到乡村城镇去巡察，见棠梨树，就在树下审理官司，处理政事。从侯爵、伯爵到平民各色人等都得到了适当的安置，没有失业的人。召公去世后，民众追怀他的政绩，怀念那棵棠梨树，舍不得砍掉它，作了《甘棠》一诗来吟诵它。

从召公历经九代到惠侯。燕惠侯在位时正值周厉王逃跑到彘，周定公和召穆公共同执政的共和时期。

惠侯去世，他的儿子釐侯即位。这一年，周宣王刚刚即位。釐侯二十一年，郑桓公刚被封在郑这个地方。三十六年，釐侯去世，他的儿子顷侯即位。

顷侯二十年，周幽王因为淫乱被犬戎所杀，秦国开始跻身诸侯之列。

二十四年，顷侯去世，他的儿子哀侯继位。哀侯在位二年去世，他的儿子郑侯继位。郑侯在位三十六年去世，他的儿子缪侯继位。

缪侯七年，正是鲁隐公元年。缪侯在位十八年去世，他儿子宣侯继位。宣侯在位十三年去世，他儿子桓侯继位。桓侯在位七年去世，他儿子庄公继位。

庄公十二年，齐桓公开始称霸。十六年，庄公和宋国、卫国一起攻打周惠王，惠王逃亡到温，他们就拥立惠王的弟弟颓做周王。十七年，郑国抓捕了燕仲父，并把惠王接回周王城内。二十七年，山戎侵犯燕国，齐桓公去救援燕国，于是率兵北上讨伐山戎，然后回国。燕庄公送别齐桓公出了国境，齐桓公就把燕庄公所经过的地方划给了燕国，让燕庄公和诸侯一起向周天子进贡，如同周成王时期的燕召公那样尽责；又让燕庄公重新修明燕召公时的法度。三十三年，庄公去世，他儿子襄公继位。

襄公二十六年，晋文公召集诸侯在践土会盟，并成为众诸侯王中的霸主。三十一年，秦国军队在殽山被晋军打败。三十七年，秦穆公去世。四十年，襄公去世，桓公继位。

桓公于十六年去世，宣公继位。宣公在位十五年去世，昭公继位。昭公在位十三年去世，武公继位。这一年，晋国诛灭了三郤大夫。

武公在位十九年去世，文公继位。文公在位六年去世，懿公继位。懿公元年，齐国崔杼杀掉了他的国君庄公。四年懿公去世，他儿子惠公继位。

惠公元年，齐国的高止逃到燕国。六年，惠公多有宠姬，他打算废黜大夫们而任用宠臣姬宋，众大夫们联合起来共同诛杀了宠臣姬宋。惠公害怕，于是逃亡到齐国。在齐国的第四年，齐国派高偃去到晋国，请求晋国与齐国联合讨伐燕国，并将燕惠公护送回国做国君。晋平公答应了，和齐国一起讨伐燕国，把燕惠公送回了燕国。惠公刚到燕国就死去了。燕国人拥立了悼公。

悼公在位七年去世，共公继位。共公在位五年去世，平公继位。此时晋国的公室力量衰弱，范、中行、智、赵、韩、魏等六个家族的力量开始强大起来。平公十八年，吴王阖闾攻破楚国，攻入郢都。十九年，平公去世，简公继位。简公在位十二年去世，献公继位。晋国的赵鞅把范氏、中行氏围困在朝歌。献公十二年，齐国田常杀死了他的国君简公。十四年，孔子去世。二十八年，献公去世，孝公继位。

孝公十二年，韩、魏、赵三个家族灭掉了智伯家族，瓜分了他的封地，这三家逐渐强大起来。

十五年，孝公去世，成公继位。成公在位十六年去世，湣公继位。湣公在位三十一年去世，釐公继位。这一年，韩、赵、魏三国跻身诸侯之列。

釐公三十年，燕国在林营征伐并打败了齐国。釐公去世后，桓公继位。桓公在位十一年去世，文公继位。这一年，秦献公去世，秦国更加强大了。

文公十九年，齐威王去世。二十八年，苏秦初次来燕国拜见燕国国君，对文公进行游说。文公赠给他车辆、马匹、黄金和绢帛，让他去赵国，赵肃侯重用了他。苏秦力促六国结成抗秦联盟，他成了联盟的主导者。这时候，秦惠王把自己的女儿嫁给燕国太子做妻子。

二十九年，文公去世，太子继位，这就是易王。

易王刚即位，齐宣王就趁燕国忙于文公丧事的时机攻打燕国，夺取了十座城池；苏秦到齐国游说齐王，齐王又把十座城池归还了燕国。十年，燕国国君才正式称王。苏秦和燕文公的夫人通奸，害怕被杀，于是就游说易王派他到齐国去使反间计，借以扰乱齐国。易王在位十二年去世，他儿子燕王哙继位。

燕王哙继位后，齐国人杀掉了苏秦。苏秦在燕国的时候，和相国子之结成了儿女亲家，苏秦的弟弟苏代也和子之交往密切。等到苏秦死后，齐宣王又任用了苏代。燕王哙三年，燕国联合楚国及韩、赵、魏三国去攻打秦国，没能取得胜利就回国了。当时子之做燕国的相国，位尊权重，决断国家大事。苏代以齐国使臣的身份出使燕国，燕王问他说："齐王这个人怎么样？"苏代答道："一定不能称霸。"燕王问："为什么呢？"回答说："不信任他的臣子。"苏代是想用这些话刺激燕王，从而使他尊重子之。于是燕王十分信任子之。子之由此赠给苏代一百镒黄金，任凭他使用。

鹿毛寿对燕王说："您不如把国家让给相国子之。人们之所以称颂尧为君贤德，是因为他把天下禅让给了许由，许由没有接受，于是尧有了让天下的美名而实际上并没有失去天下。如果现在您把国家让给子之，子之一定不敢接受，这样就显示了您和尧有同样高尚的德行。"

燕王于是把国家托付给了子之，子之的地位就更加尊贵起来。有人对燕王说："大禹举荐了伯益，不久又任用启的臣子当官吏。等年老时，又认为启不足以担当治理天下的重任，把君位传给了伯益。不久，启就和他的同党攻打伯益，夺走了君位。天下人都说大禹名义上是把天下传给了伯益，而实际上是让启自己夺回了天下。现在大王说是把国家托付给了子之，但官吏却没有一个不是太子的臣子，这正是名义上国家由子之当政，实际上还是由太子执政啊。"燕王于是把俸禄三百石以上的官吏的印信收起来，交给了子之。子之就面向南坐在君位上，行使国王的权力；燕王哙年老不再处理政务，反而成了臣子，国家一切政务都由子之裁决。

子之主持国政的第三年，燕国大乱，百姓人人恐惧。将军市被和太子平谋划，准备攻打子之。齐国众将对齐湣王说："趁此机会出兵奔赴燕国，一定能攻破燕国。"齐王于是派人对燕太子平说："我听说太子主持正义，将要废私立公，整顿君臣的伦理秩序，明确父子的地位。我的国家很小，不足以作为您的先锋和后援。即使这样，我们也愿意听从太子的调遣。"太子平于是邀集同党聚合徒众，将军市被包围了王宫，攻打子之，没有取胜。百官倒戈攻打太子平。结果将军市被战死，被陈尸示众。这样，国内造成了几个月的祸乱，死去了好几万人，民众非常恐惧，百官离心离德。孟轲对齐王说："现在去讨伐燕国，这正是周文王、武王伐纣那样的好时机，千万不能失掉啊。"齐王于是命令章子率领五都的军队，偕同北方边境的兵士，一起讨伐燕国。燕国的士兵不迎战，城门也不关闭，燕君哙死去，齐军大胜。燕子之死后两年，燕国人一致拥立太子平，这就是燕昭王。

燕昭王是在燕国被攻破之后即位的，他试图用自身的谦恭和丰厚的财物来招揽贤才。他对郭隗说："齐国趁我国国内混乱不曾防备而攻破了燕国，我深知燕国国小、力量弱，没有能力报仇。然而如果真能招来贤士与我一起来治理国家，从而雪洗先王的耻辱，这是我的愿望啊。先生看到有这样合适的人才就告知我，我会亲自侍奉他的。"郭隗说："假若大王一定要招致贤士，那就先从我郭隗开始吧。至于那些比我更贤能的人，看到我受到的礼遇，难道还会以千里为远而不来吗？"

昭王于是给郭隗改建了华美的宫室，并像对待老师一样礼遇他。于是，乐毅从魏国到来，邹衍从齐国到来，剧辛从赵国到来，贤士们争着奔赴燕国。燕王吊祭死者，慰问孤儿，和臣下们同甘共苦。

二十八年，燕国国家殷实富足，士兵们都乐于出击，不惧怕战事。燕王于是任命乐毅为上将军，和秦、楚以及赵、魏、韩等国共同谋划征讨齐国。齐军战败，齐湣王逃亡到国外。燕军单独追击败逃的齐军，攻入齐国国都临淄，夺取了齐国所有的宝物，烧毁了齐国的宗庙宫室。齐国城池中没有被攻下的，只有聊、莒和即墨三处，其余的都归属了燕国，长达六年之久。

昭王在位三十三年去世，他儿子惠王继位。

惠王还在做太子的时候，就和乐毅有隔阂；等到即位以后，他不信任乐毅，让骑劫接替乐毅做了将军。乐毅逃到赵国。齐国田单凭借即墨一城的兵力，打败了燕国军队，骑劫战死，燕军退回本国，齐国又全部收复了它的旧有城池。齐湣王在莒死去，于是齐国人拥立他的儿子为襄王。

惠王在位七年去世，韩、魏、楚三国联合发兵攻打燕国。燕武成王继位。

武成王七年，齐国田单征伐燕国，攻下中阳。十三年，秦国在长平打败了赵国四十多万军队。十四年，武成王去世，他儿子孝王继位。

孝王元年，秦国围困赵国邯郸的军队撤离。孝王在位三年去世，他儿子今王喜继位。

燕王喜四年，秦昭王去世。燕王派相国栗腹和赵国订立友好盟约，并送上五百镒黄金为赵王置酒祝寿。栗腹回来向燕王复命说："赵国年富力强的人都战死在长平了，他们的遗孤还没有长大，可以进攻赵国。"燕王叫来昌国君乐闲询问这事情。乐间回答说："赵国是个四面受敌的国家，老百姓熟悉军事，不可以进攻。"燕王说："我们是以五个人攻打他们一个人。"乐间仍然回答说："不行。"燕王很生气，众大臣都认为可以进攻赵国。燕国最终拨出两路大军，兵车两千辆，栗腹率领一路攻打鄗，卿秦率领一路攻打代。只有大夫将渠对燕王说："和人家互通关卡，订约结盟，还拿出五百镒黄金给人家的国君置酒祝寿，使者回来一报告就反过来进攻人家，这不吉祥，作战不会成功。”燕王听不进去，自己率领侧翼部队随军出发。将渠拉住燕王腰间系印的带子劝阻他说：“大王一定不要亲自前去，去了是不会成功的！”燕王用脚把他踢开了。将渠哭着说：“我不是为了自己，为的是大王啊！”燕军到达宋子，赵国派廉颇率兵，在鄗打败了栗腹。乐乘也在代打败了卿秦。乐间逃到赵国。廉颇追赶燕军，追出五百多里，围困了燕国的都城。燕国人请求议和，赵国人不答应，一定要让将渠出面主持议和。燕国便任命将渠为相国，前去主持议和。赵国听了将渠的斡旋，解除了对燕国的包围。

燕王喜六年，秦国灭掉了东周，设置为三川郡。七年，秦国攻占了赵国榆次等三十七城，设置为太原郡。九年，秦王嬴政继位。十年，赵国派廉颇率兵攻打魏国的繁阳，并攻下了它。这时，赵孝成王去世，悼襄王继位。悼襄王派乐乘取代廉颇统兵，廉颇不听命令，攻打乐乘，乐乘逃跑了，廉颇也逃到魏国都城大梁。十二年，赵国派李牧攻打燕国，攻下武遂和方城。剧辛从前住在赵国时，和庞煖很要好，后来逃亡到燕国。燕王看到赵国屡次被秦兵围困，而廉颇又离开赵国了，赵王正令庞煖领兵作战，就想趁赵国处于不利的时刻去攻打它。燕王向剧辛咨询，剧辛说：“庞煖很容易对付。”燕王就派剧辛领兵攻打赵国，赵国派庞煖迎战，俘获了燕军两万人，杀掉了剧辛。这时秦国攻下魏国的二十座城池，设置为东郡。十九年，秦国攻下赵国的邺等九座城池。赵悼襄王去世。二十三年，燕太子丹曾被送到秦国去做人质，这时逃回燕国。二十五年，秦国俘虏了韩王安，灭掉了韩国，设置了颍川郡。二十七年，秦国俘虏了赵王迁，灭掉了赵国。赵国公子嘉自立为代王。

燕国眼见秦国即将灭掉六国，秦军已经到达易水边，明白祸患就要降临燕国了。燕太子丹暗地里供养着二十名壮士，于是派荆轲把督亢地图献给秦王，伺机行刺秦王。结果被秦王发觉了，杀死了荆轲，并立即派将军王翦进攻燕国。二十九年，秦军攻下燕国的都城蓟，燕王逃亡，后来迁居辽东，杀掉了太子丹，并把他的首级献给了秦国。三十年，秦国灭掉了魏国。

三十三年，秦军攻下辽东，俘虏了燕王喜，最终灭掉了燕国。这一年，秦将王贲也俘虏了代王嘉。

太史公说：召公奭可以称得上是有仁德的人了！连那棵棠梨树，尚且都被民众所怀思，何况召公本人呢？燕国靠近蛮貉等域外部族，国土又和齐、晋等国交错着，艰难地生存在强国之间，数它最弱小，多次差点被灭掉。然而国家却延续了八九百年之久，在姬姓的封国中唯有它最后灭亡，这难道不是召公的功德吗？

（马淑贞 译）

《史记》卷三十五　管蔡世家第五

管叔鲜和蔡叔度，都是周文王的儿子、周武王的弟弟。武王一母同胞的兄弟共有十人。他们的母亲名叫太姒，是文王的正妻。她的长子是伯邑考，以下依次是武王发、管叔鲜、周公旦、蔡叔度、曹叔振铎、成叔武、霍叔处、康叔封，最小的是冉季载。十兄弟中只有姬发和姬旦德重才高，是辅佐文王的左膀右臂，所以文王不立伯邑考，而立次子发为太子。文王死后，太子发即位，这就是武王。此前伯邑考已经死了。

武王战胜商朝的纣王，平定天下之后，分封功臣兄弟。于是把管地分封给叔鲜，把蔡地分封给叔度；并让二人做纣王之子武庚禄父的相，一起治理殷之遗民。把鲁地分封给叔旦，同时让叔旦做周王朝的相，故称周公。叔振铎封于曹地，叔武封于成地，叔处封于霍地。当时康叔和冉季载年龄幼小，未受分封。

武王逝世后，成王年少，周公旦执掌朝政。管叔、蔡叔怀疑周公将对成王不利，就挟同武庚作乱。周公旦奉成王的命令讨伐并诛杀武庚，杀死管叔，放逐了蔡叔，给他十乘车，七十名随从。将殷之遗民一分为二：其一分到宋国给微子启，以延续殷的宗庙香火；其一分给康叔建立卫国，这就是卫康叔。将季载封在冉。冉季、康叔都有善行，于是周公任康叔为周司寇，任冉季为周司空，来辅佐成王治理国家，美名传遍天下。

蔡叔度被放逐之后就死了。他的儿子叫胡，胡一改父亲暴行，遵循道德，顺从良善。周公听说后，将胡选为鲁卿士，鲁国得到了很好的治理。于是周公向成王进言，重新将胡封到蔡国，来主持蔡叔的祭祀，这就是蔡仲。武王其余的五兄弟都到了自己的封国，没有做天子的官吏的。

蔡仲死后，儿子蔡伯荒继位。蔡伯荒死后，儿子宫侯继位。宫侯死后，儿子厉侯继位。厉侯死后，儿子武侯继位。武侯的时候，周厉王失去了王位，出逃到彘。于是周公、召公共和执政，不少诸侯背叛了周室。

武侯死后，儿子夷侯继位。夷侯十一年，周宣王即位。二十八年，夷侯死，儿子釐侯所事即位。

釐侯三十九年，周幽王被犬戎所杀，周王室衰落而向东迁徙。秦开始列为诸侯。

四十八年，釐侯去世，儿子共侯兴继位。共侯在位两年去世，儿子戴侯继位。戴侯在位十年去世，儿子宣侯措父继位。

宣侯二十八年，鲁隐公继位。三十五年，宣侯去世。儿子桓侯封人继位。桓侯三年，鲁人杀其国君隐公。二十年，桓侯去世，其弟哀侯献舞继位。

哀侯十一年，当初，哀侯自陈国娶妻，息侯也从陈国娶妻。息夫人要回陈国省亲，路过蔡国，蔡侯冒犯了她。息侯大怒，遂请求楚文王说："您来攻打我国，我向蔡国求救，蔡国一定会出兵前来，您就能趁机攻伐它，必定会有收获。"楚文王依计而行，俘虏了蔡哀侯回国。哀侯在楚居留九年，死在了那里。哀侯一共在位二十年。蔡人立他的儿子肸为君，这就是缪侯。

缪侯将他的妹妹嫁给了齐桓公做夫人。十八年，齐桓公与蔡夫人在船上玩，她把船摇来晃去，齐桓公阻止她，她也不停。桓公生了气，把她送回了蔡国却没有断绝婚姻关系。蔡侯大怒，把她嫁给了别人。齐桓公也发了怒，出兵讨伐蔡国；蔡国大败，缪侯被俘虏，齐军一直向南进军到楚国的邵陵。后来诸侯替蔡向齐赔罪，齐桓公才放了蔡侯。二十九年，缪侯去世，儿子庄侯甲午继位。

庄侯三年，齐桓公去世。十四年，晋文公在城濮打败了楚国。二十年，楚太子商臣杀死父亲成王而继位。二十五年，秦穆公去世。三十三年，楚庄王继位。三十四年，庄侯去世，儿子文侯申继位。

文侯十四年，楚庄王讨伐陈国，杀夏征舒。十五年，楚国围攻郑国，郑国投降了楚国，楚国又放弃了对郑国的占领。二十年，文侯去世，其子景侯固继位。

景侯元年，楚庄王去世。四十九年，景侯为太子般娶了楚国的女儿，而他自己却与她通奸。太子般杀景侯自立，这就是灵侯。

灵侯二年，楚公子围杀楚王郏敖自立，这就是灵王。九年，陈司徒招杀国君哀公。楚派公子弃疾灭陈占领了陈地。十二年，楚灵王因为灵侯杀死父亲，把蔡灵侯诱骗到申，埋伏好士兵然后请他饮酒，灌醉后把他杀掉了。他的随从七十人也都被杀。灵王让公子弃疾围攻蔡国。十一月，蔡国灭亡，灵王让弃疾做了蔡公。

楚国灭蔡三年后，楚公子弃疾杀国君灵王而继位，这就是平王。平王找到蔡景侯的小儿子庐，立为国君，这就是平侯。这一年，楚国也重新恢复了陈国。楚平王即位之初，想与诸侯亲善，所以又拥立了陈、蔡的后代。

平侯在位九年去世，灵侯般的孙子东国攻击平侯的儿子后自立为王，这就是悼侯。悼侯之父是隐太子友。他是灵侯的太子，平侯继位后杀了隐太子，所以平侯死后隐太子的儿子东国就杀了平侯的儿子取而代之，这就是悼侯。悼侯在位三年去世，弟弟昭侯申继位。

昭侯十年，朝见楚昭王，带去了两件好皮衣，其中一件献给了昭王，自己穿了一件。楚相子常想要，昭侯没有给他。子常遂在楚王面前说蔡侯的坏话，把他留在了楚国三年。蔡侯知道后，就把皮衣献给了子常；子常得到了皮衣，才让楚王放蔡侯回国。蔡侯回国后就去了晋国，请求与晋国一起讨伐楚国。

十三年春，昭侯和卫灵侯在邵陵会盟。蔡侯私下要求周大夫苌弘把蔡国在盟会上的位次排在卫国前面；卫国则派史鳝陈说卫康叔德高功大，于是卫国排位先于蔡国。夏天，蔡国为晋灭掉沈国，楚王大怒，发兵攻蔡。蔡昭侯派其子去吴国做人质，请吴国发兵共伐楚国。冬天，蔡侯与吴王阖闾攻破楚国，进入楚国都城郢。因蔡侯痛恨子常，子常心中害怕，于是逃到了郑国。十四年，吴国撤军，楚昭王恢复楚国。十六年，楚国令尹泣不成声地鼓动百姓攻蔡报仇，蔡昭侯听说后十分恐惧。二十六年，孔子到了蔡国。楚昭王讨伐蔡国，蔡侯恐慌，向吴国告急。吴王认为蔡国都城距吴国太远，要求蔡侯将其国都迁得离吴国近一些，以便于出兵相救；蔡昭侯也不与大夫商量，暗中答应了。于是吴国出兵救蔡，并把蔡国都城迁到州来。二十八年，昭侯要去朝见吴王，蔡国大夫们怕他再次迁都，就指使一个名叫利的贼杀死昭侯。

然后又杀掉利以推诿杀君之罪，于是拥立昭侯之子朔为国君，这就是成侯。

成侯四年，宋国灭掉曹国。十年，齐国的田常杀死国君齐简公。十三年，楚国灭掉陈国。十九年，成侯去世，其子声侯产继位。十五年声侯去世，其子元侯继位。六年元侯去世，其子侯齐继位。

侯齐四年，楚惠王灭掉蔡国，蔡侯齐出逃，蔡国从此灭亡。蔡国比陈国晚灭亡三十三年。

伯邑考的后人不知分封在何处。武王发的后人是周王，有《本纪》记载。管叔鲜叛乱被杀，没有后代。周公旦的后人是鲁国君主，有《世家》记载。蔡叔度的后人是蔡国君主，有《世家》记载。曹叔振铎的后人是曹国君主，有《世家》记载。成叔武的后人不知下落。霍叔处的后人分封于霍地，后被晋献公灭掉。康叔封的后人是卫国君主，有《世家》记载。冉季载的后代下落不明。

太史公说：管叔、蔡叔造反的事情，没有什么值得记载的。但周武王死后，成王年幼，天下的人都怀疑周公，全仗成叔、冉季等同母兄弟十人的辅助，才使天下诸侯共尊周室，所以把他们的事迹附记在《世家》内。

曹叔振铎是周武王之弟，武王战胜商纣后，就把曹地分封给叔振铎。

叔振铎去世，其子太伯脾继位。太伯去世，其子仲君平即位。仲君平去世，其子宫伯侯继位。宫伯侯去世，其子孝伯云继位。孝伯云去世，其子夷伯喜继位。

夷伯二十三年，周厉王逃往彘地。

三十年夷伯去世，其弟幽伯强继位。幽伯九年，其弟苏杀死幽伯，自立为国君，这就是戴伯。戴伯元年，周宣王已即位三年。三十年戴伯去世，其子惠伯兕继位。

惠伯二十五年，周幽王被犬戎杀死，王室东迁，越发衰微，诸侯纷纷背叛王室。秦国在这一年开始被列为诸侯。

惠伯在位三十六年去世，其子石甫继位，其弟武杀掉石甫自立为君，这就是缪公。三年缪公去世，其子桓公终生继位。

桓公三十五年，鲁隐公继位。四十五年，鲁人杀死隐公。四十六年，宋国的华父督杀死宋殇公和大夫孔父。五十五年，桓公去世，其子庄公夕姑继位。

庄公二十三年，齐桓公开始称霸。

三十一年，庄公去世，其子釐公夷继位。釐公在位九年去世，其子昭公班继位。昭公六年，齐桓公战胜蔡国，顺势进军至楚国郈陵。九年，昭公去世，其子共公襄继位。

共公十六年，当初，晋公子重耳逃亡时经过曹国，曹共公对待他很不礼貌，甚至想看重耳那长得连在一块的肋骨。曹大夫釐负羁劝止，共公不听，釐负羁只得暗中对重耳表示友好。二十一年，晋文公重耳讨伐曹国，把曹共公掳回晋国，却命令军队不得骚扰釐负羁一族所居之地。有人劝晋文公："当年齐桓公大会诸侯，连异姓国家都帮助他们重新复国；现在您却囚禁曹君，消灭同姓国家，这样做，以后怎能号令诸侯？"晋文公才又把曹共公释放。

二十五年，晋文公去世。三十五年，曹共公去世，其子文公寿继位。二十三年文公去世，其子宣公强继位。十七年宣公去世，其弟成公负刍继位。

成公三年，晋厉公攻伐曹国，俘获曹成公带回晋国，第二年又放归。五年，晋国大夫栾书、中行偃指使程滑杀死晋厉公。二十三年，成公去世，其子武公胜继位。武公二十六年，楚公子弃疾杀死楚灵王，代立为君。二十七年，武公去世，其子平公须继位。平公四年去世，其子悼公午继位。这一年，宋、卫、陈、郑四国都发生了火灾。

悼公八年，宋景公即位。九年，曹悼公去宋国朝会，被宋国囚禁；曹国大臣拥立悼公之弟野为君，这就是声公。悼公最终死在宋国，后来归葬于曹。

声公五年，曹平公之弟通杀声公自立，这就是隐公。隐公四年，曹声公之弟露又杀隐公自立，这就是靖公。四年靖公去世，其子伯阳继位。

伯阳三年，曹国都城里有一人梦见许多君子站在社宫那里，商议灭掉曹国；曹叔振铎制止了他们，让他们等待公孙强，众君子答应了叔振铎的要求。做梦者天亮后找遍了曹国，也没有公孙强这个人。做梦者就告诫他的儿子："我死以后，你听说公孙强执掌政事，一定要离开曹国，免遭祸事。"等到伯阳即位后，喜好射猎。六年，曹国有个农夫公孙强也喜好射猎，猎得白雁献给伯阳，大谈射猎之道，借此商问政事。伯阳高兴之极，非常宠幸公孙强，命他做司城来处理政务。做梦者之子听说后，逃离了曹国。

公孙强向曹伯陈说称霸诸侯的主张。十四年，曹伯听从公孙强的主意，背叛晋国，进犯宋国。宋景公攻曹，晋国不救。十五年，宋灭掉曹，把曹伯阳和公孙强俘回宋国杀掉，曹国就灭亡了。

太史公说：我通过探究曹共公不听信贤人僖负羁（即釐负羁）的话，却宠幸后宫美女，乘轩车的竟达三百人，就知道曹共公不树德政。至于曹叔振铎托梦于人，岂不是想延长曹国命运吗？无奈公孙强却不好好治理国家，曹叔振铎的祭祀香火终于灭绝了。

（王　昕　译）

《史记》卷三十六　陈杞世家第六

陈胡公满，是虞帝舜的后代。当初舜还是一个平民时，尧把自己的两个女儿嫁给了他，住在妫水边，他的后代就以地名当姓氏，姓妫。舜死后，把天下传给禹，舜的儿子商均被封为诸侯。夏朝时，舜后人的侯位时断时续。到周武王战胜殷纣以后，又寻找舜的后人，找到妫满，把他封在陈国，来供奉帝舜的岁时祭祀，这就是胡公。

胡公去世，其子申公犀侯继位。申公去世，其弟相公皋羊继位。相公去世，又立申公之子突为君，这就是孝公。孝公去世，其子慎公圉戎继位。慎公时正当周厉王之朝。慎公去世，其子幽公宁继位。

幽公十二年，周厉王逃到彘地。

幽公在位二十三年去世，其子釐公孝继位。釐公六年，周宣王即位。三十六年，釐公去世，其子武公灵继位。武公在位十五年去世，其子夷公说继位。这年,周幽王即位。夷公三年去世,其弟平公燮继位。平公七年，周幽王被犬戎杀死，周王朝国都东迁洛邑。秦国开始成为诸侯。

平公在位二十三年去世，其子文公圉继位。

文公元年，娶了蔡国之女为妻，生下儿子佗。十年，文公去世，其长子桓公鲍继位。

桓公二十三年，鲁隐公即位。二十六年，卫人杀死卫君州吁。三十三年，鲁人杀死鲁隐公。

三十八年正月甲戌己丑，桓公鲍去世。其弟佗之母是蔡国之女，因此蔡人为佗杀死五父和桓公太子免而立佗为国君，这就是厉公。桓公病后国内大乱，国民离散，所以两次发来讣告。

厉公二年，生下儿子敬仲完。正值周太史经过陈国，陈厉公让他用《周易》为儿子算卦,得到的卦象是《观》卦变《否》卦,周太史说："这叫作能受聘于他国观光，利于做国君的上客。他大概会取代陈国而自己据有国家吧？不是在陈国，大概是在别的国家吧？这事不会发生在他本人身上，大概是发生在他子孙之时。如发生在别国，一定是在姜姓国家。因为姜姓是太岳的后代。事物不能在两个方面都充分发展，大概要等到陈国衰亡，他的后代就要昌盛了吧？”

陈厉公娶蔡国之女为妻，蔡女与蔡国一个人通奸，陈厉公也屡次去蔡国乱搞女人。七年，被厉公所杀的桓公太子免的三个弟弟，大的叫跃，老二叫林，小的叫杵臼，一同让蔡人用美女引诱厉公，然后三人与蔡人一起杀掉厉公，而立跃为国君，这就是利公。利公是桓公的儿子。利公即位后五个月就死了，二弟林继位，这就是庄公。庄公七年去世，小弟弟杵臼继位，这就是宣公。

宣公三年，楚武王去世，楚国开始强大。十七年，周惠王娶陈君之女为王后。

二十一年，宣公后来有爱姬生一子名款，宣公想立他为太子，就杀掉了原来的太子御寇。御寇一直喜欢厉公之子完，完害怕祸及自己，就逃到齐国。齐桓公想让陈完做卿，陈完说：“我作为寄居在外之臣，有幸能不做劳苦之役，就是您给我的恩惠了，我不敢担任高官。”桓公就让他做工正之官。齐懿仲想把自己的女儿嫁给陈完，先算一卦，卦辞说：“夫妻好比雄雌凤凰双双飞翔，鸣叫应和响亮清脆。妫姓的后人，将在姜姓之国蕃茂昌盛。五代以后就将发达，地位与正卿并驾齐驱。八代以后，无人能与之相比。”

三十七年，齐桓公讨伐蔡国，蔡国战败；齐兵趁势侵入楚国境内，向南直至召陵，军队返齐时经过陈国。陈国大夫辕涛涂嫌齐军过境骚扰，就骗齐桓公说由东路沿海返齐更好。东路很难走，齐桓公大怒，把辕涛涂抓了起来。此年，晋献公杀死自己的太子申生。

四十五年，宣公去世，其子款继位，这就是穆公。穆公五年，齐桓公去世。十六年，晋文公在城濮大败楚军。此年，陈穆公去世，其子共公朔继位。陈共公六年，楚国太子商臣杀死父亲楚成王，自立为君，这就是楚穆王。十一年，秦穆公去世。十八年，陈共公去世，其子灵公平国继位。

陈灵公元年，楚庄王即位。六年，楚国征伐陈国。十年，陈国与楚国媾和。

十四年，陈灵公和陈国大夫孔宁、仪行父都与夏姬通奸，而且贴身穿着夏姬的衣服在朝中嬉笑。大夫泄冶劝谏说："国君和大臣如此淫乱，让百姓如何效法？"陈灵公把此话告诉孔宁、仪行父二人，二人要求杀死泄冶，陈灵公也不禁止他们，于是二人果然杀死了泄冶。十五年，陈灵公和孔宁、仪行父在夏姬家饮酒取乐。陈灵公对二人开玩笑说："夏征舒长得像你们。"二人反唇相讥说："他长得也像您。"夏征舒听了十分愤怒。灵公喝完酒出来，夏征舒藏在马棚门口用箭射杀灵公。孔宁、仪行父吓得逃到楚国，灵公的太子午也逃往晋国。夏征舒自立为陈侯。夏征舒过去是陈国大夫。夏姬是御叔之妻、夏征舒之母。

陈成公元年冬天，楚庄王以夏征舒杀死陈灵公为由，带领诸侯之兵讨伐陈国。并且对陈国人说："别害怕，我只是诛杀夏征舒而已。"可是杀了夏征舒之后，借势就把陈国吞并，把它作为楚国的一个县而占有了，楚国群臣都为此向楚庄王祝贺。这时申叔时从齐国出使回来，却偏偏不去祝贺。楚庄王问他为什么这样，申叔时回答说："俗语说得好，有人牵牛抄近路，踩坏别人庄稼地，田地主人追过来，把牛抢来归自己。抄近路踩人田确实有罪，可是因此就把他的牛夺来，不也太过分了吗？现在大王以夏征舒杀君为不义，因此征集诸侯军队，讨伐夏征舒以伸张正义，可是事后却占有陈国，贪图人家土地，那么今后还怎么号令天下！所以我不赞成。"楚庄王听后说："讲得好！"于是从晋国接回陈灵公的太子妫午，立为陈君，像过去一样治理陈国，这就是陈成公。孔子在读历史时看到楚国恢复陈国主权一段，说："楚庄王真可谓贤德！不贪图千乘之国而看重一句有益之言。"

八年，楚庄王去世。二十九年，陈国背叛与楚国的盟约。三十年楚共王征伐陈国。此年，陈成公死，其子哀公弱继位。楚王因陈国有丧事，罢兵回国。

哀公三年，楚兵包围陈国，后来又解除了对陈国的包围。二十八年，楚国公子围杀死楚王郏敖自立为楚王，这就是楚灵王。

三十四年，当初，陈哀公从郑国娶妻，长姬生下悼太子师，少姬生下儿子偃。哀公又有两名宠幸的妾，长妾生子名叫留，少妾生子名叫胜。哀公最宠爱留，把他托付给自己的弟弟司徒招来照顾。哀公病了以后，三月，招杀死悼太子，把留立为太子。哀公很生气，想杀掉招，招发兵包围哀公，哀公自缢而死。最后招还是把留立为国君。四月，陈国派使节去楚国报丧。楚灵王听说陈国内乱，就杀掉陈国使者，派公子弃疾举兵征伐陈国，陈君留逃往郑国。九月，楚兵围陈。十一月，灭掉陈国。命楚公子弃疾做了陈公。

招杀死悼太子时，悼太子的儿子吴逃到晋国。晋平公问太史赵说："陈国这次算最终灭亡了吧？"太史赵回答说："陈国是颛顼的后代。等陈氏在齐国得到政权之后，陈国本国才算最终灭亡。陈国祖先从幕到瞽叟，都未违背天命。舜有完美的道德。一直到遂，世世恪守其道。等到胡公之世，周天子赐姓，命他供祀舜帝。而且具有大功德之人，应享受百代的祭祀。虞舜享祀的百代之数尚且未满，大概将会在齐国继续享祀吧？"

楚灵王灭陈后第五年，楚国公子弃疾杀死灵王自立为楚王，这就是平王。平王刚刚即位，想同诸侯们和好，就找到过去陈国悼太子师的儿子吴，立他为陈侯，这就是陈惠公。惠公即位后，上溯到哀公死的那年来接续陈国纪年作为元年，其间空置了五年。

十年，陈国发生火灾。十五年，吴王僚命公子光讨伐陈国，攻取胡、沈二邑而归。二十八年，吴王阖庐与伍子胥打败楚国攻入郢都。此年，陈惠公去世，其子怀公柳继位。

怀公元年，吴王攻破楚国后，驻扎郢都，召见陈怀公。怀公想要前去，陈国大夫说："吴王最近志得意满，可是楚王虽然逃走，但与陈国是旧交，不能背叛陈、楚之交。"怀公就以身体有病为借口推辞了会见。四年，吴王又召见怀公，怀公害怕，只得前往吴国。吴王生气上次陈怀公不来，扣留了他，他最终死在吴国。陈国于是立怀公之子越为君，这就是湣公。

湣公六年，孔子到了陈国。吴王夫差征伐陈国，攻取三城而归。十三年，吴国又来征伐陈国，陈国向楚国告急求救，楚昭王带兵来援救，驻军城父，吴国撤兵。此年，楚昭王死在城父。当时孔子仍在陈国。十五年，宋国灭掉曹国。十六年，吴王夫差北伐齐国，在艾陵大败齐兵，又派人召见陈侯。陈湣公害怕，前往吴国。楚国因此征伐陈国。

二十一年，齐国大夫田常杀死齐简公。二十三年，楚国的白公胜杀死令尹子西、子綦，袭击楚惠王。楚国叶公击败白公，白公自杀。

二十四年，楚惠王复国，举兵北伐，杀死陈湣公，于是灭掉陈国占为楚有。此年，孔子去世。

杞国东楼公，是夏代大禹的后代子孙。商朝时其封国时断时续。周武王战胜殷纣之后，寻找禹的后代。找到东楼公，把他封在杞地，以供奉夏后氏的祭祀。

东楼公生子西楼公，西楼公生子题公，题公生子谋娶公。谋娶公正值周厉王时代。谋娶公生子武公。武公即位后四十七年去世，他的儿子靖公即位，靖公在位二十三年去世，其子共公继位。共公在位八年去世，其子德公继位。德公十八年去世，其弟桓公姑容继位。桓公在位十七年去世，其子孝公匄继位。孝公在位十七年去世，其弟文公益姑继位。文公在位十四年去世，其弟平公郁继位。平公在位十八年去世，其子悼公成继位。悼公在位十二年去世，其弟隐公乞继位。七月，隐公之弟遂杀隐公自立为君，这就是釐公。釐公在位十九年去世，其子湣公维继位。湣公十五年，楚惠王灭掉陈国。十六年，湣公之弟阏路杀湣公自立为君，这就是哀公。哀公即位十年去世，湣公之子敕继位，这就是出公。出公在位十二年去世，其子简公春继位。即位一年，即楚惠王四十四年，楚灭掉杞国。杞国比陈国晚灭亡三十四年。

杞国微小，其事迹没有什么可说的。

舜的后代，周武王封于陈，到楚惠王时被灭掉，有《世家》记载。禹的后代，周武王封于杞，被楚惠王灭掉，有《世家》记载。契的后代是殷商王族，有《本纪》记载。殷朝灭亡后，周朝封其后代于宋，齐湣王灭掉宋，有《世家》记载。后稷的后代是周朝王族，秦昭王灭掉周，有《本纪》记载。皋陶的后代，有的被封在英、六之地，楚穆王灭掉它们，没有谱牒记载。伯夷的后代，在周武王时又被封于齐，叫作太公望，陈氏灭了它，有《世家》记载。垂、益、夔、龙，他们

的后代不知封于何地，没有听说过他们。以上十一个人，都是尧、舜时著名的功德之臣；其中五人的后代都当过帝王，其余的则是著名诸侯。滕、薛、驺，是夏、商、周三代时所封之国，很小，不足挂齿，就不再说了。

周武王时，封侯封伯的还有一千多人。等到周幽王周厉王以后，诸侯以武力相攻相并。江、黄、胡、沈之类的小国，数不胜数，因此就不采录于史传之中。

太史公说：舜的道德可谓达到极点了！让位给夏禹，而以后经历夏商周三代仍享受祭祀。楚国灭掉陈国之后，田常又取得了齐国政权，终于又建立一个封国，百代不绝，后代子孙绵延昌盛，被封赐土地的人很多。至于禹，在周时其后代就是杞国之君，很弱小，不值得一说。楚惠王灭掉杞以后，禹的后代越王勾践就振兴起来了。

（王　昕 译）

《史记》卷三十七　卫康叔世家第七

卫国的康叔叫封，是周武王的同母所生的小弟弟，他们还有一个年龄最小的弟弟，叫冉季。

周武王打败殷纣王后，又把殷的遗民封给纣王的儿子武庚禄父，让他与诸侯同列，以便使其得以奉祀先祖，世代相传。因武庚还未完全顺从，武王担心武庚有叛逆之心，便派自己的弟弟管叔、蔡叔监视并辅佐武庚禄父，用以安抚百姓。武王逝世后，成王年幼，尚在襁褓之中。周公旦便代替成王主掌国事。管叔、蔡叔怀疑周公旦篡位，就与武庚禄父发动叛乱，要攻打成周。周公旦奉成王之命组织军队讨伐殷国，杀死武庚禄父和管叔，放逐了蔡叔，将武庚殷的遗民封给康叔，让他做卫国君主，住在黄河、淇水之间商朝的旧都殷墟。

周公旦担忧康叔年轻，难以维持统治，于是反复告诫康叔："你一定在殷墟寻访有才德、有威望、有经验的人，向他们了解殷朝兴衰成败的历史，并务必关心爱护自己的百姓。"又告诫康叔纣灭亡的原因在于他饮酒无度，一味作乐，沉溺于女色之中，这也是纣王乱政的根源。周公旦还按照匠人制作木器必用规矩的道理，撰写了《梓材》，作为治国者用以效法的准则。所以称之为《康诰》《酒诰》《梓材》，并以之教导康叔。康叔利用这些准则治理封国，安定敦睦他的人民，人民非常高兴。

成王成人后，亲自主掌政权，任命康叔为周朝的司寇，把许多宝器祭器赐给他，用以表彰康叔的德行。

康叔去世后，儿子康伯继位。康伯去世后，儿子考伯继位。考伯去世后，儿子嗣伯继位。嗣伯去世后，儿子庢伯继位。庢伯去世后，儿子靖伯继位。靖伯去世后，儿子贞伯继位。贞伯去世后，儿子顷侯继位。

因为顷侯用厚礼贿赂周夷王，夷王封卫为侯爵。顷侯在位十二年逝世，儿子釐侯立为侯爵。

釐侯十三年，周厉王逃亡到彘地，由召公、周公共同掌管政权，号为“共和”行政。釐侯二十八年，周宣王继位。

四十二年，釐侯逝世，太子共伯被立为国君。共伯的弟弟和曾经很受釐侯宠爱，并受到很多财物赏赐；和便用这些财物收买武士，在釐侯的墓地袭击共伯，共伯被迫逃到釐侯墓道自杀。卫人把共伯埋葬在釐侯墓旁，称之为共伯，和继位为卫国国君，这就是武公。

武公即位后,重修康叔制定的政务,因此百姓和乐安定。四十二年,犬戎杀死周幽王，武公亲自指挥部将辅佐周天子平定犬戎，建立了显著的战功，周平王封武公为公爵。五十五年，武公去世，儿子庄公扬立为公。

庄公即位第五年，娶齐国女为夫人，齐女貌美但无子。庄公便又娶陈国女为夫人,陈女生了个儿子,夭折了。陈女的妹妹也被庄公宠幸,生了个儿子取名完。完的母亲去世后，庄公让夫人齐女抚养完，并立完为太子。庄公还有个宠妾，生了个儿子名州吁。庄公十八年，州吁长大成人，喜好用兵打仗，庄公便派他做军队的将领。卫国的上卿石碏好心进谏庄公说：“妾生的儿子喜好用兵打仗，您便让他做将领，祸乱将从此兴起。”庄公不听，二十三年，庄公去世，太子完继位，这就是桓公。

桓公二年，弟州吁骄奢淫逸，桓公罢黜了他，州吁逃到国外。十三年，郑伯的弟弟段攻击他的哥哥，但是没有成功，于是逃走，而州吁请求与他结为友好。桓公十六年，州吁聚集卫国逃亡的人袭击并杀死桓公，州吁自己立为卫国国君。因郑伯的弟弟段要讨伐郑国，州吁请求宋、陈、蔡共同支持段，三国都答应了这一请求。州吁刚刚即位，因喜好用兵打仗、杀害了桓公，卫人都厌恶他。石碏因桓公母亲家在陈国，佯装与州吁友善，卫国军队行至郑国国都的郊野，石碏与陈侯共谋计策，派右宰丑向州吁进献食物，借机在濮地击杀州吁，从邢地把桓公的弟弟晋迎回卫国立为国君，这就是宣公。

宣公七年，鲁人杀害了自己的国君隐公。宣公九年，宋督杀死自己的国君殇公和大夫孔父。宣公十年，晋国曲沃庄伯也杀死了自己的国君哀侯。

宣公十八年，当初，宣公所宠爱的夫人夷姜生了儿子取名伋，伋被立为太子。宣公派右公子教导他。右公子为太子娶齐国美女，美女还未与伋拜堂成婚，被宣公看见，宣公见齐国女子长得漂亮，很喜欢，就自娶此女，而为太子另娶了其他女子。宣公得到齐女后，齐女生了儿子子寿、子朔，宣公派左公子教导他们。太子伋的母亲去世后，宣公正夫人与子朔共同在宣公面前中伤诬陷太子伋。宣公原本就因自己抢夺太子之妻而讨厌太子，早就想把他废掉。等到听说太子的坏话后，怒气冲天，就派太子伋出使齐国，并暗中命令大盗在边境线上拦截击杀伋。宣公给太子白旄使节，告诉边境线上的大盗一见手持白旄使节的人就把他杀掉。太子伋将要启程前往齐国，子朔的哥哥子寿，即太子的异母弟，深知子朔憎恨太子与君王欲除掉太子之事，就对太子说："边界上的大盗只要见到太子手持白旄，就会杀死你，太子千万不要去！"太子说："违背父辈之命保全自己，这绝对不行。"于是毫不犹豫地前往齐国。子寿见太子不听劝告，只好偷取他的白旄使节先于太子驾车赶到边界。大盗见事先的约定应验了，就杀死了他。子寿被杀后，太子伋又赶到，对大盗说："应当杀死的是我呀！"大盗于是又杀死太子伋，回报了宣公。宣公就立子朔为太子。十九年，宣公去世，太子朔继位，这就是惠公。

左右两公子对子朔立为国君愤愤不平。惠公四年，左右公子因怨恨惠公中伤并谋杀太子伋而自立之事，便发动叛乱，攻打惠公，立太子伋的弟弟黔牟为国君，惠公逃奔到齐国。

卫君黔牟八年时，齐襄公受周天子之命率领各诸侯国共同讨伐卫国，送卫惠公回国，诛杀了左右公子。卫君黔牟逃奔到周，惠公又重登君位。惠公在立为国君后三年逃亡，八年后又回到卫国，前后通共十三年。

惠公二十五年，惠公对周接纳安置黔牟心怀不满，与燕国共同伐周。周惠王逃奔到温，卫国和燕国共立惠王的弟弟穨为王。二十九年，郑国又护送惠王回周。三十一年，卫惠公逝世，儿子懿公赤继位。

懿公登位后，喜欢养鹤，挥霍淫乐。九年时，翟攻伐卫国，卫懿公率军抵御，有些士兵背叛了他。大臣们说："君王喜好鹤，就派鹤去抗击翟人吧！”于是，翟人侵入卫国，杀死懿公。

懿公立为国君，卫国百姓大臣心都不服。自从懿公父亲惠公朔诬陷并谋杀太子伋自立为国君，直到懿公，百姓和大臣常想推翻他们，最后，终于灭了惠公的后代而改立黔牟的弟弟昭伯顽的儿子申为国君，这就是卫戴公。

戴公申于其元年逝世。齐桓公因为卫国多次动乱，便率领诸侯讨伐翟，替卫在楚丘修筑城堡，立戴公的弟弟毁为卫国国君，这就是文公。文公因卫国动乱逃奔到齐国，齐人送他回国。

当初，翟人杀死懿公，卫人怜悯他，想再立被宣公谋害的太子伋的后代，但伋的儿子已去世，代替伋死的子寿又无子。太子伋有两个同母弟：一个叫黔牟，黔牟曾代替惠公做了八年国君，后又被惠公赶出卫国；另一个叫昭伯。昭伯、黔牟都早已去世，所以卫人又立了昭伯的儿子申为戴公，戴公去世后，卫人又立他的弟弟毁为文公。

文公即位伊始，就减轻百姓的赋税，明断犯人的罪行，劳心劳力，和百姓同甘共苦，以此来赢得民心。

文公十六年，晋国公子重耳路过卫国，文公没有礼遇重耳。十七年，齐桓公去世。二十五年，文公去世，儿子成公郑立为国君。

成公三年时，晋国为了救宋想向卫国借路，但成公不答应。晋便改道渡南河救宋。晋国想在卫国征兵，卫大夫想同意，而成公却拒绝了。大夫元咺攻打成公，成公逃亡。晋文公重耳为了报以前路过卫国而文公无礼，以及卫国不援救宋国之仇，讨伐了卫国，并把卫国的一部分土地分送给宋国。卫成公不得不逃亡到陈国。两年后，成公到周天子处请求帮助他回国，却见到了晋文公。晋文公想派人用毒酒害死成公，成公贿赂了周王室主持毒杀的人，让他少放些毒药，才免于一死。不久，周王替成公请求晋文公，成公终于被送回卫国，杀死了元咺，卫君瑕奔逃。七年时，晋文公逝世。十二年，成公朝见晋襄公。

成公十四年时，秦穆公去世。二十六年时，齐人邴歜杀死他的国君懿公。三十五年时，成公去世，儿子穆公遫继位。

穆公二年时，楚庄王攻打陈国，杀死了夏征舒。穆公三年，楚庄王围攻郑国，郑投降，楚庄王又释放了他。穆公十一年，孙良夫为援救鲁国而讨伐齐国，又收复被侵夺的领土。穆公去世后，儿子定公臧继位。定公在位十二年去世，儿子献公衎继位。

献公十三年时，献公让乐师曹教宫中妾弹琴，妾弹得很差，曹笞打了她，以示惩罚。妾凭借献公的宠爱，就在献公面前说曹的坏话，故意中伤曹，献公也笞打了曹三百下。十八年，献公请孙文子、宁惠子吃饭，两人如期前往待命。天晚了，献公还未去请他们，却到园林去射大雁。两人只好跟从献公到了园林，献公未脱射服就与他们谈话，对献公的这种无礼行为，两人非常生气，便到宿邑去了。孙文子的儿子多次陪侍献公饮酒，献公让乐师曹唱《诗·小雅》中《巧言》篇的最后一章。乐师曹本来就痛恨献公以前曾笞打他三百下，于是就演唱了这章诗，想以此激怒孙文子，来报复卫献公。孙文子把这件事告诉了卫大夫蘧伯玉，蘧伯玉说："我不知道。"于是孙文子赶走了献公。献公逃亡到了齐国，齐国把他安置在聚邑。孙文子、宁惠子共同立定公的弟弟秋为卫国国君，这就是殇公。

殇公秋即位后，将宿邑封给孙文子林父。十二年，宁喜与孙林父因争宠而至相攻讦，殇公让宁喜攻打孙林父。孙林父逃奔到晋国，又请求晋国护送卫献公回国。当时，卫献公在齐国。齐景公听到这个消息，和卫献公一起到晋国请求帮助返回卫国。晋国便去讨伐卫国，诱使卫国与晋国结盟。卫殇公前去会见晋平公，平公逮捕了殇公与宁喜，紧接着就送卫献公回国。

献公在外逃亡十二年重又返回故国。

献公后元年，杀死了宁喜。

献公三年，吴国延陵季子出使路过卫国，见到蘧伯玉和史鳝说："卫国君子很多，所以这个国家不会有患难。"他又路过宿地，孙林父为他击磬，他说："乐音很悲伤，使卫国动乱的就是这里呀！"同年，献公去世，儿子襄公恶继位。

襄公六年，楚灵王与诸侯会盟，襄公称病不去赴会。

襄公在位九年去世。当初，襄公有个小妾，很受宠爱，有孕后曾梦见有人对她说："我是康叔，一定让你的儿子享有卫国，你的儿子应取名'元'。"妾醒后十分惊讶，询问孔成子。孔成子说："康叔是卫国的始祖。"等到妾生下孩子，果真是个男孩，就把此梦告诉襄公。襄公说："这是上天安排的！"于是给男孩取名元，恰好襄公夫人未生儿子，便立元为继承人，这就是灵公。

灵公五年，朝见晋昭公。灵公六年，楚公子弃疾杀死灵王自立为国君，称平王。十一年，卫国发生了火灾。

灵公三十八年，孔子来到卫国，卫国给他同在鲁国时一样多的俸禄。后来，孔子与卫国国君发生矛盾，便离去了。不久，又周游到卫国。

灵公三十九年，太子蒯聩和灵公夫人南子有仇，想杀掉南子。蒯聩与他的家臣戏阳遬商议，等朝会时，让戏阳遬杀死夫人。事到临头，戏阳遬后悔，没有动手。蒯聩多次使眼色示意他，被夫人察觉，夫人十分恐惧，大呼道："太子想杀我！"灵公大怒，太子蒯聩逃奔到宋国，不久又逃到晋国赵氏那里。

四十二年春天，灵公郊游，让他的儿子郢驾车。郢是灵公的小儿子，字子南。灵公怨恨太子逃亡，就对郢说："我将要立你为太子。"郢回答道："郢不够格，不能辱了国家，您再考虑别人吧！"夏天，灵公去世，夫人让子郢为太子，说："这是灵公的命令！"郢答道："逃亡太子蒯聩的儿子辄在，我不敢当此重任。"于是卫人就立辄为国君，这就是出公。

六月乙酉这一天，赵简子想送蒯聩回国，就让阳虎派十多个人装扮成卫国人，身穿丧服，假装从卫国来晋国迎接太子，赵简子为蒯聩送行。卫人听到消息，组织军队攻击蒯聩。蒯聩不能回卫，只好跑到宿地自保，卫人也停止了进攻。

出公辄四年，齐国的田乞杀死自己的国君孺子。八年，齐鲍子杀死自己的国君悼公。

孔子从陈国来到卫国。九年，孔文子向孔仲尼请教军事，仲尼不予回答。此后，鲁侯派人迎接仲尼，仲尼返回鲁国。

出公十二年，当初孔圉文子娶了太子蒯聩的姐姐为妻，生了悝。孔文子的仆人浑良夫英俊漂亮，孔文子去世后，浑良夫与悝的母亲私通。太子在宿地，悝的母亲便让浑良夫到太子那里去。太子对良夫说："假使你能协助我回国，我将赐你大夫所乘的车报答你，还赦免你三种死罪。穿紫衣、袒裘服、带宝剑，都不在死罪之中。”二人订立了盟约，太子还允许悝的母亲做良夫的妻子。闰十二月，良夫和太子回到国都，暂住孔氏家外的菜园。晚上，两个人身着妇人衣服，头蒙围巾，乘车而来，由宦者罗驾车，到孔氏家，孔氏的家臣栾宁盘问他们姓名，他们自称是姻戚家的侍妾，于是顺利地进入孔氏家，直抵伯姬住所。吃完饭后，悝的母亲手持戈先到孔悝住所，太子与五人身穿甲胄，载着公猪随后而行。伯姬把悝逼到墙角里，强迫他订立盟约，并劫持悝登上台。栾宁正要饮酒，烤肉还未熟，就听到一片杂乱的响声，派人告诉了子路。召护驾着平时乘用的车，边饮酒边吃烤肉，护奉着出公辄逃奔到鲁国。

子路闻讯后赶到，将进孔宅，遇到刚刚逃出孔家的子羔。子羔说：“门已经关闭。”子路说：“我姑且去看看。”子羔说：“来不及了，你不要跟着悝去受难。”子路说：“享受悝的俸禄，不能看他受难不救。”于是子羔逃走了。子路要进去，来到门前，公孙敢关紧大门说：“不要再进去了！”子路说：“你是公孙敢吧！拿着别人的俸禄却躲避别人的危难。我不能这样，享受人家的俸禄，一定拯救人家的危难。”这时有使者出来，子路才趁机进去。子路说：“太子何必劫持孔悝呢？即使杀死他，也一定有人接替他进攻太子。”又说：“太子缺乏勇气，如果放火烧台，必然会释放孔悝。”太子听了，十分害怕，让石乞、盂黡下台阻挡子路，二人用戈击子路，割掉子路的帽带子。子路说：“君子死，帽子不能掉到地上。”说着，系好帽带子死去。孔子听到卫国动乱的消息后说：“唉！子羔将会回来的吧？子路一定会死的。”孔悝最终立太子蒯聩为国君，这就是庄公。

庄公蒯聩是出公的父亲，逃亡在外时，怨恨大夫们不迎立他为国君。元年即位后，庄公想把大臣们尽数杀死，说：“我在外久了，你们听说了吗？”大臣们想作乱，庄公才不得不罢休。

庄公二年，鲁国孔丘去世。

庄公三年，他登上城墙，看见戎州。说：“戎虏为什么要建城邑？”戎州对他的话十分忧虑。十月间，戎州把这话告诉赵简子，简子包围卫国。十一月，庄公出逃，卫人立公子斑师做国君。齐国讨伐卫国，俘虏了斑师，改立公子起为国君。

卫君起元年，卫国石曼尃赶走起，起逃亡到齐国。卫出公就又从齐返回卫国做国君。当初，出公即位十二年后逃亡，在外四年才得返回。出公后元年，赏赐了跟随他逃亡的人们。前后当政二十一年去世，出公叔父黔赶走出公儿子而自立为国君，这就是悼公。

悼公在位五年去世，儿子敬公弗立为国君。十九年，敬公去世，儿子昭公纠立为国君。这时，三晋强盛起来，卫君如同小诸侯，附属于赵国。

昭公六年，公子亹杀死昭公自立为国君，这就是怀公。怀公十一年，公子穨杀死怀公自立为国君，这就是慎公。慎公的父亲是公子适。适的父亲是敬公。四十二年，慎公去世，儿子声公训立为国君。十一年，声公去世，儿子成侯遬立为国君。

成侯十一年，公孙鞅进入秦国。成侯十六年，卫被贬爵号为侯。

成侯二十九年，成侯去世，儿子平侯继位。平侯在位八年去世，儿子嗣君继位。

嗣君五年，卫再被贬爵号称为君，仅有濮阳一地。

嗣君在位四十二年去世，儿子怀君继位。三十一年，怀君朝拜魏国，魏国囚禁并杀害了怀君。魏国改立嗣君的弟弟，这就是元君。元君是魏国的女婿，所以魏国立了他。元君十四年时，秦国攻占了魏国东部领土，秦国开始在这一带设置东郡，又把卫君迁徙到野王县，而把濮阳合并到东郡。二十五年元君去世，儿子君角继位。

君角九年时，秦国兼并天下，嬴政立为始皇帝。二十一年，秦二世废掉卫君，君角成为普通平民，卫国彻底灭亡。

太史公说：我阅读世家的记载，读到卫宣公太子因妻被杀，弟弟子寿与太子互相推让，争着去死，这与晋太子申生不敢明言骊姬的过错相同，都害怕伤害父亲的情面。但最终都死去了，这是多么悲哀呀！有的父子互相残杀，有的兄弟互相毁灭，这究竟是为什么呢？

（李　阳译）

《史记》卷三十八 宋微子世家第八

微子开是殷朝帝乙的长子，帝纣的同母庶兄。商纣王即位后，统治黑暗，不务国政，淫乱奢侈，微子多次进谏，纣王都不听。等到祖伊因周西伯昌修行德政，灭掉阢国后，担忧灾祸降临殷朝，便又来奉告纣王。纣王却说："我生来当皇帝的命运就是上天注定的，他能把我怎么样！"于是微子估计纣王至死也不能清醒，打算一死了之，到临离开纣王时，自己又无法决断，便去询问太师、少师说："殷朝已经没有清明的政治，不能很好地治理四方。我们的祖先成汤过去成就了许多伟大的事业，而当今纣王竟一味沉溺于酒色之中，唯妇人之言是从，扰乱败坏汤王的德政。殷朝的大小臣民都热衷于抢夺盗窃、犯上作乱，而朝廷大臣也互相仿效，违法乱纪，使得人人有罪，谁都觉得没有得到自己应得的东西，百姓便各起于四方，互为仇敌。殷朝丧失了国家的典章制度，如同乘船渡河找不到渡口。殷朝眼看灭亡，以至于弄成今天的局面。"微子继续问："太师，太师，我是出走逃亡呢，还是留在家里以死殉国呢？现在你们不指点我，我如陷于不义，那该怎么办呢？"太师说道："王子啊，天帝降灾灭亡殷朝，殷纣王上不畏天灾，又不采纳长老的意见。今天，殷朝臣民竟敢亵渎神祇的祭祀。现在，假使真能救治殷朝，即使自己死了也不会遗憾。如果自己死了，国家还得不到治理，那就不如远走他乡。"于是微子离开了殷朝。

箕子是纣王的亲戚。纣王最初制作象牙筷子时，箕子就悲叹道："他现在制作象牙的筷子，将来就一定还要制作玉质的杯子；制作玉杯，将来就一定想把远方的稀世珍宝占为己有。车马宫室的逐步奢侈豪华也必将从这里开始，国家肯定无法振兴了。"由于纣王淫逸无度，箕子进谏，纣王不听。有人说："可以离开殷朝了。"箕子说："做人臣的向君主进谏，君主置之不理，便离他而去，这是张扬君主的恶行，而讨好于百姓，我不忍心这样做。"于是箕子披头散发、假装疯癫混迹于奴隶之中。他隐居弹琴聊以自我悲叹，所以人们传颂他的曲子为《箕子操》。

王子比干也是纣王的亲戚。看到箕子进谏，君主不听而自己混迹于奴隶之中，就说："君主有罪过，而不能以死直言规劝，百姓将受害，然而百姓有什么罪呢！"于是，就直言进谏纣王。纣王大怒道："我听说圣人的心有七个窍，真是这样吗？"于是，纣王杀死比干，挖出他的心来做验证。

微子说："父子之间存在骨肉之情，臣主之间以义相连。所以父亲如果有过错，儿子屡次劝说不听，就应继之而号哭；人臣如果屡次规劝而君主不听，那么从道义上讲，人臣可以远离君主了。"于是，太师、少师就劝微子离去，微子便远行了。

周武王讨伐纣王并战胜殷朝，微子便手持自己的祭器来到军门，他去衣露肉，两手绑在背后，左边让人牵着羊，右边让人拿着茅，跪在地上前行求告武王。于是武王就释放了微子，恢复了他原来的爵位。

武王封殷纣王的儿子武庚禄父让他来继承殷朝的祭祀，并派管叔、蔡叔辅佐他。

武王灭亡殷朝后，便去访问箕子。

武王说："哎呀！上天暗中安定百姓，使他们安居乐业，我却不知道上天安民的常理次序。"

箕子回答说："早先由于鲧堵塞大水，扰乱了上天五行的规律，上帝大怒，天道大法九类伦常因此败坏。鲧被杀死后，其子禹就继承了鲧的事业。上天赐给禹天道大法九种，伦常因而有了顺序。

"这九种大法，第一种是五行，第二种是五事，第三种是八政，第四种是五纪，第五种是皇极，第六种是三德，第七种是稽疑，第八种是庶征，第九种是享用五福，而不用六极。

"五行，一是水，二是火，三是木，四是金，五是土。水的自然常性是向下滋润万物，火的常性是向上燃烧，木的特性是可曲可直，金的特性是可随人意而变形，土的特性是可耕种收获。滋润下物产生水卤有咸味，火光上升烧焦物体作苦味，木成曲直作酸味，金销熔变形有辣味，土种收百谷有甜味。

"五事：一是态度，二是言语，三是观察，四是听闻，五是思维。态度应严肃恭敬，言语应合乎道理，观察要清醒明晰，听闻要聪明敏捷，思维要通达事理。态度恭敬，就能严肃；言语合乎道理，国家就能治理；观察明晰就能辨别善恶；听闻聪敏就能善于谋断；思维通达就能成为圣人。

“八政：一是粮食，二是财货，三是祭祀，四是营建，五是教化，六是司法，七是宾赞，八是军事。

“五纪：一是年，二是月，三是日，四是星辰，五是历法。

“帝王的最高法则：君王要建立至高无上的法则，聚集五种幸福，用来普遍地赏赐给百姓，这样，百姓就会拥护君王的法则。君王也可以要求民众遵守法则。凡是臣民不要有邪党，百官不要有私相比附的行为，一心遵守君王的准则。凡是臣民有计谋有作为有操守的，君王就感念他们。凡吏民的行为不合法则，但没有陷入罪恶的人，君王就要宽容他们；假若他们和悦温顺地说‘我遵行美德’，君王就赐给他们爵禄。如此，臣民便会完全遵守君王的原则。不要虐待那些无依无靠的人，不要只畏惧高贵显赫的人。对有能力有作为的人，君王应善于任用他们，国家便会繁荣昌盛。凡那些百官之长，他们富有经常的俸禄。君王如果不能使他们对国家有贡献，那么这些人就是有罪的。对于那些没有好德行的人，君王即使赐给他们好处，他们也会作恶使您受到危害。不要偏颇不公平，不要不公正，要遵守王令；不要按个人的好恶做事，要遵守王道；不要为非作歹，要遵行正路。不要行偏私，不要结交朋党，那么，圣王的道路就会宽广；不结党，不偏私，圣王的道路就会清明可辨；不要违反王道，不要冒犯原则，圣王的道路就正直。汇集那些守法之臣，那么，整个国家的事情也就都能归向君王的原则。所以说，天子宣布的至高无上的原则，就应当经常遵守，就是天子的教导也要符合上帝的意旨。凡是百姓，也应把天子宣布的法则当作至高无上的，按照这个原则行事，就是亲附天子了。所以说，天子应当像做百姓的父母一样，才能做天下臣民的君主。

“三德：一是以正直的态度进行统治，二是以强硬的手段获得政绩，三是以柔和的手段取得效果。在太平康乐时期就以正直的态度来对待；对那些强硬不友好的人，就应用刚硬态度战胜他们；对那些友好的人，就应用柔和态度对待他们；对乱臣贼子，就必须强硬严厉；对高明君子，就必须柔和地以礼相待。只有国君才能有赐人以福的权柄，只有国君才能有治人以罪的威严，只有国君才有权享用美食。臣子无权授人以福，无权主持刑罚，无权享用美食。臣子如果也能授人以福，也能主持刑罚，也能享用美食，就会给你的王室带来危害，给你的国家带来灾祸。百官就会因此邪恶不走正道，百姓就会因此犯上作乱。

“稽疑：解决疑难问题的办法是选择擅长卜筮的人。让他们分别用龟甲或蓍草进行卜筮，卜筮的征兆有的像雨，有的像雨后云气，有的像云气连绵，有的像雾气蒙蒙，还有的像阴阳之气相犯交错，有的是内卦，有的是外卦，卦象共七种。前五种用龟甲占卜，后两种用蓍草占卜，对复杂多变的卦象都要加以推演研究。任用这些卜筮之人为帝王进行卜筮，如果让三个人占卜，有两个人的结果相同，就信从两个人的话。你如果遇到重大的疑难问题，就首先独自深思熟虑，然后与卿士商量，再与百姓商量，最后用卜筮来决断。你自己同意，龟甲蓍草，卿士，百姓都同意，这就叫完全一致，那么你本人就健康强壮，子孙也将大吉大利。你自己同意，龟卜同意，蓍草占同意，而卿士不同意，百姓不同意，这仍然算是吉。卿士同意，龟卜同意，蓍草占同意，你不同意，百姓不同意，这也是吉。百姓同意，龟卜同意，蓍草占同意，你不同意，卿士不同意，这还是吉。你同意，龟卜同意，蓍草占不同意，卿士不同意，百姓不同意，处理国内事情吉利，处理国外事情就不吉利。如果龟卜、蓍草占都不吉利而您和大臣、百姓都认为吉利，那么静守就会吉利，行动就会有凶险。

“庶征（各种征兆）：或是雨，或是晴，或是暖，或是寒，或是风。如果五种自然现象都具备，并能按一定规律出现，庄稼就茂盛。如果一种现象过多发生，就会歉收。如果一种现象缺乏了，同样也要歉收。说到美好的征兆：如果天子表现肃敬，天就按时下雨；天子政务清明，阳光就会充足；天子英明，温暖就会按时到来；天子深谋远虑，寒冷就会应时而生；天子通达，风就会按时刮过。说到各种凶恶的征兆：天子狂妄，雨水就会过多；天子办事有差错，天就会干旱；天子贪图享乐，天气就会过分炎热；天子执法峻急，天就会过分寒冷；天子昏暗不明，大风就刮个不止。天子有了过失，就影响一整年，卿士有了过失，就影响一整月，官吏办事有了过失，就影响一整天。年、月、日、时都没有异常，各种庄稼就会生长茂盛，政治就会清明，贤能的人就会得到提拔，国家就会平安稳定。相反，年、月、日、时出现了异常，庄稼就长不好，政治就昏暗，贤能的人就受压抑，国家就会动乱。百姓好比众星，有的星辰喜好风，有的星辰喜好雨。日月按规律运行，便产生了冬夏。月亮如果顺从星辰，那么有时就会多风，有时就会多雨。

“五种福分：一是长寿，二是富有，三是康乐平安，四是遵行美德，五是善终。六种灾难：一是早死，二是疾病，三是忧愁，四是贫穷，五是邪恶，六是懦弱。”

武王听完箕子的一番陈述，就把朝鲜分封给他，而不以臣子对待。

后来，箕子朝拜周王，经过故都殷墟，感伤于宫室毁坏坍塌、禾苗丛生，箕子十分悲痛，想大哭一场，但不行；想小声哭泣，又感到这样太像妇人行径，于是触景生情吟出《麦秀之诗》，诗中说：“麦芒尖尖啊，禾苗绿油油。那个小子啊，不和我友好！”所谓小子，就是殷纣王。殷的百姓看到这首诗，都为之泣下。

武王驾崩后，成王还年少，周公旦代理成王行使职权，主持国政。管叔、蔡叔怀疑周公旦，就与武庚一起作乱，想攻打成王和周公。周公借用成王的命令诛杀武庚和管叔，放逐了蔡叔，又让微子开管理殷地，以继续殷先祖的事业，并作《微子之命》告诫他，定国都于宋。微子本来就仁义贤能，代替武庚后，殷的百姓十分拥戴他。

微子开去世后，立他的弟弟衍为国君，这就是微仲。微仲去世后，儿子宋公稽即位。宋公稽去世后，儿子丁公申即位。丁公申去世后，儿子湣公共即位。湣公共去世后，弟弟炀公熙即位。炀公即位后，湣公的儿子鲋祀杀死炀公夺取君位，并宣布说“我应当即位”。这就是厉公。厉公去世后，儿子釐公举即位。

釐公十七年，周厉王逃跑到彘。

二十八年，釐公去世，儿子惠公覸即位。惠公四年，周宣王即位。三十年，惠公去世，儿子哀公即位。哀公于元年去世，儿子戴公即位。

戴公二十九年，周幽王被犬戎所杀，秦国开始被列为诸侯。

三十四年，戴公去世，儿子武公司空即位。武公的女儿做了鲁惠公的夫人，生下了鲁桓公。十八年，武公去世，儿子宣公力即位。

宣公的太子名叫与夷。十九年，宣公生病了，把君位让给弟弟和说："父亲死了，儿子继位，哥哥死了，弟弟继位，是天下普遍的道义。我要立和为国君。"和多次谦让，最后才接受。宣公去世后，弟弟和即位，这就是穆公。

穆公九年，穆公病重，召来大司马孔父对他说："先君宣公舍弃太子与夷而把君位让给我。我永生不能忘怀。我死后，一定立与夷为国君。"孔父却说："大臣们都希望立公子冯！"穆公说："不要立冯，我绝不能辜负宣公。"于是穆公派冯出使郑国并居住在那里。八月庚辰日，穆公去世，哥哥宣公的儿子与夷即位，这就是殇公。君子之人听到这件事后说："宋宣公可以算是知人善任了，立自己的弟弟为国君保全了道义，然而自己的儿子也还是最终享有了国家。"

殇公元年，卫公子州吁杀死自己的国君完，自立为君主，想得到诸侯的支持，便派人告诉宋国国君说："冯在郑国，一定会作乱，你可以和我共同讨伐他。"宋君答应了，和卫共同攻打郑国，军队打到东门便返回了。第二年，郑国讨伐宋国，以报"东门役"的仇恨。从此以后，诸侯多次来进犯宋国。

殇公九年，大司马孔父嘉的夫人美貌，有一次外出，路遇太宰华督，华督看中了嘉的夫人，竟目不转睛地盯住她。华督贪图孔父的妻子，就让人在京城中扬言说："殇公即位十年，竟打了十一次大仗，百姓苦不堪言，这都是孔父嘉的罪过，我要杀死孔父嘉以安定人民。"当年，鲁人杀死自己的国君隐公。十年，华督杀死孔父嘉，夺了他的妻子。殇公很生气，于是华督又杀死了殇公，从郑国迎回穆公儿子冯并立他为君王，这就是庄公。

庄公元年，华督做宰相。九年，华督逮捕了郑国的祭仲，要挟他立突做郑国国君。祭仲答应了，最终立突为国君。十九年，庄公去世，儿子湣公捷即位。

湣公七年，齐桓公即位。九年，宋国洪水成灾，鲁国派臧文仲到宋国慰问水灾，湣公自责说："因为我不能事奉鬼神，政治不清明，所以发了大水。”臧文仲认为这话很对。这话实际是公子子鱼教导湣公的。

湣公十年夏天，宋国讨伐鲁国，在乘丘作战，鲁国活捉了宋国的南宫万。宋人请求释放南宫万，南宫万回归宋国。十一年秋天，湣公与南宫万出猎，南宫万与湣公因下棋争着先下，湣公很生气，侮辱他说：“最初我很敬重你，今天，你只不过是鲁国的一个俘虏。”南宫万勇武有力，痛恨湣公这样说，于是抓起棋盘把湣公杀死在蒙泽。大夫仇牧听说这件事，领兵来到湣公的宫门。南宫万迎击宋大夫仇牧，仇牧门齿碰到门板上死了。南宫万又杀死太宰华督，就改立公子游做国君。各位公子逃奔到萧邑，公子御说逃奔到亳邑。南宫万的弟弟南宫牛带领军队包围了亳邑。冬天，萧邑大夫和宋都逃来的公子们联合击杀了南宫牛，并杀死新立的国君公子游，而立湣公弟弟御说，这就是桓公。南宫万逃奔到陈国。宋国派人贿赂了陈。陈国人巧使美人计用醇酒灌醉了南宫万，用皮革把他裹上，送回宋国。宋国人把南宫万剁成肉酱。

桓公二年，诸侯讨伐宋国，到了宋都郊外就离开了。三年，齐桓公开始称霸。二十三年，卫国把公子毁从齐国迎回，并立他为国君，这就是卫文公。文公的妹妹是宋桓公的夫人。这一年，秦穆公即位。三十年，宋桓公病重，太子兹甫谦让自己的庶兄目夷继承君位。桓公虽然认为太子之意合乎道义，但最终未同意。三十一年春，桓公去世，太子兹甫即位，这就是宋襄公。襄公让自己的哥哥目夷做宰相。宋桓公还未安葬，齐桓公就在葵丘会见各国诸侯，襄公前去赴会。

襄公七年，宋地陨星坠落如雨，和雨水一起降下；六只鹢鸟退着飞行，因为风太大了。

襄公八年，齐桓公去世，宋国想与各诸侯会盟。十二年春天，宋襄公要在鹿上会盟，向楚国提出请求，楚人答应了他。公子目夷进谏说：“小国争当盟首，是灾祸。”襄公听不进目夷的劝告。秋天，各诸侯在盂与宋公聚会结盟。目夷说：“灾祸大概就在此吧？国君的欲望太过分了，怎么受得了呢！”果然，楚国拘捕了宋襄公以讨伐宋国。冬天，诸侯再次在亳相会，楚国释放了宋襄公。子鱼说：“灾祸还没有结束呢。”十三年夏天，宋国讨伐郑国。子鱼说：“灾祸就在这里了。”秋天，楚国为援救郑国而讨伐宋国。宋襄公将要出战，子鱼进谏说：“上天抛弃我们很久了，不可以战。”

冬天，十一月，宋襄公在泓水与楚成王作战。楚军渡河未完时，目夷就劝说：“敌人人多，我们人少，要趁他们未渡河时攻打他们。”襄公不听目夷的意见。等到楚军渡完河还未排列成阵势时，目夷又建议：“可以攻打了。”襄公却说：“等他们排好阵势再打。”楚军阵势排好，宋军才出战。结果宋军大败，宋襄公大腿受伤。宋国人都怨恨宋襄公。宋襄公辩解说：“君子不能乘人之危，不能攻打未列好阵势的军队。”子鱼说：“打仗胜了就是功劳，哪能讲这种迂腐的话呢！真的按您说的做，就像当奴隶一样服侍别人算了，还打什么仗呢？”

楚成王救郑国成功，郑国热情款待他；楚成王离开时，娶了郑君的两个女儿回楚。叔瞻说：“楚成王不懂礼节，难道能好死吗？两国诸侯相见最后以无礼收场，从这里就知道他绝对不能成就霸业了。”

这一年，晋公子重耳路过宋国，宋襄公因为被楚国打伤，想得到晋国的援助，于是厚礼重耳，赠送给他八十四匹马。

襄公十四年夏天，宋襄公最终死于泓水之战时的腿伤，儿子成公王臣即位。

成公元年，晋文公即位。三年，宋国背弃楚国盟约与晋国友好，因为宋国曾对晋文公有过恩德。成公四年，楚成王讨伐宋国，宋国向晋国告急。成公五年，晋文公救援宋国，楚军退去。成公九年，晋文公去世。成公十一年，楚太子商臣杀死自己的父亲成王即位。十六年，秦穆公去世。

十七年，成公去世。成公的弟弟御杀死太子和大司马公孙固而自立为国君。宋人又杀死国君御而拥立成公的小儿子杵臼，这就是昭公。

昭公四年，宋在长丘打败了长翟的首领缘斯。七年，楚庄王即位。

九年，昭公昏庸无道，百姓不归附他。昭公的弟弟鲍革非常贤德而又能礼贤下士。先前，襄公夫人想与公子鲍私通，鲍不肯，于是她就帮助鲍对国人布施恩惠。公子鲍由于华元的推荐作了右师。昭公出猎时，夫人王姬让卫伯杀死昭公杵臼，弟弟鲍革即位，这就是文公。

文公元年，晋国率领诸侯讨伐宋国，谴责宋人杀死了国君。但听说文公已被立为国君，于是就退兵了。二年，昭公的儿子在文公的同母弟弟须和武公、缪公、戴公、庄公、桓公后代的支持下作乱，文公便诛杀了他们，并赶走了武公、缪公的后代。

文公四年春天，楚国命令郑国讨伐宋国。宋国派华元做统帅，郑国打败了宋国，囚禁了华元。华元在作战前曾杀羊犒劳士兵，但是他的车夫没有吃到羊羹，所以十分怨恨，便驾着车跑到郑国军中，导致宋军战败，华元被囚。宋国用一百辆兵车、四百匹毛色漂亮的马赎回华元。这些东西还未完全送到楚国，华元就逃了回来。

文公十四年，楚庄王包围了郑国。郑伯投降了楚国，楚国又解围而去。

文公十六年，楚国使者路过宋国，宋国因有前仇，就逮捕了楚国使者。九月，楚庄王包围宋国国都。十七年，楚国包围宋都达五个月之久，城内告急，无粮可吃，华元便在一天夜里暗中会见楚国将领子反。子反把此事告诉了楚庄王。庄王问："城中怎么样？"华元回答："城内人劈开人骨做柴烧，交换着杀孩子吃肉。"庄王说："这话是真的呀！我军也只有两天的口粮了。"由于华元的诚实，楚国就退兵了。

二十二年，文公去世，儿子共公瑕立为国君。宋国第一次实行厚葬。君子讥笑华元没有尽到为臣的职责。

共公十年，华元与楚将子重友好，又与晋将栾书友好，因此与晋国和楚国都结了盟。十三年，共公去世。华元做右师，鱼石做左师。司马唐山杀死太子肥，又打算杀死华元，华元要逃亡到晋国，鱼石阻止了他，华元到了黄河边又折回来，杀死了唐山。于是就立共公的小儿子成为国君，这就是平公。

平公三年，楚共王攻下宋国的彭城，把彭城封给宋国左师鱼石。四年，诸侯共同杀死鱼石，而把彭城归还给宋国。三十五年，楚公子围杀死自己的国君即位，这就是灵王。四十四年，平公去世，儿子佐即位，这就是元公。

元公三年，楚公子弃疾杀死楚灵王，自立为平王。八年，宋国发生火灾。十年，元公不讲信用，用欺骗手段杀死许多公子。大夫华氏、向氏作乱。楚平王太子建逃奔到宋国，看见华氏等人互相攻伐，便离开宋国跑到郑国。十五年，元公因为鲁昭公被鲁国权臣季氏驱逐在外，便替他四处求情让他回鲁国，元公在为鲁昭公奔波的路上去世，儿子景公头曼即位。

景公十六年，鲁国阳虎逃奔到宋国，后来又离开了宋国。二十五年，孔子路过宋国，宋国司马桓魋讨厌孔子，想杀死他，孔子换上平民服逃出宋国。三十年，曹国背叛宋国，宋国讨伐曹国，晋国未去救援，于是宋国灭掉了曹国并占据了曹国的土地。三十六年，齐国田常杀死了国君简公。

景公三十七年，楚惠王灭亡了陈国。不祥的荧惑星在心宿徘徊不去（在中国的星占学上被认为是最不祥的，预示宋国将有灾难）。心宿区是宋国的天区。景公对此十分担忧。掌管占测天文星象的官员子韦说："可以把灾祸移到宰相身上。"景公说："不行，相国像是我的手足之臣。"子韦又说："可以移到百姓身上。"景公说："也不行，国君靠的就是百姓。"子韦又说："可以移到年成上。"景公说："更不行，年成歉收，百姓贫困，我做谁的国君！"子韦说："天虽高远却能听到下界细微的声音，您有这三句国君应该说的话，荧惑星应该移动了。"于是仔细观测荧惑星，荧惑星果然移动了三度。

六十四年，景公去世。宋公子特杀死太子即位，这就是昭公。昭公是元公的庶出曾孙。昭公的父亲是公孙纠，公孙纠的父亲是公子褍秦，公孙褍秦就是元公的小儿子。景公杀死昭公的父亲公孙纠，所以昭公怨恨太子，便杀死他，自己即位。

昭公在位四十七年去世，儿子悼公购由立为国君。悼公在位八年去世，儿子休公田即位。休公田在位二十三年去世，儿子辟公辟兵即位。辟公在位三年去世，儿子剔成即位。剔成四十一年，他的弟弟偃袭击他，剔成失败逃到齐国，偃自立为宋国国君。

君偃十一年，自立为王。他在东面打败了齐国，攻下五座城；南面打败了楚国，侵占三百里土地；西面打败了魏国，于是就和齐、魏成了敌国。君偃用牛皮袋盛着血，悬挂起来用箭射它，称为"射天"。君偃只知沉湎于酒色之中。凡是规劝他的大臣都被他射死。于是诸侯们都称他为"同夏桀一样残暴的宋君"。"宋君偃又步纣王后尘，为所欲为，不可不杀"。诸侯要求齐国讨伐宋国。王偃即位四十七年，齐湣王与魏、楚讨伐宋国，杀死宋王偃，灭掉了宋国，三国瓜分了宋地。

太史公说：孔子说过“微子走了，箕子成为奴隶，比干进谏被杀，殷朝有三位仁者”。《春秋》讥讽宋国的动乱从宣公废掉太子让自己的弟弟即位开始，国家不安定达十代之久。宋襄公时，修行仁义，想做盟主。他的大夫正考父称赞他，所以追述契、汤、高宗时代殷朝兴盛的原因，写了《商颂》。宋襄公在泓水吃了败仗，而有的君子却认为他值得赞扬，感叹当时中原地区的国家缺少礼义，所以表彰他，是因为宋襄公具有礼让精神。

（李　阳译）

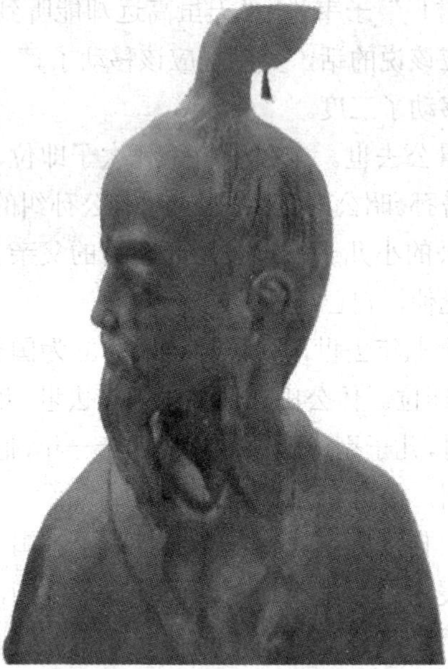

《史记》卷三十九 晋世家第九

晋国的唐叔虞，是周武王的儿子，周成王的弟弟。当初，周武王与叔虞母亲交会时，其母梦见上天对周武王说："我让你生个儿子，名叫虞，我把唐赐给他。"等到武王夫人生下婴儿后一看，手掌心上有个"虞"的字样，所以就给儿子取名为虞。

周武王去世后，周成王继位，唐发生内乱，周公消灭了唐。一天，周成王和叔虞做游戏，成王把一片梧桐树叶削成珪状送给叔虞，说："用这个分封你。"史佚于是请求选择一个吉日封叔虞为诸侯。周成王说："我和他开玩笑呢！"史佚说："天子无戏言。只要说了，史官就应如实记载下来，按礼节完成它，并奏乐章歌咏它。"于是周成王就把唐封给了叔虞。唐在黄河、汾河的东边，方圆一百里，所以叫唐叔虞。姓姬，字子于。

唐叔的儿子燮就是晋侯。晋侯的儿子宁族就是武侯。武侯的儿子服人就是成侯。成侯的儿子福就是厉侯。厉侯的儿子宜臼就是靖侯。靖侯以后，可以推算年代。从唐叔到靖侯五代，没有年代记载。

靖侯十七年，周厉王残暴狂虐，国人造反作乱，厉王逃到彘，大臣共同主持政务，所以叫"共和"。

十八年，靖侯逝世，儿子釐侯司徒继位。釐侯十四年，周宣王即位。十八年，釐侯逝世，儿子献侯籍即位。献侯在位十一年逝世，儿子穆侯费王即位。

穆侯即位的第四年，娶了齐女姜氏做夫人。七年，穆侯讨伐条地。夫人生下太子仇。十年，讨伐千亩，建立了功劳。穆侯又生了个小儿子，取名成师。晋人师服说："君王给孩子取的名，真奇怪呀！太子叫仇，仇是仇恨的意思。小儿子却叫成师，成师是大名号，是成就他的意思。名字是自己起的，然而，事物却自有规律。现在，嫡长子与庶子取的名字正好相反，这以后晋国难道能不乱吗？"

二十七年，穆侯去世，他的弟弟殇叔自立为君王，太子仇被迫逃亡。殇叔三年，周宣王逝世。四年，穆侯的太子仇率领自己的部下袭击殇叔自立为国君，这就是文侯。

文侯十年，周幽王昏庸无道，犬戎杀死周幽王，周王室东迁。秦襄公开始被列为诸侯。

三十五年，文侯仇逝世，儿子昭侯伯即位。

昭侯元年，把曲沃封给文侯的弟弟成师。曲沃城比翼城大。翼城是晋君的都城。成师被封在曲沃，称为桓叔。靖侯的庶孙栾宾辅佐桓叔。当时桓叔已经五十八岁，崇尚德行，晋国百姓都归附他。君子说："晋国的动乱就在曲沃了。桓叔的封地曲沃大于晋君的国都翼城并且深得民心，不乱还等什么！"

昭侯七年，晋国大臣潘父杀死国君昭侯而迎接在曲沃的桓叔。桓叔正想进入晋都，但晋人发兵攻打桓叔。桓叔失败，又回到曲沃。晋人共同立昭侯的儿子平为国君，这就是孝侯。孝侯杀了潘父。

孝侯八年，曲沃的桓叔逝世，儿子鳝代替桓叔，这就是曲沃庄伯。孝侯十五年，曲沃庄伯在翼城杀死国君晋孝侯。晋人攻打庄伯，庄伯再次退回到曲沃。晋人又立孝侯儿子郄为国君，这就是鄂侯。

鄂侯二年，鲁隐公刚即位。

鄂侯在位六年逝世。曲沃庄伯听说晋鄂侯去世，便兴兵讨伐晋都。周平王派虢公率领军队讨伐曲沃庄伯，庄伯逃回曲沃防守。晋人共同立鄂侯儿子光为国君，这就是哀侯。

哀侯二年，曲沃庄伯逝世，儿子称接替庄伯即位，这就是曲沃武公。哀侯六年，鲁国人杀死自己的国君隐公。哀侯八年，晋国侵伐陉廷。陉廷人和曲沃武公共同谋划，九年，在汾河畔讨伐晋国，俘虏了哀侯。晋人就立哀侯的儿子小子为国君，这就是小子侯。

小子元年，曲沃武公指使韩万杀死了被俘的晋哀侯。曲沃越发强大，晋国对它无可奈何。

晋小子四年，曲沃武公骗来晋王小子并杀死了他。周桓王派虢仲讨伐曲沃武公，武公逃回曲沃，晋哀侯的弟弟缗被立为晋侯。

晋侯缗四年，宋逮捕了郑国的祭仲，强迫他立突为郑国国君。晋侯十九年，齐人管至父杀死自己的国君齐襄公。

晋侯二十八年，齐桓公开始称霸。曲沃武公讨伐晋侯缗，灭掉了晋侯缗，把晋国的宝器全部用来贿赂了周釐王。釐王任命曲沃武公为晋国国君，列为诸侯，于是武公把整个晋国土地全部吞并，据为己有。

曲沃武公已经即位三十七年了，才改号为晋武公。晋武公开始迁到晋国都城，加上以前在曲沃的时间，总共在位三十八年。

晋武公称，是先君晋穆侯的曾孙，曲沃桓叔的孙子。桓叔是首先被封于曲沃的。武公是庄伯的儿子。从桓叔最初封于曲沃到武公灭亡晋国,共六十七年,最终取代晋国成为诸侯。武公取代晋君两年后去世。与在曲沃的年份合在一起，总共在位三十九年去世。他的儿子献公诡诸即位。

献公元年,周惠王的弟弟穨攻击惠王,惠王逃跑,住在郑国的栎邑。

献公五年，晋献公讨伐骊戎，得到骊姬及骊姬妹妹，对她们都十分宠爱。

献公八年，晋大夫士蒍劝献公说:“晋国原有很多公子，不杀死他们就要发生动乱。”于是献公派人要把所有的公子都杀死，同时修筑聚城当作都城，改名叫绛，开始定都于绛。九年，晋国的众多公子已经逃奔到虢国，虢国因此再一次讨伐晋国，未能取胜。十年，晋国想讨伐虢国，士蒍说:“姑且等它自己发生内乱。”

献公十二年，骊姬生下奚齐。晋献公打算废掉太子，就说:“曲沃是我们先祖宗庙所在之地，而蒲城靠近秦国，屈城靠近翟国，如果不让公子们在那些地方镇守，我将忧心忡忡。”于是，献公让太子申生去驻守曲沃，公子重耳去驻守蒲城，公子夷吾去驻守屈城。献公与骊姬生的儿子奚齐就驻守在绛。晋国人因此知道太子将不能即位了。太子申生的母亲是齐桓公的女儿，叫齐姜，早就去世。申生同母的妹妹是秦穆公夫人。重耳的母亲是翟人狐氏女子。夷吾的母亲是重耳母亲的妹妹。献公共有八个儿子，太子申生和重耳、夷吾都很有贤才和品德。等到晋献公得到了骊姬，就疏远了这三个儿子。

十六年，晋献公建立二军。献公统率上军，太子申生统率下军，赵夙驾驭战车，毕万担任护右，相继讨伐并灭掉了霍国、魏国、耿国。等全军回到晋国后，献公给太子在曲沃筑城，把耿赐予赵夙，把魏赐予毕万，让他们成为大夫。士蔿说："太子已经不能立为国君了。分给都城，爵位是卿，预先把太子的禄位提高到极点，又怎么能即位呢！太子不如逃走，免得大祸临头。太子仿效吴太伯，不也可以吗，这样，还能落得个好名声。"太子没有听从。掌管占卜的大夫郭偃说："毕万的后代一定强大。万，是个满数；魏，又是个高大的名字。把魏赏赐给毕万，就是上天开其福祉。天子有兆民，诸侯有万民，今天给它大名，又随以满数，他必定会得到众多百姓的拥护。"当初，毕万在晋国占卜自己的官运，遇到《屯》卦变成《比》卦。辛廖占卜说："这是吉利。《屯》卦预示坚固，《比》卦预示进入，没有比这更吉利的了。他的后代一定繁荣昌盛。"

献公十七年，晋侯让太子申生讨伐东山。晋大夫里克劝谏献公说："太子是奉献祭祀宗庙和社稷的祭品，早晚陪侍国君用膳的人，所以叫冢子。国君要出行，太子就应留守，有人代为留守，太子就跟随出行，随从叫抚军，留守叫监国，这是古代的制度。军队的统帅，必定专心谋划；号令军队，是国君与正卿的专职，这不是太子的事情。军队的统帅在于发号施令，太子请命于国君，则没有威严；如独断专行，又会不孝。所以国君的继位嫡子不可以统率军队。国君以太子为军队统帅是错命官职，统帅没有威严，又怎样用他呢？"献公说："我有几个儿子，不知道该立谁为太子。"里克没有回答就退了出来，去见太子。太子问："我大概将要被废掉吧？"里克说："太子努力吧！让您统率下军，怕的应该是不能完成任务，为什么废掉您呢？况且您怕的是不孝，不应怕不能即位。自己注意修身养性，不去责难别人，就可以免除灾难。"太子统率军队，献公让他穿上左右异色的衣服，佩戴上金玦。里克推说有病，没有跟从太子。太子于是就去讨伐东山。

十九年，献公说："当初我们的先君庄伯、武公平息晋国动乱时，虢国常常帮助晋国讨伐我们曲沃，又藏匿了晋国逃跑的公子，现在果真作乱，不去讨伐，将给子孙留下后患。"于是，献公就让荀息驾着屈地所产的驷马向虞国借路。虞国同意借路，晋国就去讨伐虢国，攻下下阳后回国了。献公私下对骊姬说："我想废掉太子，让奚齐代替他。"骊姬听后哭着说："太子已经立好了，诸侯们都已经知道，而且太子多次统率军队，百姓都归附他，为什么因为我就要废掉嫡长子而立庶子，你一定这样做，我就自杀。”骊姬假装赞扬太子，但暗中却让人中伤太子，想立自己的儿子为太子。

献公二十一年，骊姬对太子说：“君王曾梦见齐姜，太子应立即去曲沃祭祀母亲，回来后把胙肉献给君王。”于是太子赶到曲沃去祭祀母亲，回到晋都后，把胙肉奉送给献公。献公当时出去打猎了，太子便把胙肉放在宫中。骊姬派人在胙肉里放了毒药。过了两天，献公打猎回宫，厨师把胙肉献给献公，献公正想享用，骊姬从旁阻止说：“胙肉来自远方，应检验一下。”厨师把胙肉倒在地上，地面突起；厨师把胙肉扔给狗，狗吃后立即死了；厨师把胙肉给宦臣吃，宦臣也死了。骊姬哭着说：“太子怎么这么残忍呢！连自己的父亲都想杀死去接替其位，何况其他人呢？况且您已经年老了，还能在世几天呢，太子竟迫不及待地想杀死您！”骊姬接着又对献公说：“太子之所以这样做，不过是因为我和奚齐的缘故。我们母子宁愿躲到别国，或早早自杀，不要白白让我母子俩被太子残害。当初您想废掉他，我还反对您；到了今天，我才知道我大错特错了。”太子听到这事后，逃到新城，献公非常生气，就杀死了太子的老师杜原款。有人对太子说：“把毒药放到胙肉里的就是骊姬，太子为什么不自己去说清楚呢？”太子说：“我父亲年老了，没有骊姬将睡不稳，食无味。假使我说明白，父亲将对骊姬发脾气。我不能这么做。”有人又对太子说：“那你赶快逃到别的国家去吧。”太子说：“带着这个罪名逃跑，谁能接纳我呢？我自杀算了。”十二月戊申日，太子申生便在新城自杀身亡。

这时重耳、夷吾来朝见国君。有人告诉骊姬说：“这两位公子恨你诬陷杀死了太子。”骊姬十分害怕，因此又向献公诬陷两位公子说：“申生把毒药放到胙肉中，两位公子事先都知道。”重耳、夷吾听到骊姬的诬陷之言，也很害怕，于是重耳跑到蒲城，夷吾跑到屈城，戒备森严地保护着自己的城邑。当初，献公让士蒍给两位公子修筑蒲、屈城墙，还未修筑成功。夷吾把这事报告了献公，献公对士蒍很生气。士蒍谢罪说：“边城寇贼少，何必非要修城墙呢？”士蒍退下后作歌道：“狐皮袄的毛散乱了，一个国家有三个主，我将服从谁呢！”士蒍终于修好了城墙。等到申生死后，两位公子也就各自回去防守着自己的城池了。

二十二年，献公对两位公子不辞而别十分不满，认为他们果真有阴谋，就派军队讨伐蒲城。蒲城有个叫勃鞮的宦者让重耳赶快自杀。重耳爬墙逃走，勃鞮追赶，割下重耳的衣袖。重耳得以逃跑，到了翟国。献公又派人讨伐屈城，屈城人全力防守，未被攻下。

这一年，晋国又向虞国借路讨伐虢国。虞国大夫宫之奇劝谏虞君说："不能把道路借给晋国，否则晋国会灭掉虞国。"虞君说："晋国与我同姓，它不应该攻打我国。"宫之奇说："太伯、虞仲都是太王的儿子，太伯逃走，因而未能继承王位。虢仲、虢叔都是王季的儿子，是文王的卿士，他们的功勋都在王室中有记载，收藏在掌管盟约的官员手中。晋国一定要将虢国灭掉，又怎么会爱惜虞国？况且，晋国亲近虞国能胜过亲近桓叔、庄伯家族吗？桓叔、庄伯家族有何罪过，晋君竟然全部杀死了他们。虞国与虢国关系，就如同唇与齿的关系，唇亡齿寒。"虞君不听宫之奇的劝告，便答应了晋国。宫之奇带着整个家族离开了虞国。这年冬天，晋国灭掉虢国，虢公丑逃到周邑。晋军返回时，袭击并灭掉了虞国，俘虏了虞公及他的大夫井伯百里奚作为献公女儿秦穆姬的陪嫁奴隶，并派人办理虞国国内的一切祭祀。荀息把献公过去送给虞君的屈产名马又献给了献公，献公笑道："马还是我的马，可惜也老了！"

二十三年，晋献公派贾华等人攻打屈城，屈城溃败。夷吾打算逃奔到翟国。冀芮说："不行，重耳已经在那里了，今天你如果也去，晋国肯定会调军攻打翟国，翟国害怕晋国，灾祸就要危及你了。你不如逃到梁国，梁国靠近秦国，秦国强大，我们国君去世后，你就可以请求秦国送你回国了。"于是，夷吾跑到了梁国。二十五年，晋国攻打翟国，翟国因为重耳的缘故，也从啮桑攻打晋国，结果晋国退了兵。这个时期，晋国强大了起来，向西占有河西，与秦国接壤，北到翟国，东到河内。这时骊姬的妹妹生下了悼子。

献公二十六年夏天，齐桓公在葵丘与诸侯举行盛大盟会。晋献公因病去得晚，还没到达葵丘，就遇见周朝的宰孔。宰孔说："齐桓公越发骄横了，不尽力修行德政而想方设法向远方侵略，诸侯们都愤愤不平。

您还是不要去参加会盟了，齐桓公不能对晋国怎么样。”加之晋献公有病，就返回晋国了。不久，献公病重，就对荀息说：“我让奚齐继承王位，可是他还年幼，大臣们都不服，恐怕要出乱子，你能立他吗？”荀息说：“能。”献公说：“拿什么做凭证？”荀息回答说：“假使您死后再生还，活着的我仍然不感到惭愧，这就是凭证。”于是，献公把奚齐托付给荀息。荀息做相国，主持国家政务。秋季九月时，献公逝世。里克、邳郑想接回重耳，利用三位公子的部下作乱，便对荀息说：“三个怨家将要起来，外有秦国、内有晋国百姓帮助他们，你打算怎么办？”荀息说：“我不能违背对先君的承诺。”十月，里克在守丧的地方杀死奚齐，当时，献公还未被安葬。荀息打算一死了之，有人建议不如立奚齐的弟弟悼子并辅佐他。荀息便立了悼子并安葬了献公。十一月，里克在朝堂上杀死了悼子，荀息为此也自杀了。君子说：“《诗经》所说的‘白珪有了斑点，还可以磨亮，话要是说错，就无可挽救了’，这就是说的荀息呀！荀息没有违背自己的诺言。”当初，献公将要讨伐骊戎时，龟卜说过“祸患源自小人的谗言”。等到打败了骊戎，得到了骊姬，献公十分宠爱她，最终搞乱了晋国。

里克等人已杀死了奚齐、悼子，派人到翟国迎接公子重耳，打算拥立他。重耳辞谢道：“违背父亲的命令逃出晋国，父亲逝世后又不能按儿子的礼仪侍候丧事，我怎么敢回国即位，请大夫还是改立别人吧。”派去的人回来报告里克，里克让人到梁国去迎接夷吾。夷吾想回晋国，吕省、郤芮说：“国内还有公子可以即位却到国外来找，难以让人相信。估计不去秦国，以便借强国的威力回晋国，恐怕很危险。”于是，夷吾让郤芮用厚礼贿赂秦国，并约定：“假使我能回到晋国，愿把晋国河西的土地奉献给秦国。”夷吾还给里克一封信说：“假使我真能即位，愿把汾阳城封给您。”秦缪公就派军队护送夷吾回了晋国。齐桓公听说晋国内乱，也率领诸侯到达晋国。秦军和夷吾这时也到达了晋国，齐国就让隰朋会同秦国一起把夷吾送回晋国，立他为晋君，这就是惠公。齐桓公到了晋国的高梁就返回齐国了。

惠公夷吾元年，派邳郑向秦君道歉说：“当初我把河西地许给您，今有幸回国立为国君。大臣说：‘土地是先君留下来的，你逃亡在外，凭什么擅自许给秦国呢？’我力争也无用，所以向秦国道歉。”同时，夷吾也不把汾阳城封给里克，反而夺了他的大权。四月，周襄王派周公忌父与齐、秦大夫相会共同为晋惠公举行正式的典礼。惠公因重耳逃亡在外，怕里克发动政变，便赐里克死，并对他说：“没有你里克我不能即位。虽然如此，你也杀死了两位国君和一位大夫，作你的国君不也太难了吗？”里克回答说：“不废掉前边的，你怎么能即位呢？想杀死我，难道还找不到借口吗？你竟说这种话！我遵命就是了。”说完，里克就伏剑自杀了。此时邳郑却由于去秦国道歉没回来，才免于此难。

晋君重新按礼仪改葬太子申生。秋天，狐突到了曲沃，遇到申生的鬼魂，申生让他一起乘车并告诉他说：“夷吾无礼，我要向天帝请求惩罚有罪之人，将把整个晋国送给秦国，秦国将会祭祀我。”狐突回答说：“我听说神是不享用不是自己宗族的祭祀的，如此，您的祭祀难道不是断绝了吗？您仔细考虑考虑吧！”申生说：“好吧，我要再一次向天帝请求惩罚有罪之人。十天后，在新城西边将有巫者显现我的灵魂。”狐突答应了申生，申生就不见了。等到狐突按期前往新城西，果然见到了申生，申生告诉他说:“天帝已答应惩罚罪人了，他将在韩原战败。”于是儿童就唱起了歌谣：“恭太子改葬了，以后十四年，晋国也不会繁荣昌盛，晋国的昌盛要等他的兄长重耳。”

邳郑出使秦国，听说里克被杀，就对秦缪公说：“吕省、郤称、冀芮确实不愿意以河西之地贿赂秦国。如果能够贿赂他们一些财物，与他们商量，赶走晋君，送重耳回晋国，事情就一定成功。”秦缪公答应了他，派人和邳郑一起回访晋国，用丰厚的财物贿赂了三人。三人说:“财多话甜，这一定是邳郑向秦国出卖了我们。”于是三人杀死了邳郑及里克、邳郑的党徒七舆大夫。邳郑的儿子豹逃到秦国，要求秦国攻打晋国，秦缪公没有听从。

惠公即位后，违背了给秦土地及封里克的约定，又杀死了七舆大夫，晋国人都不顺服。二年，周王室派召公过依礼制赐命晋惠公以示荣宠，惠公礼节傲慢，召公过讥笑他。

惠公四年，晋国发生饥荒，向秦国乞求购买粮食。缪公问百里奚，百里奚说：“天灾流行，各国都可能发生，救灾助邻是国家的道义。应该卖给晋国。”邳郑的儿子豹却说：“应该攻打晋国。”缪公说：“晋君确实有罪，晋国的百姓有什么罪！”秦国最终卖给晋国粮食，运粮的船队自秦国都城雍源源不断运到晋国都城绛。

惠公五年，秦国发生饥荒，请求购买晋国的粮食。晋君与大臣们商量这件事，庆郑说：“君王凭借秦国力量才即位，后来我们又违背给秦土地的约定。晋国发生饥荒，秦国卖给了我们粮食，今天，秦国饥荒，请求买晋国的粮食，我们卖给他们，还有什么疑问的呢？何必还要商量呢！”虢射说：“去年上天把晋国赐给秦国，秦国竟不知道夺取晋国反而卖给我们粮食。今天，上天把秦国赐给晋国，晋国难道应该违背天意吗？应该攻打秦国。”惠公便采纳了虢射的计谋，未卖给秦国粮食，反而派军队攻打秦国。秦国非常生气，也派军队攻打晋国。

惠公六年的春天，秦缪公率领军队讨伐晋国。晋惠公对庆郑说：“秦军深入到我国境内，该怎么办呢？”庆郑说：“秦国护送您回国，您却违背约定不给秦土地；晋国闹饥荒时，秦国立即运来粮食援助我们，秦国闹饥荒，晋国不仅不给予援助，反而想借机攻打人家，今天秦军深入晋国国境不也是应该的吗？”晋国对驾车和担任护卫的人选进行了占卜，庆郑得的都是吉卦。惠公说：“庆郑不恭顺。”就改让步阳驾车，家仆徒做护卫进军攻秦。九月壬戌日，秦缪公、晋惠公在韩原交战。惠公的马深陷在泥里跑不动了，秦军赶来，惠公十分窘迫，叫庆郑驾车。庆郑说：“不照占卜的去做，失败不是应该的吗？”说完，庆郑就走了。惠公改让梁繇靡驾车，虢射担任护卫迎击并包围秦缪公。秦缪公的勇武士兵突围并打败了晋军，晋军败退，丧失了俘虏秦缪公的机会，秦军反而俘获了晋惠公带回秦国。秦缪公将要杀死他祭祀上帝。晋惠公的姐姐是缪公夫人，她身穿丧服哭泣不止。秦缪公说：“俘获了晋侯应该庆贺高兴啊，现在你竟悲痛起来。况且我听说箕子看到唐叔刚刚被分封时说过‘他的后代一定繁荣昌盛’，晋怎么能灭亡呢？”于是，秦缪公就和晋侯在王城结盟并允许他返回晋国。晋侯也派吕省等人回报国人说：“我虽然能回晋国，但已没有脸面再见社稷，选个吉日让子圉即位吧！”晋人听到这话都伤心地哭了。秦缪公问吕省：“晋国人和睦吗？”吕省回答说：“不和睦。老百姓怕失去国君出现内乱、牺牲父母，不怕子圉即位，都说‘一定要报此仇，宁可侍奉戎、狄（也不从秦国）’。可是那些贵族们却很爱护自己的国君，而承认晋国对秦国有罪，愿意听凭秦国的处置，他们说‘一定报答秦国对晋国的恩惠’。因为有这两种情况，所以晋国不和睦。”于是秦缪公更换晋惠公的住处，馈赠晋惠公七牢（待诸侯之礼）。十一月，让晋惠公归国。晋侯返回晋国后，杀了庆郑，重新修整政务。与大臣们商议说：“重耳在外，各国诸侯多认为让他回国为君对自己有利。”于是晋君想派人到狄国去杀死重耳。重耳听到风声，就跑到齐国去了。

惠公八年，晋惠公让太子圉到秦国当人质。当初，惠公逃到梁国时，梁伯把自己的女儿嫁给了他，生下一男一女。梁伯为他们占卜，男孩是做臣的，女孩是做妾的，所以男孩取名为圉，女孩取名为妾。

惠公十年，秦国灭掉了梁国。梁伯喜好大兴土木，修筑城池沟堑，百姓疲惫不堪，怨声载道，他们多次互相惊吓说“秦军来了”，百姓过分恐惧，秦国最终灭掉了梁国。

十三年，晋惠公生病了，他有几个儿子。太子圉说：“我母亲家在梁国，现在梁国被秦国灭掉了，我在国外被秦国轻视而在国内又无援助。我的父亲病重卧床不起，我担心晋国大夫看不起我，会改立其他公子为太子。”于是太子圉与妻子商量一起逃回晋国。秦国的女子说：“您是一国的太子，在此受辱。秦国让我服侍您，为的是稳住您的心。您逃跑吧，我不拖累你，也不敢声张出去。”太子圉于是跑回晋国。十四年九月，晋惠公去世，太子圉即位，这就是怀公。

太子圉逃走，秦国十分生气，就找公子重耳，想送他回国。太子圉即位后，担忧秦国来攻打，于是下令晋国跟从重耳逃亡在外的人必须按期归晋，逾期未归者杀死整个家族。狐突的儿子毛和偃都跟从重耳在秦国，狐突不肯叫他们回来。怀公很恼火，囚禁了狐突。狐突说：“我的儿子侍奉重耳已经很多年了，今天您下令叫回他，这就是让他反对自己的君主。我用什么教育他们呢？”怀公便杀死了狐突。秦缪公于是派军队护送重耳回晋国，派人先通知栾枝、郤谷等人做内应，在高梁杀死怀公，送回了重耳。重耳即位，这就是文公。

晋文公重耳是晋献公的儿子。他从小就喜好结交士人，十七岁时就有五个品德高尚、才能出众的朋友：赵衰；狐偃咎犯，这是文公的舅父；贾佗；先轸；魏武子。从晋献公做太子时起，重耳就已是成年人了。献公即位时，重耳二十一岁。献公十三年，因为骊姬的缘故，重耳驻守在蒲城防备秦国。献公于二十一年时，杀死了太子申生，骊姬进谗言害重耳，重耳害怕，与献公不辞而别就跑回蒲城驻守。献公二十二年，献公派宦者履鞮前去捕杀重耳。重耳跳墙逃跑，宦者追赶并割掉了重耳的袖子。重耳于是逃到狄国。狄国是重耳母亲的祖国。当时重耳四十三岁。从那以后，他的五位朋友，还有不知名的几十位朋友，与他一起到了狄国。

狄讨伐咎如，俘获两位女子：把年长的女子嫁给重耳，生下伯儵、叔刘；把年少的女子嫁给赵衰，生下了赵盾。重耳在狄住了五年，晋献公就去世了，里克已杀死奚齐、悼子，让人迎接重耳，想拥立重耳。重耳怕被杀，因此坚决辞谢，不敢回晋。后来，晋国又迎接重耳的弟弟夷吾并拥立了他，这就是惠公。惠公七年时，因害怕重耳，就让宦者履鞮带着勇士去谋杀重耳。重耳知道情况后，就与赵衰等人商量说："我当初逃到狄，不是因为它可以给我帮助，而是因为路途近容易到达，所以暂且在此歇脚。歇脚久了，就希望迁到大国去。齐桓公喜好善行，有志称霸，体恤诸侯。现在听说管仲、隰朋去世，齐也想寻找贤能的人辅佐，我们何不前往呢？"于是，重耳又踏上了去齐国的路途。离开狄国时，重耳对妻子说："等我二十五年不回来，你就改嫁。"妻子笑着回答说："等到二十五年，我坟上的柏树都长大了。虽然如此，我还是会等着你的。"重耳在狄国共居住了十二年才离开。

重耳经过卫国，卫文公很不礼貌。于是就离开，经过五鹿时，饿了，向村民讨饭吃，村民把土块放在容器中献给他。重耳非常愤怒。赵衰说："土象征着拥有土地，你应该行礼接受它。"

重耳到了齐国，齐桓公厚礼招待他，并把同族的一个女子嫁给他，陪送二十辆马车，重耳在此感到很满足。重耳在齐国住了两年，桓公去世，正赶上竖刀等人发起内乱，齐孝公即位，诸侯的军队又多次来侵犯。重耳在齐总共住了五年。重耳爱恋在齐国娶的妻子，没有离开齐国的意思。赵衰、咎犯有一天就在一棵桑树下商量离齐之事。重耳妻子的侍女在桑树上听到他们的密谈，回屋后偷偷告诉了主人。主人竟把侍女杀死，劝告重耳赶快离开齐国。重耳说："人生来就是寻求安逸享乐的，何必管其他事，我一定死在齐，不能走。"妻子说："您是一国的公子，走投无路才来到这里，您的这些随从把您当作他们的生命。您不赶快回国，报答劳苦的臣子，却贪恋女色，我为你感到羞耻。况且，现在你不去追求，什么时候才能成功呢？"她就和赵衰等人用计灌醉了重耳，用车载着他离开了齐国。走了一段很长的路，重耳才醒来，一弄清事情的真相，他就大怒，拿起戈来要杀咎犯。咎犯说："杀死我成就您，这是我的心愿。"重耳说："事情要是不成功，我就吃舅父您的肉。"咎犯说："事情不能成功，我的肉又腥又臊，哪值得吃呢！"于是重耳平息了怒气，继续前行。

重耳路过曹国，曹共公无礼，想偷看重耳的腋下肋骨相连的情形。曹国大夫釐负羁说："晋公子贤明能干，与我们又是同姓国，穷困中路过我国，为什么不以礼相待？"曹共公不听劝告。釐负羁就私下给重耳食物，并把一块玉璧放在食物下面。重耳接受了食物，把玉璧还给釐负羁。

重耳离开曹国，来到宋国，宋襄公刚刚被楚军打败，在泓水负伤，听说重耳贤明，就按国礼接待了重耳。宋国司马公孙固与咎犯友好，说："宋国是小国，又刚吃了败仗，不足以帮助你们回国，还是到大国去吧。"重耳一行人于是又离开了宋国。

重耳路过郑国，郑文公不以礼相待。郑大夫叔瞻劝告国君说："晋公子贤明，他的随从都是国家的栋梁之才，又与我国同姓。郑国从厉王分出，晋国从武王分出。"郑国国君说："从诸侯国中逃出的公子经过我国的太多了，怎么可以都按礼仪去接待呢！"叔瞻说："您若不以礼相待，就不如杀掉他，免得成为我国的后患。"郑国国君没有听从。

重耳离开郑国到了楚国，楚成王用对待诸侯的礼节招待他，重耳辞谢不敢接受。赵衰说："你在外逃亡已达十余年之久，小国都轻视你，何况大国呢？今天，楚是大国坚持厚待你，你不要辞让，这是上天要让你兴起。"重耳于是按诸侯的礼节会见了楚成王。成王很好地接待了重耳，重耳十分谦恭。成王说："您将来回国后，用什么来报答我？"

重耳说："珍禽异兽、珠玉绸绢，君王都富富有余，不知道该用什么礼物报答您。"成王说："虽然如此，您说该用些什么来报答我才好。"重耳说："假使不得已，万一在平原、湖沼地带与您兵戎相遇，我就为您退避三舍。"楚国大将子玉生气地说："君王对待晋公子太好了，今天重耳出言不逊，请杀了他。"成王说："晋公子品行高尚，但在外困顿多年，随从都是国家的贤才，这是上天安排的，怎么可以杀了呢？况且他的话又该怎样去说呢？"重耳在楚国住了几个月，晋国太子圉从秦国逃跑了，秦国怨恨他，听说重耳住在楚国，就把重耳邀请到秦国。成王说："楚国太远了，要经过好几个国家才能到达晋国。秦国、晋国交界，秦国国君很贤明，你好好去吧！"楚成王赠送给重耳很多礼物。

重耳到了秦国，秦缪公把同宗的五个女子嫁给重耳，原公子圉的妻子也在其中。重耳不打算接受公子圉的妻子，司空季子说："他的国家您都将去攻打了，何况他的妻子呢！况且您接受此女为的是与秦国结成姻亲以便返回晋国，您竟拘泥于小礼节，忘记大的耻辱么！"重耳于是接纳了公子圉的妻子。秦缪公十分高兴，亲自与重耳宴饮。赵衰吟了《黍苗》诗。秦缪公说："我知道你想尽快返回晋国。"赵衰与重耳离开了座位，再次拜谢说："我们这些孤立无援的臣子仰仗您，就如同百谷盼望知时节的好雨。"当时是晋惠公十四年的秋天。惠公于九月去世，子圉即位。十一月，晋国安葬了惠公。十二月，晋国大夫栾枝、郤谷等人听说重耳在秦国，都暗中来劝重耳、赵衰等人回晋国，做内应的人很多。于是秦缪公就派军队护送重耳回晋国。晋君听说秦军来了，也派出军队抵抗。可是民众都暗中知道了公子重耳要回来。只有惠公的旧大臣吕甥、郤芮之流不愿让重耳即位。重耳在外逃亡十九年最终返回晋国，这时他已六十二岁了，晋人大多都归附于他。

文公元年春天，秦国护送重耳到达黄河岸边。咎犯说："我跟随您周游天下，过错也太多了。我自己都知道，何况您呢？我请求从此离去吧。"重耳说："如果我回到晋国后，有不与您同心的地方，请河伯作证！"于是，重耳就把玉璧扔到黄河中，与子犯盟誓。那时介子推也是随从，正在船中，就笑着说："确实上天在支持公子兴起，可子犯却认为是自己的功劳并以此要挟向君王邀功请赏，实在太可耻了。我不愿和他同列共事。”便自己隐秘地渡过黄河。秦军包围了令狐，晋军驻扎在庐柳。二月辛丑日，咎犯与秦晋大夫在郇结盟。壬寅日，重耳进入晋军中。丙午日，重耳到达曲沃。丁未日，重耳到曲沃的武宫庙朝拜，即位做了晋国国君，这就是文公。大臣们都前往曲沃。怀公圉逃到高梁。戊申日，重耳派人杀死了怀公。

怀公旧大臣吕省、郤芮本来就不愿归附文公，恐怕被杀，就和自己的党羽阴谋放火烧掉文公居住的宫殿，杀死文公。文公对此毫无察觉。而早先曾经想杀死文公的宦者履鞮却知道这个阴谋，想把这个阴谋告诉文公，以便解脱早先的罪过，便要求谒见文公。文公拒绝见他，派人谴责他说：“蒲城的事，你割掉了我的衣袖。后来，我跟着狄君去狩猎，你替惠公追踪杀我。惠公与你约定三天到达，而你竟一天就赶到，何其快也？你仔细想想吧。”宦者说：“我是受过宫刑的人，不敢用二心侍奉国君，背叛主人，所以得罪了您。您现在已经回国，难道就没有蒲、翟那样的隐患了吗？况且，管仲射中齐桓公的带钩，桓公仍重用管仲得以称霸。今天我这个罪人想告诉您一件要事，您却不见我，只怕灾祸又将降临到您头上了。”于是文公接见了他，他便把吕省、郤芮等人的阴谋一五一十地告诉了文公。文公想召见吕、郤，但吕、郤等党羽众多，文公担心刚刚回国，国人可能加害自己，就隐藏起自己的身份秘密出行，到王城会见了秦缪公，国人全然不知道他的行动。三月己丑日，吕、郤等人果真造反，烧毁了文公居住的宫殿，却未找到文公。文公的卫兵与他们交战，吕、郤等想率军逃跑，秦缪公引诱吕、郤等人，在黄河畔杀死他们。晋国恢复平静后，文公得以返回国都。这年夏天，文公从秦国接回夫人，秦国所给文公的妻子终于成为夫人。秦国还送了三千人做文公的卫士，以便防备晋国内乱。

晋文公修明政治，对百姓布施恩惠，赏赐随从逃亡的人员和各位有功之臣，功大的封给城邑，功小的授予爵位。文公还未来得及赏赐完毕，周襄王因弟弟王子带发难逃到郑国居住，于是来向晋国告急。晋国刚刚安定，想派军队去救援，又担心国内发生动乱，因此，文公赏赐随从逃亡者的事，还未顾及到隐士介子推。介子推也不要求俸禄，俸禄也没轮到他。介子推说：“献公有九个儿子，只有国君还健在。惠公、怀公没有亲信，国内外都唾弃他们；上天还没让晋国灭亡，必定要有君主主持晋国祭祀的，除了国君还能有谁呢？上天确实在助您兴起，可是那些追随国君逃亡的人以为是自己的功劳，不也是很荒谬吗？偷了别人的财物，尚且被称为是盗贼，何况是贪天之功以为己功的人呢？臣下掩饰自己的罪过，主上赏赐他们的奸佞，上下互相欺骗，我难以与他们相处了！”介子推的母亲说：“你为什么不也去请求赏赐呢，死了又怨谁呢？”介子推说：“我谴责那些人的行为，再去仿效他们的行为，罪过就更大了。况且我已口出怨言，绝不吃他的俸禄。”母亲说：“也让文公知道一下你的情况，怎么样？”介子推回答说：“话是每人身上的文饰，身体都想隐藏起来了，何必再使用文饰呢？讲究文饰就是为了追求显贵。”介子推的母亲说：“你真能像你说的这样做吗？那我就和你一起隐居吧。”母子俩至死再也没有露面。

介子推的随从们很怜悯他，就在宫门口挂了一张牌子，上面写道：“龙想上天，需五条蛇辅佐。龙已深入云霄，四条蛇各自进了自己的殿堂，只有一条蛇独自悲怨，最终没有找到自己的去处。”文公出宫时，看见了这几句话，说：“这个人就是介子推。我正为国事操劳，还没能来得及报答他的功劳呢。”于是，文公派人去召唤介子推，但介子推已经逃走了。文公就打听介子推的住所，听说他进了绵上山中。于是，文公就把整座绵上山封给介子推，称之为介推田，又起名叫介山，“以此来记录我的过失，而且表彰好人。”

随从晋文公逃亡的仆人壶叔说：“您三次赏赐功臣都没有轮到我，请问我有什么罪过。”文公回答说：“用仁义教导我，用道德、恩惠规劝我，这应受到上等赏赐。用行动辅佐我，终于使我获得成功，这应受到次等赏赐。在战场上不避危难，给我立下汗马功劳，这应受到再次等赏赐。假如只是用劳力侍奉我而没有弥补我的错误，这也应受到更次等赏赐。这三次赏赐完了，就将会轮到你。”晋国人听到文公的话，皆大欢喜。

文公二年的春天，秦国军队驻扎在黄河边上，将要迎接周王回京。赵衰说：“要想成为霸主，不如护送周王回京、尊敬周王。周、晋为同姓国，晋国不抢先护送周王回京，而落在秦国后边，就无法在天下发号施令。现在尊敬周王是晋称霸的资本。”三月甲辰日，晋国就派兵到了阳樊，包围了温邑，护送周襄王到了周都。四月，晋杀死了襄王的弟弟王子带。周襄王就把河内、阳樊之地赐给了晋国。

文公四年，楚成王和诸侯包围了宋国，宋国公孙固赶到晋国请求援助。先轸说："报答宋襄公之恩，确立晋国的霸业，就在今天了。"狐偃说："楚国刚刚占有曹国，而且刚与卫国通婚，假如攻打曹国、卫国，楚国一定救援，那么宋国就得到解脱了。"于是晋国编制了三军，赵衰推荐郤谷统帅中军，郤臻辅佐他；派狐偃统率上军，狐毛协助他，赵衰被命为卿；栾枝统率下军，先轸协助他；荀林父驾车，魏犨做护卫：晋国的三军去讨伐曹国和卫国。冬季十二月时，晋军首先攻下太行山以东，把原邑封给赵衰。

文公五年春季，晋文公想讨伐曹国，向卫国借路，卫国人不答应。晋军只好迂回从南渡过黄河攻打曹国，讨伐卫国。正月，晋军攻下五鹿。二月，晋侯、齐侯在敛盂会盟。卫侯请求与晋国结盟，晋人不答应。卫侯想与楚国结盟，国人反对，结果将卫侯赶出以讨好晋国。卫侯住在襄牛，公子买在卫国防守，楚国救援卫国，未能取胜。晋侯包围了曹国。三月丙午日，晋军侵入曹都，列举了曹君的罪状，因为曹君不听釐负羁的话，却听乘坐华丽车子的三百个美女的话。晋文公下令军队不许进入釐负羁同族的家中，以报答他的恩德。楚国包围宋国，宋国又向晋国求援。文公认为救援宋国就应攻打楚国，但是由于楚国曾对文公有恩，文公便不想攻打楚国；想放弃对宋国的救援，可宋国又曾经对晋国有恩，文公为此举棋不定。先轸劝说："抓住曹伯，把曹、卫的土地分给宋国，楚为此肯定着急，那楚国势必要放弃宋国了。"于是文公听取了先轸的意见，楚成王真的率军离开了宋国。

楚国大将子玉说："成王对晋文公那么好，今天晋文公知道楚国与曹国、卫国关系密切却故意攻打它们，这是轻视君王。"成王说："晋侯在外逃亡十九年，受困的时间太久了，现终于返回晋国。他因尝尽了艰难险阻，就能正确对待百姓，上天为他开路，不可阻挡。"子玉仍请兵说："不求一定建功立业，只求堵塞中伤诽谤的言论。"楚王很生气，只给他很少的军队。于是子玉让宛春告诉晋国："请求恢复卫侯地位，保存曹国，我们也放弃宋国。"咎犯说："子玉无礼了，我的国君只得到一份，他们的臣子却得到两份，不能答应。”先轸说：“安定别的国家叫作有礼。楚国一句话安定了三个国家，您一句话灭掉了它们，那我们就无礼了。不答应楚国，这就是放弃宋国。不如私下里答应恢复曹国、卫国以便引诱楚国，扣留宛春来激怒楚国，视战争胜负的情况再作打算。”晋侯就把宛春囚禁在卫国，并私下答应恢复曹国、卫国。曹、卫两国派使者通知与楚国断交。楚将得臣很生气，攻打晋军，晋军后退，军官问道：“为什么退兵？”文公说：“过去在楚国时已与成王有约说交战时退避三舍，难道可以违约吗？”楚军也想撤退，得臣不同意。四月戊辰日，宋公、齐将、秦将与晋侯驻扎在城濮。己巳日，他们与楚军交战，楚军失败，得臣带着残兵败将逃走。甲午日，晋军返回衡雍，在践土为周襄王修筑王宫。

当初，郑国曾援助楚国，现在楚国失败，郑国很害怕，派人请求与晋侯结盟。于是，晋侯与郑伯结盟。

五月丁未日，晋文公把楚国俘虏奉献给周王，共有一百辆披甲的战车、一千多名步兵。天子让王子虎宣布晋侯为霸主，赏赐给晋侯黄金装饰的大车，一副红色弓，百支红色箭，十副黑色弓，千支黑色箭，一卣香酒，还有玉制的印信和三百名勇士。晋侯多次辞谢，最后才行礼接受了。周王写了《晋文侯命》：“王说：您用道义使诸侯和睦，大显文王、武王的功业。文王、武王能够谨慎地修养美好的德行，感动了上天，在百姓中间传播，因此，上天把帝王的事业赐给文王、武王，恩泽流传到子孙后代。长辈关怀我，让我继承祖先的事业，永远保住王位。”于是晋文公称霸，癸亥日，王子虎在王宫与诸侯结盟。

晋国焚烧了楚军阵地，熊熊大火几天不熄灭，文公为此叹息。左右大臣们说：“战胜了楚国，您还发愁，这是为什么？”文公说：“我听说打了胜仗而能心情安定的，只有圣人，我因此恐惧。况且子玉还在，怎么可以高兴呢？”子玉大败而归，楚成王怨他不听自己的话，只顾与晋交战，于是责备子玉，子玉自杀身亡。晋文公说：“我在外部打击楚，楚在内部诛杀大将，内外呼应。”于是文公才面露喜色。

六月，晋人又恢复卫侯地位。壬午日，晋侯渡过黄河向北边回国。晋文公论功行赏，狐偃属头功。有人说：“城濮这次战争，是先轸的计谋。”

文公说："城濮之战，狐偃劝我不要失去信用。先轸说'打仗以战胜为上'。我听了先轸的话取胜了。然而这只是有利于一时的说法，狐偃说的是千秋万代的功业，怎么能使一时的利益超过万代的功业呢？因此，狐偃应得首功。"

冬季，晋侯在温邑会见诸侯，想率领诸侯朝拜周王。晋侯担心力量达不到，恐怕诸侯中有人背叛，就派人告诉周襄王到河阳打猎。壬申日，晋侯便率领诸侯到践土朝拜周襄王。孔子读史书读到记载文公处，说"诸侯无权召唤周王"，"周王在河阳打猎"这种记载，《春秋》一书避讳了。

丁丑日，诸侯包围了许国。曹伯的大臣中有人劝告晋侯说："齐桓公会合诸侯国，是为保存异姓国家；今天您会合诸侯，却要灭掉同姓国家。曹国是叔振铎的后代，晋国是唐叔的后代。会合诸侯国却消灭兄弟国，不合于礼。"晋侯听了很高兴，于是恢复了曹伯的地位。

于是晋国开始建立三行军制。荀林父统率中行军，先谷统率右行军，先蔑统率左行军。

文公七年，晋文公、秦缪公一起包围郑国，原因是在文公逃亡路过郑国时郑国对文公不礼貌，以及在城濮之战中郑国援助了楚国。晋国包围郑国，想得到叔瞻。叔瞻听说后自杀了。郑国人带着叔瞻尸体告诉晋君。晋君却说："一定要得到郑君才甘心。"郑国害怕了，就暗中派使者对秦缪公说："灭亡了郑国，增强了晋国，晋有所收获，秦国却得不到什么好处。您为什么不放弃进攻郑国，与郑结为东方道路上的朋友？"秦伯同意了，撤走了军队。晋国也随之撤了军。

九年冬天，晋文公逝世，儿子襄公欢即位。同年郑伯也逝世了。

郑国有人向秦国出卖自己的国家，秦缪公率军去偷袭郑国。十二月，秦军路过晋国城郊。襄公元年春天，秦军路过周都，无礼，王孙满讥讽秦国。秦军到达滑国，郑国大商人弦高将要去周都做买卖，路遇秦军，用十二头牛犒劳秦军。秦军大感惊诧而回师，消灭了滑国后离去。

晋国的先轸说："秦伯不听蹇叔的劝阻，违反了民意，可以攻打它。"

栾枝说："还没有报答秦国对先君的恩惠就攻打它，不行。"先轸说："秦国欺侮我们刚刚失去父亲的君王，并且讨伐我们的同姓国，有什么恩惠需要报答？"于是晋国就出兵攻打秦国。襄公穿着黑色的丧服出征。四月，晋在殽打败了秦军，俘虏了秦国的三员大将孟明视、西乞秫、白乙丙后回到晋国。之后，晋襄公穿着黑色丧服埋葬了文公。文公的夫人是秦国的女子，对襄公说："秦国想要回这三员大将，并杀死他们。"襄公同意了，便送回了这三员大将。先轸听说后，对襄公说："祸患将要发生了。"于是先轸就去追赶三员秦将。三员秦将正要渡黄河，已经到了船上，看到先轸便磕头道谢，终于一去不返。

此后三年，秦国果然派孟明讨伐晋国，为在殽的失败复仇，攻下晋国汪地后撤兵。襄公四年，秦缪公派大军攻打晋国，渡过黄河，拿下王官，在殽山修筑了阵亡将士的坟墓才离去。晋国十分惶恐，不敢再出战，只好坚守城池。五年，晋国攻打秦国，拿下了新城，为在王官失败报了仇。

襄公六年，赵衰成子、栾贞子、咎季子犯、霍伯相继去世。赵盾代替赵衰主持政务。

襄公七年八月，襄公逝世。太子夷皋还很年幼，晋人因为国运困难的缘故，想立年长些的君王。赵盾说："立襄公弟弟雍为君。雍温和善良年纪大，先君又喜爱他，而且他亲近秦国，秦本来是友好邻国。立善良的人国家就稳固，立年长的人国家就顺利，立先君喜欢的人就是孝顺，与旧日的朋友结交就会安定。"贾季说："雍不如他的弟弟乐。辰嬴先后被两位国君宠爱，立她的儿子，百姓一定安心。"赵盾说："辰嬴卑贱，地位在九个妃妾之下，他的儿子能有什么威望。况且她被两位国君宠爱，这是淫乱。乐作为先君的儿子，不能投靠大国而出居陈这样的小国，这是孤立。母亲淫乱，儿子孤立，没有威严；陈国既小又远离晋国，得不到援助，他怎么可以为君呢？"赵盾派士会到秦国迎接公子雍。贾季也派人到陈国召回公子乐。赵盾废掉贾季，因为贾季杀死了阳处父。十月，晋国埋葬了襄公。十一月，贾季逃到了翟国。当年，秦缪公也逝世了。

灵公元年四月，秦康公说："先前文公回到晋国没有卫士，所以发生了吕、郤的祸患。”于是，秦送给公子雍很多卫士。太子的母亲缪嬴日夜怀抱太子到朝廷号叫哭泣说：“先君有什么罪？他的继承人有什么罪？你们丢弃嫡子却到外边找君主，打算怎么安置我这个孩子？”缪嬴出了朝廷，就抱着太子跑到赵盾的住所，磕头说：“先君把这个孩子嘱托给您，曾说过‘这孩子成了材，我就是受了您的赐予，不成材，我就怨恨你没有尽责’。现在先君去世了，话还响在耳边，您却废掉他，怎么行？”赵盾和各位大臣都害怕缪嬴，又怕被杀，于是就放弃了迎接的雍，而立了太子夷皋，这就是灵公。同时派军队抵御秦国护送公子雍的军队。赵盾为将军，率军攻打秦国，在令狐打败秦军。先蔑、随会逃到秦国。秋天，齐、宋、卫、郑、曹、许等国的国君都拜会了赵盾，并在扈结盟，这是因为灵公刚刚即位的缘故。

灵公四年，晋国攻打秦国，夺取了少梁，秦也夺走了晋国的郩地。六年，秦康公讨伐晋国，夺取了羁马邑。晋侯很生气，派赵盾、赵穿、郤缺攻打秦国，在河曲展开大战，赵穿立了大功。七年，晋国的六卿担心逃亡在秦国的随会常常造成晋国内乱，于是假装让魏寿余背叛晋国投降秦国。秦国让随会到魏国，于是魏寿余就趁机抓住随会带回晋国。

灵公八年，周顷王逝世，由于公卿争权夺利，所以没有发讣告。晋国派赵盾率领八百辆战车平息了周朝的动乱拥立了匡王。这一年，楚庄王刚即位。十年，齐人杀死自己的国君懿公。

灵公十四年，灵公长大成人了，非常奢侈，搜刮民脂民膏，用彩画装饰宫墙。从高台上弹人，以观赏人们避开弹丸而取乐。厨师没把熊掌炖烂，灵公就发怒，竟杀死厨师，让妇女抬着厨师的尸体出宫扔掉，通过朝堂。赵盾、随会多次前去劝告，灵公根本不听；后来，他们又在朝廷看见死人的手，于是又前去劝告。随会先去劝，灵公不听。灵公也以他们为虑，竟让钮麑刺杀赵盾。赵盾内室的门敞开着，钮麑看见赵盾的住处极其简朴，便退出来叹息道：“杀死忠臣，违背君王的命令，这罪都是一样的。”说完，就一头撞在树上死了。

当初，赵盾曾在首山打猎，曾看到桑树下有个非常饥饿的人。这个人叫亓眯明。赵盾给了他一些食物，他只吃了一半。赵盾问他为什么不吃完，亓眯明回答：“我已经游宦三年了，不知母亲是否还在人间，愿把剩下的一半留给母亲。”赵盾认为他很讲节义，又给他一些饭和肉。不久，亓眯明做了晋君的厨师。但赵盾不知道亓眯明做晋君厨师一事。九月，晋灵公宴请赵盾，埋伏好士兵准备杀死他，亓眯明知道后，恐怕赵盾酒醉不能起身，于是上前劝说赵盾：“君王赏赐您酒，只喝三杯就可以了。”想让赵盾提前离开免于遭难。直到赵盾已经离去了，灵公埋伏的士兵还未集合好，就先放出一条叫敖的恶狗。亓眯明替赵盾徒手杀死了恶狗。赵盾说：“不用人用狗，即使凶猛有什么用呢！”可是，赵盾并不知道亓眯明是在暗中保护他呢。一会儿，灵公指挥埋伏的士兵追赶赵盾，亓眯明反击灵公的士兵，士兵不能前进，赵盾终于逃脱。赵盾问亓眯明为什么救自己，示眯明说：“我就是桑树下那个饿汉。”赵盾询问他的姓名，他没有告诉。之后，亓眯明隐遁而去。

赵盾于是得以逃脱，但还没有越出晋国国境。乙丑日，赵盾的弟弟赵穿将军在桃园杀死灵公迎回了赵盾。赵盾一向尊贵，很得民心。灵公年纪不大，又很奢侈，百姓不归向他，所以杀死他比较容易。赵盾又恢复了先前的地位。晋国的太史董狐写道：“赵盾杀死了自己的国君。”在朝廷上传给大家看。赵盾说：“杀国君的是赵穿，我没罪。”太史说：“你是正卿，你逃跑了但没有逃出晋国国境，你回来也没有杀死作乱的人，不是你是谁呢？”后来孔子听到这件事说：“董狐是古代优秀的史官，据法直书毫不隐瞒。宣子是优秀的大夫，为遵守法制甘愿承受坏名声。可惜呀，如果赵盾逃出了国境，他也就可以免除罪名了。”

赵盾让赵穿从周京迎来襄公的弟弟黑臀，让他即位，这就是晋成公。

成公是文公的小儿子，他的母亲是周王室女子。壬申日，成公去武宫朝拜祖宗。

成公于元年，赐赵氏为公族大夫。晋国讨伐郑国，因为郑国背叛了晋国。三年，郑伯刚刚即位，郑国归附晋国却背弃了楚国。楚王发怒，讨伐郑国，晋国前往援救。

成公六年，晋国攻打秦国，俘虏了秦国将军赤。

成公七年，晋成公与楚庄王争夺霸权，在扈邑会见诸侯。陈国畏惧楚国，未去赴会。晋国派中行桓子讨伐陈国，趁机救援郑国，与楚国交战，打败了楚军。这一年，晋成公逝世，儿子景公据即位。

景公元年的春天，陈国大夫夏征舒杀死自己的国君灵公。二年，楚庄王讨伐陈国，诛杀夏征舒。

景公三年，楚庄王包围郑国，郑国向晋国求救。晋国派荀林父统率中军，随会统率上军，赵朔统率下军，郤克、栾书、先谷、韩厥、巩朔辅佐他们。六月，晋军赶到黄河边。听说楚国已降服郑国，郑伯脱去上衣露出胳膊与楚国结盟，楚军就回去了，荀林父想班师回晋。先谷说：“我们是来救郑国的，不到达郑国不可以回去，否则将帅将要离心离德。”晋军于是渡过黄河。楚国已经降服郑国，想在黄河饮马扬名就离开郑国。楚晋两军展开大战，郑国刚刚归附楚国，惧怕楚国，反而帮助楚军进攻晋军。晋军大败，退到黄河边，士兵争船渡河，船中有很多人被砍掉了手指。楚国俘虏了晋军大将智罃。晋军返回晋国后，荀林父说：“我是大将，晋军失败我应该被杀，请求死罪。”晋景公想答应他。随会说：“过去文公与楚国在城濮作战，楚成王回到楚国后杀死了大将子玉，文公才高兴。今天，楚国已经打败了我军，我们如果杀死自己的将军，这是帮助楚国杀死它的仇人。”晋景公听了这番话才罢手。

景公四年，先谷因为首先建议而使晋军在黄河边上吃了败仗，害怕被杀，于是逃亡到了翟国，与翟国商量讨伐晋国。晋国发觉后就灭了先谷整个家族。先谷是先轸的儿子。

景公五年，晋国讨伐郑国，是因为它援助楚国。当时楚庄王很强大，结果在黄河边挫败了晋军。

景公六年，楚国讨伐宋国，宋国便向晋国求援，晋国想去援救，伯宗献计说：“楚国，上天正让它兴旺，不能阻挡。”于是晋国派解扬谎称救援宋国。郑国人抓住解扬把他交给了楚国，楚国赏赐他很多财物，让他说反话，以使宋国赶快投降。解扬假装答应，却将晋君的话告诉了宋国。楚国想杀死他，有人劝谏，楚国便放回了解扬。

景公七年，晋国派随会灭掉了赤狄。

景公八年，晋国派郤克出使齐国。齐顷公的母亲从楼上观看而讥笑他。齐顷公的母亲之所以这样，是因为郤克驼背，而鲁国使者是瘸子，卫国使者一只眼瞎了，于是，齐君也派同样的残疾人去引导宾客。郤克很生气，回到黄河边上发誓说："不报复齐国，河神来见证！"郤克返回晋国，向晋君请求攻打齐国。晋景公询问进攻的原因后，说："你有怨气，怎么能够烦扰国家呢？"景公没有听从郤克的建议。魏文子因年迈请求辞职，推荐了郤克，郤克执掌了晋国政权。

景公九年，楚庄王逝世。晋国讨伐齐国，齐国派太子强到晋国做人质，晋军才停止进攻。

景公十一年春天，齐国讨伐鲁国，夺取了隆邑。鲁国向卫国告急。卫国和鲁国都通过郤克向晋国求救。晋国就派郤克、栾书、韩厥率领八百辆战车和鲁国、卫国共同讨伐齐国。夏天，晋国与齐顷公在鞍交战，顷公受伤被困，于是便与他的护右交换了位置，下车去找水喝，从而逃脱而去。齐军大败而逃，晋国追赶败兵一直达到齐国国都。齐顷公献上宝器求和，晋国不同意。郤克说："一定要得到萧桐姪子做人质。"齐国使者说："萧桐姪子是齐顷公的母亲，顷公的母亲如同晋君的母亲，怎么一定要得到她呢？你们太不讲道义了，我们只能请求再战一场。"晋国于是答应与齐讲和而离去。

楚国的申公巫臣偷娶了夏姬逃到晋国，晋国封巫臣为邢大夫。

景公十二年冬天，齐顷公到了晋国，想尊称晋景公为王，晋景公辞谢不敢当。晋国开始设置六军，韩厥、巩朔、赵穿、荀骓、赵括、赵旃都任大臣。智罃也从楚国返回晋国。

景公十三年，鲁成公朝拜晋君，晋君很不礼貌，鲁君生气地离去，背叛了晋国。晋国讨伐郑国，攻下了汜邑。

景公十四年，梁山发生山崩。晋君询问伯宗，伯宗认为不值得大惊小怪。

景公十六年，楚国大将子反怨恨巫臣，灭了巫臣整个家族。巫臣十分愤怒，给子反一封信说："一定让你疲于奔命！"于是巫臣请求出使吴国，让自己的儿子做吴国的外交官，教吴国士兵乘车打仗。吴、晋两国开始有交往，约定讨伐楚国。

景公十七年，晋国杀死了赵同、赵括，并灭掉了他们的家族。韩厥说："怎么能忘记赵衰、赵盾的功劳呢？怎么能断绝他们家族的祭祀呢？”于是，晋君又让赵氏庶子赵武作为赵氏后代，又给他封邑。

景公十九年夏天，景公病重，立太子寿曼做国君，这就是厉公。一个月后，景公逝世。

厉公元年，因为刚刚即位，想与诸侯求和，便与秦桓公隔着黄河订立盟约。回国后秦国就违背盟约，和翟商量攻打晋国。三年，晋国派吕相谴责秦国，借机和诸侯讨伐秦国。兵至泾水，在麻隧打败了秦军，俘虏了秦国大将成差。

厉公五年，郤锜、郤犨、郤至中伤伯宗，晋君于是杀死了他。伯宗是因为喜好直言劝谏才招来这个灾祸，百姓因此不再信任厉公。

厉公六年春天，郑国背叛了晋国与楚国结盟，晋君十分生气。栾书说："不可以在我们这一代失去诸侯。”于是，晋国派军队攻打郑国。厉公亲自统率军队，五月渡过黄河。听说楚军来援救，范文子请求厉公撤兵。郤至说："派军讨伐逆贼，遇到了强敌就躲避，就无法对诸侯发号施令。”于是，晋国与楚国交战。癸巳日，晋军射中楚共王的眼睛，楚军在鄢陵被打败。子反聚集残兵，安抚好楚军，想再一次与晋国交战，晋国很担心。楚共王召唤子反，子反的侍者阳谷向他敬酒，子反喝醉了，不能去拜见楚共王。楚共王很生气，责备子反，子反自杀。楚共王于是带兵返回楚国。晋国因此威振诸侯，想号令天下，求得霸主地位。

厉公有很多宠姬，回国后，想免除所有大臣的职务，任用宠姬的兄弟。有个宠姬的哥哥叫胥童，曾与郤至有矛盾，再加上栾书又怨恨郤至不使用自己的计谋竟打败了楚军，就派人暗中向楚国道歉。楚国派人欺骗厉公说："鄢陵一战，实际是郤至召来楚国参与的，郤至想作乱，迎接子周到晋国即位。恰好盟国没有准备好，所以事情未成功。”厉公把这话告诉给栾书，栾书说："大概有这种情况，希望您试着派人到周京暗地考察一下。”厉公果然派郤至到周京。栾书又让公子周会见郤至，郤至却不知道自己已被出卖。厉公验证这件事，认为确实了，于是很痛恨郤至，想杀死他。七年，厉公去打猎，与宠姬饮酒，郤至杀猪奉献给厉公，被宦者夺去，郤至射死了宦者。厉公很生气地说："季子欺侮我！”打算杀掉三郤，但还未动手。郤锜想先下手，进攻厉公，说："我即使死了，国君也会狼狈不堪。”郤至说："忠诚，不能反对君主；

智慧，不能伤害百姓；勇猛，不能挑起乱子。失去这三种美德，谁肯帮助我？我死了算了。”十二月壬午日，厉公让胥童带领八百名士兵袭击攻杀三郤。胥童借机在朝廷上劫持了栾书、中行偃，说：“不杀死这两个人，灾祸一定落到国君您头上。”厉公说：“一个早上就杀死了三位卿士，我不忍心再多杀人了。”胥童回答说：“人家将会忍心杀死你。”厉公不听，向栾书道歉说明只是惩治郤氏的罪过：“大夫都恢复职位。”两人磕头说：“很幸运，很幸运！”厉公让胥童担任大臣。闰月乙卯日，厉公到匠骊氏家去游玩，栾书、中行偃派他们的党羽袭击逮捕了厉公，把厉公囚禁起来，杀死胥童，并派人从周京迎来公子周，立他为君王，这就是晋悼公。

悼公元年正月庚申日，栾书、中行偃杀死了厉公，只用一辆车送葬。厉公是在被囚禁了六天后死去的，死去十天后的庚午日，智罃迎接公子周回晋国，到了绛邑，杀鸡和大夫结盟拥立公子周，这就是悼公。辛巳日，到武宫朝拜。二月乙酉日，公子周即位。

悼公周的祖父捷是晋襄公的儿子，没能继位，号称桓叔，桓叔最受怜爱。桓叔生下惠伯谈，谈生下悼公周。周即位时已十四岁了。悼公说：“祖父、父亲都未能继位而到周避难，客死在周。我认为自己已经疏远了，从未盼望当晋君。今天，大夫们不忘文公、襄公的意愿而施惠，拥立桓叔的后代，全仰仗祖宗和大夫们的威灵，得以继承晋国的祭祀，难道敢不小心谨慎吗？大夫们也应该辅佐我！”于是驱逐了不忠于国君的七个大臣，修整旧的功业，向百姓布施恩惠，抚恤文公回晋时各位功臣的后代。秋天，讨伐郑国。郑军大败，于是又到了陈国。

悼公三年，晋国会见诸侯。悼公向大臣们询问可以任用的人，祁傒推荐解狐。解狐是祁傒的仇人。悼公又问还有谁，祁傒又推荐自己的儿子祁午。君子说：“祁傒可以算作不偏私了。在外举荐不避仇人，在内举荐不避儿子。”正在会见诸侯时，悼公的弟弟杨干乱了军阵，魏绛杀死了他的驾车人。悼公很生气，有人劝谏悼公，悼公终于认识到魏绛很有贤德，任用他主持政务，派他与戎讲和，戎人都来附亲。十一年，悼公说：“从我任用魏绛以来，九次会合诸侯，与戎、翟和解了，这全是魏子的功劳。”悼公赐给他乐队，他三次辞让才接受下来。冬天，秦国攻取了晋国的栎邑。

十四年，晋国派六卿率领诸侯们讨伐秦国，渡过泾河，把秦军打得大败，直到棫林才离去。

十五年，悼公向师旷询问治国的道理。师旷说：“只有仁义是根本。”冬季，悼公逝世，儿子平公彪即位。

平公元年，晋国讨伐齐国，齐灵公与晋国在靡下交战。齐军被打败逃跑。晏婴说：“你本来就没有勇气，为何不停止打仗？”齐军于是离去了。晋国穷追不舍，包围了临淄，烧光了外城内的房屋，杀光了外城的百姓。晋军东到胶水，南到沂水，齐军都坚守着城池，晋国就退兵返回了。

平公六年，鲁襄公朝拜晋君。晋国的栾逞犯了罪，逃到齐国。八年，齐庄公暗中派栾逞到曲沃，又派军队跟随他。齐军上了太行山，栾逞在曲沃城中造反，袭击了绛邑。绛邑毫无警戒，平公想自杀，范献子阻止了平公，派自己的家兵袭击栾逞，栾逞被打败。曲沃人也联合攻打栾逞，栾逞被杀死，曲沃人还消灭了栾逞的族党。栾逞是栾书的孙子。他进攻绛邑时，与魏氏商量过。齐庄公听说栾逞失败，便回军，攻取了晋国的朝歌后离去，为的是报复临淄一战之仇。

平公十年，齐国的崔杼杀死自己的国君庄公。晋国趁齐国动乱，在高唐打败齐军离去，为的是报复太行一战之仇。

平公十四年，吴国延陵季子出使来到晋国，曾与赵文子、韩宣子、魏献子谈话，事后说：“晋国的政权，最终要落在这三家手中。”

平公十九年，齐国派晏婴到晋国，晏婴与叔向谈话。叔向说：“晋国处于末世了。平公向百姓征收重税修建池台楼阁却不过问政事，政务落在私家门下，难道可以持久吗？”晏子表示同意。

平公二十二年，晋国讨伐燕国。二十六年，平公逝世，儿子昭公夷即位。

昭公在位六年逝世。晋国六卿强大，公室却衰弱了。儿子顷公去疾即位。

顷公六年，周景王逝世，王子们争夺王位。晋国的六卿平息了周王室的动乱，拥立敬王即位。

顷公九年，鲁季氏驱逐了自己的国君鲁昭公，昭公迁居乾侯邑。十一年，卫国、宋国派使者请求晋国送鲁君回国。鲁季平子私下贿赂了范献子，献子接受贿赂后，就对晋君说："季氏没有罪。"晋国最终没有送鲁君回国。

顷公十二年，晋国公族同宗祁傒的孙子，叔向的儿子，在晋君面前互相诋毁。六卿想削弱国君的力量，便依照刑法灭了他们全部家族。把他们的封邑划分为十个县，各让他们的儿子去做大夫。晋君力量更加弱小，六卿都强大起来。

顷公在位十四年逝世，儿子定公午即位。

定公十一年，鲁国的阳虎逃到晋国，赵鞅简子接待他住下来。十二年，孔子做了鲁国的宰相。

定公十五年，赵鞅与邯郸大夫午约定，要将卫贡五百家迁徙到晋阳，邯郸午的父亲兄弟不答应，赵鞅便认为邯郸午不诚实，想杀死他，午和中行寅、范吉射亲自攻打赵鞅，赵鞅逃到晋阳防守。定公包围了晋阳。荀栎、韩不信、魏侈与范吉射、中行寅有仇，就调军队攻打范吉射、中行寅。范吉射、中行寅反叛，晋军攻打他们，打败了范吉射、中行寅。范吉射、中行寅逃到朝歌，据城自保。韩不信、魏侈替赵鞅向晋君道歉，于是晋君赦免了赵鞅，恢复了他的职位。二十二年，晋国打败了范吉射、中行氏，这两个人逃到了齐国。

定公三十年，定公与吴王夫差在黄池相会，争当首领，赵鞅当时从行，结果让吴王做了首领。

定公三十一年，齐国田常杀死了自己的国君简公，立简公的弟弟骜为齐平公。

三十三年，孔子去世。

定公在位三十七年逝世，儿子出公凿即位。

出公十七年，知伯与赵鞅、韩不信、魏侈共同瓜分范吉射、中行寅的领地为自己的采邑。出公很生气，求告齐国、鲁国，想借机讨伐四卿，四卿很惶恐，于是反过来攻打出公。出公逃往齐国，半路上死去。知伯就立昭公曾孙骄做了晋君，这就是哀公。

哀公的祖父雍，是晋昭公的小儿子，号为戴子。戴子生下了忌。忌与知伯关系密切，但早死，所以知伯想吞并晋国，没敢行动，就立了忌的儿子骄做晋君。当时，晋国的政务全部由知伯决定，晋哀公不能控制朝政。于是，知伯占有了范吉射、中行寅的领地，在六卿中最强大。

哀公四年，赵襄子、韩康子、魏桓子共同杀死了知伯，吞并了他的全部土地。

哀公在位十八年逝世，儿子幽公柳即位。

幽公当政时，由于衰弱而畏惧卿大夫，反而朝拜韩、赵、魏的君主。晋君只占有绛、曲沃，余下的都并入了韩、赵、魏三家。

幽公十五年，魏文侯初即位。十八年，幽公奸淫妇女，夜间私自出城，强盗杀死了他。魏文侯派兵诛灭晋国的内乱，立幽公儿子止，这就是烈公。

烈公十九年，周威烈王赐封赵国、韩国、魏国，都任命他们为诸侯。

烈公在位二十七年逝世，儿子孝公颀即位。孝公九年，魏武侯刚刚即位，袭击了邯郸，未能取胜而离去。十七年，孝公逝世，儿子静公俱酒即位。这一年是齐威王元年。

静公二年，魏武侯、韩哀侯、赵敬侯灭掉晋国后瓜分了晋地。静公降为平民，晋国最终灭亡。

太史公说：晋文公是古代所说的贤明的君主，逃亡在外十九年，极为艰难贫困，到即位时施行赏赐，还忘记了介子推，何况骄奢的君主呢？灵公被杀后，成公、景公极为严厉，到了厉公更加苛刻，大夫们惧怕诛杀，于是祸乱发生。悼公以后晋国一天天衰弱下去，六卿专掌政权。所以说国君驾驭自己的臣民，本来就不容易啊！

（李　阳　译）

《史记》卷四十　楚世家第十

楚国的先祖可以上溯到帝颛顼高阳。高阳是黄帝的孙子，昌意的儿子。高阳生称，称生卷章，卷章生重黎。重黎为帝喾高辛氏做火正，非常有功劳，能使天下都得到光明和乐，帝喾把他命名为祝融。恰逢共工氏作乱，帝喾派遣重黎去诛杀共工氏，然而重黎没能将他们诛杀尽。于是帝喾在庚寅这一天杀了重黎，让他的弟弟吴回做他的继承者，还是做火正，称为祝融。

吴回生陆终。陆终生有六个儿子，这六个孩子都是剖腹生的。最大的叫作昆吾，老二叫作参胡，老三叫作彭祖，老四叫作会人，老五叫作曹姓，老六叫作季连，姓芈，楚人就是他的后代。昆吾氏在夏朝的时候曾经是侯伯，在桀时被汤所灭。彭祖氏在殷商的时候曾经是侯伯，殷商的末世灭了彭祖氏。季连生附沮，附沮生穴熊。后来季连的后人衰落了，有的人在中原地区，有的人在蛮夷地区，已经无法记清他们的世系了。

周文王的时候，季连的后代叫作鬻熊，鬻熊以弟子之礼侍奉文王，他很早就去世了。他的儿子叫作熊丽。熊丽生熊狂，熊狂生熊绎。熊绎正处在周成王时期，周成王举用文王、武王时功臣的后代，把熊绎封在楚蛮，分封给他子男爵位的田地，姓芈氏，住在丹阳。楚子熊绎和鲁公伯禽、卫康叔子牟，晋侯燮、齐太公子吕伋一起辅佐成王。

熊绎生熊艾，熊艾生熊䵣，熊䵣生熊胜。熊胜让自己的弟弟熊杨做继承人。熊杨生熊渠。熊渠生了三个儿子。此时正是周夷王时期，王室式微，有的诸侯不来朝见周王还互相讨伐。熊渠深得长江、汉水之间百姓的民心，于是起兵讨伐庸和杨粤，直到鄂城一带。熊渠说：“我是蛮夷之人，不必遵从中原地区的称号谥法。”于是立他的长子康为句亶王，中子红为鄂王，少子执疵为越章王，都是在江边的楚蛮之地。到了周厉王的时候，周厉王残暴肆虐，熊渠害怕他讨伐楚国，也去掉了封号。

熊渠立熊毋康为继承人，毋康早死。熊渠死后，他的儿子熊挚红继位，挚红死后，他的弟弟杀了继承人而代立，叫熊延。熊延生熊勇。熊勇六年，周人作乱，攻击厉王，厉王逃到了彘。熊勇在位十年去世，他的弟弟熊严继位。熊严在位十年去世。他有四个儿子，长子叫作伯霜，中子叫作仲雪，次子叫作叔堪，少子叫作季徇。熊严死后，长子伯霜继位，这就是熊霜。

熊霜元年，周宣王继位。熊霜在位六年去世，他的三个弟弟争位。仲雪去世；叔堪逃亡，在濮这个地方避难；而小弟弟季徇继位，这就是熊徇。熊徇十六年，郑桓公被分封到郑。熊徇在位二十二年去世，他的儿子熊咢继位。熊咢在位九年去世，他的儿子熊仪继位，这就是若敖。

若敖二十年，周幽王被犬戎杀死，周朝都城东迁，秦襄公开始列为诸侯。二十七年，若敖去世，他的儿子熊坎继位，这就是霄敖。霄敖在位六年去世，他的儿子熊眴继位，这就是蚡冒。蚡冒十三年，晋国开始发生内乱，是因为晋昭侯分封他的叔叔成师到曲沃的缘故。蚡冒在位十七年去世。蚡冒的弟弟熊通杀了蚡冒的儿子代立，这就是楚武王。

武王十七年，晋国曲沃的庄伯杀死宗国国君晋孝侯。十九年，郑庄公的弟弟共叔段作乱。二十一年，郑国抢收了周天子的麦子和稻子。二十三年，卫国的州吁袭杀国君桓公。二十九年，鲁太子允杀死了鲁隐公。三十一年，宋太宰华督杀了他的国君殇公。

三十五年，楚国讨伐随国。随人说："我们没有罪过。"楚人说："我是蛮夷。如今诸侯都叛乱互相侵伐，有的还互相残杀。我有军队，想凭此来参与国家的政事，请求王室来提高楚国的封号。"随人为楚国到周朝的都城去，请求加封楚国，王室没有听从，随人回来向楚国报告了这件事情。三十七年，楚国熊通生气地说："我的祖先鬻熊，是周文王的老师，去世的早。周成王提拔我的先祖，以子男的爵位分封给我们田地，让我们居住在楚地。蛮夷都遵循臣职，然而周王不加封，我自己加封自己。"于是自立为武王，和随人订立了盟约就撤军了。从此楚国开始开发濮地并且占有了它。五十一年，周王召见随侯，责备他立楚为王。楚王大怒，以为随背叛自己而讨伐随。楚武王死在军中继而楚国罢兵。武王的儿子熊赀继位，开始以郢为都城。

文王二年，楚国讨伐申国途经邓国，邓人说“楚王容易捕杀”，邓侯不允许。六年，楚国讨伐蔡国，俘虏了蔡哀侯回来，不久又放了他。楚国强盛，欺侮江汉间的小国，小国都畏惧它。十一年，齐桓公开始称霸，楚国也开始壮大。

十二年，楚国讨伐邓国，灭掉了邓国。十三年，楚文王去世，他的儿子熊艱继位，这就是庄敖。庄敖五年，想要杀他的弟弟熊恽，熊恽逃到随国，和随国一起袭杀了庄敖而代立，这就是成王。

楚成王恽元年，刚开始即位，广布德行，施行恩惠，和诸侯们重修旧好。派人向周天子进贡，天子赐给楚国祭祀的供肉，说：“平定你们南方诸侯百越之乱，不要侵犯中原。”从此楚国地域达千里。

十六年，齐桓公出兵侵伐楚国，到达陉山邑。楚成王派遣将军屈完带兵抵御，屈完和桓公结盟。桓公责备楚国不向周王室进贡，楚国答应进贡，齐国于是退兵。十八年，楚成王率兵向北讨伐许国，许国国君脱去上衣，袒胸露臂向楚服罪，楚国才放过他们。二十二年，讨伐黄国。二十六年灭了英国。

三十三年，宋襄公想要举行结盟大会，召唤楚王。楚王发怒说：“他竟敢召唤我，我将假装友好前往，趁机袭击羞辱他。”于是前往宋国赴会，到了盂，就俘虏羞辱了宋襄公，不久又把他放了回去。三十四年，郑文公向南朝见楚国。楚成王向北讨伐宋国，在泓打败宋国，射伤了宋襄公，襄公因受伤而死。三十五年，晋公子重耳经过楚国，楚成王以诸侯之礼款待他，送给他很多厚重的礼物，并把他送往秦国。三十九年，鲁僖公到楚国请兵讨伐齐国，楚国派遣申侯带领兵将讨伐齐国，攻取谷邑，把齐桓公的儿子雍安置在谷邑。齐桓公的七个儿子都逃到楚国，楚国把他们全部封做上大夫。楚国灭了夔国，因为夔不祭祀祝融、鬻熊。

这年夏天，楚国讨伐宋国，宋国向晋国求救，晋国援救宋国，楚成王于是罢兵撤回。将军子玉请战，成王说：“重耳逃亡居住在外面已久，最终得以返回本国，这是上天护佑的人，是没有办法抵挡他的。”子玉不听成王的话坚持请战，成王于是给了他少量的军队就回国了。晋国果然在城濮打败了子玉。成王大怒，杀了子玉。

四十六年，当初，成王想要立商臣为太子，和令尹子上说起这件事情。子上说：“您的年龄还不大，而且还有很多宠姬，立了太子然后再废黜将会惹出乱子。楚国立太子，常常选取年岁小的。而且商臣眼睛像蜜蜂，声音像豺狼，是残忍的人，不宜立为太子。”成王不听，立商臣为太子。后来成王又想立子职为太子而废黜商臣。商臣听说了这件事但是不能确信，就问他的师傅潘崇说：“怎样才能知道这件事情的真相？”潘崇说：“你宴请王的宠姬江芈来吃饭，却不要尊重她。”商臣听从了老师的建议。宴会上江芈果然大怒地说：“大王想杀了你而立职真是好事情啊！”商臣告诉潘崇：“那件事情是真的。”潘崇说：“你能俯首称臣么？”商臣说：“不能。”“你能逃亡么？”商臣说：“不能。”“能发动政变自立为王么？”商臣说：“能。”这年冬天十月，商臣用太子宫的卫兵围攻成王。成王请求吃过熊掌再死，商臣没有答应。十月十八日，成王自缢而死。商臣代立，这就是穆王。穆王继位之后，把他的太子宫给了潘崇，并且让他做太师，掌管国家大事。穆王三年，灭了江国。穆王四年，灭了六、蓼两国。六、蓼是皋陶的后人。穆王八年，讨伐陈国。穆王在位十二年去世。他的儿子庄王侣继位。

楚庄王即位三年，没有发布过任何政令，日夜享乐，下命令对臣民说：“有敢进谏的人，我一定杀无赦。”伍举前往进谏。这时庄王左手抱着郑姬，右手抱着越女，坐在钟鼓之间。伍举说：“我有些话想说。谜语说：土山上有只鸟，三年不飞也不叫，这是什么鸟呢？”庄王说：“三年不飞，飞起来将会直冲天上；三年不叫，叫起来就使人震惊。你退下吧，我知道了。”过了几个月，庄王更加骄奢淫逸。大夫苏从就来进谏。庄王说：“你没有听到命令么？”苏从回答说：“用我的死来使您醒悟，是我的愿望。”于是楚庄王停止了淫乐，临朝听政，诛杀了奸邪之臣数百人，提拔了忠义之臣数百人，任命伍举、苏从掌管国家大事，国人都很高兴。这一年楚国灭掉了庸国。庄王六年，讨伐宋国，缴获兵车五百乘。

庄王八年，讨伐陆浑的戎人，于是到了洛阳附近，在都城郊外阅兵，用以炫耀武力。周定王派王孙满慰劳楚庄王。楚庄王问周鼎的大小轻重，王孙满回答说："一个王朝的兴衰在于他的德业，不在于鼎的轻重。"庄王说:"你不要依恃九鼎，楚国长戟的勾尖就可以铸成九鼎。"王孙满说："唉！君王忘了么？昔日虞夏强盛之时，远方的诸侯都来朝贡，九州首领皆贡献一只鼎，将自己地区的奇特之物和物产都雕铸在鼎上。因此天地间的万物都在鼎上，使百姓能够分辨一切神圣与奸邪的东西。夏桀道德败坏，九鼎迁到了殷都，享国六百年。殷纣暴虐，九鼎迁到了周都。如果一个王朝的政治清明美善，鼎虽然小而国祚长久，不会覆灭。如果一个王朝的政治奸邪恶劣，鼎虽大而国祚必短，容易灭亡。昔日成王把九鼎安放在洛阳，占卜得之，周国能传国三十代，享国七百年，这是天命啊。周朝德业虽然衰落了，但是天命没有改变。鼎的轻重，还不能问。"楚庄王于是回了楚国。

庄王九年，任用若敖氏为相。有人向楚王进谗言，若敖氏怕被楚王诛杀，反而攻击楚王，楚王于是击灭了若敖氏之族。庄王十三年，灭掉了舒国。十六年，讨伐陈国，杀了夏征舒。因为夏征舒杀死了自己的国君，所以楚王要诛杀他。庄王攻破了陈国，就把它设为自己的一个县。大臣们都表示祝贺，只有申叔时出使齐国回来，不去祝贺。庄王问他为什么不祝贺，他回答说："俗话说，牵着牛踩了别人家的田地，田主就夺走了牛。踩了人家庄稼当然理亏，但是夺了他的牛不也是太过分了吗？况且大王因为陈国的内乱而率领各诸侯讨伐它，因道义之名而讨伐它却贪图利益把陈国设为自己的县，又怎么能再号令天下呢？"庄王于是恢复了陈国，为它立了国君。

庄王十七年春天，围攻郑国，三个月后攻克了郑国都城。从皇城大门入城，郑伯袒衣露体牵着羊来迎接庄王，对庄王说："我不能被上天护佑，不能侍奉您，您因此而心中愤怒，乃至连累了我的国家被您攻打，这是我的罪过。我怎敢不听从您的命令呢？把我流放到南海，或者把我赏赐给其他诸侯做奴仆，我也听从您的命令。如果您看在郑国祖先和贤君们的面子上，不断绝他们的祭祀，让我能改过侍奉您，这是我的愿望，我并不是奢望您能答应，只是把真心话说给您听。”楚国的群臣说：“大王您不要答应他。”庄王说：“郑国国君既然能屈居人下，就一定能取信于他的国民，这样的国家怎么能灭亡它呢！”庄王亲自手举令旗，左右指挥军队，引兵后退三十里驻扎下来，于是答应了郑国的请和。潘尪入城和郑国结盟，郑伯的弟弟子良到楚国做人质。这年夏天六月，晋救郑，和楚国交战，楚国在黄河南岸邲邑打败晋军，最终到达衡雍才返回。

庄王二十年，楚国围攻宋国，因为宋国杀了楚国的使者。楚国围困宋都五个月，都城中的粮食已经吃完，人们只能交换孩子来吃，把人的骸骨分开当柴烧，宋华元出城将城里的情况告诉楚国，庄王说：“真是君子啊！”于是退兵离去。二十三年，庄王去世。他的儿子共王审继位。

共王十六年，晋国讨伐郑国，郑国向楚国告急，楚共王出兵救郑。楚军与晋军在鄢陵交战，晋国打败楚国，并且射中了共王的眼睛。共王召见将军子反。子反嗜好喝酒，他的侍从竖阳谷进酒给他，子反喝醉了。共王大怒，射杀了子反，于是退兵回国。

共王在位三十一年去世，他的儿子康王招继位。康王在位十五年去世，他的儿子员继位，这就是郏敖。

康王有几个宠爱的弟弟，公子围、子比、子皙、弃疾。郏敖三年，郏敖让他的叔叔康王的弟弟公子围为令尹，主管军事。四年，公子围出使郑国，路上听说楚王患病而回国。十二月己酉，公子围进宫问候楚王病情，趁机勒死了楚王，同时杀了楚王的儿子莫和平夏。公子围派使者到郑国报丧。伍举问道：“谁是继位者呢？”使者回答说：“是大夫围。”伍举更改说：“共王的儿子围年纪最长。”子比逃奔到晋国，公子围继位，这就是楚灵王。

楚灵王三年六月，楚国派使者告知晋国，想要与诸侯举行会盟。诸侯都在申和楚会盟。伍举说：“昔日夏启在钧台用隆重的礼仪宴请宾客，商汤在景亳有册命之礼，周武王有盟津的誓师之礼，成王有田猎之礼，康王在丰宫有朝见之礼，穆王在涂山有会盟之礼，齐桓公在召陵有会盟之礼，晋文公有践土的会盟之礼，您要用哪一种呢？”灵王说："用齐桓公那种礼仪。"当时郑子产在楚国。这次会盟晋、宋、鲁、卫都没有参加。灵王在会盟之后，有骄傲的神色。伍举说："夏桀举行有仍的会盟，有缗背叛他。商纣举行黎山会盟，东夷背叛他。周幽王举行太室的会盟，戎、翟背叛了他。您一定要谨慎从事啊！"

七月，楚率领诸侯的兵马讨伐吴国，围攻朱方。八月，攻克朱方，囚禁了庆封，诛灭了他的宗族。将庆封游行示众，说："不要效仿齐国的庆封杀害自己的君主欺压他的后代而与诸大夫结盟。"庆封反唇相讥说："不要像楚共王的儿子公子围那样，杀死了自己君主哥哥的儿子员而代立。"于是楚灵王让人赶紧杀了庆封。

七年，筑成章华台，下令收纳逃亡在外的奴隶来充实它。八年，派公子弃疾带领军队灭亡陈国。十年，召唤蔡侯，灌醉蔡侯之后杀了他。派公子弃疾平定蔡国，因此封公子弃疾为蔡公。

十一年，楚国讨伐徐国用来恐吓吴国。楚灵王驻扎在乾溪等待战果。楚灵王说："齐、晋、鲁、卫受封时都有宝器，只有我没有。如今我派人去周求周鼎作为自己分封的器物，会给我吗？"析父回答说："它会给您的！昔日我们的先祖熊绎处在偏僻的荆山，驾着打柴的车，穿着破旧的衣服，住在蛮荒之地，跋山涉水来侍奉天子，只有桃木弓和棘木剑进贡给王室。齐，是周王的舅父；晋和鲁、卫，都是周王同母的弟弟。这就是为什么楚国没有分到器物而别的国家有的原因。现在周和其他四国侍奉君王您，必将听从您的命令，怎么敢吝惜鼎呢？"灵王说："昔日我的皇祖伯父昆吾拥有许国之地，如今郑国贪图那里的田地，不给我，现在我要求他们归还，他们能给我么？"析父回答说："周王室不吝惜鼎，郑国哪敢吝惜田地？"灵王说："昔日诸侯疏远我们而畏惧晋国，现在我们大规模修建陈、蔡、不羹等城池，都有千乘的军队，诸侯会畏惧我们吗？"析父回答说："会畏惧我们的。"灵王高兴地说："析父真是善于说古代的事情啊！"

十二年春，楚灵王在乾溪玩乐，不愿离去。楚国民众苦于劳役。当初，楚灵王会兵于申，侮辱了越国大夫常寿过，杀了蔡大夫观起。观起的儿子观从逃亡到吴国。于是劝吴王讨伐楚国，挑拨越大夫常寿过作乱，并且为吴国做间谍。假托公子弃疾的命令召唤在晋国的公子比。

到蔡国，和吴越的军队准备袭击蔡国。又让公子比见公子弃疾，和他在邓结盟。于是攻入楚都杀死了灵王的太子禄，立公子比为王，公子子晳为令尹，公子弃疾为司马。先清理王宫，接着观从追寻乾溪楚师，对楚军将士说："国家已经有了新王，先回去的，恢复他的爵位田地。后回去的就要迁出国都。"楚军全部溃散，都离开楚灵王回国去了。

灵王听说太子禄已死，不由自主地从车上摔了下来，说："别人爱子也是这样吗？"侍者回答说："超过这样。"灵王说："我杀别人的孩子太多了，能不落到这个地步吗？"右尹说："请您在郊外等候，听听国人的意思吧。"灵王说："众人的愤怒是没有办法冒犯的。"右尹说："姑且进入大县向诸侯乞求救兵。"灵王说："诸侯都已经背叛了。"右尹又说："姑且逃到诸侯国听从大国的安排。"灵王说："为君之福已经不在，只是自取其辱罢了。"于是灵王乘舟想要到楚的别都鄢去。右尹揣度灵王不会采纳他的计策，害怕和灵王一起死去，也离开了灵王逃走了。

灵王于是独自彷徨在山中，乡野之人也不敢收容他。灵王在路上遇到他旧时的内侍，对他说："请为我找点吃的吧，我已经三天没有吃东西了。"内侍说："新王颁布了法令，有敢给大王吃的，跟从大王的人，罪过株连三族，况且也没处找吃的。"灵王于是枕着他的大腿睡着了。内侍又用一块大土块代替自己的大腿，逃走了。灵王醒来后不见内侍，饿得起不来。芋邑大夫申无宇的儿子申亥说："我的父亲两次违反大王的命令，大王没有杀了他，这是十分大的恩情。"于是就到处寻找灵王，在釐泽遇到饥饿的灵王，就把他迎回家。夏五月癸丑，灵王死在申亥家，申亥用两个女儿给他陪葬，埋葬了他。

这时楚国虽然已经立子比为王，但是害怕灵王回来，又没有听说灵王已经死了，因此观从对刚为楚王的比说："不杀弃疾，即使得到国家还是会有祸患。"王比说："我不忍心。"观从说："别人可忍心杀大王。"王比不听观从的话，观从于是离去。弃疾回来，国都内的人常常在夜里受惊，说："灵王回来了！"六月十七日夜里，弃疾派船夫在江上边走边喊："灵王回来了。"国都内的人更加惊慌。又派曼成然告诉王比和令尹子晳说："灵王回来了！国内的人将要杀掉你，司马就要来了！您还是早做打算，不要自取其辱。众人的愤怒就像水火一样，是不能救的。”王比和子皙于是自杀。十八日，弃疾继位为王，改名熊居，这就是楚平王。

楚平王靠阴谋杀了两位楚王而自立，害怕国人和诸侯背叛他，于是施行恩惠给百姓。恢复陈国和蔡国，像以前一样立他们的后人为王，归还侵占郑国的土地。慰问救济国内百姓，整顿政治教化。吴国因为楚国内乱的缘故，俘获了楚国的五位将军。平王对观从说：“你想要什么奖赏都满足你。”观从想要做卜尹，平王就让他做了卜尹。

当初，共王有五个宠爱的儿子，没有嫡子可立为太子，于是祭祀山川百神，请神来决定，看谁来主持社稷，共王私下里和巴姬在祖庙中埋下璧玉。召唤五位公子斋戒后进去。康王两足跨过璧玉，灵王的手肘压在璧玉上，子比、子皙都离璧玉很远。平王年幼，被人抱着参拜，正压在璧玉上。因此康王凭借年长而继位，到他的儿子就失去了王位。围做了灵王，后来自己被杀了。子比为王十几天，子皙没有做王，又都被杀。这四个人都没有后代，唯独弃疾最后继位，就是平王，最终继承了楚国的社稷，就像符合神的意志。

当初，子比从晋国回来，韩宣子问叔向：“子比能成功么？”叔向回答说：“不能成功。”宣子说：“臭味相投的人总是互相寻找，就像商贾一样，怎么不能成功呢？”叔向回答说：“如果一个人没有人陪着他做好事，那么肯定也没有人陪着他做坏事。获取国家有五个难处：有宠爱的人却没有贤能的人辅助，是其一。有贤人辅助，但国内却缺乏有势力的人接应，是其二。有人接应却没有谋略，是其三。有谋略却得不到民众的支持，是其四。有民众支持，自己却无德行，是其五。子比在晋国十三年，晋楚两国跟随他的人中没有听说有通达的人，可以说没有贤人辅佐他。族人被灭，亲人背叛，没有可靠的人接应。没有机会而妄自行动，可以说是没有谋略。终身在外流亡，可以说是不得民心。流亡在外国内却没有惦念他的人，可以说没有德行。灵王那么暴虐却不忌刻，子比有五大难处而想杀掉国君，怎么能成功呢？拥有楚国的，难道不应该是弃疾吗？他掌握着陈、蔡，方城以外的地方都属于他。没有烦扰邪恶的事情发生，盗贼都隐藏起来，虽有私欲但不违礼，百姓心中没有怨恨。祖先神明授命于他，国民都信任他，芈姓有内乱，总是最小的孩子最终得立，这是楚国的常事。若论官职，子比是右尹；论权势宠爱，只是庶子；论神明，又离璧玉很远；民众心中不想念他，凭什么继位？”宣子说：“齐桓公、晋文公不也是这样么？”叔向回答说：“齐桓公，是卫姬的孩子，受到釐公的宠爱。有鲍叔牙、宾须无、隰朋辅助他，有莒、卫在国外做靠山，有高、国两个上卿在国内做依靠。他从善如流，施惠不倦。拥有国家，难道不应该么？过去我们的文公，是狐季姬的儿子，受献公的宠爱，好学不倦。他十七岁，就有五位能人辅佐他，有先大夫子余、子犯为心腹，有魏犨、贾佗为股肱，有齐、宋、秦、楚等国在外做靠山，有栾、郤、狐、先在内做接应。出亡十九年，越来越坚持自己的志向。惠公和怀公不体恤百姓，百姓都归附文公，因此文公拥有晋国，难道不应该么？子比没有施惠给国民，在外没有靠山，离开晋国，晋国不相送；回到楚国，楚国不相迎。怎么能拥有国家呢！”子比果然最终不能继承王位，最终继承王位的人是弃疾，就像叔向说的那样。

平王二年，楚王派费无忌出使秦国为太子建求娶媳妇。太子的媳妇很漂亮，已经在路上，却还没有到达楚国。费无忌先回来，游说平王说：“秦国的姑娘很漂亮，您可以自己迎娶，另为太子求亲。”平王听从了他的建议，自己娶了秦女，生了熊珍。另外为太子娶了媳妇。这时，伍奢是太子太傅，费无忌为太子少傅。无忌不被太子喜爱，便时常向楚王说太子的坏话。太子建当时十五岁，他的母亲是蔡国人，不被他的父亲宠爱，平王渐渐地疏远了太子建。

平王六年，平王派太子建到城父去，守卫边疆。无忌又日夜向平王说太子建的坏话：“自从我把秦国的姑娘送入后宫，太子便怨恨我，也不能不怨恨大王您，您自己多少要做点准备。况且太子守卫在城父，拥有兵权，对外结交诸侯，就要准备打进来了。”平王于是召见太傅伍奢，并且责备他。伍奢知道是无忌进了谗言，于是说：“大王您怎么能因为小臣而疏远自己的亲骨肉呢？”无忌说：“如今不制止他，今后要后悔的。”于是平王囚禁了伍奢。让司马奋扬召回太子建，想要杀掉他，太子听说了这件事情，逃亡到了宋国。

费无忌说：“伍奢有两个儿子，不杀了他们将会成为楚国的祸患。

何不借口赦免他们的父亲召他们来，他们一定会来。”于是平王派人对伍奢说：“能把你的两个儿子叫来你就能活，不能你就要死。”伍奢说：“伍尚会来，伍胥不会来。”平王说：“为什么呢？”伍奢说：“尚为人廉洁，能为节操而死，慈善孝顺而仁厚，听说召见他就能赦免父亲，一定会来。胥的为人，机智而有谋略，勇敢而崇尚建功立业，知道来了必死，一定不会来。然而成为楚国忧患的人就是他。”于是平王派人召见他们，说：“你们来，我就赦免你们的父亲。”伍尚对伍胥说：“听说能赦免自己的父亲而不去，就是不孝；父亲被杀害而不能报仇，就是无谋；考虑能力担当责任，是智慧。你走吧，我去领死。”伍尚于是就赴死去了。伍胥拉满弓搭上箭，出来见使者，说：“父亲有罪，为什么要召见他的儿子？”说着就要射箭，使者转身逃跑，伍胥就逃到吴国。伍奢听说这件事情后说：“伍胥逃走，楚国就危险了。”楚国人于是杀了伍奢和伍尚。

十年，楚太子建的母亲在居巢，打开城门放进了吴人。吴国派公子光讨伐楚国，打败了陈、蔡，接走了太子建的母亲才撤兵。楚国害怕，修筑郢都的城墙。当初，吴国的边城卑梁和楚的边境钟离的小孩争抢桑树，两家发怒互相攻击，灭了卑梁人。卑梁的长官大怒，发邑兵攻打钟离，楚王听说了这件事情后很愤怒，发动国家的军队灭了卑梁。吴王听了这件事情后大怒，也派出军队，公子光依靠太子建的母亲打开城门而攻打楚国，于是灭了钟离、居巢。楚国于是害怕而修筑郢都城墙。

十三年，楚平王去世。将军子常说：“太子珍年纪小，他的母亲应该是前太子建迎娶的。”想要立令尹子西。子西是平王的庶弟，有仁义。子西说：“国家有常行的法度，更换继承人就会产生祸乱，说这样的话是会招来杀身之祸的。”于是立太子珍，这就是昭王。

昭王元年，楚国民众不喜欢费无忌，因为他进谗言而逼走了太子建，杀害了伍奢父子和郤宛。郤宛的同姓伯氏之子嚭和伍子胥都逃到吴国，吴国数次侵犯楚国，楚国民众十分怨恨无忌。楚国令尹子常杀死无忌以取悦民众，民众于是很高兴。

昭王四年，吴国三位公子逃到楚国，楚国分封他们来抵御吴国。五年，吴国讨伐楚国，攻取了楚国的六、潜两邑。七年，楚国派子常讨伐吴国，吴国在豫章大败楚国。

十年冬天，吴王阖闾、伍子胥、伯嚭和唐国、蔡国一同讨伐楚国，楚国大败，吴国军队于是进入郢都，侮辱了平王的坟墓，都是因为伍子胥要报杀父之仇的缘故。吴兵来时，楚国派子常出兵迎战，两军夹汉水列阵。吴国打败了子常，子常逃亡到郑国。楚兵败退，吴军乘胜追击，连续打了五仗而攻到郢都，十一月二十七日，楚昭王逃亡。二十八日，吴人攻入郢都。

昭王逃到云梦泽，云梦人不知道他是楚王，射伤了他。昭王逃到了郧。郧公的弟弟怀说："平王杀死了我的父亲，如今我杀他的儿子，难道不可以么？"郧公制止了他，然而害怕他杀了昭王，于是和昭王一起逃到随国。吴王听说昭王逃到了随国，就出兵进攻随国，对随人说："周封在江汉之间的子孙，楚国把他们都灭掉了。"要求随人杀死昭王。跟随昭王的臣子綦于是深藏楚王，自己冒充楚王，对随人说："把我送给吴国吧。"随人占卜把他交给吴国，不吉利，就谢绝吴王说："昭王已经死了，不在随国。"吴国请求自己入城搜索，随国不答应，吴国也就罢兵离去了。

楚王逃出郢都的时候，派申鲍胥去秦国请求救援。秦国派战车五百乘救援楚国，楚国也收集了剩余的散兵，和秦军一起攻打吴军。十一年六月，在稷邑打败了吴军。正好吴王的弟弟夫概见到吴王兵败，于是就逃回吴国，自立为王。阖闾听说了这件事情，带着军队离开楚国，回国攻打夫概。夫概被打败，逃到楚国，楚国把他封在堂谿，称为堂谿氏。

楚昭王灭掉了唐国。九月回到郢都。十二年，吴国又攻打楚国，取得了番邑。楚国害怕，离开郢都，向北迁都到鄀。

十六年，孔子做了鲁国的相。二十年，楚国灭了顿国、胡国。二十一年，吴王阖闾讨伐越国。越王勾践射伤吴王，吴王于是去世。吴国由此怨恨越国而不向西讨伐楚国。

二十七年，吴国讨伐陈国，楚昭王救陈，驻军城父。十月，昭王在军中病重，有鸟一样的红云夹着太阳飞。昭王拿这个征兆问周太史，太史说："这对楚王有害，但可将祸患移给将相。"将相听说了这件事情，都请求用自己为牺牲向神祈祷。昭王说："将相都是我的得力之臣，如今把祸患移给你们，难道祸患就离开我的身体了么？”没有听从这个建议。占卜的结果是黄河水神作祟，大夫请求向黄河水神祈祷。昭王说：“自从我的先人接受分封，祭祀山川河流不过长江、汉水，不会从黄河神获得罪过。”于是制止了他们，不许祭祀黄河神。孔子在陈国，听说了昭王的这些话，说：“楚昭王通晓大道啊。他不失去国家，那是应当的！”

昭王病重，于是就召来各位公子大夫说：“我不成材，打了两次败仗，如今能够享受天年寿终正寝，这是我的幸运。”昭王让他的弟弟公子申做王，公子申不同意。又让次弟公子结为王，公子结也不答应。于是又让次弟公子闾为王，推让了五次，子闾才答应为王。即将开战，七月十六日，昭王在军中病逝。子闾说：“大王病重，舍弃了他的儿子而把王位让给了群臣，我之所以答应大王，是为了让他安心。如今君王去世了，我又怎么敢忘却大王的意志呢？”于是和子西、子綦谋划，秘密派军队封锁道路，迎接越国女子的儿子章，并把他立为王，这就是惠王。然后罢兵回国，埋葬了昭王。

惠王二年，子西从吴国召回已故平王太子建的儿子胜，让他做巢大夫，号称白公。白公喜欢军事且礼贤下士，想要报父仇。六年，白公向令尹子西请兵讨伐郑国。当初，白公的父亲太子建逃亡到郑国，郑国杀了他，白公逃到吴国，子西又召回了他，白公因此怨恨郑国，想要讨伐郑国。子西答应了他却没有发兵。八年，晋国讨伐郑国，郑国向楚国求救，楚国派子西援救郑国，子西接受贿赂离开了郑国。白公胜大怒，于是就和勇猛有力的死士石乞等人在朝堂上袭击杀死了令尹子西、子綦，顺势劫持了惠王，把惠王安置在高府，想要杀掉他。惠王的从者屈固背着惠王逃到昭王夫人的宫中。白公自立为王。过了一个多月，恰逢叶公来救楚，惠王的兵士与叶公的军队一起攻打白公，把他杀死了。惠王复位，这一年，楚国灭了陈国，把陈国作为自己的一个县。

十三年，吴王夫差强大起来，欺凌齐国、晋国，并且来讨伐楚国。十六年，越国灭掉吴国。四十二年，楚国灭掉蔡国。四十四年，楚国灭掉杞国。和秦国讲和。这时越国已经灭了吴国，但不能平定江、淮以北的地区。楚国于是东侵，领土一直扩展到泗水之滨。五十七年，惠王去世，他的儿子简王中继位。

简王元年，向北讨伐，灭了莒国。八年，魏文侯、韩武子、赵桓子开始被列为诸侯。二十四年，简王去世，儿子声王当继位。声王六年，盗贼杀了声王，他的儿子悼王熊疑继位。悼王二年，韩、赵、魏来伐楚，到乘丘才回去。四年，楚国讨伐周。郑国人杀了相国子阳。九年，楚国讨伐韩国，攻取了负黍。十一年，韩、赵、魏伐楚，在大梁、榆关打败了楚军，楚国于是厚赂秦国，与秦国讲和。二十一年，悼王去世，他的儿子肃王臧继位。肃王四年，蜀国伐楚国，攻取了兹方。于是楚国筑扞关来抵御他们。肃王十年，魏国攻取了鲁阳。十一年，肃王去世，他没有儿子，立他的弟弟熊良夫为王，这就是宣王。

宣王六年，周天子向秦献公祝贺秦军胜利。秦国开始再次强大起来，三晋也越来越强大，魏惠王、齐威王尤其强大。宣王三十年，秦国把商地封给卫鞅，向南侵犯楚国。这一年，宣王去世，他的儿子威王熊商继位。威王六年，周显王把祭祀文王、武王的祭肉送给秦惠王。

威王七年，齐国孟尝君的父亲田婴欺骗了楚国，楚威王讨伐齐国，在徐州打败齐军，命令齐国一定要赶走田婴。田婴害怕，张丑假装对楚王说："大王之所以能够取得徐州的胜利，是因为齐国不用田盼子。盼子对国家有功，百姓愿意为他所用。婴子和他不和而用申纪。申纪这个人，大臣不亲附他，百姓不为他所用，因此大王您打胜了。如今大王要驱逐婴子，婴子一旦被驱逐，盼子就一定会被任用。如果再重整士卒与大王相遇，一定会对大王不利。"楚王因此没有驱逐田婴。

十一年，楚威王去世，他的儿子怀王熊槐继位。魏国听闻楚国国丧，伐楚，攻取了楚国的陉山。

怀王元年，张仪开始做秦惠王的相国。四年，秦惠王开始称王。

怀王六年，楚国派柱国昭阳带领军队攻打魏国，在襄陵打败魏军，取得了八个城邑。楚国又转移军队攻打齐国，齐王为此忧虑。陈轸恰好为秦国出使齐国，齐王对他说："这可如何是好？"陈轸说："大王不用忧虑，我能让他们退兵。”随即就到昭阳军中去见他，对他说：“我想听听按照楚国的方法，怎样奖赏打败敌军杀死敌将的人？”昭阳说：“让他官居上柱国，封他为上爵执珪。”陈轸说：“还有比这更尊贵的赏赐么？”昭阳说：“封他做令尹。”陈轸说：“如今您已经是令尹了，是最高的官爵了，请让我为您打个比方。有人给他的舍人们一卮酒，舍人们商量说：‘几个人喝这点酒，每个人还轮不到一口，我们就在地上画蛇，先画完的人独饮这酒。’一个人说：‘我的蛇画完了。’端起酒杯，说：‘我还能为它画上脚。’等到他为蛇画上脚时，后画完的人夺下酒喝了，说：‘蛇本来没有脚，现在画上脚，这就不是蛇了。’如今您做楚相而攻打魏国，破军杀敌，再没有比这更大的功绩了，官位已经没有办法再升了。如今移军攻打齐国，胜了，官爵不会再升；如果不胜，自己被杀，官爵被夺，楚国也会遭受损失：这就是画蛇添足的意思啊。不如领兵回去而施德于齐，这是保持最高爵禄的方法啊。”昭阳说：“好吧。”于是就领兵回国了。

燕、韩国君开始称王。秦派张仪和楚、齐、魏相会，在啮桑结盟。怀王十一年，苏秦约会山东六国合纵共同进攻秦国，楚怀王为合纵国的首领。到了函谷关，秦国派兵出击六国，六国都引兵而回，齐国单独留在后面。十二年，齐湣王打败赵国、魏国的军队，秦国也打败了韩国，和齐国争当诸侯的首领。

怀王十六年，秦国想要攻打齐国，而楚国与齐国合纵友好，秦惠王对此担心，就扬言免去张仪的相位，派张仪向南去见楚王，对楚王说：“敝国君主最喜欢的人没有胜过大王您的，即使是张仪我特别愿意为他看门的人，也没有胜过大王您的。敝国君主最憎恨的人没有超过齐王的，即使是张仪所憎恨的人也没有超过齐王的。然而大王与齐合纵，因此敝国君主不能侍奉大王您，并且让我也不能成为为您看门的人。大王如果能为张仪关闭边关与齐绝交，现在派使者和张仪一起取回过去秦国从楚国割去的商於六百里土地，这样齐国就削弱了。这样北面削弱齐国，西面施德秦国，拥有商於之地作为自己的财富，一计可以得到三方面的利益。”楚怀王大悦，就把相印交给张仪，每天给他摆酒宴，扬言“我又得到了我的商於之地”。群臣都向他祝贺，而陈轸独自悲哀。怀王问他：“为什么悲哀？”陈轸回答说：“秦国之所以重视大王您，是因为您与齐国合纵，如今商於之地未必会得到而先与齐国绝交，这样楚国就孤立了。那秦国又怎么会重视孤立的国家呢，必然会看轻楚国。如果先让秦国献出商於之地而后楚再与齐绝交，秦国的诡计就不能成功了。如果先和齐国绝交而后求地，一定会被张仪欺骗。被张仪欺骗，大王一定会怨恨他。一旦怨恨他，就会西面惹起秦国的祸患，北面与齐绝交。西面引起秦国的祸患，北面与齐绝交，那么两国的军队一定会同时到来。臣因此悲哀。”楚王不听他的话。就派一个将军向西去接受封地。

张仪回到秦国，装作喝醉掉到车下，称病三个月不出门，楚王得不到土地，就说：“张仪认为我和齐绝交的还不够彻底么？”就派勇士宋遗北上侮辱齐王。齐王非常生气，立即毁掉楚国的信符而与秦国联合。秦齐交合，张仪才出来上朝，对楚将军说：“你为什么不接受土地？从某地到某地，长宽各六里。”楚将军说：“臣所接受的使命是要接受六百里的土地，没听说是六里。”当即把这件事情回去报告怀王。怀王大怒，就要出兵讨伐秦国。陈轸又说：“讨伐秦国不是良计，不如趁机贿赂给秦国一个大的城邑，和它一起讨伐齐国，这样我们在秦国失去的，还可以从齐国补偿回来，我国还可以保全。如今大王已经和齐绝交而又责备被秦欺骗，这是我们让秦齐交好而招来天下的兵马，国家一定会有大的损伤。”楚王不听，于是和秦国绝交，发兵向西攻打秦国。秦国也发兵迎击。

怀王十七年春天，楚国与秦国在丹阳大战，秦军大败楚军，斩杀战士八万，俘虏了楚国的大将军屈匄、裨将军逢侯丑等七十多人，于是攻取了汉中郡。楚怀王大怒，就征集全国军队再次袭击秦国，在蓝田大战，秦军再次大败楚军。韩、魏听说楚国陷入危机，就向南袭击楚国，直到邓邑。楚国听说这件事情，只得引兵回去。

怀王十八年，秦国派使者相约恢复与楚国的友好关系，分汉中的一半土地与楚讲和。楚王说：“我只想得到张仪，不想得到土地。”张仪听说了这件事情，请求到楚国去。秦王说：“楚国正想得到你解恨，你怎么能去呢？”张仪说：“臣与楚王的随从靳尚关系好，靳尚又能得到楚王宠姬郑袖的欢心，郑袖的话楚王没有不听从的。况且张仪以前出使楚国违背了给楚国商於之地的约定，如今秦楚大战，两国交恶，如果臣不当面向楚王谢罪就不能消解。况且有大王您在，楚国应该不敢杀我。即使真的杀了我而方便了国家，这也是臣的愿望。”张仪于是出使到楚国。

张仪到达楚国，怀王不见他，把他关押起来，想要杀掉他。张仪和靳尚有私交，靳尚为张仪请求楚王说：“拘押张仪，秦王一定非常生气，天下见楚国没有秦国的支持，一定会轻视大王您。”又对夫人郑袖说：“秦王十分珍爱张仪，然而大王想要杀掉他，如今秦国要用上庸的六个县贿赂楚国，把美女许配给楚王，拿秦宫中善于歌唱的女子作为陪嫁，楚王看中土地，秦国的女子一定会得到宠幸，而夫人您一定会被排斥的。夫人不如向大王进言放了张仪。”郑袖最终向楚王进言把张仪放出来。张仪出了狱，怀王对张仪很好，张仪趁机游说楚王背叛纵约而与秦和亲，相约婚姻。张仪走后，屈原从齐国出使回来，进谏说：“为什么不杀张仪？”怀王后悔没有杀掉张仪，派人追赶张仪，没追上。这一年，秦惠王去世了。

怀王二十年，齐湣王想做合纵首领，又害怕楚国和秦国联合，就派使者带给楚王一封信说：“我为楚王不爱惜尊严名声而忧心。如今秦惠王死了，武王继位，张仪逃亡魏国，樗里疾、公孙衍被任用，楚国却去侍奉秦国。樗里疾与韩国友好，公孙衍与魏国友好，楚国一定要侍奉秦国，韩国和魏国就会害怕，一定会通过这两个人向秦国求和，那么燕国和赵国也会侍奉秦国。四国争相侍奉秦国，那么楚国就会沦落到作为郡县的地步了。大王您为什么不和我联手一起收复韩、魏、燕、赵四国，与我合纵尊奉周王室，以此平息战争，休养百姓，而号令天下？天下没有不乐意听从的。那么大王您的功名就成就了。大王率领诸侯合力讨伐，一定可以打败秦国。大王获得武关、蜀、汉等地，拥有吴、越的财富而掌握江海的利益，韩、魏割让上党之地，向西迫近函谷关，那么楚国将百万倍的强大。况且大王您曾经被张仪欺骗，丢失了汉中的土地，在蓝田兵败，天下没有不替大王恼怒的。如今却想先侍奉秦国！希望大王仔细考虑此事。”

楚王已经想和秦国讲和了，见到齐王的来信后犹豫不决，与群臣商议。群臣有的说与秦讲和，有的说听从齐国的意见。昭雎说："大王虽然向东取得越国的土地，也不足以洗刷耻辱，一定要从秦国取得土地之后才能在诸侯面前洗刷耻辱。大王不如和齐、韩深交，让樗里疾在秦国得到重视，这样大王就能够凭借韩、齐的威慑来要求土地。秦国攻破韩国的宜阳，而韩国依然侍奉秦国，是因为先王的坟墓在平阳，而秦国的武遂离先王的墓只有七十里，所以特别害怕秦国。不然的话，秦攻三川，赵攻上党，楚攻河外，韩一定会灭亡。楚国救韩国，不能使韩国不灭亡，然而能使韩国继续存在下去的是楚国。韩国从秦国取得武遂，以山河为要塞，所要报答的恩德没有能超过楚国的，我想他一定尽力侍奉您。齐国之所以信任韩国，是因为韩公子眛为齐国相国。韩国从秦国取得武遂，大王您对他很友好，使得能以齐、韩的力量加强樗里疾在秦国的地位，樗里疾得到齐、韩两国的重视，秦王就不敢抛弃他。如今又加上以楚国为靠山，樗里疾一定会在秦国为楚国说话，归还侵占楚国的土地。"怀王于是同意昭雎的说法，终究没有和秦联合，而与齐联合，与韩友善。

怀王二十四年，楚国背叛了齐国和秦国和好。秦昭王初继位，于是给楚国很优厚的贿赂。楚国前去迎亲。二十五年，怀王去秦国和秦昭王结盟，在黄棘约会。秦国归还侵占楚国的上庸之地。二十六年，齐、韩、魏因为楚国违背了和他们的合纵而与秦联合，三国一起讨伐楚国。楚国派太子做秦国的人质而请求秦国救援。秦国于是派客卿通领兵救楚，三国引兵撤退了。

怀王二十七年，秦国大夫为私事和楚太子争斗，楚太子杀了秦国大夫而逃回国。二十八年，秦和齐、韩、魏一起攻打楚国，杀死了楚将唐眛，攻取了重丘之后撤兵。二十九年，秦国又攻打楚国，大败楚军，楚军死了两万人，将军景缺被杀。怀王害怕，于是派太子到齐国做人质来求和。三十年，秦又伐楚，攻取了八座城邑。秦昭王给楚王写信说："当初我与大王您相约为兄弟，在黄棘订盟，你以太子为质，真是特别高兴。太子陵杀了我的忠臣，不谢罪反而逃回国去，我实在是十分生气，于是派兵侵犯君王的边境。如今听说大王您派太子到齐国做人质求和。

我国与楚国接壤，一向结为婚姻，互相亲近已经很久了。如今秦楚不和，就无法统率诸侯。我愿与君王在武关相会而结盟，这是我的愿望。我斗胆把这个想法告诉您的手下人。”楚怀王见到秦王的信，很发愁。想要前往，害怕被秦国欺骗；不去，害怕惹怒秦王。昭雎说：“大王您不要去，发兵加强自我防卫就可以了。秦像虎狼一样，不可相信，而且有吞并诸侯的心思。”怀王之子子兰劝怀王去，说：“为什么要断绝秦王的欢心呢？”于是怀王去会见秦昭王。昭王让一个将军在武关埋伏下一支军队，假装是秦王。楚王到后，就关闭武关，挟持他西行到咸阳，在章台宫朝见，像属国的臣子一样，以不平等的礼节相待。楚怀王大怒，后悔没有听取昭雎的话。秦国因为扣留楚怀王，要挟楚割让巫、黔中的郡县。楚王想先结盟，秦国想先要地。楚王很生气，说：“秦国这是欺骗我又强行要挟我割让土地！”不答应秦的要求。秦就扣留了楚怀王。

楚国大臣为这件事情犯忧愁，于是互相商量说：“我们的大王到秦国去不能回来，要挟我们割地，而太子在齐国做人质，齐、秦合谋，那么楚国就要亡国了。”于是想要立怀王在国中的儿子。昭雎说：“大王和太子都被困在诸侯国中，如今又违背王命而立他的庶子为太子，这是不合适的。”于是派使者到齐国假装报告国丧，齐湣王对他的相国说：“不如扣留太子用此求得楚国的淮北之地。”齐相说：“不行，楚国国内若是立了新王，那么我们就是守着没用的人质而让天下人都知道我们做了不义的事情。”有的人说：“不对。楚国国内如果立了新王，我们就趁机和他们的新王做交易说‘给我们下东国，我们帮您杀了太子，不然就与三国一起拥立他’，这样下东国一定可以得到。”齐王最终用了相国的计策，归还了楚国太子。太子横回到楚国，继位为王，这就是顷襄王。并且向秦国报告说：“有赖于楚国社稷神灵的保佑，国家有了新王了。”

顷襄王横元年，秦国要挟怀王没有得到土地，楚国又立了新王对抗秦国，秦昭王怒，发兵出武关攻打楚国，大败楚军，斩首五万，夺取析邑等十五座城池才撤兵回国。顷襄王二年，楚怀王偷逃出来想回国，被秦国察觉，封锁了通往楚国的道路，怀王害怕，于是从小路逃到赵国谋求回国。赵武灵王在代地，他的儿子惠王刚继位，行使王权，害怕秦国，不敢护送楚王回国。楚王想去魏国，秦国追上了他，于是又被秦使带回了秦国。怀王生病了。顷襄王三年，怀王死在秦国，秦国将他的灵柩送还楚国。楚国人都可怜他，像失去了自己的亲人一样悲痛。诸侯因此都认为秦国无理。秦楚断绝了关系。

顷襄王六年，秦国派白起在伊阙讨伐韩国，大胜，斩杀韩军二十四万。秦国于是派人给楚王送信说："楚国背叛秦国，秦国将要率领诸侯一起讨伐楚国，决一死战。希望大王您整顿士卒，我们可以痛快地大战一场。"顷襄王忧虑这件事情，于是又谋划与秦国讲和，顷襄王七年，楚国迎娶秦国女子，秦楚又讲和了。

顷襄王十一年，齐秦各自称帝，过了一个多月，又放弃了帝号称王。

十四年，楚顷襄王和秦昭王在宛举行友好会见，结为婚姻。顷襄王十五年，楚王与秦、三晋、燕共同讨伐齐国，取得淮北之地。十六年，顷襄王和秦昭王在鄢友好相会。同年秋天，又与秦昭王在穰相会。

顷襄王十八年，楚国有个能用力量很弱的弓和弓弦射中归雁的人，顷襄王听说了这件事情，就召见并询问他。那人回答说："小臣善于射鶀雁，罗鸗，只是射箭这样小的事情，有什么值得对大王您说呢？况且衡量楚国的广大，因为大王您的贤能，所能射的不只这些啊！以前夏商周三代圣王所射的是道德，五霸所射的是争斗的诸侯。因此秦、魏、燕、赵是鶀雁，齐、鲁、韩、魏是青首，邹、费、郯、邳是罗鸗。除此之外就没有什么值得您射猎了。现在的鸟还有六双，大王要用什么来射取呢？大王您为什么不拿圣人做弓，以勇士做弓弦，看准时机张弓而射呢？这六双鸟就可以用袋子装好用车载走了。这种乐趣并非一朝一夕的，这种收获也不仅仅是野鸭大雁之类。大王早晨张弓射魏国大梁的南部，再射取魏国西部而连带上韩国，那么韩国通往中原的路就断绝了，上蔡也就不攻自破了。转身射取圉邑之东，肢解魏国东部，从而向外攻击定陶，那么魏国东部以外的地方就会被放弃，同时大宋、方与两郡就可以取得了。并且魏国失去了东西两部，就会一蹶不振了。再正面攻击郯，大梁就可以占有了。大王在兰台收起弓箭丝绳，在魏国的西河饮马，平定魏都大梁，这是第一次射猎的快乐。如果大王您对射猎实在喜欢而不厌倦，就取出宝弓，系上新弦，到东海去射长着勾嘴的大鸟，环绕山河加筑长城作为自己的防线，早晨射取东莒，傍晚射取浿丘，夜里取得即墨，回过头占领午道，那么就收复了长城之东和泰山之北了。西面与赵接壤，北面到达燕，齐、赵、燕三国的地形如同张开的翅膀，那么合纵不用约定就可以形成了。向北望燕国的辽东，向南望越国的会稽，这是第二次射猎的快乐。至于泗上十二个小诸侯，左右开弓，可以一个早上就全部得到。如今秦国虽然打败韩国，却造成了长久的忧患，取得许多城邑却不敢占有，讨伐魏国却徒劳无功，出击赵国反而自己受困，秦国和魏国的勇力消耗尽了，那么楚国以前的土地汉中、析、郦等就可以重新收复了。大王您拿出宝弓，系上新弦，涉足鄳塞坐待秦国的疲劳怠倦，山东和河内可以得到并且统一。慰劳百姓修养大众，便可以坐北朝南向天下称王了。所以说秦国是只大鸟，背靠内陆居住，面朝东而站立，左臂跨着赵国的西南部，右臂揽着楚国的鄢郢，正面搏击韩国、魏国，低头俯视中原地区，居处优越，地势有利，高举羽翼，方圆三千里，那么秦国就不是楚国能够单独对付的。”那人想要激怒顷襄王，因此这样回答。

顷襄王找他继续谈话，他说：“先王被秦国欺骗而客死于国外，再没有比这更大的怨恨了。现在老百姓有仇怨，还要为国君报仇，白公、伍子胥就是这样。如今楚国的土地方圆五千里，战士有百万，还足以在中原施展，然而我们却坐以待毙，臣私下认为大王不会这样做。”于是顷襄王派使者到各诸侯国去，又和他们合纵，想要讨伐秦国。秦国听说了这件事情，发兵来讨伐楚国。

楚国想和齐、韩共同讨伐秦国，趁机准备图谋灭周。周王赧派武公对楚相昭子说：“三国靠军队分割周郊外的土地为了便于运输，南迁九鼎来尊崇楚国，我认为这是不对的。杀害共同的君主，把世代侍奉的君主作为臣子，大国就不来亲近，凭借人多势众来要挟势单力薄者，小国也不来亲附。大国不亲近，小国不亲附，就不能得到名声和实惠。得不到名声和实惠，就不足以优抚民众。有图谋灭周的名声，是不能号令诸侯的。”昭子说：“没有图谋灭周这回事。虽然是这样，但是周为什么不能灭掉呢？”武公回答说：“没有五倍于敌人的军队就不去进攻他，没有十倍于敌人的兵力就不去围攻城池。况且一个周等于二十个晋，这您是知道的。韩国曾以二十万军队在魏国城下受挫，精锐的士卒死了，中等的士卒受伤，但是魏却没有攻下来。您没有百倍于韩国的力量而图谋灭周，其结果是天下人都知道的。和两周结怨来伤害驺、鲁百姓的心，与齐绝交，在天下丧失声名，这是很危险的事情。危害两周来加强韩的三川郡，方城之外的楚地一定会被韩国削弱。为什么知道会是这样呢？西周的土地，截长补短不过百里。名义上虽然是天下人共同的君主，割裂他的土地不足以使国家得利，得到他的民众不足以加强军队。虽然没有攻击周王室，名义上却是弑君。但是好事的国君，喜好功绩的大臣，发布号令出兵，没有不拿周王室为最终目标的。这是为什么呢？因为祭器就在那里，想要得到祭器而忘了弑君的罪名。如今韩国因为祭器在楚国，我怕天下人会因为祭器而仇视楚国。请让臣打个比方，虎的肉腥臊，又有爪牙可以自卫，人们尚且攻击它。如果让沼泽中的麋鹿蒙上虎皮，攻击它的人一定会比攻击老虎的多上万倍。分裂楚国的土地足以使国家得利；贬低楚国的名声，足以使自己的名声尊贵。如今您想诛杀天下人共同的君主，占有三代相传的重器，独吞九鼎，比周天子还尊贵，不是贪婪又是什么呢？《周书》说‘想要举事，不可占先’，因此九鼎南归于楚，那么讨伐楚国的兵马也就到了。”于是楚国的计谋就停止不再施行。

顷襄王十九年，秦国讨伐楚国，楚国败，割让上庸、汉北等地给秦国。二十年，秦将白起攻下楚国的西陵。二十一年，秦将白起攻下楚国的郢都，放火烧了先王在夷陵的坟墓。楚顷襄王的士兵溃散，不能再交战，就向东北退去，在陈城自保。二十二年，秦国又攻下巫、黔中郡。

二十三年，顷襄王收拾东地的士卒，得兵十余万，又收回了秦国攻下的江旁十五个城邑作为郡县，用来抵抗秦国。二十七年，楚国派三万人帮助赵、魏、韩讨伐燕国。再次与秦国谈和，并让太子进入秦国做人质。楚国派左徒到秦国服侍太子。三十六年，顷襄王病重，太子逃了回来。这年秋天，顷襄王去世，太子熊元继位，这就是考烈王。考烈王封左徒为令尹，把吴地封给他，号称春申君。

考烈王元年，把州邑献给秦来讲和。这时楚国更加衰弱了。考烈王六年，秦国围攻邯郸，赵国向楚国求救，楚国派将军景阳救赵。七年，楚军到了新中，秦兵退去。十二年，秦昭王去世，楚王派春申君到秦国吊唁。十六年，秦国庄襄王去世，秦王赵政继位。二十二年，楚国与诸侯一起讨伐秦国，失利而撤退。楚国向东迁都到寿春，还称为郢。

考烈王在位二十五年去世，他的儿子幽王悍继位。李园杀了春申君。幽王三年，秦、魏讨伐楚国，秦相吕不韦去世。九年，秦国灭了韩国。十年，幽王去世，他的同母弟弟犹继位，这就是楚哀王。哀王继位两个月后，哀王的庶弟负刍的部下袭击杀害了他而立负刍为王。这一年，秦俘虏了赵王迁。

楚王负刍元年，燕太子丹派荆轲刺杀秦王。二年，秦派将军讨伐楚国，大败楚军，楚国丢失了十多个城邑。三年，秦灭了魏。四年，秦将王翦在蕲打败了楚军，杀死了将军项燕。五年，秦将王翦、蒙武攻破楚国都城，俘虏楚王负刍，灭掉楚国，在其地设立郡县。

太史公说：当楚灵王和诸侯在申相会时，诛杀庆封，建筑章华台，向周求九鼎的时候，藐视天下；当他饿死在申亥家时，被天下人耻笑。不守操行，这是多么悲哀啊！权势对于人来说，能不谨慎对待么？弃疾凭借作乱而登上王位，宠爱秦国女子到淫乱的地步，太过分了，几乎再次使国家灭亡！

（桑泽轩 译）

《史记》卷四十一　越王勾践世家第十一

越王勾践，他的祖先是夏禹的后代，是夏朝帝王少康的庶子。被封在会稽，要他在那里祭祀和守候夏禹的坟墓。于是他就入乡随俗在身上文上花纹，剪断头发，在那里开荒种地，兴建城邑居住下来。一直传了二十多代，传到了允常。允常的时候，开始和吴王阖庐（一名阖闾）作战，从而结下了仇怨，互相讨伐。允常去世后，他的儿子勾践继位，这就是越王。

勾践元年，吴王阖庐听说允常去世，于是兴兵讨伐越国。越王勾践派死士去挑战，他们排成三行，一直走到吴军的阵前，而后大呼一声自刎而死。吴国军队被这种行为惊呆了，越国军队趁机袭击吴国军队，吴国军队在槜李大败，越军射伤吴王阖庐。阖庐临死前，告诫他的儿子夫差说："一定不要忘了向越国报仇。"

越王勾践三年，勾践听说吴王夫差日夜练兵，想要向越国报仇，就想要在吴没有讨伐之前先去攻打吴国。范蠡劝谏说："不能轻举妄动。臣听说战争是一种不吉利的东西，发动战争的人是违反道德的，在战场上争胜负也是解决矛盾的下策。暗中策划违反道德的行动，喜好动用杀人凶器，不顾后果地采取下策，这些都是上天所禁止的，这样做的人不会得到好处。"越王说："我已经决定这么做了。"于是就出兵了。吴王听到消息后，调集了全国精锐部队迎击越军，在夫椒大败越军。越王勾践领着五千残兵退到了会稽山。吴王夫差派兵追击他，并且围住了会稽山。

越王对范蠡说："因为当初不听你的话而到了今天这个地步，这可怎么办？"范蠡回答说："能保持国家的全盛不衰则天助之，能扭转国家的危机则人助之，能节约致富则地助之。用恭谦的话语和丰厚的礼品去向吴国求饶，如果不答应，那就只有用我们自身去和他周旋，甚至去给他当奴隶。"勾践说："好。"于是命令大夫文种去向吴国求和。文种到吴国后跪行到吴王面前，叩头说："您的败军之臣勾践派他的仆从文种来向您禀告：勾践现在情愿做您的奴隶，他的妻子情愿做您的婢女。”吴王想要答应。伍子胥对吴王说：“现在是老天把越国赐给吴国，不要答应他的请求。”文种回来，把事情的经过告诉了勾践。勾践想要杀死妻子，烧毁珍宝，和吴国决一死战。文种劝阻勾践说：“那吴国的太宰伯嚭十分贪财，可以想办法收买他，请让我悄悄地去和他交涉。”于是勾践让文种带着美女宝器悄悄地去到吴国，献给太宰伯嚭。伯嚭接受了赠品，于是领着文种去见吴王。文种叩头说：“希望大王您能赦免勾践的罪过，勾践将向您献出越国的全部财产。如果不幸不能得到您的赦免，勾践将杀掉妻儿，烧毁宝器，率领五千人和您决一死战，您必定会付出相应的代价。”伯嚭趁机劝吴王说：“勾践既然已经愿意臣服我们，成为我们的臣民，如果赦免了他们，这是对我们国家有利的。”吴王想要答应这件事情。伍子胥进谏说：“今天如果不把越国灭掉，今后一定会后悔的。勾践是贤君，文种、范蠡是良臣，如果放他们回国，必将成为我们的祸患。”吴王没有听从伍子胥的劝谏，最终赦免了越国，撤回了包围会稽的军队。

勾践困在会稽，喟然感叹说：“我最后就结束在这里了么？”文种说：“商汤曾经被关押在夏台，文王被囚禁在羑里，晋公子重耳曾逃到翟国，齐公子小白也曾逃到莒国，但他们最终都成就了霸业。由此看来，这何尝不是一件好事情呢？”

吴国赦免了越国后，越王勾践回到越国，便吃苦耐劳，苦思冥想去报仇，他把一个苦胆吊在座席旁，使自己坐着躺着都能看到它，吃饭喝水的时候也要尝尝它的苦味。并且常对自己说：“你可忘记了在会稽所受的耻辱吗？”他亲身耕种，他的夫人也亲自纺纱织布，吃饭没有肉，穿衣不用两种色彩，放下架子尊重贤人，厚待宾客，接济贫困的人，吊唁去世的人，和普通百姓一样从事劳动。他想要派范蠡治理国政，范蠡回答说：“练兵作战的事情，文种不如范蠡；安定国家，抚恤百姓，范蠡不如文种。”于是勾践把国家大政全部交给文种，而让范蠡与大夫柘稽去吴国谈判，并且留在那里做人质。两年后，吴国放心地让范蠡回来了。

勾践从会稽山回来的第七年，对百姓的安抚工作已经进行得差不多了，就准备征兵对吴作战。这时大夫逢同劝阻说：“国家遭受灾难，现在才刚刚富裕一点，如果这时整军备战，吴国一定会恐惧，吴国一恐惧我们就大祸临头了。况且一只猛禽在它想要袭击小鸟时，一定要把它的身体隐藏好。现在吴国向北对齐国、晋国用兵，向南与楚国、越国结怨，他的威名至高无上，事实上危害了周天子的权威，一个人的德行少而武功多，他就必定骄傲自大。为了越国打算，不如与齐国结盟，亲近楚国，依附晋国，故意让吴国显得强大。随着吴国的野心不断膨胀，必定越来越好战。那时我们掌握了主动权，当齐、楚、晋三国一起讨伐吴国时，我们就可以趁他几面受敌一举攻破他。”勾践说：“太好了。”

又过了两年，吴王准备向北讨伐齐国。伍子胥劝谏说：“不行，我听说越王勾践现在生活俭朴，吃饭都不吃有两样滋味的菜，与百姓同甘共苦。这个人不死，一定会成为吴国的祸患。越国的存在，对于吴国是心腹之疾，而齐国的存在，不过是疥癣而已。恳请大王您先放下齐国，收拾越国。”吴王不听，于是讨伐齐国，在艾陵打败齐军，俘虏了齐国的高昭子和国惠子两个大贵族回国，吴王斥责了伍子胥。伍子胥说：“大王您不要高兴得太早！”吴王大怒，伍子胥想要自杀，吴王听说后阻止了他。越国大夫文种对勾践说：“臣看吴王办事已经很傲慢了，请您向他借粮食，来试探一下虚实。”于是越王向吴王借粮食，吴王想要答应，伍子胥劝谏吴王不要给越国粮食，但是吴王最终还是把粮食借给了越国，越国人心中暗暗高兴。伍子胥说：“大王您不听劝谏，三年后吴国一定会成为一片废墟的！”太宰伯嚭听说了这件事情，就多次与伍子胥争论对付越国的计策，趁机向吴王进谗言说：“伍子胥貌似忠厚老实，其实是一个很残忍的人，连他的父亲和兄弟都不顾及，又怎么会顾及大王您呢。大王上次讨伐齐国的时候，他就竭力反对，后来您得胜而回，他还因此怨恨您。大王您如果不防备伍子胥，他一定会作乱的。”伯嚭与逢同一起密谋，在吴王面前接二连三地诽谤伍子胥。吴王刚开始不听，就派伍子胥去齐国，后来听说伍子胥把儿子托付给齐国鲍氏，吴王于是大怒说：“伍子胥果然欺骗我！”等伍子胥回来后，派人给伍子胥送去一把属镂剑让他自杀。伍子胥大笑说：“在我的辅佐下，让你的父亲登上了霸主的位置，我又立你当了吴王，你当初要分半个吴国给我我没有答应，没过多久，如今你反而因为谗言而要诛杀我。唉，你一个人是不能独自立国的。”他对吴王派来的使者说：“一定要把我的眼睛挖出来放在国都的东门，让我看着越国的军队进城吧！”于是，吴王把军政大权交给了伯嚭。

又过了三年，勾践召见范蠡，问他说：“吴王已经杀了伍子胥，如今吴王身边围着一群阿谀奉承的人，可以出兵攻打他了吧？”范蠡说：“不行。”

到了第二年春天，吴王北上在黄池与诸侯会盟，吴国的精锐部队跟随吴王走了，只留下了老弱残兵和太子留守。勾践又问范蠡，范蠡说：“可以了。”于是就调集了熟悉水战的两千士兵，经过专门训练的四万人，受过良好教育的六千人，近卫侍从一千士兵，讨伐吴国。吴军失败，于是杀死了吴国太子。吴国派人向夫差告急，这时夫差正在黄池和诸侯会盟，怕天下人知道这件事，于是秘而不宣。吴王在黄池订立了盟约后派人带着厚礼向越国求和。越国自己估量还不能灭掉吴国，于是答应与吴国讲和。

又过了四年，越国又讨伐吴国。这时吴国的军民已经非常疲惫，精锐的部队都死在了与齐、晋作战中。因而越国大破吴军，而且包围了吴国的城都，一围就是三年，后吴国都城被攻破，越国就让吴王夫差住到了姑苏山。吴王派公孙雄袒胸露体跪着到越王面前哀求：“您无依靠的臣下夫差向您请求，曾经在会稽山得罪了您，我没有拒绝您的命令，与您讲和，让您回国了。如今劳您大驾来讨伐我，我们现在一切都听您的，您能不能也像过去我们在会稽山时一样赦免了我呢？”勾践不忍心，想要答应他。范蠡说：“过去我们困在会稽山，上天把越国赐给吴国，吴国不要。今天上天把吴国赐给越国，越国怎么能逆天而行呢？况且大王您早上朝晚罢朝不是为了消灭吴国吗？您谋划了二十二年，一旦放弃，怎么可以呢？况且上天赐予你你却不要，反而会受到惩罚的。《诗经》里曾说‘用斧头去砍伐树木做斧柄，标准就在你手里’，您难道忘了被困会稽时的痛苦了么？”勾践说：“我想要听你的话，但是我不忍心驳回他的使者。”于是范蠡擂鼓进兵，他对吴国使者说：“大王已经把这件事情交给我了，你赶快回去吧，如果不回去，就休怪我们不客气了。”吴国使者只好流着眼泪离去。勾践看见了觉得可怜，于是又派人对吴王说：“我可以把您安置在甬东，让您到那里去当一个百户人家的头领。”吴王谢绝说：“我已经老了，不能侍奉君王您了！”于是就自杀了。死前他用衣服遮上自己的脸说：“我没有脸面去见伍子胥啊！”越王于是埋葬了吴王而杀掉了太宰伯嚭。

越王勾践平定了吴国后，于是率军北渡淮河，与齐、晋等诸侯在徐州会盟，给周天子送去贡品。周元王派人赐给勾践祭祀用的肉，封他为方伯。勾践离开徐州南渡淮河后，把淮河上游的地方分给楚国，归还吴国侵占的宋国的土地，把泗水以东的百里地方给了鲁国。这时候，越国的军队在长江、淮河以东畅行无阻。诸侯都来庆贺，勾践成了一时的霸主。

范蠡于是辞官离去，从齐国给大夫文种写了一封信说：“飞鸟一旦捕尽，良弓也就没了用处；狡兔全都死了，猎狗也就要被煮吃了。越王长相，长脖子，鹰钩嘴，可以与他一起共患难，却不可与他同享欢乐。你为什么还不离去呢？”文种看了信以后，称病不上朝。有人诬陷文种，说他要造反。越王于是赐给文种一把剑说：“你教给我七种方法讨伐吴国，我用了其中三种就打败了吴国，那四种还在你那里，你替我到先王面前去试试那四种吧。”文种于是自杀了。

勾践死后，他的儿子鼫与继位。鼫与死后，他的儿子不寿继位。不寿死后，他的儿子翁继位。翁死后，他的儿子翳继位。翳死后，他的儿子之侯继位。之侯死后，他的儿子无强继位。

越王无强时，越国出兵向北讨伐齐国，向西讨伐楚国，与中原地区的诸侯争强斗胜。当时楚国正是楚威王当政，越国向北讨伐齐国时，齐威王派人对越王说：“如果越国不讨伐楚国，从大处说不能称王，从小处说不能称霸，估计越国不攻打楚国的原因，是因为没有得到三晋的支持。但是韩国和魏国本来就不攻打楚国。韩国如攻打楚国，他的军队会覆灭，他的将领会被杀害，那么叶县和阳翟就会很危险。如魏国攻打楚国，他的军队也会覆灭，将领也会被杀害，那么陈县和上蔡也会很危险。所以韩、魏侍奉越国，只是为了不至于损兵折将，但他们不会为您效汗马之劳。您为什么要那么看重三晋呢？”越王说：“我之所以重视三晋，并不是要求他们出兵作战，更不用说要他们去攻打楚国城池了。我只希望魏国能把兵力聚集在大梁城下，而希望齐国在南阳、莒县练兵，聚结在常、郯边界。这样一来楚国就不敢再调方城一带的守军南下，也不敢再调淮河、泗水一带的守军东移，至于商、於、析、郦以及宗胡一带，夏路以西的楚国军队，光是防备秦国已是自顾不暇，那么他们的江南、泗水一带也就无法抵御越国了。这样一来齐国、秦国、魏国、韩国就都能从楚国得到好处，韩国、晋国不打仗就分得了土地，不耕作就得到了收获。可是如果韩国、魏国不这样干，而是把兵力消耗到黄河华山一带去听齐国和秦国的使唤，所期待的韩魏如此失策，他们还有什么资格称王。”齐国使者回答说：“你们越国不被灭亡真是侥幸啊！聪明智慧之所以可贵就在于它不同于眼睛看东西，虽然能看到毫毛但是看不到自己的眼睫毛。如今大王能看到韩、魏两国的失策，却不知自己的失策，这正和眼睛看东西的道理一样。大王期待韩、魏的，不是他们为您效汗马之劳，更不要求他们与您联合作战，您不过是希望他们帮您牵制一部分楚军而已。实际上现在楚国的军队已经分散，何必期待韩、魏呢？”越王说：“这是怎么回事呢？”使者回答说：“楚国三个大夫分兵九路，向北包围曲沃、於中，战线向南一直延伸到无假关，全长三千七百里，而景翠的军队则向北聚集在鲁国、齐国、南阳一带，兵力分散还有比这更严重的吗？况且大王您所希望的是挑起韩国、魏国和楚国的争斗，韩魏和楚国不争斗，越国不出兵，这就好比只知二五不知一十。如果这时不攻打楚国，因此我知道您大不能称王，小不能称霸。雠县、庞县、长沙，这是楚国的粮食产地，竟泽陵，是楚国生产木材的地方。越国只要出兵占领无假关，那么这四个地方就不能再向郢都进贡了。臣听说，图谋称王即便不能称王，还可以称霸，如果连个霸主都捞不到，王道也就彻底丧失了。因此希望大王您转而去攻打楚国吧。”

于是越国就放弃了齐国转而进攻楚国，楚威王出兵迎战，大败越军，杀了越王无强，取得了以前吴国的土地一直到浙江一带。向北在徐州打败了齐国。越国因此而溃散，而越王家的子弟们争抢着继位，有的称王，有的称君，散落在海边各地，都臣服于楚国。

又过了七代，有个闽君摇，帮助诸侯们攻打秦国。汉高祖刘邦继位后又封他为越王，让他做越国的后裔。当时的东越和闽君，都是越王勾践的后代。

范蠡侍奉越王勾践，千辛万苦，殚精竭虑，与勾践共同筹谋了二十多年，终于灭掉了吴国，报了当年被困会稽山的耻辱。向北出兵渡过淮河，与齐国、晋国相邻，对中原各地发号施令，以尊崇周天子为名，越王勾践成了天下霸主，而范蠡做了越国的上将军。胜利回国后，范蠡深感自己在这种太大的声名下，不能在越国安稳久居，况且勾践的为人，可以共患难，难以同安乐，于是写信给勾践说："我听说主上忧患，臣子就要不辞劳苦，主上受到侮辱，臣下就该不惜牺牲生命。当初您被困在会稽山以致受辱，我之所以不自杀，就是为了报仇。如今既然大仇已报，我请求以死来弥补会稽山的耻辱。"勾践说："我准备把国家的一半分给你，如果你不要，我就严厉地处罚你。"范蠡说："你有发号施令的权力，我也有按个人意志行动的自由。"于是带上那些轻便的珠宝金玉，和他的一些亲信仆从乘船出海，始终没有回来。于是勾践只好把会稽山划出来作为范蠡的封地。

范蠡渡海来到齐国，改变自己的姓名，自称是鸱夷子皮，在海边耕田劳作，身体力行，父子几个辛苦创置家产。没过多久，就聚集了数十万的家产。齐国人听说他贤德，请他为相。后来范蠡感叹说："在家为民就积起千金，在朝为官就官至卿相。这是一个平民所能达到的极限了。过久的享受这种荣誉，没有好处。"于是归还齐国相印。把家财散给亲朋和乡里。又带着一些贵重的宝物，悄悄地离开了齐国，在陶这个地方停下来。他认为陶是天下的中心，是个贸易往来互通有无的枢纽，如果在这里生活一定可以致富。于是自称为陶朱公。父子几人重新在这里耕地放牧，买进卖出，根据时节改变变卖的货物，以追求十分之一的利润。没过多久，又积累了数以亿计的资产。天下称之陶朱公。

范蠡居住在陶县的时候，又生了一个小儿子。等到小儿子长大，而范蠡的二儿子杀了人，被囚禁在楚国。范蠡说："杀人偿命，这是理所当然，但是我听说富贵人家的儿子不能死在刑场上。"于是告诉他的小儿子，让他去楚国看看。他让小儿子将黄金千镒装进麻袋里，放在一辆牛车上拉着。当小儿子即将出发的时候，范蠡的大儿子坚决请求让他去，范蠡不答应。他的大儿子说："家中的长子被称为家中的管家，如今弟弟犯罪，不派我去，却派最小的弟弟去，这是我不孝顺啊！"想要自杀。他的母亲帮他劝范蠡说："如今派小儿子去，也未必能救回二儿子的命，反而让大儿子白白的死了，这是为什么呢？"范蠡不得已，只好派大儿子去，写了一封信让大儿子交给自己的故友庄生。对大儿子说："你到了楚国就把千金交给庄生，听从他的安排，不要和他发生争执。"于是大儿子出发了，他还自己另外带了几百两金子。

到了楚国，庄生家住在一个靠近城墙的地方，房舍四周都长满了杂草，家境十分贫穷。但是他还是按照父亲的吩咐把书信和千金交给庄生。庄生说："你可以赶紧回去了，千万不要留在这里！等到你弟弟出来，你们也不要问他是怎么出来的。"大儿子离开庄生家后，没有听庄生的话而私自留在了楚国，用自己私自带的那些金子献给了楚国的当权者。

庄生虽然身居陋巷，然而却因廉洁正直闻名全国，从楚王以下都尊他为老师。当范蠡让儿子给他送黄金时，他并不是有意接受，想等到成事后把钱归还给范蠡以表示自己的信义。因此，他一收到黄金就对自己的妻子说："这是范蠡的金子，没想到他突然送来了，我们日后要还给他，你不要动。"然而范蠡的大儿子不知道庄生的想法，以为他对自己弟弟的事情没有办法。

庄生找了一个机会去见楚王说："现在某颗星星正在某个位置，这种现象对楚国有害。"楚王素来相信庄生，于是问他："那要怎么办好呢？"庄生回答说："只有施德于人才能免除灾害。"楚王回答说："先生去休息吧，我马上就照您说的办。"楚王于是派使者把钱库封了起来。楚国贵族赶紧告诉范蠡的长子，说："大王马上就要宣布大赦天下了。"范蠡的长子回答说："有什么证据呢？"贵族回答说："每次大王大赦天下之前，总要把钱库封起来，昨晚大王又派人把钱库封起来了。"范蠡的大儿子认为楚王既然要宣布大赦天下，自己的弟弟必然会被放出来。因此把千金重礼白白送给庄生没有必要，于是又去见庄生。庄生惊讶地说："你怎么还没有离去？"大儿子说："本来就没有离去，当初我是为救二弟来的，现在我的弟弟马上就要被放出来，所以来向先生辞行。”庄生知道他想要回自己的金子，于是说：“你自己到屋子里拿走金子吧。”大儿子于是进屋子拿走了金子，自己内心十分开心。

庄生羞愧被一个年轻人欺骗，于是又进宫见楚王说：“我前些天说某星在某处，大王您说要用德政来报答上天。可是今天我出门，路上的人都说陶县的富人朱公的儿子杀人囚禁在楚国，他的家人带着金子贿赂大王您的亲信，因此大王您不是为了体恤楚国而大赦天下，而是为了朱公的儿子才大赦天下的。”楚王大怒说：“我虽然没有那么仁德，又怎么会因为朱公的儿子就大赦天下呢？”于是下令杀了朱公的二儿子，第二日才下令大赦天下，朱公的大儿子只好带着弟弟的尸体回家了。

大儿子带着尸体回家后，他的母亲和邻里都非常哀伤，只有范蠡一个人笑着说：“我本来就知道，楚王一定会杀了老二的。并不是因为老大不爱他的弟弟，而是因为他舍不得丢掉钱财。老大从小和我一起操劳，受过苦，知道生计的艰难，因此舍不得钱财。至于他的小弟弟，生下来就见到我的富贵，乘高车，骑大马，行围打猎，又怎么会知道钱财是怎么来的呢？因此轻易挥霍，从不吝啬。当初我之所以想要派小儿子去营救老二，就是因为他舍得花钱。而大儿子吝惜钱财，最终为此断送了老二的性命，这是事情原本的道理，没有什么值得悲伤的。我日夜在等着老二的尸体回来啊。”

因此范蠡三次搬家，成名于天下，他不是随随便便的移动，而是每到一个地方，就一定能够在那里成名。他最终在陶县老死，因此世人都称他为陶朱公。

太史公说：夏禹的功业是十分伟大的，他疏通了九条河流，安定了九州，一直到今天中原地区都因他而安定。到了他的后代勾践，经过艰难的奋斗，苦思深谋，最终灭了吴国，并且进军中原地区，尊崇周天子，称霸中原。怎么能说勾践不贤德呢？他的身上有着大禹的遗德！范蠡三次搬家都得到显赫声名，声名垂于后世。有这样的臣子和君主，想要他们不显贵又怎么可能呢！

（桑泽轩 译）

《史记》卷四十二 郑世家第十二

郑桓公友是周厉王的小儿子，是周宣王同父异母的弟弟。宣王即位二十二年，友被封到郑地。在封地三十三年，百姓都喜爱他。幽王任命他为司徒。他使周朝百姓和睦相处，周朝的百姓都十分高兴，黄河、洛水流域的人们感恩念他。他做司徒一年，因为幽王宠爱褒后姒，朝廷政事废弃不顾，问题积重难返，有些诸侯背叛了幽王，于是桓公询问周太史说："王室灾难深重，我怎么才能死里逃生呢？"周太史回答说："只有洛水东、黄河南的地方可以安居。"桓公问："为什么？"周太史回答说："那一带邻近虢国、郐国，虢国、郐国的国君既贪婪又喜好占小便宜，百姓都不顺从他们。现在您是司徒，百姓都热爱您，您如果真的请求住在那一带，虢国、郐国国君看到您正当权，会很容易地分给您土地。您如果真的住在那一带，虢国、郐国的百姓都是您的百姓了。"桓公又问："我想到南边的长江流域去住，怎么样？"太史回答说："过去祝融替高辛氏掌管火，他的功劳非常大呀，但他的后代在周朝也没有兴盛起来，楚国就是他的后代。周王室衰弱，楚国一定兴盛。楚国如果兴盛，对郑国绝对没有好处。"桓公说；"我想住在西方，怎么样？"周太史回答说:"那里的百姓既贪婪又好利，难以久居。"桓公说："周王室衰弱，哪国将兴盛呢？"周太史回答说："是齐、秦、晋、楚吧？齐国，姓姜，是伯夷的后代，伯夷曾辅助尧掌管礼仪制度。秦国，姓嬴，是伯翳的后代，伯翳曾辅助舜使很多部落顺服。至于楚国祖先，也都曾为天下建立了功业。周武王战胜纣王后，成王把唐封给叔虞，那里山川险阻，凭这些有德的后代与衰弱的周室并存，晋国也一定能兴盛了。"桓公说："好吧。"于是就向幽王请示，把他的百姓向东迁移到洛水以东，虢、郐两国国君果然向他贡献出十座城邑，就在那里建立了郑国。

二年，犬戎在骊山下杀死了幽王，同时杀死了桓公。郑人拥立桓公的儿子掘突，这就是武公。

武公十年，娶了申侯的女儿做夫人，叫武姜。武姜生下太子寤生，生时是难产，等到生下后，夫人不喜欢寤生。后来武姜又生下小儿子叔段，生叔段时是顺产，夫人十分喜爱叔段。二十七年，武公生病了，夫人向武公请求，想立段为太子，武公未答应。当年，武公逝世了，寤生即位，这就是庄公。

庄公元年，把他的弟弟叔段封到京城，号称太叔。祭仲说："京城大于国都，不可以封给弟弟。"庄公说："武姜想这样，我不敢反对。"叔段到了京城，整顿军备，与他的母亲武姜阴谋袭击郑都。二十二年，叔段果然袭击了郑都，武姜做内应。庄公派军队攻打叔段，叔段逃跑。庄公攻打京城，京城的人们都背叛了叔段，叔段无奈逃跑到鄢。鄢邑的百姓溃逃了。叔段不得已逃亡到共国。于是庄公把他的母亲武姜迁徙到城颍，发誓说："不到黄泉，不再见面。"过了一年多，庄公又后悔自己说过的话，很想念母亲。颍谷的考叔向庄公献礼，庄公赐给他食物。考叔说："我有老母，请您把食物赐给我的母亲吧。"庄公说："我很思念我的母亲，但又不愿违背誓言，怎么办呢？"考叔说："挖条地道到有泉水的地方，你们母子就可见面了。"于是庄公按照他的办法，终于见到母亲。

二十四年，宋缪公逝世，公子冯逃到郑国。郑国侵夺周室田地，割了田里的庄稼。二十五年，卫国州吁杀死自己的国君桓公即位，与宋国联合讨伐郑国，因为郑国接纳公子冯的缘故。二十七年，郑君才朝拜周桓王，桓王对郑偷割庄稼一事很生气，没有按礼仪对待他。二十九年，庄公生气周桓王没有礼遇自己，故意用祊与鲁国交换了靠近许国的鲁国的田地。三十三年，宋国杀死了孔父。三十七年，庄公不朝拜周桓王，桓王率领陈、蔡、虢、卫等国讨伐郑国。庄公和祭仲、高渠弥出兵迎战，大败桓王的军队，祝聸射中了桓王的手臂。祝聸请求继续追击桓王，郑庄公阻止他说："侵犯长者尚且要遭到责难，何况欺辱天子呢？"于是祝聸才停止追击。庄公深夜派祭仲询问桓王的箭伤。

三十八年，北戎讨伐齐国，齐国派使者向郑国求援，郑国派太子忽领军救援齐国。齐釐公想把女儿嫁给太子忽。忽辞谢说："我国是个小国，不能和齐国相匹配。"当时，祭仲与太子在一起，规劝太子答应娶亲，说："我们郑国国君有很多宠爱的姬妾，太子得不到大国的援助将不能即位，三位公子都可以成为国君。"祭仲所说的三位公子，有太子忽，他的弟弟突，小弟弟子亹。

四十三年，郑庄公逝世。当初，祭仲很受庄公宠信，庄公让他做上卿，还让祭仲为自己迎娶了邓国美女，生下了太子忽，所以祭仲立忽为君，这就是昭公。

庄公又曾娶宋国的雍氏女子，生下厉公突。雍氏女子很受国君宠爱。宋庄公听说祭仲拥立忽，就派人把祭仲骗来逮捕了他，威胁他说："不立突为君，将处死你。"宋国国君也逮捕了突求取贿赂。祭仲答应了宋国，并与宋国国君盟誓。他准备带着突回国，拥立突为国君。昭公忽听说祭仲因宋国的要挟拥立自己的弟弟突为国君，九月丁亥日，忽逃到了卫国。己亥日，突来到郑都即位，这就是厉公。

厉公四年，祭仲专权。厉公对此很忧虑，暗中让祭仲的女婿雍纠去杀死祭仲。雍纠的妻子是祭仲的女儿，她知道此事后，问母亲："父亲与丈夫哪一位更亲？"母亲说："父亲只有一个，丈夫却可以有很多选择的！"祭仲女儿就把此事告诉了祭仲，祭仲反而杀死了雍纠，并暴尸于闹市上。厉公对祭仲无可奈何，对雍纠却很生气，说："与妇人商量，死了活该！"夏天，厉公被赶到边界的栎邑居住。祭仲迎回昭公忽，六月乙亥日，忽再次回到郑都即位。

秋天，郑厉公依靠栎邑的人杀死了栎邑的大夫单伯，于是就定居在栎邑。诸侯们听说厉公逃跑了，就讨伐郑国，但没有战胜郑国就离去了。宋国赠给厉公很多军队，让他在栎邑坚守防备，郑国因此也不再讨伐栎邑。

昭公二年，从昭公做太子时，父亲庄公就想拜高渠弥为上卿，太子忽厌恶高渠弥，庄公不听忽的意见，还是让渠弥做了卿。等到昭公即位，渠弥担心昭公杀害自己，冬天十月辛卯日，渠弥与昭公出外打猎，在郊野射杀了昭公。祭仲与渠弥不敢接纳厉公，便改立昭公的弟弟子亹做国君，就称子亹，他没有谥号。

子亹元年七月，齐襄公在首止会合诸侯，郑子亹赴会，高渠弥辅佐，跟从子亹前往，祭仲借口有病没去。祭仲之所以这样做，是因为在齐襄公做公子时，子亹曾经与他相斗过，双方结了仇，等到诸侯相会时，祭仲请求子亹不要去。子亹说："齐国强大，厉公又住在栎，假使我不去，齐就会率领各诸侯攻打我，并让厉公回到国都。我不如前往，去为什么一定会受辱呢，而且又为何一定落到像你所设想的那步田地呢！"子亹最终前去赴会。祭仲担心齐国会杀死子亹及其随从，所以声称有病。子亹到了首止，也未向齐侯道歉，齐侯十分生气，就设下伏兵杀死了子亹。高渠弥逃回郑国，与祭仲商议，把子亹的弟弟公子婴从陈国迎回立为国君，这就是郑子。这一年，齐襄公让公子彭生趁鲁公酒醉摧折其肋骨杀死了鲁桓公。

郑子八年，齐国管至父等人作乱，杀死了自己的国君襄公。十二年，宋国人万长杀死了自己的国君湣公。同年，郑国祭仲去世。

十四年，从前跟随郑厉公突逃亡在栎邑的人派人诱骗劫持了大夫甫假，要挟甫假帮助厉公回国都复位。甫假说："赦免我，我就替你杀死郑子让你回到国都。"厉公与他订立盟约后，才释放了他。六月甲子日，甫假杀死了郑子和他的两个儿子，并迎回厉公突，突从栎邑又回来即位。当初，在郑都南门城内有一条蛇与城外一条蛇争斗，城内的蛇死去。过了六年，厉公果然又回到了国都。厉公回到郑都后就责备自己的伯父原说："我失去了国家到都外居住，伯父却无意迎回我，也太过分了。"原说："事奉国君不能有二心，这是做人臣的本分。我知道罪过了。"说完竟自杀身亡。厉公于是又对甫假说："你事奉国君有二心。"于是杀死了他。临死前甫假后悔地说："重大的恩德得不到回报，果然如此啊！"

厉公突复位后元年，齐桓公开始称霸。

五年，燕国、卫国与周惠王的弟弟颓一起讨伐周惠王，惠王逃到温，他的弟弟颓即位为周王。六年，惠王向郑国告急，厉公率军攻打周王子颓，未打胜，于是厉公与周惠王一起撤回郑国，惠王住在栎邑。七年春天，郑厉公与虢叔共同袭击杀死了周王子颓，护送惠王回到周都。

秋天，厉公逝世，儿子文公踺即位。厉公刚刚即位四年，就逃到栎邑居住，在栎邑住了十七年，又回到郑都，在位七年，与逃亡的时间加在一起总共二十八年。

文公十七年，齐桓公率军打败了蔡国，于是又攻打楚国，一直打到召陵。

二十四年，文公有一个名叫燕姞的贱妾，梦到天帝给她一株兰草说："我是伯儵。我是你的祖先。用这株兰草做你的儿子，兰草有浓烈醇正的香气。"燕姞把此梦告诉文公，文公便宠幸了她，并赠送她兰草作为凭证。之后燕姞生下了一个儿子，取名为兰。

三十六年，晋公子重耳路过郑国，郑文公没有礼待他。文公的弟弟叔詹说："重耳是贤人，又与咱们同族，受穷困经过您的地方，您不能对他无礼。"文公说："诸侯中逃亡的公子路过此处的有很多，怎么都能按礼招待他们呢！"叔詹说："您如果不礼待他，就杀死他，若不杀，假使他返回国内，就是郑国的忧患了。"文公不听叔詹的意见。

三十七年春天，晋公子重耳返回晋国，做了国君，这就是晋文公。秋天，郑国攻入滑国，滑国唯郑命是听，不久，滑国又亲附卫国，于是郑国又攻打滑国。周襄王让伯服替滑国说情，郑文公怨恨惠王曾逃到栎，而又是文公的父亲厉公护送惠王回朝复位的，但惠王却没有赏赐厉公爵位俸禄，又怨恨襄王亲附卫国、滑国，所以文公不听从襄王为滑国的说情反而囚禁了伯服。襄王十分生气，联合翟人攻打郑国，没有获胜。冬天，翟人攻打周襄王，襄王逃到郑国，郑文公让襄王住在氾。三十八年，晋文公把周襄王送回成周。

四十一年，郑国帮助楚国攻击晋国。因晋文公当年路过郑国，郑对他无礼，所以郑国背叛晋国帮助楚国。四十三年，晋文公与秦缪公共同包围郑都，讨伐郑君帮助楚国攻打晋国，以及文公路过郑国时郑君的无礼。当初，郑文公有三位夫人，五个宠爱的儿子，都因罪早死。郑文公十分生气，赶走了各位公子。子兰逃到晋国，跟从晋文公包围郑都。当时子兰事奉晋文公很恭敬，晋文公十分宠信他。他在晋国暗中活动，借机要求回郑做太子。晋国这时想得到叔詹并杀死他。郑文公很害怕，不敢对弟弟叔詹说，叔詹听到这个情况，告诉郑君说："当年我曾对您说，要杀死重耳，您却不听从我的意见，晋国终于成为我国的忧患了。可是晋国之所以包围郑都就是因为我，我死了而能赦免郑国，这是我的心愿。”于是叔詹自杀了。郑人把叔詹尸首送给晋国。晋文公说：“一定想见一下郑君，污辱他后再离去。”郑人担心这件事，就派人私下对秦国说：“打败了郑国对晋国有好处，对秦国并非有利。”秦军听后就撤军。晋文公想送子兰到郑国做太子，借机通报了郑国。郑国大夫石癸说：“我听说姞姞的女儿是后稷的原配，她的后裔应当有发达的，子兰的母亲就是他的后裔。况且夫人的儿子都已不在世了，剩下的儿子没有比子兰更贤能的。现在晋国包围郑很急迫，晋国替子兰请求回郑，没有比这个条件更好的了！”于是郑国答应了晋国，与晋国订立盟约，最终立子兰为太子，晋军才撤走。

四十五年，郑文公逝世了，子兰即位，这就是缪公。

缪公元年的春天，秦缪公派三位将军率军想攻打郑国，到了滑国，遇上郑国商人弦高，弦高诈称奉郑君之命用十二头牛犒劳秦军，所以秦军没再继续前进就回军了，晋军在崤打败了秦军。当年，郑文公逝世后，郑国司城缯贺把郑国的内情出卖给秦国，所以秦军才来攻打郑国。缪公三年，郑国派军队跟随晋国攻打秦国，在汪邑打败秦军。

前一年，楚国太子商臣杀死了自己的父亲成王即位。二十一年，楚国与宋国华元攻打郑国。华元宰羊犒劳士兵，却未给自己的驾车者羊斟肉吃，羊斟恼怒地把车赶到了郑国，郑国囚禁了华元。宋国想用重金赎回华元，而华元早已逃走。晋国让赵穿率军攻打郑国。

二十二年，郑缪公逝世，儿子夷即位，这就是灵公。

灵公元年春天，楚国献鼋给灵公。子家、子公将要朝拜灵公，子公的食指颤动了一下，对子家说：“以前我的手指曾经动过，就吃了珍异食物，今日又动，一定又要吃珍异食物了。”等到入宫后，见到灵公进食鼋汤，子公笑道：“果然如此。”灵公问子公为什么笑，子公把以上情况都告诉了灵公。灵公叫他过去，却唯独没把汤给他喝。子公很生气，手指在汤里沾了一下，尝了尝就出了宫。灵公很生气，想杀死子公。子公便与子家商议先下手。夏天，他们杀死了灵公。郑人想立灵公的弟弟去疾，去疾谦让说：“一定要让贤能的人即位，而我去疾无才能；一定要按长幼顺序即位，那么公子坚比我年长。”坚是灵公的弟弟，去疾的哥哥。于是就立子坚为君，这就是襄公。

襄公即位后，想要把缪氏家族斩尽杀绝。缪氏是杀死灵公的子公的家族。去疾说：“一定要杀死缪氏家族，那我也将要离开郑国了。”襄公这才停止。并任命缪氏都为大夫。

襄公元年，楚国对郑国因接受了宋国贿赂而释放了华元感到很生气，攻打郑国。郑国背叛楚国，与晋国亲近。襄公五年，楚国又攻打郑国，晋国来救助郑国。襄公六年，子家去世，郑都的人们又赶走了子家家族，因为他们杀死了灵公。

襄公七年，郑国与晋国在鄢陵结盟。襄公八年，楚庄王因为郑国与晋国结盟，来讨伐郑国，包围郑都三个月，郑国献出国都投降了楚国。楚王从皇门进城，郑襄公脱去上衣露出胳膊手牵着羊迎接楚王说：“我不能在边地侍奉您，让您生气地来到我国国都，这是我的罪过。怎么敢不唯命是听。你把我流放到江南，把郑国赏赐给诸侯，我也会唯命是听。如果君王没有忘记周厉王、周宣王、郑桓公、郑武公，可怜他们，不忍心断绝他们的祭祀，那您就给我不毛之地，使我回心转意重新为您效力，这是我的愿望，可是我不敢有这样的希望。我只不过冒昧地表露我的真心，对您将唯命是听。”庄王让军队后退三十里驻扎下来。楚国大臣们说：“我们千里迢迢从郢来到这里，官兵们也经受了长时间劳苦。现在已经打下了郑国又放弃，这是为什么？”庄王说：“我们之所以讨伐郑国，是讨伐不驯服的国君。今天人家已经服服帖帖了，还有什么要求的呢？”楚军还是撤去了。晋国听说楚国攻打郑国，派军救援。晋军出发时，晋国国内意见不统一，犹豫不决所以来迟了，等到了黄河，楚军已经离去。晋国将帅有的想渡河追击，有的想班师回国，但最终还是渡过黄河。庄王听说后，转身攻击晋军。郑国反而帮助楚国，在黄河上把晋军打得大败。襄公十年，晋国又来攻打郑国，因为郑国背叛晋国却亲近楚国。

襄公十一年，楚庄王讨伐宋国，宋国向晋国告急。晋景公想派军救助宋国，伯宗向晋君进谏说：“上天正在帮助楚国兴起，不能攻打楚国。”于是晋国就寻找壮士，找到了霍国人解扬，解扬字子虎，晋国让解扬去欺骗楚国，让宋国不要投降。解扬路过郑国，郑国和楚国关系亲密，就逮捕了解扬献给楚国。楚王赏赐给解扬一份厚礼并与他立约，让他说反话，叫宋国赶快投降，楚王多次要挟解扬，解扬才勉强答应。于是楚王让解扬登上观望敌军的战车，让他向宋军喊话。但解扬竟违背与楚人的约定，传达了晋君给他的命令，大声喊："晋国正聚集全国的军队来援救宋国，宋国虽然形势紧迫，但千万不要投降楚国，晋军马上就要赶到了！"楚王一听非常生气，要杀死解扬。解扬说："国君以制定命令为本分，臣民以执行命令为信用。我接受我国国君的命令出国办事，宁死也不能违背君命。"庄王说："那么，你已经答应了我，尔后又背叛，你的信用在哪儿呢？"解扬说："我所以答应您，就是想用来完成我国国君的命令。"解扬将要受刑时，回头对楚军说："做人臣的不要忘记竭尽忠诚而后死！"楚王的弟弟们都劝楚王赦免解扬，于是楚王赦免了他，让他回到晋国。晋国授予他上卿爵位。

十八年，襄公逝世，儿子悼公溃即位。

悼公元年，鄦公到楚国中伤郑国，悼公便让弟弟睔到楚国去自我申辩。申辩不成功，楚国囚禁了睔。于是郑悼公来与晋国讲和，两国言归于好。睔与楚国子反有交情，子反说情把睔放回了郑国。

悼公二年，楚国攻打郑国，晋军来救助。这一年，悼公逝世，郑国立悼公的弟弟睔为王，这就是成公。

成公三年，楚共王说："对郑成公来说，我是对他有恩德的。"于是便派人到郑与成公订立盟约。成公暗中与楚国结盟。秋天，成公朝拜晋国，晋国说"郑国暗中与楚讲和了"，便逮捕了郑成公。晋国派栾书攻打郑国。成公四年春天，郑国担心晋军围城，公子如便立成公的哥哥繻做国君。当年四月，晋国听说郑国又立了新君，就让成公回国了。郑国人听说成公回国，又杀死了国君繻迎接成公。晋军撤去。

成公十年，郑国背叛了与晋国的盟约，与楚国结了盟。晋厉公很生气，派兵攻打郑国。楚共王救助郑国。晋楚在鄢陵交战，楚军战败，晋军射伤楚共王的眼睛，双方才停战撤军。成公十三年，晋悼公攻打郑国，驻军在洧水之上。郑军据城守卫，晋军也随之离去。

十四年，成公逝世，儿子恽即位，这就是釐公。

釐公五年，郑国相国子驷朝拜釐公，釐公没有以礼相待。子驷十分生气，让厨师用毒药杀死了釐公，向诸侯们报丧说"釐公患了急症病故”，立釐公儿子嘉为国君，嘉当年五岁，这就是简公。

简公元年，公子们商议想杀死相国子驷，子驷发觉了，反而把公子们全部杀死。简公二年，晋国讨伐郑国，郑国与晋国结为盟好，晋国才离去。冬天，郑国又与楚国订立盟约。子驷害怕被杀，所以既亲近晋国又亲近楚国。简公三年，相国子驷想自己立为国君，公子子孔派尉止杀死了子驷然后取代了他。子孔又想自立为国君。子产说：“子驷自立是不行的，所以你杀了他，现在你又仿效他，这样，内乱就没有平息的那一天了。”于是子孔听从了子产的意见，仍然只做郑简公的相国。

简公四年，晋国恼怒郑国与楚国结盟，就攻打郑国，郑国又与晋国结盟。楚共王救援郑国，打败了晋军。简公想和晋国讲和，楚国又囚禁了郑国的使者。

十二年，简公对相国子孔专揽大权很愤慨，杀死了子孔，让子产做了上卿。十九年，简公到晋国，给卫君说情让他回国，并把六个邑封给子产。子产辞让，只接受了三个邑。简公二十二年，吴国派延陵季子到郑国，延陵季子与子产一见如故，对子产说：“郑国执政的人多邪行，灾难将要降临，大权将落到你手中。你如果当政，一定以礼治国；否则，郑国将要败亡。”子产厚遇了季子。简公二十三年，各位公子争宠而互相残杀，又想杀死子产。有的公子进谏说：“子产是仁爱之人，郑之所以能生存就是因为有子产，千万不能杀死他！”公子们这才罢手。

简公二十五年，郑国派子产到晋国，询问平公的病情。平公问：“我占卜后说是实沈、台骀作祟，史官不了解他们的来历，我冒昧地请问他们是什么神？”子产回答说：“高辛氏有两个儿子，长子叫阏伯，次子叫实沈，两人住在大森林里，互相不容，每天拿着干戈互相征伐，帝尧不喜欢他们，于是让阏伯迁到商丘居住，主持祭祀辰星，商人因此沿袭下来，所以辰星称为商星。帝尧让实沈到大夏住，主持祭祀参星，唐人因此沿袭下来，服侍夏朝、商朝，唐的末世君主叫唐叔虞。当武王夫人邑姜正怀着大叔时，曾梦见天帝对夫人说：“我让你的儿子叫虞，就把唐封给他，委托他祭祀参星，在那里繁育后代。”等到大叔生出后，手掌心的纹理像“虞”字，于是就用虞命名了。等到周成王灭亡了唐，就把唐封给了大叔。所以参星是晋国的星宿。由此看来，实沈是参星神。过去金天氏有个后裔叫作昧，做水官长，生了允格、台骀。台骀能继承前辈的官职，很好地疏通了汾水、洮水，给大泽修筑堤防，住在太原。颛顼帝因此嘉奖了他，把汾水封给他。沈、姒、蓐、黄四国实际掌管着他的祭祀。现在，晋国统治了汾水流域，灭亡了这一带的国家。由此看来，台骀是汾水、洮水之神。可是，这两位神灵都不会危害您的身体，对于山河神，在发生水旱灾害时应该祭祀；对于日月星辰神，在雪霜风雨不按时令来到时应该祭祀；您有病，那是饮食哀乐女色所造成的。”平公及叔向听到子产这番议论后称赞说：“对，您真不愧为知识渊博的君子！”于是送给子产丰厚的礼物。

二十七年的夏天，郑简公去朝拜晋君。冬天，郑国怕楚灵王的强横，又朝拜楚国，子产跟从。简公二十八年，郑君生病，派子产会见诸侯，与楚灵王在申订立盟约，杀死了齐国的庆封。

三十六年，简公逝世，儿子定公宁即位。秋天，定公朝拜了晋昭公。

定公元年，楚国公子弃疾杀死了国君灵王自立为王，这就是平王。平王想在诸侯中做仁义道德之事，把灵王侵占郑国的土地都还给了郑国。

定公四年，晋昭公逝世，晋国的六卿强盛起来，国家力量削弱了。子产对韩宣子说：“执掌政权一定要凭仁义道德，不要忘记政权巩固的根本。”

定公六年，郑国发生火灾，定公想祭祷消灾。子产说：“不如修行德政。”

定公八年，楚国太子建逃到郑国。定公十年，太子建与晋国合谋袭击郑国。郑国杀死太子建，太子建的儿子逃到吴国。

十一年，定公到了晋国。晋国与郑国商议，杀死周王室作乱的臣子，送敬王回周。

十三年，定公逝世，儿子献公虿即位。献公在位十三年逝世，儿子声公胜即位。正在这时候，晋国六卿强盛了，侵夺郑国领土，郑国于是衰落了。

声公五年，郑国相国子产逝世，郑人都哭泣，悲悼他如同悲悼自己的亲人。子产是郑成公的小儿子。为人仁慈关怀别人，侍奉君王忠诚老实。孔子曾经路过郑国，与子产亲如兄弟。听到子产去世，孔子悲哭道："子产的仁爱，真是古代的遗风啊！"

声公八年，晋国的范氏、中行氏反叛晋国，晋国向郑国告急，郑国救助他们。晋国向郑国反击，在铁把郑军打得大败。

声公十四年，宋景公灭了曹国。声公二十年，齐国田常杀死了自己的国君简公，田常做了齐国相国。声公二十二年，楚惠王灭掉了陈国。孔子逝世。

声公三十六年，晋国知伯讨伐郑国，攻取了九个城邑。

三十七年，声公逝世了，儿子哀公即位。哀公八年，郑人杀死了哀公立了声公的弟弟丑为国君，这就是共公。共公三年，三晋消灭了知伯。三十一年，共公逝世了，儿子幽公即位。幽公元年，韩武子讨伐郑国，杀死了幽公。郑人立了幽公的弟弟骀为国君，这就是繻公。

繻公十五年，韩景侯讨伐郑国，攻取了雍丘。郑国在京筑了城。

繻公十六年，郑国讨伐韩国，在负黍打败了韩军。繻公二十年，韩、赵、魏成为诸侯国。繻公二十三年，郑国包围了韩国的阳翟。

繻公二十五年，郑君杀死了相国子阳。繻公二十七年，子阳的党羽一起杀死了繻公骀，立了幽公的弟弟乙为国君，这就是郑君。

郑君乙即位两年，被郑国占领的负黍人反叛，使负黍回归韩国。郑君乙十一年，韩国讨伐郑国，夺取了阳城。

郑君乙二十一年，韩哀侯灭掉了郑国，吞并了郑国。

太史公说："俗话说，为谋求权利而建立起来的友好关系，权利终止了，关系就疏远了"，这句话说的就是甫瑕。甫瑕虽然劫持杀死了郑子而接纳厉公回国，但厉公最终背叛并杀死了他，这与晋国的里克有什么区别呢？像荀息那样坚守节操，即使死了也不能保住奚齐。所以说，变乱的产生，原因也是很多的呀！

（张　璇译）

《史记》卷四十三　赵世家第十三

赵氏的先人，与秦国人是同一个祖先。传到中衍，他给殷帝太戊驾驭马车。他的后代蜚廉有两个儿子，其中一个儿子取名恶来，侍奉纣王，后来被周人杀死，恶来的后代就是秦人。恶来的弟弟名叫季胜，他的后代就是赵人。

孟增是季胜的儿子。孟增受到周成王的宠信，号为宅皋狼。皋狼生了衡父，衡父生了造父。造父得宠于周缪王。他选取了骏马八匹，与在桃林得到的盗骊、骅骝、绿耳等名马一起献给了缪王。缪王让他驾驭马车，到西方去巡视，会见了西王母，开心得都忘了回去。不久，徐偃王发动叛乱，缪王乘坐马车，日行千里，攻打徐偃王，大败叛乱者。因为此事周缪王把赵城赐给造父，造父一族从此就成为赵氏。

从造父往下经六代传到了奄父，奄父字公仲，周宣王时讨伐戎人，他给宣王驾驭马车。到了千亩之战时，奄父带着宣王脱离险境。奄父生了叔带。叔带时，周幽王荒淫无道，他就离开周王朝到了晋国，侍奉晋文侯，开始在晋国建立赵氏家族。

从叔带往下，赵氏宗族越来越兴旺，又过五代传到了赵夙。

晋献公十六年，晋国征讨霍、魏、耿三国，赵夙作为将军征讨霍国。霍国国君逃到了齐国。这一年晋国大旱，占卜的结果说："是霍太山的山神作怪。"于是派赵夙到齐国召回霍国国君，恢复了他的地位，让他主持霍太山的祭祀，晋国才又获得丰收。晋献公把耿地赐给了赵夙。

鲁闵公元年，赵夙生下了共孟。共孟生下了赵衰，赵衰字子余。

为确定侍奉晋献公还是各位公子，赵衰进行了占卜，结果都不吉利。当占卜到公子重耳时，卜象很吉利，他就去侍奉重耳。由于骊姬之乱，重耳逃亡到翟国，赵衰跟从他。翟人讨伐廧咎如，得到两个女子。翟君把年少的女子给重耳为妻，年长的女子给赵衰为妻，生了赵盾。当初，重耳在晋国的时候，赵衰的原配妻子已生了赵同、赵括、赵婴齐。赵衰跟随重耳在外逃亡，总共十九年，才得以返回晋国。重耳做了晋文公，赵衰做原大夫，住在原城，主持国家政事。晋文公所以能返回晋国并成为霸主，多出于赵衰的计策，这些事都记在《晋世家》里。

赵衰回到晋国以后，在晋国的原配妻子坚决要求把他在翟娶的妻子迎接回来，并让翟妻的儿子赵盾做正宗继承人，让自己的三个儿子居下位侍奉他。晋襄公六年，赵衰逝世，谥号为成季。

赵盾接替赵衰主持国政，两年后晋襄公去世，太子夷皋年纪小。由于国家困难较多，赵盾想立襄公的弟弟雍为国君。雍当时在秦国，赵盾就派使臣去迎接他。太子的母亲日夜啼哭，叩头对赵盾说："先君有什么罪过，为什么要罢黜他的嫡子而另找国君呢？"赵盾为此事很忧虑，恐怕她的宗亲和大夫们来袭击杀死自己，于是就立了太子，这就是晋灵公。赵盾派兵去拦截了到秦国迎接襄公弟弟的使臣。灵公即位之后，赵盾更加独揽国家政事。

灵公即位十四年，越来越骄纵。赵盾多次进谏，灵公不听。有一次吃熊掌，因为没有煮熟，就杀了厨师，把他的尸体抬出，正好被赵盾看见。灵公因此害怕，就想除掉赵盾。赵盾平素仁慈，待人宽厚，他曾经送食物给一个饿倒在桑树之下的人，这个人返回掩护救了赵盾，赵盾因此能够逃走。他还没有逃出国境，赵穿就杀死了灵公，拥立襄公的弟弟黑臀为国君，这就是晋成公。赵盾又回来主持国政。君子讥讽赵盾"身为正卿，逃亡没有出国境，返回后也不诛讨逆贼"，所以史官记载说"赵盾杀了他的国君"。晋景公的时候赵盾逝世，谥号为宣孟，他的儿子赵朔承袭爵位。

晋景公三年，赵朔作为晋国的将军，率领下军救援郑国，与楚庄王在黄河边交战。赵朔娶了晋成公的姐姐为夫人。

晋景公三年，大夫屠岸贾想要诛杀赵氏家族。早年赵盾在世的时候，曾梦见老祖先叔带抱着他的腰痛哭，十分悲伤；哭完之后又大笑，边拍着手边唱歌。赵盾为此进行占卜，兆象中断，可后边又显示吉利。一位名叫援的史官占卜，说："这个梦很凶，不是应验在您的身上，而是在您儿子身上，但这也是由于您的过错。到您孙子那代，赵氏家族将更加衰落。"屠岸贾起初受到灵公的宠信，到景公的时候，他担任了司寇一职，将要发难，就选择先惩治杀灵公的逆贼，为此牵连出了赵盾。

屠岸贾告诉诸位将领说："赵盾虽然不知情，但仍然是逆贼之首。做臣子的杀害了国君，他的子孙却还在朝为官，这还如何惩治罪人呢？请求各位诛杀他们。"韩厥说："灵公遇害的时候，赵盾在外地，我们的先王认为他无罪，所以没有杀他。现在各位要诛杀他的后人，这不是先王的意愿而是随意滥杀，随意滥杀就是作乱。做臣子的有大事却不让国君知道，这是目无君主。"屠岸贾不听。韩厥就告知赵朔赶快逃跑。赵朔不肯逃跑，他说："您一定能让赵氏的香火不断绝，我死也就没有遗憾了。"韩厥答应了他的要求，谎称有病不出门。屠岸贾不请示国君就擅自和各将领在下宫攻袭赵氏，杀死了赵朔、赵同、赵括、赵婴齐，将他们的家族都灭族了。

赵朔的妻子是成公的姐姐，已经有了赵朔的遗腹子，她逃到景公宫里躲藏起来。赵朔有一位名叫公孙杵臼的门客，对赵朔的朋友程婴说："你为什么不死？"程婴说："赵朔的妻子有身孕，如果有幸是男孩，我就奉养他；如果是女孩，我再死不迟。"过了不久，赵朔的妻子分娩，生下男孩。屠岸贾听说后，到宫中去搜查。赵朔的妻子把婴儿放在裤子里，祷告说："赵氏宗族若要灭绝，你就大哭；如果不会灭绝，你就不要出声。"当搜查这里的时候，婴儿竟然没有发出一点声音。脱险以后，程婴对公孙杵臼说："今天一次搜查没有找到，以后一定会再来搜查，怎么办呢？"公孙杵臼说："扶立遗孤和死哪件事更难？"程婴说："死很容易，扶立遗孤很难啊。"公孙杵臼说："赵氏的先君待您不薄，您就勉为其难吧；我去做那件容易的，让我先死吧！"于是两人设法得到别人家的婴儿，背在身上，给他包上漂亮的襁褓，藏到深山里。程婴从山里出来，对将军们谎称："我程婴没出息，不能扶立赵氏孤儿，谁能给我千金，我就告诉他赵氏孤儿藏在哪里。"将军们都很高兴，答应了他，于是就派兵跟随程婴去攻打公孙杵臼。公孙杵臼假意说："程婴，你这个小人哪！当初下宫之难你不能去死，跟我商量隐藏赵氏孤儿，如今你又出卖了我。即使你不能扶立他，又怎能忍心出卖他呢！"他抱着婴儿大叫道："天哪！天哪！赵氏孤儿有什么罪？请你们让他活下去，只杀我公孙杵臼可以吧。"将军们不答应，于是杀了公孙杵臼和孤儿。将军们认为赵氏孤儿确实已经死了，都很高兴。然而真的赵氏孤儿却仍然活着，程婴最后和他一起隐藏到深山里。

过了十五年，晋景公生病，进行占卜，占卜的结果说是大业（赵氏先人）的子孙后代不顺利，因而作怪。景公问韩厥，韩厥知道赵氏遗孤还在世，便说："大业的后代子孙中如今已在晋国断绝香火的，不就是赵氏吗？从中衍传下的后代都是姓嬴的了。中衍人面鸟嘴，来到人世辅佐殷帝太戊，到周天子时，几代帝王都有美好的德行。再往下到厉王、幽王时昏庸无道，叔带就离开周王朝来到晋国，侍奉先王文侯，一直到成公，世世代代都建功立业，未曾断绝过香火。现在只有君主您灭了赵氏宗族，晋国人都为他们悲哀，所以在占卜时就显示出来了。请您好好考虑考虑吧！"景公问道："赵氏还有后代子孙吗？"韩厥就把实情完全告诉了景公。于是景公就与韩厥商量立赵氏孤儿，把他找来藏匿在宫中。将军们进宫问候景公的病情，景公依靠韩厥的众多随从胁迫将军们同赵氏孤儿见面。赵氏孤儿名叫赵武。将军们不得已，只好说："当初下宫那次事变，是屠岸贾策动的，他假传君命，并且向群臣发令，不然的话，谁敢发动变乱呢！就算您没有病，我们原本也要请求册立赵氏的后代的。如今您有这个命令，正是我们的心愿啊！"当时就让赵武、程婴一一拜谢各位将军，将军们又反过来与程婴、赵武攻打屠岸贾，诛灭了他的家族。景公重又把原属赵氏的封地赐给赵武。

到赵武行了冠礼，已是成人了，程婴就拜别了各位大夫，对赵武说："当初下宫的事变，人人都能死难。我并非不能去死，我是想着扶立赵氏的后代。如今你已经承袭祖业，长大成人了，恢复了原来的爵位，我要到地下去报告给赵宣孟和公孙杵臼。"赵武啼哭叩头，坚持请求说："我宁愿使自己筋骨受苦也要报答您一辈子，难道您忍心离开我去死吗？"程婴说："不行。公孙杵臼认为我能完成大事，所以在我之前死去；如今我不去复命，他就会以为我的任务还没有完成。"于是就自杀了。赵武为程婴守孝三年，给他安排了祭祀用的土地，春秋祭祀，世代不绝。

赵氏恢复爵位十一年后，晋厉公杀了三位郤氏大夫。栾书害怕牵连到自己，于是就杀了晋厉公，改立襄公的曾孙周，这就是晋悼公。晋国从此以后大夫的势力逐渐强盛。

赵武接手赵氏宗族后二十七年，晋平公即位。平公十二年，赵武做了正卿。平公十三年，吴国的延陵季子出使到晋国，他说："晋国的政权最后要落到赵武子、韩宣子、魏献子后代的手里。"赵武死后，谥号为文子。

文子生了景叔。景叔的时候，齐景公派晏婴出使晋国，晏婴和晋国的叔向谈话。晏婴说："齐国的政权以后最终要落到田氏手里。"叔向也说："晋国的政权将会落到六卿的手里。六卿很放肆，可是我们国君却不知忧虑。"

赵景叔去世，他的儿子赵鞅，就是赵简子。

赵简子在位期间，晋顷公九年，赵简子会合诸侯在周境内驻守。第二年，送周敬王回周朝，他在外躲避他的弟弟子朝。

晋顷公十二年，六卿依照法令诛杀了国君的宗族祁氏和羊舌氏，把他们的领地分为十个县，六卿分别让自家的族人去做大夫。晋国公室从此更加削弱。

过了十三年，鲁国的叛臣阳虎投奔晋国，赵简子接受了贿赂，厚待阳虎。

赵简子生了病，五天不省人事，大夫们都害怕了。医生扁鹊来为他诊视，看过后出来，董安于询问病情，扁鹊说："血脉平和，你们何必惊怪！从前秦穆公也有过这种情况，过了七天才醒过来。醒来的那天，告诉公孙支和子舆说，'我到了天帝住的地方，十分快乐。我之所以停留的时间久，是因为我正好学有所获。天帝告诉我：晋国将要大乱，五世不得安宁；他们的后代将称霸，没有年老就死去，称霸者的儿子将要让你们晋国男女混杂。'公孙支记载下来并把它藏好，秦国的预言这时就传出来了。献公时的混乱，文公时的称霸，襄公时在殽山大败秦军，回去就纵容淫乱，这些都是您听说过的。如今你们君主的病与秦穆公一样，不出三天病一定会好转，好转之后一定有话要讲。"

过了两天半，赵简子醒过来了。他对大夫们说："我到了天帝那里非常快乐，和百神在钧天游览。听了广乐多次演奏，还看到了万舞，不像是夏、商、周三代的音乐，那乐声非常动人。有一头熊要来抓我，天帝让我射它，射中了熊，熊死了。又有一只罴过来，我又射它，罴被射中，也死了。天帝非常高兴，赐给我两个竹箱，都配有小箱。我看到一个小孩在天帝身边，天帝又托付给我一只翟犬，对我说：‘等你的儿子长大了，把这只犬送给他。’天帝还告诉我：‘晋国将逐渐衰落，再传七代就要灭亡，嬴姓的人将在范魁的西边大败周人，可是他们也不能占有那里。现在我追念虞舜的功勋，到时候我将把舜的后代之女孟姚嫁给你的第七代孙子。’”董安于听了这番话，记载下来，收藏好。他把扁鹊说的话报告给赵简子，赵简子赐给扁鹊田地四万亩。

有一天，赵简子外出，有人拦路，驱赶他也不离开，随从们很生气，要杀他。拦路人说：“我有事要拜见主君。”随从把他的话禀告赵简子，赵简子召见了他，一见面就说：“嘻！我曾经清楚地看见过你呀。”拦路人说：“让左右侍从退下，我有事禀告。”赵简子让旁人都退下。拦路人说：“您生病的时候，我正在天帝身边。”赵简子说：“对，有这件事。你来见我有什么事吗？”拦路人说：“天帝让您射熊和罴，都被您射死了。”赵简子说：“对，以后将会怎么样呢？”拦路人说：“晋国将有大难，您是为首的。天帝让您灭掉两位上卿，熊和罴就是他们的祖先。”赵简子说：“天帝赐给我两个竹箱，并且都有相配的小箱，这是为什么呢？”拦路人说：“您的儿子将在翟攻克两国，他们都是子姓。”赵简子说：“我看到一个小孩在天帝身边，天帝给我一只翟犬，并说：‘等你的儿子长大了把这只犬送给他’。把翟犬送给小孩是什么意思？”拦路人说：“小孩就是您的儿子，翟犬是代国的祖先。您的儿子将来必定占有代国。到您的后代，将有政令的变革，并且要穿胡人的服装，在翟吞并两个国家。”赵简子问他的姓并且要请他做官。拦路人说：“我是乡野之人，只是来传达天帝的旨意罢了。”然后就不见了。赵简子把这些话记载下来保存在府第里。

另一天，姑布子卿拜见赵简子，赵简子把儿子们都叫来让他看相。子卿说：“没有能做将军的人。”赵简子说：“赵氏要完了吗？”子卿说：“我在路上看到一个孩子，大概是您的儿子吧！”赵简子又叫来儿子毋恤。毋恤一到，子卿就站起来说：“这才是真正的将军呀！”赵简子说：“这孩子的母亲卑贱，是从翟国来的婢女，怎么说他尊贵呢？”子卿说：“上天赐给的，即使卑贱也定能显贵。”从此以后赵简子常把儿子们都叫来谈话，毋恤表现最好。赵简子告诉儿子们说：“我把宝符藏在常山之上，谁先找到了就赏给他。”儿子们跑到常山上去找，结果什么也没找到。毋恤回来后说：“已经找到宝符了。”赵简子说：“你说吧。”毋恤说：“从常山上往下看到代国，代国可以夺取过来。”赵简子由此知道毋恤果然是贤才，于是废掉了太子伯鲁，立毋恤为太子。

过了两年，晋定公十四年，范氏、中行氏作乱。第二年春天，赵简子对邯郸大夫赵午说：“把卫国的五百户士民还给我，我要把他们安置到晋阳。”赵午答应了，回去后他的父兄却不同意，就违背了诺言。赵鞅逮捕了赵午，把他囚禁在晋阳。通告邯郸人说：“我要亲自诛杀赵午，各位想立谁？”于是杀了赵午。赵午之子赵稷和家臣涉宾在邯郸反叛。晋国国君派籍秦包围邯郸。荀寅、范吉射和赵午关系友好，不肯帮助籍秦反而策划叛乱，董安于知道这一情况。十月，范氏和中行氏讨伐赵鞅，赵鞅逃到晋阳，晋国人包围晋阳。范吉射、荀寅的仇人魏襄等谋划驱逐荀寅，让梁婴父取代他；驱逐范吉射，让范皋绎取代他。荀栎对晋君说：“先君对大臣有令，领头叛乱的要处死。如今三位大臣都领头作乱，可是单单驱逐赵鞅，这是施用刑罚不公平，请把他们全都驱逐了。”十一月，荀栎、韩不佞、魏哆奉国君的命令讨伐范氏、中行氏，没有取胜。范氏、中行氏反过来讨伐晋定公，晋定公还击，范氏、中行氏失败后逃跑。丁未日这天，两个人逃到朝歌。韩不佞、魏哆为赵鞅求情。十二月辛未日这天，赵鞅进入绛城，在定公宫中盟誓。第二年，知伯文子对赵鞅说：“范氏、中行氏虽然确实发动了叛乱，虽然董安于揭发了他们，但是董安于也参与了策划。晋国有法令，带头作乱的要处死。那两个人已经受到处治，而唯独董安于还在。”赵鞅为此事忧虑。董安于说：“如果我死了，赵氏可以安定，晋国也能安宁，我死而无憾。”于是就自杀了。赵鞅把这件事告诉了知伯，此后赵氏才得安宁。

孔子听说赵简子不请示晋君就逮捕邯郸大夫赵午，以致退守晋阳，所以在《春秋》中记载说：“赵鞅凭借晋阳叛乱”。

赵简子有个家臣名叫周舍，喜欢直言进谏。周舍死后，赵简子每当上朝处理政事的时候，常常不高兴，大夫们请罪。赵简子说："你们没有罪。我听说一千张羊皮也不如一只狐狸腋下的皮毛。诸位大夫上朝，只听到恭敬顺从的应答声，听不到周舍那样的争辩之声了，我为此而忧虑。"赵简子因此能使赵地的人顺从，也感怀晋国人。

晋定公十八年，赵简子在朝歌包围了范吉射和中行寅，中行寅逃到邯郸。第二年，卫灵公去世。赵简子和阳虎把卫太子蒯聩送到卫国，卫国不接纳，卫太子只好住到戚城。

晋定公二十一年，赵简子攻陷邯郸，中行寅逃到柏人。简子又包围了柏人，中行寅、范吉射于是又逃到齐国。赵氏终于占有了邯郸、柏人。范氏、中行氏其余的领地都归入晋国。赵简子名为晋国上卿，实际上独揽晋国政权，他的封地等同于诸侯。

晋定公三十年，定公与吴王夫差在黄池的诸侯盟会上争做盟主，赵简子跟随晋定公，最后让吴王做了盟主。定公在位三十七年去世，赵简子免除了守丧三年之礼，只服丧一年就结束了。这一年，越王勾践灭了吴国。

晋出公十一年，知伯讨伐郑国。赵简子生病，派太子毋恤率兵包围郑国。知伯喝醉了，用酒强灌毋恤并打他。随从毋恤的群臣要求处死知伯。毋恤说："主君所以让我做太子，是因为我能忍辱。"但是他也怨恨知伯。知伯回去后，就对赵简子说，让他废掉毋恤，赵简子不听。毋恤从此更加怨恨知伯。

晋出公十七年，赵简子去世，太子毋恤继位，这就是赵襄子。

赵襄子元年，越国包围吴国。赵襄子减少了守孝期间规定的饮食，派家臣楚隆去慰问吴王。

赵襄子的姐姐从前是代王夫人。赵简子安葬以后，赵襄子还没有脱下丧服，就到北边登上夏屋山，请来代王。他让厨师拿着铜勺请代王和他的随从进餐，斟酒时，暗中让厨师各自用铜勺打死代王和随从官员，于是就发兵平定代地。他的姐姐听说这件事后，哭得呼天喊地，磨尖簪子自杀了。代地人同情她，把她自杀的地方命名为摩笄之山。赵襄子把代地封给伯鲁的儿子赵周，让他做代君。伯鲁是赵襄子的哥哥，原来的太子。太子早已去世，所以封了他的儿子。

赵襄子即位四年，知伯和赵、韩、魏三家把范氏、中行氏原有的领地全都瓜分了。晋出公大怒，通告齐国、鲁国，想依靠他们讨伐四卿。四卿害怕，于是就一起攻打晋出公。出公逃奔齐国，半路上死了。知伯于是立昭公的曾孙骄为国君，这就是晋懿公。知伯越来越骄横。他要求韩、魏两家割让领地，韩、魏给了他。他要求赵氏割地，赵氏不给，因为在包围郑国时知伯侮辱过他。知伯恼怒，于是率领韩、魏两家进攻赵氏。赵襄子害怕，就逃奔到晋阳退守。

原过跟随着赵襄子，落在后边，到了王泽，看见三个人，从腰带以上可以看见，从腰带以下就看不见了。三人给了原过一根两节的竹棍，中间不通。对他说："替我们把这个送给赵毋恤。"原过到了以后，把这事告诉了赵襄子。赵襄子斋戒三天，亲自把竹棍剖开，里边有朱红的字写道："赵毋恤，我们是霍泰山山阳侯天使。三月丙戌日，我们将让你反过来灭掉知氏。你也要为我们的百邑立庙，我们将把林胡的土地赐给你。到你的后代，将有一位勇健的国王，皮肤红黑，龙脸鸟嘴，鬓眉相连，髭髯络腮，宽胸大腹，下体修长，上体壮大，衣襟左开，披甲乘马，全部占有黄河中游一带，直至休溷地区的各部貉人，往南攻取晋国的其他城邑，往北灭掉黑姑。"赵襄子再次拜谢，接受了三位神人的旨令。

三国攻打晋阳，一年多以后，引来汾水灌城，城墙没有淹没的只剩下三版高了。城里的人都把锅挂起来做饭，互换子女吃掉。群臣都有了外心，礼节越来越怠慢，唯有高共不敢失礼。赵襄子害怕，于是半夜派丞相张孟同暗中结交韩、魏。韩、魏与赵合谋，三月丙戌日这天，三国反过来灭了知氏，共同瓜分了他的土地。于是赵襄子进行封赏，高共是上等。张孟同说："晋阳有难期间，只有高共没功劳。"赵襄子说："当晋阳危急的时候，群臣都很怠慢，只有高共不敢有失臣下的礼节，因此他要受上赏。"这时赵国在北方占有代地，在南边并吞了知氏，比韩、魏强大。于是在百邑给三神立庙祭祀，派原过主持霍泰山神庙的祭祀。

后来赵襄子娶空同氏为妻，生了五个儿子。赵襄子由于原太子自己的同父异母兄伯鲁未能继位，便不肯立自己的儿子做太子，一定要传位给伯鲁的儿子代成君。成君先死了，就选定代成君的儿子赵浣立为太子。赵襄子在位三十三年去世，赵浣即位，这就是献侯。

献侯年少即位，首府在中牟。

赵襄子的弟弟桓子驱逐了献侯，在代地自立为侯，一年后去世。赵国人说桓子即位不是赵襄子的意愿，就共同杀了他的儿子，重新迎回献侯即位。

献侯十年，中山国武公即位。献侯十三年，在平邑筑城。献侯在位十五年去世，他的儿子烈侯赵籍即位。

烈侯元年，魏文侯攻打中山国，派太子击驻守。烈侯六年，魏、韩、赵都立为诸侯，赵籍追尊献子为献侯。

烈侯爱好音乐，对相国公仲连说："寡人有喜爱的人，能让他尊贵起来吗？"公仲说："使他富有还可以，让他尊贵就不好办了。"烈侯说："好吧。郑国的歌者枪和石两个人，我要赐给他们田地，每人一万亩。"公仲说："是。"但并没有给。一个月后，烈侯从代地回来，询问给歌者赐田的事，公仲说："正在找，还没有合适的。"过了不久，烈侯又问，公仲始终不给，于是就称病不上朝。番吾君从代地来，对公仲说："国君其实喜欢善政，只是不知道怎样实行。如今您担任赵国的相国，到现在已经四年了，也曾推荐过人才吗？"公仲说："没有。"番吾君说："牛畜、荀欣、徐越都可以推荐。"公仲就推荐了这三个人。到上朝的时候，烈侯又问："歌者的田地怎么样了？"公仲说："正派人挑选好的田地。"牛畜侍奉烈侯时对他讲仁义的道理，用王道约束他，烈侯态度宽和。第二天，荀欣陪侍，建议精选起用贤才，依据才能任命官吏。第三天，徐越陪侍，建议节约财物，俭省用度，考察评估官吏们的功绩德行。他们所讲的道理没有不充分的，国君很高兴。烈侯派信使去对相国说："给歌者赐田的事暂时停止。"任命牛畜为太师，荀欣为中尉，徐越为内史，赐给相国衣服两套。

烈侯在位九年去世，他的弟弟武公即位。武公在位十三年去世，赵国又让烈侯太子赵章即位，这就是赵敬侯。这一年，魏文侯去世。

敬侯元年，武公的儿子赵朝作乱，失败后，出逃魏国。赵国开始以邯郸为都城。

敬侯二年，在灵丘打败了齐军。敬侯三年，在廪丘救援魏国，大败齐军。敬侯四年，赵军在兔台被魏军打败。赵国修筑刚平城，准备进攻卫国。敬侯五年，齐、魏两国帮助卫国攻打赵国，夺取了刚平城。敬侯六年，向楚国借兵伐魏，夺取了棘蒲。敬侯八年，攻下了魏国的黄城。敬侯九年，进攻齐国。齐国进攻燕国，赵军援救燕国。敬侯十年，赵国与中山国在房子交战。

敬侯十一年，魏、韩、赵共同灭掉晋国，瓜分了它的土地。赵国讨伐中山国，又在中人地区交战。十二年，敬侯去世，他的儿子成侯赵种即位。

成侯元年，公子赵胜与成侯争夺君位，发动叛乱。成侯二年六月，下雪。成侯三年，大戊午担任相国。征讨卫国，夺取了乡邑七十三处。魏国在蔺打败赵军。成侯四年，与秦军在高安交战，打败了它。成侯五年，在鄄城讨伐齐军。魏军在怀地打败赵军。赵军攻打郑国，打败了它，把占领的郑地给了韩国，韩国把长子之地给了赵国。成侯六年，中山国修筑长城。赵军进攻魏国，在涿泽打败了它，包围了魏惠王。成侯七年，进攻齐国，打到了齐长城。同韩国联合进攻西周国。成侯八年，和韩国一起把西周分为两部分。成侯九年，与齐国在阿下交战。成侯十年，攻打卫国，夺取甄城。成侯十一年，秦国进攻魏国，赵军到石阿去援救。成侯十二年，秦军进攻魏国的少梁，赵军前去援救。成侯十三年，秦献公派名叫国的庶长领兵进攻魏国的少梁，俘虏了魏国太子和公孙痤。魏军在浍水打败赵军，夺取了皮牢。成侯与韩昭侯在上党相会。成侯十四年，赵与韩一起攻秦。成侯十五年，赵国帮助魏国攻齐。

成侯十六年，赵国与韩国、魏国瓜分晋国。把端氏县封给晋君。

成侯十七年，成侯与魏惠王在葛孽相会。成侯十九年，赵国与齐国、宋国在平陆盟会，与燕国在阿盟会。成侯二十年，魏国进献上等檐椽，于是就用这些木椽修建了檀台。成侯二十一年，魏军包围邯郸。成侯二十二年，魏惠王攻下邯郸，齐军也在桂陵打败了魏军。成侯二十四年，魏国把邯郸归还给赵国，赵国与魏国在漳水结盟。秦军进攻赵国的蔺城。二十五年，成侯去世。公子緤与太子肃侯争夺君位，赵緤失败，逃奔韩国。

肃侯元年，夺取了晋君的端氏县，把晋君迁到屯留安置。肃侯二年，与魏惠王在阴晋会面。肃侯三年，公子赵范袭击邯郸，没有取胜而死。肃侯四年，朝拜周天子。肃侯六年，进攻齐国，夺取了高唐。肃侯七年，公子赵刻进攻魏国的首垣。肃侯十一年，秦孝公派商鞅征伐魏国，俘虏了魏国将军公子赵卬。赵国进攻魏国。肃侯十二年，秦孝公去世，商鞅去世。肃侯十五年，开始兴建寿陵。魏惠王去世。

十六年，肃侯游览大陵，经由鹿门时，宰相大戊午拦住马头说："正当农事繁忙的时候，一天不耕作，一百天没有饭吃。"肃侯听了立即下车认错。

肃侯十七年，赵国围困魏国的黄城，没有获胜。赵国修筑长城。

肃侯十八年，齐国、魏国征伐赵国，赵国决黄河之水淹灌敌军，敌军撤离。肃侯二十二年，张仪任秦国宰相。赵疵与秦军交战，战败，秦军在河西杀死赵疵，夺取了赵国的蔺和离石两地。肃侯二十三年，韩举与齐军、魏军作战，战死在桑丘。

二十四年，肃侯去世。秦、楚、燕、齐、魏等国派出精兵各数万人同来参加葬礼。肃侯的儿子武灵王即位。

武灵王元年，阳文君赵豹任宰相。梁襄王和太子嗣、韩宣王和太子仓到信宫来朝贺。武灵王年少，还不能处理政事，设有博闻师三人，左右司过官三人。到处理朝政的时候，首先问候先王的贵臣肥义，并给他增加官阶和俸禄；赵国受国家敬奉的八十岁以上的官员，赵王每个月都给他们送礼慰问。

武灵王三年，修筑鄗城。武灵王四年，与韩王在区鼠盟会。武灵王五年，娶韩王的女儿为夫人。

武灵王八年，韩国进攻秦国，没有取胜就撤离了。五国互相称王，只有赵国不称王，赵君说："没有事实，怎能处在这个名分上呢！"下令赵国人都称他为"君"。

武灵王九年，与韩、魏一起进攻秦国，秦国打败了三国军队，斩杀了八万人。齐国在观泽打败赵国。武灵王十年，秦军夺取赵国的中都和西阳。齐国打败燕国，燕国宰相子之做了国君，国君反而做了臣子。

武灵王十一年，武灵王把燕国公子职从韩国召来，立他为燕王，派乐池把他送回燕国。武灵王十三年，秦国攻下赵国的蔺城，俘虏了将军赵庄。楚王、魏王来到赵国，到达邯郸。武灵王十四年，赵何进攻魏国。

武灵王十六年，秦惠王去世。武灵王游览大陵。有一天，武灵王梦见一位少女弹琴并唱了一首诗："美人光彩艳丽啊，容颜好像美丽的苕花。命运啊，命运啊，竟然无人知我娃嬴！"有一天，武灵王饮酒作乐，很开心，屡次说起他所做的梦，想象着梦中少女的美貌。吴广听说后，通过夫人把他的女儿娃嬴送入宫中。这就是孟姚。孟姚特别受武灵王的宠爱，这就是惠后。

十七年，武灵王到九门，修筑野台，以便瞭望齐国和中山国的边境。

武灵王十八年，秦武王和孟说比赛举龙纹赤鼎，折断膝盖骨死去。赵王派代相赵固到燕国接来秦公子稷，送他回国，立为秦王，这就是秦昭王。

武灵王十九年春天正月，在信宫举行盛大朝会。武灵王召见肥义，同他谈论天下大事，谈了五天才结束。武灵王到北边巡视中山国的地界，到了房子，又去了代地，北到无穷，西到黄河，登上黄华山顶。武灵王召见楼缓，商议说："我们先王趁着世事的变化，做了南边领地的君长，连接了漳水、滏水的险阻，修筑长城，又夺取了蔺城、郭狼，在荏地打败了林胡人，可是功业尚未完成。如今中山国在我们腹心，北面是燕国，东面是东胡，西面是林胡、楼烦、秦国、韩国的边界，然而没有强大兵力的救援，这样下去国家要灭亡，怎么办呢？要取得高出世人的功名，必定要受到背离习俗的牵累。我要穿起胡人服装。"楼缓说："很好。"可是群臣都不愿意。

当时肥义在旁侍奉，武灵王说："简子、襄子二位君主的功业，就在于考虑到了胡、翟的利益。做臣子的，受宠时应有明孝悌、知长幼、顺从明理的节操，通达时应建立利民利君的功业，这两者是臣子的本分。如今我想继承襄主的功业，开拓胡人、翟人所住之地，可是找遍世间也见不到这样的贤臣。为了削弱敌人，花费气力少而能取得更多的功效，可以不耗尽百姓的力气，就能延续两位先主的勋业。凡是有高出世上功业的人，就要承受背弃习俗的牵累；有独特智谋考虑的人，就要听任傲慢民众的埋怨。如今我要穿胡人服装骑马射箭，并用这个教化百姓，可是世人一定要议论我，怎么办呢？”肥义说：“我听说做事犹疑就不会成功，行动犹豫就不会成名。您既然考虑决定承受背弃风俗的责难，那就无须顾虑天下的议论了。德行最高的人不附和世俗，成就大业的人不找凡夫俗子商议。从前舜用舞蹈感化三苗，禹到裸国脱去上衣，他们不是为了满足欲望和愉悦心志，而是必须用这种方法宣扬德政并取得成功。愚蠢的人事情成功了他还不明白，聪明人在事情尚无迹象的时候就能看清，您还犹疑什么呢！”武灵王说：“穿胡服我不犹疑，我恐怕天下之人要嘲笑我。无知的人快乐，也就是聪明人的悲哀；蠢人讥笑的事，贤人却能看得清。如果世人顺从我，穿胡服的功效是不可估量的。即便驱使世人都来笑我，胡地和中山国我也一定要占有。”于是就穿起了胡服。

武灵王派王緤转告公子成说：“寡人将要穿上胡服上朝，也希望叔父穿上它。家事要听从双亲，国事要听从国君，这是古今公认的行为准则。子女不能反对双亲，臣子不能违背君主，这是先王定下的规矩。如今我制定政令，改变服装，可是叔父您要不穿，我恐怕天下人要议论。治国有常规，利民是根本；处理政事有常法，依令行事最为重要。宣传德政要先从平民谈起，而推行政令就要先让贵族信从。如今穿胡服的目的，不是为了满足欲望和愉悦心志；事情要达到一定的目的，功业才能有所成就。事情完成了，功业建立了，然后才算是妥善的。如今我恐怕叔父违背了处理政事的原则，因此来帮助叔父考虑。况且我听说过，做有利于国家的事，行为不会偏邪；依靠贵戚的人，名声不会受损。所以我愿仰仗叔父的忠义，来成就胡服的功效。我派王緤来拜见叔父，请您穿上胡服。”公子成再拜叩头说：“我原来听说了大王穿胡服的事，我没有才能，卧病在床，不能奔走效力多多进言。大王命令我，我斗胆回答，是为了尽我的愚忠。我听说中原是聪明智慧的人居住的地方，是万物财富聚集的地方，是圣贤进行教化的地方，是仁义可以施行的地方，是《诗》《书》礼乐能够盛行的地方，是奇异灵巧的技能得以施展的地方，是远方之人愿来观览的地方，是蛮夷乐于效法的地方。如今大王抛弃了这些而穿起远方的服装，变更传统的教化，改易古时的正道，违反众人的心意，背弃学者之教，远离中原风俗，所以我希望大王仔细考虑此事。”使者回去如实禀报。武灵王说：“我本就知道叔父有病，我要亲自去请求他。”

武灵王于是前往公子成家中，亲自请求他，说：“衣服，是为了穿用方便的；礼仪，是为了便于行事的。圣人观察乡俗而顺俗制宜，根据实际情况制定礼仪，这是为了利民利国。剪掉头发，身上刺花纹，臂膀上绘画，衣襟开在左边，这是瓯越百姓的习俗。染黑牙齿，额上刺花，戴鱼皮帽子，穿粗针大线的衣服，这是大吴国的习俗。所以礼制服装各地不同，而在为了便利上却是一致的。地方不同使用会有变化，情况不同礼制也会更改。因此圣人认为如果对国家有利，方法不必一致；如果可以便于行事，礼制不必相同。儒者同一师承而习俗有别，中原礼仪相同而教化互异，何况是为了荒远地区的方便呢？所以进退取舍的变化，聪明人也不能一致；远方和近处的服饰，圣贤也不能使它相同。穷乡僻壤风俗多异，学识浅陋却多诡辩。不了解的事不去怀疑，与自己的意见不同却不去非议的人，才会公正地博采众见以求尽善。如今叔父所说的是世俗之见，我所说的是为了制止世俗之见。我国东有黄河、薄洛水，和齐国、中山国共有，却缺少舟楫设施。自常山以至代和上党，东边是燕国、东胡的国境，西边有楼烦、秦国、韩国的边界，如今没有骑射的装备。所以如果我没有舟船，住在河两岸的百姓，将用什么守住黄河、薄洛之水；改变服装、练习骑射，就是为了守备与燕、三胡、秦、韩相邻的边界。况且从前先主简子不在晋阳以及上党设要塞，先主襄子吞并戎地、攻取代国以便排斥各地胡人，这是愚人和智者都能明白的。从前中山国仗恃齐国的强大兵力，侵犯践踏我国土地，掳掠我国百姓，引水围困鄗城，如果不是社稷神灵保佑，鄗城几乎失守。先王以此为耻，可是这个仇还没有报。如今有了骑射的装备，近可以使上党的局势更为有利，远可以报中山国之仇。可是叔父却顺从中原的习俗，违背先主简子、襄子的意愿，厌恶变服的名声而忘掉了鄗城被困的耻辱，这不是我所希望的。”公子成再拜叩头说：“我很愚蠢，没能理解大王的深意，竟敢乱说世俗的见解，这是我的罪过。如今大王要继承先主简子、襄子的遗志，顺从先王的意愿，我怎敢不听从王命呢！”公子成再拜叩头。武灵王于是赐给他胡服。第二天，公子成穿上胡服上朝。这时武灵王开始发布改穿胡服的命令。

赵文、赵造、周袑、赵俊都来劝阻武灵王不要穿胡服，说原来的服饰更适宜。武灵王说："先王习俗不同，哪种古法可以仿效？帝王们不互相因袭，哪种礼制可以遵循？伏羲、神农注重教化而不行诛罚，黄帝、尧、舜使用刑罚但不残暴。到了夏、商、周三王，随时代不同来制定法度，根据实际情况规定礼制。法规政令都顺应实际需要，衣服器械都便于使用。所以礼不必只用一种方式，而治理国家也不必效法古代。圣人的兴起并不互相因袭却能统一天下，夏、殷的衰败并未变礼制也终于灭亡。那么，违背古制不应该被反对，遵循旧礼也并不值得称道。如果说服装奇特的人心志浮荡，那么邹、鲁一带就不会有奇特行为的人了；习俗怪异的地方百姓都轻率，那么吴、越一带也就不会有出众的人才了。况且圣人认为，只要有利于身体就可以叫作衣服，只要便于行事就可以称为礼法。规定进退的礼节，衣服的制度，是为了使平民百姓有统一的遵循，不是为了评论贤人的。所以平民总是和流俗相伴，贤人却是同变革一道。所以谚语说：'按照书本赶车的人不会摸透马的性情，用古法来约束今世的人不通晓事物的变化。'遵循古法的功效，不能够高出世俗；效法古代的学说，不能够治理今世。你们不懂这个道理啊！"于是推行胡服并招募士兵练习骑射。

二十年，武灵王巡察中山国地势，到达宁葭；往西巡察胡人地势，到达榆中。林胡王进献马匹。回来后，派楼缓出使秦国，仇液出使韩国，王贲出使楚国，富丁出使魏国，赵爵出使齐国。让代相赵固掌管胡地，招募胡地士兵。

武灵王二十一年，进攻中山国。赵袑率领右军，许钧率领左军，公子章率领中军，武灵王统率三军，牛翦率领战车和骑兵，赵希一并率领胡与代的士兵。赵希与诸军通过隘口，到曲阳会师，攻占了丹丘、华阳、鸱上关塞。武灵王率军夺取了鄗城、石邑、封龙、东垣。中山国献出四城求和，武灵王应允，收兵停战。武灵王二十三年，又进攻中山国。武灵王二十五年，惠后去世。武灵王派周袑穿胡服辅佐教导儿子赵何。武灵王二十六年，再次进攻中山国，夺取的土地北至燕国、代国一带，西至云中、九原一带。

二十七年五月戊申日，在东宫举行盛大朝会，武灵王传位，立儿子赵何为国君。新国君到祖庙行过参拜之礼后，出来上朝。大夫全都是大臣，肥义担任相国，同时负责辅助新王。这就是惠文王。惠文王是惠后吴娃的儿子。武灵王自称为主父。

主父想让儿子自主治国，自己就穿上胡服率领士大夫到西北巡视胡地，并想从云中、九原直向南方袭击秦国，于是他亲自乔装成使者进入秦国。秦昭王没有觉察，过后惊怪他的状貌特别魁伟，不像为人臣子的气度，立即派人追赶，可是主父早已飞马奔出了秦国的关口。仔细询问后，才知道是主父。秦人非常惊恐。主父之所以进入秦国，是想亲自察看地形，并趁机观察秦王的为人。

惠文王二年，主父巡视新占领的土地，于是经过代地，往西在西河与楼烦王相会，并招收了他的士兵。

惠文王三年，灭中山国，把它的君王迁到肤施。兴建灵寿城。北方的土地归属了赵国，通往代地的道路通畅了。归来之后，论功行赏，实行大赦，设酒宴聚会欢饮五天，封长子赵章为代地的安阳君。赵章平素放纵，心中不服弟弟被立为国君。主父又派田不礼辅佐赵章。

李兑对肥义说："公子章正当壮年并且心志骄狂，党徒众多，野心很大，恐怕会有私心吧！田不礼的为人，残忍并且傲慢。这两个人互相投合，一定会有阴谋叛乱的事情发生，他们一定会挺身作乱，企图侥幸成功。小人有了野心，就会考虑轻率，谋事浅薄，只看到利益而不顾祸害，同伙互相怂恿，就会一起闯入祸乱之门。在我看来，这种事一定不远了。您肩负重任，握有大权，动乱会从您那里开始，灾祸会在您那里集中，您必定最先受害。仁人博爱万物而智者在灾祸形成前就有所防备，不仁义不睿智，凭什么治理国家？您何不声称有病不出家门，把政事移交给公子成呢？不要成为怨恨汇集的地方，不要做祸乱发生的阶梯。"肥义说："不行。当初主父把新王托付给我的时候说：'不要变更你的法度，不要改变你的想法，坚持一心一意，一直到死。'我再三拜谢，接受王命，并将此话记载下来。如今惧怕田不礼作乱而忘记我记载的王命，什么罪过比变节更大呢。在君王面前接受庄严的使命，退朝后就不全心全意，什么错误比负心更严重呢。变节负心之臣，刑罚是不宽容的。谚语说‘死者如果复生，生者不应在他面前感到惭愧’。我已经有言在先，我要完全实现我的诺言，怎能只是保全我自己！况且坚贞之臣当灾难到来时节操就会显现，忠良之臣遇到牵累时品行就会彰显。您已对我赐教并给我忠告，尽管如此，我已有言在先，始终不敢违背。”李兑说：“好吧，您勉力而行吧！我能看到您只有今年了。”说完就痛哭流涕而去。李兑几次去见公子成，防备田不礼作乱。

又一天，肥义对信期说：“公子章和田不礼非常令人忧虑。他们对我说得好听而实际上内心险恶，他们为人不孝不忠。我听说，奸臣在朝廷是国家的祸害；谗臣在宫中是君主的蛀虫。这种人贪婪并且野心很大，在宫内得到君主宠信，在外面就胡作非为。他们假传王命，傲慢无礼，冒险发难夺权，也是不难做到的，祸害将要危及国家。如今我为此忧虑，夜里忘记睡觉，饥饿时忘记吃饭。对盗贼的出没不能够不防备。从今以后，如果有人请见国君一定要同我见面，我要先用自身抵挡他，没有变故君王才能进来。”信期说：“好极了，听您这样说，我就放心了。”

惠文王四年，群臣前来朝拜，安阳君也来朝拜。主父让惠文王主持朝拜，他自己从旁暗中观察群臣和王室宗亲的礼仪。看到他的长子赵章颓丧的样子，反倒向北称臣，屈身在弟弟面前，心里很怜悯他，那时就想把赵国一分为二，让赵章做代国之王，这个计划没有决定就中止了。

主父和惠文王到沙丘游览，分住两处宫室。公子章就率领他的党徒和田不礼作乱，假传主父命令召见惠文王。肥义首先进去，被杀死了。高信就与惠文王一起作战。公子成和李兑从国都赶到，就调集四邑的军队前来抵御这场变乱，杀死了公子章和田不礼，消灭了他们的党徒，安定了王室。公子成担任了相国，封号是安平君，李兑担任了司寇。公子章被打败的时候，逃到了主父那里，主父开门收留了他，公子成和李兑因而包围了主父的宫室。公子章死后，公子成和李兑商量说：“由于赵章的缘故包围了主父，即使撤兵，我们这些人也要被灭族啊！”于是就继续包围主父的宫室。他们命令宫中的人“最后出来的人被灭族”，宫里的人全都出来了。主父想出宫但出不来，又得不到食物，只好去掏雏雀充饥，三个多月以后饿死在沙丘宫。他们知道主父之死已确定无疑，这才向诸侯发出讣告。

当时惠文王年少，公子成、李兑专政，两人害怕被杀，所以围困了主父。主父一开始把长子赵章立为太子，后来得到吴娃，非常宠爱她，为此不出吴娃之宫好几年，生下儿子赵何后，便废了太子章而立赵何为王。吴娃死后，主父对赵何的爱也随之减弱，重又怜惜原来的太子，想让两个儿子并立为王，犹豫不决，所以变乱发生，导致父子一同死去，被天下人嘲笑，怎不令人痛惜呢！

惠文王五年，赵国把鄚、易两地给了燕国。惠文王八年，修筑南行唐城。惠文王九年，赵梁领兵，与齐国联合进攻韩国，直到鲁关之下。到了惠文王十年，秦国自称为西帝。惠文王十一年，董叔和魏氏征讨宋国，在魏国得到河阳。秦国夺取梗阳。惠文王十二年，赵梁带兵进攻齐国。惠文王十三年，韩徐做统帅，进攻齐国。公主去世。惠文王十四年，燕国宰相乐毅统率赵、秦、韩、魏、燕五国联军进攻齐国，夺取了灵丘。赵王与秦王在中阳盟会。惠文王十五年，燕昭王来会见赵王。赵国与韩、魏、秦联合攻齐，齐王败逃，燕军孤军深入，攻下临淄城。

惠文王十六年，秦国又同赵国数次进攻齐国，齐国人对此十分担忧。苏厉为齐国给赵王写信说：

我听说古代的贤君，他的德行并非遍施于天下，教化也并非普及所有百姓，祭祀时的四时供品并非让祖先时常得以享用。天降甘露，雨水逢时，谷物丰收，百姓不患疾病，众人都认为这是好事，可是贤主却要深思。

如今您的贤德品行功绩，并非经常对秦国有好处；积怨怒气，也并不是一贯对齐国有仇恨。秦赵两国联合，靠着武力强大逼着韩国出兵，秦国真是为赵国好吗？真是憎恨齐国吗？事情如果反常，贤明的君主就应明察。秦国并非爱赵国而恨齐国，而是想要灭亡韩国，吞并东、西二周，故意以齐国为诱饵鼓动各国攻打齐国。唯恐事情不能如意，所以秦国才胁迫魏国和赵国出兵。唯恐各国惧怕它强大，所以派出人质以便得到信任。唯恐各国将要反对它，所以在韩国征兵以威胁别的国家。表面上说是对盟国有好处，实际上是要征讨空虚的韩国，我认为秦国的计谋一定是从这方面考虑的。有些事情形势不同而祸患是一样的，楚国长期受到攻伐而中山国却灭亡了，如今齐国长期被攻伐而韩国必定该灭亡了。攻破齐国，大王您和六国共分其利。灭亡了韩国，秦国就单独占有它。占领二周，往西可以得到天子祭祀用的礼器，秦国独吞私占。计算所得土地与功利,大王您得到的利益同秦国比谁多?

游说之士议论说："韩国失去三川，魏国失去原来晋国的心腹之地，市朝还没有什么变化灾祸就要来到了。"燕国全部占领齐国北部土地之后，离沙丘、巨鹿就不足三百里，韩国的上党离邯郸一百里，燕国、秦国共谋夺取赵国的河山，它们两国相隔的距离，最远也就是三百里。秦国的上郡靠近挺关，到达榆中有一千五百里，秦国如果依托三郡进攻赵国的上党，羊肠坂以西，句注山以南就不再为大王您所有了。越过句注山，截断常山并驻守在那里，仅三百里路就可直达燕国，代马胡犬等北方的物产从此不再东入赵国，昆山之玉也不能运至赵国，这三种宝物也就不再为大王您所有了。大王长期攻伐齐国，跟随强秦进攻韩国，祸患必定会达到这种地步。希望您多加考虑。

况且齐国所以被攻伐，就是由于它侍奉了大王您；各国军队集结在一起，就是为了嫁祸于大王。燕、秦两国的盟约一订，出兵的日子就不远了。五国想把赵国土地一分为三，齐国背弃了五国盟约而为解除赵国之祸牺牲了自己，向西进兵抑制强秦，使秦国废除帝号请求屈服，把高平、根柔还给魏国，把巠分、先俞还给赵国。齐国侍奉大王，应该说是最上等的交情了，如今却让齐国抵罪，我担心以后想归附您的国家不敢那么自信了。希望大王仔细考虑。

如今大王不与各国进攻齐国，天下各国必定认为大王主持正义。齐国将捧着江山社稷更尽心地侍奉大王，天下各国一定都会敬重大王的正义。秦国仁义，大王可以带领各国同秦国友好；秦国强暴，大王就带领各国抑制它，这样，一世的名誉荣耀都被大王掌握了。

于是赵国就停止进兵，谢绝秦国，不再进攻齐国。

后惠文王与燕王相会。廉颇领兵，进攻齐国的昔阳，把它攻下了。

惠文王十七年，乐毅率领赵国军队攻打魏国的伯阳。秦国怨恨赵国不同它一起进攻齐国，就征伐赵国，攻下赵国的两座城。惠文王十八年，秦国攻下赵国的石城。赵王再次到卫地的东阳，决黄河水，征伐魏国。大水成灾，漳水泛滥。魏冉来赵国任宰相。惠文王十九年，秦军夺取了赵国的两座城。赵国把伯阳还给魏国。赵奢领兵，攻打齐国的麦丘，把它攻取了。

惠文王二十年，廉颇领兵，进攻齐国。赵王与秦昭王在西河之外相会。

惠文王二十一年，赵国把漳水的水道改在武平的西边。惠文王二十二年，瘟疫大规模流行。惠文王立公子丹为太子。

惠文王二十三年，楼昌领兵，进攻魏国的几邑，未能夺取。十二月，廉颇领兵，再攻几邑，占领了它。惠文王二十四年，廉颇领兵，进攻魏国的房子，攻占了它，筑起城墙才回去。又进攻安阳，把它夺取了。惠文王二十五年，燕周领兵，进攻昌城、高唐，都攻克了。赵国和魏国一起攻秦，秦国大将白起在华阳打败赵军，俘虏一名赵将。惠文王二十六年，夺回被东胡胁迫叛离的代地。

惠文王二十七年，赵国又把漳水改道在武平以南。封赵豹为平阳君。黄河泛滥，大水成灾。

惠文王二十八年，蔺相如征伐齐国，打到平邑。停止了修建北边九门县的大城。燕国将领成安君和公孙操杀死了他们的国王。惠文王二十九年，秦赵相攻，包围了赵国的阏与。赵国派赵奢领兵，袭击秦军，在阏与城下大败秦军，赵王赐给他马服君的封号。

惠文王在位三十三年去世，太子丹即位，这就是孝成王。

孝成王元年，秦国进攻赵国，攻下了三座城。赵王刚刚即位，太后掌权，秦国加紧进攻。赵国向齐国求救，齐王说："一定要让长安君来做人质，才能出兵。"太后不肯，大臣极力进谏。太后明确地对左右说："有再来谈让长安君去做人质的，我一定要吐他一脸唾沫。"左师触龙说希望拜见太后，太后怒气冲冲地等着他。触龙进宫后，慢慢地走着小碎步坐下，自己告罪说："老臣我脚有毛病，简直不能快跑，没来拜见您有很久了。我私下宽恕自己，可是又恐怕太后的身体有什么不舒服，所以很想看望太后。”太后说：“老妇我依仗车辇行动。”触龙说：“您的饮食没有减少吧？”太后说：“就靠喝粥罢了。”触龙说：“老臣我近来很不想吃饭，就勉强散散步，每天走上三四里，多少增加了点食欲，身体也舒适一些了。”太后说：“老妇我办不到。”太后不平和的脸色稍有缓和。左师触龙说：“我的儿子舒祺年龄最小，没什么出息，可是我已经衰老了，心里很疼爱他，希望他能补上黑衣卫士的空缺来保卫王宫，我冒着死罪向您禀告。”太后说：“好吧！他多大了？”回答说：“十五岁了。虽然还不大，但愿在我还没入土的时候把他托付给您。”太后说：“你们男人也疼爱小儿子吗？”回答说：“超过妇人。”太后笑着说：“妇人爱得更厉害。”触龙说：“老臣私下认为您老疼爱燕后胜过疼爱长安君。”太后说：“您错了，比爱长安君差得多了。”左师公说：“父母疼爱子女，就应该为他们考虑得周到长远。您老送燕后远嫁的时候，拉着她的脚后跟，为她哭泣，想到她要去那么远，也是很可怜她呀。走了以后，并非不想念她，可是祭祀的时候却祷告说‘千万不要让她回来’，难道不是为她的长远打算，希望她子子孙孙都能继承王位吗？”太后说：“是啊。”左师公说：“从现在上推到三代以前，直到赵国建立时的每位君主的子孙被封侯的，他们的继承人还有在位的吗？”太后说：“没有了。”触龙说：“不只是赵国，各国诸侯子孙后代的继承人还有在位的吗？”太后说：“老妇没听说过。”触龙说：“这就是时间短的当代即遭祸被废，时间长的灾祸就落到子孙头上。难道君主的子孙被封侯的就全不好吗？是由于他们的地位尊贵但没有功勋，俸禄优厚但没有劳绩，而拥有贵重的宝物又太多了。如今您老让长安君的地位尊贵了，又封给他肥沃的土地，给他许多贵重的宝物，可是不趁现在让他为国立功，一旦您辞别了人世，长安君凭借什么在赵国立身？老臣以为您为长安君打算得短浅，所以认为疼爱他不如疼爱燕后。”太后说：“好吧，任凭您派他到哪里去吧！”于是为长安君准备了一百辆车，到齐国去做人质，齐国这才出兵。

子义听到这件事，说：“君主的儿子，也是骨肉之亲，尚且不能拥有没有功勋的尊位，没有劳绩的俸禄，来保住金玉之类的重宝，何况是我们这样的人呢？”

齐国的安平君田单率领赵国军队进攻燕国的中阳，把它攻克了。又进攻韩国的注人，也攻克了。二年，惠文后去世。田单出任宰相。

四年，孝成王做梦穿着左右两色的衣服，乘飞龙上天，没到天上就坠落下来，看见金玉堆积如山。第二天，孝成王召见名叫敢的筮史官来占卜，他说："梦见穿左右两色衣服，象征残缺。乘飞龙上天没有到天上就坠落下来，象征有气势但没有实力。看见金玉堆积如山，象征着有忧患。"

过了三天，韩国上党的守将冯亭派使者到赵国，他说："韩国不能守住上党，就要并入秦国。那里的官吏百姓都愿意归属赵国，不愿归属秦国。上党有城邑十七个，愿再拜归入赵国，大王怎样向官吏百姓施恩，请您裁决。"孝成王大喜，召见平阳君赵豹告诉他说："冯亭进献十七城，接受它怎么样？"赵豹回答说："圣人把无缘无故的利益看作是大祸害。"孝成王说："人们都被我的恩德感召，怎么说是无缘无故呢？"赵豹回答说："秦国蚕食韩国的土地，从中间将它斩断，不让两边相通，本来自以为会安安稳稳地得到上党的土地了。韩国所以不归顺秦国，是想要嫁祸于赵国。秦国付出了辛劳而赵国却白白得利，即使强国大国也不能随意从小国弱国那里得利，小国弱国反倒能从强国大国那里得利吗？这怎能说不是无缘无故之利呢！况且秦国利用牛田的水道运粮蚕食韩国，用最好的战车奋力作战，分割韩国的土地，它的政令已经施行，不能和它为敌，一定不要接受。"孝成王说："如今出动百万大军进攻，一年半载也得不到一座城。现在人家把十七座城邑当礼物送给我国，这可是大利呀！"

赵豹出去后，孝成王召见平原君和赵禹，告诉他们这件事。他们回答说："出动百万大军进攻，一整年也攻不下一座城，如今白白地得到十七座城邑，这么大的好处，不能失去机会。"孝成王说："好。"于是下令赵胜去接受土地，赵胜告诉冯亭说："我是敝国使者赵胜，敝国君主派我传达命令，封赐太守万户的城邑三座，封赐各县县令千户的城邑三座，全都世代为侯，官吏百姓全部晋爵三级，官吏百姓能平安相处，都赏赐金六斤。"冯亭流泪不见使者，他说："我不能处在三种不义的境地：为君主守卫国土，不能拼死固守，这是一不义；韩王把上党归属秦国，我不听君主的命令，这是二不义；出卖君主的土地而得到封赏，这是三不义。”赵国于是发兵占领上党。廉颇领兵进驻长平。

七年，廉颇被罢免，赵括接替他带兵。秦军包围赵括，赵括死，赵军投降，四十多万士兵都被坑杀。孝成王后悔没有听赵豹的意见，因此才有长平的灾祸。

孝成王回到王都，不答应秦国的要求，秦军围困邯郸。武垣令傅豹和王容、苏射率领燕国民众返回燕地。赵国把灵丘封给楚国的相国春申君。

孝成王八年，平原君到楚国请求救兵。回国后，楚军前来救援，等到魏国公子无忌也来救援后，秦国对邯郸的包围才解除。

孝成王十年，燕军进攻昌壮，五月攻克了。赵国将军乐乘、庆舍进攻秦国信梁的军队，把他打败了。赵国太子去世。秦国进攻西周国，把它攻下了。徒父祺领兵出境。孝成王十一年，建元氏城，建立上原县。武阳君郑安平去世，收回了他的封地。孝成王十二年，邯郸的草料库被烧毁。孝成王十四年，平原君赵胜去世。

孝成王十五年，把尉文封给相国廉颇，封号为信平君。燕王派丞相栗腹同赵国交好，送五百斤黄金为赵王祝酒。栗腹回国后向燕王报告说：“赵国的壮丁四十多万都死在长平，他们的遗孤还没长大，可以进攻它。”燕王召见昌国君乐闲问他。乐闲回答说：“赵国是四面受敌的国家，它的百姓都受过军事训练，不能进攻它。”燕王说：“我们以多攻少，两个打一个，可以吗？”回答说：“不可以。”燕王说：“那我就用五个去打一个，可以吗？”回答说：“不可以。”燕王大怒。群臣都认为可以。燕国终于出动两支军队，两千辆战车，由栗腹率军进攻鄗城，由卿秦率军进攻代地。廉颇为赵国大将，打败并杀死栗腹，俘虏了卿秦、乐闲。

孝成王十六年，廉颇围困燕国都城。把乐乘封为武襄君。孝成王十七年，代理宰相大将武襄君进攻燕国，包围了它的国都。孝成王十八年，延陵钧率领军队跟随相国信平君廉颇帮助魏国进攻燕国。秦军攻下了赵国榆次地区的三十七座城。孝成王十九年，赵国和燕国交换国土：赵国把龙兑、汾门、临乐给燕国；燕国把葛城、武阳、平舒给赵国。

孝成王二十年，秦王政即位。秦军攻下赵国的晋阳。

二十一年，孝成王去世。孝成王之子赵偃即位，这就是悼襄王。廉颇领兵，进攻繁阳，把它占领了。赵王派乐乘接替廉颇，廉颇攻打乐乘，乐乘逃跑，廉颇逃亡到魏国。

悼襄王元年，紧急防备魏国入侵。悼襄王想修通到魏国平邑、中牟的道路，未能成功。

悼襄王二年，李牧领兵，进攻燕国，攻下了武遂、方城。秦国召见春平君，借故把他扣留了。泄钧为他对文信侯吕不韦说："春平君这个人，赵王特别喜爱他，而郎中们却忌妒他，所以他们互相商议说'春平君到秦国，秦国一定扣留他'，于是他们把春平君送到秦国。如今您扣留他，就断绝了和赵国的关系，中了那些郎中的奸计。您不如送回春平君扣留平都。春平君的言行受赵王的信任，赵王一定会割让许多土地赎回平都。"文信侯说："好。"于是送走了春平君。赵国在韩皋筑城。

悼襄王三年，庞煖领兵，进攻燕国，俘虏了燕将剧辛。悼襄王四年，庞煖统率赵、楚、魏、燕四国的精兵，进攻秦国的蕞，没有攻克。移兵进攻齐国，夺取了饶安。悼襄王五年，傅抵领兵，驻扎平邑；庆舍率领东阳及河外的军队，守卫黄河的桥梁。悼襄王六年，把饶阳封给长安君。魏国把邺送给赵国。

悼襄王九年，赵国进攻燕国，夺取了貍、阳城。还没有收兵，秦国就来攻邺，攻克。悼襄王去世，他的儿子幽缪王赵迁即位。

幽缪王赵迁元年，在柏人筑城。幽缪王二年，秦军进攻武城，扈辄率领军队救援，军队被打败，扈辄战死。

幽缪王三年，秦军进攻赤丽、宜安，李牧领兵与秦军在肥城之下交战，打退了秦军。赵王封李牧为武安君。幽缪王四年，秦军进攻番吾，李牧同秦军作战，打退了秦军。

幽缪王五年，代地发生大地震，从乐徐以西，北至平阴，楼台、房屋、墙垣大半毁坏，地面裂开东西宽一百三十步的大沟。幽缪王六年，发生大饥荒，百姓中传出民谣说："赵人大哭，秦人大笑。如果不相信，请看田里长不长苗。”

幽缪王七年，秦军进攻赵国，赵国大将李牧和将军司马尚领兵，反击秦军。李牧被杀，司马尚被免职，赵忽和齐国将军颜聚接替他们的职务。赵忽兵败，颜聚逃跑。因此赵王迁投降。

幽缪王八年十月，邯郸归属秦国。

太史公说：我听冯王孙说，“赵王迁，他的母亲是歌女，受悼襄王宠爱。悼襄王废了嫡子赵嘉而立赵迁为太子。赵迁平素行为不正，听信郭开的谗言，所以诛杀了赵国良将李牧。”这难道不是很荒唐的事吗！秦国俘虏赵迁之后，赵国逃亡的大夫们共同扶立赵嘉为王，在代地称王六年，秦国进兵打败了赵嘉，也灭了赵国，把它改为秦国一郡。

（张　璇　译）

《史记》卷四十四　魏世家第十四

魏氏的祖先，是毕公高的后代。毕公高和周天子是同祖的兄弟。在周武王讨伐商纣王之后，高被封在了毕地，于是就以毕作为其姓氏。他的后代中断了封爵，变成了平民，有的在中原，有的流落到夷狄。他的后代子孙中有个叫毕万的，侍奉晋献公。

晋献公十六年，赵夙驾驶马车，而毕万为车右护卫，去征讨霍国、耿国和古魏国，并把它们都灭掉了。献公把耿封给了赵夙，把魏（今山西芮城县附近）封给了毕万，二人都成了大夫。占卜人郭偃说："毕万的后代一定会很兴旺。'万'是极大的数目；'魏'是极好的名称。用这样的名称开始封赏，这是上天对他的开启。天子所统治的民众叫作兆民，诸侯所统治的叫作万民。如今封他做大夫，又与他名字中的满数相契合，他一定会拥有民众。"当年，毕万占卜在晋国做官的吉凶，卜到了《屯》卦，变为了《比》卦。辛廖释卜的时候说："吉利。'屯卦'象征坚固，固则福禄不衰，'比卦'象征亲密而进入，入则君臣亲密无间，哪有比这更吉利的呢？将来必定繁盛兴旺。"

毕万受封后十一年，晋献公去世了，他的四个儿子争夺君位，晋国发生内乱。而毕万的后代子孙越来越多，随他的国名称为魏氏。生了个儿子叫武子。魏武子以魏氏诸子的身份侍奉晋公子重耳。晋献公二十一年的时候，魏武子跟随晋公子重耳外出流亡。十九年之后回国，重耳即位为晋文公，让魏武子承袭魏氏后代的封爵，升到了大夫的地位，他的官府设在魏邑。魏武子生了悼子。

魏悼子迁徙居于霍（今山西省霍县）。他生了魏绛。

魏绛侍奉晋悼公。悼公三年，会见各国诸侯。悼公的弟弟杨干搞乱了军阵的秩序，魏绛杀了他的仆人来羞辱他。悼公怒气冲冲地说："会合诸侯是以此为荣的，你今却侮辱我的弟弟！"要杀死魏绛。有人劝说悼公，悼公才作罢。后来悼公任用魏绛当政，派他去同戎、翟两国修好，戎、翟从此亲近归顺晋国。悼公十一年，他对魏绛说："自从我任用了魏绛，八年之中，九次会合各国诸侯，戎、翟同我们也很和睦，这全靠您的努力呀！”赐给魏绛乐器和乐队，魏降推让三次，之后才接受了。魏绛把官府迁到了安邑。魏绛去世后，谥号是昭子。他生了魏嬴，魏嬴生了魏献子。

魏献子侍奉晋昭公。昭公去世后，晋国的六卿慢慢强盛起来，而晋公室衰退下去。

晋顷公十二年，韩宣子去世，魏献子主持国政。晋国宗族祁氏和羊舌氏交恶，六卿把他们都杀掉了，收回他们的全部封地分为十个县，六卿分别派他们的儿子去这十个县为大夫。魏献子与赵简子、中行文子、范献子同任晋国的卿。

此后十四年，孔子在鲁国代理宰相。又过四年，赵简子由于晋阳之乱，同韩氏、魏氏一起攻打范氏和中行氏。魏献子生了魏侈，魏侈同赵鞅一起攻打范氏和中行氏。

魏侈的孙子叫魏桓子，他和韩康子、赵襄子一起讨伐并灭掉了知伯，瓜分了他的领地。

魏桓子的孙子是文侯魏斯。魏文侯元年，正是秦灵公元年。魏文侯和韩武子、赵桓子、周威烈王同时代。

魏文侯六年，在少梁筑城。魏文侯十三年，派子击去围攻繁和庞两地，迁出那里的百姓。魏文侯十六年，进攻秦国，在临晋、元里筑城。

魏文侯十七年，讨伐中山国，派子击在那里驻守，让赵仓唐辅佐他。子击在朝歌遇到了魏文侯的老师田子方，他退车让路，下车拜见。田子方却不还礼。子击就问他说：“是富贵的人对人傲慢呢，还是贫贱的人对人傲慢呢？”田子方说：“也就是贫贱的人对人傲慢罢了。诸侯如果对人傲慢就会失去他的封国，大夫如果对人傲慢就会失去他的封地。贫贱的人，如果行为不相投合，意见不被采纳，就离开这里到楚国、越国去，好像脱掉草鞋一样，怎么能和富贵者相同呢！”子击很不高兴地离开了。向西进攻秦国，打到郑国就回来了，在雒阴、合阳筑城。

魏文侯二十二年，魏国、赵国、韩国被列为诸侯。

魏文侯二十四年，秦军攻伐魏国，打到了阳狐。

魏文侯二十五年，子击生子罃。

魏文侯师从子夏学经书，以客礼对待段干木，经过他的乡里，没有一次不凭轼致敬的。秦国曾想进攻魏国。有人说："魏君对贤人特别敬重，魏国人都称赞他的仁德，上下和谐同心，秦不能对他有什么企图。"魏文侯因此得到诸侯的赞誉。

魏文侯任命西门豹为邺郡郡守，因而河内一带号称清平安定。

魏文侯对李克说："先生曾经教导寡人说'家贫就想得贤妻，国乱就想得贤相'。如今要安排宰相，不是成子就是翟璜，这两个人您看怎么样？"李克回答说："我听说，地位低的人不议论地位高的人，关系远的人不议论关系近的人。我在朝外任职，不敢接受您的询问。"魏文侯说："先生面对此事就不要推辞了。"李克说："这是您不注意考察的缘故。要考察一个人，平时看他亲近哪些人，富有时看他结交哪些人，显贵时看他推举哪些人，不得志时看他不做哪些事，贫苦时看他不要哪些东西，通过这五条就足能决定谁当宰相了，何需等我李克来说呢！"魏文侯说："先生回家吧，我的宰相已经确定了。"李克快步走出去，到翟璜家中拜访。翟璜说："今天听说君主召见先生去选择宰相，结果是谁当宰相呢？"李克说："魏成子当宰相了。"翟璜气得变了脸色，说："就凭耳目所见所闻，我哪一点比魏成子差？西河的守将是我推荐的。君主对内地最忧虑的是邺郡，我推荐了西门豹。君主计划要攻伐中山国，我推荐了乐羊。中山灭掉以后，派不出人去镇守，我推荐了先生。君主的儿子没有师傅，我推荐了屈侯鲋。我哪一点比魏成子差！"李克说："您向您的君主推荐我，难道是为了结党营私来谋求做大官吗？君主询问安排宰相'不是成子就是翟璜，两个人怎么样？'我回答说：'这是您不注意考察的缘故。考察一个人，平时看他亲近哪些人，富有时看他交结哪些人，显贵时看他推举哪些人，不得志时看他不做哪些事，贫苦时看他不要哪些东西。通过这五条就足能决定了，何需等我李克说呢！'因此就知道魏成子要做宰相了。您怎么能跟魏成子相比呢！魏成子有千钟俸禄，十分之九用在外边，十分之一用在家里，因此从东方聘来了卜子夏、田子方、段干木。这三个人，君主把他们都奉为老师。您所推荐的那五个人，君主都任他们为臣。您怎么能跟魏成子相比呢？"翟璜迟疑徘徊后再拜说："我翟璜是个浅薄的人，说话很不得当，我愿终身做您的弟子。”

魏文侯二十六年，虢山崩塌，堵塞了黄河。

魏文侯三十二年，魏军攻伐郑国。在酸枣筑城。在注城打败秦军。魏文侯三十五年，齐军攻占了魏国的襄陵。魏文侯三十六年，秦军侵入魏国的阴晋。

魏文侯三十八年，魏军进攻秦国，在武下被秦军打败，魏俘虏了秦将识。这一年，魏文侯去世，他的儿子击即位，这就是武侯。

魏武侯元年，赵敬侯刚刚即位，公子朔作乱，没有成功，逃到了魏国，与魏军一起袭击邯郸，魏军失败后撤离。

魏武侯二年，在安邑、王垣筑城。

魏武侯七年，魏军进攻齐国，打到了桑丘。魏武侯九年，翟人在浍水打败魏军。魏武侯派吴起讨伐齐国，打到了灵丘。齐威王刚刚即位。

魏武侯十一年，魏与韩、赵三国瓜分了晋国领土，消灭了它的后代。

魏武侯十三年，秦献公修筑栎阳城。魏武侯十五年，魏军在北蔺打败了赵国。

魏武侯十六年，魏军进攻楚国，占领了鲁阳。魏武侯去世，他的儿子罃即位，这就是惠王。

魏惠王元年，当初，魏武侯去世的时候，子罃和公中缓争做太子。公孙颀从宋国到赵国，又从赵国到韩国，对韩懿侯说：“魏罃与公中缓争做太子，您也听说这件事了吧？如今魏罃得到了王错的辅佐，拥有上党，本来就算半个国家了。趁这个机会除掉他，打败魏国是一定的，不可失去这个机会。”韩懿侯很高兴，就跟赵成侯合兵一起攻打魏国，在浊泽交战，魏国大败，魏君被围困。赵侯对韩侯说：“除掉魏君，让公中缓即位，割地后我们退兵，这对我们有利。”韩侯说：“不能这样。杀死魏君，人们必定指责我们残暴；割地退兵，人们必定指责我们贪婪。不如把魏国分成两半。魏国分为两国，不会比宋国、卫国强大，我们就永远也不会有魏国的祸患了。”赵侯不听。韩侯不高兴，带领部分军队连夜离去。魏惠王所以没有死，魏国没有被分裂的原因，就在于韩、赵两家关系不和。如果听从一家的意见，魏国就一定被分裂了。所以说“君主死了没有嫡子继承，这个国家就可能被攻破”。

魏惠王二年，魏军在马陵打败韩军，在怀邑打败赵军。魏惠王三年，齐军在观城打败魏军。魏惠王五年，魏王与韩侯在宅阳相会。筑城于武堵。魏军被秦军打败。魏惠王六年，魏国攻占了宋国的仪台。魏惠王九年，魏国在浍水进攻并打败了韩军。魏军在少梁与秦军交战，秦军俘虏了魏将公孙痤，并夺取了庞城。秦献公去世，他的儿子孝公即位。

魏惠王十年，魏军攻占了赵国的皮牢。彗星出现。魏惠王十二年，白天陨星坠落，有声响。

魏惠王十四年，魏王与赵侯在鄗邑相会。魏惠王十五年，鲁国、卫国、宋国和郑国的君主来朝见魏惠王。十六年，魏惠王与秦孝公在杜平相会。魏国侵占了宋国的黄池，宋国又把它夺了回去。

魏惠王十七年，魏军与秦军在元里交战，秦军攻占了魏国的少梁。魏军包围赵国的邯郸。魏惠王十八年，魏军攻下邯郸。赵国向齐国请求救兵，齐国派田忌、孙膑救赵，在桂陵打败了魏军。

魏惠王十九年，诸侯们包围魏国的襄陵。魏国修筑长城，固阳成为要塞。

魏惠王二十年，魏国把邯郸归还给赵国，魏王与赵侯在漳水之滨会盟。魏惠王二十一年，与秦君在彤相会。赵成侯去世。魏惠王二十八年，齐威王去世。中山君任魏国宰相。

魏惠王三十年，魏军进攻赵国，赵国向齐国告急。齐宣王用孙子的计策，攻击魏国援救赵国。魏国于是大量发兵，派庞涓率领，让太子申做上将军。魏军经过外黄的时候，外黄徐子对太子申说：“我有百战百胜的方法。”太子说：“可以让我听听吗？”徐子说：“本来就想要呈献给您的。”他接着说：“太子亲自领兵攻打齐国，即使大胜并占领莒地，最富也不过就是拥有魏国，最贵也不过就是做魏王。如果不能战胜齐国，那就会万世子孙也不能得到魏国了。这就是我的百战百胜的方法。”太子申说：“好吧，我一定听从您的意见回国去。”徐子说：“太子虽然想回去，已经不可能了。那些劝太子打仗，想从中得利的人太多了。所以太子想回去，恐怕很难了。”但太子还是想回去，他的驾车人却说：“将军领兵刚出来就回去，和打败仗是一样的。”太子申最终同齐军作战，在马陵战败。齐军俘虏了魏太子申，杀死了将军庞涓，魏军大败。

魏惠王三十一年，秦、赵、齐一起进攻魏国，秦将商鞅欺骗并俘虏了魏国将军公子卬，然后又袭击夺取了他的军队，打败了魏军。秦国任用商鞅，东边的领土到了黄河，而齐国、赵国又屡次打败魏国，安邑靠近秦国，于是魏国就把都城迁到大梁。公子赫被立为太子。

魏惠王三十三年，秦孝公去世，商鞅从秦国逃出来投奔魏国，魏人恼怒，不收留他。魏惠王三十五年，魏王与齐宣王在平阿南边相会。

魏惠王屡次遭受军事上的失败，就用谦恭的礼节和优厚的礼物来招纳贤人，邹衍、淳于髡、孟轲都来到魏国。梁（魏）惠王说："寡人没有才能，造成军事上的连续失败，太子被俘，上将战死，国内因而空虚，以致使祖先的宗庙社稷受到羞辱，寡人非常惭愧。老先生们屈尊亲临敝国朝廷，将用什么方法使我国得利呢？"孟轲说："您不可以像这样谈论利益。君主想得利大夫就也想得利，大夫想得利百姓就也想得利，上上下下都来争利，国家就危险了。作为一国君主，讲仁义就行了，为什么要讲利呢！"

魏惠王三十六年，再次与齐王在甄邑相会。这一年，惠王去世，他的儿子襄王即位。

魏襄王元年，魏王与诸侯在徐州相会，是为了互相称王。襄王追尊他的父亲惠王为王。

魏襄王五年，秦军在雕阴打败魏国龙贾率领的军队四万五千人，并围困魏国的焦城和曲沃。魏国把河西之地割给了秦国。

魏襄王六年，魏王与秦王在应城相会。秦军夺取魏国的汾阴、皮氏和焦城。魏军征讨楚国，在陉山打败了楚军。魏襄王七年，魏国把上郡全部给了秦国。秦军占领了魏国的蒲阳。魏襄王八年，秦国把焦城、曲沃归还给了魏国。

魏襄王十二年，楚军在襄陵打败魏军。各诸侯国的执政大臣与秦相张仪在啮桑相会。魏襄王十三年，张仪任魏国宰相。魏国有女子化妆成男子。秦军攻取了魏国的曲沃、平周。

魏襄王十六年，襄王去世，他的儿子哀王即位。张仪又回到秦国。

魏哀王元年，五国联合攻秦，没有胜利就撤兵了。

魏哀王二年，齐军在观津打败魏军。魏哀王五年，秦国派樗里子攻取魏国的曲沃，并在岸门赶跑了犀首公孙衍。魏哀王六年，秦国派人来魏国立魏公子政为太子。魏王与秦王在临晋相会。魏哀王七年，魏军进攻齐国。同秦军一起征讨燕国。

魏哀王八年，魏军进攻卫国，攻克两座城邑。卫国国君非常忧虑，魏大夫如耳去见卫君，说："让我去使魏国退兵，而且免去成陵君，可以吗？"卫君说："先生果真能做到，我愿意世世代代以卫国侍奉先生。"如耳见了成陵君说道："从前魏军攻赵，断绝羊肠坂，攻克阏与，准备割裂赵国，把它分为两半，可是赵国所以没有灭亡，是因为魏国是合纵的盟主。如今卫国已濒临灭亡，将向西方请求效力于秦国。与其由秦国来解救卫国，不如由魏国来宽释卫国，这样，卫国一定会永远感激魏国的恩德。"成陵君说："听您的。"如耳又去见魏王说："我曾经去进见卫君。卫国本来是周王室的分支，它虽号称小国，但宝器非常多。如今国家濒临危难，可是宝器还没有献出来，原因是他们心里认为进攻卫国或宽释卫国都不由大王做主，所以宝器献出来也一定不会到大王手里。我私下猜测，最先建议宽释卫国的人，一定是接受了卫国贿赂的人。"如耳出去后，成陵君进来，将如耳向他的建议报告魏王。建议宽释卫国，魏王听了他的意见，撤回了魏军，暗思他一定是受了卫国的贿赂。于是，免去了成陵君的职位，终生不再见他。

魏哀王九年，魏王与秦王在临晋相会。张仪、魏章都归顺了魏国。魏国宰相田需去世，楚国唯恐张仪、犀首或薛公做魏国宰相。楚国宰相昭鱼对苏代说："田需死了，我恐怕张仪、犀首、薛公三人中有一人要做魏相了。"苏代说："那么谁做宰相对您才有利呢？"昭鱼说："我想让魏国太子亲自做宰相。"苏代说："请允许我为您北上，一定会让他做宰相。"昭鱼说："怎么办呢？"苏代回答说："您来做梁王，请让我向您游说。"昭鱼说："你怎么说？"苏代回答说："我就说，我也从楚国来，昭鱼非常担忧，他说：'田需去世了，我恐怕张仪、犀首、薛公三人中有一人要做魏国宰相了。'我说：'梁王是一位贤君，一定不会让张仪做宰相。张仪做了宰相，一定会偏向秦国，不助魏国。犀首做了宰相，也一定偏向韩国，不助魏国。薛公做了宰相，也一定偏向齐国，不助魏国。梁王是一位贤君，一定会知道这样对魏国不利。’魏王会说：‘那么寡人应该让谁做宰相呢？’我说：‘不如让太子亲自做宰相。太子亲自做宰相，这三个人都会认为太子不会长期任宰相，都将尽力让他们原来的国家侍奉魏国，想借此得到魏国的相位。以魏国的强大，再加上三个大国的辅助，魏国一定会安定的。所以说不如让太子亲自做宰相。’”于是苏代北上见到魏王，把这些话告诉他。魏国太子果然做了宰相。

魏哀王十年，张仪去世。魏哀王十一年，魏王与秦武王在应城相会。魏哀王十二年，魏太子到秦国朝拜。秦军来进攻魏国的皮氏，没有攻克就撤兵了。魏哀王十四年，秦国把秦武王王后送回魏国。魏哀王十六年，秦军攻下魏国的蒲反、阳晋和封陵。魏哀王十七年，魏王与秦王在临晋相会。秦国把蒲返还给魏国。魏哀王十八年，魏国与秦国联合攻楚。魏哀王二十一年，魏军与齐军、韩军联合在函谷关打败秦军。

魏哀王二十三年，秦国又把河外之地以及封陵还给了魏国，同魏国求和。哀王去世，他的儿子昭王即位。

魏昭王元年，秦军攻占魏国襄城。魏昭王二年，魏军与秦军交战，魏军失利。魏昭王三年，魏国帮助韩国进攻秦国，秦将白起在伊阙打败二十四万韩、魏军。魏昭王六年，魏国把河东四百里土地让给秦国。芒卯因善用诡诈之计被魏国重用。魏昭王七年，秦军攻下魏国大小城邑六十一处。魏昭王八年，秦昭王自称西帝，齐湣王自称东帝，过了一个多月，都重新称王收回了帝号。魏昭王九年，秦军攻占魏国新垣、曲阳两城。

魏昭王十年，齐国灭了宋国，宋王死在魏国的温邑。魏昭王十二年，魏国与秦、赵、韩、燕共同攻伐齐国，在济西把齐军打败，齐湣王出外逃亡。燕军单独进入临淄。魏王与秦王在西周相会。

魏昭王十三年，秦军攻下魏国的安城。军队到了大梁，又撤离了。魏昭王十八年，秦军攻陷楚国的郢都，楚王迁都到陈城。

魏昭王十九年，昭王去世，他的儿子安釐王即位。

魏安釐王元年，秦军攻下魏国两座城。魏安釐王二年，秦军又攻下魏国两座城，秦驻军大梁城下，韩国派兵来援救，把温邑让给秦国求和。魏安釐王三年，秦军攻下魏国四座城，斩杀四万人。魏安釐王四年，秦军打败魏军和赵军，杀死十五万人，赶跑了魏将芒卯。魏将段干子请求把南阳让给秦国求和。苏代对魏王说："想升官的是段干子，想得到土地的是秦国。如今大王让想得土地的人控制官印，让想升官的人控制土地，魏国的土地不送光就不会终结。况且用土地侍奉秦国，就好像抱着干柴去救火，柴不烧完，火是不会灭的。"魏王说："那是当然了。尽管如此，可是事情已经开始实行，不能更改了。"苏代回答说："大王没见过玩博戏的人之所以特别看重枭子的缘故，是由于有利就可以吃掉对方的子，无利就停下来。如今大王说'事情已经开始实行，不能更改了'，大王使用智谋怎么还不如博戏时用枭呢？"

魏安釐王九年，秦军攻下魏国怀邑。魏安釐王十年，在魏国做人质的秦国太子死了。魏安釐王十一年，秦军攻下魏国的郪丘。

秦昭王对左右侍臣说："现在的韩国、魏国和他们初起时比，哪个阶段强大？"左右侍臣回答说："不如初起时强。"秦王说："现在的如耳、魏齐和从前的孟尝君、芒卯相比，谁更贤能？"回答说："如耳、魏齐不如孟尝君和芒卯。"秦王说："靠孟尝君和芒卯的贤能，率领韩、魏的强兵来进攻秦国，还未能把寡人怎么样呢。如今由无能的如耳、魏齐率领疲弱的韩、魏军队来攻打秦国，他们不可能把寡人怎么样也是很明显的了。"左右侍臣都说："太对了。"中旗倚靠着琴却回答说："大王对天下形势的估计错了。当初晋国六卿掌权的时候，知氏最强，灭了范氏和中行氏，又率领韩、魏的军队在晋阳围攻赵襄子，决开晋水淹灌晋阳城，只剩下几尺高没有淹没。知伯巡察水势，魏桓子驾车，韩康子在车右陪侍。知伯说：'我起初不知道水也可以灭亡别人的国家，如今才知道了。既然汾水可以淹灌魏都安邑，绛水也可以淹灌韩都平阳。'于是魏桓子用臂肘碰一碰韩康子，韩康子也用脚碰一碰魏桓子，两人在车上用肘和脚暗中示意心照不宣，结果知氏的领土被瓜分，知伯身死国亡，被天下人嘲笑。如今秦兵虽然强大，但不会超过知氏；韩、魏虽然较弱，但还是要胜过当初在晋阳城下的时候。现在正是他们用肘和脚暗中勾结的时候，希望大王不要把形势看得太简单了！”于是秦王有些惊恐。

齐、楚两国联合起来攻魏，魏国派人到秦国求救，使臣络绎不绝，可是秦国的救兵却不来。魏国有个叫唐雎的人，九十多岁了，对魏王说：“老臣请求到西方去游说秦王，一定让秦国的军队在我离秦之前出发。”魏王拜了两拜，就准备好车辆派他前去。唐雎到了秦国，入宫拜见秦王。秦王说：“老人家疲惫不堪地远路来到秦国，太辛苦了！魏国来求救已是多次了，我知道魏国的危急了。”唐雎回答说：“大王既然已经知道魏国的危急却不发救兵，我私下以为是出谋划策之臣无能。魏国是有万辆战车的大国，之所以向西侍奉秦国，称为东方藩属，接受秦国赐给的衣冠，春秋两季都向秦国送祭品，是由于秦国的强大足以成为盟国。如今齐、楚的军队已经在魏都的郊外会合，可是秦国还不发救兵，也就是依仗魏国还不太危急吧。假如到了特别危急的时候，它就要割地来加入合纵国家行列，大王您还去救什么呢？一定要等到危急了才去救它，这就是失去东边一个作为藩属的魏国，而增强了齐和楚两个敌国，那么这对大王您有什么利呢？”于是秦昭王就马上发兵援救魏国，魏国又恢复了安定。

赵国派人对魏王说：“替我杀了范痤，我们愿意献出七十里土地。”魏王说：“好。”于是派官吏去逮捕范痤，包围了他的家但还没有杀他。范痤因而上了屋顶骑在屋脊上，对使臣说：“与其用死范痤去做交易，不如用活范痤去做交易。如果把我范痤杀死了，赵国却不给大王土地，那么大王将怎么办呢？所以不如与赵国先把割让的土地划定了，然后再杀我。”魏王说：“很好。”范痤于是给信陵君上书说：“我范痤是过去魏国免职的宰相，赵国用割地为条件要求杀我，而魏王竟然听从了，如果强秦沿用赵国的办法对待您，那么您将怎么办？”信陵君向赵王进谏之后范痤被释放了。

魏王因为秦国曾经援救的缘故，想要亲近秦国，攻伐韩国，以便收回原来的土地。信陵君无忌对魏王说：

“秦人和戎翟的习俗相同，有虎狼一样的心肠，贪婪凶狠，好利而不讲信用，不懂得礼义德行。如果有利，连亲戚兄弟也不顾，好像禽兽一样，这是天下人都知道的，他们不曾施厚恩，积大德。所以太后本是秦王的母亲，却由于忧愁而死去；穰侯是秦王的舅父，功劳没有比他大的，可是竟然把他驱逐了；秦王的两个弟弟没有罪过，却一再被削夺封地。对亲戚尚且如此，何况对仇敌之国呢？如今大王与秦国共同攻伐韩国就会更加接近秦国的祸害，我特别感到迷惑不解。大王不懂这个道理就是不明，群臣没有来向您奏闻这个道理就是不忠。

“如今韩国靠一个女人辅佐一个幼弱的君主，国内有大乱，外边要与秦、魏的强兵交战，大王以为它还会不灭亡吗？韩国灭亡后，秦国将要占有原来郑国的土地，与大梁相邻，大王以为自己能安宁吗？大王想得到原来的土地，就依靠与强秦的亲近，大王以为这会有利吗？

“秦国不是一个安分的国家，韩国灭亡后必将另起事端，另起事端必定要找容易的和有利的目标，找容易的和有利的目标必定不会去找楚国和赵国。这是为什么呢？如果越大山跨黄河，穿过韩国的上党去进攻强大的赵国，这是重复阏与那一仗的失败，秦国是一定不会这样做的。如果取道河内，背向邺城和朝歌，横渡漳水、滏水，与赵军决战于邯郸郊外，这就会遇到知伯那样的灾祸，秦国又不敢这样做。进攻楚国，要取道涉谷，行军三千里，去攻打冥厄关塞，走的路太远，攻打的地方太难，秦国也不会这样做的。如果取道河外，背向大梁，右边是上蔡、召陵，与楚军在陈城郊外决战，秦国也不敢这样做。所以说秦国一定不会进攻楚国和赵国，更不会进攻燕国和齐国了。

“韩国灭亡之后，秦国出兵的时候，除去魏国就没有可进攻的了。秦国本来已占有怀邑、茅邑、邢丘，如在垝津筑城逼近河内，河内的共城、汲邑必定危险；秦国占有郑国故地，得到垣雍城，决开荧泽，水淹大梁，大梁必定灭亡。大王的使臣去秦已成过失，而又在秦国毁谤安陵氏，秦国早就想诛灭它了。秦国的叶阳、昆阳与魏国的舞阳相邻，听任使臣毁谤安陵氏，听任安陵氏被灭亡，秦军就会绕过舞阳北边，从东边逼近许国故地，这样南方一定危急，这对魏国无害吗？

“憎恶韩国、不喜爱安陵氏是可以的，可是不担心秦国不爱南方那就错了。从前，秦国在河西晋国故地，离大梁有千里之远，有黄河及高山阻挡，有周与韩国把它隔开。自从林乡一战到现在，秦国七次进攻魏国，五次攻入囿中，边境城邑都被攻陷，文台被毁，垂都被烧，林木被砍伐，麋鹿被猎尽，而国都接着被围。秦军又长驱到大梁的北边，东边打到陶、卫两城的郊外，北边打到平监。丧失给秦国的，有山南山北，河外河内，大县几十个，名都几百个。秦国还在河西晋国故地，离大梁一千里的时候，祸患就已经这样了。又何况让秦国灭了韩国，据有郑国故地，没有黄河大山阻拦它，没有周和韩国阻隔它，离大梁只有一百里，大祸必定由此开始。

“从前，合纵之所以不成功，是由于楚、魏两国互相猜疑，而韩国又不可能参加盟约。如今韩国遭受战祸已有三年，秦国使它屈从同它讲和，韩国知道要亡了可是不肯听从，反而送人质到赵国，表示愿做天下诸侯的先锋与秦国死战。楚国、赵国必定集结军队，他们都知道秦国的贪欲是无穷的，除非把天下各诸侯国完全灭亡，使海内之民都臣服于秦国，它是绝不会罢休的。因此我愿意用合纵的主张报效大王，大王应尽快接受楚国和赵国的盟约，利用韩国上党地区的人质来保全韩国，然后再索取失地，韩国一定会送还。这样做军民不受劳苦就可收回旧地，其功效要超过与秦国一起去进攻韩国，而且又可免去与强秦为邻的祸害。

“保存韩国安定魏国而有利于天下，这也是上天赐给大王的良机。开通共城、宁邑到韩国上党的道路，让这条路经过安成，进出的商贾都要纳税，这就等于魏国又让韩国把上党郡作为抵押。如果有了这些税收就足能使国家富足。韩国必定会感激魏国、爱戴魏国、尊崇魏国、敬畏魏国，韩国一定不敢反叛魏国，这样韩国就成为魏国的郡县了。魏国得到韩国作为郡县，卫、大梁、河外等地必然能安定。如果不保存韩国，东西二周、安陵必定危险，楚国、赵国大败之后，燕国、齐国就很害怕，天下诸侯都向西奔赴秦国去朝拜称臣的日子就没有多久了。”

安釐王二十年，秦军围困邯郸，信陵君无忌假传王命夺得将军晋鄙的军队去救援赵国，赵国得以保全，无忌也因此留在赵国。安釐王二十六年，秦昭王去世。

安釐王三十年，无忌返回魏国，率领五国军队进攻秦国，在河外打败秦军，赶跑了秦将蒙骜。那时魏国太子增在秦国做人质，秦王发怒，要囚禁魏太子增。有人替太子增对秦王说："公孙喜曾对魏相说'请用魏军快速攻秦，秦王一怒，必定要囚禁太子增。这又会使魏王发怒，再攻打秦国，秦国必定要伤害太子增'。现在大王要囚禁太子增，这是公孙喜的计谋得逞了。所以不如厚待太子增而与魏国交好，让齐国、韩国去猜疑魏国。"秦王这才取消了囚禁太子增的打算。

安釐王三十一年，秦王政即位。

安釐王三十四年，安釐王去世，太子增即位，这就是景湣王。信陵君无忌去世。

景湣王元年，秦军攻下魏国二十座城，设置为秦国的东郡。景湣王二年，秦军攻下魏国的朝歌。卫国迁到野王。景湣王三年，秦军攻下魏国的汲邑。景湣王五年，秦军攻下魏国的垣地、蒲阳、衍邑。景湣王十五年，景湣王去世，他的儿子魏王假即位。

魏王假元年，燕国太子丹派荆轲刺杀秦王，被秦王发觉了。

魏王假三年，秦军水淹大梁，俘虏了魏王假，于是灭了魏国，设置为郡县。

太史公说：我曾到过大梁的旧城址，那里的人说："秦军攻破大梁，是引鸿沟之水淹灌大梁，经过三个月城被毁坏，魏王请求投降，于是灭掉了魏国。"议论的人都说，由于魏王不重用信陵君的缘故，国家削弱以至于灭亡，我认为不是这样。天意正是让秦国平定海内，它的功业尚未成就，魏国即使得到像伊尹一样的贤臣辅佐，又有什么用呢？

（张　璇　译）

《史记》卷四十五　韩世家第十五

韩国的祖先和周王族同姓，姓姬氏。他的后代后来侍奉晋国，才被封在韩原，称为“韩武子”。韩武子之后再传三代，便有了韩厥这个人，按照所封之地的姓而称为韩氏。

韩厥在晋景公三年的时候，晋国司寇屠岸贾将要作乱，假借名义说是要诛杀灵公的贼臣赵盾。那个时候赵盾早已经死了，屠岸贾就要杀他的儿子赵朔。韩厥阻止屠岸贾，屠岸贾不听。韩厥暗中告诉赵朔，让他赶快逃走。赵朔说：“您一定能不使我们赵氏的后代断绝，那样即使我死也就没有遗憾了。”韩厥答应了他。等到屠岸贾诛灭赵氏的时候，韩厥称病不出家门。程婴、公孙杵臼把赵氏孤儿赵武藏了起来，韩厥是知道这件事的。

晋景公十一年，韩厥和郤克率领八百辆战车的兵力征讨齐国，在山东的鞍邑打败了齐顷公，俘虏了逄丑父。从这时候起，晋国建立了六军，韩厥位居一卿，号为献子。

晋景公十七年，景公生病而卜，占卜的结果说是大业（赵氏之祖先）的子孙中有冤不能伸的人其鬼魂在作怪。韩厥就赞扬赵成季（赵朔的祖父赵衰）对晋国的功劳，并说他如今已没有人接续香火，以此来感动景公。景公问道：“他的后代还有尚在人世的吗？”韩厥当时就说赵武尚且在人世，景公因而把赵氏原有的田邑归还给他，让他接续赵氏的香火。

晋悼公七年，韩献子告老。献子去世后，他的儿子宣子继承其爵位。韩宣子迁徙到州邑。

晋平公十四年，吴国的季札出使晋国，他说：“晋国的政权最终要属于韩、魏、赵三家。”

晋顷公十二年，韩宣子和赵、魏两家共同瓜分了祁氏、羊舌氏的十个县。晋定公十五年韩宣子和赵简子攻打范氏、中行氏。这年，韩宣子去世，他的儿子贞子继承爵位。贞子迁居到了平阳邑。

韩贞子去世，他的儿子简子承袭爵位。韩简子去世后，他的儿子庄子承袭爵位。韩庄子去世后，他的儿子康子承袭爵位。韩康子和赵襄子、魏桓子一起打败了知伯，瓜分了他的封地，于是他们三家的领地更大了，大得超过了诸侯。

韩康子去世后，他的儿子武子承袭爵位。武子二年，进攻郑国，杀死了他们的国君郑幽公。十六年，韩武子去世，他的儿子景侯即位。

韩景侯虔元年，进攻郑国，占领了雍丘。景侯二年，郑国打败了韩国在河南负黍的军队。

景侯六年，韩与赵、魏一起被周天子承认得以列名为诸侯。

景侯九年，郑国包围韩国河南的阳翟。这年，景侯去世，他的儿子列侯韩取即位。

列侯三年，聂政刺杀了韩国宰相侠累。列侯九年，秦国进攻韩国的宜阳，夺取了六座城邑。十三年，列侯去世，他的儿子文侯即位。这一年魏文侯去世。

韩文侯二年，韩国进攻郑国，占领阳城。进攻宋国，打到彭城，俘虏了宋国国君。韩文侯七年，进攻齐国，打到桑丘。郑国背叛晋国。韩文侯九年，韩国进攻齐国，打到了灵丘。十年，韩文侯去世，他的儿子哀侯即位。

韩哀侯元年，韩国与赵、魏瓜分了晋国。韩哀侯二年，韩国灭了郑国，于是把都城迁到了新郑。

韩哀侯六年，韩严杀死了他的国君哀侯，哀侯的儿子懿侯即位。

韩懿侯二年，魏军在马陵打败韩军。韩懿侯五年，韩侯与魏惠王在河南宅阳相会。韩懿侯九年，魏军在山西浍水一带打败了韩军。十二年，韩懿侯去世，他的儿子昭侯继位。

韩昭侯元年，秦军在河南西山打败韩军。韩昭侯二年，宋国夺取了韩国的黄池。魏国夺取了韩国的朱邑。韩昭侯六年，韩军征讨东周，攻占了陵观、邢丘。

韩昭侯八年，申不害任韩国宰相，运用君主驾驭群臣的权术，实行法家的治国之道，国内得到安定，各诸侯国不敢前来侵犯。

韩昭侯十年，韩姬杀死了晋国国君悼公。十一年，韩昭侯到秦国去访问。韩昭侯二十二年，申不害去世。韩昭侯二十四年，秦军攻下了韩国的宜阳。

韩昭侯二十五年，韩国发生大旱灾，修建了高大的城门。楚大夫屈宜臼说："韩昭侯出不了这座门。为什么呢？因为不合时宜。我所说的时，不是指的时间，人本来就有顺利或不顺利的时候。韩昭侯曾经有过好的时运，可是并没有修建高门。去年秦国攻下了他们的宜阳，今年发生旱灾，韩昭侯不在这个时候忧虑百姓的急需，反而更加奢侈，这就叫作衰败的时候却做奢侈的事情。"二十六年，高城门修成了，而韩昭侯竟也在这一年去世了，他果然真的没有能出这座城门。他的儿子宣惠王即位。

宣惠王五年，张仪任秦国宰相。宣惠王八年，魏军打败了韩国将军韩举。宣惠王十一年，把君号改称为王。与赵王在区鼠相会。宣惠王十四年，秦军在河南鄢陵打败了韩军。

宣惠王十六年，秦军在修鱼打败韩军，在浊泽俘虏了韩国将领鲠和申差。韩国着急了，相国公仲对韩王说："结盟的国家并不是真的可靠。如今，秦国想征伐楚国已经很久了，大王不如利用张仪，向秦王求和，送给它一座名城，并派出装备精良的军队，和秦军一起向南征伐楚国，这是用一失换二得的计策。"韩王说："好。"于是就为公仲的赴秦之行预做警备，要他西行与秦国讲和。楚王听说后非常惊恐，召见陈轸把情况告诉他。陈轸说："秦国想攻伐楚国已经很久了，现在又得到韩国的一座名城，并且还准备好了盔甲武器，秦韩合兵攻伐楚国，这是秦国祈祷祭祀梦寐以求的，如今已经得到了，楚国一定会受到侵伐。大王听我的意见，先在全国加强警戒，发兵声言援救韩国，让战车布满道路，然后派出使臣，多给他配备车辆，带上厚礼，让韩国相信大王是在救他们。即使韩王不听我们的意见，韩国也一定会感激大王的恩德，一定不会列队前来攻楚，这样秦韩就不和了，即使军队到了，也不会成为楚国的大患。如果韩国听从我们的意见，停止向秦求和，秦国必定大怒，因而对韩国的怨恨加深；韩国到南方结交楚国，必定慢待秦国；慢待秦国，应酬秦国时必定不很尊重：这就是利用秦韩军队之间的矛盾来免除楚国的祸患。"楚王说："很好！"于是在全国加强警戒，发兵声言去救援韩国，让战车布满道路，然后派出使臣，给他配备很多车辆，让他带着厚礼到韩国。楚使对韩王说："敝国虽小，已经把军队全派出来了。希望贵国能随心所欲地同秦国作战，敝国国君将让楚军为韩国死战。"韩王听了之后非常高兴，就停止了公仲到秦国议和的行动。公仲说："不能这样，以实力侵犯我们的是秦国，用虚名来救我们的是楚国。大王想依靠楚国的虚名，而轻易和强敌秦国绝交，大王必定要被天下嘲笑。况且楚韩并非兄弟之国，又不是早有盟约共谋伐秦的。我们已有了联秦攻楚的迹象，楚国才声言发兵救韩，这一定是陈轸的计谋。况且大王已经派人把我们的打算通报秦国了，现在又决定不去，这是欺骗秦国。轻易欺骗强秦，而听信楚国的谋臣，恐怕大王必定要后悔的。"韩王不听劝告，还是和秦国断交。秦国因而大怒，增加兵力进攻韩国，两国大战，而楚国救兵一直没到韩国来。宣惠王十九年，秦军大败韩军于岸门。韩国只好派太子仓去做人质来向秦国求和。

宣惠王二十一年，韩国同秦国一起攻楚，打败了楚国统帅屈丐，在丹阳斩杀了八万楚军。这一年，宣惠王去世，太子仓即位，这就是襄王。

襄王四年，韩襄王和秦武王相会于临晋。这年秋天，秦国派甘茂进攻韩国的宜阳。襄王五年，秦兵占领了韩国的宜阳，斩杀韩军六万。这年，秦武王去世。襄王六年，秦国又把武遂邑归还给韩国。襄王九年，秦国再度攻取了韩国的武遂。襄王十年，韩国太子婴朝见秦王后自咸阳而归。襄王十一年，秦军攻韩，占领了韩国穰邑。这年，韩国和秦国配合，进攻楚国，打败了楚国统帅唐昧。

襄王十二年，韩太子婴去世。公子咎和公子虮虱二人争做太子。当时，虮虱在楚国做人质。苏代对韩咎说："虮虱流亡在楚国，楚王特别想把他送回国。现在十几万楚军驻在方城山北边，您为什么不让楚国在雍氏城的旁边建起一座万户的城邑，这样，韩王必定派兵去救雍氏，您一定做统帅。您就可以利用韩楚两国的军队拥戴虮虱，把他接回韩国，将来他一定完全听从您的，他一定会把楚韩边境封给您的。"韩咎听从了他的计谋。

楚军包围雍氏，韩国向秦国求救。秦国没有发兵，派公孙昧来到韩国。公仲对公孙昧说："您认为秦国将会援救韩国吗？"公孙昧回答说："秦王说：'我们要取道南郑、蓝田，出兵到楚国等待您的军队。'恐怕是不能会合了。"公仲说："您以为真会是这样吗？"公孙昧回答说："秦王一定仿效张仪原来的计谋。当初楚威王进攻魏国的时候，张仪对秦王说：'秦国和楚国进攻魏国，魏国失败就会倒向楚国，韩国本来就是它的盟国，这样，秦国就孤立了。我们不如出兵来迷惑他们，让魏国和楚国大战，秦军就可以占领西河以外的土地后再回来。'现在看秦王的样子表面上是同韩国结盟，其实是暗中同楚国交好。您等待秦军的到来，必定会轻率地同楚军打仗。楚国暗中已经得知秦军不会为韩国效力，它就会集中力量同您相对抗。您这一仗如果胜了楚国，秦国就会和您共同凌驾楚国之上，然后到三川一带扬威而回。您这一仗如果不能战胜楚国，楚国阻塞三川据守，您就不能得救了。我私下里为您担忧。秦人司马庚三度往返于郢都，秦相甘茂和楚相昭鱼在商於相会，表面上扬言说要收回攻韩楚军的印信，其实双方好像是有什么密约。"公仲惊恐地说："那么该怎么办呢？"公孙昧说："您一定要先从韩国自身考虑，然后考虑秦国是否来救援，先想好自救的方法，然后再考虑怎样应付张仪那种计谋。您不如尽快让韩国同齐楚两国联合，齐楚必定会把国事托付给您。您所厌恶的只是张仪那种欺诈的计谋，其实还是不能无视秦国呀！"于是楚国解除了对雍氏的围困。

苏代又对秦太后的弟弟芈戎说："公叔、伯婴唯恐秦国、楚国把虮虱送回韩国，您为什么不为韩国到楚国去请求放回质子虮虱呢？楚国如果答应把质子放回韩国，那么公叔、伯婴就知道秦、楚两国并不重视虮虱的事，一定会使韩国与秦、楚联合。秦、楚就能依靠韩国使魏国受窘，魏国不敢同齐国联合，这样，齐国就孤立了。然后您再替秦国请求楚国把质子虮虱送到秦国，楚国不答应，就会同韩国结怨。韩国就要依靠齐国和魏国的力量去围困楚国，楚国必定会尊重您。您依靠秦国和楚国的尊重向韩国施以恩德，公叔、伯婴一定会拿整个国家来侍奉您。"于是虮虱终于未能回到韩国。韩国立公子咎为太子。齐王、魏王到韩国来。

襄王十四年，韩国与齐、魏两国一起进攻秦国，到了函谷关就在那里驻军。襄王十六年，秦国把河外之地和武遂还给韩国。襄王去世，太子咎即位，这就是釐王。

釐王三年，派公孙喜率领周和魏的军队攻秦。秦国大败韩军二十四万，在伊阙俘虏了公孙喜。釐王五年，秦军攻下韩国的宛城。釐王六年，韩国把武遂地带的二百里土地给了秦国。釐王十年，秦军在夏山打败韩军。釐王十二年，韩釐王与秦昭王在西周国相会，并帮助秦国进攻齐国。齐国战败，齐湣王外出逃亡。釐王十四年，韩王与秦王在两周之间相会。釐王二十一年，派暴鸢救援魏国，被秦军打败，暴鸢逃到开封。

釐王二十三年，赵、魏两国进攻韩国的华阳。韩国向秦国告急，秦国不来援救。韩国相国对陈筮说："事态急迫，您虽有病，还是希望您连夜到秦国去。"陈筮到秦国先会见穰侯魏冉。穰侯说:"事情紧迫了吧？所以才派你来。"陈筮说："还不很急。"穰侯发怒道："如果这样，你的君主还能派你做使臣吗？你们的使臣来来往往，都是来向我们告急的，你来了却说不急，为什么？"陈筮说："韩国如果真的危急，就要改变政策去追随其他国家，因为还没到危急的时候，所以我又来了。"穰侯说："你不必去见秦王了，现在我立即发兵救援韩国。"过了八天，秦军赶到，在华阳山下打败赵军和魏军。这一年，釐王去世，他的儿子桓惠王即位。

桓惠王元年，韩国进攻燕国。桓惠王九年，秦军攻占了韩国的陉城，并在汾水旁筑城。桓惠王十年，秦军在太行山进击韩军，韩国的上党郡守献出上党郡投降赵国。桓惠王十四年，秦国攻取赵国的上党。在长平杀死了马服君之子赵括率领的军卒四十多万人。桓惠王十七年，秦军攻占韩国的阳城、负黍。桓惠王二十二年，秦昭王去世。桓惠王二十四年，秦军攻占韩国的城皋、荥阳。桓惠王二十六年，秦军全部攻占了韩国的上党地区。桓惠王二十九年，秦军攻下韩国的十三座城池。

三十四年，桓惠王去世，他的儿子韩王安即位。韩王安五年，秦国进攻韩国，韩国形势危急，派韩非出使秦国，秦国把韩非留下，后来就把他杀了。韩王安九年，秦军俘虏了韩王安，韩国领土全部归属秦国，设置为颍川郡。韩国最终灭亡了。

太史公说：韩厥感动了晋景公，让赵氏孤儿赵武继承了赵氏的爵位，因而成全了程婴和公孙杵臼的大义，这是天下少有的阴德。韩氏在晋国，并没看到有什么大功，然而，终于能和赵氏、魏氏一样，做诸侯十几代之久，这是很应该的呀！

（周　涛　译）

《史记》卷四十六　田敬仲完世家第十六

陈完是陈厉公陈他的儿子。陈完出生的时候，周太史正好路过陈国，陈厉公请他给陈完卜卦，卜得的卦是《观》卦变为《否》卦，太史说："卦辞的意思是：观看国家的风俗民情，有利于做君王的上宾。这是说他将取代陈国君位而拥有国家吧？不在陈国，那就是在别的国家吧？或者是不应验在他自己身上，而应验在他的子孙身上。如果是在其他的国家，这个国家必定是姓姜。姜姓，是帝尧时四岳的后代。事物不可能是两个同时强大，陈国衰落后，他的子孙可能就会昌盛起来了吧？"

厉公是陈文公的小儿子，他的母亲是蔡国公主。文公去世后，由厉公的哥哥陈鲍即位，这就是桓公。桓公和弟弟陈他是异母兄弟。趁桓公生病的时候，蔡国人替陈他杀死了桓公陈鲍和太子陈免，立陈他为君，这就是厉公。厉公即位以后，娶蔡国之女为妻。这个蔡女和蔡国人通奸，常常回蔡国去，厉公也经常去蔡国。桓公的小儿子陈林怨恨厉公杀死了他的父兄，就让蔡国人诱骗厉公并把他杀了。陈林自立为国君，这就是庄公。所以陈完不能立为国君，只是做了陈国的大夫。厉公的被杀，是由于为淫乱而出国，所以《春秋》里说"蔡人杀陈他"，这就是指责他的罪恶。

庄公去世后，弟弟杵臼即位，这就是陈宣公。宣公二十一年，杀死了太子御寇。御寇和陈完感情很好，恐怕灾祸牵连到自己，所以陈完逃奔齐国。齐桓公想要任他为卿，他推辞说："臣只是一个寄身的流亡旅客，幸而承蒙收容享受特权，已经是您给我的恩惠了，不敢再担当这么高的职位。"齐桓公让他担任管理百工的工正。齐懿仲想把女儿嫁给陈完为妻，为此事进行占卜，占卜的结果说："这叫作凤凰飞翔，和谐的鸣声锵锵。有妫氏的后代，将在姜氏那里成长。五代之后就要昌盛，和正卿的地位一样。八代之后，地位之高没人比得上。"他最终把女儿嫁给陈完为妻。陈完逃到齐国的时候，齐桓公已在位十四年了。

陈完去世后，谥号是敬仲。敬仲生了稚孟夷。敬仲到齐国之后，把陈氏改为田氏。

田稚孟夷生了湣孟庄，田湣孟庄生了文子须无。田文子侍奉齐庄公。

晋国大夫栾逞在晋国作乱，逃奔到齐国来，齐庄公给他优厚的待遇。晏婴和田文子劝谏庄公不可接纳乱臣，庄公不听。

田文子去世，他生的儿子是桓子无宇。田桓子无宇有力气，侍奉齐庄公，很受宠信。

无宇去世，他的儿子是武子开和釐子乞。田釐子乞侍奉齐景公，是大夫，他向百姓征收赋税时用小斗来称粮食，但在贷粮给百姓的时候用大斗贷出，暗中向百姓施以恩德，而齐景公知道了也不去禁止。因此田氏得到齐国的民心，他们家族越来越强大，百姓心向田氏。晏子多次向齐景公进谏，齐景公也不听。不久晏子出使到晋国，他与叔向私下里说："齐国的政权，最终都会归于田氏。"

晏婴去世后，范氏和中行氏反叛晋国。晋国加紧追击他们，范氏和中行氏向齐国请求借粮，田乞本来就想作乱，要在诸侯中树立党羽，于是对齐景公说："范氏和中行氏多次对齐国有恩德，所以齐国不能不解救他们的危难。"齐国就派田乞去救援，并且给他们送去了粮食。

齐景公的太子死了，景公有个宠姬叫芮子，芮子生的儿子叫荼。景公生病时，让他的宰相国惠子和高昭子立儿子荼为太子。景公去世后，高、国两位宰相立荼为国君，这就是晏孺子。可是田乞不高兴，想立景公的另一个儿子阳生。阳生平时和田乞关系很好。晏孺子即位后，阳生逃奔鲁国。田乞假装侍奉高昭子和国惠子，每次上朝都替参乘在车上陪侍，并且说："起初各位大夫都不想立孺子。孺子即位后，您两位任宰相，大夫们人人自危，图谋作乱。"田乞又骗大夫们说："高昭子很可怕呀，趁他还没动手我们先干吧！"大夫们都依从他。田乞、鲍牧和大夫们便领兵进入王宫。昭子听说后，与国惠子去救国君。国君的军队失败了。田乞的部下去追国惠子，惠子逃到莒，高昭子、晏婴的儿子晏圉逃奔鲁国。

田乞派人到鲁国，迎回阳生。阳生回到齐国，藏在田乞家中。田乞邀请大夫们说："我孩子田常的母亲有祭祀后留下的酒食，请各位赏光来舍下聚会饮酒。"大夫们都来田氏家饮酒。田乞把阳生装在口袋里，放在中央的座位上，饮宴中，田乞打开口袋，放出阳生，他说："这才是齐国的国君呀。"大夫们都俯身拜见。即将订盟拥立阳生，田乞编谎话说："我是与鲍牧合谋一起拥立阳生的。"鲍牧怒气冲冲地说："大夫们忘记景公的遗命了吗？"大夫们想反悔，阳生就叩头说："诸位看我可以做国君就立我，不可以就算了。"鲍牧恐怕灾祸落到自己身上，就又说："都是景公的儿子，有什么不可以的呢！"终于在田乞家中立阳生为国君，这就是悼公。于是派人把晏孺子迁到骀，并且半途杀死了孺子荼。悼公即位后，田乞任宰相，独揽齐国的政权。

四年之后，田乞去世，他的儿子田常接替了职位，这就是田成子。

鲍牧和齐悼公有过节，就杀死了悼公。齐国人共同拥立悼公的儿子壬，这就是简公。成子田常与监止一起任左右相，辅佐简公。田常心中忌妒监止，因为监止受简公宠信，成子没有能力把他赶走。于是田常就重新使用他父亲釐子的措施，用大斗把粮食借出，用小斗收回。齐国人唱歌颂扬他说："老太太采芑菜呀，送给田成子！"齐国大夫上朝，御鞅向简公进谏说："田常、监止不可两立，请君主来选择吧！"简公不听。

子我是监止的同族，平时与田氏不和。田氏的远房同族田豹侍奉子我而受宠。子我对田豹说："我想把田氏的直系子孙都杀光，让你来接续田氏宗族。"田豹说："我只是田氏的远房啊。"子我没有答应，不久田豹对田氏说："子我将要诛灭田氏，如果田氏不先下手，灾祸就要来了。"子我住在简公的宫里，田常兄弟四人也乘车到了宫中，想杀死子我。子我闭门。简公正与宠妃在檀台饮酒作乐，想要起兵攻打田常。太史子余说："田常不敢作乱，他是要为国除害。"简公才停止了。田常出宫后，听说简公发怒，恐怕自己要被杀，想外出逃亡。田子行说："迟疑不决，是办事的大敌。"田常于是攻击子我。子我率领他的部下进攻田氏，不能取胜，只能外出逃亡。田氏的部下追赶并杀死了子我和监止。

简公出逃，田氏的部下追到徐州把简公捉住了。简公说："早听御鞅的话，也不会受到这样的灾难。"田氏的部下恐怕简公恢复君位后杀他们，就把简公杀了。简公即位四年被杀。于是田常让简公的弟弟骜即位，这就是平公。平公即位后，任田常为宰相。

田常杀了简公以后，害怕各国诸侯联合诛杀自己，就把侵占鲁国、卫国的土地全部归还。西边同晋国、韩氏、魏氏、赵氏订约，南方与吴国、越国互通使臣，建立功德，施行赏赐，亲近百姓，因此齐国重又安定。

田常对齐平公说："施行恩德是人们所希望的，由您来施行；惩罚是人们所厌恶的，请让我去执行。"这样做了五年，齐国的政权都归田常把持了。于是田常把鲍氏、晏氏、监止和公族中较强盛的全部诛杀了，并分割齐国从安平以东到琅邪的土地，作为自己的封地。他的封地比齐平公享有的领地还要大。

田常挑选身高七尺以上的齐国女子做后宫姬妾，姬妾达一百多人，并且让宾客侍从随便出入后宫，不加禁止。到田常去世的时候，姬妾生下七十多个儿子。

田常去世后，他的儿子襄子田盘接替他的职位，任齐国宰相。田常的谥号是成子。

田襄子做齐宣公宰相后，晋国韩、赵、魏三家杀死知伯，瓜分了他的领地。田襄子也让他的兄弟和本族人都去做齐国大小城邑的大夫，与三晋互通使臣，几乎已经拥有齐国。

襄子去世后，他的儿子庄子田白继承父位。田庄子辅佐齐宣公。宣公四十三年，齐国进攻晋国，拆毁黄县城墙，围困阳狐。第二年，进攻鲁城、葛邑和安陵。第三年，夺取鲁国一城。

田庄子去世后，他的儿子太公田和继承父位。田太公辅佐齐宣公。宣公四十八年，齐国夺取鲁国的郕城。第二年，齐宣公与郑国人在西城相会。齐国攻伐卫国，攻占了毌丘。宣公五十一年，齐宣公去世，田会在廪丘反叛。

齐宣公去世后，他的儿子康公贷即位。贷即位十四年，沉溺于酒色，不理政事。太公田和就把他迁到海滨，只给一座城做食邑，以便供给对其祖先的祭祀。第二年，鲁军在平陆打败齐军。

再过三年，齐太公田和与魏文侯在浊泽相会，请求成为诸侯。魏文侯就派使臣报告周天子和各国诸侯，请求立齐相田和为诸侯，周天子准许这一请求。齐康公十九年，田和正式成为齐侯，列名于周朝正室，史称此年为田和称诸侯的元年。

齐侯太公田和在位二年去世，他的儿子桓公田午即位。桓公午五年，秦国、魏国进攻韩国，韩国向齐国求救。齐桓公田午召集大臣商议说："早去救它好，还是晚去救它好？"驺忌说："不如不救。"段干朋说："如果不救，韩国失败就要并入魏国，不如去救它。"田臣思说："您的计谋错了！秦、魏进攻韩国，楚、赵一定去救它，这是上天把燕国送给齐国。"桓公说："好极了！"于是暗中告诉韩国使者一定去援救，并把它送走。韩国自以为得到了齐国的救兵，因而与秦、魏交战。楚、赵两国知道以后，果然发兵救援。齐国趁机出兵袭击燕国，占领了桑丘。

桓公六年，援救卫国。桓公去世，他的儿子威王因齐即位。这一年，原来的齐康公去世，断绝了后代，封地都归田氏所有。

齐威王元年，韩、赵、魏趁齐国有丧事来进攻灵丘。齐威王三年，韩、赵、魏灭晋并瓜分了它的土地。齐威王六年，鲁国进攻齐国，攻入阳关。晋国进攻齐国，打到博陵。齐威王七年，卫国进攻齐国，夺取薛陵。齐威王九年，赵国进攻齐国，占领了甄城。

威王从即位以来，不理国事，把政事交给卿大夫办理，九年之间，各国诸侯都来讨伐，齐国人不得太平。于是齐威王召见即墨大夫对他说："自从您治理即墨，毁谤您的言论每天都有。可是我派人到即墨视察，田野得到开发，百姓生活富足，官府没有积压的公事，齐国的东方因而得到安宁。这是由于您不会逢迎我的左右以求得赞扬啊！"于是，封给他一万户食邑。又召见阿城大夫对他说："自从你治理阿城，赞扬你的话每天都能听到。可是我派人到阿城视察，田野荒废，百姓贫苦。从前赵军进攻甄城，你未能援救。卫国夺取薛陵，你也不知道。这是你用财物贿赂我的左右来求得赞扬吧！"当天就用开水煮了阿城大夫，并把左右曾经吹捧过他的人也都一起用开水煮了。于是发兵往西边进攻赵国、卫国，又在浊泽打败魏军并围困了魏惠王。魏惠王请求献出观城来讲和。赵国人归还了齐国的长城。于是齐国全国震惊，人人都不敢文过饰非，努力表现出他们的忠诚。齐国得到很好的治理。诸侯听到以后，不敢对齐国用兵达二十多年。

驺忌子由于善弹琴而进见齐威王，威王很喜欢他，并让他住在宫中的右室。没多久，齐威王正在弹琴，驺忌子一推门进来说：“琴弹得好极了！”齐威王很不高兴，手离开琴按着宝剑说：“先生只看到我的样子，还没有认真观察，怎么能知道弹得好呢？”驺忌子说：“大弦缓慢并且温和，如同国君的宽厚气度；小弦高亢明快并且清亮，如同宰相的精明干练；手指勾弦用力，放开舒缓，如同国家政令有张有弛；发出的琴声和谐，大小配合美妙，曲折不正之声而不相干扰，如同一年四季的周而复始，我由此能知道您弹得很好。”威王说：“你很善于谈论音乐。”驺忌子说：“何止是谈论音乐，治理国家和安抚百姓都在其中啊！”威王又不高兴地说：“如果谈论五音的调理，我相信没有比得上您的。如果是治理国家和安抚百姓，又怎么能在琴弦之中呢？”驺忌子说：“大弦缓慢并且温和，如同国君的宽厚气度；小弦高亢明快并且清亮，如同宰相的精明干练；勾弦用力但放开舒缓，如同国家的政令有张有弛；弹出的琴声和谐，大小配合美妙，曲折不正之声不相干扰，如同一年四季的周而复始。回环往复而不乱，所以政治昌明；连贯而轻快，所以使危亡的局面得以稳定：所以说琴音调谐就能保天下太平。治理国家和安抚百姓，没有比五音的道理更相像的了。”威王说：“好极了。”

驺忌子见到齐威王才三个月就接受了相印。淳于髡见了他说：“您真会说话呀！我有些浅薄的想法，愿在您面前陈述。”驺忌子说：“我愿恭敬地接受教诲。”淳于髡说：“人臣侍奉国君能周到无误，你的身名就都能昌盛；如果稍有不周或失误，身名都要毁灭。”驺忌说：“恭敬地接受指教，我要把您的话谨记在心。”淳于髡说：“用猪油涂抹棘木车轴，是为了使它润滑，然而，如果轴孔是方形的就无法转动。”驺忌说：“谨受指教，我要小心地在国君左右侍奉。”淳于髡说：“拿胶涂在弓体上，是为了黏合在一起，然而胶不可能把缝隙完全合起来。”驺忌说：“谨受指教，我要使自己依附于万民。”淳于髡说：“狐皮袄即使破了，也不能用黄狗皮去补。”驺忌说：“谨受指教，我要小心地挑选君子，不让小人混杂在其中。”淳于髡说：“大车如果不校正，就不能正常载重；琴瑟不把弦调好，就不能使五音和谐。”驺忌说：“谨受指教，我要认真制定法律并监督奸猾的官吏。”淳于髡说完后，快步走出，到门外对他的仆人说："这个人，我对他说了五条隐语，他回答我就像回声的响应一样，这个人不久必定要受封啊！"过了整一年，齐威王把下邳封给驺忌子，封号是成侯。

齐威王二十三年，齐王与赵王在平陆相会。二十四年，齐王与魏王在郊外一起打猎。魏王问道："大王也有宝物吗？"齐威王说："没有。"魏王说："像寡人的国家这样小，也还有能照亮前后各十二辆车的直径一寸的夜明珠十颗，齐国这样的万乘之国怎么能没有宝物呢？"齐威王说："寡人当作宝物的与大王不同。我有个大臣叫檀子的，派他镇南城，楚国人就不敢向东方侵犯掠夺，泗水之滨的十二位诸侯都来朝拜。我有个大臣叫肦子的，派他镇守高唐，赵国人就不敢到东边的黄河里捕鱼。我有个官吏叫黔夫的，派他镇守徐州，燕国人就到北门来祭祀，赵国人就到西门来祭祀，搬家去追随他的有七千多家。我有个大臣叫种首的，派他戒备盗贼，结果就道不拾遗。这些都将光照千里，岂止是十二辆车呢！"魏惠王心中惭愧，败兴离去。

齐威王二十六年，魏惠王包围邯郸，赵国向齐国求救。齐威王召集大臣商议说："救赵好还是不救赵好？"驺忌说："不如不救。"段干朋说："不救就是不义，并且对我们不利。"齐威王说："为什么呢？"段干朋回答说："魏国并吞邯郸，这对齐国有什么好处呢？如果救赵，军队驻在赵国郊外，这就使赵国不被攻伐而魏军也会完好无损。所以不如向南进攻魏国的襄陵使魏军疲惫，邯郸即使被攻下，我们也可以利用魏国的疲惫使它受挫。"齐威王听了他的计谋。

后来成侯驺忌与田忌关系不好，公孙阅对成侯驺忌说："您为什么不考虑伐魏？那样，田忌一定领兵。如果战胜有功，那是您的计谋正确；如果打不胜，田忌不是向前死战就是向后败北，他的命就在您的手里了。"于是成侯向齐威王建议，派田忌南攻襄陵。十月邯郸被魏国攻克，齐国趁机起兵进攻魏军，在桂陵大败魏军。于是齐国成为诸侯中最强的国家，齐威王自称为王，号令天下。

齐威王三十三年，威王杀了他的大夫牟辛。

齐威王三十五年，公孙阅又对成侯驺忌说："您为什么不让人拿黄金十斤到街上去占卜，说'我是田忌的人。我们三战三胜，声威满天下。

想要做大事，是吉利还是不吉利？’”问卜的人走了以后，驺忌就派人逮捕为他占卜的人，在威王面前审问其口供。田忌听说之后，就率领他的部下袭击临淄，捕捉成侯，没有取胜就逃跑了。

齐威王三十六年，威王去世，他的儿子宣王辟强即位。

齐宣王元年，秦国任用商鞅。周天子把霸主的称号送给秦孝公。

齐宣王二年，魏国进攻赵国。赵国与韩国友好，一起攻打魏国，赵国失利，在南梁战败。齐宣王召回田忌恢复他原来的职位。韩国向齐国求救。齐宣王召集大臣商议说：“早去救援好还是晚去救援好？”驺忌说：“不如不救。”田忌说：“如果不救，韩国就要失败而并入魏国，不如早去援救它。”孙膑说：“如果韩、魏的军队尚未疲惫就去援救，那就是我们代替韩国受魏军的攻击，回过头来反倒听从韩国的指挥。况且魏国已有攻破韩国的打算，韩国就要亡国，必定要到东边来向齐国告求救兵。我们趁机与韩国结下亲密的关系，又可晚一些去利用魏军的疲惫，这样就能有更大的利益并得到受人尊敬的名声。”宣王说：“很好。”于是暗中告诉韩国使者并把他送走。韩国依仗有齐国的救援就和魏国开战了，结果五战都失败了，只好向东把国家托付给齐国。齐国趁势出兵，派田忌、田婴为统帅，孙膑为军师，进击魏国以救援韩国、赵国，并在马陵大败魏军，杀死魏将庞涓，俘虏了魏太子申。此后，韩、赵、魏的君主都由田婴引见在博望朝拜齐王，盟誓之后离去。

齐宣王七年，齐王与魏王在平阿以南相会。第二年，又在甄城相会。魏惠王去世。第三年，齐宣王与魏襄王在徐州相会，诸侯互相称王。齐宣王十年，楚军包围齐国的徐州。齐宣王十一年，齐国与魏国攻伐赵国，赵国决黄河水淹齐国、魏国的军队，齐国、魏国退兵。齐宣王十八年，秦惠王称王。

齐宣王喜爱博学和能言善辩的士人，像驺衍、淳于髡、田骈、接予、慎到、环渊一流的共七十六人，都赐给府第，封为上大夫，让他们不处理政事而专门议论学术。因此齐国的稷下学士又多起来了，将近数百以至上千人。

十九年，齐宣王去世，他的儿子湣王田地即位。

齐湣王元年，秦国派张仪与各国执政大臣在啮桑相会。齐湣王三年，湣王把田婴封在薛。四年，齐湣王从秦国迎娶他的夫人。齐湣王七年，齐国与宋国攻打魏国，在观泽把魏军打败。

齐湣王十二年，齐国攻打魏国。楚国围攻韩国的雍氏，秦国打败楚将屈丐。苏代对楚国大臣田轸说："我有事愿拜见您，这是一件大好事，会使楚国对您有利，成功了是福，不成功也是福。今天我站在门口，有人说到魏王曾对韩冯、张仪说：'煮枣将要失陷，齐军又来进犯，您二位来救寡人就可以不败；不来救寡人，寡人就无能为力了。'这只是婉转之辞。秦国、韩国的军队不向东救魏，十几天之后，魏国就要转变策略，韩国追随秦国，秦国驱逐张仪，拱手侍奉齐国、楚国，这样，您的事就成功了。"田轸说："怎么才能使秦国、韩国军队不向东进呢？"苏代回答说："韩冯救魏的言辞，一定不会对韩王说'我是为了魏国'，必定说'我将用秦国、韩国的兵力向东打退齐国、宋国，我趁势聚合三国的军队，利用屈丐战败后的疲惫，向南要求楚国割地，韩国失去的旧地一定能全部收回。'张仪救魏的言辞，一定不会对秦王说'我是为了魏国'，必定说'我将用秦国、韩国的兵力向东抵挡齐国、宋国，我将聚合三国的军队，趁屈丐战败后的疲惫，向南要楚国割地，名义上是为保存将亡的国家，实际上是攻伐三川之后返回来，这是王者的事业。'您让楚王给韩国土地，让秦国控制两国议和，您对秦王说'请让楚国给韩国土地，而大王可以在三川一带施逞威风，韩国的军队没有动用就从楚国得到了土地。'韩冯向东发兵的言辞会怎样对秦国说呢？他说'秦国不用兵就得到了三川，进攻楚国、韩国，使魏国受到困窘，魏国便不敢向东联合齐国，这样就孤立了齐国'。张仪向东发兵的言辞会怎样说呢？他说'秦国、韩国想得到土地却按兵不动，声威震动了魏国，魏国不想失去和齐、楚的关系也就有所凭借了。'魏国转变战略，秦国、韩国争着侍奉齐国和楚国，楚国正想得到魏国侍奉而又不想给韩国土地，您让秦国、韩国不用兵就能得到土地，这是对两国有大恩德啊。秦韩两国国王受韩冯、张仪的威胁，向东发兵以便使魏国顺服，您可以常常持胜券去向秦、韩两国提出要求，这就是对您有利，而对张仪有多种不利的事情。"

齐湣王十三年，秦惠王去世。齐湣王二十三年，齐军和秦军在重丘击败楚军。齐湣王二十四年，秦国派泾阳君到齐国做人质。齐湣王二十五年，把泾阳君送回秦国。孟尝君薛（田）文到秦国，立即任秦国宰相，不久又逃离秦国。齐湣王二十六年，齐国与韩国、魏国一起进攻秦国，到函谷关驻扎军队。齐湣王二十八年，秦把河外之地归还给韩国以求和，三国军队撤去。齐湣王二十九年，赵国人杀了他们的主父。齐国帮助赵国灭了中山国。

三十六年，齐湣王自称东帝，秦昭王自称西帝。苏代从燕国来到齐国，在章华东门拜见齐王。齐王说："嘿，好啊，您来了！秦国派魏冉送来了帝号，您认为怎么样？"苏代回答说："大王对臣的提问太仓促了，而祸患的产生常常是不明显的。希望大王接受帝号，但不要马上就准备称帝。秦国称帝后，如果天下安定，大王再称帝，也不算晚。况且在争称帝名时表示谦让，也没什么坏处。如果秦国称帝后，天下都憎恶他，大王也就不要称帝，以此收拢天下人心，这是很大的本钱。况且天下并立两帝，大王认为天下是尊崇齐国呢，还是尊崇秦国呢？"湣王说："尊崇秦国。"苏代说："如果放弃帝号，天下是敬爱齐国呢，还是敬爱秦国呢？"湣王说："敬爱齐国而憎恨秦国。"苏代说："东西两帝订立盟约进攻赵国有利，还是讨伐宋国的暴君有利？"湣王说："讨伐宋国的暴君有利。"苏代说："盟约是均等的，可是与秦国一起称帝，天下只尊崇秦国而轻视齐国，放弃了帝号，天下就会敬爱齐国而憎恨秦国，进攻赵国不如讨伐宋国的暴君有利，所以希望大王明确地放弃帝号以收拢天下人心，背弃盟约，抛开秦国，不与秦国争高低，大王要利用这个时机攻下宋国。占有宋国，魏国的阳地也就危急了；占有济水以西，赵国的阿地以东一带就危急了；占有淮水以北，楚国的东部就危急了；占有陶、平陆，魏都大梁的城门就被堵塞了。放弃帝号而代之以讨伐宋国的暴君，这样，国家地位提高，名声受人尊崇，燕国、楚国就会因形势所迫而归服，天下各国都不敢不听从齐国，这是像商汤和周武王那样的义举呀。名义上敬重秦国的称帝，然后让天下人都憎恨它，这就是所谓由卑下变为尊贵的办法。希望大王认真地考虑。"于是齐国放弃帝号，重新称王，秦国也放弃了帝号。

湣王三十八年，齐国讨伐宋国。秦昭王发怒说："我爱宋国和爱新城、阳晋是一样的。齐国的韩聂和我是朋友，可是却进攻我所爱的地方，这是为什么呢？"苏代为齐国对秦王说："韩聂进攻宋国，就是为了大王。齐国强大，再有宋国的辅助，楚、魏必然恐慌，恐慌就一定向西侍奉秦国，这样，大王不用一兵，不伤一卒，不用费事就会使魏国割让安邑，这就是韩聂告求于大王的。"秦王说："我担心齐国很难看透，一会儿合纵，一会儿连横，这又怎么解释呢？"苏代回答说："天下各国难道就能让齐国信得过了吗？齐国进攻宋国，它知道要是能和秦国交好就能得到一个万乘之国的辅助，如果不与秦国交好，即使占领了宋国也不可能稳定那里的政局。中原那些白发的游说之士都绞尽脑汁想离间齐、秦的联合，那些驾车纷纷向西奔驰的人们，没有一个人是去谈论和齐国交好的；那些驾车纷纷向东奔驰的人们，没有一个人是去谈论同秦国交好的。为什么？因为他们都不想让齐、秦联合。为什么三晋与楚那么聪明而齐、秦那么愚蠢呢！三晋与楚联合一定要商议进攻齐、秦，齐、秦联合一定要谋划进攻三晋及楚。请大王根据这种情况决定行事吧！"秦王说："好吧。"于是齐国就去讨伐宋国，宋王出逃，死在温城。齐国在南方占据了楚国的淮水以北土地，在西边侵入了三晋，还打算吞并周室，自立为天子。泗水一带的诸侯如邹、鲁等国的国君都向齐国称臣，各国诸侯都很恐惧。

湣王三十九年，秦国来进攻齐国，攻下齐国城邑九座。

湣王四十年，燕、秦、楚及三晋合谋，各派精兵来进攻齐国，在济水以西打败了齐军。齐王的军队溃散退却。燕将乐毅于是攻入齐都临淄，掠取了齐国收藏的全部珍宝礼器。齐湣王出逃到卫国，卫国国君打开王宫让他居住，向他称臣并供给他用具。齐湣王很傲慢，卫国人就去侵扰他。齐湣王只得离开卫国，跑到邹国、鲁国，仍表现出傲慢的神气，邹、鲁的国君都不收留他，于是又跑到莒地。这时楚国派淖齿领兵救援齐国，齐湣王因而就用淖齿为相，结果淖齿竟把齐湣王杀了，并与燕国一起瓜分了侵占齐国的土地和掠夺的宝器。

湣王遇害之后，他的儿子法章更名改姓去莒太史敫的家中当佣人。太史敫的女儿感到法章的相貌不凡，认为他不是平常之人，怜爱他因而时常偷着送他一些衣食，并且和他私通了。淖齿离开莒城之后，莒城里的人和齐国逃亡的大臣聚在一起寻找湣王的儿子，想要立他为齐王。法章先是害怕他们要杀害自己，过了很久，才敢自己声言“我就是湣王的儿子”。于是莒人共同让法章即位，这就是襄王。由莒城向齐国各地布告：“新王已经在莒即位了。”

襄王即位后，立太史氏的女儿为王后，称为君王后，生了儿子名建。太史敫说：“女儿不经媒人而私自嫁人，不能算我的后代，她玷污了我们的家风。”他就终身不与君王后见面。君王后贤惠，并不因为父亲不见她就失去了做子女的礼节。

襄王在莒住了五年，田单依靠即墨军民打败了燕军，到莒迎接襄王，回到临淄。齐国原有的土地全部重新归属齐国。齐襄王封田单为安平君。

襄王十四年，秦军进攻齐国的刚寿。十九年，襄王去世，他的儿子田建即位。

齐王建即位六年，秦国进攻赵国，齐、楚去救它。秦国盘算说：“齐、楚援救赵国，如果他们关系亲近，我们就退兵；如果他们不亲近，我们就进攻它。”赵国没有粮食，请求齐国支援粟米，齐国不答应。周子说：“不如答应它以便使秦兵撤退，不答应它秦兵就不会撤退，这样就使秦国的计谋得逞，而齐、楚的计谋失败。况且赵国对于齐、楚来说，就是屏障啊，好像牙齿外面有嘴唇一样，嘴唇没有了，牙齿就会受寒。今天赵国灭亡，明天祸患就轮到齐国、楚国了。而且救赵的事紧急，就像捧着漏水的瓮去浇烧焦的锅一样不容耽搁。救赵是高尚的义举；使秦兵退却，可以显扬威名。仗义解救将亡的国家，扬威退却强秦的军队，不尽力去做这件事而专注于吝惜粮食，为国家出谋划策的人错了。”齐王不听劝谏。秦军在长平打败了赵国的四十多万军队，接着就包围了邯郸。

齐王建十六年，秦国灭亡周室。齐国君王后去世。二十三年，秦国设置东郡。二十八年，齐王到秦国朝拜，秦王政在咸阳设酒宴款待。三十五年，秦国灭亡韩国。三十七年，秦国灭亡赵国。三十八年，燕国派荆轲刺杀秦王，秦王发觉，杀死了荆轲。第二年，秦军攻破燕都，燕王逃跑到辽东。第三年，秦国灭亡魏国，秦军驻扎在历下。四十二年，秦国灭亡楚国。第二年，俘虏了代王嘉，杀死燕王喜，灭亡燕国。

齐王建四十四年，秦国进攻齐国。齐王听从宰相后胜的计谋，不战就投降秦国。秦国俘虏了齐王建，把他迁到共城。于是灭亡齐国改为一郡。天下由秦统一，秦王政建立称号叫作皇帝。起初，君王后有贤德，谨慎侍奉秦国，与诸侯相交有信用，齐国处在东部海滨，秦国进攻三晋、燕、楚，这五国面对秦国的进攻分别谋求自救以与秦周旋，齐王建在位四十多年没有遭受战祸。君王后去世，后胜做了齐国宰相，他收了秦国间谍的金钱，派很多宾客到秦国，秦国又给他们很多钱，宾客们都回来进行反间活动，劝说齐王放弃合纵而归向秦国，秦国因此灭亡五国。之后，秦军终于攻入临淄，百姓没人敢反抗。齐王建投降，被迁到共城。齐国人抱怨齐王建不早与诸侯合纵攻秦，听信奸臣及宾客的话以致亡国，人们编了歌唱道："是松树呢，还是柏树呢？让齐王建住到共城的不是秦国的间谍吗？"意思是痛恨齐王建使用宾客不谨慎。

太史公说：孔子晚年喜欢读《易经》。《易经》作为一种学问，从有形无形的物象中预知未来，道理很深奥，不是博古通今明智达理的人，谁能专注于它呢！所以周太史为田敬仲完卜卦，能占卜到十代以后；到田完逃奔齐国，懿仲为他卜卦也是如此。田乞和田常所以接连杀害两位国君，独揽齐国政权，不一定是事物由小到大发展之必然，倒像是要遵循某种命定的预兆吧！

（周　涛　译）

《史记》卷四十七　孔子世家第十七

孔子出生在鲁国昌平乡的陬邑。他的祖先是宋国人，叫孔防叔。防叔生伯夏，伯夏生叔梁纥。叔梁纥年老时与颜姓之女私通生了孔子，那是他们到尼丘山向神明祷告后而得孔子的。鲁襄公二十二年孔子诞生。他刚出生时头顶是凹下去的，所以就给他取名叫丘。字仲尼，姓孔氏。

孔子出生不久叔梁纥就死了，埋葬在防山。防山在鲁国东部，因此孔子无法确知父亲的坟墓在何处，因为母亲不愿把父亲埋葬的地方告诉他。孔子小时候做游戏，常常摆起各种祭器，学做祭祀的礼仪动作。孔子的母亲死后，就把灵柩临时停放在五父之衢，这是出于慎重没有马上埋葬。陬邑人輓父的母亲把孔子父亲的葬地告诉了他，然后孔子才把母亲迁去防山同父亲葬在一起。

孔子腰间还系着孝麻带守丧时，季孙氏举行宴会款待名士，孔子前往参加。季孙氏的家臣阳虎阻挠说："季氏招待名士，没有请你啊。"孔子因此而退了回来。

孔子十七岁那年，鲁国大夫釐子病危，临终前告诫儿子懿子说："孔丘这个人，是圣人的后代，他的祖先在宋国被杀。他的先祖弗父何本应继位做宋国国君，却让位于他的弟弟厉公。到弗父何的曾孙正考父时，历佐宋戴公、宋武公、宋宣公三朝，三次受命一次比一次恭敬，所以正考父鼎的铭文说：'第一次任命时躬身而受，第二次任命时弯腰而受，第三次任命时俯首而受，走路时顺墙根快走，也没人敢欺侮我。我每天做些面糊粥以糊口度日。'他就是这样恭谨节俭。我听说圣人的后代，虽不一定做国君执政，但必定会有才德显达的人出现。如今孔子年少而好礼，他不就是才德显达的人吗？如果我死了，你一定要以他为师。等到孟釐子死后，孟懿子和鲁国人南宫敬叔便前往孔子处学礼。这一年，季武子死了，由平子继承了卿位。

孔子家境贫穷，社会地位低下。到长大之后，曾给季氏做过管理仓库的小吏，出纳钱粮算得公平准确；也曾担任过管理牧场的小吏，牲畜繁殖增多。孔子身高九尺六寸，人们都称他为"长人"，觉得他与一般人不一样。

鲁国人南宫敬叔对鲁昭公说："请让我与孔子一起到周都去。"鲁昭公就给了他一辆车子、两匹马，一名童仆，随他出发，到周都去学礼，据说是见到了老子。告辞时，老子送他们时说："我听说富贵的人是用财物送人，品德高尚的人是用言辞送人。我不是富贵的人，只能窃用品德高尚人的名号，用言辞为你送行。这几句话是：'聪明深察的人常常受到死亡的威胁，那是因为他喜欢议论别人的缘故；博学善辩，识见广大的人常遭困厄危及自身，那是因为他好揭发别人罪恶的缘故。做子女的要忘掉自己而心想父母，做臣下的要忘掉自己而心存君主。'"孔子从周回到鲁国之后，跟从他学习的弟子就渐渐多了起来。

就在这个时候，晋平公淫乱无道，韩氏、赵氏、魏氏、中行氏、范氏、知氏六家大臣把持国政，不断出兵攻打东边的诸侯国；楚灵王军队强大，也时常侵犯中原各国；齐是大国又靠近鲁国。鲁国既小又弱，归附楚国就惹怒晋国；归附晋国就招致楚国来讨伐；对于齐国如果侍奉不周到，齐国的军队就侵犯鲁国。

鲁昭公二十年，这时孔子大约三十岁了。齐景公带着晏婴来到鲁国，景公问孔子说："从前秦穆公国家小而又处于偏僻的地方，他能够称霸，这是什么原因呢？"孔子回答说："秦国虽小，志向却很大；所处地方虽然偏僻，但施政却很恰当。秦穆公亲自拔用五张黑公羊皮赎来的百里奚，授给他大夫的官爵，把他从拘禁中解救出来，和他谈了三天的话，随后就把执政大权交给他了。用这种精神来治理国家，就是统治整个天下也是可以的，他当个霸主还算是小的呢。"景公听了很高兴。

孔子三十五岁的时候，季平子因为与郈昭伯斗鸡的事得罪了鲁昭公，昭公率军队攻打平子，平子和孟孙氏、叔孙氏三家联合攻打昭公，昭公的军队吃了败仗，逃奔到齐国，齐国把昭公安置在乾侯这个地方。此后过了不久，鲁国发生了变乱。孔子来到齐国，做了高昭子的家臣，想借高昭子的关系接近景公。他与齐国的乐官谈论音乐，听到了舜时的《韶》乐，就学习了起来，由于入迷有三个月的时间竟尝不出肉的味道，齐国人都称赞他。

齐景公向孔子请教如何为政，孔子说："国君要像国君的样子，臣子要像臣子的样子，父亲要像父亲的样子，儿子要像儿子的样子。"景公听了后说："对极了！假如国君不像个国君，臣子不像个臣子，父亲不像个父亲，儿子不像个儿子，即使有很多的粮食，我怎么能吃得着呢！"改日景公又向孔子请教为政的道理，孔子说："管理国家最重要的是节约财物。"景公听了很高兴，打算把尼溪的田地封赏给孔子。晏婴劝阻说："儒者这种人，能说会道，不可视为法则去遵行；他们高傲任性自以为是，不能任用他们作为臣下；他们重视丧事，竭尽哀情，为了丧事隆重而不惜倾家荡产，不能让这种做法形成风气；他们四处游说乞求官禄，不能用他们来治理国家。自从那些圣贤相继下世以后，周王室也随之衰微下去，礼崩乐坏已有好长时间了。现在孔子讲究仪容服饰，详定烦琐的上朝下朝礼节，刻意于行走的规矩，这些繁文缛节，就是几代人也学习不完，毕生也搞不清楚。您如果想用这套东西来改变齐国的风俗，恐怕这不是引导老百姓的好办法。"之后，齐景公虽然很有礼貌地接见孔子，可不再问起有关礼的问题了。有一天，景公挽留孔子说："让我像鲁国对待季氏那样对待您，我做不到。"所以就用上卿季孙氏、下卿孟孙氏之间的待遇给孔子。齐国的大夫中有人想害孔子，孔子听到了这个消息。景公对孔子说："我已年老了，不能任用你了。"孔子于是就离开齐国，返回了鲁国。

孔子四十二岁那年，鲁昭公死在齐国的乾侯，鲁定公继位。定公继位的第五年夏天，季平子死了，季桓子继立为上卿。季桓子掘井时掘得一个腹大口小的陶器，里面有个像羊的东西，告诉孔子时却谎称"得到一只狗"。孔子说："据我所知，那里面是羊。我听说，山林中的怪物是一种叫'夔'的单足兽和会学人声的山精'罔阆'，水中的怪物是神龙和叫'罔象'的水怪，泥土中的怪物是一种雌雄未明的'坟羊'。"

吴国攻打越国，把越国的国都会稽摧毁了，得到一节大骨头，足足装满一车。吴国派使者来问孔子："什么骨头最大？"孔子说："大禹召集群神到会稽山，防风氏迟到，大禹就把他杀死并陈尸示众，他的骨头一节就能装一车，这就是最大的骨头了。"吴国的使者又问："那神又是谁呢？”孔子说：“山川的神灵能兴云致雨足可造福天下，负责监守山川按时祭祀的就是神。守土地和谷物的就是公侯，他们都隶属于王者。”吴使又问：“防风氏是监守什么的？”孔子说：“汪罔氏的君长监守封山和禺山一带的祭祀，是釐姓。在虞、夏、商三代叫汪罔，在周叫长翟，现在叫作大人。”吴使问：“人的身高有多少？”孔子回答说：“僬侥氏身高三尺，是最矮的了；高的不过十尺，数得上是最高的了。”吴国使者听了之后说：“了不起呀，圣人！”

季桓子有个宠臣叫仲梁怀，与阳虎有怨仇。阳虎想要驱逐仲梁怀，季氏家臣公山不狃阻止了他。这年秋天，仲梁怀更加骄横了，阳虎把他抓了起来。季桓子对此很恼怒，阳虎就把季桓子也囚禁了起来，直到季桓子认输订立了盟约才把他放出来。阳虎从此以后更加看不起季氏。季氏办事也竟然凌驾于鲁君之上，鲁国出现了大臣专权的局面。因此鲁国自大夫以下都不守礼分，超越职权违背了正道。所以孔子不愿意再在鲁国做官了，退闲在家，专心研究整理《诗》《书》《礼》《乐》这些典籍，学生们越来越多，有的甚至来自远方，无不虚心向孔子求教。

鲁定公八年，公山不狃在季桓子手下感到不如意，就利用阳虎作乱，打算废掉季孙氏、孟孙氏、叔孙氏三家的嫡生嗣子，另立平日为阳虎所喜欢的庶子，于是就把季桓子抓了起来。季桓子用计骗他，才得以逃脱出来。鲁定公九年，阳虎作乱失败，逃到了齐国。这时，孔子五十岁。

公山不狃凭借费城反叛季氏，他派人来召请孔子去帮忙。孔子探索所依循的治国之道已经很久了，但抑郁不得志，无处可以施展，没有人能任用自己，就说：“当初周文王、周武王兴起于丰、镐而建立了王业，现在费城虽然小，该也差不多吧！”想要应召前去，子路不高兴，阻止孔子。孔子说：“他们请我去，难道会让我白白跑一趟吗？如果重用了我，我将在东方建立一个像周那样的王朝！”然而最终也没能成行。

以后鲁定公任命孔子做了中都长官，一年后，各地都效法他的治理办法。孔子便由中都长官升为司空，又由司空升为大司寇。

鲁定公十年的春天，鲁国与齐国和解。到了夏天，齐国大夫黎钽对齐景公说：“鲁国起用了孔丘，势必危及齐国。”于是齐景公就派使者告诉鲁国，说要与鲁定公友好会晤，约定会晤的地点在夹谷。鲁定公准备乘一般车辆友好地前去赴约。孔子以大司寇的身份，兼办会晤典礼事宜，他对定公说："我听说办理外交必须要有武装准备，办理武事也必须有外交配合。从前诸侯出了自己的疆界，一定要带齐必要的官员随从。请求您安排左、右司马一起去。"定公说："好的。"就带了左、右司马一道去。定公在夹谷与齐侯相会。在那里修筑了盟坛，坛上备好席位，设置了三级登坛的台阶，用国君相遇的简略礼节相见，拱手揖让登坛。彼此敬酒的仪式过后，齐国管事的官员快步上前说："请开始演奏四方各少数民族的舞乐"。齐景公说："好的。"于是齐国的乐队以旌旗为先导，有的头戴羽冠，身披皮衣，有的手执矛、戟、剑、楯等武器也跟着喧闹而上。孔子见状赶忙跑过来，一步一阶快步登台，还差一级台阶时，便扬起衣袖一挥，说道："我们两国国君为和好而来相会，为什么在这里演奏夷狄的舞乐，请命令管事官员叫他们下去！"齐国的主管官员叫乐队退下，他们却不肯动，左右看看晏子与齐景公的眼色。齐景公心里很惭愧，挥手叫乐队退下去。过了一会儿，齐国的管事官员又跑来说道："请演奏宫中的乐曲。"景公说："好的。"于是一些歌舞杂技艺人和身材矮小的侏儒表演着节目拥上前来。孔子看了又急跑过来。一步一阶往台上走，最后一阶还没有迈上就说："下等人敢来迷惑诸侯视听，论罪当杀！请命令主事官员去执行！"于是主事官员依法将他们处以腰斩，使他们手足异处。齐景公大为恐惧，深深触动，知道自己道理上不如他，回国之后很是惶恐，告诉他的大臣们说："鲁国人是用君子的道理来辅佐他们的国君，而你们却仅拿夷狄的办法教我，使我得罪了鲁国国君，这该怎么办呢？"主管官员上前回答说："君子有了过错，就用实际行动来向人家道歉认错；小人有了过错，就用花言巧语来文过饰非。您如果痛心，就用具体行动来表示道歉吧。"于是齐景公就退还了从前所侵夺的鲁国郓、汶阳、龟阴的土地，以此来向鲁国道歉并悔过。

鲁定公十三年的夏天，孔子对定公说："臣下的家中是不能收藏武器的，大夫的封邑不能筑起高一丈长三百丈的城墙。"于是就派仲由去当季氏的管家，打算拆毁季孙、孟孙、叔孙三家封邑的城墙。这时，叔孙氏首先把郈邑的城墙拆了。季孙氏也准备拆费邑的城墙，公山不狃和叔孙辄就带领费邑的人袭击鲁国。鲁定公和季孙、孟孙、叔孙三人就躲进了季孙的住宅，登上了季孙武子的高坛。公山不狃率领的费邑人进攻他们，没有能打进去，但有的人已经突入鲁定公所登高坛的近侧。孔子命令申句须、乐颀下台攻打他们，费邑人失败逃走，鲁国人乘胜追击，在姑蔑把他们彻底击溃。公山不狃、叔孙辄两人逃到了齐国，费邑的城墙终于被拆毁了。接着准备拆成邑的城墙，孟孙氏的家臣公敛处父告诉孟孙说："拆除了成邑的城墙，齐国人必将进逼到我们的北大门。且成邑又是孟氏的屏障，没有成邑也就等于没有孟氏。我不打算拆毁。"十二月，鲁定公率兵包围了成邑，没有攻下来。

鲁定公十四年，孔子五十六岁，他由大司寇兼掌宰相职务，脸上露出喜悦神色。他的弟子说："听说君子大祸临头不恐惧，大福到来也不喜形于色。"孔子说："有这句话，但不是还有一句'乐在身居高位而礼贤下士'的话吗？"于是就把扰乱国政的大夫少正卯杀了。孔子参与国政三个月，贩卖猪、羊的商人就不敢漫天要价了；男女行人都分开走路；掉在路上的东西也没人捡走；各地的旅客来到鲁国的城邑，用不着向官员们求情送礼，鲁国的百姓都能使客人们不必到主管官员那里去求告，各得所需而归。

齐国听到了这个消息就害怕了起来，说："孔子在鲁国执政下去，一定会称霸，一旦鲁国称霸，我们靠它最近，必然会首先来吞并我们。何不先送一些土地给他们呢？"黎钼说："我们先试着挑拨他们君臣关系，如果不成，再送给他们土地，这难道还算迟吗！"于是就从齐国挑选了八十个美貌女子，都穿上华丽的衣服，教她们学会跳《康乐》的舞蹈；挑身上有花纹的马一百二十匹，一起送给鲁君。齐人先把女乐和纹马彩车安置在鲁城南面的高门外，季桓子身着便服前往观看再三，打算接受下来，就告诉鲁君以外出为名到各处走一遍，乘机整天到南门观看齐国的美女和骏马，连国家的政事也懒得去管理了。子路看到这种情形便对孔子说："老师，我们可以离开这里了吧。"孔子说："鲁国现在将要在郊外举行祭天活动，如果能按照礼节规定把祭肉分给大夫们，那么我还可以留下不走。"季桓子还是接受了齐国送来的女子乐队，一连三天不过问政务；在郊外祭祀结束后，又违背常礼，没把祭肉分给大夫们。孔子于是离开了鲁国，当天就在屯地住宿过夜。鲁国一个名叫师己的乐师来为他送行，说道："先生您是没有过错的。"孔子说："我唱一首歌可以吗？"于是唱道："那些妇人的口舌，可以离间君臣关系并把贤臣撵走；那些妇女的进言，可以使人败事亡身。悠闲地游逛吧，我只有这样随便打发日子了！"师己返回后，桓子问他说："孔子说了些什么？"师己如实相告。桓子长叹一声，说："先生是怪罪我们接受了齐国那一群女乐的缘故啊！"

孔子于是到了卫国，寄住在子路妻子的兄长颜浊邹家中。卫灵公问孔子："你在鲁国得到的俸禄是多少？"孔子回答说："俸米六万斗。"卫国也照样给了他俸米六万斗。过了不久，有人向卫灵公说了孔子的坏话，卫灵公就派公孙余假带着兵器在孔子的住处出出进进，以威胁孔子。孔子害怕在这里获罪，居住了十个月，就离开了卫国。

孔子将要到陈国去，经过一个叫匡的地方，弟子颜刻替他赶车，颜刻用马鞭子指着匡地说："从前我进入过这个城，就是由那缺口进去的。"匡人听说这话，误以为是鲁国的阳虎来了，阳虎曾经残害过匡人，于是匡人就扣留了孔子。孔子的模样很像阳虎，所以被困在那里整整五天。颜渊后来赶到，孔子说："我还以为你死了。"颜渊说："老师您活着，我怎么敢死！"匡人围攻孔子越来越急，弟子们都很害怕。孔子说："周文王已经死去，天下的文化不就全集中在我这里了吗？上天如果要毁灭这些文化的话，那么当初它就不该让我掌握这些东西。上天并没有要让周代的这些文化灭绝，匡人又能把我怎么样呢！"孔子派了一个跟从他的人到宁武子那里称臣，然后才得以离开匡地。

孔子离开匡地之后就到了一个叫蒲的地方。过了一多月，又返回了卫国，寄住在蘧伯玉家。卫灵公有个叫南子的夫人，派人对孔子说："各国的君子，凡是看得起我们国君，愿意与我们国君建立像兄弟一样交情的，必定会来见见我们南子夫人的，我们南子夫人也愿意见见您。"孔子开始还推辞谢绝一番，最后不得已才去见她。南子夫人坐在葛布做的帷帐中等待。孔子进门后，面朝北叩头行礼。南子夫人在帷帐中拜了两拜，她披戴的环佩玉器首饰发出了叮当撞击的清脆声响。事后孔子说："我本来就不愿见她，现在既然不得已见了，就得还她以礼。"子路不高兴。孔子发誓说："我说的话如果不是真的，让上天抛弃我！让上天抛弃我！"在卫国住了一个多月，卫灵公与夫人南子同坐一辆车子，宦官雍渠陪侍车右，出宫后，让孔子坐在第二辆车子上跟从，大摇大摆地从市上走过。孔子说："我没有见过喜好道德的人像这样喜欢美色。"于是对卫灵公的所作所为感到厌恶，就离开卫国，往曹国去了。这一年，鲁定公去世。

孔子离开曹国到达宋国，与弟子们在大树下演习礼仪。宋国的司马桓魋想杀死孔子，就把树砍掉了。孔子只得离开这个地方。弟子们催促说："我们快点走吧。"孔子说："上天既然把道德赋予我，桓魋他又能把我怎么样！"

孔子到了郑国，与弟子们走散了，孔子一个人站在外城的东门。郑国人看见了就对子贡说："东门有个人，他的额头像唐尧，脖子像皋陶，肩膀像郑子产，可是从腰部以下比禹短了三寸，一副狼狈不堪、没精打采的样子，真像一条丧家狗。"子贡把原话如实地告诉了孔子。孔子高兴地说道："他形容我的相貌，不一定对。但说我像条丧家狗，对极了！对极了。"

孔子于是到达陈国，寄住在司城贞子家里。过了一年多，吴王夫差来攻打陈国，夺取了三个城邑才退兵。赵鞅攻打朝歌。楚国包围了蔡国，蔡国迁移到吴地。吴国在会稽打败了越王勾践。

有一天，许多隼鸟落在陈国宫廷的树上死了，有楛木做的箭穿在身上，箭头是石头制做的，箭长一尺八寸。陈湣公派使者向孔子请教，孔子说："这些隼是从很远的地方飞来的，这是肃慎部族的箭。从前周武王伐纣灭商，沟通了与各少数民族的联系，让九夷百蛮各族都贡献各自的地方特产，叫他们不能忘记自己的职责和义务。于是肃慎部族献来楛木做的箭和石头制作的箭头，长一尺八寸。周武王为了显示他的美德，就把肃慎部族的箭分给长女太姬，后来太姬嫁给了虞胡公，虞胡公又封在陈国。当初王室分珍宝玉器给同姓诸侯，是为了表示重视亲族；把远方的贡品分赠给异姓诸侯，是为了让他们不要忘记服从周天子。所以把肃慎部族的箭分给了陈国。"陈湣公叫人到过去收藏各方贡物的仓库中去找一找，果然找到了这种箭。

孔子在陈国居住了三年，正好遇上晋国、楚国争霸，两国轮番攻打陈国，吴国也乘机侵犯陈国，陈国常常遭受侵扰。孔子说："回去吧，回去吧！我家乡的那些弟子爽直而有进取心，他们好进取而又都不忘最初的志向。"于是孔子就离开了陈国。

孔子路过一个叫蒲的地方，正好遇上公叔氏据蒲反叛卫国，蒲人扣留了孔子。孔子的弟子中有个叫公良孺的，自己带了五辆车子跟随孔子周游各地。他这个人身材高大，有才德，且有勇力，他对孔子说："我从前跟随老师周游在匡地遇到危难，如今又在这里遇到危难，这是命里注定的。我和老师一再遭难，宁可搏斗而死。"公良孺跟蒲人打得很激烈，蒲人害怕了，对孔子说："如果你不到卫国去，我们就放你们走。"孔子与他们订立了盟约，他们这才放孔子从东门出去。孔子还是到了卫国。子贡说："盟约可以违背吗？"孔子说："在要挟下订立的盟约，神是不会认可的。"

卫灵公听说孔子到来，很高兴，亲自赶到郊外迎接。卫灵公问孔子说："蒲这个地方可以讨伐吗？"孔子回答说："可以。"卫灵公说："我的大夫却认为不可以讨伐，因为现在的蒲是防御晋、楚的屏障，用我们卫国的军队去攻打，恐怕是不可以的吧？"孔子说："蒲地的男子有誓死效忠卫国的决心，妇女有守卫西河这块地方的愿望。我所说要讨伐的，只是四五个领头叛乱的人罢了。"卫灵公说："很好。"但是没有出兵去讨伐蒲地的叛乱。

卫灵公年纪大了，懒得处理政务，也不起用孔子。孔子长叹了一声说："如果有人起用我，一年时间就会有起色，三年就会大见成效。"孔子只好离开了卫国。

佛肸是中牟的长官。晋国的赵简子攻打范氏、中行氏，讨伐中牟。佛肸就占据中牟，反叛赵简子，并派人招请孔子。孔子打算去。子路说："我听老师说过：'亲自做坏事的人那里，君子是不去的'。现在佛肸自己占据中牟反叛，您想前去，这是为什么呢？"孔子说："我是说过这句话。但我不也说过，坚硬的东西是磨不薄的；不也说过洁白的东西，是染不黑的。我难道是只中看不能吃的葫芦吗，怎么可以老是挂着却不给人吃呢？”

有一次孔子正敲着磬，有个背着草筐的人路过门口，说道：“有心思啊，这个击磬的人！磬敲得又响又急，既然人家不赏识自己，那就算了吧！”

孔子向师襄子学习弹琴，一连学了十天，也没增学新曲子。师襄子说：“可以学些新曲了。”孔子说：“我已经熟习乐曲了，但还没有熟练地掌握弹琴的技法。”过了一段时间，师襄子又说：“你已熟习弹琴的技法了，可以学些新曲子了。”孔子说：“我还没有领会乐曲所表达的思想。”又过了一段时间，师襄子说：“你已经熟习其中的思想了，可以学些新曲了。”孔子说:“我还没有体会出作曲者是怎样的一个人。”又过了一段时间，孔子肃穆沉静，深思着什么，接着又心旷神怡，显出志向远大的样子。说：“我体会出作曲者是个什么样的人了，他的肤色黝黑，身材高大，目光明亮而深邃，好像一个统治四方诸侯的王者，除了周文王又有谁能够如此呢！”师襄子恭敬地离席给孔子拜了两拜，说：“我的老师告诉我，这首曲子是《文王操》呀。”

孔子既然得不到卫国的重用，打算西游去见赵简子。到了黄河边，听到窦鸣犊、舜华被杀的消息。就面对着黄河感叹说:“壮美啊黄河水，浩浩荡荡多么盛大！我之所以不能渡过黄河，也是命运的安排吧！”子贡赶上前去问：“冒昧地请问老师，这话是什么意思？”孔子说：“窦鸣犊、舜华两个人，都是晋国有才德的大夫。当赵简子还没有得志的时候，是依靠这两个人才得以从政的；等到他得志了，却首先杀了他们。我听说过，一个地方剖腹取胎杀害幼兽，麒麟就不会来到它的郊野；排干了池塘水捕鱼，那么龙就不调合阴阳来兴云致雨；倾覆鸟巢毁坏鸟卵，凤凰就不愿来这里飞翔。这是为什么呢？就是忌讳伤害他的同类。那些鸟兽对于不义的行为尚且知道避开，何况是我孔丘呢！”于是便回到老家陬乡休息，创作了《陬操》的琴曲来哀悼窦鸣犊、舜华两位贤人。随后又回到卫国，寄住在蘧伯玉家。

有一天，卫灵公向孔子问起军队列阵作战的事。孔子回答说：“祭祀的事我倒曾经听说过，排兵布阵的事，我还不曾学过呢。”第二天，卫灵公与孔子谈话的时候，看见空中飞来大雁，就只顾抬头仰望，神色不在孔子身上。孔子于是就离开了卫国，再往陈国。

这年夏天，卫灵公死了，他的孙子辄立为国君，这就是卫出公。六月间，赵鞅把流亡在外的卫灵公太子蒯聩接纳到戚地。阳虎让太子蒯聩穿上孝服，又让八个人披麻戴孝，装扮成是从卫国来接太子回去奔丧的样子，哭着进了戚城，就在那里住了下来。冬天，蔡国迁都到州来。这一年是鲁哀公三年，孔子已经六十岁了。齐国帮助卫国包围了戚城，是因为卫太子蒯聩在那儿的缘故。

还是这一年夏天，鲁桓公、鲁釐公的庙堂起火烧了起来。南宫敬叔去救火。孔子在陈国听到了这个消息，就说："火灾一定在桓公、釐公的庙堂吧？"不久证实，果然如他所言。

这年秋天，季桓子病重，让人抬着巡视鲁国都城曲阜，感慨地长叹一声说："从前这个国家几乎就要兴盛起来了，因为我得罪了孔子，所以没有兴盛起来。"回头又对他的嗣子季康子说："我要是死了，你一定会接掌鲁国的政权辅佐国君；你辅佐国君之后，一定要把孔子找回来。"过了几天，季桓子死了，季康子继承了他的职位。丧事办完之后，想召回孔子。大夫公之鱼说："从前我们的鲁定公曾经任用过他，没能有始有终，最后被诸侯耻笑。现在你再任用他，如果也不能善终，这会再次招来诸侯的耻笑。"季康子说："那么召谁才好呢？"公之鱼说："一定要召冉求。"于是就派人召回了冉求。冉求准备起身前往，孔子说："这次鲁国召你回去，不会小用，将会重用。"就在这一天，孔子说："回去吧，回去吧！我家乡的那些弟子，直爽而有进取心，为文富有文采，我真不知从何下手来教育他们才好。"子贡知道孔子思念家乡想回去，在送冉求时，叮嘱过他"你要是被重用了，要想着把老师请回去"之类的话。

冉求离去之后，第二年，孔子从陈国移居蔡国。蔡昭公准备到吴国去，是吴国召他去的。从前昭公欺骗他的大臣，把国都迁到了州来，这次将要前往吴国，大夫们担心他又要向东迁都，公孙翩就在路上把蔡昭公射死了。接着，楚军就来侵犯蔡国。同年秋天，齐景公去世。

第二年，孔子从蔡国前往叶地。叶公问孔子为政的道理，孔子说："为政的道理在于使远者来归，使近者归服。"有一天。叶公向子路问孔子的为人，子路不回答。孔子听说这件事后，就对子路说：“仲由，你为什么不对他说‘他这个人呀，学习起道理来永不知疲倦，教导人永不会厌烦，发愤学习时忘记了吃饭，快乐时忘记了忧愁，以至于连衰老将要到来也不知道’。”

孔子离开楚国的叶地回到蔡国。在路上遇见长沮、桀溺两人合伙持耜耕田，孔子以为他们是隐士，就叫子路前去打听渡口在什么地方。长沮说：“那个掌车的人是谁？”子路回答说：“是孔丘。”长沮又问：“是鲁国的孔丘吧？”子路说：“是的。”长沮说：“那他应该知道渡口在哪儿了。”桀溺又问子路：“你是谁？”子路说：“我是仲由。”桀溺说：“你是孔丘的门徒吗？”子路说：“是的。”桀溺说：“天下到处都在动荡不安，而谁能改变这种现状呢？况且你与其跟着那逃避暴乱之臣的人四处奔走，还不如跟着我们这些躲避乱世的人呢！”说完，就继续不停地耕田。子路把此话告诉了孔子，孔子伤心失意地说：“我们不能离开社会在山林里与鸟兽一块儿生活。要是天下太平，我也用不着到处奔走想去改变它了。”

有一天，子路一个人行走的时候，路遇一位肩扛除草工具的老人。子路问他：“您看见过我的老师吗？”老人说：“你们这些人四肢不勤劳，五谷分不清，凭什么说是老师！”说完就放下拐杖拔草去了。事后子路把这些经过告诉了孔子，孔子说：“这是位隐士。”子路再到那里去找时，老人已经走了。

孔子迁居蔡国三年，吴国攻打陈国。楚国救援陈国，军队驻扎在城父。听说孔子住在陈国和蔡国的边境上，楚国便派人去聘请孔子。孔子正要前往拜见接受聘礼，陈国、蔡国的大夫商议说：“孔子是位有才德的贤人，他所指责讽刺的都切中诸侯的弊病。如今长久地停留在我们陈国和蔡国之间，大夫们的施政、所作所为都不合仲尼的意思。如今的楚国，是个大国，却来聘请孔子。如果孔子在楚国被重用，那么我们陈蔡两国掌权的大夫们就危险了。”于是他们双方就派了一些服劳役的人把孔子围困在野外。孔子和他的弟子无法行动，粮食也断绝了。跟从的弟子饿得躺倒了，站都站不起来。孔子却还在不停地给大家讲学，朗诵诗歌、歌唱、弹琴。子路很恼怒地来见孔子说：“君子也有困窘的时候吗？”孔子说：“君子在困窘面前能坚守节操不动摇，小人遇到困窘就会胡作非为了。”

这时子贡怒形于色。孔子说：“赐啊，你认为我是博学强记的人吗？”子贡回答说：“是的。难道不对吗？”孔子说：“不是的。我是用一种基本原则贯穿于全部知识之中的。”

孔子知道弟子们心中不高兴，便叫来子路问道：“《诗经》上说‘不是犀牛也不是老虎，然而它却徘徊在旷野上’。难道是我们奉行的道义不对吗？我们为什么会落到这种地步呢？”子路说：“大概是我们还没有做到‘仁’吧，所以人家不信任我们。想必是我们的智慧还不够吧，所以我们的仁道不能畅行。”孔子说：“有这样的事吗？仲由啊，假使有仁德的人必定能使人信任，哪里还会有伯夷、叔齐饿死在首阳山呢？假使有智慧的人其仁道能畅行无阻，哪里会有王子比干被剖心呢？”

子路退出，子贡进来见孔子。孔子对子贡说：“赐啊，《诗经》上说‘不是犀牛也不是老虎，然而它却徘徊在旷野上’。难道是我们奉行的道义不对吗？我们为什么落到这种地步呢？”子贡说：“老师的学说博大到极点了，所以天下没有一个国家能容纳老师。老师何不稍微降低一些您的要求呢？”孔子说：“赐啊，好的农夫虽然善于耕种，但他却不一定有好的收获；好的工匠虽然有精巧的手艺，但他的所做却未必能使人们都称心如意。有修养的人能研修自己的学说，纲目严整系统周密，但不一定被统治者所接受。现在你不去研修自己的学说，反而想降格来苟合取容。赐啊，你的志向可不够远大啊！”

子贡出去之后，颜回进来见孔子。孔子说：“回啊，《诗经》说‘不是犀牛也不是老虎，然而它却徘徊在旷野上’。难道是我们奉行的道义不对吗？我们为什么落到这种地步呢？”颜回说：“老师的学说博大到极点了，所以天下没有一个国家能容纳老师。虽然是这样，老师还是要推行自己的学说，不被天下接受又有什么关系呢，不被世俗之人接纳，这样才正表现出我们是君子！一个人不研修自己的学说，那才是自己的耻辱。已经研修得很完善的学说不被人所用，那就是当权者的耻辱了。不被天下接受有什么关系呢？不被接受，这样才正表现出我们是君子！”孔子听了欣慰地笑着说：“是这样的啊，姓颜的小伙子！假使你有很多钱财，我愿意给你做管家。”

孔子于是派子贡到楚国去。楚昭王调动军队来迎接孔子，这才免除了这场灾祸。

楚昭王想把有户籍登记的七百里地方封给孔子。楚国的令尹子西阻止说：“大王派往各侯国的使臣，有像子贡这样的吗？”昭王说：“没有。”子西又问：“大王的左右辅佐大臣，有像颜回这样的吗？”昭王说：“没有。”子西又问：“大王的将帅，有像子路这样的吗？”昭王回答说：“没有。”子西又问：“大王的各部主事官员，有像宰予这样的吗？”昭王回答说：“没有。”子西接着说：“况且我们楚国的祖先在受周天子分封时，封号是子爵，土地跟男爵相等，方圆五十里。现在孔丘讲述三皇五帝的治国方法，申明周公旦、召公奭辅佐周天子的事业，大王如果任用了他，那么楚国还能世世代代保有方圆几千里的土地吗？想当年文王在丰邑、武王在镐京，作为只有百里之地的君主，最终能统治天下。现在如让孔丘拥有那七百里的土地，再加上那些有才能的弟子辅佐，这可不是楚国的福音啊。”楚昭王听后就打消了原来的想法。这年秋天，楚昭王死在城父。

楚国的狂人接舆有一天唱着歌走过孔子的车子，说：“凤凰呀，凤凰呀，你的美德为什么这么不景气？过去的事情是不能再改变的了，未来的事情还可以来得及处理，算了吧，算了吧，现在从政的人都腐败得不可救药了！”孔子下了车，想和他谈谈，但他却快步走开了，没能跟他说上话。

于是孔子从楚国返回了卫国。这一年，孔子六十三岁，是鲁哀公六年。

第二年，吴国和鲁国在缯地会盟，吴国要求鲁国提供百牢的祭品。吴国的太宰伯嚭召见季康子。季康子就派子贡前往交涉，然后此事才算了结。

孔子说：“鲁国、卫国的政治情况，如同兄弟一般相似。”这个时候，卫出公辄的父亲蒯聩没有继位做国君，流亡在外，诸侯对此事屡加指责。而孔子的弟子很多在卫国做官，卫出公辄也想请孔子出来执政。子路问孔子说：“卫国国君想请您出来执政，您打算首先做什么呢？”

孔子回答说："那我一定首先正名分！"子路说："有这样的事吗，老师您太迂腐了！名分有什么可正的呢？"孔子说："放肆啊，仲由！要知道，名分不正，说出来的话就不顺当，说话不顺当，那么事情就办不成，事情办不成，那么礼乐教化就不能兴盛，礼乐教化不兴盛，那么刑罚就不能准确适度，刑罚不能准确适度，那么老百姓就手足无措，不知怎么办才好了。所以君子办事必须符合名分，说出来的话，一定要切实可行。君子对于他所说出来的话，不能有任何苟且随便才行啊。"

第二年，冉有为季氏统率军队，在郎地同齐国作战，打败了齐国的军队。季康子对冉有说："您的军事才能，是学来的呢，还是天生的呢？"冉有回答说："我是从孔子那里学来的。"季康子又问："孔子的军事才能怎么样呢？"冉有回答说："那一定是要师出有名；连老百姓和鬼神都不会不满意。我按此道行事，封赐虽至几万户，我的老师孔子也不会看在眼里的。"康子说："我想召请他回来，可以吗？"冉有说："你想召请他回来，只要不像对待小人那样限制他，那就可以了。"当时，卫国大夫孔文子准备攻打太叔，向孔子问计策。孔子推辞说不知道，他回到住处便立即吩咐备车离开了卫国，说道："鸟能选择树木栖息，树木怎能选择鸟呢？"孔文子坚决挽留他。恰好季康子派来公华、公宾、公林，带着礼物迎接孔子，孔子就回鲁国去了。

孔子离开鲁国一共经过十四年，又回到鲁国。

鲁哀公向孔子问为政的道理，孔子回答说："为政最重要的是选择好大臣。"季康子也向孔子问为政的道理，孔子说："要举用正直的人，抛弃邪曲的人，那样就使邪曲的人变为正直的人了。"季康子忧虑盗窃，孔子说："如果你自己不贪婪，那么即使你鼓励人家去偷窃，人家也是不会去的。"但是鲁国最终也不能重用孔子，孔子也不要求出来做官。

孔子的时代，周王室衰微，礼崩乐坏，《诗》《书》也残缺不全了。孔子探究夏、商、西周三代的礼仪制度，编定了《书传》的篇次，上起唐尧、虞舜之时，下至秦穆公，依照事情的先后，加以整理编排。孔子说："夏代的礼仪制度我还能讲出来，只是它的后代杞国所存的文献资料不足以证明我的观点。殷商的礼仪制度我也能讲出来，只是它的后代宋国没有留下足够证明这些制度的文献了。如果杞、宋两国有足够的文献，我就能证明我对殷礼的理解了。”孔子考察了殷代继承夏代对礼仪制度所做的增减之后说：“将来即使经过一百代的变化，我也可由此推知，它是一文一质互相交替的。周代的礼仪制度是在参照借鉴了夏代和殷代的基础上制定的，多么丰富多彩呀，我欣赏周代的礼仪。”所以《书传》《礼记》都是孔子编定的。

孔子曾对鲁国的乐官太师说：“音乐的演奏规律是可以掌握的。刚开始演奏的时候往往很平和，继续下去是节奏圆润纯美，声音清晰，连续不断，这样直到整首乐曲演奏完成。”孔子又说：“我从卫国返回鲁国之后，就开始订正诗乐，使《雅》乐和《颂》乐都归到了原来的门类。”

古代留传下来的《诗》有三千多篇，到孔子时，他把重复的删掉了，选取其中可用于礼义教化的，最早的是追述殷始祖契、周始祖后稷的篇章，其次是叙述殷、周两代的兴盛，直到周幽王、周厉王的政治缺失，而开头的则是叙述夫妇婚姻生活和感情的诗篇，所以说：“《关雎》这一乐章作为《国风》的第一篇，《鹿鸣》作为《小雅》的第一篇；《文王》作为《大雅》的第一篇；《清庙》作为《颂》的第一篇。”三百零五篇诗孔子都能将其配曲来歌唱，以求合于《韶》《武》《雅》《颂》这些乐曲的音调。先王的音乐制度从此才恢复旧观而讲清其源流，使王道完备了，孔子也完成了被称为“六艺”的《诗》《书》《礼》《乐》《易》《春秋》的编修工作。

孔子晚年喜欢钻研《周易》，他详细解释了《彖辞》《系辞》《象辞》《说卦》《文言》等。孔子读《周易》刻苦勤奋，以致把编穿书简的牛皮绳子也翻断了多次。他还说：“要是再让我多活几年，我就这样研习，我对《周易》的文辞和义理就能够充分掌握理解了。”

孔子用《诗》《书》《礼》《乐》做教材教育弟子，就学的弟子大约有三千多人，其中能精通礼、乐、射、御、数、术这六种技艺的有七十二人。至于像颜浊邹那样受到孔子教诲的弟子就更多了。

孔子教育弟子有四个方面内容：学问、言行、忠恕、信义。为弟子订四条禁律：不凭空揣测、不武断、不固执、不自以为是。他认为应当特别谨慎处理的是：斋戒、战争、疾病。孔子不谈利则已，如果谈到，就必以命运、仁德为前提。他教育弟子的时候，不到人家真正遇到困难，烦闷发急的时候，就不去启发开导他。弟子如果不能触类旁通地推演出类似的道理，他就不再重复讲述了。

孔子在自己的乡里，温和谦恭得像个不善言谈的人。他在宗庙祭祀和朝廷议政这些场合，却能言善辩，言辞明晰而又通达，然而又很恭谨小心。上朝时，与上大夫交谈，态度中正耿直；与下大夫交谈，就显出和悦亲切的样子。

孔子进入国君的公门，低头弯腰，恭敬谨慎，进门后急行而前，恭敬有礼。国君命他迎接宾客，面色庄重认真。国君召见他，不等待车驾备好，就动身起行。

鱼不新鲜，肉有变味，或不按规矩切割，孔子就不吃。席位不正，孔子就不坐。在有丧事的人旁边吃饭，从来没有吃饱过。

在一天内哭泣过，就不会再歌唱。看见穿孝服的人和盲人，即使是个小孩，也必定改变面容以示同情。

孔子说："三个人同行，其中必有可做我老师的。"又说："不去修明道德，不去探求学业，听到正直的道理又不前往学习，对缺点错误又不能改正，这些都是我忧虑的问题。"孔子请人唱歌，要是唱得好，就请人再唱一遍，然后自己也和唱起来。

孔子不谈论怪异、暴力、祸乱、鬼神的事情。

子贡说："老师在著述方面的成绩很显著，我们是知道的。老师讲论有关天道与人的命运的深微见解我们就不知道了。"颜渊感慨地长叹一声说："我越是仰慕老师的学问，就越觉得它无比崇高，越是钻研探讨，越觉得它坚实深厚。看见它是在前面，忽然间又在后面了。老师善于循序渐进地诱导人，用典籍来丰富我的知识，用礼仪来规范我的言行，使我想停止学习都不可能。我已经竭尽了自己的才力，现在也好像有所建树，但老师的学问却依然高立在我的面前。虽然我也想再向前迈进，但是又不知从何下手。"达巷这个地方的人说："伟大啊孔子，他博学多才却不专于名家。"孔子听了这话之后说："我要专于什么呢？是专于驾车，还是专于射箭？我看还是专于驾车吧。"子牢说："老师曾说：

‘我没有被世所用，所以才学会了这许多的技艺’。”

鲁哀公十四年的春天，哀公到大野狩猎。给叔孙氏驾车的钼商猎获了一头怪兽，他们以为这是不祥之兆。孔子看了后说：“这是麒麟。”于是便将它取走了。孔子说：“黄河上再不见神龙负图出现，洛水上再不见神龟负洛书出现，我可算是要完啦！”颜渊死了，孔子说：“老天这下子可真要我的命了！”等到他西去大野狩猎见到麒麟，说：“我的政治理想再也无法实现了！”感叹说:“没有人能了解我了！”子贡说:“为什么说没有人了解您？”孔子回答说：“我不抱怨天，也不怪罪人，下学人事，上达天命，能了解我的，只有上天了吧！”

孔子说：“不降低自己的志向，不使自己的人格受到侮辱，只有伯夷、叔齐两人吧！”又说“柳下惠、少连降低了自己的志向，使人格受到了侮辱”。又说“虞仲、夷逸隐居，信口开河，行为合于清高纯洁的准则，自我废弃不做官合于乱世的权变之道”。又说“我就跟他们不同了，既不降志辱身以求进取，也不隐居避世脱离尘俗，没有绝对的可以，也没有绝对的不可以。”

孔子说：“不是吗，不是吗！君子最担忧的就是死后名字不被人们称道。我的主张不能实行，我用什么贡献给社会留下好名声呢？”于是就根据鲁国的史料撰写了《春秋》一书，上起鲁隐公元年，下止于鲁哀公十四年，包括鲁国十二个国君。以鲁国为中心记述，尊奉周王室为正统，以殷商为借鉴，融会贯通夏、商、周三代的经验教训，文辞简约而旨意广博。所以吴、楚的国君自称为王的，在《春秋》中仍贬称为“子”；晋文公在践土与诸侯会盟，实际上是召周襄王到会的，而《春秋》中却避讳说“周天子巡狩来到河阳”；依此类推，《春秋》就是用这一准则来褒贬当时的各种事件。其褒贬之义，日后有圣王出现能将其加以发扬。使《春秋》的义法在天下通行，那么天下那些乱臣贼子就都害怕起来了。

孔子任司寇审理诉讼案件听取口供，书写判辞时有可与别人商量的地方，他从不独自决断。到了写《春秋》时就不同了，应该写的一定写上去，应当删的一定删掉，就连子夏这些长于文字的弟子，也不能给他增删一个字。弟子们听孔子讲《春秋》，孔子说：“后人了解我是因为有《春秋》，后人怪罪我也将是因为有《春秋》。”

第二年，子路死在卫国。孔子生病了，子贡来看望他。孔子正拄着拐杖在门口休闲散心，说：“赐，你为什么来得这样迟啊？”孔子于是就叹息，随即唱道：“泰山要倒了！梁柱要断了！明智的人要死了！”他边唱边流下了眼泪。孔子对子贡说：“天下失去常道已经很久了，没有人能奉行我的主张。夏人死了停棺在东厢的台阶，周人死了停棺在西厢的台阶，殷人死了停棺在堂屋的两柱之间。昨天晚上我梦见自己坐在两柱之间受人祭奠，我原本就是殷商人啊。”过了七天孔子就去世了。

孔子享年七十三岁，死在鲁哀公十六年四月的己丑日。

鲁哀公做了一篇悼念孔子的祭文，说：“老天爷不仁慈，不肯给我留下这位老人，扔下我孤零零一人在位，我孤独而又伤痛。啊！多么悲痛！尼父啊，没有人可以作为我学习的楷模了！”子贡说：“鲁君他难道不能在鲁国善终吗？老师曾说：‘礼仪丧失就会昏乱，名分丧失就会犯罪。昏乱者必失其志，罪过者必失其所。’老师活着的时候不能用他，死了作祭文哀悼他，这是不合于礼的。以诸侯身份称‘余一人’，是不合名分的。”

孔子死后葬在鲁城北面的泗水岸边，弟子们都在那里为他服丧三年。三年守丧完毕，大家道别离去时，都相对而哭，又各尽其哀；有的就又留了下来。只有子贡在墓旁搭了一间小房住下，守墓总共六年，然后才离去。弟子及鲁国人相率前往墓旁居住的有一百多家。因而就把这里命名为“孔里”。鲁国世世代代相传，每年都定时到孔子墓前祭拜，而儒生们也在这时来这里讲习乡饮、大射之礼。孔子的墓地有一顷大。孔子故居的堂屋以及弟子们所居住的内室，后来就改成庙，借以收藏孔子生前穿过的衣服，戴过的帽子，使用过的琴、车子、书籍等，直到汉代，二百多年间没有废弃。高皇帝刘邦经过鲁地，用牛羊猪三牲俱全的太牢祭祀孔子。诸侯、卿大夫、宰相一到任，常是先去拜谒孔子墓，然后才去就职处理政务。

孔子生了鲤，字伯鱼。伯鱼享年五十岁，死在孔子之前。

伯鱼生了伋，字子思，享年六十二岁。曾经受困于宋国。子思撰写了《中庸》。

子思生了白，字子上，享年四十七岁。子上生了求，字子家，享年四十五岁。子家生了箕，字子京，享年四十六岁。子京生了穿，字子高，享年五十一岁。子高生了慎，享年五十七岁，曾经做过魏国的宰相。

子慎生了鲋，享年五十七岁，做过陈胜王的博士，死在陈这个地方。

鲋的弟弟叫子襄，享年五十七岁。曾经做过汉孝惠皇帝的博士，后被提升为长沙郡的太守。身高九尺六寸。

子襄生了忠，享年五十七岁。忠生了武，武生了延年和安国。安国做了当今皇帝的博士，官至临淮郡太守，寿短早死。安国生了卬，卬生了欢。

太史公说：《诗》中有这样的话："高山啊，使我仰望，大道啊，让我行走。"虽然我不能达到这种境地，但是心里却向往着它。我读孔子的著作，可以想见到他的为人。到了鲁地，参观了孔子的庙堂、车辆、衣服、礼器，目睹了读书的学生们按时到孔子旧宅中演习礼仪的情景，我怀着崇敬的心情徘徊留恋不愿离去。天下的君王直到贤人实在不少，他们活着的时候都显贵荣耀，可是一死什么也就没有了。孔子是一介平民，他的名声和学说已经传了十几代，读书的人仍然尊他为宗师。从天子王侯一直到全国谈"六艺"的人，都把孔子的学说作为衡量是非的最高准则，可以说孔子是至高无上的圣人了。

（周　涛　译）

《史记》卷四十八　陈涉世家第十八

陈胜是阳城人，字涉。吴广是阳夏人，字叔。陈胜年轻的时候，曾经被雇给别人耕田，有一次他耕作累了，走到田埂上休息，惆怅了好一会儿，说："如果将来我们这些人中谁富贵了，可不要忘记今天的伙伴啊。"其他的雇工笑着回答说："你只是被雇给人家耕田的，哪能富贵呢！"陈胜长叹一声说："唉！燕雀这种小鸟怎么知道鸿鹄的远大志向呢！"

秦二世元年七月，征调平民百姓去戍守渔阳。九百多名戍卒临时驻扎在大泽乡，陈胜和吴广按照征发的编排次序都编在这支队伍里，并担任屯长。碰巧赶上天降大雨，道路不通，按情况估计已经耽误了到渔阳报到的期限。当时朝廷有规定，误了期限要被斩首。陈胜、吴广于是合计说："现在我们逃亡是死，起义也是死，同样是死，那我们为什么不为自己打天下而死呢！"陈胜说："天下百姓受秦朝的暴虐统治已经很久了。我听说秦二世是秦始皇的小儿子，不该他继位，该继位的理应是公子扶苏。扶苏因为曾多次劝谏，被秦始皇派在外面领兵。如今听人说，他没有罪却被秦二世杀害了。老百姓只知道扶苏贤能，还不知道他已经被杀害了。项燕是楚国的名将，屡立战功，爱护士兵，楚人都很爱戴他。有人以为他死了，有人以为他逃亡了。如果我们冒充公子扶苏和项燕，号召天下人起义，应该会有很多人响应的。"吴广觉得有理。于是去找人卜卦。卜卦人猜出了他们的意图，说："你们要做的事能成功。但是你们为什么不去向鬼神问凶吉呢！"陈胜、吴广听了很高兴，心里思索着"卜问鬼"的事，后来恍然大悟："这是教我们先在群众中树立威信。"于是他们就用朱砂在白绸子上写了"陈胜王"三个字，偷偷地塞进人家网到的鱼肚子里。戍卒买鱼回来煮着吃，发现了鱼肚子里的帛书，觉得很奇怪。陈胜又暗地里让吴广到驻地旁边丛林中的神庙里去点起篝火，学着狐狸的叫声喊道："大楚兴，陈胜王。"戍卒们夜里被惊醒，恐慌不安。第二天早晨，戍卒们三三两两交头接耳，指指点点地瞧着陈胜。

吴广平常很关心他人，因此戍卒们大多数都乐意听他使唤。带队的尉官喝醉了，吴广当着他的面多次故意扬言要逃走，想激怒他，以让他侮辱自己，进而激怒众人。尉官果然中计，抽打吴广。尉官拔出佩剑，吴广趁势奋起，夺剑杀死了尉官。陈胜在一旁帮忙，两人合力杀死了两名尉官。他们召集戍卒们宣告说："我们在这里遇到大雨，已经误了到渔阳报到的期限。误期按法令应该斩首，即使不被斩首，戍守边疆的人十个里面有六七个会死。大丈夫不死则已，死则要轰轰烈烈地干一番大事业，王侯将相，难道是天生的吗？"戍卒们异口同声地说："愿意听从您的号令。"于是他们冒充公子扶苏和项燕，以顺应民意。他们裸露右臂宣誓，号称"大楚"。修筑高坛盟誓，用尉官的首级做祭品。陈胜自称将军，吴广为都尉。他们率领戍卒先是攻下了大泽乡，然后又进攻蕲县。攻下蕲县后就派符离人葛婴带兵去蕲县以东开辟地盘，他和吴广率军向西进攻铚、酂、苦、柘、谯等地，都攻了下来。他们一路招收兵马，等到了陈县，已有六七百辆战车，千余名骑兵，数万步兵。攻打陈县时，陈县县令不在，只有县丞在谯门中抵抗。县丞抵抗不住，在战斗中死去，起义军占领了陈县。过了几天，陈胜下令召集各乡的三老、豪杰们前来集会议事。三老、豪杰们都说："陈将军身披铠甲，手执锐利武器，讨伐无道，诛灭暴秦，重新建立楚国的政权，论功应该称王。"陈胜于是自立为王，国号"张楚"。

与此同时，被秦朝官吏害苦了的各郡县民众，纷纷起义杀死自己的长官，响应陈胜。陈胜任命吴广代行王事，率军向西攻击荥阳，同时派陈县人武臣、张耳、陈余到赵国一带扩充地盘，派汝阴人邓宗南下攻取九江郡。这时候，楚地义军数千人聚为一支的，数不胜数。

葛婴到达东城后，自作主张立襄强为楚王。后来他听说陈胜自立为王了，就杀死襄强，回去向陈胜报告。葛婴到陈县后，被陈胜杀死。陈胜命魏人周市向北到魏地开辟地盘。吴广率大军包围了荥阳。那时李由为三川郡守，守荥阳，吴广久攻荥阳未能攻下。陈胜召集国内豪杰议事，任上蔡人房县的县令蔡赐为上柱国。

周文是陈县的贤达之士，他曾经是楚国名将项燕军中观察星象的官员，也在春申君手下做过事，他自称精通用兵，陈胜就授给他将军印，派他带兵向西去攻打秦国。他一路西进召集兵马，等到达函谷关的时候，已有战车千余辆，步卒几十万人，到了戏亭时，队伍驻扎了下来。秦王朝派少府章邯赦免了因犯罪而在骊山服役的人以及秦地家奴所生的儿子，把他们全部调集起来以迎击周文，周文被打败。周文失败后，逃出了函谷关，在曹阳驻留了两三个月的时间。章邯又追来把他打败了，周文继续东退逃到渑池驻留了十几天。章邯又追击过来，周文惨败。周文兵败自杀，他的军队也随之不战而溃。

陈县人武臣到达邯郸后，自立为赵王，封陈余为大将军，张耳、召骚为左、右丞相。陈胜知道后非常生气，下令逮捕武臣等人的家眷，想杀死他们。上柱国蔡赐劝说道："秦朝现在还没有灭亡，如果您现在诛杀赵王将相的家眷，这不等于又多出一个和您对抗的秦朝吗？不如就顺势立他为赵王。"陈胜于是派使者到赵国去祝贺，把武臣等人的家眷囚禁到宫中，并且封了张耳的儿子张敖为成都君，让他催促赵军赶紧西进函谷关。赵王的将相一起讨论说："大王自立为赵王，不是楚王的本意。楚一旦灭秦，肯定要来讨伐我们。从长远来看，不如不率军西下，而是派人北上征服燕地，以扩大我们赵国的领土。这样，赵国南边有黄河做屏障，北边据有燕、代的广大地区，将来楚国即使胜了秦国，也对付不了赵国。如果楚国不能战胜秦国，必然会更重视赵国。到了那时候，赵国趁秦国衰亡的时候，就可以号令天下了。"赵王认为有理，于是就不再率军西进，而派原上谷郡卒史韩广带兵北上，攻取燕地。

韩广到达燕国后，原燕国的旧贵族和豪杰对韩广说："楚国早已自立为王，赵国前不久也自立为王，我们燕国虽小，也是万乘之国，希望韩将军自立为燕王。"韩广说："不行，我的母亲还在赵国。"燕人说："赵国目前正害怕西边的秦国和南边的楚国，他们目前没有力量对付我们。况且楚国那么强大，还不敢杀害赵王将相的家眷，赵王又怎么敢杀害将军的家眷呢？"韩广认为有理，于是就自立为燕王。过了几个月，赵王派人把燕王的母亲和妻小都护送到了燕国。

那个时候，攻城略地的将领数不胜数。周市率军北进到达狄县，狄人田儋杀死了狄县县令，自立为齐王，继而率领齐军反攻周市。周市军队被击溃，退回到魏地，想拥立原魏国后代宁陵君咎为魏王。当时咎在陈胜那里，陈胜不放他回魏国。魏国平定之后，部下想拥立周市为魏王，周市不肯，先后派遣五批使者到陈胜那里请求，陈胜才立宁陵君咎为魏王，并遣送他回魏国。周市做了魏国的相。

将军田臧等人一起谋划说："周文的军队已经溃败，秦国的军队很快就要来到，而我们包围荥阳城久攻不下，如果等到秦军到来，我们必然会大败。现在不如留下少量兵力，足以守住荥阳，把精兵全部集中起来迎击秦军。如今假王吴广骄横，不懂得用兵，无法和他商量。如果不杀了他，我们的事情恐怕要失败。"于是他们假传陈王的命令杀死了吴广，把他的首级派人献给了陈胜。陈胜派使者赐给田臧楚国令尹的印章，封他为上将军。田臧派部将李归等人守在荥阳城外，自己则统领精兵西进在敖仓迎击秦军。两军交战，田臧战死，军队溃败。接着秦将章邯进军到荥阳城下攻打李归。楚军大败，李归等人战死。

阳城人邓说率军驻扎在郏县，被章邯的部将击败，邓说的军队溃散，逃回到了陈县。铚县人伍徐率军驻扎在许县，章邯击溃了他，伍徐的军队溃散，也逃回到陈县。陈胜杀死了邓说。

陈胜刚自立为王时，陵县人秦嘉、铚县人董绁、符离人朱鸡石、取虑人郑布、徐县人丁疾等，都各自率军而起，他们一起率兵围攻东海郡守庆于郯城。陈胜听说了此事，就封武平君畔为将军，让他统一指挥郯城周围的各路兵马。秦嘉拒不接受命令，自封为大司马，不肯隶属于武平君。他布告军队吏卒："武平君年轻，不懂军事，不要听他的！"他假借陈胜的命令，杀死了武平君畔。

章邯击溃伍徐后，出兵进攻陈县，上柱国房君战死。接着章邯又进攻驻扎在陈县西边的张贺军。陈胜亲自督战，军队也被击败，张贺战死。

十二月，陈胜退走汝阴，又回到下城父，他的车夫庄贾叛变，杀死了他投降了秦军。陈胜死后埋葬在砀县，谥号"隐王"。

陈王的旧侍从将军吕臣组织了一支头裹青巾的苍头军，起兵新阳，攻下陈县，杀死庄贾，又以陈县为中心继续号称楚国。

当初，陈胜的军队刚到陈县时，曾派铚县人宋留率军去平定南阳，然后从南阳西入武关。宋留率军已经攻下南阳，听说陈胜已死，南阳的官吏又重新归附了秦国。宋留不能西入武关，只好向东到达新蔡。结果在新蔡遇到了秦国的军队，宋留率部投降了秦军。秦军把宋留押解到了咸阳，宋留被车裂示众。

秦嘉等人听说陈王兵败逃走，于是拥立景驹为楚王，他领兵来到方与，准备在定陶攻击秦军。他派公孙庆出使齐国，想联合他一起攻打秦国。齐王说："听说陈王战败逃走，如今生死不明，你们怎么不请示我们就立了楚王呢。"公孙庆说："当初你们立王也没有请示楚，如今我们为什么要请示齐才能立王！况且，楚国首先起事，理当号令天下。"田儋于是杀死了公孙庆。

秦国派左右校尉率军再次进攻陈县，陈县被攻下。吕将军逃出陈郡，又集合其余部，与鄱阳大盗当阳君黥布的军队合在一起，攻击秦军的左右校尉，在青波打败秦军，重新以陈县为中心建立楚国。这时项梁已经拥立了楚怀王的孙子心为楚王。

陈胜称王总共六个月时间。他称王后以陈县为王都。从前和他一道给人干活的老伙伴听到消息后，来到陈县，敲打宫门说："我要见陈胜。"守卫宫门的值勤官想把他捆起来。他反复说明自己是陈胜的老伙伴，值勤官才放了他，但不肯替他通报。正好陈胜出宫，他拦路大叫："陈胜！"陈胜听到了，就召见了他，并和他同乘一辆车回宫。这个人进了王宫，看到殿堂帷帐，说："真多啊！陈胜做了王，宫殿可真够高大深邃、富丽堂皇的。"楚人叫"多"为"夥"，天下流传的"夥涉为王"，就是从陈胜这里来的。这个人进进出出宫门越来越放肆随便，有时还说陈胜过去的事情。有人劝陈胜说："这位客人愚昧无知，尽胡说八道，时间久了会有损您的威信。"陈胜便杀了那位客人，陈胜的老朋友见状便纷纷自动离去，从此没有人再来亲近陈胜了。陈胜任朱房为中正官，胡武为司过官，主要暗中探查群臣的过失。将领们外出攻城略地回来之后，稍有不服从命令的，立即逮捕问罪。两人以苛刻地寻求群臣的过失来表示对陈胜的忠诚。对于与他们关系不好的人，他们根本不通过司法官吏审问，而是自己任意处治，但陈胜却很信任他们。

将领们因此与陈胜越来越疏远，这就是陈胜失败的原因。

陈胜虽然已经死了，但他所封立、派遣的王侯将相最终灭掉了秦朝，而陈胜是第一个带头起事的。汉高祖时，在砀县安置三十户人家，专门为陈胜守坟，一直到今天，人们仍屠宰牲畜祭祀陈胜。

太史公说：地形险要阻塞，所以当作坚固的屏障；武器装备和法律规章，是用来治理国家的，仅仅靠这些还是不够的。古代的圣王把仁义道德作为立国的根本，把坚固关塞和法律条文视为次要的事情，事情难道不是这样的吗！我听贾谊先生说：

“秦孝公依据崤山、函谷关的坚固天险，据有雍州的广大土地，君臣上下牢固防守本土，暗中觊觎着周王朝，有席卷、包揽天下之意，占领四海，并吞八方之心。那个时候商鞅辅佐秦孝公，对内实行变法，致力于农耕纺织，做好了进攻与防守的准备；对外实行‘连横’，分裂诸侯，使他们相互争斗。于是秦国毫不费力地占领了黄河以西大片土地。

“秦孝公死后，惠文王、武王、昭王承接了他的旧业，沿袭他遗留下来的策略，向南夺取了汉中，向西南攻取了巴、蜀二郡，向东割取了大片肥沃的土地，收服了那些地势险要，在军事、政治上举足轻重的地区。诸侯各国对此感到惶恐不安，结成同盟来谋划削弱秦国的势力。他们不惜用奇珍异品、贵重宝贝和肥沃的土地来招揽天下的人才。他们实行‘合纵’政策，缔结同盟共同对付秦国。那个时候，齐国有孟尝君，赵国有平原君，楚国有春申君，魏国有信陵君。这四位贤君子，都明智而忠诚，宽厚而仁爱，尊敬贤士，重视人才。相约合纵，拆散秦国的连横，聚合了韩、魏、燕、赵、宋、卫、中山等国的军队。于是六国人才济济，有宁越、徐尚、苏秦、杜赫之流出谋划策，有齐明、周冣、陈轸、邵滑、楼缓、翟景、苏厉、乐毅之流沟通他们的意见，有吴起、孙膑、带他、兒良、王廖、田忌、廉颇、赵奢之流统率他们的军队。他们曾靠着十倍于秦国的土地，上百万的雄师，西上函谷关进攻秦国。秦国打开关门请敌军西进，九国军队却不敢前进，逃跑了。秦国没有浪费一弓一箭，而东方诸国却把自己折腾得疲惫不堪。于是东方的合纵瓦解，盟约破坏，诸侯各国争先恐后地割让土地贿赂秦国。

秦有充足的力量扼制疲惫的诸侯，追击失败逃亡的敌人，打得东方军队尸横遍野，血流成河，几乎可以漂起盾牌。秦国趁此有利形势主宰天下，分裂各国领土，使强国归顺，弱国入秦朝拜了。

“延续到孝文王、庄襄王两代，因为在位的时间都比较短，国家没有发生什么大事。

“到了秦始皇，他发扬六代帝王遗留下来的功业，挥动长鞭来驾驭天下，并吞了东西二周，灭亡诸侯各国，登上帝位，统治天下。手执刑杖，鞭笞天下臣民，声威震于四海。他向南攻取百越之地，在那里设置桂林郡、象郡，使百越之君俯首听命，把自己的生命交给秦国的下级官吏。他又派蒙恬到北方修筑长城，驻守边关，向北逐退匈奴七百多里，使匈奴不敢再南下侵扰中原，六国之士也不敢挽弓搭箭前来报仇。但从此秦始皇废弃古代圣贤治国的道统，焚烧战国以来诸子百家的著作，以此来愚弄百姓。他们拆除六国各地的名城，残杀持有不同政见的名士，收缴天下的兵器，集中到咸阳，把那些刀枪箭镞通通熔化，铸成十二个铜人，放在宫中，以此来削弱百姓们的反抗力量。然后以华山作为东面的城墙，以黄河作为东面的护城河，他们上据亿丈坚城，下临深不可测的黄河。他们派精兵良将把守要害之地；可信任的大臣和精兵，手持武器巡逻，盘查过往行人。天下已经平定，秦始皇觉得关中的强固似铜墙铁壁，千里江山帝王基业可以传承给子子孙孙了。

“秦始皇去世之后，他的余威还震慑着边远少数民族地区。然而，陈胜不过是一个破瓮做窗、草绳系门的穷人家子弟，耕田的雇农，是征发服役的人。他的才能赶不上一般人，他没有孔丘、墨翟的贤能，也没有陶朱、猗顿那样的财富。他只是被发配的服役人员中的一员，兴起在乡野之间，率领着疲惫散乱的乌合之众，掉转矛头攻击秦国。他们斩削树木做兵器，举起竹竿做旗帜，天下人却如云之会聚，如响之应声，人们自带粮食投奔他，参加起义。崤山以东广大地区的豪杰同时起兵，将秦王朝灭掉了。

“再说秦朝的天下并没有变小衰弱，雍州的土地，崤山和函谷关的险要依然如故，陈胜的地位，比不上齐、楚、燕、赵、韩、魏、宋、卫、中山的国君，陈胜军队所持的锄头木棍，也不如当年东方军队的钩戟、长矛那样锋利；被发配远戍边地的士卒，无法和九国军队相比；深谋远虑、指挥作战的才能，陈胜的将士更远不及六国的将帅谋士；然而事情的成败结局却截然相反。如果把当年山东诸侯的条件和陈胜比较，其力量权势，简直无法相提并论。然而，秦国凭借雍州小小的地盘，发展成万乘大国，将天下其他国家都压了下去，使与之同列的东方诸侯国都来朝拜于秦，前后经历了一百多年的时间。后来秦国统一了天下，以天下为家，以崤山、函谷关为宫墙。可是，陈胜一介匹夫带头发难，竟使秦朝宗庙被毁，秦二世也死于人手，被天下人耻笑。这是什么原因呢？原因在于秦王朝不施行仁义，夺取天下和守住天下的方针战略是完全不同的啊。”

（龚双会 译）

《史记》卷四十九　外戚世家第十九

自古以来，那些受天命开国创业的帝王和继承体统的国君，不仅因为他们品德美好，也因为大都有后妃的帮助。夏朝的兴起是因为有禹的妻子涂山氏女，而夏桀被放逐是因为其宠妃妹喜。殷朝的兴起是由于有契的母亲有娀氏之女简狄，商纣王被杀是因为宠幸妲己。周朝的兴起是由于有后稷的母亲姜原和周文王之妻大任，而周幽王被擒是因为他和褒姒终日荒淫昏乱。所以《易经》以象征夫妻的《乾》《坤》两卦开头，《诗经》以赞美后妃之德的《关雎》作为开篇，《书经》称赞唐尧把女儿下嫁给舜，《春秋》讥讽纪国君王娶妻不亲自去迎接。夫妇之间的关系是社会的伦理关系中最重要的关系。在婚姻方面礼是最为讲究的。乐声和谐四时就风调雨顺，阴阳的变化，是万物生长变化的根基。因此对于礼怎能不慎重呢？人们乐意弘扬人伦之道，但对天命注定的东西却无可奈何。确实如此啊，夫妻间的恩爱，国君不能从大臣那里得到，父亲也不能从儿子那里得到，更不用说那些卑贱的人了！有的夫妻恩爱，但不能生儿育女；有的生儿育女了，又不能得到好的结局，这一切难道不是天命吗？孔子很少谈天命，大概是因为很难说清吧。一个人如果不知晓人世与天地鬼神之间的因果变化，又怎能懂人性与命运呢？

太史公说：秦朝以前的后妃外戚的情况由于年代久远，记载太少了，无法详细记载于史。汉朝建立后，吕娥姁为汉高祖刘邦的正宫皇后，她的儿子是太子。到了晚年，吕娥姁由于容颜衰老被疏远了，而戚夫人得宠，他的儿子刘如意有好几次差点取代了太子之位。等到高祖去世后，吕后灭了戚氏，杀死了赵王如意，只有那些平时不受高祖宠爱的妃子才得以平安无事。

吕后的大女儿是宣平侯张敖的妻子，张敖的女儿是惠帝的皇后。吕太后是为了亲上加亲，千方百计让她的外孙女给皇帝生儿子。可是她的外孙女没有生儿子，于是她们只得从后宫抱来别的妃子生的儿子谎称是她生的儿子。孝惠帝去世后，天下刚刚安定不久，继承皇位的人还没有明确。吕后临朝听政，封吕氏兄弟为王，让他们辅佐朝政，并把吕禄的女儿许配给少帝做皇后，想把刘、吕两家关系联结得更牢固，但是毫无用处。

吕后去世后，与高祖刘邦合葬在长陵。吕禄、吕产等人害怕被诛杀，就阴谋作乱。大臣联合起来讨伐他们，上天保佑着刘家的统治，终于消灭了吕氏。单单留下了孝惠皇后把她安置在北宫。大臣迎来代王，请他做皇帝，这就是孝文帝，由他主持汉家宗庙的祭祀。这难道不是天意吗？不是天意谁能担当这样的使命呢？

薄太后的父亲是吴国人，姓薄，秦朝时与魏王宗族的女子魏媪通奸，生下了薄姬，薄姬的父亲死在山阴，就葬在了那里。

等到各地诸侯造反抵抗秦朝的时候，魏豹立为魏王，魏媪就把她的女儿薄姬送到了魏王宫中。魏媪带着薄姬到许负那里去相面，许负给薄姬看过相后，说她将来会生天子。那时楚王项羽与汉王刘邦持兵在荥阳对峙，究竟谁能夺得天下还没有定数。魏豹起初是与汉王刘邦联合一起攻打项羽的，他听了许负的话后心里暗自高兴，便背叛刘邦，先是中立，接着又与楚王项羽联合。后来刘邦派曹参等进攻并俘虏了魏豹，把魏国改为他的一个郡，薄姬被送入织造府。魏豹死后，有一次刘邦进入织造府，看到薄姬美貌，下诏把她收进后宫。薄姬入后宫后，一年多也没有得到宠幸。薄姬年少时，与管夫人、赵子儿很亲密，三人曾在一起约定誓言说："如果谁先富贵了，不要把别人忘了。"后来管夫人、赵子儿都先后得到汉王宠幸。有一次刘邦坐在河南宫的成皋台上，这两位美人谈起当初与薄姬的誓约，相互戏笑。汉王听到后，问她们笑什么，两人把实情都告诉了刘邦。刘邦听了心中有些可怜薄姬，当天便召见了她并宠幸了她。薄姬说："妾昨天夜里梦见一条龙盘踞在我的肚子上。"刘邦说："这是显贵的征兆，我来成全你吧。"结果一次同宿薄姬就生了一个男孩，这就是后来的代王刘恒。此后薄姬就很少见到刘邦了。

刘邦去世后，吕太后把那些曾经得到刘邦宠幸的妃子如戚夫人等都囚禁起来，不准她们出宫。而薄姬由于极少见刘邦的缘故，因此得以允许出宫，她跟随她的儿子刘恒到了代国，成为代王刘恒的太后。太后的弟弟薄昭也一同去了代国。

代王在位十七年，吕后去世了。大臣们商议立新君，他们痛恨外戚吕氏的强横，都称赞薄氏仁德善良，所以迎代王回朝，立为孝文皇帝，薄太后改称号为皇太后，她的弟弟薄昭被封为轵侯。

薄太后的母亲这在以前已去世了，葬在栎阳北边。朝廷追封薄太后的父亲为灵文侯，在会稽郡划出三百户园邑，长丞以下的人被派去侍奉看守陵墓，依照规定举行祭祀。在栎阳城北也兴建了灵文侯夫人陵园，所有礼仪都和灵文侯陵园一样。薄太后认为自己的母家是魏王的后代，父亲早逝，魏氏家族中的人侍奉自己母女的生活是尽了力的，于是下令恢复魏氏家族的地位，按照亲疏程度给予魏氏家族的人不同的赏赐。薄氏家族中有一人被封侯。

薄太后在文帝去世的第二年，即景帝前元二年去世，安葬在南陵。由于吕后与高祖合葬在长陵，所以单独给薄太后建了一个陵园，靠近孝文帝的霸陵。

窦太后是赵国清河观津人。吕太后执政的时候，窦姬以良家女子的身份进宫中服侍太后。后来吕太后把自己身边的一些宫女赐给各诸侯王，每王五人，窦姬就在这批被打发的宫女之中。窦姬家在清河，所以她想到赵国，离家较近，就请求主管遣送的宦官："请一定把我的名册放在去赵国的五个人里。"结果宦官把这件事忘了，错把她的名册放到去代国的五个人中了。名册上奏，诏令说可以，宫女马上就可以出发了。窦姬伤心流泪，埋怨那个宦官糊涂，不愿意去代国，后来被逼无奈，她才肯动身。到了代国以后，代王很宠爱窦姬，先生下了女儿叫嫖，后来又生了两个男孩。原来代王王后生了四个男孩子。王后早在代王尚未入朝立为皇帝之前就死了。代王立为皇帝不久，王后所生的四个男孩子也都相继病死。孝文帝即位几个月之后，公卿大臣请求立太子，窦姬的长子刘启年龄最大，被立为皇太子。窦姬也被立为皇后，女儿刘嫖被称为长公主。第二年，立窦太后的小儿子刘武为代王，不久又改封到梁国，这就是梁孝王。

窦皇后的双亲早已去世，埋葬在观津。这时薄太后就命令有关官员，追认窦皇后的父亲为安成侯，母亲为安成夫人。下令清河为他们修建陵园并置二百户作为陵园的俸邑，由长丞侍奉保护陵园，一切都按灵文园的做法。

窦皇后的哥哥叫窦长君，弟弟叫窦广国，字少君。少君四五岁的时候，家境贫穷，被人拐去卖了，家里人不知道他被卖到哪里了。窦少君被转卖了十几家，最终被卖到宜阳。为他的主人进山烧炭，晚上一百多人躺在山崖下睡觉，山崖崩塌，把睡在山崖下边的一百多人全压死了，只有少君脱险，没有被压死。他找人算了一卦，占卜的人断定他不久将要被封侯，于是他跟随主人家去了长安。听说刚被封立的皇后是观津人，姓窦氏。少君被拐卖离家时年龄虽然小，但还记得自己老家的县名和自家的姓，曾和姐姐一起采桑从树上掉下来，他把这些事作为凭证，上书陈述自己的经历。窦皇后把这件事告诉文帝，把他召进宫里，问他的身世，他详细回答了自身的情况，果然是窦皇后的弟弟。又问他还有什么证据，他回答说："姐姐离开我西去长安的时候，和我在驿站里诀别，姐姐向店家讨了一盆水给我洗头，又要来食物给我吃，然后才离去。"于是窦后就拉住弟弟痛哭起来，泪如雨下。左右侍从也都趴伏在地上低声哭泣，一起随着皇后悲伤。于是朝廷赏赐少君很多田地、房屋和金钱，让他同族的窦氏兄弟一起迁居到长安。

周勃、灌婴等人见到这种情形说："我们这些人当初没有被吕氏杀死，可是现在命都悬在窦氏兄弟二人的手里。这两个人出身低贱，我们不能不给他们挑选良师和宾客放在他们身边，否则又会效法吕氏篡权乱政。"于是就挑选了一些德高望重、有节操的士人和他俩在一起。窦长君、窦少君兄弟俩从此也成为谦逊礼让的君子，不敢以他们的尊贵身份对人骄横傲慢。

后来窦皇后因生病双目失明了。孝文帝转而宠幸邯郸慎夫人、尹姬，她们两人都没有生子。孝文帝去世，孝景帝即位，于是封广国为章武侯。长君在景帝即位前已经去世了，就封他的儿子彭祖为南皮侯。在吴、楚等国叛乱时，窦太后堂兄弟的儿子窦婴，行侠仗义，他领兵平息叛乱，因为立有战功被封为魏其侯。窦氏一门共有三人被封侯。

窦太后爱好黄帝、老子的学说，皇帝、太子以及所有窦氏子弟都不得不跟着她读《黄帝》《老子》这些书，尊奉黄帝、老子的思想。

窦太后是在景帝驾崩六年后，也就是在汉武帝建元六年去世的，她与孝文帝合葬在霸陵。遗下诏书把东宫的一切金钱财物全部赐给她的女儿长公主刘嫖。

王太后是槐里人，她的母亲名叫臧儿。臧儿是从前燕王臧荼的孙女。臧儿最初嫁给槐里县的王仲为妻，生了一个儿子名叫王信，还有两个女儿。后来王仲死了，臧儿又改嫁给长陵县的田氏，为田家生了两个儿子，叫田蚡和田胜。臧儿在王家生的长女嫁给了金王孙为妻，生了一个女儿，臧儿为子女算卦，算卦的人说她的两个女儿将来都是贵人。她因为想要倚仗两个女儿，就把嫁到金家的大女儿接回。金氏很生气，不肯和妻子断绝，臧儿就把女儿送到了太子宫中。太子很宠爱她，一连为太子生了三个女儿和一个儿子。当她还怀着男孩的时候，梦见太阳落入自己的怀中。她把这个梦告诉太子，太子说："这是贵人的征兆。"这个孩子还没有出生孝文帝就去世了，孝景帝即位后，王夫人生下这个男孩。

在此之前臧儿已把她的小女儿兒姁送到了太子宫中，兒姁生了四个男孩。

景帝还是太子的时候，薄太后挑选了一个薄氏女子做他的妃子。等到景帝即位，这个妃子就被立为皇后。皇后没有生子，不得景帝宠爱。薄太后一去世，薄皇后就被废了。

景帝的长子叫刘荣，他的母亲是栗姬。栗姬是齐国人。景帝立刘荣为太子。长公主刘嫖有个女儿，她想让自己的女儿给太子做妃子。栗姬生性好嫉妒，她见景帝身边的几位美人都是长公主引荐给景帝的，她们得到的宠爱都超过了自己，栗姬因此天天都怨怒长公主，就谢绝了长公主的要求，不应允这门亲事。长公主又想把女儿许给王夫人的儿子，王夫人答应了。长公主因为这件事很生气，就常常在景帝面前讲栗姬的坏话，说："栗姬和你所宠爱的夫人、姬妾聚会时，常常让侍从在她们背后吐口水诅咒，施用妖邪惑人的道术。"景帝因此恼恨栗姬。

景帝有一次身体不舒服，心情也不好，就把那些已经被封王的儿子托付给栗姬，对她说：“我死了以后，你要好好地对待他们。”栗姬生气，不肯答应，并且出言不逊。景帝因此很恼怒，怀恨在心但没有发作。

长公主天天在景帝面前称赞王夫人儿子刘彻的优点，景帝也认为他很贤能，又有从前他母亲怀孕时梦见日落其怀的事情，但主意还没最终定下来。王夫人知道景帝怨恨栗姬，趁他怒气未消的时机，故意暗中派人怂恿大臣奏请景帝立栗姬为皇后。有一天大行官奏事完毕后，向景帝请求说：“‘儿子因母亲而尊贵，母亲因儿子而尊贵’，现在太子的母亲还没有封号，应当立为皇后。”景帝生气地说：“这是你应该讲的话吗！”一怒之下处死了大行官，并废了太子，贬他为临江王。栗姬更加怨恨了，不能再见到景帝，不久忧愤而死。最终王夫人被立为皇后，他的儿子被立为太子，皇后的哥哥王信被封为盖侯。

景帝去世后，太子刘彻继位做了皇帝。他尊封皇太后的母亲臧儿为平原君。封田蚡为武安侯，田胜为周阳侯。

景帝一共有十三个儿子，一个儿子做了皇帝，其他十二个儿子都封为王。太后的妹妹兒姁死得早，她的四个儿子也都被封为王。王太后的大女儿封号是平阳公主，二女儿是南宫公主，三女儿是林虑公主。

盖侯王信好喝酒。田蚡、田胜贪财，而且善用文辞巧辩。王仲死得早，埋葬在槐里县，朝廷追尊他为共侯，在槐里县为他建造了陵园，划出二百户作为陵园的俸邑。等到平原君去世后，跟田氏一起葬在长陵，朝廷也在长陵为他们修建了陵园，陵园的规模和共侯的一样。王太后在孝景帝死后十六年，即元朔四年去世，与景帝合葬在阳陵。王太后家共有三人被封侯。

卫皇后字子夫，她的身世不太清楚。她家自称卫氏，卫子夫在平阳侯曹参的封地长大。子夫是平阳公主的歌姬。武帝初即位，没有儿子。姐姐平阳公主挑选了十几个良家女子，把她们梳妆打扮留在家里。武帝从霸上参加除灾求福的仪式回来，顺便到了平阳公主家。公主让那些打扮好的女子出来见武帝，武帝都不喜欢。酒宴结束之后，歌姬上前表演，武帝看见后，唯独喜欢卫子夫。这天，武帝起身上厕所，子夫在侍候皇帝更换衣服的工夫，得到武帝的宠幸。武帝回到座位上，心里特别高兴，赏赐给平阳公主金千斤。公主趁机奏请把卫子夫奉送入宫。卫子夫上车后，平阳公主抚摸着她的后背说：“走吧，好好吃饭，努力吧！如果日后尊贵了，可别把我忘了。”子夫入宫一年多，竟然没有再得宠幸。武帝把不中用的宫人挑出来，让她们出宫回家。卫子夫因而得以见武帝，她哭泣着请求出宫。皇上怜爱她，再次宠幸，结果她有了身孕，一天比一天更受宠爱。武帝召见她的哥哥卫长君和弟弟卫青任侍中。子夫后来备受宠幸，共生了三个女儿和一个儿子。儿子名叫刘据。

当初，武帝还是太子的时候，娶了长公主的女儿做妃子，后来他即位为皇帝，妃子被立为皇后，皇后姓陈，没有生子。武帝当初之所以被立为太子，长公主出力不小，所以陈皇后骄横高傲。当她听说卫子夫大受恩宠的时候，非常气愤，好几次差点气死。皇上对她的表现也更加恼怒。陈皇后为了争宠施用了一些妇人惑人的邪术，武帝对此事颇有觉察，于是废掉了陈皇后，立卫子夫为皇后。

陈皇后的母亲大长公主是孝景帝的姐姐，她多次责备武帝的姐姐平阳公主说：“当初要不是因为我，皇帝就不能即位，过后竟抛弃了我的女儿，怎么这样忘恩负义呢！”平阳公主说道：“是因为她没有生孩子才被废的。”陈皇后为了求得一子，看医生花费的钱有九千万之多，然而终究没能生子。

卫子夫立为皇后的时候，她的大哥卫长君已经死了，她的弟弟卫青被封为将军，因为他抗击匈奴有功，被封为长平侯。卫青有三个儿子，都还在襁褓之中的时候就被封为列侯。卫皇后的姐姐卫少儿的儿子叫霍去病，因有战功被封为冠军侯，官号骠骑将军。卫青官告大将军。卫皇后的儿子刘据被立为太子。卫皇后的亲族因为有军功五人被封侯。

后来卫皇后年老色衰，受宠的是赵国的王夫人，王夫人生了一个儿子，被封为齐王。

王夫人死后，接着受宠的是中山国的李夫人，李夫人生了一个儿子，被封为昌邑王。

李夫人也死的早，她的哥哥李延年因精通音律而得宠于武帝，被封为协律。所谓协律，就是从前的歌舞演奏者。他们兄弟都因与宫女私通导致被灭族。当时她的长兄李广利以贰师将军的身份率兵征讨大宛，没有被杀，等他回到长安，李氏一门已经被皇上诛灭了，后来武帝又怜悯他们，于是封李广利为海西侯。

武帝还有其他皇妃生的两个儿子，一个被封为燕王、一个被封为广陵王。他们的母亲因为不受武帝宠爱，忧伤而死。

等到李夫人去世后，相继受宠的还有尹婕妤等人，然而她们都是以歌女的身份得见武帝，不是有封地的王侯之家的女子，没有资格和皇帝匹配。

褚先生说：我当郎官的时候，曾向熟知汉朝宫廷旧事的钟离生打听过。他说：王太后在民间时曾经生过一个女儿，小孩的父亲是金王孙。金王孙死得早。景帝驾崩后，武帝即位，那时王太后还在世。韩王孙嫣平时深得武帝的宠爱，他趁机向武帝说起太后有个女儿在长陵。武帝说：“怎么不早说呢！”于是派人先去探查，那个女子正好在家。于是武帝就亲自动身前去迎娶她。先是路上清道禁行，车驾前的仪仗队出长安城北面西头的城门，皇帝乘坐的车跟在后面直接驰到长陵。他们从小市场的西边进入里巷，里门关闭着，武帝的侍从们粗暴地把门砸开，簇拥着武帝乘的车一直进入里中，到达金氏门外才停下来，派兵包围这座宅院，以防那女子逃跑。如果她逃跑了，那么武帝亲自来接也接不着了。随即派左右群臣进去寻找。金氏全家惊恐不已，吓得那位女子躲藏在内室的床底下。等到侍从找到她后扶着她出门，让她拜见武帝。武帝下车哭着说：“哎呀！大姐，何必藏得这么深哪！”下令让她坐上侍从车辆，然后掉转车子飞驰回城，直入长乐宫。武帝在行车途中就诏令看守宫门的人向太后通报，等一回宫就去拜见太后。太后说：“皇上这么疲倦，从哪里来的呀？”武帝说：“今天我到长陵找到了我的姐姐，和她一起来的。”回过头来对那个女子说：“来，过来拜见太后！”太后说：“你就是某某吗？”那名女子回答说：“是的。”太后一听，眼泪就流下来了，女子也伏在地上哭泣。武帝捧着酒上前为太后和姐姐祝贺，而后将一千万钱，三百名奴婢，一百顷公田及上等住宅，赐给这位姐姐。太后替女儿道谢说：“皇上破费了。”于是又叫人召平阳公主、南宫公主和林虑公主三人来和这位姐姐相见。武帝封这个姐姐为修成君。修成君有一个儿子和一个女儿。儿子叫修成子仲，女儿后来成为了诸侯王的王后。由于这两个孩子都不是刘氏所生，太后因此特别怜爱他们。修成子仲骄横任性，常常欺凌压迫官吏和百姓，人们都为此而忧虑苦恼。

卫子夫被立为皇后，她的弟弟卫青，字仲卿，以大将军的身份被封为长平侯。卫青有四个儿子，长子卫伉是嫡长子，他曾任皇帝侍从官侍中，十分得宠。卫伉的三个弟弟都被封侯，各给封地一千三百户，一个叫阴安侯，一个叫发干侯，一个叫宜春侯，他们富贵显赫，名震天下。天下流传的歌谣唱道："生儿不要太高兴，生女不把怒气发，难道没有看到卫子夫霸天下！"

当时平阳公主守寡独居，应当找一位列侯做她的丈夫。公主和左右侍从商议，看长安城里的列侯有谁适合做她的丈夫，大家都说大将军卫青最合适。公主笑着说："他是从我们家出去的下人，常让他骑马跟随我出入，怎能让他做我的丈夫呢？"左右侍从们说："如今大将军的姐姐是皇后，他的三个儿子都封侯了，富贵震天下，公主怎么倒把他轻看了呢？"于是平阳公主同意了，把这个心思告诉皇后，请皇后禀告武帝，武帝于是下诏让卫将军做了平阳公主的丈夫。

褚先生说：大丈夫可以像龙那样变化。《传》上说："蛇变为龙，不会改变自己身上的花纹；家变成了国，不会改变自己的姓氏。"丈夫富贵的时候，先前的过失污点都可以掩盖消除，变得光彩荣耀，过去的贫贱怎么能够牵累他呢！

武帝宠爱的妃嫔中有个叫尹婕妤。还有个官号娙娥的邢夫人，人们都叫她"娙何"。娙何的级别相当于俸禄中二千石的官，婕妤的级别相当于列侯。皇后经常是由婕妤升迁的。

尹夫人与邢夫人同时受武帝的宠爱，但武帝有诏令两人不能相见。有一次尹夫人亲自请求武帝，希望能和邢夫人见面，武帝答应了她的请求。武帝让另一位夫人精心打扮，带着几十个侍从，假冒邢夫人前来会见尹夫人。尹夫人走上前去见她，说："这不是邢夫人。"武帝说："为什么这样讲呢？"尹夫人回答说："看她的身段相貌姿态，和皇上不相匹配。”于是武帝就让邢夫人穿上旧衣服独自前来。尹夫人远远看见她就说：“这才是真的邢夫人。”于是就低头哭泣，她伤心自己的容貌不如邢夫人。谚语说：“美女进屋，就是丑女的仇人。”

褚先生说：洗澡不一定要到江海去，主要是除去身上的污垢；马不一定要有名的骏马，善于奔跑就可以了；士人不一定要声名盖世，关键是要懂得道理；女子不一定要出身高贵，主要是应贞洁美好。《传》上说：“女子不论美丑，进门就会被人嫉妒；士人不论贤与不贤，入朝就会遭人嫉妒。”美女是丑女的仇人。难道不是这样的吗！

钩弋夫人姓赵，河间人。得到武帝宠幸，生了一个儿子，就是昭帝。武帝七十岁的时候才得昭帝。昭帝被立为皇帝时仅仅五岁。

卫太子刘据被废以后，武帝没有重新立太子。而燕王刘旦上书给武帝，愿意交回燕国的封地，回到京城任警卫之职。武帝很生气，立即把燕王使者问斩于未央宫的北门之外。

皇上住在甘泉宫，召画工画了一幅周公背着成王的图。这样文武百官就知道武帝想要立小儿子为太子的心思了。过了几天，武帝谴责钩弋夫人。夫人摘下首饰等叩头请罪。武帝说：“把她拉出去，送到宫廷监狱！”夫人回过头来看着，武帝说：“快走，你活不成了！”钩弋夫人被处死在了云阳宫。死的时候，暴风卷起漫天黄沙，尘土飞扬，百姓也为之感到悲伤。使者夜里拉着棺材去将钩弋夫人埋葬，并在埋葬的地方做了标志。

后来，武帝闲时问左右侍从说：“人们对此都说些什么呢？”左右侍从回答说：“人们觉得很费解，说就要立她的儿子做太子了，为什么要除掉她呢？”武帝说：“是的。这不是小孩子们和愚人所能理解的。古时候国家所以出乱子，就是由于皇帝年幼，而他的母亲正在壮年。正值壮年的太后独居，骄横傲慢，淫乱放纵，没有人能禁止。你们没有听说过吕后当年的事吗？”因此，所有为武帝生过孩子的，不管生的是男是女，他们的母亲没有不被处死的，难道能说武帝就不是圣贤了吗！他这样的高瞻远瞩，为后世深思熟虑，本来就不是那些见闻浅陋的愚儒所能达到的。武帝之所以谥号为“武”，难道是虚名吗！

（龚双会 译）

《史记》卷五十 楚元王世家第二十

楚元王刘交是汉高祖刘邦同母的小弟弟，字游。

高祖兄弟四人，长兄叫刘伯，刘伯死得很早。当初刘邦微贱的时候，为了躲避难事，常常带宾客到大嫂家去吃饭。大嫂很讨厌刘邦总来吃饭，因此刘邦和宾客到大哥家时，大嫂假装羹汤已吃完，用勺子刮锅刮得很响，宾客看到这情形因此都离去了。后来刘邦看到锅里还有羹汤，便怨恨大嫂。等到刘邦当了皇帝，分封兄弟子侄，唯独不封大哥的儿子。太上皇为孙子说情，高祖说："我不是忘记封他，只是因为他的母亲没有长辈的样子。"于是刘邦才封了大哥刘伯的儿子刘信为羹颉侯。封二哥刘仲为代王。

高祖六年，在陈县逮捕楚王韩信以后，就封他的小弟刘交为楚王，定都彭城。刘交在位二十三年后去世，他的儿子夷王刘郢继位。夷王在位四年去世，他的儿子刘戊继位。

刘戊即位二十年后的冬天，因在为薄太后服丧期间犯了私奸罪，被削去东海郡封地。第二年春天，刘戊和吴王刘濞合谋反叛，他的相国张尚、太傅赵夷吾劝谏阻拦，刘戊不听从。刘戊杀了张尚、赵夷吾，起兵和吴王一起向西攻打梁国，攻下了棘壁。军队行至昌邑南边，和汉将周亚夫率领的军队交战。汉军截断了吴、楚军队的粮道，士兵饥饿，吴王败走，楚王刘戊自杀，吴、楚军就投降了汉朝。

朝廷平定了吴、楚的叛乱，孝景帝想让吴王刘濞之弟德侯刘广的儿子继承吴国的王位，让元王的儿子刘礼继承楚国的王位。窦太后说："吴王刘濞是我们皇族的老一辈的人，理应为宗室在遵守法度方面做出表率。如今却带头率领七国叛乱，扰乱天下，为什么还要接续他的后代！"不允许立吴王的后代，只许另立楚王的后代。当时刘礼是汉朝的宗正，于是封刘礼为楚王，接着供奉楚元王的宗庙，这就是楚文王。

文王在位三年就去世了，他的儿子安王刘道继位。安王在位二十二年去世，儿子襄王刘注继位。襄王在位十四年去世，儿子刘纯继位。刘纯继位后，宣帝地节二年，宦官上书告发楚王刘纯谋反，结果楚王自杀，国号被废除，封地收归汉朝后改为彭城郡。

赵王刘遂，他的父亲是高祖刘邦的儿子，排行居中，名友。他的谥号为“幽”。幽王因为忧郁而死，所以谥号为“幽”。幽王死后，高后把赵地封给吕禄，让他在赵地为王，一年后，吕太后驾崩去世。大臣诛杀吕禄和整个吕氏家族，于是改立幽王刘友的儿子刘遂为赵王。

孝文帝即位的第二年，立刘遂的弟弟辟彊，从赵国的封地中割去河间郡封辟彊为河间王，这就是河间文王。文王在位十三年去世，他的儿子哀王刘福继位。刘福即位一年便去世了，他没有儿子，绝了后代，河间国国号被废除，封地被收归汉朝。

刘遂当上赵王的第二十六年，正值孝景帝即位不久，因为被晁错抓住过失，削去了他的常山郡。正赶上吴、楚叛乱，于是赵王刘遂就和他们合谋起兵。刘遂的相国建德、内史王悍劝谏阻拦，刘遂不听。他烧死了建德和王悍，发兵驻扎在赵国的西部边界，想和吴王的军队会师后一起向西进军。他还派使者到北边的匈奴，想联合匈奴进攻汉朝。朝廷派曲周侯郦寄攻击赵国。于是赵王刘遂退回邯郸据守，双方对峙了七个月。后来吴、楚军在梁国被朝廷军队打败，不能西进。匈奴听到这个消息，也停止发兵，不肯进入汉朝边界。等到栾布从打败齐国的前线返回来，就和郦寄合兵引水淹灌赵国的都城。邯郸的城墙被水泡坏，赵王刘遂自杀，邯郸归降朝廷。赵幽王刘友从此断绝了后代。

太史公说：国家将要兴起的时候，一定有吉祥的征兆，即君子被重用，小人被斥退。国家将要灭亡的时候，贤人隐退，乱臣显贵。如果楚王刘戊不刑罚申公，听从他的意见，赵王刘遂任用防与先生，他们哪会有篡位弑主的阴谋，遭天下人耻笑呢！贤人啊，贤人啊！如果一个君王自身都不具有好的品德，那他怎么可能任用贤人呢？这点太重要啦！“国家的安危，在于发出的政令；国家的存亡，在于任用的大臣”，这句话说得实在是太到位了！

（龚双会 译）

《史记》卷五十一 荆燕世家第二十一

荆王刘贾，出于刘氏宗族，但不知他属于哪一支。他初起事的时候是刘邦为汉王的元年，刘邦从汉中返回来平定三秦，任刘贾为将军，他率军平定塞王司马欣的领地，然后向东进攻项羽。

刘邦为汉王的第四年，在成皋被项羽打败，他北渡黄河，夺取了张耳、韩信的军队，驻军在修武，深挖壕沟，高筑营垒，派刘贾率领两万军队，几百名骑兵，渡过白马津进入楚地，烧毁了楚国后方囤积的粮草，破坏了那里的产业，让他们无法给项王前方供应军粮。等到楚军回头攻打刘贾时，刘贾总是坚守营垒不出战，并与彭越保持互相支援的态势。

刘邦为汉王的第五年，汉王率兵追击项羽到了固陵，派刘贾南渡淮水去包围寿春。刘贾从寿春归来后，派人离间、招降了楚王项羽的大司马周殷。周殷叛变了项羽后，帮助刘贾攻下了九江，迎回武王黥布的军队，他们一起在垓下与刘邦会师，共同攻打项羽。刘邦于是就让刘贾率领九江的军队，和太尉卢绾一起向西南进攻临江王共尉。共尉死后，刘邦把临江改为南郡。

刘邦为汉王第六年的春天，在陈地会见诸侯，废黜了楚王韩信，并把他囚禁起来，将他的领地分为两国。这时候，高祖的儿子年幼，兄弟人数少，又没有贤才，于是想封同姓家族的人为王来镇抚天下，就下诏令说："将军刘贾有战功，应该封王，同时也挑选刘氏弟子中可以封王的人。"群臣都说："请立刘贾为荆王，统辖淮河以东的五十二座城；请立皇上的弟弟刘交为楚王，统辖淮西的三十六座城。"同时刘邦立自己的儿子刘肥为齐王。自此开始封刘氏兄弟为王。

高祖十一年的秋天，淮南王黥布发动反叛，向东攻打荆地。荆王刘贾与他交战，被打败，逃到富陵，被黥布的军队杀死。刘邦亲自率军讨伐黥布，打败了黥布。高祖十二年，沛侯刘濞被封为吴王，统辖原荆王刘贾的故地。

燕王刘泽，是刘氏的远房宗亲。高祖三年，刘泽任郎中。高祖十一年，刘泽以将军之职领兵攻打陈豨，俘虏了敌将王黄，被封为营陵侯。

吕后当政时，齐国人田生出游在外缺少旅费，就通过出谋划策来向营陵侯刘泽求助。刘泽听了他的计策后非常高兴，就送给了田生二百金。田生得到钱以后，立即回归齐国。第二年，刘泽派人去对田生说："你不再和我交往了。"于是田生又来到长安，却没有去见刘泽，而是借了一座大宅院，让他的儿子去求见并侍奉吕后所宠幸的宦官张子卿。过了几个月，田生的儿子请张子卿到他家里做客，说他父亲要亲自准备酒宴招待他。张子卿答应前往。田生挂起豪华的帷帐，摆设出精美的用具，好像诸侯一般阔气。张子卿一见很惊讶。趁酒兴正浓的时候，田生就让左右退下，向张子卿说道："我观察了诸侯王的住宅一百多座，都是高祖时候的功臣。而吕氏家族的人也扶助高祖完成了统一天下的大业，功劳非常大，而他们又是如今掌管朝政的吕太后的至亲。太后年事已高，吕氏族人势力薄弱，太后想立吕产为王，封他在代国。太后很慎重此事，恐怕大臣们不同意。如今您最受太后宠幸，又受大臣们尊敬，何不婉言劝说大臣，让他们向太后禀告此事呢？太后听了此提议一定会很高兴的。等诸吕被封王之后，您也可以当万户侯了。太后心里想这样做的，而您是内臣，如果不及时提出，灾祸恐怕要落到您的身上了。"张子卿觉得田生的话非常有道理，于是就婉言劝说大臣，让他们请立吕产为王。太后上朝时，向群臣询问此事。大臣立即上奏请立吕产为王。太后十分高兴，赐给张子卿金千斤，张子卿把其中的一半送给田生。田生没有接受赠金，又趁机向张子卿劝说道："吕产被封王，大臣们未必完全心服。如今营陵侯刘泽，是刘氏宗族，身为大将军，他对此就不满意。现在您去劝劝太后，让太后划出十几个县封他为王。刘泽如果得到王位，高高兴兴地离去，吕氏宗族的王位就更加稳固了。"张子卿进宫把这番话向太后禀告，太后认为很对。于是封营陵侯刘泽为琅邪王。琅邪王就与田生一起前往封地。田生劝刘泽抓紧时机赶快走，不要停留。他们刚出函谷关，太后果然派人追赶阻拦他们，可惜刘泽已经出关，追赶的人只好回去了。

等到太后去世以后，琅邪王刘泽说："如今皇帝年少，诸吕把持朝政，刘氏势单力薄。"于是率军与齐王刘襄合谋西进，打算诛灭诸吕。等到他们到达梁地，听说朝廷派将军灌婴屯兵荥阳，刘泽就回师加强自己驻地西部边界的守备，然后他快马加鞭赶到长安。这时代王刘恒也正好从代地赶到长安。于是朝廷的将相大臣就和琅邪王一起共同拥立代王为天子。天子于是改封刘泽为燕王，把琅邪郡还给齐王，恢复齐王原有的领地。

刘泽做燕王的第二年去世，谥号是敬王。王位传给他的儿子刘嘉，这就是康王。

王位传到刘泽的孙子刘定国时，他与父亲康王的姬妾通奸，生了一个男孩；又霸占弟弟的妻子为姬妾，还与自己的三个女儿通奸。待至刘定国打算杀死肥如县令郢人时，郢人等就向朝廷告发了刘定国的罪行，刘定国为了灭口，派人找茬说他触犯了法令，逮捕并杀死郢人。到了元朔二年，郢人的兄弟再次上书详细告发刘定国不可告人的事，朝廷才发觉他的罪行。皇帝诏令公卿论处，公卿都议论说："刘定国的所作所为是禽兽之行，败坏人伦，违背天理，应当处死。"皇帝准许了公卿的建议。刘定国闻讯自杀，燕国被废除，改设为郡。

太史公说：荆王之所以能被封王是由于汉朝刚刚建立，天下尚未完全统一，所以刘贾虽是刘氏的远房宗亲，但还是因为战功被封为王，威镇江淮之间。刘泽之所以被封王，是因为用权谋激发吕氏取得的结果，刘泽及其子孙最终南面称王三代。事情始于刘泽和田生的互相推重，难道不是很伟大吗！

（龙　霜　译）

《史记》卷五十二 齐悼惠王世家第二十二

齐悼惠王刘肥是高祖刘邦最大的庶子，他的母亲曹氏是高祖从前的情妇。高祖六年，立刘肥为齐王，封地七十座城，凡是说齐语的百姓都归他管辖。

齐王是孝惠帝的哥哥。孝惠帝二年，齐王刘肥入京朝见皇帝。孝惠帝与齐王饮宴，两人行的礼仪如同平民人家兄弟之间的礼仪一样。吕太后为此大怒，想要诛杀齐王。齐王害怕不能免于祸患，于是采用齐国内史勋的计策，把齐国的城阳郡献给鲁元公主做汤沐邑。吕太后因为他的此举而高兴，不再追究他，齐王才得以安然归国。

刘肥任齐王十三年，在孝惠帝六年去世。他的儿子刘襄继位，这就是齐哀王。

哀王元年，孝惠帝驾崩，吕太后代行皇室的权力，天下大事都由她决断。哀王二年，吕后封她哥哥的儿子郦侯吕台为吕王，割出齐国的济南郡作为吕王的封地。

哀王三年，他的弟弟刘章进入汉宫值宿守卫，吕太后封他为朱虚侯，并把吕禄的女儿嫁给他为妻。四年之后，封刘章的弟弟刘兴居为东牟侯，也在长安宫中值宿守卫。

哀王八年，高后割出齐国的琅邪郡，封营陵侯刘泽为琅邪王。

第二年，刘邦的儿子赵王刘友进京朝见，被幽禁而死在他的府邸。刘邦的三个儿子刘如意、刘友、刘恢依次被封为赵王，又都被吕后所废黜。高后封吕氏子弟吕禄为燕王、吕通为赵王、吕产为梁王，专权执政。

朱虚侯刘章二十岁时，勇武有力，对刘氏得不到要职而愤愤不平。他曾经侍奉吕后宴饮，吕后令朱虚侯刘章当酒令官。刘章请求说："臣是武将的后代，请允许我按军法监督酒令。"吕后说："可以。"到酒兴正浓的时候，刘章起身献上助兴的歌舞向吕后敬酒。然后又说："请让我为太后说说耕田的事。"太后一直以来把他当作孩子看待，笑着说：

“你的父亲知道种田的事，你生下来就是王子，怎么知道种田的事呢？”刘章说：“臣知道。”吕后说：“那就给我说说种田的事吧。”刘章说：“地要耕得深，种子要播种得密，留的苗要稀疏，不是种植的东西坚决要锄掉。”吕后听了默默不语。过了一会儿，吕氏族人中有一人喝醉了，逃离了酒席，刘章追过去，拔剑把他杀了，然后回来禀报说：“有一个人逃离酒席，想中途溜走，臣已经按军法把他杀了。”吕后和周围的人都大为吃惊，既然已经准许他按军法行事，也就无法治他的罪。饮宴也因而结束。从此以后，吕氏家族的人都惧怕朱虚侯，朝廷大臣也都依附于他，刘氏的声势又渐渐强盛起来。

第二年，吕后去世。这时赵王吕禄任上将军，梁王吕产为相国，他们都住在长安城里，两人集结兵力以威胁大臣，想发动叛乱。由于朱虚侯刘章妻子是吕禄的女儿，所以知道了他们的阴谋，于是派人偷偷溜出长安城报告他的哥哥齐王，想让他发兵西征，朱虚侯、东牟侯在城内接应，以便诛杀吕氏族人，趁机立齐王为皇帝。

齐王听到这个消息之后，就和他的舅父驷钧、郎中令祝午、中尉魏勃暗中谋划出兵。齐国的相国召平听说了这件事，就发兵护卫王宫。魏勃骗召平说：“大王想发兵，可是没有朝廷的虎符验证。您围住了王宫，这是好事。我请求替您领兵护卫王宫。”召平相信了他的话，就让魏勃领兵围住王宫。魏勃得到兵权以后，反过来派兵包围了相府。召平说：“唉！道家说‘当断不断，反受其乱’，我就是这样的啊。”于是自杀了。当时齐王任驷君做相国，魏勃任将军，祝午任内史，下令征调全国的兵力。派祝午东去欺骗琅邪王说：“吕氏族人叛乱，齐王发兵想西进诛灭他们。但齐王觉得自己是小辈，年纪也小，不熟悉行兵打仗之事，愿把整个封国托付给大王。大王从高祖那时起就是将军，熟悉战事。齐王不敢离开军队，就派臣请大王到临淄去会见齐王商议大事，一起领兵西进平定关中之乱。”琅邪王信以为真，认为这个主意不错，就快马加鞭去见齐王。齐王与魏勃等趁机扣留了琅邪王。派祝午把琅邪国的军队全部调用过来。

琅邪王刘泽被欺骗之后，不能返回封国，于是劝齐王说：“齐悼惠王是高祖的长子，从根本上说，大王就是高祖的嫡长孙，理应继承皇位。如今大臣们还在迟疑不决，而我是刘氏家族里年纪最大的，大臣们都等着我商议。如今大王把我扣留在这里，我也就不能有什么作为了，不如让我入关计议，为您争取皇位。”齐王认为这样不错，就备车送琅邪王入朝。

琅邪王走了以后，齐王就起兵西进攻打吕国的济南郡。这时齐哀王给诸侯发出书信说：“高祖平定天下之后，就分封子弟为王，悼惠王封在齐国。悼惠王去世后，惠帝派留侯张良来立我为齐王。惠帝驾崩之后，吕后专政，她年事已高，听任诸吕擅自废黜高祖所封诸王，又杀害了三位赵王，灭了梁、燕、赵三国，以分封诸吕为王，还把齐国分成济南、琅邪、城阳和齐四国。忠臣们进言劝谏，太后昏乱不听。如今太后去世，皇帝年少，还不能治理天下，当然要依仗大臣和诸侯。现在诸吕又擅自尊为高官，集结军队耀武扬威，胁迫诸侯和忠臣，假传皇帝诏命号令天下，刘氏政权危在旦夕。如今我欲率领军队入关，去诛灭那些不应为王的人。”

朝廷听说齐王发兵西进，相国吕产就派大将军灌婴率军东进拦击齐兵。灌婴到了荥阳，心中盘算道：“诸吕领兵集结关中，想要危害刘氏而自立为皇帝。我现在如果打败了齐国回朝报捷，那么就会更加增强吕氏的势力。”于是就让军队停下来驻扎在荥阳，派出使者通告齐王和诸侯，愿意与他们联合，等待吕氏发动叛乱时就共同诛杀他们。齐王听说此事后，就向西进兵夺回他们的故地济南郡，并在齐国西界驻军来等待灌婴的约定。

吕禄、吕产打算在关中叛乱，朱虚侯刘章与太尉周勃、丞相陈平等诛杀了他们。朱虚侯刘章先杀了吕产，于是太尉周勃等才得以全部诛灭诸吕。这时琅邪王刘泽也恰好从齐国赶到长安。

大臣商议着要立齐王为帝，可是琅邪王刘泽对大臣说：“齐王的舅舅驷钧，凶恶残暴，简直就像一只穿戴了衣帽的老虎。过去由于吕氏的擅权几乎使天下大乱，现在又要立齐王，这就是想要再出现一个吕氏。代王的母家薄氏，素来忠厚，况且代王又是高祖如今还在世的最年长的亲生儿子。立儿子，名正言顺；立善良人，对大臣们来说都会放心。”于是大臣们就计划迎立代王为帝，并派朱虚侯刘章把朝廷已经诛杀诸吕的事告诉齐王，让他收兵。

灌婴在荥阳，听说最初是魏勃劝说齐王造反的，等朝廷诛灭了吕氏，齐国收了兵之后，就派人召来魏勃责问他，问他为什么怂恿齐王造反。魏勃说："如果看到别人家里失火了，哪里有空先告诉主人然后才去救火呢？"说完就退立一旁，两腿打战，吓得说不出别的话来。灌将军看了他好一会儿，笑着说："人们都说魏勃很勇敢，在我看来其实是个平庸无能的人罢了，哪会有什么作为呢！"于是免了他的职。魏勃的父亲因善于弹琴受到过秦朝皇帝的召见。魏勃在年少时，想求见齐国的相国曹参，由于家贫没有财力去疏通关系，就常常一个人早起到齐相的随身侍从门前打扫。这位侍从很奇怪，以为是什么怪物，就暗中在一边观察，结果发现了魏勃。魏勃说："我想拜见相国大人，因为没有门路，所以来给您打扫，想借此来求见。"于是这位侍从就带领魏勃去拜见曹参，曹参因而让他也做侍从。一次魏勃给曹参驾车，说到对一些事情的看法，曹参认为他有才干，便把他推荐给齐悼惠王。悼惠王召见魏勃，任命他为齐国内史。起初，悼惠王有权自己任命二千石俸禄的官吏。等到悼惠王去世，哀王刘襄即位以后，魏勃已在齐国掌权，权力比齐国的相国还大。

齐王收兵回国之后，代王刘恒来到长安即帝位，这就是孝文帝。

孝文帝元年，把吕后时从齐国分割出去的城阳、琅邪和济南郡全部归还齐国，琅邪王改封为燕王，加封朱虚侯、东牟侯领地各二千户。

这一年，齐哀王去世，太子刘则即位，这就是齐文王。

齐文王元年，汉朝廷把齐国的城阳郡封给朱虚侯刘章，立他为城阳王；把齐国的济北郡封给东牟侯刘兴居，立他为济北王。

齐文王二年，济北王反叛，朝廷派兵把他杀掉了，将他的封地归入朝廷。

又过了两年，孝文帝把齐悼惠王的儿子罢军等七人全部封为列侯。

齐文王在位十四年去世，他没有儿子，国号废除，封地被收归朝廷。

一年以后，孝文帝让之前被封为列侯的悼惠王的儿子们瓜分齐国的领地，分别分封为王。封悼惠王的儿子杨虚侯刘将闾为齐王。原来齐国所辖的其他郡县全部分封给悼惠王的其他儿子：封刘志为济北王，封刘辟光为济南王，封刘贤为淄川王，封刘印为胶西王，封刘雄渠为胶东王，与城阳王、齐王一共是七个王。

齐孝王十一年，吴王刘濞和楚王刘戊共同谋反，他们起兵西进，并且遍告诸侯说："我们将去诛灭汉朝的贼臣晁错以使国家安定。"胶西王、胶东王、淄川王、济南王都擅自发兵响应吴王和楚王的举动。吴、楚还想联合齐国，齐孝王犹豫不定，就派兵坚守城池，没有答应，四国军队共同包围了齐国。齐王派路中大夫去向天子报告，天子又让路中大夫回去告知齐王："好好坚守城池，朝廷的军队现在已经打败吴、楚了。"路中大夫回到齐国时，四国的军队已经把临淄城团团包围了，没有办法进城。四国的将领劫持路中大夫并与他订立盟约，说："你要反过来说朝廷军队已被打败，齐国应赶快向四国投降，否则将被屠城。"路中大夫只好假装答应他们，来到城下，远远看见齐王，说："朝廷已经发兵百万，派太尉周亚夫把吴、楚叛军打败了，正领兵来救援齐国，大王一定要坚守城池，不要投降！"四国将领大怒，杀死了路中大夫。

齐国起初被围困到危急之时，也曾暗中与四国谈判，盟约还没有议定，正好听到路中大夫从朝廷回来，齐王非常高兴，大臣们也都再次劝谏齐王不要投降四国。没过多久，汉将栾布、平阳侯曹奇等率领的军队到达齐国，打败了四国军队，解除了齐国的包围。事后不久栾布等人听说齐国起初曾与四国有过共谋，便想移兵攻打齐国。齐孝王惧怕，就喝毒药自杀了。景帝听说后，认为齐国最初是和四国对抗的，由于受到逼迫威胁才与四国有共谋，并不是他们的罪过。于是立孝王的儿子刘寿为齐王，这就是齐懿王，让他继续齐国的祭祀。而胶西王、胶东王、济南王和淄川王都被诛灭了，他们的领地都收归朝廷。改封济北王刘志为淄川王。齐懿王在位二十二年去世，他的儿子刘次景继位，这就是齐厉王。

齐厉王的母亲是纪太后，纪太后把她弟弟的女儿嫁给厉王为后。厉王不喜欢纪家的女儿。纪太后想让纪氏家族世世宠贵，就让她的长女纪翁主进入王宫，整顿后宫的秩序，不让其他妃嫔接近齐王，想让厉王只亲近纪氏的女儿。没想到厉王却趁机和他的姐姐翁主通奸。

齐国有个宦官叫徐甲，入朝侍奉皇太后。皇太后（汉武帝的母亲王太后）有个女儿修成君，修成君不是刘氏所生，王太后因此特别怜爱她。修成君有个女儿名字叫娥，王太后想把她嫁给诸侯，宦官徐甲就请求出使齐国，让齐王上书娶娥做王后。王太后很高兴，就派徐甲前往齐国。当时齐国人主父偃知道徐甲出使齐国是为了何事，也对徐甲说："如果事情成功了，希望说一说我的女儿愿到齐王后宫当妃嫔。"徐甲到齐国之后，委婉地向纪太后说明了来意。纪太后听到后大怒，说："齐王已有王后，后宫嫔妃俱全。况且徐甲原是齐国的贫民，穷困得没有办法才去做宦官，入朝侍奉汉宫，没有给汉宫办什么好事，又想来扰乱我们齐王之家！再说主父偃是什么人？竟然也想把自己的女儿塞进后宫！"徐甲狼狈到了极点，回朝禀报皇太后说："齐王已经答应娶娥了，但是有一种后患，我怕以后像燕王一样。"燕王就是由于和他的几个女儿们通奸，刚刚因罪自杀，封国被灭除，所以徐甲故意用燕王的事触动王太后。王太后说："不准再提嫁孙女到齐国的事了。"事情渐渐传到了天子的耳朵里。主父偃也因此与齐国有了隔阂。

主父偃当时受到武帝的宠信，主持政事，他趁机对武帝说："齐国的临淄有十万户人家，贸易租税每天达千金之多，人口多而且富足，超过了长安，这样的大国，除了天子的亲兄弟或儿子，不应该封到那里为王。如今的齐王和皇室的血缘关系越来越远了。"接着又假装不经意地说："吕太后的时候齐国就想反叛，吴楚七国之乱的时候齐孝王差点参与叛乱。现在又听说齐王和他的姐姐乱伦。"于是武帝就任命主父偃为齐国的丞相，并让他去查办这件事。主父偃来到齐国，就立刻审问为齐王和他姐姐翁主牵线搭桥的人，胁迫他们在供词和旁证中都牵涉到齐王。齐王年少，害怕罪大被官吏捉去杀头，就服毒自杀了。齐王没有后代，齐国因此断绝。

当时赵王害怕主父偃一出任齐相就废掉了齐国，担心他要离间汉家骨肉，于是向武帝上书告发主父偃受贿和因对齐国挟怨而说长道短的事。武帝也就借此囚禁了主父偃。公孙弘对武帝说："齐王被主父偃逼死，绝了后代，封地已收归朝廷，如果不诛杀主父偃，就无法平息天下人的怨恨。"武帝于是下令诛杀了主父偃。

齐厉王在位五年去世，没有后代，封地被朝廷收回。

齐悼惠王的后代还领有两个国家，即城阳国和淄川国。淄川国的领地紧靠齐国。武帝怜悯齐国，因为悼惠王的墓园在郡城，就把临淄以东环绕悼惠王墓园的城邑规划给了淄川国，让淄川王刘志主持悼惠王的祭祀。

城阳景王刘章是悼惠王的儿子，他为朱虚侯的时候与大臣共同诛灭了诸吕，而且刘章在未央宫首先亲手斩了相国吕产。孝文帝即位后，加封刘章领地二千户，赏赐金一千斤。孝文帝二年，割出齐国的城阳郡封刘章为城阳王。刘章在位二年去世，他的儿子刘喜继位，这就是城阳共王。

共王刘喜在位的第八年，被改封为淮南王。四年以后，又回来做城阳王。共王刘喜在位三十三年去世，他的儿子刘延继位，这就是城阳顷王。

顷王刘延在位二十六年去世，儿子刘义继位，这就是城阳敬王。敬王刘义在位九年去世，儿子刘武继位，这就是城阳惠王。惠王在位十一年去世，儿子刘顺继位，这就是城阳荒王。荒王刘顺在位四十六年去世，儿子刘恢继位，这就是城阳戴王。戴王刘恢在位八年去世，儿子刘景继位，到了孝成皇帝建始三年，刘景年仅十五岁就去世了。

济北王刘兴居也是齐悼惠王的儿子，他曾以东牟侯的身份协助大臣诛灭诸吕，功劳不大。等到孝文帝从代国来到长安，刘兴居说："请让我和太仆夏侯婴入宫清除余患。"于是他废黜了少帝刘弘，与大臣们共同尊立了孝文帝。

孝文帝二年，文帝割出齐国的济北郡，封刘兴居为济北王，与城阳王刘章一同即王位。刘兴居即位两年就反叛了。起初诛灭诸吕的时候，朱虚侯的功劳特别大，朝廷曾答应把赵国全部封给朱虚侯，把梁国全部封给东牟侯。到孝文帝即位后，听说朱虚侯、东牟侯起初想立齐王为帝，就贬低了他们的功劳。到孝文帝二年，文帝分封诸子为王，才划出齐国的两个郡来封刘章和刘兴居为王。刘章和刘兴居认为自己有功而失去了应得的赵王、梁王之位。刘章死后，刘兴居听说匈奴大举侵汉，汉朝征调了大量兵力，派丞相灌婴领兵反击匈奴，孝文帝亲临太原，他认为孝文帝会亲自领兵反击匈奴，于是就在济北起兵反叛。孝文帝听说后，将丞相灌婴和派出的军队一齐撤回长安。同时派棘蒲侯柴将军率军讨伐，并俘虏了济北王，济北王自杀，封地收归朝廷，改为济北郡。

十三年以后，也就是孝文帝十六年，文帝又封齐悼惠王的儿子安都侯刘志为济北王。济北王刘志在位的第十一年，吴、楚七国谋反的时候，刘志坚守城池，不与七国诸侯合谋。因此在吴楚叛乱平定以后，朝廷就改封刘志为淄川王。

济南王刘辟光也是齐悼惠王的儿子，孝文帝十六年，由勒侯晋封为济南王。刘辟光在位十一年时，参与了吴、楚七国的反叛。朝廷军队打败叛军，杀死刘辟光，把济南设为郡，封地收归朝廷。

淄川王刘贤也是齐悼惠王的儿子，在孝文帝十六年时，刘贤由武城侯晋封为淄川王。刘贤在位十一年的时候，参与了吴、楚七国的反叛。朝廷军队打败叛军，杀死了刘贤。孝文帝因此改封济北王刘志为淄川王。

刘志也是齐悼惠王的儿子，由安都侯晋封为济北王。淄川王刘贤反叛失败后，没有后代，就把济北王改封为淄川王。刘志在位三十五年去世，谥号为懿王。他的儿子刘建继承王位，这就是淄川靖王。刘建在位二十年去世，他的儿子刘遗继承王位，这就是顷王，刘遗在位三十六年去世，他的儿子刘终古继位，这就是淄川思王。刘终古在位二十八年去世，他的儿子刘尚继位，这就是孝王，刘尚在位五年去世，他的儿子刘横继位，到汉孝成皇帝建始三年，刘横年仅十一岁就去世了。

胶西王刘卬，也是齐悼惠王的儿子，孝文帝十六年，由昌平侯晋封为胶西王。刘卬在位十一年时参与了吴楚七国的反叛。朝廷军队打败叛军，杀死了刘卬，封地收归汉朝廷，改为胶西郡。

胶东王刘雄渠也是齐悼惠王的儿子，孝文帝十六年，由白石侯晋封为胶东王。刘雄渠在位十一年时参与了吴、楚七国的反叛。朝廷军队打败叛军，杀死了刘雄渠，封地收归朝廷，改为胶东郡。

太史公说：诸侯中的大国没有超过齐悼惠王的。那是因为汉高祖刘邦刚刚平定天下，刘氏子弟较少，汉天子有感于秦朝没有分封宗亲，所以就大封同姓王，以此来镇抚万民之心。至于此后被分裂为若干小国，也是必然的。

（龙　霜　译）

《史记》卷五十三 **萧相国世家第二十三**

相国萧何是沛县丰邑人。他通晓法令条文而不刻薄，做了沛县县令手下的官吏。

在汉高祖刘邦还是平民的时候，萧何曾多次利用职位之便保护过他。后来刘邦当了亭长，萧何更是常常帮助他。当刘邦因公到咸阳服役时，别人都奉送他三百钱，唯独萧何送他五百钱。

秦朝的御史到泗水郡督察政务时，与萧何在一起共事，见萧何办事精明，对各种事项分辨得很清楚。于是提拔萧何担任泗水郡管理文书的卒吏，萧何在考核中名列第一。于是朝廷来的御史打算把萧何征召到朝廷供职，萧何一再辞谢，才没有被调走。

等到刘邦起事做了沛公，萧何以沛县县丞的身份协助刘邦处理督办各种公务。刘邦进了咸阳，将领们都争先恐后奔向府库中瓜分金帛财物，唯独萧何首先进入宫室收取秦朝丞相及御史掌管的法律条文、地理图册、户籍档案等文献资料，并将它们珍藏起来。刘邦做了汉王，任命萧何为丞相。项羽和诸侯军队进入咸阳后，屠杀焚烧了咸阳，就离去了。刘邦之所以能够详尽地知道全国的险关要塞，户籍多少，各地诸方面的强弱以及民众的疾苦等，就是因为萧何完好地珍藏了秦朝的文献档案的缘故。萧何还向刘邦推荐了韩信，刘邦任命韩信为大将军。此事的详细经过，记载在《淮阴侯列传》中。

刘邦领兵东进去平定三秦的时候，萧何以丞相的身份继续留守下来治理巴蜀，安抚民众，发布政令，供给军队粮草。汉高祖二年，刘邦联合各路诸侯攻打楚军，萧何镇守关中，侍奉太子，治理栎阳。萧何制定了法令规章，建立了宗庙、社稷、宫室，划分了县邑，所有这些事情萧何总是先请示刘邦，得到刘邦同意了才施行这些政事；如果来不及请示刘邦，有些事萧何就酌情处理，等刘邦回来再向他汇报。萧何按着户口征集粮草运送给前方军队，刘邦多次被项羽打得兵败人逃，萧何总是及时征发关中士卒以补充军队的缺额。刘邦因此委任萧何处理关中一切政事。

汉高祖三年，刘邦与项羽对峙于京县、索城之间，长期相持不下，刘邦多次派遣使者回关中慰劳丞相萧何。有个叫鲍生的人对丞相说："汉王在前线无衣蔽体，无伞遮阳，却多次派使者来慰问您，这是对您起了疑心。为您着想，不如派遣您的子孙兄弟中能打仗的人都到前线军营中效力，这样汉王必定更加信任您。"于是萧何按鲍生的主意办了，刘邦非常高兴。

汉高祖五年，刘邦已经杀了项羽，平定了天下，于是论功行赏大封群臣。由于群臣争功攀比，一年多了，群臣的功劳大小也没定下来。刘邦认为萧何的功劳最显赫，于是封他为酂侯，给他的领地也最多。功臣们都不服，说："我们身披战甲，手执刀枪，多的身经百战，少的交锋几十回合，攻占城池，夺取地盘，都立了大小不等的战功。而萧何没有一点这样的汗马功劳，只是舞文弄墨，耍耍嘴皮子，没有上过一回战场，封赏反倒在我们之上，这是为什么呢？"刘邦说："你们懂得打猎吗？"群臣回答说："懂得打猎。"刘邦又问："知道猎狗吗？"群臣说："知道。"刘邦说："打猎时，追咬野兽的是猎狗，但发现野兽踪迹，指出野兽在哪里的是猎人。你们做的好比捉到野兽，功劳如同猎狗。至于萧何是发现野兽踪迹，指挥猎狗去追，功劳如同猎人。再说诸位只是个人追随我，多的不过两三个人。而萧何让自己本族里的几十人都来跟随我，其功劳是不能忘怀的。"于是群臣都不敢再说什么了。

列侯均已受到封赏，待到要评定列侯们的位次了，群臣都说："平阳侯曹参出生入死，身受七十处创伤，攻城夺地，功劳最多，应该排在第一位。"刘邦在之前封赏功臣的时候已经压制过功臣们的意见，较多地赏封了萧何，到评定位次时就没有再反驳大家，但心里还是想把萧何排在第一位。关内侯鄂千秋进言说："各位大臣的主张是错误的。曹参虽然有南征北战夺取地盘的功劳，但这不过是一时的事情。大王与楚军项羽相持了五年，多次在战斗中损兵折将，只身逃走了好几次。然而萧何常及时地从关中派遣士兵补充前线，这些都不是皇上下令让他做的，他这样及时地填补空缺缓解燃眉之急已有多次了。汉军与楚军在荥阳相持数年，军中没有口粮，萧何从关中用车船运送粮食到前线，军粮供应从不匮乏。皇上虽然多次失掉崤山以东的地区，但萧何一直保全关中给皇上做根基，这才是万世不朽的功勋啊。即使没有曹参这样的人，对汉室又有什么损失？汉室不是因为有曹参这样的人才得以保全的。怎么能让一时的功劳凌驾在万世功勋之上呢！应该是萧何排第一位，曹参居次。”高祖说：“好。”于是把萧何排在第一位，特恩许他上朝时可以佩带宝剑，穿着鞋子，可以不按礼仪小步快走。

刘邦说：“我听说推荐贤才的人应该受到上等的奖赏。萧何的功劳虽然很高，但他是得到了鄂千秋的推荐才让人们知道的。”于是把鄂千秋从原来受封的关内侯基础上加封为安平侯。同一天，萧何父子兄弟十多人都受了封，得到了领地。后又加封萧何两千户，这是因为刘邦过去到咸阳服役时，萧何多送给他二百钱的缘故。

汉高祖十一年，陈豨反叛，刘邦亲自率军到邯郸去讨伐他。平叛尚未结束，淮阴侯韩信在关中谋反，吕后采用了萧何的计策，杀了韩信，此事的详细经过，记载在《淮阴侯列传》中。刘邦听说淮阴侯已经被杀，派遣使者拜丞相萧何为相国，加封五千户，并令五百名士卒、一名都尉做相国的卫队。为此许多人都来祝贺，唯独召平来警告萧何。召平原是秦朝的东陵侯。秦朝灭亡后，他沦为平民，家中贫穷，在长安城东种瓜。他种的瓜味道甜美，所以人们都称他种的瓜为“东陵瓜”，这是根据召平的封号来命名的。召平对相国萧何说：“您的祸患要从此开始了。皇上风吹日晒地统军在外，而您留守朝中，未遭战事之险，反而增加您的封邑并设置卫队，这是因为目前淮阴侯刚刚在京城谋反，对您有所怀疑的缘故。设置卫队保护您，并非以此宠信您。希望您辞让封赏不受，把家产、资财全都捐助军队，那么皇上心里就会高兴。”萧相国听从了他的计谋。刘邦果然非常欢喜。

汉高祖十二年的秋天，黥布反叛，刘邦亲自率军去讨伐他，在讨伐黥布期间，刘邦多次派人回长安来慰问萧何，问他在做什么。萧何觉得刘邦在前线吃苦，就一边在后方安抚勉励百姓，一边把自己的家财全都捐助军队，和讨伐陈豨时一样。这时有一个门客劝告萧何说：

“您离被灭族不远了。您位居相国，功劳又数第一，还能再往哪里加功呢？您当初进入关中就深得老百姓拥护，至今十多年了，民众都亲附您，您还是那么勤勉地做事以博取百姓的欢心。皇上之所以屡次派人来慰问您，是害怕关中百姓倒向您。您现在为什么不多买田地，采取赊借等手段来降低自己的声誉呢？这样，皇上对您就放心了。”于是萧何听从了他的计谋，按他的主意办了，刘邦才非常高兴。

刘邦打败黥布军队回京时，半路上遇到民众拦驾上书，状告萧何低价强买百姓田地房屋数量极多。刘邦回到长安后，萧何前去拜见。高祖笑着说：“你身为相国竟然占老百姓的便宜。”刘邦把路上收到的控告信都交给萧何，说：“你自己向百姓们谢罪吧。”萧何趁这个机会为民众求情说：“长安一带土地十分稀少，上林苑中有很多空地，都白白荒废着，希望您能让百姓们进去耕种，留下禾秆作为禽兽的饲料。”刘邦听了大怒说：“你一定大量接受了商人的财物，现在居然为他们请求占用我的上林苑！”于是就把萧何拿下交给廷尉，用镣铐拘禁了他。几天之后，一个王姓的卫尉侍奉刘邦时，上前问道：“萧相国犯了什么大罪，陛下为何前几天把他拘禁起来了呢？”刘邦说：“我听说李斯辅佐秦始皇时，有了成绩归于主上，出了差错自己承担。如今萧何大量地收受奸商钱财而为他们请求占用我的上林苑，想以此来向民众讨好，所以我把他铐起来治罪。”王卫尉说：“凡是有利于百姓的，就向皇上请求去做，这确是宰相分内的事，陛下怎么怀疑萧何收受了商人钱财呢！况且陛下抗拒楚军数年，陈豨、黥布反叛时，陛下又亲自带兵前往平叛，在那些日子里萧何替您留守关中，如果他那时跺一跺脚，那么函谷关以西的地盘就不属于您所有了。萧何不在那个时机为己谋利，现在还会贪图商人的钱财吗？再说秦始皇就是因为听不到自己的过错而失去天下，李斯分担过错，又有什么值得效法呢？陛下对萧何的怀疑实在是太浅薄了。”刘邦听后不太高兴。当天，刘邦派人持节赦免释放了萧何。萧何上了年纪，一向谦恭谨慎，赤脚步行去向刘邦谢罪。刘邦说：“相国你还是算了吧！相国为民众请求苑林，我不答应，我不过是桀、纣那样的君主，而你则是个贤相。我之所以把你用镣铐拘禁起来，是想让百姓们知道我的过错。”

萧何跟曹参一向关系不好，到后来萧何病重时，孝惠皇帝亲自去探视他的病情，趁便问道:“您如果故去了，谁可以接替您的职位呢？”萧何回答说:“最了解臣子的莫过于君主了。”孝惠帝说:“曹参怎么样？”萧何叩头回答说：“陛下可是找到最合适的人选了！我死而无憾了！”

萧何购置田地住宅时，总是挑贫苦偏僻的地方，而且不修筑高大的房舍。他说：“我的后代如果成材，就应该学习我的俭朴；如果不成材，就可以免于被有权势的人家所夺取。”

孝惠帝二年，相国萧何去世，谥号为文终侯。

萧何的后代有四代子孙因为犯罪而失去侯爵封号，每次丢掉爵位后，皇帝总是再寻找到萧何的后代，续封为酂侯，汉朝的功臣中没有谁能够与萧何这种情况相比。

太史公说：相国萧何在秦朝时不过是个文职小吏，平平庸庸没有惊人的表现。等到汉室兴盛时，萧何仰仗帝王的余光，为刘邦看家守业，根据民众痛恨秦朝苛法这一情况，因势利导制定了一套新的政策措施。等到韩信、黥布等被诛灭后，萧何的功勋就显得更加伟大了。他位居群臣之首，声望流传后世，能够跟闳夭、散宜生等人媲美了。

（龙　霜　译）

#《史记》卷五十四 曹相国世家第二十四

平阳侯曹参是沛县人。秦朝时曹参是沛县的监狱长，萧何是沛县的主吏，他们在县里都是有名望的官吏。

刘邦做了沛县的县令起事时，曹参就以侍从的身份跟随着他。他先是和刘邦一起进攻胡陵、方与二县，接着又攻打了秦朝郡监的军队，大获全胜。紧接着向东拿下薛县，在薛县外城的西面打败泗水郡郡守的军队。然后又回师攻打胡陵，并夺取了它。他们接着率军去守卫方与。方与已经反叛，投靠了魏王，刘邦、曹参等率军前往征讨。这时丰邑也反叛投靠了魏王，刘邦、曹参只好移兵去攻打丰邑。刘邦封曹参为七大夫。刘邦、曹参等在砀县东面进击秦朝司马殴的军队，打败了他，夺取了砀县、狐父县和祁县的善置驿。曹参又攻打下邑以西的地方，一直到虞县，与秦将章邯的军队交战。接着攻打爰戚和亢父时，曹参都是最先登上城楼。因此刘邦提升曹参为五大夫。他向北救援东阿，攻击章邯的军队，攻陷陈县，乘胜追击到濮阳。随后他们又攻打定陶，夺取临济。接着他们又往南救援雍丘，攻击并打败李由的军队，杀死了李由，俘虏秦朝的一个军候。不久秦将章邯打败项梁的军队，杀死了项梁，刘邦与项羽只好率军东撤。这时楚怀王任命刘邦为砀郡的郡长，统领砀郡的军队。刘邦封曹参为执帛，号称建成君。后来又把曹参升为爰戚县县令，隶属砀郡。

从那以后，曹参又跟随刘邦在成武南面打败了东郡郡尉的军队。在成阳南面攻打王离的军队，又在杠里跟王离军队交锋，大获全胜。乘胜追击败逃的敌军，向西到了开封，攻打秦将赵贲的军队，打败了秦军，把赵贲围在开封城中。接着他们又向西在曲遇攻打秦朝将领杨熊的军队，打败了它，俘虏了秦朝的司马及御史各一人。曹参因此被升为执珪。曹参又跟随刘邦攻打阳武，拿下了轘辕关和缑氏县，封锁了黄河渡口，回军在尸乡之北击败了赵贲的军队。而后又跟随刘邦向南攻打犨邑，在阳城县城以东与南阳郡的郡守吕齮交战，曹参首先攻破了吕齮军队的阵列，夺取了宛城，俘虏了吕齮，全部平定了南阳郡。

接着曹参又跟随刘邦向西进军，夺取了武关、峣关这两个关口，并乘胜追击秦朝的军队于蓝田的南面，夜间在蓝田的北面袭击秦军，大败秦军，随即到达咸阳，灭掉了秦朝。

后来项羽到了咸阳，封刘邦为汉王。刘邦封曹参为建成侯。曹参跟随刘邦到了汉中后，升为将军。又跟随刘邦回军平定三秦，首先是攻打下辩、故道、雍县、斄县。在好畤的南面打败了章平的军队，包围了好畤，夺取了壤乡。在壤乡东面和高栎一带打败了三秦的军队，并且第二次包围了章平，章平从好畤突围只身逃跑。曹参趁机攻打赵贲和内史保的军队，并打败了他们。曹参向东夺取了咸阳，刘邦把咸阳改名叫新城。曹参率兵守卫景陵前后差不多二十天的时间，三秦又派章平等人进攻曹参，曹参出兵迎击，大败敌军。刘邦把宁秦赐给曹参做食邑。接着曹参以将军的身份领兵在废丘包围了章邯，又以中尉的身份跟随刘邦出临晋关。到了河内，拿下了修武，从围津渡过黄河，向东在定陶打败了龙且、项他的军队。进而向东攻取了砀县、萧县及彭城。接着和项羽的军队交战，汉军大败逃跑。后来曹参以中尉的身份包围并夺取了雍丘。刘邦的部将王武在外黄反叛，程处在燕县反叛，曹参率军前往攻打，都打败了他们。柱天侯在衍氏反叛。曹参又击败叛军，夺回了衍氏。在昆阳攻打羽婴，追击到叶县。接着又回师攻打武强，随即辗转到了荥阳。曹参从汉中开始做了统领军队的中尉，跟随刘邦扫荡诸侯，进攻项羽的都城彭城，被项羽打败，又逃回到荥阳，前后总共有两年的时间。

汉高祖二年，刘邦任命曹参代理左丞相，领兵驻守关中。过了一个多月，魏王豹反叛，曹参以代理左丞相的身份与韩信率领军队东进在东张攻打魏将军孙遫的军队，大破敌军。接着乘势进攻安邑，俘获了魏将王襄。又在曲阳攻打魏王豹，追到武垣，活捉了魏王豹。随后曹参等又夺取了平阳，俘获了魏王的母亲、妻子、儿女，全部平定魏地，共得五十二座城邑。刘邦把平阳赐给曹参做食邑。曹参后来又跟随韩信在邬县东面攻打代国相国夏说的军队，大败夏说的军队，并杀了夏说。接着韩信与原常山王张耳率兵东下到井陉，攻打成安君，同时命令曹参回师把代国的别将戚将军围困在邬县城中。戚将军弃城突围逃跑，曹参追杀了他。这之后曹参率兵来到了敖仓刘邦的营地。这时韩信已经平定了赵国，以相国的身份向东攻打齐国。刘邦让曹参以左丞相的身份隶属韩信，一举击溃了齐国历下的军队，夺取了临淄。接着曹参回师平定了济北郡，攻下了著县、漯阴、平原、鬲县、卢县等地。不久又跟随韩信在上假密攻打龙且的军队，大败敌军，斩了龙且，俘虏了他的部将周兰。齐国被平定，总共夺得七十余县。俘获了齐王田广、丞相田光，代替丞相留守的许章和原齐国的胶东将军田既。后来韩信做了齐王，领兵到了陈县，与刘邦会合，共同打败了项羽，而曹参被留下来继续平定齐国那些尚未平定的地方。

项羽兵败死后，天下大局已定，刘邦做了皇帝，韩信被改封为楚王，齐国改设为郡。曹参归还了左丞相印。后来刘邦封自己的长子刘肥为齐王，任命曹参为齐国相国。汉高祖六年时大封功臣，朝廷与诸侯剖符为凭，使被分封者的爵位世代相传而不断绝。把平阳的一万零六百三十户封给曹参作为食邑，封号叫平阳侯，取消了以前所封的食邑。

曹参以齐国相国的身份领兵打败了陈豨的部将张春的军队。在黥布反叛的时候，曹参以齐国相国的身份跟从齐悼惠王刘肥率领十二万人马，与刘邦合攻黥布的军队，大获全胜。曹参曾向南打到蕲县，又回师平定了竹邑、相县、萧县、留县等地。

曹参的战功是：总共打下了两个诸侯国，共一百二十二个县；俘虏了诸侯王二人，诸侯国丞相三人，将军六人，大莫敖、郡守、司马、军候、御史各一人。

孝惠帝元年，废除了诸侯国设立相国的制度，改封曹参为齐国丞相。曹参在当齐国丞相时，齐国有七十座城邑。当时天下刚刚平定，而悼惠王年纪很轻，曹参把齐国有名望的老年学者都召来，向他们询问如何按照齐国的风俗安抚百姓的办法。但是齐国的儒生有几百人，众说纷纭，曹参听了仍不知如何做。这时他听说胶西有位盖公，此人精通黄老学说，于是就派人带着厚礼去把他请来。曹参见到盖公后，盖公对曹参说，治理国家的办法贵在统治者要清静无为，这样百姓们自然就安定下来了。以此类推，把这方面的道理都讲了。曹参于是让出自己丞相府的正屋，让盖公住在里面。此后，曹参治理齐国的主要指导思想就是黄老的学说，所以他当齐国丞相九年，齐国安定繁荣，人们都称赞他是贤明的丞相。

孝惠帝二年，萧何去世。曹参听到这个消息，就让他的家人赶紧为他整理行装，说："我马上要到朝廷做相国去。"没过多久，朝廷果然派人来召曹参。曹参离开时，对后任齐国丞相说："要把齐国的狱市作为某些行为的寄托，要慎重对待这些行为，不要轻易干涉它们。"后任丞相说："治理国家难道没有比这件事更重要的吗？"曹参说："不是这样的。狱市这些行为，是好坏人都存在、兼容并蓄的。如果您严加干涉，那么坏人在哪里容身呢？所以我把这件事摆在首位。"

曹参起初卑贱的时候，跟萧何的关系很好；等到他们各自做了将军、相国，彼此之间便有了隔阂。萧何临终时，向孝惠帝刘盈推荐的贤臣只有曹参。曹参接替萧何做了相国后，一切事情都遵循萧何制定的规章制度，没有任何变更。

曹参专门从各郡和诸侯国中挑选了一些不善言辞、厚道而年长的人来担任自己丞相府的办事人员。对于官吏中那些严格按法律条文和规章制度办事、沽名钓誉的人，就斥退他们。曹参自己整天痛饮美酒，不问政事。卿大夫以下的官吏和宾客们见曹参不理政事，都想着给他提点建议。这些人一到，曹参就立即拿出美酒给他们喝，过了一会儿，有的人仍想说些什么，曹参又让他们喝酒，直到喝醉后离去，始终没能够开口劝谏，每次总是如此。

相国府的后花园离相府小吏的住所很近，小吏们在房舍里整天饮酒歌唱，大呼小叫。曹参的随从官员们很厌恶这件事，但对此也毫无办法，于是就请曹参到后园中游玩，他听到了那些官吏们醉酒高歌、狂呼乱叫的声音，随从官员们希望相国把他们召来并制止这种行为。没想到曹参反而叫人拿酒来，陈设座席痛饮起来，并且也高歌呼叫，与那些官吏们互相应和起来。

曹参见别人有细小的过失，总是替人隐瞒遮盖，相府中因此平安无事。

曹参的儿子曹窋为中大夫。汉惠帝心里奇怪曹相国不理政事，认为“相国是不是看不起我？”于是对曹窋说：“你回家后，找个合适的时机随意地问你父亲说：‘高帝刚刚去世，如今的皇上又很年轻，您身为相国，整天喝酒，遇事也不向皇上请示报告，你是怎样关心国家大事呢？’但要注意不能透露出这些话是我告诉你的。”曹窋在休假日回到家里，闲暇时陪着父亲，用自己的口吻把惠帝的话向曹参说了。曹参听了很生气，打了曹窋二百板子，说：“你赶紧进宫侍奉皇上去，国家大事不是你应该过问的。”到了上朝的时候，惠帝责备曹参说：“您为什么要惩治曹窋？那些话是我让他规劝您的。”曹参脱帽谢罪说：“陛下认为您和高帝谁更圣明英武？”惠帝说：“我哪里敢跟先帝相比呢！”曹参说：“陛下看我和萧何谁更贤能？”惠帝说：“您似乎不如萧何。”曹参说：“陛下这番话很对。当初高帝与萧何平定了天下，并且制定了各种规章制度，现在这些制度条文明确地摆在那里，陛下您就尽管袖手清闲，我等谨守各自的职责，遵循原有的法度亦步亦趋，不就行了吗？”惠帝说：“说得好。你休息吧！”

曹参为汉朝的相国前后有三年时间。去世后被谥为懿侯。他的儿子曹窋继承了他的侯位。当时百姓们唱道：“萧何制定法度，明确而又公平；曹参继任相国，遵守萧何制定的法度而无变更。曹参施行他那清静无为的做法，百姓得以安宁。”

平阳侯曹窋在吕后时曾任御史大夫。孝文帝即位后，曹窋被免除御史大夫的职位为侯。曹窋为侯二十九年去世，谥号为静侯。曹窋的儿子曹奇继承侯位，曹奇为侯七年去世，谥号为简侯。曹奇的儿子曹时继承侯位。曹时娶了汉景帝的女儿平阳公主，他的儿子名叫曹襄。后来曹时染了疫病，回到封国。曹时为侯二十三年去世，谥号为夷侯。曹时的儿子曹襄继承侯位。曹襄娶了汉武帝的女儿卫长公主，他的儿子名叫曹宗。曹襄为侯十六年去世，谥号为共侯。曹襄的儿子曹宗继承侯位。征和二年，曹宗因受武帝太子发动兵变一事的牵连而被处死，封国被废除。

太史公说：相国曹参的战功之所以如此多，是因为他跟淮阴侯韩信一起作战的缘故。韩信被杀以后，靠着战功封侯的功臣中便只有曹参最出名了。曹参作为汉朝的相国，极力主张清静无为，这一点完全合于道家的学说。在当时的百姓遭受秦朝的酷政统治以后，曹参推行了休养生息的政策，所以天下的人都称颂他的美德。

（龙　霜　译）

《史记》卷五十五 留侯世家第二十五

留侯张良，他的祖先是韩国人。他的祖父张开地担任过韩昭侯、宣惠王、襄哀王三朝的宰相。他的父亲张平担任过韩釐王、悼惠王两朝的宰相。悼惠王二十三年，张平去世。张平死后二十年，韩国被秦国消灭。张良由于年岁小，还没有做过韩国的官吏。韩国灭亡时，张良家有奴仆三百人。他的弟弟死后没有厚葬，而是省着用全部家财来寻求刺客刺杀秦王，为韩国报仇，这是因为他的祖父和父亲在韩国做过五世宰相的缘故。

张良曾经在淮阳学过礼。他又到辽东拜见过仓海君。他找到一个大力士，做了一件重一百二十斤的铁锤。当秦始皇去辽东巡游时，张良与那个大力士在博浪沙暗中袭击秦始皇，误中了一辆随行的车子，没有伤到秦始皇。秦始皇为此大怒，下令全国大肆搜查，非常急迫地要捉拿刺客，因为这是张良他们干的。张良于是只好改名换姓，逃到下邳隐藏了起来。

有一次张良随便在下邳桥上散步，这时有一个穿着粗布短衣的老人走到张良的身边，故意把自己的鞋子扔到桥下，回过头来对张良说："小子，下去给我把鞋捡上来！"张良感到惊讶，很想揍他一顿。但是看到他年纪很大了，就强忍着心头的怒火，下去把他的鞋子给捡了上来。老人说："给我穿上！"张良想到已经为他把鞋子捡上来了，于是就跪下身子给他穿鞋。老翁把脚伸出来，让张良穿好，笑着走了。张良心里异常惊讶，目送老人离去。老人离开一里左右后又返了回来，说："你这小子有培养前途。五天以后的黎明时分和我在这里会面。"张良越发感到奇怪，跪下说："是。"到了第五天，天刚亮，张良就去了。老人已经先到桥上了，他生气地说："与老年人相约，反而晚来，为什么迟到？"老人转身走开了，说："五天以后早点来会面。"五天以后，鸡刚叫，张良就来到桥头。老人又已经先到桥上了，他又生气地说："又晚来，怎么回事？"老人又走开了，说："五天以后再会面，记得早点来。"五天以后，张良不到半夜就去了。过了一会儿，老人也来了，高兴地说：

"就应当像这样。"他拿出一编竹简交给张良，说："读了这本书就可以做帝王的老师了。十年以后就会发展起来。十三年以后，你我将在济北见面，谷城山下的黄石就是我。"老人说完就走了，没有再说其他的话，从此也没有人再见到过这位老人。天亮后张良一看老人给的那本书，是《太公兵法》。张良觉得它与一般书籍不一样，经常学习诵读它。

张良住在下邳期间，经常做一些行侠仗义的事。项伯曾杀过人，隐藏在张良的住所。

十年以后，陈涉等人起兵，张良也聚集了一百多名年轻人。景驹自立为楚国的代理国王，驻兵在留县。张良打算去投奔景驹，在路上遇到了刘邦。刘邦率领着几千人攻城略地，来到了下邳城西，张良便投奔了刘邦。刘邦任命张良为厩将。张良经常给刘邦讲说《太公兵法》，刘邦认为他说的有道理，经常采纳他的谋略。张良给其他人讲说《太公兵法》，但大家都听不明白。张良说："沛公的智慧，大概是上天赋予的。"所以就跟随了刘邦，不去找景驹了。

等到刘邦到了薛县，见到了项梁。这时项梁已经拥立了楚怀王。张良于是劝项梁说："您已经立了楚国的后代为王，而韩国公子中横阳君韩成也很贤能，可以立为王，这样楚国也多了一位盟友。"于是项梁派张良去找来韩成，立他为韩王。韩王封张良为韩国的丞相，与韩王率领一千多人向西开辟韩地，得到了几座城邑，但是后来又被秦国夺了回去，他们只好在颍川一带来回打游击。

等到刘邦从雒阳向南穿过轘辕山，张良就率兵跟随着刘邦，一起攻下了韩地的十多座城池，打败了杨熊的军队。刘邦于是命令韩王韩成留守阳翟，他和张良一起南下，攻下了宛城，而后向西攻入武关。刘邦打算用两万人攻打镇守峣关的秦军，张良劝阻说："目前秦军的战斗力还很强大，我们不可轻视。我听说镇守峣关的将领是屠户的儿子，商人唯利是图，我们可以用金钱打动他。您可以留下坚守营地，先派一部分人到前线去准备好五万人的粮食，同时在周围的山头上多多张挂些旗帜作为疑兵，迷惑敌人。然后派郦食其带着贵重的财宝去诱惑秦国的守将。”秦军的将领果然反叛，想和刘邦联合，一起向西袭击咸阳，刘邦想同意他们的建议。张良说：“这只是他们的将领想反叛罢了，恐怕他的部下不一定会听从。如不听从就一定会有危险，不如乘他们懈怠时去进攻他们。”于是刘邦率兵进攻秦军，秦军没有做好准备，大败。刘邦追击败兵到了蓝田，与秦军再次交锋，秦军彻底瓦解，于是刘邦顺利地到了咸阳，秦王子婴投降了刘邦。

刘邦进入秦宫，看到宫室、帷帐、狗马、珍奇异宝和美女数以千计，就想留下来住在这里。樊哙劝刘邦出去居住，刘邦不听。张良说：“正是因为秦王朝暴虐无道，所以您才能来到这里。既然我们的目的是为天下铲除残贼，那么就应该以生活简朴为本。我们现在才刚刚入秦，您就想过那种昏君过的享乐日子，这就是所谓‘助桀为虐’。况且‘忠言逆耳利于行，良药苦口利于病’，希望您能听樊哙的话。”于是刘邦就率兵回到霸上。

项羽率兵来到鸿门后，准备攻打刘邦。项伯连夜跑到刘邦的军营，私下见了张良，打算叫张良一起离开。张良说：“我受韩王之托跟随沛公打到这里，现在沛公有了危险，我丢下他逃跑是不义的行为。”于是就把情况全部告诉了刘邦。刘邦听了大吃一惊，说：“该怎么办呢？”张良说：“沛公您真的想背叛项羽吗？”沛公说：“那浅薄无知的小人叫我把守住关口，不让各路诸侯进关，那样就能占据秦国全部土地而称王了，所以我听了他的话。”张良说：“沛公你估量一下自己能打败项羽吗？”刘邦沉默了好久，说：“当然不可能。现在该怎么办呢？”张良于是把项伯邀请进来。项伯见到刘邦，刘邦给他敬酒，并与他结为儿女亲家，让项伯回去带话说刘邦不敢背叛项羽，刘邦之所以拒守关口，是为了防备其他强盗的骚扰。后来刘邦又亲自见了项羽，双方才和好，这些事情都记载在《项羽本纪》中。

汉高祖元年正月，刘邦做了汉王，领有巴、蜀地区。刘邦赏赐给张良黄金百镒，珍珠二斗，张良把这些全部献给了项伯。刘邦又通过张良送给项伯许多钱财，让项伯为他向项羽请求占有汉中地区。项羽答应了他的请求，于是刘邦得到了汉中地区。刘邦前往他的封国，张良送他到褒中，刘邦才让张良返回韩地。张良趁便劝告刘邦说：“大王为什么不烧毁所经过的栈道，向天下人表明你没有再回来的心思，以此让项羽对您更加放心”，于是刘邦让张良返回韩地，让他在回去的路上烧掉了栈道。

张良回到韩国时，由于韩成让张良跟从刘邦的缘故，所以项羽不派韩成到封国，让他跟从自己一起东去。张良劝项王说：“刘邦烧绝了栈道，这说明他已无返回之心。”接着又把齐王田荣反叛的事上书告诉了项羽。项羽因此消除了对西面刘邦的忧心，而向北发兵去攻打齐国。

项羽一直没有让韩成回韩国就任，先把他降爵为侯，后来又在彭城杀死了他。张良闻风逃跑了，抄小路投奔汉王，这时刘邦也已经返回去平定了三秦。刘邦封张良为成信侯，让他跟从自己向东去攻打项羽。到了彭城，刘邦的部队战败而还。到了下邑，刘邦下马靠着马鞍问道：“我打算把函谷关以东地区送给别人，谁可以和我共建功业？”张良进言说：“九江王黥布是楚军的猛将，他和项羽有隔阂，彭越和齐王田荣在梁地反叛，这两个人马上就可使用。而您的将领中只有韩信可以委任大事，独当一面。如果您真打算捐弃那块地方，就送给这三个人，那么项羽就可以被打败。”于是刘邦派隋何劝说九江王黥布，又派其他人去联合彭越。等到魏王豹反叛时，刘邦派韩信率兵去讨伐他，韩信顺势攻下了燕、代、齐、赵等国的大片地区。而刘邦最后击败项羽，也是靠这三个人的力量。

张良体弱多病，未曾领兵独当一面，他只是作为出谋划策的大臣，时时跟在刘邦身边。

汉高祖三年，项羽把刘邦包围在荥阳，情势十分紧急，刘邦既害怕又发愁，和郦食其商量如何削弱项羽的势力。郦食其说：“从前商汤打败夏桀之后，把夏的后代分封在杞国。周武王灭纣之后，把商朝的后代分封在宋国。现在秦朝失德弃义，侵夺诸侯国家，灭了东方六国，竟使他们的后代没有立足之地。如果您能把六国的后代再立起来，授予他们印信，那么那些国家的君臣百姓一定都会对陛下感恩戴德，无不钦慕陛下的德义，希望做您的臣仆。推广德义之后，您就可以称霸天下，那时候项羽一定会对您恭敬地俯首称臣。”刘邦说：“很好。赶快叫人刻制印信，刻好了您就给他们带去。”

郦食其还没有出发，张良从外面回来拜见刘邦。刘邦正在吃饭，一见张良便说："子房到我跟前来，食客中有人为我谋划削弱项羽势力的办法。"于是就把郦食其的话全部告诉了张良，随后问道："你看这个想法怎么样？"张良说："谁给您出的这个主意？如果您这样做，那么您的大事就全完了。"刘邦说："为什么呢？"张良回答说："请让我借助面前的筷子为大王筹划一下。"接着说："当初商汤打败夏桀后，把夏的后代分封在杞，是有把握能置夏桀于死地。现在您能置项籍于死地吗？"刘邦说："不能。"张良说："这是不能封立六国后代的第一个原因。周武王灭纣后，把商的后代分封在宋国，是因为周武王有把握能够得到纣王的人头。现在您能够得到项羽的人头吗？"刘邦说："不能。"张良说："这是第二个不能封六国后代的原因。周武王进入商都，在商容住过的里巷口上立表来表彰他，释放了拘禁的箕子，重修了比干的坟墓。现在您能够修建圣人的坟墓，在贤者的里巷立表表彰他，在智者的门前表示敬意吗？"刘邦说："不能。"张良说："这是第三个不能封六国后代的原因。周武王曾发放巨桥仓的粮食，散发鹿台府库的金钱，用来救济贫穷。现在您能散发府库里的钱粮来救济贫穷吗？"刘邦说："不能。"张良说："这是第四个不能封六国后代的原因。周武王灭商以后，立刻废弃战车，改为载人的车，倒置干戈，用虎皮蒙盖起来，告示天下不再用兵。现在您能改武行文，不再打仗吗？"刘邦说："不能。"张良说："这是第五个不能封六国后代的原因。周武王当时把战马放在华山南坡去牧养，表示以后不用它们了，不再打仗。现在您能把战马放养，不再使用吗？"刘邦说："不能。"张良说："这是第六个不能封六国后代的原因。周武王当时把牛放在桃林的北面去牧养，表示不再运输和积储粮草。现在您能让牛去放牧而不再运输和积储粮草吗？"刘邦说："不能。"张良说："这是第七个不能封六国后代的原因。况且所有的游客谋士们离弃祖坟，告别了故旧，跟随您走南闯北，他们日夜盼望的就是得到一块封地。如今您重新分封六国，立韩、魏、燕、赵、齐、楚的后代，那么您身边的游士都各自回去侍奉他们的君主，和他们的亲人团聚，回到他们的故友和祖坟所在的家乡，您和谁一起去夺取天下呢？这是第八个不能封六国后代的原因。现在只有项羽的实力最强，您重新封立六国后代，六国就会屈从于项羽，您怎么能够使他们臣服呢？如果真的采用了食客的计谋，您的事情就全完了。”刘邦停止了吃饭，气得把嘴里的饭吐了出来，骂道：“这个书呆子，差点儿坏了老子的大事！”赶紧下令销毁了印信。

汉高祖四年，韩信打败齐国以后想自立为齐王，刘邦知道后非常生气。张良劝说刘邦后，刘邦于是派张良带着印信去封韩信做了齐王。这件事详细记载在《淮阴侯列传》中。

同年秋天，刘邦追击项羽到了阳夏南，因战斗不利而坚守在固陵，而各路诸侯到了约定的时间还都没来。张良劝说刘邦，刘邦采用了他的计策，各路诸侯的兵马就来了。这件事详细记载在《项羽本纪》中。

汉高祖六年正月，分封开国功臣，张良未曾立过战功，刘邦说：“运筹谋划在帷帐之中，决战取胜在千里之外，这就是你张良的功劳。你可以在齐地选择三万户作为封地。”张良说：“当初我在下邳起兵，在留县遇到您，这是上天把我交给您的。您采用我的计策，幸而有时料中，把留县封给我我就满足了，不敢领受三万户的封地。”于是刘邦封张良为留侯，和萧何等人一起分封。

刘邦已封赏二十多位大功臣，其余的就互相攀比日夜争功，直闹得刘邦无法进行封赏。有一天刘邦在雒阳南宫里，从辅道上望见将领们一起坐在沙地上窃窃私语。刘邦问张良说：“这些人在议论什么？”张良说：“陛下不知道吗？这些人在密谋反叛呢。”刘邦说：“天下才刚刚安定下来，他们为什么要反叛呢？”留侯说：“您以平民百姓的身份起兵，靠着这些人夺取了天下。现在您做了天子，而所封赏的都是萧何、曹参这些老朋友，是您亲近爱护的，而所杀掉的都是您平时怨恨的仇人。现在军吏们都在计算战功，使用天下的全部土地也不够封赏，这些人怕陛下不能全部封赏，又害怕陛下疑心他们平时的过失而受到诛杀，所以就相聚在一起密谋反叛。”刘邦忧愁地说：“那该怎么办呢？”张良说：“您平时所憎恨的又为群臣都知道的，是谁呢？”刘邦说：“雍齿和我有旧仇，曾多次侮辱我，我想杀掉他，因为他的功劳多，所以不忍心。”张良说：“现在赶快先封雍齿来昭示群臣，群臣看到雍齿受到封赏，那么就会安心了。于是刘邦大摆酒宴，封雍齿为什方侯，当众催促丞相、御史尽快给群臣定功分封。群臣们吃完酒宴后，都高兴地说："雍齿尚且能封为侯，我们这些人就没有什么担忧的了。"

刘敬劝刘邦说："国都应该建在关中。"刘邦听了犹豫不决。刘邦的左右大臣都是殽山以东地区人，他们大都建议建都洛阳，他们说："洛阳东面有成皋，西面有殽山、渑池，背靠黄河，面向伊水、洛水，其地势坚固足可依恃。"张良说："洛阳虽然坚固，但它地区狭小，方圆不过数百里，而且土地瘠薄，四面容易受到敌人的攻击，这里不是一个可以发挥军事优势的地方。至于关中，左有殽山和函谷关，右有陇、蜀大山，中间沃野千里，南面有巴蜀一带的富饶资源，北有畜牧之利，凭借南、西、北三面的险要来防守，只需集中东方一面来控制诸侯。东方安定的时候，可以通过黄河、渭水运输天下的物资向西供给京师。如果诸侯有变，也可以通过黄河、渭水顺流而下，给前线运输物资。这正是所谓'金城千里，天府之国'，刘敬的说法是正确的。"于是刘邦当天就起驾，西行建都关中了。

留侯跟从刘邦进入函谷关。张良一直体弱多病，到了关中以后，于是就练道家的导引健身术，不食五谷杂粮，一年多闭门不出。

刘邦打算废掉太子刘盈，立戚夫人的儿子赵王如意为太子。大臣纷纷劝阻，但都始终没有人能使刘邦下定决心。吕后有些恐慌，不知该怎么办才好。有人对吕后说："留侯张良善于出谋划策，皇上很信任他。"于是吕后就派建成侯吕泽去要挟张良说："你经常为皇上出谋划策，如今皇上打算更换太子，你怎么能够高枕而卧呢？"张良说："当初皇上曾多次处于危急之中，所以他能采纳我的计策。现在天下安定了，由于偏爱的缘故而想更换太子，这是骨肉之间的事情，即使有一百多人去劝说，又有什么用呢？"吕泽强逼着说："无论如何你一定要为我出个主意。"张良说："这种事空口劝说是行不通的。天下有四个人，是皇帝也请不出来的。这四个人的年纪都很大了，他们都认为皇上对人傲慢无礼，宁愿逃避在山中躲起来，也不愿屈节做汉朝的子民。但是皇上一直很尊重这四个人。现在如果你能够不吝惜金银财宝，让太子写一封信，言辞要谦恭，安排一辆安适的车子，派一个口才好的辩士去请他们，他们应当会来。他们来了之后，以礼相待，叫他们充当太子的宾客，经常跟从太子上朝，特意让皇上看见他们，这样皇上就一定会感到惊异而询问他们。问了他们，皇上就会知道这四个人的贤能，这对太子会有很大的帮助。”于是吕后让吕泽派人带着厚礼和太子的信，说尽好话地请这四个人来。四个老人请来后，就住在建成侯吕泽的家里。

汉高帝十一年，黥布起兵反叛，刘邦当时生病了，打算让太子为将前往征讨。四个老人商量说：“我们之所以来这里，就是为了保全太子。如今让太子领兵出征，事情就很危险了。”于是就劝建成侯说：“太子领兵出征，有了功劳也不会为他带来好处。如果无功而归，那么从此就会遭受祸患。并且太子所统率的将领们，都是过去和皇上一起打天下的猛将。现在派太子去统率他们，这无异于让羊去统率狼，谁也不会为太子效力，这样太子一定不会有战功的。我听说‘母亲如果受宠爱，她的儿子就会受宠爱’，现在戚夫人整天服侍皇上，赵王如意常常被抱放在皇上跟前，皇上曾说‘我绝不会让不肖之子居于我的爱子之上’，很明显赵王如意是肯定要代替太子的。你为什么还不赶快请吕后乘机向皇帝哭诉说：‘黥布是天下有名的将领，善于用兵，而现在的将领都是陛下的同辈人，如果让太子去统率他们，简直就是让羊去统率狼，没有一个肯被太子所用，听他的使唤。如果让黥布听到这件事，那么他一定会长驱直入地西进了。皇上您现在虽然生病了，如果您能强忍着坐在车里，监护诸位将领，那么诸位将领就不敢不尽力。皇上虽然要辛苦些，但为了妻子儿女就再勉为其难吧。”吕泽听了，当夜就去见吕后，把这四个人的意思向她说了。吕后赶紧找了个机会在刘邦面前按照四人的意思哭诉了一番。刘邦说：“我本来就想着这小子不足派遣，还是老子自己去吧。”于是刘邦亲自率兵向东进发，留守的群臣，都来到灞上送行。张良正生病，也挣扎来到曲邮，拜见刘邦说：“我应当随从您去的，但因病很重不能成行。楚人勇猛敏捷，希望您不要和楚人正面硬拼。”又乘机劝刘邦说：“应该任命太子为将军，让他监督节制关中的军队。”刘邦说：“你虽然有病，但也要勉力辅佐太子。”因为当时叔孙通为太傅，所以让张良行使少傅的职责。

汉高祖十二年，刘邦打败黥布的军队从前线回来，病情更加严重，更加想改立太子了。张良劝说，刘邦不听，因此就称病不再过问政事。太傅叔孙通引用古今事例的教训，豁出命来为太子争辩。刘邦假装答应了他，但心里还是打算改立太子。有一次宫里设宴置酒，太子在一旁侍奉。那四个老人跟随着太子，他们年纪都有八十多岁，胡子眉毛都白了，衣冠奇伟。刘邦感到奇怪，便问太子说："他们几个是什么人？"于是四个老人上前回话，各自报了自己的姓名：东园公、角里先生、绮里季、夏黄公。刘邦听后大吃一惊，说："我找了你们多年，你们都躲避着我，今天你们为什么和我儿子交往呢？"四个老人说："陛下生性傲慢轻视士人，好辱骂士人，我们不愿遭受侮辱，所以躲藏起来。我们听说太子为人孝顺仁慈，礼贤下士，天下没有一个人不愿为太子效死，所以我们就来了。"刘邦说："请诸位善始善终地照应他。"

四个老人向刘邦敬酒完毕，就一起小步疾走退了出去。刘邦目送着他们，并招来戚夫人，指着这四个人的背影说："我想改立太子，但是那四个人辅佐着太子，他的羽翼已经长成，难以变动了。吕后真是你的主子了。"戚夫人听后哭了，刘邦说："你来为我跳楚舞，我来为你伴唱楚歌。"于是刘邦唱道："鸿鹄展翅高飞，一举飞千里。翅膀已经长硬，横穿四海无阻碍。横穿四海无阻碍，谁又能把它怎么样！虽然有强弓短箭，也是徒劳无益！"他反复地唱了几遍，戚夫人痛哭流涕。刘邦起身离去，酒宴由此结束。刘邦之所以最终没有能改立太子，是因为张良的主意，招来的这四个老人起了作用。

张良跟随刘邦去攻打代国，出奇计攻下了马邑，后来刘邦任萧何为相国，也是听从了张良劝说的结果。张良和刘邦谈的事情很多，因为那些和天下存亡没有关系，所以在这里就不一一记述了。张良说："我家世世代代在韩国当丞相，韩国灭亡之后，我为了替韩国向强秦报仇，不惜万金家产，闹得天下震动。现在我凭着三寸不烂之舌成了皇帝的老师，封万户食邑，位列侯爵，这对于一个老百姓来说已经到了极点，我很满足了。我希望抛开人间的一切事情，打算跟从赤松子去当神仙。"于是他就学起不吃食物、导引健身的养生之道。刘邦去世后，

吕后感激张良的恩德，就强迫他吃东西，劝他说："人生一世，如白马驰过小缝隙一样短暂，何必这样自找苦吃呢？"张良不得已，勉强开始进食。

八年以后，张良去世，谥号为文成侯。他的儿子张不疑继承了留侯的爵位。

当初张良在下邳桥上遇到的那个送给他《太公兵法》的老人，十三年以后，张良跟随刘邦路过济北，果然在谷城山下看到有块黄石，张良就把它带回去，像珍宝一样供奉起来。张良死了以后，人们把黄石和他葬在一起。后人每逢夏、冬两季给张良扫墓时，同时也祭祀那块黄石。

留侯张不疑在孝文帝五年因犯了不敬之罪，被废除了封国。

太史公说：多数学者认为没有鬼神，却认为存在有灵性的东西。至于像张良所见到的那位送给他兵书的老人，也算得上是件怪事了。刘邦曾多次遭遇困境，而张良经常能解救他出困境，这难道不是天意吗？刘邦说："运筹于帷幄之中，决胜于千里之外，我不如张良。"因此我估计他是个高大雄伟的人，等到后来看到他的画像，才发现他长得像女人。正如孔子所说："以貌取人，我就错看过子羽。"对于张良，我也差点犯了同样的错误。

（龙　霜 译）

《史记》卷五十六　陈丞相世家第二十六

丞相陈平，是河南阳武县户牖乡人。他小时候家境贫困，很喜欢读书，家里有田地三十亩，陈平和哥哥陈伯一家生活在一起。陈伯在家下田耕种，任陈平无牵挂的出外游学。陈平身材既高，相貌又好，是个美男子。有人开玩笑似的问陈平说：“你家里这么穷，你是吃什么东西而长得这么魁梧呢？”他的大嫂嫉恨他平时只管读书，不管家里生计，就对别人说：“他也是吃糠屑而已。有这样的小叔子，还不如没有的好。”陈伯听到妻子说这种话，就休了她，把她赶出了家门。

等到陈平长大成人该娶妻的时候，有钱人家都不肯把女儿嫁给他，而穷人家的女儿，陈平又耻于和她们结婚。过了很久，有一个叫张负的富人，他的孙女曾经嫁人五次，而每次丈夫都死了，没有人再敢娶她。而陈平却想娶她。碰巧那时候户牖乡有人办丧事，陈平因为家里贫穷就到丧家帮忙，他总是最先到场，最后一个离开，以求得到一点补助。张负在办丧事的人家见到了陈平，特别看重他，陈平也因此有意晚点离开。张负尾随陈平到他家，他家原来住在靠近城墙的一条穷巷里，用一张破席当门，然而他家门前有很多显贵尊长的人的车辙痕迹。张负回家后对他的儿子张仲说：“我想把孙女嫁给陈平。”张仲说：“陈平家里贫穷却不干活，整个县里的人都笑话他，您为什么要把咱家姑娘嫁给他呢？”张负说：“像陈平这样有才貌的人，怎么会永远贫贱呢？”张负最后还是把孙女嫁给了陈平。因为陈平家里贫穷，张负就借钱给他来送聘礼，也给他办酒席的钱以娶妻子。张负训诫他的孙女说：“你不要因为他家里贫穷，就待人不礼貌。侍奉长兄陈伯要像侍奉父亲一样，侍奉大嫂要像侍奉母亲一样。”陈平自从娶了张家的孙女，生活比以前富裕多了，交游的范围也越来越广。

陈平所在的里巷每次祭祀完土地神的时候，陈平都主持分肉，每次分配肉食非常平均。父老都说：“好极了！陈家的小子分祭肉分得太公平了。”陈平感慨地说：“唉！假使有朝一日我有机会来治理天下，也要像分配这些肉食一样的公平！”

陈涉起兵在陈郡称王后，派周市攻取了魏地，并立魏咎为魏王，和秦军在河南临济会战。这时陈平早已辞别他的兄长陈伯，跟随一些年轻人前往临济投奔了魏王咎，魏王任命陈平做太仆。陈平给魏王出了很多计策，魏王没有接受，再加上有人向魏王进谗言，于是陈平离开了魏王。

过了很长一段时间，项羽率兵攻城略地来到河上郡，陈平就去投奔了他，并且追随项羽入关灭秦，获赏赐为卿爵。后来项羽自封为西楚霸王，东归于彭城，刘邦则从汉中回师平定了关中，进而率兵向东进军。这时殷王也反叛楚国，于是项羽封陈平为信武君，让他率领魏王咎留在彭城的旧部前往讨伐，陈平打败了殷王凯旋。项羽派项悍拜陈平为都尉，并且赏赐给他黄金二十镒。没过多久，刘邦攻下了殷地，项羽为之大怒，将诛杀前次平定殷地的将吏。陈平惧怕被诛杀，于是将项羽所赐的黄金和官印封好，派人送还给项羽，而自己只身持剑从小路逃跑了。渡过黄河时，船夫看他这样一个魁伟美男子独行，怀疑他是一位逃亡的将军，估计他身上一定藏有金玉宝物，总是拿眼睛瞪着他，想谋杀他。陈平为此而感到害怕，故意脱下衣服，光着膀子帮船夫撑船，船夫知道他身上并没有什么宝物，这才没有杀害他。

陈平逃到了河南修武想归顺刘邦。他借着魏无知的关系请求进见刘邦，刘邦召见了他。这时万石君石奋是刘邦的侍从，他接过陈平的进谒名片，让陈平入见刘邦。陈平等七人一起见了刘邦，刘邦赏赐了他们酒食。刘邦说："吃过后，就到客舍去休息吧。"陈平说："我是为一件急事而来的，不能超过今天。"于是刘邦跟他交谈，感到很愉快，问他说："你在楚国当什么官？"陈平说："都尉。"当天刘邦就任命陈平为都尉，又命他当陪乘官，并让他主管督察诸军将士的事项。诸将为之哗然，都说："大王刚刚得到了项羽的一个逃亡军士，还不了解他才能的高下，就命他为陪乘官而同坐车中，而且让他来监护军中那些资历深的将军。"刘邦听他们这么说，反而更加宠信陈平。于是陈平跟随刘邦一起向东讨伐项羽。到了彭城，被项羽的军队打败，于是刘邦引兵回师。刘邦收编散兵来到河南荥阳，任命陈平为亚将，让他跟随韩王信，驻军在河南广武。

周勃、灌婴等人都向刘邦谗害陈平说："陈平虽是一位魁伟的美男子，但是就像帽上镶嵌的玉石一样，其实不一定有真正的才能。我们听说陈平在家时，和他的嫂子通奸；后来投奔魏国，人家不要他，他就逃亡投奔项羽；后来在项羽那里不合意，就从楚国逃亡来归顺汉王。现在大王封他高官，又使他督察军队。可是我们听说陈平接受将领们的贿赂，谁给他送的钱多得到的好处就多，送的钱少受到的刁难就多。陈平实在是一位反复无常的乱臣，希望大王详察。"刘邦听了也怀疑陈平，于是召见魏无知责问他。魏无知说："当初我向您推荐他，是因为他的才能；而陛下您现在所问的，是他的品行。假使陈平具有尾生和孝己那样的行为，但是对于作战的胜负毫无帮助，那么陛下哪里有闲工夫任用他呢？现在楚汉相争，我推荐的是有奇谋的人，只看他的谋略对国家大计有没有帮助，至于和嫂子通奸和接受贿赂的事，又怎么值得去怀疑他呢？"于是刘邦召见陈平责问他说："你侍奉魏王不合意，就去投奔项羽，而又离去，现在又来投奔我，讲信义的人能够像你这样三心二意吗？"陈平回答说："我侍奉魏王，魏王不采纳我的建议，所以我离开他去投奔项王。项王不信任别人，他所任用宠爱的，不是他们项家的人，就是他妻子的兄弟，别人虽有奇谋他也不任用，我于是离开楚王。我是孑然一身逃亡出来的，如果不接受一点金钱，就没有金钱可用。假使我的计谋有可用的，那就请求大王采纳它，如果没有值得采用的，诸将送的金钱还在，我愿意封好把它送官，而请求大王准许我带着这把骨头回去。"刘邦听了陈平的解释，于是向陈平道歉，并且隆重地赏赐了他，封他为中尉，监督所有的将军。这样一来诸将就不再说三道四了。

此后，楚军加紧进攻汉军，断绝了汉军输送粮食的通道，把刘邦围困在荥阳城。这样的状况持续了一段时间，刘邦为此感到忧虑，愿意割让荥阳以西的土地求和。项羽不答应。刘邦对陈平说："天下纷乱，什么时候才能安定呢？"陈平回答说："项羽一向待人恭敬有礼而仁爱，所以一些廉洁有节操而且谦恭好礼的人，都去投奔他。可是论功赏赐爵位或封地的时候，他又看得太重，舍不得赏赐别人，因此很多人又不愿归附他。现在大王您对人傲慢而少礼，以致廉洁而有节操的人不来归顺；不过大王能慷慨地把爵位和封地赏赐给别人，使得一些不讲礼节、贪图利益的人来归顺您。假使你们二人能除去各自的缺点，吸收彼此的优点，那么就可以平定天下了。然而大王您经常恣意侮辱人，虽然不能得到廉洁而有节操的人，不过楚国也有可以挑起矛盾的地方，项羽手下正直的臣子，只有亚父范增、钟离眛、龙且、周殷之流，不过数人而已。大王假如能拿出数万斤黄金去行反间计，去离间他们君臣之间的关系，使他们彼此猜忌，项王为人多疑而且相信谗言，这样一定会造成他们内部自相残杀。然后汉军趁机起兵进攻，这样肯定能打败楚军。”刘邦认为陈平讲得有道理，于是拿出四万斤黄金给陈平，让他随意支配，不过问黄金的支出情况。

陈平用大量的黄金在楚军中行离间之计，散布谣言说钟离眛等诸将为项王的将领带兵作战，功劳很多，可是到头来不能封地为王，因此他们要和汉军联合，一起来消灭项氏，从而分割楚国的土地而称王。项羽果然猜疑，不再信任钟离眛等人。项羽既然猜疑他们，便派遣使者到刘邦那里去探虚实。刘邦准备了规格很高的丰盛酒宴，等到摆开桌子上菜时，见到了楚国的使者，却假装很惊奇地说：“我还以为是亚父范增派来的人呢，原来是项王的使者。”于是命人把丰盛的酒菜撤了回去，另以粗劣的饮食给项羽的使者吃。项羽的使者回去后，把整个情形向他报告，项羽果然非常疑心范增。范增想加紧攻下荥阳城，但是项羽不相信他，根本不听从他的意见。范增听说项羽怀疑他，于是生气地对项羽说：“天下的形势基本上已经定了，你好自为之吧！希望准许我告老还乡！”于是范增离开了项羽，还没有走到彭城，因为背部的疮毒发作而死。趁着这个机会，陈平在夜晚从荥阳城东门放出二千个女子诱敌，楚军攻击之，陈平和刘邦连夜从荥阳西门逃走了。刘邦、陈平回到关中，收编散兵后很快又向东进军。

到了第二年，淮阴侯韩信灭掉齐国后，自立为齐王，并派使者报告刘邦。刘邦大怒而责骂韩信，这时陈平暗中踩了一下刘邦的脚，刘邦立刻领悟了，于是隆重地接待齐王的使者。并派张良立韩信为齐王，同时把户牖乡划给陈平做封地。后来刘邦采用了不少陈平的奇计，终于消灭了楚国。陈平也曾经以护军中尉的身份跟随刘邦平定燕王臧荼之乱。

汉高祖六年，有人上书告发楚王韩信要造反。刘邦问将领们的意见，将领们都说："赶紧发兵活埋这小子吧。"刘邦听了沉默不语，就问陈平，陈平一再地推辞，说："将领们怎么说呢？"刘邦把将领们的意思告诉了他。陈平说："那人上书告发韩信造反，有没有人知道这事？"刘邦说："没有。"陈平又问："韩信知道这事吗？"刘邦说："不知道。"陈平又说："您的军队和韩信的军队相比较，谁的实力更强呢？"刘邦说："我的军队超不过他。"陈平又说："您的将领带兵作战的能力比得上韩信的吗？"刘邦说："比不上他。"陈平又说："现在您的兵士不如韩信的精锐，将领也比不上韩信，如果您发兵去攻打他，这是逼他作战，我替您感到危险不安。"刘邦说："那这事怎么办？"陈平说："古时天子外出巡视，在外地会见诸侯。南方有云梦泽，您就假说要到云梦泽视察，而在陈会见诸侯。陈在楚地的西界，韩信听到天子这是一次愉快的出游，他一定会毫无防范地出郊欢迎。当他进谒时，陛下您就借机拘捕他，这只需要一个力士就可以办到了。"刘邦认为有道理，于是派遣使者通告诸侯在陈会合，宣称"我将巡视云梦泽。"刘邦于是就出发了。还未到陈时，楚王韩信果然到郊外路旁来迎接。刘邦事先安排了力士，看见韩信来，立刻把他捆绑起来，放在刘邦侍从的车上。韩信大叫道："天下已经平定，我就应该被你们诛杀了！"刘邦回过头去对韩信说："你不要大声喊叫，你想造反的事情已经很清楚了！"力士又把韩信的两手反绑起来。刘邦在陈会见了诸侯，也平定了楚地。刘邦回到洛阳时，赦免了韩信的罪，改封为淮阴侯，而与其他功臣分剖符节，确定了各人的封爵。

此时，刘邦也和陈平剖符为信，封陈平为户牖侯。陈平谦辞说："这不是我的功劳。"刘邦说："我是因为用了你的谋略计策，才能够克敌制胜，这不是你的功劳是谁的呢？"陈平说："当初如果没有魏无知的引荐，我哪里能为陛下所用呢？"刘邦说："像你这样的人，可以说是真正不忘本的了。"于是封赏了魏无知。到了第二年，陈平以护军中尉的身份，跟随刘邦攻打代国韩王信的叛乱。最后到了平城，遭到匈奴军队的围困，七天没有食物可吃。这时刘邦又用了陈平的奇计，遣使见匈奴单于的妻子，才解除了围困。刘邦既已脱离围困，但他们究竟是用了什么计策，局外人无法知晓。

刘邦从平城脱险南归，路过河北曲逆县时，登上城楼远望，看到城中房屋建筑高大，赞叹说："好壮丽的县城啊！我走遍天下，这样的城邑，只在洛阳和这个地方看到过！"刘邦回头问御史："曲逆县的户口有多少？"御史答道："当初在秦朝时有三万多户，近年来由于在秦汉间发生了多次兵乱，很多人逃亡了，现在只有五千户了。"刘邦于是诏命御史封陈平曲逆侯，享用全县的一切赋税，撤销他以前所享用户牖乡的赋税。

后来陈平曾以护军中尉的身份跟随刘邦去攻打陈豨和黥布。陈平一共给刘邦提供了六次奇计，每次事成之后都增加封邑，共增封六次。有的奇计非常秘密，世人无法得知。

当刘邦从击败黥布的前线回来，由于受了伤，只能缓慢地回到长安。这时，燕王卢绾叛变，刘邦派樊哙以相国的身份率军前去讨伐他。樊哙出发后，有人向刘邦说樊哙的坏话。刘邦一听发怒说："樊哙看我生病，原来是希望我死。"于是用陈平的计谋，在床前召见绛侯周勃，对他们二人说："陈平你赶紧用驿传马车载周勃去前线，代替樊哙将兵，而你到军中后，立即斩下樊哙的头！"陈平和周勃受命后，乘着马车出发，途中二人商量说："樊哙是高帝的老朋友，功劳很多，而且又是吕后妹妹吕媭的丈夫，他既是皇亲，而且地位尊贵，高帝因一时愤怒，就要杀他，但恐怕以后会后悔。因此我们宁可把他囚禁回来交给皇上，让皇上自己去杀他。"他们两人在快到达樊哙军营的地方搭建高坛，以符节召见樊哙。他们向樊哙宣读了刘邦的诏命，就立刻反绑他的双手，把他关到囚车中，押回了长安，同时宣布绛侯周勃代他领兵，率领军队平定燕国各县的叛乱。

陈平在押送樊哙回长安的路上听到了刘邦逝世的消息，他恐惧吕太后，又怕吕媭因为樊哙的事情说他的坏话，于是赶紧乘车回到长安。在半路上遇到朝廷的使者，使者传令让陈平与灌婴一道去屯驻荥阳。陈平接受诏命，没有立刻去荥阳，而是立即快驰至宫中哭丧，并借此在刘邦的丧前向太后报告了受命处置樊哙的事情。吕太后同情地说："您很辛苦了，回去休息吧！"陈平害怕有人已向吕后说了他的坏话，因此坚持请求宿卫于宫中。于是太后就命他为郎中令，诏命说："辅相教导孝惠帝。"这样，才使吕媭的谗言没有机会向吕后说。樊哙被押回长安后，吕后立即赦免了他的罪，并恢复他的爵位和封地。

汉孝惠帝六年，相国曹参去世，安国侯王陵被任命为右丞相，陈平为左丞相。

王陵是沛县人，原先是县里的豪绅，刘邦在没有发迹的时候，把他当兄长一样对待。王陵不太讲究礼仪，为人纵任意气，说话喜欢直言不讳。到了刘邦在沛县起义，攻入咸阳时，王陵也聚合了数千人，占据河南的南阳，不愿追随刘邦西进。等到刘邦回师进攻项羽时，王陵才率军归属了刘邦。项羽掳取王陵的母亲留置于军中当人质，王陵派人到项羽军中打探其母亲的消息，项羽假意表示恭敬，让王陵的母亲坐在朝东的长者的席位上，用以招降王陵。王陵的母亲得到机会送别使者的时候，哭泣着对使者说："请你们回去替我这个老妇人告诉王陵，要他敬谨地为汉王效力，汉王是一位贵显的长者，叫王陵不要因为我被掳就对汉王抱着二心。我现在就用死来给你送行吧。"于是自刎而死。项王大怒，命人把王陵母亲的尸体扔到锅里煮了。王陵于是一心一意追随刘邦平定天下。王陵和雍齿关系很好，而雍齿是刘邦的仇人，再加上王陵最初也无意追随刘邦，所以刘邦在分封功臣的时候，因为这些原因迟迟才封王陵为安国侯。

安国侯王陵做了两年右丞相后，孝惠帝去世。这时吕后想立吕家的人为王，征求王陵的意见，王陵说："不可以。"吕后又问陈平，陈平说："可以。"于是吕太后很生气，她名义上提升王陵为汉少帝太傅，实际上是不再用他。王陵为此很生气，于是称病辞职，闭门不上朝见天子，这样过了七年后去世。

王陵被免去丞相职位后，吕太后就提升陈平为右丞相，命辟阳侯审食其为左丞相，左丞相为相后，不设办公机构，仍是服务于内廷。

审食其也是沛县人。当刘邦在彭城战败向西转移时，项羽派人把刘邦的父亲和吕后俘虏了，作为人质，审食其以舍人的身份侍候吕后。

其后跟随刘邦击败项羽，被封为辟阳侯，他深受吕后的宠爱。等到他做了左丞相时，仍住在宫中，文武百官不论什么事都要向他请示。

吕媭因为之前陈平替刘邦出计捉拿过樊哙，所以一直记恨在心，她多次向吕后进谗说："陈平做右丞相，不过问国家大事，整天饮酒作乐，玩弄女人。"陈平知道后，更加纵情于酒色之中。吕后看到这种情形，心里暗自高兴。由此当着吕媭的面问陈平说："俗语说：'小孩子和女人的话不能听'，关键是要看您与我的关系如何，您不用害怕吕媭说你的坏话。"

吕太后立吕氏家族的人为王，陈平假装听从她。等到吕太后一死，陈平和太尉周勃合谋，最后诛杀了诸吕，拥立了孝文帝。这些都是陈平提出来的计谋。事后免除了审食其左丞相的职位。

汉孝文帝即位后，认为太尉周勃亲自率兵诛灭了吕氏家族，功劳最大；陈平也有意把右丞相的尊位让给周勃，于是就称病不朝。当时孝文帝初即位，对陈平称病感到奇怪，就问他原因。陈平说："在跟随高祖打天下的时候，周勃的功劳不如我，到了诛灭吕氏家族，我的功劳不如周勃。所以我情愿把右丞相让给周勃。"于是孝文帝就命绛侯周勃为右丞相，位列第一；陈平则调任为左丞相，位列第二。同时赐陈平金千斤，加封食邑三千户。

过了一段时间，孝文帝已经越来越了解熟习国家的事务，有一次在朝会时问右丞相周勃说："全国一年判决的案件有多少？"周勃惶恐地说："不知道。"孝文帝又问："全国一年钱粮的收支各有多少？"周勃又惶恐地说不知道，吓得汗流浃背，惭愧不知所答。于是孝文帝又问左丞相陈平，陈平答说："有专门主管这些事的官吏。"孝文帝问："谁是主管这些事的官吏？"陈平说："陛下如果要问审理案件的事，就问廷尉；如果问钱粮收支的情况，就问治粟内史。"孝文帝又问："各事各有主管的官吏，那么您主管的是何事？"陈平谢罪说："主管官吏！陛下不以为我资质驽钝，使我任职宰相。所谓宰相，其职责是对上辅佐天子，顺理阴阳四时，顺应四时变化；对下化育万物，不失时机；对外则镇服安抚天下的夷狄和诸侯，对内则使百姓亲附，使卿士大夫各尽其职。"孝文帝听了点头赞许。相比之下，右丞相周勃感到很惭愧，散朝后他责怪陈平说：“您平常为什么不早教我怎么回答皇上呢？”陈平笑着说：“您身为宰相，难道不知您的职责吗？如果皇上再问长安城中有多少盗贼，您也要勉强回答吗？”于是周勃知道自己的才能比陈平差远了。过了不久，周勃就托病请求免去了丞相的职位，从此陈平就专任丞相的职务了。

孝文帝二年，丞相陈平去世，谥号为献侯。陈平的儿子共侯陈买继位为侯。过了两年，陈买去世，他的儿子简侯陈恢继位为侯。过了二十三年简侯去世，他的儿子陈何继位为侯。又过了二十三年，陈何因抢夺他人的妻子，被斩首示众，从此侯国被废除。

当初陈平曾说：“我一生多用阴谋，这是道家所忌讳的。如果在我活着的时候，侯爵被废除，也就算了。而且不能再被起用，这是因为我多用阴谋而造成的。”后来他的曾孙陈掌因为是大将军卫青的亲戚，希望能再封爵陈家，可是始终没有成功。

太史公说：丞相陈平年少时就喜好黄帝、老子的学说。当他在里巷祭祀切肉的时候就表现出远大志向了。他先前在楚、魏之间徘徊不定，但最终投奔了刘邦。他曾常常为刘邦出谋划策，解决了很多复杂的问题，也拯救过国家的危急。到了吕太后时，国家处于多事之秋，然而陈平竟然能够使自己脱身于其外，到后来还是因为他的缘故稳定了汉室的江山，自身也获得至高的荣誉，被后人称为贤相，他是一个能善始善终的人，假使他不善用智谋，怎么能做到这样呢？

（龚双会 译）

《史记》卷五十七　绛侯周勃世家第二十七

绛侯周勃是沛县人。他的祖先是卷县人，后来迁居到沛县。周勃最初靠编织养蚕器具为生，他经常给办丧事的人家吹箫奏哀乐，充当仪仗队员。

当刘邦任沛公最初起兵的时候，周勃以中涓的身份跟随他攻打过胡陵，打下了方与。后来方与反叛，周勃率军作战，打退了敌军。之后又攻打丰邑。在砀县东面攻打秦军。回来的时候驻扎在留县和萧县。后又再次攻打砀县，攻克了砀县。在攻打下邑时，周勃是最先登上城楼的。基于周勃上述的功劳，刘邦赐给他五大夫的爵位。后来周勃又攻下了蒙、虞二地。在刘邦攻打章邯时，周勃最后撤退。周勃平定了魏地之后又攻打爰戚、东缗两县，一直打到了栗县，都攻了下来。在攻打啮桑时，周勃又是率先登上城楼的。接着又在东阿大破秦军。他又乘胜追击到濮阳，攻下了甄城。接着又攻下都关、定陶，偷袭并占领了宛朐，俘获了单父县的县令。接着又夜袭并攻取了临济，攻下了张县，又一路打到卷县并攻占了它。之后在雍丘城下攻打李由的军队。在攻打开封时，周勃的士卒首先到达城下的人数最多。在章邯击败项梁的军队并杀死项梁后，周勃跟随刘邦和项羽领兵向东到了砀县。从一开始在沛县起兵到返回砀县，前后一共经历了一年又两个月的时间。楚怀王封刘邦为安武侯，担任砀郡长官。刘邦封周勃为虎贲令，他以虎贲令的身份跟随刘邦平定了魏地。又在城武县打败了东郡郡尉的军队。又攻打并击败了秦将王离的军队。在进攻长社县时，周勃又是最先登上城楼的。接着又攻打颍阳、缑氏，切断了黄河渡口。又在尸乡北面攻打秦将赵贲的军队。向南攻打南阳郡守齮，攻下了武关和峣关。又在蓝田大破秦军，军队到达咸阳，推翻了秦朝。

项羽到了咸阳后，封刘邦为汉王。刘邦封周勃为威武侯。之后周勃跟随刘邦一起到汉中，刘邦封他为将军。等到刘邦平定三秦，到了秦地，刘邦就把怀德县赐给周勃作为食邑。在攻打槐里、好畤二县时，数周勃的战功最大。在咸阳攻打赵贲和内史保，周勃的战功也是最大的。

之后他又北攻漆县，又攻打章平、姚卬的部队。向西夺取了汧县，又回师攻下了湄县和频阳。他把章邯包围在废丘，打败了西县县丞的军队，击溃了盗巴的军队，攻克了上邦，东进镇守峣关，又从峣关转头攻打项羽。在攻打曲逆时，周勃的战功又是最大。接着又回师驻守敖仓，追击项羽。项羽死后，周勃东进平定了楚地的泗水、东海郡，共攻占夺取了二十二个县。后来回师驻守雒阳、栎阳，为了赏赐周勃，刘邦把钟离县赏赐给他与灌婴作为食邑。后来周勃以将军的身份跟随刘邦平定燕王臧荼的叛乱，在易县打败了臧荼。在攻打臧荼的时候，周勃所率领的士兵为刘邦开路，立功最多。刘邦封给他列侯的爵位，剖符为信，使世代相继不绝。刘邦还把绛县八千一百八十户赐给他作为食邑，封号为绛侯。

周勃以将军的身份跟随刘邦在代地讨伐造反的韩王信，他首先攻下了霍人县。接着他又率领军队到达武泉，在武泉北击败了匈奴的骑兵。而后他又调头在铜鞮打败了韩信。接着又回师北进，收服了太原六城。他在晋阳城下打败了韩信和匈奴骑兵，夺得了晋阳。后来又在硰石打败了韩王信的军队，乘胜追击了八十里。之后他又回师攻打楼烦三城，并在平城攻打匈奴的骑兵，周勃率领士兵为刘邦开道，立功最多。因为这些战功，周勃迁升为太尉。

后来周勃率兵讨伐陈豨，血洗了马邑城。他的部下杀了陈稀的将领乘马絺。他在楼烦打败了韩信、陈豨、赵利的军队。他俘获了陈豨的将领宋最和雁门郡的太守圂。接着攻打云中郡，俘获了云中郡的太守遬、韩王信的丞相箕肆与将领勋。共平定了雁门郡的十七个县、云中郡的十二个县。接着他又在灵丘打败了陈豨，并斩杀了陈豨，俘虏了陈豨的丞相程纵、将军陈武、都尉高肆等。他平定了代郡的九个县。

燕王卢绾反叛时，周勃以相国的身份取代樊哙，他率领大军攻下了蓟县，俘获了卢绾的大将抵、丞相偃、郡守陉、太尉弱、御史大夫施，血洗了浑都县。接着又在上兰击溃了卢绾的军队，在沮阳打败了卢绾的军队。他又乘胜追击到长城下，一共平定了上谷郡的十二个县，右北平郡的十六个县，辽东郡、辽西郡的二十九个县，渔阳郡的二十二个县。总计周勃跟随刘邦征战以来共俘获了相国一人，丞相两人，将军、二千石官吏各三人。此外周勃还单独领兵打败了两支军队，攻下了三座城，平定了五个郡，共七十九个县，俘获丞相、大将各一人。

周勃为人质朴刚强、忠厚，刘邦认为他是一个可以托付大事的人。周勃文化修养不高，他每次召见儒生和游说之士时，总是不客气地向东而坐，带着命令的口吻跟他们说："赶快给我说。"他质朴粗鲁的性格就是如此。

周勃平定燕国回到长安时，刘邦已经去世了，这之后他以列侯的身份侍奉孝惠帝。孝惠帝六年，朝廷开始设置太尉官，任命周勃为太尉。十年以后，吕后去世。吕禄以赵王的身份充任了汉朝的上将军，吕产以吕王的身份充任了汉朝的相国，他们两人掌握了汉朝的大权，想要推翻刘氏政权。当时周勃身为太尉，却无法进入军营的大门。陈平身为丞相，却不能过问处理国家大事。于是周勃与陈平联合起来密谋，诛灭了吕氏家族，拥立了孝文皇帝。这些事都详细记载在《吕太后本纪》和《孝文本纪》中。

孝文帝即位后，任命周勃为右丞相，赏赐他黄金五千斤，食邑一万户。过了一个多月，有人劝周勃说："您已经诛灭了诸吕，拥立代王做了皇帝，您威震天下，如今又受到了如此优厚的赏赐，地位尊贵，受皇帝的尊宠，这样时间长了就会大祸临头的。"周勃听了感到很害怕，也感到自己的处境很危险，于是就向孝文帝请求辞职并归还相印。孝文帝答应了他的请求。过了一年多，丞相陈平去世了，孝文帝又任命周勃为丞相。过了十个多月，孝文帝说："前些日子我下诏让在京的列侯们都回到自己的封国去，可是有些人至今还没有走，丞相您是我所尊敬的人，您应该带个头先回到自己的封国去。"于是免去了周勃的丞相职务，让他回到自己的封国。

在周勃回到自己封国的一年多时间里，每当河东郡的郡守和郡尉到绛县视察工作，绛侯周勃害怕自己被诛杀，经常身披盔甲，并命令家丁们拿着武器后才去会见郡守、郡尉。这样，后来就有人上书告发周勃，说他想要造反，孝文帝把这件事交给廷尉去处理，廷尉又把这件事交给长安令去处理，长安令逮捕了周勃并进行审讯。周勃心里非常害怕，不知道该怎样回答才好。狱吏也渐渐开始凌辱他。周勃拿了一千斤金去打点狱吏，于是狱吏就在简牍的背面写字，上面说："请公主作证。"所谓公主，就是孝文帝的女儿，她嫁给了周勃的长子周胜之为妻，所以狱吏教他走这个门路。在孝文帝初即位，给周勃加封增赏的时候，周勃就把所有的封赏全部给了孝文帝的舅舅薄昭。到了狱事催办紧急时，薄昭就向薄太后说了周勃的情况，薄太后也认为周勃不可能造反。孝文帝来给太后请安时，太后就抓起头巾掷向孝文帝，说："绛侯当初曾拿着皇帝的玉玺，在北军统率军队，他那时都没有造反，现在居住在一个小县，反而想要造反吗？"孝文帝当时已经看了绛侯在狱中的供词，就向太后道歉说："狱吏已经查清他没罪过，马上就把他放出来了。"于是孝文帝派使者拿着符节到狱中去赦免绛侯，同时恢复了他的爵位和封邑。绛侯出狱以后，说："我曾经率领过百万大军，但是我哪里知道一个狱吏还这样尊贵呢？"

周勃又回到了自己的封国绛县。周勃在孝文帝十一年去世，谥号为武侯。他的儿子周胜之继位为侯。周胜之继位后的第六年，他因为与公主关系不和睦，又犯了杀人罪，因此被废除了封国。一年之后，孝文帝从绛侯周勃的儿子中选择了贤能的河内郡守周亚夫，封他为条侯，作为绛侯的继承人。

当周亚夫做河内郡守还没有被封为条侯的时候，许负给他相面说："你三年后将被封为侯。封侯八年以后就要做将相，掌握国家大权，那时候您位尊任重，在大臣中是独一无二的。但是再过九年以后，你将会饿死。"周亚夫笑着说："我的兄长已经继承了父亲的爵位为侯，日后如果他死了，也是他的儿子接替他为侯，我又怎么可能被封侯呢？再说如你许负所说的，有朝一日我位高权重富贵了，又怎么会饿死呢？请指着我的面相告诉我。"许负指着周亚夫的嘴说："你的嘴边有条竖着的纹理进入口中，这是饿死的面相。"过了三年，他的哥哥周胜之因为有罪过而被剥夺爵位，孝文帝要在绛侯周勃儿子中选择贤能者，大家都推举周亚夫，于是孝文帝封周亚夫为条侯，作为绛侯的继承人。

孝文帝后元六年，匈奴人大举入侵汉朝边境。于是孝文帝任命宗正刘礼为将军，率军驻扎霸上；任命祝兹侯徐厉为将军，率军驻扎棘门；任命河内郡守周亚夫为将军，率军驻扎细柳，以防御匈奴。有一次孝文帝亲自去慰劳军队，当他到达霸上和棘门两座军营时，两座军营都是让孝文帝的座驾侍从一路驰入军营，将军率领部下下马迎送皇上。之后孝文帝去细柳军营，军营的官兵都身披铠甲，拿着锋利的兵器，箭弦拉得紧紧的，戒备森严。当皇帝的先驱部队到时，未能进入军营。先驱部队的官吏说："皇帝马上就要到达了。"把守营门的都尉说："将军有令说'军营中听将军的命令，不听皇上的诏令'。"过了一会儿，孝文帝的车驾来到军营，又不得进入。孝文帝只好派遣使者手持符节去通知周亚夫说："我想进去慰劳部队。"周亚夫这才传命打开营门。营门的守卫对孝文帝的随从车骑说："将军有规定，军营中不允许车马奔跑。"于是孝文帝让侍从拉着缰绳慢慢地行走。孝文帝到了军营，将军周亚夫手持兵器行礼，说："我是穿着盔甲的将士不能下拜，请允许我用军队的礼节拜见。"孝文帝为之感动，俯身扶着车前的横木，肃然起敬，派人向周亚夫传呼道："皇帝恭敬地慰劳将军。"举行完了劳军的仪式，皇帝离开了军营。出了军营，群臣和侍卫们都露出惊怪之色。孝文帝感叹地说："这才是真正的将军！前面经过的霸上、棘门军营，简直就像儿戏一般，他们的将军可以被偷袭而成为俘虏。至于周亚夫，谁能够侵犯得了呢？"孝文帝赞不绝口地说了好久。一个多月以后，三支驻军都撤了回来。孝文帝便任命周亚夫为中尉。

孝文帝临死前，告诫太子说："如果将来国家有了危难，周亚夫是可以信托统率军队的人。"孝文帝去世以后，孝景帝任命周亚夫为车骑将军。

孝景帝三年，吴王刘濞和楚王刘戊一起举兵叛乱。周亚夫从中尉升迁为太尉，率兵东进攻打吴、楚叛军。周亚夫出发前向孝景帝请示说："楚军一向剽悍轻捷，与他们抢先作战不容易。我们可以把梁国委弃给他们去攻打，以消耗他们的锐气，而我们从后方切断他们的粮道，这样就有可能打败他们。"孝景帝答应了他的请求。

太尉周亚夫在荥阳集结了朝廷的各路军队，时值吴军正在攻打梁国。梁国告急，梁王请求周亚夫出兵援助。周亚夫率军驻扎在荥阳东北的昌邑，加高营垒，坚守不出。梁国每天都派遣使者来请求周亚夫援救，而周亚夫为了把握有利的战机，不肯前往援救。梁王上书报告孝景帝，孝景帝于是派遣使者下诏让周亚夫出兵援救梁国。周亚夫不执行诏令，仍是坚守营垒不肯出兵救援梁国，而派弓高侯等率领轻骑兵去断绝了吴、楚部队后方的粮道。这样一来吴国军队的粮食供给不上，士兵开始饥饿，吴军几次向周亚夫挑战交锋，但周亚夫始终坚守阵地不肯出来应战。一天夜晚，周亚夫的军中掀起惊乱，乱兵一直闹到周亚夫的军帐周围。周亚夫始终卧床不起。过了一会儿，惊乱就平定下来了。后来吴军攻击周亚夫营壁的东南角，周亚夫却派人去防备西北角。过了一会儿，吴军的精兵果然攻击西北角，因为周亚夫有备，所以吴军未能攻入。最终吴军因为已经绝粮，便引兵离去。这时周亚夫立即派出精锐部队前往追击，大败吴军。吴王刘濞只好抛弃他的军队，带着数千名壮士逃到了江南丹徒县。汉军乘胜追击，全部俘虏了他们，迫使他们投降汉军，同时悬赏千金来捉拿吴王刘濞。过了一个多月，丹徒有人割下吴王刘濞的脑袋前来送给周亚夫。这次周亚夫与叛军作战，前后一共经历了三个月的时间，平息了吴、楚的叛乱。这时将领们才认识到周亚夫的计谋是正确的。但是由于这件事，梁孝王与周亚夫之间结下了怨仇。

周亚夫平定这次叛乱回朝以后，朝廷又恢复了他此前已经被废除的太尉官职。又过了五年，周亚夫升迁为丞相，孝景帝很器重他。后来当孝景帝要废除栗太子时，周亚夫曾极力阻拦，但没有成功。孝景帝因此疏远了他。而梁孝王每次来长安朝见太后时，常常在太后面前说周亚夫的不是。

有一次窦太后对孝景帝说："皇后的哥哥王信可以封侯。"孝景帝推辞说："当初南皮侯和章武侯是您的亲戚，先帝在世的时候都没有封他们为侯，到我即位后才封他们为侯。王信是我这辈的亲戚，还不能封侯。"窦太后说："君主应该根据各自当时的情况行事，我大哥窦长君在世时，竟然不能封侯，他死了以后你才封他的儿子彭祖为侯，我对这件事情一直感到遗憾，你赶快封王信为侯吧。"孝景帝说："请允许我和丞相商议一下再说。"孝景帝与丞相议论这件事时，周亚夫说："高皇帝当初明确约定'不是刘氏子弟不得封王，没有功劳的人不得封侯。谁不遵守这个约定，天下就一起讨伐他'。现在王信虽然是皇后的哥哥，但他没有功劳，封他为侯，是违背高皇帝的规定。”孝景帝听了没有再说什么，此事也只好作罢。

后来匈奴王唯、徐卢等五人归降了汉朝，孝景帝打算封他们为侯，以吸引别的匈奴人也来归顺汉朝。丞相周亚夫说："这些人背叛了他们的君主来投降陛下，陛下封他们为侯，以后我们怎么来责备那些不守节操的大臣呢？”孝景帝说："丞相的意见不可采用。”于是封唯徐卢等五人为列侯。周亚夫因此称病不朝。孝景帝中元三年，以生病为理由免去了他的丞相职务。

过了不久，孝景帝住在宫禁中，召见周亚夫，设宴招待他。但饭桌上只放了一块没有切开的大肉，也没有放筷子。周亚夫心中不高兴，回头来让主管酒席的人去取筷子。孝景帝看到后冷笑着说："这难道还不能令你满意吗？”周亚夫一听赶紧脱帽谢罪。孝景帝站了起来，周亚夫见此情景，也快步退出门外。孝景帝目送他出去，说："这个心怀不满的人不是将来少年皇帝可以指使的人啊！”

没过多久，周亚夫的儿子为他从尚方令那里购买了五百套作为殉葬用的铠甲和盾牌，搬运物品的雇工们很累，但他的儿子却不给人家工钱。雇工们知道他是偷着购买皇家专用的陪葬物品，一怒之下上书告发了周亚夫的儿子。事情很自然牵连到周亚夫。孝景帝看过上书后，就把这件事交给有关的官吏来处理。法吏拿着文书责问周亚夫，周亚夫不理他。孝景帝听后生气地骂他说："我用不着你再回答了。”于是下令让周亚夫到廷尉那里受审。廷尉责问他说："你是想造反吗？”周亚夫说:"我买的那些东西都是随葬品，怎么可能要造反呢？”狱吏说:"纵然你不在地上造反，也是想在地下造反。”接下来他们越来越厉害地威逼周亚夫。当初狱吏去逮捕周亚夫的时候，周亚夫就打算自杀，妻子劝阻了他，因此没有死，就被送到廷尉那里。在狱中他因为五天没有吃饭，最后吐血而死。封国也随之被废除。

周亚夫的侯爵断绝了一年后，孝景帝就又改封绛侯周勃的另一个儿子周坚为平曲侯，作为绛侯的继承人。周坚为侯十九年后去世，谥号为共侯。他的儿子周建德继位，十三年后，周建德担任了太子太傅。

元鼎五年，因交纳助祭宗庙的黄金成色不好而犯罪，封国被废除。

周亚夫果然是饿死的。他死后，孝景帝封王信为盖侯。

太史公说：绛侯周勃还是平民的时候，是一个粗鄙质朴的人，他的才能也很平庸。等到跟随刘邦平定了天下，竟然能够出将入相。待至诸吕企图作乱篡权，周勃拯救了国家的危难，使国家恢复了正统。这样的功勋即使是伊尹、周公也无法超越！周亚夫用兵，有威严，且沉着稳重，意志坚定，法令严明，即使司马穰苴也无法超过他！然而他过于自信，不知道学习，遵守为臣的节操而不顺适天子之意，最终落得悲剧下场。可悲啊！

（龚双会 译）

《史记》卷五十八　梁孝王世家第二十八

梁孝王刘武，是孝文帝的儿子，他与孝景帝是同胞兄弟。他们的母亲是窦太后。

孝文帝一共有四个儿子：长子是太子，也就是后来的孝景帝；二儿子刘武；三儿子刘参；四儿子刘胜。孝文帝即位后的第二年，封刘武为代王，封刘参为太原王，封刘胜为梁王。过了两年，又改封代王刘武为淮阳王。把代国的封地全部划归给了太原王刘参，刘参改称代王。刘参在位十七年，于孝文帝后元二年去世，谥号为孝王。孝王的儿子刘登继位，这就是代共王。刘登在位二十九年，于武帝元光二年去世。共王的儿子刘义继位，这就是代王。刘义在位十九年，汉朝扩充关中的地域，新关扩迁到新安县城东的常山，遂将代王刘义改封为清河王。改封是在汉武帝元鼎三年。

当初，刘武被改封为淮阳王的第十年，梁王刘胜去世，谥号为梁怀王。梁怀王是孝文帝最小的儿子，特别受孝文帝的宠爱。在梁王刘胜去世的第二年，改封淮阳王刘武为梁王。刘武改封梁王是在孝文帝十二年。梁王自起初被封为代王，中间改封为淮阳王，再到改封为梁王，前后为王已经十一年了。

梁王十四年，进京朝见孝文帝。十七年、十八年连着两年进京朝见，十八年还留在京都，直到第二年才回到自己的封国。二十一年又进京朝见。二十二年，孝文帝去世。二十四年，进京朝见孝景帝。二十五年又进京朝见。那时孝景帝还没有立太子。孝景帝与梁王一起饮酒，在闲谈时说："我百年之后，把皇位传给你。"梁王谦虚地推辞不受。他虽然明知这不是真心话，但内心暗喜。他们的母亲窦太后也同样高兴。

那年春天，吴、楚、齐、赵等七国共同起兵反叛。吴、楚两国的军队先攻打梁国的棘壁，杀死了梁国数万人。梁孝王一边据守国都睢阳城，一边派韩安国、张羽等人为大将军，抵抗吴、楚的军队。吴、楚的军队由于受到梁国的抗击，不能越过梁国向西进兵，他们和太尉周亚夫的军队相持了三个月。吴、楚大军被打败，在这次平定吴、楚、齐、赵等七国叛乱的过程中，梁国所斩杀俘获敌人的数目和朝廷军队的战果差不多。第二年，孝景帝立太子。后来梁王因为是皇上的同胞兄弟，在平定叛乱中立有大功，又受封于大国，占据着天下最肥沃的土地。其封地北以泰山为界，西至高阳，共有四十余城，多数是大县。

梁孝王是窦太后的小儿子，很受宠爱，窦太后对他的赏赐不计其数。于是梁孝王建造东苑猎场，方圆三百多里。同时把国都睢阳城扩展至方圆七十里。他大兴宫殿，修筑从宫殿连接到平台长达三十多里空中通道。梁王出行时的仪仗中可以使用只有天子才能使用的旌旗，外出的随从千军万马。他到处驰马狩猎，其排场可以同皇帝相提并论。他每次出入宫殿时，都清道戒严禁绝行人。他大肆招揽四方豪杰，自殽山以东的游说之士，像齐国的羊胜、公孙诡、邹阳等人，几乎都到他这里来了。公孙诡一肚子歪门邪道，在他初次拜见梁王时，梁王就赐他千金，封他做中尉，梁国人称他为“公孙将军”。梁国铸造了许多兵器，弓箭、戈矛之类，有数十万件，府库储存的金钱上百亿，珠玉宝器等比京城的还多。

二十九年十月，梁孝王入京朝见孝景帝。孝景帝派使者拿着符节，驾着皇帝乘坐的驷马车到函谷关去迎接他。梁王朝见孝景帝后，呈上奏折请求留在京师，因为太后很宠爱他的缘故得以获准。梁孝王入宫时都和孝景帝同乘步辇，出宫时也和孝景帝同乘一辆车到上林苑打猎。梁国的侍中、郎官、谒者只需在名簿上登记姓名，便可以进出皇帝的殿门，和朝廷的宦官们没有差别。

十一月，孝景帝废黜栗太子，这时窦太后想让孝景帝立孝王做继承人。但是由于大臣和袁盎等人谏阻孝景帝，窦太后的提议受阻搁置，而孝景帝从此也不再提让梁王做继承人这件事。因为这件事很秘密，外面的人都不知道。梁王只好辞别朝廷回归封国。

这年夏天四月，孝景帝立胶东王刘彻为太子。梁王心里怨恨袁盎和参与议嗣的其他大臣，于是和羊胜、公孙诡等人谋划，暗地里派人刺杀了袁盎和其他参与议嗣的大臣共十多人。朝廷缉捕凶手无果。于是孝景帝怀疑梁王，后捕获到凶手，果然是梁王主使的。于是孝景帝不断派遣使者到梁国去反复检验审查，并要逮捕公孙诡、羊胜。而公孙诡、羊胜被梁王藏匿在他的后宫中。梁国的大臣被使者逼问得很紧，梁国的丞相轩丘豹和内史韩安国劝说梁王交出公孙诡、羊胜，梁王没有办法，只好命令羊胜、公孙诡自杀，然后把他们的尸体交出来。孝景帝因此怨恨梁王。梁王心里害怕，于是派韩安国通过长公主向太后说情，才得到宽恕。

孝景帝的怒气稍微消释，梁孝王便上书请求进京朝见。等到达函谷关前，茅兰劝梁孝王乘坐一般市民所乘用的布车，只带两个骑兵入城，躲藏在长公主的花园之中。等到朝廷派使者出关迎接梁孝王，他已经入关了，随从车马全都在关外，不知梁孝王去向。太后听说后哭泣道："皇上把我的儿子杀了！"孝景帝为此也很害怕。这时梁孝王来到宫廷门前，趴在砧板上，请求皇上处罚，这样一来太后和孝景帝都非常高兴，他们母子兄弟哭成一团，兄弟之情又如以前。然后孝景帝把梁孝王的随从官员全部招进函谷关。但是孝景帝还是越来越疏远梁孝王，再也不和他同乘车辇了。

三十五年的冬天，梁孝王又入京朝见。呈上奏折请求留住京城，孝景帝没有答应。梁王回到封国后，心中闷闷不乐。有一天梁孝王到北方的良山打猎，有人献给他一头牛，牛脚长在背上，梁孝王看了之后感到厌恶。六月中旬，梁孝王得了热病，过了六天就去世了。谥号为孝王。

梁孝王仁慈孝顺，每次听说太后生病，他吃不下，睡不好，经常想留在长安侍候太后。太后也宠爱他。当窦太后得知梁孝王病故后，很悲痛，不吃不喝，说："皇上果然杀了我的儿子！"孝景帝既为他感到哀痛，心里又害怕，不知所措。于是就去和长公主商量，决定把梁国分为五国，把梁孝王的五个儿子全封为王，五个女儿也都封给她们汤沐邑。孝景帝把这个决定奏给窦太后，窦太后高兴起来，看在皇上的面子上才勉强吃了一点东西。

梁孝王的长子刘买继位，这就是梁共王；次子刘明被封为济川王；三子刘彭离被封为济东王；四子刘定被封为山阳王；五子刘不识被封为济阴王。

梁孝王死前，财产多得以亿万计，多不胜数。他死后，府库中的黄金达四十多万斤，其他财物价值也相当于此。

梁共王三年，孝景帝去世。梁共王在位七年后去世，他的儿子刘襄继位，这就是梁平王。

梁平王刘襄十四年，刘襄的母亲是陈太后。刘买的母亲是李太后。李太后是刘襄的亲祖母。梁平王的妻子姓任，称任王后。任王后很受平王刘襄的宠爱。当初，梁孝王在世时，有一个罍形酒器，价值千金。梁孝王曾经告诫后人，要好好保管这件宝物，不得把它送给别人。任王后知道后很想得到这个酒器。梁平王的祖母李太后说："先王有遗命，不得把这个酒器送给别人。其他的东西即使价值亿万，也随你挑。"任王后却极想得到它。平王刘襄就派人到府库中取来罍樽，赐给了任王后。李太后知道后大怒，正好这时朝廷的使者来梁国，李太后想把这件事告诉朝廷的使者，平王刘襄和任王后拦阻她，关上门不让她出来，李太后和他们争门夺路，手指被门夹伤了，因而未能见到朝廷的使者。李太后曾经私下与食官长以及郎中尹霸等人通奸，于是刘襄和任王后以此为把柄，派人以此劝阻李太后，李太后因为自己有淫乱的行为，只好作罢。后来李太后病故。在她生病的时候，任王后未曾请安问病；到李太后去世后，任王后也不居丧守孝。

元朔年间，睢阳有个名叫类犴反的人，有人侮辱了他的父亲，侮辱类犴反父亲的那个人和淮阳太守的门客同车外出，在太守的门客下车离去后，类犴反在车上杀死了他的仇人，而后便逃走了。淮阳太守很生气，以此责备梁国的官员。梁国的官员想缉捕类犴反的心情非常急迫，于是逮捕了类犴反的亲属。类犴反知道梁国宫中的隐秘事，于是向朝廷上书告发了梁平王和他的祖母李太后争夺酒器的事情，并说当时梁国丞相及其以下的官员都知道这件事，类犴反的目的是想借此事来打击梁国的高级官吏，上告书被武帝看到了。武帝让有关官吏调查审问，情况属实。于是朝廷的公卿奏请皇上废黜平王刘襄为平民。武帝说："李太后有淫乱行为，而梁平王刘襄因为没有好的师傅教导，所以陷于不义。"于是下诏削减了梁国八座城的封地，把任王后斩首示众。之后梁国还剩下十座城。刘襄在位三十九年去世，谥号为平王。他的儿子刘无伤继位为梁王。

济川王刘明是梁孝王的二儿子，在孝景帝中元六年由桓邑侯晋升为济川王。七年后，因为射杀了中尉，朝廷的有关官员奏请将他处死，武帝不忍心杀他，只是把他贬为平民，让他搬迁到房陵居住，封地收归朝廷，变为郡县。

济东王刘彭离是梁孝王的三儿子，在孝景帝中元六年被封为济东王。刘彭离在位二十九年，他生性骄横凶悍，没有人君的风范，常在晚上和他的奴仆以及无赖青年等几十人结伴去杀人，掠取别人的财物以为乐事。被他们所杀的人，光是被发觉的就有一百多个，整个济东国都知道，没有人敢在夜间外出。后来被他杀的人的儿子向朝廷上书告发。朝廷中有关官员奏请诛杀他。武帝不忍心，只是把他贬为平民，让他搬迁到上庸居住，封地收归朝廷，设为大河郡。

山阳哀王刘定是梁孝王的四儿子，在孝景帝中元六年被封为山阳王。刘定在位九年后去世，他没有儿子，封国被废除，封地收归朝廷，设为山阳郡。

济阴哀王刘不识是梁孝王的五儿子，在孝景帝中元六年被封为济阴王。刘不识在位一年便去世，他没有儿子，封国被废除，封地收归朝廷，设为济阴郡。

太史公说：梁孝王虽然因为是皇帝亲兄弟、太后爱子的缘故，受封于肥沃之地为王，但他也正好赶上汉王室兴隆繁盛，百姓富足，所以他才能够积累那么多财富，才能扩建宫室，以致车马服饰都和皇帝相同。然而，这样的做法也属于僭越行为了。

褚先生说：我做郎官时，从宫殿中那些喜好说长论短的老郎官那里听说过梁孝王的事迹。我认为使梁孝王心怀不满，想谋取帝位的原因，在宫廷内部。窦太后掌有实权，由于她疼爱小儿子，想让梁王为太子。朝中大臣没有及时直说这样做不可以，而是一味阿谀奉承，只说一些无足轻重的小事情，取悦太后以求得到赏赐，他们都不是忠臣。假如大臣们都能像魏其侯、窦婴那样直言进谏，怎么会有后来的祸患呢？孝景帝与梁孝王家宴，一起侍候太后饮酒时，孝景帝说：“在我百年之后，把帝位传给你。”太后听了很高兴。窦婴在场，他听后立刻伏地谏道：“汉朝的制度规定，帝位传给长子长孙，现在皇上怎么可以把帝位传给弟弟，破坏高皇帝的规定呢！”说罢之后，孝景帝沉默不语。而窦太后心里也很不愉快。

从前周成王和年幼的弟弟站在树下玩耍，他捡起一片桐树叶递给他弟弟说：“我把这个封给你。”周公听说后，对成王说：“天子分封弟弟，很好。”成王说：“我只是和他开玩笑的。”周公说：“君主是不应该有不当的举动，不应该开玩笑的，说了就一定要做到。”于是成王就把应县封给他的小弟弟。

从此以后，成王终生不敢再说开玩笑的话了，说的话一定做到。《孝经》上说：“不合礼法的话不说，不合道理的事不做。”这是圣人的格言啊。当时皇上就不应该对梁王说好听的话。梁王有太后作为靠山，早就骄傲纵恣，又多次听孝景帝向他许愿，说百年后把帝位传给他，可是孝景帝实际上又不这样做。

另外，根据汉朝的制度，诸侯王进京朝见天子，一共只能见四次。刚到京城时，入宫晋见，谓之“小见”；到了正月初一，捧着皮垫摆上璧玉，向皇帝道贺新春，谓之“法见”；再过三天，皇帝为诸侯王举行酒宴，赐给他们金钱财物；再过两天，诸侯王又入宫“小见”，然后辞别归国。在长安留居不超过二十天。所谓“小见”，是在宫内私下相见，饮宴于王宫禁地，那个地方不是一般士人所能进入的。如今梁王西入长安来朝见皇上，留居宫中将近半年之久。他入宫和皇上同辇而坐，出宫与皇上同车而乘。皇上说了将来要传帝位于他这样的话，而实际上又不能兑现，以致使梁王口出怨言，心生叛逆，而皇上到此也产生忧患，这岂不是太离谱了吗！不是大贤大德的人，是不懂得谦恭退让的。按汉朝的礼仪制度，到京城朝见皇上庆贺正月的，通常是一王和四侯一起朝见，十多年才进京一次。而今梁王却连年入京朝见，并久留于京城。俗语说“骄纵的孩子不懂得孝顺”，这话说得不错啊。所以应该给诸侯王配置好的太师太傅和一些忠正敢言之士，就像汲黯、韩长孺那样直言极谏的人，诸侯们还会因做坏事而受惩处么！

听说梁孝王西入长安朝见，谒见窦太后，家人团聚，和孝景帝一起陪坐在太后面前，他们一起说家常话。太后对孝景帝说：“我听说殷商的制度亲其所亲，周朝的制度尊其所尊，二者的道理是一样的。我百年之后，就把梁孝王托付给你了。”孝景帝在坐垫上跪起来说：“是。”家宴结束后，孝景帝把袁盎等精通经术的大臣召来说：“太后说的这些话是什么意思？”袁盎等人一齐回答说：“太后的意思要立梁孝王为太子。”孝景帝问其中的道理，袁盎等人说：“殷商的传统亲其所亲，是传位于其弟。周朝的传统尊其所尊，传位于其子。殷商的法度崇尚质朴，质朴就效法上天，以亲人为亲，所以传位于弟。周朝的法度崇尚华美，华美就效法大地，尊是敬的意思，敬自己宗族的始祖，所以传位于长子。按周朝的制度，太子死了，就立嫡孙为继承人。按殷商的制度，太子死了，立其弟为继承人。”孝景帝说：“依你们的看，我该如何做呢？”大家一齐回答说：“如今汉朝的制度是仿效周朝，按周朝的制度不能立兄弟，应当立儿子。正因为这样，《春秋》以此指责宋宣公，就是因为他死后，不立儿子而传位给弟弟。他的弟弟继位为国君，死后，又把君位归给他的哥哥即宋宣公的儿子。他弟弟的儿子争夺君位，认为自己应当接替父亲身后之位，于是杀了宋宣公的儿子。因此宋国内乱不断。所以《春秋》说：‘君子尊崇居于正位的嫡子，宋国的祸乱是宣公造成的。’臣等请求进见太后说明这个道理。”于是袁盎等人入宫见窦太后，说：“太后想要立梁孝王为太子，那么梁孝王死后要立谁呢？”太后说：“我再立皇帝的儿子。”袁盎等人就向太后陈述了宋宣公不立嫡子而发生祸乱，延续了五代而不断绝，以及不克制小的私心便会遗害大义的史实。太后听后，理解了其中的道理，欣然接受，随即让梁孝王回归封国。梁孝王听说这些理论都是出自袁盎等大臣，就怨恨起他们来，于是派人进京刺杀袁盎。袁盎看到刺客，说：“我是大家称道的袁将军，你不会搞错了吧？”刺客说：“我们要刺杀的正是你！”刺客杀了袁盎，扔下剑就跑了，剑还插在袁盎的身上。人们查看那把剑，发现是新铸造的。查问长安城中铸剑的工匠，工匠说：“梁国郎官某人曾来磨过这把剑。”朝廷以此得知了线索，便派遣使者去追捕凶手。由此得知梁王要杀的大臣就有十多人，执法的官吏穷究其根源，梁王谋反的事情露出了苗头。太后知道后食不下咽，日夜哭泣不止。孝景帝为此也很担忧，问公卿大臣该如何是好，大臣认为必须派遣精通经术的官吏去处理此案，才可解除太后之忧。于是孝景帝派遣田叔、吕季主去处理此案，两人都精通经术，顾全大局。他们从梁国结案到了霸昌厩，把梁王谋反的证词全部烧掉，两手空空回奏孝景帝。孝景帝问他们："案子办得怎么样？"他俩回说："梁王不知情。都是他的宠臣羊胜、公孙诡等人干的。臣按律令诛杀了他们，梁王平安无恙。"孝景帝听后很高兴，便说："你们赶快去觐见太后。"太后听说后，立刻起来吃饭了，心情也恢复了平静。所以说，不通晓经术、不懂古今大礼的人，就不能担任三公之职及左右近臣。孤陋寡闻的人，就如同管中窥天一样。

（龚双会 译）

《史记》卷五十九　五宗世家第二十九

孝景皇帝共有十三个儿子被封为王，这十三人分别由五位母亲所生，同一母亲所生的称为宗亲。栗姬所生的儿子有刘荣、刘德、刘阏于。程姬所生的儿子有刘余、刘非、刘端。贾夫人的所生的儿子有刘彭祖、刘胜。唐姬所生的儿子有刘发。王夫人兒姁所生的儿子有刘越、刘寄、刘乘、刘舜。

河间献王刘德在孝景帝前元二年以皇子的身份被封为河间王。他喜好儒家学说，衣着服饰和言行举止都效仿儒生。殽山以东的儒生们大多归附于他。

刘德在位二十六年去世，他的儿子共王刘不害继位。刘不害在位四年去世，他的儿子刚王刘基继位。刘基在位十二年去世，他的儿子顷王刘授继位。

临江哀王刘阏于在孝景帝前元二年以皇子的身份被封为临江王。他在位三年去世，因为他没有后代继承王位，封国被废除，改为郡县。

临江闵王刘荣在孝景帝前元四年被立为皇太子，四年后被废黜，以原太子的身份被封为临江王。

临江王刘荣在位的第四年，因为侵占宗庙墙外的空地为自己建造宫室而获罪，皇上召他入京。刘荣应召出发前在江陵北门祭祀完行路之神，刚上车，车轴折断，车子坏了。江陵父老认为这是不祥之兆，哭泣着私语道：“我们的君王恐怕是回不来了！”刘荣到了长安后，前往中尉府接受审讯。中尉郅都责问刘荣，他恐惧，就自杀了。死后埋葬在蓝田。下葬的时候有几万只燕子衔土放在他的坟墓上，百姓都很哀怜他。

刘荣在孝景帝诸子中年龄最大，死后因为没有儿子继承王位，封国被废除，封地收归朝廷，成为南郡。

以上三国的开国国王，都是栗姬的儿子。

鲁共王刘余在孝景帝前元二年以皇子的身份被封为淮阳王。在他为淮阳王的第二年，吴、楚等七国起兵反叛，平定叛乱后，在孝景帝前元三年改封为鲁王。他喜欢建造宫室园林，畜养狗马。晚年喜好音乐，不善辩说，说话口吃。

刘余在位二十六年去世，他的儿子刘光继位。刘光最初也喜欢音乐车马，晚年变得很吝啬，唯恐财产不够用。

江都易王刘非在孝景帝前元二年以皇子的身份被封为汝南王。吴、楚等七国反叛时，刘非虽然只有十五岁，但有勇有谋，上书天子请求领兵攻打吴国。孝景帝赐给他将军印，令其领兵攻打吴国，吴国被击败后，过了两年，刘非改封为江都王，治理吴国原有的封地，因为刘非有军功，孝景帝又赐他几面天子的旌旗。孝武帝元光五年，匈奴大举入侵汉境，刘非又上书请求攻打匈奴，孝武帝没有答应。刘非喜好使弄气力、建造宫殿，招纳四方豪杰侠士，十分骄纵奢侈。

刘非在位二十六年去世，他的儿子刘建继位为王。刘建在位七年自杀而死。原因是淮南王、衡山王谋反时，刘建对他们的图谋有所知晓。他认为自己的封国靠近淮南，恐怕淮南王一旦起兵，自己的封国会被淮南王所并吞，于是暗中制造兵器，并且经常佩带着天子赐给他父亲的将军印，打着天子的旌旗四处出巡。还有就是他的父亲易王去世尚未下葬时，刘建看上了他父亲易王宠爱的美人淖姬，夜晚派人把淖姬接来，跟她在守丧的房舍中通奸。等到淮南王反叛的事情败露后，朝廷惩治他的同党，牵连到江都王刘建。刘建恐慌，于是派人多持金钱，通过活动平息了这件讼案，躲过了灾难。他又相信巫祝，派人祭祀祷告，胡说八道。刘建还跟他的姊妹都有奸情。这些事情被朝廷得知后，汉朝的公卿大臣请求逮捕刘建治罪。皇上不忍心，派大臣去江都审讯他。他对所犯的事情供认不讳，畏罪自杀。于是他的封国被废除，封地收归朝廷，成为广陵郡。

胶西于王刘端在孝景帝前元三年吴、楚六国反叛被平定后，以皇子的身份被封为胶西王。刘端为人暴戾凶狠，又患阳痿病，每一接触女人，就会病几个月。他有一个受宠的年轻近侍，任为郎官。这个人后来与胶西王后宫的女人有淫乱行为，刘端知道后捕杀了他，并且杀死了与他通奸的后宫女人及他们所生的儿子。刘端还屡次触犯天子法令，朝廷的公卿大臣多次请求诛杀他，皇帝看在他是兄弟的分上不忍心这样做，因而刘端越发的胡作非为。大臣们再次请求削减他的封地，于是皇上削减了他的大半封地。刘端怀恨在心，于是什么事情都不管了。以致府库倒塌破漏，腐坏的财物以亿万计，也不加以收拾处理。他又命令官吏不准收取向朝廷缴纳的租赋。刘端又解散了自己的卫队，封闭了所有的宫门，只留下一个门供他从那里出宫游荡。他还多次改换姓名，假扮成平民到其他的郡国去。

凡是前往胶西任国相、二千石的官员，如果他们依照汉朝的法律制度来约束刘端，刘端就找出他们的过错上告朝廷，如果找不到他们的过错，就设诡计用药将他们毒死。他想尽一切办法来和朝廷派去的官员作对，他用强硬的态度拒绝他人的劝谏，他用极其乖巧的手腕掩饰自己的过错。前往胶西任职的国相、二千石的官员如果能遵从刘端的旨意行事，那么就要被朝廷以法治罪。因此胶西虽然是个小国，可在那里被杀和受伤害的二千石官员却不少。

刘端在位四十七年去世，因没有儿子继承王位，封国被废除，封地收归朝廷，改设为胶西郡。

以上所述的三国的第一代国王都是程姬所生的儿子。

赵王刘彭祖在孝景帝前元二年以皇子的身份被封为广川王。赵王刘遂反叛失败后，刘彭祖原御整个广川地区。刘彭祖任广川王的第四年，被改封为赵王。刘彭祖为赵王第十五年时，孝景帝去世。刘彭祖为人乖巧奸诈，表面上装出一副谦卑恭敬的样子，而内心却刻薄阴险。他喜好玩弄法律条文，用诡辩中伤、陷害他人。刘彭祖有很多宠幸的姬妾及子孙。朝廷派往赵国任国相、二千石的官员如果按照汉朝的法律制度行事，就会妨害赵王的利益。为此每当国相、二千石级官员到赵国上任，刘彭祖便穿着黑布衣亲自出迎，为他们清扫馆舍，提出许多疑难问题来引动对方，一旦发现他们说错了话，触犯朝廷的禁忌，就立刻把它记下来。等到这些官员奉法办事的时候，他就拿出那些记录的材料来要挟他们就范；如果对方不就范，他就上书告发，或者用别的作奸犯科之事诬陷对方。因此，刘彭祖在位五十多年中，朝廷派到赵国来任国相、二千石级官员没有任满两年的，大都因获罪而丢官，罪过大的被处死，罪过小的受刑罚，所以到赵国的二千石级官员都不敢奉法治事。刘彭祖也就因此专权霸道，他派遣使者到所属各县垄断市场交易，其收入比朝廷在赵国征收的赋税还多。因此赵王很有钱，这些金钱都用在赏赐姬妾及其儿子们上，全部都花光了。刘彭祖娶了以前江都易王刘非的宠姬，即后来与刘非的儿子刘建发生奸情的那位淖姬为姬妾，并且非常宠爱她。

刘彭祖不喜好营建宫室，也不迷信鬼神，而是喜好做刑狱方面的事情。他上书朝廷，志愿查办王国内的盗贼。他经常在夜间带着走卒在邯郸城内巡察。那些使臣们以及过路旅客都因为刘彭祖险诈邪恶，不敢在邯郸留宿。

赵王刘彭祖的太子叫刘丹，刘丹与他的女儿及自己的同胞姐姐通奸。又跟他的门客江充有嫌怨。后被江充告发，刘丹因此被废黜。刘彭祖只好改立太子。

中山靖王刘胜在孝景帝前元三年以皇子的身份被封为中山王。刘胜在位十四年时，孝景帝去世。刘胜生性嗜酒，好养姬妾，共有子孙一百二十多人。刘胜经常和他的哥哥赵王相互指责，他对刘彭祖说："哥哥身为一国之王，专门替下级官吏效力。为王的人就应当每天听音乐、享受歌舞女色。"刘彭祖则反过来指责他说："中山王只顾整天淫乐，不帮助天子抚慰百姓，怎么可以称为藩国之臣！"

刘胜在位四十二年去世，他的儿子哀王刘昌继位。刘昌在位一年去世，他的儿子刘昆侈继位为中山王。

以上所述二国的第一代国王都是贾夫人所生的儿子。

长沙定王刘发，他的母亲是唐姬，唐姬原来是程姬的侍女。有一次孝景帝召幸程姬，适逢程姬来月经，她不愿进侍，就让自己的侍女唐姬梳妆打扮一番，去进侍皇上。孝景帝喝醉酒了没有注意，以为是程姬，就和她同床了，于是有了身孕。事后孝景帝才发觉那天来的并不是程姬。等唐姬生下儿子，就取名为刘发。刘发在孝景帝前元二年以皇子的身份被封为长沙王。因为他母亲出身微贱，不得孝景帝宠爱，所以被封在一个低湿贫困之国为王。

刘发在位二十七年去世，他的儿子康王刘庸继位。刘庸在位二十八年去世，儿子刘鲋鮈继位为长沙王。

以上所述一国的第一代国王是唐姬所生的儿子。

广川惠王刘越，在孝景帝中元二年以皇子的身份被封为广川王。

刘越在位十二年去世，他的儿子刘齐继位为王。刘齐有一个名叫桑距的宠臣。后来桑距犯了罪，刘齐想杀他，桑距逃跑了，刘齐便逮捕了他的全家。桑距因此怨恨刘齐，于是向朝廷上书告发刘齐与其同胞姐妹有奸情。从此以后，刘齐为了自保，多次上书告发朝廷的公卿以及皇帝宠幸之臣所忠等人的罪行。

胶东康王刘寄在孝景帝中元二年以皇子的身份被封为胶东王。刘寄在位二十八年去世。当淮南王刘安谋划反叛时，刘寄暗中听说了这件事，就偷偷制造战车弓箭等武器，做好了打仗的准备，等待淮南王起事。后来朝廷官员审讯淮南王谋反的事情时，淮南王刘安在供词中说出了刘寄。刘寄与武帝的关系最亲密，他心里为自己的所作所为悔恨哀痛，终因此事发病而死，自知有罪不敢立后，有人将此事报告给了武帝。刘寄的长子名贤，其母不受刘寄宠爱；小儿子名庆，其母受刘寄宠爱，刘寄曾经想立刘庆为太子，因为不合传承的次第，又因为自己有罪过，所以没有向武帝提出立后的事。武帝哀怜他，就封刘贤为胶东王，作为康王的继承人，把刘庆封在过去衡山王的故地，称为六安王。

胶东王刘贤在位十四年去世，谥号为哀王。他的儿子刘庆继位为王。

六安王刘庆，在武帝元狩二年以胶东康王儿子的身份被封为六安王。

清河哀王刘乘，在孝景帝中元三年以皇子的身份被封为清河王。刘乘在位十二年去世，他没有儿子，封国被废除，封地收归朝廷，成为清河郡。

常山宪王刘舜，在孝景帝中元五年以皇子的身份被封为常山王。刘舜是孝景帝最宠爱的小儿子，他骄纵怠惰，多有淫乱之事，屡屡触犯禁令，但武帝总是宽恕赦免他。刘舜在位三十二年去世，太子刘勃继位为王。

当初，宪王刘舜有一个不受他宠爱的姬妾生下长子刘棁。刘棁因为生母不受宠爱的缘故，自己也得不到宪王刘舜的喜爱。刘舜的王后修生太子刘勃。刘舜的姬妾很多，受宠的姬妾为他生下儿子刘平和刘商，王后很少得到刘舜的宠幸。等到刘舜病重，那些受宠的姬妾常去侍候他，王后因为嫉妒的缘故不常去问病伺候，去了也是打个照面就走。医生呈进药来，太子刘勃从不亲自尝药，晚上也不留下来伺候父亲。等到刘舜死了，王后和太子刘勃才赶到。刘舜平时就不把刘棁当儿子看待，等他死后，也不分给他财物。有人劝谏刘勃和王后，让长子刘棁和其他兄弟共同分财物，刘勃和王后不肯。刘勃继位之后，又不肯收纳抚恤刘棁。刘棁因此怨恨王后和刘勃。当朝廷派使者来视理刘舜的丧事时，刘棁便向使者告发宪王刘舜生病时，王后和太子刘勃不到床前侍候，宪王去世不过六天就离开服丧的屋子，以及太子刘勃私下奸淫、饮酒取乐、赌博为戏、击筑作乐，与女子乘车奔驰、穿城过市、进入监狱探看囚犯的种种事情。武帝于是派遣大行张骞去查证王后的所作所为，并审讯刘勃。张骞请求逮捕与刘勃通奸的诸人作为佐证，刘勃把这些人藏匿起来。当官吏大举搜捕时，刘勃非常愤怒，竟至派人拷打吏人，并放走朝廷认为可疑而囚禁起来的人。主事的官员请求诛杀宪王王后修和刘勃。武帝认为修素来就品行不好，致使刘棁告发她有罪；而刘勃则是因为没有好的师傅辅佐，因而不忍心诛杀他们。主事的官员又请求废黜王后修，放逐刘勃，让他的家属和他一起迁居房陵，武帝同意了。

刘勃为王只有几个月，被贬迁到房陵，封国绝灭。一个多月后，武帝因顾念到宪王刘舜是自己最亲近的弟弟，就下诏给主事的官员说："常山宪王刘舜死得早，王后与姬妾失和，嫡子和庶子之间互相捏造罪名，因而陷于不义，封国绝灭，我为此十分哀怜他。现在封宪王的儿子刘平三万户，为真定王；封宪王儿子刘商三万户，为泗水王。"

真定王刘平，在武帝元鼎四年以常山宪王儿子的身份被封为真定王。

泗水思王刘商，在武帝元鼎四年以常山宪王儿子的身份被封为泗水王。刘商在位十一年去世，他的儿子哀王刘安世继位。哀王刘安世在位十一年去世，他没有儿子。武帝怜悯泗水王绝后，就立刘安世的弟弟刘贺为泗水王。

以上所述四国的第一代国王都是王夫人皃姁所生的儿子。后来汉朝又增封其枝属子孙为六安王、泗水王两国。总计皃姁的子孙，至今有六人为王。

太史公说：汉高祖刘邦在位的时候，诸侯国的赋税都归诸侯王所有，可以自行任命内史以下的官员，朝廷只为他们派遣丞相一职，授予金印。诸侯王自己任命御史、廷尉正、博士等官，那时诸王骄奢豪华的程度可以跟天子相比。自从吴、楚等国叛乱后，在五宗诸王的时代，朝廷为他们派遣二千石级的官员，撤除“丞相”改为“相”，只能用银印。诸侯只能享用该国百姓上交的赋税，夺去了他们的政治、军事、司法等一切权力。此后诸侯王中有的贫穷到只能乘坐牛车了。

（龚双会 译）

《史记》卷六十　三王世家第三十

“大司马臣霍去病冒死再拜向皇帝陛下上书：承蒙陛下错爱，使我霍去病能在军中任大司马骠骑将军之职。我本应专心思虑边塞事务，即使战死荒野之中也无法报答陛下的恩情，现在竟敢考虑本职以外的事来打扰主事的官员，实在是因为看到陛下操劳天下事，体恤百姓而忘了自身，减少了膳食和娱乐，裁减了侍从人员。皇子们仰赖上天保佑，已经长大成人，但至今没有诸侯王的封号和辅佐之臣。陛下谦恭礼让没有考虑骨肉之情，群臣私下都希望早日对皇子们予以封号，但又不敢越职进奏。我实在克制不住为皇上效劳的犬马之心，冒死进言，希望陛下令有关主管官吏趁盛夏吉日定下皇子们的爵位。希望陛下考虑我的建议。臣霍去病冒死再拜奏闻陛下。”三月乙亥日，御史兼尚书令光将霍去病的奏章递交给皇上。武帝下诏说：“交御史府办理。”

武帝元狩六年三月初一是戊申日，乙亥日（三月二十八），御史兼尚书令光、尚书丞非，将霍去病的奏章下发到御史府，说：“丞相臣庄青翟、御史大夫臣张汤、太常臣赵充、太行令臣李息、太子少傅并代行宗正臣任安冒死进言：大司马霍去病上书说：‘承蒙陛下错爱，使我霍去病能在军中任大司马骠骑将军之职。我本应专心思虑边塞事务，即使战死荒野之中也无法报答陛下的恩情，现在竟敢考虑本职以外的事来打扰主事的官员，实在是因为看到陛下操劳天下事，体恤百姓而忘了自身，减少了膳食和娱乐，裁减了侍从人员。皇子们仰赖上天保佑，已经长大成人，至今没有诸侯王的封号和辅佐之臣。陛下谦恭礼让没有考虑骨肉之情，群臣私下都希望早日对皇子们予以封号，但又不敢越职进奏。我实在克制不住为皇上效劳的犬马之心，冒死进言，希望陛下令有关主管官吏趁盛夏吉日定下皇子们的爵位。希望陛下考虑我的建议。臣霍去病冒死再拜奏闻陛下。’武帝下诏说：‘交御史府办理。’我慎重地与中二千石、二千石公孙贺等商量：古来分地立国，同时建立诸侯国以拱卫天子，这是为了提高中央王朝的威望，维护中央王朝的安全。现在霍去病呈上奏章，表明他没有忘记自己的职责，用以宣扬皇帝的恩德，他称道皇帝谦恭礼让，为天下事操劳，忧虑皇子没有封号。这本是庄青翟、张汤等分内的事，却愚昧痴呆而未能及时办理。如今正是盛夏吉时，庄青翟、张汤等冒死请立皇子刘闳、刘旦、刘胥为诸侯王。冒死请求确定他们封国的国名。”

皇帝批示说：“听说周朝封了诸侯八百，姬姓宗族也同时受封，有子爵、男爵、附庸。《礼记》说：‘嫡子以外的儿子不得主持祭祀。’你们说建立诸侯国是为了提高中央王朝的威望，这种说法我没听说过。再说上天不是为了供奉君王而生百姓。我德泽浅薄，还没有普施于民，如今你们让这些还没有教导好的皇子勉强去当一国之王，这样做对大臣将产生怎样的影响？你们还是重新讨论一下，可以给他们封侯建家。”

三月二十九日，丞相又奏请武帝。“丞相臣庄青翟，御史大夫臣张汤冒死进言：我们与列侯婴齐、中二千石、二千石公孙贺、谏议大夫、博士安等商议说：我们听说周朝分封了八百诸侯，姬姓也在其中，共同侍奉天子。康叔凭借其祖父和父亲获得显贵，而伯禽是凭借其父亲周公而受封，他们都是诸侯国的开国国君，以傅相为辅佐。官员们遵奉法令，各司其职。而国家的纲纪秩序完备无缺。我们认为封立诸侯之国可以提高朝廷的威望，是因为天下诸侯各自按它的职责向朝廷进贡和参加祭祀。庶子不得奉祭宗祖，这是礼制的规定。封建诸侯，使他们成为中央的屏藩，皇帝能通过他们弘扬朝廷的功德和实施教化。陛下您奉承天意统辖天下，光大先圣的遗业，尊贤礼士，褒奖功臣，扶持起即将灭绝的诸侯国。您使萧何的后代继续受封在酂县，褒奖公孙弘等群臣。为了让六亲的秩序分明，表明上天之所施与，使诸侯能够推恩分封自己的儿子为侯，赐号尊建一百多个诸侯国。现在想封皇子为列侯，这就是尊卑相逾越，乱了秩序，不能将基业传给子孙万代。臣等请求立刘闳、刘旦、刘胥为诸侯王。”

武帝下诏批示道：“康叔兄弟有十个而康叔独受尊崇的原因，是因为周天子褒扬有德之人。周公被特许在郊外祭祀天神，所以鲁国能用白色公牛、赤色公牛做祭祀的牺牲。其他公侯用毛色不纯的公牛做祭祀的牺牲，这是贤者和不肖者的差别。‘高山，让我仰望；美好的德行，令我向往’，我很仰慕周公、康叔等人，也很欣赏武王的做法。应该抑制未教育好的皇子，还是封他们为列侯为好。”

四月初一，庄青翟等又给武帝请奏说：“丞相臣庄青翟、御史臣大夫张汤冒死进言：我们与诸位列侯、二千石级官吏、谏大夫、博士庆等商议：我等之前冒死奏请立皇子为诸侯王。皇帝命道：‘康叔兄弟有十个而康叔独受尊崇的原因，是因为周天子褒扬有德之人。周公被特许在郊外祭祀天神，所以鲁国能用白色公牛、赤色公牛做祭祀的牺牲。其他公侯用毛色不纯的公牛做祭祀的牺牲，这是贤者和不肖者的差别。“高山，让我仰望；美好的德行，令我向往”，我很仰慕周公、康叔等人，也很欣赏武王的做法。应该抑制未教育好的皇子，还是封他们为列侯为好。’我们听说康叔的同胞兄弟有十人，武王继承了王位，周公辅佐周成王，其他八人都因为他们的祖父和父亲地位尊贵被封为大国诸侯。康叔年纪幼小，周公在三公之位，而伯禽被封在鲁地，大概在封爵位的时候，还没有成年。后来康叔制止了禄父的叛乱。伯禽平定了淮夷之乱。从前五帝的体制各不相同，周朝的爵位分为五个等级，到春秋的时候爵位只分为三个等级，这都是根据时代的不同安排尊卑次序。高皇帝拨乱反正，昭示了他至高的德操，安定海内，分封诸侯，爵位只有两等。当时的皇子有的尚在襁褓之中就被封侯，以承继天子，这是万世的法则，是永远不可以改变的。皇帝躬行仁义，圣德崇高，文治武功互相配合。您彰扬慈爱孝亲，广泛任用贤能。对内褒扬有德行之人，对外讨伐强暴之敌。北临瀚海，西至月氏，使匈奴、西域都举国贡奉，咸来归附。一切车舆兵械的费用，不向百姓征收。您以国库所藏奖赏将士，开放粮仓赈济贫民，戍卒减少了一半。百蛮夷狄的君长，无不闻风归化，承受汉朝的教化屈首称赞。远方风俗不同的国度，不辞辗转前来朝拜，您的恩泽遍及边远地方。所以珍禽异兽不断送来，嘉禾米谷丰收，天道的感应十分明显。如今诸侯的庶子们都封为诸侯王，而您却赐封皇子们为列侯，臣庄青翟、臣张汤等私下反复商议，都认为这样做的话就是尊卑失序，使天下百姓失望，是不可以的。我们请求立刘闳、刘旦、刘胥为诸侯王。”四月初六，奏章送到武帝跟前，武帝将其留在宫中没有批示下达。

庄青翟等又上奏章催促说“丞相臣庄青翟、太仆公孙贺、行御史大夫事太常臣赵充、太子少傅臣任安行宗正事冒死进言：臣庄青翟等之前曾进奏大司马臣霍去病的上书，提及皇子未有封号王位，臣谨与御史大夫张汤、中二千石、二千石、谏议大夫、博士庆等冒死请立皇子刘闳等为诸侯王。陛下谦让自己的文治武功、应当严格自律，皇子未习教义等等。群臣讨论这件事情的时候，有的儒者按照自己的想法发言，有的却没有表达出自己真实的想法。陛下坚决推辞，不肯答应，只封皇子们为列侯。臣庄青翟等私下与列侯臣萧寿成等二十七人商议，都认为这样的做法是尊卑失序。高皇帝创建天下，为汉代的开国之君，他分封子孙为王，扩大支辅的势力。以后的几位先帝都不改高皇帝的法则，这是为了彰显先帝的至高权威。臣等请求陛下令史官选择良辰吉日，提出礼仪奉上，让御史呈上地图，其他的事情都照以前的旧例办理。”皇上下诏批示道：“可以。”

四月十九日，公孙贺等人又向武帝呈上奏章：“太仆臣公孙贺代理御史大夫官职冒死进言：太常赵充说经过占卜得知四月二十八日乙时，可以立诸侯王。臣冒死进呈地图，请给三皇子所立封国命名。关于仪式另行上奏。臣冒死请求。”

皇上下诏批示道：“立皇子刘闳为齐王，刘旦为燕王，刘胥为广陵王。”

四月二十日，奏呈未央宫。元狩六年四月初一是戊寅日，四月二十六日，御史大夫张汤将武帝的批示下达丞相，丞相下达给中二千石官员，二千石官员下达给郡太守、诸侯国的国相，丞书下达命令给有关的办事人员。大家都按照命令办事。

“元狩六年四月二十八日，武帝派御史大夫张汤告庙立皇子刘闳为齐王。圣旨道：呜呼，儿子刘闳，你来接受这块代表东方的青色土！我继承祖先之帝业，根据先王之制，封你在东方的齐国，你要世代做朝廷的藩篱辅臣。呜呼，你要牢牢记住啊！你要敬受我的诏令，要想到天命不是一成不变的。人只有爱好善德才能昭显光明。你如果不行德义，君子们就会对你懈怠。你只有竭尽心力，执持中正之道，才能永享上天赐给你的禄命。如果你尽干坏事，不干好事，你的国家就会有凶险，自己也会有祸患。呜呼，保国安民，能不尽心竭力吗！齐王你一定要小心谨慎。”

以上是封齐王的策文。

“元狩六年四月二十八日，武帝派御史大夫张汤告庙立皇子刘旦为燕王。圣旨道：鸣呼，儿子刘旦，你来接受这块代表北方的黑色土！我继承祖先之帝业，根据先王之制，封你在北方的燕国，你要世代做朝廷的藩篱辅臣。呜呼！匈奴虐待老人，到处侵略掠夺，鼓动边民反叛。呜呼！我命大将率军前往征讨，他们共有三十二个将领归降朝廷；他们的军队偃旗息鼓而逃，北方因此安定。你要竭尽心力，不要做招人怨恨的事，不要做败坏自己品德的事，不要放松对匈奴戒备。不得征调没有经过训练的人从军出征。鸣呼！保国安民，能不尽心竭力吗！燕王你一定要小心谨慎。”

以上是封燕王的策文。

“元狩六年四月二十日，武帝派御史大夫张汤告庙立皇子刘胥为广陵王。圣旨道：鸣呼，儿子刘胥，你来接受这块代表南方的红色土！我继承祖先之帝业，根据先王之制，封你在南方的广陵国，你要世代为朝廷的藩篱辅臣。自古以来人们常说：‘长江以南，五湖一带的人生性好动。扬州是保卫中原的边疆，三代时期为王畿外围之地，实际上政教得不到施行。’鸣呼！你要竭尽心力，兢兢业业，要施行惠政，百姓才会柔顺，不要总是佚乐游荡，不要亲近小人，要遵纪守法。《尚书》上说：‘臣子不对百姓作威作福，就不会招来日后犯罪受辱。’鸣呼，保国安民，能不尽心竭力吗！广陵王你一定要小心谨慎。”

以上是封广陵王的策文。

太史公说：古人有句话说：“爱他就希望他富有，亲他就希望他尊贵。”君王之所以裂土建国，分封子弟，目的就是用来褒扬亲属，表达骨肉的情谊，尊崇祖先，显贵同族子孙，广建同姓王使自己的宗族散布于天下。因此国势必然强大，长治久安。从古到今，由来已久了。历代没有什么不同，所以不用多作论述。封立齐、燕、广陵三王的事情本不值得采写。然而封立三王的过程中，天子表现出来的谦恭礼让，群臣所表现出来的恪守道义，武帝呈书文辞优美，很值得观赏，因此我将此收录在《三王世家》里。

褚先生说：我有幸能凭借文学充任侍郎，喜欢阅览太史公的列传。《自序》中说《三王世家》文辞可观，但我在《三王世家》这篇文章中始终没有找到。我私下从喜欢旧事的长者那里获得武帝分封三王的策书，把其中的有关事迹编写出来以便传下去，使后世之人能领略到贤主的用心。

听说孝武帝在同一天封三个儿子为王：一个封在齐国，一个封在广陵，一个封在燕国。孝武帝根据皇子各自的才力智能，所封疆土的特点以及国民的习性，为他们写了策书来告诫他们："世代作为朝廷的藩属辅臣，保国护民，能不敬慎吗！诸王一定要小心谨慎。"贤明国君的所作所为，不是孤陋寡闻之人所能理解的，如果不是博闻强记的君子，是不能透彻理解他的深意的。至于策书的次序分段，词句的前后安排，策文的参差长短，都有深意，别人是不能理解的。我把这些诏书本稿编排在下面，使读者能自己理解它的宗旨。

王夫人是赵国人，与卫夫人一起受孝武帝的宠幸，生了刘闳。刘闳将要被封立为王时，他的母亲王夫人生病了，武帝亲自前去探问。问她道："你的儿子将要封王，你希望把他封在哪里？"王夫人说："有陛下在，我有什么可说的呢。"武帝说："虽然如此，你说说你的心里话，你希望把他封他什么地方为王？"王夫人说："我希望把他封在洛阳。"武帝说："洛阳有国家的军火库和粮仓，是天下的交通要冲，军事重地，也是汉朝的大都城。从先帝以来，从来没有一个皇子封在洛阳为王的。除了洛阳，其他地方都可以。"王夫人没有作声。武帝说："关东的国家里没有比齐国更大的。齐国东边靠海，都城临淄城池广大，在很早以前居民就有十万户，要论土地的肥沃没有比齐国更好的了。"王夫人以手击头表示感谢道："太好了。"王夫人病故后武帝很哀痛，派使者去祭拜道："皇帝谨派使者太中大夫明捧着璧玉，赐封夫人为齐王太后。"王夫人的儿子刘闳被封为齐王，齐王很年轻，还没有儿子的时候不幸早死，封国废绝，改设为齐郡。人们都说齐地不宜封王。

所谓"受此土"的意思，是指诸侯王在开始受封的时候，要从天子的社稷坛上取一包泥土，而后回到自己的封国建立自己的社稷坛，每年祭祀它。《春秋大传》上说："天子京城中的社稷坛叫作泰社，东方的土为青色，南方的土为赤色，西方的土为白色，北方的土为黑色，中央的土为黄色。"所以将分封在东方的人取青土，分封在南方的人取赤土，分封在西方的人取白土。分封在北方的人取黑土，分封在中原地区的人取黄土。分封于不同方位的诸侯各取自己的色土，用白茅草包裹起来，带到各自的封国建立自己的社稷坛。这就是受封于天子时的情形。从天子社稷坛领取的土叫作主土。对于主土，要建立社坛祭祀它。所谓"朕承祖考"的意思，"祖"指祖先，"考"指父亲。"维稽古"的意思，"维"是考虑的意思，"稽"是应当的意思，即应当顺从古人之道的意思。

齐地之民多变奸诈，不通礼义，所以武帝告诫齐王说："你要敬受我的诏令，要想到天命不是一成不变的。人只有爱好善德才能昭显光明。你如果不行德义，君子们就会对你懈怠。你只有竭尽心力，执持中正之道，才能永享上天赐给你的禄命。如果你干尽坏事，不干好事，你的国家就会有凶险，自己也会有祸患。"齐王到了封国，左右大臣能以礼义维系护持，可惜齐王不幸中年早逝。然而他一生没有过错，遵照了武帝给他的策书之意。

古人说"靛青是从蓝草中提取出来的，但它的颜色比蓝草更蓝"，这是教化使之如此。贤明的君主富有远见，具有独到的真知灼见。他告诫齐王要加强自己的道德修养；告诫燕王不要做招人怨恨的事，不要做败坏自己品德的事；告诫广陵王要谨慎对待自己的外部活动，不要作威作福。

广陵在吴越之地，这个地方的人精明而好动，所以武帝告诫广陵王说"长江太湖一带的人生性好动。扬州是保卫中原的边疆，三代之时强迫他们随从中原风俗服饰，并不要求他们服从内地的法令，只在道德上加以感化。不要总是佚乐游荡，不要亲近小人，要遵纪守法。不要好逸乐驰骋游猎过度安乐，而亲近小人。时常想着法度，就不会给自己带来羞辱之事了。"三江五湖盛产鱼盐，铜山的财富，天下人赖以应用。所以武帝告诫广陵王"臣不作福"，其用意是说让他不要滥用财货钱币，赏赐过分，以此来树立自己的声誉，使四方之人前来归附。又说“臣不作威”的用意，是不让他利用当地人的好动而干出背弃道义的事情。

孝武帝去世后，孝昭帝继位，昭帝首先让广陵王刘胥入京朝见，赏赐给他的金钱财物价值三千多万，增加封地百里，食邑一万多户。

昭帝去世后，宣帝即位，宣帝念及骨肉恩情，在本始元年中，从朝廷管辖的领土中划出土地分封广陵王刘胥的四个儿子：一个封为朝阳侯；一个封为平曲侯；一个封为南利侯；封最受刘胥宠爱的小儿子刘弘为高密王。

此后刘胥果然作威作福，派使者勾结楚王刘延寿。楚王刘延寿扬言说：“我的祖先楚元王是高祖的小弟，封地有三十二城。现在封地城邑越来越少，我要和广陵王一起起兵。拥立广陵王为皇帝，我要恢复当年楚国的三十二城，和元王时一样。”这件事被朝廷发觉后，公卿官吏请求对他们诛罚。宣帝因念及骨肉之情，不忍心对刘胥加之以法，下诏书说不处治广陵王，只诛杀了恶首楚王刘延寿。古书上说“蓬草生长在麻地中，不必扶持自然长得很挺直；白沙落在污泥中，就变得像污泥一样黑”，指的就是风气环境的影响啊。此后刘胥又祈神诅咒皇帝速死，谋划反叛，结果事发自杀，封国遂被废除。

燕国的土地贫瘠，北边靠近匈奴，这一带的人勇猛但缺少谋略，所以武帝告诫燕王刘旦说“荤粥氏虐待老人，到处侵略掠夺，鼓动边民反叛。我命大将率军前往征讨，他们共有三十二名将领归降朝廷；他们的军队偃旗息鼓而逃。荤粥氏远涉他处，北方因此安定。”又告诫燕王刘旦“要全心全意，不做招人怨恨的事”的用意，是让他不要随从当地习俗而对朝廷产生怨恨；告诫他“不要败坏自己的品德”的用意，是让燕王不要背弃恩德；告诫他“不要放松戒备”的用意，是让他不要削减军备，要防备匈奴的进犯；告诫他“非教士不得从征”的用意，是说不懂礼义的人不得留在身边任用。

后来孝武帝年老，而太子不幸早逝，还没有再立太子，这时刘旦派使者前来上书，请求到长安来担任皇上的宿卫。孝武帝看到他的信，生气地把它扔到地上，愤怒地说：“生了儿子应当把他放到齐鲁礼义之地去接受感化，如今将他放在燕赵之地，果然变得野心勃勃，争夺帝位的端倪已经表现出来了。”于是派人在宫阙之下杀了刘旦的使者。

武帝去世后，昭帝继位，刘旦果然生怨而怨恨朝中大臣。刘旦认为他是武帝现存儿子中的长子，应该由他继位，于是与齐王之子刘泽等人策划叛乱，刘旦扬言说：“我哪里会有这么小的弟弟在！如今登位的是大将军霍光的儿子。”刘旦正准备发兵。事情被朝廷发觉，依法应该被处死。昭帝念及骨肉恩情予以宽容，就把这件事情压了下来没有声张。公卿大臣请求处理，于是朝廷派遣宗正与太中大夫公户满意带着两个御史一齐到燕国去，讽劝晓谕燕王。宗正等人到了燕国后，各在不同的时间轮流去会见并责问燕王。宗正是执掌刘氏宗族户籍的官员，他首先会见燕王刘旦，给他列举昭帝确实是武帝儿子的事实。之后侍御史去见燕王刘旦，依照国法责备他，问道：“你想要起兵造反，罪状很明确，依法应当治罪。汉朝有法律制度，诸王只要犯下小罪就得依法判处，如今您犯了如此大罪，怎能宽恕呢。”用法律条文对他进行震吓。燕王的情绪逐渐低落，心里开始恐惧了。公户满意通晓儒经义理，最后去会见燕王，他引述古今道义，讲及国家大礼，言辞华美，头头是道。他对燕王说：“古时候的天子，在朝内必有异姓大夫，用来匡正王族子弟的；在朝外有同姓大夫，用来匡正异姓诸侯。周公辅佐成王，诛杀了他的两个弟弟，所以天下太平。武帝在时还能宽恕你。现今昭帝刚继位，他年幼，还没有亲自执政，一切大权委任大臣。古来诛杀惩罚都不偏袒亲戚，所以天下大治。现在大臣辅佐政事，奉法办事，不敢有所偏袒，恐怕不能宽恕燕王你了。大王可要小心一点，不要闹得身死国灭，被天下人所耻笑。”这时燕王刘旦才真的害怕了，他叩头认罪。大臣们为了调和昭帝和刘旦的兄弟关系，没有依法对他进行处置。

后来燕王刘旦又与左将军上官桀等勾结谋反，他扬言说“我是次太子，太子不在了，我理应继位，大臣们合谋压制我”等等。当时大将军霍光辅政，与公卿大臣们商议道：“燕王刘旦并没有真正改过归正，仍旧为恶不改。”于是依法判其罪，对他进行诛杀惩罚。于是刘旦自杀，封国被废除，正与当初给他的策书所指出的相同。主事官员请求处死刘旦的妻子和儿女。昭帝念及骨肉之亲，不忍执法，宽赦了刘旦的妻子儿女，把他们贬为平民。古书上说“兰根和白芷浸泡在臭水里，君子之人就不再接近它，平民也不再佩戴它”，之所以这样，是因为慢慢受浸染的缘故。

宣帝继位后，广推恩泽，弘扬德化，在本始元年中又赐封燕王刘旦的两个儿子：一个儿子封为安定侯；把燕王刘旦原来的太子刘建封为广阳王，让他承奉燕王的祭祀。

（龚双会 译）

参 考 文 献

[1] 司马迁撰，韩兆琦主译．史记 [M]. 北京：中华书局，2008,1.

[2] 刘起釪等注译．全注全译史记 [M]. 天津：天津古籍出版社；北京：国际文化出版公司．1995,3.

[3] 台湾六十教授合译．白话史记 [M]. 长沙:岳麓出版社,1987,3.

[4] 吴树平主编．白话二十五史精选 [M]. 北京:国际文化出版公司，1992.1.

[5] 韩兆琦选注．史记选注集说 [M]. 南昌：江西人民出版社，1982,11.

[6] 李靖之选编．史记故事百篇 [M]. 北京：新华出版社，1986，11.

[7] 韩兆琦编著．史记笺证 [M]. 南昌：江西人民出版社，2004，12.

豪杰义士　沙场驰骋　政权更替　宫廷斗争

白话史记

（青少年读本·下册）

司马迁［汉］撰　著
龚远会　主　编
窦孝鹏　审　定

金盾出版社

全书内容提要

《白话史记》是根据司马迁编撰的《史记》编译的一部历史著作，作者以文史兼容的手法，记叙了从传说中的黄帝到汉武帝时期三千多年的历史，包括按帝王世代顺序记叙政治军事大事及帝王本人事迹的“本纪”（十二篇），记叙经济文化等专门问题的“书”（八篇），记叙先秦各诸侯国以及汉代开国元勋世袭相传事迹的“世家”（三十篇）和记叙一些有地位、有影响人物的“列传”（七十篇），既详细地反映了历史，又栩栩如生地描写了各种代表人物。本书以白话的形式成书，语言流畅，通俗易懂，更适合青少年朋友阅读，也具珍藏价值。

图书在版编目（CIP）数据

白话史记：青少年读本：全 2 册 /（汉）司马迁撰著；龚远会主编；窦孝鹏审定. —1 版. —北京：金盾出版社，2016.5

ISBN 978-7-5082-8108-7

Ⅰ. ①史…　Ⅱ. ①司…②龚…③窦…　Ⅲ. ①中国历史—古代史—纪传体 ②《史记》—译文　Ⅳ. ① K204.2

中国版本图书馆 CIP 数据核字（2013）第 027989 号

金盾出版社出版、总发行

北京太平路 5 号（地铁万寿路站往南）

邮政编码：100036　电话：68214039　83219215

传真：68276683　网址：www.jdcbs.cn

印刷装订：中煤（北京）印务有限公司

各地新华书店经销

开本：880×1230 1/32　本册印张：20.125　本册字数：680 千字

2016 年 5 月第 1 版第 1 次印刷

印数：1～3 000 册　二册定价：120 元

《白话史记》撰著、编译、审校人员

撰著：司马迁（前 145—？），字子长，夏阳（今陕西韩城）人，我国古代伟大的史学家和文学家。太初元年（前 104 年）开始撰写《史记》。天汉三年（前 98 年），李陵兵败投降匈奴，司马迁因替李陵辩解触怒汉武帝，被处以宫刑。司马迁年轻时就阅读过大量文献资料，并游遍全国各地，访问遗闻旧事，风土人情，搜集了大量资料，后继承父职任太史令，有机会阅读国家收藏的大量图书，这都为他创作《史记》奠定了基础。因此，《史记》不但是我国古代成就最高的历史著作，同时也是一部伟大的文学作品，两千年来一直是古代散文的典范，在文学、史学上对后代都有重大影响。

主编：龚远会，女，湖北省仙桃市人。清华大学文学院博士，现任《军工文化》编辑部主任。主编《宋词鉴赏大辞典》（中华书局，2011 年版），《何其芳作品新编》（人民文学出版社，2010 年版），《世界著名作家传奇故事》（金盾出版社，2011 年版），《史记》（金盾出版社，2014 年版）等。

翻译：刘彭　马淑贞　潘峰　邓小棒　龚双会　纪婧　羽渊　李勋山　王昕　李阳　桑泽轩　张璇　周涛　龙霜　徐振阳

审定：窦孝鹏，金盾出版社原副社长、编审。中国作家协会会员、中国散文学会会员、中国报告文学学会会员。

甄定、校对、部分补译人员：王鹏　啜立　任延行　王涛　刘美　李静　刘淑英　纽进生　黄楠　张琰　邢子俊　张桐　辛北虎　龚大庆　刘铮　华文浩　王秋花　李学茹　施定凯　祝青　侯晓天　姜永久　崔慧明　孙学良　敖春辉　吕波　周正龙　张国群　洪海华　郑学勤　王文俊　周慧　刘鹏

配图：文清　秦奋　黄河　常胜　李楠　向阳

金盾出版社2014年12月出版的《史记》

前　言

“史家之绝唱，无韵之离骚”是鲁迅先生在他的《汉文学史纲要》一书中称赞《史记》的论断。这一论断，在肯定《史记》开创我国史学纪传体体裁这一先河的同时，也肯定了《史记》的文学性，同时也有对作者司马迁品格的赞许。

《史记》是中国史学史上第一部贯通古今、包罗万象的通史名著，开创了以人物为中心的纪传体先例。全书一百三十篇，包括十二本纪、十表、八书、三十世家、七十列传。司马迁还在《太史公自序》中对各篇的内容及缘何作此篇进行了论述，《太史公自序》相当于一篇有目有录的导读。我国古代的史学并没有自己的独立地位，它包含在经学范围内。自从司马迁修成《史记》后，受此影响，仿效《史记》修史也就相继成风，专门的史学著作越来越多，因此，可以说司马迁的《史记》建立了史学的独立地位。有学者认为，《史记》在中国古代史学史上具有最辉煌的成就。

从严格意义上说，司马迁创作《史记》的初衷不是要进行文学创作，但《史记》的文学性却可与先秦集文学成就之大成的《离骚》相提并论，甚至可以说是中国文学发展到汉代时的最高成就之作。专家学者普遍认为，《史记》在风格上兼有西汉前期的气势磅礴、感情激切和后期的深广宏富、醇厚典雅的特点；其内容既有前期历史反思的余绪，又有后期沟通天地人的尝试。《史记》的写作技巧、文章风格、语言特点，对中国后来的唐宋八大家、清朝桐城派等都影响甚深。

司马迁的父亲司马谈，曾任太史令，知识广博。史官家庭环境对司马迁影响很大，再加上司马迁勤奋好学，师从儒学大师孔安国学习古文《尚书》，向董仲舒学习公羊派《春秋》，任太史令后又广泛阅读朝廷典藏文献资料，知识渊博。司马谈一直把修史作为神圣的使命，可惜壮志未酬就与世长辞，临终之际寄厚望于司马迁，勉励他完成自己的未竟大业。父亲的生死之托，司马迁牢记于心。修史之初，司马迁把修史看作是载“明圣盛德”、述“功臣世家贤大夫之业”（《太史公自序》)。但事出意外，司马迁因为替战败投降匈奴的李陵解释原委触怒汉武帝，被捕入狱，处以宫刑。身体的伤害、精神的凌辱，使得司马迁对朝廷正统和历史人物有了新的认知，再修《史记》，叙述中寓寄了作者的感慨。正因如此，《史记》有了更深层次的丰富内涵，是一部心灵巨著。

《史记》在流传中缺失了一些篇幅，后代学者作了补足。一些字词句意，因为记载流传的原因，几经更迭，给后人的理解造成了一些困惑。我们受邀做一本适合青少年朋友阅读的《白话史记》，也是出于能给更多读者阅读和理解这本旷世名著多一种选择的初衷。参与本次翻译的十几位同仁，有博士、硕士和本科生，都热爱古文，且钻研勤奋。为了做好这部书，大家参考了中华书局等几个比较权威的版本，采取直译和意译相结合，不惜文字，力求通俗，对有些难理解的字、词、句及人物、事件，又以括号的形式在译文中做了说明，使青少年朋友信手可读，以最大限度地传达本书的精华。但是因为时间和知识所限，多少存在一些纰漏，恳望读者见谅。

本书是专为青少年朋友作的，是在本社2014年出版的《史记》文白对照本的基础上，经过两年多的进一步编辑修改、加工润色而成的，意在通过白话的形式，使青少年朋友以文学欣赏的方式了解司马迁《史记》记载的那些历史人物和事件。为了节省篇幅，原书中的“表”没有涉及，如果您想更全面地了解《史记》，作专业研究，可参考历代对《史记》的训释，比较权威与经典的有《史记》“三家注”，即南朝宋裴骃所作《史记集解》八十卷、唐司马贞所作《史记索隐》三十卷、唐张守节倾毕生精力所撰的《史记正义》三十卷。

需要指出的是，本书在翻译、编修过程中，尽管我们反复考证核实、文字加工，但书中仍有一些不尽人意之处，希望广大读者批评指正，我们表示深深的感谢。

编译者

目　录

《史记》卷六十一　伯夷列传第一……………………龙　霜 译　633
《史记》卷六十二　管晏列传第二……………………龙　霜 译　636
《史记》卷六十三　老子韩非列传第三………………龙　霜 译　639
《史记》卷六十四　司马穰苴列传第四………………邓小棒 译　645
《史记》卷六十五　孙子吴起列传第五………………邓小棒 译　647
《史记》卷六十六　伍子胥列传第六…………………邓小棒 译　653
《史记》卷六十七　仲尼弟子列传第七………………龚双会 译　661
《史记》卷六十八　商君列传第八……………………邓小棒 译　677
《史记》卷六十九　苏秦列传第九……………………邓小棒 译　684
《史记》卷七十　张仪列传第十……………………邓小棒 译　702
《史记》卷七十一　樗里子甘茂列传第十一…………邓小棒 译　719
《史记》卷七十二　穰侯列传第十二…………………邓小棒 译　727
《史记》卷七十三　白起王翦列传第十三……………邓小棒 译　732
《史记》卷七十四　孟子荀卿列传第十四……………邓小棒 译　738
《史记》卷七十五　孟尝君列传第十五………………邓小棒 译　742
《史记》卷七十六　平原君虞卿列传第十六…………邓小棒 译　751
《史记》卷七十七　魏公子列传第十七………………邓小棒 译　759
《史记》卷七十八　春申君列传第十八………………邓小棒 译　766
《史记》卷七十九　范雎蔡泽列传第十九……………龚双会 译　774
《史记》卷八十　乐毅列传第二十……………………邓小棒 译　791
《史记》卷八十一　廉颇蔺相如列传第二十一………邓小棒 译　797
《史记》卷八十二　田单列传第二十二………………邓小棒 译　806

《史记》卷八十三　鲁仲连邹阳列传第二十三 ……… 邓小棒 译 809
《史记》卷八十四　屈原贾生列传第二十四 ………… 龚双会 译 819
《史记》卷八十五　吕不韦列传第二十五 …………… 龚双会 译 828
《史记》卷八十六　刺客列传第二十六 ……………… 龚双会 译 833
《史记》卷八十七　李斯列传第二十七 ……………… 羽　渊 译 847
《史记》卷八十八　蒙恬列传第二十八 ……………… 羽　渊 译 864
《史记》卷八十九　张耳陈馀列传第二十九 ………… 羽　渊 译 868
《史记》卷九十　魏豹彭越列传第三十………………… 羽　渊 译 878
《史记》卷九十一　黥布列传第三十一 ……………… 刘　彭 译 882
《史记》卷九十二　淮阴侯列传第三十二 …………… 羽　渊 译 888
《史记》卷九十三　韩信卢绾列传第三十三 ………… 马淑贞 译 903
《史记》卷九十四　田儋列传第三十四 ……………… 马淑贞 译 910
《史记》卷九十五　樊郦滕灌列传第三十五 ………… 马淑贞 译 915
《史记》卷九十六　张丞相列传第三十六 …………… 马淑贞 译 927
《史记》卷九十七　郦生陆贾列传第三十七 ………… 马淑贞 译 937
《史记》卷九十八　傅靳蒯成列传第三十八 ………… 马淑贞 译 947
《史记》卷九十九　刘敬叔孙通列传第三十九 ……… 马淑贞 译 950
《史记》卷一百　季布栾布列传第四十………………… 马淑贞 译 958
《史记》卷一百〇一　袁盎晁错列传第四十一 ……… 徐振阳 译 963
《史记》卷一百〇二　张释之冯唐列传第四十二 …… 徐振阳 译 971
《史记》卷一百〇三　万石张叔列传第四十三 ……… 徐振阳 译 976
《史记》卷一百〇四　田叔列传第四十四 …………… 徐振阳 译 982
《史记》卷一百〇五　扁鹊仓公列传第四十五 ……… 徐振阳 译 987
《史记》卷一百〇六　吴王濞列传第四十六 ………… 徐振阳 译 1003
《史记》卷一百〇七　魏其武安侯列传第四十七 …… 羽　渊 译 1013

《史记》卷一百〇八　韩长孺列传第四十八 …………… 羽　渊 译 1023
《史记》卷一百〇九　李将军列传第四十九 …………… 羽　渊 译 1029
《史记》卷一百一十　匈奴列传第五十 …………… 李勋山 译 1037
《史记》卷一百一十一 卫将军骠骑列传第五十一 ……… 李勋山 译 1056
《史记》卷一百一十二 平津侯主父列传第五十二 ……… 李勋山 译 1069
《史记》卷一百一十三 南越列传第五十三 …………… 李勋山 译 1082
《史记》卷一百一十四 东越列传第五十四 …………… 王　昕 译 1088
《史记》卷一百一十五 朝鲜列传第五十五 …………… 王　昕 译 1092
《史记》卷一百一十六 西南夷列传第五十六 …………… 王　昕 译 1095
《史记》卷一百一十七 司马相如列传第五十七 ………… 刘　彭 译 1099
《史记》卷一百一十八 淮南衡山列传第五十八 ………… 刘　彭 译 1121
《史记》卷一百一十九 循吏列传第五十九 …………… 刘　彭 译 1136
《史记》卷一百二十　汲郑列传第六十 …………… 羽　渊 译 1139
《史记》卷一百二十一 儒林列传第六十一 …………… 羽　渊 译 1146
《史记》卷一百二十二 酷吏列传第六十二 …………… 羽　渊 译 1155
《史记》卷一百二十三 大宛列传第六十三 …………… 羽　渊 译 1171
《史记》卷一百二十四 游侠列传第六十四 …………… 羽　渊 译 1185
《史记》卷一百二十五 佞幸列传第六十五 …………… 羽　渊 译 1191
《史记》卷一百二十六 滑稽列传第六十六 …………… 羽　渊 译 1194
《史记》卷一百二十七 日者列传第六十七 …………… 邓小棒 译 1206
《史记》卷一百二十八 龟策列传第六十八 …………… 邓小棒 译 1212
《史记》卷一百二十九 货殖列传第六十九 …………… 邓小棒 译 1232
《史记》卷一百三十　太史公自序第七十 …………… 邓小棒 译 1245

下册内容提要

《白话史记》下册收录了有关人物的传记七十篇。这些传记各具特色，其中有描写前人高超智慧的《老子韩非列传》《孙子吴起列传》《魏公子列传》《廉颇蔺相如列传》等；有颂扬爱国忠君、百战不殆统帅的《李将军列传》《卫将军骠骑列传》等；有赞美肝胆相照、荡气回肠、豪杰义士的《刺客列传》《游侠列传》等；有能言善辩、以三寸不乱之舌赢天下的《张仪列传》《苏秦列传》;有推动文化、经济、医学发展的《仲尼弟子列传》《屈原贾生列传》《扁鹊仓公列传》，等等。在这些传记中，司马迁采取夹叙夹议、记史与抒情相结合的手法，以浓厚的爱憎于叙事描写之中，褒奖了一批人物和他们的事迹，揭露和鞭挞了一些人的罪恶行径和丑陋嘴脸。可以说《白话史记》是一部爱的颂歌，恨的诅曲，是一部饱含作者满腔血泪的悲愤诗。

《史记》卷六十一　伯夷列传第一

学者们涉猎的记载历史的书籍很多，但仍然把“六艺”(《诗》《书》《礼》《乐》《易》《春秋》)作为鉴别取舍的标准。《诗经》《尚书》虽然残缺不全，但是记载了虞夏禅让的经过。尧将要退位把帝位让给虞舜的时候，以及虞舜让位给禹的时候，都是四方诸侯和州牧先提名推荐，让他们先代理帝王的职位，主持国政数十年，直到在代理帝王的职位上做出了成就，建立了功绩，再把帝位正式交给他们。由此可见执掌政权的重要性，帝王是全国百姓的首脑，所以传授管理天下的政权是如此的慎重。而有人说尧想把天下让给许由，许由不肯接受，认为是一种耻辱而逃走隐居起来。到了夏代的时候，卞随、务光等人也是这样不肯接受帝位。许由、卞随、务光的这些事情为什么被世人称赞呢？太史公说：我曾经登过箕山，山上据说有许由的坟墓。孔子评论过许多古代的仁人、圣人和贤人，如对吴太伯和伯夷等讲得很详细。我认为所听到的许由、务光等人的节义品德是最高尚的，但《诗》《书》里记载得很少，这是为什么呢？

孔子说：“伯夷、叔齐不记仇，怨恨因此很少。”又说“他们追求仁德而得到了仁德，还有什么可怨恨的呢？”我对伯夷、叔齐的事迹深表同情，但是看到古代散失的有关他们诗歌的时候又着实觉得有很多矛盾。

《韩诗外传》及《吕氏春秋》的有关记载说：伯夷和叔齐是孤竹君的两个儿子。孤竹君在世的时候想把王位传给叔齐，到他去世后，叔齐却要让位给伯夷。伯夷说：“这是父亲的遗命啊！”于是便逃走了。而叔齐也不肯继承君位，也逃走了。国人只好拥立孤竹君的次子为王。

当时伯夷、叔齐听说西伯昌善于招纳贤士，便一道去归附于他。等他们到达那里时，西伯已去世了。他的儿子武王追谥他为西伯昌文王，用车载着他的灵牌，率军向东去征伐商纣王。伯夷、叔齐拉住武王的马缰谏阻说："你父亲刚去世还未安葬，现在就大动干戈去打仗，这是孝的行为吗？身为臣子，却要去讨伐君主，能称为仁义吗？"武王的随从要杀掉他们。太公吕尚说："他们是讲节义的人啊！"于是扶起他们并让他们走了。武王平定了商朝的战乱，天下都归附了周朝，而伯夷和叔齐却耻于做周朝的臣民，认为这是很可耻的事情，坚守气节不肯再吃周朝的粮食，隐居在首阳山中，靠着采食野菜充饥。到了将要饿死的时候，作了一首歌。歌词说："登上那西山啊，采摘那里的野菜啊！用暴力去取代暴力，竟意识不到这样是错误的！神农、舜、禹的太平时代很快过去了，我还能去投奔谁呢？唉，我将要死去了！我的命运不济啊！"于是他们双双饿死在首阳山上。从这些歌词来看，伯夷和叔齐到底是有怨恨呢，还是没有怨恨呢？

有人说："上天是公正无私的，通常是帮助好人。"像伯夷、叔齐，可以算得上是好人呢，还是不能算是好人呢？他们一辈子积仁行善，保持高洁的品行，但却饿死了！再说孔子的七十位贤弟子，他唯独称赞颜渊好学。然而颜渊常常为贫穷所困扰，连酒糟谷糠一类的食物都吃不饱，而最终过早地死去。上天对于好人的报偿，到底是怎样的呢？盗跖成天屠杀无辜的人，吃人心肝，残暴凶狠，胡作非为，聚集党徒数千人横行天下，竟然能够长寿而终。这又是遵循的什么道德标准呢？这些都是非常典型的例子啊。到了近代，那种品行不端，专门违法作恶的人，却能终身安逸享乐，过着富贵优裕的生活，世世代代不断绝；而有的人，看好地方了才肯迈步，说话要等到合适的时机才启齿，走路只走大路，不抄小道，不遇到该主持正义的时候不出头，结果反倒遭遇灾祸。这种情形多得简直数也数不清。我实在感到非常困惑，倘若有所谓的天道的话，那么，这是天道呢，还是不是天道呢？

孔子说："志向不同的人，就不能在一起商议谋划。"各自按照自己的意志去做事。孔子又说："富贵如果能够求得的话，即使是给人当马夫，我也愿意去干；如果不能求得，那么还是按照我自己的志趣行事吧”。孔子还说:“天气寒冷以后，才知道松树、柏树是最耐寒冷的。”整个社会污浊不堪时，清白高洁的人就显得格外突出。这岂不是因为他们是如此重视道德和品行，又是那样鄙薄富贵与苟且偷生吗？

孔子说：“君子的遗恨是到死而名声不被世人称颂。”贾谊说：“贪得无厌的人为追求钱财而死，胸怀大志的人为追求名节而死，好作威福的人为追求权势而死，芸芸众生只求平平安安地度过一生。”“同是明灯方能相互辉照，同为一类方能相互亲近。”“飞龙腾空而起，总有祥云相随；猛虎纵身一跃，总有狂风相随；圣人出现，万物的本来面目便能清楚地彰显出来。”即使伯夷、叔齐很贤德，也要得到了孔子的赞扬，名声才更加响亮。即使颜渊很好学，也要受名人孔子的提携，品德的高尚才更加突出。那些居住在深山洞穴中的隐士们，他们出仕与退隐也都很注重掌握时机，然而他们的名字（由于没有圣人的表彰），就大都被埋没而不被人们所传颂，真是令人悲叹！一般的平民，要想磨砺品行树立名声，如果不依靠德高望重的贤人的提携，怎么能使名声流传于后世呢？

（龙　霜　译）

《史记》卷六十二　管晏列传第二

管仲，名夷吾，是颍上县人。他年轻的时候和鲍叔牙交往频繁，鲍叔牙知道他贤明有才干。管仲因为家穷而经常占鲍叔牙的便宜，但鲍叔牙始终如一地善待他，不因为这些事而有什么怨言。后来鲍叔牙侍奉齐国公子小白，管仲侍奉公子纠。等到小白即位成为齐桓公以后，杀了公子纠，管仲也被囚禁起来。这时鲍叔牙向齐桓公推荐管仲。管仲被任用以后，在齐国掌管朝政，齐桓公凭借着管仲的谋略成就了霸业。齐桓公以霸主的身份多次召集诸侯会盟，整顿了天下的混乱局面，这些都是靠着管仲的智谋。

管仲说："当初我贫困时，曾经和鲍叔牙一起做生意，分财利时我总是多要一些，鲍叔牙却不认为我贪财，因为他知道我家里贫穷。我曾经替鲍叔牙谋划事情，结果反而使他更加困顿不堪，鲍叔牙不认为我愚笨，他认为时运有时好有时坏。我曾经多次做官多次都被国君驱逐，鲍叔牙不认为我无能，他认为我没遇上好时机。我曾经多次打仗多次败逃，鲍叔牙不认为我胆小，他知道我是因为家里有老母需要赡养。公子纠失败，召忽为公子纠而死，我被囚禁遭受耻辱，鲍叔牙不认为我不知廉耻，知道我不因小的过失而感到羞愧，却以功名不显扬于天下而感到耻辱。生养我的是父母，而真正了解我的是鲍叔牙啊。"

鲍叔牙举荐了管仲以后，情愿官居管仲之下。他的子孙世世代代在齐国享有俸禄，得到封地的有十几代，其中有许多是齐国著名的大夫。在提到管仲的时候，人们更多的不是称赞管仲的才能，而是称赞鲍叔牙知人善荐。

管仲担任齐相执政以后，凭借齐国这块偏僻的地处东海之滨的国土，流通货物，积聚财富，使齐国很快国富兵强，在制定政策时他注重顺适百姓的愿望和风俗习惯。所以他在《管子》中说："仓库储备充实了百姓才懂得礼节，衣食丰足了百姓才能分辨荣辱，国君的作为合乎礼法则'六亲'关系才能和睦而稳固。不提倡礼义廉耻，国家就会灭亡。国家下达的政令应该像流水的源头，顺着百姓的心意流下。"因此管仲的理论虽然调门不高，但是很容易推行。当时的百姓希望得到什么，他就提倡什么；百姓反对什么，他就废除什么。

管仲主持政事的时候，善于因势导利把坏事变为好事，使失败转化为成功。他重视经济活动中物价的高低，重视对度量衡的监督管理。齐桓公本来因怨恨少姬改嫁而打算发兵南下袭击蔡国，但管仲却引导齐桓公趁势去攻打楚国，责备楚国没有按时向周王室进贡祭祀用的菁茅。桓公想向北出兵攻打山戎，而管仲借这个机会让燕国整顿召公时期的政教。在柯邑与鲁国盟会，桓公本想背弃过去曹沫逼迫他订立的盟约，但管仲顺应形势劝他信守盟约，使得诸侯们因此归顺齐国。这就是他著作中所说的："要懂得给予正是为了取得的道理，这是治国为政的法宝。"

管仲私家的富有可以与齐国的公室相比，拥有设置华丽的三个高台和国君使用的宴饮设备，齐国人却不认为他奢侈僭越。管仲逝世后，齐国继续遵循他的政治方针，因而齐国在一段时间里比其他诸侯国都强大。一百多年后，齐国又出了个晏婴。

晏平仲，名婴，是齐国莱地夷维人。他辅佐了齐灵公、庄公、景公三代国君。他生活俭朴，注意以身作则而受到齐国百姓的尊重。晏婴做了齐国宰相，吃饭没有美味佳肴，婢妾们不穿丝绸衣服。在朝廷上，自己受到国君信任夸奖时，对事情就直接陈述自己的观点；自己不被国君信任重用时，就注意秉公而行。国家有法度，他就依法行事；国家没有法度，他就权衡利弊而采取适当的举措。因此在齐灵公、庄公、景公三代，他的名声显扬于各国诸侯间。

越石父是个贤达之士，正在囚禁之中。晏子外出，在路上遇到他，就解下自己车子左边的马，把他赎出来，并用车子把他带回家。到了相府门口，晏子没有向越石父打招呼，就径直去了内室，过了好久没出来，于是越石父就请求与晏子断绝来往。晏子大吃一惊，匆忙整理好衣帽出来道歉说："我虽然说不上多么善良宽厚，但也算帮助您从困境中解脱出来，您为什么这么快就要求断绝来往呢？"越石父说："不是这样的。我听说君子在不了解自己的人那里受到委屈不足为怪，而在了解自己的人面前就应当受到尊重。当我在囚禁之中时，那些人不了解我。先生你既然能认识到我的长处把我赎了出来，这就是了解我；了解我却又不尊重我，我还不如在囚禁之中呢。”于是晏子就请他进屋，尊为上宾。

晏子做齐国宰相的时候，有一次坐车外出，他车夫的妻子正好从门缝里看见了她的丈夫。她丈夫替宰相驾车，头上遮着大伞，挥动着鞭子赶着四匹马，神气十足，非常得意。车夫回到家里后，他的妻子要求和他离婚，车夫问她离婚的原因。妻子说："晏子身高不过六尺，却做了齐国的宰相，名声在各国显扬。今天我从门缝看他的样子，志向非常深沉，常有那种甘居人下的自谦态度。现在你身高八尺，却替人家赶车，看你的样子却感觉很了不起，因此我要求和你离婚。”从此以后，车夫就变得谦虚恭谨起来。晏子发现了他的变化，感到奇怪，就问他，车夫把事情的原委如实相告，晏子就举荐他做了齐国的大夫。

太史公说：我读过管仲的《牧民》《山高》《乘马》《轻重》《九府》，还有《晏子春秋》，许多事情在这些书上说得很详细。读了他的著作之后，还想让人们了解他的事迹，所以就编写了他的列传。至于他的著作，社会上流传的很多，因此不再说了，只记载他鲜为人知的事迹。

世人都说管仲是贤臣，然而孔子却看不起他。难道是因为周王朝衰弱不兴旺，桓公既然贤明有本事，管仲却没有辅佐他成为天下帝王，只是成为诸侯中的一代霸主吗？古语说“做臣子的如能顺势发扬光大君主的优点，又能巧妙地纠正他的过错，那么君臣、君民之间的关系就能亲密无间了。”这话大概说的就是管仲吧？

当初晏子枕伏在齐庄公尸体上痛哭，一直到完成了臣子礼节才离去，这不就是人们通常所说的“遇到正义的事情不去做就是没有勇气”的表现吗？至于他直言敢谏，甚至敢于冒犯国君的威严，这就是人们所说的“在朝廷做官，就忠心耿耿报效君主；辞官隐退时，就反省自己，以弥补过失”的人啊！如果晏子还活着，我即使替他赶车，也是很值得欣喜的事啊！

（龙　霜　译）

《史记》卷六十三　老子韩非列传第三

老子是楚国苦县厉乡曲仁里人。姓李，名耳，字聃，是周朝掌管国家藏书室的小吏。

孔子到周朝国都，向老子请教有关礼的学问。老子说："你所说的这些礼，倡导它们的人已经死去很久了，连骨头都烂掉了，只有他们的言论还在流传。君子碰上好的时运，就坐车当官；生不逢时，就任其自然像蓬草一样随风飘转。我听说，会做生意的大商人把货物囤藏起来，不让别人看见，君子具有高尚的品德，但容貌谦恭得像愚钝的人一样。去掉你的骄气与贪婪,以及争强好胜的情态和无法满足的欲望，这些对于你自身都没有好处。我要告诉你的，就是这些而已。"孔子回去以后，对弟子们说："鸟，我知道它能飞；鱼，我知道它能游；兽类，我知道它能跑。会跑的可以用网去捉住它，会游的可以用丝线去钓它，会飞的可以用箭去射它。至于龙，我就不能知道它怎么能够乘着风云而升到天空。我今天见到的老子，他像一条龙啊！"

老子讲道讲德，他的学说以隐退沉寂、不求闻达为宗旨。他在周都住了很久,后来见周王室越来越衰弱,便离开洛阳西去。到了函谷关，把关的尹喜对他说："您就要隐居了，勉强为我们写一本书吧。"于是老子就撰写了《道德经》，分上下两篇，阐述了道与德两方面的内容，共五千多字，然后离去，再也没有人知道他的下落了。

也有人说：老子也是楚国人，著书十五篇，阐述的是道家学说的应用，和孔子是同一时代的人。

老子大概活了一百六十多岁，也有人说他活了两百多岁，这是因为他修炼道术而善于养生。

孔子死后一百二十九年，史书记载周国的太史儋对秦献公说："当初秦国与周朝是合在一起的，合五百年又分离，分开七十年，就会有称霸称王的人出现。"有人说太史儋就是老子，也有的人说不是，没有人知道哪种说法正确。总之，老子是一位瘾君子。

老子的儿子名叫李宗，做过魏国的将军，先后被封在段、干两地。

李宗的儿子名叫李注，李注的儿子名叫李宫，李宫的玄孙名叫李假，李假在汉孝文帝的时候做过官。李假的儿子叫李解，曾做过胶西王刘印的太傅，因此李氏便在齐国安家了。

世上信奉老子学说的人就贬斥儒学，信奉儒家学说的人也贬斥老子学说。人们常说的“道不同不相为谋”，说的就是这种情况吧？李耳主张无为而听任自然的变化，清静而自得事理之正。

庄子是蒙县人，名字叫周。他曾经担任过蒙地漆园的小吏，是梁惠王、齐宣王那个时代的人。他学识渊博、无所不包，核心思想却本源于老子的学说。他的著作有十余万字，大多是寓言。他写的《渔父》《盗跖》《胠箧》诋毁孔子学派，而宣扬老子学说。畏累虚、亢桑子之类，其人物事件都是凭空编造的。庄子很擅长写文章，善于描写事物，传达感情，用尖刻的文章来攻击和驳斥儒家和墨家，即使是当世的博学之士，也逃不过他的批评。他的文辞宏赡，议论恣肆，适合自己的性情，连当世的王公大人也不能让他为己所用。

楚威王听说庄周贤能，派人带着丰厚的礼品去聘请他，答应请他当楚国的宰相。庄周笑着对楚使说：“千金，的确是厚礼；宰相，的确是尊位。但是，你难道没见过祭祀天地时所用的牛吗？牛被饲养了好几年，然后被披上彩绣彩绸，送进太庙去做祭品。在这个时候，这头牛即使想做一只小猪，还能办得到吗？你赶快走吧，不要玷污我的人格！我宁愿在脏水沟里自由自在游乐，也不愿受国君的束缚。终身不做官，以使我的心志快乐。”

申不害是京县人，原来是郑国的低级官吏。他学了刑名之术后，去求见韩昭侯，韩昭侯任用他为韩国的丞相。申不害对内整顿政治，教化百姓，对外应付诸侯之国，共执政了十五年。一直到申子去世时，韩国国家安定、政治清明，没有哪个国家敢来侵犯它。

申不害的学说本源于黄帝和老子，但他的核心思想是刑名法术。他的著作有两篇，名叫《申子》。

韩非是韩国的贵族子弟。他爱好刑名法术之学，他的学说以黄帝和老子的学说为根本宗旨。韩非口吃，不善于讲话，而擅长著书立说。他与李斯都是荀卿的学生，李斯自认为比不上韩非。

韩非见韩国渐渐衰弱，屡次上书规劝韩王，韩王都没有采纳他的意见。韩非痛感于国君治理国家，不致力于严明法制，不是以君王权势来驾驭臣子，不致力富国强兵，任用贤能之士，反而把那些只会讲空话的人抬举到有功勋的人才之上。他认为儒家舞文弄墨、扰乱国家法度，而游侠凭恃武力违犯国家的禁令。国家太平时，宠信那些徒有虚名的人，等到国家形势危急时，就使用那些披甲戴盔的武士。现在国家供养的人并不是所要用的，而所需要的人平时又不储备。他悲叹廉洁正直的忠臣被邪枉奸佞之臣所陷害，他考察了古往今来的得失变化，写了《孤愤》《五蠹》《内外储》《说林》《说难》等十余万字的著作。

然而韩非明了游说的困难，因此《说难》写得很详细，他最终死在秦国，没有逃脱游说的祸难。

《说难》写道：

游说的困难，并不是说我内心明白而把它表达出来有什么难处；也不是我的口才在表达我的思路上有什么难处；更不是在游说时我毫无顾虑地把意见全部表达出来有什么难处。游说的难处在于如何了解游说对象的心理，使自己的游说符合他的心意。

如果游说的对象为博取高名，你对他以利禄相助，他就会认为你志节低下，鄙视并疏远你。如果游说的对象为贪图重利，你用如何博取高名去劝说他，他就会认为你没有为他效力之心，不会录用你。如果游说的对象实重利禄而表面上却装作高雅，而你若用如何博取高名去劝说他，他就会表面上装作亲近你而实际上疏远你；你若对他讲如何取得重利，他就会暗中采纳你的意见，而表面上装作不予理睬。以上情形是游说的人不能不知道的。

事情因为保密而成功，说话因泄露了机密而失败。不一定是游说者本人存心去泄露机密，而是在无意之中触及对方的秘密，这样游说的人就会身遭灾祸。达官贵人有过失，而游说的人不知道，偏在这方面大放厥词，批评这方面的过失，那么游说的人就会招来祸患。游说的人还没有受到被说者的信任与宠爱，而把话尽说得过于透彻，即使你的意见被采纳了，而且有功效，但你的好处很快就会被遗忘；如果你的意见行不通而且遭到失败，那么游说者就会被怀疑，这样游说的人就会有危险。达官贵人听从了你的建议成就了某件事，他想独自邀功，而游说的人深察其情，那么他也会有危险。达官显贵之人表面上做某件事情，而实际上另有别的目的，如果游说者知晓实情，那么他也会有危险。勉强对方做他所不想做的事情，阻止对方做他所不能罢手的事情，都会招来祸患。所以说，同君主议论他的大臣，他就会认为你离间他们的君臣关系；议论他的下僚，他就会认为你卖弄权势；你议论他所宠爱的人，他就会认为你想利用此人作为进身阶梯；你议论他所憎恶的人，他就会认为你试探他自己的看法。你说话直接，那么他就会认为你没有才智而不受重用；你滔滔不绝，旁征博引，那么他就会认为你啰唆而浪费时间。你就事论事，那么你就会被认为胆小，做事不敢发挥。你畅所欲言，那么你就会被认为鄙陋粗俗，倨傲侮慢。这些游说的难处，是不能不知道的啊。

游说的要旨，在于懂得美化对方所推崇的人和事情，而避讳他认为丑陋的事情。他认为自己的计谋高明，你就不要拿他以往的过失使他难堪；他认为自己果断敢为，你就不要用他过去在类似问题上的过失去激怒他；他夸耀自己的力量强大，你就不必用他感到棘手的事来挫伤他。游说的人要夸奖别人与其所面对的人有相同的计谋，赞美别人与其所面对的人有同样的行为。别人如果与其面对的人有同样的污点，游说者就明确地粉饰说他没有污点。别人如果与其面对的人有同样的过失，游说者就明确地粉饰说他没有过失。真正的忠臣不逆人主之意，言辞谨慎，无相抵触，一时说不通的，就以后另找机会慢慢劝说。这样就可以使君臣关系日益亲密，互不猜疑，能说尽心里话。等到历经很长的时间之后，人君对游说者恩泽已经深厚了，游说者深远的计谋也不被怀疑了，与人君争执也不被加罪了，便可以明白地计议重大事情而帮助人君立业建功，可以直接指出他的缺失，使他严格约束自己，君臣之间能如此相待，那么游说就算是成功了。

伊尹做过厨师，百里奚做过奴隶，他们都为了求见其君主而使用了这样的办法。尽管这两个人都是圣贤，他们尚且不得不做低贱的事，经历如此卑污的世事以求进用，但只要能君臣遇合，治好国家，圣贤们也不把这些看作是耻辱的事情了。

宋国有个富人，因为下雨冲毁了他家的墙。他的儿子说“如果不修好，将会被盗”，邻居有位老人也这么说，晚上他家果然被盗，丢了很多财物。他们全家都认为他儿子特别聪明，而怀疑邻居那位老人。从前郑武公想要攻打胡国，便把自己的女儿嫁给胡国的君主。他问大臣们：“我要用兵，可以攻打哪一国？”关其思回答说：“可以攻打胡国。”郑武公就把关其思杀了，并且说：“胡国，是我们兄弟之国，你说攻打它，居心何在？”胡国君主听说了这件事，便以为郑国君主是自己的亲人，不再防备郑国。郑国就趁机偷袭胡国，占领了它。邻人之父与关其思，他们的预见都是正确的，然而他们的遭遇却是重者被杀死，轻者被怀疑。所以对事物的认识并不难，难的是要智慧地去处理、去表达自己的见解。

从前弥子瑕很受卫国君主的宠爱。按照卫国的法律，私自驾驶君主车子的人要判以断足的刑罚。有一次，弥子瑕的母亲病了。有人知道了这件事，就连夜通知他。弥子瑕就假借卫君的命令驾着君主的车子回家了。君主听到这件事反而赞美他说：“多孝顺啊，为了回家看母亲竟触犯断足的刑罚！”弥子瑕和卫君到果园去玩，弥子瑕吃到一个甜桃子，没吃完就把剩下地献给卫君。卫君说：“真爱我啊，不顾自己爱吃而立即想着给我吃！”等到弥子瑕老了，卫君对他的宠爱也衰减了，后来他得罪了卫君。卫君说：“他曾经假借我的命令驾我的车，还曾经把咬剩下的桃子给我吃。”弥子瑕的德行和当初一样，以前被认为孝顺而后来却成了被治罪的原因，这是由于卫君的爱憎发生了极大的改变。所以说，当一个人被君主宠爱时就认为他的一切行为都合乎主子的心愿，愈加亲近；被君主憎恶了，就认为他罪有应得，对他愈加疏远。因此，游说的人，不能不审视君主对你的爱憎态度之后再游说他。

古人认为龙属虫类，可以驯养、亲近它、甚至骑它。然而它喉咙下端有一尺来长的倒鳞，人如果触动它的鳞，定会丧命。君主也有逆鳞，游说的人能不触犯君主的逆鳞，就差不多算得上善于游说的了。

有人把韩非的著作传到秦国。秦王见到《孤愤》《五蠹》说：“哎呀，我要是能见到这个人，并能和他交朋友就死而无憾了。”李斯说：“这是韩非的著作。”秦王为了见到韩非，于是立即攻打韩国。起初韩君不用韩非，等到情势危急了，才派韩非出使秦国。秦王很喜欢他，但没有立即任用。李斯、姚贾嫉妒韩非的才干，在秦王面前诋毁他说：“韩非是韩国贵族子弟。现在大王要吞并东方诸侯，韩非肯定是帮助韩国而不帮助秦国，这是人之常情啊。如今大王没有任用他，留他在秦国这么久，如再放他回去，恐怕是给自己留祸患。不如给他加罪杀掉。”秦王认为说得对，即令司法官吏给韩非定罪。李斯派人给韩非送去毒药，逼他自杀。韩非想向秦王当面陈述是非，但又见不到秦王。后来，秦王悔悟，派人去赦免韩非，韩非已经死了。

申不害、韩非都有著作传于后世，学者们多有他们的书。我悲叹韩非能写出《说难》，但却不能逃脱游说带来的灾难。

太史公说：老子所推崇的是道，讲究虚无。他主张以无所来对待事物之间的变化，所以他的著作言辞微妙难懂。庄周批驳儒家的仁义道德，恣意推论，其学说的要点也属于老子追求自然的派别。申不害勤奋自勉，主要讲究循名责实。韩子把法规条文作为规范行为的准绳，他明辨是非，用法严酷苛刻，绝少施恩。他们三个人的学说都始于老子的思想，可见老子的思想理论是多么伟大。

（龙 霜 译）

《史记》卷六十四　司马穰苴列传第四

司马穰苴是田完的后代。齐景公在位的时候，晋国出兵攻打齐国的东阿和甄城，而燕国入侵齐国黄河南岸的领土，齐国的军队被打败。齐景公为此很是忧虑。这时，晏婴向齐景公推荐田穰苴说："穰苴虽然是田家的妾生之子，可是他文能得到群众的拥护，武能使敌人畏惧，希望您能试用他。"于是齐景公召见了穰苴，与他讨论军事问题，景公对穰苴非常满意，任命他为将军，率兵去抵抗燕、晋两国的军队。穰苴说："我的地位素来卑微低贱，您把我从平民中提拔起来，置于大夫之上，士兵们不会服从，百姓也不会信任，我的资历浅，威望低，权力不能服众，希望能得到一位君王宠信、国家尊重的大臣来做监军，这样才行得通。"于是齐景公答应了他的请求，派庄贾去做监军。穰苴辞别了景公后，与庄贾约定说："我们明天正午在军门相会。"第二天穰苴率先赶到军门，立起了木表和漏壶计时，等待庄贾。但庄贾平素骄纵显贵，认为率领自己的军队而由自己来做监军，一点也不着急，亲朋好友为他饯行，挽留他喝酒。直到中午庄贾还没有出现。于是穰苴放倒木表，倒掉漏壶里的水，进入军营，列队操练，宣布了各种规章号令。各种规章号令已定，到了日暮时分，庄贾才姗姗来迟。穰苴问他："为什么没有准时赴约？"庄贾表示歉意地解释道："亲戚朋友给我送行，所以耽搁了。"穰苴说："身为将领，从接受任命的那一天起就应当忘记自己的家庭，来到军队，宣布规章号令后就应当忘掉私人的交情，擂鼓进军战况紧急时就应当忘掉自己的生命，如今敌人已经深入国境，举国骚动，士兵暴露于境内，齐王睡不好，吃不香，全国百姓的生命安危都寄托在你身上，还送什么行呢？"于是召来执法的军官问道："约定好了时间而迟到的人，按照军法应该如何处置？"执法的军官回答说："应当斩首。"庄贾一听吓坏了，赶紧派人飞马前去报告齐景公，请他搭救。送信的人去了之后，还没来得及返回，穰苴就处斩了庄贾，并在三军面前示众。三军将士都感到震惊和害怕。过了很久，齐景公派遣使者手持符节赶来赦免庄贾，快马闯入军营之中。

穰苴说道："大将在军营之中，国君的命令有时可以不接受。"穰苴又问执法的军官说："乱闯三军军营，按照军法当如何处置？"执法的军官说："应当斩首。"使者一听，大惊失色。司马穰苴说："不能杀国君的使者。"于是便斩了使者的车夫，砍断车子左边的立木，杀死了车子左前方的马，并在三军面前示众。接着穰苴派遣使者回去向齐景公报告，然后率兵出发了。士兵们安营扎寨，掘井立灶，饮水吃饭，探问疾病以及医药等事，穰苴都亲自过问、抚慰。他拿出朝廷给将军专用的物资粮食来款待士兵，自己和士兵们平分粮食，享受军队中最低的口粮标准。三天后整顿军队，准备出战，连那些病弱的士兵都请求跟随穰苴出发，争先奋勇地为他奔赴疆场。晋军听说了这件事，主动引兵撤退了；燕国的军队听说这件事之后，渡过黄河向北逃散。穰苴率领齐国军队趁势追击，收复了齐国的失地。他率兵归来进入国都之前，他收起兵器，解除了打仗时的各种规定，盟誓之后进入京城。齐景公与众大夫在郊外迎接，完成了一系列劳军礼仪后回宫休息。齐景公接见了穰苴，尊他为大司马。田氏家族在齐国日渐显贵。

此后，大夫鲍氏、高氏、国氏等都觉得司马穰苴对他们是一种威胁，于是在齐景公面前说他的坏话。齐景公听信谗言罢免了司马穰苴，之后穰苴突发疾病而死去。田氏家族的田乞、田豹等人也因此而怨恨高氏、国氏家族的人。后来田常杀死齐简公，诛灭了高氏、国氏家族。此后田常的曾孙田和自立为齐威王，他率兵打仗，效仿穰苴的做法，齐国盛极一时，各国诸侯都到齐国朝拜。

齐威王让大夫们整理研究古代的各种《司马兵法》并且把司马穰苴的兵法也附在里边，命名为《司马穰苴兵法》。

太史公说：我读《司马兵法》，感觉它的理论宏大广博，深不可测，即使是夏、商、周三代的圣贤用兵，也未能把它发挥得淋漓尽致。其中关于司马穰苴的这部分文字，也未免太过溢美了。至于司马穰苴，他不过是替一个小小的诸侯国带兵打仗，怎么能把他的兵法与《司马兵法》相提并论呢？世上流传着许多《司马兵法》，所以在这里不再论述，只将司马穰苴的生平活动撰写了这篇小传。（邓小棒 译）

《史记》卷六十五　孙子吴起列传第五

孙子名武，齐国人。凭借着精通兵法而受到吴王阖庐（一名阖闾）的接见。阖庐说："您的十三篇兵书，我都看过了，可以稍稍演示一下如何操练部队吗？"孙子回答说："可以。"阖庐说："可以用女人们来试试吗？"孙子回答说："可以。"于是阖庐抽调了一百八十名宫中的美女。孙子把她们分成两队，让吴王阖庐的两位宠姬分别担任队长，他命令所有的美女都拿好戟，然后问她们："你们知道自己的胸口、左右手和背在什么位置吗？"女人们回答道："知道。"孙子说："我说向前，你们就看胸口所对应的方向；我说向左，你们就看左手对应的方向；我说向右，你们就看右手对应的方向；我说向后，你们就看背对应的方向。"女人们回答道："好。"制定好规则后，孙子摆好斧、钺等刑具，然后反复地向她们重申规则。一切准备好之后，孙子击鼓发令，叫她们向右，女人们一阵哄笑。孙子说："规则不明确，号令不熟悉，这是将领的过错。"于是再次反复地向她们重申规则，随即击鼓发令让她们向左，女人们又是一阵哄笑。孙子说："规则不明确，号令不熟悉，这是将领的过错；现在既然已经交代清楚了，而不遵照号令行事，这就是军官和士兵的过错了。"说罢就要处决左、右两队的队长。吴王正在台上观看，见孙子将要杀他的爱姬，大惊失色。赶紧派使臣传达命令说："我已经知道将军善于用兵了，如果失去了这两个爱姬，我吃东西都没有味道，希望你不要杀她们。"孙子回答道："我既然已经受命为将，将军行军打仗，君王的命令有的可以不接受。"于是就杀了两个队长示众。重新任命另外两个人来担任队长，于是再击鼓发令，女人们不论是向左向右、向前向后、跪倒、站立都遵守规矩，没有人敢随意出声。于是孙子派使臣向吴王报告说："队伍已经操练整齐，大王您可以下来校阅她们，任凭大王想如何使唤她们，即使叫她们赴汤蹈火也可以。"吴王回答："将军停止演练，回屋休息吧。我不想下去校阅。"孙子感叹地说："大王只是欣赏我书面上的文章，却不能把它付诸实践。"从这以后，吴王阖庐知道孙子确实善于用兵，最终任命他为将军。吴国向西打败了强大的楚国，攻入了楚国的郢都，向北威震齐国和晋国，在诸侯之间名声显赫，这里面孙子发挥了很重要的作用。

孙武死后，过了一百多年出了一个孙膑。孙膑生于阿城和鄄城一带，也是孙武的后代子孙。孙膑曾经和庞涓一起学习兵法，庞涓奉事魏国以后，做了魏惠王的将军，他知道自己的才能不如孙膑，就悄悄地派人召来孙膑。孙膑来了，庞涓害怕他比自己强，对他非常忌恨，就假借法令以陷害他，砍掉了他的两只脚，并且在他脸上刺了字，想使他隐没起来不再出头。

齐国的使者来到魏国国都大梁，孙膑以罪犯的身份悄悄地会见并游说他。齐国的使者认为孙膑是位难得的人才，偷偷地载着他来到了齐国。齐国将军田忌很赏识孙膑，对他以礼相待。田忌经常跟齐王与宗室公子们赛马，下了很大的赌注。孙膑发现他们的马实力相差不远，有上、中、下三等。于是孙膑对田忌说："你尽管下大赌注，我能让你取胜。"田忌很相信他，与齐王及宗室公子们赛马时下了千金的赌注。临到比赛了，孙膑对田忌说："现在用您的下等马和他们的上等马比赛，用您的上等马对付他们的中等马，用您的中等马对付他们的下等马。"三场比赛跑下来后，田忌败了一次，胜了两次，最终赢得了齐王的千金赌注。于是田忌就把孙膑推荐给了齐威王。齐威王向孙膑请教兵法，对他大为赞赏，于是尊他为军师。

后来魏国攻打赵国，赵国形势危急，向齐国求援。齐威王想要以孙膑为主将，孙膑辞谢说："受过肉刑身体不完整的人，不宜担任主将。"于是齐威王任命田忌为主将，孙膑为军师，坐在有篷盖的车里，暗中出谋划策。田忌想引兵直奔赵国，孙膑说："想解开一团乱麻的人，不能紧握拳头乱砸；给人拉架，只能从旁劝解，不能抡拳卷进去搏斗。如果避实击虚，敌人的局势发生了被阻遏的变化，对原来的进攻计划必然有所顾忌，问题就会迎刃而解。现在魏国和赵国交战，魏国的精锐部队必定疲于应付外面的战事，剩下老弱病残留在国内。你不如率兵迅速向魏国国都大梁挺进，占据他们的交通要道，攻击他们正好戒备空虚的地方，魏国必定解除对赵国的包围而回兵自救。这样一来，我们既解了赵国之围，又能收拾魏国疲于奔命的军队，一举打败他们。”田忌听从了他的建议，魏军果然离开邯郸，回师自救，与齐军在桂陵地区交战，齐军大败魏军。

十三年以后，魏国和赵国联合攻打韩国，韩国向齐国告急。齐王任命田忌为将前去营救，田忌率军直奔大梁。魏将庞涓得知这个消息，急忙从韩国撤兵赶回魏国。这时齐军已经越过边境向西进军了。孙膑对田忌说：“魏国人素来凶悍勇猛，瞧不起齐国人，他们称齐兵怯懦，善于指挥作战的人，就要因势利导，使他们更加轻敌。兵法说：急功近利日行百里的，就要折损上将；急功近利日行五十里的，部队就会减员一半。命令齐国军队进入魏境先安置给十万人做饭的灶，第二天安置给五万人做饭的灶，再过一天安置给三万人做饭的灶。”庞涓行军三天，见此情形非常高兴，说：“我就知道齐军胆小怯懦，进入我国境内才三天，临阵脱逃的士兵就超过半数了！”于是丢下自己的步兵，带上一支轻装精锐的部队，日夜兼程地追击齐军。孙膑估算魏军的行程，晚上应当可以到达马陵了。马陵道路狭窄，两旁又多是峻隘险阻，适合埋下伏兵。孙膑就叫人削去一棵大树的树皮，露出白木，然后在上面写道：“庞涓死于此树之下。”于是调令齐军军中一万名善于射箭的人，埋伏在马陵道两边，约定说：“天黑以后，看见树下火光亮起，就一齐放箭。”庞涓果然在夜里赶到了被削去树皮的大树下，看见树上好像写着什么，就点火照亮树干上的字，结果上边的字还没读完，齐军伏兵就万箭齐发，魏军乱作一团，无法彼此照应。庞涓自知无计可施、败局已定，就拔剑自刎，临死前说道：“这下可算成就了这小子的名声！”齐军乘胜追击，彻底打败了魏军，俘虏了魏国太子申，然后返回。从此孙膑名扬天下，他的兵法也在世间广为流传。

吴起是卫国人，善于用兵。曾经求学于曾子，奉事鲁国国君。齐国攻打鲁国，鲁君想任命吴起为将军，但由于吴起娶了齐国的女人为妻，所以鲁国人对他有疑心。吴起那时候一心追逐功名，就杀了自己的妻子，以此来表明自己不亲附齐国。鲁君终于任命他做了将军。吴起率兵攻打齐国，把齐军打得大败。

鲁国有人散布吴起的坏话说："吴起猜疑心重，为人残忍。他年轻的时候，家里的积蓄足有千金，他到处奔走求官没有结果，把所有家当都败光了。乡亲们有人笑话他，他竟然杀掉三十多个讥笑自己的人，然后从卫国的东门逃离。在和他的母亲诀别时，吴起咬破自己的手臂发誓：'我吴起要是当不了卿相，就绝不再回卫国。'于是拜师于曾子门下。不久，吴起的母亲死了，他竟然真的没有回去奔丧。曾子由此很看不起吴起，并和他断绝了关系。吴起就来到鲁国，学习兵法以奉事鲁君。鲁君怀疑吴起与齐国有关系时，他竟然杀死自己的妻子以谋求将军之位。鲁国是个小国，却享有战胜国的名声，如此一来，诸侯各国就要开始算计鲁国了。况且鲁国和卫国的关系如同兄弟，鲁君重用吴起，就是背弃卫国。"鲁君于是又对吴起有了疑心，并辞退了他。

这时，吴起听说魏文侯贤明，就想去侍奉他。魏文侯问李克说："吴起这个人怎么样啊？"李克回答说："吴起贪名而爱好美色，但要说到带兵打仗，就是司马穰苴也比不过他。"于是魏文侯就任用吴起为将，吴起率兵击秦，拿下了秦国五座城池。

吴起当将军的时候，和最下等的士兵穿一样的衣服，吃一样的食物。睡觉不铺褥子，行军不骑马坐车，亲自背着捆扎好的粮食，与士兵们同甘共苦。有个士兵长了恶性毒疮，吴起帮他把疮里的脓吸出来。这个士兵的母亲听说后，不由得哭了起来。有人说："你儿子是一个无名小卒，将军却亲自替他吸疮里的脓，你还有什么好哭的呢？"那位母亲回答说："不是这样啊，以前吴将军替他父亲吸吮毒疮，他父亲在战场上勇往直前，结果死在敌人手里。如今吴将军又给他儿子吸吮毒疮，我不知道他将来又会战死在什么地方，所以我为他哭泣啊。"

魏文侯因为吴起善于用兵打仗，为人廉洁公平，深得将士们的真心拥戴，就任命他为西河地区的长官，以防备秦国和韩国入侵。

魏文侯死后，吴起奉事他的儿子魏武侯。有一次，魏武侯乘船沿黄河顺流而下，行至半途，回过头来对吴起说："多么壮美、险要的山川啊，这真是魏国的瑰宝啊！"吴起回答说："一个国家的强大和稳固，在于实行德政，而不在于地势的险要。昔日三苗氏左临洞庭湖，右濒鄱阳湖，因为他们不修仁义道德，最终夏禹消灭了他们。夏桀的领土，左临黄河、济水，右靠泰山、华山，伊阙山耸立在它的南边，羊肠坂在它的北面，但由于他为政不仁，结果被商汤打败而遭到流放。殷纣的领土，左边有孟门山，右边有太行山，常山在它的北边，黄河流经它的南面，可是由于他不实行德政，最后被武王所杀。由此可见，一个国家的强大和稳固，在于实行德政，而不在于地势的险要。如果您不实行德政，就是同船之人也会变成您的敌人啊！”武侯听了吴起这番话后说：“讲得好。”

吴起担任西河郡守时，很有声望。魏国设置了相位，以田文为相国。吴起很不高兴，对田文说：“我想和您比一比功劳，可以吗？”田文说：“可以。”吴起说：“统率三军，让士兵们舍生忘死，敌国不敢打魏国的主意，这一条您能比得过我么？”田文说：“我不如您。”吴起说：“管理文武百官，让黎民百姓亲附，充实府库的储备，这一条您又能比得过我么？”田文说：“我不如您。”吴起说：“镇守西河而使秦国军队不敢向东进犯，韩国、赵国服服帖帖，这方面您比得过我吗？”田文说：“我不如您。”吴起说：“这几方面您都不如我，可是您的官位却高于我，这是为什么呢？”田文说：“当今君王还年轻，国内政局不稳，大臣们不亲附，百姓也不信任，在这样的时刻，全国上下是盯着您，还是盯着我呢？”吴起沉默了许久，然后说：“大家都盯着您呢。”田文说：“这就是我的官位在您之上的原因啊。”吴起这才明白自己不如田文。

田文死后，公叔任相国，娶了魏国的公主，他向来忌恨吴起。公叔的仆从说：“赶走吴起是件很容易的事情。”公叔问：“如何去做呢？”那个仆人说：“吴起这个人节操清廉而又重视自己的名誉。您可以找机会先对武侯说：‘吴起是一个贤能的人，而您的国土太小，又和强大的秦国接壤，我私下担心吴起无心留在魏国。’武侯倘若说：‘那可如何是好呢？’您就趁机对武侯说：‘可以用下嫁公主的办法来试探他，如果吴起有心留在魏国，就一定会答应这门亲事，如果他无心留下来，就一定会推辞，用这个办法就能测试出他的想法了。您找个机会请吴起到家里来，让您的妻子故意做出一种骄气凌人的样子，吴起一见公主轻贱您，就必然会拒绝与其他公主的婚事了。”于是吴起见到了公主对相国不恭的一幕，果然婉言谢绝了魏武侯。于是武侯开始怀疑吴起而不再信任他。吴起害怕迟早会招来灾祸，于是离开魏国，去了楚国。

楚悼王早就听说吴起贤能，吴起一到，就被任命为楚国相国。他制定了明确的法令，依法办事，裁减无关紧要的官员，取消了那些与王室疏远的贵族的特权，把节省下来的开支用于培养训练士兵。吴起致力于加强军事实力，排斥那些往来奔走游说、大讲合纵连横的人。于是向南平定了百越；向北兼并了陈国和蔡国，打退韩、赵、魏三国的侵扰；向西讨伐秦国。诸侯各国对楚国的强大都感到忧虑。那些楚国的旧贵族们都嫉恨吴起。等到楚悼王一死，王室贵族以及大臣们发动叛乱，追杀吴起，吴起逃到楚悼王的灵堂，趴倒在悼王的尸体上。追杀吴起的那帮人射刺吴起，一并射中了悼王的尸体。楚悼王安葬妥当后，太子即位。他命令令尹把射杀吴起时射中悼王尸体的人全部处死。因为射杀吴起而误中悼王被灭族的多达七十多家。

太史公说：世人谈论行军打仗战法，总要说到《孙子》十三篇和吴起的《兵法》，这两部书在世间广为流传，所以我就不评论了，只叙述他们生平的所作所为。俗话说："能做的人未必能说，能说的人未必能做。"孙膑运筹帷幄打败庞涓时是何等的英明啊，可是他却不能及早地使自己避免断足的灾祸。吴起向魏武侯讲述凭借地势险要不如实行德政的道理，然而他到楚国执政，却因为刻薄、暴戾、寡恩而葬送了自己的性命。岂不是很可悲吗！

（邓小棒 译）

《史记》卷六十六　伍子胥列传第六

伍子胥是楚国人，名员。伍员的父亲叫伍奢。伍员的哥哥叫伍尚。他的祖先有个叫伍举的，侍奉楚庄王时以直言敢谏而声名显赫，所以他的后代子孙在楚国很有名望。

楚平王有个太子名建。楚平王让伍奢做他的太傅，让费无忌做少傅。费无忌对太子建不够忠心。楚平王让费无忌到秦国为太子建娶亲。费无忌见秦国女子长得姣美，就赶紧跑回来报告楚平王说："这位秦国女子长得太美了，大王可以自己娶了她，而另外给太子娶一个妻子。"楚平王就自己娶了这位秦国女子，对她百般宠爱，和她生了个儿子名轸。另外给太子建娶了妻子。

费无忌用秦国美女献媚于楚平王以后，就离开了太子而去侍奉楚平王。他担心哪天楚平王一死，太子建继位，一定会杀了自己，于是就在楚平王面前诋毁太子建。太子建的母亲，是蔡国女子，楚平王不宠爱她。就这样，楚平王对太子建越来越疏远，派太子建驻守城父，保卫边疆。

没过多久，费无忌又昼夜在楚平王面前说太子建的坏话。他说："太子因为秦国女子的缘故，不可能没有怨恨情绪，希望大王自己有所防备。自从太子镇守城父以后，率领军队，对外广交诸侯，恐怕不久将要杀入都城造反了啊。"于是楚平王就把太子建的太傅伍奢召回来审问。伍奢知道是费无忌在楚平王面前说了太子的坏话，就说："大王怎么能因为拨弄是非的小人的谗言而疏远骨肉至亲呢？"费无忌说："大王如果不先发制人，他们的阴谋就要得逞。大王您将会成为他们阶下囚。"楚平王大怒，立即囚禁了伍奢，命令城父司马奋扬去杀太子建。还未行动，奋扬就派人提前通知太子说："太子您赶快跑吧，不然将被杀害。"于是太子建逃到了宋国。

费无忌对楚平王说："伍奢有两个儿子，都很有才干，不杀了他们，将会成为楚国的忧患。可以用他们的父亲做人质，把他们召来一起杀掉，否则他们将会成为楚国的祸患。"于是楚平王派使臣对伍奢说："能把你的两个儿子叫来你就可以活命，不能叫来，你就只有死路一条。”伍奢说：“伍尚为人宽厚仁慈，叫他，必定会来。伍员为人刚烈，忍辱负重，能成就大事，他知道来了会一并被抓，肯定不会来。”楚平王不信，派人召伍尚和伍员，说：“如果你们来，我就放了你们的父亲；如果不来，我现在就杀了伍奢。”伍尚想要前往，伍员说：“楚王之所以召我们兄弟，并不是想要让我们的父亲活命，他是担心我们逃脱，以后成为祸患，所以才用父亲做人质，假意召我们二人去。我们一到，父子三人就会全部被处死。这对父亲的死又能起到什么作用呢？这样我们的仇就报不成了，不如逃奔到别的国家去，借助别国的力量来报杀父之仇。一块去送死，没有任何意义。”伍尚说：“我知道就算去了最终也不能保全父亲的性命。可是父亲召我们去以求生存，我们如果不去，日后又不能报仇雪恨，终将被天下人耻笑。”他对伍员说：“你可以逃走！你一定能报杀父之仇，我自愿就死。”伍尚束手就擒后，使臣想抓走伍子胥（伍员），伍子胥弯弓搭箭对准使臣，使臣不敢上前。伍子胥乘机逃跑了。他听说太子建在宋国，就前去追随他。伍奢听说子胥逃跑了，说：“楚国的君臣们将要遭遇连年战火了。”伍尚一到楚都，楚平王就把伍奢和伍尚一并杀害了。

伍子胥到宋国后，正赶上宋国华亥等人作乱，于是伍子胥和太子建又一起逃奔到郑国。郑国人对他们很好。后来太子建又到了晋国，晋顷公说：“太子既然跟郑国的关系友好，郑国又信任太子，如果太子愿意给我做内应，我从外面进攻郑国，一定能灭掉郑国，灭郑后，我就把它封给太子。”于是太子返回郑国。举事的时机还没成熟。这时恰巧太子因为私事要杀他的一个随从，而这个随从知道太子勾结晋国企图灭郑的阴谋，就把这事报告给了郑国。郑定公和子产便杀死了太子建。太子建有个儿子名胜。伍子胥害怕自己也被杀，就和胜一起逃奔吴国。到了昭关，昭关的官兵想逮捕他们。伍子胥就和胜丢弃车马，各自徒步而逃，差点不能脱身。追兵紧随其后，到了江边，江上有一个渔翁摇着船。他知道伍子胥情况危急，就渡伍子胥过江。伍子胥过江后，解下他身上的宝剑说：“这把剑价值百金，我把它送给您老人家。”渔翁说：“楚国有告示说，抓到伍子胥的人，赏粮食五万石，赐爵位‘执珪’，这些难道还不如区区值百金的宝剑吗？”渔翁没有接受伍子胥的酬谢。伍子胥还没到吴国都城就病倒了，只好半道停下来，乞讨为生。伍子胥到达吴都时吴王僚刚刚主事，公子光为将军。伍子胥就通过公子光的关系求见吴王。

过了很长一段时间，因为楚国边邑钟离县和吴国边邑卑梁氏都养蚕，两地女子为争采桑叶发生斗殴，楚平王大发雷霆，最后发展到吴、楚两国起兵相互讨伐。吴国派公子光率兵伐楚，攻占了楚国的钟离、居巢两座县城。伍子胥对吴王僚说：“楚国是可以打败的，希望大王再次派遣公子光伐楚。”公子光对吴王说：“那伍子胥的父亲、哥哥被楚王所杀，他劝大王攻打楚国，是为了报自己的私仇。攻打楚国未必能取得胜利啊。”伍子胥知道公子光有个人私欲，他想杀死吴王僚而自立为王，不可能劝说他对外采取军事行动，就把一个叫专诸的人推荐给了公子光，自己则离开朝廷，和太子建的儿子胜到乡下种田去了。

五年后，楚平王去世了。当初，楚平王夺取太子建的秦国美女生了一个儿子叫轸，楚平王死后，轸继承平王之位，这就是楚昭王。吴王僚趁楚国忙于丧事，派他的两个弟弟烛庸、盖余领兵袭击楚国。楚国出兵切断了吴军后路，使吴军不能回来。吴国内部空虚，公子光就命令专诸刺杀了吴王僚而自立为王，这就是吴王阖庐。阖庐当上吴王以后，愿望得以实现，就召回伍员，任命他为行人，参与谋划国家大事。

楚王杀了他的大臣郤宛、伯州犁，伯州犁的孙子伯嚭逃到吴国，吴王阖庐任命伯嚭为大夫。当初受吴王僚派遣去攻打楚国的烛庸和盖余，后路被切断不能回国，后来听说阖庐杀死吴王僚自立为王，于是率兵投降了楚国，楚王把舒县封给了他们。阖庐自立为王的第三年，就和伍子胥、伯嚭等人出兵伐楚，攻克舒县，俘获了那两个反叛的吴国将军。阖庐想乘胜进攻楚国的郢都，将军孙武说：“士兵、百姓都太疲惫了，不可以再打仗，暂时等一等吧。”于是返回吴国。

阖庐四年，吴国攻打楚国，夺取了六县和灊县。阖庐五年，吴国伐越，击败了越国。阖庐六年，楚昭王派公子囊瓦率军讨伐吴国。吴国派伍子胥迎战，在豫章把楚国军队打得大败，攻占了楚国的居巢。

阖庐九年，吴王阖庐对伍子胥、孙武说：“当初你们说不能进攻楚国的郢都，现在怎么样？”伍子胥、孙武两人回答说：“楚国将军囊瓦生性贪婪，唐国、蔡国都怨恨他。大王如果一定要大规模地进攻楚国，必须先取得唐国和蔡国的协助才行。”阖庐听从了他们的建议，出动了全部兵力和唐国、蔡国一道攻打楚国，与楚国隔着汉水排兵布阵。吴王的弟弟夫概率领着军队请求跟随出征，吴王不答应。夫概就带着自己部下五千人袭击楚将子常，子常大败，逃奔到郑国。于是吴军乘胜进军，经过五场大战，抵达楚国的郢都。己卯日，楚昭王出逃。第二天，吴王进入楚国的郢都。

楚昭王出逃，跑到了云梦泽；遭遇强盗袭击，楚昭王只好逃到郧地。郧公的弟弟怀说：“楚平王当年杀死我们的父亲，现在我们杀死他的儿子，不也可以吗！”郧公怕他的弟弟杀死楚昭王，就亲自陪着楚昭王逃到了随地。吴军包围了随地，对随地人说：“在汉水流域的周朝子孙，都被楚国杀害了。”随地人听了之后要杀楚昭王，王子綦把他藏了起来，自己冒充楚昭王想替他去死。随地人占卜，卦象表明把楚昭王交给吴国不吉利，就回绝了吴国，没有把楚昭王交出去。

当初伍子胥和申包胥是好朋友。伍子胥逃离楚国时，对申包胥说：“我一定要让楚国覆亡。”申包胥说：“我一定会保住楚国。”等到吴军攻入楚国的郢都，伍子胥到处搜捕楚昭王，但没有找到，就挖开楚平王的坟墓，拖出他的尸体，鞭打了三百次才停手。申包胥正逃至山中，派人去对伍子胥说：“你用这样的方法报仇，也太过分了！我听说：某些人可以凭借人多势众，逆天理而行，一时得逞，但一旦老天安定下来，定能拨乱反正，击破强暴之人。你原来是楚平王的臣子，自己也称臣侍奉过他，如今却到了侮辱已故之人的地步，这难道不是丧尽天良到极点了吗！”伍子胥对来人说：“请你替我转告申包胥，就说：‘我现在的处境，好比太阳已经西沉，但是要走的路却还很遥远，所以，我只能倒行逆施了’。”于是申包胥跑到秦国告急，向秦国求救。秦国没有答应他的请求。申包胥就站在秦宫殿前，日夜号哭，哭声七天七夜没有断绝。秦哀公怜悯他，说：“楚王虽然残暴无道，但是有这样的臣子，楚国难道不能得以保全吗！”于是秦国就派出了五百辆战车救援楚国，攻击吴军。六月，在稷地打败了吴军。这时正赶上吴王阖庐长时间地留在楚国搜捕楚昭王，而阖庐的弟弟夫概偷偷回到吴国，自立为王。阖庐得知这个情况，就扔下楚国赶了回去，率兵攻打他的弟弟夫概。夫概兵败逃走，跑到楚国。楚昭王见吴国发生内乱，于是又回到了郢都。楚昭王把堂谿封给夫概，称为堂谿氏。接着楚国再次和吴军交战，打败了吴军，吴王只好收兵回国。

又过了两年，阖庐派太子夫差率兵伐楚，攻占了番地。楚国害怕吴国军队再次大举进攻，就离开郢都，迁都到上鄀。这时候，吴国依靠伍子胥、孙武等人的谋略，向西打败了强大的楚国，向北威镇齐国和晋国，向南降服了越国。

此后第四年，孔子出任鲁国宰相。

又过了五年，吴军起兵伐越。越王勾践率兵迎战，在携李大败吴军，并打伤了吴王阖庐的脚趾，吴军退却。阖庐伤势发作，临死时对太子夫差说：“你会忘记勾践杀了你的父亲吗？”夫差回答说：“不敢忘记。”当天夜里，阖庐就去世了。夫差继位为王以后，任命伯嚭为太宰，操练军队。二年后起兵伐越，在夫湫打败了越军。越王勾践带着五千残兵败将逃到会稽山上。他派大夫文种送厚礼给吴国太宰伯嚭，请求媾和，并把国家交给吴王，自己则心甘情愿做吴王的仆从。吴王夫差心软了，准备答应勾践。伍子胥进谏说：“越王勾践这个人很能吃苦耐劳。大王如果现在不一举灭掉他，日后必定要后悔。”吴王夫差不听伍子胥的劝告，而是采纳了太宰伯嚭的主张，与越国议和。

与越国议和之后五年，吴王听说齐景公死了，齐国的大臣们争宠夺权，刚即位的国君软弱无能，就兴师向北攻打齐国。伍子胥进谏说：“现在勾践饮食节俭，悼念死者、抚恤伤残，将要有所作为。这个人不死，必将成为吴国的祸患。如今越国之于吴国，就好比一个人的心腹疾病一般。大王不先消灭越国而去攻打齐国，这不是很荒谬吗？”吴王不听劝告，出兵伐齐。在艾陵把齐军打得大败，同时震慑了邹、鲁两国的国君。吴王从此越来越不采纳伍子胥的计谋了。

此后四年，吴王又要北上伐齐，越王勾践采用了子贡的计谋，率领着他的军队协助吴国作战，同时拿出贵重的宝物献给太宰伯嚭。太宰伯嚭多次接受越国的贿赂以后，越发喜欢并分外信任越国，日夜不停地在吴王面前替越国说好话。吴王总是相信并采纳太宰伯嚭的计谋。伍子胥进谏说："越国是我们的心腹大患，如今大王听信那花言巧语、欺骗之词而贪图齐国。即使我们攻下齐国，那也犹如占领了一片石头地，没有丝毫用处。《盘庚之诰》也说：'凡是破坏礼法、有所不恭的，就要彻底铲除他们，不要留下祸根，不能让他们在这个城邑里把好人带坏。'这就是商朝之所以兴盛的原因。希望大王放弃齐国，先消灭越国；如果不这样，必将后悔莫及。"吴王仍旧不听劝告，打发伍子胥出使齐国。伍子胥临走前对他儿子说："我屡次向大王进谏，他都不听。如今，我看吴国很快就要灭亡了，你和吴国一块毁灭，没有任何意义。"于是伍子胥把他的儿子托付给了齐国的鲍牧，而后独自一人返回吴国复命。

太宰伯嚭和伍子胥产生矛盾以后，就在吴王面前进谗言说："伍子胥为人强硬暴躁，少施恩德，猜忌狠毒，他对大王的怨恨恐怕将要酿成深重的灾难。上次大王要攻打齐国，伍子胥认为不可以，大王最后出兵伐齐并且取得了重大的胜利。伍子胥因自己的计谋不被采纳而恼羞成怒，产生了怨恨情绪。如今大王又再次伐齐，伍子胥刚愎自用，强行进谏，阻挠、诋毁大王的功业，只是希望以吴国之败来证明自己的谋略高明罢了。如今大王亲自出征，发动吴国的全部兵力攻打齐国，伍子胥的劝谏没有被采纳，因此他不上朝，装病不随大王出征。大王不能不防着他，这是很容易引起祸端的。另外我派人暗中调查伍子胥，他出使齐国的时候，已经把他的儿子托付给了齐国的鲍氏。作为臣子，在国内不得志，就勾结外面的诸侯，认为自己是先王的谋臣，如今不被重用，时常闷闷不乐，心怀怨恨不满。希望大王早点处置这样的人。"吴王说："即使你不说这些话，我自己也早就怀疑他了。"吴王就派使臣赐属镂宝剑给伍子胥，说："你用这把宝剑自杀吧。"伍子胥仰天长叹，说："唉！进谗言的小人伯嚭误国作乱，大王却反而要杀我。我辅佐你父亲称霸。在你还没被确定为王位继承人时，你的许多兄弟争夺太子之位，我为你在先王面前以死相争。你继位后，曾想把吴国分一部分给我，我却没有指望你的报答。可是如今你竟然听信奸臣的谗言要杀害长辈。”伍子胥于是对他的门客说：“你们一定要在我的坟墓上种植梓树，让它长大后可以做棺材；挖出我的眼珠挂在吴国国都的东门上，我要看着越国军队攻入都城，灭掉吴国。”说完就自刎而死。吴王听到这番话非常生气，就把伍子胥的尸体装进皮革袋里，扔到了江中。吴国人同情他，在江边为他修建了祠堂，并把这个地方称为胥山。

吴王杀了伍子胥后，就发兵攻打齐国。齐国鲍氏杀了他们的国君齐悼公另立阳生为国君。吴王想讨伐鲍氏，没有获胜，只好撤兵回吴。又过了两年，吴王召集鲁国、卫国的国君在橐皋会盟。第二年，吴王率兵北上，在黄池大会诸侯，以此要挟周王室。越王勾践乘机袭击吴国，杀死吴国太子，并打败了吴国的军队。吴王听到这个消息，就急回国内，派出使者带着丰厚贵重的礼物向越国求和。又过了九年，越王勾践终于灭了吴国，杀死了吴王夫差，同时杀了太宰伯嚭，因为他不忠于自己的国君，接受外人的贵重贿赂，私下与敌国狼狈为奸。

当初和伍子胥一起逃亡的原楚国太子建的儿子胜，也在吴国。吴王夫差在位时，楚惠王要召胜回楚国。叶公劝谏楚惠王说：“胜这个人勇武好斗，私下里招募了很多亡命之徒，恐怕另有所图！”楚惠王不听叶公的劝告。他于是把胜召了回来，让他住在楚国的边邑鄢，号为白公。白公回楚的第三年，吴王杀了伍子胥。

白公胜回楚国以后，怨恨郑国杀死他的父亲太子建，于是暗地里豢养敢死的勇士伺机向郑国报仇。白公胜回到楚国后的第五年，请求楚王出兵伐郑，楚国令尹子西答应了他的请求。楚国还没发兵而晋国已经出兵攻打郑国，郑国派人向楚国请求救援，楚王派子西前去救郑，子西救郑后和郑国订立了盟约。白公胜大怒，说：“如今我的仇敌不是郑国，而是子西。”于是白公胜亲自磨剑，有人问他：“磨剑干什么？”白公胜回答说：“我要用它来杀死子西。”子西听到这番话后，笑着说：“白公胜如同一只鸡蛋，不可能有什么作为。”

此后四年，白公胜和石乞趁上朝的机会突然发动袭击，杀了楚国令尹子西及司马子綦。石乞说：“不杀了楚惠王，恐怕不行。”于是就把楚惠王劫持到高府。石乞的随从屈固背着楚惠王逃到昭夫人的宫室。

叶公听说白公胜作乱，率领着他的属下攻打白公胜。白公胜被打败，逃到山里，自杀身亡。而石乞也被抓获，叶公审问他白公胜的尸首在哪里，如果不说就把他煮死。石乞说："事情成功了就做卿相，不成功就被煮死，本来就理当如此。"最终也没有说出白公尸首在什么地方。于是，叶公下令煮死石乞，然后找回了楚惠王，再立他为王。

太史公说：怨恨狠毒对于人来说实在是太厉害了！做君主的尚且不能这样对待臣子，更何况同僚呢！假使伍子胥当年追随他的父亲伍奢一起被处死，那和蝼蚁就没有什么区别。放弃小义，最终洗雪了大耻，扬名后世，这是何等的悲壮惨烈啊！当伍子胥在江边困窘危急的时候，沿途乞讨，他的心志何尝有一分一秒忘掉了郢都的仇恨呢？所以，忍辱负重，成就功名，若非坚强刚烈的大丈夫，谁能达到这种境界呢？白公如果不自立为王，他的功业和谋略恐怕也是可以称道的啊！

（邓小棒 译）

《史记》卷六十七　仲尼弟子列传第七

孔子说“跟着我学习并且精通六艺的弟子有七十七人”，他们都是有特殊才能的人。其中在德行方面突出的有：颜渊，闵子骞，冉伯牛，仲弓。擅长处理政事的有：冉有，季路。能言善辩的有：宰我，子贡。擅文博学的有：子游，子夏。子张偏激，曾参迟钝，高柴愚笨，仲由鲁莽，颜回（即颜渊）经常贫穷得一无所有。端木赐不信天命而去经商，他推测市场行情经常都很准确。

孔子所礼敬的人有：周朝的老子；卫国的蘧伯玉；齐国的晏平仲；楚国的老莱子；郑国的子产；鲁国的孟公绰。他经常称赞的有臧文仲、柳下惠、铜鞮伯华、介子推，孔子出生的时间比他们晚，跟他们不是同一时代的人。

颜回是鲁国人，字子渊。他比孔子小三十岁。

颜渊向孔子请教什么是“仁”，孔子说：“约束自己并使言行都符合礼仪的要求，这样天下的人就会称赞你是仁人了。”

孔子说：“颜回是多么贤德啊！一筐饭，一瓢汤，住在简陋的巷子里，一般人都忍受不了这种穷困，颜回却乐此不疲。”“颜回在听我讲课时通常是沉默不语像个蠢笨的人；下课后观察他的言谈，发现他对所学的东西能够恣意发挥，颜回其实不笨。”“为世所用的时候就匡时救世，不为所用的时候就藏而不露，只有我和你才有这样的处世态度吧！”

颜回二十九岁的时候，头发就全白了，他死得很早。颜回死后孔子哭得非常伤心，他说：“自从我有了颜回，弟子们之间的关系越来越亲近。”鲁哀公问孔子：“你的弟子中谁最好学？”孔子回答说：“颜回最好学，他从来不迁怒于别人，做事不犯已经犯过的错误。不幸的是他短命早死了，现在没有像他这样的人了。”

闵损，字子骞。他比孔子小十五岁。

孔子说："闵子骞是个很孝顺的人！人们对他的父母兄弟夸赞他的话从来都没有非议。"他不为有权势的大夫做事，也不接受昏君的俸禄。他曾说过："如果有人再来召我做官，我一定逃到汶水以北的地方去。"

冉耕，字伯牛。孔子认为他有德行。

伯牛得了难治的病，孔子前去探望他，从窗口握住他的手，说："这是命啊！这样好的人却得了这样的病，这真是命啊！"

冉雍，字仲弓。

仲弓向孔子请教如何从政，孔子说："出门办事要像接待贵宾一样谦恭有礼，使唤百姓要像承办隆重的祭祀一样虔诚谨慎。秉持这样的态度，不论在诸侯国还是在卿大夫家里任职，都不会与人结怨。"

孔子认为仲弓德行高尚，说："可以让冉雍做一邦之君主。"

仲弓的父亲地位卑微。孔子打比方说："杂色牛生下红色犄角周正的小牛，即便不想用它来做祭品，山川神灵会不喜欢它吗？"

冉求，字子有，他比孔子小二十九岁。他做过季氏家的总管。

季康子问孔子说："冉求有仁德吗？"孔子回答说："冉求可以把有千户人家、百辆兵车的封邑管理好。至于他是否有仁德，我就不知道了。"季康子又问："子路有仁德吗？"孔子回答说："和冉求一样。"

冉求问孔子说："一听到应该做的事情就要立刻行动吗？"孔子回答说："立刻行动。"子路问孔子说："一听到应该做的事就要立刻行动吗？"孔子回答说："有父亲兄长在，怎么能听到就立刻行动呢？"子华对此感到不解，说："我大胆地问问，你为什么对同样的问题回答不一样呢？"孔子回答说："冉求做事犹豫畏缩，所以我激励他。仲由做事胆大好胜，所以我抑制他。"

仲由，字子路，卞地人。他比孔子小九岁。

子路生性粗朴，好逞勇斗力，志气刚强，性格直爽。他经常头戴鸡冠式的帽子，佩戴着用野猪皮装饰的宝剑。他曾经欺凌过孔子。孔子用礼乐慢慢地诱导他，后来子路改穿儒服，带着拜师的礼物，通过孔子学生的引荐，请求做孔子的学生。

子路向孔子请教如何从政，孔子说："自己先以身作则，为百姓的事辛勤操劳。"子路请求孔子进一步讲讲。孔子说："要不知疲倦，坚持不懈。"

子路问："君子崇尚勇武吗？"孔子说："君子所崇尚的首先是义。君子只好勇武而不崇尚义，就会作乱；小人只好勇武而不崇尚义，就会做强盗。"

子路要是听到什么话，不会马上行动，他担心又听到别的什么话。

孔子说："仅仅听单方面言辞就可以断案的，大概只有仲由吧！""仲由崇尚勇敢，这方面比我强，但不可取。""像仲由这种性情的人是不会得到善终的。""穿着用乱麻絮做的破旧袍子和穿着裘皮大衣的人站在一起而不感到羞愧的，恐怕只有仲由吧！""仲由的学问好像已经'登堂'，但是还没有达到'入室'的境界。"

季康子问孔子道："仲由有仁德吗？"孔子答说："可以让他去管理拥有一千辆兵车的国家的军政事务，至于他是否有仁德，我就不知道了。"

子路喜欢跟随孔子周游各国，曾经遇到过长沮、桀溺、扛着农具的老人。

子路是季氏的总管，季孙氏问孔子说："子路算得上是大臣了吗？"孔子回答说："他可以说是勉强充数的家臣。"

子路出任蒲邑的大夫，向孔子辞行。孔子说："蒲邑有很多勇武之士，很难治理。可是我告诉你，谦恭谨敬，就可以驾驭勇武的人；宽厚中正，就可以使民众亲近；恭谨中正就会使社会安定，那样你就可以报效国君了。"

当初，卫灵公有个宠姬叫南子。灵公的太子蒉聩曾经得罪过她，因为害怕被杀就逃往国外了。灵公去世后，夫人南子想让公子郢继承王位。公子郢不愿意继位，推辞说："太子虽然逃亡在外，但太子的儿子辄还在。"卫国于是立辄为国君，这就是卫出公。卫出公继位十二年，他的父亲蒉聩一直流亡在外没能够回来。当时子路为卫国大夫孔悝采邑的长官。蒉聩和孔悝合谋作乱，他带人潜入孔悝家，和孔悝的党徒一起去袭击卫出公。卫出公逃往鲁国，蒉聩入宫继位，这就是卫庄公。孔悝作乱时，子路恰巧有事在外，他听到消息就立刻赶回来了。子羔从卫国城门出来时正好碰到往回赶的子路，就对子路说："卫出公已经逃走了，城门也已经关闭了，您还是回去吧，不要卷入这场祸难中。"子路说："我拿着人家的俸禄，就不能回避人家的灾难。"子羔于是离去了。这时正好有使者要进城，城门开了，子路就跟着进去了。他找到蒉聩时，蒉聩和孔悝都在楼台上。子路说："大王为什么要任用孔悝呢？请让我杀了他。"蒉聩没有接受他的建议。于是子路准备放火烧台，蒉聩害怕了，就叫石乞、壶黡到台下去攻打子路，斩断了子路的帽带。子路说："君子可以死，但帽子不能掉下来。"说完系好帽子慷慨赴死。

孔子听到卫国发生暴乱，说："唉，仲由可能得死了！"不久，果真传来了仲由的死讯。孔子说："自从有了仲由，那些恶言恶语再也传不到我耳边来了。"这时子贡正为鲁国出使在齐国。

宰予，字子我。他口齿伶俐，能言善辩。他拜在孔子门下以后，问孔子说："守孝三年是不是太长了？君子三年不习礼，对礼仪必定会生疏；三年不演奏音乐，演奏才能一定会荒废。一年间，陈粮吃完，新的谷子又入仓了，钻木取火的木材已经更换一遍了，我觉得守丧一年也就可以了。"孔子说："只守丧一年，你内心安不安呢？"宰我回答说："心安。"孔子说："你既然感到心安理得，你就这样做吧。君子守孝期间，即使吃美味的食品也感觉不到甜美，听到动听的音乐也感觉不到高兴，所以君子才不这样做呢。"宰我退了出去，孔子说："宰予不是个仁人君子啊！孩子生下来三年，才能脱离母亲的怀抱。为父母守孝三年，这是天下共同遵行的礼仪啊。"

宰予白天睡大觉。孔子说："腐朽了的木头是不能雕刻器物的，腐秽的墙壁是不能够粉刷的。"

宰我询问五帝的德行，孔子回答说："你不配问这种问题。"

宰我任临菑的大夫，因为和田常一起同谋作乱而被灭族，孔子为他感到羞耻。

端木赐是卫国人，字子贡。他比孔子小三十一岁。

子贡伶牙俐齿，能言善辩，孔子常常裁抑他的狡辩。孔子问他说："你和颜回相比谁更出色呢？"子贡回答说："我怎么能跟颜回比呢！颜回听到一个道理可以推知十个道理，而我听到一个道理只能推知两个道理而已。"

子贡在孔子门下求学后，他问孔子："我是什么样的人呢？"孔子说："你像个器物。"子贡说："什么样的器物呢？"孔子说："祭祀时盛粮食的贵重器皿。"

陈子禽问子贡说："仲尼都学些什么？"子贡说："周文王和周武王的治国思想没有完全消失，还有一部分在社会上流传，贤能人能掌握它的精髓，而一般的人只能了解它的细枝末节，他们的思想无处不在。先生无所不学，又何必得有固定的老师呢！"陈子禽又问道："孔子每到一个国家，都会先了解这个国家的政事。他是从别人那里咨询呢，还是别人主动告诉他呢？"子贡说："先生是凭借着行温良恭俭让这五种美德而知道的。先生获取知识的方式，大概和别人的方式不同吧。"

子贡问孔子说："富贵而不骄纵，贫穷而不谄媚的人怎么样？"孔子说："不错。不过不如贫穷而乐于恪守圣贤之道，富有却处事谦恭守礼。"

田常想在齐国叛乱，但害怕掌有齐国实权的高昭子、国惠子、鲍牧、晏圉四人，所以想借用他们的军队去攻打鲁国。孔子听说了这件事，对门下的弟子们说："鲁国是祖坟所在地，是父母之邦。祖国危险到如此境地，你们为什么不挺身而出呢？"子路请求前去救鲁，孔子制止了他。子张、子石请求前去救鲁，孔子也不答应。子贡请求前去救鲁，孔子答应了他。

子贡于是出发来到齐国，他劝田常说："您攻打鲁国是个错误。鲁国是难攻克的国家。它的城墙又矮又薄，护城河狭窄而且水浅，国君愚昧而且不仁慈，大臣们虚伪而无能，百姓厌恶打仗之事，不值得和这样的国家交战。您不如去攻打吴国。吴国的城墙高大而又厚实，护城河宽阔而且水深，铠甲和兵器坚硬而且都是崭新的，士卒们个个精神抖擞，难得的人才、精锐的部队都在那里，又有英明的大臣守卫着，这样的国家最容易攻打。”田常听了，愤怒得脸色都变了，说：“人家觉得容易的，你认为难办；人家觉得难办的，你却认为容易。你给我说这些话是什么意思？”子贡说：“我听说一个忧患在内的国家就去攻打强大的国家；忧患在外的就去攻打弱小的国家。如今您的忧患在国内。我听说您三次受封都因为大臣中有人反对你而没有封成。现在你要攻占鲁国来扩充齐国的领土，若是打胜了，会使齐国的国君更加骄纵，朝中的大臣更显尊贵，而您的功劳却不在其中。这样，您和国君的关系会越来越疏远。您的作为会造成国君骄纵，大臣们放纵，您想要因此成就大业就太困难了。国君骄纵就会无所顾忌，大臣骄纵就要争权夺利，这样，您上与国君产生隔阂，下和群臣们相互争夺。这样您在齐国的处境就危险了。所以说还不如去攻打吴国。攻打吴国即使不能取得胜利，百姓死在国外，会造成朝廷势力空虚，这样，您在上没有强臣相对抗，在下没有百姓的责难，孤立国君控制齐国的只有您了。”田常说：“这主意听起来不错。但是我的军队已经开赴鲁国了，如果现在从鲁国撤军转而进兵吴国，大臣们就会怀疑我，怎么办呢？”子贡说：“您先按兵不动，我去见吴王，让他出兵援助鲁国而攻打齐国，您就趁机出兵迎击它。”于是田常采纳了子贡的意见，派他南下去见吴王。

子贡游说吴王说：“我听说施行王道的人不会看到别国灭绝而不管，施行霸道的人不让强敌出现，在天平的两侧，尽管都是千钧之重的物体，但不论在哪一方加上极轻的重量就会使重心发生转移。如今拥有万辆兵车的齐国想独自兼并只有千辆兵车的鲁国，并借此来和吴国争高低，我私下替大王感到危险。况且援救鲁国，可以显扬名声；攻打齐国，可以获得大利。通过攻打齐国可以安抚泗水以北的各国诸侯，讨伐暴虐的齐国，镇服强大的晋国，好处太大了。这样名义上保存了即将灭亡的鲁国，实际上阻遏了强大的齐国。这些道理聪明的人都是应该懂的。”吴王说：“说得很好。可是我曾经和越国作战，把越王逼退到会稽山，越王卧薪尝胆，优待士兵，似有报复我的决心。等我攻下越国之后再按您的意思做。”子贡说：“越国的力量比鲁国弱，吴国没有齐国强大，大王把齐国搁置在一边而去攻打越国，而齐国早攻下鲁国了。况且大王您以‘使灭亡的国家后继不绝’的名义，畏惧强大的齐国而攻打弱小的越国，这不是勇敢的表现。勇敢的人不回避危难，行仁政的人不破坏盟约，聪明的人不会错失时机，施行王道的人不会使一个国家灭绝，以此来显示自己的仁义。现在，保存越国向诸侯显示您的仁德，援助鲁国攻打齐国，施加威力于晋国，诸侯国就会相继前来朝见，您称霸天下的大业就成功了。大王如果担心越国，请允许我东去会见越王，让他派军队追随您，这名义上是使诸侯国跟从您讨伐齐国，实际上是使越国内部空虚。”吴王听了非常高兴，于是派子贡前往越国。

越王清扫道路到郊外迎接子贡，并且亲自驾车到子贡下榻的馆舍致问：“大夫为何屈降高贵的身份光临到这个偏远落后的国家呢？”子贡回答说：“如今我正在劝说吴王援救鲁国攻打齐国，他心里想要这么做却害怕越王您报复他们，说‘等我攻下越国才可以’。这样的话，攻破越国是必然的了。况且没有报复人的心思却被人怀疑，那就太笨拙了；有报复人的心思而被人看穿，那就太危险了；事情还没有发动就走漏了风声，那就更危险了。这三种情况都是行事的祸患。”勾践听完这番话叩头连连再拜说：“我曾经不自量力和吴国交战，被围困在会稽，这份惨痛的事使我恨入骨髓，日夜思虑唇焦舌燥，我的夙愿就是和吴王拼个同归于尽。”于是向子贡请教该怎么办。子贡说：“吴王为人凶猛残暴，大臣们早已难以忍受；国家多次发动战争，士兵忍无可忍；百姓苦不堪言怨恨国君，群臣内讧；伍子胥因为进谏而被处死，太宰伯嚭专权，迎合国君的过失来保全自己的私利：这是危害国家政治的表现啊。大王如果能出兵辅佐吴王，投其所好，用重金宝物来获得他的欢心，用谦卑的言辞来表示对他的尊敬，他就一定会攻打齐国了。如果那场战争没有取胜，那是大王您的福气。如果打胜了，他一定会带兵去攻打晋国，那请让我北上会见晋国国君，让晋国和齐国一起攻打吴国，这样一定会削弱吴国的势力。等他们的精锐部队在齐国消耗，重兵又被晋国牵制住，而大王趁它疲惫的时候去攻打它，这样一定能灭掉吴国。”越王听了非常高兴，答应按子贡的想法去做，并送给子贡黄金百镒，宝剑一把，良矛二支。子贡没有接受便走了。

子贡回到吴国，向吴王汇报说：“我恭敬地把大王您的话告诉了越王，越王十分惶恐。他说：‘我这一生很是不幸，小时候就失去了父亲，又不自量力地触犯了吴国，不仅打了败仗，还自取其辱被逼退到会稽山上，国家变成荒凉的废墟，仰赖大王的恩赐，使我能够祭神祭祖，这样的大恩大德我没齿不忘，怎么会有其他的打算呢！’”五天之后，越国派大夫文种以头叩地对吴王说：“东海为您役使的臣子勾践谨派使者文种，冒死前来亲善您的属下近臣，问候您左右的侍从人员。我私下听说大王将要振兴大义，诛伐强暴，扶持弱小，困厄残暴的齐国而安抚周朝王室，请允许越国出动境内三千士兵，勾践请求亲自披坚挂甲、手执锐利的武器，为您冲锋陷阵。现在请允许臣子文种进献祖先珍藏的宝器，以铠甲二十件，屈卢矛、步光剑作为给贵军军吏的贺礼。”吴王听了非常高兴，把文种的话告诉子贡说：“越王想亲自跟随我攻打齐国，可以吗？”子贡回答说：“不可以。使人家国内空虚，调用人家所有的人马，还要人家的国君跟着出征，这种做法是不道义的。你可接受他进献的礼物，同意他派出军队，辞谢他的国君随行。”吴王同意了，就辞谢越王。于是调动吴国九个郡的兵力去攻打齐国。

子贡因而离开吴国前往晋国，对晋国国君说：“我听说，不事先谋划好计策，就不能应对突发的事件，军队事先不做好准备，就不能战胜敌人。现在齐国和吴国即将开战，如果吴国不能取胜，越国必定会趁机扰乱；如果吴国取得了胜利，吴王一定会带他的军队逼近晋国。”晋君听后非常恐慌，说：“那该怎么办呢？”子贡说：“准备好武器，休整士卒，等着吴军的到来。”晋君答应照他的话做。

子贡离开晋国前往鲁国。吴王果然和齐国在艾陵开战，大败齐军，并且俘虏了七个将军的兵马，而吴王仍不班师回国，带兵逼近晋国，和晋人在黄池相遇。吴晋两国争雄。晋国迎击吴国，大败吴军。越王听到吴军惨败的消息，就渡过钱塘江去袭击吴国，直打到离吴国都城七里处才安营扎寨。吴王知道后，立即离开晋国返回吴国，在五湖（今太湖）一带和越国军队作战。双方多次交锋，吴国也没有取得胜利，后来城门失守，越军包围了王宫，杀死了吴王夫差和他的相国。灭掉吴国三年后，越国在东方称霸。

所以，子贡这次出行，保全了鲁国，扰乱了齐国，灭亡了吴国，使晋国强大而使越国称霸。子贡的一次出使，就使各国的形势发生了变化，十年之中，齐、鲁、吴、晋、越五国各自发生了变化。

子贡好做买卖，根据行情贱买贵卖。他乐于宣扬别人的美德，但不能包涵别人的过失。他曾经在鲁、卫两国担任宰相，家产累达千金，最终死在齐国。

言偃是吴国人，字子游。他比孔子小四十五岁。

子游学成之后，出任武城县的行政长官。孔子路过武城，听到弹琴唱歌的声音。孔子微笑着说："杀鸡何必要用宰牛刀呢？"子游说："以前我曾听先生说过：'君子懂得礼乐，就会爱护他人；百姓懂得礼乐，就容易使唤。'"孔子对随行的学生们说："弟子们，言偃的话是对的。我刚才说的那句话是开玩笑的。"孔子认为子游深谙儒学之道。

卜商，字子夏。他比孔子小四十四岁。

子夏问孔子说："'笑得真好看啊，美丽的眼睛真明亮啊，用素粉来打扮啊。'这说的是什么意思呢？"孔子说："这句话是说凡绘画先布众色，然后以素分布其间以成其文。"子夏又问："那么，是不是说礼产生在仁义之后呢？"孔子说："卜商，我现在可以和你讨论《诗经》了。"

子贡问："颛孙师和卜商谁更贤能呢？"孔子说："师做事有些过头，商做事略显不足。"子贡说："那么颛孙师比卜商更贤能？"孔子说："过头和赶不上都是不完美的。"

孔子对子夏说："你要做个君子式的读书人，不要做个小人式的读书人。"

孔子逝世后，子夏住在河西郡教授学生，做过魏文侯的老师。子夏的儿子死了，他哭瞎了眼睛。

颛孙师是陈国人，字子张。他比孔子小四十八岁。

子张向孔子请教进入仕途、谋取官职的方法。孔子说："多听人家说，对疑而未解的东西一概不说，要有所保留，对有把握的事情谨慎地谈论，就能少犯错误；多看人家行事，对有危险的事情一概回避，对有把握的事要谨慎行动，就能减少懊悔。说话错误少，行动懊悔少，你要求取的官职就在里面了。”

有一天子张跟随孔子出行，被围困在陈国和蔡国之间，子张问孔子如何为人处世。孔子说：“说话忠实诚信，行为忠厚恭敬，即使在南蛮北狄等少数民族地区也行得通；说话不忠实诚信，行为不忠厚恭敬，即使是在本乡本土也行不通！站着的时候，‘忠信笃敬’几个字就像呈现在眼前；坐在车上的时候，‘忠信笃敬’几个字就像挂在车前的横木上，抬头就能看到。能做到这种境界，就处处通行无阻了。”子张于是把“忠信笃敬”这几个字写在腰间的带子上。

子张问：“士人怎样做才称得上通达呢？”孔子说：“你所说的通达指的是什么呢？”子张回答说：“在诸侯国中任职有声望，在卿大夫家中做家臣也有声望。”孔子说：“你说的这是声望，不是通达。所谓通达，应该是质朴正直而好义，揣摩别人的心意，常怀谦恭退让之志，这样的人在诸侯国和卿大夫的封地一定能够通达。那些讲求声望的人，表面上追求仁德而实际上却违背仁德，以假仁义自居而深信不疑，这样的人在诸侯国和卿大夫的封地也能名声远扬。”

曾参是南武城人，字子舆。他比孔子小四十六岁。

孔子认为曾参能通晓孝道，就收他做学生，传授他学业。曾参撰写了一部《孝经》。他死在鲁国。

澹台灭明是武城人，字子羽。他比孔子小三十九岁。

澹台灭明相貌很丑陋。他想侍奉孔子，但孔子认为他资质低下。他从孔子那里学成之后，回家致力于修身实践，行事光明正大，如果不是为了公事，从来不去会见公卿大夫。

澹台灭明南下出游到长江一带，追随他的学生有三百多人。他在获取、给予、离弃、趋就等方面都处理得完美无缺。他的声誉传遍了诸侯各国。孔子听说后，说：“我以言取人，错怪了宰予；以貌取人，错看了子羽。”

宓不齐，字子贱。他比孔子小三十岁。

孔子谈论宓子贱，说：“子贱是个君子啊！如果说鲁国没有君子，那么他是从哪儿学到这种德行的呢？”

子贱做了单父县的县宰，回来向孔子报告说：“这个地方有五个人比我贤能，他们教给我施政治民的方法。”孔子说：“可惜啊！不齐所治理的地方太小了，治理大些的地方对他来说更合适。”

原宪，字子思。

子思问孔子什么是耻辱。孔子说：“国家政治清明，就出去做官领取俸禄。国家政治黑暗，也去做官领取俸禄，这就是耻辱。”

子思问孔子：“如果一个人没有好胜、自夸、怨恨、贪婪这些缺点，可以称得上‘仁’吗？”孔子说：“如果能做到这些，可以说是难能可贵了，是否称得上‘仁’，我就不知道了。”

孔子逝世以后，原宪到低洼积水、野草丛生的地方隐居起来。子贡做了卫国的相国，坐着用四匹马拉着的车子，扒开野草丛生的里巷，来到偏远简陋的小屋看望原宪。原宪整了整破旧的衣服出来会见子贡。子贡见他这副模样替他感到羞耻，说：“难道你竟困窘到这个地步了吗？”原宪回答说：“我听说，没有钱财的叫作贫穷，学习了道理而不能施行的叫作困窘。我这样是贫穷，但不是困窘啊。”子贡听了这番话感到很惭愧，不悦而去，一辈子都为这次说错了话感到羞耻。

公冶长是齐国人，字子长。

孔子说：“可以把女儿嫁给公冶长，即使他被囚禁，也不是他的罪过。”孔子把自己的女儿嫁给了他。

南宫括，字子容。

南宫括问孔子说：“后羿擅长射箭，奡能陆地行舟，他们都没有得到善终；大禹和后稷亲自耕种，却得到了天下，这是为什么呢？”孔子没有回答。南子容出去后，孔子说：“这个人真是个君子啊！是个崇尚道德的人！”“如果国家政治清明，他会被任用；如果国家政治黑暗，他也不会遭受刑罚。”南宫括经常朗诵“白珪之玷”这样的诗句，孔子就把自己的侄女嫁给了他。

公皙哀，字季次。

孔子说：“天下的读书人不讲德行，大多数做了卿大夫们的家臣，在都邑里做官；只有季次不曾做官。”

曾蒧，字皙。

曾蒧陪着孔子，孔子说：“谈谈你的志向吧。”曾蒧说：“我向往的生活是在春暖花开的季节，和五六个成年人，再带上六七个小孩子，在沂水里洗洗澡，在祈雨台上吹吹风，然后一起唱着歌回来。”孔子听了，长长地叹息道：“我赞同曾蒧的志向啊！”

颜无繇，字路。颜路是颜回的父亲，他们父子俩曾先后在孔子门下求学。

颜回死后，颜路因家里贫穷发不了丧，于是请求孔子把车子卖掉以安葬颜回。孔子说：“不论有才华与否，对我们来说都是自己的儿子。孔鲤死后，只有内棺，没有外椁，我不能卖掉车子给他买椁，否则我以后只能徒步走路，我曾经位居大夫行列，是不可以步行的。”

商瞿是鲁国人，字子木。他比孔子小二十九岁。

孔子把《周易》传授给了商瞿，商瞿又把它传授给楚国的馯臂子弘，子弘又把它传授给江东的矫子庸疵，庸疵传授给燕国的周子家竖，周竖传授给淳于的光子乘羽，光羽传授给齐国的田子庄何，田何传授给东武的王子中同，中同传授给菑川的杨何。汉武元朔年间，杨何因为对《周易》有研究，做了汉朝的中大夫。

高柴，字子羔。他比孔子小三十岁。

子羔身高不足五尺，他在孔子门下学习，孔子认为他天资愚笨。

子路派子羔出任费邑的县宰。孔子说："这简直是坑害人家的孩子啊！"子路说："那里有人民可以治理，有土神和谷神可以祭祀，在治民和祭祀中可以提高，为什么一定要读了书才叫有学问呢？"孔子说："所以我讨厌那些只会花言巧语的人。"

漆雕开，字子开。

孔子叫子开去做官，子开回答说："我对做官没有信心。"孔子对他的回答感到很高兴。

公伯缭，字子周。

子周在季孙面前说子路的坏话，子服景伯把这件事告诉了孔子，说："季孙本来对子路就有疑心，对于公伯缭，我还是有能力让他陈尸于市的。"孔子说："一种主张能够施行，那是天意；一种主张被废弃，也是天意。公伯缭能把天意怎样呢？"

司马耕，字子牛。

子牛不仅话多而且性情急躁。他问孔子怎样才称得上有仁德，孔子说："有仁德的人说话非常谨慎。"子牛又问："说话非常谨慎就可以称得上仁德了吗？"孔子说："事情做起来往往很困难，说的时候难道不得谨慎吗！"

子牛问孔子怎样才算得上是君子，孔子说："君子既不忧愁也不畏惧。"子牛接着问："既不忧愁也不畏惧，就可以算是君子了吗？"孔子说："自我反省，内心无愧，就不会有忧愁和畏惧！"

樊须，字子迟。他比孔子小三十六岁。

樊须向孔子请教如何种庄稼，孔子说："我不如老农民。"他又请教如何种蔬菜，孔子说："我不如老菜农。"樊迟离开后，孔子说："樊须是个志向浅薄的小人啊！统治者提倡礼义，老百姓就不敢不尊敬他；统治者守信用，老百姓就不敢不说真情实话。如果能做到这些，四方的百姓就拖家带口前来投奔他，哪里用得着自己种庄稼呢！"

樊迟问孔子什么是仁德，孔子说："对人有爱心！"又问什么是智慧，孔子说："了解人。"

有若比孔子小四十三岁。有若说："以礼治国，贵在恰到好处。先王治理国家的方针中，最高明的地方就在这里。不论大事小事都按照这一条原则去做，也有行不通的；为了和而一味地追求和，不用礼去节制也是行不通的。"有若又说："信约符合道义，所说的话就经得起实践的检验。恭敬符合道义，就能远离耻辱；依靠亲近的人，也就可靠了。"

孔子逝世以后，他的弟子们都很怀念他。有若长得像孔子，大家便拥戴他当老师，像当年侍奉孔子那样对待他。有一天，学生进来问他说："从前先生外出的时候，就叫弟子们带好雨具，不久果然下雨了。弟子们请教说：'先生是怎么知道要下雨呢？'先生回答说：'《诗经》里不是说了吗？月亮依附于毕宿，便要下大雨。昨天夜里月亮正好位于毕宿区。'后来有一天，月亮位于毕宿区，却没有下雨。商瞿年纪大了还没有儿子，他的母亲要为他另娶妻室。孔子派他到齐国去，商瞿的母亲请求孔子不要派他。孔子说：'您不要担忧，商瞿四十岁之后会有五个儿子的。'后来果然如此。请问先生当年是怎么能够预知这些的呢？"有若沉默无以回答。弟子们站起来说："有先生，您还是让开吧，这个位子不是您能坐的！"

公西赤，字子华。他比孔子小四十二岁。

子华出使去了齐国，冉有替他的母亲向孔子请求粮食。孔子说："给她一釜。"冉有请求多给一些，孔子说："那就给她一庾。"结果冉有给了她五秉粮食。孔子说："公西赤到齐国去，坐的是肥马拉的车子，穿的是轻暖的裘皮大衣。我听说，君子救济紧急需要的穷人，而不是接济富人。"

巫马施，字子旗。他比孔子小三十岁。

陈司败问孔子说："鲁昭公懂礼吗？"孔子回答说："懂礼。"孔子离开后，陈司败向巫马旗拱手作揖道："我听说君子是不会党附于别人的，难道君子也会党附于别人？鲁昭公娶了吴国的公主做夫人，给她起名叫孟子。孟子本姓姬，因为避讳同姓相称，所以叫她孟子。如果说鲁国国君懂得礼仪，那么还有谁不懂得礼仪呢？"巫马施把这些话转述给孔子，孔子说："我真幸运，如果有了过失，人家一定会知道。做臣子的不能说国君的过错，替他避讳的人，就是懂礼啊。"

梁鳣，字叔鱼，他比孔子小二十九岁。

颜幸，字子柳，他比孔子小四十六岁。

冉儒，字子鲁，他比孔子小五十岁。

曹恤，字子循，他比孔子小五十岁。

伯虔，字子析，他比孔子小五十岁。

公孙龙，字子石，他比孔子小五十三岁。

从子石以上三十五人，他们的年龄、姓名和受业情况、事迹在文献里都有记载。其余的四十二人，年龄不可考，也没有文献记载，记在下面：

冉季，字子产。

公祖句兹，字子之。

秦祖，字子南。

漆雕哆，字子敛。

颜高，字子骄。

漆雕徒父。

壤驷赤，字子徒。

商泽。

石作蜀，字子明。

任不齐，字选。

公良孺，字子正。

后处，字子里。

秦冉，字开。

公夏首，字乘。

奚容箴，字子皙。

公肩定，字子中。

颜祖，字襄。

鄡单，字子家。

句井疆。

罕父黑，字子索。

秦商，字子丕。

申党，字周。

颜之仆，字叔。

荣旂，字子祈。

县成，字子祺。

左人郢，字行。

燕伋，字思。

郑国，字子徒。

秦非，字子之。

施之常，字子恒。

颜哙，字子声。

步叔乘，字子车。

原亢，字籍。

乐欬，字子声。

廉絜，字庸。

叔仲会，字子期。

颜何，字冉。

狄黑，字皙。

邦巽，字子敛。

孔忠。

公西舆如，字子上。

公西葴，字子上。

太史公说：学者们都说孔子门下有七十位弟子，赞扬他们的人，有的言过其实，诋毁他们的人，有的损害了他们的真实形象，总之是全都没有看到他们真实的本来面貌。孔门弟子的生平事迹，只有《论语》里的最接近真相。关于孔子门下弟子们的名字、姓氏、言行等情况，我全部取自《论语》的问答，并把他们摘录下来编排成篇，有疑问的地方就空缺着。

（龚双会 译）

《史记》卷六十八　商君列传第八

商君是卫国国君非正妻所生之子，名鞅，姓公孙，他的祖先和卫国国君一样，本来也姓姬。商鞅年轻时就喜好刑名法术之学，在魏国相国公叔座门下当侍从官中庶子。公叔座知道商鞅贤能，但还没来得及向魏王推荐，就得了病，魏惠王亲自去探望病情，说："现在您病倒了，万一有个三长两短，我将如何来治理国家啊？"公叔座说："我的中庶子公孙鞅虽然年轻，却很有才能，希望大王能把国家大事托付给他。"魏惠王听后没有说话。等到魏惠王准备走时，公叔座支开周围的随侍人员，说："大王如果不愿任用公孙鞅，就一定要杀了他，不要让他跑到别国去。"魏惠王答应了他的请求就走了。公叔座召来公孙鞅，道歉说："今天大王向我问起谁能够出任相国，我说你可以。从大王的神情看，他不会同意我的建议。我做事的原则是先忠于国君而后考虑臣子，因而我又对大王说假如不任用公孙鞅，就应当杀死他。大王答应了我。你赶快跑吧，不然马上就要被抓。"公孙鞅说："大王既然不听您的话任用我，又怎么会听您的话杀我呢？"最终没有离开魏国。魏惠王刚离开公叔座家，就对随侍人员说："公叔座病得真是严重，叫人伤心啊，他竟然想让我把国家大事托付给公孙鞅，这不是很荒谬吗！"

公叔座死后，公孙鞅听说秦孝公下令在全国招贤纳士，准备重整缪公时代的霸业，向东收复失地，于是公孙鞅就来到了秦国，通过秦孝公的宠臣景监求见秦孝公。秦孝公召见卫鞅，卫鞅花了很长时间来谈论国家大事，孝公边听边打瞌睡，一点也听不进去。事后孝公怒斥景监说："你引荐的是个狂妄之徒，这种人怎么可以任用？"景监又用孝公的话责备卫鞅。卫鞅说："我给他讲述是五帝的治国之道，他的心志没能领会。希望你五天之后请求秦孝公召见我。"卫鞅第二次见到秦孝公，情况比上次稍有好转，可还是不合秦孝公的心意。事后孝公又斥责了景监，景监也责备了卫鞅。卫鞅说："我给大王讲述三王治国的方略，他还是听不进去。请你再向他引荐我。"卫鞅又一次见到孝公，孝公对他很友善，但还是没任用他。交谈完了出来，孝公对景监说："你的客人不错，我与他还谈得来。"卫鞅说："我给大王讲述春秋五霸的治国方略，看来他准备采纳。如果大王再次召见我，我就知道该说些什么了。"于是卫鞅又见到了秦孝公，这次孝公与卫鞅相谈甚欢，总是情不自禁地在座席上移动膝盖以向前凑近。一连谈了好几天都不厌倦。景监说："您拿什么打动了我们大王？他高兴极了。"卫鞅回答说："我向大王讲述三皇五帝治国之道，希望大王把秦国建得能与夏、商、周那样的盛世相媲美，可是大王说：'那太久远了，我可等不了，况且作为一位贤明的君主，应该能在自己在位的时候就名扬天下，怎么可以让我漫长地等上几十年、几百年才成就帝王大业呢？'所以我只好把富国强兵的办法说给他听，他对此非常喜欢。然而这样，秦国也很难达到殷、周那样的水准了。"

秦孝公任用卫鞅后，想要变更法度，又害怕天下人议论自己。卫鞅说："行动犹豫不决就无法成功，做事犹豫不决就无法获得成效。况且一个操行出类拔萃的人，本来就容易遭到世俗非议；有独到见解的人，必定会受到一般人的诋毁。愚昧的人在别人获得成功之后他还迷惑不解，聪明的人没等事情发生就提前预见到了结果。不能让老百姓来谋划新事物的创始，而只能和他们共享成功的欢乐。讲究最高道德的人与世俗不合群，成就丰功伟业的人不与普通民众共谋。因此，圣人只要能够使国家富强，就不必效法过去的典章；只要能够利于百姓，就不必遵循旧时的礼教。"秦孝公说："讲得好。"甘龙说："不是这样的。圣人教化民众不会改变旧有的风俗习惯，聪明人治理国家时不会改变国家原有的法度。顺应民风民俗而施教化，不必大费周折就能获得成功；遵循原有的制度来治理国家，不仅官吏们习惯，百姓也能够安定。"卫鞅说："甘龙所说是世俗的说法。一般人安于旧有的习俗，读书人迷信书本教条。这两种人奉公守法还可以，但不能和他们讨论旧有的法度以外的事情。夏、商、周三代奉行的礼教不同而都能称王于天下，五霸执行的法制不一样而都称霸一方。聪明人制定法度，愚昧的人受制于法度；贤能的人变更礼教，无能的人只能接受礼教的约束。"杜挚说："没有百倍的利益，就不能改变成法；没有十倍的功效，就不能更换器物。

效法原有的制度，就不会出现过错，遵循旧有的礼教，就不会出现偏差。”卫鞅说：“治理天下不要总是遵循同一个指导思想，要使国家发展繁荣就不能墨守成规。所以商汤、周武王不沿袭古法而成就王业，夏桀和殷纣没有及时变更旧有礼教而灭亡。由此可见，变更旧法的人不能否定，而沿袭旧礼的人也不值得赞扬。”秦孝公说：“讲得好。”于是任命卫鞅为左庶长，最终敲定实行变法的条令。

新法规定把五家编为一“伍”，十家编为一“什”，互相监督检举，一家犯法，其他各家连带治罪。不告发奸恶之人的，处以腰斩，告发奸恶之人的与斩获敌人首级同赏，包庇窝藏奸恶之人的与投降敌人的处罚相同。一家有两个以上的成年男子而不分开过的，赋税加倍。立有军功的人，各依据规定加官晋爵；为私事打架斗殴的，根据情节轻重分别处以大小不同的刑罚。鼓励发展农业生产，对于那些让粮食丰收、布帛增产的，可以免除他们的劳役或赋税。因经商失败或因懒惰而贫穷的，一律收为官奴。王族里凡是没有军功可言的，不能列入家族名册。严格按照爵位尊卑划分等级，各按等级差别占有土地和房屋，家臣奴婢的衣服依据各家爵位等级来确定。只有立功的人才能显赫荣华，没有立功的人即使有钱也不能荣耀显达。

新法定制完成后，尚未公布，卫鞅担心老百姓不相信自己，就在国都市场的南门立起一根三丈长的杆，然后通告百姓，谁能把这根杆搬到北门去，就赏他给十金。百姓们觉得很奇怪，没有人敢去搬。于是公孙鞅又下令说：“能把杆搬到北门的赏赐五十金。”这时有一个人把杆搬到了北门，公孙鞅当即就赏给他五十金，以表明决不欺骗。然后颁布了新法。

在民间推行新法的第一年里，秦国数以千计的老百姓跑到国都反映新法不好。这时，秦国的太子触犯了新法。卫鞅说：“新法不能顺利推行，关键在于上头有人触犯它。”于是要依法处置太子。可太子是国君的继承人，又不能对他动用刑罚；于是就处罚了太子的太傅公子虔，以墨刑处罚了太子的太师公孙贾。第二天，秦国人就都遵循新法了。到新法实行后的第十年，秦国百姓都非常喜欢新法了，路上丢了东西没有人捡去占为己有，山林里也没有强盗了，家家户户过得都很富足。

百姓们勇于为国家作战，不敢为私利斗殴，乡村、城镇到处都是一片太平。那些当初说新法不好的百姓，有的又来说新法好了，卫鞅说“这些都是扰乱国家秩序的人”，于是把他们都发配到边疆去。从此，百姓中没有人敢随便议论新法了。

于是秦孝公任命卫鞅为大良造。派他率兵包围了魏国的安邑，使安邑投降了秦国。过了三年，秦国在咸阳建筑了富丽堂皇的宫殿城阙，把国都从雍县迁到咸阳。接着，又进行了一系列变法，规定禁止百姓父子兄弟同居一室。把小的乡镇村庄合并为县，各县设置县令、县丞，总共设置了三十一个县。废除井田制，重新划分土地界线，鼓励开垦荒地，平衡赋税。统一了度量衡。这些制度实行后第四年，公子虔又犯了法，被判处劓刑。过了五年，秦国人民富有，国家强盛，以至于周天子都派人送来祭肉给秦孝公，各国诸侯都来朝拜称贺。

第二年，齐军在马陵大败魏军，俘虏了魏国的太子申，杀死了魏将庞涓。又过了一年，卫鞅对秦孝公说：“秦国和魏国的对立，就像一个人患了心腹疾病一般，不是魏国吞并秦国，就是秦国吞并魏国。这是为什么呢？魏国地处险要的山岭以西，建都安邑，与秦国以黄河为界，控制着整个崤山以东的大局。形势有利，魏国就向西进犯秦国，形势不利，魏国就向东扩展领土。如今由于大王的圣明贤能，秦国得以繁荣昌盛。而魏国去年被齐国打得大败，诸侯们背弃了他，我们可以趁此良机攻打魏国。魏国抵挡不住我们，必然会向东撤退。魏国向东撤退，我们秦国就可以占据黄河和崤山的险要地势，那时候再发兵东进，控制各国诸侯，这可是一统天下的帝王伟业啊！”秦孝公觉得卫鞅说得对，就派卫鞅率兵攻打魏国。魏国派公子卬领兵迎击。两军接近，尚未交战，卫鞅派人送给魏将公子卬一封信，写道：“我在魏国时与你相处得很愉快，如今我们成了敌对国家的将领，不忍心相互攻打，我想和你当面相见，订立盟约，喝个痛快然后各自撤兵，使秦魏两国都得以安宁。”魏公子卬信以为真。会盟结束，正在喝酒的时候，卫鞅命令埋伏好的武士突然发动袭击俘虏了魏公子卬，趁机向他的军队发动进攻，彻底击溃了魏军，回到秦国。魏惠王的军队接连被齐国、秦国打败，国内空虚，国势日渐削弱，心里恐慌，就派使者向秦国求和，割让黄河以西的土地给秦国作为条件。于是魏国离开安邑，把国都迁至大梁。魏惠王说："我真后悔当初没有听公叔座的话啊。"卫鞅破魏回来以后，秦孝公把於、商一带的十五邑封给了他，封号为商君。

商君在秦国为相十年，秦国的皇亲国戚中有很多人怨恨他。赵良去见商君。商君说："我曾经通过孟兰皋的介绍见过你，现在我想要和你结交，可以吗？"赵良回答说："我不敢有此奢望。孔子有句话说：'一个人如果能推荐贤能，爱民忧国的人就会前来投奔他；如果任用和拉拢坏人，讲求王道的人就会自然离去。'我没有什么出息，所以不敢从命。我听到过这样的说法：'不该占有的职位而占有它叫作贪位，不该享有的名声而享有它叫作贪名。'如果我接受了您的好意，那恐怕我就是既贪位又贪名了。所以不敢从命。"商鞅说："你不满意我对秦国的治理吗？"赵良说:"能够听取不同意见叫作聪,能够自我反省叫作明,能够自我克制叫作强。虞舜曾说过：'谦虚的人值得尊重。'您不如遵循虞舜的主张去做，没有必要再问我了。"商鞅说："秦国过去的习俗和戎狄一样，父子不分开，都在一间屋子里住。如今我改变了他们的习俗，使他们男女有别；大造宫廷城阙，把秦国营建得像鲁国、魏国一样。你看我治理秦国，与五羖大夫百里奚相比，谁更有才干？"赵良说："一千张羊皮不如一只狐狸的腋毛贵重；一千个人随声附和不如一个人仗义执言。武王因为有直言之士而国家昌盛，纣王因为无人敢对他说真话而国家灭亡。您如果不反对武王的做法，那么，请允许我整天直言而没有被诛杀的危险，可以吗？"商君说："俗话说，虚浮不实的话好比花朵，深切中肯的话如同果实，苦口相劝、听来逆耳的话是良药，献媚奉承的话是恶疾。您如果愿意整日仗义敢于执言，那就是我的良药了。我将拜您为师，您还推辞什么呢！"赵良说："五羖大夫百里奚原是楚国的一个村野之人。他听说秦穆公贤明，就想去当面拜见，可是没有路费，于是就把自己卖给秦国人，穿着粗布短衣替人家喂牛。整整过了一年，秦穆公知道了这件事，把他从一个喂牛人提拔起来，凌驾于万人之上，秦国没有人敢说闲话。在他出任秦国宰相六七年的时间里，向东讨伐郑国，三次拥立晋国的国君，又曾一度挽救了楚国的灾难。在秦国境内施行德政，而使得西南的巴国前来纳贡；对各国诸侯广施仁德，而使得四方少数民族前来归服。由余听到这种情形，也来到秦国求见他。五羖大夫身为秦国宰相，再劳累也不在车上坐着，酷暑炎热也不打伞，立车行于国都城中，没有车马随行，也不用警卫人员跟着，他的赫赫功业载于史册，藏于府库，他的德行传颂于后世。五羖大夫去世时，秦国不论男女都痛哭流涕，连小孩子也不唱歌谣，正在舂米的人也因悲哀而不喊号子了。这就是五羖大夫的德行啊。如今您得以见秦王，是通过了秦王宠臣景监的推荐，这就说不上什么名声了。您做了秦国的宰相不为百姓造福而大规模地营建宫阙，这就说不上为国家建立功业了。您对太子的师、傅施以刑罚，用严刑酷法残害百姓，这是积累怨恨、埋下祸患啊。以身作则引导百姓比命令百姓更能深入人心，百姓模仿上头的行为比听从命令更为迅速。如今您却违情背理地建立权威变更法度，这不是对百姓施行教化的正确做法。您又在商於封地南面称君，天天用法令来管制秦国的贵族子弟。《诗经》上说：'相鼠都是肢体俱全的，做人怎么能不讲究礼仪呢，人既然不讲礼仪，为什么不快点去死呢。'照《诗经》里的这句话看来，这些实在不是让您长寿的做法。公子虔闭门不出已经八年了，您又杀死祝懽而用墨刑惩处公孙贾。《诗经》上说：'得人心的兴盛，失人心的灭亡。'您所做的这几件事，都是不得人心的。您一出门，后边跟着数以十计的车辆，跟随的车上满载兵器铠甲，您选取身强力壮、勇猛的人做贴身警卫，持矛操戟的卫兵们夹护着您的车子奔走。这些保护措施缺少一样，您必定不敢出门。《尚书》上说：'依靠仁德的就能昌盛，依靠武力的只有灭亡。'您现在的处境如同即将消亡的晨露一样危险，您还打算要延年益寿吗？您为什么不把商於十五邑封地交还秦国，找个僻静的地方浇园自耕，劝秦王重用那些隐居山林的贤士，赡养老人，抚恤孤儿，使父兄相互敬重，对有功之人加以褒奖，对有德之人予以尊崇，这样才可以稍保平安。如果您还要贪恋商於一带的富有，以独揽秦国的政教为荣耀，进一步增加百姓的怨恨，那么秦王一旦抛弃了他的客卿而去世，秦国要逮捕您的人，还会少吗？您丧身的日子一跷脚的工夫即可到来。”商君没有听从赵良的劝告。

五个月以后，秦孝公去世，太子即位。公子虔党徒诬告商君意欲谋反，派兵捉拿商君。商君逃跑到边境函谷关口，想住宿旅店。店主不知道他就是商君，说："商君的法令规定，留宿没有证件的客人，店主要连带判罪。"商君长长地叹了一口气说："唉！制定新法的危害竟然到了如此地步！"只好离开秦国潜逃到魏国。魏国人怨恨他欺骗公子卬而打败魏国军队，不肯收留他。商君打算去别的国家。魏国人说："商君是秦国的罪犯，秦国强大，罪犯逃到魏国来，魏国不把他送还秦国是不行的。"于是把商君送回秦国。商君再回到秦国后，就潜逃到他的封地商邑，和他的部属发动邑中的士兵，向北攻打郑邑。秦国发兵攻打商君，把他杀死在郑国的渑池。秦惠王把商君车裂巡行示众，说："不要像商鞅这样反叛国家！"接着诛灭了商君全族。

太史公说：商君是一个天性残忍寡恩的人。他当初用帝王之道游说秦孝公，凭借的不过是空话浮说，并非他自身的资质。再说他凭借秦孝公宠臣的引见，等到被任用，就刑罚公子虔，欺骗魏将公子卬，不听从赵良的劝告，这些事实都足以表明商君残忍寡恩。我曾经读过商君《开塞》《耕战》等文章，文章的思想风格和他本身的作为相类似。最终在秦国落得个谋反的恶名，这是有原因的啊！

（邓小捧　译）

《史记》卷六十九　苏秦列传第九

苏秦是东周洛阳人。他曾东去齐国拜师求学，在鬼谷子先生门下学习。

苏秦在外游历了好几年，穷困潦倒地回到家里来。兄嫂、弟妹、妻妾都暗地里笑话他，说："周国人的风俗，向来就是做买卖，致力于工商，追求那十分之二的利润为本务。如今你放弃本务而去干耍嘴皮子的事，弄得穷困潦倒，不是活该吗！"苏秦听了这些话后感到很惭愧，暗自伤感，就闭门不出，把自己的藏书翻出来全部重新阅读了一遍。说："一个读书人既然已经埋头苦读，从师受教，可又不能凭借它获取荣华富贵，即使读再多的书，又有什么用呢！"于是找来一本周书《阴符》，伏案钻研它。一年后，他终于悟出了揣摩君主心思的门道，激动地说："凭借这些就可以去游说当代的国君了。"他先去游说周显王。可是周显王的近臣平素熟悉苏秦的为人，都瞧不起他。因而周显王也不信他那一套。

于是苏秦向西到了秦国。这时秦孝公已去世。他游说惠王说："秦是个四面都有关河险塞的国家，以大山为外衣，以渭水为腰带，东有函谷关和黄河，西有汉中，南有巴蜀，北有代地和马邑，这真是个天然府库啊。凭借秦国众多的国民和有素的军事训练，足以吞并天下，建立帝业而统治四方。"秦惠王说："羽毛还没长丰满，鸟儿是不可能高飞的；国家的法令还没有修明，现在还不可能兼并天下。"当时秦国刚刚诛杀了商鞅，很厌恶游说的人，所以没有任用苏秦。

于是，苏秦向东到了赵国。赵肃侯正任用他的弟弟赵成为相，封号奉阳君。奉阳君对苏秦没有好感。

苏秦又去燕国游说，等了一年多才见到燕文侯。他对燕文侯说："燕国东边有朝鲜、辽东，北边有林胡、楼烦，西有云中、九原，南有滹沱河、易水，国土纵横两千多里，兵甲几十万，战车六百辆，战马六千匹，储存的粮食足够用好几年。南有碣石、雁门这样的丰饶之地，北面盛产红枣和板栗等作物，百姓即使不耕作，光是依靠这红枣、板粟的收获也相当富足了。这就是所谓的天然府库啊！

"安居乐业，没有战事，看不到全军覆没、将领被杀等事件发生，这是没有哪个国家能比得上燕国的。大王知道这其中的原因吗？燕国之所以不被敌人侵犯，不受战争摧残，是因为有赵国充当燕国南面的屏障。秦国和赵国打了五仗，秦国胜了两次而赵国胜了三次。秦、赵两国相互厮杀，彼此削弱，而大王可以凭借完好无损的燕国，在后边牵制他们，这就是燕国不受敌国侵犯的原因。况且秦国攻打燕国，要越过云中、九原，经过代郡和上谷，穿行几千里，即使攻下了燕城，秦国也知道终究没法守住它。秦国不能侵害燕国，这是很明显的事情。如果赵国要攻打燕国，发出号令，要不了十天就可以有几十万大军挺进东桓驻扎了。他们再渡过滹沱河，涉过易水，不到四五天，便直抵燕国的都城了。所以说，秦国攻打燕国，是去千里之外作战；赵国攻打燕国，是在百里之内作战。不忧虑近在百里之内的祸患而重视千里之外的敌人，再没有比这更错误的策略了。因此希望大王能与赵国建立合纵联盟，等到天下联成一体，那么燕国就必然没有祸患了。"

燕文侯说："您的话固然是对的，但是我们燕国弱小，西边接近强大的赵国，南边紧邻齐国，齐、赵都是强国。您如果能够用合纵的办法使燕国相安无事，我愿意举国相随。"

于是燕文侯赞助苏秦车马财礼，让他去赵国游说。这时，奉阳君已经去世了，于是苏秦趁机对赵肃侯说："普天之下的卿相臣子及尚未做官的读书人，都仰慕您这位躬行仁义的贤君，早都希望能在您面前聆听教导，向您表示忠心了。尽管如此，奉阳君嫉贤妒能而您又不能亲理政事，所以宾客和游说之士没有谁敢在您面前畅所欲言。如今奉阳君去世了，您又可以和士民百姓亲近了，我这才敢向您陈述愚见。

"我私下为您考虑，没有比人民安定国家太平，且不让人民卷入战争中去更重要的了。安定人民的根本，在于选择同盟国，同盟国选择得当，人民就安定；同盟国选择不当，人民就终身不得安定。请允许我说说赵国的外患：如果赵国与齐、秦两国为敌，那么人民无法安定，如果倚仗秦国攻打齐国，人民也无法安定，如果倚仗齐国攻打秦国，人民还是无法安定。所以图谋别国的君主，攻打别的国家，常常难以公开声明断绝与别国的外交关系，希望您也不要轻易去说这些话。请允许我为您分析这种犹如黑白、阴阳一般，却极其分明的利害得失吧。您如果能采用我的建议，燕国必定会献上他那盛产毡裘狗马的土地，齐国必定会献上盛产鱼盐的海域，楚国必定会献上盛产橘柚的园林，韩、魏、中山等国也都会相应地献上供您汤沐的费用，而您尊贵的亲戚、父兄们都能得以封侯。割取别人的土地从而获得利益，这是春秋五霸不惜用全军覆没、将领被俘的代价去追求的；使自己的贵戚得以封侯，这是商汤与周武王不惜采用流放与弑君的手段去实现的。如今您不费吹灰之力，坐享其成地获得这两种好处，这就是我所为您祈愿的。

“现在如果大王与秦国联合，那么秦国必定会去削弱韩国和魏国；如果您与齐国联合，那么齐国必定会去削弱楚国和魏国。魏国被削弱就会割让河外，韩国被削弱就会献出宜阳。宜阳一旦被献给秦国，上郡就会陷入绝境，河外被割让就会使通往上郡的道路受阻，楚国被削弱了，赵国就将孤立无援。这三种策略您不能不详加考虑啊。

“秦国如果攻下轵道，那韩国的南阳就危在旦夕；秦国如果挟持韩国，包围周都洛阳，那么赵国就得发兵自卫；如果秦国占据了卫地，夺取了卷城，那么齐国必定会向秦国俯首称臣。秦国的欲望在山东地区得到满足后，就必定会发兵直指赵国。如果秦军渡过黄河，越过漳水，占据番吾，那么，秦、赵两国的军队必然要在邯郸城下刀兵相见了。这是我所替您忧虑的啊。

“当前，山东地区所建立的国家没有比赵国更强的了。赵国领土纵横两千多里，军队几十万人，战车千辆，战马万匹，粮食足够用好几年。西有常山，南有漳水，东有清河，北有燕国。燕是一个弱小的国家，用不着害怕。普天之下众多诸侯国中，秦国最害怕的就是赵国。但是秦国却不敢举兵攻打赵国，这是为什么呢？秦国是害怕韩国和魏国从背后打它的主意。因此，韩国和魏国可算是赵国南边的屏障了。秦国如果攻打韩国和魏国，就没有什么高山大河阻挡，可以逐渐蚕食他们的土地，直到逼近两国的国都为止。韩国和魏国抵挡不了秦国，必然会向秦国臣服。秦国解除了韩、魏两国的制约，祸患必然会降临赵国了。这也是我所替您忧虑的啊。

“我听说当初尧连三百亩地的封赏都没有，虞舜也未曾得到过咫尺封地，而他们却都拥有了整个天下；禹夏聚集的部众不足百人，却能在诸侯中称王；商汤、周武王的卿士不足三千，战车不足三百辆，士兵不足三万，却能立为天子，这是由于他们真正掌握了夺取天下的方法。因此，贤明的君主对外能预料他的敌人的强弱，对内能衡量自己士兵素质的优劣，不用等到两军交锋，胜败存亡的关键所在早就了然于胸了。怎么会被众人七嘴八舌的言论所蒙蔽而糊里糊涂地决断国家大事呢！

“我曾私下考察天下的地图，各诸侯国的土地合起来是秦国的五倍，估计各诸侯国的士兵合计是秦国的十倍，如果六国联为一体，合力向西攻打秦国，秦国一定会被打败。可是现在各国反而向西侍奉秦国，向秦国称臣。打败别人和被别人打败，使别国臣服和自己向别国称臣，难道是可以同日而语的么！

“那些主张连横政策的人，都想割让各诸侯国的土地给秦国。秦国的霸业成功，他们就高筑楼台亭榭，把宫室修建得很华美，欣赏着竽瑟演奏的音乐，前有楼阁宫阙、车马坐骑；后有窈窕姣美的女子，诸侯各国遭受秦国的祸害，他们也不去担忧。所以那些主张连横的人日夜不停地用秦国的威势来恫吓诸侯各国，以求达到割让土地的目的，所以我希望大王一定要深思熟虑。

“我听说贤明的君主善于决断疑难，去除谗言，摒弃流言蜚语散播的途径，堵塞结党营私的门路，所以我才得以在您面前表达我的效忠之心，为您献上使国君尊崇、土地扩张、兵力强盛的计策。我私下为大王考虑，最好是能使韩、魏、齐、楚、燕、赵等国合纵结盟，共同对抗秦国。让诸侯各国的将相聚集在洹水之上，互派人质，作为守信的保证，宰杀白马歃血为盟，彼此约定：‘如果秦国攻打楚国，那么齐国、魏国就分别派出精锐部队来帮助楚国，韩国切断秦国的运粮要道，赵军渡过漳河支援，燕军把守常山以北一带。如果秦国攻打韩国、魏国，那么楚国就切断秦国的后援，齐国派出精锐部队去帮助韩国和魏国。赵军渡过漳河支援，燕国把守云中一带。如果秦国攻打齐国，那么楚国同样切断秦国的后援，韩国守住城皋，魏国堵住秦军要道，赵军渡过漳河挺进博关进行支援，燕国派出精锐部队协同作战。如果秦国攻打燕国，那么，赵国守住常山，楚国驻军武关，齐军渡过渤海，韩国、魏国都派出精锐部队协同作战。如果秦国攻打赵国，那么韩国驻军宜阳，楚国驻军武关，魏国驻军河外，齐国的部队渡过清河，燕国派出精锐部队协同作战。假如诸侯中有不遵守盟约的，其余五国的军队就一起讨伐他。’六国如果真的能够合纵相亲，共同抵抗秦国，那么秦军一定不敢走出函谷关来危害山东地区的国家了。这样，您的霸主伟业也就成功了。”

赵王说：“我年纪轻，主持国事的时间又短，未曾听说使国家长治久安的谋略。如今您有意为天下谋生存，使各诸侯国得以安定，我愿诚恳地倾国相从。”于是装饰了一百辆车子，带上一千镒黄金，一百双白璧，一千匹绸缎，用来游说各国诸侯参与结盟。

这时，周天子把祭祀文王、武王的祭肉赐给秦惠王。秦惠王派犀首攻打魏国，俘获了魏将龙贾，夺取了魏国的雕阴，并打算继续向东进军。苏秦担心秦军打到赵国来，于是用计激怒张仪，迫使他投奔秦国。

于是苏秦游说韩宣王说：“韩国北面有坚固的巩邑、成皋，西面有宜阳、商阪这样的要塞，东面有宛、穰二县及洧水，南面有陉山，土地纵横九百多里，披坚执锐的士兵几十万，天下的强弓劲弩全部出自韩国。像谿子弩，以及少府制造的时力、距黍两种劲弩，射程都在六百步以外。韩国的士兵脚踏连弩进行射击，能持续发出一百箭而不间断，对远处的敌人，可以洞穿他们的胸膛，对近处的敌人，可以射穿他们的心脏。韩国士兵使用的剑戟都出自冥山、棠溪、墨阳、合赙、邓师、宛冯、龙渊、太阿等地，这些锋利的武器在陆地可以斩断牛马，在水里可以劈断天鹅大雁，面对敌人时，能刺穿坚固的铠甲、铁衣。从坚固的铠甲、盾牌、臂套到系在盾牌上的丝带，装备精良，无不具备。以韩国士兵的勇敢，再让他们披上坚固的铠甲，踏着劲弩，佩上锋利的宝剑，即便是以一当百，也不在话下。以韩国兵力的强劲和大王的贤明，却向西侍奉秦国，拱手臣服，使国家蒙受耻辱而为天下人所耻笑，没有比这更丢人的了。因此希望大王能深思熟虑啊。

“如果大王您屈从秦国，秦国必定会向您索要宜阳和成皋。今年您把土地献给他，明年他又会向您索要土地。给他吧，又没有那么多的土地可给，不给吧，就会前功尽弃而遭受后患。况且大王的土地是有限的，而秦国贪婪地索取却没有止境，拿有限的土地，去应对没有止境的索取，这就是所谓的拿钱买怨恨，结下祸患，仗还没打，而土地已经被割让出去了。我听说过这样一句俗话：'宁做鸡头，不为牛尾。'现在，如果您向西拱手臣服于秦国，和做牛尾又有什么区别呢？以大王的贤明，坐拥韩国强大的兵力，却落得一个做牛尾的丑名，我暗自为大王感到羞耻啊。"

这时韩王一下子脸色大变，捋起袖子，怒目圆睁，手按宝剑，仰天长叹，说："我尽管没有出息，也绝不会屈服于秦国。现在承蒙您转告了赵王的指教，我愿意恭敬地举国相随。"

苏秦又游说魏襄王说："大王的国土，南有鸿沟、陈地、汝南、许地、郾地、昆阳、召陵、舞阳、新都、新郪，东有淮水、颍水、煮枣、无胥，西有长城为界，北有河外、卷、衍、酸枣，国土纵横千里。国家声望虽小，但田间密布屋舍，几乎连放牧牲畜的地方都没有了。人口稠密，车马众多，日夜穿行，络绎不绝，轰轰隆隆，犹如三军人马那般声势。我个人认为大王的国家和楚国不相上下。然而那些主张连横的人威胁您结交如虎狼一样凶恶的秦国去侵扰天下，一旦魏国遭受秦国的攻击，就没有人来顾及您的灾祸了。倚仗着强大秦国的声势，在内部劫持胁迫自己的君主，没有比这更严重的罪过了。魏，是天下的强国；大王您，是天下的贤君。如今您竟然有意西向侍奉秦国，自称是秦国东方的属国，给秦王建筑巡游时暂住的宫殿，接受秦国的礼仪教化，春秋两季向秦国祭祀纳贡，我暗自为大王感到羞耻。

"我听说越王勾践带着三千疲惫的士兵与吴国作战，在干遂生擒了吴王夫差；周武王只有区区三千部卒，战车三百辆，却在牧野制服了商纣王：难道他们是靠着兵多将广而取胜的吗？实在是因为他们能够充分发挥兵威啊。现在，我私下听说大王的兵力，勇士二十万，用青布裹头以异于众的士兵二十万，冲锋陷阵的精锐部队二十万，杂役十万，战车六百辆，战马五千匹。这已经远远超过越王勾践和周武王的兵力了，可是，如今您却听信群臣的话，打算称臣侍奉秦国。如果您要侍奉秦国，必然要割让土地来表示您的忠诚，因而，还没用兵，国家却已经蒙受了损失。但凡群臣中主张侍奉秦国的，都是奸臣，而非忠臣。他们身为人臣，割让自己国君的土地而向秦国献媚，贪图眼前的利益而不顾后果，损害国家而养肥自己，对外凭借着强秦的威势，在国内胁迫自己的君主，以求割让土地给秦国，希望大王明察。

“《周书》上说：‘铲除草木，要在它滋长出微弱的嫩枝时动手，等到枝叶蔓延，就奈何不了它了。细微弱小时不及时掐掉它，等到长粗壮了，就得用斧头砍了。’主意不早拿，事后必有大患，到时又能对它怎么样呢？大王如果真能听从我的建议，六国合纵相亲，专心合力，统一意志，就一定不会有强秦侵扰的祸患了。因此，我们赵王派我前来献上这些策略，奉上明确的盟约，就等大王的指示和号召了。”

魏王说：“我没有出息，以前没有机会听取如此高明的指教，如今您奉赵王的指示来指教我，我愿意恭敬地率领全国民众追随。”

接着，苏秦又东去游说齐宣王，对他说：“齐国南有泰山，东有琅邪山，西有清河，北有渤海，这可以说是四方都有险塞的国家了。齐国的领土纵横两千余里，兵甲几十万，粮食堆积如山。三军的精锐和驻守五大都城的兵士，进攻时如同刀锋箭矢一般凶猛迅速，战斗时如同雷霆震怒一样有气势，撤退时如同风雨一样迅捷。虽有战事发生，但敌兵从未越过泰山，渡过清河，涉过渤海。临淄城内有七万户人家，我私下估计，每户不少于三个男子，三七二十一万，不必等待征集远处县邑的兵源，光是临淄的士兵就已有二十一万了。临淄富有而殷实，这里的居民没有不吹竽鼓瑟、弹琴击筑、斗鸡赛狗、下棋踢球的。临淄的街道上，车子多得车轴互相碰击，人与人摩肩接踵，把衣襟连起来可以形成帷帐，举起衣袖可以成为幕布，大家挥洒的汗水如同下雨一般，家家殷实，人人富足，志气昂扬。以大王的贤明和齐国的强盛，天下没有哪个国家可以比得上。如今您却要西向去侍奉秦国，我暗自为大王感到羞耻。

“况且韩国、魏国之所以非常畏惧秦国，是因为他们与秦国边界接壤。发兵与秦国交战，要不了十天，胜败存亡的趋势就决定了。即使韩国、魏国战胜秦国，自己的兵力也要损失一半，四方国境也无法守住；如果战事失利，那么国家的危亡就会随之而来。这就是韩国、魏国把和秦国开战看得如此慎重，而倾向于臣服秦国的原因。至于秦国攻打齐国，情况就不一样了，秦国背后就是韩国和魏国，要经过卫国阳晋的通道，穿过齐国亢父的险塞，在那里，车辆无法并驶，战马不能并行，一百人守在险要的地方，纵使有一千人也不敢通过，秦军即使想要深入齐国的腹地，却总有后顾之忧，生怕韩国和魏国在后面打它的主意。所以它疑虑重重，虚张声势，摆出一副骄横矜夸的姿态却不敢冒险进攻，因此秦国不能侵害齐国是很明显的事情。

“不能深刻地认识到秦国对齐国无可奈何的事实，却想要向西而侍奉秦国，这是臣僚们策略上的失误。如今，齐国还没有向秦国臣服的丑名而有强大的国家实力，因此我希望大王稍加留心，做出决策。”

齐王说：“我不聪敏，处在这偏僻遥远、毗邻大海、路穷道尽的东疆之国，过去没有机会听取您的教诲。如今您奉赵王的指示来指教我，我愿意恭敬地率领全国民众追随。”

于是，苏秦又前往西南去游说楚威王，对他说：“楚国是天下的强国；大王您是天下的贤君。楚国西有黔中、巫郡，东有夏州、海阳，南有洞庭、苍梧，北有径塞、郇阳，国土纵横五千多里，兵甲百万，战车千辆，战马万匹，储存的粮食足够支用十年。这是建立霸业的先决条件啊。以楚国的强盛和大王的贤明，天下没有哪个国家能比得上。如今您却打算向西侍奉秦国，如此一来，诸侯各国就都不得不向西拜倒在秦国的章台之下了。

“秦国最大的忧患莫过于楚国，楚强秦就弱，秦强楚就弱，秦国和楚国势不两立。所以，我向大王献策，不如合纵相亲，来孤立秦国。如果大王不合纵相亲，秦国必然会出动两支军队，一支从武关出击，一支直下黔中，那么楚国的政治中心鄢郢就岌岌可危了。

“我听说国家要在发生动乱之前治理它，要在祸患还未到来之前就及早采取行动。等到祸患临头了才去寻求对策，那就来不及了。所以希望大王及早予以仔细地考虑。大王如果真的愿意听从我的建议，我可以使山东各国向您进献一年四季的贡品，接受您英明的指教，把社稷托付给您，奉上宗庙以求您的庇护，训练士兵，磨砺兵器，听从您的指挥。大王如果真的愿意采纳我的计策，那么，韩、魏、齐、燕、赵、卫等国动听的音乐和姣美的女子，一定会充满您的后宫。燕、代等地的骆驼、良马一定会填满您的畜圈。所以说，合纵成功则楚国就号令天下，连横成功则秦国成就帝业。如今您放弃霸王之业，而蒙受侍奉他人的丑名，我私自为大王感到惋惜。

“那秦国，是虎狼般凶恶的国家，早有吞并天下的野心。秦国是天下诸侯的仇敌。主张连横的人都想分割各诸侯的土地奉献给秦国，这就是所谓的供养仇敌。作为臣子，却要割让自己国君的土地，对外勾结如狼似虎的秦国，侵扰天下，到头来自己的国家深受秦国的祸患，他们却不顾及这些灾祸。他们在外部倚仗着强大秦国的威势而在内部劫持胁迫自己的君主，索求割地，没有比这更大逆不道的了。所以，合纵相亲，各诸侯就会割让土地侍奉楚国，连横成功，楚国就要割让土地侍奉秦国，这两种策略的结果相差太远了，这二者，大王要站在哪一边呢？所以，敝国的赵王派我来献上这些策略，奉上明确的盟约，就等大王下令诏谕大家了。”

楚王说：“我的国家西边和秦国接壤，秦国有夺取巴蜀吞并汉中的野心。秦国，是虎狼般凶恶的国家，不能和它亲近。韩国、魏国深受秦国威胁逼迫，不能和他们共结抗秦之盟，假使和他们共结抗秦之盟，恐怕有反叛之人把消息泄露给秦国，以致计划还没实行，而国家已经处在危难之中了。我私下估计，单凭楚国的力量去抵抗秦国，不一定能取得胜利；在朝内和群臣谋划，又不可靠。我躺在床上睡不安稳，吃东西也觉得没有味道，心神不定，犹如悬挂在半空的旌旗，始终没有个着落。如今您想要使天下归一，团结诸侯，保全处于危境中的国家，我愿意恭恭敬敬地举国相随。”

于是，六国合纵达成，同心协力。苏秦担任合纵联盟的盟长，兼任六国的相国。

苏秦北上向赵王复命，途经洛阳，随行的车辆马匹满载物资，各诸侯国派来送行的使者极多，气派与帝王差不多。周显王听到这个消息非常害怕，赶忙派人为他开道，并派人到郊外迎接慰劳。苏秦的兄弟妻嫂斜着眼不敢抬头正视，俯伏在地上，恭敬地侍候他用饭。苏秦笑着对他的嫂子说：“你为何以前对我那么傲慢，现在却如此恭敬呢？”

他的嫂子伏俯在地上，匍匐前进，脸贴着地请罪说：“那是因为我看到小叔您现在地位显贵，钱财多啊。”苏秦感慨地叹息道：“同样是我这个人，富贵了，亲戚就敬畏我，贫贱时，就轻视我，何况是别的人呢！假使我当初在洛阳近郊有二顷良田，我难道还能佩带上这六国相印吗？”于是他拿出千金赏赐给宗族之人和朋友。当初，苏秦到燕国去，曾向人借了一百个铜钱做盘缠，现在富贵了，就拿出一百金给他作为回报。苏秦报答了以前所有对他有恩的人。他的随从人员中，只有一个人没得到报偿，于是他找到苏秦为自己申说。苏秦说：“我并没有忘记您，当初您跟我去燕国，在易水边上，您多次想要离开我，那时，我困窘不堪，对您很是怨恨，所以把您放在最后，您现在也可以得到赏赐了。”

苏秦约定六国合纵相亲之后，回到赵国，赵肃侯封他为武安君，于是，苏秦把合纵盟约送到秦国。从那以后，长达十五年的时间里，秦国都不敢对函谷关以外的国家有所图谋。

后来秦国派犀首欺骗齐、魏两国，和他们一起攻打赵国，想破坏合纵盟约。齐国和魏国攻打赵国，赵王因此责备苏秦。苏秦害怕，请求出使燕国，说一定要报复齐国。苏秦离开赵国后，合纵盟约也随之瓦解。

秦惠王把自己的女儿嫁给燕太子为妻。这一年，燕文侯去世，太子即位，这就是燕易王。易王刚继位，齐宣王趁燕国发丧之机进攻燕国，夺取了十座城池。燕易王对苏秦说：“先前您来到燕国，先王资助您去见赵王，于是约定六国合纵。现在齐国先攻打赵国，接着又轮到我们燕国，由于您的缘故，我们被天下人耻笑，您能替燕国讨回被侵占的土地吗？”苏秦十分惭愧，说：“请让我替大王取回失地。”

苏秦见到齐王，行了两次礼，俯身向齐王表示庆贺，随后又仰头向齐王表示哀悼。齐王说：“是什么原因让您的庆贺和哀悼相继而来得如此之快呢？”苏秦说：“我听说饥饿的人即使再饿也不会吃乌头这种有毒的植物，因为这种东西虽然能够暂时填饱肚子，却会很快让人丧命，和饿死没有什么区别。现在燕国虽然弱小，但燕王却是秦王的小女婿。大王贪图燕国十城之利而不惜长久地和强大的秦国结仇。如今，假使秦国让弱小的燕国做先头部队，强大的秦国跟在它后面做掩护，并且招引天下的精锐部队攻打你，这和吃乌头充饥是一回事。”齐王的脸色一下子变得凄怆而严肃，说：“既然如此，那该怎么办呢？”苏秦说：“我听说古代善于处理事情的人，能够变祸为福，凭借失败的教训而获得成功。大王如果真的愿意听从我的计策，就赶快归还燕国的十座城池。燕国毫不费力就收回了十座城池，必然很高兴。秦王知道您是因为他的缘故而归还燕国的十城，也一定很高兴。这就叫作放弃仇恨而得到坚如磐石的友谊。燕国、秦国都与齐国友好，大王向诸侯各国发出号令，没有谁敢不听从。这就是大王您用空洞的言辞使秦国归附，用十城的代价取得了号令天下之权。这才是霸王的伟业啊。”齐王说：“好。”于是把十座城池归还给了燕国。

有诋毁苏秦的人说：“苏秦是一个左右摇摆、出卖国家、反复无常的奸臣，他即将作乱。”苏秦害怕获罪，赶紧回到燕国，而燕王却不让他官复原职。苏秦求见燕王说：“我本是东周的一介草民，没有一点功劳，而大王亲自在宗庙里授予我官职，在朝廷上以礼相待。如今，我为大王说退了齐国的军队，使燕国的十座城池失而复得，您应该对我更加亲近。可我回到燕国后，大王却不让我任职，一定是有人以‘言而无信’的罪名在大王面前中伤我。其实我的不守信用，恰恰是大王的福分啊。我听说讲忠信的人，一切都只是为了个人的道德名誉；为国家事功而不择手段的人，一切都是为了他人的利益。况且我游说齐王，难道不是为了我们燕国而去欺骗他们吗。我把年迈的母亲抛在洛阳，本来就是抛弃个人名誉，而一心为国家求进取的表现。现在，假使有像曾参那样孝顺，像伯夷那样廉洁，像尾生那样守信的三个人来奉事大王，您觉得怎样？”燕王回答说：“好极了。”苏秦说：“像曾参那样孝顺的人，决不离开他的父母在外面过上一夜，您又怎么能让他步行千里来替弱小的燕国和处在危困中的大王效命呢？像伯夷那样的廉洁，坚守正义，不做孤竹君的继承人，也不愿意做周武王的臣子，不接受封侯的赏赐而最终饿死在首阳山下。像这样廉洁的人，大王又怎么能让他步行千里到齐国去，为燕国争取国家利益呢？像尾生那样守信的人，和女子约在桥下相会，女子没来，洪水却来了，尾生依然没有离去，抱着桥柱被水淹死。像这样守信的人，大王又怎么能让他步行千里说退齐国强大的军队呢？我正是因为这所谓的忠信，才在大王面前获罪的呀。”燕王说：“你不是真正地讲忠信，哪有因为忠信而获罪的呢？”苏秦说：“不是这样的。我听说有一个人到远方做官，他的妻子和别人私通，她的丈夫快要回来时，她的姘夫很担心，妻子说：‘不用担心，我已经准备好了毒酒等着他呢。’过了三天，她丈夫果然回来了，妻子让侍妾端着毒酒给丈夫喝，侍妾想说出酒里有毒，又担心女主人会因此被赶走；可是不说吧，又害怕她的毒酒害死男主人，于是她假装跌倒，打翻了毒酒。男主人大发雷霆，打了她五十大板。侍妾假装跌倒而泼掉了那杯毒酒，对上救了男主人的命，对下保护了女主人，可是自己却没有免于挨打，怎么能说忠信就不会获罪呢？不幸的是我的罪过和这相类似啊！”燕王听后说：“先生恢复原来的官职吧。”从此以后，燕王更加优待苏秦了。

燕易王的母亲是燕文侯的夫人，和苏秦私通。燕易王知道这件事，却给予苏秦更加优厚的待遇。苏秦恐怕被杀，就对燕王说：“我在燕国不能使燕国的地位提高，如果在齐国，我一定能提高燕国的地位。”燕王说：“您想怎么办都可以。”于是，苏秦假装得罪了燕王而逃奔到齐国。齐宣王任用他为客卿。

齐宣王去世后，齐湣王继位，苏秦劝说齐湣王隆重地置办丧礼以表明自己的孝道，高筑宫室，大规模地开辟园林，来显示自己得志，其实苏秦是想以此损耗齐国的国力，从而有利于燕国。燕易王去世后，燕哙继位为王。此后，齐国大夫中有许多人和苏秦争夺齐王的宠信，他们派人刺杀苏秦，苏秦没有被杀死，受了重伤逃跑了。齐王派人捉拿凶手，然而没有抓到。苏秦快死的时候，对齐王说：“我死后，请您在人口集中的街市上把我车裂示众，就说：‘苏秦为了燕国在齐国作乱’，这样，刺杀我的凶手就一定可以抓到。”齐王就按照他的话做了，那个刺杀苏秦的凶手果然自己显形了，齐王立即处死了他。燕王听到这个消息后说：“齐国用这样的方法为苏秦报仇，也太过分啦。”

苏秦死后，他为燕国削弱齐国的事情完全暴露了。齐王知道后，迁怒于燕国。燕王非常害怕。苏秦有个弟弟叫苏代，苏代的弟弟叫苏厉，他们看到兄长功成名就，也都发奋学习纵横之术。苏秦死后，苏代就去求见燕王，想承袭苏秦的旧业。他对燕王说："我是东周的一介草民。私下听说大王德行很高，我虽不聪明，但放弃耕种冒昧地来求见大王。到了赵国的都城邯郸，所看到的与我在东周所听到的相差很远，我暗自感到失望。等到了燕国朝廷，看到大王的群臣和下吏，才知道大王您真是天下最贤明的君王啊。"燕王说："您所说的贤明的君王是什么样的呢？"苏代回答说："我听说贤明的君王总是愿意听取自己的过失，而不要只听到别人赞美自己的优点。请允许我指出大王的过失：齐国和赵国，是燕国的仇敌，楚国和魏国，是燕国的援助国。现在大王却帮着仇敌来攻打自己的援助国，这是对燕国不利的。请大王自己考虑一下，这就是策略上的失误啊，如果不告诉您，我就不算是忠臣。"燕王说："齐国本来就是我的仇敌，我一直想讨伐它，只是担心国家疲敝，没有足够的实力。如果您能使燕国讨伐齐国，那么，我愿意把整个国家托付给您。"苏代回答说："天下有战斗力的国家共七个，而燕国处于弱小的地位。独自作战是不行的，然而只要它靠拢哪个国家，就可以提高那个国家的地位。它向南去依附楚国，则楚国的声威提高；向西去依附秦国，则秦国的声威提高；在中部依附韩国、魏国，则韩国、魏国的声威提高。如果您所依附的国家声威提高了，这自然会使您的声威也提高啊。如今的齐国，国君年事已高而刚愎自用。向南攻打楚国长达五年之久，积蓄也将耗尽了；向西困扰秦国三年，士兵疲惫不堪；向北和燕国作战，以倾覆三军为代价，仅仅俘虏了两名将领。然而，齐国又发动残余的兵力向南攻打拥有五千辆战车的宋国，囊括了十二个小诸侯国。这是他们君王想要得到的，可是齐国的百姓已经精疲力尽了，还能干什么呢！而且我听说，战争过于频繁，百姓就会劳顿，长时间地兴师动众，士兵就会疲惫。"燕王说："我听说齐国可以据清济、浊河来固守，长城、巨防足以作为要塞，真的是这样吗？"苏代回答说："天时不给它提供便利，即使有清济、浊河，又怎么能够固守呢！百姓已经很疲惫了，即使有长城、巨防，又怎么能够成为要塞呢！况且，齐国以往不从济州以西征兵，是为了防备赵国；不从漯河以北征兵，是为了防备燕国。如今，济州以西和漯河以北的兵力全部被征调参战了，齐国境内已经很疲敝了。骄横的国君必定好利，亡国的臣子一定贪财。大王如果能够把侄儿、弟弟送去齐国做人质而不为此感到羞耻，并用宝珠、美玉、布帛去贿赂齐王身边的亲信，那么齐王必然会感激燕国，而轻率地发兵去消灭宋国，这样一来，齐国也将走向灭亡了。”燕王说："我终于可以凭借您而顺应天命消灭齐国了。”于是燕国派了一位公子到齐国充当人质。苏厉也借着燕国派人质的机会求见齐王。齐王怨恨苏秦，打算囚禁苏厉。燕国派出的人质替他谢罪，随后苏厉就委身做了齐国的臣子。

燕国的丞相子之和苏代有姻亲关系，子之想篡夺燕国的政权，就派苏代去齐国侍奉做人质的那位公子。齐王派遣苏代回燕国复命，燕王哙问他说："齐王可以称霸吗？”苏代回答说："不能。”燕王说："为什么呢？”苏代回答说："因为齐王不信任自己的臣子。”于是，燕王特别重用子之，没过多久又把王位禅让给子之，燕国大乱。齐国趁机攻打燕国，杀了燕王哙和子之。燕国拥立了昭王，而苏代、苏厉再也不敢去燕国，最后都归附了齐国，齐王给他们很优厚的待遇。

苏代经过魏国，魏国替燕国抓住了苏代。齐王派人对魏王说："齐国提出把宋国的土地分封给秦王的弟弟泾阳君，秦王必定不会接受。秦王并不是不愿借助于齐国获得宋国的土地，而是他不相信齐王和苏代。现在齐、魏两国不和已经到了如此严重的地步，齐国必然不会去欺骗秦国。秦国也会相信齐国，齐国和秦国联合起来，泾阳君就会得到宋国的土地，这对魏国来说不是一件有利的事情。所以大王不如让苏代东归齐国，秦王一定会怀疑齐王而不相信苏代了。齐国和秦国不能联合，天下的局势就不会发生大的变动，攻打齐国的形势就形成了。”于是魏国释放了苏代。苏代到了宋国，宋王给他很优厚的待遇。

齐国攻打宋国，宋国危急，于是苏代写了一封信给燕昭王，说：

燕国作为一个万乘之国，却派遣人质去齐国，这使得燕国名声卑下而权势轻微；派出大量的军队协助齐国攻打宋国，劳民伤财；即使攻下宋国，侵扰楚国的淮北，也只能壮大齐国，仇敌日益强大而自己的国家就要受到侵害了；这三方面都是对燕国十分不利的。然而大王还在继续这样做，无非是为了取得齐国的信任。但齐国却更加不信任大王，而且对燕国越发忌恨，这就说明大王的策略是错误的。宋国加上楚国的淮北，力量抵得上一个万乘之国，而齐国吞并了它，就相当于使齐国国力增强了一倍。北夷纵横七百里，再加上鲁国和卫国，力量又抵得上一个万乘之国。齐国吞并了它们，这就相当于使齐国国力增强了两倍。一个强大的齐国，燕国就担惊受怕而不能应付，现在以三个齐国那么强大的力量压到燕国头上，这将是多大的灾难啊。

虽然如此，但一个明智的人做事，能够因祸得福，把失败转化为成功。齐国的紫绢，是用破旧的白绢染成的，价钱却能够提高十倍；越王勾践被困在会稽山上，后来却又击败了强大的吴国而称霸天下，这都是因祸得福，把失败转化为成功的事例啊。

现在，大王如果想因祸得福，把失败转化为成功，最好的方法就是怂恿各国尊齐国为霸主，各派遣使臣去周天子处公然结盟，烧掉秦国的信符，宣告说："最好的策略是攻破秦国；其次就是一定要长久地抵制它。"秦国遭到各国共同的抵制面临被攻破的威胁，秦王必然为此担忧。秦国接连五代君王都主动攻打各诸侯国，如今却屈居齐国之下，秦王肯定会想，只要能让齐国走投无路，就会不惜以整个国家的力量与之相拼。既然如此，大王为什么不派遣说客用这些话去游说秦王："燕、赵两国攻下宋国，壮大了齐国，尊崇齐国并做它的附属国，这对燕、赵两国并没有什么好处。燕、赵两国得不到好处却还这么做的原因，就在于他们不相信秦王。既然如此，大王何不派出可信赖的人与燕、赵两国交好，让泾阳君、高陵君先去燕国和赵国呢？如果秦国变卦，就以他们为人质，这样燕、赵两国就相信秦国了。如此一来，秦国在西边称帝，燕国在北边称帝，赵国在中部称帝，树立起三个帝王来号令天下。如果韩国、魏国不服从，秦国就出兵攻打他们，齐国不服从，燕国、赵国就出兵攻打它，天下还有谁敢不服从呢？天下都服从了，就可以乘机驱使韩、魏两国去攻打齐国，说'必须交出宋国的失地，归还楚国的淮北'。交出宋国的失地，归还楚国的淮北，这对燕国和赵国是有利的；并立三个帝王，也是燕、赵两国所希望的。如此一来，燕国和赵国既得到了实际的好处，名分上也得偿所愿，那么，燕国和赵国就会像甩掉破草鞋一样轻易地抛弃齐国。如果现在您不去拉拢燕国和赵国，齐国的霸业一定会成功。诸侯都拥护齐国而唯独您不服从,秦国就会遭到各国诸侯的讨伐;诸侯都拥护齐国而您也服从它，您的声望就变得卑下了。如今，拉拢燕、赵两国，可使国家安定而名望尊崇；不拉拢燕、赵两国，国家将要危险而声望也会变得卑下。抛弃名尊国安而选择国危名卑，明智的人是不会这样干的。”秦王听了这些话，必然会像心头被扎一样疼痛。大王为什么不派说客用这番话去游说秦王呢？这样,秦国必定会被争取过来,齐国也就必定会遭到讨伐。

争取秦国加入我们的阵营，是重要的外交；讨伐齐国，是正当的利益所在。处理好重要的外交，追求正当的利益，这是圣王的事业啊。

燕昭王认为苏代写的这封信太好了，说：“先王曾对苏家有恩德，后来由于子之的乱子，苏氏才离开了燕国，燕国要向齐国报仇，还得依靠苏氏。”于是召回苏代，又给予他优厚的待遇，和他策划攻打齐国的大计。终于打败了齐国，齐湣王逃离齐国。

过了很久，秦国邀请燕王，燕王想去，苏代阻止燕王说：“楚国攻取了枳地而导致国家危亡，齐国夺取了宋地而导致国家毁灭，齐、楚两国不能占有枳、宋而还要侍奉秦国，原因何在呢？那是因为谁获得了成功，谁就成为秦国最忌恨的仇敌。秦国夺取天下，不是靠行仁义，而是依靠施加暴力。秦国使用暴力手段，是公开向天下宣告过的。

“秦国曾警告楚国说：‘蜀地的军队，乘船漂浮在汶水之上，趁着夏季的水势而直下长江，五天就能到达楚国的郢都。汉中的军队，乘船从巴水出发，趁着夏季的水势而直下汉江，四天就能到达五渚。我在宛县以东集结军队，直下随邑，有智之人还没来得及出谋划策，勇武的人还没来得及发挥威力，我就像射杀鹰隼一样迅速地拿下楚国了。而楚王你还想等待天下各诸侯一起来攻打函谷关，岂不是太遥远的事情吗？’楚王因为这个缘故，侍奉秦国达十七年之久。

“秦国严肃地警告韩国说：‘我从少曲发兵，只需要一天就能截断太行山的通道。我从宜阳发兵，进攻平阳，两天时间就足以让韩国各地的局势无不动摇了。我出兵穿越东周和西周攻击你的国都新郑，五天就可以攻下整个韩国。’韩王觉得确实是这样，所以屈服于秦国。

“秦国严肃地警告魏国说：‘我发兵攻下安邑，堵截女戟，韩国的太原就被切断。我直下轵道，通过南阳，封锁冀邑，包围东周和西周，趁着夏季的水势，乘着轻便的战船，强弓劲弩在前，锋利的戈矛在后，掘开荥泽水口，洪水将会淹没魏国的大梁，使它不复存在；掘开白马河的水口，洪水将会淹没魏国的外黄、济阳，使它们不复存在；掘开宿胥河的水口，洪水将会淹没魏国的虚地、顿丘而使它们消失。走陆路就攻击河内，利用水攻可以毁灭大梁。’魏王觉得确实是这样，所以屈服于秦国。

“秦国想要攻打安邑，害怕齐国救援它，就把宋地许给齐国。说：‘宋王无道，做了一个和我很像的木人，用箭射它的脸，我秦国和宋国路途阻绝，军队距宋遥远，不能出兵攻打。齐王如果能攻破宋国占有它，我就会像自己占有它一样高兴。’秦国攻下魏国的安邑后，围困女戟，又反过来把攻破宋国作为齐国的罪过。

“秦国想要攻打韩国，害怕天下诸侯救援它，就让天下诸侯一起去讨伐齐国，说：‘齐王四次和我订立盟约，却四次欺骗了我们，先后三次坚决地率领天下诸侯攻打我们秦国。有齐国就没有秦国，有秦国就没有齐国，我们一定要讨伐它，一定要消灭它。’等到秦国夺取了韩国的宜阳、少曲，占领了蔺邑、离石，却又把攻破齐国作为天下诸侯的罪过。

“秦国想要攻打魏国，就先拉拢楚国，把南阳交给楚国。说：‘我们秦国本来就与韩国绝交了。摧毁均陵，围困鄳阸，只要有利于楚国，我就会像自己占有它们一样高兴。’等到魏国抛弃了盟国而与秦国联合，秦国却以围困鄳阸作为楚国的罪名。

“秦军被困在林中，就拉拢燕、赵两国，把胶东许给燕国，把济西许给赵国。等到秦国和魏国讲和，并以公子延作为人质后，就利用犀首持续地攻打赵国。

“秦军在谯石遭到重创，又在阳马被打败，就拉拢魏国，把叶地和蔡地许给魏国。等到秦国和赵国讲和后，就威胁魏国，不依照约定割让土地。秦国处于困境，就派太后的弟弟穰侯去讲和，一旦形势好转，秦王连自己的舅舅和母亲都欺骗。

“秦国要谴责燕国就说是‘你侵占了胶东’，要谴责赵国就说是‘你侵占了济西’，要谴责魏国就说是‘你侵占了叶地和蔡地’，要谴责楚国就说是‘你围困了鄗陂’，要谴责齐国就说是‘你攻打了宋地’。总会循环不断地找各种借口托词，用兵打仗就像杀小飞虫那样简单。秦王飞扬跋扈，母亲管不了他，舅舅也无法制约他。

“龙贾之战，岸门之战，封陵之战，高商之战，赵庄之战，被秦国杀害的韩、赵、魏三国百姓多达几百万，现在这三个国家还活着的人都是抗秦战争中死者的遗孤。西河以外，上洛地区，三川一带都受到秦国的攻击，给晋国造成了严重的灾难，秦国已经占有了三晋一半的土地，秦国带来的祸患是如此的严重啊！而燕国、赵国那些亲秦派，却争相以侍奉秦国来劝说自己的君主，这是我最担忧的事情。”

燕昭王因此而没有去秦国。苏代又受到了燕王的重用。

燕王派苏代联络诸侯合纵相亲，就像苏秦在世时那样，诸侯们有的加入，有的不加入，而天下诸侯从此都推崇苏氏兄弟所倡导的合纵联盟。苏代、苏厉都得以寿终正寝，在各诸侯国名声显赫。

太史公说：苏秦兄弟三人，都是通过游说诸侯而得以名扬天下，他们都精通于权谋机变之术。而苏秦以行反间的罪名被杀，天下人都耻笑他，讳忌研习他的理论。然而世间对苏秦的事迹众说纷纭，不同时期和苏秦的做法相类似的事迹，都附会到他身上。苏秦出身于民间，却能联合六国合纵相亲，这正是他才智超群之处，所以我列出他的平生事迹，按照时间顺序加以陈述，为的是不让他只蒙受坏的名声。

（邓小棒　译）

《史记》卷七十　张仪列传第十

张仪是魏国人。当初曾和苏秦一起拜师于鬼谷子先生门下，学习游说之术，苏秦自认为才学比不上张仪。

张仪学成后就去游说诸侯。一次，他陪楚国宰相饮酒，过后楚国宰相的一块玉璧不见了，门客们怀疑张仪，说："张仪贫穷而且品行不端，一定是他偷了宰相的玉璧。"于是，大家一起捉住张仪，拷打了他几百下，张仪始终不承认，只好释放了他。张仪回去后，他的妻子说："唉！你要是不去读书游说，又怎么会受到这样的屈辱呢？"张仪对他的妻子说："你看我的舌头还在吗？"他的妻子笑着说："舌头还在。"张仪说："这就足够了。"

当时，苏秦已经说服了赵王而得以去各国约定合纵联盟，但是他害怕秦国在这个时候攻打各诸侯国，破坏合纵盟约，使自己的经营归于失败，又考虑到没有一个可以派到秦国去左右秦国政治的合适人选，于是就派人从旁示意张仪说："您当初和苏秦很有交情，如今苏秦已经在东方各国掌权，您为什么不去拜见他，向他表白您从政的愿望呢？"于是张仪来到赵国，呈上名帖，请求拜见苏秦。苏秦告诉手下的人不给张仪通报，又故意留住他，使他不能离去，这样过了几天，然后才接见张仪，让他坐在大堂之下，赐给他仆从侍女吃的食物，还屡次奚落他说："凭着您的才能，却把自己弄到如此穷困潦倒的地步。难道我不能举荐您让您富贵吗？只是您不值得收留罢了。"于是苏秦就谢绝并把张仪打发走了。张仪这次前来，本以为与苏秦是老朋友，能够得到帮助，不料反被羞辱，十分气愤，又考虑到东方诸侯中已经没有值得去效力的了，只有秦国能给赵国苦头吃，于是就去了秦国。

张仪走后，苏秦对他的门客说："张仪是当今天下的能人，我恐怕也比不上他啊。如今，我有幸比他先受重用，而能够掌握秦国权力的人，非张仪莫属。可是他很贫穷，没有机会进入秦国为吏。我担心他满足于小利而不能成就大业，所以找他来几番羞辱，想以此激发他的意志。您替我暗中供给他一切费用。"门客把这些告诉了赵王，赵王调拨金钱和车马，派人暗中跟随张仪，和他住同一家客栈，逐渐地接近他，送他车马金钱，凡是他所需要的，都供给他，却不告诉他其中的缘由。于是张仪得以拜见秦惠王。秦惠王任用他做客卿，和他共商攻打诸侯的大计。

这时，苏秦派来暗中帮助张仪的门客才离去。张仪说：“依靠您我才得到这显贵的地位，我正要报答您的恩德，为什么要走呢？”门客说：“并不是我知道您贤能，真正知晓您贤能的是苏先生。苏先生担心秦国攻打赵国从而破坏合纵联盟，认为除了您没有人能掌握秦国的大权，所以故意激怒先生，派我暗中为您提供资助，这都是苏先生策划的。如今先生已被秦王重用，我该回去复命了。”张仪说：“唉，这些权术都是我所熟知的而我却没有察觉，我不如苏先生高明啊！况且我刚被任用，又怎么可以打赵国的主意呢？请替我感谢苏先生，苏先生在东方当政期间，我张仪怎么敢胡言乱语。况且有苏先生在，我张仪哪有能力和他抗衡呢！”张仪出任秦国宰相以后，发出文告声讨楚国宰相说：“当初我跟随你饮宴，我并没偷你的玉璧，你却拷打我。如今你好好守住你的国土吧，我要偷走你的城池呢！”

苴国和蜀国交战，分别到秦国告急。秦惠王打算出兵攻打蜀国，又考虑蜀道艰险狭窄难以到达，而韩国这时又来侵犯秦国，秦惠王打算先攻打韩国，然后再攻打蜀国，又担心不能取胜；想先攻打蜀国，又害怕韩国趁着秦军疲惫之机来偷袭，秦惠王为此犹豫不决。司马错和张仪在秦惠王面前展开了争论，司马错主张攻打蜀国，张仪说：“不如攻打韩国。”秦惠王说：“让我听听你们的理由。”

张仪说：“我们先与魏国亲近，与楚国友善，然后派兵前往三川，阻塞什谷的隘口，挡住屯留的要道。让魏军断绝通往南阳的道路，让楚军直逼南郑，我们则攻打新城和宜阳，逼近二周的城郊，讨伐周王的罪恶，攻占楚国、魏国的土地。周王自己知道局势无法挽救，必然会献出象征国家政权的九鼎宝器。秦国占有了九鼎之宝，按照地图和户籍，就可以劫持天子而向天下发号施令，天下诸侯没有谁敢不听从的，这是称王天下的大业。眼下的蜀国，不过是一个西部的偏远国家，戎狄之流，弄得我们士兵疲惫、百姓劳苦，不能够扬名天下，获取了他们的土地也得不到实际的利益。我听说追求功名的人应该去朝廷，追求利益的人应该去集市。如今三川、周室正如朝廷和集市，大王却不去争夺，反而去争夺戎狄那样的落后地区，这离称王天下的大业太遥远了。”

司马错说：“不是这样。我听说，想使国家富强的人，一定要扩大他的国土；想使军队强大的人，一定要使他的百姓富裕；想要称王的人，一定要广施恩德。具备了这三个条件，帝王大业也就随之而来了。如今大王的国土面积狭小，百姓贫穷，所以我希望大王先从容易办到的事情着手。蜀国，是西部偏远的国家，却是戎狄的首领，发生了类似夏桀、商纣那样的祸乱。以秦军去攻打蜀国，就好比用豺狼去驱赶羊群一样。获取了蜀国的土地就可以扩大秦国的疆域，取得了蜀国的财富就可以使秦国的百姓富裕、军备充足。不用太大的损耗，他们就已经屈服了。灭掉一个国家，天下人不会认为我们残暴；占有了西部的所有利益，天下人不会认为我们贪婪，这样我们不仅一举声望、实利双收，还能享有禁止暴乱的好名声。现在如果去攻打韩国，劫持天子，蒙受一个坏的名声，而且还不一定能够取胜，又背负不义的丑名，攻打天下人所不希望攻打的国家，是很危险的。请允许我陈述原因：周是天下的宗室；它是和齐国、韩国交往密切的国家。周王自己知道将要失去传国的九鼎，韩国自己知道将会失去三川，这两个国家必将齐心协力，一同谋划，借助于齐、赵两国，求楚国、魏国帮助解围。周把九鼎宝器给楚国，把土地割给魏国，大王您是无法阻止的。这就是我说的危险所在。所以不如攻打蜀国更为完美。”

秦惠王说：“好，我听您的。”于是出兵攻打蜀国，这年十月拿下了蜀国，贬谪蜀王，改封号为蜀侯，并派遣陈庄出任蜀国宰相。蜀国归属秦国以后，秦国因此更加强大、富足，更加轻视其他诸侯。

秦惠王十年，惠王派遣公子华和张仪围攻魏国的蒲阳，降服了它。张仪趁机劝说秦王把蒲阳归还给魏国，并派公子繇到魏国去做人质。然后张仪劝魏王说：“秦王给予魏国如此宽厚的礼遇，魏国不可不以礼相报。”魏国于是把上郡、少梁割让给秦国，以此来答谢秦惠王。惠王便任用张仪为相，将少梁改名为夏阳。

张仪在秦国为相四年，正式拥戴秦惠王称王。又过了一年，张仪担任秦国的将军，攻取了陕邑，在上郡修筑了要塞。

此后二年，秦王派张仪和齐国、楚国的宰相在啮桑会谈。张仪回国后，被免去宰相的职务，为了秦国的利益去魏国担任宰相，想让魏国率先侍奉秦国从而让其他诸侯国效仿它。魏王不愿意听从张仪的建议。秦王十分恼怒，出兵攻取了魏国的曲沃、平周，又暗地里给张仪更加丰厚的待遇。张仪感到很惭愧，觉得没有做出什么成绩来回报秦王。他留任魏国四年，魏襄王去世，哀王即位。张仪又劝说哀王归顺秦国，哀王也不听从。于是张仪暗中指使秦国攻打魏国。魏国和秦国交战，被秦国打败。

第二年，齐军又来侵犯，在观津打败了魏军。秦国又打算再次攻打魏国，并先打败了韩国申差的军队，斩首八万，使得各国诸侯震惊惶恐。张仪再次游说魏王说："魏国土地纵横不足千里，士兵不超过三十万。地势四面平坦，与四方的诸侯国畅通犹如车辐集中于轴心，又没有名山大川的阻隔。从新郑到大梁不过二百多里，战车飞驰，士兵奔跑，不用费多大力气就能到达。魏国南面和楚国交界，西面和韩国交界，北面和赵国交界，东面和齐国交界，士兵戍守四面边疆，光是驻守在边塞堡垒的人就不少于十万。魏国的地势，向来就是战场。如果魏国向南与楚国交好而不和齐国交好，那么齐国就会攻打魏国的东面；如果魏国向东与齐国交好而不和赵国交好，那么赵国就会攻打魏国的北面；如果魏国与韩国不合，那么韩国就会攻打魏国的西面；如果魏国不亲附楚国，那么楚国就会攻打魏国的南面，这就是所谓的四分五裂的格局啊。

"况且各国诸侯之所以缔结合纵联盟，是为了凭借合纵联盟使国家安定，君主尊崇，军队强大，名声显赫。如今，那些主张合纵的人，想把天下联合为一体，相约结为兄弟，在洹水边上宰杀白马，歃血为盟，以巩固相互之间的联盟。然而同一父母所生的亲兄弟，尚且有争夺钱财的情况，合纵国却打算倚仗虚伪欺诈、反复无常的苏秦那过时的计谋，这不可能获得成功是很明显的了。

"如果大王不侍奉秦国，秦国出兵攻打河外，占领卷、衍、燕、酸枣等地，胁迫卫国夺取阳晋，那么赵国的军队就不能南下援救魏国，赵军无法南下而魏军也就不能北上，魏军不能北上，合纵联盟的通道就会断绝，一旦合纵联盟的通道断绝，那么大王的国家要想没有危险是不可能的。秦国胁迫韩国屈服，进而攻打魏国，韩国害怕秦国，与秦国联合，那么魏国的灭亡也就只是转瞬之间的事了。这就是我为大王担忧的啊。

“所以我为大王着想，不如侍奉秦国。如果大王侍奉秦国，那么楚国、韩国必定不敢轻举妄动；没有楚国、韩国侵扰的祸患，大王就可以高枕无忧，国家也必定没有什么可以忧虑的了。

“况且秦国想要削弱的国家莫过于楚国，而能够削弱楚国的莫过于魏国。楚国虽然有民富国大的名声，但实际上很空虚；它的士兵虽然人数很多，然而总是不把逃跑溃败当作一回事，不能打硬仗。如果魏国全军出动南下攻打楚国，一定能够取得胜利。分割楚国有利于魏国，使楚国亏损而亲附秦国，转嫁了灾祸，安定了自己的国家，这是好事啊。如果大王不听取我的建议，秦国出动精锐部队向东进攻魏国，那时即使您想要侍奉秦国，恐怕也没有机会了。

“况且那些主张合纵的人，多是说大话而少有可信的，只要说动了一国的国君就能封侯，所以天下游说之士，无不日夜激动地紧握手腕，瞪大眼睛，咬紧牙关，宣扬合纵的好处，以此来讨好各国的国君。国君欣赏他们的口才而被他们的说辞所诱惑，又怎么能不被他们迷惑呢。

“我听说过这样的话：羽毛聚集多了能使船沉没，轻的东西装载多了能折断车轴，众口一词的诽谤，金子也会熔化，毁谤不止，不仅能置人于死地，甚至连骨头也会消化。所以我希望大王慎重地考虑何去何从，并准许我活着离开魏国。”

魏哀王于是背弃了合纵盟约，通过张仪请求与秦国交好。张仪回到秦国，再次担任秦国宰相。三年后，魏国又背叛了秦国加入合纵盟约。于是秦国出兵攻打魏国，夺取了曲沃。第二年，魏国再次臣服于秦国。

秦国想要攻打齐国，然而齐国和楚国缔结了合纵相亲的盟约，于是张仪前往楚国担任宰相。楚怀王听说张仪来楚，腾出上等的馆舍并亲自到馆舍安排他的住宿。说：“楚国是个偏僻鄙陋的国家，您有什么要指教我们的？”张仪对楚王说：“大王如果真的能够听取我的建议，就封闭边关和齐国解除盟约，我请秦王献出商於一带六百里的土地，把秦王的女儿作为侍候大王的姬妾，秦、楚两国娶妇嫁女，永远结为兄弟之邦，如此一来，北面可削弱齐国而西面有利于秦国，没有比这更好的策略了。”楚王非常高兴地采纳了张仪的建议。大臣们都来道贺，唯独陈轸为此感到忧虑。楚王怒道：“我不用兴师动众就得到六百里土地，大臣们都向我祝贺，唯独你忧心忡忡，这是为什么？”陈轸回答说：“不是这样的，依我看来，我们不仅得不到商於一带的土地，而且齐国和秦国还会联合起来，齐、秦两国联合，那么楚国必定要祸患临头了。”楚王说：“能说明理由吗？”陈轸回答说：“秦国之所以重视楚国，是因为楚国有结盟的齐国。如今一旦封闭边关和齐国解除盟约，楚国就孤立了。秦国为什么不去贪图一个孤立无援的楚国，而奉送它商於一带六百里的土地呢？张仪回到秦国，一定会背弃承诺，这样，楚国北与齐国断绝了外交关系，西面却从秦国招来了祸患，两国的军队必然会一块打到楚国。我为大王想出了妥善的对策，不如暗中与齐国联合而表面上与齐国断绝关系，并派人跟随张仪去秦国。假如秦国给了我们土地，再与齐国绝交也不晚；假如秦国不给我们土地，我们就暗地里和齐国联合，商量对策。”楚王说：“希望陈先生闭嘴，不要再说了，等着看我得到秦国的土地吧。”楚王就把相印授予了张仪，并馈赠给他大量的财物。于是楚国就封闭边关和齐国解除盟约，并派了一位将军跟着张仪前往秦国接收土地。

张仪回到秦国，假装没拉住登车时的绳索而失足跌下车来，三个月没有上朝。楚王听到此事，说：“张仪是因为我与齐国绝交还不彻底吧？”于是就派勇士到宋国，借了宋国的符节，北上齐国辱骂齐王。齐王十分愤怒，毁弃了齐楚两国结盟的信物而投靠了秦国。秦、齐两国建立了邦交，于是张仪上朝，对楚国的使者说：“我有秦王赏赐的六里土地，愿把它献给楚王。”楚国使者说：“我奉楚王的命令，来接收商於之地六百里，没有听说是六里。”使者回国报告楚怀王，怀王十分愤怒，打算发兵攻打秦国。陈轸说：“我可以开口说话了吗？与其攻打秦国，不如反过来割让土地贿赂秦国，与秦国合兵攻打齐国，这样我们割让给秦国的土地，可以从齐国获得补偿，大王的国土还可以保存。”楚王不听，终于发兵并派将军屈匄攻击秦国。秦国和齐国共同攻打楚国，斩杀八万楚军，并杀死屈匄，于是夺取了丹阳、汉中的土地。楚国又再次增派兵力袭击秦国，在蓝田与秦军大战，楚军大败，于是楚国又割让两座城池和秦国媾和，战事才得以平息。

秦国要挟楚国，想得到楚国黔中一带的土地，要用武关以外的土地作交换。楚王说：“我不愿交换土地，只要得到张仪，愿献出黔中一带的土地。”秦惠王想要派张仪赴楚，又不忍说出口来。于是张仪自行请求前往。秦惠王说：“那楚王怨恨先生背弃奉送商於之地的承诺，是不会对你善罢甘休的。”张仪说：“秦强楚弱，我和楚国的靳尚相好，靳尚得以侍奉楚国夫人郑袖，楚王对郑袖言听计从。况且我是拿着大王的符节出使楚国的，楚王怎么敢杀我。假使杀死我可以替秦国取得黔中一带的土地，这也是我的最高愿望。”于是张仪出使楚国。张仪一到楚怀王就把他囚禁起来，要杀死他。靳尚对郑袖说：“您知道您将失宠于大王吗？”郑袖说：“为什么？”靳尚说：“秦王非常看重张仪，一定想救他出来，如今打算用上庸所属的六个县的土地贿赂楚国，把美女嫁给楚王，用宫中擅长歌唱的女子做陪嫁。楚王看重土地尊奉秦国，秦国的美女一定会得宠显贵而夫人就会受到冷落。不如替张仪说情，把他放了。”于是郑袖日夜在怀王面前为张仪说情：“做臣子的各自为他们的君主效劳。现在土地还没有交给秦国，秦王就派张仪来了，非常尊重大王。大王不以礼相待反而要杀张仪，秦王必然大怒出兵攻打楚国。我请求大王允许我们母子都迁居到江南去，以免被秦国随意宰割。”怀王这才改变主意，赦免了张仪，并像过去一样优厚地款待他。

张仪获释后不久，还没离开楚国，听说苏秦死了，于是就游说楚怀王说：“秦国的土地占天下的一半，兵力足以抵挡四方的国家，倚靠险要的地势，黄河如带横流，四周都有要塞可以坚守。勇士一百多万，战车千辆，战马万匹，贮存的粮食堆积如山。法令严明，士兵们都不畏艰难困苦，愿意为国捐躯，国君贤明威严，将帅有勇有谋，不出兵则已，军队一出，必将席卷险要的常山，折断天下的脊梁，天下各诸侯国后臣服的必然先被灭亡。而且，那些主张合纵的人，无异于驱赶羊群去进攻凶猛的老虎，猛虎与绵羊力量不相当是十分明显的。如今大王不结交老虎而去结交绵羊，我私下认为大王的谋略是错误的。

“当今天下的强国，不是秦国就是楚国，不是楚国就是秦国，两国相争，其结果是不可能两个国家同时存在。如果大王不结交秦国，秦国就会出兵占据宜阳，韩国的上郡也就无法通行。秦国再攻下河东，夺取成皋，韩国必然向秦国称臣，魏国就会随之投降秦国。秦国进攻楚国的西面，韩、魏两国进攻楚国的北面，楚国怎么会不危险呢？

“再说那些主张合纵的人聚集了一群弱小的国家攻打最强大的国家，不权衡对方的实力而轻率地发动战争，国家贫穷却又频繁地用兵，这是使国家危亡的策略。我听说，军事实力不如对方强大就不要挑起战事，粮食不如对方多就不要同对方持久作战。那些主张合纵的人所说的都是一些好听而不切实际的言辞，他们吹捧君主不侍奉秦国的节操，只说合纵的好处而不说其危害，突然招致秦国的进攻，就来不及应对了。所以希望大王认真考虑这个问题。

“秦国西有巴蜀之地，用大船装载粮食，从汶山出发，顺着江水漂浮而下，到楚国三千多里。两船相并运载士兵，一条船能装载五十人和三个月的粮食，顺流而下，一天可以行驶三百多里，虽然里数多，可是不花费牛马的力气，不到十天就可以到达楚国的扞关。扞关形势紧张，那么边境以东的国家就都要据城防守了。黔中、巫郡将不再属于大王所有了。秦国挥师从武关出发，向南面进攻，那么楚国的北部地区就会被切断。秦军攻打楚国，三个月以内，楚国就将面临危难，而楚国等待各国诸侯的救援，需要半年以上的时间，从这形势看来，根本来不及。依靠弱小国家的救援，忘记强大秦国的祸患，这就是我替大王担忧的啊。

“大王曾经与吴国人作战，五次交战胜了三次，阵地上的士兵死得差不多了；为了守卫偏远地区新占领的城池，残存的百姓也吃够了苦头。我听说好大喜功的人，容易招致危险，而百姓疲惫困苦，就会怨恨国君。据守着容易招来危险的功业而违背强秦的意志，我私下替大王感到危险。

“秦国之所以十五年不从函谷关出兵攻打齐国和赵国的原因，是因为秦国在暗中策划，有一举吞并天下的雄心。楚国曾经给秦国制造麻烦，双方在汉中交战，楚国人没有取得胜利，却有七十多位高爵位的将领战死，于是丢掉了汉中。楚王非常气愤，出兵袭击秦国，两军在蓝田交战。这就是所谓的两虎相争啊。秦国和楚国相互攻打而互相疲惫削弱，韩国和魏国用完整的国力在后方牵制，再没有比这更危险的策略了。希望大王认真考虑。

“秦国发兵攻占魏国的阳晋，必然会使天下的交通要道断绝，如同被扼住了胸膛一般。大王出动全部兵力进攻宋国，用不了几个月就可以拿下它，攻占了宋国而挥师向东进发，那么泗水流域的十二个诸侯国便全归大王所有了。

“天下诸侯各国之所以相信合纵相亲必能搞得成，就是因为苏秦，他被封为武安君，担任燕国的宰相，却在暗中与燕王谋划攻打齐国并且瓜分它的土地；苏秦假装获罪于燕王逃奔到齐国，齐王因此收留了他而且任用他为宰相；过了两年事情败露，齐王非常恼怒，在刑场上把苏秦五马分尸。依靠一个如此奸诈虚伪的苏秦，想要控制整个天下，把各国诸侯结为一体，这种做法不能成功是很明显的了。

“现在秦国和楚国边境相接，从地理形势上看本该是亲近的国家。大王如果真的愿意听取我的建议，我可以请秦王派太子来楚国做人质，楚国派太子到秦国做人质，我可以请秦王把女儿嫁作侍候大王的姬妾，进献有一万户居民的都邑作为大王的私人领地，长久地结为兄弟邻邦，终生不相互攻打。我认为没有比这更合适的策略了。”

这时，楚王已经得到了张仪，却又不愿意割让黔中土地给秦国，打算答应张仪的建议。屈原说：“前次大王被张仪欺骗，这次张仪来到楚国，我认为大王会烹死他；现在放了他，不忍心杀死他，却还听信他的一派胡言，不能这样啊。”怀王说：“答应张仪可以保住黔中之地，这是美满有利的事情。已经答应了，过后又背弃他，这可不行。”因而最终答应了张仪的连横之说，与秦国亲善。

张仪离开楚国，就顺便前往韩国，游说韩王说：“韩国地势险恶，生活在山区，生长的五谷，不是豆类就是麦子，百姓所食大都是豆子饭、豆叶汤。一年没有收成，百姓连糟糠都吃不饱。韩国国土不足九百里，没有隔年的存粮。估计大王的军队，全部算上也不会超过三十万，这其中还包括勤杂兵和后勤人员。除去守卫驿亭、边防要塞的士兵，现有的军队不过二十万罢了。而秦国武装部队就有一百多万，战车千辆，战马万匹，那骁勇的战士踊跃奔杀，不戴头盔，两手捧颐而直入敌阵的，多得数不清。秦国战马精良，士兵众多，骏马奔驰，扬起前蹄，后蹄腾空，一跃两丈多远的马，数不胜数。山东六国的士兵，戴着头盔，穿着铠甲与秦军交战，秦军脱下盔甲，赤足露身迎敌，左手提着人头，右手挟着俘虏。秦兵与山东六国的兵相比，如同勇士孟贲之与懦夫;用巨大的力量来压制,好比勇猛的大力士乌获之与婴儿。用孟贲、乌获这样的军队去攻打不肯臣服的弱小国家，和把钧的重量压在鸟卵上没有区别，结果必然是无一幸存。

“那些大臣、诸侯们不估量自己国土的狭小，却听信主张合纵之人的甜言蜜语，他们结党营私，互相掩饰，都慷慨激昂地说什么‘听取我的策略就可以称霸天下’。不顾国家的长远利益而听信一时的顺耳之言，贻误君主，没有比这更为严重的了。

“如果大王不侍奉秦国，秦国出兵占据宜阳，切断韩国的上党地区，向东夺取成皋、荥阳，那么鸿台、桑林的宫苑就不再归大王所有了。假使堵塞了成皋，隔绝了上党地区，那么大王的国土就被分割了。先侍奉秦国就能够得以安定，不臣事秦国就十分危险。制造了祸端却想求得福报，计谋浅陋而结怨甚深，违逆秦国而顺从楚国，要想不灭亡，那是不可能的。

“所以为大王着想，不如为秦国效劳。秦国最希望的就是削弱楚国，而能够削弱楚国的就是韩国。不是因为韩国比楚国强大，这是由韩国的地理形势所决定的。现在，如果大王向西侍奉秦国，攻打楚国，秦王必定会很高兴。攻打楚国在他国土上获取利益，转移了自己的祸患同时取悦于秦国，没有比这更合适的计策了。”

韩王听信了张仪的计策。张仪回到秦国向秦惠王作了报告，秦惠王封赏了张仪五座城邑，封号叫武信君。又派遣张仪东去游说齐湣王，张仪对齐王说:“天下的强国没有超过齐国的,齐国臣民众多,富足安乐。但是替大王出谋划策的人，都只顾一时的欢悦，不顾国家长远的利益。

主张合纵的人游说大王，必定会说‘齐国西面有强盛的赵国，南面有韩国和魏国，齐国是背靠大海的国家，土地广阔，人口众多，军队强大，士兵勇猛，即使有一百个秦国，也对齐国无可奈何’。大王认为他们的说法很高明，却没有考虑实际情况。主张合纵的人，结党营私，排斥异己，都认为合纵是可行的。我听说，齐国和鲁国三次交战而鲁国三次获得胜利，但没过多久国家就灭亡了，鲁国虽然享有战胜的名声，带来的却是国家灭亡的现实。这是为什么呢？是因为齐国强大而鲁国弱小啊。如今秦国之与齐国，就如同当年齐国之与鲁国。秦、赵两国在漳水之滨交战，两次交战，赵国两次打败了秦国；在番吾城下交战，赵国又两次打败了秦国。四战之后，赵国阵亡的士兵多达几十万，而这仅仅保住了邯郸而已。虽然赵国享有战胜的名声，但是国家却残破不堪了。这是为什么呢？是因为秦国强大而赵国弱小啊。

“如今秦国和楚国之间嫁女娶妇，结为兄弟盟国。韩国献出宜阳，魏国献出河外，赵国在渑池朝拜秦王，割让河间来侍奉秦国。如果大王不侍奉秦国，秦国就会驱使韩、魏两国攻打齐国的南部地区，让赵国出动全部兵力，渡过清河，直指博关，临淄、即墨就不再为大王所有了。齐国一旦被进攻，即使想要侍奉秦国，也不可能了。因此希望大王认真地予以考虑。”

齐王说：“齐国偏僻落后，地处与世隔绝的东海边上，从来不曾听说过关于国家长远利益的建议。”于是齐王就答应了张仪的建议。

张仪离开齐国，西行至赵国，游说赵王说：“我们国家的秦王派我为使臣向大王献上不高明的策略。大王率领天下诸侯来排斥秦国，使秦兵不敢出函谷关长达十五年之久。大王的声威传遍山东各国，我们秦国恐惧屈服，整治军备，磨砺武器，整顿车马，训练骑射，努力耕种，积蓄粮食，守卫在四方边境之内，忧愁苦闷战战兢兢，不敢轻举妄动，唯恐大王有意监督责罚我们的过失。

“如今承蒙大王的督促之力，秦国已经攻占巴蜀，吞并汉中，囊括东、西两周，迁移了九鼎宝器，据守白马津渡。秦国虽然偏僻边远，然而内心压抑愤懑的日子太长了。如今秦国有一支残兵败将，驻军渑池，准备渡过黄河，跨过漳水，占据番吾，与赵军在邯郸城下相会，希望在甲子这一天与赵军交战，以效仿武王伐纣的旧事，秦王郑重地派我为使臣先来给大王及其左右近臣通个信。

“大王之所以信赖倡导合纵联盟的原因，是凭仗着苏秦。苏秦迷惑诸侯，把对的说成错的，把错的说成对的，想在齐国谋反，结果使自己被五马分尸于集市。如此看来，天下诸侯不可能联合为一体是很明显的了。现在，楚国和秦国结成了兄弟盟国，而韩国和魏国自称为秦国东面的藩属，齐国献上盛产鱼盐的国土，这就等于斩断了赵国的右臂。断了右臂而与别人争斗，失去他的同伙而孤居独处，这样想要没有危险，怎么可能呢？

“如今，秦国派出三支军队：其中一支军队切断午道，通知齐国出兵渡过清河，驻扎在邯郸的东面；一支军队驻扎在成皋，驱使韩国和魏国驻军河外；一支军队驻扎在渑池。约定四国军队结为一体进攻赵国，赵国被攻破以后，它的国土必然会被四国瓜分。因此我不敢隐瞒真实的情况，先把这些给大王左右近臣通个信。我私下为大王考虑，不如与秦王在渑池会晤，面对面亲口约定，请求秦王按兵不动，不要进攻赵国。希望大王拿定主意。”

赵王说：“先王在世时，奉阳君把持大权，独断专行，蒙蔽欺骗先王，独自控制政事，我深居宫内，生活由师父安排，不参与国家大事的谋划。先王抛弃群臣去世时，我年纪还小，即位当政的时间还很短，我心里原本暗自怀疑这种做法，认为一心投入合纵联盟而不侍奉秦国，并非赵国的长远利益。所以我准备改变主意，割让土地弥补以前的过失来侍奉秦国。我正要安排车马前去请罪，恰好赶上听到您英明的指教。”赵王答应了张仪，于是张仪离开了赵国。

张仪往北到了燕国，游说燕昭王说：“大王最亲近的国家，莫过于赵国。过去赵襄子曾经把他姐姐嫁给代王为妻，想要吞并代国，邀请代王在句注要塞会晤，他让工匠做了一个金勺，加长了勺柄，使它可以用来攻击他人。赵襄子与代王饮酒时，暗中吩咐厨子说：‘趁酒喝到酣畅痛快时，送上热羹，趁机掉转勺头击杀他。’于是饮酒到酣畅痛快时，厨子送上热羹，并上前为代王盛羹，乘机掉转勺头击中代王，杀死了他，代王的脑浆流了一地。赵襄子的姐姐听到这件事，便磨快簪子自杀了，所以有了现在的摩笄山这个名称。代王的死，天下人没有不知道的。

“赵王凶狠乖张，六亲不认，大王是清楚地看到的，又怎么能把赵王当成可以亲近的人呢？赵国出兵攻打燕国，两次围困燕国都城要挟大王，大王割让十座城池来谢罪。如今，赵王已经到渑池朝拜秦王，献上河间一带土地侍奉秦国。现在如果大王不去侍奉秦国，秦国将出兵直下云中、九原，驱使赵国攻打燕国，如此一来，易水、长城就不再为大王所有了。

“况且现在的赵国对于秦国来说好比是秦国的郡县，不敢妄自出兵攻打别的国家。现在如果大王侍奉秦国，秦王必定很高兴，赵国也不敢轻举妄动，这样一来，燕国西边有强大秦国的支援，而南边解除了齐、赵两国的祸患，因此希望大王对此深思熟虑。”

燕王说：“我就像蛮夷一样处在偏僻的地区，这里的人即使是大男子汉也仅像婴儿一般，他们的言论不足以作为正确的策略采纳。今天有幸得到贵客的指教，我愿意西向侍奉秦国，献上恒山脚下的五座城池。”燕王听从了张仪的建议。张仪返回秦国报告，还没有走到咸阳，秦惠王就去世了，武王即位。武王还是太子的时候就不喜欢张仪，即位以后，很多大臣谗毁张仪说：“张仪没有信用，反复无定，出卖国家利益来谋得君主的欢心。秦国如果再重用他，恐怕会被天下人耻笑。”各国诸侯听说张仪和武王有隔阂，都纷纷背叛了连横政策，又恢复了合纵。

秦武王元年，大臣们日夜不停地诋毁张仪，而齐国又派使臣来责备张仪。张仪害怕被杀，就趁机对武王说：“我有一条不成熟的计策，希望献给大王。”武王说：“什么样的计策？”张仪回答说：“为秦国国家利益着想，必须使东方各诸侯国发生大的变故，然后大王才能多得割让的土地。如今，听说齐王非常憎恨我，我张仪所在的地方，齐王一定会出兵讨伐它。因此我希望让我这个不才之人到梁国(即魏国)去，齐国必然要出兵攻打梁国。当梁国和齐国的军队在城下纠缠而谁都没法脱身时，大王利用这个时机去攻打韩国，进入三川，军队开出函谷关但不要进攻，兵临周都，这样，周天子一定会献出祭器。大王就可以挟持天子，掌握天下的地图和户籍，这是帝王的功业啊。”秦武王认为他说得对，就准备了兵车三十辆，把张仪送到梁国，齐王果然出兵攻打梁国，梁哀王很害怕。张仪说:“大王不要担忧，请让我去退掉齐兵。”张仪就派他的门客冯喜前往楚国，借用楚国的使者前往齐国，对齐王说:“大王非常憎恨张仪，尽管如此，承蒙大王的帮扶，张仪在秦国更受器重了！”齐王说:“我憎恨张仪，张仪所在的地方，我一定出兵讨伐它，怎么会去帮助张仪呢？”使者回答说：“这就是大王帮扶张仪的做法。张仪离开秦国时，本来就和秦王约定说：‘为秦王着想，要使东方各诸侯国发生大的变故，然后秦王才能多得割让的土地。如今齐国非常憎恨我，我张仪所在的地方，齐王一定会出兵讨伐它。因此我希望让我这个不才之人到梁国去，齐国必然要出兵攻打梁国。梁国和齐国的军队在城下纠缠而谁都没法脱身时，大王利用这个时机去攻打韩国，进入三川，军队开出函谷关但不要进攻，兵临周都，这样，周天子一定会献出祭器。大王就可以挟持天子，掌握天下的地图和户籍，这是帝王的功业啊。’秦王认为张仪说得对，所以准备了兵车三十辆，把他送到了梁国。如今，张仪到了梁国，大王果然攻打它，大王对内消耗国力而对外攻打盟国，广泛树敌，使自己面临祸患，却让张仪得到秦王的信任。这就是我所说的大王您是在帮助张仪啊。”齐王说:“你说得对。”于是下令撤军。

张仪任魏国宰相一年，就死在了魏国。

陈轸是一个游说的策士。和张仪共同侍奉秦惠王，都受到重用而显贵，两人在秦惠王面前争宠。张仪在秦王面前说陈轸的坏话：“陈轸携带丰厚的财礼随意地来往于秦、楚之间，本应当搞好两国的邦交，可如今楚国没有对秦国更加亲善却善待陈轸，足见陈轸为自己打算得多而很少为大王着想啊。况且陈轸想要离开秦国前往楚国任职，大王为什么不让他走呢？”于是，秦惠王对陈轸说：“我听说先生想要离开秦国前往楚国，有这样的事吗？”陈轸说：“有。”秦惠王说：“张仪的话果然可信。”陈轸说：“不单是张仪知道这事，就连过路的人也都知道这事。昔日伍子胥忠于他的君主，天下各国的君主都争着想任命他为臣子；曾参孝敬他的父母，天下的父母都希望让他做自己的儿子。

所以被出卖的奴仆侍妾不用走出乡里就有人来买的，就是好奴仆；被抛弃的妻子还能在本乡本土嫁出去的，就是好女人。如今，陈轸如果不忠于自己的国君，楚王又凭什么认为陈轸能对他忠诚呢？忠诚却被抛弃，陈轸不去楚国又能去哪儿呢？”秦王觉得他的话说得对，于是就很好地对待他了。

陈轸在秦国过了一年，秦惠王最终任用张仪做宰相，于是陈轸投奔楚国，楚王没有重用他，却派他出使秦国。陈轸路过魏国，想要去见犀首，犀首推辞不见他。陈轸说：“我为要事而来，您不见我，我就要走了，不能等到第二天。”于是犀首便接见了他。陈轸说：“您怎么会喜欢上喝酒呢？”犀首说：“没事可做啊。”陈轸说：“请允许我使您有很多事做，可以吗？”犀首说：“怎么做？”陈轸说：“魏国宰相田需约各国诸侯合纵相亲，楚王迟疑，还未相信。您对魏王说：‘我和燕、赵两国的国君有旧交，他们多次派人来对我说：“闲着没事怎么不互相见见面”，我希望到他们那里去拜望一下。’魏王即使同意您，您也不必多要车辆，只要把三十辆车摆在庭院里，公开说要前往燕国和赵国。”犀首照陈轸的话办了。燕、赵两国的外交人员听了这个消息，急忙驱车回报各自的国君，派人迎接犀首。楚王听了这个消息非常生气，说：“田需和我相约，而犀首却去燕国和赵国，这分明是欺骗我呀。”楚王一怒之下不再理会田需合纵的事。齐国听说犀首前往北方，便派人把国家的政事托付给他，于是犀首去了齐国，这样燕、赵、齐三国的宰相事务，都由犀首决断。陈轸于是到了秦国。

韩国和魏国交战，战争持续了一年还没有结束。秦惠王想让他们和解，征求左右近臣的意见。左右近臣有的说让他们和解有利，有的说不和解有利，秦惠王不能对此事作出决断。正好陈轸回到了秦国，秦惠王说：“先生离开我去了楚国，还想念我吗？”陈轸回答说：“大王听说过越国人庄舄吗？”惠王说：“没有听说过。”陈轸说：“越人庄舄在楚国官至执珪的爵位，不久就生病了。楚王说：‘庄舄原本是越国一个地位低贱的人，如今在楚国官做到执珪的爵位，富贵了，还思念越国吗？’中谢回答说：‘大凡一个人思念自己的故乡，是在他生病的时候，如果他思念越国，就会操越国的腔调，如果不思念越国就会操楚国的腔调。'楚王派人去偷听，庄舄还是操越国的腔调。如今我虽然遭到遗弃而去了楚国，怎么能没有秦国的腔调呢？”惠王说：“好。现在韩国和魏国交战，整整一年都没有解除，大臣们有的对我说让他们和解有利，有的说不让他们和解有利，我未能作出决断，希望先生为你的楚国君主出谋划策之余，也替我考虑一下这件事。”陈轸回答说：“也曾有人把卞庄子刺虎的事讲给大王听吗？庄子准备刺杀猛虎，旅馆里的佣人劝阻他说：‘两只老虎正在吃牛，吃得香甜了必定会争夺，一争夺就一定会打起来，一打起来，大的受伤，小的死亡，这时候再去刺杀受伤的老虎，必然获得一举杀死两只老虎的声誉。’卞庄子觉得他说得对，站在旁边等待两虎相争，过了一会儿，两只老虎果然斗了起来，结果大的受了伤，小的死了，庄子追上受伤的老虎而杀死了它，果然获得了一举杀死两只老虎的功效。如今，韩、魏两国交战，整整一年了还未能解除，这样势必大国损伤，小国危亡，等大国受到损伤再去攻打它，必然会获得一举击败两个国家的实效。这和庄子刺杀猛虎是一类事啊。我为楚王谋划和为大王提供建议有什么区别呢？”惠王说：“说得好。”秦国最终没有让韩国和魏国和解。结果大国果然受到损伤，小国面临危亡，秦国趁机出兵攻打，战胜了他们。这都是陈轸的计谋啊。

犀首是魏国阴晋人，名衍，姓公孙。他与张仪关系不好。

张仪为了秦国前往魏国，魏王任用张仪为宰相。犀首觉得不利于自己，因此他派人对韩国的公叔说：“张仪已经让秦、魏两国联合了，他扬言说‘魏国攻打韩国的南阳，秦国攻打韩国的三川’。魏王之所以器重张仪，是想获得韩国的土地。况且韩国的南阳即将被攻下，先生为什么不把南阳交给公孙衍算作他的战功，那么秦国和魏国的联盟就会中断。这样一来，魏国一定会打秦国的主意而抛弃张仪，结交韩国而让公孙衍出任宰相。”公叔觉得这是个好主意，就把南阳交给犀首作为他的战功。犀首果然做了魏国的宰相，张仪离开了魏国。

义渠君前来朝拜魏王。犀首听说张仪重新担任秦国的宰相，认为这对自己很不利。犀首对义渠君说：“路途遥远，您很难再来这里相见了，请允许我把这些事情告诉您。”犀首接着说：“中原各诸侯国不联合起来讨伐秦国，秦国将会烧杀抢掠您的国家；中原各诸侯国共同讨伐秦国，秦国就会频繁地派遣使臣带着厚礼拉拢您的国家。”此后，楚、魏、齐、韩、赵五国共同讨伐秦国，陈轸便对秦王说：“义渠君是蛮夷中的贤明君主，不如赠送厚礼以求稳住他的心。”秦王说：“好。”于是把锦绣千匹和美女百名赠送给义渠君，义渠君召集群臣商量说：“这就是公孙衍和我所说的情形吧？”于是就出兵袭击秦国，在李伯城下大败秦军。

张仪去世以后，犀首到秦国做了宰相。他曾经佩带过五个国家的相印，担任过五国盟约的领袖。

太史公说：三晋出了很多善于权变的人物，那些主张合纵连横使秦国强大的，大多是三晋人。张仪行事的作风比苏秦有过之，可是世人厌恶苏秦的原因，是因为他先死，而张仪又夸张地揭露他的短处，以此来宣扬自己的说辞，促成了他的连横政策。总之，这两个人都真正称得上是倾邦覆国的人物啊！

（邓小棒 译）

《史记》卷七十一　樗里子甘茂列传第十一

樗里子，名疾，是秦惠王的弟弟，与惠王同父异母。他的母亲是韩国女子。樗里子能说会道、语多诙谐，足智多谋，所以秦国人都称他为“智囊”。

秦惠王八年，樗里子受封右更爵位，秦王派他率兵攻打魏国的曲沃，他把曲沃一带的人统统赶走，占领了城邑，把曲沃一带的土地并入了秦国。秦惠王二十五年，秦王任命樗里子为将军攻打赵国，俘虏了赵国将军庄豹，攻克了蔺邑。第二年，又协助魏章攻打楚国，打败了楚将屈丐(即屈匄)，夺取了汉中地区。秦王赐封樗里子，封号为严君。

秦惠王去世后，太子武王即位，赶走了张仪、魏章，而任命樗里子和甘茂为左、右丞相。秦王派甘茂攻打韩国，攻克了宜阳，然后派樗里子率领一百辆战车进入周朝都城。周天子派士兵列队迎接他，表现得很是恭敬。楚王得知后非常愤怒，责备周天子，认为周天子不该对樗里子优礼相待。游腾替周天子向楚王解释道:“当初知伯攻打仇犹，赠送给仇犹大车，趁机让军队跟在后面，结果仇犹灭亡了。为什么呢？就是因为没有防备的缘故啊。齐桓公攻打蔡国时，声称是讨伐楚国，其实是偷袭蔡国。如今的秦国，是个如虎狼一般凶恶的国家，派樗里子带着百辆战车来到周都，周天子是以仇犹、蔡国的教训来看待这件事情的，所以派手持长戟的士兵站在前面，让手挽强弓的士兵列在后面，表面说是护卫樗里子，实际上是把他看管起来，以防不测。再说，难道周天子不考虑自己国家的安危吗？我们也怕一旦亡国会给大王您带来麻烦。”楚王这才高兴起来。

秦武王去世后，昭王即位，樗里子更加受到尊重。

昭王元年，樗里子领兵攻打卫国的蒲城。蒲城的长官十分害怕，请胡衍给他出主意。于是胡衍出面替蒲城长官对樗里子说：“您攻打蒲城，是为了秦国，还是为了魏国？如果是为了魏国，那当然很好；如果是为了秦国，那就没有什么好处了。因为卫国之所以还能存在，就是因为蒲城。现在您攻打蒲城迫使它投降魏国，那么整个卫国就会转而依附魏国。魏国丧失了西河以外的国土而没有办法夺回来，这是因为魏国兵力薄弱啊。现在您攻打蒲城而导致卫国并入魏国，魏国必定会强大起来。魏国一旦强大起来，秦国所占领的西河以外的土地必然岌岌可危了。再说秦王会关注您的行动，如果您做的事有害于秦国而让魏国得利，秦王必定会加罪于您。”樗里子听了这番话之后说：“那应该怎么办呢？”胡衍说：“您放弃蒲城不要进攻，我试着替您到蒲城向他们说明，让卫国国君知道是由于您的贤德，才使卫国免此一劫。”樗里子说：“好吧。”胡衍进入蒲城后，就对蒲城的长官说：“樗里子已经知道蒲城困厄的处境了，他说一定要拿下蒲城。不过，我胡衍能让他放弃蒲城，不再进攻。”蒲城的长官听了胡衍这番话十分恐慌，对他拜了又拜连声说：“请您一定要帮忙。”于是献上黄金三百斤，说：“秦国军队如果真的撤退了，请务必允许我把您举荐给卫国国君，让您也能封得一块领地。”为此，胡衍从蒲城得到重金又使自己在卫国得以显贵。樗里子解围撤离了蒲城，回兵攻打魏国的皮氏，没有攻下来，只好又撤离了。

秦昭王七年，樗里子去世，葬在渭水南边的章台之东。他临终前预言说：“百年之后，将会有天子的宫殿耸立在我的墓旁。”樗里子嬴疾的住处在昭王庙西边渭水南岸的阴乡樗里，所以人们俗称他为樗里子。果然，到汉朝兴起，长乐宫就建在他墓的东面，而未央宫则建在他墓的西面，武库盖在了他墓的正南面。秦地的人们有句谚语说：“力气大的要数任鄙，智谋高的要数樗里。”

甘茂是下蔡人。曾跟随下蔡的史举先生学习诸子百家的学说。通过张仪、樗里子的引荐得以见到秦惠王。惠王接见后，很喜欢他，让他做了秦国的将军，去协助魏章夺取、平定汉中地区。

秦惠王去世后，武王即位。张仪、魏章相继离开秦国，向东去了魏国。这时正值秦公子蜀侯辉和蜀相陈壮谋反，武王就派甘茂去平定蜀地。返回秦国后，武王任命甘茂为左丞相，任命樗里子为右丞相。

秦武王三年，武王对甘茂说：“我要是能乘着垂帷挂幔的车子，通过三川，去看看周王室，那我死也能瞑目了。”甘茂领会了武王的意思，

便说 :“请让我前往魏国，约魏国一起攻打韩国，并请大王让向寿陪我一同前往。”武王答应了甘茂的请求。甘茂到了魏国，就对向寿说:“您现在回去，把出使的情况报告武王，就说‘魏国听从了甘茂的主张，但甘茂希望大王先不要去攻打韩国’。事情成功后，都算作您的功劳。”向寿回到秦国,按照甘茂的交代向武王报告,武王亲自到息壤迎接甘茂。甘茂抵达息壤后,武王问他不能先去攻打韩国的原因。甘茂回答说:“宜阳,是个大县,上党和南阳的物资长期积贮在那里。那里名义上是个县,实际上相当于一个郡。如今大王离开自己所凭据的险要关隘，远行千里去攻打它，想要取胜很难。当初曾参住在费邑，有个与曾参同名同姓的鲁国人杀了人，有人告诉曾参的母亲说‘曾参杀人了’，他的母亲听了继续织布，神情泰然自若。过了一会儿，一个人又跑来告诉他的母亲说‘曾参杀人了’，他的母亲仍然织布神情泰然自若。不一会儿，又有一个人告诉曾参的母亲说‘曾参杀人了’，他的母亲扔下梭子，走下织布机，翻墙逃跑了。以曾参的贤德和他母亲对他的信任，有三个人怀疑他，就使他母亲真的以为他杀人了而恐慌。现在我的贤能不及曾参，大王对我的信任也不及曾参的母亲对儿子曾参的信任，而怀疑我的绝对不仅仅是三个人，我唯恐大王有朝一日会像曾母投杼一样怀疑我啊。当初张仪为秦国向西吞并了巴蜀的土地，向北开拓了西河之外的疆域，向南夺取了上庸，天下人并未因此对张仪多加赞赏，而是认为先王贤能。魏文侯让乐羊率军攻打中山国，历经三年终于攻下中山。乐羊回到魏国论功请赏，魏文侯把一箱子毁谤他的书信拿给他看。乐羊看后一连两次行跪拜大礼说 :‘能够攻下中山国不是我的功劳，全靠主上的大力支持啊。’如今我不过是个寄居此地的臣子。如果樗里子、公孙奭二人会以韩国国力强为理由来议论攻打韩国的得失，大王必定会听取他们的意见，这样不仅大王欺骗了魏王而我也将遭到韩相公仲侈的怨恨。”武王说:“我不听他们的，我可以跟您立下誓约。”就这样，武王最终派丞相甘茂带兵攻打宜阳。过了五个月还没有拿下宜阳，樗里子和公孙奭果然提出反对意见。武王召见甘茂，打算撤兵。甘茂说:“我们当初在息壤定下的誓约还在那里。”武王说 :“有这么回事。”于是增派大量兵力，让甘茂攻打宜阳，斩敌六万人，终于攻克宜阳。韩襄王只好派公仲侈到秦国谢罪，与秦国讲和。

秦武王终于通过三川之地踏上了周都，最后死在周都。他的弟弟即位，就是秦昭王。昭王的母亲宣太后是楚国女子。楚怀王怨恨先前秦国在丹阳打败楚国的时候韩国没有出兵援救，于是就发兵围攻韩国的雍氏。韩王派公仲侈到秦国告急求援。当时秦昭王刚刚即位，太后又是楚国人，所以不肯出兵援救。公仲侈就去找甘茂，甘茂替韩国向秦昭王进言说："公仲侈正是估计可以得到秦国的援救，所以才敢抵抗楚国的。如今雍氏被围攻，秦军却不愿东出殽山救援，公仲侈将不再臣侍秦国而不来朝见了。韩公叔也将会让韩国向南与楚国联合，一旦楚国和韩国联合在一起，魏国就不敢不听他们的，这样一来，合攻秦国的形势也就形成了。您认为坐等别人进攻与主动进攻别人怎样做更有利呢？"秦王说："你说得很好。"于是发兵东出殽山去救韩国。楚国军队随即撤离。

秦王派向寿去平定宜阳，同时派樗里子、甘茂去攻打魏国的皮氏。向寿是宣太后的娘家人，从小与昭王一起长大，所以被昭王重用。向寿去楚国，楚王听说向寿在秦王面前很受宠，就优厚地礼遇向寿。向寿为秦国驻守宜阳，准备据此攻打韩国。韩国宰相公仲侈派苏代对向寿说："野兽被围困急了可以撞翻猎人的车子。您曾经攻破韩国，侮辱了公仲侈，公仲侈收拾韩国局面后就要去侍奉秦国，他自认为一定能受到秦国的封赏。如今您把解口送给楚国，又把杜阳封给了楚国的小令尹。秦、楚两国联合，如果再次攻打韩国，韩国必定会灭亡。如果韩国将亡，那么公仲侈必定会亲自率领他的亲信与秦国殊死一搏。希望您仔细地考虑一下这件事。"向寿说："我联合秦国和楚国并不是为了对付韩国，请您替我向公仲侈说明，说秦国可以和韩国结交。"苏代回答说："我还有一些话想对您讲。人们说尊重别人所尊重的东西，才能赢得别人的尊重。秦王与您亲近，比不上亲近公孙奭；秦王赏识您的智慧与才能，比不上赏识甘茂。可是如今这两人都不能直接参与秦国大事，而唯独您能与秦王一同决断秦国的大事，这是为什么呢？是因为他们都有使自己失信于秦王的地方啊。公孙奭偏向韩国，而甘茂偏向魏国，所以秦王不信任他们。如今秦国和楚国争强而您却偏袒楚国，这和公孙奭、甘茂的方式一样啊，您和他们还有什么区别呢？人们都说楚国是一个善变的国家，您一定会因为结交楚国而吃亏的，这是自找麻烦。您不如与秦王谋划以防楚国有变，联合韩国以防备楚国，这样就没有祸患了。韩国想亲附秦国必定先把国家大事交给公孙奭，而后才会是甘茂。韩国是您的仇敌。如今您提出联合韩国来防备楚国，这是外交结盟不避私仇的举动啊。”向寿说：“是这样，我也很想与韩国合作。”苏代说：“甘茂已经答应公仲侈把武遂还给韩国，让被驱逐的宜阳百姓返回宜阳，现在您却只想着收回武遂，事情就很难办了。”向寿说：“既然如此，那该怎么办呢？武遂最终不能得到吗？”苏代回答说：“您为什么不以秦国的名义，替韩国向楚国索要颍川呢？颍川本来就是韩国的国土，如果您把它要了回来，这既说明您的政令在楚国能够推行，又能够拿楚国的土地对韩国行恩德。如果您要不回来，这样韩国和楚国的仇恨不能化解就会交相投靠秦国。秦、楚两国争强，您对楚国稍加责备就可以使韩国向您靠拢，这有利于秦国。”向寿说：“为什么呢？”苏代回答说：“这是件好事啊。甘茂想依靠魏国的力量去攻取齐国，公孙奭打算凭借韩国的势力去攻取齐国。如今您有稳定宜阳的功劳，又联合了楚国和韩国来稳固它的安定局面，进而再讨伐齐国和魏国的罪过，这样一来，公孙奭和甘茂就不可能再有什么作为了。”

最终甘茂还是劝秦昭王把武遂归还给了韩国。向寿和公孙奭竭力反对也没有用。向寿和公孙奭因此忌恨甘茂，想方设法诋毁他。甘茂害怕了，停止攻打魏国的皮氏，逃离了秦国。然后樗里子就去与魏国和解，撤兵作罢。

甘茂逃出秦国跑到齐国，路上恰巧碰到了苏代。当时，苏代正准备替齐国出使秦国。甘茂说：“我在秦国获罪，因为害怕而逃了出来，现在连个容身之地都没有。我听说贫家女子和富家女子在一起纺线，贫家女子说：‘我没有钱买蜡烛，幸好您的烛光绰绰有余，请您分给我一点余光，这对您的照明没有任何损害，却使我同您一样享用烛光的便利。’如今我处于困境，而您正好要出使秦国，大权在握。我的老婆孩子还在秦国，希望您顺便帮他们一把。”苏代答应了他，完成出使的任务后，苏代借机对秦王说：“甘茂是个不一般的人啊。他居住秦国多年，受到几代君王的重用。从殽塞到鬼谷一带地形哪里险要，哪里平展，他都了如指掌。假如他让齐国与韩、魏两国约盟联合，反过来图谋秦国，这对秦国可不是什么好事啊。”秦王说：“既然如此，那该怎么办呢？”苏代说：“大王不如送他贵重的礼物，给他高官厚禄，迎接他回来，假使他回来了，就把他安置在鬼谷，一辈子不准出来。”秦王说：“好。”随即赐封甘茂为上卿，并派人带着相印到齐国去迎接他。甘茂不回去。苏代对齐湣王说：“那个甘茂，可是个贤人。现在秦国已经赐封他为上卿，带着相印来齐国迎他回去。甘茂感激大王的恩德，愿意做大王的臣子，所以推辞秦国而没有回去。现在大王准备拿什么来礼遇他？”齐王说：“好。”立即以甘茂为上卿，把他留在了齐国。秦国也免除了甘茂家属的赋税徭役来同齐国争着拉拢甘茂。

齐国派甘茂出使楚国，这时楚怀王刚刚与秦国联姻，两国相处甚欢。秦王听说甘茂在楚国，就派人对楚王说：“希望您把甘茂送到秦国来。”楚王询问范蜎说：“我想派一个人去秦国当宰相，谁比较合适？”范蜎回答说：“我没有能力来判别这件事。”楚王说：“我打算让甘茂去任宰相，可以吗？”范蜎回答说：“不可以。那个史举，是下蔡一个看守城门的，大者不能侍奉国君，小者连个家都养不好，以苟且卑贱，节操不廉为世人所知，可是甘茂对他却很恭敬。因此，像惠王那样明辨，武王那样苛察，张仪那样善辩，甘茂能够一一奉事他们，连续为官十几任而没有招致罪罚，这些都足以表明甘茂的确是个能人，但不能让他去秦国任宰相。因为秦国有贤能的宰相，对楚国来说是不利的。况且大王先前曾派召滑去越国任职，结果他暗地里鼓动章义发难，搞得越国大乱，因此楚国才能乘机攻占厉门为楚国的边塞，拿下江东作为楚国的郡县。我觉得大王之所以能取得这样的功绩，其原因就是越国大乱而楚国大治。如今大王只知道把这种策略用于越国却忘记用于秦国，我认为这是个重大的过失。话说回来，您若打算在秦国安置宰相，没有比向寿更为合适的人选了。向寿对于秦王来说，是亲戚关系，小时候与秦王同穿一件衣服，长大后同乘一辆车，因此向寿能够直接参与国家大政。大王如果安置向寿去秦国任宰相，那肯定是对楚国有利的。”于是楚王派使臣去请求秦王任用向寿为秦国宰相。秦国最终让向寿担任了宰相职位。甘茂也因此没能再回到秦国，最后死在了魏国。

甘茂有个孙子叫甘罗。

甘罗是甘茂的孙子。甘茂去世时，甘罗才十二岁，侍奉秦国宰相文信侯吕不韦。

秦始皇派刚成君蔡泽到燕国，三年后燕王喜派太子丹到秦国做人质。秦国想派张唐去燕国任宰相，打算和燕国一起攻打赵国来扩张河间一带的国土。张唐对文信侯说："我曾经为秦昭王攻打过赵国，所以赵国怨恨我，曾声称：'谁能够抓住张唐，就赏赐百里方圆的土地。'如今我若是前往燕国必定要经过赵国，所以我不能去。"文信侯听了很不高兴，可是又没办法勉强他。甘罗见了，问道："君侯您为什么如此闷闷不乐？"文信侯说："我让刚成君蔡泽侍奉燕国已有三年，燕国太子丹也已经来秦国做人质了，现在我亲自请张唐去燕国任宰相，他却不愿意去。"甘罗说："请允许我说服他前往燕国。"文信侯呵斥道："走开！我亲自请他去，他都不愿意，你怎么能让他去？"甘罗说："项橐七岁就能当孔子的老师。我现在已经满十二岁了，您可以让我去试一试，何必急着呵斥我呢？"文信侯同意了。于是甘罗去拜见张唐说："您的功劳和武安君白起相比，谁的功劳大？"张唐说："武安君向南挫败了强大的楚国，向北威震燕、赵两国，攻城必克，夺城取邑，不计其数，我的功劳当然比不上他。"甘罗又说："过去的应侯范雎在秦国任宰相，与如今的文信侯相比，谁的权力大？"张唐说："应侯不及文信侯权力大。"甘罗说："您真的知道应侯不如文信侯权力大吗？"张唐说："我知道这一点。"甘罗说："应侯想要攻打赵国，武安君故意为难他，结果武安君刚离开咸阳七里路就死在杜邮。如今文信侯亲自请您去燕国任宰相而您不愿意去，我不知您将死在什么地方。"张唐说："那就依你这个孩童的意见前往燕国吧。"于是让人收拾行装，准备出发。

张唐出发的日期确定后，甘罗对文信侯说："借给我五辆马车，请允许我为张唐先到赵国打个招呼。"于是文信侯进宫对秦始皇说："甘茂的孙子甘罗，年纪虽小，却不愧为名门子孙，各国诸侯都知道他。近来张唐想借口有病不愿意前往燕国，甘罗说服了他，使他毅然前往。

现在甘罗请求先到赵国把张唐的事通报一声，请大王答应并派他前往。”于是秦始皇召见甘罗，并派他前往赵国。赵襄王亲自到郊外迎接甘罗。甘罗对赵王说：“大王听说燕国太子丹到秦国做人质这件事吗？”赵王回答说：“听说过这件事。”甘罗说：“可曾听说张唐要前往燕国担任宰相？”赵王回答说：“听说了。”甘罗接着说：“燕国太子丹到秦国来，这表明燕国不欺骗秦国。张唐到燕国担任宰相，这又表明秦国不欺骗燕国。燕国和秦国互不相欺，如果联合攻打赵国，赵国就危险了。燕、秦两国互不相欺，没有别的缘故，就是打算攻打赵国来扩大自己在河间一带的领地。大王不如主动送给我五座城邑来扩大秦国在河间一带的领地，我回去可以请求秦王把燕国太子送回去，再与强大的赵国联合一同攻打弱小的燕国。”赵王立即亲自割让五座城邑给秦国，以此满足秦国扩大河间一带领土的目的，秦国送回燕国太子。于是赵国攻打燕国，一举攻取了上谷一带三十座城邑，给了秦国其中的十一座。

甘罗回来向秦王汇报，秦王于是封甘罗做上卿，又把原先甘茂的田地房宅赐给了甘罗。

太史公说：樗里子因为是秦王的骨肉兄弟而受到重用，这本来就是常理，但更为重要的是秦国人称颂他的聪明才智，因此写史者较多地采录了他的事迹。甘茂出身于下蔡平民，名声显扬于各国诸侯，受到了强大的齐国和楚国的重视。甘罗年纪很小，然而献出一条妙计，名垂后世。虽然他们算不上品行忠厚高尚的君子，但确实是战国时代名副其实的策士。当时正处于秦国日益强盛的时期，天下尤其盛行权变谋诈之术。

（邓小棒 译）

《史记》卷七十二　穰侯列传第十二

穰侯魏冉，是秦昭王母亲宣太后的弟弟。他的先世是楚国人，姓芈。

秦武王去世，因为没有儿子，所以立他的弟弟为国君，就是秦昭王。秦昭王的母亲原先的封号是芈八子，等到昭王即位，芈八子被尊称为宣太后。宣太后不是武王的亲生母亲。武王的亲生母亲是惠文后，她在武王去世之前就去世了。宣太后有两个弟弟：她的同母异父的大弟弟叫穰侯，姓魏，名冉；她的同父同母的小弟弟叫芈戎，就是华阳君。昭王还有两个同母的弟弟：一个是高陵君，一个是泾阳君。其中，魏冉最为贤能，从秦惠王、秦武王时起就已担任要职，受到重用。武王死后，他的弟弟们争夺王位，只有魏冉有力量能拥立昭王。昭王即位后，任命魏冉为将军，守卫咸阳。后来魏冉又平定了季君公子壮之乱，并且把武王的王后驱逐到魏国，昭王的那些兄弟中有图谋不轨的一一被诛灭，从此魏冉威震秦国。当时昭王年纪还小，宣太后亲自治理朝政，让魏冉执掌大权。

昭王七年，樗里子去世，秦国派泾阳君到齐国做人质。赵国人楼缓来秦国担任宰相，赵国觉得对他们不利，于是派仇液前往秦国，请求让魏冉担任秦国宰相。仇液临行前，他的门客宋公对仇液说："如果秦王没有采纳您的建议，楼缓必定会对您心生怨恨。您不如对楼缓说'为您着想，我打算劝说秦王不要急于任命魏冉为宰相。'秦王看到赵国使者并没有急切地请求任用魏冉为宰相，一定感到很奇怪，将不会采纳您的建议。您这样说了，如果请求让魏冉担任秦国宰相的事情没有成功，那么楼缓一定会感激您；如果事情成功了，那么魏冉当然会感激您了。"于是仇液听取了宋公的建议。秦国果然免掉了楼缓而让魏冉做了宰相。

秦昭王想诛杀吕礼，吕礼逃到了齐国。秦昭王十四年，魏冉举荐白起为将军，派他代替向寿率兵攻打韩国和魏国，在伊阙打败了韩、魏联军，斩敌二十四万，俘虏了魏将公孙喜。第二年，又攻占了楚国的宛县和叶县。这一年魏冉托病辞去了相位，秦王任用客卿寿烛为宰相。第二年，寿烛免职，重新任用魏冉为宰相，并把穰地封赏给魏冉，后来又加封定陶给他，称他为穰侯。

穰侯受封后的第四年，担任秦国将领攻打魏国。魏国被迫献出黄河以东方圆四百里的土地。后来他又攻占了魏国的河内地区，夺取了大小城邑六十余座。秦昭王十九年，秦昭王自称西帝，齐湣王号称东帝。过了一个多月，吕礼来到秦国，齐国和秦国各自取消了帝号重新称王。魏冉再次担任秦国宰相，穰侯受封后第六年被免去相位。免相后二年，第三次出任秦国宰相。在第四年时，他派白起攻占了楚国的郢都，秦国在那里设置了南郡。于是赐封白起为武安君。白起是由穰侯所举荐的，两人关系甚好。当时，穰侯财富之多，比王室还要富有。

秦昭王三十二年，穰侯担任宰相，率兵攻打魏国，打败了魏将芒卯，夺取了北宅，随即包围了魏国都城大梁。魏国大夫须贾劝穰侯说："我听魏国的一位大臣对魏王说：'昔日梁惠王攻打赵国，占领了三梁，攻取了邯郸；而赵王坚持不肯割地，最终邯郸还是被收了回来。齐国人攻打卫国，攻占了国都楚丘，杀死了大臣子良；而卫国也坚持不肯割地，后来国都楚丘重又返归卫国所有。卫、赵两国之所以能保全国家，兵力强劲而不被诸侯兼并，原因在于他们能够忍受苦难而不轻易割让国土。宋国和中山国一遭到侵犯就割让国土，国家也随之灭亡了。我认为卫、赵两国的做法值得学习借鉴，而宋国和中山国的做法应当引以为戒。秦国是个贪婪暴戾的国家，不能和它亲近。它蚕食魏国，把原属晋国之地全部占为己有，打败韩将暴鸢，割取韩国八个县，土地还没全部收入囊中，军队又耀武扬威地出动了。秦国怎么会有满足的时候啊？现在又败走芒卯，夺取了北宅，这并不是秦国真的敢攻打魏都，而是要挟大王来达到获取更多割地的目的。大王千万不要听从他们。现在如果大王背弃楚、赵两国而与秦国讲和，楚国和赵国必定一怒之下背离大王，和大王一起争着讨好秦国，秦国必然会接受他们。那时如果秦国带着楚、赵两国的军队再来攻打魏国，魏国想要不亡国是不可能的了。希望大王一定不要与秦国结盟。大王如果非要结盟，也一定要少割地并且要有人质作担保；否则必定会上当受骗。'这是我在魏国所听到的，希望您以此作为考虑问题的出发点。《周书》上说'天命不是固定不变的。'说的是一个国家或一个人不可能总是那么幸运。秦国战胜暴鸢，割取韩国八个县，这既不是因为兵力的精良，也不是因为计谋的高超，主要靠的是运气。如今秦国又打败了芒卯，夺取了北宅，接着包围了大梁，这表明秦国把上天给予的运气当成了常规，聪明人是不会这样的。我听说魏王已经调集了上百个县的所有精兵良将来保卫大梁，我估计不下三十万人。以三十万大军来守卫五丈高的城墙，我认为即使商汤、周武王在世，也没法轻易攻下来。况且秦国置背后的楚、赵两国军队于不顾，想要强行登上五丈高的城墙，与三十万大军对垒，而且志在必得，我认为从开天辟地至今，还不曾有过。如果攻而不克，秦兵必然疲惫不堪，到时候定陶必定丧失，就前功尽弃了！如今魏王正犹豫不决，可以让他少割点土地而收其为盟国。希望您抓住楚国和赵国的援军尚未到达大梁的时机，赶紧让魏国少割点土地以收服他。魏国正在犹豫之中，会认为少割土地换取大梁解围是有利于魏国的，一定愿意这样做，而您也得到了您想要的东西。魏国抢先与秦国媾和，楚、赵两国定会非常恼怒，必定争相侍奉秦国，合纵联盟也会因此瓦解，然后您就可以不紧不慢地选择对象逐个攻破。况且，您要获取土地难道一定得依靠武力吗！割取了原晋国之地，秦军用不着进攻，魏国也必然献上绛和安邑两个县。如此一来，又为您打开了河西、河东两条通道，原来宋国之地也将统统归秦国所有，随即卫国必然献出单父。秦军丝毫未损，那时候您再指挥他们掌控天下局势，还有什么东西不能得到，还有什么行动不能成功呢？希望您仔细考虑围攻大梁这件事，不要去做那些冒险的事情。”穰侯说：“很好。”于是解除了对大梁的包围。

第二年，魏国背叛了秦国，与齐国合纵相亲。秦王派穰侯攻打魏国，斩杀四万人，魏将暴鸢战败而逃，穰侯攻占了魏国的三个县。穰侯因此又得到了加封。

第二年，穰侯与白起、客卿胡阳再次攻打赵国、韩国和魏国，在华阳城下打败魏将芒卯，杀敌十万人，占领了魏国的卷县、蔡阳、长社和赵国的观津。然后又把观津还给赵国，并且给赵国增加了兵力，让赵国去攻打齐国。齐襄王害怕，就派苏代替齐国暗中送给穰侯一封信说：“我听从秦国来的人说‘秦国将要给赵国增援四万人马来攻打齐国’，我私下里肯定地告诉我们齐王‘秦王英明而深谙谋略，穰侯机智而精通军事，一定不会给赵国增兵四万来讨伐齐国’。为什么呢？韩、赵、魏三国联合，这是秦国所深恶痛绝的。它们上百次地背叛秦国，上百次地欺骗秦国，却都不认为是不守信用的，不认为是不讲道义的。现在如果打垮齐国来使赵国得以强盛，赵国是秦国的仇敌啊，这显然不利于秦国。这是第一点。秦国的谋士们一定会说‘攻打齐国是为了拖垮三晋和楚国，然后制服他们获得胜利’。其实，齐国现在已经精疲力竭，联合天下诸侯攻打齐国，如同用千钧强弓去破溃烂的脓疮，齐国必定灭亡，但怎么能拖垮三晋和楚国呢？这是第二点。秦国如果出兵太少，那么三晋和楚国不会相信秦国；如果出兵太多，那么三晋和楚国将会受制于秦国。齐国害怕被讨伐，就不会投靠秦国，而必定投靠三晋和楚国。这是第三点。秦国以瓜分齐国来引诱三晋和楚国，而三晋和楚国派军队进驻固守，秦国反而会腹背受敌。这是第四点。这种做法就是让三晋和楚国借秦国之力算计齐国，再用齐国之地来对付秦国，为什么三晋和楚国是如此的聪明而秦国和齐国却如此的愚蠢呢？这是第五点。所以，秦国得到安邑后把它治理好，也就必然没有祸患了。秦国据有了安邑，韩国的上党必然会丧失。夺取天下的中心地带，与贸然出兵伐齐而无法估量后果相比较，哪一种更有利？秦王英明而深谙谋略，穰侯机智而精通军事，一定不会给赵国增兵四万来讨伐齐国。”于是穰侯没有去攻打齐国，而是领兵回国了。

秦昭王三十六年，相国穰侯与客卿灶商议，准备攻打齐国夺取刚、寿两城以扩大自己在定陶的封地。这时魏国的范雎自称为张禄先生，讥笑穰侯竟然想越过韩、赵、魏去攻打齐国，他趁此机会求见劝说秦昭王。昭王于是任用了范雎。范雎向昭王指出宣太后在朝内专制，穰侯在外事上专权，泾阳君、高陵君等人则太过奢侈，甚至比王室还要富有。这使秦昭王幡然醒悟，于是免去穰侯相国职位，命令泾阳君等人一律离开关内，到自己的封地去。穰侯出函谷关时，装载物品和人员的车子有一千多辆。

穰侯在定陶去世，就葬在了那里。秦国收回了定陶并设立为郡。

太史公说：穰侯是秦昭王的亲舅舅。秦国之所以能够向东扩张领土，削弱诸侯，昭王曾称帝于天下，各国诸侯都向秦国俯首称臣，这都是穰侯的功劳。等到他极度富贵的时候，一个人把事情向秦昭王道破，就弄得他屈居下位，权势被夺，郁郁而终，更何况那些寄居异国的臣子呢！

（邓小棒 译）

《史记》卷七十三　白起王翦列传第十三

白起是陕西郿县(今眉县)人。善于用兵,奉事秦昭王。昭王十三年,白起为左庶长,率军攻打韩国的新城。这一年,穰侯担任秦国的宰相。他举荐任鄙做了汉中郡守。第二年,白起被封为左更,与韩、魏联军在伊阙交战,杀敌二十四万人,又俘虏了魏国将领公孙喜,占领了五座城邑。白起升迁为国尉。他率兵渡过黄河夺取了韩国安邑以东直到干河一带的大片土地。第三年,白起被封为大良造。率兵攻打魏国并战胜了它,夺取了大小城邑六十一座。第四年,白起与客卿司马错攻打垣城,占领了那里。此后的第五年,白起攻打赵国,攻占了光狼城。又过了七年,白起攻打楚国,占领了鄢、邓等五座城邑。第二年,白起又攻打楚国,占领了楚国的郢都,烧毁了楚国先王的陵墓,一路向东打到竟陵。楚王逃离郢都,向东奔逃迁都到陈县。秦国把郢都设为南郡。白起升迁为武安君,他趁势攻取楚地,平定了巫山和黔中两郡。秦昭王三十四年,白起攻打魏国,占领了华阳,使芒卯败逃,并且俘获了赵国和魏国的将领,杀敌十三万人。白起与赵国将领贾偃交战,把赵国两万降兵扔到了黄河里。秦昭王四十三年,白起攻打韩国陉城,攻占了五座城邑,杀敌五万人。秦昭王四十四年,白起攻打韩国南阳的太行道,阻绝了这条通道。

秦昭王四十五年,白起攻打韩国的野王城,野王投降了秦国,韩国的上党郡同韩国的联系被切断。上党郡守冯亭和当地的百姓谋划说:“通往国都新郑的道路已经被切断,韩国肯定不能再管我们了。秦兵正一天天逼近,韩国无法接应我们,不如以上党归附赵国。赵国如果接纳我们,秦国一怒之下必定攻打赵国。赵国遭到攻击,必然亲近韩国。韩国和赵国团结一致,就可以抵挡秦国。”于是派人通报赵国。赵孝成王和平阳君、平原君一起商量这件事,平阳君说:“还是不要接受。接受了它,带来的祸患大于所得到的好处。”平原君说:“平白无故得到一郡,还是接受它好。”于是赵王接受了上党,封冯亭为华阳君。

秦昭王四十六年,秦国进攻韩国的缑氏和蔺邑,占领了它们。

秦昭王四十七年，秦王派左庶长王龁攻打韩国，夺取了上党。上党的百姓都往赵国逃跑。赵国驻军长平，来镇抚上党的百姓。四月，王龁向赵国展开攻击。赵王派廉颇去统率军队。赵军士兵侵犯了秦军侦察兵，秦军侦察兵杀死了赵军副将茄。六月，秦军攻陷赵军，夺取了两个城堡，俘虏了四个校尉。七月，赵军加筑防御工事固守。秦军又对这些防御工事发动了进攻，俘虏了两个校尉，攻破了赵军阵地，占领了西边的营垒。于是廉颇固守在营垒里等待秦军发动进攻，秦军多次挑战，赵军就是不出城应战。为此，赵王多次指责廉颇。这时，秦国丞相应侯范雎派人带着千金前往赵国施行反间计，大肆宣扬说："秦军所厌恶忌讳的，就是怕马服君赵奢的儿子赵括为统帅，廉颇容易对付，他马上就要投降了。"赵王本来就恼怒廉颇军队伤亡很大，屡次战败，而且还坚守营垒不敢出战，再加上听到秦国散布的许多反间谣言，于是派赵括取代廉颇率兵攻击秦军，秦国听说马服君的儿子赵括担任主帅，就暗地里派武安君白起担任上将军，让王龁担任尉官副将，并命令军中有谁敢泄露武安君白起出任主将的，格杀勿论。赵括一到长平，就出兵进攻秦军。秦军假装战败而逃，暗中布置了两支突袭部队准备截断赵军的后路。赵军乘胜追击，一直追到秦军的营垒。秦军的营垒非常坚固，赵军攻不进去，而秦军的一支两万五千人的突袭部队已经截断了赵军的后路，另一支五千人的骑兵插入赵军的营垒之间，断绝了它们之间的联系，赵军被一分为二，运粮的通道也被掐断。这时秦军派出轻装精兵进攻赵军，赵军交战失利，只好构筑壁垒固守，等待援兵到来。秦王得知赵国运粮的通道被截断，亲自到河内，赐予百姓爵位各一级，征调十五岁以上的青壮年全都前往长平战场，拦截赵国赶往长平的救兵，断绝赵军的粮食。

到九月时，赵国士兵没有食物已经四十六天了，士兵们纷纷暗中自相残杀以人肉充饥。困厄至极的赵军不顾一切地向秦军营垒发动攻击，想要突围出去。他们编为四队，轮番进攻了四五次，仍然没能冲出去。赵军主将赵括派出精锐部队亲自披挂上阵与秦军搏杀，结果秦军射杀了赵括。赵括的军队大败，四十万士卒投降武安君。武安君谋划着说："前者秦军夺取上党，上党的百姓不愿意做秦国的臣民而归附了赵国。赵国士兵反复无常，如果不把他们都杀掉，恐怕会出乱子。”于是用计把赵国降兵全部活埋，留下其中年纪小的二百四十人，把他们放回了赵国。这一仗前后擒杀赵军四十五万人，赵国上下大为震惊。

秦昭王四十八年十月，秦军再次平定了上党郡。然后秦军兵分两路：王龁攻克了皮牢，司马梗平定了太原。韩国和赵国大为惊恐，于是派苏代带着丰厚的礼物去劝说秦相应侯，他先问道：“武安君擒杀了马服君的儿子赵括吗？”应侯回答说：“是的。”苏代又问：“马上就要围攻邯郸了吗？”应侯回答说：“是的。”苏代说：“赵国一旦灭亡秦王就要君临天下了，武安君必将成为国家的三公。武安君为秦国打败敌人攻取的城邑有七十多座，他向南平定了楚国的鄢、郢及汉中地区，向北俘获了赵括的军队，即使历史上赫赫有名的周公、召公和吕望的功劳恐怕也不能超过这些了。现在如果赵国灭亡，秦王君临天下，那么武安君必定被封为三公，您甘愿屈居于他之下吗？那时候即使您不甘心屈居于他之下，恐怕也不行了吧。秦国曾经攻打韩国，包围邢丘，控制了上党，上党的百姓都转而归附赵国，天下百姓不愿意做秦国的臣民时间已经很久了。现在如果灭亡了赵国，赵国北边的土地将归入燕国，东边的土地将并入齐国，南边土地将落入韩国和魏国，这样一来，您所得到的百姓就没有多少了。还不如趁此机会割取韩国和赵国的土地，不要再让他们成为武安君的战功了。”应侯听后觉得苏代说得很有道理，于是向秦王进言道：“秦国士兵已经很疲劳了，请您允许韩国和赵国割地讲和，暂且让士兵们休整一下。”秦王听从了他的建议，割取了韩国的垣雍和赵国的六座城邑与他们讲和。正月，秦军全部撤退。武安君得知了整个事情的前因后果，从此与应侯有了矛盾。

这一年九月，秦国再次出兵，派五大夫王陵攻打赵国的都城邯郸。当时武安君有病在身，不能率师出征。昭王四十九年正月，王陵攻打邯郸，进展不太顺利，秦王便增派部队支援王陵。结果王陵损失了五个校的人马。武安君病好了，秦王想派武安君代替王陵为将。武安君进言说：“邯郸确实不易攻下。而且各国诸侯的救兵很快就要到了，那些诸侯国怨恨秦国时日已久了。现在秦国虽然消灭了长平的赵军，但是我们自己的士兵也死伤过半，国内空虚。远行千里跋山涉水去争夺别人的国都，赵军在城内接应，诸侯各国的军队从外面进攻，击破秦军是必然的。不能这样了。”秦王亲自下令，武安君不肯出发前往；于是就派应侯去请他，但武安君始终推辞不肯出征，后来干脆称病不起。

秦王派王龁代替王陵统率部队，八、九月围攻邯郸，没能攻下来。楚国派春申君以及魏公子信陵君领兵数十万攻击秦军，秦军伤亡惨重。这时，武安君说：“秦王不听从我的建议，现在怎么样了！”秦王听了这番话，非常恼怒，强令武安君赴前线就任，武安君推说病情严重。应侯范雎再次去请他，武安君还是推辞不去赴任。于是秦王一怒之下免去武安君的官爵把他降为士兵，下令把他发配到阴密。武安君因为有病在身，迟迟没有出发。又过了三个月，诸侯联军对秦军的攻势更加猛烈，秦军连连败退，前线告急的使者天天都有。秦王就派人催促白起，使他不得留在咸阳城中。武安君没有办法，只好上路，走出咸阳西门十里路，到了杜邮。秦昭王与应侯以及群臣商量说：“白起对于这次流放是耿耿于怀的，他很不服气，心存怨言。”于是秦王派使者赐给白起一把剑，让他自杀。武安君拿着剑将要自刎时，仰天长叹道：“我到底有什么罪过竟落得如此结果？”过了好一会儿，又说：“我本来就该死。长平之战，赵国有几十万士卒投降，我用计把他们统统活埋，就这一条，足够以死谢罪了。”说罢自刎而死。武安君死在秦昭王五十年十一月。武安君的死并不是因为他有罪，秦国人都很同情他，所以许多乡村城镇都祭祀他。

王翦是频阳东乡人。他从小就喜欢兵法，后来侍奉秦始皇。始皇十一年，王翦领兵攻打赵国的阏与，不仅攻下了它，还一连拿下了九座城邑。始皇十八年，王翦领兵攻打赵国。一年多就打败了赵国，赵王投降，赵国各地全部被平定，成了秦国的一郡。第二年，燕国派荆轲到秦国刺杀秦王，秦王盛怒之下派王翦攻打燕国。燕王喜逃到辽东，于是王翦平定了燕国都城蓟凯旋。秦王派王翦的儿子王贲进攻楚国，楚兵战败。王贲回兵攻打魏国，魏王投降，于是平定了魏国。

秦始皇消灭了韩国、赵国和魏国，赶走了燕王喜，又多次击败楚军。秦国将领有个叫李信的，年轻勇猛，曾带着几千士兵一路追击燕太子丹到衍水，最后击败燕军，活捉太子丹，秦始皇认为李信贤能勇敢。于是问李信："我想要攻取楚国，在将军看来需要征调多少人才够？"李信回答说："最多不过二十万人。"秦始皇又问王翦，王翦回答说："没有六十万人是不行的。"秦始皇说："王将军老喽，不然为何如此胆小呀！李将军的确果断勇敢，看来他的话是对的。"于是始皇派李信和蒙恬领兵二十万向南进发攻打楚国。王翦的意见没有得到采纳，于是就推托有病，回到家乡频阳去养老。李信攻打平与，蒙恬攻打寝邑，大败楚军。李信又攻破了鄢郢，于是率领部队向西进发，准备和蒙恬在城父会师。这时候，楚军正尾随李信的队伍，连续三天三夜不停歇地行军追击，结果大败李信军，攻入两个大营，杀死了七个都尉，秦军大败而逃。

秦始皇听到李信战败的消息，非常恼怒，亲自乘车赶往频阳，见到王翦后道歉说："我因为没采纳将军您的计策，导致如今李信兵败使秦军受辱。现在听说楚军一天天向西逼进，将军尽管有病在身，又怎么忍心抛弃我呢！"王翦推辞说："老臣多病又糊涂，希望大王另请高明。"秦始皇再次表示歉意说："好了，将军不要再推辞了！"王翦说："如果大王不得已而非要用我，伐楚没有六十万人不行。"秦始皇说："一切都听将军的。"于是王翦率领六十万大军出发了，秦始皇亲自送他到灞上。王翦临行前，请求始皇赐予他很多的良田、美宅、园林池苑等。秦始皇说："将军尽管上路好了，何必担心日后贫贱啊？"王翦说："为大王将兵，即使有功也得不到封侯赐爵，所以趁着大王器重我的时候，我也得及时请求大王赐予园林池苑来给子孙后代置份家业吧。"秦始皇听了哈哈大笑。王翦到函谷关后，又连续五次派使者回去请求始皇赐予良田。有人说："将军如此频繁地向秦王提出要求，也太过分了吧。"王翦说："不是这样的。秦王生性粗暴而又多疑。如今他把秦国全部的士兵都委托给我，我不多请求他赏赐田宅，给子孙们置份家业来让他对我坚信不疑，难道要让秦王平白无故地怀疑我吗？"

于是王翦代替李信攻击楚国。楚王听说王翦又带来了更多秦军，就发动全国的军队来抵抗秦兵。王翦到达前线，修筑坚固的营垒防守，不肯出兵交战。楚军屡次挑战，秦军始终不出来应战。王翦每天让士兵们休息、洗浴，好吃好喝地抚慰他们，亲自与士兵一同进餐。就这样过了很长时间，王翦派人询问军中都在玩些什么游戏？去的人回来报告说："正在比赛投石、习武跳跃。"于是王翦说："士兵可以投入战斗了。"楚军屡次挑战而秦军不肯出来应战，于是领兵向东而去。王翦趁机出兵追击他们，命令军中的勇士发动进攻，大败楚军。王翦乘胜追击一路追到蕲南，杀死了楚国的将军项燕，于是楚兵纷纷败逃。秦军乘胜追击，占领并平定了楚国城邑。一年多以后，俘虏了楚王负刍，最后平定了楚地并把它设为秦国的郡县。王翦又乘势挥兵南下讨伐百越国王。与此同时，王翦的儿子王贲与李信攻破并平定了燕国和齐国。

秦始皇二十六年，统一了天下，在这个过程中，王氏父子和蒙恬兄弟的功劳最多，名声流传于后世。

秦二世的时候，王翦和他的儿子王贲都已经去世了，秦二世又诛灭了蒙氏家族。陈胜起兵反秦，秦二世派王翦的孙子王离攻打赵国，把赵歇和张耳围困在巨鹿城。有人说："王离，是秦朝的名将。如今他率领强大的秦军攻打刚刚建立的赵国，打败它是必然的。"一个门客说："不是这样的。那些为将世家到了第三代必然会失败。必然失败的原因是什么呢？那一定是因为他们世家杀戮的人太多了，他们的后代就要承担报应。现在王离已是第三代将领了。"没多久，项羽率兵救赵，攻击秦军，果然俘虏了王离，王离的军队也都投降了诸侯军。

太史公说：俗话说"尺有所短，寸有所长。"白起分析敌情能随机应变，奇招妙计用之不尽，名震天下，然而却不能逃脱应侯之患。王翦作为秦国将领，平定六国，无愧为当时的一代名将，秦始皇尊其为师，可是他却不能辅佐秦始皇建立德政，巩固国家根基，而只是一味地苟且迎合，取悦人主，直至去世。等到他的孙子王离被项羽俘虏，不也是理所应当的吗！他们也确实是各有所短啊。

（邓小棒　译）

《史记》卷七十四　孟子荀卿列传第十四

太史公说：我读《孟子》这本书，每当读到梁惠王问“怎样才能有利于我的国家”时，总是不免放下书本感叹。说：唉，利这个东西的确是一切祸乱的根源啊！孔夫子极少讨论利这个问题，原因就是要从根本上防备这个祸乱的根源。所以他说“做什么事情都只考虑个人利益，会招致很多怨恨”。上自天子下到黎民百姓，好利的弊病又有什么不同呢！

孟轲是鲁国邹县人。他曾跟着子思的弟子学习。当他通晓了儒家之道后，就去游说齐宣王，宣王没有采纳他的主张，于是孟轲又去梁国，梁惠王不听信他那一套，认为他口气大不切实际。当时，秦国任用商鞅，国富兵力。楚国和魏国也都任用过吴起，战而胜之，削弱了敌国；齐威王、齐宣王任用孙膑、田忌等人，使各诸侯国向东朝拜齐国。当天下各诸侯国致力于合纵连横、把能攻善伐看作贤能的时候，孟轲却在谈论唐尧、虞舜以及夏、商、周三代的德政，与他所周游之国需求格格不入。于是他回到家乡与万章等人整理《诗经》《尚书》，阐发孔子的思想，写成了《孟子》一书，共七篇。在他之后，出现了邹子等人。

齐国有三个邹子。最早的叫邹忌，他以弹琴为口实拜见齐威王，从弹琴这门技艺向齐王讲述了治理国政的诀窍，结果被封为成侯，接受相印做了齐国的宰相，他的时代要早于孟子。

其次就是邹衍，生在孟子之后。邹衍看到那些国家的统治者们越来越荒淫奢侈，不崇尚德政，不像《诗经·大雅》所要求的那样先自己做好榜样，再推及到黎民百姓。于是就深入观察万物的阴阳消长，提出了一种非常怪诞的学说，如《终始》《大圣》等篇共十余万字。他的理论宏大而不合于儒家经典，通常是先从细小的事物验证开始，然后推广到大的事物，以至于无边无际。先从当今说起再向上追溯到黄帝时代，利用各个时代学者所共同讲述的东西，依据各个朝代的盛衰变化，记载不同时代的凶吉制度，再向前推到很远很远，直到天地还未形成的时候，真是深远渺茫而无法考究它的本源。他先列出中国的名山大川，往来无阻的山谷以及飞禽走兽，水里土里生长的，人类所珍视的各种东西，一应俱全，并由此延伸推广，直到人们根本看不到的海外世界。他说开天辟地以来，金、木、水、火、土的五种德性相生相克，不同的朝代应该有不同的礼法制度，而人类社会有什么问题，上天就表现出与之相应的祥瑞与灾异，像符契一样准确无误。他认为儒家所说的中国，只不过是天下的八十一分之一罢了。中国叫赤县神州，赤县神州之内自有九州，就是夏禹依次划分的九个州，但这不是州的全部数目。在中国之外，像赤县神州这样的州还有九个，这才是所谓的九州。这些州都有小海环绕着，各个州的人民、飞禽走兽都不能与其他州相互往来，像是一个独立的区域，这才算是一州。像这样的州共有九个，在这些州的外围有大海环绕，那里有天地的尽头。邹衍的学说都是诸如此类的东西。然而，考究他的根本思想，必然都归结到仁义节俭，并且把这些理论用于君臣上下和六亲之间，不过乍听起来确实过于虚无缥缈，荒诞不经。王公大人初听他的学说，感到惊异而开始重视，想要依照施行，但到后来却总无法推行下去。

因此邹衍在齐国受到重视。他到梁国时，梁惠王亲自到郊外去迎接，将他看作平等的客人。他到赵国时，平原君侧身为他引路，用衣袖为他拂拭座席。他到燕国的时候，燕昭王拿着扫帚清除道路为他做先导，请求坐在弟子席上向他学习，为他修建碣石宫，亲自去拜他为师。那时，邹衍写了他的《主运》篇。他周游诸侯各国受到这样的尊崇，这与孔子当初在陈蔡饿得面黄肌瘦，孟轲困于齐、梁又岂能同日而语啊！所以周武王以仁义讨伐殷纣而称王天下，伯夷宁愿饿死也不吃周朝的食物；卫灵公向孔子询问如何排兵布阵，孔子却不予回答；梁惠王与孟轲商量想要攻打赵国，孟轲却称颂太王离开邠地的事迹。这些历史上的名人，难道有迎合世俗讨好人主的意思吗？拿着方榫头往圆榫眼里放，怎么能放得进去呢？有人说，伊尹背着鼎去给商汤烹饪，后来却辅佐商汤成就了王业；百里奚在车下喂牛接近秦穆公而得到任用，最后帮助秦穆公成就霸业。他们的做法都是先投合人主，然后引导国君们走上正道。邹衍的话虽然越出常理，不合常情，或许也有伊尹负鼎、百里奚喂牛的意思吧？

邹衍和齐国稷下的诸多学士，如淳于髡、慎到、环渊、接子、田骈、邹奭等，都著书立说探讨国家兴亡治乱的大事，以此取得国君的信用。之后，这样的人越来越多，怎么能说得尽呢？

淳于髡是齐国人。见广识博，记忆力强，但不专。淳于髡进谏的风格，因仰慕晏婴直言敢谏而向他学习，然而他特别注重察言观色，揣摩人心。一次，有人向梁惠王引见淳于髡，梁惠王支开了身边的侍从，单独坐着接见了他两次，可是淳于髡始终一言不发。梁惠王觉得很奇怪，就责备那个引见的人说："你称赞淳于先生，说连管仲、晏婴都比不上他，等到他见了我，我却一点收获也没有啊。难道是我不配跟他说话吗？到底是什么缘故呢？"那个人把惠王的话告诉了淳于髡。淳于髡说："是这样的，我前一次见大王时，大王的心思全在相马上；后一次又见到大王，大王的心思却在音声上：所以我沉默不语。"那个人把淳于髡的话全部报告了梁惠王，梁惠王大吃一惊，说："哎呀，淳于先生真是个圣人啊！前一次淳于先生来的时候，有人献上一匹好马，我还没来得及去看，恰巧淳于先生来了。后一次他来的时候，又有人献给我一名歌女，我还没来得及去试听，又正好赶上淳于先生来。我虽然支走了身边的侍从，可心里却想着马和歌女，确实是有这么回事。"后来淳于髡见梁惠王，两人专注交谈，一口气说了三天三夜仍无倦意。梁惠王想让淳于髡担任公卿宰相，淳于髡推辞不受就离开了。于是梁惠王赠送给他一辆四匹马驾的精致车子、五匹帛外加璧玉以及黄金两千多斤。淳于髡终身没有做官。

慎到是赵国人。田骈、接子是齐国人。环渊是楚国人。他们都专攻黄帝、老子关于道德的理论学说，为了阐述发扬黄老学说的意旨，慎到著有《慎子》十二论，环渊著有《环子》上、下篇，田骈、接子也都有著述。

邹奭是齐国诸位邹姓名人中的一个，他较多地采用邹衍的学说来著述文章。当时齐王很赏识他，从淳于髡以下的这些人，都享受着大夫的级别和礼遇，齐王还专门为他们开辟了一条宽阔平坦的街道，在两旁建筑高门大屋，对他们很是尊崇。以此招揽天下各诸侯国的宾客，宣扬齐国最能招纳天下的贤才。

荀卿是赵国人。五十岁的时候才来到齐国游说讲学。邹衍的学说迂阔宏大而富于诡辩；邹奭很有文采但他的理论难以实施；若与淳于髡长久相处，时常能听到一些精辟的言论。所以齐国人称颂道："高谈阔论是邹衍，雕镂龙文是邹奭，才智无穷淳于髡。"田骈等人都已在齐襄王时代死去，此时荀卿是齐国最年老资深的学者。当时齐国仍在补充大夫的缺额，荀卿曾先后三次担任稷下学士的祭酒。后来齐国有人毁谤荀卿，于是荀卿去了楚国，春申君任命他为兰陵令。春申君去世后，荀卿被罢免，就在兰陵安家。李斯曾经做过他的学生，后来当上了秦朝的宰相。荀卿痛恨当时世道黑暗，政治腐败，亡国昏乱的君主接连不断地出现，他们不行儒家的大道而被装神弄鬼的荒唐迷信所蛊惑，信奉祈祷求福去灾之事，浅陋的书生拘泥于小节，如庄周之流文章荒诞奇特，败坏风俗，于是荀卿推究儒家、墨家、道家活动的成败得失，编写了几万字的著作后辞世了。荀卿死后葬在了兰陵。

当时赵国有个叫公孙龙的，曾以"离坚白"之说与惠施的"合同异"之说展开论辩，还有剧孟、剧辛等人的著述；魏国有个李悝，研究利用土地发展生产；楚国有尸子、长卢，齐国东阿还有一位吁子。从孟子到吁子，世上流传着很多他们的著作，所以不过多地讨论他们著作的内容了。墨翟，是宋国的大夫，擅长守卫和防御，主张俭朴节约。有人说他与孔子同时，也有人说他在孔子之后。

（邓小棒 译）

《史记》卷七十五　孟尝君列传第十五

孟尝君姓田名文。田文的父亲是靖郭君田婴。田婴是齐威王的小儿子、齐宣王的异母弟。田婴从齐威王在世时就任职当权，曾与成侯邹忌以及田忌一起带兵救韩伐魏。后来成侯与田忌争宠，成侯在齐王面前陷害田忌。田忌害怕，就率兵偷袭齐国边境的城邑，没有取得胜利，就逃走了。这时正赶上齐威王去世，宣王即位，齐宣王知道是成侯陷害田忌，就又召回了田忌并任命他为将军。宣王二年，田忌与孙膑、田婴一起攻打魏国，在马陵打败了魏国，俘虏了魏太子申并杀死了魏将庞涓。宣王七年，田婴出使韩国和魏国，使韩国和魏国都归服于齐国。田婴陪着韩昭侯、魏惠王在平阿南会见齐宣王，他们签订了盟约后便离开了。第二年，宣王又与梁惠王在齐国的甄县会盟。这一年，梁惠王去世。宣王九年，田婴做了齐国宰相。齐宣王与魏襄王在徐州会盟互相尊称为王。楚威王听说了这件事，对田婴大为不满。第二年，楚国在徐州打败了齐军，接着派人追捕田婴。田婴派张丑去劝说楚威王，楚威王这才作罢。田婴在齐国担任宰相十一年，齐宣王去世后，齐湣王即位。湣王即位三年，把薛邑封给了田婴。

当初，田婴有四十多个儿子。他的小妾生了个儿子叫田文，田文生于五月五日。田婴对田文的母亲说："不要养活这个孩子。"但是田文的母亲还是偷偷把他养活了。等他长大后，他的母亲就通过田文的兄弟把田文引见给田婴。田婴见了田文后怒斥他的母亲说："我让你丢了这个孩子，你竟敢把他养活了，这是怎么回事？"田文听了叩拜田婴，接着反问他说："您不让养活五月生的孩子，有什么原因呢？"田婴回答说："五月出生的孩子，长到和门户一样高时，将会对他的父母不利。"田文说："人的命运是由上天决定呢，还是由门户决定呢？"田婴一时语塞，沉默不语。田文接着说："如果是由上天决定的，您何必忧虑呢？如果是由门户决定的，那么只需要修高门户就行了，还有谁能长到门户那么高呢！"田婴无言以对，说："你不用说了！"

过了很久，田文找了个机会问他的父亲田婴说："儿子的儿子是什么？”田婴答道：“是孙子。”田文接着问：“孙子的孙子是什么？”田婴答道：“是玄孙。”田文又问：“玄孙的孙子是什么？”田婴说：“那就不知道了。”田文说：“您执掌大权担任齐国宰相，到如今已经历三代君王了，可是齐国的领土没有扩展，您的个人财产却已积累至万金，但您的门下一位贤能之士都没有。我听说将门必然会出将，相门必然会出相。如今您的后宫姬妾穿的是绫罗绸缎，而外面的贤士却连粗布短衣都穿不上；您的男仆女奴有吃不完的饭食肉羹，而外面的贤士却连糟糠都吃不饱。如今您还一个劲地积累自己的财产，打算留给那些连名字都叫不上来的人，却忘记整个国家的形势正一天不如一天。我暗自觉得这很奇怪。”从此以后，田婴开始器重田文，让他主持家务，接待宾客。来田府的宾客日益增多，田文的名声也逐渐传遍各诸侯国。各诸侯国都派人来请求薛公田婴立田文为太子，田婴答应了。田婴去世后，谥号是靖郭君，田文在薛县继承了田婴的爵位。这就是孟尝君。

孟尝君在薛县的时候，招揽各诸侯国的宾客及因为有罪而逃亡的人，他们都归附了孟尝君。孟尝君宁肯舍弃家业也给他们丰厚的待遇，因此天下的贤士都趋之若鹜。他的食客有几千人，待遇不分贵贱一律与田文本人相同。孟尝君在接待宾客座谈时，在屏风后经常会有侍史负责记录他与宾客的谈话内容，孟尝君会询问宾客亲戚的住处。因而每当宾客刚刚离开，孟尝君就已经派使者到宾客亲戚家里抚慰问候，向他们的亲属献上礼物了。有一次，孟尝君在夜间招待宾客吃饭，其中有一个人遮住了火光，结果另外一个宾客生气了，认为吃的东西不一样，于是放下碗筷就要辞别而去。孟尝君马上起身，亲自端着自己的饭菜和他的相比，那个宾客看了之后觉得很惭愧，立刻刎颈自杀了。因此来归附孟尝君的贤士更多了。孟尝君对于来客从不排斥、不挑拣，一律给予优厚的待遇。宾客们人人都认为孟尝君与自己很亲近。

秦昭王听说孟尝君贤能，就先派泾阳君到齐国做人质，想以此骗孟尝君去秦国。孟尝君准备去秦国，宾客们纷纷劝阻，孟尝君不听。这时苏代对他说：“今天早上我从外面来，看到一个木偶人和一个土偶人在交谈。木偶人说：‘天一下雨，你就要瘫毁了。’土偶人说：‘我是由泥土做成的，瘫毁后我仍将回归到泥土里。如果天真的下起雨来，你随雨水而走，还不知道要被冲到哪里去呢。’当今的秦国，是个虎狼一般凶恶的国家，而您执意前往，万一回不来，您岂不是会遭到土偶人的嘲笑吗？”孟尝君听了苏代的话，决定不去秦国。

齐湣王二十五年，最终还是派孟尝君去了秦国，孟尝君一到秦国，昭王立即任命他为秦国宰相。有人劝秦昭王说：“孟尝君是很贤能，可他又是齐王的本家，如今当了秦国的宰相，处理国家大事的时候必定会先替齐国考虑，而后才考虑秦国，这样一来，秦国就危险了。”于是秦昭王罢免了孟尝君宰相之职，并把孟尝君囚禁起来，想要杀了他。孟尝君只好派人冒昧地去昭王的宠姬那里求救。这个宠姬说：“我希望得到孟尝君的那件白狐狸皮大衣。”当时孟尝君确实有一件白狐狸皮大衣，价值千金，普天之下再没有第二件，孟尝君到秦国后已经把它献给了昭王，手头再也没有别的皮裘了。孟尝君为这件事伤脑筋，问遍了宾客，谁也想不出对策。这时一个坐在最下位善于偷鸡摸狗的人说：“我能拿回那件白狐狸皮大衣。”于是他在夜里像狗一样钻进了秦国宫中的仓库，取出了孟尝君献给秦昭王的那件白狐狸皮大衣，拿回来献给了昭王的那位宠姬。于是宠姬替孟尝君向昭王说情，昭王就释放了孟尝君。孟尝君一被释放，立即乘车飞驰而逃，更换了通行证，改名换姓准备混出关去。夜半时分到了函谷关。这时秦昭王后悔放走了孟尝君，当他再派人去找，发现孟尝君已经逃走了，于是昭王立即派人驾上专车火速去追捕他。孟尝君一行到了函谷关，按照守关的规定要到鸡叫时才能开门放行，孟尝君害怕追兵赶到而万分焦急，这时有个居下座的宾客会学鸡叫，于是他学了一声鸡叫，附近的鸡随之也都叫了起来，孟尝君一行立即出示了证件逃出函谷关。出关后大约过了一顿饭的工夫，秦国追兵果然到了函谷关，但这时孟尝君已经出关，只好无功而返。当初，孟尝君收留这两个鸡鸣狗盗之人为宾客时，其他宾客都以和他们为伍而感到羞耻，等到孟尝君在秦国遭到劫难，最终依靠这两人解救了他。从此以后，宾客们都对孟尝君广招宾客不分贵贱的做法佩服不已。

孟尝君路过赵国，赵国的平原君以贵宾相待。赵国人听说孟尝君贤能，出来围观他，结果一看，大家都笑了，说：“原本以为孟尝君魁梧伟岸，如今看到他，才知道是个瘦弱的小矮子啊。”孟尝君听了这番话，勃然大怒。随行的宾客侍从跟他一起跳下车来，击杀了几百人，屠灭了一个县才离去。

齐湣王为派孟尝君去秦国差点遇害的事而感到内疚。孟尝君一回来，齐王就任命他为齐国宰相，管理国家大事。

孟尝君怨恨秦国，准备以齐国曾经帮助韩、魏两国攻打楚国为理由，来联合韩、魏两国攻打秦国，同时向西周借兵器和军粮。这时苏代替西周对孟尝君说：“您让齐国帮助韩、魏两国攻打楚国达九年之久，取得了楚国的宛县、叶县以北的地区，使韩国和魏国强大起来，如今又要去攻打秦国来增强韩、魏两国的势力。韩国和魏国南面不用担忧楚国，北面没有秦国的祸患，齐国就要危险了。到那时，韩、魏两国必定轻视齐国而害怕秦国，对于这样的形势，我实在为您感到不安。您不如让西周与秦国交好，而您不要进攻秦国，也不要借兵器和粮食。您把军队开到函谷关而不要进攻，让西周把您的意思转告秦昭王说‘薛公一定不会攻打秦国来增强韩、魏两国的势力。他之所以摆出一副进攻秦国的姿态，不过是想要大王责成楚襄王把东边的一部分土地割给齐国，而希望您把楚怀王放出来以相媾和。’您让西周把这份好意带到秦国，秦国能够不遭受进攻又拿楚国的领土保全了自己，秦国肯定愿意这样做。楚怀王能够获释，也必然会感激齐国。齐国得到楚国东边的一部分领土必然日益强大，而您的封地薛县也就会世世代代没有祸患了。秦国没有受到很大的削弱，而处在韩国和魏国的西面，韩、魏两国必定依靠齐国。”孟尝君说：“很好。”于是让韩庆去秦国示好，使齐国、韩国、魏国三国不再发兵进攻，也不向西周借兵器和粮食了。当时，楚怀王到秦国，秦国扣留了他，所以楚国想让秦国一定放回楚怀王。但是秦国并没有放楚怀王回楚国。

孟尝君当齐国宰相时，他的门客魏子替他去征收薛县的租税，去了三次什么都没有收回来。孟尝君问他这是怎么回事，魏子回答说：“有一位贤人，我私自借您的名义把租税赠予了他，所以啥也没收回来。”孟尝君听后一怒之下辞退了魏子。过了几年，有人在齐湣王面前诋毁孟尝君说：“孟尝君准备造反。”后来田君甲造反劫持了湣王，湣王怀疑是孟尝君策划的，于是孟尝君只好出逃了。曾经得到魏子馈赠的那位贤人听说了这件事，就上书齐湣王说孟尝君不会作乱，并请求以自己的性命作为担保，说罢就在殿门前刎颈自杀，以此申明孟尝君的清白。湣王大为震惊，经过一番调查取证，得知孟尝君确实没有叛乱谋反，于是又召回了孟尝君。孟尝君推辞称病，请求辞官回薛县养老。湣王准许了他。

此后，秦国逃亡出来的将领吕礼担任了齐国宰相，他处处为难困窘苏代。于是苏代对孟尝君说："周最对齐王极为忠诚，可是齐王却把他赶走了，齐王听信亲弗的建议任命吕礼为宰相，原因就是想与秦国结盟友好。齐国和秦国联合，亲弗和吕礼就会受到重用了。一旦他们受到重用，齐国和秦国一定会轻视您。您不如赶快向北进军，促使赵国与秦国、魏国讲和，劝说齐王召回周最并且厚待他，这样可以改变齐王和秦国交好的念头，挽回齐王的信用，又能防止其他诸侯国产生一系列的变动。齐国不与秦国结盟，那么诸侯各国一定会向齐国靠拢，亲弗势必出逃，如此一来，除了您之外，齐王还能和谁一块治理齐国呢？"于是孟尝君听从了苏代的建议，吕礼因此非常忌恨孟尝君。

孟尝君很害怕，就给秦国丞相穰侯魏冉写了一封信说："我听说秦国想让吕礼来联合齐国，齐国是天下的强国，齐、秦两国联合而吕礼得势，那么您在秦国的地位就下降了。如果秦、齐两国联合起来去胁迫韩、赵、魏三国，那么吕礼必将兼任几个国家的宰相，如此一来，您结交齐国而抬高了吕礼的地位。如果齐国免于诸侯各国的兴兵讨伐，吕礼势必会挑拨齐国怨恨您。您不如劝说秦王攻打齐国。齐国一旦被攻破，我会请求秦王把从齐国得到的土地封给您。齐国被攻破，秦王担心魏国强大起来，必定会重用您去和魏国交好。魏国曾被齐国打败而且害怕秦国，一定会尊崇您以便和秦国交好。这样，您既能够凭借攻破齐国而建功，挟持魏国来得到重用；又可以攻破齐国得到封地，使秦、魏两国都敬重您。如果齐国未被攻破，吕礼再次得到任用，您今后的日子必然会很困窘。"于是穰侯劝说秦昭王攻打齐国，吕礼只好出逃。

后来，齐湣王灭了宋国，越来越骄傲，打算除掉孟尝君。孟尝君很害怕，就去了魏国。魏昭王任用他为宰相，向西联合了秦国和赵国，和燕国一起打败了齐国。齐湣王逃到莒县，死在了那里。齐襄王即位，当时孟尝君在诸侯国之间保持中立，不从属于哪个国家。齐襄王刚刚即位，惧怕孟尝君，就主动与孟尝君联合，又和他亲近起来。田文去世后，谥号为孟尝君。田文的儿子们争着继承爵位时，齐国和魏国联合一起灭掉了薛县。孟尝君因此而绝后。

当初，冯驩听说孟尝君很喜欢招揽宾客，就穿着草鞋长途跋涉而来见他。孟尝君说："承蒙先生远道光临，对我有何指教？"冯驩说："听说您很喜欢招纳贤士，我以贫困潦倒之身前来归附您。"孟尝君把他安置在下等食客的住所里，十天后孟尝君问住所的总管说："冯驩在做些什么？"总管回答说："冯先生太穷了，只有一把剑，剑柄用草绳缠着。他经常弹着那把剑唱道：'长剑啊，我们还是回家吧！这里连鱼都没得吃。'"孟尝君听后把冯驩迁到中等食客的住所里，这下他能吃到鱼了。五天后，孟尝君再次询问那位总管冯驩的情况，总管回答说："客人又弹着剑唱道：'长剑啊，我们还是回去吧！这里出门连个车也没有。'"于是孟尝君又把冯驩迁到上等食客的住所里，这下出入都有车子可坐了。又过了五天，孟尝君再次向那位总管询问冯驩的情况。总管回答说："冯先生又曾弹着剑唱道：'长剑啊，我们还是回家吧！在这儿连个养家的钱也没有。'"孟尝君听了很不高兴。

又过了一年，在这一年中冯驩没再说什么。孟尝君当时是齐国的宰相，齐王把万户居民的薛县赏赐给他作为封地。他的食客多达三千人，封地薛县的赋税收入不足以供养这么多食客，于是他派人到薛县贷款放债。由于年景不好，没有收成，借债的人很多都不能支付利息，食客们的需用将无法供给。孟尝君为此很忧虑，于是问左右侍从："谁可以前往薛县去帮我收债？"那位下等食客住所的总管说："上等食客住所的冯先生相貌出众，看起来很是精明，又是一位长者，没有什么特别的技艺和本事，派他去收债应该合适。"孟尝君就找来冯驩请求他说："宾客们不知道我田文不贤，光临我门下的达三千多人，如今我封地的收入不足以供养这些宾客，所以在薛县放了些债。可是薛县年景不好，没有收成，百姓们很多不能支付利息。如今我门下的宾客们的日常供给恐怕都成问题了，希望先生替我去催讨债务。"冯驩说："好吧。"

于是辞别了孟尝君，到了薛邑，他召集所有借孟尝君钱的人开会，得到了利息十万钱。他拿这笔钱置办了许多美酒，买了肥壮的牛，然后召集那些借钱的人，让他们能支付利息的都来，不能支付利息的也来，并且要求他们都带着借钱的契据以便核对。等大家都到齐了，就开始宴会，杀牛炖肉，置办酒席。正当大家喝得尽兴时，冯驩就拿着契据走到席前一一核对，能够支付利息的，和他约定好期限；穷得不能支付利息的，取回他们的契据当众烧毁。接着对大家说："孟尝君之所以贷款给大家，就是要给没有资金的人提供一点谋生的本钱；他之所以向大家要债，是因为没有钱来供养宾客了。如今富裕有钱还债的按照约定日期还债，贫穷无力还债的烧掉契据而免除所有债务。请各位开怀畅饮。有这么好的主子,大家怎么可以背弃他呢！"在座的人都起身，一再叩头致谢。

孟尝君听说冯驩烧毁契据的消息后非常恼怒，立即派人召回冯驩。冯驩刚一到，孟尝君就责问他："我门下有食客三千人，所以在薛县放贷。我的封地本来就少，而百姓还多不按时支付利息给我，宾客们的伙食恐怕都不够了，所以请先生去催讨债务。听说先生收来钱就大肆置办肥牛、美酒，而且烧毁契据。这是怎么回事？"冯驩回答说:"是这样的。如果不大肆置办肥牛、美酒就不能把欠债的人都聚集起来，也就没法知道他们中间谁富谁穷。对于那些富裕的，约定期限还钱。对于那些贫穷的，即使守着催讨十年他们也拿不出钱来，时间越长，利息越多，逼急了，他们只好一逃了之以躲避债务。如果现在急于要债，他们终究还是没办法偿还，对上而论您还落得一个贪财好利不爱惜百姓的骂名，对下而论百姓们也落得个背叛主公逃避债务的罪名，这可不是教化百姓、彰扬您名声的做法。烧掉那些毫无用处徒有其名的借据，废弃那些无法收回有名无实的账簿，使薛县的百姓们亲近您而彰显您的美好名声。您有什么可疑惑的呢？"孟尝君一听，拍着手连声向冯驩致谢。

齐王被秦、楚两国的毁谤言论蛊惑，认为孟尝君的名声高于自己而且独揽齐国大权，于是罢免了孟尝君。孟尝君门下的那些宾客看到孟尝君被免职，纷纷离去。这时冯驩为他谋划说："借给我一辆车，让我得以抵达秦国，我势必让您在齐国重新受到重视，而且封地更广，可以吗？”孟尝君听后，就备好了车子和财礼派冯驩前往秦国。于是冯驩乘车向西至秦游说秦王说：“天下的游说之士驾车向西至秦的，没有一个不是想要使秦国强大而使齐国削弱的；乘车向东入齐的，没有一个不是要使齐国强大而使秦国削弱的。这是两个决一雌雄的国家，下定决心与对方势不两立的才能称雄，两国之中称雄的那个最终才能获取天下。”秦王听得入了神，立即起身问冯驩说：“怎么才能避免秦国成为软弱无力的国家呢？”冯驩回答说：“大王也知道齐国罢免了孟尝君吧？”秦王说：“我听说了。”冯驩说：“使齐国受到天下各诸侯国尊重的，是孟尝君。如今齐王听信毁谤之言而罢免了孟尝君，孟尝君心生怨恨，必然背离齐国；如果他背离齐国来到秦国，那么齐国的国情，朝廷中的人事状况，都将为秦国所掌握。那么齐国的土地也就唾手可得了，岂止是称雄呢！您赶紧派使者载着财礼暗地里去迎接孟尝君，不要错过大好的时机啊。否则齐王一旦觉悟，重又任用孟尝君，那今后谁为雌谁为雄就无法预料了。”秦王听后很高兴，就派出十辆载着百镒黄金的车子去迎接孟尝君。冯驩告别了秦王而抢在秦国使者的前头出发，回到了齐国，劝说齐王道：“天下游说之士乘车向东入齐的，没有一个不是想要使齐国强大而使秦国削弱的；驾车向西至秦的，没有一个不是想要使秦国强大而使齐国削弱的。秦国和齐国是两个决一雌雄的国家，秦国一旦强大，那齐国必定衰弱，这两个国家势必不能并立称雄。现在我私下得知秦国已经派遣使者驾着十辆装载百镒黄金的马车来迎接孟尝君了。孟尝君不西去秦国则已，一旦他西入秦国担任宰相，那么天下也将归秦国所有，秦国成了强大的雄国，齐国就必将沦为雌国，一旦齐国沦为雌国，那么临淄、即墨就岌岌可危了。大王为什么不在秦国使者没到达之前，恢复孟尝君的职位，并给他更多的封地来向他表示歉意呢？这样一来，孟尝君必定欣然接受。秦国纵然是强国，难道还能任意到别的国家去迎接人家的宰相吗？只有这样才能挫败秦国的阴谋，断绝它称王称霸的计划。”齐王听后说：“好。”于是派人到边境去打探是不是真的有秦国使者来迎接孟尝君。秦国使者的车子刚入齐国边境，齐国的探子立即驾车飞驰而回报告齐王，齐王立即召回孟尝君并且恢复了他的宰相职务，除了还给他原来的封地外，又给他增加了千户。秦国使者听说孟尝君恢复了齐国宰相职位，便掉头回去了。

自从齐王听信毁谤之言而罢免了孟尝君，他的那些宾客们纷纷离去。后来齐王召回孟尝君并恢复他的官职，冯驩去迎接他。还没到齐国京城，孟尝君深有感慨地说："我平生喜欢招纳宾客，对待宾客从不敢有任何失礼之处，门下食客三千多人，这是先生您所知晓的。可是宾客们一见我被罢免，都背弃我而离去，没有人顾念我。如今依靠先生我才得以恢复原职，那些离我而去的宾客还有什么脸面再来见我呢？如果有再来见我的，我一定朝他脸上吐唾沫，狠狠地羞辱他。"冯驩听后，盘好缰绳，下车来给孟尝君叩了一个头。孟尝君赶紧下车还礼，说："先生是替那些逃走的宾客道歉吗？"冯驩说："我之所以向您叩头，并不是替那些宾客道歉，而是因为您的话说错了。世间万物都有其必然的结果，世事都有其固有的规律，您明白它的意思吗？"孟尝君说："我不知道这是什么意思。"冯驩说："凡是活着的东西必然有生命终结的那一天，这是世间万物的必然归宿；富贵的时候宾客多，贫贱的时候朋友少，事情本来就是这样。您难道没见过那些赶集的人吗？早晨天刚亮，人们侧着肩膀争着涌入集市；日落之后，经过市集的人甩着膀子连头也不回。并非人们喜欢早晨而厌恶傍晚，而是因为他们所期望的东西集市中已经没有了。如今您失去官位，宾客都离你而去，这不足以使您怨恨宾客而平白无故断绝他们投奔您的道路。希望您像过去一样对待宾客。"孟尝君连拜两次，致谢说："愿意听从您的指教。听了先生的这番话，我怎敢不照办呢。"

太史公说：我曾经路过薛县，那里平民百姓的子弟有很多蛮横粗暴，民风与邹地、鲁地迥异。我向当地人询问其中的原因，他们说："孟尝君曾经招来天下许多讲义气、轻生死的侠义之士，这些好触犯法纪的人来到薛县，总共大概有六万多家。"世人传说孟尝君喜欢招纳宾客，果然名不虚传。

（邓小棒 译）

《史记》卷七十六　平原君虞卿列传第十六

平原君赵胜是赵武灵王的儿子。在赵武灵王的儿子中赵胜最为贤能，喜欢结交宾客，投奔他门下的宾客大约有几千人。平原君在赵惠文王和孝成王时期担任赵国宰相，其间三次被免去宰相职位，又三次官复原职，他的封地在东武城。

平原君家的高楼俯瞰对面的民宅。民宅中有个跛子，经常一瘸一拐地去外边打水。有一天，平原君的一位美人在楼上看到了跛子打水的样子，于是哈哈大笑。第二天，这位跛子来到平原君家门口，请求道："我听说您喜欢招贤纳士，那些不畏路途遥远千里迢迢来到您门下的士人，就是因为您看重士人而不重美色啊。我不幸患病致残，而您的美人却在高楼上耻笑我，我希望得到那个耻笑我的女人的人头。"平原君笑着应答说："好吧。"跛子离开后，平原君又笑着说："看这小子，竟然想因为一笑的缘故要杀我的美人，不也太过分了吗！"最终没杀那个美人。过了一年多，宾客及有差使的食客陆陆续续离开的超过了半数。平原君觉得很奇怪，说："我赵胜对待各位先生从不敢有失礼的地方，可是离我而去的人为什么这么多呢？"门客中有一人上前回答说："因为您没有杀耻笑跛子的那个美人，大家认为您喜好美色而不重视士人，所以士人们纷纷离去了。"于是平原君就斩下耻笑跛子的那个美人的头，亲自登门献给跛子，并向他道歉。此后，那些先前离开的人才又陆陆续续地回来了。当时齐国有孟尝君，魏国有信陵君，楚国有春申君，他们都喜欢招贤纳士，所以争相竭尽所能礼遇士人，以使天下的贤士都来归附自己。

秦军围攻赵国都城邯郸的时候，赵王派平原君向楚国求救，与楚国订立合纵盟约共同抵抗秦国，平原君想从自己门下挑选出有勇有谋文武兼备的食客二十人一同前往。平原君说："如果能通过和平谈判的方式取得成功，那当然最好了。如果不能通过和平谈判的方式取得成功，就只有使用武力挟制楚王逼他当场订立盟约，一定要确定了合纵盟约才回国。随行人员不必到外面去找，从我门下的食客中挑选就足够了。"

结果选取了十九人，其余没有合适的人选了，没办法凑满二十人。这时门下有个叫毛遂的人，走上前来，向平原君自我推荐说：“我听说您要去楚国订立合纵盟约，想从门下食客中挑选二十人随同前往，随行人员不在外面挑选。现在还少一个人，希望您就拿我充个数一起去吧。”平原君问道：“先生在我门下至今有几年啦？”毛遂回答说：“到现在已经三年了。”平原君说：“那些贤能的人活在世上，就好比锥子放在口袋里，它的锥尖立即就会露出来。现在先生在我门下至今已经三年了，我的左右近臣们没有谁称赞推荐过你，我也未曾听说过你，这说明先生的确没有什么专长啊。先生不能去，还是留在家里吧。”毛遂说：“我是今天才请求您将我这‘锥子’放在口袋里。如果我早就被放在口袋里，就会连整个锥锋都露出来，岂止是显露出一点锥尖而已。”平原君最终同意让毛遂一同前往。那十九个人相视窃笑，没有笑出声音。

毛遂到达楚国，一路上跟那十九个人讨论、交流，使得那十九人都对他心服口服。平原君与楚王谈判合纵结盟事宜，反复陈述利害关系，从太阳刚出来就开始谈判，直到中午还没定下来，那十九个人就对毛遂说：“先生您上去。”于是毛遂手按剑柄迅速登阶而上，来到了议事的殿堂内，对平原君说：“建立合纵联盟的利害关系，两句话就说定了。现在从日出之时就讨论合纵，到了中午还没决定下来，这是为什么？”楚王见此情形，对平原君说：“这个人是干什么的？”平原君回答说：“这是我的一个门客。”楚王厉声呵斥道：“还不给我退下去！我是跟你的主人谈判，你来干什么！”毛遂手按剑柄走向前去说：“大王敢呵斥我毛遂的原因，不过是仗着楚国人多势众。现在我与您相距十步之内，大王是依仗不了楚国人多势众的，此刻大王的性命掌握在我毛遂手里。当着我主人的面，你怎么能这样呵斥我？况且我听说当初商汤凭着区区七十里的领地统治了天下，周文王仅凭百里大小的土地而使天下诸侯臣服，难道是因为他们的士兵众多吗？实际上是由于他们善于把握形势而充分发挥了自己的威力。如今楚国领土方圆五千里，士卒百万，这是称王称霸的有利条件。以楚国的强大，天下应该没有谁能够抵挡得了。秦国的白起，不过是个小孩罢了，带着几万人的部队和楚国交战，第一战就攻克了鄢陵、郢都，第二战又烧毁了夷陵，第三战竟然使大王的先祖受到羞辱。这是楚国百世难解的怨仇，连我们赵国都为你们感到羞耻，而大王你自己却不知道羞愧。合纵是为了楚国，而不是为了赵国。当着我主人的面，你怎么能这样呵斥我？”楚王听了毛遂这番话，说：“是，是，的确像先生所说的那样，我愿意恭敬地带着整个国家履行合纵盟约。”毛遂紧接着问道：“合纵盟约就此确定了吗？”楚王回答说：“确定了。”于是毛遂对楚王的左右近臣说：“拿鸡、狗、马的血来。”毛遂双手捧着盛血的铜盘跪下把它进献到楚王面前说：“大王应当先歃血为盟确定合纵，其次是我的主人，再下一个是我。”于是在楚国的大殿之上确定了合纵盟约。然后毛遂左手端着一盘血，右手招呼那十九个人说：“各位也在堂下一起歃血为盟，各位虽然平庸，可也算是依赖别人的力量完成了自己的任务吧。”

平原君签定合纵盟约后，回到赵国，说：“我不敢再鉴别士人了。我鉴别士人多者上千，少说也有几百，自认为不会遗漏天下的能人志士，如今竟然把毛先生给遗漏了。毛先生一到楚国，就使赵国的地位比九鼎、大吕还尊贵。毛先生的三寸不烂之舌，胜过百万雄师。我不敢再鉴别士人了。”从此把毛遂尊为上等宾客。

平原君回到赵国后，楚国就派春申君带兵来救援赵国，魏国的信陵君也假传王命夺了晋鄙的军队前往救援赵国，可是都还没有赶到。这时秦军加紧围攻邯郸，邯郸告急，即将降敌，平原君万分焦急。这时，邯郸管理馆舍官吏的儿子李同对平原君说：“您不担忧赵国灭亡吗？”平原君说：“一旦赵国灭亡我就会成为俘虏，怎么能不担忧呢？”李同说：“如今邯郸的百姓拿人骨当柴烧，互相交换小孩吃，可以说是危急到了极点。可是您的后宫姬妾数以百计，丫鬟仆人穿着绫罗绸缎，吃不完的精美饭菜，而百姓们却连件完整的粗布短衣都没有，糟糠都吃不上。百姓困乏，兵器穷尽，有的人削尖木头当长矛箭矢，而您的珍宝乐器照旧无损。如果秦军攻破赵国，您还能占有这些东西吗？如果赵国得以保全，您还用担心什么东西得不到吗？如果现在您能够把府上夫人以下的所有人编到士兵中去，分别承担各种劳役，把家里的全部财产都分发下去犒赏士兵，正处于危急困苦之中的士兵们，必然对您感恩戴德。”于是平原君听取了李同的意见，组织了一支三千人的敢死队。

李同就带着这三千人奔赴战场，与秦军死战，秦军为之震撼，被击退了三十里。这时正好楚、魏两国的救兵到达，秦军只好撤兵，邯郸得以保全。李同在与秦军作战时阵亡，他的父亲被赵国封为李侯。

信陵君出兵救赵保全了邯郸，虞卿想以此为由替平原君向赵王请求封赏。公孙龙听到了此信，连夜去见平原君说："我听说虞卿想要以信陵君出兵救赵保全了邯郸为由替您请求封赏，有这回事吗？"平原君说："有。"公孙龙说："这万万不可。当初赵王让您担任赵国宰相，并不是因为您的智慧才能在赵国独一无二。划出东武城封赐给您，也不是因为您有功劳，而别人没有什么特殊的功劳，只是由于您是赵王亲戚的缘故啊。当初您接受相印并没有推辞说自己无能，取得封邑也没有推说自己无功，也是由于您自认为是赵王亲戚的缘故啊。如今信陵君救赵保全了邯郸而您想要请求封赏，这是无功的时候凭借亲戚身份接受封邑，而有功的时候又要求按普通人的身份来论功行赏。这万万不可。虞卿这么做掌握了两头的主动权，请赏成功，就会像拿着债据一样向你索取报偿；请赏不成功，仍然能够以替您争功求封的虚名来让您感激他。不要听他的。"平原君于是拒绝了虞卿的建议。

平原君于赵孝成王十五年去世。他的子孙世代承袭平原君的封爵，最终与赵国一同灭亡。平原君给予公孙龙优厚待遇。公孙龙善于进行"离坚白"命题的论辩，直到齐人邹衍经过赵国纵谈正大之道，平原君才斥退了公孙龙。

虞卿是一个善于游说的辩士。他穿着草鞋，背着斗笠，长途跋涉前来游说赵孝成王。第一次拜见赵王，赵王就赐给他黄金百镒，白璧一对；第二次见面，赵王就任命他为上卿，所以称他为虞卿。

秦国和赵国在长平交战，赵国失利，损失了一名都尉。赵王召来楼昌和虞卿商量说："我军初战失利，还牺牲了一名都尉，我要集中兵力去与秦军决战，你们看怎么样？"楼昌说："这样做没有什么好处，不如派重要使臣去求和。"虞卿说："楼昌之所以主张求和，是认为如果不求和我军必败。可是和谈的主动权掌握在秦国手里。而且大王您分析一下秦国的意图，是想要打垮赵国的军队呢，还是不想打垮赵国的军队呢？”赵王回答说：“秦国已经全力以赴了，必定想要打垮我们。”虞卿说：“那么大王听我的建议，派出使臣带着贵重的宝物去拉拢交好楚、魏两国，楚、魏两国想得到大王的贵重宝物，必然会接纳我们的使臣。赵国使臣进入楚国和魏国，秦国一定会怀疑天下诸侯合纵抗秦，必定恐慌。这样，求和才能成功。”赵王不听虞卿的建议，与平阳君赵豹决定派出郑朱前往秦国求和。秦国接纳了郑朱。赵王又召见虞卿说：“我让平阳君向秦国求和，秦国已经接纳了郑朱，您看怎么样？”虞卿回答说：“大王的求和不会成功，赵军必定被打垮。天下诸侯庆贺秦国获胜的使臣都在秦国了。郑朱在赵国是位显贵的人物，他到了秦国，秦王和应侯必定会作出非常尊重他的姿态来昭示天下诸侯。这样一来，楚、魏两国认为赵国已经向秦国求和了，必定不会救援大王。秦国知道天下诸侯不会来救援大王，那么和谈也就不可能获得成功。”应侯果然作出非常尊重郑朱的姿态来给天下诸侯祝贺秦国获胜的使臣们看，最终没有答应赵国的求和。赵军在长平大败，接着秦军包围了邯郸，赵国因此而遭到天下人的耻笑。

秦国攻破赵国的长平之后，赵王准备去秦国朝见秦王，派赵郝去秦国订约从此服从秦国，割出六个县来向秦国求和。虞卿对赵王说：“秦国这次行动，是因为军力疲惫而撤回，还是认为秦国的力量还能继续进攻，但由于怜惜大王而不再进攻呢？”赵王回答说：“秦国这次攻打我们，是全力以赴了，必然是因为国家疲惫才撤回的。”虞卿说：“秦国费尽力气去攻打它所不能获取的土地，弄得国力疲惫而归，可是大王又把秦国费尽力气而无法获取的土地白白送给秦国，这是在帮助秦国来打自己啊。这样下去，明年秦国再攻打大王，大王就没救啦。”赵王把虞卿的话告诉了赵郝。赵郝说：“虞卿真的能够准确地判断秦国战力的极限吗？如果他真能判断秦国已经没有力量再次发动进攻，那当然好，如果不能，现在我们吝啬这样的一块弹丸之地不给秦国，而秦国明年再来进攻大王，大王岂不是要割让腹地来与秦国求和吗？”赵王说：“那还是听从你的意见割让土地吧，你能保证这样做可以使得秦国明年不再来进攻我们吗？”赵郝回答说：“这不是我敢担保的事情。过去韩、赵、魏三国和秦国结交，关系都很好。现在秦国亲善韩国和魏国而攻打大王，看来大王侍奉秦国的力度一定不如韩、魏两国。现在我替您解除由于背叛盟国而招致的攻击，开放两国的边关，互通贸易，使赵国与秦国的关系同韩、魏两国与秦国的关系一样，如果明年又唯独大王招来秦国的进攻，这一定是大王侍奉秦国的力度又落在韩、魏两国之后了。所以，这可不是我敢担保的事情。”

赵王把赵郝的话告诉了虞卿。虞卿回答说：“赵郝说‘如果不向秦国求和，明年秦国再来攻打大王，大王岂不是要割让腹地来求和了’。可即使现在求和，赵郝又不能保证秦国不再向我们发动进攻。那么现在就算割让六座城邑，又有什么好处！明年秦国再来进攻，我们又割让秦国兵力无法夺取的土地来求和，这是自取灭亡的办法，还不如不讲和。秦国即使善战，也无法轻易地夺取六个县；赵国即使守不住，终归不会丧失六座城。秦国疲惫而撤回，军队必无力再战。我们用六座城拉拢天下诸侯，攻打疲惫的秦军，这样我们付出六座城给天下诸侯，还可以从秦国那里得到补偿。我们赵国还能得到好处，这与白白地割让土地，削弱自己而使秦国强大相比，哪样好呢？现在赵郝说‘秦国亲善韩、魏两国而攻打赵国的原因，一定是大王侍奉秦国的力度不如韩、魏两国’，这是让大王每年拿出六座城来给秦国，也就是白白地把赵国的城邑送光。明年秦国再来要求割地，大王会给它吗？不给，那就前功尽弃，而挑起秦国攻打我们的灾祸；给它，很快就会无地可给了。俗话说‘强者善于进攻，弱者无力防守’。如今听任秦国摆布，秦兵不付出任何消耗就可以取得很多土地，这是使秦国越来越强、赵国越来越弱啊。以越来越强大的秦国来宰割越来越弱小的赵国，秦国对赵国的图谋必然不会停止了。况且大王的土地有限而秦国的索求无尽，秦国这样无止境的索取，赵国势必灭亡。”

赵王的主意还没拿定，这时楼缓从秦国回来，赵王与楼缓商议这件事，说：“割地给秦国和不割地给秦国，哪种做法好？”楼缓推辞说：“这不是我所能知道的。”赵王说：“尽管如此，不妨说说你个人的意见。”楼缓说：“大王也听说过春秋时期公甫文伯母亲的事情吧？公甫文伯在鲁国做官，病死了，妻妾中有两个人为他在卧房中自杀。他的母亲听说这事，就没有再哭了。公甫文伯家的保姆说：‘哪里有儿子死了而母亲不哭的呢？'公甫文伯的母亲说：'孔子是个大贤人，被鲁国驱逐出境时，我的儿子却没有继续追随孔子。如今他死了而有两个妻妾为他自杀，这说明必定是他对贤人情义淡薄而对女人情义深厚。'所以这话出自母亲的嘴里，可以说她是位贤良的母亲；如果这话出自妻子的嘴里，她一定免不了被说成是个嫉妒的妻子。所以同样一句话，说话的人不同，别人对他们的这些话的看法也就不一样了。如今我刚刚从秦国来，如果我说不给，那不是上策；如果我说给，又唯恐大王认为我是替秦国说话，所以我不敢回答。如果真的要我为大王出谋划策，我觉得不如给它好。"赵王听后说："好。"

虞卿听说这件事，入宫拜见赵王说："这是巧辩的言辞，大王千万不要割地给秦国！"楼缓听说了，就去拜见赵王。赵王又把虞卿的话告诉了楼缓。楼缓说："不对。虞卿只知其一，不知其二。秦、赵两国结下怨仇发生冲突而天下诸侯都很高兴，这是为什么？说是'我们可以乘机顺应强国一道来欺负弱国'。如今赵军受制于秦军，天下诸侯庆贺胜利的人必定都在秦国了。所以不如赶紧割地求和，使东方各国以为秦、赵两国已经交好而又能通过割地安抚秦国。不然的话，天下诸侯就会顺应秦国的愤怒，趁着赵国疲惫之机，瓜分赵国的土地。这样一来，赵国马上就将灭亡，还谈什么算计秦国呢？所以说虞卿只知其一，不知其二。希望大王通过这一点作出决定，不要再反复盘算了。"

虞卿听说这事后，去拜见赵王说："楼缓为了秦国的利益给赵国出的主意可真够阴险狠毒的，按他说的去做只会让天下诸侯越发怀疑我们，又怎么能抚慰秦国的侵略野心呢？他为什么偏偏不说这么做是把赵国的衰弱暴露在各国的面前呢？再说我主张不给秦国土地，并不是简单地不割地就算了。秦国向大王索取六座城邑，如果大王用这六座城邑去交好齐国，齐国是秦国的死对头，他们既能得到大王的六座城邑，又可以与我们合力西向攻打秦国。齐王对大王的这个建议，不用说就会同意。这样大王虽然割出六座城邑给齐国却可以从秦国那里得到补偿。齐、赵两国对秦国的深仇大恨也都可以报了，同时还能向天下诸侯昭示我们赵国是有作为的。大王把齐、赵两国结盟的事昭告天下，等不到齐、赵之兵接近秦国边境，我就可以看到秦国的贵重财礼送到赵国而反过来向大王求和了。那时我们再答应与秦国讲和，韩、魏两国听到消息，必定竭力讨好大王，也会拿出贵重宝物献给大王。这样大王与韩、魏、齐三国结交亲善，与秦国的关系也会随之改变。”赵王听后说：“好。”于是就派虞卿向东去拜见齐王，商量共同抗秦之事。虞卿还没有返回赵国，秦国的使臣已经到了赵国。楼缓听到这个消息，赶紧逃跑了。赵王于是把一座城邑封给了虞卿。

没过多久，魏国请求与赵国联合。赵孝成王召虞卿来商量。虞卿先去拜访了平原君，平原君说：“希望您多讲讲合纵之道。”虞卿入宫拜见赵王。赵王说：“魏国请求合纵。”虞卿说：“魏国错了。”赵王说：“我本来也没答应它。”虞卿说：“大王错了。”赵王说：“魏国请求合纵，您说魏国错了；我没有答应它，您又说我错了。既然如此，那么合纵难道无论如何都不能讲了吗？”虞卿回答说：“我听说小国跟大国打交道，有好处就由大国享有成果，一旦失败就由小国承担灾祸。如今魏国以小国的身份甘愿担当灾祸，而大王以大国的身份推辞享有成果。所以我说大王错了，魏国也错了。我私下认为合纵对我们赵国有利。”赵王说：“好。”于是就与魏国联合。

虞卿因为魏国宰相魏齐的缘故，竟抛弃万户侯的封赏和宰相的地位，与魏齐一起偷偷出走，离开了赵国，后来受困于魏国大梁。魏齐死后，虞卿越来越不得志，就著书立说，他上采《春秋》史实，下观近代的世事，写下了《节义》《称号》《揣摩》《政谋》等共八篇文章。用来讥刺国家政治的得失，流传于世，人们称之为《虞氏春秋》。

太史公说：平原君是乱世中一位风度翩翩的贵族子弟，但是不太识大局。俗话说“利益容易让人丧失理智”，平原君听信冯亭的邪说，贪图他献出的上党地区，致使赵国四十多万兵士战死长平，都城邯郸都险些不保。虞卿分析事理推测情势，为赵国出谋划策，是多么准确、巧妙啊！后来因为不忍心看着魏齐落难，最终使自己也受困于大梁，即使是一般人也知道这样做不对，何况贤能的人呢？然而虞卿若不是因为穷困潦倒，也就不能著书立说而使自己名传后世了。

（邓小棒 译）

《史记》卷七十七　魏公子列传第十七

魏公子无忌是魏昭王的小儿子、魏安釐王的异母弟弟。魏昭王去世后，安釐王即位，封魏公子为信陵君。当时范雎逃离魏国在秦国担任宰相，他因为怨恨魏国宰相魏齐的缘故，派秦军围攻大梁，击败了魏国驻守在华阳的军队，打跑了魏将芒卯。魏王和魏公子对这种形势深感忧虑。

魏公子为人仁爱宽厚，礼贤下士，士人无论有无才能他都谦恭而以礼相待，从来不因自己富贵而傲慢地对待士人。因此方圆几千里的士人都争相投奔他，来到他门下的食客多达三千人。当时，诸侯各国因魏公子贤达，门下宾客众多，不敢出兵谋犯魏国长达十多年之久。

有一次，魏公子正和魏王下棋，北部边境突然传来警报烽火，说是“赵国发兵进犯，很快就要进入我国境内”。魏王赶紧放下棋子，想要召集大臣们商议对策。公子劝阻魏王说：“是赵王出来打猎罢了，不是进犯我国。”说完继续跟魏王下棋，好像什么事也没发生一样。魏王还是害怕，心思不在下棋上。过了一会儿，又从北边传来消息说：“是赵王打猎罢了，不是进犯我国。”魏王听后大为惊讶，问道：“公子是怎么知道的？”公子回答说：“我的食客中有人能深入掌握赵王的秘密，赵王一有什么行动，我的食客就会立即报告我，我因此知道这件事。”从此以后，魏王害怕公子的贤能，不敢任用公子处理国家大事。

魏国有个隐士叫侯嬴，七十岁了，家境贫寒，是大梁城东门的看门人。魏公子听说他后，就前去拜访，并想赠送给他厚礼。但是侯嬴不肯接受，说：“我几十年来修养品性，坚持操守，终究不能因为看门贫困的缘故而接受公子的财礼。”公子于是就置办酒席，宴饮宾客。等宾客们都坐定之后，公子就带着车马随从，空出车子左边的上座，亲自到东城门去迎接侯嬴。侯嬴整理了一下破旧的衣帽，径直上车坐在公子空出的上座上，一点也不谦让，想借此观察一下公子的态度。公子手握马缰绳，非常恭敬。侯嬴又对公子说：“我有个朋友在街市的屠宰场里，希望劳驾一下您的车马带我去拜访一下他。”公子立即驾车来到街市，侯嬴下车去见他的朋友朱亥，他斜着眼睛，故意久久地站在那里和朱亥说话，其实是在暗暗观察公子。只见公子的神态比刚才更加和悦。当时，魏国的将相、宗室大臣以及高朋贵宾坐满堂上，正等着公子举杯开宴。街市上的人们都看到公子手握缰绳替侯嬴驾车。公子的随从都暗自责骂侯嬴。侯嬴见公子神色始终不变，这才辞别了朋友上了车。来到魏公子府上后，公子领着侯嬴坐到上座，称赞侯嬴并把他介绍给在场的所有宾客，满堂宾客都很吃惊。大家饮酒正酣，公子站起身，走到侯嬴面前向他敬酒。侯嬴趁机对公子说："今天我侯嬴也够难为公子了。我只是个城东门的守门人，可是公子屈尊驾着车马，亲自在大庭广众之中迎接我，我本来不应该在这个时候去拜访朋友，今天公子竟陪我去了。但我也是想成就公子的好名声，故意让公子带着车马长时间地停在街市中，借拜访朋友来观察公子，而公子没有恼怒,反而更加谦恭。街市上的人都认为我是小人,而觉得公子为人厚道,能礼贤下士。"于是酒宴过后，侯嬴就成了魏公子家的上宾。

侯嬴对公子说："我所拜访的屠夫朱亥是个贤能的人，只是没有人了解他，所以才隐没在屠夫中罢了。"公子听后多次前往拜访朱亥，朱亥故意不回拜答谢，公子觉得很奇怪。

魏安釐王二十年，秦昭王在长平大败赵国军队后，又进兵包围了赵国的邯郸。魏公子的姐姐是赵惠文王弟弟平原君的夫人，平原君多次给魏王和公子写信，向魏国求救。魏王派将军晋鄙率兵十万前去营救赵国。秦昭王得知这个消息后派使臣告诫魏王说："我很快就要攻下赵国了,诸侯中有谁胆敢援救赵国,攻下赵国后,我必然调兵先攻打它。"魏王惊恐，派人让晋鄙停止进军，并命令军队在邺城扎营驻守，名义上是去营救赵国，实际上是采取两面派的策略来观望局势的发展。平原君派出告急的使臣络绎不绝地来到魏国，责备魏公子说："我赵胜之所以自愿依托魏国并联姻结亲，就是因为公子为人高尚仗义，能在别人情况危急的时候给予帮助。如今邯郸很快就要投降秦国，可是魏国的救兵迟迟没有赶到，公子能够在别人危急的时候给予帮助又表现在哪里呢！况且公子即使不把我看在眼里，抛弃我让我投降秦国，难道就不怜悯你的姐姐吗？"公子深感忧虑，多次请求魏王援救赵国，又让宾客辩士们千方百计地劝说魏王。但魏王畏惧秦国，始终不肯答应公子的请求。公子估计终究不能得到魏王的同意，就想不能自己活着而看着赵国灭亡，于是召集了宾客，凑集了一百多辆战车，打算带着宾客奔赴战场同秦军拼命，和赵国人一起赴死。

公子带着车队行经东门，去见侯嬴，把如何准备去和秦军拼命的情况全都告诉了他。然后向侯先生诀别准备上路，侯嬴说："公子好自为之吧，老臣我不能随您一块去。"公子走了几里路，心里很不痛快，寻思道："我对待侯嬴够周到了，天下没有人不知道，如今我将要去赴死可侯嬴竟没有一言半语来送我，难道是我对待他有所疏漏？"于是又率领车马返回，想问问侯嬴。侯嬴笑着对他说："我就知道公子会回来的。"接着又说："公子喜欢招贤纳士，闻名天下。如今有了危难，没有别的办法而只好准备去和秦军拼命，这样做好比把肉扔给饥饿的老虎，能有什么作用呢？如果是这样，还养着我们这些宾客干什么呢？公子待我情深义重，公子要走而我不送行，我知道公子会因此生疑而返回的。"公子向侯嬴拜了两拜，进而询问对策。侯嬴于是支开众人，与公子秘密交谈，说："我听说晋鄙的兵符经常放在卧室内，魏王周围如姬最受宠幸，她可以自由出入魏王的卧室，有机会偷出兵符。我还听说如姬的父亲被人杀害，如姬积恨达三年之久，从魏王以下到处找人替她报杀父之仇，但没能如愿。为此，如姬曾向公子哭诉，公子派门客砍了她仇人的头，恭敬地献给如姬。如姬愿意以死为公子效命，绝不会有所推辞，只是没有机会罢了。公子只要开口请求如姬帮忙，如姬必定答应，这样就能拿到虎符而夺取晋鄙的兵权，率兵北救赵国，向西抵御秦国，这是春秋五霸的功业啊。"公子听从了侯嬴的建议，请求如姬帮忙。如姬果然偷出晋鄙的兵符交给了公子。

公子拿到兵符准备出发，侯嬴说："将帅带兵在外，君主的命令有时可以不接受，以有利于国家。公子到达后，即使两符相合无误，可晋鄙若仍不把兵权交给公子而要再请示魏王，那事情就危险了。我的朋友屠夫朱亥可以和您一同前往，他是个大力士。如果晋鄙听从，那当然最好；如果他不听从，可以让朱亥击杀他。"公子听后不由得落下了眼泪。侯嬴问道："公子是怕死吗，为什么哭呢？"公子回答说："晋鄙是一员勇猛彪悍的老将，我这次前往恐怕他不会听从命令，必定要杀死他，我是因此而哭泣啊，哪里是怕死呢？”于是公子去邀请朱亥随行。朱亥笑着说：“我只是个集市上宰杀牲畜的屠夫，而公子竟多次亲自登门问候我，我之所以不回拜答谢，是因为我觉得讲这些小礼节没有什么用处。如今公子有紧急需要，这是我为公子效命的时候了。”于是朱亥就和公子一块去了。公子去向侯嬴辞行。侯嬴说：“我本来应该跟您一块去，无奈年迈不能随行。请允许我计算您行程的日期，您到达晋鄙军队的那一天，我就向着北方刎颈而死，以此来报答公子。”公子于是出发了。

公子到达邺城后，拿出兵符假传魏王的命令要接管晋鄙的兵权。晋鄙把两块兵符相合，验证无误，但还是心存疑问，就举起手盯着公子说：“如今我率领十万大军，驻扎在边境上，这是国家交给我的重任，现在你只身一人来取代我，这究竟是怎么回事呢？”于是就不想听从命令。这时朱亥取出藏在袖间四十斤重的铁椎，击杀了晋鄙，于是公子统率了晋鄙的军队。他集合了军队，并下达命令说：“父子都在军中的，父亲可以回去；兄弟都在军中的，长兄可以回去；没有兄弟的独生子，可以回去奉养父母。”这样整编后，得到精兵八万人，进军攻击秦军。秦军被迫撤退，于是公子解救了邯郸，保住了赵国。赵王和平原君亲自到国境来迎接公子。平原君替公子背着箭袋走在前面引路。赵王两次拜谢说：“自古以来的贤人没有一个能比得上公子的。”在这个时候，平原君也不敢再拿自己与魏公子相比了。那天公子与侯嬴诀别，到达晋鄙军中时，侯嬴估算着公子的行程，果然在那天向着北方刎颈而死。

魏王对公子盗出了他的兵符，假传命令杀死晋鄙的事情非常生气，公子也很清楚这一点。所以在打退秦军保住了赵国之后，就让手下的将领带着部队返回了魏国，而公子自己和他的门客们留在赵国。赵孝成王感激公子假传命令夺取晋鄙的军队从而保住了赵国，于是和平原君商量，打算把五座城邑封赏给公子。公子得知这个消息以后，产生了骄傲自大的情绪，露出了居功自满的神色。这时，门客中有人劝说公子道：“有些事不能忘记，也有些事不能不忘记。别人对公子有恩德，公子不能忘记；公子对别人有恩德，希望公子忘了它。况且假传魏王命令，夺取晋鄙兵权以解救赵国，这对赵国来说当然是有功劳了，但对魏国来说就不算是忠臣了。公子却骄傲自满，以此居功，我私下认为公子这样是不可取的。”公子一听，立刻自责起来，羞愧得好像无地自容一样。赵王打扫了殿堂台阶，亲自迎接公子，并行主人的礼节，请公子从表示尊贵的西边的台阶上殿。公子一再推辞谦让，侧着身子从东边的台阶走了上去。公子说自己有罪，有负于魏国，而对赵国也没有什么功劳。赵王陪公子喝酒直到傍晚，始终不好意思开口谈封献五座城邑的事，因为公子总是在谦让自责。公子最终留在了赵国。赵王把鄗邑封赏给公子，而魏王也把信陵又奉还给公子。公子继续留在赵国。

魏公子听说赵国有位德才兼备而没有从政的毛公混迹于赌徒中，还有一位薛公藏身在酒店里，公子想见这两个人，可是这两个人却躲着不肯见公子。公子打听到了他们的藏身之地，就私下步行去和这两人交往，与他们相处得很愉快。平原君听说了这件事，就对他的夫人说：“当初我听说夫人的弟弟魏公子是个举世无双的大贤人，可如今我却听说他竟然跟一些赌徒、卖酒的鬼混，看来公子只是个任性胡来的人罢了。”平原君的夫人把这些话告诉了公子。公子听后就向平原君夫人告辞要离开赵国，说：“当初我听说平原君贤德，所以背弃魏王也要来救赵国，满足了平原君的要求。现在看来平原君与人交往，声势显赫的举动只是图虚名罢了，并非真正为了求取人才。我还在大梁的时候，就常常听说这两个人贤能，到了赵国，唯恐见不到他们。我去和他们交往，还担心他们不愿意结交我呢，现在平原君竟然以此为羞耻，平原君这个人不值得结交。”于是收拾行装准备离去。平原君的夫人把公子的话全都告诉了平原君，平原君听后非常惭愧，赶紧摘下帽子向公子赔礼道歉，坚决挽留公子。平原君门下的宾客们听说这件事，有一半的人离开了平原君去投奔公子，天下的士人也纷纷前往归附于公子。公子的门客人数大大地超过了平原君。

公子在赵国一住就是十年，没有回魏国。秦国听说公子在赵国，就日夜不停地出兵向东进攻魏国。魏王为此深感忧虑，就派使臣去请公子回国。公子担心魏王对自己余怒未消，就告诫门下宾客说：“谁要是再敢替魏王的使臣通报传达，一律处死。”公子原来的那些门客也都是背弃魏国来到赵国的，所以没有谁敢劝公子回去。这时，毛公和薛公两人前去拜见公子说：“公子之所以在赵国受到尊重，名扬诸侯，就是因为有魏国的存在啊。如今秦国攻打魏国，魏国情况危急而公子漠不关心，如果秦国攻破大梁夷平魏国先王的宗庙，那时公子还有什么脸面立于天地之间呢？”话还没说完，公子立即脸色大变，嘱咐人赶紧整顿车马起程，回去营救魏国。

魏王见到魏公子，两人相对而泣，魏王把上将军大印授予公子，于是公子统率了魏国的军队。魏安釐王三十年，公子派使臣把秦国发动进攻的消息通报给了各国诸侯。各国诸侯得知公子统率了魏国的军队，都各自调兵遣将救援魏国。公子率领五个诸侯国的军队在黄河以南大破秦军，秦国大将军蒙骜败走。公子率军乘胜追击直到函谷关，把秦军压制在函谷关内，秦军一时不敢出关。当此之时，公子威震天下，各诸侯国派来的宾客都进献兵法，公子把它们全部收集整理在一起，并以自己的名字命名这些著作，这就是世人所称的《魏公子兵法》。

秦王把魏公子看作心腹大患，就拿出万斤黄金到魏国行贿，找到原来晋鄙身边的那些门客，让他们在魏王面前诋毁公子说：“公子流亡在外十年了，如今担任魏国大将，诸侯各国的将领都听从他的调遣，诸侯们只知道魏国有个魏公子，不知道还有个魏王。公子也正想乘此时机自己南面称王。诸侯们敬畏公子的威望，正打算一起拥立他为王呢。”同时，秦国多次派人到魏国去搞反间计，他们先是假装不知情地到魏国来祝贺公子得以立为魏王，然后又故意说后来才知道魏公子还没有即位。魏王每天都听到这些毁谤公子的话，不能不信以为真，后来果然让人接管了公子的兵权。公子自己也知道这是又一次因毁谤而被废黜，于是推托有病不再上朝，他和宾客们通宵达旦地饮酒作乐，痛饮烈酒，沉湎女色。就这样日夜饮酒作乐四年，最终因饮酒过度患病而死。同年，魏安釐王也去世了。

秦王听说魏公子去世了，就派蒙骜攻打魏国，攻占了二十座城邑，开始设置东郡。从此以后，秦国逐渐蚕食魏国的领土，十八年后秦国俘虏了魏王假，屠戮了魏国国都大梁。

汉高祖年少而为平民时，就曾多次听说魏公子贤能。等到他做了皇帝后，每次经过大梁，都要去祭祀魏公子。汉高祖十二年，他击败叛将黥布从前线返回京城经过大梁时，为公子安置了五户人家守坟，让他们世世代代一年四季按时祭祀公子。

太史公说：我曾经过大梁故址，打听那个所谓的夷门。原来夷门就是大梁城的东门。当时，天下诸多贵公子中也的确有很多好客喜士的，但像信陵君那样真心实意地去访求藏身于社会各个角落的隐士的人却不多，他不以交结下层贱民为耻辱，天下士人趋之若鹜，这是有原因的。信陵君名满天下，的确名不虚传。汉高祖每次经过大梁都要命令百姓按时祭祀他不要断绝。

（邓小棒 译）

《史记》卷七十八　春申君列传第十八

春申君是楚国人，姓黄名歇。曾周游各地求学，知识渊博，侍奉楚顷襄王。顷襄王认为黄歇能言善辩，派他出使秦国。当时秦昭王派白起攻打韩国和魏国，在华阳打败了韩、魏联军，俘虏了魏国将领芒卯，韩、魏两国臣服并侍奉秦国。秦昭王正要下令让白起与韩、魏两国一道攻打楚国，还没出发，这时黄歇正好来到秦国，听到了秦国的这个计划。早在几年前秦王曾派白起攻打楚国，夺取了巫郡、黔中郡，攻占了鄢城郢都，并一路向东打到了竟陵，楚顷襄王只好把都城东迁到了陈县。黄歇还看到当年楚怀王被秦国引诱而前去朝访，结果上当受骗，被秦国扣留最后死在那里。顷襄王是楚怀王的儿子，秦国轻视他，黄歇担心秦国这次会一举出兵消灭楚国。于是他上书劝说秦昭王道：

天下没有比秦、楚两国更强大的国家了。如今听说大王想要出兵伐楚，这就如同两只老虎互相争斗。两虎相争只会让劣狗趁机得到好处，大王不如亲善楚国。请允许我陈述其中的道理：我听说物极必反，冬季和夏季的变化就是这样；事物积累到至高点就会发生危险，堆叠棋子就是这样。如今秦国的土地，占有天下西、北两个方向的尽头，这是有史以来，称王称霸的大国也不曾有过的。秦国从先帝文王、庄王以及大王自身，三代君王都想要把秦国土地同齐国连接起来，以此来切断各国合纵结盟。如今大王派盛桥去韩国驻守任职，盛桥把韩国的土地并入了秦国，大王不用动一兵一卒，也没有施展武力，而得到了百里土地。大王称得上很有才能了。大王又出兵攻打魏国，堵住了魏国都城大梁的交通要道，攻取了河内，占领了燕、酸枣、虚、桃等地，接着攻入了邢丘，魏国军队迟疑徘徊而不敢彼此援救。大王的功绩够多了。大王停止征战休养生息，两年之后再次出兵，又吞并了蒲、衍、首、垣等地，接着长驱直入一直打到仁县和平丘，黄城、济阳守将退缩自守，不敢出城应战，魏国只好屈服降秦；大王又割取了濮水磨城以北的土地，将兵力投放在齐国和秦国的中分地带，断绝了楚国和赵国联系的纽带，天下诸侯经过多次联盟而不敢互相救援。大王的威势也算是发挥到极点了。

大王如果能够保持现有的成功和威势，不采取武力扩张的方法而广施仁义之举，使秦国没有后患，那么大王的功业就不难与三王五霸相提并论。大王如果依靠人多势众，倚仗军备强盛，趁着摧毁魏国的威势，而想用武力征服天下诸侯，我担心大王会留下后患。《诗经》上说："没有人不肯善始，却很少有人能善终。"《易经》上说："狐狸过河，尽管已经非常小心，可还是弄湿了它的尾巴。"这些话说的都是开始容易，要坚持到最后就难了。怎么知道是这样的呢？从前，智伯只看到了攻打赵国的好处却没料到自己会在榆次遭到杀身之祸，吴王夫差只看到攻打齐国的好处却没有想到自己会在干隧被越王勾践打败。这两个国家，并非没有建立过大的功业，他们都是贪图眼前的利益而忽视了后来的祸患。吴王夫差轻信越国，就让越国跟着一起去攻打齐国，在艾陵战胜了齐人之后，回来途经三江水边时被越王勾践擒获。智伯相信韩、魏两国，就让他们跟着一起去攻打赵国，他们围攻赵国的晋阳城，胜利指日可待了，这时韩、魏两国背叛了他，在凿台杀死了智伯瑶。如今大王嫉恨楚国还没有遭到毁灭，却忘了毁灭楚国会使韩、魏两国强大起来，我替大王考虑，认为这种做法不可取。

《诗经》上说："不能派大军长途跋涉去进攻远离自家宅门的地方。"由此看来，楚国，是您的援国；邻国，才是您的敌人。《诗经》上又说："狡兔跑得再快，遇到猎犬还是要被俘获；别人有什么心思，我一揣摩就能知道。"如今大王中途相信韩、魏两国对您的友善，这正和当年吴国相信越国一样啊。我听说，对待敌人不可宽容，对于时机不可错过。我担心韩、魏两国表面上谦卑地请求大王铲除祸患，实际上却是想欺骗秦国。何以见得呢？大王对韩、魏两国没有几世的恩德，反倒是有数代的仇怨。韩、魏两国国君的父子兄弟接连被秦国所杀已将近十代了。他们国土残缺，国家破败，宗庙被焚毁。韩、魏两国军民被秦军剖腹断肠，砍头毁面，身首分离，骸骨暴露在草莽水泽之中，头颅僵尸，境内随处可见，父子老弱被系着脖子捆着手成了俘虏，成群结队地走在被押送的路上。他们的祖先也在九泉之下暗自哀伤，因为以后再没人来祭祀他们了。民不聊生，同一家族的人分离失散，流亡沦落为奴仆的，海内各国到处都是。所以韩、魏两国不灭亡，终将成为秦国最大的忧患，如今大王却帮助他们一起攻打楚国，这不是很大的失策吗！

再说大王攻打楚国准备从何路出兵呢？大王想要经过仇敌韩、魏两国的领土吗？如果是这样，那么出兵之日就是大王担忧他们不能返回之时，这等于大王把自己的军队送给仇敌韩、魏两国。大王如果不经过仇敌韩、魏两国的领土，那就必然要攻打随水南岸。而随水南岸到处都是大川大水，山林峡谷，没有可供耕种的土地，大王即使占领了它，也没有什么用处。这只会让大王落得个毁灭楚国的恶名而得不到占领土地的实惠。

而且从大王攻打楚国之日起，韩、赵、魏、齐四国必然发兵响应大王。到那时，趁着秦、楚两国军队打得难解难分，魏国将出兵攻打留、方与、铚、湖陵、砀、萧、相等地，原先宋国的这些土地必定全部归魏国所有。齐国人向南攻打楚国，泗水地区必将被他们攻克。这些地方都是四通八达的平原，土地肥沃，却让他们独自占领。大王攻破楚国而使韩国和魏国在中原地区壮大起来，也让齐国更加强劲。韩、魏两国一旦强大起来，足以和秦国抗衡。齐国南面以泗水为边境，东面靠着大海，北面倚靠黄河，就将没有后患，天下的国家就没有比齐国和魏国更强大的了，齐国和魏国得到了土地保持既得的利益，而又假装服从秦王，一年以后，即使不能称帝，但要阻止大王称帝却是绰绰有余了。

以大王土地的广博，人口的众多，军备的强大，结果却因为发兵而与楚国结怨，反而让韩、魏两国将帝号之尊归之齐国，这是大王的失策啊。我为大王考虑，不如亲善楚国。秦、楚两国联合一道进逼韩国，韩国必然收敛不敢轻举妄动。大王再控制东山一带的险要地势，利用河曲一带的有利条件，韩国必将成为秦国的臣属。这样一来大王再派十万大军驻扎在新郑，魏国必然战战兢兢，许县、鄢陵不敢出战，只能退缩固守，那么上蔡、召陵与魏国之间的联系就被切断，这样魏国也将成为秦国的臣属了。大王一旦亲善楚国，就使韩、魏这两个万乘之国成为秦国的附属国，把秦国的边界东推到与齐国相连，齐国西部济州一带的广大地区就拱手可得了。大王的土地横穿东西，掌控整个天下，这样燕、赵两国无法再依托齐国和楚国，齐、楚两国也没了燕国和赵国相依傍。然后大王胁迫燕、赵两国，直接动摇齐、楚两国，这四个国家不用大王动手就可以制服了。

秦昭王读了春申君的上书后说："好。"于是让白起停止向楚国进兵并辞谢了韩、魏两国。同时派使臣送厚礼去拉拢楚国，于是秦国和楚国约定为盟国。

黄歇与秦国缔结了盟约后返回楚国，楚王又派黄歇与太子完一起到秦国做人质，就这样，黄歇与太子完留在秦国数年之久。后来楚顷襄王病了，太子完却不能回去。但太子完与秦国宰相应侯范雎私人关系很好，于是黄歇就对应侯说："相国是真的和楚太子相好吗？"应侯回答说："是啊。"黄歇说："如今楚王恐怕一病难起了，秦国不如放太子完回楚国。这样，等太子即位后，他一定会好好侍奉秦国而且将会对相国您感激不尽，这不仅亲善了盟国而且拉拢得到了一个大国的储君。如果不放他回去，那他也只是咸阳城里的一个普通百姓罢了；到那时，楚国将另立太子，必定不会再侍奉秦国。那样秦国会失去盟国的信任而相国也将断绝一个大国君主对您的友好感情，这不是好的计策啊。希望相国仔细考虑这件事。"应侯把黄歇的这些话报告给秦王。秦王说："让楚太子的老师先回去探问一下楚王的病情，等他回来以后我们再作计议。"于是，黄歇只好为楚太子完出主意说："秦国之所以扣您，是想以此来向楚国索要好处。如今您还没有能力来给予秦国好处，我非常担忧。而楚王的兄弟阳文君有两个儿子在国内，大王如果不幸去世，太子又不在国内，阳文君的儿子必将被立为继承人，到时您就不能做楚国的国君了。您不如逃离秦国，与使者一起出去；我请求留在这里，拼死来阻挡拖延他们。"于是楚太子完换了衣服扮成楚国使者的车夫跟着一块出了关，而黄歇留守在客馆里，一直推托太子有病谢绝会客。估计太子已经走远，秦国追不上了，黄歇就自己前去对秦昭王说："楚国太子已经返回，现在走出很远了。我当死罪，请大王赐死。"昭王听后大怒，要准予黄歇自杀。这时应侯说："黄歇作为臣子，能舍弃自己的性命救主，一旦太子即位，必定重用黄歇，所以不如不要责怪他而放他回去，以与楚国亲善。"秦王听从了应侯的意见，就把黄歇遣送回国了。

黄歇回到楚国三个月后，楚顷襄王去世，太子完继承了王位，这就是楚考烈王。考烈王元年，任命黄歇为宰相，封为春申君，赐给他淮北地区十二个县作为领地。十五年以后，黄歇对楚王说："淮北地区靠近齐国，那里形势紧急，还是请大王把它划为郡较好。"接着黄歇把淮北十二个县一并献给楚王。黄歇请求封到江东去。考烈王答应了他的请求。于是春申君就在吴国故都修建城堡，以此作为自己的都邑。

春申君担任了楚国的宰相，这时齐国有孟尝君，赵国有平原君，魏国有信陵君，大家都争相礼贤下士，招揽宾客，相互竞争，各自辅助君王掌握国政。

春申君任楚国宰相的第四年，秦国击破了赵国长平驻军四十多万人。第五年，秦军包围了赵国都城邯郸。邯郸向楚国告急求援，楚国派春申君带兵前去救援邯郸，秦军解围离去后，春申君返回楚国。春申君担任楚国宰相的第八年，为楚国兴兵北伐消灭了鲁国，又任命荀卿担任兰陵县令。一时间，楚国又兴盛强大起来。

有一次，赵国的平原君派使者到春申君这里来访问，春申君把他们安排在上等宾馆里。赵国使者想向楚国夸耀赵国的富有，特意佩戴了玳瑁制作的发簪，刀剑鞘都用珠玉来装饰，请春申君的宾客来会面。这时，春申君的门客有三千多人，出来接见赵国使者的上等宾客都穿着宝珠装饰的鞋子，赵国使者一看顿时羞愧得无地自容。

春申君担任宰相的第十四年，秦国的庄襄王即位，任命吕不韦为秦国宰相，封为文信侯。同年，秦国夺取了东周。

春申君担任宰相的第二十二年，诸侯各国害怕秦国没完没了地攻打讨伐他们，就实行合纵策略，互相联合起来向西讨伐秦国，而楚王担任盟军的总指挥，春申君当权主事。盟军到达函谷关后，秦国出兵迎战，诸侯军队纷纷败走。楚考烈王把作战失利归罪于春申君，春申君因此被楚王渐渐疏远。

这时门客中有个观津人名叫朱英，对春申君说："大家都认为楚国是个强国而您把它治理弱了，在我看来不是这样的。先王在世时与秦国交好二十年而秦国不攻打楚国，为什么呢？那是因为秦国要越过黾隘那样险要的关塞来攻打楚国，很不方便；如果从东、西两周借道，背对着韩、魏两国而攻打楚国，也是不行的。而现在的形势就不是这样了，魏国危在旦夕，没法再吝惜许县和鄢陵了，他们已经准备把这两地割给秦国。这样一来，秦国军队离楚国都城陈只有一百六十里路，我将看到的是，秦、楚两国日复一日地争斗。”于是楚国又把都城从陈迁到了寿春；而秦国则强制卫国从濮阳迁都到了野王，并把那里设置为东郡。春申君从此到了封地吴，同时行使宰相的职权。

楚考烈王没有儿子，春申君为此很忧虑，就寻找适合生育的女子进献给楚王，找了很多，却始终没有得子。赵国的李园带着他的妹妹来到楚国，想把她进献给楚王，后来又听说楚王不能生育，恐怕时间长了失宠。于是李园便寻找机会做了春申君的门客，不久他请假回家，故意不按期返回。李园回来后去拜见春申君，春申君问他为什么没有按期返回，他回答说："齐王派使者来向我的妹妹求婚，我陪齐国的使者喝酒，所以延误了返回的时间。”春申君问道："齐王下了聘礼吗？”李园回答说："还没有。”春申君又问道："可以让我见见你妹妹吗？”李园说："可以。”于是李园就把他的妹妹献给了春申君，结果她很快得到了春申君的宠幸。后来李园得知他的妹妹有了身孕，就和他妹妹商量了一个计策。于是李园的妹妹找机会对春申君说："楚王对您的尊重宠信，即使是他的亲兄弟也比不上。如今您担任楚国宰相二十多年了，而楚王没有儿子，一旦楚王驾崩改立他的兄弟为王，那么楚国改立国君以后，也将各自重用他们原来的亲信，您又怎么能长久地得到宠信呢？不仅如此，您地位显贵主事执政多年，对楚王的兄弟们难免有很多失礼的地方，如果楚王的兄弟真的当了国君，您就要大祸临头了，你还怎么能保住宰相之职和江东封地呢？如今我自知已有身孕，可是别人都不知道。我得到您的宠幸还没有多久，如果凭借您的尊贵地位把我进献给楚王，楚王必定宠幸我；如果我承蒙老天保佑生个儿子，这就是您的儿子做了楚王，到那时，楚国将全部为您所有，这不比您面临意想不到的灾祸要好得多吗？”春申君听后觉得这番话说得对极了，就把李园的妹妹送了出去，严密地安排在一个住所，然后把她敬献给楚王。楚王把李园的妹妹召进宫中，对她很是宠幸，不久就生了个儿子，并立为太子，又把李园的妹妹封为王后。楚王也开始重用李园，让李园参与国家大事。

李园把他的妹妹送进宫里以后，得立为王后，她生的儿子也被立为太子，便担心春申君说漏秘密，同时也怕他更加骄横，就暗中养了一伙亡命之徒。想杀了春申君灭口，而楚国国内也有些人知道了这件事。

春申君担任宰相的第二十五年，楚考烈王生病了。朱英对春申君说："世上有不可预见的福，也有不可预见的祸。如今您处在一个不可预见的时代，奉事喜怒无常的君主，身边又怎么可以没有一个不期而至的人呢？"春申君问道："什么叫不可预见的福？"朱英回答说："您担任楚国宰相二十多年了，虽然您名义上是宰相，实际上却是楚王。如今楚王病重，生死只在朝夕之间，您辅佐年幼的国君，因而代替他掌握国家政权，如同古代的伊尹、周公一样，等君王长大再把国家大政交还给他，或者您干脆南面称王而据有楚国。这就是所谓的不可预见的福。"春申君又问道："什么叫不可预见的祸？"朱英回答说："李园不执掌国政但他是楚王的舅子，他不管兵事却豢养亡命之徒为时已久，楚王一死，李园必定抢先入宫掌权并会杀您灭口。这就是所谓的不可预见的祸。"春申君接着问道："什么叫不期而至的人？"朱英回答说："您先安排我去宫中做郎中，楚王一死，李园必定抢先入宫，我替您杀了李园。这就是所谓的不期而至的人。"春申君听了后说："您还是放弃这样的打算吧，李园是个软弱无能的人，我又对他很好，况且还不至于到这样的地步！"朱英知道自己的建议不被采纳，恐怕祸患殃及自身，于是就逃离了楚国。

十七天后，楚考烈王去世，李园果然抢先入宫，并在国都的棘门埋伏下了一伙亡命之徒。春申君进入棘门，李园埋伏好的那伙人从两侧一拥而上刺杀了春申君，砍下他的头，扔到棘门外边。接着李园派人把春申君一家全部杀光。而李园的妹妹原来受春申君的宠幸有了身孕，后来又入宫得宠于楚考烈王，生下了一个儿子被立为楚王，这就是楚幽王。

这一年，正是秦始皇即位后的第九年。嫪毐也在秦国作乱，被秦始皇发觉后，夷灭了他的三族，而吕不韦也受到牵连被废黜。

太史公说：我曾经去过楚地，参观了春申君的故城，那里的宫殿真是宏伟壮观啊！当初，春申君劝说秦昭王，以及冒着生命危险掩护楚太子回国，是多么高明的举动啊！可是后来受制于李园，真是昏聩糊涂啊。俗话说："应当决断的时候不决断，反过来就要遭受祸患。"春申君不听朱英的劝告而错失了击杀李园的机会，大概就是这样的情况吧？

（邓小棒 译）

《史记》卷七十九　范雎蔡泽列传第十九

范雎是魏国人，字叔。他曾经奔走游说各诸侯国的君主，想侍奉魏王，可是家境穷困无以筹集费用，就先侍奉魏国的中大夫须贾。

有一次，须贾为魏昭王出使到齐国办事，范雎跟随他一起到了齐国。他们在齐国逗留了几个月，也没有什么结果。齐襄王听说范雎能言善辩，就派人给范雎送去了十斤黄金以及牛肉美酒之类的礼物，范雎一再辞谢不敢接受。须贾知道后大为恼火，认为范雎把魏国的秘密泄露给齐国了，因此才得到这种馈赠，于是他让范雎收下牛肉美酒之类的礼物，把黄金退了回去。回到魏国后，须贾心里恼怒范雎，就把这件事告诉了魏国的宰相。魏国的宰相叫魏齐，是魏国的公子之一。魏齐听了后大怒，就命令左右近臣用竹板、荆条抽打范雎，打得范雎肋骨断裂,牙齿也掉了。范雎假装死去,魏齐就派人用席子把他卷了卷,扔在厕所里。宴饮的宾客喝醉了，轮番往范雎身上撒尿，故意污辱他以惩一儆百，让别人不敢再乱说。卷在席里的范雎对看守说："您如果放走我，我日后必定重重地谢您。"看守于是向魏齐请示扔掉席子里的死人。碰巧魏齐喝醉了，就顺口答应道："可以。"范雎因而得以逃脱。后来魏齐后悔把范雎当死人扔掉，又派人去搜寻他。魏国人郑安平听说了这件事，就带着范雎一起逃跑了，他们隐藏起来，范雎改名换姓为张禄。

正在这个时候，秦昭王派使臣王稽出使魏国。郑安平就假扮成差役侍候王稽。王稽问他："魏国有没有贤能的人士愿意跟我一起到西边去？"郑安平回答说："我的乡里有张禄先生，想求见您，谈谈天下大事。不过他有仇人，不敢白天出来。"王稽说："晚上让他跟你一起来吧。"郑安平就在夜里带着张禄来拜见王稽。话还没谈完，王稽就发现范雎是个贤才，便对他说："请先生在三亭冈的南边等着我。"他们暗中约好见面时间后，范雎就离去了。

王稽辞别魏国返回秦国，经过三亭冈南边时，就用车载上范雎很快进入了秦国国境。车到湖县时，远远望见有车马从西边奔驰而来。

范雎便问："那边过来的是谁？"王稽答道："那是秦国的宰相穰侯去东边巡行视察县邑。"范雎一听是穰侯便说："我听说穰侯把持秦国大权，讨厌接纳各国的说客，这样见面他恐怕要侮辱我，我宁可暂在车里躲藏一下。"不一会儿，穰侯果然来到车前，向王稽道过问候，顺便停住车马询问说："关东有什么变化？"王稽答道："没有。"穰侯又对王稽说："您没有带着诸侯门客一起来吧？这种人一点用处都没有，只会扰乱别人的国家。"王稽赶快回答说："臣下不敢。"两人随即告别而去。范雎对王稽说："我听说穰侯是个聪明人，但他遇事反应较慢，刚才他怀疑车中藏着人，却忘记搜查了。"于是范雎跳下车来奔走，说："穰侯一定会后悔没有搜查车子，还会再回来的。"大约走了十几里路，穰侯果然派骑兵追回来搜查车子，见车上无人才作罢。王稽于是带着范雎进入了咸阳。

王稽向秦王汇报完出使情况后，进言道："魏国有个张禄先生，此人是天下难得的能言善辩之士。他说'秦国处境危如累卵，如果采用我的办法则可以转危为安。但是不能用书信传达'。所以我把他带到秦国来了。"秦王不相信，只让范雎住在客舍，供应他粗劣的饭食。就这样，范雎等待秦王接见等待了一年多时间。

那时，秦昭王已经即位三十六年了。秦国向南夺取了楚国的鄢、郢两地，楚怀王已被囚禁死在秦国。秦国向东打败了齐国。齐湣王曾经自称为帝，后来又取消了帝号。秦国还曾多次围困韩、赵、魏三国。秦国讨厌天下能言善辩之士，谁也不相信。

穰侯和华阳君是秦昭王母亲宣太后的弟弟，而泾阳君和高陵君是秦昭王的同胞弟弟。穰侯担任宰相，华阳君、泾阳君和高陵君轮番担任将军，他们四人都有封赐的领地，凭着太后的关系他们积聚的私人财富甚至超过了皇家。等到穰侯担任了秦国将军，想要越过韩国和魏国去攻打齐国的纲寿，借此扩大他的封地陶邑。范雎为此上书启奏秦王说：

我听说圣明的君主推行政事，有功劳的不能不给奖赏，有才能的不能不授官职，功劳大的俸禄就多，功绩多的爵位就高，能治理众多事务的官职就大。所以没有能力的人就不能担当官职，有能力的人也不会被埋没。假使您认为我的话有道理，希望您能采纳并推行这种主张；如果您认为我的话没道理，那么让我长久留在这里也没有任何意义。俗话说："庸碌的君主奖赏他宠爱的人而惩罚他讨厌的人；圣明的君主就不这样，他奖赏的是有功的人，刑罚的是有罪的人。"我的胸膛耐不住砧板之类的刑罚，我的腰也承受不了小斧和大斧，怎么敢用没有把握的主张来试探大王呢？即使您认为我是个轻贱的人而轻蔑我，难道您不重视推荐我的王稽对您的担保吗？

况且我听说周室有砥砨，宋国有结缘，魏国有县藜，楚国有和氏璞玉，这四件宝玉，产于土中，而著名的工匠却误认为是石头，但它们终究成为天下的名贵器物。那么圣明君主所遗弃的人，难道就不能够使国家富强吗？

我听说善于使家境殷厚的人都是从诸侯国中取利；善于使国家富足的诸侯都是从其他诸侯国中取利。天下如果有圣明的君主那么诸侯就不得独自富足，这是为什么呢？是因为它分去了明主所应该独享的尊荣。高明的医生能知道病人的生死，圣明的君主能洞察国事的成败，对国家有利的就实行，不利的就舍弃，把握不大的就先稍微尝试一下，即使舜和禹复生，也只会这样做。要说的最关键的话，我不敢写在纸上，肤浅的话又不足以说给您听。想来是我愚笨而不符合大王您的心意吧？或者是推荐我的人人贱言微而不值得您听信吧？如果不是这样，我希望得到您少许游览观赏的空闲时间，拜见您一面。如果我说的话没用，情愿伏罪受死。

秦昭王读了这封书信心里非常高兴，向王稽表示了歉意，派人用驿站的车去接范雎前来。

这样范雎才得以在离宫拜见秦昭王，到了宫门口，他假装不知道是内宫的通道就往里走。这时碰巧秦昭王出来，宦官发怒了，驱赶范雎，并呵斥道："大王来了！"范雎故意乱嚷着说："秦国哪里有王？秦国只有太后和穰侯罢了。"他想用这些话激怒秦昭王。秦昭王走过来，听到范雎正在与宦官争吵，便上前去迎接范雎，并向他道歉说："我早该当面向您请教了，正好赶上义渠事件很紧迫，我早晚都要向太后请示，现在义渠事件已经处理完毕，寡人才有机会向您请教。我这个人昏暗不明，请允许我恭敬地把您当作贵宾接待。”范雎客气地还了礼。这一天看到范雎谒见昭王的大臣们，没有一个不是肃然起敬而脸色改变的。

秦昭王让左右近臣都退下去，宫中没有别的人了。这时秦昭王挺直身体两腿长跪着向范雎请求说:“先生用什么赐教而使我感到幸运？”范雎说：“嗯嗯。”停了一会儿，秦昭王又长跪着向范雎请求说：“先生用什么赐教而使我感到幸运？”范雎说：“嗯嗯。”像这种情况出现了三次。秦昭王又长跪着说：“先生就这样始终不肯指教于我吗？”范雎说：“我不敢这样。我听说吕尚遇到周文王时，他只是渭水边上钓鱼的渔夫。像这样，他们交情很生疏。但是文王与他谈过一番话后便立他为太师，并用车载着他一起回宫，是因为他谈得很深入。文王也因为有了吕尚的辅佐而统一了天下。假使当初文王疏远吕尚而不与他深谈，那说明周朝没有做天子的德行，周文王和周武王也不可能成就王业了。现在我只是个寄居在这里的异乡人，与大王交情生疏，但我要谈论的是匡扶国君的大事，是议论人家骨肉至亲之间关系的大事，我想进献我愚诚的忠心但不知大王的心思。这就是为什么大王连续三次询问我而我不敢回答的原因。我不是因为害怕什么而不敢说。我明白今天向您陈述主张明天就有可能被杀，但是我不会逃避。大王如果听信并采纳我的话，我不会因为要受死而忧虑，也不会因为被放逐而苦恼，我也不会因混身生癞，披发装疯而感到羞耻。况且像五帝那样的圣明也会死去，像三王那样的仁人也会死去，像春秋五霸那样的贤者也会死去，像乌获、任鄙那样力大无比也难免一死，像成荆、孟贲、王庆忌、夏育那样勇武也会死去。可见死亡，每个人都不可避免。既然死是必然的，那么能够对秦国有少许补益，就是我的最大愿望，我还有什么需要担忧的呢！过去伍子胥被装在口袋里逃出了昭关，晚上赶路，白天隐藏起来，当他走到陵水时连饭都吃不上了，只好爬着行走，裸着上身，叩着响头，鼓起肚皮吹笛子，在吴国街市上行乞讨饭，可后来振兴了吴国，辅佐阖闾成为一代霸主。如果能让我像伍子胥那样竭尽谋略效忠秦国，就是把我囚禁起来，终身不能再见大王，我的主张能得以实行，我又有什么值得担忧的呢？过去箕子、接舆浑身涂漆生满癞子，披发装疯，对君主毫无益处。假使我也像箕子那样披发装疯，但是能够对我认为贤能的君主有所补益，那是我最大的荣幸，我又有什么感到耻辱的呢？我唯独担忧的是我死后，天下人看见我为君主尽忠却遭到死罪，就都闭上嘴巴，裹足不前不肯来秦国了。现在您在上慑于太后的威严，在下被奸臣们的巧言令色所迷惑，又身居深宫禁院，成天都不离左右近侍，终身被迷惑，无法辨出邪恶。长此下去，严重的话会使国家灭亡，轻微的话您会孤立无援，这是我所担忧的。至于遭遇困穷屈辱之事，死亡之类的灾难，我并不害怕。如果我死了而秦国得到大治，那么可以说我死了胜过活着。”秦昭王长跪着说：“先生说的是什么话呢！秦国地处偏僻，寡人愚昧不贤，幸而先生屈尊光临此地，这是上天把我托付给先生来保存秦国啊。我能受到先生的指教，这正是上天恩宠先王，而不抛弃他们的后代啊。先生怎么说这样的话呢！从这以后，事情无论大小，上自太后，下到大臣，希望先生能毫无保留地指教我，不要再怀疑我了。”范雎听后拜谢秦昭王，秦昭王也回拜还礼。

范雎说：“大王的国家，四面都是坚固的要塞，北面有甘泉山、谷口，南面环绕着泾水、渭水，西面有陇山、蜀道，东面有函谷关、殽阪山，有百万雄师，千辆战车，对我方有利就进攻，对我方不利就退守，这是据以建立王业的好地方啊。百姓不会因私事而争斗，却勇敢地为国家去作战，这是据以建立王业的好百姓啊。现在大王同时兼有这两种有利条件。凭着秦国勇猛的士兵和众多的战车去攻打诸侯，就如同放出猎犬去捕捉跛足的兔子那样容易，霸王的功业可以成就，可是群臣却不称职。秦国已经闭关固守十五年，不敢伺机向崤山以东出兵，这是因为穰侯没有竭尽忠心为秦国出谋划策，而大王的计策也有失误啊。”秦昭王长跪着说：“我愿意听听我失误的方面。”

然而范雎发觉周围有不少人偷听，心里惊恐不安，不敢谈宫廷内部太后篡权的事，就先谈穰侯对外用兵之策等事情，借以观察秦王的态度。于是对秦昭王说：“穰侯越过韩、魏两国而去进攻齐国的纲、寿，这个计策不好。出兵少则不足以损伤到齐国，出兵多就会损害到秦国。我想大王的打算是想让秦国少出兵而让韩、魏两国发动全部兵力来协同秦国，这是不义的。现在看来这两个友国对秦国并不是真正亲善，您却要越过他们的国境去进攻齐国，可行吗？这个计策考虑欠缺。况且过去齐湣王向南攻打楚国，打败了楚军，斩杀了楚将，开辟了千里的领土，可是齐国最后连尺寸大小的土地也没得到，难道是不想得到土地吗？是形势不允许啊。各诸侯国看到齐国已经疲敝困顿，国君与臣属不和，便发兵进攻齐国，大败齐国。齐国受辱，士兵困顿，全国上下都归咎齐王，说：‘是谁策划攻打楚国的？’齐王说：‘是田文策划的。’于是齐国大臣们作乱，田文逃亡出走。由此可见齐国大败的原因是它耗尽兵力攻打楚国反而使韩、魏两国从中获得厚利。这就是所谓的把兵器借给强盗，把粮食送给窃贼啊。大王不如结交远邦而攻打近国，这样攻取一寸土地就成为您的一寸土地，攻取一尺土地也就成为您的一尺土地。如今越过近国去攻打远邦，不是太荒谬了吗？况且过去中山国有方圆五百里的领土，赵国把它独自吞并了，既成就了功业使得名声远扬，也得到了实际的利益，天下没有谁能侵害它。韩、魏两国地处中原，位于天下的中心部位，大王想要称霸天下，就必须先亲近中原国家把它作为掌握天下的枢纽，来威胁楚国和赵国。楚国强大就亲近赵国，赵国强大就亲近楚国，楚国和赵国都亲附秦国，那么齐国必然会恐惧。齐国恐惧了，就必定低声下气拿着丰厚财礼来奉事秦国。齐国亲附了秦国，那么韩国和魏国就可以轻易得到了。”昭王说：“我早就想亲近魏国了，可是魏国变化无常，我无法亲近。请问怎么才能亲近魏国呢？”范雎回答道：“大王可以先用谦虚的言辞和丰厚的大礼去亲近它，不行的话，就割让土地贿赂它；再不行的话，就寻机发兵攻打它。”昭王说：“寡人恭敬听从您的指教。”于是拜范雎为客卿，谋划军事。秦国最终听取了范雎的谋略，派五大夫绾带兵攻打魏国，攻下了怀邑。两年后，又攻下了邢丘。

客卿范雎后来又游说秦昭王说：“秦、韩两国的地形，像各种色彩丝线交织的刺绣。秦国境内交织着韩国的土地，就如同树干生了蛀虫，人患了心病一样。天下形势没有变化则罢，一旦发生变化，还有谁能比韩国对秦国的威胁大？所以大王不如先笼络韩国。”秦昭王说：“我本来想笼络韩国，可是韩国不听从，怎么办才好呢？”范雎回答道：“韩国怎么能不听从呢？如果您出兵攻打荥阳，那么韩国由巩县到成皋县的道路就不通；在北面切断太行山的要道，那么上党的军队就不能南下。

大王一旦举兵进攻荥阳，那么韩国就会被分割成三块孤立的地区。韩国看到这样一种必将灭亡的情势，怎么能不听从呢？如果韩国听从了，那么您就可盘算称霸的事了。”秦昭王说：“不错。”于是就派使臣到韩国去。

范雎越来越得到秦昭王信任，他的讲说被采用已有几年了。一次范雎请求秦昭王给个单独谈话的时间，说：“我住在山东时，只听说齐国有田文，从没听说齐国有齐王；只听说秦国有太后、穰侯、华阳君、高陵君、泾阳君，没听说过有大王。能够独掌国家大权的才叫王，能够兴利除害的才叫王，能够掌握生杀大权的才叫王。如今太后独断专行而不管您的想法，穰侯出使国外从不汇报，华阳君、泾阳君等随意杀人而无所顾忌，高陵君任免官吏也从不请示。这四种权贵存在而国家没有危险，还从来没有过。您屈居于这四种权贵的专权跋扈之下，就是我所说的没有秦王啊。这样的状况下大权怎么能不旁落，大王又怎么能发出政令呢？我听说善于治理国家的人，对内巩固自己的威信，对外确立自己的权威。穰侯的使臣拿着大王的符印，决定诸侯国之间的事情，与各国结盟，征讨敌方，攻伐别国，没有谁敢不听命。如果打了胜仗，夺取了城地，就把好处归入陶邑，国家遇到困厄他便可在诸侯国中用事；如果打了败仗，就会使百姓怨恨国君，把祸患推给国家。有诗说：‘树上的果实结得太多就会压折树枝，树枝断了就会伤害树心；封地城邑大了就会危害国家，臣子太尊贵了就会压抑君主。’从前齐国的崔杼和淖齿专权，崔杼射伤齐庄公的大腿，淖齿抽了齐湣王的筋并把他悬吊在祖庙的梁上，折磨了一夜才死去。赵国的李兑专权，把赵武灵王囚禁在沙丘的宫里，使他困饿了一百天而死。现在秦国的太后、穰侯专权，高陵君、华阳君和泾阳君辅助他们，忽视秦王的存在，他们和淖齿、李兑是一类人啊。再说夏、商、周三代亡国的原因，就是君主把大权全都交给宠臣，自己只顾饮酒游猎，不理朝政。掌权的宠臣妒贤嫉能，瞒上欺下，谋取私利，他们从不为君主考虑，而君主也不醒悟，因此丧失了国家。如今秦国从最低级官吏到各位高级官员，以及大王的左右侍从，没有一个不是宰相穰侯的亲信。现在我看到大王在朝廷孤立无援，暗自替您担心，怕在您之后，拥有秦国的就不是您的子孙了。”秦昭王听了这番话后大感惊惧，说：“你说得很对。”于是废了太后，把穰侯、高陵君以及华阳君、泾阳君驱逐出国都。秦昭王任命范雎为宰相。收回了穰侯的相印，让他回到自己的封地陶邑去，由朝廷派给车子和牛帮他拉东西迁出国都，光是车子就用了一千多辆。到了函谷关，守关官吏检查他的珍宝器物，发现他的珍奇宝物比皇家还要多。

秦昭王把应城封给范雎，他的封号为应侯。当年是秦昭王四十一年。

范雎做了秦国宰相之后，秦国人叫他张禄，而魏国人对此毫无所知，以为范雎早就死了。魏王听说秦国要向东攻打韩、魏两国，便派须贾出使秦国。范雎得知须贾到了秦国，便改装出行，穿着破旧的衣服走小路步行到客馆，拜见须贾。须贾一见范雎不禁诧异道：“范叔原来安然无恙啊！”范雎说：“是啊。”须贾笑着说：“范叔是来秦国游说的吧？”范雎答道：“不是的。我过去得罪了魏国宰相，所以流亡到这里，哪里还敢游说呢！”须贾问道：“现在你在做什么呢？”范雎答道：“我给人家当差役。”须贾听了怜悯他，便留下范雎一起坐下吃饭，又说：“没想到范叔竟贫寒到这个样子！”于是就取出了自己一件粗丝袍送给了他。须贾趁便问道：“你知道秦国的宰相张君吗？我听说他很受秦王的宠信，天下的大事都由他决定。这次我办的事情成败也都取决于他。你有没有跟宰相张君熟悉的朋友啊？”范雎说：“我的主人很熟悉他。我也能求见他，请让我把您引见给张君吧。”须贾说：“我的马病了，车轴也断了，不是四匹马拉的大车，我是不出门的。”范雎说：“我愿意替您向我的主人借来四匹马拉的大车。”

范雎回去取来四匹马拉的大车接须贾，并亲自驾车拉着他进了秦国相府。相府里的人看到范雎驾着车子回来，认识他的人都回避离开了。须贾对这种状况感到很奇怪。到了相府门口，范雎对须贾说：“请先等一下，我先进去向宰相通报一声。”须贾在门口拽着马缰绳等了很长时间也不见人来，便问门卒说：“范叔进去很长时间了还没出来，是怎么回事呢？”门卒说：“这里没有范叔。”须贾说：“就是刚才跟我一起乘车来的那个人。”门卒说：“他是我们的宰相张君啊。”须贾一听大惊失色，自知上当，就赶紧脱掉上衣光着膀子双膝跪地而行，让门下人领着去向范雎认罪。于是范雎派人挂上豪华的帐幕，召来许多侍从，才接见须贾。须贾见到范雎连连叩头口称死罪，说："我没想到您靠自己的能力达到这么高的尊位，我不敢再读天下的书，也不敢再参与天下的政务了。我犯下了应该被煮杀的大罪，我请求您把我抛到异族荒蛮的地区，是生是死全凭您发落！"范雎说："你的罪状有多少？"须贾连忙说："就是把我的头发全拔下来来数我的罪过，也不够数。"范雎说："你的罪状有三条。楚昭王时申包胥为楚国谋划打退了吴国军队，楚王把荆地的五千户封给他做食邑，他推辞不肯接受，担心的是死后不得不埋在荆地。我的祖坟在魏国，过去你认为我对魏国有外心暗通齐国，所以在魏齐面前说我的坏话，这是你的第一条罪状。当魏齐把我扔到厕所里侮辱我时，你不加制止，这是第二条罪状。喝醉了的人轮番往我身上撒尿，你于心何忍？这是你的第三条罪状。然而你今天之所以能够不死，是因为你赠我一件粗丝袍，还有点老朋友的依恋之情，所以我放了你。"于是他辞退了须贾。范雎进宫把事情的原委报告了昭王，办完了须贾来秦要办的事情后放须贾回国。

须贾去向范雎辞行，范雎于是大摆酒筵，请来各诸侯国的使臣，与他同坐堂上，酒菜饭食很丰盛。而让须贾坐在堂下，在他面前放了铡碎的草和豆子拌在一起的饲料，又命令两个受过黥刑的犯人在两旁夹着他，像喂马一样给他吃饲料。范雎责骂须贾："你给我告诉魏王，赶快把魏齐的脑袋拿来！不然的话，我就要屠灭大梁。"须贾回到魏国，把事情告诉了魏齐。魏齐听后很害怕，便逃到了赵国，躲藏在平原君家里。

范雎做了秦国宰相之后，王稽对范雎说："不可预知的事情有三件，无可奈何的事情也有三件。帝王突然去世，这是不可预知的第一件事情。您突然去世，这是不可预知的第二件事情。我突然去世，这是不可预知的第三件事情。如果帝王突然去世了，您虽然对我未被重用感到遗憾，那是无可奈何的。如果您突然去世了，您虽然对我未被重用感到遗憾，那也是无可奈何的。假使我突然去世了，您虽然对我未受重用感到遗憾，那也是无可奈何的。"范雎听了不高兴，就进宫对秦王说："王稽如果对秦国不忠诚，就不会把我带进函谷关；大王如果不贤能圣明，就不会使我如此显贵。如今我已官至宰相，爵位封到列候，可是王稽还只是个谒者，这该不是他带我进关的本意。”秦昭王于是召见了王稽，任命他为河东郡守，并且允许他三年之内可以不向朝廷缴纳赋税。范雎又向秦昭王举荐郑安平，秦昭王便任命郑安平为将军。范雎于是散发家里的财物，用来报答那些在他困顿时帮助过他的人。凡是给过他一顿饭吃的恩情也一定报答，而小的怨仇他也一定报复。

范雎任秦相的第二年，也就是秦昭王四十二年，秦国向东攻打韩国的少曲和高平，都攻克了。

秦昭王听说魏齐藏在平原君家里，想为范雎报仇，就写了一封假装交好的信给平原君说：“我听说您有高尚的情义，希望我们之间像平民百姓一样做朋友，如果您肯造访的话，我愿和您开怀畅饮十天。”平原君本来就畏惧秦国，看了信后以为秦昭王真的有意交好，便到秦国晋见秦昭王。秦昭王陪着平原君喝了几天酒，对他说：“从前周文王得到吕尚后尊他为太公，齐桓公得到管夷吾后尊他为仲父，现在范叔是寡人的叔父啊。范叔的仇人住在您家里，希望您派人把他的脑袋取来；否则我就不让您出函谷关。”平原君说：“显贵了还交低贱的朋友，是不忘低贱时的情谊；豪富了还交贫困的朋友，是不忘贫困时的友情。魏齐是我的朋友，即使他在我家，我也不会把他交出来，何况他现在并不在我家。”于是秦昭王给赵国国君写了一封信说：“大王的弟弟在秦国，而范雎的仇人魏齐在平原君家里。大王派人赶快把他的脑袋拿来；不然的话，我就发兵攻打赵国，并且不放您的弟弟出函谷关。”赵孝成王看完信后就派兵包围了平原君家，危急中魏齐连夜从平原君家逃走，去见赵国宰相虞卿。虞卿估计不可能说服赵王，就解下相印，跟魏齐一起逃出了赵国。两人抄小路逃走，考虑到诸侯国没有可以投靠的人，就又逃回大梁，打算通过信陵君的关系投奔到楚国去。信陵君听到了这个消息，由于害怕秦国，有些犹豫不决，不肯接见他们，就问周围的人说：“虞卿这个人怎么样？”当时侯嬴也在旁边，就回答说：“人很难被别人了解，了解别人也不容易。那个虞卿脚踏草鞋，肩搭雨伞，第一次见赵王，赵王赐给他白璧一对，黄金百两；第二次见赵王，赵王就任命他为上卿；第三次见赵王，赵王就交给他相印，封他为万户侯。当今天下人都争着结识他。魏齐走投无路时投奔了虞卿，虞卿根本不把高官厚禄看在眼里，解下相印，抛弃万户侯的爵位而与魏齐逃走。现在他来投奔您，公子却问'这个人怎么样'。人固然很难被别人了解，了解别人也实在不容易啊！"信陵君听后非常惭愧，便赶紧驱车到郊外去迎接他们。可是魏齐听到信陵君当初不大肯接见他，一怒之下刎颈自杀了。赵王得知魏齐自杀身亡，取了他的脑袋送到秦国。秦昭王才放平原君回赵。

昭王四十三年，秦国进攻韩国的汾陉，夺取了它，并在黄河边上的广武筑城。

五年之后，秦昭王采用应侯的计策，施行反间计使赵国上当中计，让马服君赵奢的儿子赵括代替廉颇统率军队。结果秦军在长平大败赵军，进而围攻邯郸。不久之后应侯与武安君白起产生了矛盾，于是在秦昭王面前说白起的坏话，白起自杀。于是秦昭王任用郑安平，派他领兵攻打赵国。郑安平反被赵军围困，情况危急，就带领两万士兵投降了赵国。应侯自知对这件事罪责难逃，就跪在草垫上请罪。按照秦国法令，举荐了官员而被举荐的官员犯了罪，那么举荐人与被举荐者同罪。应侯应判诛杀三族的罪。可是秦昭王恐怕伤害了应侯的感情，就下令全国："有谁敢议论郑安平的事，就按郑安平的罪治谁。"同时赏赐宰相应侯更加丰厚的食物，来使他安心顺意。两年之后，王稽做河东郡守，与诸侯勾结，因犯法被杀。应侯因而越来越郁闷。

有一天秦昭王在上朝时叹息，应侯走上前去说："我听说'君主忧虑，臣下就感到耻辱，君主受辱，臣下就是死罪'。现在大王当朝处理政务感到忧虑，我请求治我的罪。"秦昭王说："我听说楚国的铁剑很锋利而歌舞演技拙劣。铁剑锋利说明士兵很勇敢，歌舞演技拙劣说明国君的计谋必定深远。用深远计谋指挥勇敢的士兵，我担心楚国会打秦国的主意。凡事不早做准备，就没法应付突然发生的事件，现在武安君已经死了，而郑安平等人叛变了，国内没有能征善战的大将，而我们有很多敌国，我因此感到忧虑。"秦昭王说这番话的本意是激发和鼓励应侯。而应侯听了却感到恐惧，不知如何应对。蔡泽听说后，便来到秦国。

蔡泽是燕国人。他曾周游列国从师学习并向大大小小诸侯求取官职，但没有得到信任。于是他找唐举看相，说："我听说先生给李兑看相，说'一百天内将做宰相'，有这回事吗？"唐举回答说："有这回事。"蔡泽说："你看我这个人怎么样？"唐举仔细地看了他一番便笑着说："先生是朝天鼻，肩膀高耸，额头突出，塌鼻梁，罗圈腿。我听说圣人不可貌相，大概说的是先生吧？"蔡泽知道唐举是跟自己开玩笑，就说："富贵我自己可以把握，我所不知道的是寿命的长短，想听听你的说法。"唐举说："先生的寿命从今以后还有四十三年。"蔡泽笑着谢过他便走了，随后对他的车夫说："我端着米饭吃着肥肉，赶着马车奔驰，手抱黄金大印，腰系紫色丝带，受人主的尊重和礼让，能吃肉享受荣华富贵，四十三年足够了。"于是他便离开燕国来到赵国，但被赵国赶了出来。随即又去了韩国、魏国，路上被抢走了锅。他听说应侯举荐的郑安平和王稽都犯了大罪，应侯内心很惭愧，蔡泽便向西来到秦国。

蔡泽准备去拜见秦昭王，先派人放言激怒应侯说："燕国来的宾客蔡泽是见识超群、极富辩才之士。他只要一见秦王，秦王必定使您处于困境而剥夺您的权位。"应侯听了这些话，说："我通晓五帝三代的事理和诸子百家的学说，我折服过许多巧言雄辩的人，蔡泽怎么能使我难堪而夺取我的权位呢？"于是就派人去召蔡泽来。蔡泽进来了，只向应侯作了个揖。应侯心里本来就不痛快，又看到蔡泽如此傲慢，就责备他说："你曾扬言要取代我做秦国的宰相，难道真有这回事吗？"蔡泽回答说："有。"应侯说："我想听听你的说法。"蔡泽说："唉！您认识问题怎么这么迟钝呢！一年之中春、夏、秋、冬四季更替，任务完成了就自动退去。一生中身体健壮，手脚灵活，耳朵听得清，眼睛看得明，心神聪慧，这不就是士人的愿望吗？"应侯说："是的。"蔡泽说："以仁为本，主持正义，行道施德，实现自己的志向，使天下人拥护爱戴而尊敬仰慕他，都希望他能做君主，这不就是明智之士所期望的吗？"应侯说："是的。"蔡泽又说："富贵而显赫荣耀，治理一切事物，使所有的事物都能各得其所；活得长久，平安度过一生而不夭折；天下继承他的传统，固守他的基业，并永远流传下去；名声和业绩纯粹美好，恩泽远及千里之外，世世代代称赞他，与天地一样长久；这不就是符合大道的事情、圣人所说的吉祥善事吗？”应侯说：“是的。”

蔡泽说：“至于秦国的商鞅，楚国的吴起，越国的大夫文种，他们被杀的悲惨结局也是人们乐意看到的吗？”应侯知道蔡泽是想用这些说辞来堵自己的嘴，便故意狡辩道：“有什么不可呢？商鞅奉事秦孝公，终身没有二心，一心为公而毫不顾念自身；设立刀锯等刑具来禁绝奸邪，赏罚严明使秦国得到大治；推心置腹，昭示真情，忍受怨恨，诱骗老朋友，俘获了魏公子卬，使秦国国家安定，百姓获利，最后为秦国擒将破敌，开拓了千里土地。吴起奉事楚悼王，不使私人损害公家，不使奸佞谗言损害忠臣，不听取随声附和之音，办事不苟且保身，不因危险而改变行动，坚持大义不逃避困难，为了使君主成就霸业，国家强盛，不躲避殃祸凶险。大夫文种奉事越王勾践，君主即使遭困受辱，他仍然竭尽忠心毫不懈怠，君主即使面临断嗣亡国，他也仍然竭尽才能挽救而不离去，越王复国成功而不骄傲，富贵了也不放纵轻慢。这三个人本身就是道德大义的标准，忠诚的榜样。因此君子为了大义而死，视死如归；活着受辱不如死后享受光荣。士人本来就该具有杀身成名的志向，只要是为了大义的存在，即使死了也没有什么遗憾的。有什么不可呢？”

蔡泽说：“君主圣明臣子贤能，这是天下的大福；国君明智臣子正直，这是国家的福气；父亲慈爱儿子孝顺，丈夫诚信妻子忠贞，这是家庭的福气。所以比干忠诚却不能保住殷朝，伍子胥多谋却不能保全吴国；申生孝顺却使晋国发生大乱。这些都是忠臣孝子，但却发生国家灭亡家庭变乱的情况，这是为什么呢？是因为没有明智的国君和贤能的父亲听取他们的声音，因此天下人认为这样的国君和父亲是可耻的，因而怜惜同情做臣做子的。现在看来商鞅、吴起、大夫文种作为臣子，都没有错；但他们的国君有错误。所以世人说这三位为国家建立了功绩却不得好报，难道还羡慕他们不被国君体察而死去吗？如果只有用死才可以建立忠诚的名声的话，那么微子就不能称为仁人，孔子就不能称为圣人，管仲也不能称为伟大的人物了。人们建功立业，难道不期望十全十美吗？性命与功业名声都能保全是最好的。其次是名声被世人视为榜样而性命不能保全。最下等的是名声被人诟辱而性命得以保全。”听到这里，应侯称赞讲得好。

蔡泽抓住应侯的应合，趁势说：“商鞅、吴起、大夫文种，他们作为臣子竭尽忠诚建功值得人仰慕，闳夭奉事周文王，周公辅佐周成王，难道不也是忠诚圣明吗？按君臣关系而论，商鞅、吴起、大夫文种比起闳夭、周公来，谁更值得仰慕呢？”应侯说：“商君、吴起、大夫文种比不上闳夭和周公。”蔡泽说：“您的君主慈爱仁义信用忠臣，厚道诚实不忘旧情，他贤能智慧，与那些有才能明大理的人士关系极为密切，坚守道义不背弃功臣，在这些方面跟秦孝公、楚悼王、越王勾践相比，怎么样呢？”应侯回答说：“不知道怎么样。”蔡泽说：“您的君主在亲近忠臣方面比不上秦孝公、楚悼王、越王勾践，您出谋划策，为君主解决危难修明政治，治理混乱增强兵力，排除祸患消除灾难，拓宽疆域增种谷物，使国家富强百姓富足，加强君主的权威，尊崇国家的地位，显荣宗庙，天下诸侯没有敢于欺辱冒犯自己的君主，君主的威势震动海内四方，功劳显扬于万里以外的地方，声名光辉流传千秋万代，在这些方面您与商鞅、吴起、大夫文种比起来怎样？”应侯说：“我比不上他们。”蔡泽说：“如今您的君主在亲近忠臣，不忘旧情方面比不上秦孝公、楚悼王、越王勾践，而您的功绩以及受到的信任、宠爱又比不上商鞅、吴起、大夫文种，但您的官职爵位的显贵，私人的富有却超过了他们三位，如果您自己不知引退，那么您遭到祸患恐怕要比他们三位更惨重，所以我私下替您担心。俗话说‘太阳升到正中位置就要开始逐渐偏斜，月亮达到圆满就要开始亏缺’。事物发展到鼎盛就要衰败，这是天地间的自然规律。进退伸缩，与时俱进，这是圣人恪守的规律。因此说‘国家政治清明就出来做官，国家政治黑暗就隐退’。圣人说‘明君在位，有作为的人理应辅佐以施展抱负’，‘用不正当的手段得到的富贵，对我来说如同浮云一样’。现在您的怨仇已经报了，恩德也已经报答了，心愿都满足了，可是却没有应变的谋划，我私下认为您的这种做法不可取。再说翠鸟、鸿鹄、犀牛、大象这些动物，它们所处的形势位置离死亡很远，可是它们之所以死亡，其原因就是被诱饵所诱惑。苏秦、智伯机智多谋，足够避开耻辱远离死亡，可是他们之所以死于非命，其原因在于贪得无厌而不知适可而止。因此圣人才制定礼法节制欲望，向百姓征收财物要有限度，役使民力不违时节，也要有节制，所以心志不要过高，行动不要太骄横，符合道义而不偏离，这样天下才能传承而永不断绝。从前齐桓公曾九次会盟诸侯，制止混战使天下归正，但到葵丘会盟时，他有骄横自大之意，许多国家因此叛离了他。吴王夫差的军队天下无敌，依仗勇猛强悍而轻视诸侯，侵犯齐国、晋国，最后落得身死国亡。夏育、太史嗷勇猛异常，大喊一声就可以吓退三军，但是他们最后却死在平庸之辈的手下。这些都是功成名就达到鼎盛而不愿抽身而退，不能自甘谦下、自我节制所造成的祸患啊。商鞅为秦孝公制定法令昭示全国，禁绝奸邪的根源，尊爵必赏，有罪必罚，统一权衡器具，校正度量器具，调整商品、货币流通等轻重关系，铲除纵横交错的田埂，使百姓生活安定、民俗统一，鼓励百姓耕作，使土地发挥效益，一家不操二业，努力种田积蓄粮食，平时演练军事战阵，因此出动军队就能扩张地盘，军队休整就可使国家富足，所以秦国天下无敌，在诸侯中树立威名，成就了秦国的基业。功业告成，结果商鞅身遭车裂而死。楚国土地方圆几千里，士兵上百万，白起率领几万人的军队与楚军交战，第一次交战就攻克了鄢、郢，烧毁了夷陵祖坟，第二次交战在南面攻取了蜀汉地区。后来又越过韩国和魏国去进攻强大的赵国，在北面坑杀了马服君赵奢的儿子赵括，在长平屠杀了四十多万人，血流成河，血水咆哮如同雷鸣，进而围攻邯郸，使秦国有了称帝天下的资本。楚国和赵国是天下的强国却是秦国的仇敌，从此之后，楚国和赵国都恐惧屈服不敢再进攻秦国，都是因为白起的威势。白起亲自征服了七十多座城邑，大功告成之后，却在杜邮被赐剑自杀。吴起为楚悼王制定法令，削弱大臣的权力，罢免没有才能的臣子，废黜无用之辈，裁减可有可无的官员，杜绝徇私的请托，整饬划一了楚国的风俗，禁止百姓无业游荡，精心选练可以耕战的士兵，向南收服了杨越，向北兼并了陈、蔡两个小国，拆散了连横、合纵的计谋，使那些往来游说的人无法开口，禁止结党营私，鼓励百姓为国耕战，使楚国政治安定，兵震天下，使诸侯慑服。功业告成，可是最后惨遭肢解而死。大夫文种为越王勾践深谋远虑，解除了会稽被困亡国在即的危急，转亡为存，转辱为荣，开垦荒地，招募游民充实城邑，开辟农田种植谷物，把全国各地的民众上上下下的力量集中起来，辅助贤能的勾践，报了夫差灭越的仇恨，终于灭掉了强劲的吴国，使越国称霸天下。功业彰明，可是勾践最终忘恩负义地把他杀了。这四个人，功业告成后却不离开官职，最终遭遇如此悲惨的灾祸。这就是人们所说的能伸而不能屈，能往而不能返啊。范蠡明白这个道理，所以他超脱世俗远避世事，做个悠然自乐的陶朱公。您没见过那些赌博的人吗？有时想下大赌注，有的要分次下小赌注，这些都是您所知道的。现在您任秦国的宰相，出谋划策不必离开座位，也不必走出朝廷，坐在那里就可以从容决策，控制诸侯，扬威于三川之地，增强自己在宜阳的实力，打通羊肠坂道的天险，断绝太行山的通道，切断范氏、中行氏这些韩、魏领土上的要道，使六国诸侯不能合纵，修筑了千里栈道，可通往蜀汉地区，使天下诸侯都畏惧秦国，秦国的欲望也满足了。您的功业也到了顶点了，这也到了您分散功劳的时候了。若在这个时候您还不隐退，那么您将会是商鞅、白起、吴起、大夫文种的下场。我听说，‘用水做镜子，可以看清自己的面容，用人做镜子，可以知事情的凶吉’。《尚书》上说‘功成名就之下，是不能久留的’。您为什么还要坐等这四个人的灾祸呢？您为什么不在这个时候归还相印，把它让给贤能的人，隐退到山林观览流水，一定会有伯夷正直廉洁的美名，长享应侯爵位，世世代代称侯，而又有许由、延陵季子谦让的声誉，像王子乔、赤松子一样的高寿，这么做比起终遭灾祸来怎么样？那么你打算选择哪种结局呢？如果您不能自动离去，犹疑不能决定，必定会遭到那四个人一样的灾难。《易经》上说‘龙飞得过高达到顶点既不能上升又不能下降因而后悔’，这句话说的就是能上不能下，能伸不能屈，能往不能自觉返回的人。希望您仔细考虑这个问题！”应侯说：“说得很好。我听说‘有欲望而不知道满足，就会失去想要的东西；只知占有而不知节制，就会丧失已有的东西’。承蒙先生教导，我恭听从命。”于是便请蔡泽入座，待为上宾。

几天之后，应侯上朝，对秦昭王说：“我有位从山东过来的名叫蔡泽的客人，此人很有口才，对三王的典事，五霸的业绩以及世俗的变迁都了如指掌，足以托付秦国的大政。我见过很多人，还没有谁赶得上他，我也不如他。我斗胆把这个情况报告给您。”秦昭王便召见了蔡泽，跟他谈话后，非常喜欢他，就拜他为客卿。应侯于是趁机称有病请求归还相印。秦昭王还是竭力留他执事，应侯于是称说病重。范雎不再担任宰相，秦昭王很赏识蔡泽的谋划，于是任命蔡泽为秦国宰相，向东灭掉了周朝。

蔡泽在秦国做了几个月的宰相，就有人说他的坏话，他害怕被杀，便推托有病归还了相印，被赐封号纲成君。蔡泽在秦国十多年，奉事过秦昭王、孝文王、庄襄王。最后奉事秦始皇，替秦国出使燕国，三年后燕国太子丹到秦国做人质。

太史公说：韩非子说“袖子长的人善于舞蹈，金钱多的人善于做生意”，这话说得很对啊！范雎、蔡泽是人们所说的一代辩士，但是有人游说诸侯直至白发苍苍也没得到机会，并不是他们计策谋略拙劣，而是他们游说得不够。他们两人旅居秦国后，相继能够取得卿相地位，功名流传天下，其根本原因是国家强弱的形势不同了啊。但是辩士的机遇也有偶然性，和范雎、蔡泽一样贤能的人很多，由于没有机遇施展才能，其辩才就无从发挥。然而他们二人如果不是遭到困厄境遇，又怎么能激起奋发的志向呢？

（龚双会 译）

《史记》卷八十　乐毅列传第二十

乐毅的一位先祖叫乐羊。乐羊是魏文侯的将领，为魏国伐取了中山国，魏文侯把灵寿县封给了乐羊。乐羊去世后，葬在灵寿，他的后代子孙们就在那里安了家。后来中山又重新建立了国家，到赵武灵王时又灭掉了中山国，而乐家的后代出了个有名人物叫乐毅。

乐毅很贤能，喜好兵法，赵国人举荐他做了官。等到赵武灵王在沙丘行宫被活活饿死后，乐毅就离开赵国到了魏国。后来他听说燕昭王因为子之叛乱而使燕国被齐国打得大败，因此燕昭王痛恨齐国，从没有一天忘记过要向齐国报仇雪恨。但是燕国弱小，地处偏远，无法克敌制胜，于是燕昭王谦恭地礼贤下士，他先礼尊郭隗来招揽天下贤士。这时，乐毅奉魏昭王之命出使燕国，燕王以贵客的礼节接待了他。乐毅一再推辞谦让，但觉得燕昭王确实是位礼贤下士的明君，于是向燕昭王表示愿意做他的臣子，燕昭王任命他为亚卿，乐毅长时间担任这个职务。

当时，齐国正是齐湣王当政，国力强盛，曾经向南在重丘打败了楚国宰相唐眜，向西在观津摧毁了魏、赵两国联军，随即又联合韩、赵、魏三国攻打秦国，还曾帮助赵国灭掉了中山国，又打垮了宋国，将齐国的土地扩展了一千多里。齐湣王与秦昭王争相改王称帝，没过多久又自行取消了东帝的称号，重新称王。诸侯们都想要背弃秦国而归服齐国。可是齐湣王骄傲自大，齐国的百姓已经无法忍受他的暴政了。这时燕昭王向乐毅询问有关攻打齐国的事情。乐毅回答说："齐国昔日就是霸主，如今霸主的基业尚存，土地广阔人口众多，仅凭燕国草率地出兵攻打它是不行的。大王如果非要攻打它，不如联合赵国以及楚国和魏国讨伐齐国。"于是燕昭王派乐毅去与赵惠文王订立盟约，同时派遣别的使臣去联合楚国、魏国，又让赵国用联合伐齐的好处去劝说秦国。当时，诸侯各国也都无法忍受齐湣王的骄横暴虐，于是纷纷争相与燕国联合共同讨伐齐国。乐毅回国向燕昭王汇报了出使情况，燕昭王发动了全国的兵力，任命乐毅为上将军，赵惠文王也把赵国的相印授给了乐毅。于是乐毅一并统领着赵、楚、韩、魏、燕五国的军队去讨伐齐国，在济水西边打败了齐军。这时各诸侯国的军队停止了进攻，相继撤了回去，而燕军在乐毅的指挥下独自追击，一直追到齐国都城临淄。齐湣王在济水西边被打败后，就逃到莒邑据城固守。乐毅率领燕军单独留下来寻找突破口，齐国各城邑都据城坚守。于是乐毅集中兵力攻打临淄，攻下临淄后，把齐国的珍宝财物以及宗庙祭祀的器物全部夺取过来并运到燕国。燕昭王非常高兴，亲自到济水岸上慰劳军队，论功行赏犒劳将士，把昌国封给乐毅，封号为昌国君，于是燕昭王把在齐国夺取的战利品带回了燕国，而让乐毅继续带兵攻取那些还没拿下的齐国城邑。

乐毅留在齐国巡行作战五年，攻下齐国七十多座城邑，都划为郡县归属燕国，只有莒和即墨没有降服。这时恰逢燕昭王去世，他的儿子立为燕惠王。惠王早在做太子时就曾对乐毅不满，等到他即位后，齐国的田单得知他与乐毅之间有矛盾，就派人到燕国施行反间计，他们挑拨说："齐国没有被攻下的城邑只有两座而已。然而之所以不及早攻下这两座城，听说是因为乐毅与燕国新即位的国君有矛盾，于是故意留着这两座城以保持在齐国作战的态势，姑且留在齐国，然后找机会在齐国称王。齐国现在就怕燕国派别的将领来。"当时燕惠王本来就已经怀疑乐毅了，又被齐国反间计所挑拨，就派骑劫代替乐毅担任将领，并召回乐毅。乐毅知道燕惠王派人代替自己是不怀好意的，害怕回国后被杀，于是向西投奔了赵国。赵国把观津封给了乐毅，封号为望诸君。赵国对乐毅十分尊重宠信，想借他的威名来威慑燕国和齐国。

齐国的田单后来与骑劫交战，设置骗局迷惑燕军，结果在即墨城下大败骑劫的军队，接着辗转追击燕军，一直追到齐国西北的黄河边上，收复了齐国的全部城邑，然后把齐襄王从莒邑迎回了都城临淄。

燕惠王后悔派骑劫代替乐毅，致使燕军惨败损兵折将，并丧失了一度占领的齐国土地；但他又怨恨乐毅投奔赵国，担心赵国任用乐毅乘着燕国疲敝之机攻打燕国。于是燕惠王派人前往赵国责备乐毅，同时向他道歉说："当初先王把整个燕国委托给将军，将军为燕国击败了齐国，为先王报仇雪恨，整个天下无不为之震动，我哪里敢有一天忘记将军的功劳呢！当时正值先王辞世，我刚刚即位，一时受了左右的蒙蔽。我之所以派骑劫代替将军，也是考虑到将军长年在外，风餐露宿，因此想召将军回来暂且休息一下，同时与您一同商议国家大事。谁知道将军误听传言，从而和我产生了一些矛盾，于是抛弃燕国而归附了赵国。将军为自己打算当然是可以的，可您又拿什么来报答先王待您的一片深情厚意呢？”乐毅听完后，写了一封回信给惠王，信中说：

微臣不才，不能接受执行大王的命令，来顺从您周围那些人的意愿，我担心回国之后无故被杀而有损先王的英明，有害于您的道义，所以逃到赵国。现在您派人来指责我的罪过，我怕先王的侍从不知道先王之所以收留、宠信我的原因，又不明白我侍奉先王的诚心，所以我写信来答复您。

我听说贤能圣明的君主不拿爵禄偏赏给自己的亲信，而是谁的功劳多就赏赐谁，谁有能力胜任就举用谁。所以能够根据能力来授予官职的，是能成就功业的君主；能够根据对方的品行来结交朋友的，是能立身扬名的贤士。我暗暗观察先王的举止，见他有一般君主所无法比拟的心志，所以我借替魏国出使的机会，到燕国来亲自察看一下。先王不适当地提拔我，把我列入宾客之中，提拔我高居群臣之上，没有与父兄宗亲大臣商量，就封我为亚卿。我自己也没有自知之明，自认为只要遵从命令接受指教，就可以侥幸免于犯错，所以毫不推辞地接受了任命。

先王命令我说：“我对齐国积怨很深，不管燕国多么弱小，我也要把向齐国复仇作为奋斗目标。”我说：“齐国昔日霸主的基业尚存，而且是常胜国家的后代。它的军队训练有素，精通打仗攻伐。大王若想要攻打它，必须联合天下诸侯一起图谋它。而想要与天下诸侯一起图谋它，不如先与赵国结盟。而且淮河以北和原先宋国一带，是楚、魏两国都想得到的地方，赵国如果答应了，再联合其他四国攻打齐国，那么齐国就可以被彻底打败。”先王认为我说得对，就让我带着符节向南去出使赵国。我很快就回国复命，随即起兵攻打齐国。托上天的福，托先王的威灵，黄河以北的地区很快顺应先王的旨意被一一攻破，盟军一直推进到济水之西。济水岸上的军队接受命令发动进攻，把齐国人打得大败。我们的轻装精锐部队，长驱直入直抵齐国都城。齐王狼狈地逃到莒邑，才免于身亡；珠玉财宝战车盔甲以及珍贵的祭祀器物全部被燕国缴获。齐国的宗庙祭器被放到了燕国的宁台，大吕钟被陈列在元英殿，过去燕国被齐国掠去的宝鼎又放回了我们的磿室，蓟丘所种植的东西移植到齐国汶水的竹田，自春秋五霸以来，没有谁的功业能赶得上先王。先王认为自己的志向得到了满足，所以割出一块土地封给我，使我的地位相当于小国的诸侯。我自己也没有自知之明，自认为只要遵从命令接受指教，就可以侥幸免于犯错，所以毫不推辞地接受了大王的恩赐。

我听说贤能圣明的君主，能够保住建立的功业而不废弛，所以才能名垂青史；有远见的贤士，能够成就名声而不毁弃，所以才能被后人称颂。像先王那样报仇雪耻，降服了一个强大的万乘之国，缴获了齐国积攒了八百多年的财富，直到先王辞世的那一天，仍然留下教令，指示执政主事的臣子，修整法令，慎重地对待庶出子弟，国家的恩泽和执政者的表率作用都能推广到黎民百姓，这些都可以用来教导后世。

我听说，善于开创的不一定能够成功，好的开端不一定有好的结局。从前吴王阖闾采纳了伍子胥的建议，带兵远征一直打到楚国的郢都；而后来吴王夫差却不是这样，他赐给伍子胥一个皮革袋逼他自杀，并把尸骨装进袋里扔到江中。吴王夫差不明白先前伍子胥的主张能够建立功业，所以把伍子胥抛入江中而不后悔；伍子胥也没能及早地认识到两个君主的度量不同，因此致使自己尸骨被扔到江中而不改其初衷。

能够免遭杀身之祸而为国家建功立业，以此彰显先王知人善用的行迹，这是我的最高理想。遭受侮辱毁谤，同时败坏先王的一世英名，这是我最害怕的事情。面临不可预测的罪名，帮助赵国攻打燕国来侥幸谋求私利，按照道义的标准我是不敢去做的。

我听说古代的君子，即使和朋友绝交了也不会说对方的坏话；真正的忠臣即使离开原来的国家，也不会去洗雪自己的冤屈。我虽然没有出息，但还是多次接受过君子的教导的。我担心先王的侍从们听信您左右近臣的谗言，不体察我这个被疏远的人的行为，所以我斗胆献上这封信向您阐明我的心意，希望大王您留心考察。

燕惠王看完这封信之后，封乐毅的儿子乐闲为昌国君；而乐毅也往来于燕、赵之间，与燕国重新交好，燕、赵两国都封他为客卿。乐毅最终在赵国去世。

乐闲在燕国住了三十多年，燕王喜采用宰相栗腹的计策，想要攻打赵国，便询问昌国君乐闲。乐闲说："赵国是个四面临敌的国家，赵国的百姓熟悉军事，攻打它是不可行的。"燕王喜不听，于是出兵攻打赵国。赵国派廉颇迎击燕军，在鄗县把栗腹的军队打得大败，并俘虏了栗腹。而赵将乐乘也在代地击败了庆秦。乐乘与乐闲是同族。乐闲害怕受到牵连，于是逃奔到赵国，赵国乘胜围攻燕国。燕国割让了大片土地向赵国求和，赵军才解围离去。

燕王悔恨当初没有采纳乐闲的建议，乐闲到赵国后，燕王给乐闲写了一封信说："殷纣王时，箕子不受重用，但他仍然敢于冒犯殷纣王，直言相谏，毫不懈怠，希望纣王能够有所采纳；商容不得志，而且身受侮辱，仍希望纣王有所改变。等到民心涣散，整个国家乱到狱中的囚犯都纷纷逃出，无可救药，然后两位先生才辞官隐退。所以后来纣王背上了残酷暴虐的恶名，而两位先生却不失忠贞圣贤的美誉。这是为什么呢？因为他们竭尽所能忧国忧君。现在我虽然愚钝，但还不像殷纣那么残酷暴虐；燕国民心虽乱，但也不像殷朝百姓那么严重。俗话说，家庭内部有了矛盾，不畅所欲言，把问题说清楚，就出去对邻里讲。这两种做法，我认为是不可取的。"

乐闲怨恨燕王喜当初不听从他的计策，最终留在赵国。赵国封乐乘为武襄君。

第二年，乐乘和廉颇率军为赵国包围了燕国，燕王用厚礼向赵国求和，赵军才解围撤军。五年之后，赵孝成王去世。赵襄王派乐乘代替廉颇为将。廉颇不服，率兵攻击乐乘，乐乘逃跑，廉颇也逃奔魏国。此后十六年秦国灭了赵国。

赵国灭亡后的二十多年，汉高祖经过原赵国属地，问当地人说："乐毅有后代吗？"有人回答说："有一个叫乐叔的。"汉高祖就把乐卿县封赐给他，封号为华成君。华成君就是乐毅的孙子。乐氏家族中还有乐瑕公、乐臣公，他们在赵国即将被秦国灭掉时逃到了齐国的高密。

乐臣公精通黄帝、老子的学说，在齐国很有名气，人们称他为贤师。

太史公说：当初齐国的蒯通和主父偃读乐毅的《报燕王书》，都曾不禁放下书来哭泣。乐臣公钻研黄帝、老子的学说，他的宗师人称河上丈人，不知道河上丈人到底是哪里人。河上丈人教了安期生，安期生教了毛翕公，毛翕公教了乐瑕公，乐瑕公教了乐臣公。乐臣又教了盖公。盖公曾在齐地高密、胶西一带执教，被相国曹参尊为老师。

（邓小棒 译）

廉颇和蔺相如

《史记》卷八十一　廉颇蔺相如列传第二十一

廉颇是赵国的杰出将领。赵惠文王十六年，廉颇作为赵国的将领率兵伐齐，大败齐军，夺取了阳晋，赵王封他为上卿，廉颇凭借勇猛善战闻名于诸侯。蔺相如是赵国人，是赵国太监总管缪贤的门客。

赵惠文王在位的时候，得到了一块楚国的和氏璧。秦昭王听说后，就派人给赵王送来了一封信，表示愿意用十五座城邑来交换和氏璧。赵王和大将军廉颇以及各位大臣商议：如果把和氏璧交给秦国，恐怕得不到秦国的城邑，只能是白白地受骗；如果不给，又担心秦国出兵攻打赵国。拿不定主意，于是想寻找一个可派去回复秦国的人，却没有找到合适的人选。这时，太监总管缪贤说："可以派我的门客蔺相如去。"赵王问："您怎么知道他可以呢？"缪贤回答说："我有一次犯了罪，打算私下逃亡到燕国去。我的门客蔺相如阻止我说：'您怎么知道燕王会收留您呢？'我说：'我曾跟随大王在边境与燕王会晤，燕王私下握着我的手，说"我希望和您交个朋友"。我由此推断他会收留我，所以打算去投奔他，蔺相如对我说：'当时赵国强大而燕国弱小，您又受赵王宠幸，所以燕王想要和您结交。如今您是从赵国逃奔到燕国，燕国害怕赵国，这种情况下燕王必定不敢收留您，反而会把您捆起来送回赵国。您不如解衣露体伏在刑具上请求大王处罚，或许能够侥幸得到赦免。'我听从了他的意见，幸得大王开恩赦免了我。我私下认为蔺相如是个勇士，而且很有智谋，派他出使秦国应该是合适的。"于是赵王立即召见蔺相如，问他："秦王请求用十五座城换我的和氏璧，可不可以给他？"蔺相如说："秦国强大而赵国弱小，不给是不行的。"赵王问道："如果秦王拿走了我的和氏璧，却不给我城，怎么办？"蔺相如说："秦王请求用城换璧，如果我们赵国不答应，那么我们理亏；我们赵国给了璧，而秦国不给我们城，那就是秦国理亏。比较这两种局面，宁可答应秦国，让它承担理亏的责任。"赵王问："那谁可以出使秦国呢？"蔺相如说："如果大王实在找不到合适的人选，我愿意带着和氏璧出使秦国。赵国得到城，和氏璧就留在秦国；赵国没有得到城，我保证把璧完好无缺地带回赵国。”于是赵王派蔺相如带着和氏璧向西前往秦国。

秦昭王在章台接见蔺相如，相如双手捧着和氏璧敬献给秦王。秦王非常高兴，把和氏璧传给他的美人及左右亲信观赏，群臣高呼万岁。相如见秦王没有给赵国城邑的意思，就走上前去对秦王说：“和氏璧上有瑕斑，请让我指给大王看。”秦王把和氏璧交给了蔺相如。蔺相如手持和氏璧退后几步站定，背靠着柱子，怒发冲冠，对秦王说：“大王想得到和氏璧，派人送信给赵王，赵王召集所有大臣商议，大家都说：‘秦国贪婪，仗着国家强大，想用空话骗取和氏璧，他所说的用来换璧的城邑恐怕得不到。’大家商议不打算将和氏璧给秦国。我认为平民百姓之间交往尚且不能相互欺骗，何况大国呢！况且因为一块和氏璧的缘故而违背强大的秦国的意愿，是不可取的。于是赵王斋戒了五天，派我捧璧前来，临行前，赵王在朝廷上行了叩拜礼之后送出与秦国交换和氏璧的国书。为什么要这样呢？是尊重你们大国的威严以表示敬意啊。现在我来到秦国，大王却在一个偏殿上接见我，表现得十分傲慢；您得到和氏璧后，又把它传给美人看，以此来耍弄我。我看大王没有给赵国十五座城的意思，所以又把和氏璧取了回来。大王如果非要逼我，我的头现在就和璧一块撞碎在柱子上！”说完，蔺相如举起和氏璧，斜视着柱子，假意要往柱子上撞。秦王怕他真把璧撞碎，便连忙向他表达歉意，并请求他不要损毁和氏璧，接着秦王召来负责的官吏拿出地图，指着地图说从这里到那里的十五座城划给赵国。蔺相如估计秦王只不过是使诈假装给赵国城邑，实际上赵国是得不到这些城邑的，于是对秦王说：“和氏璧是天下公认的宝物，赵王敬畏大王，不敢不把它献给您。赵王送璧的时候，斋戒了五天。现在大王最好也斋戒五天，然后在朝廷上安设‘九宾’的礼节，依次传呼，我才敢献上和氏璧。”秦王心里盘算，终究不能强夺，于是答应斋戒五天，并安排蔺相如在广成宾馆里住宿。相如心想秦王虽然答应斋戒，最后必定会违约不给赵国城邑，就派他的随从穿着粗布短衣，怀揣和氏璧，从小路逃走，把和氏璧送回了赵国。

秦王斋戒了五天之后，就在朝廷上安设“九宾”的礼节，使人引着赵国使者蔺相如进入了大殿。相如进殿后，对秦王说："秦国自从缪公以来的二十多位国君，不曾有一个是坚定明确地遵守盟约的。我实在是怕被大王欺骗而辜负了赵国，所以派人带着和氏璧返回，走小路已经到达赵国了。况且秦国强大而赵国弱小，大王派遣一个使臣去赵国，赵国立即就会捧着和氏璧给您送来。如今凭借秦国的强大，先割十五座城给赵国，赵国又怎敢留下和氏璧而得罪大王呢？我知道欺骗大王罪当至死，我甘愿受汤镬之刑。请大王和您的大臣们仔细考虑这件事。"秦王和他的群臣相视而发出惊怪之声。秦王的手下人有的想拉着蔺相如去就刑，秦王于是说："今天我们杀了蔺相如，终究不能得到和氏璧，而且会断绝秦赵两国之间的友好关系；不如就此而给予蔺相如优厚待遇，让他返回赵国。难道赵王会因为一块和氏璧的缘故欺骗我们秦国吗！"最终秦王重新在朝廷接见了蔺相如，按照应有的礼数接待完毕后将蔺相如送回了赵国。

蔺相如回来后，赵王认为他是个贤士，在出使秦国的过程中没有使国家受到各国诸侯的耻笑，因而封他为上大夫。后来，秦国也没有把十五座城给赵国，而赵国最终也没有把和氏璧交给秦国。

后来秦国攻打赵国，占领了赵国的石城。第二年秦军再次攻打赵国，杀了赵国两万人。

秦王派使者告诉赵王，想要与赵王在西河外的渑池举行和平会谈。赵王害怕秦国，想不去。廉颇、蔺相如商量说："如果大王不去，会显得赵国弱小而怯懦。"赵王只好前去赴会。蔺相如跟随赵王一道前往。廉颇送他们到边境，和赵王辞别说："这次大王去渑池，估计路上的行程，加上会见的时间，直到执行完礼节回国，不会超过三十天。如果大王三十天还不回来，就请允许我拥立太子为王，以断绝秦国扣留大王要挟赵国的念头。"赵王答应了他。赵王就与秦王在渑池进行了会晤。秦王喝得兴起，说："我私下里听说赵王喜好音乐，请赵王奏瑟。"赵王不好推辞，就弹奏起瑟来。这时，秦国的史官走上前来写道："某年某月某日，秦王与赵王会盟饮酒，秦王命令赵王弹瑟。"蔺相如见此情形，走上前去说："赵王私下听说秦王擅长演奏秦地的乐曲，请允许我献盆缶给您，以此作为娱乐。"秦王大怒，不答应。这时蔺相如向前把缶献给秦王，跪下请秦王敲击演奏。秦王还是不肯击缶。相如说："现在我与大王相距五步之内，大王如果再不击缶，我只好让自己颈上的热血溅在大王身上了！"秦王的左右侍从要杀相如，相如怒目圆睁呵斥他们，秦王的左右侍从们都退却了。于是秦王很不高兴地敲了一下缶。相如回头召来赵国史官写道："某年某月某日，秦王为赵王击缶。"秦国的大臣们又说："请把赵国的十五座城给秦王作为进贺之礼。"蔺相如也说："请把秦国的都城咸阳给赵王作为进贺之礼。"直到酒宴结束，秦王始终未能压倒赵王。而赵国此时也部署了大批军队来防备秦国，秦军不敢轻举妄动。

渑池会晤结束后，回到赵国，由于蔺相如功劳大，被封为上卿，位列廉颇之上。廉颇说："我是赵国的大将，有攻城野战的大功，而蔺相如只会耍嘴皮子，职位却在我之上。况且蔺相如本来就是一个出身低贱的人，我感到羞耻，不甘心位列蔺相如之下！"于是廉颇扬言说："我见了蔺相如，一定要好好羞辱他。"蔺相如听说后，不愿和他碰面。每逢上朝的时候，蔺相如总是推说有病，不想与廉颇争位次高低。后来有一次蔺相如出门，远远看见了廉颇，立即掉转车子躲避。于是蔺相如的门客纷纷对他说："我们之所以离开亲人来侍奉您，就是因为仰慕您高尚的品德。如今您与廉颇的职位等级相同，廉颇口出恶言，您却对他畏惧避让，表现得十分恐惧。这种情况普通人尚且感到羞耻，更何况是将相呢！我们实在是无能，请允许我们告辞吧！"蔺相如坚决挽留他们，说："你们认为廉将军与秦王哪个厉害？"门客们回答说："廉将军不如秦王厉害。"蔺相如说："尽管秦王那样的威严，我蔺相如却敢在朝廷上呵斥他，羞辱他的大臣们。相如虽然驽钝，难道就唯独害怕廉将军吗？我考虑的问题是，强大的秦国之所以不敢轻易对赵国用兵，就是因为赵国有我们两个人在啊！现在如果我和廉将军两虎相斗，势必不能两全。我之所以这样做，是先考虑国家的利益而把个人恩怨放在其次啊。"廉颇听到了这番话，非常惭愧，于是袒露上身，背着荆条，由门客领着来到蔺相如家门前请罪，说："我这个鄙陋卑贱的人，竟不知您如此胸怀宽广！"从此两人相处融洽，成了生死之交。

这一年，廉颇率军向东攻打齐国，消灭了它的一支军队。又过了两年，廉颇率军攻打齐国的几县，占领了它。此后三年，廉颇进攻魏国的防陵和安阳，这两座城都被攻克。又过了四年，蔺相如率兵攻打齐国，一直打到平邑才收兵。第二年，赵奢在阏与城下大败秦军。

赵奢原来是赵国征收田赋的官吏。有一次他收租税的时候，平原君家不肯交租，赵奢依法处置，杀了平原君门下九个当权管事的人。平原君大怒，要杀赵奢。赵奢对平原君说："您在赵国是贵公子，现在如果纵容您家不依据国家的法令办事，那么法令的作用就会削弱，法令的作用削弱就会导致国家衰弱，国家衰弱了其他诸侯国就会出兵侵犯，诸侯纷纷出兵侵犯就将没有赵国了，到那时您还怎么保有这些财富呢？像您这样显贵的人，能带头奉公守法，就会使国家上下公平，上下公平就能使国家变得强大，国家强大了赵氏的政权就会稳固，而您身为皇亲国戚，难道还会被天下人轻视吗？"平原君听后，觉得他很贤能，于是把他推荐给了赵王。赵王任用他掌管全国的赋税，赵奢把全国的赋税工作搞得非常稳定，百姓富足，国库充实。

后来秦国攻打驻扎在阏与的赵军。赵王召见廉颇问道："能不能去援救？"廉颇回答说："路途遥远、艰险而又狭窄，很难援救。"赵王又召乐乘来询问，乐乘的回答和廉颇说的一样。于是赵王又召来赵奢询问，赵奢回答说："路途遥远、艰险而又狭窄，就好比两只老鼠在洞里争斗，勇猛的那方会取胜。"赵王便派赵奢率兵前去援救阏与。

赵军离开邯郸走了三十里，赵奢就在军中下令说："有谁敢为当前的战事胡乱进谏就处以死刑。"这时秦军驻扎在武安县西边，秦军击鼓以及操练军队的呐喊，把武安城中屋顶上的瓦都震动了。赵奢部下的一个侦察人员劝他赶紧援救武安，赵奢立即把他斩首。赵军坚守营垒，在那里停留了二十八天不前进，而且还在继续加筑营垒。秦军的间谍潜入赵奢军中，赵奢故意好吃好喝地招待他并遣送他回去。间谍把赵军的情况报告给秦军将领，秦军将领听后非常高兴，说："赵军才离开国都三十里就不前进了，而且还在加筑营垒，阏与将不再是赵国的土地了。"赵奢送走秦军间谍后，立即命令士兵们脱下铠甲，直奔阏与，只用了两天一夜就到达了前线，然后他派遣一支善于射箭的队伍前往离阏与五十里的地方扎营。军营筑成后，秦军得知了这一情况，马上调动全军赶来。这时赵军中有一个叫许历的军士请求就当前的战事提出建议，赵奢说："让他进来。"许历说："秦军没想到赵军会这么迅速就到达这里，他们来势汹汹，将军必须集中兵力严阵以待。不然的话，必定要失败。"赵奢说："愿意接受您的指教。"许历说："我请求依照军令接受死刑。"赵奢说："此事日后再说吧。"将要开战了，许历再次请求提出建议，说："先占据北面山头的一方能够获得胜利，后到的就要失败。"赵奢同意，立即派出一万人迅速抢占北面山头。随后秦兵也赶到这里，与赵军争夺北面山头但攻不上去，这时，赵奢指挥军队发动猛烈的进攻，大败秦军。秦军四散逃跑，于是赵奢解除了秦军对阏与的包围胜利而归。

赵惠文王封赵奢为马服君，并任命许历为国尉。此后赵奢在赵国的地位与廉颇、蔺相如相同。

四年以后，赵惠文王去世，他的儿子孝成王即位。孝成王七年，秦军和赵军在长平对峙，那时赵奢已经去世，而蔺相如病重，赵王派廉颇率军抵抗秦国，秦军多次打败赵军，赵军固守营垒不出战。秦军屡次挑战，廉颇就是不出来应战。这时，赵王听信了秦国间谍散布的谣言。秦国间谍说："秦军所厌恶忌讳的，就是怕马服君赵奢的儿子赵括为统帅。"赵王听信了谣言，就任命赵括为将军，取代了廉颇。蔺相如说："大王凭借名声而任用赵括，就好比用胶粘住调弦的柱再去弹瑟一样。赵括只会读他父亲留下的书本，不懂得随机应变。"赵王不听，最终还是任用赵括为将取代了廉颇。

赵括从小就学习兵法，谈论军事，认为天下没有一个人能抵得过他。他曾经与父亲赵奢讨论用兵之道，赵奢说不过他，却不认为赵括真有本领。赵括的母亲问赵奢这是什么缘故，赵奢说："用兵打仗是生死攸关的事，而赵括却把这说成是轻而易举的事。赵国不任用他为将也就罢了，如果一旦让他带兵，使赵军吃败仗的一定就是他。"等到赵括即将出发的时候，他的母亲上书给赵王说："不能任用赵括为将军。"赵王说："为什么？"赵括的母亲回答说："当初我侍奉他的父亲，那时他是将军，由他亲自端着饮食侍候吃喝的人数以十计，被他当作朋友对待的人数以百计，大王以及王室贵族们赏赐他的财物全都分给军吏和僚属，从接受命令的那天起，就不再过问家里的事情。如今赵括刚当上将军，就傲慢地向东而坐接受部下的朝见，手下的军吏们没有一个敢抬头看他的，大王赏赐的金帛，他都拿回家藏起来，每天就看哪里有合适的良田美宅，一旦发现就把它买下来。大王认为他哪里像他父亲？父子二人心志不同，希望大王不要委派他。”赵王说：“老太太您就别为这事操心了，我已经决定了。”于是赵括的母亲只好说：“既然大王非要派他去，如果他不称职打了败仗，我能不受株连吗？”赵王答应了。

赵括取代廉颇后，把廉颇那些旧的规章制度全都更换了，撤换了大批军官。秦将白起听到了这些情况，便调遣了一支部队，让他们假装败逃，乘赵军追击之时，切断了赵军运粮的道路，把赵军分割成了两部分，赵军士卒人心涣散。被秦军围困四十多天后，赵军饥饿难当，赵括出动精兵亲自与秦军殊死一搏，秦军射死了赵括。随即，赵括的军队大败，几十万人投降了秦军，秦军把他们全部活埋了。赵国前后损失共四十五万人。第二年，秦军包围了邯郸，邯郸被围困了一年多，险些没能解脱，依靠楚、魏两国前来援救，才得以解除邯郸的包围。赵王也因为赵括的母亲有言在先而没有杀她。

邯郸解围后的第五年，燕国采纳栗腹的计谋，栗腹说“赵国的壮丁都在长平死光了，他们的遗孤还没有成人”，于是燕王发兵攻打赵国。赵王任命廉颇为将，迎击燕军，在鄗城大败燕军，杀死栗腹，接着包围了燕国都城。燕国割让五座城邑请求和解，赵王答应了。赵王把尉文县封给廉颇，封号是信平君，并让他担任代理宰相。

当初廉颇在长平被免职回家，失去了权势的时候，原来的那些门客都离他而去。等到他又被任用为将军，门客又重新回来了。廉颇说：“你们还是走吧！”门客们说：“唉！您看问题怎么这样赶不上时代？如今天下都是像做买卖一样进行结交，您有权势，我们就跟随您，您没有权势了，我们就离开，这原本就是很自然的事情，有什么好抱怨的呢？”过了六年，赵国派廉颇攻打魏国的繁阳，夺取了它。

赵孝成王去世，他的儿子悼襄王即位，派乐乘取代了廉颇。廉颇十分恼怒，率兵攻打乐乘，乐乘逃跑了。于是廉颇逃奔到了魏国的大梁。第二年，赵国以李牧为将攻打燕国，夺取了武遂和方城。

廉颇在大梁住了很久，魏国没有相信并任用他。赵国由于屡受秦兵困扰，赵王就想重新起用廉颇，而廉颇也希望再为赵国所用。赵王派遣使者去探望廉颇，想要看他还堪不堪任用。廉颇的仇人郭开用重金贿赂使者，让他回来后诋毁廉颇。赵国使者见到廉颇之后，廉颇在他面前一顿饭就吃了一斗米，十斤肉，然后披上铠甲跨上战马，表示自己还有用武之地。赵国使者回去向赵王报告说："廉将军虽然年事已高，饭量还不错，可是陪我坐着时，一会儿就上了三次厕所。"赵王一听，觉得廉颇确实老了，于是没有召回他。

楚国听说廉颇在魏国，就悄悄地派人把他接到了楚国。廉颇虽做了楚国的将军，却没有战功，他说："我还是想指挥赵国的士兵啊。"廉颇最终在寿春去世。

李牧是赵国防守北部边境的名将。长期驻守代县、雁门一带，防备匈奴入侵。他在军中常常根据实际情况来任命官吏，所驻守区域的租税都收入李牧的幕府，作为士兵们的经费。他每天宰杀几头牛来犒赏士兵，训练士兵骑马射箭，密切关注烽火的动向，派出很多侦察敌情的人员，给士兵们优厚的待遇。李牧订下规章说："如果有匈奴入侵，就赶快收拢人马退入营垒，有胆敢去抓捕敌人的斩首。"匈奴每次入侵，烽火台及时传来警报，军队立即退入营垒，不出去迎战。就这样过了好几年，李牧的军队没有受到任何损失。可是匈奴却认为李牧胆小，就连赵国守边的官兵也认为他们的主将胆小怕事。赵王责备李牧，李牧依然如故。赵王大怒，召回李牧，派别人取代他担任将领。

此后一年多的时间里，匈奴每次来进犯，赵军就出兵迎战。在作战过程中，屡次失利，损失伤亡很大，而战事也导致边境上无法耕田放牧。赵王只好再请李牧出山。李牧闭门不出，推辞说自己有病在身。赵王就一再强使李牧出来领兵。李牧说："大王如果非要用我，就请允许我还是像以前那样做，这样我才敢接受任命。"赵王答应了他的要求。

李牧来到边境，恢复了以前的规章制度。匈奴好几年都一无所获，但他们始终认为李牧胆小。边境的官兵每天都能得到赏赐却无用武之地，都愿意出战。于是李牧就备好了精心挑选出来的战车一千三百辆，精选的战马一万三千匹，能破敌擒将的勇士五万人，善于弯弓射箭的士兵十万人，把他们全部组织起来训练作战。然后大肆放牧，牧民满山遍野到处都是。匈奴小股人马入侵，李牧假装失败，故意丢下几千人给匈奴。单于得知后，率领大队人马入侵。李牧布置了许多灵活多变的阵势迷惑他们，从左右两翼包抄匈奴，把他们打得大败，杀死十多万人马。接着消灭了襜褴，打败了东胡，降服了林胡，单于逃跑。此后十多年，匈奴不敢接近赵国的边境城镇。

赵悼襄王元年，廉颇逃到魏国之后，赵国派李牧攻打燕国，攻取了武遂和方城。过了两年，庞煖打败燕军，杀死了燕将剧辛。又过了七年，秦军在武遂大破赵军并杀死了赵将扈辄，斩杀赵国士兵十万人。于是赵王任命李牧为大将军，在宜安抗击秦军，李牧大败秦军，赶走了秦将桓齮。此后，赵王封李牧为武安君。又过了三年，秦军攻打番吾，李牧击退了秦军，又向南抵御韩、魏两国。

赵王迁七年，秦国派王翦攻打赵国，赵国派李牧和司马尚抵御秦军。秦国以重金贿赂赵王的宠臣郭开，让他施行反间计，造谣说李牧、司马尚预谋造反。赵王听信了谣言，派赵葱和齐国将军颜聚取代李牧，李牧不接受命令。赵王派人暗中逮捕了李牧，杀了他，并罢免了司马尚。三个月后，王翦趁机向赵国发动了猛烈的进攻，大败赵军，杀死了赵葱，俘虏了赵王迁和他的将军颜聚，于是赵国灭亡了。

太史公说：一个人如果知道将死而不害怕，必定是很有勇气；死并非难事，而如何去面对死亡才是难事。当蔺相如举起和氏璧斜视庭柱，以及厉声呵斥秦王侍从的时候，就形势而论，最多不过是一死，然而一般士人往往因为胆小懦弱而不敢这样做。相如凭着一腔奋发的勇气，使自己的威势压倒敌国。后来在对待廉颇的问题上，他又显得谦逊忍让，他的名声重于泰山，他为人处事所表现出来的智慧和勇气，可以称得上智勇双全啊！

（邓小棒 译）

《史记》卷八十二　田单列传第二十二

田单是齐国田氏王族的远房亲族。齐湣王时，田单在首都临淄担任佐理市政的小官，不被世人知晓。等到燕王派乐毅攻破了齐国，齐湣王逃离国都，不久又退守莒城。燕国的军队长驱直入扫荡齐国，而田单家族也离开都城逃到了安平，田单让他的族人把车轴两端过长的部位全部截断并安上铁箍。不久，燕军攻打安平，城池被攻破，齐国人争道逃亡，很多人都因为拥挤混乱而互相冲撞导致轴断车毁，被燕军俘虏，只有田单和同族人因为事先用铁箍包住了车轴而得以逃脱，向东退居即墨。这时，燕军已经攻下了齐国所有城池，只有莒和即墨两城还没有被攻下。

燕军听说齐湣王在莒城，就集中兵力攻打莒城。这时，淖齿（楚国派将军淖齿救齐，他却乘机杀掉湣王，与燕人分占齐国领土和珍宝）杀死了齐湣王，坚守莒城，抗击燕军，燕军几年都没能攻下这座城。于是，燕军只好移兵向东围攻即墨。即墨的守城长官出城与燕军交战，兵败身死。即墨城中军民一致推举田单当首领，说："安平之战，田单和同族人因用铁箍包住车轴而得以安全逃脱，可见他很会用兵。"于是大家就拥立田单为将军，据守即墨，抗击燕军。

不久，燕昭王去世，燕惠王即位，他与乐毅有隔阂。田单得知这一情况后，就派人去燕国施行反间计，他们散布谣言说："齐湣王已经死了，齐国的城池没有被攻下的只有两座了。乐毅害怕被杀而不敢回燕国，他用攻打齐国做幌子，留在齐国，实际上是想联合齐国的兵力在齐国南面称王。因为齐人不归附他，所以他暂且放缓进攻即墨的脚步以等待合适的时机。现在齐人最害怕的就是燕王派别的将领来，那样即墨就会完了。燕王觉得是这样，于是派骑劫取代了乐毅。

乐毅被免职后逃到赵国，燕国军民都为乐毅被免而感到愤愤不平。接着，田单命令城中居民吃饭的时候必须在庭院中摆出饭菜来祭祀他们的祖先，飞鸟都被吸引而来，在城市上空盘旋，并飞下来啄食。燕军对此感到很奇怪，田单乘机放出话来说："很快将会有神仙下凡来指教我。"于是对城中军民说："会有神来做我的老师。"这时，有一名士兵开玩笑说:“我可以当您的老师吗?”说完转身就跑。田单赶紧起身,把那个士兵拉回来,请他东向而坐,并拜他为师。那个士兵说:“我是逗您玩的,我实在没有什么能耐。”田单说:“您不用多说什么了。”于是拜他为师。此后田单每次发布命令,都会宣称是神师的旨意。接着田单又扬言说:“我只害怕燕军割掉所俘虏的齐国士兵的鼻子,并把他们放在燕军的前列来示众,这样同齐军作战,即墨必然被攻取。”燕军听说后,按照田单所说的那样做了。即墨城里的军民看见齐国那些投降燕军的人都被割掉鼻子,十分愤怒,个个决心坚守城池,生怕当了燕军俘虏也被割掉鼻子。田单又施行反间计说:“我害怕燕军挖掘我们城外的坟墓,侮辱我们的祖先,这样真让人感到痛心。”燕军信以为真,便挖了即墨城外的所有坟墓,焚烧死尸。即墨军民从城上望见,个个痛哭流涕,都想出战,心中燃起了十倍的怒火。

田单知道手下的士兵可以用于作战了,就亲自手持筑板和铁锹参与修筑防御工事,和士兵们同甘共苦,把自己的妻妾编入军中服役,把吃的喝的全部拿出来犒劳将士。命令精锐部队都埋伏起来,让老弱和妇女们登城,派遣使者向燕军请降,燕军都高呼万岁。田单又从百姓那里收集了黄金千镒,让即墨城中的富豪把它送给燕国将领,说:“即墨投降以后,希望将军不要掳掠我同族的妻妾,让他们过安定的日子。”燕国将领非常高兴,答应了他。燕军由此而更加松懈。

田单于是在城中收集到一千多头牛,给它们穿上深红色的绸衣,上面画着五彩的龙纹,牛角上绑着锋利的尖刀,把淋了油脂的芦苇扎在牛尾上,然后点燃芦苇梢。田单命令士兵在城墙上挖了数十个洞,在夜里把牛放了出去,并派出五千壮士紧随其后。牛尾灼热,狂暴地冲向燕军,燕军睡梦中被惊醒,大为恐慌。牛尾上的火光明亮耀眼,燕军只看到狂奔的火牛身上满布的龙纹,被它冲撞得非死即伤。紧跟在火牛后面的五千壮士口中衔枚一声不发地攻击燕军,而城里的人乘机擂鼓呐喊,为他们助威,甚至连老弱妇孺都手持铜器敲出声响,声音震天动地。燕军惊慌失措,溃败而逃。齐人乘势诛杀了燕将骑劫。燕军一片混乱四下逃窜,齐军紧紧追击溃逃的敌人,所经过的城邑都纷纷背叛燕国而归顺田单。田单的士兵也日益增多,乘胜追击,燕军一天天败退逃亡，一直退到了黄河边上，原来齐国的七十多座城池又都被收复。接着田单就去莒城迎接齐襄王，于是襄王回到都城临淄主持国政。齐襄王也因此封赏田单，赐爵号为安平君。

太史公说：战争是用正面的军队同敌人交战，用出敌不意的奇兵取胜。善于用兵的人，总是能够奇兵迭出而变化无穷。奇正相互转化，就如同圆环没有起止一样使人捉摸不定。用兵开始时要像柔弱安静的少女，诱使敌人敞开门户，放松警惕；然后在时机到来的时候，就像逃脱的兔子一般迅猛，使敌人来不及抵御：田单用兵，正是如此吧！

当初，淖齿杀死了齐湣王，莒城人到处寻找齐湣王的儿子法章，后来在太史嬓家里找到了他，那时他正在替人家种地浇田。太史嬓的女儿喜欢他并对他很好。后来法章就把自己的真实身份告诉了她，她就和法章私通了。后来莒城人共同拥立法章为齐王，在莒城抗击燕军，太史嬓的女儿就成了王后，也就是人们所说的“君王后”。

燕国军队在开始攻入齐国的时候，听说画邑人王蠋贤达，就向军中下令说：“环绕画邑方圆三十里内不准进入。”这是因为王蠋的缘故。不久，燕国又派人对王蠋说：“齐国有很多人赞扬您的高尚品德，我任用您为燕国的将军，并封赏给您一万户食邑。”王蠋坚决推辞。燕国人说：“您如果不接受，我们就率领大军血洗画邑！”王蠋说：“忠诚的臣民不侍奉两个君主，贞烈的女子不改嫁第二个丈夫。当初齐王不听从我的劝谏，所以我隐居在乡间种田。齐国已经被打败，我不能保全它，如今你们又用武力威胁我做你们的将领，我如果答应了，就是助纣为虐。与其活着干这种不义之事，还不如受烹刑死去！”然后他就在一棵树上上吊，奋力挣扎直到扭断脖子而死。齐国那些四处逃亡的大夫们听说了这件事，说：“王蠋只是一个平民百姓，尚且能不向燕国屈服称臣，更何况我们这些享受国家俸禄的在职官员呢！”于是他们聚集到了莒城，找到了齐湣王的儿子法章，并拥立他为齐襄王。

（邓小棒 译）

《史记》卷八十三　鲁仲连邹阳列传第二十三

鲁仲连是齐国人。喜欢阐发奇特卓异不凡的谋略，却不愿意做官任职，想要保持自己高风亮节的形象。他曾云游赵国。

赵孝成王时，秦昭王派大将白起在长平前后共消灭赵军四十多万人，接着，秦军向东挺进，包围了邯郸。赵王很害怕，各诸侯国的救兵也不敢攻击秦军。魏安釐王派将军晋鄙营救赵国，但由于害怕秦国，中途命令军队驻扎在荡阴，不敢继续进军。魏王又派客籍将军新垣衍从隐蔽的小路进入邯郸，通过平原君的关系会见赵王说："秦国之所以这么紧急地围攻赵国，是因为先前秦王与齐湣王争强称帝，不久又取消了帝号；现在齐国已经越来越弱，当今只有秦国称雄天下，秦国这次攻打赵国未必是想得到邯郸，其真正目的是想重新称帝。赵国如果真能派遣使臣尊奉秦昭王为帝，秦昭王一定会很高兴，然后撤兵离去。"平原君心中犹豫，拿不定主意。

这时鲁仲连正云游赵国，恰逢秦军围攻邯郸，听说魏国想要让赵国尊奉秦昭王为帝，就去见平原君说："这件事你打算怎么办？"平原君说："我还怎么敢谈论这样的大事！前不久，赵国已经在外头损失了四十万大军，如今秦军围困邯郸，又没有办法使秦国退兵。魏王派客籍将军新垣衍来劝说赵王尊奉秦昭王称帝，现在新垣衍就在这里。我还怎么敢谈论这样的大事！"鲁仲连说："本来我以为您是当今天下的一位贤公子，今天我才知道您并不是当今天下的贤公子。魏国的客人新垣衍在哪里？让我替您去责问他并打发他回去。"平原君说："我愿为您介绍，让他与先生见面。"于是平原君就去对新垣衍说："东方的齐国有位鲁仲连先生，如今他正在邯郸，我想介绍他和将军认识。"新垣衍说："我听说鲁仲连先生是齐国高尚出俗之士。我是魏王的臣子，奉命出使有任务在身，我不想见鲁仲连先生。"平原君说："我已经把您在这儿的消息告诉他了。"新垣衍只好答应了。

鲁仲连见到新垣衍后一言不发。新垣衍说："我看仍然留在邯郸这座围城中的，都是有求于平原君的人；可如今我看先生的尊容，不像是有求于平原君的人，您为什么还长时间地留在这围城之中而不离去呢？”鲁仲连说：“很多人认为鲍焦不能从容而死，他们都是错误的。一般人不了解他耻居浊世的心意，认为他是为个人打算。那秦国，是个抛弃礼义而只崇尚战功的国家，用权诈之术来驾驭士卒，像使唤奴隶一样奴役百姓。一旦这样的国家的君主无所顾忌地称帝，进而统治天下，那我鲁仲连宁愿跳进东海而死也绝不甘心做它的臣民。我之所以来见将军，是想帮助赵国。”

新垣衍说：“先生打算怎么帮助赵国呢？”鲁仲连说：“我要请魏国和燕国来帮助赵国，齐、楚两国本来就帮助赵国了。”新垣衍说：“您说您要让燕国来帮助赵国，这我相信；至于魏国，我就是魏国人，先生怎么能让魏国帮助赵国呢？”鲁仲连说：“魏国还没看清秦国称帝后将带来的祸患，所以才不帮助赵国。如果魏国看清了秦国称帝后将带来的祸患，就一定会帮助赵国了。”

新垣衍说：“秦国称帝后会有什么祸患呢？”鲁仲连说：“当年齐威王曾奉行仁义，率领天下诸侯朝拜周天子。周国那时既贫困又弱小，诸侯们都不去朝拜，唯有齐国去朝拜。过了一年多，周烈王驾崩，齐王没有及时参加丧礼，新继位的周显王大怒，派人到齐国报丧说：‘天子逝世，如同天崩地裂般的大事，新继位的天子也得离开宫殿，睡在守孝的草席上，东方属国之臣田因齐居然敢迟到，当斩。’齐威王一听，勃然大怒，骂道：‘呔！你这个婢女养的东西！’这事最终为天下人所耻笑。齐威王在周天子活着的时候去朝拜周国，周天子死后又破口大骂，原因是实在受不了新天子的苛求啊。那些天子们本来就是这种脾气，没什么好奇怪的。”

新垣衍说：“先生难道没见过奴仆吗？十个奴仆侍候一个主子，难道是因为力气没他大、才智不如他吗？是因为害怕他啊。”鲁仲连说：“唉！难道秦国与魏国之间是主仆关系吗？”新垣衍说：“是。”鲁仲连说：“如果是这样，我就让秦王把魏王煮成肉酱。”新垣衍听后大为不悦，说：“先生的话未免也太过分了！先生又怎么能让秦王把魏王煮成肉酱呢？”鲁仲连说：“本来就是这样嘛，我来说给您听。当初九侯、鄂侯、文王是殷纣王的‘三公’。九侯有个女儿长得姣美，九侯把她献给了殷纣王，殷纣王认为她长得丑陋，把九侯剁成了肉酱。鄂侯极力劝阻，为九侯激烈辩白，殷纣王又把鄂侯杀死做成肉干。文王听说了这件事，深有感慨而叹息，殷纣王又把文王关在牖里监牢里囚禁了一百天，想要他死。为什么和殷纣王一样都是‘王’，却最终落到被剁成肉酱、做成肉干的地步呢？齐湣王兵败逃到鲁国，夷维子替他赶着车子做随从，他对鲁国官员说：‘你们准备如何接待我们的国君？’鲁国官员说：‘我们将以十副太牢的礼仪接待您的国君。’夷维子说：‘你们这是按照哪来的礼仪接待我们的国君，我们的国君可是天子啊。天子到哪个诸侯国巡察，那个国家的诸侯就应迁出正宫，移居别处，交出城门及宫门的钥匙，亲自挽起袖子，端起托盘，站在堂下伺候天子用膳，天子用餐完毕，诸侯才可以退下去处理本国事务。’鲁国官员一听，愤怒地把钥匙摔在地上，不让齐湣王入境。齐湣王没能进入鲁国，就打算向邹国借道前往薛地。当时正赶上邹国国君逝世，齐湣王想进城吊丧，夷维子对邹国的嗣君说：‘天子吊丧，丧主必须把灵柩转换方向，在南面安放朝北的灵位，然后天子坐北朝南进行吊丧。’邹国大臣们说：‘如果非要这样不可，我们宁愿伏剑自杀。’因此齐湣王不敢进入邹国。邹、鲁两国的臣子，国君生前没能够好好地供养他们，死后也没有钱财衣物馈送他们，然而想要在邹、鲁行所谓的天子之礼，邹、鲁的臣子们坚决不接受。如今秦国是万乘之国，魏国也是万乘之国。秦、魏都是万乘之国，又各有称王的名分，只是因为看到秦国打了一场胜仗，就要顺从地尊它称帝，这正说明魏国的大臣还不如邹、鲁的那些奴仆、卑妾。况且秦国不会因为称了帝而就这么算完事，秦国一旦称帝，就会更换各诸侯国的执政大臣。他们将会夺取那些他们认为不好的大臣的权位，而给他们认为贤能的人，罢免他们所憎恶的人，而任用他们所喜爱的人。秦国还会把他们的儿女和搬弄是非的姬妾们嫁给诸侯做妃嫔，住在魏国的宫廷里。这样一来，魏王还能生活得那么悠闲自在吗？而将军您又怎么保持原有的宠信呢？”

新垣衍听了鲁仲连这番话后，站起身来，向他连拜两次谢罪说：“以前我认为先生您是个普通人，今天才知道先生是天下少有的高士。我将离开赵国，再不敢谈尊秦为帝的事了。”秦军主将得知了这个消息，为之退兵五十里。这时正好魏公子无忌夺取了晋鄙的军权率领军队来援救赵国，进击秦军，于是秦军也就撤离邯郸回去了。

于是平原君要封赏鲁仲连，鲁仲连再三推辞，最终也没有接受。平原君就设宴款待他，正喝得酣畅淋漓时，平原君起身向前，献上千金酬谢鲁仲连。鲁仲连笑着说："天下的名士之所以可贵，就在于他们能替人排忧解难而不取报酬。如果替人办事后收取酬劳，那就成了商人做买卖，我鲁仲连不愿意那样做。"于是鲁仲连辞别平原君离去，终身不再相见。

此后二十多年，燕将攻下聊城，有聊城人在燕王面前进谗言，燕将害怕被杀，就据守聊城，不敢回去。齐国田单攻打聊城一年多，很多士兵战死，聊城却没有攻下来。鲁仲连就写了一封信，系在箭上射进城中给燕将。信上写道：

我听说，聪明的人不会错过时机而放弃利益，勇敢的人不会畏惧死亡而败坏名声，忠臣不先考虑自己而后考虑君主。如今您只为发泄一时的愤恨，而不顾燕王无法驾驭臣子，这是不忠；自己战死，聊城也丢了，而威名在齐国得不到伸张，这是不勇；功业失败，名声破灭，得不到后世的称颂，这是不智。有这三种情况，当世的君主不会以之为臣，游说之士不会为之记载，所以聪明的人不能犹豫不决，勇士不会畏惧死亡。如今生死荣辱，贵贱尊卑在此一举，这时不能决断，时机不会再来，希望您深思熟虑而不要和世俗之人一样。

况且楚国攻打齐国的南阳，魏国攻打齐国的平陆，而齐国并没有向南反击的意图，认为丢掉南阳的损失小，不如夺得济北的利益大，所以打定主意审慎处理此事。如今秦国出兵，魏国不敢向东进军；秦国连横的局面形成，楚国的形势就危险了；齐国放弃南阳，舍弃右边的国土，平定济北，是权衡得失定下的策略。况且齐国之于聊城势在必得，您不要再犹豫了。现在楚、魏两国的军队都先后从齐国撤退，而燕国的救兵又没到。以齐国的全部兵力，对天下别无所图，全力争夺一个已经被围困了一年多的聊城，我看您最终将什么也得不到的。而且如今燕国大乱，君臣束手无策，上下迷惑，栗腹率领十万大军在国外打了五次败仗，燕国作为一个万乘之国而被赵国包围，国土被割，君主被困，被天下人耻笑。国家疲敝，祸患丛起，民心涣散，无所依归。如今您又以聊城疲惫的军民来抵抗整个齐国的兵力，这就像墨翟守城一样。缺乏粮食吃人肉充饥，没有柴就烧人的骨头，士兵却没有叛离之心，这如同孙膑一样擅长带兵啊。您的本领已经展现于天下了。尽管如此，替您考虑，不如保全兵力用来报效燕国。兵力完好回归燕国，燕王一定很高兴；保全身体回归本国，百姓如同重见父母，您的朋友会在世人面前振奋地称赞推崇您的事迹，功业可得以显扬于世。对上，辅佐孤主统率群臣；对下，既养百姓又为游说之士提供谈说材料，矫正国事，更改弊俗，可以建立功名。如果没有回归燕国的心志，就放弃燕国，摒弃世俗的观念，向东到齐国来，齐国会割地予以分封，使您像魏冉、商鞅一样富贵，世世代代称孤道寡，和齐国长久并存，这是另一种办法。这两种方案，都能使您显扬名声，获得丰厚的利益，希望您仔细考虑，审慎地选择其一。

而且我听说，拘泥于小节的人不能成就显赫的名声，以小耻为耻的人不能建立大的功业。从前管仲射中齐桓公的衣带钩，是犯上作乱；把公子纠送交齐国而不能随他去死，是怯懦；身带刑具被囚禁，是耻辱。有这三种情况的人，当世的君主不会以之为臣，而乡亲们也不会与他来往。当初假使管子被长期囚禁死在牢狱而不能返回齐国，那么也不免落个不知羞耻、行为卑贱的名声。奴婢尚且羞于和他同名，何况世俗呢！所以管仲不以身在牢狱之中感到耻辱，而以天下得不到治理为耻，不以未能随公子纠去死感到耻辱，而以不能在诸侯中显扬威名为耻，所以他虽然身兼犯上、怕死、受辱三重过失，却辅佐齐桓公成为五霸之首，名扬天下而光照邻国。曹沫是鲁国的将领，他三战三败，丢掉了五百里土地。当初如果曹沫不肯再回头想想，仓促计议就刎颈自杀，那么名声也不免是败军擒将而已。曹沫不顾三次战败的耻辱，回来和鲁君计议。齐桓公大会天下诸侯时，曹沫用一把利剑在坛台上抵住齐桓公的心窝，面不改色，谈吐有理有礼，三战失利丢掉的土地，一会儿工夫就全部收了回来，一时间天下震动，诸侯惊骇，使鲁国的威名在吴、越之上。像这两位志士，不是不能成就小廉而行小节，而是认为一死了之，身亡名灭，不能建立功名，不是聪明的做法。因此他们克制一时的冲动怨愤，树立终身的威名；放弃一时偏激狭隘的气节，建立了累世的功勋。所以他们的功业和三王争相流传于后世而名声和天地共存。希望您选择其中一个方案实行。

燕将看了鲁仲连的信，哭了三天，犹豫不决。想要回归燕国，却已经与燕王产生了隔阂，害怕被杀；想要投降齐国，杀死和俘虏的齐人太多了，害怕投降后受辱。他长长地叹息说："与其让别人杀死我，宁愿自杀。"于是就自杀了。聊城大乱，田单乘机血洗了聊城。回来后向齐王报告了鲁仲连的功劳，齐王想封给他爵位。鲁仲连逃到海边隐居起来，他说："我与其富贵而受制于人，不如贫贱而看淡世俗名利自在随心地活着。"

邹阳是齐国人。他客游梁国，和原吴国人庄忌先生、淮阴人枚乘先生等人交往。他上书梁孝王，在梁孝王门下的地位介于羊胜、公孙诡之间。羊胜等人妒忌邹阳，在梁孝王面前说他的坏话。孝王大怒，把邹阳交给下属官吏治罪，打算杀了他。邹阳客游梁国，因为遭到诽谤被抓了起来，担心死后背负骂名，就从牢狱中写信给梁孝王，信中写道：

我听说忠诚的人没有不得到回报的，诚信的人不会被怀疑，过去我总认为是这样的，今天看来这不过是一句空话罢了。从前荆轲仰慕燕丹的高义前去行刺秦王，天空出现了白虹贯日的征兆，可是太子丹却怀疑荆轲是胆怯害怕了；卫先生替秦王策划长平破赵之事，天空出现了太白星遮掩昴星的预兆，而秦昭王却对他产生了怀疑。他们的精诚所至感天动地，却不被燕太子丹、秦昭王两位主公所理解，这难道不是很可悲吗！如今我竭尽忠诚，尽其计议，希望大王能够理解我，您周围的人不了解情况，最终还是把我交给狱吏审讯，被世人误解，这是使荆轲、卫先生的情况再现，而燕、秦仍不醒悟啊。希望大王仔细地审察这种情况。

从前卞和进献玉璞，楚王认为那是一文不值的石头，于是砍掉了卞和的左脚；李斯竭尽忠诚，胡亥却把他处以极刑。因此箕子装疯，接舆隐居不仕，他们都害怕遭到这种灾祸啊。希望大王仔细地审察下和、李斯的心意，不要像楚王、胡亥那样听信谗言，不要让我被箕子、接舆耻笑。我听说比干尽忠却被剖心，伍子胥一片忠心而尸体被装进皮袋沉入江中，我一开始不相信，如今才知道其中的原因。希望大王仔细地审察，稍稍给我一点怜悯。

谚语说："有的人相处到老还像刚认识一样，有的人偶然相遇，却一见如故。"这是为什么呢？主要看能否两心相通，志趣相投。所以，从前樊於期逃离秦国去燕国，把首级借给荆轲让他去完成燕丹托付的使命；王奢离开齐国前往魏国，在城上自刎以退去齐军保全魏国。王奢、樊於期不是与齐、秦是新交而与燕、魏是老相识，他们之所以离开齐国和秦国，愿意为燕、魏两国君主献身，是因为他们认为这样做符合自己的心志而对正义无限向往啊。所以苏秦对天下人不讲信义却对燕国有着如尾生一般的忠实；白圭作战丢掉了六国城池，却为魏国夺取了中山。这是为什么呢？这确实是因为他们被人君理解和信任。苏秦出任燕国宰相，燕国有人在燕王面前诽谤他，燕王手按宝剑对进谗言的人发怒，而把駃騠宝马的肉送给苏秦吃；白圭在中山名声显扬，中山有人到魏文侯面前毁谤他，文侯却拿出夜光宝玉赠送给白圭。这是为什么呢？两位君主与二位臣子之间，剖心披胆，深信不疑，怎么会被流言蜚语所动摇呢！

所以女子不论美丑，进入宫中就会遭到嫉妒；士人不论贤德还是没有才能，入朝做官就会遭到嫉妒。从前司马喜在宋国遭到割去膝盖骨的刑罚却最终做了中山国的宰相；范雎在魏国被折断肋骨，打掉牙齿，却最终在秦国做了应侯。这两个人，都信守事物的必然规律，不结党营私，处于孤独的地位，所以难免遭到嫉妒小人的迫害。申徒狄跳河自杀，徐衍抱石投海自尽，是因为他们不被世人接纳，信守正义不苟且迎合，不在朝廷里结党营私来动摇君主的心志。所以百里奚在路上行乞，秦穆公把国政托付给他；宁戚在车下喂牛，齐桓公把国事交给他。这两个人，难道是借助朝中官宦的举荐、通过君主左右亲信的吹捧，才博得了秦穆公和齐桓公的重用吗？感召在心，相合在行，比胶漆还要亲密，就是亲弟弟也无法离间他们这种君臣关系，又怎么会被众人的谗言迷惑呢？所以，只听一面之词就会产生奸佞，委朝政于一人就会酿成祸乱。从前鲁君听了季孙的话，赶走了孔子；宋君听信了子罕的计策，囚禁了墨翟。以孔子、墨子的辩才，都不能使自己免受谗谀，而鲁、宋两国也因此出现了危机。这是为什么呢？众口所责，就是金石也会熔化，毁谤聚集，连骨骸也可为其所化。秦穆公任用了戎人由余而称霸中国，齐国任用了越人蒙而使威王、宣王两代强盛。这两个国家，难道是拘泥于流俗，牵累于世风，束缚于阿谀偏颇的言辞吗？公正地听取意见，全面地观察事情，才能名垂于当世。所以心意相合，就是胡人越人，也可以亲如兄弟，由余和越人蒙就是这样的；心意不合，就是至亲骨肉也会被驱逐，尧的儿子朱丹、舜的弟弟象、周武王的弟弟管叔和蔡叔就是这样的。现在君主如果真的能够施行齐、秦那样的德义，摒弃宋、鲁偏听偏信的错误，那么，五霸的功业就不值得称颂，三王的功业也是容易实现的。

因此，圣明的国君醒悟，识破子之的罪恶用心，不欣赏田常的贤能；封赏比干的后代，整修孕妇的坟墓，所以能够成就举世瞩目的功业。这是为什么呢？因为他们孜孜不倦地想要做善事。晋文公与他的仇人亲善，而在诸侯中称霸；齐桓公任用他的仇人，而使天下的一切得以匡正。这是为什么呢？他们心地仁慈，待人殷勤，用真诚感化人心，而不是用虚浮的言辞打发人。

至于秦国任用商鞅推行变法，向东削弱了韩、魏两国，使秦国的军事实力强于其他诸侯国，最终却车裂商鞅；越国采纳大夫文种的计谋，降服了吴国，称霸中国，最后却杀了大夫文种。因此，孙叔敖三次被免除相位而不懊悔，于陵子仲推辞不受三公之职而去替人浇水灌园。现在如果君主真的能够摒弃倨傲的情绪，心存让别人效力的意念，袒露心腹，以见真情，披肝沥胆，厚施恩德，无论贫富都同样对待他们，不偏宠士人，那么，就是桀养的狗也可以让它朝尧狂吠，而跖的门客可以派去刺杀许由，何况手握大国重权、享有圣王之誉的人呢？既然如此，那么荆轲甘冒灭七族的大祸，不惜烧死妻子，难道值得称道吗！

我听说把月明珠或夜光璧在黑暗的路上抛向行人，人们没有不恼怒地按剑注视，为什么呢？因为宝物无故地出现在他面前。盘曲的树根弯曲盘旋，而成为国君鉴赏的器物。为什么呢？因为左右的人事先对它进行了雕刻和修饰。所以宝物无端地出现在眼前，即使抛出的是随侯珠、夜光璧，仍然是只能结怨而不会讨好。所以事先有人举荐，就是枯木朽株也会有功而不被遗忘。如今那些平民百姓和穷居陋巷的士人，身处贫贱，即使有尧、舜那样的治国之道，有伊尹、管仲那样的辩才，怀龙逢、比干那样的耿耿忠心，想为当世的国君尽忠，而平时却没有君王的人称颂举荐，即使用尽心思，想要献出自己的忠信，辅佐君王治国安邦，那么君王一定会像对待黑暗里投掷宝物的人那样，显现出恼怒而按剑注视的迹象，这是许多有才干布衣之士的遭遇，还比不上一块破树根、烂木头。

所以圣明的君主驾驭世俗，独立自主地运用管理国家之权，教化天下，而不被鄙俗纷乱的言辞所蛊惑，不因众人口舌而改变自己的意志。而秦始皇听信了中庶子蒙嘉的话，相信了荆轲的游说，荆轲才有机会偷偷地取出行刺的匕首；周文王在泾、渭地区狩猎，用车载回吕尚，最终得以称王天下。而秦王偏听了近臣的话而险些被刺杀；周文王任用偶合之人而称王天下。这是为什么呢？因为他能超脱于左右亲信们那些拘泥、束缚的言辞，让远道而来的人畅所欲言，能独自看到宽广豁达的光明大道。

如今君主沉湎于谄媚阿谀的言辞之中，受姬妾近侍的牵制，使卓异超群的人才遭受与牛马一样的待遇。这就是鲍焦之所以对世道愤懑不平，而对富贵享乐毫不留恋的原因啊。

我听说盛装入朝的人不会贪图利益而玷污道义，追求名誉的人不会放纵私欲败坏品行，因此，县城叫作“胜母”，讲究孝道的曾子就不进去，城邑叫作“朝歌”，提倡节俭的墨子就回车离去。如今想让抱负远大的贤士慑服于威重的权势，屈从于地位显贵的人，让他们改变自己原来的面目、败坏自己固有的节操来侍奉谄媚的小人而求得亲近于大王左右，那么这些贤士就会老死在岩穴之中，怎么会有愿意竭尽忠诚信义追随大王的人呢！

这封信上奏梁孝王，孝王派人从牢狱中把邹阳放出来，而邹阳也最终成为梁孝王的上等门客。

太史公说：鲁仲连的行为主旨虽然不合大义，可是我赞许他作为一个平民百姓，放荡不羁，无拘无束，不屈服于诸侯，评论当世，能够使手握重权的公卿宰相们折服。邹阳的言辞虽然不够驯顺，可是他善于连续打比方、用典故，确实有感人之处，也可以称得上是刚强正直、不屈不挠了，所以我把他附在这篇列传里。

（邓小棒 译）

《史记》卷八十四　屈原贾生列传第二十四

屈原名平，与楚国王室同姓。他曾经担任楚怀王的左徒。屈原见闻广博，记忆力很强，他精通治理国家的道理，并且熟悉外交辞令。因此他对内和楚王商议国家大事，制定政令；出外则接待各国使节，应酬诸侯。楚王十分信任他。

上官大夫和屈原官位相同，他和屈原争宠，很嫉妒屈原的才能。有一次，怀王让屈原制定国家法令，屈原刚写完草稿，还没有修订成稿。上官大夫见到之后想夺为己有，但屈原不肯给他，于是上官大夫就在楚怀王面前说屈原的坏话："大王您让屈原起草法令，大家都知道这件事，每颁布一道法令，屈原总是夸耀自己的功劳，认为'这个法令除了我之外，谁也做不出来'。"怀王听了非常生气，渐渐疏远了屈原。

屈原忧虑楚怀王不能明辨是非，视听被谗佞谄媚的小人所蒙蔽，使得邪恶之人伤害公正之人，正直之人不被朝廷所容，所以忧愁苦闷地写下了《离骚》。所谓"离骚"，就是遭遇忧患之意。上天是人的原始；父母是人的根本。人在处境艰难的时候就会追本念源，所以人们在劳累困苦到极点时没有不呼叫上天的；在受到病痛折磨无法忍受时没有不呼叫父母的。屈原秉持公心，行为耿直，殚精竭虑地侍奉君王，却遭到谗佞小人的挑拨离间，其处境可以说是艰难困窘了。因诚心为国却遭到君王怀疑，忠心事主却遭到小人诽谤，在这种状况下怎能没有悲愤之情呢！所以屈原创作《离骚》，就是为了抒发心中的悲愤。《国风》虽然描写男女恋情但不过分；《小雅》虽然表露了百姓对朝政的愤怨之情，但却不存心作乱。而屈原的《离骚》，可以说是兼有《国风》和《小雅》的优点。屈原在《离骚》中，往上追溯到帝喾的事迹，近世赞扬齐桓公的伟业，中间叙述商汤、周武王的德政，以此来批评时政。阐明道德内容的广博深远，国家治乱兴衰的因果必然，这些都讲得非常详尽。其文字简约，用语含蓄，情志高洁，行为廉正，其文句虽写的是细小事物，而其意旨却极其宏大博深，其所举的事例虽然都近在眼前，但寄托的意旨都极其深远。屈原情志高洁，所以喜欢用香草做比喻。其品行廉正，所以至死也不放松对自己的要求。身处污泥浊水之中，却能像蝉脱壳一样，在尘埃之外浮游，不被世俗的混浊所玷污，清白高洁出淤泥而不染。探求屈原的高尚情志，即使是与日月争辉也是可以的。

屈原被贬退之后，秦国想发兵攻打齐国，而当时齐国与楚国有盟约，秦惠王担心楚国干预，于是就让张仪假意辞去在秦国的职位，带着丰厚的礼品到楚国表示愿意臣服。张仪对楚王说："秦国非常痛恨齐国，但齐国和贵国有盟约，若是楚国能和齐国断交，那么秦国愿意把商、於一带六百里的土地割给你们。"楚怀王因为贪图得到土地而相信了张仪的话，就和齐国绝交了，并派使者到秦国去接受割让的土地。这时张仪耍赖，对使者说："当初我和楚王约定的是'六里'，没说过'六百里'。"楚国使者听后非常生气，回到楚国把这事告诉了怀王。怀王听后怒不可遏，大举起兵攻打秦国。秦国派兵迎战，在丹水、淅水一带大破楚军，并斩杀八万人，俘虏了楚国的大将屈匄，接着秦军又攻取了楚国汉中一带的地域。于是楚怀王调用了全国的军队攻打秦国，与秦军在蓝田大战。这时魏国见楚国国内空虚，便派兵偷袭楚国，一直向南打到邓县。楚怀王害怕了，只得从秦国撤军回国。而齐国痛恨楚怀王背弃盟约，不肯派兵救助楚国，这样楚国处于非常狼狈的境地。

第二年，秦国提出让回汉中一带土地和楚国讲和，但楚怀王说："我不想要回汉中一带的土地，只要得到张仪就心满意足了。"张仪听到这话，便对秦王说："用我一个张仪能换到汉中大片的土地，我请求到楚国去。"张仪到楚国之后，先用厚礼贿赂了楚国当权的大臣靳尚，进而向楚怀王的宠妃郑袖编造诡诈的巧言。楚怀王竟然听信了郑袖的话，把张仪给放走了。这时屈原已经被疏远，不再担任重要官职，被派出使到齐国。屈原回来之后，向怀王进谏说："大王您为什么不杀了张仪呢？"这时楚怀王感到很后悔，派人去追赶张仪，但已经来不及了。

在此之后各诸侯国联合起来攻打楚国，大败楚军，杀死了楚国的大将唐眛。

此时秦昭王和楚国结为姻亲，他想请楚怀王去秦国和他见面。楚怀王想要前往，屈原劝谏说："秦国是像虎狼一般贪暴的国家，不可轻信，不去为好。"楚怀王的小儿子子兰却怂恿楚怀王前去，他说："为什么要拒绝秦王的好意邀请呢！”最后楚怀王还是去了秦国。但他刚一进武关，秦朝的伏兵就截断了他的归路，把他扣留起来，秦国要求楚国割让土地。楚怀王大怒，不肯应允。后来楚怀王趁看守不严逃到赵国，但赵国不敢接纳他。无奈他只得又来到秦国，最终死在秦国，死后尸体才被运回楚国安葬。

楚怀王的大儿子顷襄王继位后，任命他的弟弟子兰为令尹。但楚国人对子兰很不满，因为当初就是他劝怀王入秦而最终死在秦国没能回来。

屈原对子兰的所作所为也非常嫉恨。他虽然流放在外，心里却依然眷念着楚国，时刻惦记着怀王的安危，希望有朝一日能重返朝廷为国尽忠，寄希望国王能觉悟，社会的不良习俗得到改变。屈原关怀君王，想振兴国家的心愿，在他每一篇作品中都一再表露。然而最终还是无可奈何，没能够返回朝廷，由此可以看出怀王始终没有觉悟啊。作为国君，不管他是聪明还是愚蠢，有才还是无才，都希望找到忠臣和贤士来辅佐自己治理国家，然而亡国破家之事却不断发生，而真正的圣明君主和太平之国却好多世代都见不到一例，其根本原因就在于其所谓的忠臣并不忠，其所谓的贤士并不贤。怀王因不能区分忠奸，所以在内被郑袖所迷惑，在外被张仪所欺骗，疏远屈原而信任上官大夫和令尹子兰。到头来落得军队惨败，国土被侵占，失去了六郡土地，自己还流落他乡，客死秦国，被天下人所耻笑。这是由于不知忠贞和奸佞造成的灾祸。《易经》上说："井已经疏浚干净了却没人来喝水，真令人难过，这井里的水已经可以打上来喝了。一个国家的君王若是圣明，全国都可以得到幸福。"而怀王是如此不明，人们哪里还有什么幸福可言啊！

令尹子兰听到屈原对他不满，非常愤怒，便又唆使上官大夫在顷襄王面前说屈原的坏话，顷襄王听后一生气就把屈原放逐了。

屈原来到湘江边，披头散发在水泽上边走边悲愤长吟。脸色憔悴，形体干枯。一位渔翁看到他这种情形，就问道："您不是三闾大夫吗？怎么会到这里来呢？"屈原说："整个社会都是污浊而只有我是干净的，众人都沉醉而只有我是清醒的，所以我被放逐了。"渔翁说："聪明贤哲的人，对外界事物的看法能随着世俗风气的变化而转移，整个社会都污浊，你为何不在其中随波逐流呢？众人都沉醉，你为何不既饮酒又吃糟与众人同醉呢？你为何要保持自己的高才美德，而使自己落得被流放的下场呢？”屈原回答说：“我听说，刚洗过头的人一定要掸掸帽子上的灰尘，刚洗过澡的人一定要抖抖衣服上的尘土，作为人有谁愿意以自己的清白之身，受外界污垢的沾染呢？我宁可跳入滚滚长江之内，葬身鱼腹之中，又怎能让自己的清白品德蒙受世俗的污染！”

于是屈原写下了《怀沙》赋。这篇赋写道：

初夏天气暖和，风清日朗，草木茂盛，蓬勃生长。我心中有忧愁，无限哀伤，急急忙忙地奔向南方。瞻望前途，眼前茫茫一片，四周死一般的寂静，毫无声响。郁结在心里的委屈和痛苦啊，长久地陷入困境。我扪心自问，强忍着委屈来克制自己。

想把方的木头削成圆的，而原有的法度又没有改变；要改变当初坚持的正道，正直的人就会认为可耻。规矩绳墨应该明确记牢，前人的法度也不能变易；为人内心正直，品质端重，这正是前代圣贤所赞许的。巧匠不挥动斧头砍削啊，谁又能知道曲直标准呢？黑色花纹放在幽暗的地方，人们像瞎子一样说它不漂亮；离娄看东西只略瞥一眼就看得非常清楚啊，盲人认为他和自己一样。黑白不分，上下颠倒。美丽的凤凰被关在笼里，却让家鸡和野鸡自由地飞翔。把美玉和顽石混在一起，却认为它们本来一模一样。想来小人多么卑鄙顽固，竟然不了解我的才德优长。

我心志盛壮，可承担重任，但却埋没沉滞，不能成就自己的志向；我身怀高才美德啊，穷困中却无法向人展示。村里的群狗乱叫乱嚷，是它们见到奇怪的形象；否定英雄人物怀疑豪杰，是世俗小人的常态。我文质彬彬，内心通达啊，众人不知我的出众才华。如同有用的木料堆积一旁，人们哪里知道我潜在的力量。我重视用仁义加强修养，用谨慎忠厚来丰富自己。虞舜已不可再遇啊，又有谁理解我的安闲自得之貌！自古以来圣贤生不同时，又有谁能了解其中的缘由？商汤夏禹离我们太远了，远得使我们无法去瞻仰。今后我不再怨恨愤怒，克制内心使自己更加坚强。即使遭受忧患也不改变初衷，只希望我的志向成为后人效法的榜样。顺着道路前进走向北方，太阳渐渐西沉暮色苍茫；我要舒展愁眉消除悲伤，那最好的办法就是死亡。

尾声：波涛滚滚的沅江和湘江，它们一日千里各自流淌。道路漫长而被草木遮蔽，道路辽远而昏暗。抒不尽的咏叹和永久的悲伤，只有长久的慨叹。世上既然没人了解我，我对这样的世人也无话可说。我坚守自己的理想、节操，但我孤独没有志同道合之人。善于相马的伯乐已死了，千里马怎能得到检验？人生一世秉承命运啊，各有各的不同安排。我要安下心来放宽胸襟，我有什么可惧怕的事情？重重的忧伤无穷的悲哀，这真使我叹息不尽。世道混浊知音少，人心叵测难评说。我知道人生不可逃避死亡，我对生命也不必吝惜。我要明白地告诉那些光明磊落的君子啊，我愿以生命为后人做出榜样。

于是屈原抱着石头投入汨罗江自杀了。

屈原死后，楚国有宋玉、唐勒、景差等人，他们都爱好文学而以擅长辞赋出名；但他们都只学习了屈原辞令委婉的一面，而不像屈原那样敢于执言直谏。此后楚国一天比一天衰弱，几十年之后终于被秦国灭掉了。

自屈原投汨罗江而死一百多年之后，汉朝出了个贾谊，他在担任长沙王太傅时，经过湘水，写了一篇辞赋祭吊屈原。

贾生名谊，是洛阳人。他在十八岁时就因能诵读诗书会写文章而闻名当地。吴廷尉任河南郡守时，听说贾谊才学优异，就把他招揽到门下，非常器重他。汉文帝刚即位时，听说河南郡守吴公政绩卓著为全国第一，而且和李斯同乡并且常常向李斯请教，便征召他进朝廷担任廷尉。吴廷尉就向汉文帝推荐贾谊，说他年轻有才，精通诸子百家的学问。于是汉文帝征召贾谊任博士之职。

当时贾谊只有二十多岁，在博士中最年轻。每次文帝下达诏令议题，那些年长的老先生们都无话可说，而贾谊却能全部对答出来，人人都觉得他说的符合自己的心意。博士们都认为贾生才能杰出，无与伦比。汉文帝为此非常高兴，破格提拔他，只一年贾谊就升任太中大夫。

贾谊认为从西汉建立到汉文帝时已有二十多年，天下太平，正是应该改正历法、变易服色、订立法律制度、确定官职名称、大兴礼乐的时候，于是他就起草了各种仪法，颜色崇尚黄色，遵用五行之说，创设官名，完全改变了秦朝的法度。汉文帝刚刚即位，谦虚而没有顾得上实行。但此后各项法令的更改订立，以及让诸侯到封地上任等事，都是贾谊的主张。于是汉文帝就和大臣们商议，想提拔贾谊任公卿。但是绛侯周勃、颍阴侯灌婴、东阳侯张相如、御史大夫冯敬等人嫉妒他，就诽谤贾谊说："那个洛阳人年纪轻学识浅，一心想独揽大权，把政事弄得一团糟。"此后，汉文帝就疏远了贾谊，不再采纳他的提议，任命他为长沙王太傅。

贾谊向汉文帝告辞之后就前往长沙赴任，心里很不痛快。在渡湘水的时候，写了一篇辞赋来悼念屈原。赋文这样说：

我恭奉天子诏命，戴罪来到长沙任职。途中听说屈原自沉汨罗江自杀。今天我来到湘江边上，托江水来凭吊先生的英灵。你生逢黑暗昏乱的世道，逼您自杀失去生命。哎呀，悲哀呀，你是生不逢时啊。鸾鸟凤凰躲避流窜，猫头鹰却在高空翱翔。不材之人尊贵显赫，阿谀奉承之辈得志；贤才能臣无法立足，端方正派的人不得其志。世人竟认为伯夷贪婪，盗跖廉洁；认为莫邪宝剑太钝，铅刀反而是利刃。慨叹先生抱负无法施展，遭此横祸！这就好比丢弃了周鼎，反把无用的大葫芦当宝贝。自己驾着疲惫的老牛和跛驴，却让骏马吃力地去拉盐车。帽冠低居在下，鞋履反高高在上，这种倒行逆施的行为是不会长久的。唉，真是苦了先生，竟遭受这样的祸难！

尾声：算了吧！既然国人都不了解我，独自抑郁不快又能和谁诉说呢？凤凰高飞离去，自己本打算远走高飞。效法神龙隐藏于九渊之下，深深地潜藏来保护自己。韬光晦迹来隐处，岂能与蚂蚁、水蛭、蚯蚓为邻？我认为圣人的神明德行是珍贵的东西，我要远离浊世自己隐居起来。若是良马可以拴系，怎么能说与狗和羊有分别呢！世态纷乱遭此祸患，先生自己也有过失。您完全可以到其他国家去辅佐君主，又何必对故都恋恋不舍呢？凤凰飞翔千仞之上的高空，看到有德之君才降落下来；一旦发现危险征兆，就振翅高飞远去。那狭小污浊的小水坑，怎能容得下吞舟的大鱼！横绝江湖的大鱼，最终还要受制于蝼蚁。

贾谊在担任长沙王太傅的第三年，有一只猫头鹰飞进他的住宅，落在座位旁边。楚国人把猫头鹰叫作“服”。贾谊本来就是因被贬谪居长沙的，而长沙又地势低洼，气候潮湿，自认为活不了多久，悲痛伤感，就写下了一篇赋来开导自己。赋文这样说：

丁卯年四月初夏，有一天傍晚时分，有一只猫头鹰飞进我的住所，它在我的座位旁边停下，形态是那样的自在安闲。奇怪之鸟飞进我家，我心中暗自怀疑它飞来的缘故。打开卦书来占卜，卦书告诉了其中的意思。说是“野鸟飞入住舍，主人将会离去”。我问猫头鹰说：“我将离开这里到哪儿去呢？如果有吉事，请告诉我；即使有凶事，也请告诉我是什么祸殃。生死有定数啊，请告诉我死去的期限吧。”猫头鹰听罢长声叹息，抬头振翅似乎已经会意。我的嘴巴不能说话，请把我胸中所想来向你表示。

天地万物无时无刻都在变化着。如涡流旋转，反复循环。形体和阴阳之气转化相续，演变而相互传递。其道理深微无穷，无法言尽。有祸则福也和它相依，有福则祸也潜伏其中；忧和喜同聚在一起，吉和凶同在一处。当年吴国是何等的强大，但吴王夫差却败亡；越国栖息于会稽山，勾践以此称霸于世。李斯游说秦国成功，却最终遭受五刑而死。傅说原为罪犯，后来却被殷高宗武丁任命为相。祸福互相缠绕，如同绳索绞合在一起。天命不可解说，谁能预知它的终点？水成激流则来势凶猛，弓箭强硬则射得远。万物循环往复相互撞击，运动之中又相互转化。云升雨降多反复，事物交错穿插复杂纷纭。天地运转化成万物，使之运行变化迷蒙而又漫无边际。天道神秘难测，人们无法参与、无能为力。生死由命，哪能预知它的期限？

天地就像熔铸万物的大熔炉，而造物者好像冶金之匠。阴阳运转好比炉炭，世间万物皆为冶炼之物。聚散变化哪有常规可循。错综变化，没有极终。阴阳二气幻化成人也是偶然的事情，不值得贪恋珍惜。人纵然死去，也不值得忧虑！小智之人只顾自己，鄙薄外物而以自己为贵。通人达观大度，死生祸福没有不合适的。贪婪的人为财货而死，刚烈之士为名誉而死；贪求虚名者为权势而死，平民百姓则贪生怕死。被名利所诱惑、被贫贱所逼迫的人，趋利避害；道德修养极高的人不被物欲所屈服，对千变万化的事物等量齐观，一视同仁。受传统礼法束缚的人，如同囚拘木笼里一般；有至德的人能遗世弃俗，与大道同行。天下众人迷惑不解，爱憎之情积满胸臆。得天地之道的人恬淡无为，独和大道同变化。舍弃智慧忘形骸，超脱于万物之外自忘其身；在空旷恍惚的境界里，和大道一起浮游。人生如木浮水，顺水则漂流，遇阻则停止；将身躯托付给大自然，不把身躯作为自己的私物。活着仿佛随波逐流，死去好像休憩长眠。内心宁静有如无波的深渊，浮游好像不系缆绳的小舟。不因活着分外保重自己，颐养天性，随世浮沉；得道之人不被任何事物牵累，知天命而不忧愁！因此像猫头鹰飞入屋舍这种琐细小事，有什么值得忧虑生疑呢！

又过了一年多，贾谊被召回京城。当时汉文帝刚接受祭祀用的肉，正坐在宣室。汉文帝因有感于鬼神之事，就向贾谊询问鬼神的本原。贾谊因而周详地讲述了这方面的道理。到了半夜时分，文帝听得很入神，不知不觉地在座席上往贾谊身边凑近。贾谊说完之后，汉文帝慨叹道："我好长时间没有见到贾谊了，自认为超过了他，现在看来还是不如他啊。"不久，汉文帝任命贾谊为梁怀王太傅。梁怀王是汉文帝的小儿子，文帝非常宠爱他，他又喜欢读书，因此让贾谊当他的老师。

汉文帝又封淮南厉王的四个儿子都为列候。贾谊劝谏，认为国家祸患的兴起就要从这里开始了。贾谊又多次上疏皇帝，说有的诸侯封地太多，甚至多达几郡，和古代的制度不符，应该稍微削夺。但是汉文帝不肯听从。

几年之后，梁怀王骑马，不慎从马上掉下来摔死了，没有留下后代。贾谊认为这是自己做太傅没有尽到责任，非常伤心，哭泣了一年多，也去世了。贾谊死时年仅三十三岁。后来汉文帝去世，等到孝武帝继位，提拔贾谊的两个孙子任郡守。其中贾嘉最为好学，继承了贾谊的家风，和我有过书信往来。到汉昭帝时，他位列九卿。

太史公说：我读《离骚》《天问》《招魂》《哀郢》等赋时，深感于屈原的用心，悲伤不已。当我到长沙时，特意去看了屈原沉江自杀的地方，不禁掉下眼泪，想见他的为人。后来我读了贾谊的《吊屈原赋》，又责怪屈原，以他那样的才华，如果到其他国家去，哪个国家不会容纳他呢，而让自己落到了那样的结局。但当我读过《服鸟赋》后，读到赋中把生与死同等看待，把官场上的去留升降看得那样淡泊时，又不禁浑身放松、痛苦顿消了。

（龚双会　译）

《史记》卷八十五　吕不韦列传第二十五

吕不韦是阳翟的大商人。他往来各地贱买贵卖，积聚了千金的家产。

秦昭王四十年，太子去世了。昭王四十二年时，立他的第二个儿子安国君为太子。这时安国君已经有二十多个儿子了。安国君有个非常宠爱的妃子，后来立她为正夫人，人称华阳夫人。华阳夫人没有儿子。安国君的儿子中有个排行居中名叫子楚的，子楚的母亲叫夏姬，不受安国君的宠爱。因而子楚被送到赵国当人质。因为秦国多次攻打赵国，赵国对子楚也不以礼相待。

由于子楚是秦王庶出的孙子，又在赵国当人质，因而他乘的车马和日常的财用都不富裕，生活困窘，很不得意。这时吕不韦正好到邯郸去做生意，见到子楚后非常喜欢他，说："子楚就像一件奇货，可以囤积居奇，以待高价售出。"于是他就前去拜访子楚，游说他说："我能光大你的门庭。"子楚见他是位商人，不由得笑着说："你还是先光大自己的门庭，然后再来光大我的门庭吧！"吕不韦说："你不懂啊，我的门庭要等待你的门庭光大了才能光大。"子楚明白了吕不韦的言下之意，于是请他坐下来，推心置腹地深谈。吕不韦说："秦王已经老了，安国君现在是太子。我听说安国君非常宠爱华阳夫人，但华阳夫人没有儿子，而能够选立太子的只有华阳夫人。如今你的兄弟有二十多人，你又排行居中，不受秦王喜爱，长期被留在国外当人质，等到秦王去世后，安国君继位为王，你也没有指望同你长兄和早晚都在秦王身边的其他兄弟们争太子之位了。"子楚说："是这样的，那该怎么办呢？"吕不韦说："你本来就很贫困，又客居在此，也拿不出什么东西来献给亲长和结交宾客。我吕不韦虽然不富有，但我愿意拿出千金来为你去秦国游说，侍奉安国君和华阳夫人，想办法让他们立你为太子。"子楚于是叩头拜谢道："如果能实现您的计划，我愿意把秦国的土地分一半给您。"

于是吕不韦拿出五百金送给子楚，作为他日常生活和交结宾客之用；又拿出五百金买了些奇珍异宝，自己带着去了秦国，他先拜见华阳夫人的姐姐，托她把那些奇珍异宝献给华阳夫人。并顺便谈及子楚是如何聪明贤能，已经结交了遍及天下的诸侯宾客，并说子楚常常说“我子楚把夫人看成天一般，日夜哭泣思念太子和夫人”。华阳夫人听了这些话非常高兴。吕不韦趁机又让华阳夫人姐姐劝说华阳夫人道：“我听说用美色来侍奉别人的，一旦年老色衰，就会失宠。现在夫人您侍奉太子，甚被宠爱，可是您没有儿子，您为何不早一点在太子的儿子中挑一位有才能而孝顺的人，把他认为儿子立他为继承人呢？这样当您丈夫在世时，您势重位尊；丈夫去世后，您所认的儿子继位为王，您最终也不会失势，这就是人们所说的：一句话就能得到万世的好处啊。您不趁自己风华正茂之时树立根本，等到您年老色衰失宠时，再想说话，还有谁会听呢？现在子楚贤能，而自己也知道排行居中，按次序是不可能被立为继承人的，而他的生母又不受宠爱，所以他会主动来依附夫人，夫人如果能趁此时机选拔他为继承人，那么夫人您这辈子在秦国都要受到尊宠啦。”华阳夫人听后认为很有道理，于是就找机会向太子委婉地谈到在赵国做人质的子楚非常有才能，来往与秦、赵两国的人都称赞他。说着说着华阳夫人就哭了起来：“我有幸能进入您的后宫，但非常不幸没有儿子，我想把子楚认为儿子，让他做您的继承人，这样我日后也好有个依靠。”安国君答应了，给华阳夫人刻下玉符，约定立子楚为继承人。接着安国君和华阳夫人都送了好多礼物给子楚，并请吕不韦当他的老师，因此子楚的名声在诸侯中越来越大。

后来吕不韦在邯郸娶了一位姿色漂亮而又善于跳舞的女子，不久知道这位女子怀孕了。有一次子楚和吕不韦一起饮酒，看到此女后非常喜欢，于是站起身来向吕不韦祝酒，请求吕不韦把此女赐给他。吕不韦起初听了很生气，但转念一想，自己已经为子楚破费了大量家产，为的是借以钓取奇货，于是就献出了这个女子。此女也故意隐瞒了自己怀孕在身的事实，十个月之后，她生下一个儿子，取名政。于是子楚就立此女子为夫人。

秦昭王五十年，派王齮（即王龁）率军围攻邯郸，赵国的形势非常紧急，便想杀死子楚。子楚和吕不韦商量后，拿出六百斤金子送给守城官吏，因而得以脱身，逃到秦军大营，这才得以顺利回国。这时赵国又想杀子楚的妻子和儿子，子楚的夫人是赵国富豪人家的女儿，就跑到娘家藏了起来，因此母子二人竟得活命。秦昭王五十六年，昭王去世了，太子安国君继位为王，华阳夫人当了王后，子楚成为太子。这时赵国也只好护送子楚的夫人和儿子嬴政回到秦国。

安国君只做了一年秦王便去世了，谥号为孝文王。太子子楚继位，这就是庄襄王。庄襄王尊华阳王后为华阳太后，生母夏姬被尊称为夏太后。庄襄王元年，任命吕不韦为丞相，并封他为文信侯，把河南洛阳十万户作为他的食邑。

庄襄王即位三年之后去世，太子嬴政继位为王，尊奉吕不韦为相国，恭敬地称他为“仲父”。当时秦王年纪小，太后常常和吕不韦私通。吕不韦家里的奴仆多达上万人。

那时候，魏国有信陵君，楚国有春申君，赵国有平原君，齐国有孟尝君，他们都礼贤下士，竞相招纳宾客。吕不韦认为秦国如此强大，在这方面不能不如他们，所以他也招纳士人，给他们优厚的待遇，门下食客多达三千人。那时其他诸侯国有许多善辩之士，像荀况等人，他们的著作流传天下。吕不韦见此光景，就命他的食客各自将所见所闻记下，然后综合在一起编成八览、六论、十二纪，共二十多万字。他认为其中包括了天地万物古往今来的事理，所以号称《吕氏春秋》。他还把这本书刊布在咸阳的城门上，并在上面悬挂千金，遍请各国的游士宾客来看，若有人能增删一字，就把这千金赏给他。

秦始皇年龄越来越大，但太后和吕不韦还是淫乱不止。吕不韦唯恐事情败露使自己遭殃，就暗地找到了一个阳具特别大名叫嫪毐的人做他的门客，不时让他在家举行歌舞杂技表演取乐，让嫪毐用阴茎挑着桐木做的车轮当众行走，并有意让太后知道这件事，以引诱她。太后听说后，果然想暗中占有嫪毐。吕不韦就把嫪毐进献给太后，然后让人告发他犯下了应受宫刑的罪。吕不韦又暗中对太后说：“先假装让嫪毐受宫刑，而后他就可以在宫中服侍你了。”太后暗中送给主管宫刑的官吏许多东西，让他们假装处罚嫪毐，拔掉了他的胡须，使他成为太监的样子，嫪毐就得以侍奉太后。太后和他通奸后，特别喜爱他。

后来太后怀孕了，恐怕别人知道，就谎称算卦不吉，需要离开宫中躲避一段时间，就搬到雍县的宫殿中去居住了。嫪毐总是随从太后左右，得到的赏赐非常优厚，事事都由嫪毐决定。嫪毐家中有奴仆多达几千人。那些为求得官职来当嫪毐门客的宾客多达一千余人。

秦始皇七年，庄襄王的生母夏太后去世。因为孝文王的王后华阳太后已经和孝文王合葬在寿陵。夏太后的儿子庄襄王葬在芷阳，所以夏太后单独埋葬在杜县城东，她说“向东可以看到我的儿子，向西可以看到我的丈夫。而且这个地方在百年之后将会形成一个有万户的城邑”。

秦始皇九年，有人告发嫪毐并不是真正的太监，说他常常和太后淫乱私通，并已经生下两个儿子，把他们隐藏在别处，还和太后谋议说“等到秦王死去，就立他们的儿子为王”。于是秦始皇命法官严查此事，把事情真相全部弄清，事情牵连到相国吕不韦。当年九月，秦始皇下令诛灭了嫪毐家三族，又杀死太后和嫪毒所生的两个儿子，并把太后迁到雍地的离宫居住。嫪毐家的门客们全部被没收家产，流放到蜀地。秦始皇也想杀掉相国吕不韦，但因其侍奉先王功劳大，又有许多宾客辩士为他求情说好话，秦王也就不忍心将他绳之以法了。

秦始皇十年十月，免去了相国吕不韦的职务。后来齐国人茅焦劝说秦始皇，秦始皇才到雍县把太后接回咸阳，但同时把吕不韦遣出京城，让他到河南的封地去居住。

在此后一年多时间里，各国的宾客使者们络绎不绝前去河南拜会吕不韦。秦始皇怕他发动叛乱，就写信给吕不韦说：“你对秦国有何功劳？秦国在河南给你十万户食邑。你跟秦国有什么血缘关系？而让人家称你为仲父。你带着你的家属一起迁到蜀地去居住！”吕不韦想到自己受逼迫越来越紧，日后可能被杀，就喝下毒酒自杀而死。秦始皇见自己所痛恨的吕不韦和嫪毐都已死去，就让迁徙到蜀地的嫪毐的门客都回到京城。

秦始皇十九年，太后去世，谥号为帝太后，与庄襄王合葬在芷阳。

太史公说：吕不韦和嫪毐贵显时，被封为文信侯。当有人告发嫪毐时，嫪毐很快就知道了。秦始皇先是审讯了太后和嫪毐身边的人，还没有对嫪毐动手。秦始皇到雍地去祭天，嫪毐害怕秦始皇回来后自己大祸临头，就和亲信同党密谋，盗用太后的大印发兵在蕲年宫造反。秦始皇闻讯后派兵讨伐嫪毐，嫪毐败走，秦始皇的部下追到好畤将其斩首，把他满门抄斩。而吕不韦也由此被贬斥了。吕不韦大概就是孔子所说的徒具虚名而无实际才德的“闻人”吧？

（龚双会 译）

《史记》卷八十六　刺客列传第二十六

曹沫是鲁国人，他因为勇武有力在鲁庄公手下供职。鲁庄公喜爱勇武有力气的人。曹沫任鲁国的将军，多次和齐国作战均战败逃跑。鲁庄公害怕了，于是割遂邑给齐国以求和。但还是让曹沫继续任齐国的将军。

齐桓公答应和鲁庄公在柯邑会盟。当齐桓公和鲁庄公在盟坛上订立盟约完毕后，曹沫突然拿出匕首胁迫齐桓公，桓公的侍卫人员谁也不敢轻举妄动，桓公问："你想干什么？"曹沫回答说："齐国强大，鲁国弱小，你们对我们的侵略实在太过分了。如今假如鲁国都城的城墙倒塌就会压到齐国的边境，您要考虑一下这个情形。"齐桓公无奈，只好答应全部归还鲁国被侵占的土地。得到齐桓公的许诺以后，曹沫扔下匕首走下盟坛，回到面向北的臣子的位置上，面不改色，像平常一样谈吐从容。

齐桓公很生气，打算背弃盟约。管仲说："这种做法不可取。贪图小利益只能获得一时的快意，如果现在背弃盟约就会在诸侯面前失信，变得孤立无援，不如归还他们的失地。"于是齐桓公归还了占领鲁国的土地，曹沫多次打仗所丢失的土地全部回归鲁国。

此后一百六十七年，吴国有专诸的事迹。

专诸是吴国堂邑人。伍子胥逃离楚国来到吴国后，知道专诸有本事。伍子胥进见吴王僚后，对他说了攻打楚国的好处。吴公子光说："伍子胥的父亲和哥哥都是被楚国杀死的，他游说我们攻打楚国，其实是为了报自己的私仇，并不是真正替吴国打算。"吴王于是不再议攻楚之事。伍子胥知道公子光打算杀掉吴王僚，就说："公子光有在国内夺取王位的企图，现在是不可能劝说他向国外出兵的。"于是他把专诸推荐给公子光。

公子光的父亲是吴王诸樊。诸樊有三个弟弟：分别是余祭、夷眛、季子札。诸樊知道季子札贤明因而没有立太子，打算把王位由兄弟四人依次传下去，最终把王位传给季子札。诸樊去世后王位传给了余祭。余祭去世后，传给夷昧。夷昧去世后王位就该传给季子札了，季子札却逃避不肯接受，于是吴国人就拥立夷昧的儿子僚为国君。公子光不满地说："如果按照兄弟的次序，就应该立季子札；如果要传位给儿子的话，我才是真正的嫡子，应当立我为君。"因此他暗中收养了一些谋臣，以便靠他们的帮助取得王位。

公子光得到专诸以后，很好地以客人对待他。吴王僚九年，楚平王去世了。这年春天，吴王僚趁着楚国办丧事，派他的两个弟弟盖余和属庸率领军队包围了楚国的灊城，同时派延陵季子到晋国，观察各诸侯国的动静。不料楚国出动军队断绝了盖余和属庸的后路，吴兵不能归国。这时公子光对专诸说："这个机会不能失掉，如果我们不争取时机就不会有收获！况且我才是真正的王位继承人，应当被立为王，即使季子回来了，他也不会废掉我。"专诸说："王僚是可以杀掉的。他母亲年事已高，儿子尚小，只有两个弟弟带兵在外，楚国军队断绝了他们的归路。如今吴军在外被楚国围困，而国内没有正直敢言的大臣。如果我们趁机起事，王僚对我们也没有办法。"公子光以头叩地说："您身后家里的事都由我代替你处理。"

四月丙子那天，公子光事先让身穿铠甲的武士埋伏在地下室，同时备办酒席宴请吴王僚。吴王僚从王宫一直到公子光的家里，门庭和台阶两旁都布有亲信侍卫。侍卫们举着长矛夹道站立。宴会上喝酒喝到畅快的时候，公子光假装脚疼，离开宴席进入地下室。这时他让专诸把匕首放到烤熟的鱼肚子里，然后把鱼进献给吴王僚。专诸走到王僚跟前，快速从鱼肚取出匕首刺向吴王僚，吴王僚当场就死了。侍立于左右的吴王僚的侍卫人员见状奋起杀死了专诸，吴王僚带来的人一时阵脚大乱，公子光放出埋伏的武士攻击吴王僚的部下，一举消灭了他们。于是公子光自立为国君，这就是吴王阖闾。阖闾为了报谢专诸，封他的儿子为上卿。

这件事过去七十多年后，晋国出了豫让的事迹。

豫让是晋国人，他曾经为范氏和中行氏两家效力，没什么名声。

后来豫让离开他们去奉事智伯，智伯对他特别尊重宠爱。智伯攻打赵襄子时，不料赵襄子和韩康子、魏桓子合谋消灭了智伯，他们消灭智伯以后又瓜分了他的领土。赵襄子最恨智伯，就把他的头盖骨涂以漆做成饮具。豫让逃到山中，叹道："唉！男人为赏识自己的人而效死，女人为自己心爱的人而妆扮自己。智伯是我的知己，我一定替他报仇，以报答智伯，即使我为了替智伯报仇死了，我的魂魄也没有什么可惭愧的。"于是他改名换姓，伪装成判刑服役的人，进入赵襄子宫中涂刷厕所的墙，他身上藏着匕首，想寻机刺杀赵襄子。赵襄子去上厕所，突然心一悸动，派人把修整厕所的刑人找来审问，结果发现豫让的身上藏着匕首，豫让说："我要替智伯报仇！"赵襄子的侍卫要杀掉他。赵襄子说："他是个义士，我谨慎小心地回避他就是了。再说智伯死后连后人都没有一个，而他的家臣还想着替他报仇，这是天下难得的贤人啊。"最后还是让他走了。

没过多久，豫让把漆涂在身上，导致肌肤肿烂得像得了癞疮似的，他还故意吞炭使声音变得嘶哑，使自己的模样无从辨认，沿街讨饭。连他的妻子也认不出他了。他的朋友在路上认出他，说："你不是豫让吗？"豫让说："是我。"朋友一听眼泪就流出来了，说："凭着您的才能，如果委身去侍奉赵襄子，赵襄子一定会亲近宠爱您。如果受到他的亲近宠爱，您再干您所想干的事，难道不是很容易的吗？何苦像现在这样摧残自己身体，这不是让自己受罪吗？想要用这样的办法向赵襄子报仇，这不是更困难吗！"豫让说："托身侍奉人家以后，又要杀掉他，这是怀着异心侍奉人啊。我知道选择这样做是非常困难的，可是我之所以选择这样的做法，就是要使天下后世那些怀着异心侍奉其君的人感到惭愧！"

豫让离去之后，过了不久，赶上赵襄子外出，豫让潜藏在他外出必经的桥下。赵襄子行到桥头，马突然受惊了，赵襄子说："这下面一定是豫让。"于是派人去查，果然发现了豫让。于是赵襄子列举他的罪过说："您起先不是侍奉过犯氏和中行氏吗？智伯把他们都消灭了，您不仅没有替他们报仇，反而投靠了智伯。如今智伯死了，您为什么偏如此卖力地为他报仇呢？"豫让说："我侍奉范氏和中行氏的时候，他们都把我当作一般人看待，所以我也像对待一般人那样报答他们。而智伯把我当作一国之中的杰出人物看待，所以我也像报答一国之中的杰出人物那样报答他。”赵襄子听了喟然长叹，流着泪说：“哎呀，豫让先生！你为了替智伯报仇所做的这些事，已经可以扬名于世了；而我之前已经宽恕过你一次，也足够了。现在你自己看着办吧，我不能再放过你了！”于是赵襄子命令士兵团团围住他。豫让说：“我听说贤明的君主不埋没别人的美名，而忠臣有为某种名声而死的义务。以前您宽恕了我，普天之下没有人不称道您的贤明。今天的事，我理所当然该受死罪，但我希望能在您的衣服上刺几下，这样也算表示了我的报仇之意，那么我即使死了也没有遗恨了。我不敢指望您答应我的请求，但我还是冒昧地说出我的心意！”赵襄子听了他这番话，非常赞赏他的侠义，于是派人拿着自己的衣裳给豫让。豫让拔出宝剑跳起来一连刺了衣服好几下，说：“我可以报答智伯于九泉之下了！”说罢伏剑自刎而死。豫让死的那天，赵国的有志之士听到这个消息，都为他哭泣。

这件事过了四十多年，魏国轵邑有了聂政的事迹。

聂政是魏国轵邑深井里人。他杀人后为了躲避仇家，和他的母亲、姐姐逃往齐国，以屠宰牲畜为业。

时间过去了好几年。濮阳的严仲子奉事于韩哀侯，他因为和宰相侠累结下仇怨，怕遭到杀害，便逃走了。他四处游历，企图找到一个可以替他向侠累报仇的人。严仲子到了齐国，听人说聂政是个勇敢之士，因为回避仇人躲藏在屠夫中间。严仲子于是登门拜访，往返了好几次，而后备办了宴席，捧杯向聂政的母亲敬酒。等到喝酒喝到兴浓时，严仲子拿出黄金一百镒，赠送给聂政母亲作为礼物。聂政对厚礼感到奇怪，坚决谢绝不受。严仲子却执意要送，聂政辞谢说：“我庆幸有母亲健在，家里虽然贫穷，客居在此，但是以我杀狗的收入还是可以买些好吃的东西奉养母亲。现在母亲的生活用度还算齐备，所以我们可不敢接受您的赏赐。”严仲子避开别人，对聂政说：“我有一个仇人，我周游列国都没找到可以替我报仇的人；但来到齐国，私下听说您最讲义气，所以献上百金，将它作为供养老人的一点费用，也希望能够跟您交个朋友，哪里有更多的要求呢！”聂政说：“我之所以低三下四、不顾羞耻地在这市场上做个屠夫，只是希望借此奉养老母；只要母亲一天在世，我不敢对别人以身相许。”严仲子还是执意赠送，聂政却始终不肯接受。不过这次见面严仲子还是完成了宾主相见的礼节。

又过了很长一段时间，聂政的母亲去世了，等到安葬完毕，直到三年丧服期满，聂政说：“唉！我不过是个拿着刀杀猪宰狗的平民百姓，而严仲子作为一个国家的卿相，却不远千里屈尊来和我结交。我当初待人家太浅薄了，对他没有任何功劳，而严仲子竟献上黄金百镒为我母亲祝寿，我虽然没有接受，可是从这件事看出他是特别赏识我的啊。严仲子因为一点小的仇恨，来结交我这个处于穷困僻远之所的人，而我怎么能够一直默不作声呢！况且他以前来邀请我的时候，我只是因为母亲在世才没有答应他。如今母亲已经享尽天年，我也应该要为了解我的人效力了。”于是聂政就向西到了濮阳，他找到严仲子说：“我以前之所以没答应您的邀请，是因为那时母亲还健在；如今母亲已享尽天年。您的仇人是谁？请让我替您去办这件事吧！”严仲子详尽地告诉他说：“我的仇人是韩国宰相侠累，而侠累又是韩国国君的叔父，他们宗族旺盛，人丁众多，住处守卫森严。我派人去刺杀他，始终也没有得手。如今承蒙您愿意帮我，我多增派一些车马勇士来协助你。”聂政说：“韩国与魏国相隔不远，如今我们要刺杀的是人家的宰相，宰相又是国君的亲属，在这种情势下不能去很多人，人多了难免会发生闪失，发生闪失就会走漏风声，如果走漏了风声，那就等于整个韩国的人与您一人为敌，这岂不太危险了！”于是聂政谢绝了一切车马勇士，辞别严仲子只身出发了。

聂政带着宝剑来到韩国都城，韩国宰相侠累正好坐在堂上，左右持刀的护卫很多。聂政径直而入，走上台阶奋力刺杀了侠累，侠累的侍卫大乱。聂政大吼着又一连杀死了几十个人，随后他拿刀毁坏了自己的面容，挖出了自己的双眼，剖开肚皮流出了肠子，就这样悲惨地死去了。

韩国把聂政的尸体露放在街市上，悬赏询问凶手是谁，竟没有人知道。于是韩国悬赏重金以购求认识的人，对能认出杀死宰相侠累的人赏以千金。结果过了很久，仍没有人认识凶手。

这时聂政的姐姐聂荣听说有人刺杀了韩国的宰相，韩国人都不知凶手的姓名，也没有人认识他。于是把凶手的尸体陈放在街市上，悬赏千金以征求能认识他的人。聂荣哭泣着说："他大概是我弟弟吧？哎呀，严仲子了解我弟弟！"于是她马上动身前往韩国的都城，当她来到街市看到死者果然是聂政时，就趴在尸体上痛哭，说："这就是魏国轵县深井里的聂政啊。"街上的行人见此情形都说："这个人杀害了我国的宰相，现在君王正悬赏千金以得知他是谁，夫人没听说过吗？怎么还敢来认尸啊？"聂荣回答他们说："我听说了。可是聂政当初之所以忍受羞辱不惜混在屠猪贩肉的人中间，是因为母亲健在，我还没有出嫁。母亲享尽天年去世后，我也嫁人了，严仲子来与处于穷困低贱处境中的弟弟结交，恩情深厚，我弟弟能怎么办呢！勇士本来应该替知己的人死，如今他因为我还活在世上的缘故，所以严重地自毁面容躯体，使人不能辨认，以免被人认出牵连到我，而我怎么能害怕招来杀身之祸而埋没弟弟的名声呢！"市人听了这番话，都大为震惊。聂荣说完后高喊了三声"天哪"，终于因为过度哀伤而死在聂政身旁。

晋、楚、齐、卫等国的人听说了这件事，无不感叹道："不仅聂政有勇有谋，连他姐姐也是位烈性女子。如果聂政当初知道他姐姐这么毫不迟疑，不顾惜露尸于外的危险，跨越艰难险阻来到韩国为自己扬名，以致姐弟两人一同死在韩国的街市上，那他也未必会那么轻易对严仲子以身相许了。严仲子的确可以说是了解人，能够赢得贤士的人啊！"

这件事过了二百二十多年，秦国出了荆轲的事迹。

荆轲是卫国人，他的祖先是齐国人，后来荆轲移居到卫国，卫国人称呼他"庆卿"。后来荆轲又到了燕国，燕国人称呼他"荆卿"。

荆卿爱好读书和击剑，曾凭借治国之术游说过卫元君，卫元君没有任用他。此后秦国攻打魏国，设置了东郡，把卫元君的旁支亲属迁移到野王。

荆轲曾漫游经过赵国的榆次，与盖聂谈论剑术，盖聂对他怒目而视。荆轲出去以后，有人劝盖聂再把荆轲叫回来。盖聂说："刚才我和他谈论剑术，他有不甚得当的地方，我用眼瞪了他；你去找找看吧，我用眼瞪他，他应该走了，不敢再留在这里了。”于是派人到荆轲住处询问房东，荆轲果然已乘车离开榆次了。派去的人回来向盖聂报告，盖聂说：“他本来就该走了，刚才我用眼睛瞪了他！”

接着荆轲到了邯郸，在韩国时鲁句践曾跟荆轲一起下棋，因为争执博局的路数，鲁句践发怒呵斥了他，荆轲就默无声息地逃走了，两个人从此没有再见面。

荆轲到燕国以后，和燕国一个以宰狗为业的屠夫和擅长击筑的高渐离感情很好。荆轲特别爱喝酒，天天和那个宰狗的屠夫及高渐离在燕国的集市上喝酒，待至三人喝得似醉非醉以后，高渐离击筑，荆轲和着节拍在街市上引吭高歌，相互以此为乐，唱过了又相互哭泣，旁若无人的样子。荆轲虽说好跟酒徒混在一起，可是他为人深沉稳重，喜欢读书；他游历到诸侯各国，总是与当地贤士豪杰和年高有德行的人相结交。他到燕国后，燕国的隐士田光先生也友好地对待他，知道他不是平庸之辈。

没过多久，正赶上在秦国做人质的太子丹从秦国逃回了燕国。太子丹曾在赵国做人质，而秦王嬴政出生在赵国，他小时候和太子丹很要好。所以等到嬴政被立为秦王后，太子丹又到秦国做人质。这时秦王嬴政对太子丹很不友好，所以太子丹因怨恨就逃回了燕国。回国后太子丹就寻求报复秦王的办法，但由于燕国弱小，力不能及。此后秦国天天派兵出殽山向东，攻打韩、魏、赵三国，逐渐蚕食各国领土。眼看战火将波及燕国，燕国的君臣都唯恐大祸临头。太子丹为此很担心，向他的老师鞠武请教。鞠武说：“秦国的土地遍天下，威胁到韩国、魏国、赵国。秦国北面有甘泉、谷口坚固险要的地势，南面有泾水、渭水流域肥沃的土地，并拥有巴郡、汉中地区的富饶资源，西边有陇山、蜀山，东边有殽山、函谷关，他们人多而兵强，武器装备充足。只要他们有意，那么长城以南，易水以北的燕国就没有安稳之日了。您何必因为曾经受了欺凌而想去触怒凶残的秦王呢！”太子丹说：“既然如此，那么我们该怎么办呢？”鞠武说：“让我再好好考虑考虑。”

过了一段时间，秦国的将领樊於期因为得罪了秦王而逃到燕国，太子丹收留了他，并让他住下来。鞠武劝说道："不能收留他。秦王本来就很凶暴，对我们燕国也很有怨气，单是这些就足以叫人提心吊胆的了，如果他听到我们收留了樊将军并让他住在这里，后果将会怎样呢？这叫作'把肉放在饿虎经过的路上'啊，祸患是无法挽救了！即使有管仲、晏婴，到时也无法为您出谋划策了。希望您赶快打发樊将军到匈奴去，以消除秦国攻打我们的借口。请您向西与韩、赵、魏三国结盟，向南联合齐、楚两国，向北与单于结好，只有这样，我们才可以考虑对付秦国。"太子丹说："老师的计划，实行起来需要的时间太长了，我现在心里忧闷烦乱，恐怕连片刻也等不及了。并且也不单为此事，樊将军是在穷途末路的情况下来投奔于我，我不能因为迫于强秦而抛弃患难朋友，把他送到匈奴去，也就到了我生命完结的时候了。请您替我再考虑别的办法吧。"鞠武说："一边选择危险的行动一边又想求得安全，一边制造祸患一边又祈请福分，不深谋远虑而不断地激怒敌人，为了一个新结交的朋友，而不顾国家大的祸患，这就是人们所说的'助长怨恨而促使祸患的发展'。这就如同把大雁的羽毛放在炉炭上烧，一下子就烧光是不在话下了。何况是雕鸷一样凶猛的秦国，对燕国发泄积蓄已久的怨气，还有什么可说的呢！我们燕国有位田光先生，这个人是智多谋而勇敢沉着，可以找他商量商量。"太子丹说："希望通过您的引见而得以结交田先生，您看可行吗？"鞠武说："遵命。"于是鞠武去拜会田光先生，说："太子希望跟田先生一同谋划国事。"田光说："遵命。"于是就到太子丹那里去。

太子丹亲自去迎接，在前面倒退着走为田光引路，进屋后跪下来拂拭座位请田光坐。等到田光坐定，左右的人退下后，太子丹离开自己的座位，恭谨地向田光请教说："燕国与秦国已经到了誓不两立的地步，希望先生多多留意当前的形势。"田光说："我听说良马健壮的时候，一日可奔驰千里，但是等到它老了的时候，就是劣等马也能跑到它的前面。太子听说的是我盛壮之年的情景，却不知道我精力已经不行了。如今我不能同您一起谋划国事了，但我的朋友荆卿是可以承担这个使命的。"太子说："希望能通过您的引见和荆卿结交，您看可行吗？"田光说："遵命。"于是即刻起身准备离去。太子丹送到门口，告诫说："刚才我所讲的以及先生所说的，都是国家的大事，希望先生不要泄露！”田光低头笑着说：“是。”田光弯着腰去找到了荆卿，说：“我和您要好，燕国没有谁不知道，如今太子听说我盛壮之年时的情景，却不知道我现在已力不从心了，我荣幸地听他教诲说：‘燕国与秦国已经到了誓不两立的地步，希望先生多多留意当前的形势。’我私下和您不见外，已经把您推荐给太子，希望您前往宫中拜访太子。”荆轲说：“遵命。”田光说：“俗话说，年长有德行的人行事，不应该让别人怀疑。如今太子告诫我说：‘我们所说的话都是国家大事，希望先生不要泄露’，这说明太子对我不放心。一个人行事却让别人怀疑他，说明他不算是有节操、讲义气的人。”田光想用自己的自杀来激励荆卿尽快下定决心，说：“希望您立即去见太子，就说我已经死了，以此说明我不会泄露国家机密。”说罢就刎颈自杀了。

荆轲于是立即动身去见太子丹，告诉太子丹田光已经死了，并向他转达了田光的话。太子丹跪在地上拜了两拜，双膝着地向前痛哭流涕，过了好一会儿才说出话来：“我之所以告诫田先生不要泄露，是为了确保大事能成功。如今田先生为了表明他不会泄露机密而竟然自杀，这不是我的初衷啊！”荆轲坐定以后，太子丹离开座位以头叩地说：“田先生不知道我没有出息，使我能够到您跟前向您表述我的心事，这是上天可怜我们燕国，而不想抛弃我们啊。如今秦国贪得无厌，他们的欲望是永不满足的。不占尽天下的土地，不把各国的君王变成他们的奴仆，他们是不会罢休的。如今秦国已俘虏了韩王，吞并了韩国的领土。又发兵向南攻打楚国，向北逼近赵国；王翦率领的几十万大军已抵达赵国南面的漳水、邺县一带，而李信出兵太原、云中向赵国攻进。赵国抵挡不住秦军，一定会向秦国臣服，而赵国一旦臣服，那么灾祸就降临到我们燕国。燕国弱小，又多次遭到战争的破坏，如今就是发动全国的力量也抵挡不住秦军。如今诸侯国都畏服于秦国，不敢再提合纵之事。我私下有个愚蠢的想法，如果能找到一位勇士，派他到秦国，让他用重利诱惑秦王。秦王贪婪，必定能让我们找到接近他的机会。如果能够劫持秦王，让他全部归还侵占诸侯国的土地，就像当年曹沫劫持齐桓公那样，这是最好的结果了；如果他不答应，就趁势杀死他。如今秦国的大将都领兵在外，如果国内出了乱子，那么君臣之间一定会彼此猜疑，趁此机会，我们东方各国可以联合起来，就一定能够打败秦国。这是我最高的愿望，却不知道把这使命委托给谁，希望荆卿仔细考虑这件事。”过了好一会儿，荆轲说：“这是国家的大事，我才能低下，恐怕不能胜任。”太子丹上前以头叩地，坚决请求他不要推托，荆轲答应了。于是太子丹就尊奉荆卿为上卿，让他住进上等的馆舍。太子丹还每天到荆轲的住所去拜望他，供给他丰盛的美食，时不时地还献上奇珍异宝，车马美女更是任荆轲尽情享用，以便满足他的心意。

过了很长一段时间，荆轲仍没有行动的迹象。这时秦将王翦已经攻破赵国的都城，俘虏了赵王，把赵国的领土全部纳入了秦国的版图。接着大军向北挺进，眼看就要到达燕国南部边界了。太子丹害怕了，于是请求荆轲说：“秦国军队很快就要横渡易水了，即使我愿意这样长久地侍奉您，到那时又怎么能办到呢！”荆轲说：“太子即使不说，我也早想告诉你了。现在到秦国去，如果没有足以取信于秦王的东西，那么也没有办法接近他。秦王悬赏黄金千斤、封邑万户想要得到从秦国逃来的樊将军的人头。如果我们能得到樊将军的人头和燕国督亢的地图去献给秦王，秦王必定会非常高兴地接见我，这样我就有机会报效您了。”太子说：“樊将军穷途末路才来投奔我，我不忍心为自己的私利而去伤害这位长者的心，请您考虑别的办法吧！”

荆轲知道太子不忍心，于是就私下找到樊於期，对他说：“秦国对将军您可以说是残酷至极了，您的父母家族都被秦王杀尽了。如今听说秦王悬赏黄金千斤、封邑万户来收买将军的首级，您打算怎么办呢？”樊於期仰天长叹，流着泪说：“我每每想到这些，就痛入骨髓，只是想不出办法来！”荆轲说：“现在有一个办法既可以解除燕国的祸患，又能为将军洗雪仇恨，你看怎么样？”樊於期凑向前说：“是什么办法？”荆轲说：“我希望得到将军的首级献给秦王，秦王必定会非常高兴地召见我，到那时我左手抓住他的衣袖，右手将匕首直刺他的胸膛，这样就既可为您报大仇，也可以为燕国洗去被欺凌的耻辱。将军您是否有这个心意？”樊於期一听立刻脱掉一边衣袖露出臂膀，一只手紧紧握住另一只手腕，走近荆轲说："这正是我日日夜夜切齿碎心所希望的事情，今天才听到您的教诲！"说罢立即就自刎了。太子丹听到这个消息，驾车疾驰前往，趴在樊於期尸体上痛哭，哭得极其悲哀。但是人已经死了，没法挽回了，于是就把樊於期的首级装到匣子里密封起来。

当时太子丹事先已在寻找天下最锋利的匕首，后来从赵国人徐夫人那里得到了一把匕首，花了百金把它买下来，让工匠用毒水淬它，然后拿淬好毒液的匕首试着刺人，只要破皮见血，没有不立刻死去的。于是太子丹就准备行装，送荆轲出发。燕国有位勇士叫秦舞阳，十三岁时就杀过人，别人都不敢以不顺从的眼光看他。太子丹把他找来，派他给荆轲做助手。这时荆轲在等待一个人，打算同他一道出发；那个人住得很远，还没有赶到，而荆轲已替他准备好了行装。又过了一阵，荆轲还不出发，太子丹认为他拖延时间，怀疑他反悔，就再次催他说："时间不早了，荆卿有动身的打算吗？请允许我派遣秦舞阳先行。"荆轲一听，发怒斥责太子说："太子这样派遣是什么意思？如果去了回不来，那是没出息的小子！况且拿一把匕首进入难以测度的强暴的秦国，我之所以久留不走，是在等待我的另一位朋友同去。眼下太子认为我拖延了时间，那我就告辞上路吧！"于是动身出发了。

太子丹及宾客中知道这件事的，都穿着白衣戴着白帽为荆轲送行。他们来到易水岸边，祭路神饯行以后，把车子摆在向西去的路上，高渐离击筑，荆轲和着拍节唱歌，歌声苍凉凄婉，送行的人们听着都流下了泪水。荆轲一边向前走一边唱道："风萧萧兮易水寒，壮士一去兮不复还！"唱得送行的人们听了怒目圆睁，头发直竖。荆轲唱罢上车扬鞭而去，始终没有回头。

荆轲到了秦国后，先是赠送秦王宠幸的臣子中庶子蒙嘉价值千金的礼物以买通他。蒙嘉受礼后替荆轲在秦王面前说："燕王被大王的威严所震慑，已经不敢出兵抗拒我国的军队，他们甘愿做秦国的臣子，等同于我们秦国管辖的其他附庸国，像国内的直属郡县一样向朝廷纳税，只要使他们得以奉守先王的宗庙。燕王由于惶恐畏惧不敢亲自来说，所以派使者带来樊於期的首级并献上燕国督亢地区的地图，密封在匣子里，使臣动身的时候，燕王还举行了拜送仪式，嘱咐使臣把情况向大王禀明，一切听凭大王的安排。”

秦王听到这番话，非常高兴，就换上了礼服立即升殿，安排了外交上极为隆重的九宾仪式，在咸阳宫召见燕国的使者。荆轲捧着装有樊於期的首级的盒子走在前面，秦舞阳捧着地图匣子跟在后面，两人依次进入宫门。刚走到殿前台阶下，秦舞阳就吓得脸色突变，害怕得发抖，秦国的大臣们看到这种状况都感到很奇怪。荆轲回头朝秦舞阳笑笑，上前谢罪说：“生活在北方藩属蛮夷之地的粗野之人，从来没有见过天子的威仪，所以心惊胆战。希望大王能宽恕他，让他能够完成使命。”秦王对荆轲说：“把他手里的地图拿上来。”荆轲于是取过秦舞阳手上的地图献给秦王，秦王展开地图，待至图卷展到尽头，卷藏在地图里面的匕首就露出来了。这时荆轲趁机左手抓住秦王的衣袖，右手拿起匕首向秦王刺去。匕首还没有刺到秦王身上，秦王大惊抽身跳起，袖子被挣断了。秦王立即抽剑，由于剑太长，仓促间剑拔不出来，只是抓住剑鞘。由于一时之间惊慌急迫，剑又套得很紧，怎么也拔不出来。荆轲在后面追赶着秦王，秦王只好绕柱奔跑。大臣们被突然发生的意外变故吓呆了，全都乱了套。当时的秦国法律规定，殿上大臣不允许携带任何兵器；手持武器的侍卫只能依序守卫在殿外，没有秦王的命令，谁也不准进殿。而秦王当时正着急没法对付荆轲，来不及传唤下边的侍卫，这就给了荆轲能够追赶秦王的机会。由于事情发生突然，殿堂的群臣没有用来攻击荆轲的武器，只能赤手空拳和荆轲搏击。侍从医官夏无且用他所捧的药袋投击荆轲。这时秦王还围着柱子乱跑，不知怎么办，听到侍从中有人喊道：“大王，把剑推到背后去拔！”秦王一听马上反应过来，他把剑推到背后，从背后拔出宝剑来。秦王拔出剑后先砍断了荆轲的左腿。荆轲残废，就举起手中的匕首直接投刺秦王，结果没有击中，击到了铜柱上。秦王接连用剑攻击荆轲，荆轲身上被刺伤八处。荆轲自知事情已失败了，就倚在柱子上放声大笑，张开两腿像簸箕一样坐在地上骂道：“今天的事情之所以没能成功，是因为我想活捉你，想迫使你订立归还诸侯们土地的契约以回报燕太子。”这时侍卫们冲上前来杀死了荆轲。秦王为此事不高兴了好一阵子。事情过后秦王根据当时的情形对有功的大臣进行了不同的赏赐，而赐给夏无且黄金二百镒，说："夏无且是因为爱护我，才用药袋投击荆轲啊。"

秦王对遇刺这件事大发雷霆，他立即增派军队前往赵国，命令王翦率军北进去攻打燕国。当年十月攻下了燕国的蓟城。燕王喜和太子丹等率领着全部精锐部队向东退守辽东。秦将李信紧紧地追击燕王，代王嘉就写信对燕王喜说："秦军之所以追击燕军如此紧急，是因为太子丹的缘故。如果现在您杀掉太子丹，把他交给秦王，秦王必定会缓解对燕国的追击，国家或许能得以保存。"李信率军追赶太子丹，太子丹隐藏在衍水河中，燕王喜派使者杀了太子丹，准备把他的人头献给秦王。但秦王继续进军攻打燕国。过了五年，秦国终于灭掉了燕国，俘虏了燕王喜。

灭掉燕国后的第二年，秦王统一了天下，立号为皇帝。接着他下令追捕太子丹和荆轲的门客，门客们都潜逃躲藏起来了。高渐离改名换姓隐藏在宋子城给人家当帮工。有一天他干活累了，听到主人家堂上有位客人在击筑，他听得舍不得离开，脱口说道："那筑有的地方击得好,有的地方击得不好。"主家的一位侍从把高渐离的话告诉主人,说："那个庸工懂得音乐，他对堂上客人的击筑私下发表评论。"这家主人于是把高渐离叫来，让他在堂前击筑，结果他表演完毕后，满座宾客都叫好，赏给他酒喝。而高渐离心想自己这样隐姓埋名、担惊受怕地躲藏下去什么时候是尽头呢，于是退下，把自己的筑和衣裳从行装匣子里拿出来，改装整容来到堂前，满座宾客大吃一惊，离开座位用平等的礼节接待他，尊他为上宾。请他击筑唱歌，宾客们听了一个个被感动得流下眼泪。从此宋子城里的人轮流请他去做客，很快消息传到秦始皇那里。秦始皇下令召见高渐离,他刚进宫,马上有人认出他,说："这是高渐离。"秦始皇怜惜他擅长击筑，特别赦免了他的死罪，只是熏瞎了他的眼睛，让他击筑，秦王每听一次，无不说好。高渐离于是慢慢地更加接近秦始皇，他暗中把铅灌进筑中，再次进宫击筑的时候，举筑向秦始皇砸去，却没有砸中。于是秦始皇立即处死了高渐离，终身不敢再接近从前东方六国的人了。

鲁句践听说荆轲刺秦王的事后，自己感慨道："唉！太可惜了，他不精通刺剑的技术啊，我太不了解这个人了！过去我还呵斥过他，他就以为我不是同类人了。”

太史公说：社会上流传的荆轲的故事中，当说到太子丹的命运时，说“天上落下粮食，马头上长出犄角！”这种说法太夸张了。还说荆轲当时刺伤了秦王，这些都不是事实。从前公孙季功、董仲舒和夏无且有交往，他们清楚地知道这件事情，我所记载的就是他们告诉我的。从曹沫到荆轲一共五个人，他们的刺杀活动有的成功，有的不成功，但他们的出发点都很明确，不违背自己的良心。他们的名声能够流传到后世，难道是随随便便的吗！

（龚双会 译）

《史记》卷八十七　李斯列传第二十七

李斯是楚国上蔡人。他年轻的时候，在上蔡郡里当小官，看到办公处附近厕所里的老鼠，吃的是肮脏的粪便，一有人或狗走来时，就惊慌逃窜。后来李斯又走进粮仓，看到粮仓中的老鼠，吃的是仓里的粮食，住在大屋子之下，也没有人或狗的惊扰。于是李斯就感叹道："一个人有出息还是没出息，就像这些老鼠一样，是由所处的环境决定的。"

于是李斯就跟荀子学习帝王治理天下的学问。学业完成之后，李斯估量楚王不值得一起共事，而六国国势都逐渐衰弱，没有可以建功立业的地方，于是决定到西面的秦国去。临行之前，李斯向荀子辞行说："我听说一个人若遇到时机，千万不要放过。如今正是各诸侯国互相争雄之际，游说之士掌握各国实权。秦王想要吞并各国，一统天下，这正是我这样出身平民的人奔走游说、一展抱负的大好时机。一个人出身低微而又不思进取、有所作为，就如同被擒的鹿，看到现成的肉却不能吃到嘴里，白白长了一副人的面孔，却没有一点人的志气和本领。所以最大的耻辱莫过于卑贱，最大的悲哀莫过于贫穷。长期处于卑贱的地位和贫困的环境之中，却还要非难社会、厌恶功名利禄，标榜自己与世无争，这不是人的真实情感。所以我要到西方去游说秦王了。"

李斯到秦国时，恰逢秦庄襄王去世，于是他便去拜访秦国丞相文信侯吕不韦，希望做吕不韦的宾客。吕不韦觉得李斯很有才华，就推荐他做了秦王的郎官。李斯因此有了游说的机会，他对秦王说："一个人总是等待，就会失去有利时机。成大事者，关键就在趁着对方有机可乘，就要下狠心消灭它。从前秦穆公虽一度称霸天下，但最终没有东进吞并山东六国，这是什么原因呢？就是因为诸侯众多，雄踞各地，周朝德望尚存，气数未尽，因此春秋五霸相继兴起，都打着尊从周天子的旗号。自从秦孝公以来，周朝气数逐渐衰微，诸侯各国互相兼并，函谷关以东地区剩下六个国家，秦国乘势凌驾于东方各国之上，到如今已经六代了。现在诸侯服从秦国就如同郡县服从朝廷一样。以秦国的强大，大王的贤明，只要拿出一点像扫灶台一样的力气，就足以消灭各国诸侯，成就帝业，一统天下，现在正是千载难逢的大好时机。倘若现在懈怠不抓紧完成此事，等到各诸侯再强盛起来，又订立合纵的盟约，到那时即便有黄帝那样的贤君，也无法再吞并它们了。”秦始皇就任命李斯为长史，听从了他的计谋，暗中派遣谋士带着金玉珍宝去各国游说。对各诸侯国有声望的人，能够收买的就不惜重金加以收买；对那些不为钱财所动的人，就用利剑把他们杀掉。利用一切计谋离间各诸侯国君臣之间的关系，然后再派出勇猛之将进行讨伐。秦王很快任命李斯为客卿。

恰在此时，韩国人郑国以修筑渠道为名，来秦国进行间谍活动，不久被发觉。秦国的王族和大臣们都对秦王说："从各诸侯国来秦国做事的人，大都是为他们的国君游说，充当间谍而已，大王应该把这些客卿全部驱逐。”经过讨论，李斯也在被驱逐之列。于是李斯就上书说：

我听说官员们议论要驱逐一切东方客卿，我私下认为这是错误的。从前秦穆公招揽贤才，从西戎招来了由余，从楚国的苑县得到了百里奚，从宋国迎来了蹇叔，从晋国招来了丕豹、公孙支。这五个人都不是秦国土生土长的人，而秦穆公因为重用他们，吞并了二十多个国家，并得以称霸西方。秦孝公采用商鞅的新法，移风易俗，百姓因此殷实富裕，国家因此富足强大，百姓们都乐于为国家效力，东方诸侯都诚心归顺，秦国后来击败楚国、魏国的军队，将国土扩大了千里之地，至今政治安定，国家强盛。秦惠王用张仪的计策，向东夺取了三川地区，向西又吞并了巴、蜀，向北占领了上郡，向南攻占了汉中，又向东南吞并了楚国的许多少数民族，直接控制楚国的鄢都和郢都，还向东面占据了险要的成皋，占领了大片肥沃的土地，成功瓦解了六国的合纵联盟，使东方各国臣服于秦国，其功业一直延续到今天。秦昭王得范雎后，废黜穰侯魏冉，驱逐华阳君，加强了秦王的权力，杜绝了贵族的专权，在此基础上逐渐吞并东方各诸侯国的领地，为秦国统一天下奠定了基础。这四位君主，都是因为采纳了外国客卿的计谋，才得以成功。由此看来，外国人有哪一点对不起秦国呢！假使以上四位贤君拒绝东方来客，不让他们进入秦国，排斥这些贤能之士，不采纳他们的计谋，那秦国绝不会有如今这般富足的实利和强大的名声。

现在您求得了昆山的美玉，得到了随侯珠、和氏璧，挂着明月珠，佩着太阿剑，驾着纤离马，竖着翠凤旗，摆着灵鼍鼓。以上这些宝物，并没有一样是秦国本地所产，但您非常喜爱这些东西，这是为什么呢？若是一定要秦国的东西您才使用的话，那么夜光璧就不能用来装饰朝廷，犀角象牙制品就不能为您赏玩，您的后宫也不应该有郑国、卫国的美女，您的马厩也没来自秦国之外的良马，您也不该用来自江南的金锡和西蜀的丹青。那些后宫的装饰、陪侍的姬妾以及赏心悦目的东西，一定要出自秦国的话，那么那些珍珠装饰的簪子、玑珠镶嵌的耳坠、东阿白绢缝制的衣服、刺绣华美的装饰品，就不能进献在您的面前，那时髦娴雅、身容姣好的赵国女子也不能伺候在您的左右。而那些敲打瓦坛瓦罐、弹着秦筝、拍着大腿、呜呜叫喊以满足欣赏要求的，这才是正宗的秦国音乐。像郑卫之音、桑间之乐，以及《昭》《虞》《武》《象》这些乐曲，都是别国的音乐。现在您抛弃敲打瓦坛瓦罐这一套秦国音乐而听郑、卫之声，不去听弹筝而欣赏《昭》《虞》之曲，这是什么原因呢？归根到底，是因为这些音乐能让您赏心悦目，十分愉悦。现在，在用人问题上，您却不是这样，不管此人能用不能用，也不问是非曲直，只要不是秦国人就一律赶走，只要是客卿一律驱逐。这样看来，陛下所看重的是美女、音乐、珍珠、宝玉，所轻视的是人才了。这并不是统一天下、制服诸侯的方法。

我听说过土地广阔所产粮食就丰富，国家疆域辽阔就人口众多，兵器锋利士兵就勇敢。正因为泰山不排斥任何细小的尘土，所以才形成了它今天的高大；正因为河海不排斥任何细小的溪流，才会如此深广；而成就王业的人不抛弃广大民众，才能光大他的德业。所以地无论东南西北，民众不分这国那国，一年四季五谷丰登，鬼神赐福保佑，这就是五帝三王无敌于天下的原因。而现在您拒绝来投奔您的百姓，把他们赶走去帮助敌国，您拒绝有才之士，而驱逐他们到敌国建功立业，这使得天下有才之士望而却步，不敢来为秦国效力，这正是人们所说的“借武器给敌人，送粮食给盗贼”啊！

非秦国出产的物品，值得珍视的很多；非秦国出生的士人，愿意效忠的也不少。现在您驱逐客卿而帮助敌国强大，减少本国的人数而给敌国增加人口，在内部削弱自己而在外面又和诸侯结下怨恨，这样下去，要使国家没有危险，那是不可能的。

于是秦王废除了逐客令，恢复了李斯的官职，并最终采用了他的计谋。李斯逐渐官至廷尉。经过二十多年，秦王终于一统了天下，尊称为“皇帝”，并任命李斯为丞相。接着拆平了各诸侯国的城墙，销毁了各地的武器，以示今后不再动用干戈。秦朝一统天下之后，再也不分封土地，秦王的儿子不再被分封为王，也不再分封功臣为诸侯，以使此后没有战争的祸患。

秦始皇三十四年，在咸阳宫设宴招待群臣，博士仆射周青臣等人称颂秦始皇的武威盛德。齐人淳于越进谏道：“我听说殷商和周朝统治达一千多年，就是因为分封子弟及功臣作为肱股重臣。而现在陛下您虽统一天下，但您的子弟却还是平民百姓，若一旦出现了像齐国的田常、晋国的六卿夺权篡位的祸患，您在朝中又没有强有力的辅佐之臣，靠谁来相救呢？办事不学习古代经验而能长期统治的朝代，我还没有听说过。现在周青臣等人又当面阿谀奉承，不提出得力的建议，实在是在加重您的错误，他们不是忠臣啊。”秦始皇让李斯来评议这种看法，李斯认为这种论点是荒谬的，因此废弃不用，并上书给皇帝说：“古时候各部族分散混乱，彼此之间互不服从，所以才诸侯并起，当时学人多颂古而害今，修饰无用的空话来扰乱现实，各学派都吹捧自己的私学，以自己的想法为准则来诽谤国家所推行的东西。现在陛下统一了天下，分辨了黑白是非，普天之下共同尊崇皇帝一人；而今诸子百家各个学派却竞相批评朝廷的法令制度，一旦有什么新的法令，立刻就以自己学派的观点来评头论足。他们心怀不满，出门则在街头巷尾纷纷议论，以批评皇帝来抬高自己的名声，认为和朝廷唱反调便是本领高，并带领下层群众来制造诽谤。长此以往而不加以禁止的话，君主的权力威望就要大打折扣，帮派也就会形成。这种情形必须严令禁止。我请求把人们收藏的《诗》《书》和诸子百家的著作，都一律销毁。命令下达三十天之后，若还有人不依令行事，判处黥刑并罚做筑城苦役。不在清除之列的，是医药、占卜、种植等类书籍。以后谁要是想学习，就来拜官吏为师。”秦始皇采纳了李斯的建议，下令销毁了《诗经》《尚书》

和诸子百家的著作，以此来愚昧百姓，使天下人不再颂古非今。修明法制，制定律令，都从秦始皇开始。又在全国统一文字。还在全国各地修建离宫别馆。第二年，秦始皇开始四处巡视，领兵平定了四方少数民族，所有这些事情，都得力于李斯出谋划策。

李斯的长子李由担任三川郡守，儿子们娶的都是秦始皇的公主，李斯的女儿们都嫁给了秦始皇的儿子。有一次，李由回咸阳探亲，李斯在家中设宴请客，文武百官都前去给李斯敬酒祝贺。门前车马数以千计。李斯慨然长叹道："哎呀！我听荀卿说过：'任何事情都是盛极则衰。'我本是上蔡的一介平民，出生在普通人家，皇帝不嫌弃我无能，才把我提拔到这样高的地位。如今文武百官没有人比我职位更高，可以说我是富贵荣华到了极点。然而物极必反啊，我还不知道我日后的归宿在何方啊！"

秦始皇三十七年十月，巡行出游到会稽山，沿海北上，到达琅邪山。丞相李斯和中车府令兼符玺令赵高都随同前往。秦始皇有二十多个儿子，长子扶苏因多次直言劝谏皇帝，始皇派他到上郡监督军队，那里由蒙恬任将军。小儿子胡亥很受宠爱，要求随行，始皇答应了。其他的儿子都没跟着去。

这一年七月，秦始皇到达沙丘，病得非常严重，命令赵高写好诏书给公子扶苏说："把军队交给蒙恬，赶快到咸阳参加葬礼，然后安葬。"书信都已封好，但还没来得及交给使者，秦始皇就去世了。书信和印玺都在赵高手里，只有小儿子胡亥、丞相李斯和赵高以及五六个亲信宦官知道始皇去世，其余群臣都不知道。李斯认为皇帝在外面去世，又没正式确立太子，为了不出祸乱，决定保守秘密，把始皇的尸体安放在一辆既能保温又能通风凉爽的车子中，百官奏事及进献饮食还像往常一样，宦官就假托皇帝从车中批准百官上奏的事。

赵高私下里扣留了秦始皇给扶苏的诏书，而对公子胡亥说："皇帝去世了，没有诏书封各位公子为王，而只赐给长子扶苏一封诏书。扶苏到后，就登位做皇帝，而你却连尺寸的封地也没有，这怎么办呢？"胡亥说："本来就是这样。我听说过，圣明的君主最了解臣子，明智的父亲最了解儿子。父亲临终既未分封诸子，那我还有什么可说的呢！"

赵高说："并非如此。如今天下的生杀大权，全在你、我和丞相李斯三个人手中，希望你好好考虑考虑。统治别人和被人统治，控制别人和被别人控制，岂可同日而语！"胡亥说："废除兄长而立弟弟，这是不义；不服从父亲的诏命而贪生怕死，这是不孝；才能浅薄还要抢夺别人的帝位，这是缺乏自知之明。这三件事都是大逆不道的，天下人不会心服口服，我自身会遭受祸殃，国家还会灭亡。"赵高说："当初商汤、周武王杀死他们的君主，天下人都称赞他们行为符合道义，不能算是不忠。卫君杀死他的父亲，而卫国人民称颂他的功德，孔子还把他的事迹写入了《春秋》，并不认为这是不孝。成大事者不必拘泥小节，行大德也用不着害怕责难，乡间的习俗各有所宜，百官的工作方式也各不一样。顾忌小事而失了大事，日后必生祸害；关键时刻犹豫不决，将来一定会后悔莫及。敢作敢为的人，连鬼神都要为之让路，并一定会成功。希望你按我说的去做！"胡亥长叹一声说道："现在皇帝去世还未发丧，丧事还没有办，怎么好拿这种事情去麻烦丞相呢！"赵高说："时光啊时光，紧迫得来不及谋划就过去了！快马加鞭，我还唯恐耽误了时机！"

胡亥同意了赵高的意见，赵高说："这件事不和丞相商议，恐怕不能成功，我愿意替你去和丞相商议。"然后，赵高就对丞相李斯说："秦始皇去世前，曾经给长子扶苏一封书信，命他到咸阳迎接灵车，置办丧事，并立为继承人。诏书还未送出去，皇帝就去世了，还没人知道此事。皇帝赐给长子的诏书和符玺都在胡亥手里，究竟立谁为太子，只在于你我的一句话而已。你看这事该怎么办？"李斯说："你怎么能说出这种祸国殃民的话呢！这不是为人臣子所应当议论的事！"赵高说："您自己仔细想一下，您的才能比得过蒙恬么？您的功劳比蒙恬更高么？和蒙恬相比，谁更能深谋远虑不出差错呢？谁不被天下百姓所怨恨？与长子扶苏的关系谁更深更受信任？"李斯说："这五个方面，我都不如蒙恬，但您为什么如此严肃地提出这些问题呢？"赵高说："我本来就是一个在宫廷做奴仆的宦官，由于熟悉律令条文而进入秦宫。在这里管事二十多年，还未曾见过被秦王罢免的丞相功臣能把爵位传给下一代的，最后都被杀掉了。皇帝有二十多个儿子，这些都是您所知道的。长子扶苏刚毅而且勇武，能接纳人又能激发人的才能，如果他当了皇帝，一定会任命蒙恬担任丞相，您最终也不能保全生命、怀揣通侯之印荣归故里了，这是明摆着的事。我受皇帝之命教育胡亥，让他学法律已经有好几年了，还没有发现他有什么错误。他慈悲仁爱，诚实厚道，轻视钱财，尊重贤人，内心聪敏，只是不善言辞，但他礼贤下士，秦始皇的其他儿子，没人能赶得上他，他可以做秦朝的继承人。希望您拿主意确定他为继承人。”李斯说：“您还是回去吧！我只能遵照先帝的遗诏行事，自己的命运听从上天的安排，有什么可考虑决定的呢？”赵高说：“平安可能转化为险境，险境也可能转危为安。一个人如果连个人安危都把握不住，那他的聪明智慧还有什么用呢？”李斯说：“我原本是上蔡县的一介平民，承蒙皇帝重用，让我担任丞相，封为通侯，子孙都得到高官厚禄。所以皇帝把国家安危存亡的重任托付给我。我又怎能辜负他的重托呢！忠臣不应该贪生怕死，孝子不因怕过分操劳而不勤谨侍奉父母，做臣子的应该坚守自己的职责。请您不要再说了，不要让我李斯也跟着您犯罪。”赵高说：“我听说圣人见机行事，并不墨守成规，而是顺应潮流、随机应变，看到现象就能知其本源，看到现有行动就能预知最终结局。一切事物都是如此，哪有一成不变的法则呢！如今天下的权力和命运，尽在胡亥掌握之中，我可以按照我的想法行事。况且外面的人要制约朝廷，那叫妄想，下面的人想制服上面的人那就是反叛。秋霜降临，花草随之凋落；冰消雪化，万物就会萌生，这是自然界的必然规律。您怎么连这些都没有看清楚呢？”李斯说：“昔日晋献公废太子申生另立奚齐，三代不得安宁；齐桓公的几个儿子争夺帝位，公子纠被杀而死；商纣王杀害亲戚，不听从臣下的规劝，都城变为废墟，最后危及国家。这些例子都是因为违背了天意，所以才导致国家灭亡。我李斯还是人啊，怎么能参与这些阴谋呢！”赵高说：“上下齐心协力，就可以长治久安；内外配合如一，事情就可以水到渠成。只要您按我的计划行事，就会世世代代保有爵位，能像仙人王子乔、赤松子那样长寿，并能像孔子、墨子那样有智慧。如若放弃这个机会而不听从我的意见，一定会祸及子孙，其后果足以令人心寒。一个善于伺机而动的人，是能转危为安的，您想怎么办呢？”李斯仰天长叹，垂泪叹气道：“哎呀！我生逢乱世，既然已经不能以死尽忠了，那还能倚靠谁呢！”于是李斯就依从了赵高。赵高立即回报胡亥说：“我是奉太子您的命令去通知丞相李斯的，丞相怎敢不唯命是从！”

于是赵高、李斯和胡亥就相互商议，伪造了秦始皇给丞相李斯的遗诏，要立胡亥为太子。另外又伪造了一份赐给长子扶苏的书信说：“我巡视天下，祈祷祭祀名山与天地诸神以求长寿。现在扶苏和将军蒙恬带领几十万军队驻守边关，已经十几年了，竟然没有任何功绩，还白白损失了很多士兵，而没有攻取寸土之地，扶苏反而多次上书诽谤我的所作所为，就是因为我没有尽早让你回京当太子所以日夜怨恨我。扶苏作为人子而不孝顺，赐剑自杀！将军蒙恬和扶苏在一起，明知道他的不孝行径却不加以纠正，应该知道他的心思。这是为人臣而不尽忠，一同赐死，把军队大权交给副将王离。”他们在伪造的书信上盖上皇帝的印玺，派胡亥的门客到上郡把书信交给扶苏。

使者到达之后，扶苏打开诏书一看，立刻伤心地哭了起来，随即进入内室，想自杀。将军蒙恬及时阻止了扶苏，并说：“陛下巡游在外，之前并没有立谁为太子。但是陛下派我领军三十万守卫边关，公子您担任监军，这是对我和您的重托啊。现在就凭使者的一封书信，您就要自杀，您有没有想过其中可能有诈呢？希望您再请示一下，弄清楚了事情真相，再死也不迟。”可是使者连连催促扶苏自杀。扶苏为人忠厚仁爱，对蒙恬说：“父亲命儿子去死，还要再向父亲请示么？”说罢就自杀了。蒙恬不肯就死，使者便把蒙恬交给法吏，并把他关押在阳周。

使者回来汇报事情的进展，胡亥、李斯、赵高十分高兴。回到咸阳后，立刻为秦始皇办丧事，并立太子胡亥为二世皇帝。任命赵高担任郎中令，常在宫中服侍皇帝，赵高得以手握大权。

秦二世在宫中闲居无事，就把赵高叫来，对他说：“人生在世，就如同白驹过隙，短暂得很。我现在已经成了一国之君，想尽可能地满足耳目方面的一切欲望，随心所欲享受尽我所能想到的一切乐趣，并长久地统治天下，百姓安居乐业，江山永保，长命百岁，我的愿望能够实现么？”赵高说：“这对贤明君主来说是可行的，而对昏君来说是要禁绝的。我冒昧地说一句不怕杀头的话，请您稍加注意一点。对于我们在沙丘的秘密，各位公子和大臣都有怀疑。而这些公子都是您的兄长，这些大臣都是先帝安排的。现在陛下您刚刚即位，这些人心怀不满，我是唯恐他们叛乱。虽然蒙恬将军已经死去，但是蒙毅还在外握有兵权，我每天都提心吊胆，就是害怕有不好的结果。您又怎么能尽享这等欢乐呢？”二世说：“那有什么好的办法呢？”赵高说：“实行严峻的法律和残酷的刑罚，一旦有人犯法，就株连九族。把先帝的忠臣都杀死，想法疏远您的骨肉兄弟，再让原来贫穷的人富有起来，让原来地位低下的人高贵起来。全部铲除先帝的忠臣，培植您自己的亲信，并大加提拔。这些新提拔的人肯定从心底对您感激不尽，就会对您忠心耿耿，这样一来就根除了祸害，杜绝了奸谋，群臣莫不都得到您的恩泽，承受您的厚德，陛下就可以高枕无忧、随心所欲地享受富贵尊荣了。这是再好不过的办法了。”二世认为赵高的建议很好，于是就重新修订法律。于是群臣和公子们一旦有罪，就交付赵高，命他审讯法办。赵高编织罪名杀死了大臣蒙毅等人，秦二世的十几个兄弟在咸阳街头被斩首示众，十二个姐妹也在杜县被分裂肢体处死，这些家族的财物都没收归皇帝所有，由此被株连的人不计其数。

公子高想外出逃命，但是担心满门抄斩，就上书说：“先帝在世的时候，我进宫就赐给我好吃的东西，出宫则赐给我车马。皇帝内府中的衣物，先帝赐给我穿；马厩中的良马，先帝都赐给我用。先帝去世，我本该给先帝殉葬而没能做到，这是我做人子的不孝，做人臣的不忠。而不忠的人没有理由活在世上，请允许我随先帝死去，希望能把我埋在骊山脚下先帝的陵墓旁。只求皇上有幸哀怜而答应我。”此书上奏以后，胡亥非常高兴，叫来赵高并把公子高的书信给他看，说：“这可以说是走投无路了吧？”赵高说：“这些大臣们整天惴惴不安，连死都顾不过来，哪还有什么心思图谋不轨呢！”胡亥答应了公子高的请求，赐给他十万钱予以安葬。

当时的法令刑罚一天比一天残酷，群臣上下人人自危，想造反的人越来越多。秦二世又建造阿房宫，修筑直道、驰道，老百姓的赋税越来越重，兵役劳役没完没了。于是从楚地征来戍边的士卒陈胜、吴广等人就起来造反，崤山以东广大地区的英雄豪杰蜂拥而起，自立为侯王，反叛秦朝，他们的军队一直攻到离咸阳不远的鸿门才兵败而退。李斯多次找机会进谏，但秦二世都听不进去。秦二世反倒责备李斯说：“我有个想法，我记得《韩非子》上说过，‘尧统治天下的时候，殿堂的堂基只不过三尺高，柞木椽子直接使用而不加砍削，屋顶上盖的茅草从来不加修剪，这样的条件连个小旅馆都不如。尧冬天只穿一件鹿皮皮袄，夏天穿的是麻布衣，粗米做饭，野菜做汤，用土罐吃饭，用土钵喝水，过的是比守门的奴才还清苦的生活。夏禹凿开龙门，开通黄河的龙门水道，又疏通多条河流，弯弯曲曲地筑起多道湖泽的堤防，疏导积水使之入海。因为常年在外辛苦劳作，夏禹的大腿上没了白肉，小腿上没了汗毛，手掌脚底都结满了厚茧，面孔漆黑，最终还累死在外，埋葬在会稽山上，即使是奴隶的生活也不会比这更痛苦了。然而把统治天下看得无尚尊贵的人，其目的难道就是劳心劳力，住旅店一样的宿舍，吃看门人吃的食物，干奴隶干的活计吗？这些事都是没有才能的人干的活，并非贤明的人所从事的。一个贤明的人当了帝王，就要竭尽一切可能来满足自己的欲望罢了，这才体现了帝王的尊贵。人们所说的贤明之人，一定能安定天下、治理万民，如果连他自己都无法得到好处，又怎么能指望他治理天下呢！所以我就是要随心所欲，永远享有天下而没有祸害，你看怎么办才好？”李斯的儿子李由任三川郡守，群起造反的吴广等人向西扩充地盘经过三川郡，李由无法阻止。章邯在击败并驱逐了吴广等人的军队之后，秦二世便接二连三地派人去三川郡调查李由，并责备李斯身居三公之位，为何让造反之徒猖狂到如此地步。李斯心生恐惧，又怕丢掉爵位俸禄，不知如何是好，只好曲意奉承秦二世的心意，想求得宽容，便上书回答二世说：

贤明的君主，必然能够建立一套制度，并且有督促这些制度实现的方法。对下严加督责，则臣子们就不敢不竭尽全力为君主效命。这样，君主和臣子的名分就能确立，上下级各自的职责也明确了，那么天下不论是有才德的还是没有才德的，都不敢不竭尽全力为君主效命了。因此帝王必须专制而不受任何约束，这样才能享尽一切乐趣，贤明的君主，不可不看清这一点！

所以申不害先生说“一个帝王如果不能为所欲为，这就叫把天下当成自己的镣铐”，这句话没有别的意思，只是讲帝王如果不督责臣下，反而辛辛苦苦、亲力亲为比老百姓活得还累，像尧和禹那样，这就是当帝王的“镣铐”。不能运用申不害、韩非那种驭人的办法，推行督责措施，让普天之下都来满足自己，而一味地劳心劳力，拼命为老百姓干事，那就是百姓的奴仆，并不是统治天下的帝王，这有什么值得尊贵的呢！让别人服从自己,就是自己尊贵而别人卑贱；让自己服从别人，就是自己卑贱而别人尊贵。所以服从别人的人卑贱，让别人服从自己的人尊贵，古往今来无不如此。自古以来之所以尊重贤人，是因为受尊敬的人自己尊贵；之所以讨厌没有才能的人，是因为他们自身卑贱。而尧、禹是为天下献身的人，如果因袭世俗的评价而去尊敬他们的错误做法，那就失去了所以尊贤的用心了，这可说是大错特错了。说尧、禹把天下当作自己的“镣铐”，不也是很合适的吗？这主要是他们未能实现督责的过失。

所以韩非先生说“慈爱的母亲可能养出败家的儿子，而严厉的主人家中没有强悍的奴仆”，这是什么原因呢？这是由于只要一犯罪就必然受惩罚。所以商鞅新法规定，在道路上撒灰的人就要判重刑。撒灰于道，这只是一个小过失，而加之以刑是重罚。但也只有贤明的君主才能明白轻罪重罚的意义。一点小过失都要严加惩罚，更何况是犯了重罪呢？这样一来，人们就不敢轻易以身试法了。韩非说过“对几尺绸布，一般人见了也会顺手牵羊；对贵重的黄金，盗跖也不会取走”，这并不是因为小偷的贪心严重，盗跖的贪欲不强；也不是因为盗跖行为高尚，轻视百镒黄金的重利。原因是一旦夺取，随手就要受刑，所以盗跖不敢夺取百镒黄金；若是不坚决施行刑罚的话，那么一般人也就不会放弃几尺绸布。因此五丈高的城墙，飞檐走壁的楼季不敢轻易上去；泰山高达百仞，瘸腿羊却敢到上面去吃草。楼季为何畏惧五丈高的城楼，瘸腿羊却不怕几百丈高的泰山？这是因为陡峭和平缓，两者形势不同。圣明的君主之所以能久居尊位，长掌大权，独自垄断天下利益，并没有什么特别的原因，而是在于他们能够专制独裁，精于督责，严加处罚，让天下人不敢以身试法。现在不制定预防犯罪的措施，却仿效慈母娇惯出败家子的做法，这就是没有理解圣人的言论了。如果不能利用圣人治理天下的方法,那除了给天下当奴仆还能干什么呢?这岂不可悲么!

更何况节俭仁义的人在朝中任职，那么恣意享受的乐趣就中断了；规劝陈说、高谈道理的臣子在身边干预，放荡不羁的心志就要收敛；烈士死节的行为受到世人的推崇，纵情享受安乐的想法就必定废止。所以圣明的君主要坚决排除这三种人，而独掌统治大权以驾驭言听计从的臣子，建立严明的法制，所以自身尊贵而权势威重。凡是贤明的君主，都必能拂逆世风、不合民俗，废弃他所厌恶的，树立他所喜欢的，因此在他活着的时候能享有身尊势重的威势，死后会有贤良英明的谥号。正因为这样，贤明的君主总是专制独裁，独掌大权而权力不旁落在大臣手中，然后才能杜绝鼓吹仁义的途径，堵住游说者之口，让烈士的死节行为没有市场，闭目塞听，一切任凭自己的主观意念行事，这样在外就不致被仁义节烈之士的行为所改变，在内也不会被劝谏的言辞所迷惑。这样才能独断专行任意妄为，谁也不敢违背。只有这样，才可以说是充分运用了申不害、韩非和商鞅的法术了。这些统治法术都认真贯彻执行了,天下还会大乱,这样的事我还没听说过。所以说"帝王的统治术是简约易行的"。只有贤明的君主才能做到这些。唯有如此，才可以说是真正实行了督责，臣下才能没有不轨之举，臣下无不轨之举则天下才能安定，天下安定才能有君主的尊严，君主有了尊严才能使督责严格执行，督责严格执行后君主的欲望才能得到满足，君主的欲望得到满足国家才能富强，国家富强了君主的生活享受才能丰裕。所以督责之术一旦确立，君主的任何欲望都能得到满足了。群臣百姓都忙着忧虑自己的事还来不及，哪还有时间图谋造反?像这样，就可以说统治国家的法术真正完备了，也可以说是帝王明白了驾驭群臣的手段。到这个时候，即便申不害、韩非复活，也不能超过您的水平了。

这封答书上奏之后，秦二世非常高兴。于是更加严厉地实行督责，向百姓收税多的就是贤明的官吏。秦二世说："像这样才可称得上善于督责了。"路上的犯人越来越多，街市上每天都堆积着被杀人的尸体，而且杀人越多的越是忠臣。秦二世说："这样才是真正实行了督责。"

起初，赵高在担任郎中令时，被他杀死及向他报私仇的人很多，他担心大臣们在入朝奏事时向秦二世说他的坏话，就对秦二世劝说道："天子之所以尊贵，就在于大臣只能听到他的声音，而不能看到他的面容，所以才自称为'朕'。况且陛下年轻，未必什么事情都懂，现在坐在朝廷上，处置问题稍有不当，就会把自己的短处暴露给大臣，这也就不能向天下人显示您的圣明了。假如陛下深居宫中，让我及熟悉法律的侍中在一起，等待大臣把公事呈奏上来后，再决定如何处置。这样一来，大臣们就不敢把不真实的事情报上来，天下的人也就称您为圣明之主了。"秦二世听从了赵高的主意，不再坐朝接见大臣，而是深居宫禁之中。赵高总在皇帝身边侍奉办事，一切公务都由赵高决定。

赵高听说李斯要见二世谈事情，就找到李斯说："函谷关以东盗贼四起，而现在皇上却在加紧遣派劳役修建阿房宫，搜集狗马等没用的玩物。我想劝谏，但我的地位低下。这正是丞相您的职责，您为什么不劝谏呢？"李斯说："确实是这样，我早就想劝谏皇帝了。可是现在皇帝不上朝听政，常居深宫之中，我虽然有话想说，又不便让别人传达，想见皇帝却又没有机会。"赵高对他说："您若真能劝谏的话，请允许我替你打听，只要皇上一有空闲，我就立刻通知你。"于是赵高故意找了一个秦二世正与美女狎乐之时，派人告诉丞相说："皇上正有空闲，可以进宫奏事。"丞相李斯就到宫门求见，一连好几次都是这样。秦二世非常生气地说："我平时空闲的日子很多，丞相都不来。每当我在与美女欢乐时，丞相就三番五次前来奏事。莫非丞相是瞧不起我，还是以为我鄙陋？"赵高乘机说："您这样说话可太危险了！沙丘的密谋，丞相是参与了的。现在陛下您已即位称帝，而丞相的地位却没有提高，显然他的意思是想割地封王呀！有些事情，如果皇帝您不问我，我也不敢说。丞相的大儿子李由担任三川郡守，楚地强盗陈胜等人都是丞相故乡邻县的人，因此他们才能畅行无阻，经过三川郡时，李由只是守城，并不出击。我曾听说他们之间有书信来往，但还没有调查清楚，所以没敢向陛下报告。现在丞相在国外处理政事，实际权力比陛下还大。"秦二世认为赵高的话很有道理，想逮捕丞相，但又担心赵高的话有不真实的地方，于是就派人去调查三川郡守李由与盗贼勾结的具体情况。李斯很快就知道了这个消息。

当时，秦二世正在甘泉离宫观看摔跤和滑稽戏表演。李斯不能面见，就上书揭发赵高的短处说："我听说，臣子的权力如果和君主相当，必然要危害国家；妻妾的权势和丈夫等同，就必然危害家庭。现在有的大臣擅自掌握国家大权，权力和您没有什么不同，这是非常危险的。当年司城子罕在宋国担任宰相，掌握刑罚大权，威行天下，一年之后就控制了宋国国君，最后篡夺了王位。田常当齐简公的臣子，爵位高到无人能比，私家的财富和公家的一样多。他行恩施惠，下得百姓爱戴，上得群臣的拥护，就这样暗中把持了齐国的权力，后来公开杀死了宰予，又在朝廷上杀死齐简公，最后控制了齐国。这些是天下人都知晓的。如今赵高既有阴险的心志，又暗自施行叛逆的行为，就如同子罕当宋国宰相时的所作所为；赵高的财富，也像田常在齐国那样多。他兼有田常、子罕的叛逆方式，又挟持您的威望发号施令，他的野心简直就如同韩玘当韩安的宰相时一样。陛下你不早防范，我担心他迟早会窃取政权。"秦二世说："这是什么话？赵高原本是个宦官，但他不因国家太平而放纵自己，也不因处境危险就改变忠心，他品行廉洁，一心向善，靠自己的努力才得到今天的地位，因忠心耿耿才被提拔，因讲信义才保住禄位，我确实认为他是贤才，而你怀疑他，这是为什么呢？再加上我年纪轻轻就失去了父亲，没什么知识，不懂得如何管理国家，而你年纪又大了，我实在是怕与群臣万民断绝联系。在这种情况下，我如果不把国事托付给赵高，还应当用谁呢？况且赵高为人精明廉洁，勤奋努力，对下他了解民情，对上能顺适我的心意，请你不要再怀疑他了。"李斯说："并非如此。赵高从前地位低下，不明事理，贪得无厌，毫不知道满足。现在他的地位权势仅次于陛下，但他并不满足现在的状况，所以我说是很危险的。"秦二世向来宠信赵高，担心李斯杀掉他，就暗中把这些话告诉了赵高。赵高说："丞相害怕的只有我赵高，我死之后，丞相就可以干田常所干的那些事了。"于是秦二世说："就把李斯交给你去查办吧！"

赵高立案审查李斯。李斯被捕下狱后，关在监狱中，仰天长叹道："哎呀！可悲啊！无道的昏君，怎么能为他出谋划策呢！从前夏桀杀死贤臣关龙逢，商纣杀死王子比干，吴王夫差杀死伍子胥。这三个大臣，难道不忠吗？然而最后都免不了一死，他们虽然尽忠而死，只可惜选错了效忠的对象。现在我的智谋不及这三个人，而秦二世的暴虐无道，却远超过了桀、纣、夫差，我作为一个忠臣而被杀，也是必然的。况且秦二世这样的统治能不混乱吗！昔日他杀死了自己的兄弟，篡夺皇位；又杀尽一切忠臣，而专门重用卑贱之人，大兴土木修建阿房宫，对老百姓横征暴敛。我不是没有劝谏过，可是他什么也听不进去啊。凡是古代圣明帝王，饮食都有一定的节制，车马器物有一定的数量，宫殿都有一定的规模，颁布命令和办事情，增加费用只要不利于老百姓，就都要禁止，因此才得以长治久安。现在秦二世违背天理谋害亲兄弟，不怕天打雷劈；杀害忠臣，不考虑灾祸；大兴土木修筑宫殿，对老百姓横征暴敛，恣意耗费钱财。三件坏事已做，天下百姓都对他很不满。如今天下一半的人都起来造反，而秦二世并没有意识到事态的威迫，还对赵高言听计从，这样下去，过不了多久，我将看到造反的盗贼就会攻进咸阳，使朝廷变为麋鹿嬉游的地方。”

秦二世让赵高审问李斯的案子，给李斯定罪，让李斯交代和儿子李由勾结盗贼谋反的事情，并将李斯的宾客和家族全部逮捕。赵高拷打李斯一千多下，李斯不能忍受折磨，只得含冤招供。李斯之所以不自杀，是他相信自己能言善辩，是秦国的功臣，确无谋反之心，希望待机上书为自己辩护，寄希望于秦二世觉悟并赦免他。李斯于是在监狱中上书说：“我担任丞相治理国家，已经三十多年了。我初到秦国时，秦国疆域狭小。先帝的时候，秦国的土地纵横不过千里，士兵只有几十万。是我竭尽自己微薄的才能，小心谨慎地执行国家的法令，暗中派遣谋臣，让他们携带金玉，去游说东方各国，同时暗中操练士兵，整顿政治和教化，任用英勇善战的人为官，尊重功臣，给他们很高的爵位和俸禄，最后得以逐渐威胁韩国，削弱魏国，击败了燕国、赵国，荡平了齐国、楚国，直至兼并六国，俘获了他们的国王，拥立先帝为天子，一统天下，这大概是我的第一大罪状。兼并六国之后，秦国的疆域已经很大了，但是我又辅助先帝向北驱逐匈奴、朝鲜，在南方平定百越，以显示秦国的强盛，这是我的第二大罪状。尊重大臣，提高他们的爵位，用以巩固他们同朝廷的亲密关系，这大概算是我的第三大罪状。我为秦国建立社稷，修建宗庙，以表明先帝的贤明，这大概算是我的第四大罪状。我改革文字，统一度量衡，公布天下，以树立秦朝的威名，这大概算是我的第五大罪状。我修筑驰道，兴建离宫，以显示先帝志满意得，这大概算是我的第六大罪状。我减轻刑罚，减少赋税，是为了让百姓都拥戴皇帝，至死都不忘记皇帝的恩德，这大概算是我的第七大罪状。像我李斯这样的臣子，所犯罪状本来早就足以处死。幸亏皇帝希望我竭尽所能，所以才让我活到今天，希望陛下明察！"奏书呈上之后，先到了赵高手上，赵高让狱吏丢在一边而不上报，他说："一个囚犯怎么有资格上书呢！"

赵高派他的门客十多人假扮成御史、谒者、侍中，轮流往复审问李斯。李斯如果据实回答，赵高就让人狠狠地拷打他。后来秦二世派人去验证李斯的口供，李斯以为还是之前的那些人，终不敢再改口供，在供词上承认了自己的罪状。赵高把判决书送给秦二世看，二世皇帝很高兴地说："没有赵君，我几乎被丞相蒙骗了。"等秦二世派的使者到达三川郡调查李由时，项梁已经将他杀死。使者返回时，李斯已经下狱，赵高就编造了一整套李由谋反的罪状。

秦二世二年七月，李斯受到赵高的各种严刑拷打，最后在咸阳街市腰斩。在李斯和次子一同被押解至刑场的途中，他对次子说："我想和你再牵着黄狗一同出上蔡东门去打猎追逐狡兔，又怎能办得到呢！"于是父子二人相对痛哭，最后李斯被诛灭三族。

李斯死后，秦二世任命赵高任中丞相，大小事都由赵高处置。赵高为了检验自己的权力有多大，就给皇帝献了一只鹿，却对皇帝说是一匹马。秦二世问左右侍从说："这不是鹿吗？"但左右都说"是马"。秦二世惊慌起来，以为自己迷惑了，就把太卜召来，叫他给自己算卦。太卜说："陛下春秋两季到郊外祭祀，供奉宗庙鬼神，斋戒时不恭敬，所以才到这种地步。您应该依照圣明君主的做法，虔诚地斋戒。"于是秦二世就到上林苑中去斋戒。但他整天在上林苑中游玩射猎，一次有个行人走进上林苑中被秦二世射死了。赵高就指使他的女婿咸阳令阎乐出面向皇帝揭发，说是不知谁杀了人，把尸体搬进上林苑中。赵高接着又劝谏秦二世说，"天子无缘无故杀死没有罪的人，这是老天爷所不允许的，鬼神也不会接受您的祭祀，上天将会降下灾祸，您应该远远地离开皇宫，到外头去祈祷消灾。”秦二世就离开皇宫，到望夷宫去居住。

二世在望夷宫里住了三天，赵高就假托二世的命令，让卫士们都穿着白色的衣服，手持兵器冲进望夷宫，赵高进宫告诉二世说：“山东的大批反贼攻进来了！”秦二世上楼台观看，看到卫士拿着兵器朝宫内冲来，非常害怕，赵高立刻胁迫秦二世，让他自杀了。赵高取来皇帝的玉玺，佩戴在自己身上，但文武百官无一人跟从；他登上大殿，大殿多次摇摇晃晃像要坍塌似的。赵高自知老天爷不会让他当皇帝，群臣也不会认可，只好召来了秦始皇的弟弟子婴，把皇帝的玉玺交给了他。

子婴即位之后，担心赵高胁迫自己，于是就假称有病而不上朝处理政务，私下里却与宦官韩谈和他的儿子谋划如何杀死赵高。赵高前来求见，探问子婴的病情，子婴趁机把他召进皇宫，命令韩谈刺杀了他，并诛灭赵高三族。

子婴即位三个月后，刘邦的军队就从武关打到咸阳，文武百官都起义叛秦，归降了刘邦。子婴只好带着妻子儿女，用丝带系在自己脖子上，到轵道亭旁去投降。刘邦把他们交给部下官吏看押，项羽到达咸阳后把他们全部杀死，于是秦朝就宣告灭亡。

太史公说：李斯以一介平民百姓游说诸侯，有机会奉事秦王，不失时机辅佐秦始皇完成统一大业，李斯位居三公之职，可以称得上很受尊崇与重用了。李斯明知儒家《六经》的要旨，无奈之下不得修明政治，纠正君主的过失，为了保住自己的高官厚禄，阿谀奉承，随意附和，推行酷刑峻法，听信赵高的邪说，废掉嫡子扶苏而立庶子胡亥。等到天下群起反秦，李斯这才想去直言劝谏秦二世，这不是为时太晚了么！人们都认为李斯忠心耿耿最终受尽酷刑而死，但如果仔细考察事情的真相，就会与世俗之见有不同的看法。否则的话，李斯的功绩真的要和周公、召公相提并论了。

（羽　渊　译）

《史记》卷八十八　蒙恬列传第二十八

蒙恬，他的祖先是齐国人。蒙恬的祖父蒙骜，从齐国来到秦国侍奉秦昭王，官做到上卿。秦庄襄王元年，蒙骜担任秦国将领，攻打韩国，占领了成皋、荥阳，设置了三川郡。庄襄王二年，蒙骜攻打赵国，夺取了三十七座城池。秦始皇三年，蒙骜攻打韩国，又攻占了十三座城池。秦始皇五年，蒙骜攻打魏国，夺取了二十座城池，设置了东郡。秦始皇七年，蒙骜去世。蒙骜的儿子叫蒙武，蒙武的儿子叫蒙恬。蒙恬曾学习刑法，并负责掌管狱讼档案。秦始皇二十三年，蒙武担任秦国的副将，和王翦一同攻打楚国，大败楚军，杀死了项燕。秦始皇二十四年，蒙武又攻打楚国，俘虏了楚王。蒙恬的弟弟叫蒙毅。

秦始皇二十六年，蒙恬因为出身将门，得以担任秦国将军，率兵攻打齐国，大败齐军，被任命为内史。秦国统一天下后，就派蒙恬率军三十万，向北驱逐戎狄，收复黄河以南的土地。接着秦始皇修筑长城，依着地形山势，以此控制险要之地，西起临洮，东到辽东，逶迤绵延一万余里。蒙恬又率军渡过黄河，驻守阳山，曲折向北行进征讨匈奴。风餐露宿在外十余年，最后驻守在上郡。当时，蒙恬的军队威震匈奴。秦始皇也特别尊宠蒙氏家族，信任他们，赏识他们的才能。蒙毅也得到秦始皇的亲近，官至上卿，外出就陪着秦始皇同坐一辆车子，回到朝廷就侍奉在秦始皇身边。蒙恬在外掌管兵权，蒙毅在朝廷出谋划策，被誉为忠信大臣，因此，朝中其他将相没有敢和他们争宠的。

赵高原是赵国王族中的远房家族。赵高兄弟几人，都出生在收容罪人的场所之中，他的母亲也因为犯法被处以刑罚，所以世世代代地位低下。秦始皇听说赵高很有能力，又精通刑狱法令，就提拔他担任了中车府令。赵高还私下侍奉公子胡亥，教胡亥决断讼案。赵高犯下重罪，秦始皇让蒙毅依法惩处。蒙毅不敢枉法，依法判处赵高死刑，并剥夺他的官籍。秦始皇看在赵高办事勤勉尽力的分上，赦免了他，还恢复了他的官职。

秦始皇打算巡游天下，路经九原郡，直达甘泉宫，于是派蒙恬开通道路，从九原到甘泉，打通山脉，填塞深谷，全长一千八百里。道路尚未完工。

秦始皇三十七年冬天，秦始皇外出巡游会稽，沿海而上，向北前往琅邪。途中得了重病，派蒙毅原路返回，祈祷山川神灵。没等到蒙毅返回，秦始皇就在沙丘去世了。

秦始皇在沙丘去世的消息被赵高和李斯封锁，文武百官不得而知。当时丞相李斯、公子胡亥、中车府令赵高跟在秦始皇身边。赵高向来就得到胡亥的宠信，想拥立胡亥继承王位，又对蒙毅没有替他开脱而要依法惩处他记恨在心。于是萌生了杀害蒙毅之心。赵高和丞相李斯、公子胡亥暗中策划，拥立胡亥为太子。立太子的事情谋划好了之后，就派遣使者，捏造罪名，赐公子扶苏和蒙恬死罪。扶苏自杀后，蒙恬心生怀疑，想要弄个清楚明白。使者把蒙恬交给主管官吏处理，另外派人接替他的职务。胡亥用李斯的家臣担任护军。使者回来汇报，胡亥知道扶苏已死，当下就打算释放蒙恬。赵高担心蒙氏再次当权执政，因怨恨而报复自己。

蒙毅祈祷山川神灵后返回，赵高借着向胡亥尽忠献策，想要铲除蒙氏兄弟，就对胡亥说："我听说先帝很久以前就想挑选贤能者立为太子，而蒙毅进谏说'不能这样做'。如果他知道您贤明有才能，而长久拖延不让册立您为太子，那么这就是对您的不忠诚，并且蛊惑了先帝。以我的愚见，不如杀死他。"胡亥听从了赵高的话，就把蒙毅囚禁在代县。在此以前，已经把蒙恬囚禁在阳周。等到秦始皇的灵车回到咸阳，安葬以后，胡亥即位为二世皇帝，赵高因为颇得胡亥的宠信，一直都在诽谤蒙氏，搜罗他们罪过的证据，伺机检举弹劾他们。

子婴劝谏说："我听说从前赵王迁杀死他的贤明臣子李牧而起用颜聚，燕王喜暗中采用荆轲的计谋而背弃与秦国的盟约，齐王建杀死他前代的忠臣而改用后胜的计策。这三位国君，都是因为用了改变旧规的人，最后失去了国家，并导致大祸殃及自身。如今，蒙氏兄弟是秦国的大臣和谋士，而您想要一下子就抛弃他们，我私下认为是不可取的。我听说考虑问题轻率的人，不能治理好国家，独断专行、自以为是的人，不可以用来保全国君。诛杀忠臣而起用没有品行节操的人，那么对内会使大臣们不能相互信任，对外使战士们斗志涣散，我私下认为这样做是不对的。”

胡亥听不进子婴的规劝，却派遣御史曲宫乘驿车前往代郡，命令蒙毅说：“先主要册立太子，而你却百般阻挠。如今丞相认为你不忠诚，罪过牵连到你们家族。我不忍心如此治罪，就赐你自杀吧，这已经是你的荣幸了。你掂量着办吧！”蒙毅回答说：“如果认为我不能了解先主的心思，那么，我从年轻时跟随先主，就能顺从先主的心意而得到宠信，直到先主去世。要是认为我不知道太子的才能，那么唯有太子能跟随先主周游天下，远胜过其他各位公子，我对此也没有提出任何疑问。先主选立太子，是经过多年的深思熟虑，我还有什么话敢进谏，敢出什么馊主意呢！我不想狡辩以逃避死罪，只怕这样死去会羞辱了先主的名誉，希望您替我想一想，让我死得问心无愧。况且顺从天理成全人的性命，正是道义所在；严刑杀戮，是道义所不容的。从前秦穆公杀死三位贤臣来为他殉葬，判处百里奚莫须有的罪名，因此，他死后的谥号为‘缪’。昭襄王杀死武安君白起，楚平王杀死伍奢，吴王夫差杀了伍子胥。这四位国君，都犯了重大的过失，天下人普遍对他们存在非议，认为他们是不贤明的国君，他们在各诸侯国中声名狼藉。所以说‘用道义治理国家的人，不杀无罪之民，刑罚不施于无辜的人身上’。请您仔细想一想吧！”使者知道胡亥的意图，听不进蒙毅的申诉，还是把他给杀了。

二世皇帝又派遣使者前往阳周，命令蒙恬说：“您的罪过实在太多了，而您的弟弟蒙毅犯有重罪，他的犯法要牵连到您。”蒙恬说：“从我的祖先起，到后代子孙，建立的功劳和信义在秦已经三代了。如今我统兵三十多万，即便我身陷囹圄，依我的势力发动叛乱也是轻而易举的，然而我自知必死无疑并且选择坚守节义，是不敢辱没祖宗的教诲，不敢忘掉先主的恩宠。从前周成王刚刚即位，还是襁褓中的婴儿，周公旦背着成王上朝，终于平定了天下。到成王病得很厉害的时候，周公旦剪下自己的指甲扔到黄河，祈祷说：‘国君年幼无知，是我在当权执政，若有罪该受祸患，应该由我来承受天罚。’他把这些祈祷的话写下来，收藏在档案馆里，这可以说是对国家尽守信义了。等到成王能亲自治理国家时，有奸臣造谣说：‘周公旦想要作乱已经很久了，大王若不戒备，一定要发生大的变故。’成王听了大发雷霆，周公旦只得出逃楚国。后来成王到档案馆审阅档案，发现了周公旦的祷告书，这才流着眼泪说：‘谁说周公旦想要作乱呢！’并杀了造谣生事的那个大臣，请周公旦返回。所以《周书》上说：‘一定要参差交互地多方询问，反复审察。’如今我蒙氏宗族，世世代代对秦没有二心，而却落得了这样的结局，这一定是谋乱之臣叛逆作乱、欺君罔上的缘故。周成王犯有过失，因为能改过自新，终于使周朝兴旺昌盛；夏桀杀死关龙逢，商纣杀死王子比干而不知反悔，最终落个国破身亡。所以我说犯有过失而知道悔改，听人规劝最终觉醒。通过核查比较弄清事实真相，是圣明国君治国的原则。我说这些话，不是为了免于处罚，而是将此作为临死前的最后一次进谏，我只是希望陛下替天下老百姓考虑并且遵循正确的道路行事。”使者说：“我接受诏令对将军施以刑法，不敢把将军的话转报皇上听。”蒙恬伤心地叹息说：“我怎么得罪了上天，要无过而受死呢？”过了好久，才慢慢地说：“我还是罪有应得啊。起自临洮，接连到辽东，我挖山筑城一万余里，这期间难道不会切断地脉么？这就是我的罪过了。”于是吞下毒药自杀了。

太史公说：我到过北方的边防前线，经由九原至甘泉的直道返回，沿途实地观察了蒙恬为秦国修筑的长城和边塞堡垒，开山填谷，贯通直道，这本来就是消耗民力的事情啊。秦国刚刚灭掉其他诸侯，天下人心尚未安定，百废待兴，而蒙恬身为名将，不在这时候尽力谏诤，赈救百姓的急难，恤养老人，抚育孤儿，致力于从事百姓安定生活的事情，反而迎合秦始皇心意，劳师动众地大规模修筑长城，他的宗族遭致杀身之祸，不也是顺理成章的事吗？哪里是什么挖断地脉的罪过呢？

（羽　渊　译）

《史记》卷八十九　张耳陈馀列传第二十九

张耳，是魏国大梁人。他年轻的时候，正赶上做魏公子无忌的门客。张耳曾因事逃亡到外黄。外黄有一富豪人家的女儿，长得极为美丽，却嫁了一个愚蠢平庸的丈夫，后来她出逃，去投奔她父亲旧时的一名宾客。她父亲的宾客早就深知张耳，于是就对那个女子说："你想要嫁个有才能的丈夫，就嫁给张耳吧。"这名女子听从了他的意见，断绝了同前任丈夫的关系，改嫁给张耳。张耳当时正逃亡在外，女子就给张耳提供了大量钱财，供张耳招纳千里以外的宾客。后来张耳在魏国外黄做了县令，名声从此更大了。陈馀，也是魏国大梁人，爱好儒家学说，曾多次游历赵国的苦陉。苦陉一位很有钱的公乘氏把女儿嫁给了他，因为他觉得陈馀不是个平庸无为的人。陈馀年轻，他就像对待父亲一样侍奉张耳，两人建立了生死之交。

秦国灭亡大梁时，张耳正住在外黄。汉高祖刘邦还是普通平民百姓的时候，曾多次追随张耳，在张耳家一住就是几个月。秦国灭魏国几年后，听说张耳和陈馀是魏国的知名人士，就悬赏千金捉拿张耳，悬赏五百金捉拿陈馀。张耳、陈馀只好改名换姓，一块儿逃到陈地，在一个巷子里看门，借以维持生活。里中小吏曾因陈馀犯了小的过失鞭打他，陈馀想要反抗，张耳赶快踩了他的脚，示意他忍受鞭打。等小吏走后，张耳把陈馀带到桑树下，责备他说："当初我跟你是怎么说的？如今遭到小小的屈辱，就要和这么一个小里长去拼命吗？"陈馀认为他说得很有道理。秦国下令悬赏拘捕他们，他俩也利用里中卫的身份照本宣科地给里巷的居民传达上边的命令。

陈涉在蕲县起义，打到陈地，军队已发展到几万人。张耳、陈馀前去拜见陈涉。陈涉和他的亲信们早就听说过张耳、陈馀有才能，只是未曾得以相见，这次相见后非常高兴。

陈郡的豪杰父老劝说陈涉道："将军您披甲执坚，率领着士兵讨伐暴虐的秦国，恢复了楚国的社稷，使灭亡的国家得以重建，使断绝的子嗣得以延续，凭着您的功德，应该称王。况且您还要督察、率领天下各路的将领，不称王是不行的，希望将军您当楚王。”陈涉就此征求陈馀、张耳的意见，二人回答说：“秦国无道，灭了许多国家，毁灭了人家的社稷，断绝了人家的后代，使老百姓民不聊生。将军激愤而起，出生入死，是为了替天下人除残去暴。如今刚刚打到陈地就自己称王，这叫天下人看着是多么的自私。希望将军不要称王。赶快率兵向西挺进，同时派人到各地去拥立六国的后代，让他们自己组建自己的军队，增加秦国的敌对势力。给秦国树敌越多，秦国的兵力就越分散；盟军多了，我们的兵力就越强大。如果这样，就用不着在辽阔的旷野荒原上互相厮杀，城市里也无人为秦朝坚守城门，这样我们很快就能铲除暴虐的秦国，占领咸阳，向诸侯发号施令。各诸侯国本已亡国，现在得以重建，必定会对您感恩戴德，如能这样，您的帝王大业就成功了。您现在就在陈地称王，恐怕天下反秦的诸侯就会立即分崩离析。”陈涉听不进他们的意见，还是在陈地自立为王。

陈馀又对陈王说：“大王您率领梁、楚的军队向西挺进，当务之急是攻破函谷关，还顾不上收复黄河以北的地区。我曾遍游赵国，熟悉那里的杰出人物和地理形势，希望您给我一支军队，让我向北出其不意为您夺取赵国的土地。”陈王同意了，但是他任命自己的老朋友陈地人武臣为将军，邵骚做护军，而只让张耳、陈馀担任左右校尉，拨给他们三千人的军队，让他们北攻赵地。

武臣等人从白马津渡过黄河，他们每到一个县，就对当地的豪杰们游说道：“秦国的乱政酷刑残害天下百姓，已经几十年了。北部边境有修筑万里长城的苦役，南边广征兵丁戍守五岭，国内国外动荡不安，百姓疲惫不堪，可是朝廷还按人头征税，以供军需，搞得财力俱尽，民不聊生。再加上严刑酷法，害的天下老百姓不得安生。陈王揭竿起义，振臂一呼，现已经在楚地称王，楚国方圆两千里，没有人不响应，家家义愤填膺，人人斗志旺盛，有怨的报怨，有仇的报仇，县里的百姓杀了他们的县令县丞，郡里的百姓杀了他们的郡守郡尉。如今陈王已经建立了大楚国，在陈地称王，派吴广、周文率领百万大军向西攻击秦军。此时如果不趁机建功立业，进取封侯，那可算不上是人中豪杰。请诸位好好商量一下！天下人苦于秦国的暴政已经太长久了。如今借着普天下的力量讨伐无道的昏君，为父兄报仇，为自己完成裂土分封的大业，这可是有识之士千载难逢的时机啊。”各地乡绅豪杰都认为这话说得很对。于是武臣等人行军作战、收编队伍，军队扩充到几万，他们称武臣为武信君。武臣攻下了赵国的十座城池，其余的都据城坚守，不肯投降。

于是武臣带兵朝东北方向进攻范阳。范阳人蒯通规劝范阳令说：“我听说您快要死了，特地前来向您吊丧。虽然如此，但我还要祝贺您因为有了我蒯通而起死回生。”范阳县令问：“你为什么给我吊丧？”蒯通回答说：“秦国的法律非常严酷，您做了十年的范阳县令，杀死多少父老，造成多少孤儿寡母，被您断了足的、脸上刺了字的简直数不胜数。那些被害者的亲属之所以还没人敢把刀子插入您肚子里，是因为他们害怕秦国的苛法。如今天下大乱，秦国的法令已经无效了，这样一来，那些被害者的慈父孝子很快就会把利刃插进您肚子而成就他们的名声，这就是我给您吊丧的原因啊。现在各路诸侯都背叛了秦朝，武信君的人马很快就要到达范阳了，您却还在为秦朝死守范阳，年轻的人都争先想要杀死您，投奔武信君。您现在赶紧派我去面见武信君，我能使您转祸为福，机会就在今天了。”

于是范阳令就派蒯通去见武信君。蒯通对武信君说：“您一定要打了胜仗而后夺取土地，攻破了守敌然后占领城池，我私下认为这是错误的。要是您能听从我的计策，我可以保证您不攻不战就可以获得城池，只要发出征召文告就可以扩充疆域千里，您看如何？”武信君说：“此话怎讲？”蒯通回答说：“如今范阳令正在整顿他的人马，准备死守城池，可是他又胆怯贪生，贪恋财富爱慕尊贵，他本打算前来投降，可是又害怕您认为他是秦国的官吏，像您对待之前被攻克的十座城池的官吏一样被杀死。而且现在范阳城里的年轻人也正想杀掉他，自己据守城池来抵抗您。您为什么不把侯印给我带回去，让我拜范阳令为侯，范阳令就会把城池献给您，年轻人也不敢杀他们的县令了。如果您让范阳令坐着装饰豪华的车子，在燕国、赵国城郊去奔走炫耀。燕国、赵国一带的人们见此情形，一定都会说这是范阳令，是先投降的，他们都会很高兴，燕、赵之地的诸城可不战而降。这就是我说的发出征召文告就可以扩充千里疆域。”武信君听从了他的计策，让蒯通带着侯印去封范阳县令为侯。赵国人听到此信，三十多个城池不战而降。

张耳、陈馀到达邯郸后，听说周章的部队已经进入关中，到戏水地区又败下阵来；又听说那些为陈王攻城略地的各路将领，多被谗言毁谤，获罪被杀，张耳和陈馀怨恨陈王当初不采纳他们不要立刻称王的意见，不让他们做将军，只是给了他们一个小小的校尉。于是他们就规劝武臣说："陈王在蕲县起兵，一到陈地就自立称王，并不是非得是六国诸侯的后代才可称王。如今将军您率领区区三千兵马就夺取了几十座城池，已经独霸河北，如不称王，不足以使社会安定下来。况且陈王轻信谗言，您如果带兵回去复命，恐怕难逃杀身之祸。即使免祸，陈王也会立其兄弟为王；或者就拥立赵国诸侯的后代。将军千万不要错失良机，时间紧迫，刻不容缓。"武臣采纳了他们的意见，自立为赵王。任用陈馀做大将军，张耳做右丞相，邵骚为左丞相。

武臣派人向陈王汇报了此事，陈王听了大发雷霆，想要把武臣等人的家族斩尽杀绝，然后发兵攻打赵王。陈王的相国房君劝阻说："现在秦国还没有推翻，您就诛杀武臣等人的家族，这等于又树立了一个像秦国一样强大的敌人。不如顺水推舟，督促他火速带领军队向西挺进，攻打秦国。"陈王认为房君说得很有道理，听从了他的计策，把武臣等人的家属强制搬迁到宫里，充当人质，并封张耳的儿子张敖为成都君。

陈王派使者向赵王祝贺，督促他火速调动军队向西进入关中。张耳、陈馀规劝武臣说："您在赵地称王，陈王并不乐见，只不过是将计就计来祝贺大王。等推翻了秦朝之后，陈王一定会加兵于赵。希望您不要向西进军，要向北发兵夺取燕、代等地，向南进军收缴河内，扩大自己的范围。这样，赵国南面有黄河为屏障，北边有燕、代广大地区，楚王即使战胜秦国，也一定不敢强攻赵国。"赵王认为他们讲得对，不向西发兵，而派韩广夺取燕地，李良夺取常山，张黡夺取上党。

韩广的军队到达燕地，燕人趁势拥立韩广做燕王。赵王就和张耳、陈馀向北进攻，一直打到燕国的边界。一次，赵王偶尔外出，被燕军捉去了。燕国的将领囚禁了赵王，威胁说只有把赵国一半土地割给燕国，才归还赵王。赵国派使者前去交涉，燕军就把他们杀死，坚持分割土地的要求。张耳、陈馀为这件事忧心忡忡。有一个干勤杂的士兵对他同宿舍的伙伴说："要是让我去游说燕军，我能把赵王接回来。"同住的伙伴们都讥笑他说："都派了十几个使者去了，去一个杀一个，你有什么办法能救出赵王呢？"这个士兵不理会同伙的讥笑，自己跑到燕军的大营。燕军将领接见了他，他却问燕将说："知道我来想干什么吗？"燕将回答说："你打算救出赵王。"他又问："您知道张耳、陈馀是什么样的人吗？"燕将说："是有才干的人。"他继续问道："您知道他们有什么打算么？"燕将回答说："也无非是想救他们的赵王罢了。"这个士兵笑了："看来您还是并不了解他们二人的打算。武臣、张耳、陈馀手执马鞭指挥军队，轻而易举地拿下了赵国的几十座城池，他们都想各自称王，谁甘心一辈子都当别人的卿相呢？臣子和国君是不可同日而语的。只是顾虑到局势初步稳定，才没有三分国土各立为王，权且按年龄的大小先立武臣为王，以稳定赵国的民心。如今赵国局势稳定，张耳和陈馀正要瓜分赵地自立称王，只是一时没有找到合适的机会。如今，您囚禁了赵王，这两个人表面上想要救出赵王，实际上还巴不得燕军杀死他，正好两个人可以瓜分赵国自立为王。现在一个赵国尚且藐视燕国，何况张耳和陈馀为王后相互支持，讨伐燕国，声讨你们杀害赵王的罪过，那灭掉燕国是易如反掌的事情。"燕国将领认为他说的有道理，于是就放了赵王，勤杂兵就为赵王驾着车子回到了赵营。

李良平定常山以后，回来请命，赵王又派他夺取太原。李良带兵到达石邑，秦国的军队已经占领了井陉，李良不能向前挺进。秦国的将领伪造了秦二世皇帝的一封信送给李良，信没有封口，上面说："李良曾经是我的官，并且受到我的重用。如果你现在能够反赵归秦，我就宽恕你的罪过，而且还要大大提拔你。"李良见了信，心生怀疑。于是兵回邯郸，请求增加兵力。还没到邯郸，路上遇到赵王的姐姐赴宴归来，后面跟着随从一百多人。李良远远望见，认为是赵王，赶紧跪在路边参拜。赵王的姐姐喝醉了，也不知他是将军李良，只是让随从的士兵跟他打了个招呼。李良一向显贵，从地上站起来后，觉得自己在部下面前丢了面子。这时，有个侍从说："现在全天下都反秦，谁有本事谁称王。况且赵王的地位一向在将军之下，今天她一个女人家竟不下车给将军还礼，请让我追上去杀了她。"李良收到那封信时，就有过反赵的心思，只是没有下定决心，现在受了赵王姐姐的怠慢，很是愤怒，于是派人追杀了赵王的姐姐，随即率领军队奇袭了邯郸。邯郸方面事先毫无准备，武臣、邵骚竟被李良杀死。张耳、陈馀因为在赵国有很多耳目，才侥幸得以及时脱逃。张耳、陈馀逃脱后，集结武臣的残军败将，还有五万人。这时有个宾客劝告张耳说：“你们俩都是外乡人，客居在此，要想让赵国人归附，很困难；只有拥立六国时赵王的后代，以道义辅佐他，才能成就功业。”于是他们寻找到赵歇，拥立他当了赵王，让他住在信都。李良进兵攻击陈馀，被陈馀打败，李良只好逃回，投奔秦将章邯。

章邯领兵到邯郸，把城里的百姓都迁到河内，铲平了邯郸的城墙。张耳和赵王歇逃到巨鹿城，又被秦将王离团团围住。陈馀在北边收集常山的残余部队几万人，驻扎在巨鹿城的北面。章邯的军队驻扎在巨鹿城以南的棘原，挖了一条两侧带有夹墙的甬道直通黄河，给王离运送军粮。王离兵多粮足，急攻巨鹿。巨鹿城内粮尽兵弱，张耳多次派人请陈馀前来救援，陈馀考虑到兵力不足以抵抗秦军，不敢派兵前往。如此相持了几个月，不见救兵，张耳十分恼火，对陈馀怀恨在心，派张黡、陈泽前去责备陈馀说：“当初我和您是生死之交，如今赵王和我危在旦夕，而您拥兵数万，坐视不救，我们生死之交的情谊何在？如果您是一个讲信用的人，为什么不支援我们和秦军决一死战？这样还有一二成获胜的希望。”陈馀说：“我考虑到出击秦军，不但没办法救赵王和张耳，还会把剩下的军队白白全部葬送掉。现在我不去和秦军同归于尽，就是要保留力量为赵王和张耳报仇。如今一定要去同归于尽，就好比是把肉扔给饥饿的猛虎，能起到什么作用呢？”张黡、陈泽说：“情势已经迫在眉睫，需要以同归于尽来确立信义，哪里还顾得上以后的事呢！”陈馀说：“我死不足惜，只是死而无益。我一定按照你们的意思去办好了。”于是拨出五千人马让张黡、陈泽带领试攻秦军，到了前线便全军覆没。

当时的情况是，燕、齐、楚听说赵国危急，都来救援。张敖也集结了代地的一万多兵力赶来，都在陈馀旁边安营扎寨，却不敢迎击秦军。只有项羽的军队多次截断了章邯的甬道，使王离军中缺粮，接着项羽率领全部军队渡过黄河，打败了章邯。章邯带兵撤退，各国诸侯的军队才敢攻击围困巨鹿的秦国军队，最后俘虏了王离。秦将涉闲自杀身亡。最终保全巨鹿，完全是由于项羽的力量。

赵王歇、张耳在巨鹿被救后，向各国诸侯致谢。张耳一见陈馀，就责备他见死不救，并追问张黡、陈泽的下落。陈馀恼怒地说：“张黡、陈泽硬逼着我和你们一道同归于尽，我拨出五千人马让他们率领先尝试着攻打秦军，结果全军覆没，无一幸免。”张耳不信，认为是陈馀把他们杀了，三番五次追问这件事。陈馀很生气地说：“实在无法料到您对我的怨恨是如此的深啊！难道您以为我舍不得放弃这将军的职位吗？”说着便解下印绶，推给张耳。张耳也感到惊愕，不肯接受。陈馀起身上厕所去了。这时有个宾客对张耳说：“我听说‘老天爷给你的东西你不要，今后会遭到祸殃’。现在陈将军把印绶交给您，您不接受，这样违背天意是不吉祥的。赶快收起来吧！”于是张耳就佩带了陈馀的大印，接管了他的部下。陈馀回来，一看张耳如此不谦让，心里怨恨，快步出帐而去。张耳就此收编了陈馀的军队。陈馀只好和部下几百个亲信到黄河边的湖泽中打鱼捕猎去了。从此，陈馀、张耳结下了仇隙。

赵王歇又回到信都，张耳跟随着项羽和其他诸侯进入了函谷关。汉元年二月，项羽封诸侯，张耳向来善于交友，很多人替他说好话，项羽平常也听说张耳很能干，于是分割赵国的一块土地给张耳，封他为常山王，首府设在信都，并把信都改名为襄国。

陈馀旧有的宾客中很多人规劝项羽说：“陈馀和张耳一样，都为赵国立下了功劳。”可是项羽因为陈馀不随他入关，又听说他现在正在南皮，就把南皮周围的三个县封给他，把赵王歇迁到代县为王。

张耳到他的封国上任，陈馀对张耳的怨气更大，说：“张耳和我功劳相等，如今他被封王，而我不过是个侯爵，项羽待我们不公平。”待到齐王田荣背叛项羽，陈馀便派夏说去游说田荣道：“项羽作为天下的主宰，办事不公平，把好地方都分封给他的各路将军，把原来六国的后代都迁到坏地方，如今赵王竟然被迁去代县了！希望大王借给我一点兵力，我愿意以南皮作为您的屏障。”田荣打算在赵国树立党羽以反对楚国，于是就拨给了陈馀一部分兵力。陈馀趁势又调动了所属三个县的全部军队袭击常山王张耳。张耳大败，想到各诸侯并没有什么人值得投奔，说："汉王虽然和我有老交情，可是现在项羽势力强大，又是他分封我为王，我还是去投奔项羽好了。"甘公说："汉王入关时，五星会聚于井宿的星区。井宿星区是秦国的分野。先到达这里的人，一定会成就霸业。楚国眼下虽然强大些，今后一定还是会归属于汉。"于是张耳下决心投奔了汉王。正好此时汉王也回师平定了三秦，正把章邯的军队围困在废丘。张耳拜见汉王，汉王给了他很优厚的待遇。

陈馀打败张耳以后，全部收复了赵国的土地，把赵王从代县接回来，仍然拥立赵歇为赵国的国君，赵王对陈馀感恩戴德，分封陈馀为代王。陈馀考虑到赵王力量薄弱，赵国局势刚刚稳定，就没有到代地去，暂时留下来辅佐赵王，而派夏说以相国的身份驻守代国。

汉高祖二年，汉王向东进击楚国，派使者通知赵国左右夹击楚国。陈馀对使者说："只要汉王杀掉张耳，赵国就从命。"于是汉王找了一个和张耳长得很像的人斩首，派人拿着人头送给陈馀。陈馀才发兵助汉。后来汉王在彭城以西被项羽打败，陈馀又觉察到汉王并没有杀死张耳，于是就背叛了汉王。

汉高祖三年，韩信平定魏地不久，汉王派张耳和韩信大破赵军于井陉，在泜水河畔杀死了陈馀，在襄国追杀了赵王歇。汉王封张耳为赵王。汉高祖五年，张耳去世，谥号叫景王。张耳的儿子张敖接续他父亲做了赵王，汉高祖的大女儿鲁元公主嫁给赵王敖做王后。

汉高祖七年，高祖从平城绕道回京，途经赵国，赵王整日里脱去外衣，戴上皮袖套，亲自侍奉刘邦的饮食，态度十分谦卑，谨奉女婿的礼节。高祖却席地而坐，叉着双腿骂街，对他极为傲慢。赵国的相国贯高、赵午等人都已六十多岁了，以前是张耳的宾客，历来讲义气，就愤怒地说："我们的大王真是个软骨头啊！"就规劝赵王说："当初天下豪杰一块儿起兵反秦，谁有本事谁就先称王。如今您侍奉皇帝那么恭敬，而皇帝对您却粗暴无礼，请让我们替您杀掉他！"张敖听了急得咬破手指说："你们怎么能说出这样的错话！当初先父亡了国，全仗着皇帝才复了国，恩德泽及子孙，我现在的一丝一毫都是皇上给我的啊。希望你们不要再说这样的话。"贯高、赵午等十多人都相互议论说：“都是我们的不对。我们的王有仁厚长者的风范，不肯背负恩德。只是我们不愿意受辱，因为皇上侮辱了我们大王，所以我们要杀掉他，我们为什么要玷污我们的王呢？我们自己动手，事情成功了，功劳归王所有，失败了，我们自己承担罪责！”

汉高祖八年，刘邦从东垣回京，路过赵国，于是贯高等人在柏人县驿馆的夹壁墙中，埋伏了刺客，准备乘机行事。刘邦经过那里想要留宿，突然心有所动，问道：“这个县的名称叫什么？”回答说：“柏人。”“柏人，是被别人迫害啊！”刘邦没有留宿就离开了。

汉高祖九年，贯高的仇人知道了这个阴谋，就向皇上上书告发贯高谋反。于是刘邦派人逮捕了赵王、贯高等人。与贯高一起策划这个计谋的十多人都想赶紧自杀，只有贯高愤怒地骂道：“当初那件事情是谁让你们干的？这件事情大王确实没有参与，却被一起逮捕了。你们都死了，谁替大王辩白他没有反叛的真相呢！”于是贯高坐在封闭的囚车里和赵王一起被押送到长安。刘邦要治张敖之罪。当时逮捕张敖，刘邦曾降诏告诫赵国群臣和宾客有追随赵王进京者全部灭族。贯高和孟舒等十多个宾客，都剃掉头发，用铁圈锁住脖子，装作赵王的家奴跟着赵王来京。贯高到了庭上，回答法官审问，说：“这件事是我们几个人谋划的，赵王完全不知情。”狱吏审讯贯高，严刑鞭打几千下，用锥子去刺，身上没有一处是完好的，但贯高始终不再改口。吕后几次对皇上说，张敖是鲁元公主的丈夫，不会做出此等事情，皇上愤怒地说：“若是让张敖得了天下，他还缺少鲁元公主这样的女子么！”就是听不进吕后的劝阻。待到廷尉把审理贯高的情形和供词报告皇上，皇上说：“真是壮士啊！谁跟他是旧交，私下里问问他。”中大夫泄公说：“他是我们县里人，我早就对他有所了解。他本来就是赵国的一个重名节、讲义气、不变初衷、说话一定兑现的好汉。”皇上派泄公拿着符节到贯高躺着的竹床前看他。贯高很费劲地抬头看了一眼说，“是泄公吗？”泄公就像素日好友交谈一样，问张敖到底有没有参与这个计谋。贯高说：“人哪有不爱自己的妻子父母儿女的呢？如今我的整个家族都将被诛灭，难道我会用亲人的性命去换赵王吗！只是赵王确实没有反心，事情完全是我们几个人干的。”接着他详细地讲述了为何要谋反，以及如何瞒着赵王安排刺客的全过程。泄公进宫，把了解的情况详细地做了报告，皇上便赦免了赵王。

皇上很看重贯高有气节能实践诺言，就派泄公告诉他："赵王已经被释放了。"同时宣布赦免贯高。贯高一听高兴地说："我们赵王确实被释放了吗？"泄公说："是真的。"并说，"皇上称赞您的品性，所以连同您也一块赦免了。"贯高说："我被打得体无完肤而不死的原因，是为了辩白赵王确实没有反心。如今赵王已被释放，我的责任已经尽到，死了也没有什么遗憾了。况且我作为人臣，已经有了弑君的名声，还有什么脸面再侍奉皇上呢！纵然是皇上不杀我，我难道能够问心无愧么？"于是仰起头来扭断喉管而死。一时之间，贯高名闻天下。

张敖被释放后，因为他是鲁元公主的丈夫，被封为宣平侯。由于贯高这件事，皇上很欣赏张敖的宾客，那些冒充家奴跟随赵王入关的，没有不做到诸侯、卿相、郡守的。一直到孝惠、吕后、文帝、孝景时，赵王宾客的子孙们都做到二千石俸禄的高官。

张敖于吕后六年去世。张敖的儿子张偃被封为鲁元王。因为张偃的母亲是吕后女儿的缘故，吕后才封他做鲁元王。元王年幼，兄弟又少，吕后就分封张敖其他姬妾生的两个儿子：张寿为乐昌侯，张侈为信都侯。吕后去世后，吕氏族人为非作歹，被大臣们诛杀了，而且废掉了鲁元王、乐昌侯、信都侯。孝文帝即位后，又分封原来鲁元王张偃为南宫侯，延续张氏的后代。

太史公说：张耳、陈馀是世人口耳相传的贤者；连他们的宾客奴仆，都是天下的英雄豪杰，都在他们的国家取得了卿相地位。然而当初张耳、陈馀贫贱不得志时，能够彼此信任，同生共死，难道还瞻前顾后么。等他们有了国土和权势，却相互残杀，恨不得把对方消灭，为什么以前是那样真诚地相互倾慕、信任，而后来又相互背叛，彼此势不两立呢！难道不是怀着功利的目的交朋友吗？虽然他们早先名气大，宾客多，但他们后来所作所为，和吴太伯、延陵季子相比，就大相径庭了。

（羽　渊　译）

《史记》卷九十　魏豹彭越列传第三十

魏豹，原是六国时魏国的一位公子。他的哥哥叫魏咎，魏国时被封为宁陵君。秦国灭魏国后，魏咎被贬为平民。陈胜起义称王后，魏咎投奔陈胜。陈王派魏国人周市带兵夺取魏国的土地，魏地被攻占后，大家互相商量，想要拥立周市为魏王，周市说："越是天下混乱，越能看出谁是忠臣。现在天下反叛秦国，从道义上讲，一定要拥立魏王的后代才可以。"齐国、赵国各派战车五十辆，拥护周市做魏王。周市坚决辞谢，不肯接受，并亲自到陈国去迎接魏咎。一共去了五次，陈王才答应送魏咎回去当魏王。

章邯打败陈王不久，准备进兵临济攻打魏王。魏王派周市到齐国、楚国请求救兵。齐、楚派遣项它、田巴率军随周市前往援救魏国。不料章邯击败了援军，杀死了周市等人，包围了临济。魏咎为了保全临济城的老百姓，约定向秦军投降。条约签订后，魏咎自焚身亡。

魏豹逃往楚国，楚怀王给了魏豹几千人马，让他回去夺取魏地。等到项羽在巨鹿打败秦军，迫使章邯投降后，魏豹已经接连攻克了二十多座城，项羽就封魏豹做了魏王。魏豹率领着精锐部队跟随项羽入关。汉高祖元年，项羽分封诸侯，他自己想要占有梁地，就把魏王豹迁往河东，建都平阳，封为西魏王。

汉王刘邦回师平定了三秦，从临晋率兵横渡黄河，魏豹便率领整个魏国投降了汉王，并跟随汉王攻打彭城。汉王战败，回师荥阳，魏豹请假回河东探望母亲病情，回国后，就马上封锁了黄河渡口，背叛了汉王。汉王虽然听到魏豹反叛的消息，可是正在担心东边项羽的攻击，顾不上对付魏豹，就对郦生说："你去替我婉言劝说魏豹，如果能说服他，我就封你为万户侯。"郦生前去游说魏豹。魏豹婉转地拒绝说："人生在世，非常短暂，就像白马驰过缝隙那样迅速。你们汉王为人傲慢，常常辱骂臣子，责骂诸侯群臣如同责骂奴仆一样，根本不讲什么上下礼节，我实在不愿意再见到他。"于是汉王派韩信出兵，在河东攻击并俘虏了魏豹，把他用驿站的车子押送到荥阳，把魏豹原有的国土改为郡。

汉王命令魏豹驻守荥阳。后来楚军围困荥阳，情急之下，汉将周苛就把魏豹杀了。

彭越是昌邑人，字仲。常在巨野湖泽上打鱼，伙同一帮人做土匪。陈胜、项梁起兵时，有个年轻人对彭越说:“很多豪杰都争相揭竿而起，背秦自立，你可以站出来，也效仿他们那样干。”彭越说：“现在两条龙刚刚搏斗，我们还是暂且看看吧。”

又过了一年多，巨野泽中聚集的年轻人已经有一百多，均追随彭越，说：“请你做我们的首领。”彭越拒绝说：“我不愿和你们一块干。”年轻人们再三请求，彭越只好答应。跟他们约好明天太阳出来集合，迟到的人杀头。第二天日出集合的时候，有十多个人来迟了，最晚的一个人直到中午才来。于是彭越说：“我年纪已大，可是你们一定要我当首领。按照约定好的时间，有十多人迟到，可是又不能都杀头，只杀最后来的一个人。”命令队长杀掉他。大伙都笑着说：“何必这样呢，今后不敢再迟到就是了。”可是彭越还是把最后来的那个人杀掉了，然后设置祭坛，号令所属众人。众人都大为震惊，害怕彭越，没有谁敢抬头看他。于是彭越带领大伙攻城略地，收编逃散的士兵，很快就发展到一千多人。

刘邦从砀县出兵北上攻击昌邑时，彭越曾去援助他。昌邑没有攻下来，刘邦就带领军队向西进发。彭越也领着他的人马又返回到巨野泽中，收编魏国逃散的士兵。等到项羽在关中分封诸侯，大家就各自回到自己的封地，彭越的部队已发展到一万多人，却没有归属。汉高祖元年秋天，齐王田荣背叛项王，就派人赐给彭越将军印，让他南下进军济阴攻打楚军。项羽派萧公角率兵迎击彭越，结果被彭越打得大败。汉高祖二年春天，刘邦和魏王豹以及各路诸侯东下攻打楚国，彭越率领他的部队三万多人在外黄归附了刘邦。刘邦说：“彭将军收复魏地十几座城池，就是想要拥立魏王的后代。如今，西魏王豹是魏王咎的堂弟，是真正魏王的后代。”于是就任命彭越做魏国相国，独揽兵权，平定昔日梁国地域。

刘邦兵败彭城溃散西逃，彭越所攻占的城池也随即丢失，只好独自带领他的军队向北驻守在黄河沿岸。汉高祖三年，彭越经常往来出没替刘邦打游击战，攻击楚军，在梁地一带断绝楚军的粮草。汉高祖四年冬，项羽和刘邦对峙荥阳，彭越趁机攻下睢阳、外黄等十七座城邑。项羽闻讯后，让曹咎镇守成皋，亲自率兵向东收复彭越攻克的城邑，最后这些城邑又都归楚国所有。彭越只好带着他的败兵退到谷城。刘邦五年秋，楚汉讲和订约后，项羽的军队向南撤退到夏阳，彭越又趁势攻克昌邑周围的二十多座城镇，缴获谷物十多万斛，为刘邦供给军马粮草。

刘邦打了败仗，多次派使者说与彭越跟他一起合力攻打楚军。彭越说："魏地刚刚平定，人们还畏惧楚军，暂时不能前去追击。"刘邦举兵追击楚军，在固陵城被项羽打败。刘邦对留侯张良说："各路将领的人马不听我的调遣，如何是好？"留侯说："齐王韩信自立，不是您的本意，韩信自己也不放心。彭越本来平定了大梁一带，战功累累，当初您因为魏豹的缘由，只任命彭越做魏国的相国。如今，魏豹死后又没有留下后代，何况彭越也打算称王，而您却没有及时任命他为魏王。如果您现在能跟他们约定，假如战胜楚国，睢阳以北到谷城的土地，都分封给彭相国为王；从陈以东的沿海地区，都给齐王韩信。齐王韩信的家乡在楚国，他的本意是想再得到自己故乡的土地。您要是舍得拿出这些土地分给二人，这两个人随即就可以率兵前来支援；您要是舍不得这些土地，事情的发展就无法预料了。"于是刘邦立刻派出使者到彭越那里，按照留侯的计谋行事。果真刘邦的使者对彭越讲了刘邦的打算后，彭越就率领着全部人马与刘邦的军队在垓下会师，大败楚军。项羽自杀。就在这一年的春天，刘邦封彭越为梁王，建都定陶。

汉高祖六年，彭越到陈地朝见汉高祖。九年，十年，又两次到长安朝见刘邦。

汉高祖十年的秋天，陈豨在代地造反，汉高祖亲自率军前去讨伐，到达邯郸，向梁王彭越征兵。彭越谎称有病，派手下的其他将领领兵到邯郸。汉高祖大怒，派使者责备彭越的怠慢。彭越害怕，想要亲自前往谢罪。他的部将扈辄说："大王当初不去，被他责备了才去，去了肯定会被抓起来。不如干脆起兵造反。"彭越没有采纳他的意见，只是仍然说有病。后来彭越因为对他的太仆很生气，打算杀掉他，这个太仆慌忙逃到汉高祖那儿，向刘邦报告彭越和扈辄阴谋造反。于是汉高祖派将领出其不意地袭击彭越，彭越完全没有准备，刘邦派出的将领很快逮捕了梁王，把他囚禁在洛阳。主管官吏审理，认为他谋反的罪证确凿，请求皇上依法治罪。皇上赦免了他，废为平民百姓，流放到蜀地青衣县。彭越向西走到郑县，恰巧碰到吕后从长安前往洛阳，彭越向吕后哭泣声称自己无罪，请求吕后帮他求情，希望让他回到故乡昌邑。吕后答应下来，带他一块到了洛阳。吕后向皇上说："彭越是个豪壮勇敢的人，如今把他流放到蜀地，这是给自己留下祸患，不如现在就杀掉他。我已经把他带回来了。"于是，吕后就指使彭越的门客告他再次阴谋造反。廷尉王恬上奏请求诛灭彭越整个家族。刘邦同意了，于是诛灭了彭越整个家族，彭越的封国也被废除了。

太史公说：魏豹、彭越虽然出身贫贱，然而他们势如破竹一般开拓了大片疆域，并且称孤为王，他们踏着敌人的血迹乘胜追击的事迹，我早就听说过。他们图谋造反，失败后，没能杀身成仁，而是甘为阶下囚徒，最终忍耻受刑，这是为什么呢？中等才智以上的人尚且为他们的行为感到羞耻，何况称王道孤的人呢！他们之所以忍辱不死，没有别的缘故，就是因为他们自信智慧、谋略高人一筹，只担心不能保全自身的性命。只要他们还有机会掌握一点点权力，在风云变幻的乱世，还希望有机会再度崛起，因此被囚禁起来而不选择自杀啊。

（羽　渊　译）

《史记》卷九十一　黥布列传第三十一

黥布，是六县人，姓英。秦朝时是个布衣平民。年少的时候，有个人给他看相说："应该会在受刑之后称王。"英布成年后，犯法受了黥刑。英布高兴地笑着说："有人为我看相，说我会在受刑之后称王，大概就是指这个吧？"听他这么说的人，都讪笑他以取乐。英布被定罪后流放到骊山服役，骊山有几十万犯人，英布广泛地和各种英雄豪杰交往，终于带着这些犯人，逃到长江上做了强盗。

陈胜起义时，英布去求见番县令，和他的部下一起起义反秦，聚集了数千人。番县令把自己的女儿嫁给了英布。章邯先是消灭了陈胜起义军，后又打败了吕臣的军队，英布就带兵向北攻打秦左、右校尉的军队，在清波一带打败了他们，之后带兵向东进发。听说项梁平定了江东会稽，渡过长江向西进发，陈婴因为项氏世代在楚国担任大将，就带领着自己的军队归附项梁，渡过淮河向南，英布、蒲将军也带着军队归附了项梁。

项梁渡过淮河向西进军，攻打景驹、秦嘉等人，英布经常是勇冠三军。项梁到了薛地，听说陈王死了，就拥立了楚怀王。项梁取号为武信君，英布取号为当阳君。项梁战败后，死在定陶，楚怀王迁都到彭城，各位将领和英布也都在彭城聚集坚守。当时，秦军紧急围困赵国，赵国屡次派人来求救。楚怀王任命宋义为上将，范增为末将，项籍为次将，英布、蒲将军都为将军，全部归宋义率领，向北营救赵国。等到项籍在黄河边杀了宋义，怀王趁机改任项籍为上将军，各路将领又都归属项籍统率。项籍派英布先渡过黄河攻击秦军，英布屡立战功，项籍就率领着全部军队渡过黄河，紧随英布，于是打败了秦军，降服了章邯等人。楚军经常获胜，功劳冠绝诸侯。诸侯的军队都能归附楚国的原因，是因为英布总能率领军队以少胜多啊！

项籍率领军队向西来到新安，又派英布等人领兵趁夜攻章邯，活埋章邯所率秦军二十多万人。项籍到了函谷关，不能进入，又派英布等人先从小道攻破守关的军队，才入关，到达咸阳。英布常常担任军队的先锋。项王册封将领，封英布为九江王，建都六县。

汉高祖元年四月，诸侯们都从项王麾下离开，回到自己的封国。项氏拥立楚怀王为义帝，迁都长沙，却暗中派九江王英布等人，在路上袭击他。这年八月，英布派将领攻击义帝，追到郴县杀死了他。

汉高祖二年，齐王田荣背叛楚国，项王前去攻打齐国，在九江征兵，九江王英布借口生病不能前去，只派将领带着数千人前往。汉王在彭城打败楚军，英布又借口生病不帮助楚国。项王因此怨恨英布，多次派使者责备英布，召他前去会面，英布越加惶恐，不敢前去。项王此时既担忧北方的齐国、赵国，又担心西边的汉国，和他交好的只有九江王，他又很赞赏英布的才能，打算亲近任用他，所以才没有攻打他。

汉高祖三年，汉王攻打楚国，在彭城一带大战，战况不利，逃离梁地，来到虞县，对身边的人说："像你们这些人，不值得一起谋划天下大事。"他手下的侍从官随何近前说："不清楚您说的是什么意思。"汉王说："谁能为我出使淮南，让他们发动军队，背叛楚国，在齐国牵制项王几个月，我夺取天下就有把握了。"随何说："请让我去出使。"于是随何就和二十个人一起，出使淮南。到了淮南，因为太宰主事，三天都没见到淮南王。随何于是游说太宰说："大王为什么不召见我们？一定是以为楚国强大，汉国弱小，这就是我出使的原因。假如让我面见大王，我说的话要是对的，那正是大王想听的；我说的话要是不对，让我们二十人躺在砧板上，在淮南闹市用斧头砍死，以此表明大王背叛汉国亲近楚国。"太宰这才传话给淮南王，淮南王召见了随何。随何说："汉王派我恭敬地进献文书给大王，我私下奇怪大王为什么和楚国那么亲近。"淮南王说："我北向以臣子的礼节侍奉他。"随何说："大王和项王都位列诸侯，北向而用臣子的礼节侍奉他，一定是认为楚国强大，可以把国家托付给他。现在项王进攻齐国时，亲自背着筑墙的材料，身先士卒，大王您应当出动淮南的全部人马，亲自率领，做楚军的先锋，如今却只派四千人去帮助楚国。北向用臣子的礼节侍奉，应该是这个样子吗？汉王在彭城作战，项王还没有发兵攻打齐国，大王就应该率领淮南所有人马，渡过淮河，帮助项王和汉王日夜会战。大王坐拥万人大军，却没有一个人渡淮河相助，这是袖手旁观，想看看谁胜谁败。

把国家托付给别人，应该是这个样子吗？大王挂着心向楚国的虚名，内心却实实在在想要靠自己，我私下认为大王这样是不对的。大王不背叛楚国，是认为汉国弱。楚国的军队虽然强大，天下人却不认为他们是义军，因为楚军背弃盟约杀害了义帝。然而楚王借着胜利的局势自认强大，汉王收纳诸侯，回师驻守成皋、荥阳，从蜀、汉运来粮食，深挖沟壕，搭建壁垒，分兵登上塞堡，把守着边境，楚国如果想撤军，中间隔着梁地，深入敌后八九百里，想打打不赢，攻城攻不下，老弱残兵辛苦辗转地在千里之外运粮；等到楚国军队到达荥阳、成皋之时，汉王的军队只要坚守壁垒，楚军进攻攻不破，后退又逃不过汉军的追击。所以说楚国的军队是不值得依靠的。假如楚军战胜了汉军，诸侯们担心自身的安危，必然要相互救援。楚国一旦强大，正好会招来天下军队的攻击。所以楚国比不上汉国，那形势是显而易见的。如今大王不和没有后顾之忧的汉国交好，却把自己的安危寄托在危在旦夕的楚国身上，我私下替大王感到困惑。我不认为淮南的军队足够灭亡楚国。只要大王出兵背叛楚国，项王一定会被牵制，只要牵制几个月，汉王夺取天下就有十足的把握。我请求和大王一起提着宝剑归附汉王，汉王一定会分割大片土地赐给大王，更何况淮南，淮南一定为大王所有啊。所以，汉王谨慎地派出使者，进献不成熟的计策，希望大王能够深思熟虑。”淮南王说：“就听你的吧。”于是暗中答应背叛楚国，联合汉国，但没敢泄露这个秘密。

这时楚国的使者正好也在，正在紧急地催促英布发兵。随何径直进去，坐在楚国使者的上座，说：“九江王已经归附汉王，楚国凭什么让他发兵？”英布很吃惊。楚国使者站起来离去。随何趁机说服英布：“事情已经发展到这个地步，要杀掉楚国的使者，不要让他回去，赶快归附汉朝，协同作战。”英布说：“就按你说的做，我就此出兵攻打楚国。”于是杀掉使者，趁机起兵攻打楚国。楚国派项声、龙且攻打淮南，项王留下来进攻下邑。几个月的时间，龙且打败了英布的军队。英布想带兵逃归汉王，又怕楚王杀掉他，所以，从小道和随何一起投奔刘邦。

淮南王到的时候，汉王正蹲坐在床上洗脚，召英布入见。英布见了，怒火中烧，后悔来到汉王这里，想要自杀。退出后来到自己住的地方，见到帐幔、器物、饮食、侍从都和汉王居所的标准一样，英布又喜出望外。于是就派人进入九江。楚王这时已经派项伯收编了九江的部队，杀尽了英布的妻子儿女。英布派出去的人找到不少当时的部下，率领数千人前来归附汉王。汉王又给英布分派了一些兵马和他一同北上，招收人马来到成皋。汉高祖四年七月，汉王封英布为淮南王，一起攻打项籍。

汉高祖五年，英布又派刘贾等人进入九江，占领了好几个县。汉高祖六年，英布和刘贾进入九江，引诱大司马周殷，周殷背叛楚国，率领九江的军队和汉军共同攻打楚国，在垓下大败楚军。

项籍死后，天下平定，高祖设宴置酒。高祖看不上随何的功劳，说他不过是一介腐儒，治理天下哪里用得着腐儒。随何跪着禀报："陛下带兵攻打彭城的时候，楚王还没有去齐国，陛下率领步兵五万，骑兵五千，能够夺取淮南吗？"陛下说："不能。"随何说："陛下派我和二十人出使淮南，到了淮南，马上就遂了陛下心意，这是我的功劳，比步兵五万、骑兵五千还要大呀。可是陛下却说我是腐儒，治理天下用不着腐儒，这是为什么呢？"高祖说："我正想着您的功劳呢。"于是就任用随何为护军中尉。英布剖符做了淮南王，建都六县，九江、庐江、衡山、豫章郡都归英布管辖。

汉高祖六年，英布到陈县朝见陛下。汉高祖八年，英布到洛阳朝见。汉高祖九年，到长安朝见。

汉高祖十一年，吕后诛杀了淮阴侯韩信，英布因此内心恐惧。这年夏天，高祖诛杀了梁王彭越，还把他剁成肉酱，又把肉酱装好赐给诸侯品尝。送到淮南，淮南王正在打猎，看到肉酱，于是十分害怕，暗中派人聚集军队，随时打探周围郡县的紧急情况。

英布宠爱的姬妾病了，请求前去治疗，医师的家和中大夫贲赫家住对门，爱妾多次去医师家治病，贲赫自认为自己是侍中，给医师送去了丰厚的礼物，与英布的爱妾在医师家喝酒。爱妾侍奉淮南王时，在随便的谈话中称赞贲赫是忠厚老实的人。淮南王生气地说："你怎么知道的？"爱妾就把自己和贲赫相遇的情况和他说了。淮南王疑心她和贲赫私通。贲赫恐惧，假称有病。淮南王更加愤怒，想要把贲赫抓起来。贲赫打算告发英布的叛变阴谋，就坐着驿车前往长安。英布派人追赶，没赶上。贲赫到了长安，上书告发，说英布有造反的迹象，一定要在他叛变之前杀掉他。高祖看了他的上书，告诉了相国萧何。相国说："英布不应该有这样的打算，恐怕是因为有仇人诬陷他。请把贲赫暂时拘押起来，派人暗中查探淮南王。"淮南王见贲赫畏罪潜逃，上书说自己叛变，本来已经怀疑他会说出自己暗中的布置；汉王的使臣又来了，似乎是印证了自己猜想，就杀死了贲赫的家人，起兵造反。英布造反的消息被高祖证实，高祖才释放了贲赫，封他做将军。

高祖召集将领们问道："英布造反了，怎么办？"将领们都说："出兵攻打他，活埋了这小子算啦。还能怎么办！"汝阴侯滕公召见原来楚国的令尹询问。令尹说："本来就该造反。"滕公说："皇上分裂疆土封他为王，赏赐爵位让他身份尊贵，面南为万乘之主，他为什么还要造反呢？"令尹说："往年杀死彭越，前年杀死韩信，这三个人功劳差不多，是一样的人，自然怀疑会祸及自己，所以造反了。"滕公把这些话告诉了高祖："我的门客是原来楚国的令尹薛公，很有谋略，可以问他。"高祖就召见并询问了薛公。薛公回答说："英布造反没什么奇怪的。如果英布用了上计，山东地区就不归汉朝所有了；用了中计，谁胜谁败还很难说；用了下计，陛下就可以安枕无忧了。"高祖说："什么是上计？"令尹回答说："向东攻取吴国，向西攻取楚国，吞并齐国，攻占鲁国，对燕国、赵国传檄文，让他们固守自己的土地，山东地区就不再归汉王所有了。"高祖再问："什么是中计？"令尹回答说："向东攻占吴国，向西攻占楚国，吞并韩国，攻取魏国，占据敖庾的粮食，关闭成皋的关口，谁胜谁败就很难说了。"高祖又问："什么是下计？""向东攻取吴国，向西攻取下蔡，把辎重财宝送回越国，自己回到长沙，陛下就可以安枕无虑了，汉朝就没事了。"高祖说："那英布将会用什么计策呢？"令尹回答说："会选择下策。"高祖说："为什么不用上计、中计而选择下计呢？"令尹说："英布原本是骊山的犯人，自己努力做到了万乘之主，这都是为了自己的荣华富贵，不会顾及百姓和千秋万代的子孙，所以他会选用下计。"高祖说："说得好。"于是封薛公为千户侯。册封皇子刘长为淮南王。高祖于是亲自率领部队，发兵向东攻打英布。

英布最初造反的时候，对他的将领们说:“陛下老了，不喜欢战争，一定不会亲自带兵前来。派遣将领的话，我只害怕淮阴、彭越，如今他们都死了，其余的人没什么可怕的。”所以就造反了。果真像薛公预料的那样，英布向东攻打荆国，荆王刘贾出逃，死在富陵。英布挟持了他的部队，渡过淮河攻打楚国。楚国发兵和英布在徐、僮之间作战，兵分三路，想用相互救援的奇策。有人劝告楚将说:“英布擅长用兵打仗，百姓们一直害怕他。况且兵法上说：‘诸侯在自己的领地上作战，很容易逃散。’如今兵分三路，他们只要打败我们其中的一路军队，其余的就都跑了，怎么能相互救援呢！”楚将不听忠告。英布果然打败其中一路军队，其他两路军队都逃散了。

英布的军队于是向西挺进，在蕲县以西的会甀和高祖的军队相遇。英布的军队十分精锐，高祖就躲进庸城，看到英布列阵好像项籍的军队，高祖非常厌恶。高祖和英布遥遥相望，远远地对英布说：“你何苦要造反呢？”英布说：“想当皇帝啊。”高祖大怒，喝骂他，随即两军大战。英布的军队战败逃走，渡过淮河，多次停下来战斗，都未战胜，英布就和一百多人逃到长江以南。英布原来和番县令通婚，所以长沙哀王派人哄骗英布，谎称和英布一起逃跑，骗他跑到南越，英布相信他，并且跟着他到了番阳。番阳人在兹乡百姓的民宅里杀死了英布，于是灭掉了黥布。

高祖立皇子刘长为淮南王，封贲赫为期思侯，将领们大多因为有战功获得封赏。

太史公说：英布，他的祖先难道是《春秋》记载的被楚国灭掉的英国、六国皋陶的后代吗？他自身遭受刑法，为什么还能兴起得那么迅疾啊！项氏杀掉活埋的人以千、万计，英布经常是罪魁祸首。他的功劳冠绝诸侯，因此得以称王，也不免自己遭受当世最大的耻辱。祸根是从爱妾那里产生的，因妒忌而铸成祸患，最终竟然被灭国！

（刘　彭　译）

《史记》卷九十二　淮阴侯列传第三十二

淮阴侯韩信，是淮阴人。当他还是平民百姓时，家境贫穷，行为放纵不检，既不能被推选去做官，又不能靠做买卖维持生活，经常跑到别人家里蹭吃蹭喝，很多人都厌恶他。他还曾经多次前往下乡南昌亭亭长家里吃闲饭，接连数月，亭长的妻子为此大伤脑筋，就每天早早起床提前吃早饭。等到正常的饭点，韩信去了，就不给他准备饭吃。韩信也明白他们的用意，心里很生气，就再也不去亭长家了。

有一次，韩信在城外钓鱼，有几位年长妇女在河边漂洗棉絮，其中一位大娘看见韩信很是饥饿的样子，就拿出饭给韩信吃，几十天都如此。韩信很高兴，对那位大娘说："日后我一定重重地报答您老人家。"大娘生气地说："男子汉大丈夫连自己都不能养活，我是可怜你这位公子才给你饭吃，难道是希望你报答吗！"

淮阴有个年轻的屠户侮辱韩信说："你虽然长得高大，喜欢带刀佩剑，内心不过是个胆小鬼罢了。"还当众侮辱他说："你要不怕死，就拿剑刺我；如果怕死，就从我胯下爬过去。"于是韩信两眼盯着他看了半天，最终还是低下身去，趴在地上，从他的胯下爬了过去。满街的人见到这个情形，都笑话韩信，认为他是个胆小鬼。

等到项梁率军渡过淮河，韩信仗剑从军，投奔在项梁部下，但一直默默无闻。后来项梁战败身死，韩信就投奔了项羽，项羽让他做了郎中。他屡次给项羽献计献策，项羽都不予采纳。后来汉王刘邦入蜀，韩信便离开了项羽，投奔了汉王，仍是默默无闻。韩信在军队里是个管理粮草的连敖，后来因为犯法被判处死刑，和他同案的十三人都被杀了，轮到韩信，他抬头仰视，正好看见滕公夏侯婴，韩信说："汉王不想成就统一天下的功业吗？为什么要杀壮士！"滕公觉得他说话不同凡响，又见他相貌堂堂，于是就把他放了。滕公和韩信交谈，很欣赏他。于是就把韩信推荐给了汉王，汉王任命韩信为治粟都尉，但是并没有发现他有什么出众的才能。

韩信多次跟萧何谈话，萧何认为他是位奇才。刘邦带领人马在向南郑进军时，有几十个将领都半路脱逃。韩信见萧何等人已多次向汉王推荐自己，而汉王总是不重用自己，也逃走了。萧何听说韩信逃跑了，来不及报告汉王，立刻亲自去追赶他。有人报告汉王说："丞相萧何逃跑了。"汉王一听勃然大怒，心疼得如同失去了左右手。过了一两天，萧何来拜见汉王，汉王见到他是又气又喜，骂萧何说："你为什么也逃跑了？"萧何说："我不敢逃跑，我是去追赶逃跑的人。"汉王说："你想追赶的人是谁呢？"回答说："是韩信。"汉王又骂道："各路将领逃跑了几十人，你都没去追；现在说是去追韩信，骗谁呢？"萧何说："那些将领容易得到，至于像韩信这样的杰出人物，普天之下再也找不出第二个了。大王果真要长期在汉中称王，自然用不着韩信；如果是想成就统一天下的大业，除了韩信就再没有人可与您共谋大事了。就看大王是如何决策了。"汉王说："我是要向东发展啊，怎么能够一辈子窝窝囊囊待在这里呢？"萧何说："大王既然决意向东发展，那么您要是能重用韩信，韩信自然就会留下来；您要是不能重用他，韩信终究要逃跑的。"汉王说："既然你这么说，我就让他做个将军。"萧何说："即使您让他做将军，韩信一定还是会走的。"汉王说："那我任命他做大将军。"萧何说："太好了。"于是汉王就想下令让人把韩信找来任命他为大将军。萧何说："大王向来对人轻慢，不讲礼节，如今任命大将军就像呼喊小孩儿一样，这就是韩信要离去的原因啊。大王真心要任命他，就要选择良辰吉日，沐浴斋戒，在广场上设置高坛，举行隆重的仪式，那才行呢。"汉王答应按照萧何的意思来办。众将看到这个情景，都很高兴，人人都想这回该任命自己为大将军了。等到正式任命大将军时，居然是韩信，全军都大吃一惊。

任命韩信为大将军的仪式结束后，韩信被请入上座。汉王说："丞相多次称道将军，将军用什么计策指教我呢？"韩信谦让了一番，趁势问汉王说："大王您如今向东争夺天下的对手不是项王吗？"汉王说："是。"韩信问："大王自己估计在勇敢、强悍、仁厚、兵力方面与项王相比，您能比得过项王么？"汉王沉默了半天，说："我不如项王。"韩信起身向汉王拜了两拜，称赞说："我也认为大王比不上他呀。然而，我曾经侍奉过他，请让我说说项王的为人吧。项王大吼一声，成千上万的人被他吓得瘫在地上，可以说是够勇猛的，但是他不能放手任用有才干的将领，说明项王是匹夫之勇。项王待人恭敬有礼，仁爱慈祥，说起话来和和气气，遇到生病的人，项王心疼得流泪，还将自己吃的喝的分给他，可是等到人家立下战功，该加封晋爵时，他却把刻好的大印拿在手里，把玩得失去了棱角，也舍不得发出去，这就是人们所说的妇人之仁啊。项王现在虽然称霸天下，所有的诸侯都对他拱手称臣，可是他放弃了关中的有利地形，而建都彭城。他还违背了义帝宣告的谁先入关中谁就称王的约定，将自己的亲信分封为王，诸侯们都对此不平。诸侯们看到项王把义帝迁移到江南僻远的地方，也都回去驱逐自己的国君，占据好的地方自立为王。还有，项王军队所到之处，无不遭到杀戮抢劫，老百姓怨声载道，都不愿意归附他，只不过迫于他强大的军威，不敢反抗罢了。所以说项王现在虽说是名义上的霸主，实际上却大失民心。所以说他的优势很容易转化为劣势。如今大王果真能够与项王反其道而行，任用天下英勇善战的人才，有什么人不可以被诛灭的呢！把天下的城邑分封给有功之臣，有什么人不会对您心服口服呢！以正义之师，顺从将士东归的心愿，有什么样的敌人不能击溃呢！况且项羽分封的三个王：章邯、司马欣和董翳，原来都是秦朝的将领，他们率领关中的子弟打了好几年仗，战死和逃跑的士兵多得不计其数，后来他们又欺骗部下，投降项羽，不料到了新安，项王竟把这二十万降兵全部活埋了，唯独章邯、司马欣和董翳得以活命，现在秦地的父老乡亲对他们三个人是恨之入骨。而今项羽凭恃着威势，强行封立这三个人为王，秦地的百姓没有谁爱戴他们。而大王您进入武关以后，秋毫无犯，废除了秦朝的苛酷法令，与秦地百姓约法三章，秦地百姓没有谁不乐意大王在秦地称王。根据诸侯的成约，大王理当在关中做王，关中的百姓都知道这件事。后来您失去了应得的职位，被项王排挤到汉中，秦地百姓都怨恨项王的做法。如今大王发动军队向东挺进，只要一道军用文书三秦之地就可以平定了。”汉王听了大喜，深感自己得到韩信为时太晚。于是就听从韩信的谋划，部署各路将领攻击的目标。

汉高祖元年八月，汉王出兵经过陈仓向东挺进，很快就平定了三秦。汉高祖二年，汉王率兵出函谷关，收服了魏王、河南王，韩王、殷王也相继投降。于是汉王又联合齐王、赵王共同攻击楚军。四月，汉王打到项王的都城彭城，汉军兵败，溃散而回。韩信又收集溃散的人马与汉王在荥阳会合，在京县、索亭之间打败楚军，从此楚军再也没能向西跨进。

汉军在彭城败退之后，塞王司马欣、翟王董翳逃出汉军营垒投降项羽，齐国和赵国也背叛汉王跟楚国和解。六月，魏王豹请假回河东探亲，一到封国，就立即封锁了黄河渡口，背叛汉王，与楚军订约讲和。汉王赶紧派郦生前去游说魏豹，魏豹不听。同年八月，汉王任命韩信为左丞相，攻打魏豹。魏豹把主力部队驻扎在蒲坂，堵塞了黄河渡口临晋关。韩信在临晋增设疑兵，故意摆开战船，假装要强渡临晋，而暗中派兵北上夏阳，利用木盆木桶漂浮过河，再南下猛袭魏豹重镇安邑。魏王豹惊慌失措，率兵北上仓促迎敌，结果被韩信俘虏，韩信很快就平定了魏国其他地方，改制为河东郡。接着，汉王又派张耳和韩信一起，领兵向东北进发攻击赵国和代国。这年闰九月，打垮了代国军队，在阏与生擒了代国丞相夏说。韩信攻克魏国、摧毁代国后，汉王就立刻派人调走韩信的精锐部队，让他们到荥阳去抵御楚军。

韩信和张耳率领几万人马，想要东出井陉口，攻击赵国。赵王、成安君陈馀听说汉军将要来进攻，在井陉口聚集二十万兵力。这时赵国的谋士广武君李左车向成安君陈馀献计说："听说汉将韩信渡过西河，俘虏魏豹，又生擒了代相夏说，血洗阏与，如今在张耳的辅助下，准备攻打赵国。这是远离根据地乘胜奔袭敌人的作战，其锋芒锐不可当。我听说，千里运送粮饷，士兵们就会常处饿饥状态；该烧火做饭了再去砍柴，士兵就不能常吃饱饭。眼下井陉这条道路，窄得两辆战车不能并行通过，骑兵不能排成行列，韩信的军队到这里要走数百里，他的运粮食的队伍势必远远地落到后边。请您临时拨给我奇兵三万人，我抄小路去拦截他们的粮草，您就深挖战壕，高筑营垒，坚守军营，不要和他们交战。他们前进不能和我们战斗，向后也无法退却，我出奇兵截断他们的后路，他们军中无粮，在荒野中也找不到什么吃的，这样不出十天，韩信和张耳的人头就可送到将军帐下。希望您仔细考虑我的计策。否则，我们就会被他们俘虏。”成安君陈馀是个信奉儒家学说的书生，经常宣称仁义之师不用欺诈诡计，陈馀说：“我听兵书上讲如果兵力十倍于敌人，就可以包围敌人；如果超过敌人一倍，就可以同对方交战。现在韩信的军队号称数万，实际上不过数千，他们跋涉千里来袭击我们，已经疲惫不堪。如今面对这样的军队，我们回避不出击，倘若以后有强大的敌军到来，我们又怎么对付呢？各国诸侯也会认为我怯懦胆小，就会轻易地来攻打我们。”陈馀不听李左车的计谋，李左车的计谋未被采用。

韩信派出的探子暗中刺探，知道陈馀没有采纳广武君的计谋，回来报告给韩信，韩信一听大喜，才敢领兵进入井陉狭道。离井陉口还有三十里，韩信命令大部队就地休整。到了半夜时分，韩信传令出发，挑选了两千名轻装骑兵，每人拿一面红旗，抄小道上山，隐蔽在山上，监视赵国军队的举动，并告诫说：“赵军见我军败逃，一定会倾巢出动追赶我军，你们火速冲进赵军营垒，拔掉赵军的旗帜，插上汉军的红旗。”又让副将传令让士兵吃一点早点，说：“等今天打败了赵军正式会餐。”部下将领们都不相信，佯装答应说:“好。”韩信对手下军官说：“赵军已抢先占据了有利地形，建造了营垒，他们没有见到我们大部队的旗号之前，不会轻易攻击我军的先头部队，唯恐我们到了险要的地方退回去。”韩信就派出万人的先头部队，出了井陉口，背靠河水列阵。赵军远远望见，大笑不止。天刚蒙蒙亮，韩信竖起大将旗号架起战鼓，擂鼓而行开出井陉口，赵军冲出营垒攻击，双方交战了好长时间，韩信、张耳假装败退，抛旗弃鼓，逃回河边的阵地。河边阵地的部队打开营门放他们进去，继续和赵军激战。赵军果然倾巢出动，争夺汉军的旗鼓，追逐韩信、张耳。韩信、张耳已进入河边阵地，全军殊死奋战，赵军也无法取胜。韩信预先派出去的两千轻骑兵，早已在山上等候，看到赵军倾巢出动去追逐战利品的时候，就火速冲进赵军空虚的营垒，全部拔掉赵军旗帜，插上了汉军的两千面红旗。赵军久战不胜，又不能俘获韩信等人，想要退回营垒，一看营垒上插满了汉军的红旗，大吃一惊，以为汉军已经全部俘获了赵王及其将领，于是军队大乱，士兵纷纷四处逃散，赵将虽然杀人阻拦，也无济于事。于是汉兵内外夹击，大破赵军，俘虏了大批人马，陈馀被杀死在泜水边上，赵王歇被擒获。

韩信传令全军，不准杀害广武君李左车，有能活捉他的赏给千金。于是有人捉到了李左车，把他捆着送到韩信帐下，韩信亲自给他解开绳索，请他东向而坐，自己西向与之对坐，像对待老师那样对待他。

将领们献上首级和俘虏，向韩信祝贺完毕，趁机问韩信说："兵法上说：行军布阵，应该右边和背后靠山，前边和左边临水。这次将军反而令我们背水列阵，说打垮了赵军正式会餐，当时我们并不相信。可是最后按照你的阵法，我们还真的取得了胜利，这是什么战术啊？"韩信回答说："这个战术兵法也有记载，只是你们没留心罢了。兵法上不是说'陷之死地而后生，置之亡地而后存'吗？现在我率领的这些军队并不是我的老部下，对他们没有恩情，这就是人们所说的'赶着街市上的百姓去打仗'，这样就使将士们身处绝境，逼得士兵为保全自己而非战不可；如果给他们留有生路，他们早就跑光了，我能指望用他们取胜么！"将领们一听都佩服得不得了，说："好。将军的谋略不是我们所能赶得上的呀。"

接着韩信问广武君李左车说："下一步我打算北上攻打燕国，向东讨伐齐国，我怎么办才能取得胜利呢？"广武君推辞说："我听说打了败仗的将领，没资格谈论用兵，亡了国的大夫没有资格给别人谋划国家的生存问题。而今我是兵败国亡的俘虏，有什么资格帮您谋划大事呢！"韩信说："当初百里奚在虞国为臣，虞国灭亡后，百里奚到秦国为臣，秦国称霸了，这并不是因为百里奚在虞国愚蠢，到了秦国就变得聪明了，关键在于国君任用不任用他，采纳不采纳他的意见。倘若成安君采纳了您的谋略，我韩信也早被您生擒了。就是因为陈馀没有采纳您的计谋，所以我今天才有幸把您请到这里，聆听您的教导啊。"于是韩信坚持问道："我是诚心诚意地听从您的教导，还望您不要推辞。"广武君说："再聪明的人考虑问题，也有失误的时候；再不聪明的人考虑问题，也有对的时候。所以俗话说'即便是狂人们的胡言乱语，圣人们选择而用'。我唯恐我的计谋对您未必有用，但我还是愿说出我的愚见以效忠诚。成安君本有百战百胜的计谋，就因为一步走错，就兵败而在泜水亡身。而今将军横渡西河，俘虏魏豹，生擒夏说于阏与，接着东下井陉，不到一早晨就击败了赵国的二十万大军，诛杀了陈馀。一时间将军名扬四海，威震天下，老百姓无不放下农具，停止耕作，穿好的，吃好的，活一天算一天，他们竖着耳朵听您的动静，心想说不定哪一天就会死去。您把人们吓成这样，这是您的优势所在。然而，眼下您的军队已经疲惫不堪，短时间内不应该再作战。如果将军坚持率领疲惫之师攻打燕国，燕国坚固的城池久攻不下，到那时，我们的弱点就会暴露出来，旷日持久，军马粮草供应不上，弱小的燕国不肯降服，齐国一定会据守边境，以图自强。一旦燕、齐两国坚持不肯降服，那么，中原战场上刘邦和项羽的胜负就更难见分晓了。像这样的话，那就是将军的劣势。我见识浅薄，但我私下认为您的想法是错误的。一个善于带兵打仗的人，不拿自己的短处攻击敌人的长处，而是拿自己的长处去攻击敌人的短处。”韩信说：“那么眼下我应该怎么办呢？”广武君回答说：“现在为您考虑的话，将军不如按兵不动，安定赵国的社会秩序，抚恤阵亡将士的遗孤。这样，方圆百里之内，人们一定会送来酒肉犒劳将士，您再作出向北进攻的姿态；而后派出说客拿着您的书信，去游说燕国并告知他们您在战略上的优势，燕国必不敢不听从。等到燕国归顺之后，再派说客到东边去劝降齐国，齐国一定会闻风而降服，即使有聪明睿智的人，也不能为齐国想出什么拒绝我们的办法了。这样一来，汉王平定天下的大局就都可以谋划了。用兵本来就有先虚张声势，而后采取实际行动的，我说的就是这种情况。”韩信说：“很好。”韩信采纳了他的计策，派使者前往燕国游说，燕国很快就投降了。接着韩信派人向汉王汇报胜利消息，并请求立张耳为赵王，用以镇抚赵国。汉王答应了他的请求，于是就封张耳为赵王。

楚国多次派出奇兵渡过黄河攻击赵国，赵王张耳和韩信一方面派兵救援赵国，趁机稳定赵国尚未安稳的城邑，同时还调兵遣将支援汉王。当时项羽的军队正把汉王包围在荥阳，汉王从南面突围，到宛县、叶县一带，在那里收编了黥布的部队，而后又进入成皋，项羽的军队又包围了成皋。六月间，汉王逃出成皋，向东渡过黄河，只有滕公相随，来到张耳军队驻扎的修武县。他们到达修武后，当晚就住在客馆里。第二天一大早，他们自称是汉王的使臣，骑马奔入赵军的营垒。韩信、张耳还没有起床，汉王就进入他们的寝室，收缴了二人的印信和兵符，随后召集众将，重新安排他们的职务。韩信、张耳起床后，才知道汉王来了，极为震惊。汉王夺取了他二人统率的军队，命令张耳镇守赵地，任命韩信为相国，让他收集赵国还没有发往荥阳的部队，去攻打齐国。

韩信领兵向东进发，还没有渡过平原津，听说汉王派郦食其已经说服齐王归顺了，韩信打算停止进军。范阳说客蒯通规劝韩信说："将军是奉汉王的命令攻打齐国，尽管汉王暗中派遣一个说客游说齐国投降，难道汉王有诏令让您停止进攻吗？您有什么理由停止进军呢！况且郦生不过是个读书人，坐着车子，鼓动三寸不烂之舌，就收服了齐国七十多座城邑。将军率领数万大军，苦战一年才攻克赵国五十多座城邑；将军的功劳反倒不如一介臭书生吗？"韩信认为蒯通说得很有道理，就听从了他的建议，挥师渡过黄河。当时齐王已经听从了郦食其的劝降，齐王正留郦生大摆筵席，完全解除了对汉军的防卫。韩信乘机突袭齐国驻扎在历下的军队，很快就打到国都临淄。齐王田广认为上了郦食其的当，就把他煮死，而后逃往高密，同时派出使者到楚国向项羽求救。韩信平定临淄以后，随即又率军追赶田广，一直追到高密城西。项羽也派司马龙且率领兵马，号称二十万，前来救援齐国。

齐王田广和司马龙且两支部队会师，准备与韩信开战，还没交锋，有人规劝龙且说："汉军远离国土来和我们作战，他们一定会拼死作战，其锋芒锐不可当。齐楚两军在本乡本土作战，士兵恋家容易开小差。不如深沟高垒，坚守不出。让齐王派出亲信大臣去向已经沦陷的城邑发出号召，这些城邑的官吏和百姓知道他们的国王还在，楚军又来援救，一定会反击汉军。汉军远离本土两千多里，齐国各地百姓都纷纷起来反叛他们，那汉军的粮草势必供应不上，这就可以迫使他们不战而降。"龙且说："我一向了解韩信的为人，他很容易对付。而且我是奉命来援救齐国，来到这里一战都没有打就使韩信投降了，我还有什么功劳？如今战胜他，齐国一半土地可以分封给我，为什么不打？"于是决定开战，与韩信隔着潍水摆开阵势。韩信下令连夜赶做一万多条口袋，装满沙土，堵住潍水上游，然后带领一半军队渡过河去，攻击龙且，假装战败，汉军纷纷后退。龙且一见高兴地说："我早就知道韩信是软骨头。”于是挥师过潍水追赶韩信。韩信派人挖开堵塞潍水的沙袋,河水汹涌而下。这时龙且的部队大部分已经渡过潍水,回不去了,韩信立即回师猛烈反击,杀死了龙且。龙且在潍水东岸尚未渡河的部队,见势四散逃跑，齐王田广也逃跑了。韩信追赶败兵直到城阳，俘虏了剩下的楚军士兵。

汉高祖四年，韩信降服且平定了整个齐国。派人向汉王上书，说：“齐国是个狡诈多变、反复无常的国家，南面又紧挨着楚国，如果不设立一个暂时代理的王来镇抚，局势一定难以稳定。希望您能允许我暂时当一个代理齐王。”这时，项羽的军队在荥阳紧紧地围困着汉王，韩信使者到后，汉王打开书信一看，勃然大怒，骂道:“我被围困在荥阳，日夜盼着你来解救我，想不到你要自己称王了！”张良、陈平赶紧暗中踩汉王的脚，并凑近汉王的耳朵悄声说：“目前我们正处在不利的境地，怎么能禁止韩信称王呢？不如趁势立他为王，好好地对待他，让他好好镇守齐国。不然他可能生出变故。”汉王也领悟过来，又故意骂道：“大丈夫平定了一个诸侯国，本来就理应称王，何必做个暂时代理的王呢？”于是派张良前往齐国，册立韩信为齐王，同时征调他的全部人马去攻打楚军。

楚军失去龙且后，项羽有些心慌，于是派盱眙人武涉前往规劝齐王韩信说：“天下人苦于秦朝的统治已经太久了，大家才联合起来推翻它。秦朝灭亡后，按照功劳分割土地，各自为王，以便休兵罢战。可是汉王不守本分，又兴师东进，侵入他人的领土，掠夺他人的封地，灭掉了秦国的三个国家后，又挥师出函谷关，集合各路诸侯的军队攻打楚国，看他的意思不独吞整个天下是不肯罢休的，他贪心不足，太过分了。况且汉王这个人一点都不可信任，他多次落到项王手中，项王怜悯他，放了他一条生路，可是汉王一旦脱身，就立即撕毁约定，掉头来攻打项王。他是这样地不可亲近，不可信任。如今您自以为和汉王交情深厚，替他竭尽全力作战，最终还是会被他收拾的。他所以还留您到今天，是因为项王还存在啊。如今项王和汉王的胜负，完全取决于您。您向右边站，那么汉王胜；您向左边站，那么项王胜。假若项王今天被消灭，下一个就该轮到您了。您和项王有旧交情，为什么不离开汉王，和项王联合起来，三分天下自立为王呢？如今，错过这个机会，一心跟着汉王攻打项王，一个聪明睿智的人，难道应该这样做吗？”韩信辞谢说：“从前我侍奉项王，项王不过让我当了个郎中，职位不过是个持戟的卫士，项王听不进去我的话，我的计谋他也不采纳，所以我才背楚归汉。汉王授予我上将军的印信，给我几万人马，脱下他身上的衣服给我穿，把好食物让给我吃，对我言听计从，所以我才能够成就今天的事业。汉王对我如此亲近、信赖，我却要背叛他，是不会有什么好下场的，因此我到死也不会改变我对汉王的忠心。希望您替我辞谢项王的盛情！”

武涉走后，齐国的谋士蒯通拜见韩信，他知道天下胜负的关键在于韩信，想出奇计打动他，于是以一个看相先生的口吻规劝韩信：“我曾经学过相面之术。”韩信说：“您是如何给人相面的？”蒯通回答说：“一个人的高贵卑贱，在于骨骼；一个人的喜怒哀乐，在于面色；一个人的成败得失，在于能否当机立断。用这三项验证人相，保准万无一失。”韩信说：“好，那就请您给我看看，我的面相如何？”蒯通回答说：“请您让随从人员暂时回避一下。”韩信对左右侍从说：“你们先出去吧。”蒯通说：“看您的面相，最大不过能够封侯，而且并不安稳。看您的背相，您的显贵简直无以言表。”韩信说：“您这样说是什么意思呢？”蒯通说：“当初，天下人起来造秦朝的反时，英雄豪杰首先建立名号，一呼百应，天下有志之士像云雾那样聚集，像鱼鳞那样杂沓，如同火焰迸飞，狂风骤起。那时候大家关注的是如何使秦朝灭亡。现在楚汉纷争，使天下无辜的百姓惨遭杀戮，荒郊野外，尸骨遍地。项羽从彭城出发，转战四方，一路上追击，在荥阳围困刘邦，项羽是乘势追击，势如破竹，威震天下。后来他的军队被困在京、索之间，被阻于成皋以西地带，再不能前进一步，现在处于这样的困局已经三年了。汉王率领着几十万人马，在巩县、洛阳一带，凭借大山黄河的天险，抗拒楚军，每天与楚军恶战数次，但也没取得什么胜利，多次被项羽打败而无人救助，刘邦先被围困在荥阳，后受伤于成皋，还败逃到宛县和叶，真是到了智尽勇乏的地步了。现在楚军将士因为长期被险要关塞困顿而锐气尽挫，仓库的粮食也消耗殆尽，百姓疲劳困苦，怨声载道，人心不安，找不到任何依靠。以我看来，如果不出现一个圣贤之人，就不足以结束当前困顿的局面。当今楚王和汉王的命运都掌握在您的手里。您要是倾向于帮助汉王，汉王就会胜利；如果您帮助楚王，楚王就胜利。我愿意推心置腹、披肝沥胆向您提出一条建议，只是唯恐您不能采纳啊。如果您真能听从我的计策，让楚、汉双方都不受损害同时存在下去，您和他们三分天下，鼎足而立，这样，楚王和汉王谁都不敢轻举妄动。凭借您的贤能圣德，又拥有如此众多的人马装备，占据强大的齐国，还有燕国和赵国跟随，假如您领军乘虚而入，出兵楚王和汉王的后方，然后顺应百姓想要和平的心愿，向楚王和汉王提出停战的要求，为军民百姓请求保全生命，那时天下百姓就会闻风响应，有谁敢不听从！而后，您再割取大国的疆土，削弱强国的威势，用以分封众多小的诸侯。诸侯获得封地之后，就会对您感恩戴德而归服于齐。您安定好齐国故有的疆土后，再进一步占据胶河、泗水流域，用恩德感召诸侯，对他们恭谨礼让，那么天下的君王就会相继朝拜齐国。俗话说'老天爷赐予你的东西你不要，反而会倒霉的；时机到了如果你还不赶紧采取行动，反而会遭难'。希望您仔细地考虑这件事。"

韩信说："汉王待我非常好，把他的车子给我坐，把他的衣裳给我穿，把他的食物给我吃。我听说，坐人家的车子，就要准备与人家共患难；穿人家的衣裳，心里就要时刻惦记着人家的忧患；吃人家的食物，就得时刻准备为人家效命，我怎么能够见利忘义呢！"蒯通说："你自认为和汉王关系好，想建立流传万世的功业，我私下认为您想错了。当初常山王张耳和成安君陈馀还是平民百姓时，结成生死之交，后来因为张黡、陈泽的事情产生争执，他们二人彼此仇恨。常山王张耳背叛项王，带着项王的使者项婴的人头归降汉王。汉王借给他军队向东进击，在泜水以南杀死了成安君陈馀，陈馀身首异处，被天下人耻笑。这两个人的交情，可以说是天下最亲密的了。然而竟然发展到都想把对方置于死地，这是为什么呢？祸患就是因为贪得无厌，人心难测啊。如今您打算对汉王尽忠尽信，可是我觉得您和汉王之间的交情怎么也比不上张耳和陈馀的交情，而你们之间相关联的事情又比张黡、陈泽的事件重要的多。所以我认为您要是确信汉王不会加害于您，那也是错误的。当初大夫文种、范蠡帮助濒临亡国的越国起死回生，辅佐越王勾践称霸诸侯，大功告成之后，文种被迫自杀，范蠡被迫逃亡。野兽已经打完了，猎犬就会被烹杀。以交情友谊而论，您和汉王的交情没有张耳与陈馀的友谊深；以忠诚信义而论，也超不过大夫文种、范蠡与越王勾践。这两个事例，足可以作为您的前车之鉴。希望您慎重考虑。况且我听说，大臣的勇敢、谋略如果令君王感到威胁，那他自身的处境就很危险了；而功勋盖天下的人，不会得到君王的赏赐。请让我说一说您的功绩和谋略：您横渡西河，俘虏魏豹，生擒夏说；接着您又引兵东出井陉，杀死了陈馀，攻占了赵国，以声威镇服燕国，平定安抚齐国，向南摧毁楚国军队二十万，向东杀死楚将龙且，而后西去荥阳向汉王捷报。这就是我前面所说的功勋盖天下啊。如今您有使主子害怕的威望，持有不能封赏的功绩，想投靠项羽，项羽不会信任您；归附刘邦，刘邦暗自震惊恐惧。您带着这样大的功绩和声威，哪里是您的容身之地呢？作为一个臣子而有让君主震恐的威名，名望高于天下所有的人，我私下觉得您的处境十分危险。”韩信辞谢说：“您别再讲了，我得好好考虑考虑。”

过了几天，蒯通又规劝韩信说：“能够听从别人的劝告，就是事情成功的征兆；未能听取好的意见，未能做出正确的判断，决策失误而能够长治久安的人，实在少有。能正确听取意见的人，就不会被别人的花言巧语迷惑；能够周密筹划又不本末倒置的人，就不会被七嘴八舌所扰乱。甘愿做劈柴喂马差事的人，就会失掉争取万乘之国权柄的机会；安心微薄俸禄的人，就会失去做卿相的可能。所以说当机立断是聪明人的作为，犹豫不决是百事的祸害。只在眼前的小事上下工夫，就会丢掉天下的大事；有判断是非的智慧，但是不采取实际的行动，也会导致事情失败。所以俗话说‘猛虎犹豫不前，不如黄蜂、蝎子用毒刺刺人；骏马徘徊不前，不如劣马慢步前行；勇士孟贲狐疑不定，不如凡夫俗子说到做到；即使有虞舜、夏禹的智慧，可是沉默不语，那还不如一个聋哑人在那里指手画脚’。这些俗语都说明付诸行动是最可宝贵的。所有的事业都是失败容易成功难，时机难得而易失。时机啊时机，失掉了就不会再来。希望您仔细斟酌斟酌。”韩信仍然犹豫不决，不忍心背叛汉王，又觉得自己功勋卓著，汉王终究不至于把齐国夺走，最终还是谢绝了蒯通的劝告。蒯通见韩信不采纳自己的意见，为了避祸，只能装疯卖傻做了巫师。

汉王被项王围困在固陵时，采用了张良的计策，征召齐王韩信，于是韩信率领军队在垓下与汉王会师。项羽刚被消灭后，刘邦立即袭夺了韩信的军权。汉高祖五年正月，改封齐王韩信为楚王，建都下邳。

韩信到了下邳，派人找来了当年给他饭吃的那位漂母，赐给她黄金千斤。韩信也找来下乡南昌亭亭长，赐给百钱，并对他说："您是小人，因为您做好事有始无终。"还找来了那个曾经侮辱过自己、让自己从他胯下爬过去的年轻人，任用他做了中尉。韩信对左右的将领说："这个人是条好汉。当初他侮辱我的时候，我何尝不能杀死他呢？问题是杀了他也没有意义，我之所以能够忍受侮辱，就是为了成就今天的事业。"

项王部下逃亡的将领钟离眛，家住伊庐，一向与韩信友好。项王死后，钟离眛潜逃归附了韩信。汉王怨恨钟离眛，听说他在韩信那里，就命令韩信逮捕钟离眛。韩信初到楚国，到下属各县视察，总要带着一些士兵，戒备森严。汉高祖六年，有人上书告发韩信谋反。高祖采纳陈平的计谋，以到南方视察云梦泽为名，派使臣通告各诸侯到陈县会合，说："我要巡视云梦泽。"实际打算袭击韩信，韩信却不知道。刘邦将要到楚国时，韩信曾想发兵抵抗，但想到自己没有任何罪过；想去见刘邦，又怕被刘邦设计生擒。有人对韩信说："杀了钟离眛去朝见皇上，皇上一定高兴，就没有祸患了。"韩信去找钟离眛商量此事。钟离眛说："刘邦所以不攻打楚国，就是因为我在您这里。如果您想抓了我取悦汉王，那么我今天死，明天就会轮到您了。"还骂韩信说："你真不是个厚道的人！"说罢刎颈自杀。韩信提着钟离眛的头，到陈郡朝拜刘邦。刘邦命令武士捆绑了韩信，押在随行的车上。韩信说："果真像人们说的'兔子一死，猎狗就遭到烹杀；飞鸟打完，良弓就被收了起来；敌国一被消灭，功臣也该被杀了。'现在天下已经平安，我是到该死的时候了！"刘邦说："有人告发你谋反。"就给韩信带上了刑具。到了洛阳，赦免了韩信的罪过，改封他为淮阴侯。

韩信知道汉王畏忌自己的才能，常常借口生病不参加朝见和侍行。

从此，韩信日夜怨恨，在家闷闷不乐，觉得和绛侯、灌婴处于同等地位，简直是一种羞辱。韩信曾经拜访樊哙将军，樊哙跪拜送迎，自称臣子，他受宠若惊地说："大王怎么竟肯光临臣舍！"韩信从他家出来后，仰天大笑说："想不到我这辈子竟然落得和樊哙这般人为伍了！"皇上经常从容地和韩信议论将军们的高下，认为各有长短。皇上问韩信："像我的才能能统率多少兵马？"韩信说："陛下最多能统率十万。"皇上说："那么你呢？"韩信说："我是越多越好。"皇上笑着说："既然你的本事这么大，为什么还被我俘虏了？"韩信说："陛下您虽然不善于带兵，却善于驾驭将领，这就是我被陛下俘虏的原因。况且您之所以胜利，这是上天的安排，不是人力可以改变的。"

陈豨被任命为巨鹿郡守，向淮阴侯韩信辞行。韩信打发走左右侍从，拉着他的手在庭院漫步，韩信仰天长叹道："您可以听听我的心里话吗？有些心里话我想跟您谈谈。"陈豨说："一切听任将军吩咐。"韩信说："您将要管辖的地区，那里聚集着国家的精锐部队；而您，是陛下信任宠幸的臣子。如果有人告发说您反叛，陛下一定不会相信；但如果有人告第二次，陛下就会心生疑虑；如果再第三次被告，陛下必然大怒而亲自率兵前来围剿。你到那里时，我在京城为您做内应，那时天下就是我们的了。"陈豨一向知道韩信的雄才大略，对他的话深信不疑，说："我一定听从您的指教！"高祖汉十年，陈豨真的造反了。刘邦亲自率领兵马前去讨伐，韩信借口生病没有跟着一起去。韩信暗中派人给陈豨传递消息，说："你只管起兵，我在这里协助您。"韩信就和家臣商量，夜里假传圣旨，释放在各官府做苦役的罪犯和奴隶，准备把他们武装起来去袭击吕后和太子。一切部署完毕，单等着陈豨那边的消息。这时韩信家的一个门客，因为得罪了韩信，被韩信囚禁起来，打算杀掉他。这个门客的弟弟就写密信向吕后告发了韩信准备反叛的计划。吕后打算把韩信召来，又怕他不肯就范。吕后就和萧相国谋划，派一个人假装从刘邦那里回来，诈称陈豨已被俘获处死，让列侯群臣都入朝祝贺。萧何亲自来骗韩信说："即使你有病，也要强打精神进宫祝贺。"于是韩信只好跟着萧何进宫，结果韩信一进长乐宫，吕后就命令武士把韩信捆起来，在长乐宫的钟室杀掉了他。韩信临死前说：“我真后悔当初没有采纳蒯通的计谋，今天竟然被妇人小儿所骗，难道不是天意吗！”接着吕后又灭了韩信三族。

刘邦平定陈豨叛乱，回到京城，见韩信已被吕后杀死，是既高兴又怜悯，问吕后说：“韩信临死时说过什么话？”吕后说：“韩信说只恨当初没有采纳蒯通的计谋。”刘邦说：“那人是齐国有名的说客。”于是下令齐国捕捉蒯通。蒯通被带到，刘邦问他：“你曾唆使淮阴侯反叛吗？”蒯通说：“是，我的确教过他。可是那小子不采纳我的计策，所以自取灭亡。假如那小子早听了我的话，你们今天还能把他满门抄斩吗？”刘邦勃然大怒，说：“把他给我煮了。”蒯通说：“哎呀，煮死我才冤枉啊！”刘邦说：“你唆使韩信造反，有什么冤枉？”蒯通说：“秦朝残暴无道，政权瓦解，整个中原地区都乱了套，各路诸侯纷纷起事，一时天下英雄豪杰像乌鸦一样聚集。秦朝失去帝位，天下英杰都来抢夺，于是才智高超、行动敏捷的人率先得到它。盗跖的狗对着尧狂叫，这并不是尧不仁义，而是因为狗只忠于它的主人。那时候，我只知道有个韩信，并不知道有陛下。况且天下手执利刃想当皇帝的人多的是，只是都没有成功罢了，您能把他们都煮了么？”高祖说：“放掉他。”于是就赦免了蒯通的罪过。

太史公说：我曾经到过淮阴，淮阴的人们对我说，韩信还是平民百姓时，他的心志就与众不同。他母亲死了，家里穷得没钱发丧，可韩信还是把母亲埋葬在一个又高又宽敞的坟地，他准备让坟墓周围发展成为万户人家的城镇。我去看过他母亲的坟墓，的确如此。假使韩信能够谦恭退让，不以功臣自居，不夸耀自己的才能，那么他在汉朝的功勋可以和周朝的周公、召公、姜太公这些人相比，并能传国于后世子孙，享祭不绝。可是，他不这么干，而是在天下局势已经安定之后图谋叛乱，结果落了个夷族灭宗的下场，这不也是罪有应得么！

（羽　渊　译）

《史记》卷九十三　韩信卢绾列传第三十三

韩王韩信是从前韩襄王的庶出孙子，身高八尺五寸。等到项梁拥立楚王的后裔为楚怀王时，燕国、齐国、赵国、魏国都早已各自拥立国王，只剩韩国没有起兵称王者，所以才拥立了韩国诸公子中的横阳君韩成为韩王，想借此来安抚和平定原韩国国土上的人们。项梁在定陶战败而死，韩成投奔楚怀王。沛公率领军队进攻阳城时，派张良以韩国司徒的身份降服了韩国原有地盘，得到了韩信，任命他为韩国大将，让他率领自己的军队跟从沛公进入武关。

刘邦被拥立为汉王，韩信追随沛公进入汉中，于是劝说汉王道："项王把他的部下就地封王，唯独把您封到这偏远的地方当汉王，这其实是一种贬职！您部下的士兵都是崤山以东的人，他们都踮起脚尖盼望返回故乡，趁着他们锐气强盛向东进发，就可以争夺天下。"汉王率军返回关中平定了三秦，于是就许诺让韩信做韩王，先任命他为韩太尉，带兵去攻取韩国旧地。

项羽所封的诸侯王都回到各自的封国去了，韩王韩成因为没有跟随项羽征战而没有战功，项羽没有派他到封国去，而将他改封为列侯。等到听说汉王派韩信攻取韩国旧地时，项羽就封自己游历吴地时的吴县县令郑昌为韩王让他率军抵抗汉军。汉高祖二年，韩信攻取并平定了韩国的十几座城池。汉王到达河南，韩信在阳城猛攻韩王郑昌。郑昌投降，汉王于是立韩信为韩王，一直率领韩地的军队跟随汉王作战。汉高祖三年，汉王撤出荥阳，韩王韩信和周苛等人守卫荥阳。等到楚军攻破荥阳，韩信就投降了楚军，不久得以出逃，又归附汉王，汉王再次立他为韩王，他最终追随汉王击败项羽，平定了天下。汉高祖五年春天，汉高祖就和韩信剖符为信，正式封他为韩王，封国在颍川。

第二年春天，高祖认为韩信有雄才武略，所封之地颍川北面靠近巩县、洛阳，南面逼近宛县、叶县，东边则是淮阳，这些地方都是军事战略要地，于是就下诏命令韩王韩信改领太原以北的太原、雁门二郡，从而做好抵抗匈奴的准备，并以晋阳为国都。韩信上书说："我的封国紧靠边界，匈奴多次入侵，晋阳距离边境远，请允许我建都在马邑。”高祖答应了，韩信就把都城迁到了马邑。这年秋天，匈奴冒顿单于重重包围了韩信，韩信多次派使者到匈奴处求和。汉朝派兵前往援救，但怀疑韩信多次私下派使者往匈奴，怀有二心，就派人谴责韩信。韩信害怕被杀，就和匈奴结盟共同攻打汉朝，起兵造反，把国都马邑献给匈奴，并率军攻打太原。

高祖七年冬天，皇帝亲自率军到前线，在铜鞮击败韩信的军队，并杀其部将王喜。韩信逃亡到匈奴，他的部下白土人曼丘臣、王黄等人拥立赵王的后代赵利为王，又收集起韩信被击败逃散的军队，并和韩信及匈奴冒顿单于谋划合力攻打汉朝。匈奴派遣左右贤王带领一万多骑兵和王黄等人屯兵在广武以南地区，并到达晋阳和汉军交战，汉军击败他们，乘胜追到离石，又将他们击败。匈奴再次在楼烦西北地区集合军队，汉高祖命令战车部队和骑兵部队继续追击匈奴。匈奴败退逃跑，汉军乘胜追击，听说冒顿单于驻扎在代谷，汉高祖当时在晋阳，派人去侦察冒顿，侦察人员回来报告说“可以出击”。高祖也就到达平城。高祖出城登上白登山，被匈奴骑兵团团围住，高祖就派人送给匈奴王后阏氏许多礼物。阏氏便规劝冒顿单于说：“现在已经攻取了汉朝的土地，但还是不能居住下来；况且现在两国君主不想互相为难。”她竟在劝丈夫撤兵。过了七天，匈奴骑兵逐渐撤去。当时天降大雾，汉朝派人在白登山和平城之间往来，匈奴一点也没有察觉。护军中尉陈平对高祖说：“匈奴人都用刀戈矛戟，请命令士兵每张强弩搭两支利箭，对着两侧包夹的敌人，引而不发，然后慢慢地撤出包围。”撤进平城之后，汉朝的救兵也赶到了，匈奴的骑兵这才解围而去。汉朝也收兵而归。韩信为匈奴人带兵往来在边境一带攻击汉军。

汉高祖十年，韩信命王黄等人劝说陈豨，使其误信而反。十一年春天，前韩王韩信又和匈奴骑兵一起侵入参合，对抗汉朝。汉朝派遣柴将军带兵前去迎击，柴将军先写信给韩信说：“皇帝陛下宽厚仁爱，尽管有些诸侯背叛逃亡，但当他们再度归顺的时候，总是恢复其原有的爵位名号，并不加诛杀。这些都是大王您所知道的。现在您是因为战败才逃归匈奴的，并没有大罪，您应该赶快自己来归顺！”韩王韩信回信道："皇帝把我从里巷平民中提拔上来，使我南面称王，这对我来说是万分荣幸的。在荥阳保卫战中，我不能以死效忠，而被项羽关押，这是我的第一条罪状。等到匈奴进犯马邑，我不能坚守城池，献城投降，这是我的第二条罪状。现在反而为敌人带兵，和将军为争旦夕活命而争战，这是我的第三条罪状。文种、范蠡没有一条罪状，但在成功之后，一个被杀一个逃亡；现在我对皇帝犯下了三条罪状，还想在世上求取活命，这是伍子胥之所以在吴国被杀的原因。现在我逃命隐藏在山谷之中，每天都靠向蛮夷乞讨过活，我的思归之心，就同瘫痪的人不忘记直立行走，盲人不忘记睁眼看东西一样，只不过情势不允许罢了。"于是两军交战，柴将军屠平参合城，并将韩王韩信斩杀。

韩信当初投奔匈奴的时候是与自己的太子一起去的，等到达颓当城时，韩信生了一个儿子，因而取名叫颓当。韩太子也生下一个儿子，取名为婴。到汉文帝十四年，韩颓当和韩婴率领部下归顺汉朝。汉朝封韩颓当为弓高侯，封韩婴为襄城侯。在平定吴楚七国之乱时，弓高侯的军功盖过其他将领。爵位传给儿子之后再传到孙子，他的孙子没有儿子，侯爵于是被取消。韩婴的孙子因犯有不敬之罪，侯爵被取消。韩颓当庶出的孙子韩嫣，地位尊贵，很受皇帝宠爱，声名和富贵都荣显于当时。韩嫣的弟弟韩说，再度被封侯，并多次被任命为将军，最后封为案道侯。他死后儿子继承侯爵，一年多之后因犯法被处死。又过了一年多，韩说的孙子韩曾被封为龙额侯，继承了韩说的爵位。

卢绾是丰邑人，和汉高祖是同乡。卢绾的父亲和高祖的父亲非常要好，等到他们生儿子的时候，汉高祖和卢绾又是同一天出生，乡亲们抬着羊酒到两家去祝贺。等到高祖、卢绾长大的时候，他们一起读书，又非常要好。乡亲们为了褒奖这两家父辈情谊深厚，儿子同日出生，长大后又很要好，再次抬着羊酒前去祝贺。高祖还是平民百姓的时候，被官吏追拿需要躲藏起来，卢绾总是随同左右，东奔西走。等到高祖开始从沛县起兵时，卢绾以宾客的身份相追随，到汉中后，担任将军，经常在内廷陪侍高祖。跟从高祖东击项羽时，以太尉的身份不离高祖左右。他可以随意出入高祖的卧室，衣被饮食方面的赏赐是众大臣所望尘莫及的，即使是萧何、曹参等人，只不过是因事功而受到礼遇，至于亲近宠信，没人能赶得上卢绾。卢绾被封为长安侯。长安，就是原来的咸阳。

汉高祖五年的冬天，高祖已经击败了项羽，就派卢绾另外率领一支军队，和刘贾一起攻打临江王共尉，共尉被打败。七月，卢绾领军归来，又跟随高祖攻打燕王臧荼，臧荼投降。高祖平定天下后，众诸侯中非刘姓而被封王的共有七个人。高祖想封卢绾为王，却担心此举会遭到群臣的不满。等到俘虏臧荼之后，就下诏给众位将士、相国、诸侯们，表明自己打算在群臣中挑选有功的人封为燕王。文武群臣都知道皇帝想封卢绾为王，就一齐进言说："太尉长安侯卢绾经常跟随陛下平定天下，立下战功最多，可以封为燕王。"高祖下诏批准了众臣的举荐。汉高祖五年九月，刘邦就立卢绾为燕王。众诸侯王受到皇帝的宠信没有一个能赶上燕王的。

汉高祖十一年秋天，陈豨在代地造反，高祖进军邯郸攻打陈豨的军队，燕王卢绾也率军攻打陈豨的东北部。当时，陈豨派王黄去向匈奴求援。燕王卢绾也派他的部下张胜到匈奴去，声称陈豨等人的军队已被攻破。张胜到匈奴以后，前燕王臧荼的儿子臧衍逃亡在匈奴，见到张胜说："您之所以在燕国被重用，是由于您熟悉匈奴事务。燕国之所以能长期存在，是因为诸侯屡屡叛乱，战争连年不断。现在您想为燕国尽快消灭陈豨等人，那么陈豨等人被消灭之后，接着就要轮到燕国了，您这班人也要成为俘虏了。您为什么不让燕国延缓打败陈豨而与匈奴修好呢？战事延缓了，能使卢绾长期为燕王，如果汉朝有紧急事变，也可以借此安定国家。"张胜认为他的话是对的，就暗中让匈奴帮助陈豨攻打燕国。燕王卢绾怀疑张胜和匈奴勾结反叛，就上书给皇帝请求把张胜灭族。张胜返回，把之所以这样做的原因原原本本地告诉了卢绾。燕王卢绾恍然大悟，就替张胜另找替罪羊将他们处死了，假说是处决了张胜的家属，让张胜成为匈奴的间谍，又暗中派遣范齐到陈豨的住处，想让他长期叛逃在外，使战争连年不断。

汉高祖十二年，卢绾向东征伐黥布，陈豨一直率军在代地驻守，汉高祖派遣樊哙攻打陈豨并斩杀了他。他的一员副将投降，说燕王卢绾派范齐到陈豨处互通情报，商议计谋。高祖派使臣召卢绾觐见，卢绾托病不去。高祖又派辟阳侯审食其、御史大夫赵尧前去迎接燕王，并顺便向燕王部下求证卢绾通敌事实。卢绾更加害怕，闭门躲藏不出，对自己的亲信大臣说："非刘姓而被封为王的，只有我卢绾和长沙王吴芮了。去年春天，汉朝把淮阴侯韩信灭族，夏天，又诛灭了梁王彭越，这都是吕后的计谋。现在皇帝重病在身，把国事全部交给了吕后。而吕后是个妇道人家，专找借口杀掉异姓诸侯王和功高的大臣。"于是卢绾依旧托病，拒绝进京。卢绾的部下都逃跑躲藏。卢绾的话被泄露出去，辟阳侯听到了，回京复命时便把所听到的一切都报告了高祖，高祖更加生气。后来，汉朝又得到一些降汉的匈奴人，他们说张胜流亡在匈奴中，是燕王的使者。于是高祖说："卢绾果真反叛了！"就派樊哙攻打燕国。燕王卢绾把自己所有的宫仆和家属以及几千名骑兵安顿在长城下，等待机会，希望皇帝病好之后，亲自进京谢罪。四月，高祖去世，卢绾于是带领部下逃入匈奴，匈奴封他为东胡卢王。卢绾受到匈奴的侵凌掠夺，总是想着重返汉朝。过了一年多，卢绾在匈奴去世。

在吕后当政时，卢绾的妻子儿女逃出匈奴重新投降汉朝，正逢吕后病重，无法接见他们，于是他们住进了燕王在京的府邸，准备在吕后病好之后再设宴相见。但吕后最后去世了，未能见面。卢绾的妻子也因病去世。

汉景帝中元六年，卢绾的孙子卢他之以东胡王的身份向汉朝投降归顺，被封为亚谷侯。

陈豨是宛朐人，不知当初因何种原因得以跟从高祖。到高祖七年冬天，韩王韩信造反，逃入匈奴，高祖到平城而返回，于是封陈豨为列侯，以赵国相国的身份统领和督管赵国、代国的边防部队，这一带戍卫边疆的军队都归他管辖。

陈豨曾经告假回乡途经赵国，赵相国周昌看到陈豨的随行门客有一千多辆车子，把邯郸所有的官舍全部住满。而陈豨对待门客用的是平民百姓之间的交往礼节，谦卑恭敬，屈己待人。陈豨返回代国，周昌就请求进京朝见。见到汉高祖后，把陈豨宾客众多，在外独掌兵权多年，恐怕生变故的情况全部告诉汉高祖。高祖于是命人追查陈豨的宾客在财物等方面违法乱纪的事，其中不少事情牵连到陈豨。陈豨非常害怕，暗中派门客到王黄、曼丘臣处通报消息。到高祖十年七月，汉高祖的父亲去世了，皇帝派人召陈豨进京，但陈豨托病不往。九月，陈豨便与王黄等人一同反叛，自立为代王，劫掠了赵、代两地。

高祖听说之后，就一概赦免了受陈豨牵累而进行劫掠的赵、代官员。高祖亲自前往，到达邯郸后高兴地说："陈豨不在南面占据漳水，北面守住邯郸，可见他不可能有所作为。"赵相国上奏请求把常山的郡守、郡尉斩首，说："常山共有二十五座城池，陈豨反叛后，失掉了其中二十座。"高祖问："郡守、郡尉反叛了吗？"赵相国回答说："没反叛。"高祖说："这是由于力量不足而失去城池。"于是赦免了他们，并使他们官复原职。高祖问周昌说："赵国还有能带兵打仗的壮士吗？"周昌回答说："有四个人。"四个人应诏前来觐见高祖，高祖见了他们破口大骂道："就你们这些小子们也能带兵打仗？"四个人惭愧地伏在地上。但高祖还是各封给他们一千户的食邑，任命他们为将。左右近臣劝谏道："有不少人跟随您进入蜀郡、汉中，后来又征伐西楚，他们有功，但皇上的封赏却没有遍及他们，现在这几个人有什么功劳让陛下给予封赏？"高祖说："你们有所不知！陈豨反叛，邯郸以北都被他所占领，我用紧急文告来征集各地军队，至今无任何军队赶来，现在可用的就只有邯郸一处的军队而已。我何必要吝惜封给四个人四千户，而不用它来抚慰赵地的年轻人呢！"左右近臣都说："对。"于是高祖又问："陈豨的将领都有谁？"左右回答说："有王黄，曼丘臣，以前都是商人。"高祖说："我知道了。"于是各悬赏千金来求购王黄、曼丘臣等的人头。

高祖十一年冬天，汉军在曲逆城下攻打并斩杀了陈豨的大将侯敞、王黄，又在聊城大败陈豨的大将张春，斩首一万多人。太尉周勃进军太原、代郡并平定了二地。十二月，高祖亲自率军攻打东垣，但未能攻取东垣，叛军的兵士们辱骂高祖；不久东垣投降，凡是骂高祖的兵士一律斩首，其他没骂的兵士则在额头上刺字。改东垣为真定。王黄、曼丘臣的部下所有被悬赏征求的，都被活捉，因此陈豨的军队也就彻底瓦解了。

高祖到达洛阳。高祖说："代郡地处常山的北面，赵国却从山南来管控它，太远了。"于是就封自己的儿子刘恒为代王，以中都为国都，代郡、雁门都隶属代国管辖。

高祖十二年冬天，樊哙的部队追击陈豨到灵丘并将其斩杀。

太史公说：韩信、卢绾并不是积德累善的世家，无非窥伺时势而随机应变，以欺诈和暴力获得成功，赶上汉朝刚平定天下，所以才能够分封领土，南面称王。在朝廷内部因势力强大而招致怀疑，在朝廷外部则倚仗着外族蛮夷作为援助，由此日益被皇帝怀疑，陷自身于危险境地，无路可走，最终被迫投奔匈奴，难道不是很可悲吗！陈豨是梁地人，年轻的时候，每每称赞倾慕魏公子信陵君；后来率领军队守卫边疆，广集宾客而又礼贤下士，名声超过了自身实力。周昌怀疑他，问题也就因怀疑而产生，由于害怕灾祸临头，奸邪小人又乘机进说，于是最终陷自身于大逆不道的境地。哎呀，太可悲了！由此可见，谋虑的成熟与否和成败密切相关，这对一个人的影响太深远了！

（马淑贞 译）

《史记》卷九十四　田儋列传第三十四

田儋是狄县人，是战国时期齐王田氏的同族。田儋的堂弟田荣，田荣的弟弟田横，都是当地颇有势力的人物，他们的宗族十分强盛，而且很得人心。

在陈涉起兵之初在楚地称王的时候，曾派周市攻取并平定了魏地，向北进攻到狄县，狄县人固守县城。田儋假装捆绑自己的家奴，带领着手下的年轻人去县衙，称求见县令请准许杀死有罪的家奴。在拜见狄城县令的时候，他们乘机杀死县令，然后又召集有势力的官吏及豪族的年轻人说："各地诸侯都已经反叛暴秦自立为王，齐地是古代分封的诸侯国，而我田儋，本是从前齐王田氏的同族，应当称王。"于是，田儋自立为齐王，并且起兵攻打周市。周市的军队撤走以后，田儋乘机带兵东进，夺取并平定了齐国故地。

秦国大将章邯带兵在临济围攻魏王咎，情况紧急。魏王派人到齐国来请求救援，齐王田儋带领军队援救魏国。章邯在夜间让士兵衔枚疾走，趁夜幕的掩护进行偷袭，大败齐魏联军，在临济城下杀死田儋。田儋的堂弟田荣集合田儋的余部向东逃到了东阿。

齐国人听说大王田儋战死后，就拥立从前的齐王田建的弟弟田假为齐王，田角为丞相，田闲为大将，来抵抗诸侯。

田荣败逃东阿，章邯围追阻截。项梁听说田荣情况危急，就率兵来东阿救援，在东阿城下大败章邯。章邯向西逃跑，项梁乘胜追击。但田荣对齐国人拥立田假为齐王一事非常气愤，于是就带兵返回齐国，追击齐王田假，田假逃到楚国，相国田角逃到赵国；田角的弟弟田闲在此以前到赵国求救，于是留在赵国不敢返齐。田荣于是拥立田儋的儿子田市为齐王，自任丞相，田横担任大将，平定了齐地。

项梁追击章邯以后，章邯的军队反倒士气盛旺起来，于是项梁就派遣使者向齐国和赵国通报，要两国共同发兵攻打章邯。田荣说："假若楚国杀死田假，赵国杀死田角、田闲，我们才肯出兵。"楚怀王说："田假是我们盟国的国君，在走投无路的时候来投奔我们，杀他不合道义。”赵国也不愿意用杀田角、田闲来和齐国做交易。齐国人说：“手被蝮蛇咬了就要砍掉手，脚被蝮蛇咬了就要砍掉脚。为什么呢？因为它们会累及全身。而现在田假、田角、田闲对于楚国、赵国来说，并不是手足骨肉之亲，为什么不杀掉他们呢？况且秦朝要是夺取了天下的话，那么我们的祖坟恐怕也要被人挖掘了。”楚国、赵国都不肯听从齐国，齐国也非常生气，最终不肯出兵援救。章邯果然击败了楚军，并且杀了项梁，楚军向东溃逃，而章邯乘胜渡过黄河，围攻赵国的巨鹿。项羽前往巨鹿援救赵国，由此也非常怨恨田荣。

项羽已经保全了赵国，又降服了章邯等秦国将领，向西攻入咸阳进行大肆杀戮，灭掉了秦国，又分封了诸侯王，又把齐王田市改封为胶东王，都城设在即墨。齐国将领田都因跟随项羽共同救赵，又跟随他进军关中，因此项羽就拥立田都为齐王，都城设在临淄。前任齐王田建的孙子田安，在项羽正渡河救赵的时候，接连攻下了济北城池多座，然后带兵投降了项羽，项羽于是拥立田安为济北王，都城设在博阳。田荣因为拒绝项梁的要求不肯出兵援助楚、赵两国攻打秦朝，因此没封王；赵国将领陈馀也因为失职，没封王，他们二人都怨恨项羽。

项羽已经回到楚国，所封诸侯也各自回到自己的封地，田荣派人带兵帮助陈馀在赵反叛项羽，田荣自己也兴兵抗击田都，田都逃往楚国。田荣则扣留了齐王田市，不让他到胶东的治所。田市的手下人说：“项羽强大而凶暴，而您作为胶东王，应该到自己的封国胶东去，若是不去的话，一定会有危险。”田市非常害怕，于是就逃往胶东。田荣得知后勃然大怒，急忙带人追赶齐王田市，在即墨把他杀死了。田荣返回来又攻打济北王田安，并且将他杀害。于是，田荣就自立为齐王，把项羽封在齐地的三个封国并为己有。

项羽听到这些情况后，十分愤怒，于是就起兵北伐齐国。齐王田荣的军队被打败，逃到平原，平原人把田荣杀死了。项羽于是就烧毁荡平了齐国都城的城郭，每到一处就大肆屠戮。齐国人不堪忍受，聚集起来反叛项羽。田荣的弟弟田横，招募起齐国的散兵，得到好几万人马，反过来在城阳攻打项羽。而在这时，汉王刘邦带领诸侯的军队击败楚军，进入彭城。项羽得知消息，就丢下齐军回去，在彭城对汉军发起攻击，接着就与汉军多次交锋，在荥阳相持不下。因此田横得以再次收复齐国的大小城邑，拥立田荣的儿子田广为齐王，田横自立为丞相辅佐他，并专断国政，所有国家大事，事无巨细都由田横裁决。

田横平定齐国三年后，汉王刘邦派郦食其到齐国去游说齐王田广和丞相田横归顺汉朝。田横认为归顺之事可行，就解除了齐国在历下的军事防备。汉朝大将韩信本来带兵准备向东攻打齐国。齐国起初也曾派华无伤、田解率领军队在历下驻扎以抵抗汉军，等到汉朝使者到来，就撤除了守城的防备，放任兵士饮酒，并派使者与汉朝讲和。但汉将韩信在已经平定了赵国、燕国之后，用蒯通的计策，越过平原，袭击齐国在历下驻扎的守军并攻破齐军的防守，趁势攻入临淄。齐王田广、丞相田横见汉军突然出现，非常生气，认为是郦生出卖了他们，立刻烹煮了郦生。齐王田广向东逃往高密，丞相田横逃到博阳，守相田光逃向城阳，将军田既带领军队驻守胶东。这时，楚国派龙且率领军队援救齐国，齐王田广与龙且在高密会师。汉将韩信与曹参在高密大破齐楚联军，杀死楚将龙且，俘虏了齐王田广。汉将灌婴追击并俘虏了齐国守相田光。灌婴继续进军到达博阳，而田横听说齐王田广已死，就自立为齐王，回师攻击灌婴。灌婴在嬴下大败田横。田横逃亡到梁地，投奔彭越。彭越此时拥兵梁地，在楚汉之间保持中立，既好像为了汉王，又好像为了楚王。韩信杀死了楚将龙且之后，接着便命令曹参继续向胶东进军，在胶东大败田既并杀死他；韩信又命灌婴追击齐将田吸，在千乘将他击败并杀死他。于是韩信便平定了齐地，并上书请求自立为假齐王，刘邦也就顺势立韩信为齐王。

一年多以后，汉王刘邦消灭了项羽，自立为皇帝，封彭越为梁王。田横害怕被杀，就带领他的部下五百多人逃向大海中，居住在一个小岛之上。汉高祖刘邦听到这个消息之后，认为田横兄弟本来就平定了齐国，齐国的贤士大都依附于他，如今若任由他流落在海中不加以收容的话，以后恐怕会生乱。因此就派使者赦免田横之罪并且召他入朝，田横却辞谢说："我烹杀了陛下的使者郦生，现在听说郦生的弟弟郦商是一个很有才能的汉朝将领，所以我非常害怕，不敢奉诏进京，请求您允许我做一个平民百姓，待在这海岛上。"使者回来报告，高祖立刻降诏给卫尉郦商说:"齐王田横将要到京，谁要敢动一下他的随从人员，立刻满门抄斩！"接着又派使者拿着符节把皇帝降诏给郦商的情况原原本本地告知田横，并且说："田横若是来京，最大可以封为王，最小也可以封为侯；若是不来的话，将派军队加以诛灭。"田横于是和他的两个门客一块乘坐驿站的马车前往洛阳。

距洛阳三十里处，有一个叫尸乡的地方，田横等人到尸乡的驿站，便对汉使说："做臣子的拜见天子之前应该先沐浴。"于是就住了下来。田横对他的门客说："我田横起初和汉王都是南面称孤的王，如今汉王成了天子，而我田横沦为亡国奴，还要北面称臣去侍奉他，这本来就是莫大的耻辱了。更何况我烹杀了人家的兄长，还要与他的弟弟来并肩侍奉同一个主子，纵然他害怕皇帝的诏命，不敢动我，难道我在内心就不感到愧疚吗？再者，陛下召我来京的原因，不过是想见一下我的面貌罢了。如今陛下就在洛阳，现在我割下我的头颅，快马飞奔三十里的工夫，我的容貌还不会破坏，还是能够看到我究竟长什么样子的。"说完之后，就自刎了，命门客捧着他的头，跟随使者飞驰奏报汉高祖。汉高祖说道："唉！能有此言此行，真是了不起呀！从平民百姓起家，兄弟三个人相继称王，难道不是贤能的人吗！"汉高祖忍不住为他流下了眼泪,然后拜田横的两个门客为都尉,并且派两千名士卒，以诸侯王的丧礼安葬了田横。

安葬田横之后，两个门客在田横墓旁挖了个洞，然后两人都自刎，倒在洞里，追随田横死去。汉高祖听说此事之后，极为震惊，认为田横的门客都是难得的贤才。高祖听说田横手下还有五百人在海岛上，又派使者召他们进京。进京之后，这五百门客听说田横已死，他们也都自杀了。由此更可以了解田横兄弟确实是能够得到贤士拥戴的人。

太史公说：蒯通的计谋实在是厉害，它既搞乱了齐国而又骄纵坏了淮阴侯，最终害死了田横、韩信这两个人！蒯通擅长于纵横之说，曾写书论战国时期的纵横权变方策，总共八十一篇。蒯通与齐国人安期生要好，安期生曾向项羽谋求任用，但项羽没有采用他的计谋。后来项羽又想封他们二人爵位，但他们不肯受爵，就逃走了。田横节操高尚，宾客仰慕他的高义而愿意随他去死，这难道不是最贤能的人吗！我根据事实把他的事迹记录在这里。当时也不是没有善于绘画的人，但却没有把他的容貌和业绩描画下来，到底是什么原因呢？

（马淑贞 译）

《史记》卷九十五 樊郦滕灌列传第三十五

舞阳侯樊哙是沛县人。他以杀狗卖狗肉为生，曾经和汉高祖一起隐藏在乡间。

当初樊哙跟从高祖在丰县起兵，攻下了沛县。高祖做了沛公，就以樊哙为家臣。后来，他跟从沛公攻打胡陵、方与，又率军返回镇守丰县，在丰县城下，击败了泗水郡郡监所率领的军队。再次挥师东进平定沛县，在薛县西部，击败了泗水郡守的军队。在砀东，樊哙与章邯的部下司马尼交战，击退敌军，杀敌十五人，被赐爵为国大夫。樊哙经常跟随在沛公的身边，沛公在濮阳攻打章邯的军队，攻城时樊哙就率先登城，杀敌二十三人，被赐爵为列大夫。跟从沛公攻打城阳，他又率先登城，同时还攻下了户牖，击溃了秦将李由的军队，杀敌十六人，被赐上间爵。在成武，樊哙跟随沛公包围了东郡守尉，击退敌军，杀敌十四人，俘虏十一人，被赐爵五大夫。他又跟从沛公袭击秦军，出兵亳南，在杠里打败了河间郡守的军队。在开封以北又击败赵贲的军队，樊哙因为在战斗中英勇杀敌，率先登城，杀死一个侦察兵的头目，杀敌六十八人，俘虏二十七人，被赐卿爵。在曲遇，他随从沛公打败杨熊率领的军队。攻打宛陵时，率先登城，杀敌八人，俘虏四十四人，被赐爵，封号为贤成君。他跟随沛公攻打长社、轘辕，阻断了黄河渡口，向东进发，在尸这个地方攻打秦军，又向南进军，攻打犨邑的秦军。在阳城击败了南阳郡郡守吕齮的军队。再向东攻打宛城，率先登城。再向西进发攻打郦县，击退敌军，杀敌二十四人，俘虏四十人，沛公对他再加封赏。攻打武关时，他率军到霸上，斩杀秦军都尉一人，杀敌十人，俘虏一百四十六人，招降敌兵两千九百人。

项羽驻军戏下，准备攻打沛公。沛公带领一百多名骑兵通过项伯的关系面见项羽，向项羽谢罪，并表明自己并没有封锁函谷关，不让诸侯军队进入关中的事。项羽设宴犒赏军中将士，饮酒半酣的时候，亚父范增想谋杀沛公，命令项庄拔剑在席前起舞，想乘机刺杀沛公，而项伯却一再地为沛公遮挡使得项庄没法下手。这时只有沛公和张良在酒席宴中，樊哙在大营之外，听说事情紧急，就手持铁盾牌来到大营前。守营卫士阻挡樊哙，樊哙径直撞了进去，站立在帐下。项羽注视着他，问他是谁。张良说：“他是沛公的陪乘樊哙。”项羽称赞道：“真是个壮士啊！”说罢，就赐给他一大碗酒和一根猪前腿。樊哙举杯一饮而尽，然后拔出宝剑切开猪腿将它全部吃光。项羽问他：“还能再喝碗酒吗？”樊哙说道：“我连死都不怕，难道还在乎这一碗酒吗！况且沛公是最先进入并平定咸阳，然而沛公却率军露宿霸上，专等大王您的到来。大王您今天一到这里，就听信了小人的谗言，跟沛公有了隔阂，我担心天下从此又要四分五裂，人们都怀疑是您一手造成的啊！”项羽听罢，沉默不语。沛公借口上厕所，示意樊哙一同离去。出营之后，沛公把车马留下，独自骑一匹马，让樊哙等四个人步行跟随，从一条山间小路逃回霸上的军营，而让张良代替自己向项羽辞谢。项羽也不再理会此事，也不再有杀沛公的念头了。当日若不是樊哙闯进大营责备项羽的话，沛公的事业几乎就完了。

第二天，项羽带领军队进入咸阳，大肆屠戮，并立沛公为汉王。汉王于是封樊哙为列侯，号临武君。后又升任为郎中，追随汉王进入汉中。

当汉王率军返回并平定三秦的时候，樊哙另率军在白水以北攻打西城县丞的军队，又在雍县之南进攻并打败了雍王章邯的轻车骑兵。随后又跟从汉王攻打雍县、藁县县城，他率先登城。后在好畤攻打章平的军队，攻城时樊哙先登城，带头冲锋陷阵，杀死县令一人，县丞一人，杀敌十一人，俘虏二十人，被擢升为先郎中骑将。其后他又跟从汉王在壤东攻打秦军的车骑部队，击退敌人的进攻，升任为将军。进攻赵贲的军队时，在攻取郿、槐里、柳中、咸阳的战斗中，以及在引水灌废丘敌军的战斗中，樊哙的功劳都最大。到了栎阳，汉王把杜陵的樊乡赐给樊哙当作食邑。后他又跟从汉王进攻项羽，屠戮了煮枣城。在外黄，击败了王武、程处所带领的军队。接着他又先后攻打邹县、鲁城、瑕丘和薛县。项羽在彭城击败汉王，全部收复了鲁、梁一带的大片土地。樊哙率军返回到荥阳，汉王又增加了平阴两千户作为他的食邑，以将军的身份守卫广武。一年之后，项羽带兵东去。樊哙又跟从汉王攻打项羽，攻下了阳夏，俘虏了楚国周将军的士卒四千人。樊哙把项羽围困在陈县，并把他击打得溃不成军。樊哙屠戮了胡陵城。

项羽死后，汉王刘邦称帝，因樊哙坚守城池和参加攻战立下大功，又加封食邑八百户。他跟从高祖攻打反叛的燕王臧荼，并俘虏了他，平定了燕地。楚王韩信谋反，樊哙随从高祖到陈县，捉拿了韩信，平定了楚地。高祖改赐他列侯的爵位。高祖与诸侯剖符为信，让他们的爵位世袭不绝。把舞阳赐他做食邑，并封他为舞阳侯。樊哙以将军的身份跟随高祖前往代地，攻打反叛的韩王韩信。从霍人直到云中之间的大片土地都是樊哙和绛侯周勃等人共同平定的，于是高祖又为他增加食邑一千五百户。后来，樊哙率领人马袭击叛臣陈豨和曼丘臣的军队，攻打襄国，在攻取柏人县时，他率先登城，降服平定了清河、常山两郡的二十七个县，捣毁了东垣县城，因为这些战功，樊哙升任为左丞相。他在无终、广昌，击溃了綦毋卬、尹潘的军队，并且活捉了这两个人。在代南，他又击败了陈豨手下的胡人将领王黄所带领的军队。接着，又进军参合攻打韩王信的军队，他手下的将士斩杀韩王信。在横谷，他大败陈豨的胡人骑兵部队，斩杀了将军赵既，俘虏了代国丞相汉梁、郡守孙奋、大将军王黄、太仆解以及将军等十人。樊哙和诸将领共同平定了代地的乡邑共七十三个。后来燕王卢绾造反，樊哙以相国的身份带兵攻打卢绾，在蓟县之南打败了卢绾丞相偃与大将所带领的军队，平定了燕地共十八个县，五十一个乡邑。于是高祖又给樊哙增加食邑一千三百户，确定他作为舞阳侯的食邑共五千四百户。樊哙跟从高祖征战的这些年，总计杀敌一百七十六人，俘虏敌兵一百八十八人。他自己独自带兵打仗，击败过七支敌军，攻下过五座城池，平定了六个郡，五十二个县，并俘虏过敌人丞相一人，将军十二人，二千石以下到三百石的官员十一人。

樊哙娶了吕后的妹妹吕须为妻，生下儿子樊伉，因此和其他将领相比，高祖与樊哙更为亲近。

先前在黥布造反的时候，高祖曾一度病得很厉害，厌恶见人。他躺在宫禁之中，诏令守门的侍卫不得让群臣进去看他。众臣中如绛侯周勃、灌婴等人都不敢进宫。这样过了十多天，有一次樊哙推开宫门，径直闯了进去，群臣紧随其后。看到高祖独自枕着一个宦官躺在床上。樊哙等人见到皇帝之后，痛哭流涕地说："当初陛下和我们一起从丰沛起兵，平定天下，那是何等的壮举啊！如今天下已经安定，您是何等的疲惫不堪啊！况且您病得厉害，大臣们都很惊恐，您不肯接见我们来讨论国家大事，难道您只想和一个宦官诀别吗？再说您难道不知道赵高作乱的往事吗？"高祖于是笑着从床上起来。

后来卢绾谋反，高祖命令樊哙以相国的身份去攻打燕国。当时高祖病得很厉害，有人在高祖面前诋毁樊哙和吕氏结党，皇帝假如有一天去世的话，那么樊哙就会带兵把戚夫人和赵王如意这些人全部杀死。高祖听说之后，勃然大怒，立刻命令陈平用车载着绛侯周勃去代替樊哙，并要陈平在军中立刻把樊哙斩首。陈平因惧怕吕后，并没有执行高祖的命令，而是把樊哙解赴长安。到达长安时，高祖已经去世，吕后就释放了樊哙，并恢复了他的爵位和封邑。

汉惠帝六年，樊哙去世了，谥号为武侯。他的儿子樊伉继承了他的侯位。而樊伉的母亲吕须也被封为临光侯。在吕后执政时，吕须也掌管政事，十分专断，大臣们没有不怕她的。樊伉继承侯位九年之后，吕后去世了。大臣们诛杀吕氏宗族和吕须的亲属，于是杀死了樊伉。舞阳侯这个爵位中断了好几个月。等到汉文帝即位，才又封樊哙的妾所生的儿子樊市人为舞阳侯，恢复了原来的爵位和食邑。樊市人继承侯位二十九年之后去世，谥号为荒侯。他的儿子樊他广继承了侯位。六年之后，舞阳侯家中的家臣得罪了樊他广，非常怨恨他，于是就上书说："荒侯市人因为有病而丧失生育能力，就让他的夫人和他的弟弟淫乱而生下他广。他广事实上并不是荒侯的儿子，因此不应当继承侯位。"皇帝下命令把此事交给官吏去审理。在汉景帝中元六年时，削去樊他广的侯位，把他降为平民，封国食邑也一并废除了。

曲周侯郦商是高阳人。在陈胜起兵时，他聚集了一帮年轻人四处募兵，招募到好几千人。沛公攻城夺地来到陈留，过了六个多月，郦商就带领将士四千多人到岐投归了沛公。他跟从沛公攻打长社，率先登城，被沛公赐爵封为信成君。此后他又跟随沛公攻打缑氏，封锁了黄河渡口，在洛阳东面大破秦军。其后他又跟从沛公攻取宛、穰两地，平定了十七个县。他还独自率军攻打旬关，平定汉中。

项羽灭了秦朝后，立沛公为汉王。汉王赐给郦商信成君的爵位，并让郦商以将军的身份担任陇西都尉。郦商自己独自率军平定了北地和上郡。在焉氏击败了雍王章邯所率领的军队，在栒邑击败了周类所率领的军队，在泥阳则击败了苏驵所率领的军队。于是汉王把武成县的六千户赐给郦商做食邑。他以陇西都尉的身份跟从沛公攻打项羽的军队长达五个月之久，出兵巨野，和钟离眛进行了一场恶战，因激战有功，沛公授予他梁国相国印，又把他的食邑增加了四千户。郦商以梁国相国的身份跟随汉王与项羽作战达两年零三个月，攻下了胡陵。

项羽死后，汉王被尊立为皇帝。这一年的秋天，燕王臧荼起兵造反，郦商以将军的身份跟从高祖去攻打臧荼。在龙脱作战时，郦商冲锋陷阵，率先登城，在易城下击败臧荼的军队。因击退敌军立下大功，被升任右丞相，高祖赐给他列侯的爵位，和其他诸侯一样高祖与他剖符为信，让他列侯的爵位世代相传，永不断绝，以涿邑五千户作为他的食邑，封号为涿侯。郦商以右丞相的身份独自率军平定上谷，又乘势攻打代国，高祖授予他赵国的相国之印。以右丞相兼赵国相国的身份独自率军和绛侯周勃等人一起平定了代国和雁门，活捉了代国丞相程纵、守相郭同、将军以下到六百石的官员共十九人。凯旋之后，郦商又以将军的身份担任太上皇的护卫一年零七个月。然后郦商又以右丞相的身份攻打陈豨，捣毁东垣城墙。接着郦商以右丞相的身份跟随高祖攻打反叛的黥布，领兵向敌人前沿阵地猛攻，夺取了两个阵地，从而使汉军能够打败黥布的军队，高祖把他的封邑改封在曲周，食邑增加到五千一百户，以前所封的食邑被收回。郦商一生一共击垮三支敌军，降服平定六个郡，七十三个县，俘获丞相、守相、大将各一人，小将二人，二千石以下到六百石的官员十九人。

郦商在侍奉汉惠帝、吕后时，身体不好，不能处理政事。他的儿子郦寄，字况，与吕禄很要好。等到吕后去世后，大臣们想诛杀吕氏家族，但是吕禄是统领北军的将军，太尉周勃进不了北军的大营。于是就派人劫持了郦商，让他的儿子郦况去欺骗吕禄。吕禄相信了郦况的话，就和他一起出去游玩，太尉周勃这才能够进入军营，控制北军。就这样，众臣们诛灭了吕氏家族。也就在这一年，郦商去世了，谥号为景侯。他的儿子郦寄继承了侯位，天下人都说是他出卖了朋友。

景帝前元三年，吴、楚、齐、赵等诸侯国联合起兵谋反，皇帝任命郦寄为将军，围攻赵城，但进攻了十个月都没有攻下来。直到俞侯栾布平定了齐国前来助战，这才攻下了赵城，并灭掉了赵国，赵王刘遂自杀，封国被废除。景帝中元二年，郦寄想娶景帝王皇后的母亲平原君为妻，景帝非常震怒，把郦寄交给司法官吏去审理，定了他的罪，削去他的侯爵爵位。景帝把郦商的另外一个儿子郦坚封为缪侯，延续郦氏的爵位。缪侯郦坚去世之后，他的儿子康侯郦遂成继位。后来郦遂成去世，儿子怀侯郦世宗继位。郦世宗去世之后，儿子郦终根继承侯位，并出任太常一职，后来因为犯法，封国被废除。

汝阴侯夏侯婴是沛县人。当初在沛县县衙的马房里负责养马驾车。每当他驾车送完使者或客人返回，经过沛县泗上亭的时候，都要找高祖聊天，而且一聊就是大半天。不久，夏侯婴补缺县吏，与高祖关系更加密切。一次，高祖与夏侯婴戏耍而误伤了夏侯婴，被别人告发。当时高祖身为亭长，伤了人要从重处罚，高祖于是申诉本来没有伤害夏侯婴之意，夏侯婴也证明自己没有受到伤害。后来这个案子重新审判，夏侯婴因受高祖的牵连被关押了一年多，挨了几百下板子，但因此而使高祖免于刑罚。

当初高祖带领他的追随者们准备攻打沛县时，夏侯婴以县令史的身份为高祖四处联络。就在攻下沛县的一天之后，高祖自立为沛公，赐给夏侯婴七大夫的爵位，并任命他为太仆。在跟随高祖攻打胡陵时，夏侯婴和萧何一起招降了泗水郡郡监平，平拿胡陵城归降了沛公，高祖又赐给夏侯婴五大夫的爵位。夏侯婴后来跟随高祖在砀县以东袭击秦军，攻打济阳，攻下了户牖，并在雍丘一带击败了李由的军队。在战争中他驾兵车快速进攻，速战速决，高祖赐给他执帛的爵位。夏侯婴曾经以太仆的身份指挥兵车跟从高祖在东阿、濮阳一带攻打章邯，在战斗中驾兵车快速进攻，大破秦军，高祖赐给他执珪的爵位。后来又曾指挥兵车跟从高祖在开封攻打赵贲的军队，在曲遇击败杨熊的军队。在战斗中，夏侯婴跟从高祖俘虏六十八人，招降士兵八百五十人，并缴获金印一盒。后来他又曾指挥兵车跟从高祖在洛阳以东袭击秦军。他驾车进行快攻，速战速决，高祖赐给他的爵位和封号变为滕公。接着又指挥兵车跟从高祖攻打南阳，在蓝田、芷阳作战，他驾兵进行快速进攻，一直打到霸上。项羽进入关内之后，灭掉了秦朝，封沛公为汉王。汉王赐给夏侯婴列侯的爵位，封号为昭平侯，不久又改任太仆，跟随汉王进军蜀、汉地区。

后来汉王率领军队返回关内，平定了三秦，夏侯婴随从汉王攻打项羽。汉王进军彭城，被项羽打得大败。汉王见兵败不利，乘车急速逃去。半路上遇到了惠帝和鲁元公主，就让他们坐到车上来。马已跑得十分疲惫，项羽的军队又紧追在后，汉王特别着急，好几次用脚把两个孩子踹下车去，想抛弃他们，但每次夏侯婴都下车把他们抱上车来，最终还是让他们坐在车上，夏侯婴赶着车子，先是慢慢行走，等到两个孩子抱紧了自己的脖子之后，才驾车奔驰。汉王为此非常生气，十几次想要杀死夏侯婴，但最终还是脱离了险境，把孝惠帝、鲁元公主安然无恙地送到了丰邑。

汉王到了荥阳之后，收集被击溃的军队，重振军威，汉王把祈阳赐给夏侯婴作为食邑。此后，夏侯婴又经常指挥兵车跟从汉王攻打项羽，一直追击到陈县，最终平定了楚地。他们行至鲁地时，汉王又给夏侯婴增加了兹氏一县作为食邑。

汉王被尊立为皇帝后，燕王臧荼起兵谋反，夏侯婴以太仆的身份跟从高祖攻打臧荼。第二年，又跟从高祖到陈县，抓捕了楚王韩信。高祖把夏侯婴的食邑改封在汝阴，剖符为信，使夏侯婴的爵位世世代代传下去。后来夏侯婴又以太仆的身份跟从高祖攻打代地，一直打到武泉、云中，高祖将他的食邑增加了一千户。接着夏侯婴又跟随高祖到晋阳附近，把韩信统领的匈奴骑兵打得大败。当追击败军到平城时，高祖被匈奴骑兵包围，困了整整七天不能脱身。后来高祖派人送给匈奴王的王后阏氏厚礼，匈奴王冒顿这才把包围圈打开一角。高祖突围后刚出平城就想驱车快跑，夏侯婴坚持慢走，命令弓箭手都拉满弓向外，最终脱离险境。于是高祖又把细阳一千户作为食邑加封给夏侯婴。后来，夏侯婴又以太仆的身份跟随高祖在勾注山以北地区攻打匈奴骑兵，大获全胜。夏侯婴并以太仆的身份在平城南边攻击匈奴骑兵，多次攻破敌阵，功劳最多，高祖就把夺来的城邑中的五百户增赐给他作为食邑。后夏侯婴又以太仆的身份攻打陈豨、黥布的叛军，冲锋陷阵，击退敌军，高祖又给他加封食邑一千户。最后，高祖把夏侯婴的食邑定在汝阴，共六千九百户，撤除此前所封的其他食邑。

夏侯婴自从当初跟随高祖在沛县起兵，长期担任太仆一职，直到高祖去世。后来又以太仆侍奉汉惠帝。汉惠帝和吕后非常感激夏侯婴在下邑的路上救了孝惠帝和鲁元公主，就把紧靠在未央宫北面的王侯宅第赐给他，名为“近我”，以此显示对夏侯婴的格外尊崇。汉惠帝去世之后，他又以太仆的身份侍奉吕后。等到吕后去世，代王来到京城时，夏侯婴又以太仆的身份和东牟侯刘兴居一起入皇宫清理宫室，废去了少帝，用天子的车驾到代王府第去迎接代王，和大臣们一起尊立代王为孝文皇帝，夏侯婴仍然担任太仆。八年之后夏侯婴去世，谥号为文侯。他的儿子夷侯夏侯灶继承侯位，七年后去世。夷侯的儿子共侯夏侯赐继承侯位，三十一年后去世。共侯的儿子夏侯颇娶了平阳公主。夏侯颇继承侯位十九年时，也就是元鼎二年，因为和他父亲宠爱过的婢女通奸，畏罪自杀，封国也被撤除。

颍阴侯灌婴原是睢阳的一个贩卖丝缯的小商人。高祖自立为沛公时，攻城略地来到雍丘城下，章邯击败并杀死了项梁，沛公于是率军撤退到砀县一带，灌婴以内侍中涓官的身份跟随沛公，在成武打败了东郡郡尉的军队，在杠里打败了驻守的秦军，因为杀敌英勇，被赐予七大夫的爵位。接着又跟随沛公在亳县以南、开封、曲遇一带与秦军交战，奋勇拼杀，被赐予执帛的爵位，封号为宣陵君。在阳武以西到洛阳一带与秦军交战，在尸乡以北地区击败秦军，再向北封锁了黄河渡口，然后南下，在南阳以东击溃了南阳郡郡守吕齮的军队，于是平定了南阳郡。接着又向西进军武关，在蓝田与秦军交战中，他作战英勇，一直打到霸上，被高祖赐予执珪的爵位，封号为昌文君。

沛公被封为汉王之后，拜灌婴为郎中。灌婴跟从汉王进军汉中，十月间，被任命为中谒者。后来他又跟从汉王率军返回关内平定了三秦，攻下了栎阳，降服了塞王司马欣。率军返回时又把章邯围困在了废丘，但未能攻下废丘。后来他又跟随汉王向东出临晋关，降服了翟王董翳，平定了他的辖区。灌婴在定陶以南与项羽的部下龙且、魏国丞相项他的军队作战中，经过一番激战，最后击败敌军。灌婴因功被赐予列侯的爵位，封号为昌文侯，杜县的平乡被封给他做食邑。

灌婴又以中谒者的身份跟随汉王攻下砀县，挥师直至彭城。项羽带领军队出击，把汉王打得大败。汉王向西逃跑，灌婴随从汉王撤退，在雍丘驻扎。王武、魏公申徒谋反，灌婴随从汉王攻打并击败他们。灌婴攻克了外黄，再向西招募士卒，在荥阳驻扎。项羽的军队又来进攻，其中骑兵很多，汉王就在军中挑选能够担任骑兵将领的人，大家都推举原来的秦朝骑士重泉人李必、骆甲，他俩对骑兵很在行，同时现在又都担任校尉之职，因此可以担任骑兵将领。汉王准备任命他们，但他们二人说："我们原为秦朝的将士，恐怕军中士卒觉得我们靠不住，所以请您委派一名常在您身边而又善于骑射的人做我们的首领。"当时灌婴年龄虽然不大，但在多次战斗中都能英勇奋战，所以就任命他为中大夫，让李必、骆甲担任左右校尉，带领郎中骑兵在荥阳以东和楚国骑兵交战，把楚军打得溃不成军。后来灌婴又奉汉王命令独自率领军队袭击楚军的后方，切断了楚军从阳武到襄邑的运粮要道。灌婴还在鲁国一带打败了项羽手下将领项冠的军队，此次战斗，灌婴部下将士们斩杀楚军的右司马、骑将各一人。继而灌婴又击败柘公王武，率军队驻扎在燕国西部一带，部下将士们斩杀楼烦将领五人、连尹一人。在白马附近，灌婴又大破王武的别将桓婴，部下将士杀敌都尉一人。接着灌婴又带领骑兵南渡黄河，护送汉王到达洛阳，然后汉王又派遣灌婴到邯郸去迎接相国韩信的部队。灌婴回到敖仓时，他被升任为御史大夫。

在高祖三年时，灌婴以列侯的爵位配享杜县的平乡作为他的食邑。后来又以御史大夫的身份应诏率领郎中骑兵，由相国韩信统一辖制，在历下击败了齐国的军队，他所率领的兵士俘虏了车骑将军华毋伤及将吏四十六人。灌婴攻破了临淄城，活捉齐国守相田光。他又追击齐国相国田横到嬴县、博县，击败齐国骑兵，部下将士斩杀齐国骑将一人，活捉骑将四人。灌婴攻下了嬴、博两地，在千乘又击败齐国大将田吸，手下的兵士将田吸斩首。灌婴向东跟随韩信在高密攻打龙且和留公旋的军队，手下的兵士将龙且斩首，活捉右司马、连尹各一人，楼烦将领十人，他自己活捉亚将周兰。

齐地平定之后，韩信自立为齐王，派遣灌婴独自率领军队去鲁北攻打楚将公杲，击败了公杲的军队。灌婴挥师转向南边，打败了薛郡郡守所率领的军队，亲自俘虏骑将一人。他继续进攻傅阳，直达下相东南的僮城、取虑和徐城一带。接着渡过淮河，攻占了淮南的全部城邑，然后进军广陵。后来项羽派项声、薛公和郯公又重新收复了淮北。灌婴于是渡过淮河北上，在下邳打败项声、郯公，并将薛公斩首，攻下下邳，在平阳击败了楚军骑兵，于是攻占了彭城，俘获了楚国的柱国项佗，并且还攻占了留、薛、沛、酂、萧、相等县。在攻打苦县、谯县时，他再次俘虏了亚将周兰。灌婴在颐乡和汉王会师。跟随汉王在陈县击败项羽的军队，手下的兵士斩楼烦骑将二人，俘虏骑将八人。汉王给灌婴增加食邑二千五百户。

项羽在垓下被击败后逃跑，灌婴以御史大夫的身份受汉王命令带领车骑部队追击项羽，在东城击溃了他。灌婴手下的将士五人共同斩杀了项羽，他们都被封为列侯。收降了左右司马各一人，士兵一万二千人，尽数俘虏了项羽军中的将领和官吏。接着他又攻下了东城、历阳。然后渡过长江，在吴县一带击败吴郡郡守所率领的军队，俘虏了吴郡郡守，于是平定了吴、豫章、会稽三郡。然后他又挥师返回平定了淮北地区，总计有五十二个县。

汉王被尊立为皇帝之后，加封灌婴食邑三千户。这年秋，他以车骑将军的身份跟从高祖击败燕王臧荼的军队。次年，又跟从高祖到达陈县，抓捕了楚王韩信。回朝之后，高帝剖符为信，让他子孙世袭侯爵，世世代代不绝，并把颍阴的两千五百户封给灌婴作为食邑，封号为颍阴侯。

灌婴作为车骑将军随从高祖到代地攻伐谋反的韩王韩信，到马邑的时候，奉高祖命令独自率领军队攻占楼烦以北的六个县，斩杀了代国的左丞相，在武泉以北打败了匈奴骑兵。随后跟随高祖在晋阳一带攻打隶属于韩王信统辖的匈奴骑兵，部下的士卒斩杀匈奴白题将一人。他又奉命统领燕、赵、齐、梁、楚等国的车骑部队，在硰石打败了匈奴的骑兵。到达平城的时候，被匈奴大军团团围住，突围后跟随高祖率领军队回到东垣。

在跟随高祖攻打陈豨的时候，灌婴受高祖的命令独自率军在曲逆一带攻击陈豨丞相侯敞的军队，部下士卒杀死了侯敞和特将五人。灌婴攻占了曲逆、卢奴、上曲阳、安国、安平等地。接着攻下了东垣。

黥布造反的时候，灌婴以车骑将军的身份率军率先出征，在相县，大败黥布别将的军队，斩杀亚将、楼烦将共三人。随后又进军攻打黥布上柱国的军队和大司马的军队。击败黥布别将肥诛的军队，亲手活捉左司马一人，所率领的兵士斩其小将十人，追击敌人的败将残兵一直到淮河沿岸。因此，高祖又给他增加食邑二千五百户。平叛黥布之后，高祖还朝，将灌婴在颍阴的食邑定为五千户，撤销以前所封的食邑。在历次大战中，灌婴总计随从高祖俘获二千石的官吏二人，自己独自率领军队攻破的敌军有十六支，攻下城池共四十六座，平定了一个诸侯国、两个郡、五十二个县，俘虏了将军二人，柱国、相国各一人，二千石的官吏计十人。

灌婴打败黥布后返回京城，高祖去世，灌婴就以列侯的身份侍奉汉惠帝和吕太后。太后去世以后，吕禄等人以赵王的身份自居为将军，驻军长安，妄图作乱。齐哀王刘襄得知后，发兵西进向京城而来，说要杀死不应该称王的人。上将军吕禄等人听说之后，就派遣灌婴为大将，带领军队前去阻击。灌婴来到荥阳，就和绛侯周勃等人商议，决定大军暂时在荥阳驻扎，向齐哀王暗中示意准备诛杀吕氏的事，齐兵因此也就屯兵不前。绛侯周勃等人杀死诸吕之后，齐哀王收兵回到封地。灌婴从荥阳率兵返回京城，和周勃、陈平共同拥立代王为孝文皇帝。孝文皇帝于是就给灌婴加封食邑三千户，赐给黄金一千斤，同时任命他为太尉。

三年后，绛侯周勃被免去丞相职务回自己封地去了，灌婴担任丞相，免去了他的太尉的官职。这一年，匈奴大举入侵北地、上郡，文帝命丞相灌婴带领骑兵八万五千人去迎击匈奴。匈奴逃跑之后，济北王刘兴居谋反，文帝诏令灌婴收兵回京。过了一年多，灌婴在丞相任上去世，谥号为懿侯。他的儿子平侯灌阿继承了侯位。二十八年以后去世，儿子灌强继承侯位。十三年后，因为灌强犯了罪，侯位中断了两年。元光三年，皇帝封灌婴的孙子灌贤为临汝侯，让他作为灌婴的继承人继承侯位。八年后，灌贤因犯行贿罪，封国被撤除。

太史公说：我曾经去过丰沛，访问当地的遗老，参观了萧何、曹参、樊哙、滕公的故居，探听他们当年平素为人的故事，所听到的和在朝廷所了解到的大不相同！当他们操刀杀狗或贩卖丝缯的时候，难道自己知道日后能跟随刘邦发迹，名垂汉室，恩德惠及子孙吗？我和樊哙的孙子樊他广有过交往，他和我谈到高祖的功臣们起家时的事迹就如我这里所记。

（马淑贞 译）

《史记》卷九十六　张丞相列传第三十六

丞相张苍是阳武县人，他非常喜欢读书，擅长乐律和历法。秦朝时曾担任过御史，掌管朝廷议事的记录和各地方上报的文书。后因犯罪，他便逃回家了。等到沛公攻城夺地经过阳武的时候，张苍便以幕僚宾客的身份跟随沛公攻打南阳。后来张苍犯法应该斩首，脱下衣服，伏在刑具上时，身体又高又大，肌肤肥硕白皙如瓠子，凑巧被王陵看见，惊叹张苍是美男子，于是就向沛公说情，赦免了他的死罪。于是张苍跟随沛公向西攻入武关，到达咸阳。沛公被立为汉王，进入汉中，不久又率军返回平定了三秦。陈馀打跑常山王张耳，张耳投降了汉王，汉王就任命张苍为常山的郡守。张苍又跟随淮阴侯韩信攻打赵国，并擒获了陈馀。赵地被平定之后，汉王任命张苍为代国的相国，防备边境敌寇的侵扰。不久，他又被调任到赵国担任相国，辅佐赵王张耳。张耳死后，他又辅佐赵王张敖。不久又被调任代国担任相国，辅佐代王。燕王臧荼谋反，高祖带兵前去讨伐，张苍以代国相国的身份跟随高祖攻打臧荼有功，在高祖六年被封为北平侯，食邑一千二百户。

后来，张苍被擢升为管理财政的计相。一个月之后，张苍以列侯的爵位改任主计，一连干了四年。当时萧何担任相国，而张苍则是从秦朝时就担任柱下史，熟悉天下的相关图书和各种贡赋簿籍，再加上他精通计算、乐律和历法，因此高祖就命令他以列侯的身份在相府办公，主管各郡国交上来的会计账簿。黥布谋反不成而逃跑，汉高祖就立他的儿子刘长为淮南王，任命张苍为相国来辅佐他。十四年（一说为十六年）之后，张苍调任御史大夫。

周昌是沛县人。他有个堂兄名叫周苛，周昌和他的堂兄在秦时都担任泗水卒史。等到汉高祖在沛县起兵，击败了泗水郡的郡守、郡监后，周昌、周苛兄弟就以卒史的资历追随沛公，沛公命周昌担任管理军中旗帜的职志，周苛则暂时在帐下当宾客。后来他们都跟从沛公入关，推翻强秦的统治。沛公被封为汉王，任命周苛担任御史大夫，周昌担任中尉。

汉王四年，楚军在荥阳围困了汉王，情况十分危急，汉王悄悄逃出重围，命令周苛留守荥阳城。楚军攻破了荥阳，想任命周苛为将领，周苛痛斥道："你们这些人赶快投降汉王吧，不然的话，很快地就要成为俘虏了！"项羽大怒，立刻烹杀了周苛。于是汉王就拜周昌为御史大夫。周昌跟随着汉王多次击败项羽。高祖六年时，周昌和萧何、曹参一起受封，高祖封周昌为汾阴侯，周苛的儿子周成因父亲为国捐躯的原因，被封为高景侯。

周昌为人原则性很强，敢于直言不讳，包括萧何、曹参等人对周昌都不敢相抗。周昌曾在高祖休息享乐时进宫奏事，高祖正怀抱着戚姬，周昌见此情景，回头便跑，高祖上前追赶，追上之后，骑在周昌的脖子上问道："你看我是什么样的皇帝？"周昌挺直脖子，昂起头说："陛下是夏桀、商纣一样的皇帝。"高祖听了哈哈大笑，但却由此最敬畏周昌。等到高祖想废掉太子，立戚姬之子如意为太子时，众大臣都坚决反对而未能奏效。后来，高祖因为留侯张良的计策而终止改立太子的念头。而周昌在朝廷中和高祖极力争辩，高祖问他理由何在，周昌生来有口吃的毛病，再加上非常气愤，口吃得就更厉害了，他说："我的口才虽然不太好，但是我期……期……知道这样做是不行的。陛下即使想废掉太子，但是我期……期……坚决不能接受您的诏令。"高祖听罢，高兴地笑了。当时，吕后在东厢侧耳听到上述对话，见到周昌时，就跪谢说："若不是您据理力争的话，太子几乎就被废掉了。"

此后，戚姬的儿子如意立为赵王，年仅十岁，高祖担心自己死后赵王不能保全。当时有一个名叫赵尧的人，年纪轻轻就担任了掌管符玺的御史，赵国人方与对御史大夫周昌说："您的御史赵尧，年纪虽轻，却是一个奇才，您对他一定要另眼相待，他将来要代替您的职位。"周昌笑着说："赵尧年少，只是个使刀笔的小吏罢了，哪里会到这种地步！"过了不久，赵尧去侍奉高祖。有一天，高祖独自心中不乐，慷慨悲歌，众臣不知道皇帝为何如此。赵尧上前问道："陛下您郁郁不乐，莫非是为赵王年轻而戚夫人和吕后二人又不和睦吗？是担心在您万岁之后而赵王不能保全自己吗？"高祖说："对。我私下里非常担心这个事情，却无计可施。”赵尧说:“您最好为赵王派去地位尊贵而坚强有力的相国,且此人还须是吕后、太子和群臣平素都敬畏的人才行。”高祖说道:“对。我的考虑也是这样的,但是满朝文武谁能担此重任呢?”赵尧说道:“御史大夫周昌,此人坚强耿直,况且自吕后、太子到满朝文武,人人对他都一直很敬畏,只有他才能够担此重任。”高祖说:“好。”于是高祖就召见了周昌,对他说:“我想一定得麻烦您,您勉为其难也要为我去辅佐赵王,去担任他的相国。”周昌哭着回答说:“我从起事就追随陛下,您为什么单单在半路上把我扔给了诸侯王呢?”高祖说:“我非常了解这是降职,但是我私下里又实在为赵王担心,再三考虑,除您之外再无他人能担此任。您就为我勉强走一遭吧!”于是御史大夫周昌就被调任为赵国相国。

周昌走了以后,过了很久,高祖手拿着御史大夫的官印,轻轻地摩挲着说:“谁才是御史大夫最合适的人选呢?”高祖仔细地看了看赵尧,说道:“没有人比赵尧更合适的了。”于是就任命赵尧为御史大夫。赵尧以前也有军功和食邑,等到他以御史大夫之职跟随高祖攻打陈豨立了功,就被封为江邑侯。

高祖去世之后,吕太后派使臣召赵王入朝,相国周昌让赵王托病不去。使者往返三次,周昌坚持不送赵王进京。于是吕后担忧此事,就派使者召周昌进京。周昌进京之后,拜见吕后,吕后生气地骂他:“难道你还不知道我非常恨戚夫人吗?而你却不送赵王进京,为什么?”周昌被召进京城之后,吕后又派使者召赵王,不久,赵王果真来到了京城。他到长安一个多月,就被迫喝下毒药死去了。周昌因此称病不再上朝拜见太后。三年之后,他也去世了。

又过了五年,吕后听说是御史大夫江邑侯赵尧在高祖时定下保全赵王如意的计策,于是就废除他江邑侯爵位以抵其罪,并让广阿侯任敖担任了御史大夫。

任敖原来是沛县的一名狱中小吏。高祖还是平民百姓时,曾经躲避官司,狱吏找不到高祖本人,便抓走了吕后,待她无礼。而任敖一直和高祖很要好,见此非常生气,就打伤了拘管吕后的那位狱吏。等到高祖开始起兵的时候，任敖就以宾客的身份追随他，后来担任御史，驻守丰邑两年。高祖被立为汉王，向东进攻项羽，任敖被擢升为上党郡守。陈豨谋反时，任敖坚守城池，被封为广阿侯，食邑一千八百户。吕后时，担任御史大夫。三年后被免职，吕后任命平阳侯曹窋为御史大夫。吕后去世之后，曹窋和大臣们共同诛杀吕禄等人。后来曹窋被免职，淮南王相国张苍被任命为御史大夫。

张苍和绛侯周勃等人共同尊立代王为孝文皇帝。文帝四年，丞相灌婴去世，张苍接任丞相。

自从汉朝建立到汉文帝已有二十多年了，当时天下刚刚平定，朝廷中的文武百官都是军人出身。而张苍从担任计相时起，就致力于探讨、订正音律和历法。因为高祖是在十月入关到达霸上的，所以原来秦朝以十月为一年开端的旧历法依然沿袭。他便根据金、木、水、火、土五德运转的情况进行推算，认为汉朝正值水德旺盛的时期，所以要像秦朝那样崇尚黑色。张苍还善于吹奏律管和调试乐调，使其合于乐理，以此类推其他，来制定律令。并且由此制定出各种器物的度量标准，以作为天下百工的规范。到他担任丞相时，终于把这一切都完成了。所以整个汉代研究音律历法的学者，都师宗张苍。而张苍原本就喜欢图书，他什么书都读，没有什么是他不精通的，而尤其擅长音律和历法。

张苍对王陵一直感恩戴德。王陵即是安国侯。等张苍显贵后，经常把王陵当作父亲一般侍奉。王陵去世后，张苍已位居丞相，但是每逢五天一次的休假期到来，总是先拜见王陵夫人，献上美食之后，才敢回家。

张苍担任丞相十多年后，鲁地有个叫公孙臣的人，上书给皇帝，说汉朝属于土德旺盛时期，其征兆是不久将要有黄龙出现。皇帝下诏把此议交给张苍审鉴，张苍认为并非这样，就把这件事搁置一边。后来黄龙果然出现在天水郡的成纪县，于是文帝就把公孙臣召到了朝廷，并任命他为博士，让他负责草拟顺应土德的历法制度。同时更改新的年号。丞相张苍也就因此自行引退，推说年老多病，不再上朝。张苍曾保举某人做中侯官，但此人利用不正当手段谋求私利，皇帝因为这事责备张苍，张苍于是告病退职了。张苍总共做了十五年的丞相才离职，于景帝前元五年时去世，谥号为文侯。他的儿子康侯继承侯位，八年之后康侯去世。康侯的儿子张类继承侯位，又过了八年，张类因为参加诸侯的丧礼后就位不敬的罪名，使得爵位封邑都被撤销。

当初，张苍的父亲身高不足五尺，等到生下张苍，张苍却身高八尺多，被封为侯，又做了丞相。张苍的儿子也很高大，到了孙子张类又身高只有六尺多一点，因为犯法而失去侯位。张苍被免去丞相职务后，年纪已经很大了，嘴里没有牙齿，只能靠吃人奶度日，让一些女人当他的乳母。他的妻妾多达百人，凡是曾经怀孕生育过的就不再宠幸。张苍一直活到一百零几岁时才去世。

丞相申屠嘉是梁地人，他以拉强弓硬弩武士的身份跟随高祖攻打项羽，因军功升任为队率（小官）。跟随高祖攻打黥布叛军时，升任都尉。汉惠帝时，又升任淮阳郡守。汉文帝元年，文帝选拔那些曾经跟随高祖南征北战、年俸在二千石的官员，将他们全部封为关内侯，得封此爵的共有二十四人，申屠嘉则得到五百户的食邑。张苍任丞相后，申屠嘉升任为御史大夫。张苍免去丞相之后，汉文帝想任命窦皇后的弟弟窦广国为丞相，又说：“我很担心这样做会使天下人认为我偏爱广国。”窦广国有才能且品行好，因此皇上想任命他为丞相，但经过长时间考虑之后，汉文帝还是认为他不合适。而高祖时期的大臣又多已去世，活着的人中也不见有合适的人选，所以就任命申屠嘉为丞相，就以原来的食邑封他为故安侯。

申屠嘉为人廉洁正直，在家从不接受私人来访。当时太中大夫邓通正蒙圣上隆眷，皇帝赏赐给他的钱财多达万数。汉文帝曾经到他家饮酒作乐，可见皇帝对他宠爱的程度。当时丞相申屠嘉入朝拜见皇帝，而邓通站在皇帝的身边，礼数上有些简慢之嫌。申屠嘉奏事完毕，接着说道：“皇上您偏爱您的宠臣，可以让他富贵，但朝堂之上的礼节，却不能不严肃。”皇帝说道：“你不要多说了，我就是喜爱邓通。”申屠嘉退朝回来坐在相府中，下了一道手令，让邓通来相府一趟，如果不来，就要把邓通斩首。邓通非常害怕，进宫告诉了汉文帝。汉文帝说：“你只管前去，我马上就派人召你进宫。”邓通来到了丞相府，摘下帽子，脱下鞋子，给申屠嘉叩头请罪。申屠嘉随意地坐在那里，故意不用礼节对待他，同时还斥责他说："朝廷，是高祖皇帝的朝廷。你邓通不过区区小臣，胆敢在大殿之上随随便便，如同儿戏，犯有大不敬之罪，应该杀头。来人哪，现在就执行，把他斩了！"邓通连忙磕头，头上碰得鲜血直流，但申屠嘉仍然没有说饶过他。文帝估计丞相已经让邓通吃尽了苦头，就派使者拿着皇帝的节旄召邓通进宫，并且向丞相道歉："这是我亲狎的臣子，您就放过他吧！"邓通回到宫中之后，哭着对文帝说："丞相差点杀了我！"

申屠嘉担任丞相五年之后，汉文帝去世了，汉景帝即位。景帝二年，晁错担任内史，因受皇帝宠爱，位高权重，于是许多法令制度他都奏请皇帝变更。同时还讨论如何用贬谪处罚的方式来削弱诸侯的权力。而丞相申屠嘉也有感于自己所说的话不被采用，因此忌恨晁错。晁错担任内史，内史府的大门本来是由东边通出宫外的，他进出不便，于是另凿一道门向南通出。而向南出的门所凿开的墙，正是刘邦之父刘太公庙的外墙。申屠嘉听说之后，就想借晁错擅自凿开宗庙围墙为门这一理由，奏请皇上杀掉晁错。晁错门客中有人把申屠嘉想借机诛杀他一事告诉了他。晁错害怕，于是连夜进宫面见皇上，向景帝自首。第二天早朝的时候，丞相申屠嘉奏请诛杀内史晁错。景帝说道："晁错所凿的墙不是真正的宗庙墙，而是宗庙的外围短墙，所以才有其他官员住在里面，况且这又是我让他这样做的，晁错并没有什么罪过。"退朝之后，申屠嘉对长史说："我后悔没有先杀了晁错，却事先奏报皇帝，结果竟被晁错给捉弄了。"回到相府之后，因气愤吐血而死，谥号为节侯。他的儿子共侯申屠蔑继承侯位，三年之后去世。共侯之子申屠去病继承侯位，三十一年之后去世。申屠去病的儿子申屠臾继承侯位，六年之后，因身为九江太守接受原任官员的送礼而犯了罪，封国被撤销。

自从申屠嘉去世之后，景帝时的开封侯陶青、桃侯刘舍先后担任丞相。到了当今皇上的时候，柏至侯许昌、平棘侯薛泽、武强侯庄青翟、高陵侯赵周等人相继当了丞相，他们都是世袭的列侯，平庸无能，谨小慎微，当丞相只不过是滥竽充数而已，没一个是以自身的才能卓著、贡献杰出和功名显赫而著称于世的。

太史公说：张苍对文章学问、音乐历法都很精通，是汉朝的一代名相，但是他却把贾生、公孙臣等人提出的采用正朔、改变服色的主张搁置不用，偏采用秦朝所实行的《颛顼历》，这是为什么呢？周昌为人质直，是个像木石一般倔强的人。而任敖则凭借昔日对吕后有恩才被重用。申屠嘉可以说是刚正坚毅、品德高尚的人，但是他却既不懂治国的谋略又没有学问，和萧何、曹参、陈平这些前辈丞相相比大不相同。

汉武帝时丞相很多，就不一一具体记载了，也不记录他们的出身、籍贯、生卒年以及品行、事迹等等，暂且记下武帝征和年间以来的丞相。

车千秋丞相是长陵人。他去世之后由韦丞相接替。丞相韦贤是鲁国人。因为善读儒书、习儒术而担任小吏，后来升官至鸿胪侍卿。曾经有相面的人给他看相，说他可以官至丞相。他有四个儿子，也让相面的人给他们相面，相到二儿子韦玄成时，相面的人说："这个儿子将来会显贵，可以封侯。"韦丞相说道："即使我当了丞相，被封为侯，继承侯位的也应该是长子，这二儿子怎么继位封侯呢？"后来，韦贤果然当上丞相，后因病去世，而他的大儿子因为犯罪，按照当时的法律，不能继承侯位，因此改立韦玄成为侯位继承人。韦玄成当时假装精神失常，不肯为继承人，但是最终朝廷还是让他继承了侯位，他封侯不说还赢得了礼让的好名声。后来因为骑着马径直闯进宗庙，犯了不敬之罪，皇帝下诏，降爵一级，成为关内侯，失去了列侯的爵位，但依然享有以前的食邑规格。韦丞相去世之后，由魏丞相接替他的职位。

魏丞相名叫魏相，是阴济人。由文职小吏升到丞相，但是他这个人喜好武艺，要求部下都要佩带宝剑，并规定只有佩带着宝剑才能上前向丞相奏事。以至于有人没有带宝剑，因事需要入内汇报，都要向他人借一把宝剑带上才敢进府奏事。当时的京兆尹是赵广汉，魏丞相上奏皇帝，说赵广汉犯了应该撤职的罪行，赵广汉于是派人要挟魏丞相，想让他答应免掉自己的罪，但是魏丞相坚决不答应。赵广汉又派人威胁魏丞相，把丞相夫人涉嫌残害婢女一事拿出来，私下启奏皇帝，请求派人查办，并且派遣下属官吏到丞相府，逮捕丞相府的婢女严刑拷问，结果是婢女并非魏夫人用利器所杀。于是，丞相的司直繁先生就上奏皇帝，说京兆尹赵广汉威胁丞相，诬告丞相夫人残杀婢女，还擅自派遣官吏士卒包围搜查丞相府邸，逮捕丞相家人，犯下了违背道义的罪行；同时又查出赵广汉擅自逐遣骑士的事情。赵广汉因罪重而被判处腰斩的极刑。魏丞相又支使僚属陈平等人揭发检举中尚书，涉嫌擅自劫持、威胁当事人，被判为不敬之罪，致使长史以下数名官员都被处死，还有一些人被处以宫刑，下蚕室。魏丞相最后在丞相的职位上因病去世，他的儿子继承了爵位，后来也因为骑马闯进宗庙，犯下了不敬之罪，被皇帝下诏降爵一级，成为关内侯，失去了列侯的爵位，但依然享有以前的故地封邑。魏丞相去世之后，御史大夫邴吉接替他做了丞相。

邴丞相邴吉是鲁国人。因为喜欢读书和爱好研究法令制度而官至御史大夫。在孝宣帝时，因邴吉对皇帝有旧恩的缘故，被封为列侯，紧接着又做了丞相。他明了事理，才智过人，被后世所称颂。在担任丞相期间因病去世，儿子邴显继承了爵位。后来邴显也因为骑马闯进宗庙，犯下了不敬之罪，皇帝下诏降爵，由列侯降为关内侯，但依然享有以前的故地封邑。邴显做官一直做到太仆，因为为官昏乱不明，和儿子一起徇私舞弊、贪赃枉法，被免官沦为平民。

邴吉丞相去世以后，黄丞相接替丞相职务。从前长安城中有个善相面的人叫田文，他和当时身份寒微的韦丞相、魏丞相、邴丞相三人在一家做客时会面，田文说道："现在这里的三位，将来都会成为丞相。"后来，这三个人果然相继为丞相，这人怎么看得这么准啊！

黄丞相黄霸是淮阴人。因为喜欢读书而担任官吏，官至颍川太守。治理颍川时，用礼义条例和教令来教育和感化百姓。若是犯有重罪应当斩首的，就暗示其情节严重令其自杀。教化大行于世，名声远近皆知。孝宣帝特意下一道诏书，称："颍川太守黄霸，用宣布国家的诏令来治理百姓，颍川地区人们走在路上不捡别人丢失的东西，男女分路而走，监狱之中没有犯重罪的囚犯。特赐给他关内侯的爵位，赏黄金一百斤。"

这样，他就被皇帝征调到京城担任京兆尹，后来官至丞相。他担任丞相期间，依旧以礼义治理国家，最后病逝在丞相任上。他去世后，他的儿子继承了爵位，后来被封为列侯。黄丞相去世之后，皇帝任命御史大夫于定国接替他的丞相职位。于定国丞相已经有廷尉传，在《张廷尉》的叙述之中。于丞相去职以后，御史大夫韦玄成接替了他的职位。

韦玄成丞相就是先前韦贤丞相的儿子。他继承了父亲的封爵，后来因犯罪失去了列侯的爵位。韦玄成从小就喜欢读书，精通《诗经》和《论语》。在官至卫尉后，又升任为太子太傅。御史大夫薛先生被免职之后，韦玄成担任了御史大夫。在于丞相请求告老还乡，皇帝答应他离职之后，韦玄成又成为丞相，皇帝因他旧日的封邑在扶阳，所以封他为扶阳侯。几年之后，他因病去世。孝元帝亲自参加他的丧礼，给予的赏赐特别丰厚。他的儿子继承了爵位。韦玄成治理国家平平庸庸，随俗浮沉，有人说他是阿谀奉承、投机取巧之人。相面的人很早就说他会接替他的父亲，继承侯位，但是他得到侯位之后又失去了；接着，他又再次游宦，东山再起，官至丞相。父子同为丞相，当时被人们传为美谈，这难道不是命运的安排吗！相面的人早就知道此事。韦丞相去世之后，御史大夫匡衡接替了他的职位。

丞相匡衡是东海人。他喜爱读书，曾经跟随太学博士学习《诗经》。因家境贫寒，他要靠给人打工来养家糊口。他才能低下，多次参加朝廷选拔人才的考试都没有考中，到第九次时才勉强考中了丙科。对于经书，由于他多次应考不中而不得不多次温习的缘故，所以对儒家经典理解深透。后来，他做了候补平原郡文学卒史。又过了好几年，郡里的人不尊敬他。这时，御史征调他进京，以候补百石官属的身份被荐举做郎官，后补做博士，官拜为太子少傅，侍奉孝元帝。孝元帝喜欢《诗经》，就升任匡衡为光禄勋，让他居住皇宫之中担任老师，教授皇帝的侍臣，而皇帝则坐在他的身边听讲，非常喜欢他，于是他的地位也就一天比一天显贵了。御史大夫郑弘因为犯法被免官，匡衡就接替他做了御史大夫。一年多之后，韦玄成丞相逝世，匡衡又接任为丞相，并被封为乐安侯。在十年之间，他不出长安城门而官至丞相，这难道不是机遇好和命中注定的么！

太史公说：我曾经反复深思，读书人四海游宦以求取高官厚禄，但是能够做到封侯的人微乎其微。大多数人顶多做到御史大夫就上不去了。他们已经做了御史大夫，离丞相之位只有一步之遥，一心盼望着丞相立刻死去好取而代之。有些人则玩弄阴谋，暗中诋毁中伤，想取代丞相。但有人等了好久，却得不到它；而有的人没等多久就得到丞相之位，还被封为列侯，这也许真是天命吧！御史大夫郑先生等了许多年没有登上相位，而匡先生担任御史大夫未满一年，韦丞相就去世了，匡先生立刻接任他当上丞相，难道这个位置是可以用智巧得到的吗！而那些有圣贤般才能的人，穷困潦倒多年而不被重用，这实在是太多了。

（马淑贞 译）

《史记》卷九十七　郦生陆贾列传第三十七

郦食其是陈留高阳人。他非常喜欢读书，然而家境贫寒，窘迫不堪，连能供得起自己穿衣吃饭的职业都没有，只当了一名看管里门的微贱小吏。尽管如此，县中的贤士和豪强却不敢随意使唤他，县里的人都称他为“狂生”。

等到陈胜、项梁等人起兵反秦时，攻城夺地的将领经过高阳的有数十人，但郦食其听说这些人都是一些器量狭小、恪守烦琐礼节，刚愎自用、不能听大度之言的小人，因此他就深藏不出。后来，他听说沛公带兵攻城夺地到了陈留郊外，沛公部下的一个骑士恰好是郦食其邻里故人的儿子，沛公时常向他打听他家乡的贤士豪杰。某天骑士回家，郦食其看到他便对他说：“我听说沛公傲慢而看不起人，但他有许多远大的谋略，这才是我真正想要追随的人，只是无人替我引见。你见到沛公，就对他说，‘我的家乡有位郦先生，年纪已有六十多岁，身高八尺，人们都称他是狂生，但是他自己说并非狂生。’”骑士说：“沛公不喜欢儒生，许多人头戴儒生的帽子来见他，他就立刻把他们的帽子摘下来，在里边撒尿。在和人谈话的时候，动不动就破口大骂。您不要以儒生的身份去游说他。”郦食其说：“贤弟只管这么说好了。”骑士回去之后，就按郦生嘱咐的话从容地告诉了沛公。

后来沛公来到高阳，在旅舍住下，派人去召郦食其前来拜见。郦生来到旅舍进见，沛公正坐在床边伸着两腿让两个女子为他洗脚，就传唤郦生来见。郦生进去后，只是作个长揖而没有弯腰下拜，说：“您是想帮助秦国攻打诸侯呢？还是想率领诸侯攻破秦国呢？”沛公骂道：“你个没有见识的儒生！天下的人共同遭受秦朝的苦楚已经很久了，所以诸侯们才陆续起兵反抗暴秦，什么叫帮助秦国攻打诸侯？”郦生说：“如果您一定要聚合民众，召集义兵来讨伐暴虐无道的秦王朝，那就不该用这种傲慢无礼的态度来接见长者。”于是沛公立刻停止了洗脚，起身穿上整齐的衣裳，把郦生请到了上宾的座位上，并且向他道歉。郦生于是谈了六国合纵连横所用的谋略，沛公喜出望外，立即命人端上饭来，让郦生进餐，然后问道：“我们该从哪里着手制订计划呢？”郦生说道：“您把乌合之众，散乱之兵收集起来，总共也不满一万人，如果凭借这些兵力直接深入强大秦国与之对抗的话，那就是人们所说的探虎口啊。陈留是天下的交通要道，四通八达的地方，现在城里又有很多储备粮。我和陈留的县令交好，请您派我到他那里去一趟，让他来投降。他若是不听从的话，您再发兵攻城，我在城内作为内应。”于是沛公就派遣郦生前往，自己带兵紧随其后，这样就攻取了陈留。沛公赐给郦食其广野君的称号。

郦生又荐举他的弟弟郦商，让他带领几千人跟随沛公到西南去攻城夺地。郦生自己则常常充当说客，以使臣的身份四处游说，奔走于诸侯之间。

在汉王三年的秋天，项羽攻打汉王，攻下荥阳城，汉兵逃离荥阳转而去保卫巩县、洛阳。不久，楚国人听说淮阴侯韩信已经攻破赵国，彭越又屡屡在梁地造反，就分出部分兵力前去营救。淮阴侯韩信正在东边攻打齐国，汉王又多次被困荥阳、成皋，于是想舍弃成皋以东的地盘，屯兵巩县、洛阳从而抵抗楚军。郦生于是向汉王进言道：“我听说能知道天之所以成为天的人，可以成就王业；而不知道天之所以成为天的人，成就不了王业。君王以老百姓为天，而老百姓又以粮食为天。敖仓这个地方，历来是天下往这里转运粮食的地方。我听说现在此处贮藏很多粮食。楚国人攻下了荥阳，却不坚守敖仓，而是带兵东去，只是让一些罪犯来分守成皋，这是上天要把这些粮食拿来资助汉军。眼下楚军很容易击败，而我们却要退守，自己放弃有利时机，我私下认为这样做是错误的。况且两个强有力的对手不能同时并立，楚汉相争经久相持不下，百姓躁动不安，天下混乱动荡，农夫放下农具停止耕种，织女走下织机而不织布，天下百姓究竟心向哪一方还没有定下来。所以希望您赶快再次进军，收复荥阳，据有敖仓的粮食，堵塞成皋的险要，阻绝太行山的交通要道，在蜚狐关口设防抵抗敌人进犯，把守住白马津渡口，让诸侯们明了当今控制要害、制服敌人的实际形势，那么天下的人们也就知道该归顺哪一方了。如今燕国、赵国都已经平定，只有齐国还没有攻下来，而今田广占据方圆千里的齐国，田闲带领着二十万大军，驻军于历城，各支田氏宗族的力量都非常强大，他们背靠大海，凭借黄河、济水的阻隔，南面接近楚国，齐国人又多狡诈无常，您即使是派遣数十万军队，也不可能在一年或几个月的时间里攻下它。我请求能够奉您英明的诏命去游说齐王，让他归附汉王而成为东方的属国。”汉王回答说：“好！”

汉王听从了郦生的谋划，再次派兵据守敖仓，同时派遣郦生前往齐国游说齐王说：“您知道天下人心的归向吗？”齐王说：“我不知道。”郦生说：“若是您知道天下人心的归向，那么齐国就能够得到保全并且生存下来；若是您不知道天下人心归向的话，那么齐国就不可能得到保全了。”齐王问道：“天下人心究竟归向谁呢？”郦生说：“归向汉王。”齐王又问：“您老先生凭什么这样说呢？”郦生回答：“汉王和项王合力西进攻打秦军，在义帝面前约好谁先入咸阳谁就先在那儿称王。汉王先攻入咸阳，但是项王却违背盟约，不让他称王关中却把他封到汉中为王。项王把义帝迁往江南并派人暗杀了他，汉王听说后，立刻发动蜀汉的军队攻打三秦，出函谷关而责问他们把义帝移居何处，汉王收集天下的军队，拥立以前六国诸侯的后代。攻下城池立刻就给有功的将领封侯，缴获了财宝立刻就分赠给士兵，和天下同享所得的利益，所以那些英雄豪杰、才能超群的人都乐于为他效命。诸侯的军队从四面八方来归顺，蜀汉的粮食船挨着船源源不断地顺流送来。而项王既有背负着背弃盟约的坏名声，又有杀死义帝的不义行为；对于别人的功劳他从来不记得，对于别人的罪过却从不忘记；将士们打了胜仗得不到赏赐，攻下城池也得不到封爵；非项氏家族的人没有一个能得到重用；对有功人员，他为他们刻下侯印，却在手中反复把玩而不愿意授予他们；攻城缴获的财物，堆积起来而不赏赐给大家；所以天下人都背叛他，才能优秀的人怨恨他，没有人愿意为他效命。因此天下有识之士都投归汉王，汉王安坐着就可以算清形势。汉王率领蜀汉的军队，平定了三秦之地；占领了西河之外大片土地，收集上党的军队；攻下了井陉，杀死了成安君；击败了河北的魏豹，攻下了三十二座城池：这支军队如同所向无敌的蚩尤的军队一样，并不是靠人的力量，而是上天福佑的结果。现在汉王已经占有了敖仓的粮食，堵塞成皋的险要之地，守住了白马渡口，断绝了太行山的要道，扼守住蜚狐关口，天下诸侯中后投降的定会被先灭掉。您若是赶快投降汉王，那么齐国的社稷还能够得到保全；如果不投降汉王的话，那么危亡的时刻立刻就会到来。”田广认为郦生的话是对的，就听从郦生，撤除了历下的守备，天天和郦生一起纵酒作乐。

淮阴侯韩信听说郦生坐在车上到齐国转了一圈便劝降了齐国七十余座城池，就带兵连夜越过平原偷袭齐国。齐王田广听说汉兵已到，认为是郦生出卖了自己，便对郦生说：“如果你能阻止汉军进攻的话，我让你活命；不能的话，我将煮死你！”郦生说：“干大事业的人不拘小节，有大德的人也不怕别人责备。你老子不会替你再去游说韩信！”齐王于是烹杀了郦生，带兵向东逃去。

汉高祖十二年，曲周侯郦商以丞相的身份带兵攻打黥布立下大功。高祖在分封列侯功臣时，非常思念郦食其。郦食其的儿子郦疥多次带兵打仗，但立下的军功没有达到封侯的程度，高祖因为他父亲的缘故，封郦疥为高梁侯。后来又把他的食邑改封在武遂，侯位传了三代。在元狩元年的时候，武遂侯郦平因假传皇帝的命令，诈骗了衡山王一百斤黄金，他所犯的罪行按律当处死并陈尸街头，恰巧他因病去世，封邑于是被撤销。

陆贾是楚国人。他以幕僚的身份跟随高祖平定天下，当时的人们都说他是颇具口才的说客，所以一直伴随在高祖的身边，常常出使各诸侯国。

在高祖刚平定中原时，尉他也平定了南越，因而就在那里自立为王。高祖派陆贾带着汉朝赐给尉他的南越王印前去任命他。陆贾到了南越，尉他梳着当地流行的一撮锥子一样的发髻，像簸箕一样地伸开两腿坐着接见陆贾。陆贾就这一情形向尉他说道：“您本是中原人，亲戚、兄弟和祖先的坟墓都在真定。现在您却一反中原人的习性，抛弃了衣冠巾带，想以小小的南越来和天子抗衡，成为敌国，你的大祸也就要临头了。况且秦朝暴虐无道最终失去天下，诸侯豪杰纷纷而起，只有汉王首先入关，占据了咸阳。项羽背叛盟约，自立为西楚霸王，诸侯们都归属于他，可以称得上是强大无比了。但是汉王从巴蜀出兵之后，征服天下，控制诸侯，于是杀死项羽，灭掉楚国。五年之间，四海平定，这不是人力所能办到的，而是上天辅佐的结果啊。如今汉朝天子听说您在南越称王，不愿意帮助天下人铲除暴逆，汉朝将相都想率兵前来诛灭您。但是当今天子怜惜黎民百姓刚刚经历了战乱的劳苦，想让他们休养生息，因此才罢兵，派我授予你南越王的金印，剖符为信，互通使臣。您理应到郊外远迎，面向北方，拜倒称臣，但是您却想凭借这刚刚建立、尚未稳定的南越，在此地桀骜不驯。朝廷果真知道了此事，一定会挖掘烧毁您家的祖坟，诛灭您的宗族，再派一名偏将带领十万人马来到越地，那么南越人杀死您投降汉朝，就如同翻一下手背那么容易。”

尉他听罢就立刻惊起而跪坐，向陆贾道歉说：“我在蛮夷中居留的时间长了，所以太失礼仪了。”接着，他又问陆贾：“我和萧何、曹参、韩信相比，谁更贤能呢？”陆贾说道：“您似乎比他们强一点。”尉他又问：“那我和皇帝相比呢？”陆贾回答：“皇帝从丰沛起事，讨伐暴虐的秦朝，诛灭强大的楚国，为全天下的人兴利除害，继承了五帝三皇的基业，统治整个中原。而中原的人口以亿计算，土地方圆万里，处于天下最富饶的地域，人多车众，物产丰富，政令出于一家，这种盛况是从开天辟地以来从未有过的。而现在您的人口不过几十万，而且都是尚未驯化的蛮夷之人，又居住在这局促狭小的山地海隅之间，只不过如同汉朝的一个郡罢了，您怎么竟同汉朝相比！”尉他听罢大笑，说道：“我不能在中原发迹起家，所以才在此称王。假使让我居于中原，我又哪里比不上汉王呢？”通过交谈，尉他非常喜欢陆贾，留下他和自己饮酒作乐好几个月。尉他说：“南越人当中没人能和我谈得来的，等到你来到这里之后，才使我每天都能听到过去闻所未闻的事情。”尉他还送给陆贾一个包裹，包中装有千金，送给陆贾的其他礼品，也价值千金。陆贾终于完成授予尉他为南越王的使命，使他向汉朝称臣，服从汉朝的约束。陆贾还朝之后，把以上情况向高祖汇报，高祖非常高兴，任命陆贾为太中大夫。

陆贾常常在皇帝面前谈论《诗经》《尚书》等儒家经典。高祖骂道：“老子的天下是靠骑马南征北战打下来的，哪里用得着《诗经》《尚书》！”

陆贾回答说：“您在马上可以得到天下，难道您还可以在马上治理天下吗？商汤和周武，都是以武力讨逆，征服天下，然后顺应形势以文治守成，文治武功并用，这才是使国家长治久安的治国方略啊。昔日的吴王夫差、智伯都是因极力炫耀武功而致使国家灭亡；秦王朝也是一味使用严酷刑法而不知变更，导致天下毁灭在赵高手中。假使秦朝统一天下之后，实行仁义之道，效法先圣，那么，陛下您怎么能取得天下呢？”高祖听后，心情不快，面露惭愧之色，就对陆贾说：“那就请您尝试着总结一下秦朝之所以失去天下，我之所以能得到天下以及前代各王朝成功和失败的原因所在。”陆贾就奉旨粗略地论述了国家兴衰存亡的征兆和原因，一共写了十二篇。每写完一篇上奏给高祖时，高祖没有不称赞的，左右群臣也是一齐山呼万岁，高祖把陆贾这部书称为《新语》。

孝惠帝时，吕太后执掌国家大权，想封吕氏族人为诸侯王，又害怕大臣中那些能言善辩的人反对，而陆贾自忖强力争辩也无济于事，因此就托病辞职，在家中闲居。因为好畤一带土地肥沃，所以陆贾就在这里居住。陆贾有五个儿子，他把出使南越所得的包裹中的珠宝财物拿出来变卖了千金，分给他的儿子们，每人二百金，让他们从事生产。陆贾自己则时常坐着四匹马拉的车子，带着歌舞和弹琴鼓瑟的侍从十人，佩戴着价值百金的宝剑到处游玩，他对儿子们说：“我和你们约定好，当我出游经过你们家时，要让我的人马吃饱喝足，尽量满足大家的要求。每十天换一家。我在谁家去世，就把宝剑车骑以及侍从人员都归他所有。一年中我还要到其他的朋友那里去，所以一年当中我到你们各家去大概不过两三次，总来见你们，就不新鲜了，用不着长时间麻烦你们。”

吕太后执政时，分封吕氏宗族人为诸侯王，众吕姓诸侯王独揽大权，想挟制幼主，危害刘氏天下。右丞相陈平对这种状况很是担忧，但是自身力量有限，不能强争，害怕祸及自身，常常闲居家中反复思索。有一次，陆贾前来请安，径直到陈平身边坐下，这时陈平正在深思，并没有察觉陆贾的到来。陆贾问道：“您的忧虑为什么如此深重呢？”陈平说：“你猜我究竟忧虑什么？”陆贾说：“您老先生位居右丞相之职，是拥有三万户食邑的列侯，享受的富贵荣华已经到了极点，应该没有追求富贵的欲望了。若说您老有忧愁的话，无非是担忧诸吕和幼主而已。”陈平说：“正如你所猜的。你看这事该怎么办呢？”陆贾说：“天下平安无事的时候，要关注丞相；天下动乱不安的时候，要关注大将。如果大将和丞相齐心协力，那么士人就会归附；如果士人都归附，那么天下即使生变，国家的大权也不会分散。为国家大业考虑，此事掌握在您和周勃两个人手中。我常常想把这些话对太尉周勃讲明，但是他和我总开玩笑，不重视我的话。您为什么不和太尉结交，建立起亲密无间的关系呢？”接着，陆贾又为陈平谋划若干应对吕氏的计策。陈平就用他的计策，拿出五百金来给绛侯周勃置酒祝寿，准备了盛大的歌舞宴会来招待他；而太尉周勃也以同样的方式来回报陈平。这样，陈平、周勃二人就建立起非常密切的联系，而吕氏篡权的阴谋慢慢被唱衰了。陈平又把一百个奴婢、五十辆车马、五百万钱赠给陆贾作为饮食费用。陆贾就用这些钱在朝廷公卿大臣中游说，名声很大。

等到诛灭了诸吕，迎来孝文帝登基，陆贾在其中出了很多力。孝文帝即位之后，想派人出使南越。陈平丞相等人就推荐陆贾为太中大夫，派他出使南越见尉他，命令南越王尉他取消了黄屋称制等僭越礼制的行为，让他采用同于其他诸侯的礼节仪式。陆贾出使之后，依此行事，一一达到了皇帝的旨意，所以文帝很满意。此行的详细情况都记录在《南越列传》中。陆贾最后得以寿终正寝。

平原君朱建是楚地人。他先前曾经担任过淮南王黥布的相国，因犯了罪而离去，后来又重新回来事奉黥布。黥布想造反时，曾询问过平原君的意见，平原君反对他的做法，黥布不听平原君的忠告反而听梁父侯的，于是就谋反了。汉王诛杀了黥布，得知平原君曾经劝阻过黥布且没有与他合谋，于是平原君免于被杀。具体情况在《黥布列传》中有记载。平原君能言善辩，口才很好，同时他恪守廉洁无私的节操，为人刚正不阿，家住在长安。他行事从不轻易附和别人，坚持道义原则从不曲意讨好。辟阳侯审食其品行不端正，靠阿谀奉承深得吕太后的宠爱。当时辟阳侯很想和平原君交好，但平原君就是不肯见他。等到平原君母亲去世的时候，陆贾因为和平原君一直很要好，所以就前去吊唁。平原君家境贫寒，连给母亲出殡发丧的钱都没有，正要去借钱来置办殡葬用品，陆贾却让平原君只管发丧，不必去借钱。然后，陆贾跑到辟阳侯家去，向他祝贺说："平原君的母亲去世了。"辟阳侯不解地说："平原君的母亲去世了，你祝贺我干什么？"陆贾说："以前你一直想和平原君结交，但是他坚持道义不和你往来，这是因为他母亲的缘故。现在他母亲已经去世，您若是真心赠送厚礼为他母亲发丧，那么他一定愿意誓死为您效劳。"于是辟阳侯就给平原君送去价值一百金的厚礼。而当时的不少列侯贵人因为辟阳侯送重礼的缘故，也送去了总值五百金的钱物。

辟阳侯由于深受吕太后的宠爱，有人就在孝惠帝面前说他的坏话，孝惠帝大怒，就把他逮捕交给官吏审讯，并想杀他。吕太后感到惭愧，又不能替他说情。而大臣们大都痛恨辟阳侯的行径都想借此机会除掉他。辟阳侯很着急，就派人给平原君传话，说自己想见他。但平原君却推辞说："您的案子现在正紧，我不敢会见您。"然后平原君请求会见孝惠帝的宠臣闳籍孺，说服他道："皇帝宠爱您的原因，天下的人没有不知道的。现在辟阳侯受宠于太后，却被逮捕入狱，满城的人都说是您说了他的坏话，想杀掉他。如果今天辟阳侯被皇上杀了，那么明天早上太后发了火，也会杀掉您。您为什么不脱了上衣，光着膀子，替辟阳侯到皇帝那里求个情呢？如果皇帝听了您的话，释放了辟阳侯，太后一定会非常高兴。太后、皇帝两人都宠爱您，那么您也就会加倍富贵了。"闳籍孺闻言非常害怕，就听从了平原君的计策，向皇帝替辟阳侯说情，辟阳侯果然被放了出来。辟阳侯被囚的时候，想会见平原君，但是平原君却不肯见辟阳侯，辟阳侯认为他背叛了自己，所以对他很恼怒。等到他被平原君成功地救出之后，才感到特别吃惊。

吕太后去世之后，大臣们杀死了诸吕，辟阳侯和诸吕交情很深，但最终没被诛杀。保全辟阳侯性命的计划之所以实现，都是陆贾和平原君的力量。

在孝文帝时期，淮南厉王杀死了辟阳侯，因为他和诸吕交情至深。文帝听说辟阳侯门客平原君曾为他多次出谋划策，所以就派遣官吏去逮捕他，想治他的罪。听到官吏已到自家门口，平原君就想自杀。他的儿子们和来负责逮捕他的官员都说："事情的结果现在尚不清楚，你为什么要过早地自杀呢？”平原君对儿子们说：“我一死一家人的灾祸也就没有了，就不会牵连你们。”于是拔剑自杀。孝文帝听说后非常惋惜，说：“我并没有要杀他的意思。”为了抚慰家属，文帝就把他的儿子召进宫去，任命为太中大夫。后来出使匈奴，由于单于悖慢无礼，他就大骂单于，于是死在了匈奴。

当初，沛公带兵经过陈留的时候，郦食其到军门递上自己的名片说：“高阳的卑贱百姓郦食其，私下听说沛公奔波在外，露天而处，带领军队帮助楚军来征讨暴虐无道的秦朝，劳驾诸位随从进去帮我通报一声，说我想见沛公，和他当面分析天下大事。”使者进去禀告，沛公一边洗脚一边问使者：“来者是个什么样的人？”使者回答说：“看他形貌好像是一个有学问的大儒生，穿着读书人的衣服，头戴巍峨的高山冠。”沛公说：“请替我谢绝他，就说我正忙于讨平天下的大事，没有时间见儒生。”使者出来道歉说：“沛公敬谢先生，他正忙于讨平天下的大事，没有时间见儒生。”郦食其听后，瞪圆了眼睛，手持宝剑，斥责使者说：“快去！再告诉沛公，我是高阳酒徒，并不是一个儒生。”使者惊慌失措，竟吓得把名片掉在了地上，然后又跪下捡起，飞快地转身跑了进去，再次向沛公通报：“外边那个客人，真正是天下的壮士，他大声斥责我，我很害怕，以至于把名片掉在了地上，他说：‘你快滚回去，再次通报，你家老子是个高阳酒徒。’”沛公立刻擦干了脚，手拄着长矛说道：“请客人进来！”

郦食其进去之后，向沛公作了个揖说道：“沛公您长时期日晒雨淋在外奔波劳碌，实在很辛苦，带领军队和楚军一起讨伐暴虐无道的秦朝，但是您为什么一点儿也不自重自爱呢？我希望见您商讨天下大事，而您却说‘我正忙于天下大事，没有时间见儒生’。您想开始您的天下大事，成就天下大业，却以外貌取人，这样恐怕就要失去天下有才能的人了。况且我想您的聪明才智不如我，勇敢坚强又不如我。您想成就平定天下的大业却不想见到我的话，我认为您就会失去一个人才。”沛公连忙道歉说：“刚才我只听说了您的外貌，现在我才真正明白了您的意图。”于是请他就座，问他如何能取得天下。郦食其说：“您若想成就统一天下的大业，不如先停留在陈留。陈留这个地方是个四通八达的交通要冲，同时也是兵家必争之地，城里囤积着几千万石粮食，城墙和守卫工事非常牢固。而我和陈留的守令一向要好，我想替您前去说服他来投降。他若不听我的，请允许我替您杀掉他，然后夺取陈留。您率领陈留的兵将，占据着陈留城，吃陈留的积粮，招募天下各地想追随您的人马；等到军队壮大后，您就可以横行天下了，那时也就没有任何人能对您构成威胁了。”沛公说：“敬听您的教诲。”

于是郦食其就在这一天夜里去见陈留守令，向他游说道：“秦朝残暴无道因而天下的人都背叛它，如今您随从天下人一起反秦就能成大功。如果您要为将要灭亡的秦朝拥城固守，我私下里为您的危险处境感到担忧。”陈留守令说：“秦朝的法令是最为严酷的，不能够随便乱说，乱说话要遭灭族的，我不能答应您的话。您老先生指教我的话，并不合我的意图，请您不要再说了。”这天夜里，郦食其就在城中留宿，到了夜半时分，他悄悄地砍下陈留守令的头，翻越城墙而出去报告沛公。沛公带领军队攻城，把县令的头挂在旗杆上给城上的人看说：“赶紧投降吧，你们守令的脑袋被我们砍下来了！今天谁晚一步投降，就一定先杀掉他！”这时陈留人见守令已死，便相继投降了沛公。沛公进城之后，就住在陈留的南城城门楼上，使用的是陈留武库里的兵器，吃的是城中囤积的粮食，在这里进进出出地逗留了三个月，召募的军队数以万计，于是入关攻破秦朝。

太史公说：今天世上流传的关于郦食其的传记，大多认为，汉王在平定了三秦之后，率军返回向东攻打项羽，带领军队活动在巩县、洛阳之间时，郦食其才身着儒生服饰前去游说汉王。这种说法是错误的。实际情况是早在沛公还未攻入函谷关之前，与项羽分手后，来到高阳，这时就得到了郦食其兄弟二人。我读陆贾的《新语》十二篇，可以看出他真正是当代少有的大辩士。而平原君的儿子和我很要好，因此才能详细地把上述这一切都记录下来。

（马淑贞 译）

《史记》卷九十八　傅靳蒯成列传第三十八

阳陵侯傅宽，以魏国五大夫骑将的身份追随沛公刘邦，曾做过家臣，起事于横阳。他跟随沛公攻入安阳、杠里，在开封攻打过秦将赵贲的军队，以及在曲遇、阳武击败秦将杨熊，曾斩获敌人首级十二具，沛公赐给他卿的爵位。他跟随沛公进军到霸上。沛公立为汉王后，赐给傅宽共德君的封号。他又跟随汉王进入汉中地区，擢升为右骑将。不久又跟随汉王平定了三秦地区，汉王把雕阴赐给他作为食邑。到楚汉相争时，他随从汉王攻打项羽，奉命在怀县接应汉王，汉王赐给他通德侯的爵位。在追随汉王攻打项羽部将项冠、周兰、龙且时，他率领的士兵在敖仓山下斩获敌骑将一人，他的食邑得到增加。

傅宽曾是淮阴侯韩信的部下，曾击败过齐国在历下的守军，击败齐国守将田解。后来他归属相国曹参指挥，攻破了博县，又增加了食邑。因为平定齐地有功，汉王又剖符为信，使他的爵位能世代相传，封他为阳陵侯，食邑达二千六百户，并免掉了先前封给他的食邑。后来傅宽担任齐国右丞相，在齐地屯兵防卫。他在齐国担任右丞相五年后改称齐相国。

高祖十一年四月，傅宽攻打叛汉自立为代王的陈豨，由太尉周勃统一指挥，并以相国的身份代替丞相樊哙击败陈豨。第二年一月，调任代国相国，带兵驻守边郡。两年后，担任代国丞相，继续带兵驻守边郡。

孝惠帝五年傅宽去世，谥号为景侯。他的儿子顷侯傅精继承爵位，二十四年后去世。傅精的儿子共侯傅则继承爵位，十二年后去世。傅则的儿子傅偃继承爵位，三十一年后，因参与淮南王刘安谋反之事受株连，被下令处死，他的封国同时被废除。

信武侯靳歙，以舍人的身份跟随沛公刘邦，从宛朐起事。他曾随沛公进攻济阳。击败过秦将李由的军队。又在亳县南和开封东北攻打秦军，斩杀一名千人骑兵的将领，斩获五十七具首级，俘虏了七十三人，沛公封他为临平君。后来他又转战蓝田北，斩杀秦军车司马二人，骑兵长官一人，斩获二十八具首级，俘虏了五十七人。随后他又率领军队到达霸上。此时沛公已立为汉王，封靳歙为建武侯，擢升他为骑都尉。

靳歙追随汉王平定了三秦。又率部队在陇西攻打秦将章平的军队，大败秦军，平定了陇西六县，他所率领的士兵杀死秦军车司马、军候各四人，骑兵长官十二人。随后，他又跟从汉王挥师东进攻打楚军，到达彭城。汉军战败返回，靳歙则驻守雍丘力保雍丘城，随后又攻打汉军叛将王武等人。靳歙夺取了梁地后，又率领部队攻打驻守在菑南的楚将邢说的军队，并大败邢说，亲自活捉了邢说的都尉二人，司马、军候十二人，招降了敌军官兵计四千一百八十人。他还在荥阳东击败楚军。汉高祖三年，高祖赐给靳歙食邑四千二百户。

靳歙还独自率领部队到达河内，攻打驻守在朝歌的赵将贲郝，大败贲郝，他手下的士兵们活捉敌骑将二人，缴获战马二百五十匹。他随从汉王进攻安阳以东，到达棘蒲棘阳，攻下七个县。他又独自率兵击败赵军，活捉赵军的司马二人，军候四人，招降赵军官兵二千四百人。他还随从汉王攻取了邯郸。他独自率兵攻下平阳，亲自斩杀驻平阳的赵国代理相国，手下的士兵则斩杀带兵郡守和郡守各一人，攻下邺城。他又随从汉王进攻朝歌、邯郸，并独自率军击败赵军，攻取邯郸郡的六个县。他率军返回敖仓后，又在成皋南大败项羽的军队，断绝了楚军从荥阳至襄邑的输送粮饷的通道。靳歙在鲁城之下击败楚军将领项冠的军队。他夺取了东至缯、郯、下邳，南至蕲、竹邑的大片土地。又在济阳城下击败楚将项悍的军队。然后他又率军返回，在陈县城下攻打项羽部队，大败项羽。此外，他又独自率军平定了临江，招降了临江的柱国、大司马以下八人，亲自活捉了临江王，并把他押解到洛阳，于是平定了南郡。此后他又跟从汉王到陈县，袭捕了身怀异心的楚王韩信，汉王剖符为信，使他的爵位世代相传，还规定他的食邑规格是四千六百户，封他为信武侯。

后靳歙又以骑都尉的身份追随高祖攻打代王，在平城下击败代王韩信，随后率军返回东垣。因为军功，他升为车骑将军，并率领梁、赵、齐、燕、楚几个诸侯王的军队，分路进攻陈豨的丞相侯敞，大败侯敞，顺势迫使曲逆投降。随后他又随高祖攻打黥布立下大功，食邑的规格增加到五千三百户。在靳歙一生所经历的几次重要战役中，共斩敌九十首级，俘虏一百三十二人；独自率军大败敌军十四次，降伏城邑五十九座，平定郡、国各一个，县城二十三个；活捉诸侯王、柱国各一人，二千石以下至五百石的各级官吏三十九人。

吕后五年，靳歙去世，谥号为肃侯。他的儿子靳亭继承侯爵之位。二十一年后，因驱役百姓超过了律令规定，在孝文帝后元三年，被剥夺了爵位，封地被废除。

蒯成侯周緤是沛县人，姓周。他曾作为高祖的陪驾，以家臣的身份跟随沛公起兵。此后他进军霸上，向西进入蜀郡、汉中，又跟随高祖返回平定三秦地区。高祖把池阳赐给他作为食邑。后来他奉命率兵向东切断了敌军运输粮草的通道，又跟随高祖渡过平阴渡口向东挺进，到襄国与淮阴侯韩信的军队会合。当时作战有胜有败，但周緤始终没有离开高祖的叛离之心。高祖于是封周緤为信武侯，食邑为三千三百户。高祖十二年，又封周緤为蒯成侯，以前的食邑被撤除。

高祖曾经想亲自攻打陈豨，蒯成侯流着泪劝阻说：“从前秦王攻取天下，不曾亲自出征。现在您经常亲自出征，这难道是没人可派遣了吗？”高祖认为周緤是发自内心地爱护自己，特准他进入殿门不必碎步快走，杀了人可以免死。

到文帝五年，周緤寿终正寝，谥号为贞侯。他的儿子周昌继承了侯爵之位，后因犯罪，废除了封地。到了中元二年，孝景帝又封周緤的儿子周居继承侯爵之位。到了元鼎三年，周居任太常官，犯了罪，封地又被废除。

太史公说：阳陵侯傅宽、信武侯靳歙，追随高祖从山东起兵，攻打项羽，斩杀名将，他们一生击败敌军几十次，降伏城池数十座，从不曾遭到挫折和困厄，这也是上天赐给他们的啊。蒯成侯周緤心地纯良坚贞，为人从未遭到怀疑，高祖每次出征，他都痛哭流涕，只有内心痛苦的人才会这样，可以说他是个忠诚厚道的君子啊。

（马淑贞 译）

《史记》卷九十九　刘敬叔孙通列传第三十九

刘敬是齐国人（本姓娄）。高祖五年，他去陇西戍守边塞，路过洛阳，当时高祖正住在那里。娄敬进城后就摘下拉车子用的那块横木，穿着羊皮袄，去见齐国人虞将军说："我希望能面见皇上谈谈国家当前应做的大事。"虞将军想给他换上新鲜整洁的衣服，娄敬说："我穿着丝绸衣服来，就穿着丝绸衣服去拜见；穿着粗布短衣来，就穿着粗布短衣去拜见：我决不会换衣服的。"于是虞将军进宫把娄敬的请求报告给高祖。高祖召娄敬进宫来见，并赐给他饭吃。

等了一会儿，高祖就问娄敬要谈什么大事，娄敬便劝说高祖说："陛下建都洛阳，难道是想跟周朝比较一下强盛吗？"高祖说："是的。"娄敬说："陛下取得天下跟周朝是不同的。周朝的先祖从后稷开始，尧封他于邰，积累德行施行善举十几代。公刘为避开夏桀的残暴而到豳居住。周太王因为夷狄侵扰，又离开豳地，拄着马鞭只身移居到岐山，国内的人都争相追随他去岐山。等到周文王做了西部诸侯之首，果断裁决虞国和芮国的争端，才成为禀受天命统治天下的人，吕望、伯夷从海边来归附于他。周武王讨伐商纣王时，没有通过召集而自动到孟津会盟的诸侯多达八百，大家都说殷纣可以讨伐了，于是就灭掉了殷商。周成王即位，周公等人辅佐他，就在洛邑建造周城，把它作为天下的中心，四方诸侯来缴纳贡物赋税，道路都是一样远的。有德行的君主就容易称王统治天下，没德行就容易失天下而灭亡。凡是建都于此地的，都想像周朝一样务必用德政来感召人民，而不是想依靠险要的地理条件，从而让后代君主骄奢淫逸来虐待百姓。到周朝鼎盛时期，天下和睦，四方各族心向洛邑，归附周朝，仰慕周君的道义，感念他的恩德，依附而且一起奉事周天子，不驻一兵防守，不用一卒出战，八方大国的百姓没有不归顺臣服的，都进献贡物和赋税。到了周朝衰败的时候，分为西周和东周，天下没有谁再来朝拜周王室，周室已经不能主宰天下。不是它的恩德太少，而是形势太弱了。如今陛下从丰邑沛县起事，召募三千士卒，带着他们直接投入战斗便席卷蜀、汉地区，平定三秦，与项羽在荥阳交战，争夺成皋之险，大战七十次，小战四十次，使天下百姓血流大地，父子枯骨曝露于荒郊之中，横尸遍野不可胜数，悲惨的哭声不绝于耳，伤病残疾的人们欲动不能，处于这种情势之下想比同周朝成王、康王时的兴盛，我私下认为这是不能同日而语的。再说秦地有高山被覆，黄河环绕，四面边塞可以作为坚固的防线，即使有了危急情况，很快就可召募到上百万的雄兵。借着秦国原来经营的种种防御工事，又可利用关中肥沃的土地资源，这就是所说的形势险要、物产丰饶的'天府'之地啊。陛下进入函谷关把都城建在那里，山东地区即使有祸乱，秦国原有的地方是可以全部占有的。与别人搏斗，不掐住他的咽喉，击打他的后背，是不能完全获胜的。如果陛下进入函谷关内建都，控制着秦国原有的地区，这也就是掐住了天下的咽喉而击打它的后背啊。"

高祖征求大臣们的意见，大臣们都是峭山以东的人，争着申辩说周朝建都在洛阳称王天下几百年，秦朝建都在关内只传到第二代就灭亡了，不如建都在周朝旧都洛阳。高祖还是犹豫不决。等到留侯张良明确地陈述入关建都的有利条件后，高祖当日就驾车向西到关中建都。

于是高祖说："本来主张建都在秦地的是娄敬，'娄'就是'刘'啊。"于是赐娄敬改姓刘，授予他郎中官职，封他为奉春君。

高祖七年，韩王信反叛汉朝，高祖亲自前往攻打他。到达晋阳时，听到韩王信与匈奴勾结要共同攻打汉朝的消息，高祖大为震怒，就派使臣出使匈奴探摸底细。匈奴把他们强壮能战的士兵和肥壮的牛马都藏了起来，能见到的只是年老体弱的士兵和瘦弱不堪的牲畜。派去的使臣十余批回来，都说可以出兵攻打匈奴了。高祖派刘敬再出使匈奴，他回来报告说："两国交兵，这时该夸耀显示自己的长处才合理。现在我去那里，只看到瘦弱的牲畜和老弱的士兵，这一定是故意显露自己的短处，而埋伏奇兵来争取胜利。我认为现在还不能出兵攻打匈奴。"此时汉朝军队已经越过了句注山，二十万大军已经出征。高祖听了刘敬的话非常恼怒，骂刘敬道："你这齐国俘虏！凭着伶牙俐齿捞得官做，现在竟敢胡言乱语阻碍我的大军前行。"就用镣铐把刘敬拘押在广武县。高祖于是率军前往，到了平城，匈奴果然出奇兵将高祖围困在白登山，七天后才得以解围。高祖回到广武县，便赦免了刘敬，对刘敬说："我不采纳您的意见，招来平城之困。我已经把你之前的那十来批出使匈奴说匈奴可以攻打的人都斩首了。"于是封赏刘敬食邑二千户，并封他为关内侯，封号为建信侯。

高祖撤出平城返回朝廷，韩王信逃入匈奴。当时，冒顿是匈奴的单于，军队强大，勇士有三十万，屡次侵扰北部边境。高祖很担忧此事，就问刘敬。刘敬说："汉朝天下刚刚平定，士兵们被战争搞得疲惫不堪，对匈奴是不能用武力制服的。冒顿杀了他的父亲自己做了君主，又把他父亲的许多姬妾，做为自己的妻子，他凭借武力树立威势，是不能用仁义道德劝说他的。唯有从长计议让他的子孙后代臣服汉朝了，然而又怕陛下做不到。"高祖说："果真可行的话，为什么不能办！只是该怎么办呢？"刘敬回答说："陛下如果能把皇后生的大公主嫁给冒顿做妻子，给他送上丰厚的礼物，他知道是汉朝皇帝和皇后生的女儿又送来丰厚的礼物，粗野的外族人一定爱慕而把大公主做正妻，生下的儿子必定被立为太子，将来继承单于之位。为什么这么做呢？因为匈奴贪图汉朝的丰厚财礼。陛下拿一年内汉朝多余而对方稀缺的东西多次抚慰赠送，顺便派能言善辩的人用礼节来启蒙他们。冒顿在位，当然是汉朝的女婿；他死了，则汉朝的外孙继承单于之位。哪曾听说外孙子敢同外祖父分庭抗礼的呢？军队就可不战便使匈奴逐渐臣服了。如果陛下不能派大公主去，而让皇族女子或是后宫的嫔妃假冒公主，他也会知道，就不肯尊重亲近她，那样就徒劳无功了。"高祖听后说："好的。"便要送大公主去匈奴。吕后得知后日夜啼哭，对高祖说："我只有太子和一个女儿，怎么忍心把她抛弃而远嫁匈奴！"高祖最终没有遣送大公主，而是找了个平民百姓家的女孩子以大公主的名义，嫁给冒顿单于做妻子。同时，派遣刘敬前往与匈奴订立议和联姻盟约。

刘敬从匈奴归来，便说"匈奴人盘踞在河南的白羊、楼烦两个部落的君长，离长安最近的只有七百里路，轻骑兵只需一天一夜就可到达关中地区。关中地区刚经过战争的摧残，人丁稀少，土地肥沃，可以进行充实。当初各地诸侯起事时，若没有齐国的田氏以及楚国的昭、屈、景三大家族参加，这场起义是不可能发展起来的。如今陛下虽然建都关中，但关中实际缺少人口。北边靠近敌寇匈奴，东边有六国的旧贵族，他们的宗族势力很强大，一旦发生变故，陛下也不能高枕无忧。我希望陛下把齐国的田氏各族，楚国的昭、屈、景三大家族以及燕、赵、韩、魏等国的后裔，以及豪强名家都迁移到关中居住。这样，国内无事，可以防备匈奴；如果诸侯王发生变故，也能率军东进讨伐。这是加强中央实力而削弱地方势力的方略啊。”高祖说：“很好。”于是就派刘敬按照他自己的规划把十多万的人口迁到了关中。

叔孙通是薛郡人。秦朝时因精通儒术而被皇帝征召入宫，跟在一群博士后面听从皇帝呼唤。几年后，陈胜在山东起事，使者把消息报告朝廷，秦二世召来众博士、儒生问道：“楚地戍边的士卒攻下蕲县进入陈县，各位如何看待此事？”博士以及儒生们三十多人上前说：“做臣子的不能逆乱，逆乱就是造反，这是死罪不能宽赦，希望陛下赶快发兵攻打他们。”秦二世一听就发怒了，脸色都变了。叔孙通这时走向前去对秦二世说：“众位儒生的话都不对。当今天下已合为一个大家，毁掉郡县城池，销熔各种兵器，向天下人昭示不再用兵。何况有贤明的君主君临天下，为下面制定了完备的法令，使人人遵守法规忠于职守，四方八面都归附朝廷，哪有敢造反的！这只是一伙鸡鸣狗盗的窃贼罢了，何足挂齿。郡官们正在对他们搜捕论罪，不值得忧虑。”秦二世高兴地说：“好啊。”秦二世又向每个儒生问了一遍，儒生们有说是造反，有说是盗贼。于是秦二世命令监察官审查每个儒生说的话，凡说是造反的都交给官吏治罪，秦二世认为他们不该说这样的话。那些说是盗贼的都免掉职务。却赐给叔孙通二十匹帛、一套服装，并授给他博士职位。叔孙通走出宫来，回到居舍，一些儒生问道：“先生说了些什么阿谀奉承的话？”叔孙通说：“诸位有所不知，我也差点逃不出虎口！”于是逃往薛县，当时薛县已经投降了楚军。等项梁到了薛县，叔孙通便投靠了他。后来项梁在定陶战死，叔孙通就跟随了楚怀王熊心。怀王被项羽封为义帝，迁往长沙，叔孙通便留下事奉项羽。高祖二年，刘邦带领五个诸侯王攻进彭城，叔孙通就投降了汉王。汉王战败西去，叔孙通也跟随而去，最终投靠了汉王。

叔孙通总是穿着一身儒生服装，汉王很憎恶他的装束；于是他就换了服装，穿上短袄，而且是按楚地的习俗裁制的，汉王见到他这身打扮就非常高兴。

当初，叔孙通投降汉王时，追随他的儒生弟子有一百多人，然而叔孙通从来不向汉王进言举荐他们，而专门为那些曾经聚众偷盗的勇士向汉王进言举荐他们。儒生弟子们都暗地骂他道："奉事先生多年，庆幸能跟他投降汉王，如今却不能推荐我们，反而专门称道那些泼皮无赖，这是什么道理？"叔孙通听到他们背后骂自己的话，就对儒生们说："汉王正冒着利箭坚石争夺天下，各位儒生难道能搏斗吗？所以我要先称道斩将夺旗能冒死厮杀的勇士，把他们举荐给汉王。各位姑且等等我，我不会忘记你们的。"汉王任命叔孙通做博士，称为稷嗣君。

高祖五年，天下已经统一，诸侯们在定陶共同尊推汉王为皇帝，叔孙通负责拟定仪式礼节和封号。当时高祖把秦朝的那些严苛的仪礼法规全部废除，推行一些简单易行的规矩。然而群臣在朝廷饮酒作乐争功，酒醉时有人就狂呼乱叫，甚至拔出剑来削砍庭中立柱，高祖非常忧虑此事。叔孙通明白高祖愈来愈讨厌这类事情发生，就劝说道："那些儒生很难为您攻夺城池，却能够帮您守住成果。我希望征召鲁地的一些儒生，跟我的弟子们一起制定朝廷的礼仪。"高祖说："会不会像过去那样的烦琐难行呢？"叔孙通说："五帝有不同的音乐，三王有不同的礼仪。礼，是按照当时的世态人情变化而制定出一套礼节来约束人们的行为。所以从夏、殷、周三代的礼节有所沿袭、删减和增加的情况就可以看出，不同朝代的礼节是不相重复的。我愿意略用古代礼节与秦朝的礼仪糅合起来制定新的礼节。"高祖说："可以试着办一下，但要让它容易通晓，考虑我能够做得到的。"

于是叔孙通奉命征召了鲁地儒生三十多人。鲁地有两个儒生不愿走，说："您所奉事的主子将近十位，都是靠当面阿谀奉承得到他们的亲近和使自己显贵。如今天下刚定，死的还没埋葬，伤残的还不能行动，又想启用新的礼乐法规。从礼乐的起源看，只有积累功德百年才能时兴起来。我们不能违心替您办这种事。您办的事不合古法，我们不去。您还是走吧，不要玷辱了我们！"叔孙通笑着说："你们真是鄙陋的儒生啊，一点也不懂得时世变化。”

叔孙通就与征来的三十人一起向西来到都城，他们和高祖左右有学问的侍从以及叔孙通的弟子一百多人，在郊外拉起绳子表示施礼的处所，立上茅草代表位次的尊卑进行演练。演习了一个多月，叔孙通说：“皇帝可以试着来观看一下。”高祖视察后，让他们向自己行礼，然后说：“我能做到这些。”于是命令群臣都来学习，正逢十月岁首，召集群臣进行朝会的实际演练。

高祖七年，长乐宫建成，各诸侯王及众大臣都来朝拜皇帝参加岁首大典。仪礼如下：天刚亮时，司仪官开始主持礼仪，引导仪仗队和所有参加朝会的人员依次进入殿门，宫廷中排列着守卫宫廷的车兵、骑兵、步兵，摆放着各种兵器，竖立着各式旗帜。司仪官传呼了一声“小步快走”。大殿之下的郎中们立即分站在大殿台阶的两侧，每个台阶两侧都有数百人之多。所有功臣、列侯、各级军官都按照次序排列在西边，面向东；所有文职官员由丞相以下依次排列在东边，面向西。大行令安排的九个礼宾官，从上到下依次传呼。这时皇帝乘坐“龙辇”从宫廷里出来，有人在皇帝车前举旗先出，传语警示众人圣驾将到，然后司仪官引导着诸侯王以下至六百石以上的各级官员依次向皇帝施礼道贺。诸侯王以下的所有官员没有一个不因这威严仪式而惊惧肃敬的。等到仪式完毕，又行摆酒设宴的大礼。诸侯百官等坐在大殿上都敛声屏气地低着头，按照尊卑次序依次站起来向皇帝祝颂敬酒。酒过九巡，司仪官宣布“酒宴结束”。最后御史大夫执行礼仪法规，把那些不符合礼仪规定的人从朝廷上带走。从朝见到宴会结束，没有一个敢大声喧哗和行为失礼的人。典礼结束之后，高祖说：“我今天才知道当皇帝的尊贵啊。”于是授予叔孙通太常的职位，赏赐黄金五百斤。

叔孙通于是进言说：“各弟子跟随我时间已经很长，又跟我一起制定朝廷仪礼，希望陛下授予他们一官半职。”高祖让他们都做了郎官。叔孙通出宫后，把五百斤黄金分赠给各个儒生。这些儒生都高兴地说：“叔孙先生真是大圣人，通晓当代的紧要事务。”

高祖九年，高祖调任叔孙通为太子太傅。高祖十二年，高祖想让赵王如意取代太子，叔孙通向皇帝进谏说：“昔日晋献公因宠幸骊姬而废掉太子，立骊姬的儿子奚齐为太子，导致晋国大乱几十年，被天下人耻笑。秦始皇因为不早早确定扶苏当太子，让赵高能够用欺诈伎俩拥立了胡亥，结果断了秦朝的宗庙香火，这是陛下亲眼见到的事实。当今太子仁义忠孝，天下人都知道；吕后与陛下同甘共苦，患难与共，难道可以背弃她吗！陛下若一定要废掉嫡长子而扶立小儿子，我宁愿先受死，让我的一腔鲜血染红大地。”高祖说：“您还是算了吧，我只不过是开个玩笑罢了。”叔孙通说：“太子是天下的根本，一旦动摇天下就会震荡起来，您怎么能拿此事开玩笑呢！”高祖说：“我听从您的意见。”高祖设置好酒宴准备款待宾客，看到张良招来的商山四皓都随从太子进宫拜见时，再没有更换太子的念头了。

高祖去世，孝惠帝即位，惠帝于是对叔孙通说：“先帝陵园和宗庙的礼仪，大臣们都不熟悉。”于是调任叔孙通为太常，叔孙通制定了宗庙的礼仪法规。后来又陆续制定了汉朝的诸多礼仪制度，这些礼仪制度都是叔孙通任太常时所制定的。

孝惠帝经常要到东边的长乐宫去朝拜吕太后，还常常会有些非正式的谒见，出行都要清道，禁止行人通行，给人们带来烦扰，鉴于此，惠帝就派人修了一座天桥，正好建在未央宫兵器库的南面。叔孙通向惠帝请示工作时，趁机请求与惠帝进行密谈说：“陛下为什么擅自修建天桥凌驾于每月从高祖陵寝送出衣冠出游到高祖庙的必经道路上面呢？高祖庙是汉朝始祖的所在地，怎么能让后代子孙登到天桥行走而凌驾于宗庙通道之上呢？”孝惠帝听了大为惊恐，说：“火速毁掉它。”叔孙通说：“做君主的不能有错误的举措。现在已经建成了，百姓都知道这件事，如今若毁掉这座天桥，这就显示出您有错误的举措。希望陛下在渭水北面另立一座原样的祠庙，把高祖的衣冠在每月出游时送到那里，同时要增建、扩建宗庙，这是大孝的根本措施。”皇帝就下诏令让有关官吏另立一座祠庙。这座原庙的修建，是由于天桥的缘故。

孝惠帝曾在春天到离宫出游，叔孙通说：“古时有春天给宗庙进献樱桃果的礼俗，现在正值樱桃成熟时节，适宜进献，希望陛下出游时，顺便采些樱桃来献给宗庙。”惠帝答应了。后来进献各种果品的礼仪由此兴盛起来的。

太史公说：有道是“价值千金的皮袄，不只由一只狐狸的腋下皮毛集成；楼台亭榭的椽子，也不只来自一棵树上的枝条；夏、商、周三代的基业，也不是单凭某一个贤士的才智”。此话不假呀！高祖以微贱的平民身份起事，平定天下，谋划大计，用兵作战，可以说极尽能事了。然而刘敬摘下拉车的横木去见皇帝的一次进言，便建立了万代相传的稳固大业，可见才能智慧并不只为少数人专有！叔孙通善于看风使舵，度量事务，制定礼仪法规，或进或退，都能随时世变化而变化，最终成了汉代儒家的宗师。“为了达到预定目标，有时必须走些弯路，事理本来就是曲折向前的”，大概说的就是这类事情吧？

（马淑贞 译）

《史记》卷一百　季布栾布列传第四十

季布是楚地人。他为人行侠仗义，在楚地很知名。项羽派他领兵打仗，他曾多次使汉王刘邦陷入窘迫之境。项羽被灭掉以后，高祖以千金悬赏捉拿季布，并下令有胆敢窝藏季布的论罪将株连三族。季布躲进濮阳一个周姓人家。周家人对他说："汉朝悬赏捉拿你非常急迫，他们就要追查到我家来了，将军您若能够听从我的话，我才敢给你献个计策；如果不能听我的话，我情愿先自杀。"季布答应了他。周家于是把季布的头发剃掉，用铁箍束住他的脖子，给他穿上粗布衣服，放在运货的大车里，将他和周家的几十个奴仆一起运到鲁地卖给朱家。朱家心里明白此人是季布，便买了下来安置在田间耕作，告诫他的儿子说："田间耕作的事，都要听从这个佣人的安排，一定要和他吃同样的饭。"朱家便乘坐轻便马车到洛阳去，拜见了汝阴侯滕公。滕公留朱家喝了几天酒。朱家乘机对滕公说："季布犯了什么大罪，皇上追捕他这么急迫？"滕公说："季布多次替项羽陷皇上于窘迫之境，皇上愤恨他，所以一定要抓到他才罢休。"朱家说："您认为季布是怎样的一个人呢？"滕公说："他是一个有贤能的人。"朱家说："做臣子的各为自己的主人所调遣委用，季布受项羽差遣，这是尽自己的职责。项羽的臣子难道可以全都杀死吗？现在皇上刚刚夺得天下，仅仅凭着个人的私怨去悬赏追捕一个人，为什么要向天下人显示自己器量的狭小呢！再说凭着季布的贤能，汉王朝追捕又如此急迫，这样，他若不向北逃到匈奴去，就会向南逃到南越国去。这种忌恨勇士而成就敌国的举动，就是伍子胥之所以要鞭打楚平王尸体的原因。您为什么不寻找机会向皇上说明呢？"汝阴侯滕公知道朱家是位大侠客，猜想季布一定隐藏在他家中，便答应说："好。"滕公等待机会，果真按照朱家的意思向皇上奏明。皇上于是就赦免了季布。当时，许多有名望的人物都称赞季布能化刚强为柔顺，朱家也因此名噪一时。后来季布被皇上召见，表示服罪，皇上任命他做了郎中。

孝惠帝的时候，季布担任中郎将。匈奴单于曾经写信侮辱吕后，出言不逊，吕后非常愤怒，召来众将领商议此事。上将军樊哙说："我愿带领十万人马，横扫匈奴。"各位将领都迎合吕后的心意，齐声说："好。"季布说："樊哙这个人真该杀头啊！当年，高祖率领四十万大军尚且被围困在平城，如今樊哙如何用十万人马横扫匈奴呢？这是当面撒谎！再说秦王朝正因为对匈奴用兵，才引起陈胜等人揭竿造反。直到现在创伤还没有治好，而樊哙又当面阿谀逢迎，他这是想要使天下动荡不安啊。"当时，殿上的将领都感到惊恐，吕后宣布退朝，于是不再讨论攻打匈奴的事了。

季布做了河东郡守，孝文帝时，有人说他很贤能，孝文帝便召见他，想任命他担任御史大夫。后又有人说他很勇敢，但好纵酒发疯，让人难以接近。季布来到京城长安，在馆驿住了一个月，皇帝召见之后就让他回原郡。季布于是对孝文帝说："我没有什么功劳却得到了皇上的恩宠，以戴罪之身在河东郡任职。如今陛下无缘无故地召见我，这必然是有人妄自赞誉我来欺骗陛下；现在我到了京城，没有经受任何事情，就此作罢，遣回原郡，这必然是有人在您面前毁谤我。陛下因为一个人赞誉我就召见我，又因为一个人的毁谤而让我离开，我担心天下有见识的人听说此事，就窥探出您为人处事的深浅了。"皇上沉默不语，很羞愧，过了很久才说道："河东对我来说是一个极其重要的郡，好比我的大腿和臂膀，所以我特地召见你啊！"于是季布就辞别了孝文帝回到了河东郡。

楚地有个叫曹丘的先生，是个能言善辩之士，多次借重贵人的权势获得钱财。他曾经侍奉过赵同等贵人，与窦长君友善。季布听说此事便寄了一封信劝窦长君说："我听说曹丘先生不是个德高望重的长者，您不要和他来往。"等到曹丘先生回乡，想要窦长君写封信介绍他去求见季布时，窦长君说："季将军不喜欢您，您不要去。"曹丘坚决要求窦长君写介绍信，拿到介绍信后，便起程去见季布。曹丘先派人把窦长君的介绍信送给季布，季布接了信果然大怒，等待着曹丘的到来。曹丘到了，就对季布作了个揖，说道："楚人有句谚语说：'得到黄金百斤，比不上得到你季布的一句诺言'，您怎么能在梁、楚一带获得这样的声誉呢？再说我是楚地人，您也是楚地人。我四处游走宣扬您的名字让您名扬天下，难道我对您的作用还不重要吗？您为什么这样坚决地拒绝见我呢！”季布于是大喜，请曹丘进内室，留他住了几个月，把他作为最尊贵的客人，送给他丰厚的礼物。季布的名字之所以远近闻名，这都是曹丘替他宣扬的结果。

季布的弟弟名叫季心，他的气概胜过关中所有的人，他待人恭敬谨慎，因为行侠仗义，方圆几千里的士人都争着替他效命。季心曾经杀人，逃到吴地，追随袁丝并隐藏在他家中。季心侍奉袁丝如同兄长，对待灌夫、籍福这些人犹如亲弟弟。他曾经担任中尉下属的司马，中尉郅都也不敢不以礼相待。许多青年人常常暗中假冒他的名义到外边去行事。当时，季心与季布两兄弟一个因为勇敢，一个因为重诺言，在关中地区名声显著。

季布的舅舅丁公是楚军大将。丁公曾经在彭城西面替项羽追击过高祖，陷高祖于窘迫的处境。在短兵相接的时候，高祖感到危机，回头对丁公说：“我们两个好汉难道要互相为难吗！”于是丁公领兵返回，汉王便脱身解围。等到项羽被灭掉后，丁公拜见高祖。高祖把丁公捉拿到军营中示众，说：“丁公做项王的臣子时不能尽忠，使项王失去天下的，就是丁公。”于是就杀了丁公，并说：“让后代做臣子的人不要仿效丁公！”

栾布是梁地人。当初梁王彭越还是平民的时候曾经和栾布交往。栾布家里贫困，在齐地被人雇用，替卖酒的人家在酒馆跑堂。过了几年，彭越到巨野做了强盗，而栾布却被人强行劫持卖到燕地去做奴仆。栾布曾替他的主人家报仇，燕将臧荼举荐他担任都尉。后来臧荼做了燕王，就任用栾布为大将。等到后来臧荼反叛，汉朝进攻燕国的时候，汉王俘虏了栾布。梁王彭越听到消息，便向皇上进言，请求赎回栾布让他担任梁国的大夫。

后来栾布出使齐国，还没来得及返回来，汉王召见彭越，以谋反的罪名责罚他，诛灭了彭氏三族。又把彭越的人头悬挂在洛阳城门下示众，并且下令说：“有敢来收殓或探视的，就立即逮捕他。”这时栾布从齐国返回，在彭越的人头下汇报出使齐国的情况，边祭奠彭越边痛哭。官吏逮捕了他，并报告了皇上。皇上召见栾布，骂道："你要和彭越一同谋反吗？我已下禁令任何人不得收尸，唯独你祭奠他还为他痛哭，你同彭越共同造反已经很清楚了。赶快把他烹死。"行刑的人正抬起栾布走向汤镬的时候，栾布回头对汉王说："希望能让我说一句话再死。"皇上说："有什么话说？"栾布说："当皇上您被围困在彭城，兵败于荥阳、成皋一带的时候，项王之所以不能西进，是因为彭王据守着梁地，跟汉军联合而使楚军吃尽苦头啊。那时，只要彭王调头一走，跟楚联合，汉就失败；跟汉联合，楚就失败。更何况垓下之战，没有彭王，项羽不会灭亡。现在天下已经安定了，彭王接受符节受了封，也想把这个封爵世世代代地传下去。现在陛下仅仅为了到梁国征兵，彭王因病没能来，陛下怀疑他要谋反，谋反的形迹都没有显露，却因苛求小节而诛灭了他的家族，我担心有功之臣都会感到自危了。现在彭王已经死了，我活着倒不如死去的好，就请您煮死我吧。"于是皇上就赦免了栾布的罪过，任命他做了都尉。

孝文帝的时候，栾布担任燕国相国，直至做到了将军。栾布于是扬言说："在自己穷困潦倒时，不能辱身降志的，不是好汉；等到了富有显贵的时候，不能称心快意的，也不是贤才。"于是对曾经有恩于自己的人，便优厚地报答他；对有怨仇的人，一定用法律来除掉他。吴、楚七国反叛时，栾布因打仗有功被封为俞侯，此后又做了燕国的相国。燕、齐这些地方都替栾布建造祠庙，叫作栾公社。

孝景帝中元五年栾布去世。他的儿子栾贲继承爵位，担任太常，后来因祭祀时所用的牲畜供品不合法令规定，封国被废除。

太史公说：以项羽的那种气概，季布靠勇敢在楚地显身扬名，他亲身消灭敌军，拔取敌人军旗多次，可算得上是英雄好汉了。然而他遭受刑罚，给人做奴仆不肯死去，显得多么卑下啊！他一定是自负有才能，这才蒙受屈辱而不以为羞耻，以便日后能发挥他未曾施展的才干，所以最终成了汉朝的名将。贤能的人真正看重自身的死，至于奴婢、姬妾等地位低贱的人因为感愤而自杀的，他们的所为算不上勇敢，那是因为他们认为再也没有别的办法了。栾布痛哭彭越，把赴汤镬就死看得如同回家一样，他真正晓得要死得其所，而不是吝惜自己的生命。即使古代重义轻生的人，又怎么能超过他呢！

（马淑贞 译）

《史记》卷一百〇一　袁盎晁错列传第四十一

袁盎，是楚地人，字丝。他的父亲曾是强盗，后来搬到安陵定居。吕后时期，袁盎曾是吕禄的家臣。等到汉文帝即位时，他哥哥袁哙任命他为中郎。

绛侯周勃任丞相，每次上朝后走出来，都很得意。皇上对他也很恭敬，还经常目送他。袁盎问皇上："您认为丞相是什么样的人？"皇上说："国家的重臣啊！"袁盎说："绛侯实际是通常所说的功臣，而不是重臣。重臣是能与皇上生死与共的大臣。当年吕后在位时，她的许多亲戚都被封了官，占据丞相、王侯的位置，刘家天下像根丝带一样都快要断绝了。那时，绛侯是太尉，手握兵权，却不能匡正这种局面。吕后一死，大臣们互相约好了共同反对吕后的那些亲戚，绛侯只不过掌握兵权，恰好遇到这种成功的机会而已，所以他是功臣而不是重臣。如果绛侯在您面前流露出骄傲的神色，而您却谦和退让，那么臣和主都违背了礼节，我认为您不该这样。"此后每到上朝时，皇上便变得庄严起来，丞相也慢慢心生敬畏。过了不久，绛侯埋怨袁盎说："我和你哥哥关系不错，可你却在朝廷上诋毁我！"尽管如此，袁盎始终不向绛侯道歉。

后来，绛侯被免去除丞相的职位，回到了自己的封国。国内有人上书告他谋反，绛侯被召回京城，囚禁在监狱中。皇族中的许多公侯都不敢替他说话，只有袁盎敢证明绛侯无罪。绛侯最终被释放，袁盎出了不少力。于是，绛侯主动与袁盎结交。淮南历王到京城朝见时，杀死了辟阳侯，而且平时待人处世也很骄横。袁盎劝谏皇上说："诸侯如此骄横，肯定会生祸患，可以适当地削减他的封地。"皇上没有采纳他的意见，淮南王更加骄横。

到棘蒲侯柴武太子谋反事发，朝廷追查治罪，牵涉到淮南王，淮南王被召回京城，皇上将他贬谪到蜀地，准备用囚车押送。当时袁盎任中郎将，便劝谏皇上说："您向来娇惯淮南王，平时也不经常管他，以至于他有了今天的下场。如今突然让他受折磨，淮南王性子刚烈，万一在路上遇到风寒，死在途中，您就会因为天下这么大却容不下他，而背上杀死弟弟的恶名，到那时怎么办呢？”皇上仍未听从袁盎的谏议。

结果，淮南王到了雍地，病死了。皇上听到这个消息后，不吃不喝，哭得很悲哀。袁盎进来，叩头请罪。皇上说：“因为不听你的话，所以才会这样啊！”袁盎说：“请您宽宽心吧，这事已经过去了，就不要后悔了！再说您有三件比世人所行高明的事，这件事不足以毁坏您的名声。”皇上说：“我所行哪三件事比世人高明呢？”

袁盎说：“您在代国时，太后得了病，三年时间里，您不曾合眼，也不曾脱衣服睡觉，所有汤药您不亲自尝过就不能给太后服用。曾参作为贫民都很难做到这样，而您作为君王却做得这样好，比曾参孝顺多了。吕后当政时，大臣独断专行，而您仅坐六匹马拉的车，就从代国来到祸福难料的京城，即使是孟贲、夏育那样的勇士也比不上您。您到了京城代王的住所，两次面向西辞让天子位，三次面向南辞让天子位。许由才辞让了一次，而您却五次辞让天下，比许由还多四次呢。再说您贬谪淮南王，是想让他的心志受些劳苦，使他改正过错，只不过因为官吏照顾得不谨慎，所以他才病死。”听袁盎这样说，皇上才感到宽慰，说：“那以后怎么办呢？”袁盎说：“淮南王有三个儿子，就只能依靠您了。”于是，汉文帝封淮南王的三个儿子为王。袁盎因此在朝中名声大振。

袁盎说话常引用大道理，而且慷慨激昂。宦官赵同很受皇上宠信，总是妒忌袁盎，袁盎很担心。袁盎哥哥的儿子袁种担任常侍骑，就是手持符节在皇上车辆两旁骑马跟随的人。袁种对袁盎说：“您和他争一争，当庭侮辱他，让他不受重用。”

一次汉文帝出行，赵同陪同乘车。袁盎趴在车前面说：“我听说能陪同天子共同乘坐高大车辆的人都是天下的英雄豪杰，如今我国即使缺乏人才，您怎么能和受过刀锯切割的人同坐一辆车呢！”皇上笑了，让赵同下车。赵同哭着下了车。

汉文帝从霸陵上山，打算从西边的陡坡奔驰而下。袁盎骑马，紧靠皇上的车子，还拉着马缰绳。皇上说：“将军害怕了吗？”袁盎说：“我听说家有千金的人不坐在屋檐下，家有百金的人不靠楼台的栏杆站着，英明的君主从不心存侥幸去冒险。现在您驾驭六匹快马，从高坡上奔驰下去，假如马匹受惊或是车辆毁坏，纵然您看轻自己，又怎么对得起国家和您母亲呢？”皇上于是停了下来。

皇上驾临上林苑，皇后和慎夫人跟随。她们在宫中经常坐在一张席子上。这次，等到就座的时候，郎署长布置座席，袁盎把慎夫人的座席向后拉了一点。慎夫人很生气，不愿意坐下。皇上也很生气，站起身来，回到后屋中。袁盎就上前说道：“我听说尊卑有序，上下才和谐。如今您既然已经确定了皇后，慎夫人就是妾。妾和主上怎么可以同席而坐呢！这不失去了尊卑的区别嘛！再说您宠爱她，就是厚厚地赏赐了。您认为是为了慎夫人，其实恰恰是害了她。您难道没见过‘人彘’吗？”皇上听了很高兴，叫慎夫人过来，把袁盎的话告诉了她。慎夫人赐给袁盎黄金五十斤。

但是袁盎也因为多次直言劝谏，不能久居朝廷中，他被调任为陇西都尉。他很关心爱护士兵，士兵们都争相为他效命。之后，升为齐国丞相。后来，他又到吴国任丞相。临行前，袁种对袁盎说：“吴王骄横已久，国内又有许多奸诈的人。假如您要揭发他们的罪状以惩治他们，他们要么上书告您，要么就把您杀了。南方地势低洼潮湿，您最好每天喝酒，别管闲事，经常劝劝吴王不要造反就是了。这样，您才能侥幸摆脱祸患。”袁盎采纳了袁种的办法，吴王对袁盎很好。

袁盎请假回家，在路上遇到丞相申屠嘉，便下车行礼拜见，丞相只在车上对袁盎表示谢意。袁盎回到家里，感觉在下属面前很没面子。于是到丞相府上，要求拜见丞相。丞相过了很长时间才出来见他。袁盎便跪下说：“希望和您单独谈话。”丞相说：“如果你所说的是公事，请到官署与长史掾商议，我将把你的意见报告上去；如果是私事，我不接受私下的谈话。”袁盎就跪着说：“您当丞相，与陈平、绛侯比较一下，您觉得自己怎样？”丞相说：“我比不上他们。”袁盎说：“好，您说了比不上他们。陈平、绛侯辅佐保护高祖，平定天下，当了将相，而且诛杀了诸吕，保全了刘氏天下；您只是使用强弩的材官，后来提拔为队长，积累了些功劳做到了淮阳郡守，并没有什么奇谋巧计，也没有攻城夺地、野外厮杀的战功。另外，皇上从代国来，每次上朝，郎官呈上奏书，他从来没有不停车听取意见的时候。不能采用的意见，就搁置一边；可以接受的，就采纳，没有人不称道赞许。这是为什么？他是想用这种办法招揽天下的贤才能人。所以，皇上每天都能听到以前从没听过的事，明白以前所不曾明白的道理，一天比一天更加英明智慧；你现在自我封闭，钳住天下人的口，而一天天更加愚昧。圣明的君主责备愚昧的丞相，您离遭受祸患的日子不远啦！”丞相于是拜了又拜，说道：“我是个粗鄙庸俗的人，不聪明，多亏了将军赐教。”于是他把袁盎带到室内一起坐下，把袁盎待为上宾。

袁盎向来不喜欢晁错。只要有晁错在的地方，袁盎就离开；只要有袁盎在的地方，晁错也离开。两个人从来没在一个屋子里说过话。汉文帝去世后，汉景帝继位。晁错当上了御史大夫，派官吏核实袁盎接收吴王刘濞财物的事，要他抵偿罪行。皇上下诏赦免了袁盎，将他贬为平民。

吴楚叛乱，晁错听说后，对丞史说：“袁盎收了吴王很多钱，包庇他，说他不会造反。现在吴王造反，我请求处治袁盎，因为他肯定知道吴王叛乱的阴谋。”丞史说：“造反的事没暴露时，惩治吴王还有可能打消他造反的野心。如今叛军都已经向我们这儿打过来了，惩办袁盎有什么用呢！再说袁盎也不应该有什么阴谋。”晁错犹豫不决。

有人将这件事告知了袁盎，袁盎很害怕，当夜去见窦婴，向他说明吴王反叛的原因，希望能到皇上面前亲口对质。窦婴进宫向皇上报告，于是皇上就召袁盎进宫会见。正好晁错也在皇上面前，袁盎就请求皇上让别人回避以便单独接见。晁错退下去，心里非常怨恨。袁盎详细地说明了吴王谋反的情况，都是因为晁错主张削藩的缘故，只有立即杀了晁错向吴王道歉，吴王才有可能收兵。袁盎说的这些话都记载在《吴王濞列传》中。皇上任命袁盎担任太常，窦婴担任大将军。这两个人平时交情就很好。趁着吴王谋反，那些住在诸陵中有威望的人和长安城中有贤能的官吏都争相依附他俩，每天跟随的车都达几百辆。

晁错被杀后，袁盎以太常的身份到吴国。吴王想让他担任将领，袁盎不肯。吴王想杀他，派一名都尉带领五百人把袁盎围困在军中。当初袁盎做吴国丞相时，曾经有一个从史偷偷地爱上了袁盎的一个婢女。袁盎知道了这件事，但没有泄露，仍像从前一样对待从史。有人告诉从史，说袁盎知道他跟婢女私通的事，从史一听便逃回家去了。袁盎亲自驾车追回从史，把婢女赐给他，仍旧让他当从史。

等到袁盎出使吴国被围困时，从史刚好是围困袁盎的校尉司马。司马用随身携带的全部财物购买了两担好酒，刚好碰上天气寒冷，看守袁盎的士兵们又饿又渴，喝了酒，都醉了，围守在西南角的士兵全都醉倒了。司马在夜里把袁盎叫醒，说："您赶快走吧，吴王准备明天早上杀您。"袁盎不相信，说："你是什么人？"司马说："我就是以前那个与您婢女私通的从史。"袁盎这才吃惊地道谢说："你也有父母啊，我可不能连累了你。"司马说："您只管走。我也要逃走，把我父母藏起来，您不必担心！"

于是从史用刀把军营的帐幕划开，让袁盎从醉倒的士兵所挡住的路上出来。司马与袁盎分开，两人向相反的方向跑。袁盎解下节旄揣在怀里，拄着杖，走了七八里。天亮的时候，碰上了梁国的骑兵，骑兵奔驰而去，于是袁盎回到朝廷向皇上汇报。攻破吴楚叛军后，皇上让元王的儿子平陆侯刘礼为楚王，袁盎担任楚国丞相。袁盎曾向楚王上书进言，但未被采纳。

袁盎因病免官后，闲居在家，与乡里人混在一起，斗斗鸡、遛遛狗。洛阳人剧孟曾拜访袁盎，袁盎盛情款待他。安陵有的富人对袁盎说："我听说剧孟是赌徒，您为什么要和这种人来往呢？"

袁盎说："剧孟虽然是个赌徒，但他母亲去世时，送葬人的车子有一千多辆，这说明他有过人的地方，再说谁都有遇到急事的时候。况且，谁一旦有急事敲门，不以父母为理由，不以有事不在家为托词，天下所仰望的人就只有季心和剧孟了。常常跟随您的那几个人，一旦遇到急事，可靠吗？"袁盎痛骂了那个富人，从此不再与他来往。大家听了这件事，都很称赞袁盎。

袁盎尽管闲居在家，汉景帝还是经常派人向他询问计谋对策。梁王想成为汉景帝的继承人，袁盎进言劝说。从此以后，这种议论就没有了。梁王因此怨恨袁盎，派人刺杀袁盎。刺客到关中，打听袁盎，大家都赞不绝口。刺客见到袁盎说："我收了梁王的钱来杀您，但您受人尊敬，我不忍心杀您。但以后还会有十多个人要杀您，您要小心！”袁盎心中很不愉快，家里又发生了许多怪事，于是便到棓先生那里去占卜。回来时，梁王又派来的刺客果然在安陵城门外拦住袁盎并杀了他。

晁错是颍川人，曾经在轵县张恢先生那里学习过申不害和商鞅的刑名学说，和洛阳人宋孟、刘礼是同学，凭着通晓典籍，担任了太常掌故。

晁错为人严峻刚正，苛刻严酷。汉文帝的时候，天下没有研究《尚书》的人，只听说济南的伏生是原来秦朝的博士，研究过《尚书》，九十多岁，因为年龄太大不能召他进京。于是，汉文帝下令让太常派人去学习。太常派晁错到伏生那里学《尚书》。晁错回来后，趁着向皇上汇报工作，引用解说《尚书》。汉文帝下令，任命晁错担任太子舍人、门大夫、家令。晁错因口才出众，受到太子喜欢，太子家里人叫他“智囊”。

晁错曾多次上书汉文帝，主张削弱诸侯势力，修订法律、条令。他几十次上书汉文帝，都没有被采纳，但汉文帝认为他有独特的才能，就提升他为中大夫。那时，太子认为晁错的计策谋略很好，但袁盎等几个功臣却大多不喜欢晁错。

汉景帝继位后，任命晁错为内史。晁错经常请求皇上与他单独谈论政事，汉景帝每次都听。相比九卿，皇上更宠信晁错。晁错也借此修改了不少法律、条令。丞相申屠嘉心里很不满意，但没有足够的力量动摇他。

内史府建在太上庙围墙里，门朝东开，出入很不方便。晁错便在南边开了两个门出入，因而凿开了太上庙的围墙。丞相申屠嘉听到这件事，非常生气，打算就此参晁错一本，把他杀了。晁错知道后，连夜找皇上单独汇报这件事情。丞相申屠嘉上朝奏事，弹劾说晁错擅自凿开太上庙的围墙做门，应该把他交给廷尉处死。皇上说：“晁错凿的不是太上庙的墙，而是庙外的围墙，没犯法。”丞相谢罪，退朝之后，生气地对长史说：“我就应该先杀了他，然后再报告皇上，结果被这小子出卖了，实在是大错啊。”丞相结果发病死了。晁错因此更加显贵。

晁错被提升为御史大夫，请求利用诸侯的罪过，削减他们的封地，收回各诸侯国边境上的小城。奏书给皇上，皇上命令公卿、列侯和皇族集中讨论，没有一个人敢非难晁错的建议，只有窦婴与他争辩。因此窦婴和晁错有了隔阂。晁错修订的法律、条令有三十章，诸侯们都嚷嚷着反对晁错。

晁错的父亲听到这个消息，从颍川赶来，对晁错说："皇上刚刚继位，你处理朝中的事情，侵害、削弱诸侯的力量，疏远人家的骨肉，人们都纷纷议论、怨恨你，何苦呢？"晁错说："本来就应该这样。不然的话，天子得不到尊崇，国家也不会安宁。"晁错的父亲说："刘家的天下安宁了，可我们晁家就危险了，我还是回去吧！"于是喝毒药死了。他死前说："我不忍心看到祸患连累到自己。"

晁错的父亲死后十几天，吴楚七国果然造反，用的就是诛杀晁错的名义。等到窦婴、袁盎进言，皇上就命令晁错穿着朝服，在东市将其斩首。

晁错死后，谒者仆射邓公担任校尉，攻打吴楚的军队时，他担任将领。回京城后，上书报告战事情况，拜见皇上。皇上说："你从前线回来，那吴楚的军队听到晁错死了，退了没有？"

邓公说："吴王蓄意谋反已经有几十年了，他因为被削减封地而生气，用杀晁错为借口，可本意却不在晁错。再说，我担心天下的士人都闭嘴，再也不敢进言了。"皇上说："为什么呢？"景帝沉默了好久才说："你说得对，我也后悔这件事。"于是任命邓公担任城阳中尉。

邓公是成固人，有许多出其不意的妙计。建元年间，皇上招揽贤才良士，公卿们都推举邓公。当时邓公已经被免官，这样他便由在家闲居，直接做了九卿。一年后，他再次推说有病辞职回家。他的儿子邓章研究黄帝、老子的学说，在朝廷大臣间很有名望。

太史公说：袁盎虽然不好学，可是他善于领会贯通，有仁爱之心，引用大道理，慷慨激昂。赶上汉文帝刚刚继位，他的才能正好碰上了适宜的时代，因此得以施展。后来时局不断变化，等到吴楚反叛时，建议诛杀晁错。虽然他的建议被采纳了，但此后就再也不被任用了。爱好名声夸耀才能，终于因为追求名声而招致祸患。

晁错做太子家令的时候，多次进言而不被采纳。后来掌握权力，修改了许多法律、条令。等诸侯发动叛乱时，晁错不急于挽救时局，却想借机报私仇，反倒招来杀身之祸。俗话说“改变古法，搞乱常规，不是身死，就是逃亡”，难道说的不就是晁错这类人吗！

（徐振阳 译）

《史记》卷一百〇二　张释之冯唐列传第四十二

张廷尉名叫释之，堵阳人，字季。有个哥哥张仲，和他生活在一起。家里花钱买官，让他当了个骑郎，为汉文帝办事，十年没得到提拔，默默无闻。张释之说："做了这么久的郎官，让哥哥花费那么多，心中不安啊。"想要辞职回家。中郎将袁盎知道他的才能，为他离去感到惋惜，于是就请求汉文帝调他做谒者。张释之朝见文帝后，就上前说起国家大政方针。文帝说："别高谈阔论，说些眼前下令就能办的事。"于是，张释之又谈起秦汉之际的事，谈了很多秦朝为什么灭亡和汉朝为什么兴盛的原因。文帝认为不错，就任命他做谒者仆射。

有一次，张释之跟随汉文帝出行，登上了虎圈。汉文帝问上林尉圈内各种禽兽的情况，问了十多个问题，上林尉东瞧西看，都答不上来。看管虎圈的啬夫在旁边替上林尉回答了刚才皇上提出的问题，答得很详细，想让皇上看到他能滔滔不绝地回答问题。汉文帝说："做官不就该像这个样子吗？上林尉不足任用。"于是命令张释之让啬夫做上林令。张释之过了一会儿才上前说："您认为绛侯周勃是什么样的人？"汉文帝说："是长者啊。"张释之又问："东阳侯张相如是什么样的人呢？"汉文帝说："也是长者啊。"张释之说："绛侯与东阳侯都被称为长者，可他们两个人议论事情时都不善于言谈。难道让人们都去效法像啬夫这样伶牙俐齿的人吗？秦国就是重用了那些舞文弄法的官吏，使他们争着以办事急迫、苛刻严厉为标准，可这样做的弊端就是空有官样文书的形式，而没有怜悯同情百姓的实质。因此，秦朝的统治者听不到自己的过失，到秦二世时国势就衰微了，于是秦国土崩瓦解。现在您因为他伶牙俐齿就破格提拔他，恐怕天下人都会跟风，争相以伶牙俐齿为能事而没有真正的才干。况且皇上感化百姓，比影随形、声随音还快，您做任何事情不能不审慎啊。"汉文帝听了，说："有道理。"于是，不再任命啬夫为上林令了。

汉文帝上了车，让张释之陪坐在身旁，车慢慢前行，汉文帝问张释之秦政的弊端，张释之都据实回答。回到宫里，汉文帝就任命张释之做了公车令。不久，太子和梁王一起乘车入朝，到了司马门也不下车。张释之赶紧追过去让他们停下来，不让太子、梁王进宫。而且马上向皇上揭发他们在司马门不下车而犯的“不敬”之罪。薄太后知道了这件事，汉文帝摘下帽子向她赔罪说：“怪我管教儿子不严。”薄太后于是让使臣带着赦免太子和梁王的诏书前来，太子、梁王才得以入宫。汉文帝由此更加觉得张释之与众不同了，遂任命他做中大夫。

没多久，张释之又被提拔为中郎将。一次，他随汉文帝到霸陵。汉文帝站在霸陵北侧向远处眺望，慎夫人跟在后面，汉文帝指着通往新丰的路对慎夫人说：“这就是去邯郸的路啊。”接着，汉文帝让慎夫人弹瑟，自己随着瑟的曲调唱歌，心里很凄惨悲伤。回过头来对群臣说：“唉！如果用北山的石头做椁，把切碎的苧麻丝絮填满石椁缝隙，再将漆粘涂在上面，就没有人能打开了！”身旁的人都说：“是啊。”张释之走上前，说：“假如里面有让人起贪念的东西，即使用整座终南山的石头封铸棺椁，也还会有缝隙；假如里面没有这些东西，即使不用石椁，也没什么忧虑的！”汉文帝称赞他说得好。此后任命他做廷尉。

不久，汉文帝出巡，经过长安城北的中渭桥。有一个人突然从桥下跑了出来，吓到了汉文帝的马。那个人被抓起来，交给廷尉审理。张释之负责审讯那个人。那人说：“我是长安县人，听到清道戒严的声音，就躲在桥下。等了好长时间，以为皇上的队伍都过去了，就从桥下出来，没想到一下子撞见了车队，所以才跑。”张释之向汉文帝奏上判处结果，说那个人违禁通行，应该罚款。汉文帝生气地说：“那个人惊了我的马，多亏我的马温顺听话，换了别的马，我还不被摔伤了！可你却只说要罚款！”张释之说：“法律是您和天下人应该共同遵守的。现在法律就这样规定，如要再加重处罚，这样百姓就不会相信法律了。如果那时您让人立刻杀了他也就罢了。可现在，这个人已被交给廷尉了。廷尉，就是天下的天平；执法一有偏颇，天下的法律都会随之减轻或加重而不公，那百姓岂不就手足无措了吗？希望您明察。”过了许久，汉文帝说：“廷尉判得对。”

后来，有人偷了高祖庙神座前的玉环，被抓到了，汉文帝发怒，把他交给廷尉治罪。廷尉审理后，张释之按照盗窃宗庙服饰器具判死刑的法律规定，报告汉文帝。汉文帝听后勃然大怒，说："这人如此无耻，竟然偷盗先帝庙中的器物，我交给廷尉审理，想让你们判他灭族，可你却只依据法律规定判他死刑，这不是我恭敬奉承宗庙的本意啊！"张释之摘下帽子，叩头谢罪说："法律这样规定，已经足够了。况且在罪名相同时，也要区别犯罪程度的轻重不同。现在偷盗祖庙的器物就要被灭族，如果万一有愚蠢的人偷挖了长陵，您用什么加重处罚力度呢？"过了很久，汉文帝和薄太后谈论了这件事，才同意廷尉的判决。当时，中尉条侯周亚夫与梁国丞相山都侯王恬开看到张释之执法论事公正，就和他结为好友。张廷尉这个称呼就在天下传开了。

汉文帝死后，汉景帝即位。张释之担心当年让太子在司马门下车的事，害怕被杀，就假装称病，打算辞职回家。他想当面向汉景帝谢罪，又不知这么办是否妥当。他用了王生的计策，最终当面向汉景帝谢了罪，汉景帝没有责怪他。

王生是个喜好黄老学说的处士。曾被召进宫廷中，三公九卿齐聚站在那里，王生年迈，说"我的袜带开了"，回头对张廷尉说："给我把袜带系上！"张释之就跪下把他的袜带系好。事后，有人问王生："为什么偏要在朝廷上羞辱张廷尉，让他跪下给你系袜带？"王生说："我年纪大，地位又卑微，自己想想没什么能帮助张廷尉的。张廷尉是当今天下的名臣，我故意羞辱他，让他跪下给我系袜带，想用这种办法增加他的声望。"大臣们听后，都说王生贤德，也更敬重张廷尉了。

张廷尉侍奉汉景帝一年多，到淮南王那里当丞相，还是因为以前得罪了汉景帝的缘故。过了很长时间，张释之去世了。他的儿子叫张挚，字长公，官至大夫，后被免职。因为他不会迎合当时的世事，所以直到死也没有再做官。

冯唐的祖父是战国时赵国人。他的父亲移居到了代地。汉朝建立后，又迁到安陵。冯唐的孝行在当时是出了名的，他是中郎署的一把手，侍奉汉文帝。一次汉文帝乘车经过中郎署，问冯唐说："老人家这么大年纪了怎么仍做郎官？家在哪里？"冯唐如实作答。汉文帝说："我在代地做王时，我的尚食监高祛多次和我谈到赵国将领李齐的才能，讲他在巨鹿城下作战的情景。现在我每次吃饭的时候，心里总会想起巨鹿之战时的李齐。老人家知道他吗？”冯唐回答说：“他作为将领比不上廉颇和李牧。”汉文帝说：“凭什么这么说呢？”冯唐说：“我的祖父在赵国时，当官带过兵，与李牧关系很好。我父亲从前也做过代国丞相，和李齐的关系也不错，知道他的为人。”汉文帝听他这么讲，高兴地拍着大腿说：“哎，我就得不到像廉颇、李牧这样的人，如果有他们，难道我还会担心匈奴进犯吗！”冯唐说：“恕臣冒死直言！即使您得到廉颇、李牧，也不会用他们。”汉文帝很生气，起身回到屋中。过了好一会儿，才又召冯唐，责备他说：“你为什么当着众人面侮辱我，难道就不会私下告诉我吗？”冯唐谢罪道：“我是个鄙陋的人，不懂得忌讳。”

在这时，匈奴人又开始大举侵犯朝那县，杀死北地都尉孙卬。汉文帝担心匈奴的进犯，就最后又一次问冯唐：“您怎么知道我不能任用廉颇、李牧呢？”冯唐回答说：“我听说古时候君王派遣将军，跪下来推着车轮中的那根圆木，对将军说，城门以内的事我说了算，城门以外的事，将军说了算。军队中因功封爵奖赏的事，都由将军在外决定，归来后再奏报朝廷。这不是空话。我祖父说，李牧镇守赵国边境时，把征来的税都自行用来犒赏士兵。赏赐由将军决定，朝廷不从中干预。朝廷委以重任而要求他成功，李牧才能够充分发挥才智，派遣精选的兵车一千三百辆，善于骑射的士兵一万三千人，能征善战的士兵十万人，驱逐了北方的单于，击破了东边的匈奴，消灭澹林，抑制住西面强大的秦国，支援南面的韩国与魏国。在那时，赵国几乎成为霸主。后来，赶上赵王迁即位，他的母亲是个卖唱的女子。他听信郭开谗言，最终杀了李牧，让颜聚代替李牧，结果军溃兵败，被秦国消灭。如今，我听说魏尚做云中郡郡守时，把军市上收的税都用来犒赏士兵，还自己出钱，五天宰一头牛，宴请宾客、军吏和周围的人，因此匈奴远远躲开，不敢靠近云中郡这个要塞。匈奴曾经入侵过云中郡一次，魏尚率领军队出击，杀了很多敌人。那些士兵都是普通百姓家的孩子，从村野来参军，哪里知道‘尺籍’‘伍符’这些法令律例。他们整日卖力气打仗，杀敌人、抓俘虏，到幕府报功，只要有一句话不合实际情况，法官就用法律制裁他们。奖赏力度不够，也要依法追究。为臣很愚蠢，认为按您明确的法规，奖赏太轻，惩罚太重。况且云中郡郡守魏尚因为上

报杀敌数目时多了六个人，您就把他交给法官，削夺他的爵位，罚他劳作。因为上述缘故，我才说您即使得到廉颇、李牧，也不能重用他们。我确实很愚蠢，触犯了禁忌，该当死罪，该当死罪！”汉文帝听了很高兴。当天就让冯唐拿着符节去赦免魏尚，让他重新担任云中郡郡守，同时，任命冯唐做车骑都尉，掌管中尉和各郡国负责车战的士兵。

汉文帝后元七年，汉景帝即位，任命冯唐为楚国丞相，不久又罢免了他。

汉武帝即位时，征求贤良之士，大家推荐冯唐。那一年冯唐都已经九十多岁了，不能再做官了，于是，任用他的儿子冯遂为郎官。冯遂字王孙，也是杰出的人才，和我关系很好。

太史公说：张释之谈论长者之事，坚持法律原则，不屈从皇帝的意愿；冯唐谈论如何任用将帅，这些事都很有滋味啊！很有滋味！俗话说“不了解那个人，那就看他结交的朋友”。他们两位的那些话，值得在朝廷上称颂。《尚书》说：“不偏私不结党，王道才会平坦宽广；不结党不偏私，王道才能畅通无阻。”张季与冯公差不多就是这样的人。

（徐振阳 译）

《史记》卷一百〇三　万石张叔列传第四十三

万石君姓石，名奋，父亲是赵国人。赵国灭亡后，迁居到温县。高祖东进攻打项羽，途经河内郡，那年，石奋十五岁，作为小官吏侍奉高祖。高祖和他聊天，喜爱他恭敬谨慎的态度，问他："你家中有什么人啊？"他回答说："我家中只有母亲，不幸眼睛已经失明。家中很穷。还有个姐姐，会弹琴。"高祖又说："你能跟随我吗？"回答说："愿意尽心竭力。"于是，高祖召他姐姐入宫做了美人，让石奋做中涓，受理大臣上报文件和觐见皇上的事。他的家搬到长安的戚里，这是因他的姐姐做了美人的缘故。到汉文帝时，他因有功劳已升至太中大夫。他文化知识有限，可恭敬谨慎却无人能比。

汉文帝时，东阳侯张相如做太子太傅，后被免职。汉文帝选择可以做太傅的人，大家都推荐石奋，于是，石奋做了太子太傅。等到汉景帝即位，他已官居九卿之位；因他接近汉景帝时恭敬谨慎，汉景帝畏惧他，调他做诸侯国的丞相。他的长子石建，次子石甲，三子石乙，四子石庆，都因为行事顺驯、孝顺严谨，而居官秩禄二千石。汉景帝说："石君和四个儿子官职俸禄都是二千石，作为人臣的尊贵宠幸都集中在他们一家。"于是，称呼石奋为万石君。

汉景帝末年，万石君告老回家时享受的是上大夫职位的俸禄，但每逢年关节日，他仍去参加朝贺。经过皇宫门楼时，万石君一定要下车步行，看到皇上的车驾一定把手扶在车的横木上。他的子孙做了小吏，回家拜见他，万石君一定要穿上朝服接见他们，不直呼他们的名字。子孙当中有人犯了错误，他不斥责他们，而是坐到正位旁边的座位，对着餐桌不肯吃饭。其他子孙们纷纷责备那个犯错的人，犯错的人通过长辈求情，本人裸露上身表示认错，并改正错误，这样，万石君才答应他们的请求。已成年的子孙在身边时，即使是闲居在家，他也要穿戴整齐，舒缓安和。他在仆人面前也是慈善和顺，一切唯有谨慎。皇上有时把赏赐的食物送到家里，他必定叩头跪拜后才吃，就像在皇上面前一样。他操办丧事时，非常哀婉悲伤。子孙们遵从他的教诲，也都这样。万石君一家的孝顺谨慎在各郡县和诸侯国中是出了名的，即使是齐鲁两地品行朴实的儒生们，都认为自己赶不上他们。

建元二年，郎中令王臧因推崇儒学被惩处。皇太后认为儒生文辞浮夸不够朴实，而万石君一家不夸夸其谈而身体力行，就让万石君的大儿子石建做郎中令，小儿子石庆做内史。

石建年老发白，万石君身体还很健康。石建做郎中令，每五天洗一次澡后回家拜见父亲。他到孩子屋里私下向侍者询问父亲的情况，拿走父母的内衣内裤，亲自洗涤，然后再交给侍者，不敢让父亲知道，而且经常如此。石建做郎中令时，如有事向皇上汇报，当别人不在的时候就畅所欲言、十分恳切；而上朝时，他仿佛不会说话。因此，皇上尊敬石建，以礼相待。

万石君搬到陵里居住。担任内史的石庆喝醉回来，进门没下车。万石君听到这件事后，不肯吃饭。石庆害怕了，袒露上身请求原谅，万石君不答应。等全族人和石建也都袒露上身请罪时，万石君才责备说："内史是尊贵的人，进巷子门口时，巷子里年长的人都急忙回避，可你却坐在车里怡然自得，这样合适吗？"于是让石庆道歉后离开。此后，石庆和石家的子弟进巷子门口时，都下车步行回家。

万石君在汉武帝元朔五年中去世。他的大儿子郎中令石建因悲哀思念而痛哭，要拄拐杖才能走路。过了一年多，石建也去世了。万石君的子孙们都很孝顺，尤以石建最突出，超过了万石君。

石建做郎中令时，写过一份奏章，等奏章批复下来，石建再读时，说"写错了！'马'字下面的四点加下曲的马尾应该是五笔，现在才四笔，差了一笔，皇上会责怪我的，真该死啊！"为此十分担惊害怕。他很谨慎，对待其他事也是这样。

万石君的小儿子石庆做太仆，一次皇上驾车外出，问他有几匹马拉车，石庆用马鞭子数完后，举手说："六匹。"石庆在万石君几个儿子中算是最不谨慎的了，然而尚且如此小心谨慎。石庆做齐国的丞相，齐国上下都敬慕他的家风，他不用发号施令，齐国就治理得很好，人们就为石庆立了石相祠。

汉武帝元狩元年，皇上确定了太子，从群臣中挑选能够做太子老师的人，石庆从沛县太守，调任为太子太傅，过了七年升任御史大夫。

汉武帝元鼎五年秋，丞相赵周犯法，被罢官。皇上下诏书给御史大夫："万石君，先帝敬重他，他的子孙都很孝顺，命令御史大夫石庆担任丞相，封为牧丘侯。"那时，汉朝正在南方诛讨南越和东越，向东攻打朝鲜，在北方驱逐匈奴，向西征伐大宛，国家正值多事之时。皇上在各地巡视，修复上古的神庙，到泰山祭天、在梁父祭地，大兴礼乐。国家财政日益吃紧；桑弘羊等人想法增加财政收，王温舒等施用法律十分严厉，兒宽等以儒学标榜而官至九卿，这些人相继掌握实权，这些事丞相既不过问，也不决断，只是一味忠厚谨慎罢了。丞相石庆在位九年，没有说过一句给皇帝纠正偏差的话。他曾想要惩治皇上的近臣所忠和九卿咸宣，他们却不服，自己反倒受了惩罚，交了些粮食才得以免罪。

汉武帝元封四年，关东流离失所的百姓达两百万人，没有户籍的人达四十万，公卿们议论说要将这些流民发配到边疆去居住，以抵抗外敌入侵。皇上认为丞相年老谨慎，不可能参与这样的议论，就让他请假回家，而查办官职在御史大夫以下的那些提出这种请求的人。

丞相自觉惭愧不能胜任，就上书给皇上说："我石庆承蒙宠幸得以位居丞相，可自己才能有限不能辅佐您治理国家，致使城郊仓库空虚，许多百姓流离失所，罪该处死，您不忍心依法处置我，我愿归还丞相和侯爵的官印，告老还乡，让位给贤能的人。"皇上说："粮仓已经空虚，百姓贫困流离失所，而你却请求迁徙他们；社会已经动荡不安，危及国家安全，而你却辞职，你要把罪责推给什么人呢？"为些，下诏书责备石庆，石庆感到非常惭愧，于是重新处理政事。

石庆礼节周备、审慎恭谨，却没什么高明的见解可以替百姓说话。此后又过了三年多，太初二年中，丞相石庆去世，谥号恬侯。石庆的次子名德，很受石庆喜爱器重，皇上让石德做石庆的继承人，承袭侯爵的爵位。石德后来担任太常，因触犯法律该判死刑，缴纳粮食赎罪后，成为平民。石庆做丞相时，他的子孙中从小吏升到两千石职位的有十三人。等到石庆去世后，逐渐因不同罪名而被免职，孝顺谨慎的家风逐渐衰落了。

建陵侯卫绾，是代郡大陵人。因驾车技术熟练做了郎官，侍奉汉文帝，不断立功，逐渐升迁为中郎将，除了忠厚谨慎别无所长。汉景帝做太子时，请皇上身边的近臣喝酒，而卫绾借口生病不去。汉文帝临死时嘱咐汉景帝说："卫绾是年高望重的人，你要好好对待他。"等到汉文帝去世，汉景帝即位，一年多没有斥责过卫绾。卫绾更是一天比一天谨慎尽责。

有一次，汉景帝驾临上林苑，命令中郎将卫绾和自己共乘一辆车，回来后问卫绾："你知道为什么能和我同乘一辆车吗？"卫绾说："我从一个小小的车士幸运地因立功逐渐升为中郎将，自己也不知道是因为什么。"汉景帝又问："我做太子时召你喝酒，你不肯来，为什么呢？"卫绾回答说："臣该死，那时确实生病了！"汉景帝赐给他一把宝剑。卫绾说："先帝曾经总共赐给我六把剑，我不敢再接受您的赏赐。"汉景帝说："剑是人们经常更换的，难道你现在还一直保存着这些剑吗？"卫绾说："全都在。"汉景帝派人取来那六把剑，宝剑仍完全是新的，从未佩带过。卫绾属下的郎官犯了错，他常常代他们受过，不和其他的人争辩；而有了功劳，他却常常谦让给别人。皇上认为他很正直，忠心不二，就任命他做了河间王刘德的太傅。吴楚七国叛乱时，皇上任命卫绾为将军，他率领河间王的军队攻打吴楚叛军有功，被任命为中尉。三年后，因作战有功，在汉景帝六年被封为建陵侯。

第二年，汉景帝废黜太子刘荣，欲杀太子的舅父栗卿等人。汉景帝认为卫绾年长忠厚，不忍心让他办这样的事，就赐他休假回家，而让郅都逮捕并审理栗氏族人。这件事办完后，汉景帝立胶东王刘彻为太子，征召卫绾做太子太傅。过了很长时间，卫绾升迁为御史大夫。五年后，他代替桃侯刘舍做了丞相，上朝时，他只奏报分内的事。可自从他最初做官一直到做丞相，始终没什么可称道的地方。皇上认为他敦厚，可以辅佐少主，很尊重宠信他，赏赐的东西也很多。

卫绾做了三年丞相，汉景帝去世，汉武帝即位。建元年间，汉景帝卧病时，因各官署内囚犯大多是受冤枉的人，他身为丞相，未能尽职尽责，被免去丞相职务。卫绾去世后，他的儿子卫信承袭了建陵侯的爵位。后来，因为祭祀时所献黄金不合规格而失去爵位。

塞侯直不疑是南阳人。做郎官侍奉汉文帝。一次，与他同住一屋的一个人请假回家，错拿了同屋人的金子。那个人走后，金子的主人才发觉，胡乱猜测是直不疑偷了。直不疑向他道歉并承认了这件事，买金子偿还他。等请假探家的人回来将金子归还给失主，先前称丢金子的人感觉极为惭愧。因此，人们说直不疑忠厚。汉文帝称赞他的行为并任用他，逐渐提升他为太中大夫。大臣上朝相见时，有人诋毁他说："直不疑相貌很美，可偏偏喜欢和他嫂子私通！"直不疑听说后，说："我没有兄长。"然后就不再解释了。

吴楚七国叛乱时，直不疑作为享受二千石俸禄的将领率兵攻打叛军。汉景帝后元元年，他担任御史大夫。汉景帝奖赏平定吴楚叛乱的有功之人时，封直不疑为塞侯。汉武帝建元年间，直不疑和丞相卫绾都因有过失而被免职。

直不疑学习老子的学说。他每到一个岗位都沿袭旧例，担心人们知道他为官的事迹。他不喜欢树立自己的名声，被人称为长者。直不疑去世后，他的儿子直相如承袭侯爵之位。他的孙子直望，因为祭祀时所献黄金不合规格而失去爵位。

郎中令周文，名仁，祖先原是任城人。因会医术得见天子。汉景帝做太子时，任命他做舍人，累积功劳逐渐提升，汉文帝时官至太中大夫。汉景帝刚继位，就任命周仁做郎中令。

周仁深隐持重，不泄露别人说的话，他为人低调，经常穿破旧有补丁的衣服，还常常装得不干净，因此，得到汉景帝宠爱。汉景帝在寝宫和妃嫔淫亵戏耍时，周仁常在旁边。汉景帝死时，周仁还在做郎中令，可他始终无所进言。皇上有时询问别人的情况，周仁总是说："皇上亲自考察他吧。"他也从来不说别人的坏话。汉景帝曾两次亲自到他家。他家后来迁到阳陵。皇上赏赐给他的东西很多，他却常常推让，不敢接受。许多大臣赠送给他东西，他也始终没接受。

汉武帝即位，认为他是先帝的大臣而尊重他。周仁因病免职，告老还乡时享受的是每年二千石的俸禄，他的子孙官职都很高。

御史大夫张叔，名欧，是安丘侯张说的庶子。汉文帝时，他因研究法家学说有名而得以侍奉太子。尽管张欧研究法家学说，但他为人忠厚被视为长者。汉景帝时他就很受尊重，常常位居九卿之列。到了汉武帝元朔四年，韩安国被免职，皇上任命张欧为御史大夫。自从张欧做官以来，没有说过要惩办谁，态度总是诚恳忠厚。下属们认为他是忠厚的长者，也不敢过分欺骗他。他把已经判定的刑事案卷上呈皇帝，凡有疑问的，一律退回让下级再审查；不能退回的，因事不得已，就流着泪把文书封好呈上。他就是这样关爱别人的。

后来他年老病重，请求免去官职。天子也就下诏，让他享受上大夫职位的俸禄告老回家。他住在阳陵，子孙们官职都很高。

太史公说：孔子曾经说过“君子要少说空话，多做实事”，这句话说的就是万石君石奋、建陵侯卫绾和张欧吧？因此，他们的示范之处在于，不峻急也能把事情办好，不严厉也能让社会安定。尽管塞侯有点讨巧，周文则有点谄媚，正人君子讥讽他们，因为他们的作为近乎谄佞了。但他们仍称得上是行为敦厚的君子！

（徐振阳 译）

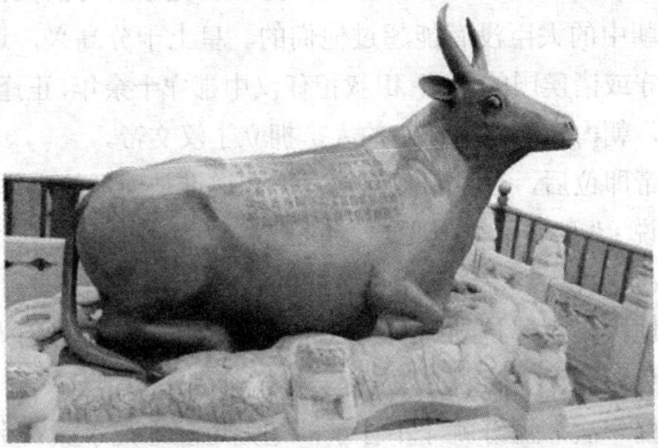

《史记》卷一百〇四　田叔列传第四十四

田叔是赵国陉城人。他的祖先是齐国田氏的后代。田叔喜欢剑术，曾在乐巨公那里学习黄老学说。田叔为人刻峭廉洁，并以此自得，喜欢交往一些文人。赵国人把他推荐给赵相赵午。赵午又向赵王张敖说起他，赵王便任命他为郎中。任职几年，他峻切刚直、清廉公平，赵王虽赏识他，却没有来得及提拔他。

恰逢陈豨在代地谋反，汉高祖七年，刘邦前往讨伐，途经赵地，赵王张敖亲自端着食盘献食，十分恭敬，高祖却傲慢地平伸两条腿坐着骂他。当时，赵午等几十人都很愤怒，对张敖说："您侍奉皇上礼节完备周全，可现在他竟如此对您，我们干脆反了算了。"赵王把手指头都咬出血了，说："先人失去了国家，如果没有皇上，我们的尸体早都生蛆了。你们怎么能说这样的话呢！不要再说了！"贯高等人说："您为人忠厚，不肯背弃皇上恩德。"于是，他们就私下里互相谋划杀掉刘邦。恰巧事情败露，朝廷下令逮捕赵王和谋反的群臣。赵午等人都自杀了，只有贯高被囚禁。这时，朝廷又下令："赵国有胆敢跟随赵王进京的罪及三族。"只有孟舒、田叔等十多个人，穿着赤褐色的囚衣，剃掉头发，带着刑具，自称是赵王的家奴，跟随赵王张敖到了长安。等贯高等人谋反的事调查清楚后，赵王张敖出狱，被废黜为宣平侯。这时，张敖才向皇上推荐田叔等十多个人。皇上召见了所有的人，和他们谈话，认为朝中的大臣没有能超过他们的。皇上十分高兴，这些人都被任命为郡守或诸侯国的丞相。田叔担任汉中郡守十余年，正逢高后去世，诸吕作乱，朝内大臣杀了作乱的人，拥立了汉文帝。

汉文帝即位后，召见田叔问他："您知道谁是天下的忠厚之人吗？"田叔回答说："我哪里知道呢！"皇上说："您是忠厚之人，应该知道啊。"田叔叩头说："曾任云中郡太守的孟舒是忠厚之人。"当时，匈奴侵犯边塞地区，大肆抢劫财物，云中郡尤为严重，孟舒因为抵抗匈奴不力而被免职。汉文帝说："先帝安排孟舒到云中郡任太守十多年了，匈奴才入侵一次，孟舒就守不住了，毫无道理地死了数百名士兵，忠厚之人本该杀人吗？您怎么能说孟舒是忠厚之人呢？”田叔叩头回答说：“这正是孟舒是忠厚之人的原因。贯高等人谋反，皇上曾下诏，明确地说，赵国有胆敢跟随赵王进京的罪及三族。然而孟舒自己剃掉头发，颈带刑具，随赵王张敖到他要去的地方，想要为他效死，哪里料到自己能成为云中郡太守呢！汉和楚长期对峙，士兵疲劳困苦。匈奴首领冒顿刚刚征服北方的蛮夷之敌，就来危害我们的边塞。孟舒了解士兵疲劳困苦的情况，不忍心让他们再上战场，可士兵们却登城拼死杀敌，像儿子为父亲、弟弟为兄长那样奋不顾身。因此，才死了数百人。孟舒哪里是故意驱使他们作战呢！这正是孟舒是忠厚之人的原因。”于是皇上说：“孟舒真是贤德啊！”又召回孟舒，让他继续做云中郡太守。

几年后，田叔因犯法丢了官。梁孝王派人暗杀曾任吴国丞相的袁盎。汉景帝召回田叔，让他到梁国审查这个案子。田叔查清了这个案子的情况，回朝报告。汉景帝说：“是梁王派人暗杀了袁盎吗？”田叔回答说：“是死罪！确有其事。”皇上说：“证据在哪儿？”田叔说：“皇上不要过问梁王的事了。”皇上说：“为什么？”田叔说：“现在，如果不杀梁王，我朝法律实行不了；如果杀了他，太后就会吃不香，睡不着，这又让您忧虑了。”汉景帝非常赏识他，让他做了鲁国的丞相。

田叔刚刚到任，百姓就主动找他，一百多人揭发鲁王夺取他们财物的事。田叔抓住为首的二十个人，每人各打五十大板，其余的每人各打脸二十下，然后怒气冲冲地对他们说：“难道鲁王不是你们的主人吗？你们怎么敢毁谤主人呢！”鲁王听说后，非常惭愧，拿出自己的钱，让丞相还给百姓。田叔说：“您自己强取来的，让我还给他们，这是您做坏事而让我做好事。我不能干这样的事。”这样，鲁王就自己把钱还给那些百姓。

鲁王喜欢打猎，田叔经常随着他到猎场中。鲁王总要他到馆舍中休息，而田叔却走出来，常常坐在太阳底下等着鲁王打猎完毕。鲁王多次派人请他去休息，他始终不肯，说：“我们鲁王在猎场里被太阳晒着，我怎能独自到馆舍中呢！”因为这样的缘故，鲁王不再经常外出游猎了。

几年后，田叔在鲁国丞相的任上去世。鲁王用一百斤黄金做祭礼，他的小儿子田仁不肯接受，说：“不能因为一百斤黄金损害了先父的名声。”

田仁因身体强壮，做了卫青将军的舍人，多次跟随他攻打匈奴。卫青推荐田仁，做了郎中。几年后，田仁担任了享受两千石俸禄的丞相的长史，随后又失去职位。后来，派他巡视纠察河南、河东、河内三郡。皇上到东边视察，田仁上报的事情有价值，皇上很高兴，任命他做了京辅都尉。过了一个多月，皇上又提升他做司直。几年后，他因太子谋反的事受到牵连。当时左丞相刘屈氂亲自率军和太子作战，命令司直田仁负责关闭并守卫城门，因田仁让太子从城门逃走，被判死刑。又说田仁带兵到长陵，长陵令车千秋告发田仁叛变，田仁被处灭族。陉城现在位于中山国。

太史公说：孔子曾称赞道“人不论到什么地方，都必须关心那个地方的政事”，说的正是田叔吧！他有节义而不忘贤德，发扬君主的美德以纠正君主的过失。田仁和我关系不错，所以我把田叔和田仁写在一起。

褚先生说：我做郎官时，听说田仁早先和任安关系很好。任安是荥阳人，幼年时成了孤儿，生活贫困，给别人赶车到长安，就留了下来，他想做个小吏，没有机会，于是就在当地落上户籍。武功是扶风西边的小县，山谷口有一条靠山的通往蜀地的路。任安认为武功是小县，没有豪门大族，容易出人头地，就留了下来，替人做求盗和亭父两个职位的事，后来做了亭长。县里的百姓外出打猎，任安常常给人们分配麋鹿、野鸡、野兔等猎获物，合理安排老人、孩子和壮丁到或难或易的地方，大家都很高兴，说：“谁也不吃亏，任少卿分发公平，有智谋。”待到第二天又集合在一起，来了几百人。任少卿问：“某某人为什么不来？”大家都惊讶他能很快认识这么多人。后来他被任命为乡中的三老一职，因亲近百姓受到推举，担任享受三百石俸禄的官长，管理百姓。因为没有筹措好皇上出巡时应有的物资供应，被罢免官职。

于是，任安就做了卫青将军的门客，碰到了田仁，都是门客，住在将军府里，二人知心友爱。两人家里都很穷，没有钱买通将军的管家，管家让他们喂养咬人的劣马。两人睡在一张床上，田仁悄悄地说："这个管家太不了解人了！"任安说："将军尚且不了解人，何况他的管家呢！"一次卫将军让他俩跟随自己拜访平阳公主，公主家的人让他们俩和骑奴在同一张席子上吃饭，他们二人拔刀割断席子，和骑奴分席而坐。公主家的人都很惊疑，讨厌他俩，但也没有谁敢呵斥他们。

后来，皇上下诏，征募选拔卫将军的门客做郎官，卫将军挑选了有钱的门客，让他们备好鞍马、绛衣和带玉饰的剑，打算报告皇上。正好赶上贤大夫少府赵禹前来拜访卫将军，将军召集他举荐的门客让赵禹看。赵禹挨个问他们，十多个人中没一个通晓事理有智谋的。赵禹说："我听说，将军家中一定有能当将军的人才。古书说'不了解那个国君就看看他任用的人，不了解一个人就看看他结交的朋友'。现在皇上下诏让将军举荐门客，是想要以此看看将军能够得到怎样的贤德之人和文武之才。现在您只选有钱人的子弟推荐，而这些人没有智谋，像木偶人穿着华美的外衣，您准备怎么办呢？"于是，赵禹把卫将军的一百多名门客全部召集起来，又挨个问了一遍，发现了田仁和任安，说："只有这两个人行，其余的都没有能任用的。"卫将军看到这两个人很穷，心中愤愤不平。等赵禹走后，卫青对他们俩说："你们各自回去准备鞍马和新绛衣吧。"两人回答说："家里穷，没这些东西。"卫青生气地说："你们两个家里本来就很穷，为什么说这样的话？怏怏不乐好像迁怒于我，为什么？"卫青无可奈何，只得把他们上报给皇上。皇上下令召见卫将军的门客，这两个人前去拜见，皇上召见并询问他俩的才能和谋略，让他们相互推举评价。田仁回答说："手执鼓槌，站立军门，让士大夫心甘情愿拼死作战，我不如任安。"任安回答说："决断嫌疑，评判是非，处理官场事物清楚明白，让百姓没有怨恨之心，我不如田仁。"汉武帝大笑着说："好！"于是，让任安监护北军，让田仁到黄河岸边监护边塞的屯田和谷物生产。两人立即名扬天下。

后来，任安做了益州刺史，田仁做了丞相长史。

田仁曾上书皇上说："天下各郡的很多太守都谋取不当之财，河西、河东、河内三个地方特别严重，臣请求首先巡视纠察三河地区。三河地区的太守都依靠京城内的权贵之人，和三公（丞相、太尉、御史大夫）

有亲属关系，无所忌惮，应先纠察三河地区的太守，以此警告天下奸猾狡诈的官吏。”当时，河西郡、河内郡的太守都是御史大夫杜周的亲属，河东郡的太守是丞相石庆的后代。那时石家有九个人担任享受二千石俸禄的官职，正是兴盛显赫的时候。田仁多次上书谈及此事。御史大夫杜周和石家的人都来派人道歉，对田仁说：“我们不敢有什么说辞，希望少卿您不要栽赃陷害我们。”田仁调查三河后，三河太守都被立案判处死刑。田仁回朝报告，汉武帝很高兴，认为田仁有才干，不畏惧有权有势的人，任命他做丞相司直，声威震动天下。

后来，田仁遇到太子谋反的事，丞相亲自率领军队，命令司直田仁守卫城门。田仁认为太子和皇上是骨肉之亲，不想卷进他们父子间的冲突，就离开城门到各个陵寝去了。这时，汉武帝正在甘泉宫，派御史大夫暴胜之前来责问丞相“为什么放跑了太子”，丞相回答说“我命令司直率兵守卫城门，他却开门放了太子”。御史大夫上报给皇上，请求批准逮捕司直。司直被送交法官审问后处死。

这时，任安担任北军使者护军，太子在北军的南门外停下车，召见任安，把符节给他，命他调动北军。任安下拜接受了符节，进去后，把军门关上就不再出来。汉武帝听说后，认为任安是假降，不肯附和太子，可以原谅。任安曾经鞭打过北军里管钱的一个小吏，这个小吏写信告发，认为任安接受了太子符节，太子还对任安说“希望你把有战斗力的军队给我”。汉武帝听了此事，说“任安是个老于世故的官吏，看到太子谋反，想要坐观胜败，看到谁胜利就附和顺从谁，有二心。他犯了很多该判死刑的罪，我总是赦免他。现在竟然心怀欺诈，不忠于我”。于是把任安送交法官审问后处死。

月亮圆了就会亏，事物极盛就会衰，这是天地间的规律。只知道前进，不知道后退，有钱有权久了，慢慢积累的祸患就会招灾。所以范蠡离开越国，不接受官职爵位，才名传后世，过了一万年也不被人遗忘，难道有谁能赶得上他吗！后来者千万要以此为戒啊。

（徐振阳 译）

《史记》卷一百〇五　扁鹊仓公列传第四十五

扁鹊是渤海郡郑人，姓秦，叫越人。年轻时当过客馆主管。有个叫长桑君的客人住在客馆，唯有扁鹊认为他是个奇人，平时待他很恭敬。长桑君也知道扁鹊不是普通人。长桑君来来去去十多年。一天，他把扁鹊叫住，找个没人的地方坐下来，悄悄对扁鹊说："我有个祖传的医方，因为年纪大了，打算传给你，不要泄露出去。"扁鹊说："一定遵命。"于是，他从怀中掏出一种药递给扁鹊，说："用草木上的露水送服这种药，三十天后你就能知晓许多事情了。"接着，他拿出所有秘方书全都给了扁鹊。待扁鹊再抬起头时，发现人已不见了，心想他肯定不是凡人。扁鹊按照他说的，吃了三十天的药，就可以看见墙壁另一边的人。用这种方法给人看病，能看见病人五脏内所有的病症，替病人诊脉只不过是个名目而已。他有时在齐国行医，有时在赵国行医。在赵国时名叫扁鹊。

在晋昭公时，众多大夫势力强盛而国君力量衰弱。赵简子是大夫，却独掌国事。赵简子病了，五天不省人事，大夫们都很担心，就把扁鹊请来。扁鹊进屋给赵简子看病，出来后，大夫董安于向扁鹊询问赵简子的病情。扁鹊说："他的血脉正常，你们何必惊怪！以前秦穆公也出现过这种情况，昏迷了七天才苏醒。醒来的当天，告诉公孙支和子舆说：'我到天帝那里感觉非常快乐。我所以去那么长时间，正好碰上天帝要指教我。天帝告诉我，晋国将要大乱，其后五代都不安定。之后将有人成为霸主，称霸不久他就会死去。霸主的儿子将会让你的国家男女淫乱。'公孙支把这些话记下并收藏起来，秦国史书的记载正是从这里得来的。晋献公时期混乱，此后晋文公称霸，等到晋襄公在殽山打败秦军回来后放纵淫乱，这些都是你知道的。现在你们主君的病和他相同，不出三天就会痊愈，痊愈后必定也会说一些话。"

过了两天半，赵简子苏醒了，告诉众大夫说："我到天帝那儿非常快乐，与各位神仙在天庭中央游玩，那里各种乐器奏着许多乐曲，跳着各种各样的舞蹈，不像上古三代时的乐舞，乐声动人心魄。有一只熊要抓我，天帝命令我射杀它，我射中了熊，熊死了。有一只罴走过来，我又射它，又射中了，罴也死了。天帝非常高兴，赏赐我两个竹笥，里边都装着首饰。我看见我的儿子在天帝的身边，天帝把一只翟犬托付给我，并说：'等到你的儿子长大成人时赐给他。'天帝告诉我说：'晋国将会一代一代地衰微下去，过了七代就会灭亡。姓嬴的秦国人将在范魁的西边打败周人，但他们也不能拥有政权。'"董安于听了这些话后，记录并收藏起来。人们把扁鹊说过的话告诉赵简子，赵简子赐给扁鹊田地四万亩。

后来扁鹊路经虢国。听说虢太子死了，扁鹊来到虢国王宫门前，问一位喜好医术的中庶子说："太子有什么病，为什么全国举行除邪去病的祭祀超过了其他许多事？"中庶子说："太子得病，因为血气运行无规律，阴阳交错不能导泄，在体外猛烈暴发，实则内脏受伤。正气压不住邪气，邪气瘀滞不能导泄，因此阳脉弛缓阴脉急迫，突然昏倒而死。"扁鹊问："什么时候死的？"中庶子说："从鸡鸣到现在。"扁鹊又问："收殓了吗？"中庶子说："还没有，从他死到现在还不到半天呢。"扁鹊说："我是渤海郡的秦越人，家在郑地，未能仰望君王的神采而拜见侍奉在他的面前。听说太子去世了，我能让他复活。"中庶子说："先生不是胡说吧？怎么说太子可以复活呢！我听说上古的时候，有个叫俞跗的医生，治病不用汤剂、药酒、镵针、砭石、导引、按摩、药熨等办法，解开衣服一看就知道病因所在，沿着五脏内腧穴，割皮肤、剖肌肉、疏通经脉、结扎筋腱、按治脑髓、触动膏肓、疏理隔膜、清洗肠胃、洗涤五脏、修炼精气，改变神色。假如先生的医术能如此，那太子就能复活了；如果不能，却还想让他复活，那是连刚会笑的孩子都骗不了的。"过了好久，扁鹊才仰望天空叹息说："您说的那些治疗方法，就像从竹管中看天，从缝隙中看花纹一样。我用的治疗方法，不用切脉、察看脸色、听声音、观察病人的体态神情，就知道病在什么地方。知道疾病症状，就能推知内因；知道疾病内因，也能推知疾病症状。人有病，从外表就能看出来，据此就能诊断千里之外的病人。我决断有很多方法，不能只用一种方法。你如果认为我说的不真实，你试着进去诊视太子，应会听到他耳朵有鸣响、看到他鼻翼翕动，顺着两腿摸到阴部，那里应该还是温热的。”

中庶子听了扁鹊的话，瞪眼呆滞、不会眨眼，舌头翘着说不出话。他进去把扁鹊的话告诉了虢君。虢君听后十分惊讶，在宫廷中门接见扁鹊，说：“我很早以前就听说您品德高尚，可没机会当面拜见。这次您途经我们小国，如果能帮助我们，那我这个偏僻国家的君王就真是太幸运了！有先生在，我儿子就能活命；没有先生，他就会被抛尸野外，填塞沟壑，永远不能回来了！”没等话说完，他就悲伤地抽噎，气郁心中，神情恍惚，眼泪不住地流下来，泪珠滚落沾在睫毛上，抑制不住胸中悲伤，脸色神情变了样。扁鹊说：“您太子得的病，就是人们说的‘尸蹶’。阳气进入阴脉，脉气缠绕影响到胃，经脉受损，脉络被阻，分别向下注入下焦、膀胱两穴，因此阳脉下坠，阴脉上升，阴阳两气交汇，闭塞不畅，阴气逆行向上而阳气向内运行，阳气在体内下部鼓动却不能上升，在上在外被阻绝不能遣使，上面隔绝了阳气的脉络，下面又破坏了阴气的筋纽，这样阴气破坏、阳气隔绝，人脸失色、血脉混乱，人像死了一样安静，太子实际没有死。阳气进入阴气而阻绝脏气的能治愈，阴气进入阳气而阻绝脏气的必死。这些情况，都会在五脏厥逆时突然发作。精良的医生能治愈这种病，拙劣的医生困惑，病人便危险了。”

扁鹊就叫他的学生子阳磨砺针石，取三阳五会穴下针。过了一会儿，太子苏醒了。扁鹊又让学生子豹准备能入体五分的药熨，再加上八分药剂混合煎煮，交替在太子两胁下熨敷。太子可以坐起来了。扁鹊又进一步调和太子阴阳，仅仅用了二十天汤剂就使太子康复。因此，天下的人都认为扁鹊能起死回生。扁鹊却说：“不是我能起死回生，是他本来就活着，我只不过是促使他康复罢了。”

扁鹊经过齐国，齐桓侯把他当客人招待。他到朝廷拜见桓侯，说：“您有小病在皮肤和肌肉之间，不治将会深入体内。”桓侯说：“我没病。”扁鹊走出宫门后，桓侯对身边的人说：“医生贪图钱财，想把没病的人说成是自己治好的。”过了五天，扁鹊再去见桓侯，说：“您的病已在血脉里，不治恐怕会深入体内。”桓侯说：“我没病。”扁鹊出去后，桓侯有些不高兴。过了五天，扁鹊又去见桓侯，说：“您的病已在肠胃间，不治将更深侵入体内。”桓侯不肯答话。扁鹊出去后，桓侯很不高兴。又过了五天，扁鹊又去见桓侯，但他看见桓侯就向后退着跑了。桓侯派人问他为什么跑。扁鹊说：“疾病在皮肉之间，汤剂、药熨可以治愈；疾病在血脉中，靠针刺和砭石也能治愈；疾病在肠胃中，药酒还可以治愈；等疾病进入骨髓，就是掌管生命的神也无可奈何。现在他的病已进入骨髓，因此我不再要求为他治病了。”又过了五天，桓侯患了重病，派人去召请扁鹊，扁鹊已逃离齐国。桓侯于是就病死了。

圣人见微知著，好医生能及早诊治，那就能治好病，保住命。人们担忧的，是疾病太多；医生担忧的，则是治病方法太少。所以有六种病治不了：为人傲慢放纵不讲道理，是一不治；轻视身体看重钱财，是二不治；衣着饮食调节不适当，是三不治；阴阳错乱，五脏气脉不稳定，是四不治；形体羸弱，不能服药的，是五不治；迷信巫术不信医术的，是六不治。只要有其中一种情况，那就很难医治了。

扁鹊名声天下传扬。他到邯郸时，听说当地人尊重妇女，就做治妇女病的医生；他到洛阳时，听说周人敬爱老人，就做专治耳聋眼花、四肢痹痛的医生；他到了咸阳，听说秦人喜爱孩子，就做治小孩疾病的医生；他随各地习俗变化，调整自己的医治范围。秦国的太医令李醯自知医术不如扁鹊，就派人刺杀了扁鹊。到现在，天下人谈论诊脉法，都遵从扁鹊的方法。

太仓公，是齐国都城管理粮仓的长官，临淄人，姓淳于名意。

他年轻时就喜好医术。汉高后八年，又向同郡元里已七十多岁的公乘阳庆学医。他让淳于意放弃从前所学的全部医方，将自己的秘方给了他，并传授黄帝、扁鹊诊脉的书籍，教他观察脸色诊病的方法，使他预先知道病人的生死，决断疑难病症，判断能否治疗，还有药剂理论，均十分精辟。淳于意学了三年，为人治病，预断死生，多能应验。然而他却到处交游诸侯，不拿家当家，有时不肯为人治病，很多病人家属怨恨他。

汉文帝四年，有人上书朝廷控告淳于意，按刑律定罪，应用专车押解他到长安去。他有五个女儿，跟在后面哭。他怒骂道：“生孩子不生男孩，到紧要关头就没有可用的人！”最小的女儿缇萦听了父亲的话很伤心，就跟父亲西行去长安。缇萦上书朝廷说：“我父亲是朝廷的官吏，齐国人都称赞他廉洁公正，现在犯法被判刑。我私下痛心死了的人不能复活，受刑致残的人不能复原。即使想改过自新，也无路可行，最终不能如愿。我情愿自己到官府做奴婢，赎父亲的罪，让他有改过自新的机会。”汉文帝看了缇萦的上书，怜悯她的心意，就赦免了淳于意，并在这一年废除了肉刑。

淳于意住在家里，皇上下诏问他为人治病、决断死生应验的有多少人，他们名叫什么。

诏书问淳于意的问题是：“医术有什么专长，能治愈什么病？有没有医书？都向谁学医的？学了几年？曾治好的都是哪里人？得的什么病？治疗用药后，病情怎样？要全部详细回答。”淳于意回答如下：

我年轻时就喜医药，用学到的医术方剂试着给人看病，大多没有效果。到了高后八年，拜临淄元里七十多岁的公乘阳庆为师。他对我说：“放弃你学过的所有医书，这些都不对。我有古代先辈医家传授的黄帝、扁鹊的诊脉书，以及观察脸色诊病的方法，能让你预断病人的生死，决断疑难病症，判定能否医治，还有药剂理论，均精辟。我家中富足，只因我心里喜欢你，才想把自己收藏的秘方书全教给你。”我说：“太幸运了，这些都是我不敢奢望的。”说完我就离开座席再次拜见老师。我学习了他传授的《脉书上下经》《五色诊》《奇咳术》《揆度阴阳外变》《药论》《石神》《接阴阳禁书》，学习时注意解析体验，这样用了约一年时间。第二年，我试着为人治病，虽有效，还不精到。我又向他学习，共达三年，又开始给人治病，诊视病情决断生死，有效果，而且日益精妙。如今阳庆已去世十来年，我曾向他学习三年，我现在已经三十九岁了。

齐国一位名叫成的侍御史说头疼，我诊完脉，告诉他：“您的病情严重，不能一下子说清。”出来后，我只告诉他的弟弟昌说：“这是疽病，在肠胃之间发生的，五天后就会肿起来，再过八天就会吐脓血而死。”成得病，是因为酗酒后行房事。成果然如期而死。我知道他得病，是因为切脉时，判断到肝脏有病的脉气。脉气重浊平静，这是内里严重的疾病。脉象理论说：“脉长而且像弓弦一样挺直，不能随四季而变化，主要病在肝脏。脉均匀和谐，肝的经脉有病，代脉时疏时密躁动有力。”肝脉均匀和谐，病在筋髓。代脉绝而主脉动，病在酗酒后行房事。我之所以知道他过了五天后会肿起来，再过八天吐脓血而死，因为为他切脉时，发现少阳经络出现了代脉的脉象。代脉是经脉生病，病情发展遍及全身，人就会死去。络脉表现病症，这时，在左手关部一分处出现代脉，这是热积郁体中而脓血未出，到了关上五分处，就到了少阳经脉的边界，到八天后会吐脓血而死，所以到了关上二分处会产生脓血，到了少阳经脉的边界就会肿胀，其后疮破脓泄而死。内热熏着阳明经脉，使流脉溃烂，流脉涌动，则经脉郁结发肿。经脉郁结发肿就会烂掉，也就是脉络交塞。邪热上侵头部，头部受到侵扰，因此头疼。

齐王二儿子的男孩生病，召我去切脉诊治，我告诉他说：“这是气膈，此病使人心中烦闷，吃不下东西，呕出胃液。这是因为内心忧郁而厌食。”我当即调制下气汤让他喝，一天膈气下消，两天能吃东西，三天病就痊愈。我之所以知道他的病，因为我切脉时，发觉他有心气，脉象浊重急躁，是阳络病。脉象理论说：“脉达于手指时壮盛迅速，离开指下时艰涩而前后不一，病在心脏。”全身发热，脉气壮盛，称作重阳。重阳就会使热气上行冲击心脏，所以病人心中烦闷吃不下东西，说明络脉有病，血从上出，人一定会死。这是内心悲伤所致，此病得之于忧郁。

齐国名叫循的郎中令生病，许多医生都认为是逆气进入腹胸中，都采用针刺法。我诊视后，说：“这是涌疝，这种病让人不能大小便。”循回答说：“已经三天不能大小便了。”我给他服用火剂汤，服一剂就能小便，服第二剂后就能大便，服完第三剂就痊愈了。他的病是因房事造成的。我所以能知道他患的病，因我切脉时，他右手寸口的脉象急迫，脉象反映不出五脏之气，右手寸口脉象壮盛而快。脉快是中焦、下焦热邪涌动，他的左手脉快是热邪往下流，右手脉快是热邪上涌，五脏病气皆无反应，所以说是“涌疝”。内中烦热，所以尿是赤红色的。

齐国名叫信的中御府长病了，我诊脉后告诉他说：“是热病的脉气，然而暑热多汗，脉稍衰，不至于死。”又对他说：“得这种病，是天气严寒时曾在流水中洗浴，洗浴后身体就发热了。”他说：“嗯，就是这样！

去年冬天，我随齐王出使楚国，走到莒县阳周水边，看到莒桥坏得很厉害，我就揽住车辕不想过河，马突然受惊，我坠到河里，差一点儿淹死，随从官吏马上跑来救我，我从水中出来，衣服全湿了，身体冻的很，然后就全身发热如火，到现在不能受寒。”我立即为他调制液汤火剂驱除邪热，服一剂药不再出汗，服两剂药邪热退去，服三剂药病就好了。又让他服药大约二十天，身体就没有一点病了。我所以知道他的病，是因为切脉时，发现他的脉象属于“并阴脉”。脉象理论说：“内热、外热错乱交杂的会死人。”我切他的脉时，没有发现内热外热交杂的情形。并阴脉，脉状顺随清凉即可治愈，虽然邪热没有完全消除，仍能保住性命。他的肾气有时重浊，到太阴寸口就变稀少了，那是水气。肾脏主管水液运行，所以由此知道病情。如果一时治疗不当，就会变成时寒时热的病。

齐王太后有病，召我去诊脉，我说：“是风热侵袭膀胱，大小便困难，尿色赤红。”我给她喝火剂汤，吃一剂就能大小便了，吃两剂病就好了，排尿的颜色也和从前一样。这是出汗时小便得的病。小便之病，是脱掉衣服而汗被吹干得的。我所以知道齐王太后的病，是因为我替她切脉时，发现太阴寸口湿润，这是受风的脉气。脉象理论说：“用力切脉时大而坚实有力，轻轻切脉时大而紧张有力，是肾脏有病。”但我在肾的部位切脉，情况相反，脉象粗大躁动。粗大的脉象说明膀胱有病；躁动的脉象显示体中有热，而尿色赤红。

齐国章武里的曹山跗生病，我诊脉后说：“这是肺痨，又有寒热伤害。”我告诉他的家人说：“这种病必死，治不了。你们就满足他的要求，供养他，不必再治了。”医学理论说：“这种病三天后会发狂，想要起身乱走乱跑，五天后就死。”后来果然如期死了。山跗的病，是因为大怒之后行房事。我所以知道山跗的病，是因为我切他的脉，从脉象发现他肺气热。脉象理论说：“脉，不平稳不鼓动，身形羸弱。”这是五脏多次患病的结果。所以我切脉时，脉状不平稳而且有代脉。脉不平稳，血气不能归藏于肝；代脉，时杂乱并起，时而浮躁，时而宏大。这是肺、肝两络脉断绝，所以说是死而不能治。我所以说“加以寒热”，是因为他精神涣散躯体如尸。精神涣散躯体如尸的人，身体羸弱；羸弱的人，不能用针灸的方法，也不能服药性猛烈的药。我没有为他诊治前，齐国太医已诊出他得病了，在他的足少阳脉口施灸，让他服用半夏丸，病人马上下泄，腹中虚弱；又在他的少阴脉施灸，这样便重伤了他的肝筋阳气。如此一再损伤病人的元气，因此说他是更加受到寒热的伤害。所以说他“三天以后，当会发狂”，是因为肝的络脉横过乳下与阳明经相连结，所以络脉断绝，打开阳明经脉，阳明经脉受伤，人就会狂跑。过五天后死，是因肝心两脉相隔五分，肝脏的元气五天耗尽，元气耗尽人就死了。

齐国的中尉潘满如患小腹疼的病，我切他的脉后说：“这是腹中气体遗留，得了‘瘕症’。”我对齐国名叫饶的太仆、名叫由的内史说：“中尉如不能停止房事，三十天内必死。”过了二十多天，他就尿血死去。他的病是因酗酒后行房事。我所以能知道他的病，是因给他切脉时，其脉象深沉微弱，这三种情形合在一起，是脾有病的脉气。右手寸口脉气紧而小，显现了瘕病的脉象。两气互相影响，所以三十天内会死。太阴、少阴、厥阴三阴脉一齐出现，符合三十天内死的规律；三阴脉不一齐出现，决断生死的时间会更短；交会的阴脉和代脉交替出现，死期还短。所以他的三阴脉同时出现，就像前边说的那样尿血而死。

阳虚侯的宰相赵章生病，召我去，许多医生都认为是腹中虚寒。我诊完脉断定说：“是‘洞风病’”。洞风的病症，是饮食咽下，又总吐出来。依照医理说“五天会死”，结果过了十天才死。他的病因酗酒而生。我所以能知道赵章的病，是因切他的脉时，脉象“滑”，是体内有风气的脉象。咽下食物又总吐出，医理说五天会死，这是前面说的分界法。十天后才死，过期的原因，是他喜好吃粥，因此胃中充实，胃中充实所以能多活几天。我的老师说过：“胃能容留消化食物就能多活几天，消化不了食物就会早死。”

济北王病了，召我去诊治，我说：“这是‘风厥’，胸中胀满。”就为他调制药酒，喝了三天，病就好了。他得病是因出汗时伏卧在地上。我所以知道济北王的病因，是我切脉时，脉象有风邪，心脉重浊。依照病理“病邪入侵体表，体表的阳气耗尽，阴气就会侵入。”阴气入侵嚣张，就使寒气上逆而热气下流，故使人胸中胀满。出汗时伏卧在地的人，切他的脉时，他的脉气阴寒。脉气阴寒的人，病邪必然会侵入内里，治疗时就应采用排汗的方法。

齐国北宫司空夫人病了，众多医生都认为是风气入侵体内，主要是肺有病，就针刺足部少阳经脉。我诊脉后说："是疝气病，疝气影响膀胱，大小便困难，尿色赤红。这种病遇到寒气就会遗尿，使人小腹肿胀。"她的病，是因为想解小便又不能解，然后行房事才得的。我知道她的病，是因切脉时，脉象大而有力，但脉来艰难，那是厥阴肝经有变动。脉来艰难，那是疝气影响膀胱。小腹所以肿胀，是因厥阴络脉结聚在小腹，厥阴脉有病，和它相连的部位也会发生变化，这种变化就使得小腹肿胀。我就针灸她的足部厥阴肝经，左右各灸一穴，就不再遗尿而尿清，小腹也就不疼了。再给她服用火剂汤，三天后，疝气消散，病就好了。

从前济北王的奶妈说自己的足心发热胸中郁闷，我告诉她："是热厥病。"在她足心各刺三穴，出针时，按住穴孔，不让血流出来，病很快就好了。她的病是因为醉酒而得。

济北王召我给他的侍女们诊病，诊到名叫竖的女子时，看起来她没有病。我告诉永巷长说："竖伤了脾脏，不能太劳累，依病理看，到了春天会吐血而死。"我问济北王："这个人有什么才能？"济北王说："她喜好方技，有多种技能，能在旧方技上创出新意来，去年从民间买的，共花了四百七十万，和她一样的共有四个人。"济北王又问："她是不是有病？"我回答说："她病得很重，依病理会死去。"济北王又一次叫她来就诊，她的脸色没有变化，认为我说得不对，没有把她卖给其他诸侯。到了第二年春天，她捧着剑随王去厕所，王离去，她仍留在后边，王派人去叫她，她已脸向前倒在厕所里，吐血而死。她的病是因流汗引起，流汗的病人，依病理说是病重在内里，从表面看，毛发、脸色有光泽，脉气不衰，这也是内在有病。

齐国中大夫患龋齿病，我灸他的左手阳明脉，又立即为他调制苦参汤，每天用三升汤漱口，过了五六天，病就好了。他的病得自风气，以及睡觉时张口，食后不漱口。

淄川王的美人怀孕却没有乳汁，召我诊治，我用莨菪药末一撮，用酒送服，很快就有乳汁了。我又诊她的脉，发现脉象急躁。脉急还有其他的病，就给她和一剂消石汤，接着流出血块来，约有五六枚像豆子一样大小的血块。

齐国丞相门客的奴仆跟随主人上朝进入王宫，我看到他在闺门外吃东西，望见他的容颜有病色，我当即把此事告诉了名叫平的宦官，他因喜好诊脉而向我学习。我就用这个奴仆做例子指导他，告诉他说："这是伤害脾脏的容色，到明年春天，胸膈会阻塞不通，不能吃东西，依病理到夏天将泄血而死。"他就到丞相那里禀报说："您门客的奴仆有病，病得很重，死期指日可待。"丞相问："你怎么知道的？"他回答说："丞相上朝入宫时，他在闺门外吃东西，我和太仓公站在那里，太仓公告诉我，患这种病是要死的。"丞相就把这个门客召来问他："您的奴仆有病吗？"门客说："我的奴仆没有病，身体没有疼痛的地方。"到了来年春天这奴仆果然病了，到四月，泄血而死。我所以能知道他的病，是因知他的脾气普遍影响到五脏，脾受伤害就会在脸上某一部位显示相应的病色，伤脾之色，看上去脸色是黄的，仔细再看是青中透灰的死草色。许多医生不知这种情形，认为是体内有寄生虫，不知是伤害了脾。所以此人到春天病重而死，是因脾病脸色发黄，黄色在五行属土，脾土不能胜肝木，所以到了肝木强盛的春天就会死去。到夏天而死的原因，依照病理"病情严重，而脉象顺畅清凉的是内关病。"内关病，病人不会感到疼痛，好像没有一点儿痛苦，如果再添任何一种病，就会死在仲春的二月；如果能精神愉快顺天养性，能够拖延一季度。他所以在四月死，我诊他的脉时，他精神愉快能顺天养性。他能够做到这样，人还算养得丰满肥腴，也就能拖延一些时候了。他的病是因流汗太多，受火烤后又在外面受了风邪而得。

淄川王病了，要我去诊脉，我说："这是热邪逆侵上部症状严重的'蹶'病，头疼身热，使人烦闷。"我就用冷水拍在他头上，并针刺他的足部阳明经脉，左右各刺三穴，病很快就好了。他的病是因洗完头发，没擦干就去睡觉引起的。所以称作"蹶"，是因热气逆行到头和肩部。

齐王黄姬的哥哥黄长卿在家设酒席请客，请了我。客人入座，还没上菜。我见王后弟弟宋建说："你得病了，四五天前，你腰胁疼得弯不下，又尿不出来。不赶快医治，病就会浸润肾脏。趁着还没滞留在五脏，应迅速治疗。现在你的病情只是病邪刚刚浸润肾脏，这就是人们说的‘肾痹’。”宋建说:“你说对了，我确实曾腰脊疼过。四五天前，天正下雨，黄氏的女婿们到我家里，看到了我家库房墙下的方石，就要举起，我也想要效仿去做，我举不起来，就把它放下了。到了黄昏，就腰脊疼痛，不能小便了，到现在也没有痊愈。”他的病是因喜好举重物引起。我所以能诊治他的病，是因看到他的容色，太阳穴处色泽枯干，两颊显示肾病部位边缘四分处色泽干枯，所以才知道四五天前病发作。我为他调制柔汤服用，十八天后病就痊愈了。

济北王有一个姓韩的侍女腰背疼，恶寒发热，许多医生都认为是寒热病，我诊脉后说：“是内寒，月经不通。”我用药为她熏炙，过了一会儿，月经就来了，病也好了。她的病是因想男人却得不到而引起的。我所以能知道她的病，是切脉时，知道她的肾脉有病气，脉象涩滞不连续。这种脉，出现得艰难而又坚实有力，所以就月经不通。她的肝脉硬直而长，像弓弦一样，超出左手寸口位置，所以说她的病是想男人却得不到造成的。

临淄氾里一个叫薄吾的女人病得很重，许多医生都认为是寒热病，会死，没法治了。我诊脉后说：“这是‘蛲瘕病’。”这种病，使人肚子大，腹部皮肤黄而粗糙，用手触摸肚腹，病人感到难受。我用芫花一撮用水送服，随即泄出约有几升的蛲虫，病也就好了。过了三十天身体康复。“蛲瘕”病得自寒湿气，寒湿气郁积太多，不能发散，变化为虫。我能知道她的病，因为我切脉时，循按尺部脉位，她尺部脉象紧而粗大，又毛发枯焦，这是有虫的症状。她的脸色有光泽，是内脏没有邪气和其他重病的缘故。

齐国姓淳于的司马病了，我诊脉后说：“你应该是‘洞风病’。此病的症状是，吃下去就会吐出来。得这种病是因为吃过饱饭后就跑。”他回答说:“我到君王家吃马肝，吃得很饱，看到送上酒来，就跑开了，后来又骑着快马回家，到家就下泄几十次。”我告诉他说：“把火剂汤用米汁送服，过七八天就会痊愈。”当时医生秦信在一边，我离去后，他对左右阁的都尉们说：“他认为司马得的什么病？”回答说：“认为是‘洞风病’，能够治疗。”秦信就笑着说：“他是并不知晓这个病啊。司马的病，依照病理会在九天后死去。”经过九天病人并没有死，司马家又召请我去。我去后询问病情，全像我所诊断的。我就调制火剂米汤让他服用，七八天后病就好了。我能知道他的病，是因诊他的脉象完全符合正常法则，所以才不会死去。

齐国有位名叫破石的中郎得了病，我诊脉后，告诉他说：“肺伤了，治不了，十天后的丁亥日尿血而死。”过了十一天，他果然尿血而死。他的病，是因从马背上摔到坚硬的石头上。我所以能诊知他的病，是因切他的脉，肺阴脉脉象来得浮散，好像从几条脉道而来，又不一致。同时他脸色赤红，是心脉压肺脉的表现。我所以能知道他是从马背上摔下来的，是因切得番阴脉。番阴脉进入虚里，侵袭肺脉。肺脉散乱，原应脸色白却变红。他没有如期而死的原因是，我的老师说：“病人能吃东西喝水就能多活几天，吃不下饭喝不下水就会早死。”这个人喜欢吃黍米，黍能补肺气，所以就多活了几天。他尿血的原因，正如诊脉的理论所说“病人调养时喜欢在阴凉处安坐，就会气血下行而死，调养时喜欢在阳光处安坐，好动的就会气血上逆而死。”这个人喜欢安静，不急躁，又能长时间地安稳坐着，伏在几案上睡觉，所以血就会从下排泄而出。

齐王有位名叫遂的侍医生病，自己炼五石散服用。我去问候他，他说：“我有病，希望你为我诊治。”我立即为他诊治，告诉他：“您是内脏邪热。病理说‘内脏热邪，不能小便的，不能服用五石散’。石药药力猛烈，您服后小便次数减少，赶快别再服用。看你的脸色，你要生疮肿。”他说：“从前扁鹊说过‘阴石可以治阴虚，阳石可以治阳虚’。药石的方剂都有阴阳寒热的分别，所以内脏有热的，就用阴石柔剂医治；内脏有寒的，就用阳石刚剂医治。”我说：“您可说错了。扁鹊虽然这样说，然而必须审慎诊断，确立标准，订立规矩，斟酌权衡，依据参照色脉表里、盛衰、顺逆的原则，参验病人的举动与呼吸是否谐调，才可以下结论。医药理论说“体内有阳热病，体表反应阴冷症状的，不能用猛烈的药和砭石的方法医治”。因为强猛的药进入体内，邪气就会使邪热气更加恣肆，宛气更深。诊病理论说“外寒多于内热的病，不能用猛烈的药。因猛烈的药进入体内就会催动阳气，阴虚病症就会更严重，阳气更加强盛，邪气到处流动行走，就会重重团聚在俞穴，最后激发为疽。我告诉他一百多天后，果然疽发在乳上，蔓延到锁骨上窝后，就死了。这就是说理论只是概括大体情形，提出大体的原则。平庸的医生如有一处没能深入学习理解，就会使识辨阴阳条理的事出现差错。”

齐王从前是阳虚侯时，病得很重，许多医生都认为是蹶病。我为他诊脉，认为是痹症，病根在右胁下部，大小像扣着的杯子，让人不断气喘，胃中有逆气，吃不下东西。我就给他服用火剂粥，过了六天，逆气排下；再让他改服丸药，又过了六天，病就好了。他的病是房事不当而得。我为他诊脉时，判断不出哪一经脉有病，只是大体知道疾病所在而已。

我曾经为安阳武都里的名叫成开方的人诊治，他说自己没病，我说他将被沓风病所苦，三年后四肢不听使唤，说不出话，这时就会死。现在听说他的四肢已不能动了，虽说不了话却还没死。他的病是多次喝酒后受了风邪引起的。我所以知道他的病，诊脉时发现他的脉象符合《奇咳术》的“脏气相反的人会死”的说法。切他的脉，发现肾气反冲肺气的脉象，依照这个道理，到了三年就会死。

安陵坂里有个名叫项处的公乘有病，我为他诊脉，说：“牡疝病。”牡疝是发生在胸膈下、上连肺脏的病。因为行房事而得。我对他说：“千万不能做操劳用力的事，做这样的事就会吐血死去。”项处后来却去蹋球，结果腰部寒冷，出了很多汗，又吐血。我再次为他诊脉后说：“会在第二天黄昏时死去。”到时就死了。他的病是因房事而得，我所以能知道他的病，是因为切脉时得到番阳脉，番阳的脉气进入上虚，第二天就会死。一方面出现了番阳脉，一方面上连于肺，这就是牡疝。

淳于意说：其他能正确诊治、决断生死时间以及治好的病太多了，时间一长就忘了，不能完全记住，所以就不敢胡说了。

皇上又问淳于意：“你所诊治的病，许多病名相同，诊断结果却不同；有的死了，有的还活着，这是为什么？”淳于意回答说：“从前病名大多是类似的，不能确切辨知，所以古代的圣人创立脉法，使人能用这些确立的标准、订立的规矩，斟酌权衡，依照规则，测量人的阴阳情形，区别人的脉象后各自命名，注意与天地相交应，参照人体情况，所以才能区别各种疾病，并为之起不同的名。医术高明的人能指出不同病名，医术不高的人看到的病都是相同的，然而脉法不能全部应验。诊治病人要因人而异，才能区别相同名称的疾病，说出病因所在。现在我诊治的病人，都有诊治记录，我之所以这样区别疾病，是因我从师学医刚刚完成，老师就死去了，因此记明诊治的情形，预期决断生死的时间，来验证自己看病得失是否符合脉象。"

又问淳于意："你判断病人死活的时间，有时也不能应验，为什么？"回答说："这都是因为病人饮食喜怒不加节制，或者因为不恰当地服药，或者因为不恰当地使用针灸治疗，所以会与预断的日期有出入。"

又问淳于意："你刚能看病情知道生死、说药品的适应症时，各诸侯王、大臣有向你请教的吗？齐文王生病时，不请你去诊治，这是什么缘故？"回答说："赵王、胶西王、济南王、吴王都曾派人召请我，我不敢前往。齐文王生病时，我家中贫穷，要为人治病谋生，当时实在担心被官吏委任为侍医而受到束缚。所以我数次迁移户籍；不治理家事，到处行医游学，长期寻访医术精妙的人，拜见过几位老师，他们主要的本领我全学到了，也全部得到了他们的医方医书，并深入分析讨论。我住在阳虚侯的封国中，于是侍奉过他。他入朝，我随他到了长安，因为这个缘故，才能给安陵的项处等人看过病。"

又问："你知道齐文王生病不起的原因吗？"回答说："我没有亲眼看到齐文王的病情，不过我听说齐文王气喘、头疼、看不清东西。我猜想，这不是什么病。我认为是他身体肥胖，聚积过多精气，缺乏运动，骨骼肌肉使不上力，所以才喘，因此这用不着医治。依照脉理说'二十岁时人的脉气正旺，应该经常跑步；三十岁时应该快步走；四十岁时应该安坐；五十岁时应该安卧；六十岁以上时应该深藏元气'。齐文王还不到二十岁，正是脉气旺盛应该多跑之时，却懒于活动，这没有顺应身体规律啊。后来听说有的医生给他针灸，病情马上就重了，这是误诊。依我看，这是身体内正气上争而邪气侵入的表现。年轻人康复不了，所以就死了。就气而言，应该调节饮食，选择晴朗天气，驾车或是步行外出开拓心胸，调节筋骨、肌肉、血脉，疏泻体内积郁之气。所以才说二十岁是身体改变的时期，从医理看，不应该砭灸，砭灸会使气血消散。”

又问：“你的老师阳庆是跟谁学习的？齐国的诸侯是否知道他？”回答说：“我不知道阳庆的老师是谁。阳庆家中非常富有，精通医术，却不肯为人治病，所以才不出名吧。阳庆曾告诉我说，‘千万别让我的子孙知道你曾向我学习医术’。”

又问：“你的老师阳庆凭什么看中你、喜爱你呢？怎么就想把全部医术传给你呢？”回答说：“我本来不知阳庆老师医术高明。我后来所以知道，是因为我年轻时喜欢各家的医术药方，曾试用过他们的药方，大多有效，很精妙。我听说淄川唐里的公孙光擅长使用古方，就去拜见他。他接待了我，我从他那里学到调理阴阳的医方以及口头流传的医理，全都记下来了。我想要学到他全部精妙的医术，公孙光说：‘我的秘方医术就这些了，对你也没什么隐瞒，我已经老了，没有什么值得你学习的了。这些都是我年轻时学到的精妙医方，全教给你了，不要再教给别人。’我说，‘我能侍奉您，跟您学习，还得到了全部秘方，已经非常幸运了。我就是死了也不敢随便传给别人’。过了些日子，公孙光闲着没事，我就深入分析论说医方，他认为我对历代医方的评论都很精到。他高兴地说：‘你一定会成为国医。我所擅长的医术都荒疏了，我的同胞兄弟在临淄，精于医术，我不如阳庆，他的医方非常奇妙，一般人并不了解。我中年时，曾想向他请教，我的朋友杨中倩不同意，说，你不是那种能学习医术的人。必须我和你一起前往拜见他，他才会知道您喜爱医术。他年纪也很大了，但家中富有。’当时还没去，正好阳庆的儿子阳殷来给齐王献马，通过我的老师公孙光进献给齐王，因为这个缘故我认识了阳殷。公孙光又把我托付给阳殷说：‘淳于意喜好医术，你一定要好好礼待他，他是倾慕圣人之道的人。’于是就写信把我推荐给阳庆，因此才认识了阳庆。我很恭敬谨慎地侍奉阳庆，所以他很喜爱我。”

又问：“曾有官吏或百姓向你学医术吗？有人全学会你的医术了

吗？他们是哪里人？”回答说："临淄人宋邑。他曾向我求教，我教他诊断五脏病症的脉法，有一年多时间。济北王派太医高明、王禹向我学习，我教给他们诊断经脉上下分布和异常脉络的脉法，论说腧穴所在，以及经络之气运行时邪正顺逆的情况，以及怎样选取所需砭石，确定针灸治疗穴位，学了一年多。淄川王时常派遣太仓署管理马匹的长官冯信来学医术，我教他按摩的逆顺手法，论述用药方法，判定药的酸甜苦辣咸和配伍调制汤剂的方法。高永侯的家丞杜信，喜好诊脉，也来学习，我教他通过上下经脉情况诊断五脏病症的脉法，学了两年多。临淄召里的唐安来学习，我教他诊断五脏病症的上下经脉之法《奇咳术》，以及四时和阴阳相应各有偏重的道理，没有学成，就被任命做了齐王的侍医。”

又问："你诊治病症断定人生死，就没有失误过？”回答说："我医病时，先切脉，后治疗。脉象衰败与病情相逆的人治不了，脉象和病情相顺才能治。如果不用心切脉，以此确定生死、判断是否可以医治，那就会出现差错，我也不会没有失误啊。”

太史公说：女人无论美丑，进入宫中就会被人嫉妒；士人无论贤与不贤，进入朝廷就会遭人疑忌。所以扁鹊因医术高明而遭殃，太仓公因自隐形迹而被判处刑罚。缇萦上书皇帝，她的父亲才有后来的平安。所以老子说“美好的东西都是不吉祥之物”，难道说的不是扁鹊这样的人吗？像太仓公这样的人，也和这句话所说的意思接近啊。

（徐振阳 译）

《史记》卷一百〇六　吴王濞列传第四十六

吴王刘濞是汉高祖刘邦哥哥刘仲的儿子。高祖平定天下七年后，封刘仲为代王。匈奴围攻代，刘仲守不住，放弃封国，抄小道跑回洛阳，去找高祖。因为是骨肉兄弟，刘邦不忍心按法律惩处他，于是废了他的王号，改封为郃阳侯。汉高祖十一年秋，淮南王英布反叛，向东兼并了荆地，夺取了该地侯国的军队，西渡淮水，攻打楚国。汉高祖亲自率军讨伐。刘仲的儿子刘濞那年二十岁，强壮有力，以骑将的身份跟随汉高祖，在蕲县西边的会甀，打败了英布的军队，英布逃走。荆王刘贾被英布杀了，没有子嗣。刘邦担心吴地、会稽的人浮躁强悍，没有个勇壮的王侯不能镇住他们，而自己的儿子们年龄还小，于是就封刘濞为吴王，统辖三个郡、五十三个县。拜官受印后，汉高祖让刘濞过来，相了相刘濞的面，对他说："你小子长的有反叛相啊。"刘邦内心非常后悔，可是已经任命了，只好轻拍刘濞的后背，告诉他说："汉家兴立五十年的时候，东南方向将有叛乱发生，难道会是你吗？不过，天下同姓的就是一家，千万不要反叛啊！"刘濞叩头说："不敢。"

当孝惠帝、高后时，天下刚刚安定，郡国的诸侯们都各自积极安抚辖区内的百姓。吴国拥有豫章郡的铜矿山，刘濞就招募天下的亡命之徒大量铸钱，煮海水制盐，因此民众不交赋税，吴国很富裕。

孝文帝时，吴王太子进京朝见，有机会陪皇太子饮酒、下棋。吴太子的老师都是楚地人，浮躁强悍，平时又骄横，吴太子与皇太子下棋，两人争执，态度不恭，皇太子拿起棋盘扔向吴太子，把对方打死了。这样，吴太子的遗体被送回吴国埋葬。到了吴国，吴王怨恨地说："天下都是一家人，死在长安就葬在长安，何必送回来下葬呢！"吴王下令又把遗体送回长安下葬。从此，吴王逐渐失去了藩臣所应遵守的礼节，声称有病，不肯入朝。京城的人都知道他是因儿子死了才说有病不肯入朝的，调查探问后，知道他确实没病。因此，吴王的使臣一来，就被朝廷拘禁起来，责问治罪。吴王害怕了，积极策划谋反事宜。此后，吴王派人进京例行秋礼，皇上又责问来使，使者对皇上说："吴王确实没病，但朝廷拘禁惩处了好几个使者，因此他才称病不来的。况且‘看得清深水中的鱼是不祥之兆’。吴王一开始假称生病，被朝廷发觉后，受到了严厉的责问，就更加不愿上朝了，因为他害怕皇上杀他。声称有病不上朝实在是没有办法。恳请皇上尽弃前嫌，给他重新开始的机会。”这样，皇上就赦免了吴国使者，让他们回去，并赐给吴王小桌子和拐杖，表示他老了，可以不入京朝见。吴王的罪过解除了，谋反的念头也就逐渐消除了。刘濞的吴国因为有铜有盐，所以百姓没有赋税。士兵服役发给代役金，给价公平。每年定期慰问有才能的人，赏赐平民。其他郡国法吏追捕的逃犯，吴王就收容他们也不交出。这样过了四十多年，吴王已经可以支使利用他的百姓了。

晁错做了太子家令，受到太子喜欢，多次在太子面前说吴王有罪，应削减他的封地。晁错还多次给汉文帝写报告说及此事。但汉文帝宽厚，不忍心惩处吴王，因此，吴王更加骄横。等到汉景帝即位，晁错当御史大夫，又劝皇上说：“从前高祖刚刚平定天下的时候，兄弟少，儿子们也弱小，所以才大力赐封同姓的人。他庶出的儿子悼惠王被封为齐王，统辖七十多个县；异母弟弟刘交做楚元王，统辖四十多个县；哥哥的儿子刘濞为吴王，统辖五十多个县：分封三个非嫡亲的人，已占了一半天下。现今，吴王曾有儿子被打死的嫌隙，假装生病不肯入京朝见，依照古法应杀，文帝不忍心，还赏赐他几、杖，对吴王的恩德可说是非常优厚了，他本来应当改过自新，可是却更加骄横，利用铜矿铸造钱币，煮海水制盐，吸引天下亡命之徒到他那里，实际这是谋划叛乱。现在，削减他的封地，他会造反；不削减，他也会造反。削减封地，他谋反的速度就快，灾祸小；不削减，反得晚，灾祸就大。”汉景帝三年冬天，楚王来朝见，晁错借这个机会说楚王刘戊去年在为薄太后服丧时，在服丧的房子里淫乱，请求诛杀楚王。汉景帝下诏赦免了楚王，削减东海郡作为惩罚。同时趁势也削减了吴王的豫章郡、会稽郡。同时，追溯起两年前赵王的罪过，削减了赵王的常山郡。胶西王刘印因为售卖爵位的非法行为，被削减了六个县。

朝廷的大臣们正准备讨论如何削减吴王的封地。吴王刘濞担心朝廷会不停地削减封地，因此想借机谋反，起兵叛乱。他想了想诸侯中能否有共同谋划的人，听说胶西王勇猛，好争强斗胜，喜欢打仗，几个齐地的诸侯王都畏惧他，就派中大夫应高去煽动胶西王。应高没带书信，只传口信说："吴王不贤，看到了快要降临的忧患，他没把自己当外人，想告诉您他对您的好意。"胶西王说："有何指教？"应高说："现在的皇上任用奸臣，被奸邪之臣蒙蔽，喜欢小利，听信谗言，擅自改变法令，侵占夺取诸侯的封地，对封国的赋税需求越来越多，诛杀惩罚善良的人，这些情形越来越严重。俗话说，'舔了糠就会吃到米'。吴王和胶西王都是有名的诸侯，一旦被盯上，恐怕就没有安宁和自由了。吴王患病，二十多年都没有进京朝见皇上了，曾经担心被猜疑，又没有办法解释，现在缩敛肩膀小步走路，还是害怕不被谅解。我听说大王因为买卖爵位被惩罚，可这样的罪名对于诸侯而言是用不着削减封地的，皇上这么做恐怕不仅仅是削地那么简单。"胶西王说："对啊，有这样的事。你说怎么办？"应高说："憎恶相同的人要互相帮助，爱好相同的人要互相流连，情感相同的人要互相成全，愿望相同的人要共同追求，利益相同的人要死在一起。现在吴王认为和您有相同的忧虑，愿借着时机顺应事理，牺牲自己为天下除害，您看可以吗？"胶西王害怕地说："我哪里敢这么做呢？如今皇上即使威逼急迫，可我本来就有死罪啊，怎能不拥戴他呢？"应高说："御史大夫晁错，迷惑天子，侵夺诸侯，闭塞忠贞贤良的人，朝廷里的人都憎恶怨恨他，诸侯也都有反叛的意思，身为人臣，他把事做绝了。现在彗星出现，蝗灾不断发生，这是万年不遇，而且忧愁劳苦的时候正是圣人产生的时代。所以吴王对内打算以讨伐晁错为借口，在外跟随大王于车后，驰骋天下，奔向哪里，哪里就投降；指向哪里，哪里就攻克，天下没有敢不顺从的。大王您假如能够答应我一句，那么吴王就会率领楚王攻下函谷关，守住荥阳敖仓的粮食，抗拒汉兵。修筑军队驻扎的房舍，等待大王的到来。大王真的能够幸临，那就可以吞并天下，两个君主分治天下，不也可以吗？"胶西王说："好。"应高回去报告吴王，吴王还是担心胶西王不参与，就亲自到胶西王那里，与他当面订立盟约。

胶西王的群臣中有人听说胶西王谋反的打算，劝谏说："侍奉一个皇上，是最快乐的事。可如今您和吴王向西进兵，假使成功了，两个君主一定会有分歧争端，灾难就开始了。诸侯的土地不到朝廷各郡的十分之二，而反叛朝廷也会使太后担忧，这不是长远之计啊。”胶西王不听。于是派使者联合齐王、淄川王、胶东王、济南王、济北王，这些人都答应了，而且说：“城阳景王为了正义，攻打那些姓吕的，不要让他参与起兵，事成之后分些土地给他就行了。”

诸侯因为刚刚被削减封地，都震惊恐惧，大多怨恨晁错。等到削减吴国会稽郡、鄣郡的文书到了吴国后，吴王首先起兵叛乱，在正月丙午这天杀死了朝廷派来的官俸二千石以下的官员，胶西、胶东、淄川、济南、楚国、赵国也都如此，于是向西进兵。齐王觉得后悔，服毒自杀，违背盟约。济北王的城墙损坏了，没有竣工，他的郎中令劫持控制了他，发不了兵。胶西王为首领，和胶东、淄川、济南几国的军队一起率兵围攻临淄。赵王刘遂也反叛了，暗中派人联合匈奴发兵。

七国发难的时候，吴王征召了他所有的军队，下令全国说：“我今年六十二岁，亲自统率军队。我的小儿子十四岁，也身先士卒。凡是年龄在我和我小儿子之间的，都要出征。”他一共征召了二十多万人。他又派使者到南边的闽越、东越去，东越也发兵跟随吴王叛汉。

汉景帝三年正月甲子，吴王在广陵最早起兵。他向西渡过淮河，和楚军会合。吴王派使者给各诸侯送去告示：“吴王刘濞恭敬地问候胶西王、胶东王、淄川王、济南王、赵王、楚王、淮南王、衡山王、庐江王及已故长沙王的儿子：希望得到你们的指教！因为汉朝有奸臣，对天下没有功劳，却侵占夺取诸侯的土地，派法吏弹劾、囚系、审讯、惩治各位诸侯，专门以侮辱诸侯为能事，不用诸侯王的礼仪对待刘氏骨肉，抛开先帝功臣，任用奸佞之人，惑乱天下，危害国家。皇上体弱多病、神志失常，不能明察政情。我打算起兵讨伐他们，恭敬地听从各位指教。我的封国虽然狭小，土地只有方圆三千里；人口虽然少，精锐的士兵只能准备五十万人。本人一向侍奉南越三十多年，他们的君主都不拒绝派军随我出征，又可以得到三十多万人。本人虽不贤，愿亲自追随各位王侯。越国北对着长沙，他们可追随长沙王的儿子平定长沙以北，然后迅速向西进攻巴蜀和汉中。请求东越王、楚王、淮南王三位侯王，和我一起向西进攻；齐地诸王和赵王平定河间、河内后，一部分进入临晋关，一部分和我在洛阳会合；燕王、赵王本来与匈奴王有盟约，燕王在北方平定代郡、云中郡，专门统领匈奴军队进入萧关，奔向长安，纠正天子的错误，安定高祖家庙。希望诸王努力！楚元王的儿子、淮南的淮南王、衡山王、庐江王已有十多年不沐浴了，都因为对朝廷怨恨深入骨髓，打算有机会发泄出来已很久了，只是我不知道诸王的心意，不敢听命。现今诸位王侯如能保存延续将要灭亡的国家，扶弱锄强，安定刘氏，这正是宗庙社稷所希望的。我的封国虽然贫穷，可我节省衣食，积蓄金钱，修治兵器甲胄，积聚粮食，夜以继日的努力，有三十多年了。这一切都是为了今天，希望诸王尽情使用。能斩杀逮捕大将军者，赏赐黄金五千斤，封邑万户；斩杀逮捕将军者，赏赐黄金三千斤，封邑五千户；斩杀逮捕副将者，赏赐黄金二千斤，封邑二千户；斩杀逮捕官俸二千石者，赏赐黄金一千斤，封邑一千户；斩杀逮捕官俸一千石者，赏赐黄金五百斤，封邑五百户，以上有功的人都可被封为列侯。那些带着军队或者城邑来投降的，士兵有万人、城中户口过万户者，赏同大将军；士兵、城中户数五千者，赏同将军；士兵、城中户数三千者，赏同副将；士兵、城中户数一千者，赏同二千石的官员；投降的小官吏也依职位差别享受封爵赏金。其他的封赏都比朝廷规定的多一倍。那些原有封爵城邑的人，只会增加不会保持原状。希望诸王明确地向士大夫们宣布，我不敢欺骗他们。我的金钱天下到处都有，不一定到吴国来取，诸王日夜使用也用不完。有应赏赐的人告诉我，我将亲自去送给他。恭敬地奉告诸王知道。”

七国反叛的告示报知天子后，天子派太尉条侯周亚夫率领三十六名将军攻打吴、楚；派曲周侯郦寄攻打赵；派将军栾布攻打齐；派大将军窦婴驻扎在荥阳，监视齐、赵的军队。

吴楚反叛的告示已广为人知，朝廷军队尚未出动，窦婴也未出发，他向景帝推荐过去吴王的丞相袁盎。当时袁盎正闲居在家，皇上下诏让他来见。此时，皇上正和晁错筹算军队和军粮的事。景帝问袁盎：“你曾做过吴王的丞相，知道吴国臣子田禄伯的为人吗？现在吴楚反叛，你怎么看？”袁盎回答说：“不值得担忧，马上就能打败他们。”景帝说：“吴王依靠铜矿铸造钱币，煮海水制盐，引诱天下豪杰，在头发白了的时候才起兵作乱。像这样，如果没有周全的计谋，他哪里敢造反呢？你为什么说他不能有所作为呢？”袁盎回答说：“吴国有铜矿和煮盐之利，的确是事实，可哪有真正的豪杰被它引诱去了呢！假如吴王真能得到豪杰，这些人应该辅佐吴王做合道义的事，就不会反叛了。吴王所诱惑的都是些地痞流氓，亡命铸钱的奸邪之辈，所以他们才会互相勾结而反叛。”晁错说：“袁盎分析得对。”景帝问：“那怎么对付他呢？”袁盎说：“希望屏退左右的人。”景帝让身边的人退下去，只有晁错还在。袁盎说：“我所说的，身为人臣的也不该知道。”于是景帝又屏退晁错。晁错急忙到东厢房回避，心中非常愤恨。皇上最后又问袁盎，袁盎说：“吴、楚相互往来的书信说‘高祖封立刘氏子弟为王并有各自的分封土地，现在贼臣晁错擅自贬谪、责罚诸侯，削夺诸侯的土地’。所以他们才用造反的名义，共同向西进攻诛讨晁错，只要恢复原来的封地，他们就会罢兵。现在的计策是只有斩杀晁错，派使者赦免吴、楚七国的罪过，恢复他们原来被削减的封地，那就可以兵不血刃地解决问题。”皇上沉默了很长一段时间，说：“关键是效果会怎么样，我不会因为舍不得杀一个人而失去天下。”袁盎说：“我的浅陋看法就是这些，希望您认真地考虑考虑。”于是袁盎被任命为太常，吴王弟弟的儿子德侯做宗正。十多天后，景帝派中尉召见晁错，骗晁错乘车巡行东市，晁错穿着朝服在东市被杀。袁盎以侍奉宗庙的太常身份，德侯以辅助朝政的宗正身份，按照袁盎的计策出使告知吴王。到了吴国，吴楚的军队已经进攻到梁国的营垒了。宗正因为有亲戚的关系，先进去面见吴王，谕告吴王应跪拜接受诏令。吴王听说袁盎来了，知道他要说服自己，笑着回答说：“我已经成为东帝，还向谁跪拜呢？”吴王不肯面见袁盎，而把他扣留在军中，想胁迫袁盎为吴、楚领兵。袁盎不肯，吴王就派人包围了守卫，要杀他，袁盎趁夜色逃出，徒步离开，跑到梁王的军营，而后归朝报告。

条侯乘坐六匹马拉的专车，来到荥阳。然后到洛阳，看见剧孟，高兴地说：“七国反叛，我乘传车到这里，没想到会安全抵达。还以为诸侯们已经得到了剧孟，而剧孟现在没有起兵的举动。我又占据荥阳，荥阳以东没有值得忧虑的了。”条侯到达淮阳，询问父亲绛侯从前的门客邓都尉说："怎样才能拿出好的计策呢？"门客说："吴兵锐气正盛，和他交战很难取胜。楚兵浮躁，锐气不能持久。现在若为将军出计策，不如率军在东北的昌邑筑垒坚守，把梁国放弃给吴军，吴军一定会用全部精锐军队攻打梁。将军利用深挖的壕沟高筑壁垒，派轻装的军队断绝淮河与泗水交汇处，阻塞吴军的粮道。吴梁之间因相持疲敝而且粮草耗尽，然后用保持锐气的军队攻击那些疲敝至极的军队，一定能打败吴国的。"条侯说："好。"条侯按照门客的计策，坚守在昌邑南边，接着派轻装的军队断绝吴军的粮道。

吴王刚发兵的时候，吴臣田禄伯做大将军。田禄伯说："军队集结在一起西进，没有其他道路出奇兵，很难成功。我愿率领五万人，另外沿着长江、淮水而上，收聚淮南、长沙的军队，攻入武关，和大王会师，这也是一着奇计啊。"吴王太子劝谏说："父王以造反为旗号，这样的军队难以委托给别人，受托的人如果也造反，该怎么办呢？而且拥有军队单独行动，许多其他的利害，不能预知，只不过白白地损害自己罢了。"于是，吴王没有应允田禄伯的建议。

吴国一位年轻的桓将军对吴王说："吴国大多是步兵，步兵适宜在险要地形作战；汉军多战车骑兵，战车骑兵适宜在平地作战。希望大王途经的城池如果攻打不下，只管放弃离开，迅速西进占领洛阳的兵器库，吃敖仓的粮食，依靠山河的险要命令诸侯，即使不能入关，天下大局实际已经决定了。假如大王行进迟缓，滞留攻城，汉军的战车骑兵一到，攻进梁国、楚国郊野，事情也就失败了。"吴王征询年长将军们的意见，他们说："这个计策作为青年人推进争先的计策还可以，他哪里知道深远的计谋呢？"结果吴王没有采纳桓将军的计策。

吴王专断，而且亲自率领军队，还没渡过淮河，众多的宾客都被授予将军、校尉、候、司马等职务，只有周丘没被任用。周丘是下邳人，逃亡到吴国，喜欢喝酒，行为不端。吴王刘濞鄙薄他，没有任用他。周丘拜见吴王，对吴王说："我因为无能，不能在军队中任职。我不敢要求率领军队，只希望得到大王一个汉朝的符节，一定能够报答大王。"吴王就给了他一个符节。周丘得到符节，连夜驱驰进入下邳。下邳当时听说吴王反叛，都去守城。周丘到了传令房间，召来下邳县令。县令刚进来，周丘就让随从借用罪名杀了县令。周丘又召集他的弟兄们平时交好的富豪官吏，告诉他们说："吴王造反的军队就要来了，他们来到后，吃顿饭的工夫就会杀光下邳城里的人。现在先投降，一定能保全家室，有才能的人还可以封侯。"这些人出去后互相转告，下邳人全投降了。周丘一夜工夫得到三万人，派人报告吴王，他率领军队向北攻占城邑。到城阳时，军队已有十多万人，一举攻破城阳中尉的军队。后来听说吴王战败逃走，自己估计无法和吴王共同成就事业，就率领军队返回下邳，还未到下邳，就因后背毒疮发作而死。

二月中旬，吴王军队已被击垮，战败逃走，于是皇上颁布命令给将军们："听说行善的人，老天让他享福；作恶的人，老天让他遭殃。高祖皇帝亲自表扬功德，封立诸侯。幽王、悼惠王的封爵断绝了，孝文皇帝哀怜他们格外给予恩惠，封立幽王的儿子遂、悼惠王的儿子卬为王，让他们奉祀他们先王的宗庙，成为汉朝的藩国，恩德与天地相配，光明与日月同辉。吴王刘濞违背恩德、违反道义，引诱天下逃亡的罪人，搅乱全国货币流通，二十多年声称有病不入京朝见，主管大臣多次呈请惩治刘濞的罪行，孝文皇帝仍宽恕他，希望他能改过从善。而如今他竟与楚王刘戊、赵王刘遂、胶西王刘卬、济南王刘辟光、淄川王刘贤、胶东王刘雄渠盟约反叛，做出叛逆无道的事，发兵危害宗庙，残杀大臣和朝廷的使者，胁迫千万百姓，滥杀无辜，烧毁民舍，挖掘坟墓，极为暴虐。现在胶西王刘卬等更加大逆不道，烧毁宗庙，掠夺宗庙中皇室的器物，我十分痛恨他们。我穿着白色衣服避开正殿，将军们要勉励士大夫们攻击叛敌。攻打叛军，能深入敌军多杀敌人就有功，抓到官俸在三百石以上的人，都要杀掉，不要释放。胆敢有议论诏书和不按诏书去做的，全部处以腰斩。"

当初，吴王渡过淮河，与楚王向西进军，在棘壁打败汉军，乘胜向前，锐气极盛。梁孝王害怕，派六个将军攻打吴王，梁王的两个将军又被打败，士卒都逃回梁地。梁王多次派使者向条侯报告情况并求援，条侯不答应。梁王就又派使者在皇上面前说条侯的坏话，皇上派人让条侯救援梁国，条侯还是坚持对自己有利的计策不肯出兵。梁王派韩安国和为国事而被杀的楚国丞相的弟弟张羽做将军，才勉强打败吴国的军队。吴国的军队想要西进，梁国据城坚守，吴军不敢到西边去，就跑到条侯驻军的地方，在下邑遇到条侯的军队。吴军想与条侯作战，条侯坚守营垒，不肯交战。吴国军队没有了粮食，士兵饥饿，多次向条侯挑战不果，就趁夜奔袭条侯的营垒，惊扰东南方向。条侯派人防备西北方向，敌人果然从西北方向侵入。吴军大败，士兵大多饿死，有的叛逃溃散。于是吴王和他部下几千名壮士连夜逃走，渡过长江逃到丹徒，保住东越。东越有军队大约一万多人，又派人收容聚集吴国的逃兵。朝廷派人用厚利引诱东越，东越马上献出吴王。他们让吴王出去慰劳军队，背后派人用矛戟刺杀了吴王，并装上他的头颅，派人用驿车迅速报知皇上。吴王的儿子子华、子驹逃跑到了闽越。吴王丢下他的军队逃跑时，他的军队就溃散了，大多陆续投降了太尉、梁王的军队。楚王刘戊也兵败，自杀而亡。

胶西王、胶东王、淄川王、济南王围攻齐国的临淄，三个月都没有攻下。朝廷军队来到后，胶西王、胶东王、淄川王各自率领军队退走了。胶西王于是赤膊光脚，坐在草席上，喝着水，向他的母亲王太后谢罪。胶西王太子刘德曾说：“汉军远道而来，我看他们已经很疲敝了，可以袭击他们，我希望收集大王的剩余军队攻打汉军，如果打不过，就逃向大海，也不算晚啊。”胶西王说：“我的军队都已溃散，调动不起来了。”没有听从太子的话。当朝的将军弓高侯颓当送给胶西王的信写道：“奉诏书前来诛讨不义的人，投降的赦免罪过，恢复原来的爵位封土；不投降的，就诛灭他们。大王何去何从，我等待答复以采取相应行动。”胶西王到汉军营垒前赤膊叩头请求说：“我刘卬违犯王法，惊扰百姓，才使将军辛苦地远道来到我这个穷国，请求惩处我碎尸万段。”弓高侯手持金鼓见他，说：“大王被战事所苦，我希望知道大王发兵的经过。”胶西王叩头用膝盖行走，回答说：“如今，晁错是皇上当政的大臣，他改变高祖皇帝的法令，侵夺诸侯的土地。我认为这是不道义的，担心他会败乱天下，七国发兵，就是要诛杀晁错。现在听说晁错已被杀了，我就收兵而归。”将军说：“大王如果认为晁错不好，为什么不报告天子？没有得到皇上的诏书虎符，就擅自发兵攻打遵守王法的正义侯国，由此看来，你们的本意并不是要杀晁错啊。”将军就拿出诏书向胶西王宣读。读完后，说："大王自己考虑应怎么办吧！"胶西王说："像我这样的人死有余辜。"于是，胶西王自杀。太后、太子也都跟着死了。胶东王、淄川王、济南王也先后死去，封国被废除，收归汉朝。郦将军围攻赵都城十个月才攻克，赵王自杀。济北王因被劫持的缘故，未被诛杀，被调往淄川为王。

当初，吴王刘濞带头反叛，统率楚军和吴军，联合齐、赵的军队。正月起兵作乱，三月全线溃散，只有赵国最后被攻克。汉景帝又封立楚元王的小儿子平陆侯刘礼为楚王，作为楚元王的继承人。调汝南王刘非统辖吴国原有封地，做江都王。

太史公说：吴王刘濞所以被封吴王，是因父亲被贬谪的缘故。吴王能够免除赋税，支使民众，是因他拥有铜矿、海盐的便利。叛逆作乱的念头，是因儿子被打死而萌生的。因下棋争执而发难，最后国灭身亡；亲近外族的越人而谋害同宗，最后自己身亡。晁错为国家深谋远虑，灾祸反而降临到自己的身上。袁盎善于权变游说，起初受到宠信，最后遭受屈辱。所以古时候诸侯的封地不超过百里，山、海也不分封给诸侯。"不亲近夷狄，以致疏远宗亲"，大概说的是吴王吧？"不要做出谋划策的人，哪样会受到惩罚"，难道说的不是袁盎、晁错吗？

（徐振阳 译）

《史记》卷一百〇七　魏其武安侯列传第四十七

魏其侯窦婴，是汉文帝窦皇后堂兄的儿子。他的父辈以上世世代代是观津人。窦婴喜欢结交宾客。汉文帝时，窦婴任吴国丞相，后来因病免职。汉景帝刚刚即位时，窦婴被任命为詹事。

梁孝王是汉景帝的弟弟，他的母亲窦太后很宠爱他。有一次梁孝王入朝，汉景帝以兄弟的身份举办家宴招待他。此时汉景帝还没有立太子，饮酒至酣，汉景帝很随意地说："等我死了之后，就把帝位传给梁王。"窦太后听后非常高兴。这时窦婴端起一杯酒献给景帝，说："汉朝的天下是高祖打下的，帝位应当父子相传，这是汉朝的规矩，皇上为何要擅自传给梁王？"窦太后听了很不高兴，并对窦婴怀恨在心。窦婴也嫌詹事的官职太小，就称病辞职。窦太后于是干脆趁此时机注销了窦婴进出宫门的名籍，不允许他进宫朝见皇帝。

汉景帝三年，吴、楚等七国发动叛乱，皇上考虑到刘氏皇族成员和外戚窦姓子弟中没有谁像窦婴那样贤能，于是召见窦婴。窦婴入宫拜见，但是打定主意，借口有病，不担任任何官职。窦太后对自己过去的做法也觉得心中有愧。皇上对窦婴说："国家正处于危难时刻，作为王孙，你怎么可以熟视无睹？"于是任命窦婴为大将军，赏赐给他黄金千斤。窦婴趁机向皇上推荐袁盎、栾布等赋闲在家的名将贤士。皇上赏赐的黄金，窦婴都悉数放在军部议事厅的走廊穿堂里，军吏们经过时，就让他们酌量取用，一点儿也没有拿回家。窦婴驻守荥阳时，监督前往齐国、赵国讨伐叛乱的兵马。七国叛乱全部被平定之后，皇上就赐封窦婴为魏其侯。那些游士宾客都争相归附魏其侯。汉景帝时每次朝廷讨论军政大事，条侯周亚夫、魏其侯窦婴地位最高，其他诸侯都不敢与他们行对等之礼。

汉景帝四年，立栗姬生的儿子刘荣为太子，任命魏其侯窦婴担任太子的师傅。汉景帝七年，太子刘荣被废，魏其侯多次为太子争取都未获成功。魏其侯就推辞有病辞官，隐居在蓝田县南山下好几个月，他门下的宾客都劝说他，但没有人能说服他回朝供职。这时一个名叫高遂的梁地人劝魏其侯说："能使您显贵的是皇上，能使您成为朝廷亲信的是太后。现在您担任太子的师傅，太子被废黜您不能劝阻，劝阻不成功您又不能以身殉职。您推说有病，隐居蓝田，拥抱着歌姬美女，退隐闲居而不上朝。综合这些情况来看，您是要表明您的正确而显得皇帝的决定是错误的。有朝一日皇上和太后都对您不满，那时候恐怕您要被满门抄斩了。"魏其侯认为他说得很对，于是就出山回朝，像往常一样拜见皇上。

桃侯刘舍被免去丞相之职后，窦太后多次推荐魏其侯当丞相。汉景帝说："太后难道认为我有所吝啬，而不让魏其侯当丞相吗？魏其侯这个人骄傲自满，容易沾沾自喜，做事草率轻浮，难以出任丞相，委以重任。"汉景帝最终还是没有任用窦婴做丞相，而是任用了建陵侯卫绾。

武安侯田蚡，是汉景帝皇后同母异父的弟弟，出生在长陵。魏其侯当了大将军，正是显赫的时候，田蚡还是个小郎官，远没有显达，他经常去魏其侯家中，陪侍宴饮，行起礼来就像是魏其侯的晚辈一样。及至汉景帝晚年，田蚡日渐显贵，很受宠信，官至太中大夫。田蚡能言善辩，口才很好，学习过古代记录在盘盂等陶器上铭文等各种书籍，他的姐姐王太后认为他很有才能。汉景帝驾崩当日，太子刘彻登位继立，由于武帝当时年幼，王太后统摄政权，她镇压叛乱、维持政局稳定的计谋，大都采用田蚡和他的宾客的策略。田蚡和他的弟弟田胜，都因为是王太后的弟弟，在汉景帝后元三年，分别被封为武安侯和周阳侯。

田蚡被封侯之后，一心想当丞相，总是表现得十分礼贤下士，还极力向皇上推荐那些赋闲在家的知名人士出来做官，企图集结势力扳倒窦婴等元老的权势。建元元年，丞相卫绾因病免职，皇上考虑丞相、太尉等官位的人选。籍福劝说武安侯："魏其侯掌权已久，天下贤士都一心归附他。现在您刚刚被委以重任，势力还不能和魏其侯相提并论，如果皇上提名您做丞相，您也一定要让给魏其侯。魏其侯如果做了丞相，您一定能当太尉。太尉和丞相的地位是相等的，您还落下了一个让贤的好名声。"武安侯采纳了籍福的建议，委婉地告诉太后这一想法，并让太后给皇上吹吹风，汉武帝于是便任命魏其侯当丞相，武安侯做太尉。籍福去向魏其侯道贺，并向魏其侯表达了如下意思："您天生就是喜欢好人，憎恨坏人。当下有好人称赞您，所以您当了丞相。然而您也憎恨坏人，坏人相当多，他们一定会千方百计地诽谤您的。如果您能对好人和坏人都兼容并包，那么您就可以长期担任丞相；否则，您就会因为受到诋毁而丢掉官职。"窦婴并没有听进去。

魏其侯窦婴和武安侯田蚡都爱好儒家学说，他们推荐赵绾为御史大夫，推荐王臧担任郎中令。还把鲁国人申培迎到长安，想要设立明堂，让住在长安的列侯们回到自己的封地上，废除关禁，按照礼仪来制定不同等级的服饰和制度，以此来表明太平气象。他们还让人检举揭发窦氏外戚家族和皇族成员中品德不好的人，一经查实就把他们从族谱上除名。当时很多外戚都是列侯，列侯大多都娶公主为妻，所以并不想回到各自的封地去，因为这个缘故，毁谤魏其侯等人的话每天都传到窦太后的耳中。窦太后喜欢黄老学说，而魏其侯、武安侯、赵绾、王臧等人则极力推崇儒家学说，贬低道家学说，因此窦太后更加不喜欢魏其侯等人。到了建元二年，御史大夫赵绾又谏言皇上不要把政事禀奏给太后。窦太后知道后大怒，便罢免且驱逐了赵绾、王臧等人，还解除了丞相和太尉的职务，任命柏至侯许昌为丞相，武强侯庄青翟当了御史大夫。魏其侯、武安侯从此以列侯的身份赋闲在家。

武安侯田蚡虽然不再担任官职，但因为他是王太后的弟弟，仍然受到皇上的召见，他向皇帝提出的很多建议都很有效，天下趋炎附势的官吏和士人，都离开了魏其侯而去归附武安侯。武安侯因此日益骄横。建元六年，窦太后去世，丞相许昌和御史大夫庄青翟因为丧事办得不到位，都被免官。于是皇帝再度任用武安侯田蚡担任丞相，任用大司农韩安国担任御史大夫。天下士大夫和各郡县的诸侯，就更加依附武安侯了。

武安侯个子矮小，其貌不扬，但是出身尊贵。他又认为当时的诸侯王年纪都大了，而汉武帝刚刚即位，年纪很轻，自己又是因为外戚的身份才担任朝廷的丞相，如果不用礼法来规范诸侯们的言行，使他们服从自己，天下人就不会安分。那时候，田蚡入朝向皇帝奏事，往往一坐就是大半天，他所说的话皇帝都得听，他所举荐的人，有的从闲居一下子提拔到二千石级，权力有时候比皇帝都大。有一次皇上生气地说："你要任命的官吏已经任命完了没有？我也想任命几个官呢。"他曾经要求占用考工官室的地盘来扩建住宅，皇上生气地说："你何不把武器库也取走！"从这以后，田蚡才有所收敛。有一次，他请客人宴饮，让他的兄长盖侯南向坐，自己却东向坐，认为自己丞相的身份很尊贵，不能因为盖侯是兄长就屈尊。武安侯日益骄纵，他修建住宅，其规模和豪华程度远超各诸侯；他的田地庄园都极其肥沃，他派到全国各地去购买各种物品的人，在大道上络绎不绝。他的前厅陈设着钟鼓，插着曲柄长幡，后房的美女数以百计。诸侯奉送给他的珍宝金玉、狗马和玩好器物，数不胜数。

自从窦太后去世后，魏其侯窦婴就被皇上疏远不受重用，由于他没有权势，诸宾客渐渐自动离去，甚至对他懈怠傲慢，只有灌夫将军一人对他还是原来的态度。魏其侯整天闷闷不乐，也就对灌将军格外厚待。

灌夫将军是颍阴人。他的父亲是张孟，曾经做过颍阴侯灌婴的宾客，颇得灌婴的赏识，被灌婴举荐，并官至二千石级，因为和灌婴的这层关系，张孟就用了灌氏家的姓，改名为灌孟。吴楚等七国叛乱时，颍阴侯灌婴的儿子灌何担任将军，是太尉周亚夫的部下，灌何向周亚夫推荐灌孟担任校尉。这时灌夫也带领一千人与父亲一起出征。灌孟年事已高，是灌何极力向周亚夫推荐，周亚夫才同意的，所以灌孟总是郁郁不得志，每逢作战时，常常攻击敌人防备最牢固的地方，结果战死在吴军阵前。根据当时军法的规定，父子一起从军参战，有一个为国战死，未死者可以护送灵柩回来。但灌夫不肯随同父亲的灵柩回去。他慷慨激昂地表示："我希望斩杀吴王或者吴国将军，替父亲报仇。"随后，灌夫披上铠甲，手持戈戟，召集了军中与他素来有交情又愿意跟他同去的勇士几十个人，准备和吴军拼命。谁料刚走出军门，许多人都不敢前进。只有两个士兵以及灌夫从家中带来的亲兵十多人跟着他骑马飞奔，冲入吴军，一直闯到吴军的将旗之下，杀死杀伤敌军几十人。最后实在不能继续往前，只好突围返回汉军营地，十多个亲信全部战死，只有灌夫和其中一名士兵回来了。灌夫身上受了十多处重伤，幸好随身带有良药，所以才得以生还。灌夫伤势稍有好转，又向将军请求说："我现在更加了解吴军阵营的情况，请您让我去杀敌。"将军很欣赏灌夫的勇气，担心他再去丧命，于是向太尉周亚夫汇报了情况，太尉坚决阻止了灌夫的冒险。等到打败吴军，灌夫也因此名闻天下。

颍阴侯回京后把灌夫的表现向景帝汇报了，景帝就任命灌夫为中郎将。过了几个月，灌夫因事犯法，被免了官。后来灌夫到长安城里安了家，长安城中的公侯没有不称赞他的。景帝时灌夫官至代国国相。景帝去世，当今皇上武帝即位，他认为淮阳是天下的交通枢纽，是兵家必争之地，必须重兵防守，因此任命灌夫担任淮阳太守。建元元年，又把灌夫调到京城担任太仆。建元二年，灌夫与长乐卫尉窦甫喝酒，灌夫喝醉了，打了窦甫。窦甫是窦太后的兄弟。皇上恐怕窦太后杀灌夫，调派他担任燕国国相。几年以后，灌夫又因犯法丢官，闲居在长安家中。

灌夫为人刚强正直，好发酒疯，不喜欢当面奉承人。对皇亲国戚等凡是地位在自己之上的人，他不但不想对他们表示尊敬，反而常常去羞辱他们；对地位在自己之下的，越是贫穷的，就更加恭敬，跟他们平等相待。在大庭广众之中，他常常推荐夸奖那些比自己地位低的人。士人们也因此而推崇他。

灌夫不喜欢儒家学说，好行侠仗义，一旦答应别人的事，就一定办到。他所结交的人，无不是带有豪侠之气的地方豪绅。他的资产有几千万，门下食客少则几十，多则数百。为了在田园中修筑堤塘，灌溉农田，他的家族和宾客都仗着他扩张权势，在颍川一带横行霸道。颍川当地有一首儿歌唱道："颍水清清，灌氏安宁；颍水浑浊，灌氏灭族。"

灌夫赋闲在家，虽然家道富有，但因为失去了权势，达官贵人和宾客逐渐离他而去。等到魏其侯失去权势，也想依靠灌夫去报复那些平日依附自己、失势后又抛弃自己另外高就的人。灌夫也想依靠魏其侯的关系去结交列侯和皇族以抬高自己的名声。于是两人互相引荐提携，关系如同父子般亲密。两人心意相通，毫无嫌忌，只恨相识太晚了。

灌夫在为姐姐服丧期内，有一次去拜访丞相田蚡。田蚡随口说道：

“我想和你一起去拜访魏其侯，只是你现在在服丧期间，不便前往。”灌夫说：“您竟肯屈驾拜访魏其侯，我灌夫怎能因为服丧而推辞呢？请允许我告诉魏其侯设置帷帐，备办酒席，您明天早点光临。”武安侯答应了。灌夫赶紧到魏其侯家中，详细告知魏其侯，就像他对武安侯所说的那样。魏其侯一听赶忙与夫人置办酒肉，连夜打扫厅堂，布置帷帐，准备酒宴，一直忙到天亮。天刚亮，就让府中管事的人在宅前等候。一直等到中午，还不见田蚡到来。魏其侯对灌夫说：“丞相难道忘记了这件事？”灌夫很不高兴，说：“我灌夫不嫌丧服在身，邀请了他，他既然答应了，就应该来。”于是亲自驾车，去迎接田蚡。可是田蚡前一天只不过开玩笑随便说说，内心压根儿就没打算前往。等到灌夫来到田蚡府中，田蚡还在睡觉。于是灌夫进门去见他，说：“昨天承蒙将军答应拜访魏其侯，魏其侯夫妇通宵达旦备办酒食，从早晨到现在，因为您没有去，都没敢动筷子。”田蚡一听，假装惊讶地道歉说：“我昨天喝醉了，忘记跟您说的话。”说完就同灌夫一起驾车前往，但又走得很慢，灌夫更加恼火。等到在魏其侯家喝得酣畅，灌夫起身跳舞，并邀请田蚡一起跳。不想田蚡坐着一动不动，灌夫忍不住在座位上挖苦嘲讽田蚡。魏其侯赶紧拉着灌夫离去，并向田蚡解释道歉。田蚡最后同魏其侯一直喝到天黑，才尽欢离去。

田蚡曾经派籍福去请求魏其侯以城南的田地相赠。魏其侯极为恼火，说：“我虽然已经被朝廷革职，将军现在虽然显贵，怎么可以仗势硬夺我的田地呢！”坚决不答应。灌夫听说后，也很愤恨，大骂籍福。籍福不愿两人的矛盾愈益加深，就自己编了一套话，向丞相道歉说：“魏其侯年岁已高，活不了多久，您应该忍耐一下，姑且等待些时日吧！”没过多久，田蚡听说魏其侯和灌夫对他要田一事很愤怒，不肯让给田地，也极为恼怒地说：“魏其侯的儿子曾经杀人，我救了他的命。我位居其下时，没有不听从他的，他竟然舍不得这几顷田地？再说这件事和灌夫又有什么关系呢？我再也不要这块田地了！”从此田蚡十分怨恨灌夫和魏其侯。

元光四年春天，田蚡听说灌夫家族在颍川极为横行霸道，百姓都深受其苦，请求皇上查办。皇上说：“这是丞相的分内之事，不必向我请示。”灌夫也抓住了田蚡的一些把柄，诸如用非法手段谋取私利，接受淮南王的金钱贿赂，还说了些不该说的话。两家的宾客们从中调解，双方才没有大动干戈，暂时和解。

同年夏天，田蚡娶燕王的女儿做夫人，太后下令让列侯和皇族都前去祝贺。魏其侯找到灌夫，想和他同去祝贺。灌夫推辞说："我曾经多次因为酒后失言而得罪了他，最近他和我又有些嫌隙。"魏其侯说："事情已经和解了啊。"就硬拉着他一道去。当酒兴正浓时，武安侯田蚡起身给客人敬酒，在坐的宾客都赶紧离开席位，伏在地上，表示不敢当。过了一会儿，魏其侯起身为大家敬酒，只有魏其侯的那些老朋友离开了席位，其余半数的人都只是在席位上跪着身子，并没有离席。灌夫看了很不高兴，就起身给大家敬酒，敬到田蚡时，田蚡照常坐在席位上，只稍欠了一下上身说："不能喝满杯了。"灌夫十分恼火，故意嬉笑着说："您是个贵人，应该干了这一杯！"田蚡坚持不喝。敬酒到临汝侯时，临汝侯正在跟程不识说悄悄话，也没有离开席位。灌夫无处发泄心中怒气，便骂临汝侯说："平日里你把程不识诋毁得不值一钱，今天长辈给你敬酒，你却像个女孩子一样在那儿同程不识嘀咕个不停！"田蚡赶紧阻拦灌夫说："程将军和李将军都是东西两宫的卫尉，今天你当众侮辱程将军，难道不能给你尊敬的李广将军留点面子吗？"灌夫说："今天杀我的头，穿我的胸，我都不在乎，还顾什么程将军、李将军的面子！"宾客们一看情势不对，都借口要上厕所，渐渐离去。魏其侯离去，也赶紧挥手示意灌夫出去。但田蚡已经发火说："这都是我太过于纵容灌夫的过错。"便命令骑士拦住灌夫。灌夫是想走也走不了了。籍福一看情况不对，赶紧起身替灌夫道了歉，并按住灌夫的脖子让他道歉。灌夫愈发火了，就是不肯道歉。田蚡命令骑士捆绑灌夫关在客房中，叫来长史说："今天我请宗室宾客来参加宴会，是有太后诏令的。"于是让长史起草文书弹劾灌夫，说他在宴席上辱骂宾客，是对太后诏令的大不敬，并把灌夫关在监狱里。并着手追查灌夫以往的不法罪行，派遣差吏分头追捕灌氏家族亲属，企图一网打尽，通通判了死罪。魏其侯感到对不住灌夫，使尽金钱请宾客去向田蚡求情和解，但也无济于事。武安侯的属吏都是他的耳目，所有灌氏的党羽都唯恐避之不及，灌夫身陷监狱，无法向皇帝告发田蚡的不法罪行。

只有魏其侯在不顾一切地想办法救灌夫。他的夫人劝他说："灌将军得罪了丞相，和太后家的人作对，怎么还救得了呢？"魏其侯说："我的爵位是我自己获取的，现在因为救灌夫而丢弃了，并没有什么可遗憾的。再说我总不能任由灌夫被杀，而我独自活着而无所行动。"于是瞒着家人，私自上书给皇帝。皇帝马上召他进宫，魏其侯得以有机会把灌夫因为喝醉失言的情况详细地说了一遍，认为这样的事情不足以判处死刑。皇上也认为是这样，赏赐魏其侯一同进餐，说："到东宫太后朝堂公开把这件事辩论清楚。"

魏其侯到了东宫太后朝堂，极力替灌夫说好话，说他是酒醉失言，而丞相却拿别的罪来诬陷灌夫。田蚡自然是大肆诋毁灌夫所作所为骄横放纵，犯了大逆不道的罪。魏其侯眼看这样下去无法救出灌夫，便开始攻击田蚡的短处。田蚡说："天下幸而太平无事，我有幸作为皇帝的亲戚，所爱好的无非是音乐、狗马和田宅，我所喜欢的不过是歌伎艺人、巧匠这一些人，并不像魏其侯和灌夫那样，召集天下的豪杰壮士，整日里商量讨论，腹诽心谤满怀对朝廷的不满，不是仰观天象，就是俯察地理，窥测东西两宫，只待天下发生变故，好让他们立功成事。我倒不明白魏其侯他们到底要做些什么。"皇上向在朝的大臣问道："他们两人的话孰是孰非呢？"御史大夫韩安国说："魏其侯说灌夫的父亲为国战死，灌夫手持戈戟冲入强大的吴军中，身受十几处重伤，名冠三军，这是难得的勇士，如果不是有特别大的罪恶，只是因为喝醉了酒而引起口舌之争，是不应该借口其他的罪状以判处死刑的。魏其侯的话是对的。丞相又说灌夫同大奸巨猾结交，欺压平民百姓，积累家产数万万，称霸颍川，凌辱侵犯皇族，这就是所说的'树枝比树干大、小腿比大腿粗，不砍树枝树就会裂开'，从这点说来，丞相的话也不无道理。请英明的皇帝自己裁决这件事吧。"主爵都尉汲黯也认为魏其侯对，随后内史郑也发言认为魏其侯对，但后来又不敢坚持自己的意见，其余的人都不敢发言。皇上怒斥内史道："你平日多次说到魏其侯、武安侯的长处和短处，今天当庭辩论，却畏首畏尾地像驾在车辕下的小马驹，小心我杀了你们这些人。"说完起身罢朝，进入宫内伺候太后进餐。这时太后早已派人在朝廷上打探消息，已经知道了辩论的详细情况。太后发火了，不吃饭，对武帝说："现在我还活着，都有人胆敢糟践我的弟弟，倘若我死了以后，我的亲族不就会像鱼肉一样任人宰割。再说皇帝你怎么能像石头人一样无动于衷，自己不做主张呢！现在皇帝还在，这些大臣就随声附和，假设皇帝死了以后，这些人还有可以信赖的吗？"皇上赶紧道歉说："正因为都是皇室亲族，所以才在朝廷上辩论是非。不然的话，我只要交给狱吏就行了。"随后郎中令石建向皇上分析了魏其侯、武安侯两个人的事情。

武安侯田蚡退朝以后，出了停车门，招呼韩御史大夫同乘一辆车，他怒气冲冲地说："我和你共同对付一个颓废的老秃头，你为什么还畏首畏尾，进退无据？"韩御史大夫沉默了好一会儿，才对丞相说："您怎么不自己好好想想？他魏其侯毁谤您，您应当摘下官帽，解下印绶，归还给皇上，说：'我因为是皇帝您的亲戚，才得以做到丞相，我原本是不称职的，魏其侯的话都是对的'。倘若如此，皇上必定会称赞您有谦让的美德，绝不会罢免您。而魏其侯一定心中有愧，会回去闭门咬舌自杀。现在他诋毁您，您毫不示弱地攻击他，这样彼此互骂，好像商人、女人吵嘴一般，多么不识大体啊！"武安侯一听恍然大悟道："当时太心急了，只顾着争个你是我非，没有想到应该这样做。"

于是武帝派御史按照文簿记载的灌夫的罪行进行追查，与魏其侯所说的有很多不相符的地方，魏其侯犯了欺君罔上的罪行，也被弹劾并被关在了都司空的监狱里。早在汉景帝时，魏其侯曾得到景帝的一篇遗诏，内容是：当发生生死莫测的事情时，你可以直接向皇帝请奏。现在自己身陷囹圄，灌夫死罪难逃，还株连九族，情势万分危急，可是大臣们谁也不敢向皇帝说明真相了。魏其侯便让侄子上书向皇帝报告接受遗诏的事，希望再次得到皇上的召见。奏书呈送皇上，汉武帝派人查对尚书处档案，却发现没有景帝遗诏的存根。这道诏书原来只封藏在魏其侯家中，是由魏其侯的家臣盖印加封的。于是田蚡等又上奏弹劾魏其侯伪造先帝诏书，罪当杀头。元光五年十月，灌夫和他的家族全部被处决了。魏其侯在监狱里过了许久才得知这个消息，一时愤慨万分，得了中风病，打算绝食自杀。后来又听说皇上没有赐死的意思，魏其侯又开始进食，并医治疾病，随后果然传出消息说朝廷的定论是不给魏其侯判处死刑。但田蚡及其宾客制造了许多诽谤魏其侯的话，并故意传到皇上耳中，因此就在当年十二月的最后一天，魏其侯在渭城大街上被斩首示众。

这年春天，田蚡病了，他不停地叫喊说自己认罪服罪。请来巫师诊视，巫师说看见魏其侯和灌夫两个人的鬼魂一左一右监守着田蚡，要杀死他。田蚡就这样死了。他的儿子田恬继承了爵位。元朔三年，武安侯田恬因穿短衣进入宫中，犯了不敬之罪，封爵被废除。

淮南王刘安谋反的事被发觉了，皇上追查此事。才知道淮南王前些年进京朝贡时，田蚡当时是太尉，到霸上迎接淮南王，并对淮南王说："皇上没有太子，您最贤明，又是高祖的孙子，一旦皇上去世，不是您继承皇位，又会是谁呢！"淮南王自是十分欢喜，送给田蚡许多金银财物。在魏其侯及灌夫遭田蚡构陷时，皇上就不认为武安侯是对的，只是碍着王太后偏袒田蚡而不便处置。等知道田蚡接受淮南王的金银财物后，皇上说："假使武安侯还活着，也该株连九族。"

太史公说：魏其侯和武安侯都是因为外戚的关系才得到重用，身居高位，灌夫因为一时的英勇而扬名于当世。魏其侯被重用，是由于平定吴楚七国叛乱；武安侯的显贵，则是由于利用了皇帝刚刚即位，太后掌权的机会。然而魏其侯实在是太不懂得根据世事变迁改变自己的态度，灌夫不学无术又不谦逊，两人彼此相帮，终于酿成了株连九族的祸乱。武安侯倚仗显贵的地位而且喜欢玩弄权术，由于一杯酒的怨愤，陷害了两位贤人。实在是可悲啊！灌夫由于对田蚡的怨恨而迁怒于别人，以致招来杀身之祸。田蚡得不到百姓的拥戴，终究落了个坏名声。真是可悲啊！大祸就是从这里来的啊！

（羽　渊　译）

《史记》卷一百〇八　韩长孺列传第四十八

御史大夫韩安国，祖籍是梁国成安县人，后来搬迁到了睢阳。曾经在邹县跟随驺田先生学习韩非子和其他杂家的学说。后来在梁孝王府上担任中大夫。吴、楚七国叛乱时，梁孝王派韩安国和张羽担任将军，率兵在梁国东线抵御吴国的军队。因为张羽奋力作战，而韩安国老成持重，二人相得益彰，因此挡住了吴国的军队。吴、楚叛乱平息后，韩安国和张羽名声大振。

梁孝王是汉景帝的同母弟弟，很得窦太后的宠爱，允许他有选任梁国国相以及其他二千石级官员人选的权力。他在梁国出入京城和到处狩猎的排场，简直和皇帝不相上下。景帝听说梁孝王的所作所为之后，心中很不高兴。窦太后知道景帝不满意，就迁怒于梁国派来的使者，故意不接见他们，并派人去了解梁孝王的所作所为。当时韩安国是梁国的使者，他进京去找梁孝王和景帝的姐姐大长公主，哭着对她说："梁孝王作为儿子对太后的孝心，作为臣下对皇帝的忠心，太后为何不能明察呢？从前吴、楚、齐、赵等七国叛乱时，函谷关以东的诸侯都联合起来向西进军，只有梁孝王和皇上关系依旧亲密，并且坚决阻止了叛军的进攻。梁孝王想到太后和皇上在关中，而函谷关以东的诸侯都造反了，他心里担心朝廷的安危，经常泪流满面，还跪着送我等六人领兵抗敌，坚决阻击吴楚叛军，吴楚叛军也因为这个缘故不敢向西进军，因而最终灭亡，这完全是梁孝王的功劳啊。现在太后却为了一些苛细的礼节责怪梁孝王。梁孝王的父亲和哥哥都是皇帝，他从小见惯了这种场面，因此出行开路清道，禁止人们通行，回宫注重戒备，梁孝王的车子、旗帜都是皇帝赏赐的，他不过是借助这些东西向老百姓炫耀；有时在都城里跑跑，是为了让诸侯都知道，太后和皇帝很喜爱他。如今梁国的使者进京，就遭到了严厉的盘查。梁孝王心生恐惧，日夜泪流满面，不知如何是好。为什么梁孝王作为儿子孝顺，作为臣下忠心，而太后为什么竟然一点都不怜惜他呢？"大长公主把这些话详细地告诉了窦太后，窦太后高兴地说："你去把这些话告诉皇帝。"

大长公主又详细地对皇帝说了一遍，景帝内心的疙瘩才解开，而且摘下帽子向太后认错说："我们兄弟间不能互相劝教，竟给太后您增添了忧愁。"于是接见了梁孝王派来的所有使者，重重地赏赐了他们。从这以后梁孝王更加受宠爱了。窦太后、大长公主赏赐韩安国价值千金的财物。韩安国的名声因此显赫，而且与朝廷建立了密切联系。

后来韩安国因犯法被判罪，蒙县的狱吏田甲侮辱韩安国。韩安国说："死灰难道就不会复燃吗？"田甲说："只要它一复燃，我就撒一泡尿浇灭它。"过了不久，梁国内史职位空缺，朝廷派使者任命韩安国为梁国内史，从一个囚徒一下子升迁为二千石级的官员。田甲吓得逃跑了。韩安国说："田甲如果不回来任职，就要被满门抄斩。"田甲只好袒胸露背前去向韩安国请罪。韩安国笑着说："你现在可以撒尿浇灭我了！像你们这些人，值得我惩办吗？"最后，韩安国对他很友善。

梁国内史刚刚空缺之际，梁孝王新认识了一个叫作公孙诡的齐国人，很喜欢他，打算上奏朝廷任命他为内史。窦太后知道后，命令梁孝王任命韩安国为内史。

公孙诡、羊胜怂恿梁孝王向汉景帝请求做皇位继承人，并扩大自己的封地，但是担心朝中主事的大臣不答应，就暗地里派人去长安城中谋杀主事的大臣。后来果然杀害了原先在吴国做国相的袁盎，汉景帝听说是公孙诡、羊胜等人的诡计后，于是派使者务必捉拿到公孙诡、羊胜。朝廷派了十多批使者前往梁国，自梁国国相以下进行全国大搜查，但是一个多月过去了，还是没有抓到。内史韩安国听到公孙诡、羊胜被梁孝王藏在自己宫中，于是入宫觐见梁孝王，哭着说："如果让主上受到耻辱，那么臣下罪当该死。您因为没有好的臣子，所以事情会闹到这种地步。现在如果您不把公孙诡、羊胜交出来，请让我向您辞别，并赐我自杀。"梁孝王说："事情哪里就到了这种地步？"韩安国眼泪成串成串地流下来，说道："大王您仔细想一想，您与当今皇上的关系，有太上皇与高皇帝以及皇上与临江王的关系亲密吗？"梁孝王说："不如他们的关系亲密。"韩安国说："太上皇和高皇帝，临江王与当今皇帝都是亲生父子，但是高皇帝说：'拿着三尺宝剑夺取天下的人是我啊'，所以太上皇最终就不过问政事，只能老老实实住在栎阳宫。临江王是嫡长太子，只因为他母亲栗姬说了一句得罪皇帝的话，就被废黜降为临江王；又因建宫室时侵占了祖庙墙内空地的事，终于被迫自杀于中尉府中。这都是为什么呢？因为治理天下终究不能因私情而损害公事。俗话说：'即使是亲生父亲，又怎么知道他不会变成老虎？即使是亲兄弟，又怎么知道他不会变成恶狼？'现在大王您作为一方诸侯，却听信一个图谋不轨的臣子的胡言乱语，去触犯皇上的禁令和国家的法典。皇上因为顾忌太后的缘故，才没有把您绳之以法。太后整日整夜为您流泪哭泣，希望大王能自己改过，可是大王还是没有觉悟。假如太后有一天突然逝世，大王您还能依靠谁呢？"韩安国的话还没有说完，梁孝王感激得痛哭流涕，对韩安国说："我现在就交出公孙诡和羊胜。"公孙诡、羊胜只好自杀。汉朝廷的使者回去报告了情况，梁国的事情得到了很好的解决，这都是韩安国的力量啊。于是汉景帝和窦太后更加看重韩安国。梁孝王去世后，梁恭王即位，韩安国因为犯法被免官，赋闲在家。

汉武帝建元年间，武安侯田蚡担任汉朝太尉，受宠幸而掌大权，韩安国拿了价值五百金的东西送给田蚡。田蚡向王太后推荐韩安国，而汉武帝也早就听说韩安国贤能，就把他召来担任北地都尉，后来升为大司农。当时东南沿海的闽越、东越互相攻伐，韩安国和大行王恢率兵前往平乱。还没有到达越地，越人就杀死了他们的国王向汉朝投降，汉军也就收兵了。建元六年，武安侯田蚡担任丞相，韩安国被提升为御史大夫。

匈奴派人前来请求和亲，汉武帝让大臣商议这件事。大行王恢是燕地人，多次出任边郡官吏，熟悉匈奴人的情况。他发表意见说："我们和匈奴和亲，大抵都维持不了几年，匈奴就又背信弃义。不如不答应，而发兵讨伐它。"韩安国说："派军队去千里之外作战，是不会有什么好处的。现在匈奴人依仗军强马壮，他们都长着禽兽般的心肠，又像鸟一样到处迁徙，我们很难掌握他们的行程，不容易控制他们。我们即使一时占有了他们的土地，也不算扩展了汉朝的疆域；即便拥有了匈奴百姓，也不能算强大，从上古起他们就不属于我们的百姓。汉军到几千里以外去和他们打仗，到时候会人困马乏，而他们刚好是以逸待劳，就会凭借全面的优势对付我们的弱点。况且强弩之末连鲁地所产的最薄的白绢也射不穿；从下往上刮的强风，到了最后，连飘起雁毛的力量都没有了。这并不是他们开始时力量不强，而是到了最后，力量衰竭了。所以发兵攻打匈奴实在是得不偿失，不如答应与他们和亲。”群臣大多数都赞同韩安国的意见，于是皇上便同意与匈奴和亲。

和亲第二年，即汉武帝元光元年，雁门郡马邑城的豪绅聂翁壹通过大行王恢向皇上建议：“匈奴刚与汉和亲，相信边疆和平无事，正好可以趁这个机会用财利去引诱他们出兵。”于是大行王恢派遣聂翁壹做间谍，让他潜入匈奴，对单于说：“我能帮助您杀死马邑城的县令县丞等官吏，将马邑城献给您，马邑城的所有财物悉数归您。”单于相信了他，信以为真，便答应了聂翁壹。聂翁壹返回马邑城，斩了几个死囚的头，把脑袋悬挂在马邑城上，骗单于的使者说是马邑城官吏的头，并说：“马邑城的县令县丞都已经被我杀死了，你们赶快发兵前来。”于是单于率领十余万骑兵穿过边关，进入武州塞。

当时，汉朝在马邑城周围的山谷中埋伏了车兵骑兵和特种兵三十多万。卫尉李广担任骁骑将军，太仆公孙贺担任轻车将军，大行王恢担任将屯将军，太中大夫李息担任材官将军。御史大夫韩安国担任护军将军，诸位将军都听命于护军将军韩安国。事前约定，等单于进入马邑城后，汉军的伏兵就一起出击。王恢、李息、李广另外从代郡主攻匈奴的军马粮草。当时单于进入汉长城武州塞后，距离马邑城还有一百多里，将要抢夺劫掠，可是只看见牲畜放养在荒野之中，却见不到一个人影。单于感到情况不对，就攻打了一个烽火台，俘虏了武州的尉史。向尉史探问情况，尉史说：“汉军有几十万人埋伏在马邑城下。”单于回过头来对左右人员说：“差点儿上了汉朝的当！”立即率兵撤退了。当他离开汉朝边境时说：“我们捉到武州尉史，这真是老天爷保佑啊！”于是称尉史为“天王”。等到边境传来消息说单于已经撤兵。汉军马上追击，但是追到边塞，估计追不上了，只好撤兵而回。王恢率领着三万人马，听说单于没有跟汉军交战，估计攻打匈奴的军马粮草，一定会遇到单于的精锐部队，汉兵肯定要吃败仗，权衡利弊，决定撤兵，所以这次行动汉军都无功而返。

汉武帝对王恢等人不攻击匈奴的军马粮草，擅自领兵撤退，非常生气。王恢说:“当初约定的是匈奴进入马邑城后，汉军就与单于交战，而后我的部队趁机攻取匈奴的军马粮草，这样才可以得利。可是单于提前探知了情况，没有到达马邑城就撤兵了，我只有三万人马，肯定寡不敌众，只会自找失败。我知道我这样撤兵会被杀头，但是这样可以保全陛下的军士三万人。”于是汉武帝把王恢交给廷尉治罪。廷尉判他逗留不前放走敌人，应当处死。王恢赶紧暗中派人送给田蚡一千金。田蚡不敢直接向皇帝求情，而对王太后说道：“王恢首先提出马邑城诱敌之计，现在事情未成，我们杀死了王恢，这是在替匈奴人报仇。”等到汉武帝来给王太后请安时，王太后就把田蚡的话告诉了皇上。皇上说:“最先提出马邑诱敌之计的人是王恢，所以我们调兵遣将几十万人，按照他的建议出击匈奴。再说这次即使抓不到单于，如果王恢的兵马攻击匈奴的军马粮草，也还可以有所斩获，以此来安慰将士们的心。现在不杀王恢，就无法向天下人谢罪。”王恢听了这话，只好自杀了。

韩安国考虑事情善于从大局出发，他的才智足够顺应形势讨得皇帝的欢心，还能表现得对皇帝忠心耿耿。他自己贪图钱财。但是他推荐的都是廉洁的士人，品性比他好。在梁国他推荐了壶遂、臧固、郅他，都是天下的名士，正因为这些士人对他称赞有加，连汉武帝也认为他是治国之才。韩安国担任御史大夫四年多，丞相田蚡死了，韩安国代理丞相的职务，有一次给皇帝引路时，从车上摔下来摔坏了腿。后来汉武帝商量任命丞相，打算让韩安国担任丞相，于是就派人去看望他的病情，结果发现他腿跛得很厉害，于是改用平棘侯薛泽担任丞相。韩安国因病在家休养了好几个月，等到腿跛好了之后，皇上又任命他担任中尉。一年多后，又调任他为卫尉。

车骑将军卫青攻打匈奴，从上谷郡出塞，在龙城大破匈奴。将军李广在讨伐匈奴时被俘虏，他又逃了回来；公孙敖与匈奴作战损伤大量士兵；按照军法他们都该杀头，后来出钱赎罪成为庶人。第二年，匈奴大举入侵，杀了辽西太守，后又攻入雁门，杀死和俘虏了几千人，车骑将军卫青出兵追击，从雁门郡出塞。卫尉韩安国担任材官将军，驻守在渔阳。韩安国抓到一个俘虏，供说单于大部队已撤退。韩安国立即上书皇帝说现在是农耕时节，请求把渔阳的驻军撤掉。撤军一个多月后，匈奴又大举入侵上谷、渔阳。韩安国的军营中仅有七百多人，与匈奴交战失败，退回军营，匈奴俘掠一千多汉人及牲畜财物。汉武帝听到此信很是恼火，派使责备韩安国。调韩安国驻守东面的右北平。因为皇帝从俘虏口中得知，匈奴要大举入侵东方。

韩安国原本已经官至御史大夫和护军将军，后来渐渐被排斥疏远，贬官降职；而新得宠的一些年轻将军如卫青等又屡有军功，地位越来越高。韩安国既然已经被皇帝疏远，心里很不愉快；领兵驻防渔阳又被匈奴欺侮，损失伤亡很多，因此觉得愧对朝廷。他希望能够侥幸回到朝廷，却被调往东边驻守，心里非常失意，郁郁寡欢。没过几个月，竟然生病吐血而死。这一年是汉武帝元朔二年。

太史公说：我曾经和壶遂一起修定乐律和历法，觉得韩长孺行事得体，联想到壶遂的深沉忠厚，世人都说梁国多忠厚长者，这话确实不假啊！壶遂官至詹事，皇上正打算任用他为宰相，偏偏这时候壶遂去世了。不然的话，凭着壶遂廉洁的品行和端正的操行，这人一定是个奉公守法、尽职尽责的君子。

（羽　渊　译）

《史记》卷一百〇九　李将军列传第四十九

将军李广是陇西成纪县人。他的祖先李信，是秦始皇手下的将领，是秦灭燕之后得到燕太子丹首级的人。李广的原籍是在槐里县，后来迁到成纪。李广家世代传习射箭之术。孝文帝十四年，匈奴大举入侵萧关，李广以良家子弟的身份参军抗击匈奴，因为他善于骑射，斩杀敌人多，被任命为汉朝皇帝的中郎。李广的堂弟李蔡也被任命为汉朝皇帝的中郎。兄弟二人都是武骑常侍，年俸八百石。李广曾随从皇帝出行，常常冲锋陷阵、抵御敌人，格杀猛兽，十分勇敢。文帝说："可惜啊，你生不逢时，如果你生在高祖的时代，封个万户侯还在话下吗！"

到景帝即位后，李广任陇西都尉，后来又被召至皇帝身边担任骑郎将。吴、楚七国叛乱时，李广任骁骑都尉，随从太尉周亚夫讨伐叛军，在昌邑城夺取了敌人的军旗，立功扬名。可是由于梁孝王私自把将军印授给李广，回朝后，朝廷认为李广功不抵过，没有对他进行封赏。李广被调任上谷太守，匈奴每天都来交战。典属国公孙昆邪哭着向景帝求情："李广的才气，天下无双，他自恃武艺高强，屡次和敌人正面交锋，我真怕他万一有什么闪失而阵亡。"于是景帝调他任上郡太守。以后李广转任边境各郡太守，他先后任陇西、北地、雁门、代郡、云中等地太守，都以英勇善战而闻名。

李广在上郡任太守时，适逢匈奴大举入侵上郡。皇帝派了一名受宠的宦官来上郡跟随李广学习领兵抗击匈奴。有一次，这位宦官带领几十名骑兵，纵马驰骋，遇到三个匈奴人，就与他们交战，三个匈奴人回身放箭，射伤了宦官，几乎杀光了他的那些骑兵。宦官逃回到李广那里，李广说："这一定是匈奴的射雕能手。"李广于是带上数百名骑兵前去追赶那三个匈奴人。那三个人没有马，徒步前行。走了几十里，李广命令他的骑兵左右散开，两路包抄。他亲自去射杀那三个人，射死了两个，活捉了一个，审问得知，果然是匈奴的射雕能手。他们刚把俘虏捆绑上马，突然望见远处有几千名匈奴骑兵。

他们看到李广，以为是诱敌之骑兵，都很吃惊，赶紧跑上山去摆好阵势。李广的数百名骑兵也都大为惊恐，想回马飞奔逃跑。李广说："我们离军营几十里，现在只要一跑，匈奴人就要追击过来，一阵乱射，我们必定死无葬身之地。现在我们原地不动，匈奴人一定以为我们是诱敌之军，必定不敢轻举妄动。"李广向骑兵下令："前进！"骑兵向匈奴人靠近，到了大约二里的地方，停下来。李广又下令说："全体下马，解下马鞍！"骑兵们说："敌人那么多，离我们又这么近，万一有紧急情况，如何是好？"李广说："那些匈奴人原以为我们会逃跑，现在我们偏要来个解下马鞍，表示不逃走，这样就能使他们更加坚定我们是诱敌之兵。"如此一来，匈奴骑兵果然不敢轻举妄动。后来，匈奴军队里有一名骑白马的将领出阵来监护士兵，李广立即上马和十几名骑兵飞驰过去，射死了那个骑白马的匈奴将领，又回到自己的骑兵队伍里，解下马鞍，让士兵们都放开马，随便躺卧。直到天色渐晚，匈奴人始终觉得蹊跷，不敢轻易出击。到了半夜，匈奴骑兵又怀疑汉朝有大批伏军，想趁夜色偷袭他们，于是赶紧撤离了。第二天早晨，李广才回到他的大军营中。大军因为不知道李广的去向，所以在原地待命。

过了好几年，汉景帝去世，汉武帝即位。左右近臣都进谏说李广是名将，于是皇帝将李广由上郡太守调任为未央宫的禁卫军长官，程不识也是长乐宫的禁卫军长官。程不识和李广一样，也都担任过边郡太守并兼管军队驻防。出兵攻打匈奴的时候，李广领军没有严格的队列和阵势，靠近水丰草茂的地方驻扎军队，停宿的地方人人都感到便利，晚上也不打更自卫，幕府简化各种文书簿册，但他远远地布置了哨兵，掌握敌情，所以不曾遭到过偷袭。程不识对队伍的编制、行军队列、驻营阵势等要求很严格，夜里打更，军队里的文书常常通宵达旦处理公文簿册，总是很忙碌，军队得不到休息，但他的军队也不曾遇到突袭。程不识说："李广治兵极其简便易行，然而敌人如果突然进犯他，则可能难以招架。但他的士卒倒也安逸快乐，都甘心为他拼命。我治军严格，凡事严谨，但是敌人也不敢侵犯我。"那时，李广、程不识都是汉朝边郡上的名将，但是匈奴人畏惧李广的谋略，士兵也大多愿意跟随李广，而认为跟随程不识太辛苦了。程不识因为数次直言进谏，被汉景帝封为太中大夫。他为人清廉，谨守各项规章制度。

后来，汉朝用出卖马邑城作诱饵引诱单于，派大军埋伏在马邑两旁的山谷中，李广任骁骑将军，受护军将军韩安国统领。不料汉军的计谋被单于发觉了，单于撤回了军队，汉军都没有战功。四年以后，李广以卫尉的身份任将军，率军出雁门关讨伐匈奴。不料匈奴兵多，李广大军被击败，并生擒了李广。单于平日里就听说李广是良将，下令说："如果俘获李广，一定要活着送来。"匈奴骑兵俘虏了李广，当时李广受伤生病，就在两匹马之间拴了一个网，让李广躺在网上。走了十多里，李广假装死去，斜眼看到旁边一个匈奴骑着一匹好马，李广突然纵身跳上那匹好马，趁势把少年推下去，夺了他的弓箭，然后快马加鞭向南飞驰数十里，找到了他的残部，带领他们回到关内。匈奴出动几百名骑兵来追捕李广，李广一边逃一边拿起匈奴的弓射杀追来的骑兵，这才得以逃脱。李广回到京城，朝廷按军法处置李广。执法官判决李广损失伤亡军马战士太多，他自己又被敌人活捉，应该斩首，李广用钱物赎了死罪，成为普通百姓。

转眼间，李广在家已赋闲数年。他和颍阴侯灌婴的孙子灌强一起隐居在蓝田，并一起到南山打猎。有一天夜里，李广带着一名随从外出，和别人一起在田间饮酒。回来时经过霸陵亭，霸陵尉喝醉了，大声呵斥，禁止李广通行。李广的随从说："这是前任李将军。"亭尉说："现任将军尚且不许夜行，何况你是前任将军呢！"便扣留了李广，让他停宿在霸陵亭下。没过多久，匈奴入侵，杀死辽西太守，打败了韩安国将军的守军，韩将军迁调右北平。于是汉武帝召见李广，任他为右北平太守。李广接到任命后，向朝廷请求调任霸陵尉到他的部下听用，霸陵尉一到军中李广就把他杀了。

李广任右北平太守的时候，匈奴人都知道他的名气，他们敬畏李广称之为"汉朝的飞将军"，一连好几年都躲避他，不敢进犯右北平。

李广外出打猎，误将草丛中的石头认为是老虎，他拔箭就射，整个箭头都射到石头里去了，过去一看，才发现原来是石头。李广觉得奇怪，接着重新再射，却再也不能射进石头了。李广驻守过各郡，听说有老虎，总是亲自去射杀。在右北平任上，一次射虎，老虎跳起来咬伤了李广，但最后李广还是射死了老虎。

李广为官清廉，得到赏赐就分给部下，饮食上和士兵同甘共苦。李广一生，做二千石俸禄的官四十多年，家中没有多余的财物，而他自己至死不谈家产方面的事。李广身材高大，胳膊也长，他善于射箭的绝技也是天赋，即便是他的子孙或外人跟他学习射箭，也没人能赶上他。李广不善言辞，说话不多，与别人在一起总喜欢在地上画阵法，或者比射箭，按照射箭定输赢罚酒。射箭成了李广一生的消遣，一直到死都是如此。李广带兵，每每缺粮断水，见到水，只要士兵还没有喝够水，李广就绝不喝水；士兵还没有吃上饭，李广是一口饭也不吃。李广对士兵宽厚和气，绝不苛责，士兵都爱戴他，乐于为他效力。李广射箭有个习惯，看见敌人逼近，如果不在数十步之内，估计射不中就绝不发箭，但只要一开弓，敌人肯定应弦而倒。也正因为这个原因，他领兵也多次被敌人困辱，射猛兽有时候也被猛兽所伤。

又过了一些时候，郎中令石建去世了，于是汉武帝召回李广，让他接替石建任郎中令。元朔六年，李广又被任为后将军，跟随大将军卫青出定襄征伐匈奴。在这次出征中，很多将领都因为杀敌够数被封侯，唯独李广劳而无功。又过了两年，李广再一次以郎中令的身份率领四千骑兵从右北平出发讨伐匈奴，博望侯张骞率领一万骑兵与李广一同出征，分行两条路。行军几百里，匈奴左贤王率领四万骑兵包围了李广，李广的士兵都很害怕，李广派他的儿子李敢骑马往匈奴军中冲去。李敢带领着几十名骑兵飞奔，直穿匈奴骑兵阵，又从敌军左右两翼突围，回来向李广报告说:“这些匈奴人很容易对付啊！”李广部队军心大稳。李广命令自己的士兵围成圆形兵阵，面向外。匈奴人发起猛攻，箭如雨下。四千士兵死了一半多，而箭也快用光了。李广命令士兵搭箭拉弓，但并不放箭，李广亲自用大黄弩弓射杀匈奴的副将，一连杀死了好几名副将，匈奴军才渐渐撤退。这时天色已晚，李广部下个个吓得面无血色，唯独李广神态自若，再次整顿军队，准备继续战斗。军中从此都很佩服他的勇敢胆略。第二天，他们又奋力抵抗，刚好博望侯张骞的军队也赶到了，匈奴见援兵已到，无奈撤军。汉军也非常疲惫，无力追击。经此一战，李广军队几乎全军覆没，只好收兵回朝。按汉朝法律，博望侯张骞行军迟缓，延误限期，应处死刑，张骞用钱赎罪，革职为平民。李广功过相抵，没有封赏。

当初，李广就和他的堂弟李蔡一起侍奉文帝。到景帝时，李蔡累积功劳已得到年俸二千石的官位。武帝时，李蔡做到代国的国相。元朔五年被任为轻车将军，跟随大将军卫青攻打匈奴右贤王。因为杀敌够数，被封为乐安侯。元狩二年间，竟接替公孙弘任丞相。李蔡的才干只能算是下中等，名气也远不如李广，然而李广却得不到封爵和封地，官位没超过九卿，可是李蔡却被封为列侯，官位达到三公。甚至李广属下的军官和士兵们，也有人得到了侯爵之封。李广曾和星象家王朔私下闲谈说："自从汉朝攻打匈奴以来，我没有一次不参加。我手下一些将领，才能还不及中等之人，由于攻打匈奴有军功被封侯的都有几十人。我李广哪一条也不比他们差，但是没有一点功劳用来得到封赏，这是什么原因呢？是我的骨相不该封侯？还是命中注定呢？"王朔说："将军好生回想一下，是否曾经做过悔恨之事？"李广说："我在陇西太守任上，曾经遇上羌人谋反，我引诱他们投降，有八百多人投降了，但我欺骗了他们，投降当日就把他们都杀了。直到今天，我最后悔的就是这件事。"王朔说："祸患没有比杀死已投降的人更大的了，这也就是将军得不到封侯的原因。"

又过了两年，大将军卫青、骠骑将军霍去病率军大举出征匈奴，李广多次请求参战。皇帝认为他年岁已高，没有答应；但李广总是一再请战，皇帝终于应允，任命他为前将军。这一年是元狩四年。

不久，李广随大将军卫青出征匈奴，出边塞以后，他们从俘虏口中得知单于住的地方。卫青自己带领精锐部队去捉拿单于，而命令李广部下与右将军的队伍合并，从东路出击。东路有些迂回绕远，而且缺水少草，不利于并队行进。李广亲自向卫青请求说："我是前将军，如今大将军让我改从东路出兵；况且我从刚成年时就与匈奴打仗，直到今天好不容易有机会碰上单于，我愿做前锋，先和单于决一死战。”大将军卫青曾暗中受到皇上的告诫，认为李广年老，命数不佳，不能让他与单于对阵，否则恐怕不能实现俘获单于的愿望。那时卫青的好友公孙敖刚刚丢掉了侯爵，任中将军，随从大将军卫青出征，大将军也想让公孙敖跟自己一起与单于对阵，所以打定主意把前将军李广调开。李广当时也知道内情，所以一再请求大将军收回调令。大将军不答应他的请求，干脆命令长史写文书发到李广的幕府，并催促李广说："赶快到右将军部队中去，照文书上写的办。”李广心里恼怒，没有向卫青辞别就领兵与右将军赵食其合兵，从东路出发。右路军没有向导，有时迷失道路，结果落在大将军之后。大将军与单于交战，单于见形势不利逃跑了，卫青没有捉到单于只好收兵。大将军率部向南渡过沙漠，才遇到了前将军和右将军。李广谒见大将军之后，回到自己军中。大将军派长史带着干粮和酒送给李广，向李广和赵食其询问迷路的情况，并向皇帝上书陈述此次活捉单于失利的军情。李广置之不理。大将军派长史责令李广部下前去受审对质。李广说："我的部下没有罪，是我自己迷失道路，我现在亲自到大将军幕府去受审对质。”

到了大将军幕府，李广对他的部下说："我从刚成年起与匈奴交战，已经打过大小七十多仗，如今有幸跟随大将军出征，好不容易碰上单于军队，可是大将军偏偏调我的部队去走一条迂回绕远的路，而我军不幸迷路，这难道不是天意吗！我已六十多岁了，无论如何我也不能再与那些刀笔吏们对质了。”说完拔刀自刎了。李广军中的所有将士都为之痛哭。百姓听到这个消息，不论认识的不认识的，男女老少都为李广落泪。右将军赵食其接受审判，应判为死罪，他出钱赎罪，降为平民。

李广有三个儿子，名叫李当户、李椒和李敢，都做过汉武帝的侍卫官。有一次，汉武帝和宠臣韩嫣戏耍，韩嫣有些失礼的举动，李当户立即去阻止韩嫣，把韩嫣打跑了。汉武帝很欣赏李当户的勇敢。当户死得早，皇帝封李椒为代郡太守，兄弟二人都比李广先死。当户有个遗腹子，名叫李陵。李广在军中自杀时，李敢在骠骑将军霍去病军中任职。李广死后第二年，其官至丞相的堂弟李蔡，被“加罪”侵占景帝陵园范围内的土地，应送交法吏查办，李蔡不愿对簿公堂，也选择自杀，他的封号和领地都被废除了。李敢以校尉官职随从骠骑将军出击匈奴左贤王，奋力作战，夺得左贤王的战鼓和军旗，斩获很多敌首，因而被赐封为关内侯，封给食邑二百户，接替父亲李广任郎中令。不久，李敢因为怨恨大将军卫青使父亲饮恨而死，寻机打伤了大将军，大将军因为心里有鬼，没有声张。又过了不久，李敢随从皇上去雍县的甘泉宫狩猎。卫青的外甥骠骑将军霍去病借机射死了李敢。霍去病当时正受汉武帝盛宠，皇上就隐瞒真相，说李敢是被鹿撞死的。又过了一年多，霍去病死了。李敢有个女儿在太子宫中，很受宠爱，李敢的儿子李禹也受太子宠爱，但他贪财好利，从此李氏家族日渐衰败了。

李陵长大以后，被选任为建章营的监督官，监管建章营的骑兵。李陵擅长射箭，爱护士兵。皇帝认为李家世代为将，因而让李陵率领八百骑兵，深入匈奴境内两千多里，穿过居延海探测地形，李陵没有遭遇匈奴军队，平安返回。后被封为骑都尉，统率丹阳籍的五千楚兵，驻守酒泉、张掖，教他们射箭，防备匈奴。

几年后，到天汉二年秋天，贰师将军李广利率领三万骑兵在祁连山进攻匈奴右贤王，武帝派李陵率领他的五千步兵，出居延海以北千余里，想用此法分散匈奴的兵力，以免匈奴集中兵力对付贰师将军。到了预定期限，李陵领兵回返，被单于八万大军包围。李陵军队只有五千人，箭射光了，士兵死了大半，但他们杀伤一万多匈奴人。李陵领军且战且退，一连战斗了八天，退到居延海一百多里的地方，被匈奴兵拦堵在狭窄的山谷中，截断了归路。李陵军队粮草断绝，救兵也不到，匈奴趁势加紧进攻，并劝诱李陵投降。李陵说：“我没脸面再回去见皇帝了！”于是投降了匈奴。他的军队几乎全军覆没，只有四百多人逃回了汉朝。

单于得到李陵之后，因早就听说过李氏家族的名声，又佩服李陵作战勇敢，就把自己的女儿嫁给李陵，使李陵非常显贵。汉朝听闻李陵投降匈奴，就把李陵的母亲妻儿等全家人斩尽杀绝。从此以后，李家名声败落，陇西一带曾在李氏门下的宾客，都以此为耻辱。

太史公说：《论语》里说："自己行为端正，不下命令，别人也会执行；自身行为不正，即便下命令也无人听从。"这就是说的李将军吧。我所看到的李将军，谦逊诚实得像个乡下人，不善言辞。可在他死了之后，天下人不论认识他的还是不认识他的，都为他哀伤。难道不是他的忠实品格使得士大夫们信服吗？俗话说："桃树李树不会讲话，树下却自然被踩出一条小路。"这话虽然说的是小事，但可以说明一个大道理呀。

（羽　渊　译）

《史记》卷一百一十　匈奴列传第五十

匈奴的祖先是夏禹的后代，叫淳维。唐尧、虞舜以前有山戎、猃狁、荤粥，居住在北方的蛮荒之地，随着放牧的地点而迁移。他们饲养的牲畜多数是马、牛、羊，特产是骆驼、驴、骡、驶騠、騊駼、驒騱。哪里水草茂盛他们就迁徙到哪里，没有城郭和经常居住的地方，不事农耕，但也各自有分占的草地。他们没有文字和书籍，只是用言语来约束人们的行为。儿童能骑羊，拉弓射击鸟、鼠，年龄大些的，就能射击狐兔，用作食物。成年男子都能拉弓，全都披挂铠甲，骑着战马。匈奴的风俗是，平常无战事时，则随人家放牧，以射猎飞禽走兽为生；形势紧急时，则人人练习攻战本领，以便侵袭掠夺，这是他们的天性。他们的长兵器有弓和箭，短兵器有刀和矛。形势有利就进攻，不利就后退，不以逃跑为耻。只要有利可得，就不管礼义是否允许。自君王以下，都吃畜肉，穿兽皮，披毡毯。强壮的人吃肥美食物，老年人则吃剩余之物。他们尊重健壮之人，轻视老弱病残。父亲死了，儿子则以后母为妻；兄长死了，弟弟就娶嫂子为妻。匈奴人的风俗是有名字却不讲避讳，没有姓和字。

夏朝衰落后，公刘失去了世袭的农官，他们改用了西戎的风俗，在豳地建起都邑住了下来。三百多年以后，戎狄进攻太王亶父，亶父逃到岐山脚下，而豳地民众都跟随亶父来到岐山下，在此营造城邑，创建了周。又过了百余年，周西伯姬昌讨伐畎夷氏。十多年后，周武王讨伐商纣王，并营建洛邑，后又回到酆京、镐京居住，把戎夷驱逐到泾水和洛水以北，让他们按时向周进贡，这种关系叫作“荒服”。过了二百余年，周朝政治衰微，周穆王讨伐大戎，只获得四条白狼和四只白鹿就回来了。从此以后，荒服的戎夷之人不再来镐京进贡。于是周朝就制定了《甫刑》的法令。穆王以后的二百余年，周幽王因为宠幸褒姒，与申侯有了仇怨。申侯动怒，就和犬戎一起在骊山之下攻击并杀死了周幽王，犬戎夺得了周朝的焦获之地，居住到泾水和渭水之间，大肆侵犯中原。秦襄公援救周朝，于是周平王离开了酆京、镐京，向东迁徙到洛邑。就在这时，秦襄公攻打犬戎来到岐山，从此被封为诸侯。又过了六十五年，山戎越过燕国来攻打齐国，齐釐公同山戎在齐国城外交战。其后四十四年，山戎攻打燕国。燕国向齐国告急，齐桓公北上讨伐山戎，山戎逃跑。又过了二十多年，戎狄来到洛邑，攻打周襄王，襄王逃到郑国的氾邑。最初，周襄王想讨伐郑国，所以娶了戎狄的女子做王后，同戎狄之兵共同征讨郑国。不久，周襄王废黜了狄后，狄后怨恨；襄王的后母叫惠后，有个儿子叫子带，想立他为王，于是惠后同狄后、子带为内应，为戎狄打开城门，因此戎狄得以进城，驱逐了周襄王，而立子带为天子。于是戎狄就内迁到了陆浑，东部到达了卫国边境，更加严重地侵犯虐害中原百姓。中原人痛恨他们，所以《诗经》有诗提及“打击戎狄”，“讨伐猃狁，到达大原”，“出动军车，战马盛多，在北方筑城”。周襄王在外住了四年，才派使者向晋国告急。当时晋文公刚刚即位，意欲创建霸业，就发兵讨伐并驱逐了戎狄，杀死了子带，迎回了周襄王，让他居住在洛邑。

这个时候，秦、晋都是强国。晋文公赶跑的戎狄，退居在黄河以西的圁水、洛水之间，称为赤狄、白狄。秦穆公得到由余的帮助，西戎八个国家都臣服于秦国，所以从陇地往西有緜诸、绲戎、狄、豲等戎族，岐山、梁山、泾水、漆水以北，有义渠、大荔、乌氏、朐衍等戎族。而晋国北部有林胡、楼烦等戎族，燕国北部有东胡和山戎。他们都分散居住在溪水山谷里，各有自己的首领。常常相聚在一起的有一百多个戎族部落，但都不能相互统一。

此后，过了一百多年，晋悼公派魏绛与戎狄讲和，戎狄皆朝见晋国。又过了一百多年，赵襄子越过句注山，吞并了代地，逼近了胡人和貉人居住的地区。这以后，赵襄子与韩、魏共同消灭了智伯，而后瓜分了晋国并占有了它的领土。这样，赵国就占有了代地与句注山以北的土地，魏国则占有了河西与上郡，因此就都和戎族相接壤。后来，义渠的戎族修建城郭来守卫自已的领地，而秦国则逐渐蚕食他们的领土，到了秦惠王时，攻取了义渠的二十五座城。秦惠王攻打魏国，魏国把西河和上郡都划给了秦国。秦昭王时，义渠戎王与宣太后淫乱通奸，生下两个孩子。宣太后将义渠戎王骗至甘泉宫将其杀害，随后起兵讨伐并消灭了义渠。从此，秦国占有了陇西、北地和上郡，修筑了长城以抵御匈奴。而赵武灵王也改变风俗，穿起胡服，练习骑马射箭，打败了北方的林胡、楼烦。赵国也从代地沿阴山直到高阙修筑了长城，建起关塞，设置了云中郡、雁门郡和代郡。后来，燕国有位贤能的将领叫秦开，到胡人那里做人质，胡人特别信任他。他回到燕国后，率兵袭击东胡，迫使东胡后退千余里。同荆轲一起去刺杀秦王的秦舞阳，就是秦开的孙子。燕国也修筑了长城，从造阳修到襄平。设置了上谷、渔阳、右北平、辽西、辽东等郡，来抵御胡人。这时候，华夏地区的大国共有七个，而其中三个和匈奴临界。后来李牧当赵国将军时，匈奴不敢入侵赵国的边境。后来，秦朝消灭了六国，秦始皇便派蒙恬领十万大军向北攻打匈奴，悉数收复了黄河以南的土地。以黄河为边塞，在黄河边修起了四十四座县城，迁徙罪犯到这里居住，充实这些县城。又修起直道，从九原直到云阳，在山边、险要的沟堑、溪水山谷等可以修缮的地方筑起了城池，西起临洮，直达辽东，长达万余里。又渡过黄河，占据了阳山、北假中一带。

此时，东胡和月氏都很强盛。匈奴的单于叫头曼，头曼被秦打败，向北迁徙。过了十多年，蒙恬去世，诸侯背叛了秦国，中原混乱，那些被秦派守边疆的罪犯也都逃离了边境，于是匈奴得到了宽缓之机，又渐渐渡过黄河，回到了过去与中原地区相邻的旧边界。

单于有位太子叫冒顿。后来单于所爱的阏氏生了个小儿子，单于想废掉冒顿而立小儿子为太子，于是就让冒顿到月氏去做人质。冒顿在月氏当人质时，头曼却猛烈攻打月氏。月氏想杀死冒顿，冒顿则偷了月氏的良马，骑着它逃回了匈奴。头曼认为冒顿很勇猛，就命令他统领一万骑兵。冒顿创造了一种响箭，用响箭训练他的部下，下令说："我的响箭射向哪里，你们就要跟着射，不听命令的就斩首。"他首先射猎鸟兽，有人不射响箭所射的目标，冒顿就把他杀了。不久，冒顿以响箭射击自己的良马，左右将士有不敢射的，冒顿立即杀了他们。过了些日子，冒顿又用响箭射向自己心爱的妻子，左右将士有的感到恐慌，不敢射击，冒顿又把他们杀了。过了些日子，冒顿出去打猎，用响箭射击单于的良马，左右将士都跟着射。于是冒顿知道他的左右都是可用之人。他跟随父亲单于头曼去打猎，用响箭射击头曼的头，他的左右也都跟随响箭射死了单于头曼。接着冒顿又把他的后母及弟弟和不服从的大臣全部杀死，冒顿自立为单于。

冒顿当了单于后，这时东胡很强盛，听说冒顿杀父自立，就派使者对冒顿说，想得到头曼的那匹千里马。冒顿问群臣的意见，群臣都说："千里马是匈奴的宝马，不要给东胡。"冒顿说："跟人家做邻居，怎么能吝惜一匹马呢？"于是就把千里马给了东胡。过了不久，东胡以为冒顿怕他，就派使者对冒顿说，想要单于的一个阏氏。冒顿又询问左右之臣，左右大臣皆发怒说："东胡没有道理，竟然想要大王的阏氏！请出兵攻打他。"冒顿说："与人为邻，怎能吝惜一个女人呢？"于是就把自己喜爱的阏氏送给了东胡。东胡王愈来愈骄纵，向西进犯侵扰。东胡与匈奴之间有一块千里无人居住的中间地带，双方都在这空地的两边修起哨所。东胡派使者对冒顿说："匈奴与东胡之间有千余里无人居住的中间地带，是你们匈奴不能到达的地方，我们想占有它。"冒顿征求群臣意见，群臣中有人说："这是被丢弃的空地，给他们也可以，不给他们也可以。"于是冒顿大怒，说："土地，是国家的根本，怎么可以给他们！"那些说的把空地给东胡的人都被杀了。冒顿上马，命令全国青壮年都要去讨伐东胡，后退者斩首，于是向东袭击东胡。东胡最初轻视冒顿，因此没有防备。等到冒顿领兵到来，一开战就大败东胡，消灭了东胡王，而且俘获了东胡的百姓和牲畜。冒顿归来后，又打跑了西边的月氏，向南吞并了楼烦和白羊，完全收复了当年蒙恬夺走的土地，与汉朝以原来的河南塞为界，直到朝那和肤施两地，并继续侵犯燕国和代地。这时汉军正与项羽相抗争，中原地区无力对外用兵，因此冒顿趁机强大起来，有三十余万能拉弓射箭的军队。

从淳维到头曼中间有一千多年，匈奴势力时强时弱，经常离散分化，因为时间太久远了，所以他们的世系没有办法排列。但是到了冒顿当单于时，匈奴势力最强大，使北方夷人完全服从他的统治，而与南方的中国成为敌国，此后，他们的世系、官制等才能被记录下来。

匈奴设置了左、右贤王，左、右谷蠡王，左、右大将，左、右大都尉，左、右大当户，左、右骨都侯等官位。匈奴人把"贤"称为"屠耆”，所以常常以太子为左屠耆王。从左、右贤王以下直到当户，官职大的拥有万名骑兵，小的也有数千骑兵，共有二十四位长官，名号定为“万骑”。诸位大臣的官职是世袭的。呼衍氏、兰氏，后来又有须卜氏，这三姓是他们的贵族。凡是称“左”的各位王和将都住在东方，对着汉朝的上谷郡及其以东地区，东边与秽貉和朝鲜接壤。称“右”的王和将则居住在西方，对着汉朝的上郡及其以西地区，西边与月氏、氐、羌接壤。而单于的王庭则正对着汉朝的代郡和云中郡。诸王各有自己的分封地，他们随着水草而迁徙。左、右贤王和左、右谷蠡王的封地是最大的，左、右骨都侯辅佐单于治国。二十四长官也各自设置千长、百长、什长、裨小王、相封、都尉、当户、且渠等官职。

每年正月，各部首领在单于王庭举行小会，进行祭祀。五月，在茏城举行大会，祭祀祖先、天地和鬼神。秋天，马肥之时，在蹛林举行大会，核对和计算人口与牲畜的数目。匈奴的法律规定，有意杀人并将刀剑拔出刀鞘一尺的就判死刑；犯盗窃罪的没收他全家的财产；犯罪轻者判斩断关节，重者处死。坐牢最久者不超过十天，全国的犯人不过几人而已。单于在早晨要走出营地，去拜初升的太阳，傍晚则拜月亮。就坐时，年长的在左边，而且要面朝北方。他们把“戊日”和“己日”视为吉日。他们安葬死者，有棺椁、金银和衣裘，但却没有坟和树以及丧服。王侯贵族死后，他的近臣和宠妾要陪葬，多的有数十人或上百人。准备打仗时，要先观察星月，月圆就进攻，月亏就退兵。在征战时，谁杀死一个或俘虏一个敌人，就赏赐一杯酒，所缴获的战利品也分给他们，抓到的人也给他们充做奴婢。所以在打仗时，每个人都想为自己夺取更多的利益。他们善于以小部队诱敌深入，而以大部队包围敌人。所以他们见到有利可图时，就一拥而上，如同鸟儿为了吃食而飞集到一处；如果遇到危难失败，队伍就会瓦解，如烟消云散。战争中谁能将战死同伴的尸体运回来，就可得到死者的家产。

后来，冒顿又征服了北方的浑庾、屈射、丁零、鬲昆、薪犁诸国。于是匈奴的贵族、大臣都很服气，认为冒顿单于是贤主。

这时，汉朝刚刚统一了中国，把韩王韩信改封到了代地，建都马邑。匈奴重兵包围马邑，韩信投降了匈奴。匈奴得到了韩信，于是率兵向南越过了句注山，攻打太原，直到晋阳城下。高祖亲自领兵前去迎击匈奴，正遇上天寒地冻下大雪，士兵冻掉手指的有十分之二三。这时，冒顿假装失败逃跑，引诱汉军追击。汉军追赶冒顿，冒顿将精锐军队埋伏起来，只让汉人看到一些老弱残兵。于是高祖率领全部军队三十二万人，向北追击匈奴。高祖首先到达平城，但步兵大队还未全到，冒顿指挥他的四十万精锐骑兵，在白登山把高祖包围了起来，七天之内，被包围的汉军得不到粮草供给。匈奴的骑兵，在西方的全是白马，在东方的全是青马，在北方的全是黑马，在南方的全是红马。高祖就派使者秘密地送给阏氏很多礼物，阏氏就对冒顿说："两国的君王不能相互逼得太甚。即使得到汉朝的土地，单于终究也是无法在那里居住的。而且汉王也有神相助的，希望单于认真考虑这件事。"冒顿本与韩信的将军王黄和赵利约定会师的日期共同攻打刘邦，但王黄与赵利的军队迟迟未到，冒顿怀疑他们同汉军有密谋，就采纳了阏氏的建议，解除了包围圈的一角。于是高祖命令士兵都拉满弓，箭上弦，面朝外，从冒顿解围的那个通道一直冲出来，最后同汉朝大军相会合。冒顿于是领兵北去。高祖率兵归来后，派刘敬到匈奴缔结了和亲的盟约。

此后，韩信成了匈奴的将军，他同赵利、王黄屡次违背汉与匈奴所订的盟约，侵扰掠夺代郡、云中郡。没过多久，汉朝将军陈豨谋反，又与韩信合谋进攻代地。汉朝派遣樊哙前去讨伐，重新收回了代郡、雁门郡和云中郡，但没有越过边塞追击。这时，投降匈奴的汉朝将领较多，在他们的带领下，冒顿经常侵扰代郡。汉朝对此感到忧虑，高祖就派刘敬送汉朝皇族的公主去给单于当阏氏，每年还奉送给匈奴一定数量的棉絮、缯、酒、米和食物，相互结为兄弟，冒顿才稍微收敛了侵扰活动。后来，燕王卢绾造反，率领他的同党数千人投降了匈奴，又往来侵略上谷郡以东的地区。

高祖去世后，孝惠帝、吕太后时期，汉王朝刚建国不久，所以匈奴显得很骄傲。写信给吕太后，尽是狂妄之语。吕太后想攻打，诸位将军说："凭着高祖的贤明和武功，尚且在平城被围困。"于是吕太后只好作罢，又与匈奴和亲。

孝文帝刚刚继位时，继续推行和亲之事。孝文帝三年的五月，匈奴右贤王住到了黄河以南，侵扰掠夺在边塞小城归顺汉朝的蛮夷，屠杀抢掠人民。于是，孝文帝下令让丞相灌婴发车骑兵八万五千人，前往高奴，攻打右贤王。右贤王逃至塞外。汉文帝亲到太原时，济北王造反，文帝就回到京城，撤回了丞相所率的军队。

第二年，单于送给汉朝一封信说："上天所立的匈奴大单于恭敬地问候皇帝平安。前些时候，皇帝说过和亲的事，与信中所写的意思相合，双方都很高兴。汉朝边境的官吏侮辱右贤王，右贤王没有请示，听信了后义卢侯难氏等人的计谋，与汉朝官吏发生冲突，破坏了两国缔结的条约，损害了汉与匈奴的兄弟般的亲密关系。皇帝写来责备匈奴的书信，我们已派出使者送信报告情况，结果使者被汉朝扣留未归，而汉朝的使者也不到匈奴来解释。汉朝不与匈奴修好，我们也无心归附。如今因为小官吏破坏了和约的缘故，我惩罚了右贤王，派他到西边攻打月氏。靠上天的福佑，加之将士精良，战马强壮，现已消灭了月氏，把反抗不服的全部杀死，并降服了一般百姓。随后又平定了楼兰、乌孙、呼揭和旁边的二十六个国家，使他们都成了匈奴的臣民，使善于骑射的人们合成一家。北方已经安定，我们愿意停战，休养兵士，喂养马匹，消除前嫌，恢复旧约，以使边疆百姓得到安宁，顺应匈奴与汉人从古以来的友好关系，使少年人能够长大成人，老年人能够安度晚年，世世代代，和平安乐。我们尚不知皇帝的心意，所以派郎中系雩浅呈送书信请示皇上，并献上骆驼一匹，战马两匹，驾车之马八匹。皇帝如果不希望匈奴靠近汉朝的边塞，那么您也应该诏告官吏百姓居住到远离我们边塞的地方。使者到达后，请即刻让他回来。"六月中旬，匈奴使者来到薪望。书信送到后，汉朝就商议攻打和和亲两种政策哪种更有利。公卿们都说："单于刚打败月氏，正处在势头上，不能打，况且匈奴的土地都是低洼盐碱地，不能居住。还是和亲比较有利。"于是汉朝答应了匈奴的请求。

孝文皇帝前元六年，汉朝给匈奴回信说："皇帝敬问匈奴大单于平安，郎中系雩浅送给我的信中说：'右贤王没请示单于，听信了后义卢侯难氏等的计谋，破坏了匈奴和汉朝国君的和约，离间了兄弟般的亲密关系，汉朝因此不肯与我们和解，邻国也不能为附。如今因为小官吏破坏了和约，所以罚右贤王让他到西边去攻打月氏，平定了他们。愿意停战，休养士卒，喂养马匹，消除前嫌，恢复旧约，以使边疆百姓得到安宁，顺应匈奴与汉人从古以来的友好关系，使少年人能够长大成人，老年人能够安度晚年，世世代代，和平安乐。’我很赞成这一主张，这是古代圣明君主的心意。汉朝和匈奴缔结和约，结为兄弟，所以一向送给匈奴非常丰厚的礼物。违背和约、离间兄弟般的亲密关系的却常常是匈奴。但是右贤王的事已经出现在大赦之前，单于就不要深责了。单于如果同意我所说的，就该明确告知各位官吏，让他们不要违背和约。言而有信，就如单于在信中所说。使者说，单于亲征有功，却甚为战争而苦恼。现送上绣袷绮衣、绣袷长襦、锦袷袍各一套件，比余一个，黄金装饰的衣带一件，黄金带钩一件，绣花绸十匹，锦缎三十匹，赤绨和绿缯各四十匹，派中大夫意、谒者令肩赠送给单于。”

不久以后，冒顿去世，他的儿子稽粥即位，叫作老上单于。

老上单于刚刚继位，孝文皇帝又派遣皇族公主去做单于的阏氏，让宦官燕国人中行说随行。中行说不愿去，汉朝强迫他去。他说：“一定让我去，我将成为汉朝的祸患。”中行说到达后，就投降了单于，单于特别宠信他。

最初，匈奴喜欢汉朝的丝绸和食物，中行说说：“匈奴的人口总数，抵不上汉朝的一个郡，然而所以强大，就在于衣食与汉人不同，不必依赖汉朝。如今单于改变风俗而喜欢汉朝的衣物食品，汉朝拿他们总物产不到十分之二的份额，就可以把匈奴收买了。应该把从汉朝得到的绸缎做成衣裤，穿上它在杂草棘丛中驰骋，让衣裤破裂损坏，以此表明汉朝的绸缎不如匈奴的毡衣皮裘坚固完美。把从汉朝得来的食物都丢掉，以此显示它们不如匈奴的奶酪方便味美。”接着中行说教单于身边的人们记事记账的方法，以核算记录匈奴的人口、牲畜和财产的数目。

汉朝给单于写信，简牍长一尺一寸，里面写道“皇帝敬问匈奴大单于平安”，以及赠送的礼品和所说的话等等。中行说则让单于用一尺二寸的简牍写信给汉朝皇帝，并且把印章和封泥的尺寸都加长加宽，用语也很傲慢：“天地所生、日月所安置的匈奴大单于恭敬地问候汉朝皇帝平安。”也注上了匈奴赠送汉朝的东西及所说的话。

汉朝使者中有人说：“匈奴的风俗是轻视老年人。”中行说诘问汉朝使者说：“按汉朝风俗，凡有当兵被派去戍守疆土的，他们的老年父母难道有不省下来暖和的衣物和肥美的食品，为他们送行的吗？”汉朝使者说：“是这样。”中行说说：“匈奴人都知道战争是重要的事，年老体弱的人不能打仗，所以把肥美的食物给壮健的人吃，目的是为了保卫自己，这样，父亲和儿子才能都得到安全幸福，怎么可以说匈奴人轻视老年人呢？”汉朝使者说：“匈奴人父子同睡一个毡房，父亲死后，儿子竟以后母为妻；兄长死后，弟弟就娶嫂子为妻，不戴帽子、不系腰带，缺少君臣礼节。”中行说说：“匈奴的风俗是，人人吃牲畜的肉，喝牲畜的乳汁，用它们的皮做衣服穿；而牲畜吃草喝水，随着季节的推移而转换地点。匈奴人在急迫之时，就人人练习骑射，在时势宽松的时候，人人都欢乐无事，他们受到的约束很少，容易做到。君臣之间的礼节也简便易行，一个国家的政务，就像一个人的身体一样。父兄死了，儿子或弟弟就要娶后母或嫂子为妻，这是害怕种族的消失。所以匈奴虽然伦常混乱，但却一定要立本族的子孙。如今中国人虽然假装正派，不娶他的父兄的妻子做老婆，可是亲属关系却越来越疏远，而且相互残杀，甚至改朝易姓，都是由于这类缘故造成的。况且礼义的弊端，容易使君王臣民之间产生怨恨，而且大力修造宫室房屋，必然使民力耗尽。老百姓努力耕田种桑只求衣食满足，修筑城郭只求保卫自己，所以百姓在国家危急时也不去练习攻战本领，在和平时期却又被劳作搞得很疲惫。唉！住在房屋里的汉人啊，本来就没必要多费口舌，伶牙俐齿，喋喋不休，你们这些戴帽子的人究竟能干什么呢？”

此后，汉朝使者中有想辩论的，中行说就说：“汉朝使者不要多说话了，只要记住汉朝送给匈奴的缯絮米糵，务必保证数量足、质量好就行了，何必要说话呢？供给匈奴的东西一定要齐全完美，否则等到庄稼成熟时，匈奴就会骑着马践踏你们成熟待收的庄稼。”中行说日夜教导单于等待有利的进攻时机和地点。

汉文帝十四年，匈奴单于率领十四万骑兵攻入朝那、萧关，杀死了北地都尉孙卬，劫走了众多百姓和牲畜，向南到达彭阳，并派骑兵烧毁了回中宫。匈奴骑兵侦察到达雍地的甘泉宫。于是汉文帝任命中尉周舍、郎中令张武为将军，派出千辆兵车，十万骑兵，驻守在长安旁边，以防御匈奴的侵犯。同时又任命昌侯卢卿为上郡将军，宁侯魏遬为北地将军，隆虑侯周灶为陇西将军，东阳侯张相如为大将军，成侯董赤为前将军，派出了大量兵车和骑兵去攻打匈奴。匈奴单于待在汉朝边塞以内一个多月就离开了，汉朝兵马追出塞外不远就班师回朝，没能斩杀匈奴。匈奴一天比一天骄横，每年都闯入汉朝境内，杀害和掠夺百姓和牲畜，云中郡、辽东郡受害最为严重，加上代郡共有一万余人被杀掠。汉朝对此深感忧虑，就派使者给匈奴送去一封信，单于也派遣当户来汉送信，以表答谢之意，双方再次商量和亲之事。

孝文帝后元二年，派使者给匈奴送信说："皇帝敬问匈奴大单于平安。你派当户且居雕渠难、郎中韩辽送给我的两匹马，已经到达，敬蒙盛情。先帝有规定：长城以北，是骑马弯弓的国家，归单于统辖；长城以内，是戴冠束带者的家室，我受命治理。要让万民百姓种地、织布、射猎而获得衣食，使父子不相分离，君主臣民相互安心，没有暴虐和叛逆之事。如今我听说邪恶之徒贪图掠取的利益，背信弃义，置千万百姓的生命于不顾，离间两国君主的友谊，但这些都是以前的事情了。你在信中说：'两国既已和亲，两国君王都高兴，停战，休养士卒，喂养马匹，世代昌盛和乐，安定友好，重新开始。'我很赞同。圣人天天都能有新的进步，改正不足，重新开始，使老年人得到安养，年幼的人能够成长，每个人都能平安度过一生。我和单于都这样做，顺应天意，安抚百姓，世世代代相传，永远延续下去，天下之人都会受益匪浅。汉朝同匈奴是地位平等的邻国；匈奴地处北方，天气寒冷，肃杀之气到来较早，所以我命令官吏每年将一定数量的秫蘖、金帛、丝絮和其他物品送给单于。如今天下安宁，万民和乐，我和单于是两国百姓的父母。我回想起从前的矛盾，都是些微末小事，都是谋臣失策所致，都不足以离间我们的兄弟之情。我听说天地无私，从不偏袒厚待谁。我和单于都要捐弃前嫌，循正理而行事，消除仇怨，以两国的长远利益为重，使两国人民亲如一家。善良的天下万民，水中的鱼鳖，天上的飞鸟，一切用脚走路、用嘴喘气的各种动物，无一不是追寻安全、躲避危险的。新事物总会依次来临，这是天经地义的道理。往事一概不究，我免除逃往匈奴的汉人的罪责，单于也不必再追究逃往汉朝的章尼等人。我听说古代帝王们订立条约，条款分明，从不食言。希望单于留心盟约，天下定会特别安宁，和亲以后，汉朝不会再出现类似先前的失误。请单于明察此事。”

单于与汉朝签署和亲盟约后，汉文帝就诏令御史说："匈奴大单于送给我的信中说，和亲已定，战争不足以增加民众和扩大土地，今后匈奴人不再擅闯边塞，汉朝人也不要走出边塞，违犯现今条约的就处死，这就可以长久保持亲近友好的关系，今后不再产生祸患，对双方都有利。我已答应了他的要求。现在昭告天下，让百姓都知道此事。”

过了四年，老上单于去世，他的儿子军臣继位。军臣单于继位后，孝文帝再次与匈奴和亲。而中行说仍然侍奉军臣单于。

军臣单于继位四年，匈奴又破坏和亲，大举进攻上郡、云中郡，派出三万骑兵，大肆烧杀抢掠。汉朝派出三位将军，分别驻军北地、句注和飞狐口，沿着边塞之地也派兵驻守，以防匈奴的入侵。又派三位将军率兵驻守细柳、棘门和霸上，以防御匈奴。匈奴骑兵侵入代地句注边界，报警的烽火一直传到甘泉和长安。几个月后，汉朝兵马抵达边境，匈奴离开边塞远去，汉朝的军队也就作罢。此后一年多，孝文帝去世，孝景帝继位，赵王刘遂暗中派人与匈奴勾结。吴楚叛乱时，匈奴曾想同赵国联合，入侵汉朝。后来，汉王朝攻破赵国，匈奴也就停止了入侵的举动。从此以后，孝景帝又与匈奴和亲，互通关市，送给匈奴礼物，送公主下嫁，按以前的盟约行事。直到孝景帝去世，匈奴对汉朝虽然时有小的侵扰，却没有大的侵掠行动。

当今皇帝汉武帝继位，重新申明和亲的约定，宽待匈奴，互通关市，赠送了大量财物。匈奴从单于到平民都亲近汉朝，往来于长城脚下。

汉朝派马邑城的商人聂翁壹故意违犯禁令，运出货物同匈奴交易，佯称出卖马邑城以引诱单于。单于信以为真，为了获得马邑城的财物，就派十万骑兵侵入武州边塞。这时，汉朝在马邑城附近埋伏下三十余万精兵，御史大夫韩安国担任护军，四位将军准备伏击单于。单于进入汉朝边塞后，离马邑城尚有一百余里时，只看到牲畜遍野却无放牧之人，颇感奇怪，就去攻打汉朝的侦察哨所。这时，雁门郡的尉史正在巡逻，看到匈奴来攻，就躲进了侦察哨所，他知道汉军正准备伏击匈奴。单于捉到了尉史，想杀死他，尉史便向单于报告了汉军的埋伏计划。单于大惊说："我本来就怀疑有诈。"于是率兵而回。出塞后，单于对尉史说："我得到你，是天意，是上天让你向我报告的。"于是就封尉史为"天王"。汉军原本是想等单于进入马邑城后，再发起总攻，如今单于未到马邑就撤回了，所以汉军一无所获。汉朝将军王恢原本是受命从代郡攻击匈奴的辎重，但听说单于大军已回，兵卒多，因而不敢出击。汉朝认为王恢本是这次伏击战的谋划者，结果没有进攻，因而杀了王恢。从此以后，匈奴断绝了与汉朝的和亲关系，攻击直通要道的城障，常常侵入汉朝边境抢掠，次数多得无法计算。但匈奴很贪婪，还是喜欢与汉朝互通关市，非常喜欢汉朝的财物，汉朝也仍然与之开放边境贸易，来迎合匈奴。

马邑事件之后的第五年秋天，汉朝派四位将军各率一万骑兵，在关市附近攻打匈奴。将军卫青率兵从上谷郡出发，到达茏城后，斩获匈奴七百余人。公孙贺率兵从云中郡出发，没有收获。公孙敖率兵从代郡出发，被匈奴打败，损失七千余人。李广率兵从雁门郡出发，被匈奴打败，李广被匈奴活捉，后来又逃回了汉朝。汉朝囚禁了公孙敖和李广，他们各自用钱把自己赎了出来，成为平民百姓。这年冬天，匈奴多次入边抢掠，渔阳郡受害尤其严重。汉朝派将军韩安国驻军渔阳郡以防御匈奴。

第二年秋天，匈奴两万骑兵侵入汉朝，杀死了辽西太守，掠走两千余人。匈奴又侵入渔阳，打败渔阳太守的军队一千多人，还把汉朝将军韩安国围困了起来。正当韩安国的一千多骑兵将要全部被歼之时，恰巧燕王的救兵赶到，匈奴才撤走。接着匈奴又侵入雁门郡，杀死和抢走了一千余人。于是汉朝派将军卫青率三万骑兵从雁门出发，李息率兵从代郡出发，同时攻打匈奴，斩获匈奴数千人。第二年，卫青又从云中郡出兵西进，直至陇西一带，在黄河以南地带大破匈奴属下的楼烦王和白羊王，斩获数千人，得到牛羊百余万头。于是汉朝收复了黄河以南地区，修筑了朔方城，又修缮了从前秦朝蒙恬所修建的长城，凭借黄河作为坚固的防线。汉朝也放弃了上谷郡的曲折僻远的造阳一带。这一年是汉武帝元朔二年。

第二年冬天，匈奴军臣单于去世。军臣单于的弟弟左谷蠡王伊稚斜打败了军臣单于的太子于单，自立为单于。于单逃走，投降了汉朝，汉朝封于单为涉安侯，但几个月后，他就去世了。

伊稚斜单于继位后的这年夏天，匈奴数万骑兵攻入代郡，杀死了太守恭友,掠走了一千余人。当年秋天,匈奴又攻入雁门,杀掠一千余人。第二年，匈奴又分别派遣三万骑兵攻入代郡、定襄、上郡，杀掠数千人。匈奴右贤王怨恨汉朝夺走了黄河以南的土地并修筑了朔方城，因而屡屡进犯，到边境抢掠，攻入朔方城，杀掠了众多官吏和百姓。

第二年春天，汉朝任卫青做大将军，统领六位将军，十余万大军，从朔方、高阙出发攻打匈奴。右贤王以为汉兵不可能到来，喝醉了酒，汉兵出塞前进了六七百里，在夜间包围了右贤王。右贤王大惊，脱身逃跑，许多精锐骑兵也都跟着离去了。汉朝俘虏了右贤王的部下一万五千人，裨小王十余人。这年秋天，匈奴一万骑兵攻入了代郡，杀死都尉朱英，抢掠一千余人。

第二年春天，汉朝又派遣大将军卫青率领六位将军和十余万骑兵，再次从定襄出发，前进数百里攻打匈奴，共杀死和俘获一万九千余人，而汉朝也损失了两位将军和三千多骑兵。右将军苏建得以脱逃，而前将军翕侯赵信战败，投降了匈奴。赵信本是匈奴的小王，投降汉朝，汉朝封他为翕侯，前将军与右将军两军合并，后又分别行军，结果遇上了单于的军队，全军覆没。单于得到赵信后，封他为自次王，并将自己的姐姐嫁给了他，同他商量如何对付汉朝。赵信让单于更加向北迁移，越过沙漠，以此引诱并消耗汉军，等他们极度疲劳时再攻打他们，而不要主动到汉朝边塞那里。单于采纳了他的计谋。第二年，匈奴一万骑兵攻入上谷郡，杀死数百汉人。

第二年春天，汉朝派骠骑将军霍去病率领一万骑兵从陇西出发，越过焉支山一千多里攻打匈奴，斩获匈奴一万八千余人，大破休屠王，获得了祭天金人。同年夏天，霍去病又同合骑侯率领数万骑兵从陇西、北地出发，前进二千余里攻打匈奴。经过居延，攻击祁连山，斩获匈奴三万余人，裨小王以下七十余人。这时，匈奴也侵入代郡、雁门郡，杀掠数百人。汉朝派博望侯张骞和李广将军从右北平出发，攻打匈奴左贤王。左贤王围困了李广，李广的兵卒约四千人，几乎都被歼灭，但李广的军队所杀匈奴人的数目超过了自己军队的损失。恰好博望侯的救兵赶到，李广得以逃脱。汉朝伤亡几千人。合骑侯公孙敖由于未按霍去病所规定的时间到达，他与博望侯张骞都被判为死刑，交付赎金后，成为了平民。

这年秋天，单于对浑邪王、休屠王居住西方而被汉朝杀掠数万人的事感到愤怒，想召见并处死他们。浑邪王与休屠王感到恐惧，合谋投降汉朝，汉朝派骠骑将军前去迎接他们。结果浑邪王杀了休屠王，合并了他的军队，投降了汉朝。总共四万余人，号称十万。汉朝自从接受浑邪王投降之后，陇西、北地、河西遭受匈奴的侵扰越来越少，就把关东的贫民迁移到刚从匈奴那里夺回的黄河以南的新秦中地区，充实这里的人口，并把北地以西的戍卒减少了一半。第二年，匈奴向右北平和定襄各派数万骑兵入侵，杀掠千余人而去。

第二年春天，汉朝群臣分析匈奴形势说："翕侯赵信向单于献计，让匈奴人到沙漠以北潜伏，认为汉朝军队不能到达，我们正好可利用其错觉而进攻匈奴。"汉军就用粟米喂马，调集十万骑兵，再加上自带军需随军出征的，共有十四万人，运输粮食和辎重的车马不算在内，命令大将军卫青和骠骑将军霍去病平分军队，大将军率兵从定襄出发，骠骑将军率兵从代郡出发，约定越过沙漠攻打匈奴。单于听到这一消息，把辎重运走，率精兵守候在漠北准备迎击。匈奴同大将军卫青的军队交战一天，日暮时分，狂风大作，汉军从左右两翼攻击单于。单于心想如此打下去必不能战胜汉军，于是他独自带领数百名健壮的骑兵，冲破了汉军的包围，向西北逃走了。汉军连夜追赶，没有追上。行进中共杀虏匈奴一万九千人，到达北边阗颜山赵信城后才收兵归来。

单于逃跑后，他的军队同汉军混战在一起，并设法追随单于。单于很长时间里与他的大队人马失去了联系，右谷蠡王以为单于死了，就自立为单于。后来单于又找到了他的大军，于是右谷蠡王就自动去掉了自封的单于称号，仍然为右谷蠡王。

汉朝骠骑将军霍去病从代郡出发，行进两千余里，与左贤王交战，汉军杀虏匈奴共七万多人，左贤王与部下都逃跑了。骠骑将军便在狼居胥山祭天，在姑衍山祭地，登高遥望瀚海而回师。

此后，匈奴远逃，大漠以南再没有了匈奴的大本营。汉军渡过了黄河，从朔方向西直到令居，四处修通沟渠，开垦田地，有官吏士卒五六万人，渐渐向北拓展疆域，地界接近匈奴旧地以北。

当初，汉朝两位将军出兵围攻单于，杀虏匈奴八九万人，而汉朝士卒也死了好几万，马匹死了十多万。匈奴虽因元气大伤而远去，但汉朝也因为马匹少，无法再去追击。匈奴采用赵信的计谋，向汉朝派遣使者，说好话请求和亲。皇帝让群臣商议，有人主张和亲，有人主张趁机让匈奴臣服于汉。丞相长史任敞说："匈奴刚刚遭受失败，处境困难，应当让他们做境外之臣，按时到边境上来朝拜皇上。"汉朝就派任敞出使匈奴，去见单于。单于听了任敞的陈述，大怒，将他扣留，不让他回汉朝。在此之前，汉朝也招降过匈奴使者，单于便扣留汉朝使者相抵偿。汉朝正要重新征集士卒兵马再次出击，不巧骠骑将军霍去病病逝，于是汉朝很长时间也没有北上攻打匈奴。

几年后，伊稚斜单于继位十三年后去世了，他的儿子乌维继位当了单于。这年，是汉武帝元鼎三年。乌维单于继位，皇帝开始出巡郡县。这以后汉朝忙于攻打南方的两越，没有进攻匈奴，匈奴也没有侵扰汉朝边境。

乌维单于继位三年时，汉朝已灭掉了南越，就派遣原来的太仆公孙贺率领一万五千骑兵从九原出发，行军二千余里，到达浮苴井才撤回，没看到一个匈奴人。汉朝又派遣原来的从骠侯赵破奴率领一万多骑兵从令居出发，行军几千里地，到达匈河水才撤回，也没看到一个匈奴人。

这时，皇帝巡视边境，到达朔方郡，统率十八万骑兵向匈奴示威，又派郭吉到匈奴向单于传话。郭吉到了匈奴，匈奴官员询问他出使的任务，郭吉谦卑礼貌，说了些好话，说："我见到单于再亲口对他说。"单于接见了郭吉，郭吉说："南越王的人头已经悬挂在汉朝京城的北阙之上。如今单于若敢前去与汉军交战，我们天子正亲自领兵在边境上等待你；单于要是不能前去，就应当向汉朝称臣。何必远逃，躲藏在漠北又冷又苦、缺少水草的地方，没有什么作为呢？”单于勃然大怒，立刻杀了允许郭吉进见的那位官员，扣留了郭吉，并把他迁移到北海边上。但单于最终还是不敢到汉朝边境去侵扰抢夺，只是休养生息，练习骑射，屡次派使者到汉朝，好言好语地请求和亲。

汉朝派遣王乌等去窥探匈奴的情况。匈奴规定，汉朝使者若不放弃旌节并用墨涂脸就不能进入毡帐。王乌是北地人，明白匈奴风俗，就放弃旌节，用墨涂面，所以进入了毡帐。单于喜爱他，向他说了些好话，谎称即刻就派太子到汉朝做人质，请求同汉和亲。

汉朝派杨信出使匈奴。这时汉朝在东边攻取了秽貉和朝鲜，并设置了郡，在西边设置了酒泉郡，隔断了匈奴和羌人的通路。汉朝又向西同月氏和大夏通好，把公主嫁给了乌孙王做妻子，以此离间匈奴和西方各国的关系。汉朝还向北扩大田地，直到胘雷，作为边塞，匈奴始终也没敢说什么。这一年，翕侯赵信去世了，汉朝的官员们以为匈奴已经衰弱，可以让其向汉称臣。杨信为人刚直倔强，又不是贵臣，单于很不看重他。单于召他进帐，但他不肯放弃旌节，单于就坐在毡帐外面接见杨信。杨信见到单于后，说：“若想和亲，就把单于太子送到汉朝当人质。”单于说：“这不符合以前盟约的规定。从前的盟约规定，汉朝常常派遣公主来匈奴，还送来一定数量的绸布、丝棉和食物，以此同匈奴和亲，匈奴因此不再骚扰汉朝边境。现在你们违反古时的盟约，让我的太子去当人质，这是不可能的。”按匈奴的惯例，如果汉朝使者不是宫中达官，而是儒生，就把他当成说客，便想法驳倒他的说辞；如果是少年，就认为他是来指责匈奴的，便设法挫败他的锐气。每次汉朝使者来到匈奴，匈奴总要派使者到汉朝。如果汉朝扣留匈奴使者，匈奴也扣留汉朝使者，总是以对等相待。

杨信回到汉朝后，汉朝又派王乌出使匈奴，单于用好话讨好他，想得到更多汉朝的财物，就欺骗王乌说：“我想到汉朝拜见你们的天子，缔结盟约，结为兄弟。”王乌归来后，向汉朝皇帝做了汇报，汉朝就在长安为单于修筑了官邸。匈奴说：“不见到汉朝达官充当的使者，我不同他说实话。”匈奴派其尊贵之人出使汉朝，得了病，汉朝为他用药，想治好他的病，可他不幸死去。汉朝使者路充国带着二千石的印信出使匈奴，顺便护送他的丧仪队伍，丰厚葬礼的费用价值几千斤金，说："这是汉朝的贵人。"单于认为汉朝杀死了自己的尊贵使者，就扣留了路充国，不让他回汉。单于所言，只是想欺骗王乌，根本不想到汉朝拜见天子，也不想派太子到汉朝当人质。于是匈奴屡次派兵突袭汉朝边境。汉朝任命郭昌为拔胡将军，与浞野侯驻扎在朔方以东，防御匈奴。路充国被扣留在匈奴的第三年，单于去世。

乌维单于继位十年就去世了，他的儿子乌师庐继位。因为乌师庐年龄小，称为儿单于。这一年是汉武帝元封六年。从此以后，单于进一步向西北迁移，左方军队到达云中郡，右方军队到达酒泉和敦煌郡。

儿单于继位后，汉朝派遣两位使者，一位吊唁单于，一位吊唁右贤王，想以此离间他们的君臣关系，使匈奴混乱。使者进入匈奴，匈奴人把他们全部带到了单于那里。单于大怒，把汉朝使者全部扣留。汉朝使者被扣留在匈奴的前后共有十多批，匈奴使者来到汉朝也被扣留，两方数量相当。

这一年，汉朝派贰师将军李广利向西讨伐大宛，而命令因杅将军公孙敖建造受降城。这年冬天，匈奴下了大雪，多数牲畜因饥寒而死去。儿单于年少，只喜欢杀人和打仗，匈奴人多半不安心。左大都尉想杀掉单于，私下派人告诉汉朝："我想杀死单于，投降汉朝，但汉朝遥远，如果汉朝派兵来迎我，我就立刻杀死单于。"汉朝听到这话，就修了受降城，天子还觉得城离匈奴遥远。

第二年春天，汉朝派浞野侯赵破奴率领两万多骑兵从朔方郡出发，向西北行军二千余里，按约定到达浚稽山后才回师。浞野侯按时到达约定的地点，左大都尉想谋杀单于一事被发觉，单于杀了他，并派出左方军队攻击浞野侯。浞野侯边逃边捕杀匈奴数千人。浞野侯回到离受降城四百里的地方，被匈奴的八万骑兵围攻。夜里，浞野侯独自出去找水，匈奴秘密搜捕，活捉了他，趁机急攻他的军队。汉军中的郭纵担任护军，维王担任匈奴降兵的头领，两人商量道："诸位校尉都担心失掉将军后，会遭皇帝诛杀，就不要互劝回汉了。"汉军于是陷没在匈奴。匈奴儿单于大喜，就派遣突击队进攻受降城。受降城没攻下来，就入侵边塞而去。第二年，单于想亲自攻打受降城，但还没到受降城，就病死了。

儿单于继位三年就死了。他的儿子年少，匈奴就立他叔父乌维单于的弟弟右贤王呴犁湖当单于。这一年是汉武帝太初三年。

呴犁湖单于继位后，汉朝派光禄徐自为从五原塞出发，行军数百里，远的则有一千余里，沿途修建了城堡和哨所，直到庐朐，并派游击将军韩说、长平侯卫伉在此驻军，又派强弩都尉路博德在居延泽修建城堡。

这年秋天，匈奴大举入侵定襄、云中，杀掠数千人，打败数位俸禄为二千石的高官才离开。行军途中破坏了光禄徐自为所修的城堡。又派右贤王侵入酒泉、张掖，抢掠数千人。恰巧遇上汉朝将军任文截击相救，匈奴失掉了抢来的所有汉人而离去。这一年，贰师将军李广利攻破大宛，杀了大宛王才归来。匈奴想阻截李广利，却未能赶到。这年冬天，匈奴又想攻打受降城，不巧单于病死。

呴犁湖单于继位一年就去世了，匈奴便立他的弟弟左大都尉且鞮侯当了单于。

汉朝诛杀大宛国王后，威震国外。皇帝想趁机围攻匈奴，就颁布诏令说："高皇帝给我留下了平城之忧，高后时，单于来信所言极为无理忤逆。从前齐襄公报了九世之仇，《春秋》大加赞美。"这一年是汉武帝太初四年。

且鞮侯单于继位后，把扣留汉朝的那些不肯投降的使者送回了汉朝，路充国等人才回到汉朝。单于刚刚继位，担心汉朝的袭击，于是说："我是儿子辈分，哪敢同汉朝天子相比！汉朝天子是我的长辈。"汉朝派遣中郎将苏武给单于送去了丰厚的礼物。单于骄傲起来，礼节不恭，汉朝大失所望。第二年，浞野侯赵破奴逃离匈奴，回到了汉朝。

第二年，汉朝派贰师将军李广利率三万骑兵从酒泉出发，在天山攻击右贤王，杀虏匈奴一万多人，但在回师时，匈奴人包围了贰师将军，汉朝军队几乎没有逃脱，死去的人有十分之六七。汉朝又派因杅将军公孙敖从西河地区出发，与强弩都尉在涿涂山会合，但毫无所获。又派骑都尉李陵率步兵五千人，从居延出发，向北行军一千余里，遇上了单于，双方交战，李陵军队杀死杀伤匈奴一万余人，最后武器和粮食用完了，匈奴却包围了李陵，李陵投降了匈奴，他的军队也就覆没了，回到汉朝的只有四百人。单于尊宠李陵，把他的女儿嫁给了李陵。

第二年，汉朝又派贰师将军率六万骑兵、十万步兵，从朔方郡出发。强弩都尉路博德率领一万余人，同贰师将军会合。游击将军韩说率领步兵和骑兵三万人，从五原出发。因杅将军公孙敖率领一万骑兵、三万步兵，从雁门出发。匈奴听到这消息，就把贵重的东西远运到余吾水以北，单于率领十万骑兵在余吾水以南等候汉军，同贰师将军交战。贰师将军失利后，边退边同单于连战十多天。途中贰师将军听说他的家人因为巫蛊之罪而被朝廷灭族，就带着他的队伍投降了匈奴。他的军队能够回到汉朝的一千人中只有一两人而已。游击将军韩说毫无收获。因杅将军公孙敖同左贤王交战，形势不利，就撤兵回朝。这年汉朝军队出塞攻打匈奴的，都谈不上有功，因为他们的功劳都不能和损失相抵偿。皇帝下令逮捕了太医令随但，因为他说出了贰师将军家被灭族的消息，才使李广利投降了匈奴。

太史公说：孔子著《春秋》，对于鲁隐公、鲁桓公时期的事情写得显著明白，到了鲁定公和鲁哀公时期，则记述得隐晦含蓄，因为这是切近当代政治，没有什么可褒扬的文字，是忌讳的文辞。世俗人中那些谈论匈奴问题的人，错误就在于他们想侥幸获得一时的权势，因而极力进献谗言，使其片面的观点看似有利，而不考虑匈奴和汉朝的实际情况。将帅们对付匈奴只是仰仗着中国土地的广大，士气的雄壮。天子就根据这些来制定对策，因而建立的功业并不深广。尧虽贤明，却无法靠自己的力量完成大业，在得到大禹以后，全中国才得以安宁。要想将圣王的传统发扬光大，只在于选择任用将相啊！只在于选择任用将相啊！

（李勋山 译）

《史记》卷一百一十一　卫将军骠骑列传第五十一

大将军卫青是平阳县人。他的父亲郑季是个小吏，曾在平阳侯家做事，与平阳侯的小妾卫媪通奸，生下了卫青。卫青的同母哥哥卫长子，同母姐姐卫子夫在平阳公主家受到汉武帝的宠爱，所以他们都冒充姓卫。卫青字仲卿。卫长子字长君。长君的母亲号为卫媪。卫媪的大女儿是卫孺，二女儿是卫少儿，三女儿就是卫子夫。后来卫子夫的弟弟步和广都冒充姓了卫。

卫青生在平阳侯家，但小时候就回到父亲郑季家，郑季让他放羊。郑季前妻生的儿子们都把他当作奴仆来对待，不把他当兄弟。卫青曾跟人去过甘泉宫的监狱，有个脖子上戴着铁枷的犯人给卫青相面说："你是个贵人，将来能被封侯！"卫青笑一笑说："我是奴仆所生的孩子，能不受人打骂就很知足了，怎敢妄想封侯的事呢！"

卫青长大后，当了平阳侯家的骑士，侍候平阳公主。汉武帝建元二年的春天，卫青的姐姐卫子夫进入皇宫，蒙武帝宠幸。皇后陈阿娇是堂邑大长公主刘嫖的女儿，没有生儿子，却嫉妒别人，大长公主听说卫子夫得武帝宠幸，且有了身孕，很嫉妒她，就派人逮捕了卫青。当时卫青在建章宫供职，不怎么有名。大长公主逮捕并囚禁了卫青，想杀了他。卫青的朋友骑郎公孙敖就和一些壮士把他抢了出来，卫青才没有死。武帝听说后，就召来卫青，任命他为建章宫监，在内廷侍候武帝。他的同母兄弟们也得到了好处，皇帝给予赏赐，不到几天就有千金之多。卫孺做了太仆公孙贺的妻子。卫少儿原来同陈掌私通，武帝便召来陈掌，优待于他。公孙敖因此也越来越显贵。卫子夫做了武帝的夫人。卫青升为大中大夫。

元光五年，卫青当了车骑将军，讨伐匈奴，从上谷出兵；太仆公孙贺为轻车将军，由云中出兵；大中大夫公孙敖为骑将军，由代郡出兵；卫尉李广为骁骑将军，由雁门出兵；每军各有一万骑兵。卫青领兵到达茏城，斩杀敌人数百人。公孙敖损失七千名骑兵，李广被敌人抓获，后逃回汉朝。公孙敖和李广都被判处死刑，交了赎金后，才免了死刑，削为平民。公孙贺也没有功劳。

元朔元年春天，卫子夫生了个男孩，被立为皇后。这年秋天，卫青被任命为车骑将军，从雁门出发，率领三万骑兵攻打匈奴，斩杀敌人数千人。第二年，匈奴侵犯汉朝边境，杀死了辽西郡太守，抢走了渔阳郡二千多人，打败了韩安国将军的部队。汉朝命令李息将军攻打匈奴，从代郡出兵；又命令车骑将军卫青从云中出发，向西去攻打匈奴，直奔高阙。卫青攻取了黄河以南的地区，直到陇西，捕获敌人几千名，缴获牲畜十万头，打跑了白羊王和楼烦王。汉朝就把黄河以南地区改设为朔方郡，并划定三千八百户封卫青为长平侯。卫青的校尉苏建有功，朝廷也划定一千一百户封苏建为平陵侯，并派苏建修筑朔方城。卫青的校尉张次公也有功，被封为岸头侯。天子说："匈奴背逆天理，悖乱人伦，侵暴长辈，虐待老人，专门干盗窃之事，欺诈各个蛮夷之国，策划阴谋，凭借其武力，屡次侵害汉朝边境，所以朝廷才调动军队，派遣将领，去讨伐它的罪恶。《诗经》上不是说吗，'征讨猃狁，直到太原'，'战车隆隆，修筑那座朔方城'。如今车骑将军卫青越过西河地区，直到高阙，斩杀敌军二千三百人，缴获他们的全部战车、辎重和牲畜，已被封为列侯。他往西平定了黄河以南地区，巡行榆溪的古代要塞，越过了梓领，架设起北河的桥梁，进攻蒲泥，攻破了符离，斩杀了敌人的精锐士卒，捕获敌人的侦察兵三千零七十一人，捉到敌人的间谍，赶回敌人的一百多万只马、牛和羊，毫发无损，胜利回师，增封卫青三千户。"第二年，匈奴侵入边境，杀死代郡太守共友，侵入雁门，抢掠一千余人。第二年，匈奴又大规模入侵代郡、定襄、上郡，斩杀抢掠汉朝百姓几千人。

第二年，即元朔五年春天，汉朝命令车骑将军卫青率领三万骑兵，从高阙出发；命令卫尉苏建为游击将军，左内史李沮为强弩将军，太仆公孙贺为骑将军，代国之相李蔡为轻车将军，由车骑将军卫青统领指挥，一同从朔方出兵；朝廷又命令大行李息、岸头侯张次公为将军，从右北平出兵：同时去攻打匈奴。匈奴右贤王等待迎击卫青等人的大队兵马，以为他们不能到达这里，便喝起酒来。晚上，汉军来到，包围了右贤王；右贤王大惊，只带了他的一个爱妾和几百个精壮的骑兵，急驰突围，连夜逃向北方。汉朝的轻骑校尉郭成等追赶了几百里，没有追上。汉军捕获了右贤王的小王十多人，男女人丁一万五千余人，牲畜数十乃至上百万头，于是卫青便领兵凯旋。卫青的军队走到边塞时，武帝派遣使者拿着大将军的官印在那里迎接，就在军中任命车骑将军卫青为大将军，其他将军都率兵隶属于大将军卫青，大将军统一了军中的号令后，班师回京。武帝说："大将军卫青率众出征，大获全胜，俘虏匈奴小王十多人，加封卫青六千户。"又封卫青的儿子卫伉为宜春侯，卫青的儿子卫不疑为阴安侯，卫青的儿子卫登为发干侯。卫青坚决推辞说："我能在军队中效力，全都依赖陛下的威望，才使军队获得大捷，同时这也是各位校尉拼力奋战的结果。陛下已经给我增加了封地。我的儿子们年龄还小，没有任何功劳，皇上降恩，割地封他们三人为侯，这不是我鼓励战士奋力打仗的本意啊！卫伉等三人怎敢接受封赏！"武帝说："我并没有忘记各位校尉的功劳，我正要封赏他们。"武帝就下令御史说："护军都尉公孙敖三次随大将军出击匈奴，担任监军，率领一校人马，捕获匈奴小王，划给一千五百户，封公孙敖为合骑侯。都尉韩说随从大将军从窳浑出兵，直打到匈奴右贤王的大本营，在大将军的指挥之下搏杀奋战，俘获匈奴小王，划给一千三百户，封韩说为龙额侯。骑将军公孙贺跟随大将军俘获匈奴小王，划给一千三百户，封公孙贺为南窌侯。轻车将军李蔡两次随大将军俘获匈奴小王，划给一千六百户，封李蔡为乐安侯。校尉李朔、校尉赵不虞、校尉公孙戎奴，每人都三次跟随大将军俘获匈奴小王，划给一千三百户，封李朔为涉轵侯；划给一千三百户，封赵不虞为随成侯；划给一千三百户，封公孙戎奴为从平侯。将军李沮、李息及校尉豆如意均有战功，赐给关内侯的爵位，每人食邑三百户。"这年秋天，匈奴侵入代郡，杀死都尉朱英。

第二年春天，大将军卫青从定襄出兵。合骑侯公孙敖为中将军，太仆公孙贺为左将军，翕侯赵信为前将军，卫尉苏建为右将军，郎中令李广为后将军，左内史李沮为强弩将军。他们都隶属大将军，斩杀敌人几千人而回。一个多月后，他们又全都从定襄出兵攻打匈奴，杀敌一万多人。右将军苏建、前将军赵信的军队合为一军，共三千多骑兵，遇上了匈奴单于的军队，同他们交战一天多的时间，汉军几乎全军覆没。

前将军赵信原本是匈奴人，投降汉朝被封为翕侯，如今看到军情危急，匈奴人又诱降他，于是他率领剩余的大约八百骑兵，投降了单于。右将军苏建的军队全军覆没，独自一人逃回到大将军卫青那里。大将军卫青就苏建的罪过向正闳、长史安和议郎周霸等征询意见，说：“苏建该当何罪？”周霸说道：“自从大将军出征以来，不曾杀过副将。如今苏建弃军而回，应杀苏建，以正军威。”闳和安都说：“不能这样。兵法书上说‘两军交锋，军队少的一方即使坚决拼杀，也要被军队多的一方打败’。如今苏建率几千军队抵御单于的几万军队，奋战了一天多，士兵全部战死，苏建仍无背叛汉朝的心思，自己归来。如果他们被杀，这就是告诉士兵今后如果战败就不可回汉。不应当杀苏建。”大将军卫青说：“我侥幸以皇戚身份在军中做官，不怕没有威严，周霸劝我树立个人的威严，大失做人臣的旨意。即使我有权处斩有罪的将军，但是我在尊宠之位不能在边境以外擅自诛杀。我将把情况禀明圣上，让他自己裁决，由此证明我为臣子，不敢专权，不也是可以的吗？”军中官吏们都说：“好！”于是就把苏建关押起来，送往皇帝的行在所。卫青领兵进入边塞，停止了对匈奴的征伐。

这一年，大将军卫青姐姐的儿子霍去病十八岁，得武帝宠爱，成为侍中。霍去病善于骑射，两次随大将军出征，卫青奉皇上之命，拨给他一些强壮勇敢的士兵，任命他为剽姚校尉。他同八百名骑兵，径直离开大军几百里，寻找有利的机会攻杀敌人，他们杀敌数量超过了他们的损失。皇上说：“剽姚校尉霍去病杀敌二千零二十八人，其中包括匈奴相国和当户，杀死了单于祖辈的籍若侯产，活捉了单于叔父罗姑比，他的功劳，在全军中均列第一，划定一千六百户封霍去病为冠军侯。上谷太守郝贤四次随大将军出征，斩获敌军二千余名，划定一千一百户封郝贤为众利侯。”这一年，军队损失了两位将军，翕侯赵信逃亡，军功不多，所以大将军卫青没有增封。右将军苏建回来后，皇帝没有杀他，赦免了他的死罪，交了赎金，削为平民。

卫青回到京城，皇上赏赐他千金。这时，王夫人正受到汉武帝的宠幸，宁乘就劝卫青说：“将军您军功还不多却食邑万户，三个儿子都封侯的原因，只是因卫皇后的缘故。如今王夫人得宠，而她的同姓亲戚还没有富贵，希望将军捧着皇上赏赐的千金，去给王夫人的父母祝寿。”于是卫青就用五百金去给王夫人的双亲祝寿。武帝听说后，就问卫青，卫青把事实报告了皇上，皇上就任命宁乘做了东海都尉。

张骞随卫青出征，因为他曾经出使大夏，被匈奴扣留了很久，这次他为大军做向导，因为他熟知哪里有水草，而使大军免受饥渴之苦，再加上他以前出使遥远国家的功劳，被封为博望侯。

冠军侯霍去病封侯的第三年，即元狩二年春天，皇帝命冠军侯霍去病做骠骑将军，率领一万骑兵，从陇西出击匈奴，立下军功。武帝说：“骠骑将军亲自率兵越过乌盭山，讨伐遬濮，渡过狐奴河，经过五个匈奴的王国，没有掠取畏惧顺从者的财物和民众，只是想捕获单于的儿子。转战六天，越过焉支山一千多里，与敌人短兵相接，杀死了折兰王，砍掉了卢胡王的头，斩杀了全副武装的敌兵，抓获了浑邪王的儿子及匈奴相国、都尉，共歼灭敌人八千余人，缴获了休屠王的祭天金人，故而加封霍去病二千户。”

这年夏天，骠骑将军与合骑侯公孙敖从北地出发，分道进军；博望侯张骞、郎中令李广从右北平出发，分道进军。他们都去攻打匈奴。郎中令率领四千骑兵首先到达，博望侯率领一万骑兵随后到达。匈奴左贤王率领几万骑兵围攻郎中令李广，郎中令与敌兵战斗了两天，一半以上的士兵牺牲了，他们杀死敌人的数目超过了他们损失的人数。博望侯领兵赶到时，匈奴的军队已撤走。博望侯犯有行军滞留而延误军机之罪，被判为死刑，交了赎金，削为平民。骠骑将军出了北地后，深入匈奴内部，因合骑侯公孙敖走错了路，没能会师。骠骑将军越过居延泽，到达了祁连山，俘获了很多敌兵。皇帝说：“骠骑将军越过居延泽，经小月氏到祁连山，俘虏了酋涂王，收服降兵二千五百人，杀敌三万零二百人，俘获了五个匈奴小王及其母亲、单于的妻子、匈奴王子五十九人，还俘获匈奴相国、将军、当户、都尉等共六十三人，汉朝军队大概减损十分之三，增封霍去病五千户。赐封随霍去病到达小月氏的校尉们左庶长的爵位。鹰击司马赵破奴两次跟随骠骑将军出征，斩杀了遬濮王，俘获了稽且王，千骑将捉到匈奴小王和小王母各一人，王子以下四十一人，俘虏敌兵三千三百三十人，先头部队俘虏敌兵一千四百人，划定一千五百户，封赵破奴为从骠侯。校尉句王高不识，跟随骠骑将军霍去病俘虏呼于屠王和王子以下共十一人，俘虏敌兵一千七百六十八人，划定一千一百户封高不识为宜冠侯。校尉仆多有功，封为辉渠侯。”合骑侯公孙敖犯了行军滞留而未能与骠骑将军会师的罪过，判为死刑，交了赎金，削为平民。各位老将军所用的兵士、马匹和武器不如骠骑将军的，骠骑将军所率领的是经常挑选的士兵。他也敢于深入敌军境内作战，常常和壮健的骑兵冲在大军的最前面，他的军队运气也很好，没有遇到过非常大的困境。各位老将却经常因为行军迟缓落后，失掉好的战机。从此以后，骠骑将军越发受到皇帝的尊宠，更加显贵，几乎与大将军卫青不相上下。

这年秋天，匈奴单于因为西部的浑邪王屡次被骠骑将军率领的汉军打败，折损数万人而大怒，准备召来浑邪王，把他杀死。于是浑邪王和休屠王就想投降汉朝，先派人到边境向汉人报信。这时，李息正率兵在黄河边筑城，见到浑邪王的使者，就立即命令传车急驰，将此事报告皇上。皇上听说后，怕浑邪王用诈降的办法偷袭边境，于是命令骠骑将军领兵前去迎接浑邪王和休屠王。骠骑将军已经渡过黄河，与浑邪王的部队相互远望。浑邪王的副将们看到了汉朝军队，很多人不想投降，逃遁而去。骠骑将军霍去病就骑马跑到敌营，同浑邪王相见，杀了想逃走的八千人，命浑邪王一个人乘传车，先到皇上的行在所，然后由他领着浑邪王的全部军队渡过黄河，投降者有几万人，号称十万。他们到达长安后，皇帝用来赏赐的钱就有几十万。划定一万户封浑邪王为漯阴侯。封他的小王呼毒尼为下摩侯，鹰庇为辉渠侯，禽梨为河綦侯，大当户铜离为常乐侯。皇上称赞骠骑侯霍去病的功劳说：“骠骑将军霍去病率领军队攻打匈奴西部浑邪王，浑邪王及其部队与民众都争相投奔汉朝，用军粮接济汉军。骠骑将军率领他们的善射兵卒一万余人，斩杀了妄图逃亡的凶悍之人，共八千多人，使敌国之王三十二人投降汉朝。汉军士卒没有伤亡，十万大军全部归来，由于他们承担了战争的劳苦，河塞地区基本消除了边患，将永保安宁。因而划定一千七百户增封骠骑将军。”于是就减少了陇西、北地、上郡一半的守兵，全国百姓的徭役负担也得到了宽缓。

不久，汉朝把归降的匈奴人分别迁徙到边境五郡原先的边塞以外，但都在黄河以南地区，并按照原来的习惯，将其作为汉朝的属国。第二年，匈奴侵入右北平、定襄，杀掠汉朝一千多人。

第二年，汉武帝对诸位将军说："翕侯赵信替匈奴单于出谋划策，总以为我汉朝军队无法越过沙漠在那里安营扎寨，现在就派大军出击，一定能实现我们的愿望。"这一年是元狩四年。

元狩四年春天，武帝命令大将军卫青、骠骑将军霍去病各领五万骑兵，几十万步兵和转运物资的人，而那些勇于奋战和深入敌军的士兵都隶属于骠骑将军。骠骑将军起初想从定襄出兵，迎击单于。后来匈奴俘虏说单于向东而去，于是改令让骠骑将军从代郡出兵，让大将军卫青从定襄出兵。郎中令李广任前将军，太仆公孙贺任左将军，主爵都尉赵食其任右将军，平阳侯曹襄任后将军，他们都隶属大将军。大军不久就越过沙漠，共有五万骑兵，与骠骑将军一起攻打匈奴单于。赵信替单于出谋划策说："汉军已经越过沙漠，人马疲惫，我们可以坐收汉军俘虏了。"于是把他们的辎重全部运到遥远的北方，把精锐部队全部安排在大漠以北等待汉军。刚巧大将军卫青行军至塞外一千多里，看见单于的军队在那里排阵待战，于是大将军下令让武刚将车排成环形营垒，又命五千骑兵纵马奔驰，抵挡匈奴。匈奴有大约一万骑兵奔驰而来。恰巧太阳将落，大风骤起，沙石打在两军士兵的脸上，无法看清对方，汉军命左右两翼急驰，向前包抄单于。单于见汉朝军队人数众多，而且士兵和战马还很强大，若是交战，对自己不利。因此，在傍晚时，单于乘着六头骡子拉的车子，带领大约几百名健壮的骑兵，冲开了汉军包围，向西北逃奔。这时，天已黄昏，汉朝和匈奴军队相互砍杀，杀伤人数大致相同。汉军左校尉捕到的匈奴俘虏，说单于天没黑就逃走了，于是汉军派出轻骑兵连夜追击，大将军的军队也跟随其后。匈奴的士兵四散逃窜。天快亮时，汉军已经追了二百余里，也没有追到单于，但俘获和斩杀了敌兵一万多人。到达了窴颜山赵信城后，获得了匈奴积存的粮食，供军队食用。汉军驻留了一日，把城中剩余的粮食全部烧掉后才撤回。

在大将军卫青与单于决战时，前将军李广和右将军赵食其率军从东边进发，由于迷了路，没能按时和卫青会师共同攻打单于。直到卫青领兵回到大漠以南时，才遇见李广和赵食其。大将军准备派使者回京将此事禀报皇帝，命令长史去按文书所列的罪状去审问李广，李广自杀。右将军赵食其回到京城后，被交给了法官定罪，他交了赎金，削为平民。此次卫青进入边塞，共斩获敌兵一万九千人。

当时，匈奴与单于失去联系有十多天之久，右谷蠡王听说后，就自立为单于。后来，单于又与他的部下会合，右谷蠡王就主动去掉了自立的单于之名。

骠骑将军霍去病也率领了五万骑兵，所带军需物资也和卫青一样多，却没有副将。于是他就任用李敢等人做大校，担任副将，从代郡、右北平出发，行军一千余里，遇上了左贤王的军队，他们斩获敌兵的军功远远超过了大将军卫青。出征的大军全部归来后，皇帝说："骠骑将军霍去病率军出征，又亲率俘虏的匈奴士兵，携带很少的军需物资，越过了大沙漠，渡河捕获了单于的近臣章渠，诛杀了匈奴小王比车耆，转而攻击匈奴左大将，斩杀之，夺其军旗和战鼓。翻越离侯山，渡过弓闾河，捕获匈奴屯头王和韩王等三人，以及将军、相国、当户、都尉等八十三人。后在狼居胥山祭天，在姑衍山祭地，并登上高山观望大漠。共杀虏敌军七万零四百四十三人，汉军大概仅减损十分之三。他们从敌军处获得了粮食，行军至极远的地方而没有断绝粮草。划定五千八百户，增封骠骑将军霍去病。"右北平太守路博德隶属于骠骑将军，与骠骑将军在与城会师，没有错过日期，跟随骠骑将军到达梼余山，杀虏匈奴二千七百人，划定一千六百户，封其为符离侯。北地都尉邢山随骠骑将军捕获匈奴小王，划定一千二百户，封其为义阳侯。从前投降汉朝的匈奴因淳王复陆支、楼专王伊即靬皆随骠骑将军攻匈奴有功，划定一千三百户，封复陆支为壮侯，划定一千八百户，封伊即靬为众利侯。从骠侯赵破奴、昌武侯赵安稽都跟随骠骑将军打匈奴有功，各增封三百户。校尉李敢夺取了敌军的军旗战鼓，封为关内侯，赐食邑二百户。校尉徐自为被授予大庶长的爵位。另外骠骑将军霍去病属下的小吏士卒受赏的很多。但大将军卫青没能得到加封，其军队中的官员和士卒都没有被封侯的。

当卫青和霍去病领兵出塞时，曾在边塞检阅，当时官府和私人马匹共计十四万匹，而当他们重回塞内时，所剩战马不足三万匹。于是汉朝增置了大司马官位，大将军和骠骑将军都当了大司马。皇上还传令，让骠骑将军的官阶和俸禄与大将军相等。从此以后，大将军卫青的权势逐渐衰退，而骠骑将军霍去病则一天比一天显贵。大将军的老友和门客多半离开了他，而去侍奉骠骑将军，这些人也因此得到了官爵，但只有任安不肯这样做。

骠骑将军为人寡言少语，且守口如瓶，气魄宏大，敢作敢当。皇帝曾想教他孙子和吴起的兵法，他却回答说："战争只要用对方针策略就够了，不必学习古代兵法。"皇帝为他修盖府第，让他去看看，他回答说："匈奴还没有消灭，不要建造自己的小家。"从此以后，皇帝更加喜爱和重用霍去病。但是，霍去病由于从少年时代起就在宫中侍候皇帝，显贵通达，却不知体恤士卒。他出兵打仗时，皇帝派遣太官送给他几十车食物，但他归来时，车上丢弃了许多剩余的米和肉，而他的士卒中却还有忍饥挨饿的。在塞外打仗时，粮食短缺，有的人都饿得站不起来了，他还画定球场，让大家踢球游戏。他做的事多半如此。而卫青的为人却是仁爱善良，有退让精神，以宽和柔顺取悦皇帝，但是天下之人却没有称赞他的。

骠骑将军自元狩四年出击匈奴以后的第三年，即元狩六年就去世了。皇帝对他的死感到非常悲痛，调令边境五郡的铁甲军，从长安到茂陵排列成阵，给霍去病修筑了像祁连山形貌的坟墓。赐封谥号时，综合了"勇武"与"扩地"两个特点，称他为景桓侯。霍去病的儿子嬗接替了冠军侯的爵位。霍嬗年纪尚小，表字叫子侯，皇帝很喜爱他，希望等他长大后任命他为将军。六年后，即元封元年，霍嬗去世，皇帝赐他谥号为哀侯。霍嬗没有儿子，后代断绝了，封国也就被废除了。

骠骑将军去世后，卫青的长子宜春侯卫伉因犯法而失掉了侯爵之位。五年以后，卫伉的两个弟弟阴安侯卫不疑和发干侯卫登，都因为犯了助祭金成色不足和分量不够的罪而失掉了侯爵之位。失掉侯爵之位后二年，冠军侯霍嬗的封国被废除。四年之后，大将军卫青去世，朝廷给他的谥号是烈侯。卫青的儿子卫伉接替他的爵位做了长平侯。

自大将军围攻匈奴单于之后十四年就去世了。其间没有再攻打匈奴的原因，是汉朝马匹少，而且正在讨伐南方的东越和南越，东方的朝鲜，袭击羌人和西南夷，因此长时间没有讨伐匈奴。

因为大将军卫青娶了平阳公主的原因，所以长平侯卫伉才能接替侯爵。但是六年后，他又因犯法而失掉了侯爵。

下面是两位大将军及其诸副将的名单：

总体统计，大将军卫青攻打匈奴共有七次，斩获敌兵五万余人。他同单于交战一次，收复了黄河以南地区，设置了朔方郡，受到两次增封，共受封一万一千八百户。他的三个儿子均被封侯，每人受封了一千三百户。卫家受封的户数加起来，共有一万五千七百户。校尉副将因为跟随卫青有功而被封侯的共有九个人，他的副将和校尉成为将军的共有十四人。当副将的人中有李广，自有传记。其他没有立传的有：

将军公孙贺。公孙贺是义渠人，他的祖先是匈奴人。公孙贺的父亲浑邪，汉景帝时被封为平曲侯，因为犯法而失掉了侯爵。公孙贺是武帝当太子时的舍人。汉武帝即位八年，公孙贺以太仆身份做了轻车将军，驻军在马邑。四年后，公孙贺以轻车将军的身份从云中郡出兵攻打匈奴。五年后，公孙贺以骑将军的身份跟随大将军攻打匈奴立下战功，被封为南窌侯。一年后，公孙贺以左将军的身份两次跟随大将军从定襄出兵攻打匈奴，没有功劳。四年后，因为犯了助祭金成色不足和分量不够的罪而失掉了侯爵之位。八年后，以浮沮将军的身份从五原出兵，远征两千余里攻打匈奴，没有功劳。八年后，以太仆的身份出任丞相，受封葛绎侯。公孙贺七次当将军，出击匈奴，但都没有建立大功，但两次被封侯，当了丞相。后来因儿子公孙敬声与阳石公主通奸，又搞巫蛊之事，被灭族，没有留下后代。

将军李息是郁郅人。他曾经侍奉过汉景帝，到汉武帝即位八年时，当了材官将军，驻军在马邑；六年后，他当了将军，从代郡出兵攻打匈奴。三年后，李息为将军，跟随大将军从朔方出兵攻打匈奴。均无战功。李息共三次当将军，后来他担任大行令之职。

将军公孙敖是义渠人。最初以郎官身份侍奉汉武帝。汉武帝即位十二年，他当了骑将军，从代郡出兵攻打匈奴，损失了七千士兵，被判为死刑，他交了赎金，削为平民。五年后，他以校尉身份跟随大将军攻打匈奴有功，被封为合骑侯。一年后，以中将军身份随大将军两次从定襄出兵攻打匈奴，均无功劳。二年后，他以将军身份从北地出兵，延误了同骠骑将军约定的时间，被判死刑，交了赎金，削为平民。二年后，他以校尉的身份跟随大将军攻打匈奴，没有战功。十四年后，他以因杅将军的身份负责修筑受降城。七年后，他又以因杅将军的身份再次出兵攻打匈奴，进军到余吾，因为折兵损将太多，被交付法官，判处死刑，他却诈称已死，逃亡到民间五六年。后来，事情被人发觉，他又被逮捕。因他妻子搞巫蛊事件，他的全家都被杀死。他共当过四次将军，出击匈奴，一次被封侯。

将军李沮是云中郡人。曾侍奉汉景帝。汉武帝即位十七年时，他以左内史的身份当了强弩将军。一年后，他又当了强弩将军。

将军李蔡是成纪人。先后侍奉过汉文帝、汉景帝和汉武帝。曾以轻车将军身份跟随大将军攻打匈奴有功，被封为乐安侯。后来当了丞相，因犯法而被杀。

将军张次公是河东人。他曾以校尉身份随从卫青将军攻打匈奴有功，被封为岸头侯。后来王太后去世，他当了将军，驻守在北军的军部所在地。一年后，他当了将军，跟随大将军卫青攻打匈奴。他两次当将军，但因犯法而失掉了侯爵之位。张次公的父亲张隆，是驾驭轻便战车的勇敢射手。因为他善于射箭，汉景帝很喜欢他。

将军苏建是杜陵人。他以校尉身份跟随卫青将军打匈奴，因为有战功而被封为平陵侯，以将军身份负责修筑朔方城。四年后，他当了游击将军，跟随大将军卫青从朔方出兵攻打匈奴。一年后，他以右将军的身份再次随大将军从定襄出兵攻打匈奴，结果翕侯叛逃匈奴，大军蒙受了损失，他被判为死刑，交了赎金，削为平民。此后，他当了代郡太守，死后埋在大犹乡。

将军赵信，以匈奴相国的身份投降汉朝，当了翕侯。汉武帝即位十七年时，赵信当了前将军，同匈奴单于打仗，失败后又投降了匈奴。

将军张骞，以使者的身份出访大夏，归来后当了校尉。他随大将军卫青攻打匈奴有功，被封为博望侯。过了三年，他当了将军，从右北平出击匈奴，因为误了约定的军期，被判处死刑，交了赎金，削为平民。这以后，他作为使者出使乌孙，后来又当了大行令，便去世了，他的坟墓在汉中。

将军赵食其是祋祤人。汉武帝即位二十二年，他以主爵都尉的身份当了右将军，跟随大将军卫青从定襄出兵攻打匈奴，因为迷了路延误了军期，被判处死刑，交了赎金，削为平民。

将军曹襄，以平阳侯的身份当了后将军，跟随大将军卫青从定襄出兵攻打匈奴。曹襄是曹参的孙子。

将军韩说是弓高侯韩颓当的庶出孙子。他以校尉的身份跟随大将军卫青攻打匈奴有功，被封为龙额侯，后因犯了助祭金成色不足和分量不够的罪行而失掉了侯爵之位。元鼎六年，韩说以待诏的身份做了横海将军，领兵攻打东越有功，被封为按道侯。太初三年，他当了游击将军，在五原以外的一些城堡驻军。后来，他当了光禄勋，因为到太子宫挖掘巫蛊罪证，被卫太子杀死了。

将军郭昌是云中郡人。他以校尉身份跟随大将军卫青攻打匈奴。元封四年，他以太中大夫的身份当了拔胡将军，驻军朔方。回来以后，他领兵去攻打昆明，没有功劳，被收回官印罢了官。

将军荀彘是太原郡广武人。他凭借善于驾车的本领求见皇上，被任命为侍中，后来当了校尉，多次随从大将军卫青攻打匈奴。在元封三年时，当了左将军，领兵攻打朝鲜，没有功劳。他因为捕楼船将军杨仆犯了罪，被处死。

总体统计，骠骑将军霍去病共六次出击匈奴，其中四次是以将军的身份，共斩获匈奴士兵十一万多人。浑邪王率几万人投降后，开拓了河西和酒泉等地，西部地区匈奴的侵扰日益减少。他被四次加封，共有食邑一万五千一百户。他的校尉因有功被封侯的共有六人，后来成为将军的有两人。

将军路博德是平州人。他以右北平太守的身份跟随骠骑将军攻打匈奴有功，被封为符离侯。骠骑将军霍去病去世后，路博德以卫尉的身份当了伏波将军，讨伐并打败南越，受到朝廷加封。后来，他因犯

法而失掉了侯爵之位。此后他又当了强弩都尉，驻军居延，直到去世。

将军赵破奴原来是九原人。曾经逃往匈奴，后来又回到汉朝，当了骠骑将军霍去病的司马。他领兵从北地出击匈奴，常有军功，被封为从骠侯。后来他因犯了助祭金成色不足和分量不够的罪行而失掉了侯爵之位。一年后，他当了匈河将军，攻打匈奴直到匈河水，没有战功。过了两年，他攻打并俘虏了楼兰王，又被封为浞野侯。六年后，他当了浚稽将军，率领两万骑兵攻打匈奴左贤王，左贤王用八万骑兵围困了赵破奴，赵破奴被活捉，军队也全部覆灭。他在匈奴住了十年，又同他的长子安国逃回了汉朝。后来，他因为犯了巫蛊罪，被灭族。

自从卫氏兴起，大将军卫青首先被封侯，后来他的子孙有五人被封侯。总共经历了二十四年，但五个侯爵之位后来全被剥夺，卫氏也再没有人被封侯。

太史公说：苏建曾对我说：“我曾经责备大将军卫青太尊贵，而全国的贤士大夫却不称赞他，希望将军能够效法古代那些招选贤人的名将，努力去做吧。大将军拒绝说：‘自从魏其侯窦婴和武安侯田蚡厚待宾客培植私党，天下之人都切齿痛恨。那些亲近和安抚士大夫，招选贤才，罢斥不肖者的事，是国君的权柄。当大臣的只需遵守法度做好分内之事而已，何必参与招选贤士的事呢！’”骠骑将军霍去病也效仿这种做法，他们当将军的做法就是这样。

（李勋山 译）

《史记》卷一百一十二　平津侯主父列传第五十二

丞相公孙弘是齐地淄川国薛县人，表字季。他年轻时在薛县做过监狱官，后来因为犯了罪，被免官。他家里穷，只得靠在海边放猪为生。直到四十多岁时，才学习《春秋》及诸子杂家之学。他奉养后母，孝顺而谨慎。

武帝建元元年，天子刚即位，就招选贤良文学之士。这时，公孙弘已经六十岁，以贤良的身份被征召入京，当了博士。他奉命出使匈奴，回来后向武帝报告情况，结果不合武帝的心意，武帝大怒，认为公孙弘无能。公孙弘就借有病为名，告老还乡。

武帝元光五年，皇帝下诏书，征召文学，淄川国又推荐公孙弘。公孙弘向国人推让拒绝说："我曾经西去京城接受过皇帝的任命，因为无能而罢官归来。希望改变推举的人选。"国人却坚决推举公孙弘，公孙弘就到了太常那里。征召的儒士共有一百多名，太常让他们分别对策，公孙弘的对策文章，按等次被排在最后边。全部对策文章被送到武帝那里，武帝把公孙弘的文章提拔为第一。公孙弘被召去觐见武帝，武帝见他相貌儒雅，封为博士。这时，汉朝开通了西南夷的道路，在那里设置郡县，巴蜀人民对此感到困苦，武帝命公孙弘前去视察。公孙弘视察归来后，向武帝报告，极力诋毁西南夷没有用处，武帝并没采纳他的意见。

公孙弘长得雄伟奇异，见闻广博，经常说主子的毛病在于心胸不广大，人臣的毛病在于不节俭。公孙弘只盖粗布被子，吃饭时不吃两种以上的肉菜。后母死后，他守丧三年。他每次上朝同大家议论政事，总是先开头陈述各种事情，让皇上自己去定夺，不肯当面驳斥，也不在朝廷上争论。皇上经过认真观察，发现他品行忠厚，善于言谈，熟悉文书法令和官场事务，而且还能用儒学观点加以文饰，皇上因此非常喜欢他。两年之内，他便一路官升至左内史。公孙弘向皇帝奏明事情时，有时不被采纳，他也不在朝廷辩白。他曾经和主爵尉汲黯请求皇上分别召见，汲黯先向皇上提出问题，公孙弘则随后把问题阐述得清清楚楚，皇上很高兴，他所说的事情都被采纳了，从此，公孙弘一天比一天受到皇帝的宠爱，地位也愈加显贵。他与公卿们事先约定好了要向皇帝谈论某个问题，但到了皇上面前，他却违背约定，而顺从皇上的意旨。汲黯在朝廷上责备公孙弘说："齐地的人多半都欺诈而无真情，他开始时同我们一起提出这个建议，现在全都违背了，不够忠诚。"皇上问公孙弘，公孙弘谢罪说："了解我的人认为我忠诚，不了解我的人认为我不忠诚。"皇上赞同公孙弘的说法。皇上身边的受宠之臣常常诋毁公孙弘，但皇上却越发厚待公孙弘。

武帝元朔三年，张欧被免官，皇上任命公孙弘为御史大夫。这时，汉朝正在开通西南夷，东边设置沧海郡，北边修建朔方郡城。公孙弘屡次劝谏皇上，认为这些做法不但无用，而且会使国家疲惫不堪，希望停做这些事情。于是，武帝就让朱买臣等通过陈述设置朔方郡的有利情况来诘难公孙弘。朱买臣等提出十个问题，公孙弘一个也答不上来。公孙弘便道歉说："我是山东的鄙陋之人，不知道筑朔郡有这些好处，希望停止通西南夷和设置沧海郡的做法，集中力量经营朔方郡城。"皇上答应了。

汲黯说："公孙弘处于三公的地位，俸禄很多。但他却盖粗布被子，这是欺诈。"皇上问公孙弘，公孙弘谢罪说："有这样的事。九卿大臣中与我交情好的人没有超过汲黯的了，但他今天在朝廷上诘难我，确实说中了我的毛病。我有三公的高贵地位却盖粗布被子，确实是巧行欺诈，妄图钓取美名。况且，我听说管仲在齐国担任丞相，有三处住宅，其奢侈程度可与齐王相比，齐桓公依靠管仲称霸，也是对在上位的国君的越礼行为。晏婴为齐景公的相，吃饭时不吃两样以上的肉菜，他的妾不穿丝织衣服，齐国治理得很好，这是因为晏婴向下面的百姓看齐。如今我当了御史大夫，却盖粗布被子，这使得从九卿以下直到小官吏没有了贵贱的差别，真像汲黯所说的那样。要是没有汲黯的忠诚，陛下怎能听到这些话呢！"武帝认为公孙弘谦让有礼，越发厚待他，终于让公孙弘当了丞相，封为平津侯。

公孙弘为人猜疑忌恨，外表宽宏大量，内心却城府很深。那些曾经同公孙弘有仇怨的人，公孙弘虽然表面与他们相处得很好，但暗中却嫁祸于人予以报复。杀死主父偃，把董仲舒改派到胶西国当丞相的事，都是公孙弘的主意。他每顿饭只吃脱壳的粗米饭就一个肉菜，老朋友和他喜欢的门客，都靠他供给衣食，公孙弘的俸禄都用来供给他们，家中没有余财。士人都因为这个缘故认为他贤明。

淮南王和衡山王谋反，朝廷追究其党羽正紧的时候，公孙弘病得很厉害，他自己认为没有什么功劳而被封侯，官位升到丞相，应当辅助贤明的国君安抚国家，使人人都遵循当臣子的道理。如今诸侯有反叛朝廷的阴谋，这都是宰相工作不称职的结果，害怕一旦默默病死，没有办法搪塞责任。于是他向皇帝上书说："我听说天下的常道有五种，用来实行这五种常道的有三种美德。君臣、父子、兄弟、夫妇和长幼的次序，这五方面是天下的常道。智慧、仁爱和勇敢，这三方面是天下的常德，是用来实行常道的。所以说：'努力实践接近于仁，喜欢询问接近于智，知道羞耻接近于勇。'知道这三种情况，就知道怎样自我修养了。知道怎样自我修养，就知道怎样治理别人了。天下没有不能自我修养却去治理别人的，这是百代不变的道理。现在陛下亲行大孝，以三王为借鉴，建立起像周代那样的治国之道，兼备文王和武王的才德，鼓励贤才，给予俸禄，根据才能授予官职。如今我的才质低劣，没有汗马之劳，陛下特意把我从军队中提拔起来，封为侯，把我置于三公的地位。我的品行才能不能同这高高的官位相称，平时又多病，恐怕比陛下的狗马都死得早，最终没办法报答陛下的恩德。我希望交回侯印，辞官归家，让有贤德的人上位。"武帝答复他说："古代赏罚分明：奖赏有功的人，表彰有德的人，守住先人已成的事业要崇尚文德教化，遭遇祸患要崇尚武功，这是不变的道理。我从前幸运地得以继承皇位，害怕不能安宁，一心想同各位大臣共同治理天下，你应当知道我的想法。大概君子都是善良的人，憎恶丑恶的人，你若谨慎行事，就把一切心思都用在为我效力上。你不幸得了风寒，不至于害怕好不了，竟然上书要交回侯印，辞官归家，这样做分明是表明我无德呀！现在事情稍微少了些，希望你少用心思，集中精神，再以医药辅助治疗。"于是，武帝恩准公孙弘继续休假，并赐给他牛酒和各种布帛。过了几个月，公孙弘的病情大有好转，就上朝办理政事了。

武帝元狩二年，公孙弘犯病，终于以丞相的身份去世。他的儿子公孙度继承了平津侯的爵位。公孙度当山阳太守十多年，因为犯法而失去侯爵之位。

主父偃是齐地临菑人。他早年学习战国时纵横家的学说，晚年开始学习《易经》《春秋》诸子百家的学说。他在齐国跟读书人广泛交游，但是没人肯厚待他。齐国许多读书人勾结在一起排斥他，他没办法在齐国待下去。他家生活贫困，向人家借钱也借不到，于是就到北方的燕、赵、中山游学，各地都没人厚待他，作客他乡，生活拮据。孝武帝元光元年，他认为各诸侯国都不值得去游学，就向西进函谷关，去见大将军卫青。卫青大将军屡次向皇上推荐他，皇上不肯召见。他带的钱已经花光，留在长安已经很久，诸侯的宾客们都很讨厌他，于是他向皇帝上书。早晨进呈奏书，傍晚时皇帝就召见了他。他所说的九件事，其中八件是法律条令方面的事，一件是关于征伐匈奴的事。其原文是这样说的：

我听说贤明的君主不厌恶真切的谏言，而是深入考察，忠诚的大臣不敢为逃避重罚而仍然直言劝谏，因此处理国家大事的好政策才不会遗失，而使功名流传万世。如今我不敢隐瞒忠心，冒死也要向您陈述我的愚昧想法，希望陛下赦免我的罪过，稍微考察一下我的想法。

《司马法》上说："国家虽然大，若是喜欢战争，就必然灭亡；天下虽然太平，若是忘掉战争，就必然危险。"天下平定后，天子演奏《大凯》的乐章，春秋两季分别举行打猎活动，诸侯们借以在春秋练军队、整武器，用以表示不忘战争。况且发怒是背逆的德行，武器是凶恶的东西，斗争是最差的节操。古代有的君主一发怒则必然杀人，尸倒血流，所以圣明的天子对待发火非常慎重。那致力于打仗取胜、用尽武力的人，没有不后悔的。从前秦始皇凭借战胜对手的兵威，蚕食诸侯，吞并列国，统一天下，其功业可与夏、商、周三代开国之君同日而语。但他一心取胜，不肯休止，竟想攻打匈奴。李斯劝谏说："不可以攻匈奴。那匈奴没有城郭可居住，也无堆积的财物可守，到处迁徙，如同鸟儿飞翔，很难控制他们。如果派轻便军队深入匈奴，那么军粮必定断绝；如果携带许多粮食进军,物资沉重难运,也无济于事。就是得到匈奴的土地,也无利可得,遇到匈奴百姓,也不能役使他们加以守护。战胜他们就必然要杀死他们,这并不是为民父母的君王所应做的事。为打匈奴而使国家疲惫不堪,这不是好政策。”秦始皇不采纳李斯的建议,就派蒙恬率兵去攻打匈奴,开拓了千里土地,以黄河为国界。这些土地本是盐碱地,不生五谷。这以后,秦朝调拨全国的成年男人去守卫北河地区。让军队在风沙日晒中待了十多年,死的人不可胜数,始终没能越过黄河北进。这难道是人马不足,武器装备不充裕吗?不是的,这是客观形势不允许。秦朝又让天下百姓飞速转运粮草,从黄县、腄县和琅邪郡靠海的县城起运,转运到北河,一般说来运三十钟粮食才能得到一石。男人努力种田,也不能满足粮饷的需求,女子纺线绩麻也不能满足军队帷幕的需求。百姓疲惫不堪,孤儿寡母和老弱之人得不到供养,路上的死人一个挨一个,大概正是由于这些原因,天下百姓才开始背叛秦王朝。

待到高祖平定天下后,攻取了边境的土地,听说匈奴聚积在代郡的山谷之外,就想攻打他们。御史成进谏说:“不可进攻匈奴。那匈奴的习性,像群兽聚积和众鸟飞散一样,追赶他们就像捕捉影子一样。如今凭借陛下的盛德去攻打匈奴,我私下里认为是危险的。”高祖没接受他的建议,于是向北进军到代郡的山谷,果然导致平城被围困,危在旦夕。高祖大概很后悔,就派刘敬前往匈奴缔结和亲之约。这以后,天下百姓才忘记了战争的事。所以《孙子兵法》上说:“发兵十万,每天耗费千金。”秦朝经常聚积民众,屯兵几十万,虽然也曾歼灭敌军,杀死敌将、俘虏匈奴单于,但也因此结下深仇大恨,不足以抵偿全国耗费的资财。这种上使国库空虚,下使百姓疲惫,扬威国外而心中欢乐的事,并非是完美的事情。那匈奴难以控制,也不是一朝一代的事。他们走到哪里偷到哪里,侵夺掳掠,并以此为职业,天性本来如此。所以上自虞舜、夏朝、商朝和周朝,本来都不按法律道德的要求来督导他们,只将他们视为禽兽加以畜养,而不把他们看作人类。上不借鉴虞夏商周的经验,下却遵循近世的错误做法,这正是我最大的忧虑,百姓最感痛苦的事情。况且战争持续一久,就会发生变乱;做事很苦,就会使思想发生变化。这样就使边境的百姓疲惫愁苦，产生背离秦王朝的心思，使将军和官吏们相互猜疑而与外国人勾结，所以尉佗和章邯才能实现他们的个人野心。那秦朝的政令之所以不能推行，就是因为国家大权被这两个人所分，这就是政治的得和失的效验。所以《周书》上说："国家的安危在于君王发布什么政令，国家的存亡在于君王用什么样的人。"希望陛下仔细考虑这个问题，对此稍加注意，并深思熟虑。

这时，赵人徐乐、齐人严安都向皇帝上书，谈论当代重大事情，每人讲了一件事。徐乐在上书中说：

我听说国家的忧患在于土崩，而不在于瓦解，从古到今都是一样的。什么叫土崩呢？秦朝末年就是这样。陈涉并没有诸侯的尊贵地位，也没有一尺一寸的封地，自己也不是王公大臣和有名望的贵族的后代，没有家乡人对他的称赞，没有孔丘、墨翟、曾参的贤能，没有陶朱、猗顿的富有。但是，他从贫穷的民间起兵，挥舞着戟矛，赤臂大喊，天下人闻风响应，这是什么道理呢？这是由于人民贫困而国君不知体恤关照，下民怨恨而在上位者并不知道，世俗已经败坏而国家政治不好，这三项是陈涉借以起兵的客观条件，这就叫作土崩。所以说国家的忧患在于土崩。什么叫瓦解呢？吴、楚、齐、赵的军事叛乱就是这样。吴、楚等七国之王阴谋叛乱，他们都自称万乘君王，有披甲的战士几十万，他们的威严足以使其封国之民畏服，他们的财物足以鼓励其封国的百姓，但是他们却不能向西夺取很小的土地，他们自己落得个中原被擒，这是什么原因呢？不是他们权势比平民百姓轻，不是他们的军事力量比陈涉小，是因为正当这时，先皇帝的恩德还未衰弱，而安于乡土、愿做老实百姓安乐享福的百姓很多，所以诸侯们没有得到境外的援助，这就叫作瓦解。所以说国家的忧患不在于瓦解。由此可见，天下若有土崩的形势，纵然是处于穷困境地的平民百姓，只要他们中有人首先发难，就可能使国家遭到危害，陈涉就是如此，何况或许还有三晋之类的国君存在呢！国家纵然是没有大治，若真能没有土崩的形势，虽然有强国和强大的军队起来造反，自身也不能不很快被擒，吴、楚、齐、赵等国就是这样。何况群臣百姓能起来造反呢！这两种情况，是国家安危的明显而重要的标志，希望贤明的君主多多留意，深刻地考察。

前些时候关东地区五谷歉收，年景还未恢复，百姓多半都很穷困，再加上边境一带的战争，按形势的发展和一般常理来看，老百姓将有不安心再在原地生活下去的心情。不安心待在本地就容易流动，容易流动就是土崩的形势。所以，贤明的君主能独自看到各种变化的原因，明察安危的关键，只在朝廷上治理政事，就可以把没有形成的祸患加以消除。这样做的要领，就是想法使国家不出现土崩的形势而已。所以纵然有强国和强大的军队处在那里，陛下仍然可以追赶走兽，射击飞鸟，扩展游宴的场所，无节制地放纵地观赏玩乐，尽情地享受驱马打猎的欢乐，一切安然自如。各种乐器的演奏声不绝于耳，帷帐中与美女的情爱和侏儒演员的笑声在面前出现，然而国家却没有积久的忧患。名望何必一定要像商汤、周武王那样，世俗何必一定要像周成王、周康王时代那么淳美！虽然是这样，我私下认为陛下是天生的圣人，具有宽厚仁爱的资质，而且确实把治国当作自己的根本职责，能做到这些，那么等同于商汤和周武王的名望就不难得到了，而周成王、周康王时代的风俗就可重新出现。这两种情况确立了，然后就可以处于尊贵安全的实际境地，在当代传扬美名，扩大声誉，使天下之人亲近你，使四方边远之民服从你，你的余恩和遗德将盛传几代人，面朝南方，背靠屏风，卷起衣袖，与王公大人们作揖行礼，这是陛下所做的事情。我听说想实行王道，治理国家，就是没有成功，最差的结果也可以使国家安宁。只要安宁，陛下想得到什么，难道还有得不到的吗？您想做什么，难道还有做不成的吗？您想征讨谁，还有不降服的吗？

严安上书说：

我听说周朝治理国家，治理很好的时期有三百多年，成王和康王时期最隆盛，搁置刑罚四十多年不用。待到周朝政治衰微时也有三百多年，所以五霸才能轮番兴起。五霸这些人经常辅佐天子，兴利除害，诛伐暴虐，禁止奸邪，扶持正道，使天子得到尊贵。五霸都去世后，贤圣之人没有继起者，使天子处于孤立软弱的地位，号令不能颁行。诸侯恣意行事，强大的欺凌弱小的，人多的损害人少的，田常篡夺了齐国的政权,六卿瓜分了晋国的土地,共同形成了战国纷争的局面,这是百姓苦难的开始。于是强大的国家致力于战争，弱小的国家备战防守，出现合纵和连横的策略，使者的车子疾驰奔波，战士的铠甲帽盔生满虮虱，百姓的苦难无处申诉。

待到秦王嬴政时代，他蚕食天下，并吞战国，号称皇帝。统一国内的政治，毁坏诸侯国的都城，销毁诸侯的兵器，熔铸成钟虡，以显示不再用兵动武。善良的平民百姓才能免于战争的灾害，碰上圣明的天子，人人都认为得到了新生命。假如秦朝宽缓其刑罚，少征赋税，减轻徭役，尊重仁义，轻视权势利益，崇尚忠厚，鄙视智巧，改变风俗，使国内百姓得到教化，那么世世代代都会安宁。但是秦朝不推行这种政治，却因循从前的风俗，使得那些专做智巧权利之事的人得以进用，而那些忠厚诚信的人却被斥退；法律严酷，政治严峻，谄媚阿谀的人很多，天天听到他们的赞美声，于是心意满足，想入非非。一心想要扬威于海外，就派遣蒙恬率兵去攻打北方的匈奴，扩张土地，推进国境，戍守住黄河以北的地方，让百姓急运粮草，跟随其后。又派遣尉官屠睢率领水兵去攻打南方的百越，派监御史禄凿通运河，运送粮食，深入越地，越人逃跑。经过很长时间的相持，粮食乏绝，越人攻击秦兵，秦兵大败。秦就派赵佗率兵戍守越地。正在这时，秦朝在北方同匈奴结怨，在南方同越人结仇，在无用的地方驻扎军队，只能进而不能退。经过十多年，成年男子穿上铠甲上战场，成年女子转运粮食，痛苦而无法活下去，有的吊死在路旁的树上，死的人一个接着一个。等到秦始皇死去，天下百姓多半反叛秦朝。陈胜、吴广起兵于陈县，武臣、张耳起兵于赵地，项梁起兵于吴县，田儋起兵于齐地，景驹起兵于郢，周市起兵于魏地，韩广起兵于燕地，穷山深谷，豪杰之士一同起兵，记也记不完。但是，他们都不是公侯的后代，也并非大官的下属，没有一尺一寸的权势，从闾巷兴起，手持戟矛，顺应时势，都行动起来，没有预先谋划却同时起兵，没有约定却同时相会合，不断扩大土地，最后成为霸王，这是当时的教化使他们成为这个样子。秦国贵为天子，拥有天下的财富，但却亡国亡家，这是穷兵黩武的结果。所以周朝的败亡在于国势软弱，秦朝的败亡在于国势强大，这是不知形势变化了就必须采取变通政策所带来的祸患。

如今想招降南夷，使夜郎前来朝拜，降服羌、僰，攻夺濊州，建立城邑，深入匈奴，烧毁它们的龙城，议论此事的人都加以赞美。这是做臣子的利益，并非天下的长远大计。如今中国没有狗叫的惊扰，却受着远方备战的牵累，使国家破败，这不是养育百姓的办法。企图实现无穷无尽的欲望，使心意畅快，而同匈奴结怨，这并不是安定边疆的办法。结下怨恨而不能消除，战争停止而又重新产生，使近者蒙受愁苦，远者感到惊骇，这是不能持久的。如今全国锻造铠甲，磨利刀剑，矫正箭杆，积累弓弦，转运粮食，看不到停止的时候，这是全国共同忧虑的事情。战争持续时间长，变故就会产生，事情繁杂，疑虑就会产生。现在外郡的土地有几千里，城邑数十个，地理山川的形势可以控制百姓，胁迫附近的诸侯，这不是皇家的利益。看看历史上齐国和晋国灭亡的原因，就是王室方面的势力衰微，六卿的势力太大了。再看看秦国灭亡的原因，就是刑法严酷，欲望大得无穷无尽。如今郡守的权力，不只像六卿那样大；土地几千里，已远不是平民百姓造反的凭借；铠甲武器和各种军械，不只是戟矛那点用处。这样的客观条件，如果碰上天下有重大的变乱，那么其后果就不可讳言了。

徐乐和严安的奏书送交天子，天子召见了主父偃和徐乐、严安，对他们说：“你们都在哪里啊？为何我们相见得这样晚！”于是，武帝就任命他们三人为郎中。主父偃屡次觐见皇帝，上疏陈说政事，皇帝下令任命他为谒者，又升为中大夫。一年当中，四次提升主父偃的职务。

主父偃劝谏皇上说：“古代诸侯的土地不超过百里，强弱的形势很容易控制。如今的诸侯有的竟然拥有相连的几十座城池，土地上千里，天下形势宽缓时，则容易骄傲奢侈，做出淫乱的事情，形势急迫时，则依仗他们的强大，联合起来反叛朝廷。现在如果用法律强行削减他们的土地，那么他们反叛的事就会产生，前些时候晁错的做法就出现了这种情况。如今，诸侯的子弟有的竟达十几个，而只有嫡长子世世代代相继承，其余的虽然也是诸侯王的亲骨肉，却没有尺寸之地的封国，那么仁爱孝亲之道就得不到体现。希望皇上命令诸侯可以推广恩德，把他的土地分割给子弟，封他们为侯。这些子弟人人高兴地实现了他们的愿望，皇上用这种办法施以恩德，实际上却分割了诸侯王的国土，不必削减他们的封地，却削弱了他们的势力。”于是皇上听从了他的计策。主父偃又劝皇帝说：“茂陵刚刚成为一个县，全国豪强富人，唆使百姓作乱的人，都可以勒令他们迁到茂陵，内则充实京城，外则消除奸猾之人，这就叫作不诛杀而祸害被消除。”皇上又听从了他的主张。

尊立卫子夫当皇后，及揭发燕王刘定国的隐私，主父偃是有功的。大臣们都畏惧主父偃的嘴，贿赂和赠送给他的钱，累计有千金之多。有人劝主父偃说：“你太横行了。”主父偃说：“我从束发游学以来已四十余年，自己的志向得不到实现，父母不把我当儿子看，兄弟们不肯收留我，宾客抛弃我，我穷困的时日已很久了。况且大丈夫活着，如不能列五鼎而食，那么死时就受五鼎烹煮的刑罚好了。我已到了老年，所以要倒行逆施，不遵常理行事。”

主父偃盛称朔方土地肥沃富饶，外有黄河为险阻，蒙恬在此筑长城以驱逐匈奴，内省转运和戍守漕运的人力物力，这是扩大中国土地，消灭匈奴的根本。皇上看完他的建议，就交给公卿们议论，大家都说不利。公孙弘说：“秦朝时曾经调发三十万人在黄河以北修城，最终也未修成，不久就放弃了。”主父偃盛称其利，皇上竟采纳主父偃的计策，设置了朔方郡。

元朔二年，主父偃向皇上讲了齐王刘次景在宫内淫乱邪僻的行为，皇上任命他当了齐相。主父偃到了齐国，把他的兄弟和宾客都召来，散发五百金给他们，数落他们说:“当初我贫穷的时候，兄弟不给我衣食，宾客不让我进门；如今我做了齐相，诸君中有人到千里以外去迎接我。今天我同诸君绝交了，以后请不要再进我主父偃的家门！”于是他就派人用齐王与其姐姐通奸的事来触动齐王，齐王以为终究不能逃脱罪责，害怕像燕王刘定国那样被判处死罪，就自杀了。主持此事的官员把这事报告给了皇上。

主父偃为平民百姓时，曾游历燕地和赵地，到他当了大官后，就揭发燕王的隐私。赵王害怕他成为赵国的祸患，想要上书皇帝讲述他的隐私，因为主父偃在朝中，不敢揭发。到他当了齐相，走出函谷关，赵王就派人上书，告发主父偃接受诸侯的贿赂，因此，诸侯子弟中有很多因为这个原因而被封侯。等到齐王自杀了，皇上听后大怒，认为是主父偃威胁齐王使其自杀的，就将主父偃调到京城交给官吏审问。主父偃承认接受诸侯贿赂，但没有威胁齐王自杀。皇上不想诛杀主父偃，这时公孙弘当御史大夫，就对皇上说："齐王自杀，没有后代，封国被废除而变成郡，归入朝廷，主父偃是这事的罪魁，陛下不杀主父偃，无法向天下百姓交代。"于是皇上就把主父偃家族的人都杀了。主父偃显贵受宠时，宾客数以千计，到他被灭族而死没有一个人为他收尸，唯独洨县人孔车为他收尸并埋葬了他。天子听此事后，认为孔车是个长者。

太史公说：公孙弘的品德行为虽然美好，但是也因为他遇到了好时机。汉朝建国八十余年了，皇上正崇尚儒家学说，招揽精通儒术的人才，以发展儒家和墨家学说，公孙弘是首先被选拔出来的人。主父偃身居要职，诸位朝中高官都称赞他，待到他名声败坏，自身被杀，士人都争着讲他的坏处，真是可悲呀！太皇太后诏命大司徒、大司空说：

"听说古代的治国之道，使百姓富足是治国之首；使百姓富足的关键，在于节俭。《孝经》里说'要使上层得以安宁，下民得到治理，没有比用礼更好的了'。'礼仪的精神，与其奢侈，宁可俭约'。从前管仲辅佐齐桓公，使之称霸诸侯，有多次会盟诸侯、匡正天下的功劳，但孔子认为他不懂礼，因为他过分奢侈，比拟于君主。夏禹居住低矮的房屋，穿粗劣的衣服，后世帝王不遵循夏禹的节俭之道。从这方面来说，国家大治鼎盛，德政优施，都高不过节俭之德。用节俭精神教化民俗，则上下贵贱秩序井然，骨肉之间更加亲密，争讼的根源就会消除。这才是家给人足、刑措不用的根本啊！怎能不致力于此呢！三公是百官之长，万民的表率，没有树立笔直的标帜而映出弯曲影像的道理。孔子不是说过吗：'您带头走正道，谁敢走邪路。''提拔好人，教育能力弱的人，百姓自然会互相劝勉。'从汉朝建立以来，宰辅大臣能身行俭约、轻财重义，皎然突出的，没有像过去的丞相平津侯公孙弘那样的人。位居丞相之职，却使用布被，吃粗米糙饭，每餐不过一个肉菜。他把俸禄分给他的朋友和他喜爱的宾客，自己没有节余。这是对自己以俭约克制，对外遵从通行的制度。汲黯为此责问他，他才把实情报告皇帝，这是低于标准制度规定而可以施行的情况，但只有品德高尚的人才能做到。这与那种背地里奢侈过分而外表假装节俭以沽名钓誉的行为是不可同日而语的。后来公孙弘因病请求退休，孝武皇帝当即下令说：'奖赏有功的人，表彰有德的人，扬善惩恶，这些您应该了解。希望您少费心，养精神，再辅之以医药治疗。'特赐续假治病，并赏赐牛酒杂帛。过了几个月，病情痊愈，才上朝办公。到了元狩二年，善终于丞相职位上。了解臣子的莫若君主，这就是明证。公孙弘的儿子公孙度承袭侯爵，表彰品德行谊高尚的人，是为了引导流俗、激励风化，这是圣明天子的遗制、万古不变的通则。兹令赐予公孙弘的子孙中按次序当为继承人的，爵为关内侯，食邑三百户，征召至公车府，把名字上报于尚书，朕将亲自面授官职。"

班固赞曰：公孙弘、卜式、兒宽都曾以鸿才大略之资受困于低贱之位，在边远地区放猪牧羊，若非遇上圣明之时，哪能获得公卿之位呢？当时汉朝建立六十多年，海内安定，府库充实，但四方蛮夷尚未归服，朝政制度也多有缺略。皇帝正想进用文武人才，求之惟恐不及。起初曾以蒲轮安车迎接枚乘，见到主父偃而赞叹人才难得。于是，群臣向慕而起，异能人才同时并出。卜式从牧人中被启用，桑弘羊从商贾中被提拔，卫青奋起于奴仆之中，金日磾出于归降的胡虏，这些人亦即古时筑墙喂牛人之辈啊！汉朝出现人才之多，在这时达到极盛的局面。博学的儒者有公孙弘、董仲舒、兒宽，品行笃厚者有石建、石庆，质朴正直者有汲黯、卜式，推荐贤才则有韩安国、郑当时，制定律令则有赵禹、张汤，文采风流则有司马迁、司马相如，能言善辩诙谐幽默则有东方朔、枚皋，善于应对则有严助、朱买臣，精通天文历算则有唐都、落下闳，以乐律见长则有李延年，精于国计运筹则有桑弘羊，奉命出使不辱君命的有张骞、苏武，著名将帅则有卫青、霍去病，接受遗诏辅弼幼主则有霍光、金日磾，其余不可胜计。因此，当时创建的功业和流传下来的典章制度、文物典籍，后世都不可企及。孝宣皇帝继承大统，继修先帝大业，同样宣扬儒家的六艺，选拔优秀人才，萧望之、梁丘贺、夏侯胜、韦玄成、严彭祖、尹更始以精于儒术被进用，刘向、王褒以文章扬名于世。著名将相则有张安世、赵充国、魏相、邴吉、于定国、杜延年，治民名臣则有黄霸、王成、龚遂、郑宏、邵信臣、韩延寿、尹翁归、赵广汉等人，他们都有功绩被后世称述。这些人与武帝时的名臣比起来，功业稍差一点罢了。

（李勋山 译）

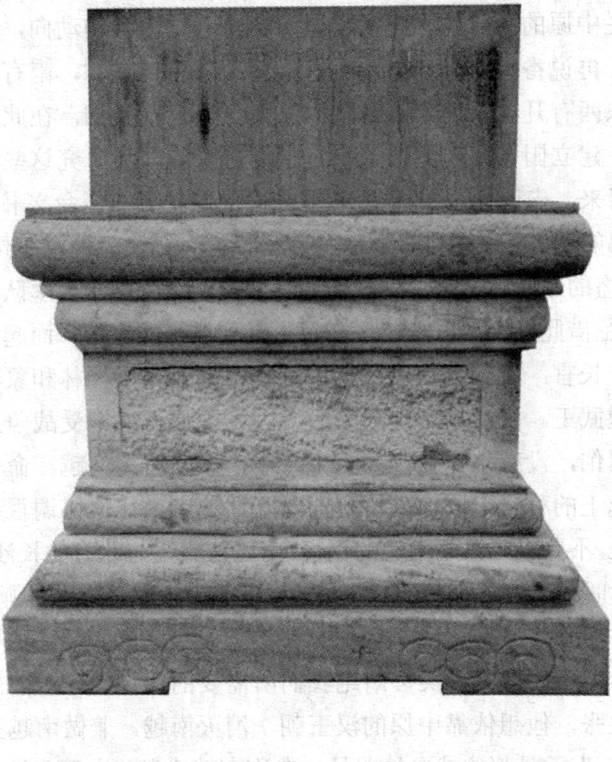

《史记》卷一百一十三　南越列传第五十三

南越王尉佗是真定人，姓赵。秦国吞并了六国，攻取并平定了杨越，设置了桂林、南海和象郡，把犯罪之民安置到这里，同越人杂居了十三年。尉佗，在秦朝时被任命为南海郡的龙川县令。到秦二世时，南海郡尉任嚣得病快要死时，把龙川令赵佗召来对他说："听说陈胜等发动了叛乱，秦朝政策暴虐无道，天下百姓怨恨已深，项羽和刘邦、陈胜、吴广等，都在各自的地盘聚集民众，组建军队，像猛虎一般分争天下，中原地区动荡不安，不知何时才能安宁，豪杰们背叛秦朝自立。南海郡偏僻遥远，我怕强盗的军队强取豪夺，打到我们这里，我想派军队切断通往中原的新修的大路，早做防备，静待诸侯的动向，不巧我的病重了。再说番禺这个地方，后有险要山势可以依靠，南有大海可作屏障，东西有几千里之广，有些中原人可以辅助我们，在此也能当一州之主，建立国家。南海郡的长官中没有人能与我研究这些大事，所以把你召来，告诉你这些事。"任嚣当即向赵佗颁布任命文书，让他代行南海郡的职务。任嚣死后，赵佗就向横浦、阳山、湟溪关传布檄文，说："强盗的军队就要来了，我们要立即断绝道路，集合军队，保卫自己。"赵佗借此机会，以法律之名杀了秦朝派来的官吏，而起用他的亲信做代理长官。秦朝灭亡后，赵佗就攻击并兼并了桂林和象郡，立自己为南越武王。汉高祖平定天下后，因为中原百姓饱受战争之苦，就放过了赵佗，没有杀他。汉高祖十一年，派陆贾去南越，命令赵佗因袭他南越王的称号，同他剖符定约，互通使者，让他协调百越，使其和睦相处，不要成为汉朝南边的祸害。南越边界是与北方的长沙接壤的。

高后时代，有关部门的官吏请求禁止南越在边境市场上购买铁器。赵佗说："高祖立我为南越王，要求双方互通使者和物资，如今高后听信谗言，把蛮夷视为异类，断绝我们所需要的器物的来源，想必是长沙王的主张，他想依靠中原的汉王朝，消灭南越，兼做南越王，自己建立功劳。"于是赵佗就自加尊号，自称南越武帝，出兵攻打长沙的边境，打下了几个县才离去。高后派将军隆虑侯周灶前去攻打赵佗。正遇上酷暑湿热的气候，多数士卒得了重病，致使大军无法越过阳山岭。又过了一年多，高后去世，汉军就停止了进攻。赵佗凭借他的军队扬威于边境，用财物贿赂闽越、西瓯和骆越，使之归属南越，他的领地东西长达一万余里。赵佗竟然乘坐黄屋左纛之车，以皇帝的身份发号施令，同汉朝地位相当。

待到汉文帝元年，皇帝刚即位统领天下，便派出使者到诸侯和四方蛮夷的君主那里，告知他从代国来京即位的想法，使他们知晓天子的圣德。还为赵佗在真定的父母的坟墓，设置了守墓的人，每年按时举行祭祀，又召来赵佗的堂兄弟，给予尊贵的官职和丰厚的赏赐，以表示对他们的宠爱。皇帝命丞相陈平等推荐出使南越的人，陈平说好畤人陆贾在先帝时曾经多次出使过南越。皇帝就召陆贾觐见，任命他为太中大夫，以使者身份前往南越，责备赵佗自立为皇帝，竟然不派使者向汉朝报告。陆贾到了南越以后，南越王赵佗十分恐惧，就向皇帝写信道歉，说："蛮夷大长老夫臣佗，从前高后隔离并歧视南越，我私下怀疑长沙王是个爱进谗言的臣子，又在此听说高后杀尽了我的宗族，掘开并烧毁了祖先的坟墓，因此自暴自弃，侵犯了长沙的边境地区。南方地势低湿，在蛮夷之中，东边的闽越只有上千的百姓，却称其君长为王；西面的西瓯和骆越这样的蛮荒之国也自己称王。所以我斗胆狂妄地窃取了皇帝的尊号，聊以自慰，怎敢把这事禀告汉朝天子呢！"赵佗深深叩头谢罪，表示要永远当汉朝的臣子，谨遵对天子纳贡的职责。赵佗向全国发布命令，说："我听说两个英雄豪杰是不能并存的，两个贤哲之人也不能共同生活在同一时代。汉朝皇帝才是贤明的天子，从今以后，我将去掉帝号，不再乘坐黄屋左纛的车子。"陆贾回京报告后，汉文帝十分高兴。延续到汉景帝时代，赵佗一直向汉朝称臣，春秋两季派使者到长安朝拜天子。但是在南越境内，赵佗却一直窃用皇帝的名号，只是在派使者朝见天子时才自称为王，以诸侯身份接受天子的命令。

到建元四年时，赵佗去世。

赵佗的孙子赵胡当了南越王。这时闽越王郢发起战争，攻打南越边境的城镇，赵胡派人向汉天子写信说："南越和闽越都是汉朝的藩臣，不该擅自发兵相互攻击。如今闽越发兵侵犯我，我不敢发兵抗击，希望天子下诏书处理这事。”于是天子赞扬了南越的忠义之举，遵守职责和盟约，为他们出兵，派遣两位将军前去讨伐闽越。没等汉军越过阳山岭，闽越王的弟弟余善就杀死了郢，投降了汉朝，于是讨伐行动停止。

汉天子派庄助去向南越王传达汉朝的意思，赵胡深深叩头说：“天子是为我发兵讨伐闽越的，我死了也无法报答天子的恩德！”赵胡就派太子婴齐到朝廷去充当宿卫。他对庄助说：“我国刚刚遭受敌人的侵略，请使者先回去吧。我将日夜加紧准备行装，去京城朝见汉天子。”庄助离开后，大臣向赵胡进谏说：“汉朝发兵诛杀郢，也是借此警告我们。先王过去也说过，侍奉天子，要求不要失礼，最重要的是不能因为听信了使者的好话而去朝见天子。要是去朝见了天子，不能回国，这就是亡国的预兆。”于是赵胡就以生病为借口，最终没去朝见汉天子。十多年后，赵胡真的病得很严重，太子婴齐便请求回国。赵胡去世后，被赐谥号文王。

婴齐代立为南越王之后，就把他祖先的武帝印玺藏了起来。他到长安做宿卫时，娶了邯郸樛家的女儿为妻，生了个儿子叫赵兴。他当上南越王之后，便向汉天子上书，请求立妻子樛氏为王后，赵兴为太子。汉朝多次派使者婉转要求婴齐去朝拜汉天子，婴齐生性喜欢恣意杀人，害怕一旦进京朝拜天子，会被比照内地诸侯，强行执行汉朝的法令，因此以有病为托词，最终也没去朝见天子，只派遣儿子次公入京当了宿卫。婴齐去世后，被封谥号明王。

太子赵兴代立为南越王，他母亲当了太后。太后在嫁给婴齐做妾之前，曾与霸陵人安国少季通奸。婴齐死后，元鼎四年，汉朝派安国少季前去劝说南越王和王太后，让他们比照内地的诸侯，进京朝拜天子。命令辩士谏大夫终军等传达旨意，让勇士魏臣等辅助不足之处，卫尉路博德率兵驻守在桂阳，等待使者。南越王很年轻，王太后是中原人，曾同安国少季通奸，此次安国少季来当使者，又开始和她通奸。多数南越国人都知道这事，大多责难于王太后。太后害怕发生动乱，想依靠汉朝的威势，屡次劝说南越王和大臣们归属汉朝。于是通过使者上书汉天子，请求比照内地的诸侯，三年朝见天子一次，并撤除了边境的关塞。天子答应了要求，把银印赐给了南越丞相吕嘉，赐官印给内史、中尉、太傅等，其余官职由南越自行安置。废除了南越从前的黥刑和劓刑。按汉朝的法律，比照内地的诸侯，使者都留下来镇抚南越。南越王及王太后则整理行装和贵重财物，为进京朝见天子做准备。

南越丞相吕嘉年纪很大，共辅佐过三位国王，他的族内当官做长吏的有七十多人，男的都娶王女当妻子，女的都嫁给王子及其兄弟宗室之人，与苍梧郡的秦王有联姻关系。吕嘉在南越国内的地位很高，南越人都信任他，很多人都成了他的亲信，比南越王还要深得民心。南越王要上书汉天子，他屡次建议不要这么做，南越王没有采纳。于是他有了背叛南越王的念头，多次托病不去会见汉朝使者。使者很留意吕嘉的言行，因为形势的关系，没有诛杀吕嘉。南越王和王太后也怕吕嘉首先发难，就安排了酒宴，想借助汉朝使者的威势，设计杀死吕嘉等人。宴席上，使者面朝东，太后面朝南，王面朝北，丞相吕嘉和大臣都面朝西，陪坐饮酒。吕嘉的弟弟为将军，率兵守候在宫外。饮酒当中，太后对吕嘉说："南越归属汉朝，符合国家的利益，但丞相觉得这样做不利，是什么原因呢？"王太后想借此激怒汉朝使者。使者犹豫不决，最终还是没有动手杀掉吕嘉。吕嘉见周围没有自己的亲信，立刻站起身来走了出去。王太后大怒，想用矛刺死吕嘉，王阻止了太后的行为。吕嘉出去后，把他弟弟的兵士调来一部分，安排到自己的住处，装病不肯再去会见王和汉朝使者。吕嘉暗中同大臣们准备发动叛乱。南越王一向无意杀死吕嘉，吕嘉知道这一点，因此几个月过去了，叛乱仍没有发生。王太后有淫乱行为，南越人都不拥戴她，她想独自杀害吕嘉，又没有能力做成此事。

汉天子听说吕嘉不服从南越王，王和太后势单力薄，不能控制吕嘉，使者胆怯，无决断的能力。但又一想，觉得王和太后已经归顺了汉朝，只是吕嘉作乱而已，不值得发兵，想派庄参率两千人出使南越。庄参说："若是为友好谈判而去，几个人就足够了；若是为动武而去，两千人不能干出大事。"于是，庄参推辞不肯去，天子罢免了他的官职。郏地壮士、原济北王的相韩千秋愤然说道："这么一个小小的南越，又有王和太后做内应，只有丞相吕嘉从中作乱，我愿意带二百个勇士前往南越，一定杀死吕嘉，回来向天子复命。”于是天子派韩千秋和王太后的弟弟樛乐，率兵二千人前往南越。他们进入南越境内时，吕嘉等终于造反了，并向南越人下令说：“国王太年轻，太后是中原人，又同汉朝使者有淫乱行为，一心想归附汉朝，把先王的珍宝全部拿去献给汉天子，以谄媚汉朝；还带走很多随从，到长安后，把他们卖给了汉人做童仆。她只想为自己谋得暂时的好处，不顾赵氏的国家政权，更没有为后世永久之计而谋划的意思。”于是吕嘉就同他弟弟率兵攻打并杀害了南越王、王太后和汉朝的使者。他又派人告诉苍梧秦王和各郡县官员，立明王的长子与南越籍的妻子所生的儿子术阳侯赵建德当南越王。这时韩千秋的军队进入了南越境内，攻破了几个小城。后来，南越人径直让开道路，提供饮食，让韩千秋的军队顺利行进，走到离番禺四十里的地方，南越用兵攻击韩千秋，把他们全部消灭了。吕嘉让人把汉朝使者的符节用木匣装好、封好，放置到边塞之上说了些好听的谎话向汉朝谢罪，同时派兵守卫要塞。天子说：“韩千秋虽然没有成功，但也称得上军人的先锋之冠了。”天子封韩千秋的儿子韩延年为成安侯。樛乐，他姐姐是王太后，她最先愿意归附汉朝，因此封樛乐的儿子樛广德为龙亢侯。天子发布赦令说：“周天子衰微时，各国诸侯恃强肆意征讨，人们就讽刺大臣不知讨伐叛贼。如今吕嘉、赵建德等造反，竟安然地自立为王。我命令戴罪之人和江淮以南的水兵共十万人，前去讨伐他们。”

元鼎五年秋天，卫尉路博德当了伏波将军，带兵从桂阳出发，直下汇水；主爵都尉杨仆当了楼船将军，从豫章出发，直下横浦；原来归降汉朝被封侯的两个南越人当了戈船将军和下厉将军，带兵从零陵出发，一军直下离水，一军直抵苍梧；让驰义侯发动巴蜀的罪人，调动夜郎的兵卒，直下牂柯江：各路军马最后在番禺会师。

元鼎六年冬天，楼船将军率领精锐部队，首先攻下了寻陕，然后攻破了石门，收缴了南越的船只和粮食，趁机继续前进，挫败了南越的先遣部队，率领几万大军等候伏波将军。伏波将军率领被赦免的罪人，由于道路遥远，不巧误了会师的日期，因此同楼船将军会师的仅有一千余人，于是一同前进。楼船将军一路向前，一直打到番禺。赵建德和吕嘉在城中防守。楼船将军选择了有利的地方，在番禺东南方驻兵；伏波将军则在番禺西北驻兵。正赶上天色渐黑，楼船将军击败了南越人，放大火烧毁了番禺。南越人平时就听过伏波将军的大名，如今天黑，不知道他到底有多少军队。伏波将军安营扎寨后，派人去招来那些投降的人，赐印给他们，又放他们回去招降别的人。楼船将军则奋力攻击，烧杀敌人，乱兵纷纷被驱赶到伏波将军的营中来投降。黎明时分，城中敌兵全部投降。吕嘉和赵建德在夜里带着几百个士兵逃向大海，乘船西去。伏波将军询问已投降的南越贵人，知道了吕嘉的去向，于是派人去追捕。原校尉、现为伏波将军司马的苏弘，抓到了赵建德，被封为常海侯；南越人郎官都稽抓到了吕嘉，被封为临蔡侯。

苍梧王赵光，和南越王同姓，听说汉朝军队已经来到，就和揭阳令史定决定归附汉朝；南越桂林郡监居翁，告知瓯骆归降了汉朝。他们都被封了侯。戈船将军和下厉将军的军队，以及驰义侯所调的夜郎军队还未到达时，南越就已经被平定了。汉朝在此设置了九个郡。伏波将军增封了食邑，楼船将军攻破了敌人的坚固防守，被封为将梁侯。

自赵佗最初称王开始，传国五世，共计九十三年，南越国就灭亡了。

太史公说：尉佗之所以能当上南越王，本是得益于任嚣的提拔和劝说。恰逢汉朝初定天下，他被封为诸侯。隆虑侯领兵讨伐南越，碰上了酷暑潮湿的天气，士卒多数染病，无法进军，致使赵佗越发骄横。由于与闽越互相攻击，南越国内出现动荡。汉朝的大军压境而来，南越太子婴齐只好前往长安当了宿卫。后来南越就亡国了，征兆就在婴齐娶了樛氏女。吕嘉凭借一点小小的忠诚，就让赵佗断绝了王位的继承人。楼船将军欲望膨胀，变得怠惰傲慢放荡起来。伏波将军大志不顺，智谋思虑却越来越丰富，算是因祸得福。可见成败的转换，就如同绳索纠结在一起，撕扯不开。

（李勋山　译）

《史记》卷一百一十四　东越列传第五十四

闽越王无诸和越东海王摇，他们的祖先都是越王勾践的后代，姓驺。秦统一天下后，废除了他们的王号，降为君长，把他们这地方设置为闽中郡。诸侯群起叛秦时，无诸和摇便率领越人归附鄱阳县令吴芮，就是人们所说的鄱君，跟随诸侯灭掉了秦国。当时，项籍把持向诸侯发布命令的大权，没有立无诸和摇为王，因此，他们没有归附楚王。待到刘邦攻击项籍，无诸和摇就率领越人辅佐刘邦。汉五年，刘邦立无诸为闽越王，统治闽中郡原有的地域，建都东冶。孝惠帝三年，列举高祖时越人的辅佐之功，朝廷认为闽君摇的功劳多，他的百姓也愿意归附，于是就立摇当了东海王，建都东瓯，世称东瓯王。几代之后，孝景帝三年时，吴王刘濞谋反，想让闽越随他闹事，闽越不从，只有东瓯跟随吴王造反。等到吴国被攻破，东瓯王被汉朝收买，在丹徒杀死了吴王刘濞，因此都没有被诛杀，又回到东海国。

吴王之子子驹逃亡到闽越，怨恨东瓯王杀了他的父亲，经常劝说闽越去攻打东瓯。到建元三年，闽越出动军队围攻东瓯。东瓯粮食用尽了，无计脱逃，将要投降，就派人向汉天子告急。武帝向太尉田蚡询问此事，田蚡回答说："越人之间相互攻打，本来是常有的事，其态度又反复无常，不值得发动朝中兵力去救。从秦朝就开始抛弃他们，不把他们当作附属国。"于是中大夫庄助就诘难田蚡说："只是担心力量不足，援救不了他们，恩德浅薄，不能覆盖他们；如果真有能力救助他们，为何要抛弃他们呢？而且秦国连整个咸阳都抛弃了，何况是越人呢！如今小国在遇到困难没办法时，来向天子告急，天子不去救援，他们将向哪里去诉苦求救呢？天子又怎样来养育保护万国民众呢？"武帝说："太尉不配帮我出主意。我刚即位，也不想拿出虎符从其他郡县和郡国调动军队去打仗。"于是就派遣庄助拿着符节到会稽就近调兵出征。会稽太守想拒绝不给庄助调兵出征，庄助就杀了一位军司马，明白地讲清了天子的旨意，会稽太守才发兵从海上去救援东瓯。军队尚未到达东瓯，闽越就领兵撤离了。东瓯请求把国都迁徙到中原地区，于是就率领全体民众到中原来，居住在江淮一带。

到建元六年，闽越攻打南越。南越遵守天子的约束，不敢擅自发兵回击，而把这事报告天子。武帝派遣大行令王恢从豫章出兵，大农韩安国从会稽出兵，都担任将军之职。他们的军队还未越过武夷山，闽越王郢就派出军队守在险要的地方。郢的弟弟余善就和东越丞相及宗族之人商量说："我们的国王因为擅自发兵攻打南越，没有向天子请示，所以天子派兵来讨伐。如今汉朝军队众多而强大，现在就是侥幸战胜他们，天子以后必然还会派更多的军队来，直到把我们国家消灭为止。现在如果我们把国王杀了，向天子谢罪，天子要是接受了我们的要求，就能停止战争，我们的国家必定会完整保存下来。如果天子不理睬我们的谢罪表现，我们再奋力战斗，要是不能取胜，我们就逃到海里去。"大家都说："好主意！"于是就杀死了郢，派使者带着他的头送给了大行令王恢。王恢说："我军来这里就是为了诛杀东越王，现在东越王的头已经送到，东越也已谢罪，不战而消除了祸根，没有比这更好的了。"于是就根据情况按兵不再前进，并通知大农韩安国，又派使者带着东越王的人头急驰长安，报告天子。天子遂下诏两位将军罢兵，说："郢是作恶首犯，只有无诸的孙子繇君丑没有参与这个阴谋。"于是派郎中将立丑为越繇王，继承闽越国王位。

余善杀了郢以后，他的威望传遍全国，国中的百姓多半归属于他，他就暗中自立为王。繇王无力使民众归向他一边。天子听到这事后，认为不值得为余善的事再兴师动众，说："余善屡次同郢阴谋作乱，后来却首先杀了郢，使汉军得以避免劳苦。"于是就立余善做东越王，同繇王并处。

到了元鼎五年，南越造反，东越王余善向武帝上书，请以兵卒八千人跟随楼船将军去攻打吕嘉等。但在兵至揭阳时，又以海上风大浪高为借口，不再前进，采取骑墙观望的态度，暗中又派使者与南越联系。等到汉军攻陷番禺，东越军队也未到。这时楼船将军杨仆遣使上书，愿意乘便领兵去攻打东越。天子说士卒已经劳累疲倦，没有同意，于是罢兵，下令诸位校官，让他们驻军在豫章郡的梅岭等候命令。

元鼎六年秋天，余善听说楼船将军请求讨伐他，现在又大军压境，因而非常恐慌，于是他起兵造反，派兵据守汉军必经之路。他还给将军驺力等加上了“吞汉将军”的封号，大军进入白沙、武林和梅岭，杀了汉军的三个校尉。这时，汉朝派遣大农张成、原山州侯刘齿率兵驻守在这里，但他们怕死不敢出击，退守到安全之地，后来都因懦弱畏敌而获罪被杀。

余善更私刻“武帝”玉玺妄图自立为君，诓骗他的百姓，口出狂言，不可一世。武帝派横梅将军韩说从句章出兵，从东边的海上进攻；又派楼船将军杨朴从武林出兵；中尉王温舒从梅岭出兵；以越侯郑严为戈船将军、田甲为下濑将军，从若邪、白沙出兵。元封元年冬，四路兵马围剿东越。东越已经占据险要之地，又派徇北将军守武林，打败了楼船将军的数名校尉，杀死了一些长吏。楼船将军部下的钱唐人辕终古击破越军杀死徇北将军，被封为御儿侯。

早在大军出动之前，朝廷就派了此前已投降汉朝、留居汉地的原越衍侯吴阳劝说余善罢兵，余善不听，待到横海将军首先攻入东越之时，越衍侯吴阳率封地七百人，在汉阳进攻越军。他随建成侯及其部下，同繇王居股商量说：“余善首先作乱，胁迫我们造反。如今汉朝大军已到，兵多势强，我们设计杀死余善，各率部下归顺汉朝的将军们，或许能幸免于难。”于是他们合力杀了余善，率领部下投降了横海将军。因此汉朝封繇王居股为东成侯，食邑一万户；封建成侯敖为开陵侯；封越衍侯吴阳为北石侯；封横海将军韩说为案道侯；封横海校尉刘福为缭荌侯。刘福是成阳共王刘喜的儿子，原先为海常侯，因为犯法而失掉侯爵之位。从前参军也没立军功，因为是宗室子弟的原因而被封侯。其余各位将军都没有战功，所以都没有受封。东越的将领多军，汉兵一到，他就立刻弃兵投诚，因而被封为无锡侯。

于是汉武帝说东越狭小而多险阻之地，闽越强悍，屡次反复无常，因而命令军官们率领全部东越民众迁徙到江淮一带居住。东越这地方变成了空虚之地。

太史公说：越国虽然是蛮夷，他的祖先难道对民众曾经有过很大的功德？不然，为何世代相传得那么久远！经历了几代都常常当君王，而勾践竟一度称霸。然而余善竟然做出大逆不道的事情，国家被消灭，百姓被迁徙，他们祖先的后代子孙繇王居股等还被封为万户侯，由此可知，东越世世代代都当公侯。这大概就是大禹丰功伟业的余荫吧。

（王　昕 译）

《史记》卷一百一十五　朝鲜列传第五十五

朝鲜王卫满，原是燕国人。燕国全盛时，曾经攻取真番、朝鲜，设立官吏，营造边防。后来秦国灭燕，朝鲜属于辽东郡的界外管区。汉朝建立后，因为地处偏远，难以防守，所以重修辽东郡东部边防，直到浿水，属燕国领土。后来燕王卢绾造反，逃入匈奴，卫满也流亡境外，聚集了一千多个同党，盘发于头顶，穿上蛮夷服装，东逃出塞，渡过浿水，定居在秦国原来无人管辖的上下鄣，并逐渐收拢了真番、朝鲜蛮夷以及原来的燕国和齐国的逃亡者，自立为王，建都王险城。

孝惠帝、高后时，天下刚刚安定，辽东太守就约定卫满做汉朝的外臣，令他约束边塞以外的蛮夷，不要让他们到边境来骚扰抢夺；各位蛮夷的首领想到汉朝觐见天子，不要禁止。辽东太守把这个情况报告天子知道，天子同意了，因此，卫满得以凭借他的兵威和财物，侵略、招降他周围的小国，真番、临屯都来归属卫满，他统辖的地区方圆数千里。

卫满把统治权传给儿子，再传到孙子右渠手中，这时诱骗逃亡而来的汉人越来越多，而卫满祖孙三代都未曾朝见过汉朝天子。真番周围许多小国想上书要求拜见汉朝天子，右渠又阻挠不准上报。元封二年，汉朝派涉何责备和告知右渠，但右渠终究不肯听命。涉何离开朝鲜，来到边界，面对浿水，就派驾车的车夫刺杀了护送涉何的朝鲜裨小王，然后立即渡河，疾驰而回，进入汉朝边塞。向皇帝谎报说“我杀了朝鲜的一个将军”。武帝认为杀死他国将军的名声好听，就不再追究他，并授予他辽东东部都尉的官职。朝鲜怨恨涉何，调兵偷袭，杀了涉何。

武帝下令招募罪人攻打朝鲜。当年秋天，汉朝派楼船将军杨仆从齐地乘船渡过渤海；率兵五万人，左将军荀彘从辽东郡出兵，讨伐右渠。右渠调兵据守在险要的地方，抵抗汉军。左将军卒正多首先率辽东兵发动攻势，结果失败走散，卒正多也逃跑了，后来被依法处死。楼船将军率领齐地兵士七千人，首先到达王险城。右渠守城，探听到楼船将军兵少，就出城攻打楼船将军，杨朴的军队也被打散了。杨仆与部队失去联系，逃到山中十多天，逐渐找回四散的兵卒，重新聚集到一起。左将军荀彘攻击驻守浿水西边的朝鲜军队，未能取胜，也不能前进。

天子因为两将军没能取得军事胜利，就派卫山凭借兵威前去明告右渠。右渠会见了汉朝使者，叩头谢罪说："我们是愿意投降的，只怕杨、荀二将军欺骗杀我们。如今我看到了皇上的信物，请允许我们投降归顺。"于是派遣太子去汉朝谢罪，献上五千匹马，又向在朝鲜的汉军赠送军粮。朝鲜派万余人手持兵器护送太子，正要渡过浿水，卫山和左将军怀疑朝方有阴谋，说太子已投降归顺，应当命令人们不要携带兵器。太子也怀疑汉朝使者和左将军要欺骗和杀害自己，于是就不再渡河，又领着人马回去了。卫山回到京城向天子报告，天子杀了卫山。

左将军攻破浿水上的朝鲜军队，继续前进，直到王险城下，包围了城的西北方。楼船将军也前去会师，驻军城南。右渠于是坚守王险城，几个月过去了，汉军也未能攻下王险城。

左将军一向在宫中侍奉皇上，很受宠信，他所率领的是燕国和代国的士卒，很强悍，趁着打了胜仗，军中多数战士都很骄蛮。楼船将军率领齐兵，渡海打仗，在路上已死伤许多；此前和右渠交战时，兵败受辱，士卒心有余悸，将官也深怀愧疚，因此他们在包围右渠时，常常表现出一种愿意和谈、希望友好的态度。这样一来，当左将军急于攻城时，朝鲜就秘密派人私下与楼船将军谈判，准备投降。往来商谈了多次，只是没有最后达成协议。左将军几次与楼船将军约定时间与朝鲜决战，但楼船将军想赶紧实现朝鲜向自己投降的约定，因而按兵不动；左将军也派使者找机会劝降朝鲜，朝鲜不肯，只想归向楼船将军，所以两将军不能协同作战。左将军猜测楼船将军前有失军之罪，现在又与朝鲜私下往来，而朝鲜又不投降，怀疑楼船将军要造反，但左将军也未敢轻举妄动。武帝见此情形，说："将领之间互不服气，前次派卫山晓谕右渠投降，右渠已经派遣太子入朝，卫山不能果断处理，与左将军一起谋事错误，终于毁坏了上次的协定。现在两个将军攻城，步调又不统一，所以久攻不下。"于是派济南太守公孙遂前往朝鲜，让他去裁定两个将军的纠纷，并授予他临事处置之权。公孙遂到了之后，左将军说："朝鲜早就该攻下了，久攻不下是有原因的。"他说他多次与楼船将军约定时间会战，楼船将军都不参加，他还把他对楼船将军的怀疑都告诉了公孙遂，说："现在到了这种地步还不逮捕他，恐怕会酿成大害，不仅是楼船将军要谋反，而且他又要联合朝鲜一起来消灭我军。"公孙遂也认为是这样，就用符节召楼船将军来左将军军营中商量事情，当场命令左将军的部下捉拿楼船将军，并把他的军队合并到左将军手下，然后把这件事报告了武帝。武帝杀了公孙遂。

左将军合并了两方面的军队，就竭力攻打朝鲜。朝鲜相路人、相韩阴、尼鸡相参、将军王唊等相互商议说："开始要投降楼船将军，如今楼船将军被捕，只有左将军率领合并的军队，战争越打越紧张，我们恐怕不能坚持下去，可是国王又不肯投降。"于是韩阴、王唊、路人都逃亡到汉军那里，向汉朝投降。路人在半路上死去了。元封三年夏天，尼鸡相参派人杀死了朝鲜王右渠，也向汉朝投降。王险城还没有攻下来，右渠原来的大臣成巳又造反，并攻击不随他造反的朝鲜官吏。左将军派右渠的儿子长降、相路人的儿子路最去明白地告诉朝鲜的百姓，杀了成巳，因此汉朝终于平定了朝鲜，设立了四个郡。汉天子封参为澅清侯，韩阴为狄苴侯，王唊为平州侯，长降为几侯。路最因为父亲死了，很有功劳，被封为温阳侯。

左将军被召至朝廷，犯了争功而相互嫉妒，出荒谬主意的罪过，被杀头示众。楼船将军率兵至洌口，也犯了擅自抢先攻击敌人，致使伤亡很多的罪过，被判处死刑，他用钱赎了罪，免除死刑，贬为庶人。

太史公说：朝鲜王右渠依仗地势的险固，国家因此被灭绝。涉何骗功，为中国和朝鲜的战争开了头。楼船将军行事，心胸狭小，遭受危难，陷入祸患。后悔曾经在攻陷番禺时失利，此次一心想招降朝鲜，却被人怀疑要造反。荀彘争功，同公孙遂都被斩杀。征讨朝鲜的杨仆和荀彘的两支军队都遭受困辱，将帅没有被封侯。

（王　昕 译）

《史记》卷一百一十六　西南夷列传第五十六

西南夷的君长有几十个，其中夜郎最大；夜郎以西的靡莫之夷也有几十个，其中滇的势力最大；从滇往北，那里的君长也有几十个，其中邛都势力最大；这些夷国的人都头梳椎髻，耕种田地，有聚居在一起的城镇和村落。他们以外的地方，西边从同师往东，直到北边的楪榆，称为嶲和昆明，这些夷人都把头发结成辫子，随着放牧的牲畜到处迁徙，没有固定的住所，也没有君长，他们活动的地方有几千里。从嶲往东北去，又有几十个部落，其中徙和筰都为最大；从筰往东北去，还有几十个部落，其中冉駹的势力最大。他们有的是土著之民，有的是移徙之民，都在蜀郡的西边。从冉駹往东北去，还有几十个部落，其中白马的势力最大，都是氐族的同类。这些都是巴郡、蜀郡西、南两方境外分布的少数民族部落。

当初楚威王在世的时候，派将军庄蹻率领军队沿着长江而上，攻取了巴郡、蜀郡和黔中郡以西的地方。庄蹻是从前楚庄王的后代子孙。他一直到达滇池，滇池方圆三百里，旁边都是平地，肥沃富饶的地方有几千里。庄蹻依靠他的军队的威势平定了这个地方，让它归属楚国。他想回楚国报告这个情况，正赶上秦国攻打并夺取了楚国巴郡、黔中郡，道路阻隔不通，因而又回到滇池，借助他的军队做了滇王，改换服饰，顺从当地习俗，成为滇人的统治者。秦朝时，派遣常頞开辟了通向此地的五尺道，并在这些国家设置了一些官吏。过了十几年，秦朝灭亡了。等到汉朝建立，把这些国家都丢弃了，而将蜀郡原来的边界当作关塞。巴郡和蜀郡百姓中的有些人偷着出塞做买卖，换取筰国的马，僰国的童仆与牦牛，因此巴、蜀两郡特别富有。

汉武帝建元六年，大行令王恢攻打东越，东越杀死东越王郢以回报汉朝。王恢凭借兵威派番阳令唐蒙把汉朝出兵的意旨吹风示意告诉了南越。南越拿蜀郡出产的枸酱给唐蒙吃，唐蒙询问枸酱何处得来，南越说："取道西北牂牁江而来，牂牁江宽度有几里，流过番禺城下。"唐蒙回到长安，询问蜀郡商人，商人说："只有蜀郡出产枸酱，当地人多半拿着它偷偷运到夜郎去卖。夜郎紧靠牂牁江，江面宽数百步，完全可以行船。南越想用财物使夜郎归属自己，可是他的势力直达西边的同师，也没能使夜郎像臣民那样听从役使。”唐蒙就上书皇上说：“南越王乘坐黄屋之车，车上插着左纛之旗，他的土地东西一万多里，名义上是外臣，实际上是一州之主。如今从长沙和豫章郡前去，水路多半被阻绝，难以前行。我私下听说夜郎所拥有的精兵能有十多万，乘船沿牂牁江而下，乘其没注意而加以攻击，这是制服南越的一条奇计。如果真能用汉朝的强大，巴蜀的富饶，打通前往夜郎的道路，在那里设置官吏，是很容易的。”汉武帝同意唐蒙的主张，就任命他为郎中将，率领一千人马，以及负责粮食、辎重的人员一万多人，从巴符关进入夜郎，会见了夜郎侯多同。唐蒙给了他很多赏赐，又用汉王朝的武威和恩德开导他，约定给他们设置官吏，让他的儿子当相当于县令的官长。夜郎旁边小城镇的人们都贪图汉朝的丝绸布帛，认为汉朝到夜郎的道路险阻，终究不能占有自己的地盘，就暂且接受了唐蒙的盟约。唐蒙回到京城向皇上报告，皇上就把夜郎改设为犍为郡。这以后就调遣巴、蜀两郡的兵士修筑道路，从僰直修到牂牁江。蜀郡人司马相如也向皇帝说西夷的邛、筰可以设郡，皇帝就派司马相如以郎中将的身份前去西夷，明白地告诉他们，朝廷将按南夷的方式对待他们，给他们设置一个都尉、十几个县，归属于蜀郡。

就在这时，巴郡、蜀郡、广汉郡、汉中郡都派人修筑通往西南夷的道路，派兵驻守和运送军粮供前方所需。可是过了几年，道路也没修通，士卒疲惫饥饿和遭受潮湿而死的很多，西南夷又屡次造反，调遣军队去打击，耗费钱财和人力，却没有效果。皇上忧虑此事，便派公孙弘去亲自观察询问。公孙弘回京禀告皇上，声称不利。等到公孙弘当了御史大夫，这时汉朝正修筑朔方郡城，以便凭借黄河驱逐匈奴，公孙弘便乘机屡次陈说开发西南夷的害处，建议可暂时停止开发活动，集中力量对付匈奴。于是皇上下令停止对西夷的活动，只在南夷的夜郎设置两县和一个都尉，命令犍为郡靠自己的力量谋求生存与发展。

汉武帝元狩元年，博望侯张骞出使大夏国归来后，说他在大夏时曾经看到过蜀郡出产的布帛，邛都的竹、杖，让人询问这些东西的来历，回答的人说“从东南边的身毒国弄来的,从这儿到那里的路途有数千里,可以和蜀地的商人做买卖”。有人听说邛地以西大约二千里处有个身毒国。张骞乘机大谈大夏在汉朝西南方，仰慕中国，忧虑匈奴阻隔他们与中国的交通要道，假若能开通蜀地的道路，身毒国的路既方便又近，对汉朝有利无害。于是汉武帝就命令王然于、柏始昌、吕越人等，让他们寻找捷径从西夷的西边出发，去寻找身毒国。他们到达滇国，滇王尝羌就留下了他们，并为他们派出十多批人到西边去寻找道路。过了一年多，寻路的人全被昆明国所阻拦，没能到达身毒国。

滇王对汉朝使者说 :“汉朝和我国相比，哪个大？”汉朝使者到达夜郎，夜郎国的君主也提出了这样的问题。这是因为道路不通的缘故，各自以为自己是一州之主，不知道汉朝的广大。汉朝使者回到京城，极力陈说滇是个大国,值得让它亲近和归附汉朝。汉武帝开始留心此事。

等到南越造反时，皇上派驰义侯用犍为郡的名义调遣南夷的军队。且兰君害怕他的军队远行后，旁边的国家会乘机掳掠他的老弱之民，于是就同他的军队谋反，杀了汉朝使者和犍为郡的太守。汉朝就调动巴郡和蜀郡原想去攻打南越的八个校尉，率领被赦从军的罪犯去攻打且兰，把它平定了。正赶上南越已被攻破，汉朝的八个校尉尚未沿牂牁江南下，就领兵撤回，在行军中消灭了头兰。头兰是经常阻隔汉朝与滇国交通道路的国家。头兰被平定后，就平定了南夷，在那儿设置了牂牁郡。夜郎侯开始依靠南越，南越被消灭后，正赶上汉军回来诛杀反叛者，夜郎侯就到汉朝京城朝见皇上。汉武帝封他为夜郎王。

南越破灭之后，以及汉朝诛杀且兰君、邛君，并且杀了筰侯，冉、駹都震惊恐惧，便向汉朝请求称臣，为他们设置官吏。汉朝就把邛都设置为越嶲郡，筰都设置为沈犁郡，冉、駹设置为汶山郡，广汉西边的白马设置为武都郡。

武帝派王然于利用破南越及诛杀南夷君长的兵威，委婉劝告滇王前来朝见汉朝天子。滇王有军队数万人，他旁边东北方有劳浸和靡莫，都和滇王同姓，相互依靠，不肯听从劝告。劳浸和靡莫屡次侵犯汉朝使者和吏卒。元封二年，汉武帝调动巴郡和蜀郡的军队攻打并消灭了劳浸和靡莫，大军逼近滇国。滇王原来就对汉朝怀有善意，因此没有被诛杀。滇王于是离开西夷，率领全国向汉朝投降，请求为他们设置官吏，并进京朝见汉武帝。汉朝就把滇国设置为益州郡，赐给滇王王印，仍然让他统治他的百姓。

西南夷的君长多得数以百计，唯独夜郎和滇的君长得到了汉朝授予的王印。滇是个小城镇，却最受汉朝宠爱。

太史公说：楚国的祖先难道有上天赐给的禄位吗？在周朝时，他们的先祖鬻熊当了周文王的老师，后来的熊绎又被周成王封到楚蛮之地而立国。等到周朝衰微之时，楚国领土号称五千里。秦国灭亡诸侯，唯独楚国的后代子孙还有滇王存在。汉朝诛杀西南夷，那里的国家多半被消灭，只有滇王又受到汉天子的宠爱。但是平定南夷的开始，是在番禺见到了枸酱，在大夏看到了邛竹杖。西夷后来被分割，分成西、南两方，最后被汉王分设为七个郡。

（王　昕译）

《史记》卷一百一十七　司马相如列传第五十七

司马相如是蜀郡成都人，字长卿。年少时喜欢读书，学习剑术，所以他父母给他取名叫作犬子。司马相如上学后，仰慕蔺相如的为人，所以改名叫相如。最初，他靠家中出钱被授予郎官之职，侍奉孝景帝，担任武骑常侍，但这并不是他的爱好。正赶上汉景帝不喜欢辞赋，这时梁孝王进京朝见，跟从的游说之士有齐郡人邹阳、淮阴人枚乘、吴县人庄忌先生等。相如见到这些人就很喜欢，借口生病辞掉官职，到梁国去客居。梁孝王让相如和这些读书人一同居住，相如有机会和他们相处了好几年，写下了《子虚赋》。

正赶上梁孝王去世，相如只好回到家里。但是家境贫寒，没有什么合适的营生。相如一向和临邛县令王吉交好，王吉对他说："长卿，你长期在外做官游学，不太顺心，有时间过来看看我吧。"于是，相如去往临邛，住在城内一个小亭中。临邛县令表现得很恭敬，每天都去拜见相如。起初，相如还见他，后来，他就假称有病，让随从去辞谢王吉。但是，王吉却越发的恭敬谨慎。临邛县里有很多富人，卓王孙就有家奴八百人，程郑也有家奴数百人。二人商量说："县令有贵客，我们准备酒席，招待招待他。"就一起邀请了县令。县令到了以后，卓家的客人已经数以百计。到了中午，邀请司马长卿，长卿假称有病，不能前往。临邛令不敢进食，亲自前去迎接相如。相如不得已，勉强前去，所有宾客都为他的风采所倾倒。酒到浓时，临邛县令捧上一张琴对司马相如说："我听说长卿喜欢弹琴，请为我们演奏一曲，当作娱乐。"相如辞谢了一番，就弹了一两支曲子。当时，卓王孙的女儿文君，刚刚丧夫，喜欢音乐，所以相如假装和县令相互敬重，实际上是用琴声引诱卓文君。相如来临邛时，车马跟随，仪态雍容，举止文雅，很漂亮。等到了卓王孙家喝酒弹琴时，卓文君偷偷从门缝里看他，心里很喜欢，又担心自己配不上。宴会结束后，相如托人送给文君的侍者很多礼物，表达他对文君的倾慕之心。卓文君半夜前去找相如，相如就和她私奔回了成都。两人生活条件很差，家徒四壁。卓王孙大怒说："女儿不成器，我不忍心伤害她，但也不会给她一点钱。”有人劝说卓王孙，但王孙最终没有听。时间长了，文君感到不高兴，说“长卿你只要和我一起去临邛，向兄弟们借钱也能生活，何苦把自己逼到这般窘境！”相如就和文君一起来到临邛，把车马全都卖掉，买下一家酒店卖酒，并且让文君亲自站柜台卖酒。相如自己穿着犊鼻裈，与雇工们一起干杂活，在闹市中洗酒器。卓王孙听到这件事，感到很丢脸，为此闭门不出。有兄弟长辈们劝卓王孙，说：“您有一个儿子两个女儿，家里缺的并不是钱财。如今，文君已经委身于司马长卿，长卿本来也已厌倦了奔波的生活，虽然贫穷，但还是个可以依靠的人才，况且他又是县令的贵客，为什么要这么轻视侮辱他呢！”卓王孙不得已，分给文君家奴一百人，钱一百万，以及她出嫁时的衣服和财物。文君就和相如回到成都，买了田地住房，成了富人。

过了一段时间，蜀郡人杨得意担任狗监，侍奉汉武帝。武帝读了《子虚赋》，觉得很好，说:“我偏偏不能和这个作者在同一个时代吗？”杨得意说：“我的同乡司马相如自称这篇赋是他写的。”武帝惊喜，召见司马相如询问。相如说:“有这么回事。但是，这篇赋写的是诸侯之事，没什么看头，请让我为天子游猎作篇赋，赋写成后请陛下御览。”武帝答应了，命令尚书赐给相如笔和木简。相如用“子虚”这样虚构的名字，来描述楚国；还虚构了一个“乌有先生”，意思是没有这回事，以此为齐国驳难楚国；“无是公”就是没有这个人，来阐明做天子的道理。所以假借这三个人作了一篇赋，来推演天子和诸侯的苑囿。赋的最后一章总结到节俭上，以此讽谏皇上。把赋献给天子后，天子很高兴。这篇赋是这样写的：

楚王派子虚出使齐国，齐王出动境内所有士卒，准备众多车马，和使者一同出外打猎。打完猎，子虚去拜访乌有先生，夸耀楚国田猎之盛大，正巧无是公也在。大家坐定以后，乌有先生问子虚道：“今天打猎高兴吗？”子虚说:“高兴。”“打到的猎物多吗？”子虚回答道:“很少。”“既然这样，有什么高兴的呢？”子虚回答说：“我高兴的是齐王想要对我夸耀他的车马众多，而我却用楚王在云梦泽打猎的盛况来回应他。”乌有先生说：“可以让我听听你怎么说的吗？”子虚说：“可以。

齐王带着千辆兵车，选拔骑手上万名，到东海边打猎。士卒布满河泽，兽网漫山遍野，网住兔子，碾死野鹿，射中麋鹿，捕捉大母鹿。车骑驰骋在海边的盐滩，杀掉的禽兽的鲜血染红了车轮。射中的禽兽，捕获的猎物很多，齐王便骄傲地自夸。他回头对我说：‘楚国也有平原山泽打猎的地方，其富饶而可以为乐能比得上我这里吗？楚王游猎和我相比，怎么样？’我下车回答说：‘我只不过是楚国一个见识浅陋的人，所幸在楚国担任侍卫十多年，经常随着楚王外出打猎，猎场就在王宫后园，可以顺便观赏景色，但是楚王后园的盛况还是不能看尽，又哪有什么资格说后院之外大泽的情况呢！’齐王说：‘虽然如此，还是把你听到看到的跟我说说吧！’

“我应对说：‘是是。臣听说楚国有七个大泽，我曾经见过其中一个，其他的没见过。我所看到的这个，只不过是其中最小的一个，名叫云梦。云梦泽方圆九百里，泽里有山。山势盘旋迂回，高耸险要；山峰参差不齐，遮蔽日月；群山交错，直达云霄；山坡倾斜连绵，向下连着江河。土壤里有朱砂、石青、赤土、白垩、雌黄、石灰、锡矿、碧玉、黄金、白银，色彩光辉耀眼，好像龙鳞一样灿烂照耀。石料有红色的玉石、玫瑰宝石、琳、瑶、琨珸、瑊玏、磨刀的黑石、半白半赤的石头、红底白纹的石头。它的东面有长满蕙草的花圃，其中生长着杜衡、兰草、白芷、杜若、射干、芎穷、菖蒲、江离、蘼芜、甘蔗、芭蕉。它的南面有平原大泽，地势高低不平，倾斜绵延，低洼的土地，广阔平坦，沿着大江延伸，直到巫山为界。它那干燥高峻的地方，生长着马蓝、形似燕麦的草，还有苞草、荔草、艾蒿、莎草及青薠。它那低洼潮湿的地方，生长着狗尾巴草、芦苇、东蔷、菰米、莲花、荷藕、葫芦、菴蔺、莸草，各式各样的植物，数不胜数。它的西面则有奔涌的泉水、清澈的水池，水波激荡，滚滚向前；水面上生长着荷花与菱花，水面下隐伏着巨石和白沙。水中有神龟、蛟蛇、猪婆龙、玳瑁、鳖和鼋。它的北面则有山阴处的森林和巨树：黄楩树、楠木、樟木、桂树、花椒树、木兰、黄蘖树、山梨树、赤茎柳、山楂树、黑枣树、橘树、柚子树，芳香四溢。那些树上有赤猿、猕猴、鹓雏、孔雀、鸾鸟、善跳的猴子和射干。树下则有白虎、黑豹、蟃蜒、貙豻、犀牛、大象、野犀牛、穷奇、獌狿。

“‘于是就派专诸那样的猛士，空手和这些野兽格斗。楚王就驾驭着驯服的骏马，乘坐着嵌着美玉的车子，挥动着用鱼须做的曲柄旌旗，摇动着明月珍珠的旗帜。高举锋利的三刃戟，左手拿着雕有花纹的乌嗥名弓，右手拿着夏箙中的强劲之箭。伯乐做骖乘，纤阿当御者。车马缓慢前行，还没有尽情驰骋时，就已蹂践到了狡猾的猛兽。车轮碾过邛邛，践踏距虚，超越野马，撞死騊駼，乘坐千里马，射击游荡的骐马；车骑快速迅疾，好像惊雷滚动，好像狂飙袭来，像流星飞坠，像雷霆撞击，弓不虚发，射中的话必然射裂禽兽的眼眶，或贯穿胸膛，直达腋下，使维系心脏的血脉断绝，猎获的野兽，像雨点一样多，覆盖了野草，遮蔽了大地。于是，楚王就停鞭徘徊，悠闲自在地慢慢行走，浏览着山阴处的森林，观赏着壮士的暴怒，以及野兽的恐惧，捕捉那些疲倦的野兽，看尽各种野兽不同的姿态。

“‘于是，郑国的美貌女子，披着细缯制成的上衣，穿着麻布白娟制成的裙子，夹杂着纤细的罗绮，身上披着烟雾般的轻纱；裙幅褶绉重叠，纹理细密，线条婉曲多姿，好似深幽的溪谷；美女们穿着修长的衣服，裙幅飘扬，裙缘整齐美观，衣上的飘带，随风飞舞，燕尾形的衣端垂挂身间；走路时衣裙随风摇摆，发出噏呷萃蔡的响声，飘动的衣裙饰带，摩磨着下边的兰花蕙草，拂拭着上面的羽饰车盖。头发上杂缀着翡翠的羽毛作为饰物，颌下缠绕着用玉装饰的帽缨；隐约缥缈，恍恍惚惚，就像神仙一般。

“‘于是楚王就和美女们一起在蕙圃夜间打猎，悠闲缓慢地走上坚固的堤堰。用网捕取翡翠鸟，用箭射取锦鸡。射出带丝线的短小之箭，射出系着细丝绳的箭。射落了白天鹅，击中了野鹅。中箭的鸧鸹双双从天上落下，黑鹤身上被箭射穿。打猎累了，摇动游船，在清池之中泛舟；划着画有鹢鸟的龙船，扬起桂木的船桨，张挂起画有翡翠鸟的帷幔，树起鸟毛装饰的伞盖，用网捞取玳瑁，钓取紫贝；敲打金鼓，吹起排箫，船夫唱起歌来，声调悲楚嘶哑，水中的生物因此惊骇，洪波因此沸腾，泉水喷涌而起，波涛互相撞击，众多石头相互撞击，发出硠硠磕磕的响声，就像雷霆的声音，数百里之外都可以听到。

"'夜猎将停，敲击灵鼓，点起火把，战车依次而行，骑兵队伍连续不断，整整齐齐，缓慢前进。于是，楚王就登上阳云之台，泰然自若，保持着淡然心境。用芍药调和的食物准备好之后，献给楚王品尝。不像大王您终日乘车奔驰，甚至切割肉块，在车轮边烤炙而吃，还以为这是乐事。我私下里觉得，齐国恐怕不如楚国吧。'于是，齐王沉默，无言以对。"

乌有先生说："这话为什么说得这么过分呢？您不远千里前来赐惠齐国，齐王派遣境内的全部士卒，准备了众多的车马，和您一起外出打猎，是想齐心协力猎获禽兽，让您感到快乐，怎么能算得上夸耀呢！询问楚国有没有游猎的平原广泽，是希望听听楚国的政治教化和丰功伟业，还包括先生的高谈阔论。现在先生不赞颂楚王丰厚的德政，却肆意夸大楚王在云梦泽狩猎之事，并且自以为高尚，大谈逸游享乐之事，而且炫耀奢侈靡费，我私下以为您不应该这样做。如果楚王真像您所说的那样，那根本算不上是楚国的美好之事。楚国若是有这些事，您把它说出来，这就是彰显了国君的丑恶；如果楚国没有这些事，您却说有，这就有损于您的信誉。张扬国君的丑恶，损害自己的信誉，这两件事没有一样是可以做的，而您却做了，这必将被齐国所轻视，而楚国的声誉也会受到牵累。况且齐国东临大海，南有琅邪山，在成山观赏美景，在之罘山狩猎，在渤海泛舟，在孟诸泽中游猎。东北和肃慎相邻，左边以汤谷为界；秋天在青丘打猎，自由漫步在海外，像云梦这样的大泽，纵然吞下八九个，胸中也丝毫没有梗塞的感觉。至于那超凡卓异之物，各地特产，珍奇怪异的鸟兽，万物聚集，好像鱼鳞荟萃，充满其中，数不胜数，就是大禹也分辨不清它们的名字，契也不能计算它们的数目。然而齐王处在诸侯的地位，不敢陈说游猎和嬉戏的欢乐，苑囿的广大；先生又是被以贵宾之礼接待的客人，所以齐王让着你，没有回答你任何言辞，怎么能说他是无言以对呢！"

无是公微笑着说："子虚的说法固然是错的，乌有的说法也不一定是对的。天子之所以让诸侯交纳贡品，并不是为了财富，而是为了让他们陈述自己的政务履行情况；划分疆土范围，不是为了防御边境，而是为了杜绝诸侯肆意侵占他国疆土。如今，齐国位列东方的藩国，却与肃慎这样的国家私相勾结，背弃封国，越过边界，漂洋过海去打猎，这种做法对于诸侯的道义来说，是不允许的。况且你们二位先生的言论，都不是尽力阐明君臣之间的正常关系，端正诸侯的礼仪，而只是去争论游猎的欢乐，苑囿的广大，想要凭借奢侈争胜负、依靠荒淫比高低，这样做不但不能使你们的国君显扬名望，提高声誉，反而恰恰是贬低自己的国君，损害自己的国家。况且那齐国和楚国的事物又哪里值得称道呢！先生们没有亲眼看到那更宏伟、更壮丽的场面，难道没有听说过天子的上林苑吗？

“上林苑东侧是苍梧郡，西侧是西极，丹水流过它的南方，紫渊流经它的北方；霸水和浐水始终未流出上林，泾水和渭水流进上林又流出去；酆水、鄗水、潦水、潏水，曲折宛转，在上林苑中回环盘旋。浩浩荡荡的八条河川，流向相背，姿态各异，东西南北，往来奔驰，从两山对峙的椒丘山谷流出，流经沙石堆积的小洲，穿过桂树之林，流过茫茫无垠的原野。水流迅疾盛大，沿着高丘奔腾而下，直赴狭隘的山口。撞击着巨石，激荡着沙石形成的曲折河岸，水流涌起，暴怒异常，汹涌澎湃。河水盛涌，水流迅疾，波浪撞击，砰砰作响；横流回旋，转折奔腾，溦洌作响。急流冲击着不平的河岸，轰鸣震响，水势高耸，浪花回旋，卷曲如云，蜿蜒萦绕。后浪推击着前浪，流向深渊，形成湍急的水流，冲过沙石之上。拍击着岩石，冲击着河堤，奔腾飞扬，不可阻挡。大水冲过小洲，流入山谷，水势渐缓，水声渐细，跌落于沟谷深潭之中。有时潭深水大，水流激荡，发出乒乓轰隆的巨响。有时水波翻涌飞扬，如同鼎中热水沸腾。水波急驰，泛起层层白沫，跳跃不止。有时水流急转，轻疾奔扬，八川之水皆从远地而来，流入平原后，平静无声，安然地向着远方流去。然后，无边无际的大水，迂回徐缓，银光闪闪，奔向东方，注入大湖，湖水满溢，流进附近的池塘。于是，蛟龙、赤螭、䱭、离、鰅、鳙、鰬、魠、禺禺、鱋、魶，都扬起背鳍，摇动着鱼尾，这些动物有时浮出水面振抖着鱼鳞，奋扬起鱼翅，随后又潜入水底，藏入深穴；鱼鳖欢跃喧哗，万物成群结伙。明月、珠子，在江边光彩闪烁。蜀石、黄色的碝石、水晶石，层层堆积，灿烂夺目，光彩映照，聚积于水中。天鹅、鹔鷞、鸨鸟、驾鹅、鸀鳿、鹅鸠、鵁目、烦鹜、鹔鹴、鵔鸃、䴔鹊，成群结队，浮游在水面上。任凭河水横流浮动，鸟儿随风漂流，乘着波涛，自由摇荡。有时，成群的鸟儿聚积在野草覆盖的沙洲上，嘴里叼着菁、藻，唼喋作响，口中含着菱、藕，咀嚼不已。

“于是高山挺拔耸立，巍峨雄峻，广阔的山林中生长着高大的树木，山高险峻，高低不齐，九嵏山、嶻嶭山、终南山巍峨耸立，或奇险，或倾斜，有的上下大，中间小，有的像锜，三足直立，险峻异常，陡峭崎岖，有的地方是收蓄流水的山溪，有的地方是水流贯通的山谷，溪水曲折，流入沟渎，溪谷宽大空旷，水中的丘陵、孤立的山，高高挺立，层叠不平，山势起伏，忽高忽低，连绵不绝，山坡倾斜，渐趋平缓，河水缓缓流动，溢出河面，四散于平坦的原野，水边平地，一望千里，岸边的土沙无不被水冲击得既平且硬，如同夯实。地上长满荔草和蕙草，覆盖着江蓠，夹杂着蘪芜和留夷，布满了结缕，深绿色的莎草丛生在一起，还有揭车与杜蘅、兰草、稿本、射干、茈姜、蘘荷、葴、橙、杜若、荪、鲜枝、黄、蒋、芧、青薠，遍布于广阔的大泽，蔓延在广大的平原之上，花草绵延不绝，广布繁衍，迎着微风倒伏，吐露芬芳，散发着浓烈的香味，郁郁菲菲，香气四溢，沁人心田，更让人感到芳香浓烈。

“于是浏览四周，广泛观赏，睁大眼睛也辨识不清，让你眼花缭乱，极目四望，无边无际，仔细察看，宽阔无边。早晨太阳从苑东的池沼升起，傍晚太阳从苑西的陂池落下。苑南严冬也依然生长着草木，河水激流奔腾；这里的野兽有庸牛、旄、貘、犛、沈牛、麈、麋、赤首、圜题、穷奇、大象、犀牛。苑北则盛夏季节也是河水结冰，大地冻裂，踏着竖冰即可过河；这里的野兽有麒麟、角端、騊駼、橐驼、蛩蛩、驒騱、駃騠、驴、骡。

“于是离宫别馆，布满山坡，横跨溪谷，高大的回廊，四周相连，双重的楼房间，阁道曲折相连。绘花的屋椽子，璧玉装饰的瓦珰，辇道连绵不绝，在长廊之中周游，路程遥远，须在中途住宿。把高山削平，沿山势修起层层亭台楼阁，山岩底部有幽深的孔道与此相通。俯视山下，遥远而无所见，仰视天空，攀上屋顶可以摸天。流星闪过宫门，弯曲的彩虹就像挂在窗板与栏杆之上。青虬蜿蜒在东厢，大象拉的车子行走在清静的西厢。众神休息在清闲的馆舍，偓佺类的仙人在南檐下沐浴阳光。甘甜的泉水从清室中涌出，流动的河水穿过院中，用巨石修整河岸，高峻险要，参差不齐。山岩巍峨高耸，峥嵘奇特，好像工匠雕刻而成。这里的玫瑰、碧琳、珊瑚丛聚而生，瑉玉巨大，玢豳色彩斑斓。赤玉纹采交错，杂插其间，垂绶、琬琰、和氏璧都产自这里。

“于是卢橘在夏天成熟，黄柑、柚子、榛、枇杷、酸小枣、柿子、山梨、沙果、厚朴、羊枣、杨梅、樱桃、葡萄、常棣、榙樑、荔枝等果树，普遍生长在后宫之中，广泛种植在北园之内，绵延至丘陵之上，下至于平原之间。摆动起翠绿的树叶，摇动着紫色的干茎，开放着红色的花朵，秀出了朱红的小花。光彩繁盛，照耀着广阔的原野。沙果、栎、槠、桦树、枫树、银杏树、黄栌树、石榴树、椰子树、槟榔树、槟榈树、檀树、木兰、枕木、樟木、冬青树，有的树木高达千仞，粗的要几个人才能合抱，花朵和枝条生长得畅达舒展，果实和叶子硕大茂密，有的聚立在一处，有的丛集相倚。树枝相连而蜷曲，交叉而重叠，繁茂交错，盘纡纠结，高举横出，相倚相扶，下垂的枝条四散伸展，落花飞扬；树木繁茂高大，随风摇荡，婀娜多姿；风吹草木，凄清作响，有如钟磬之声，好像管龠之音。树木高低不齐，环绕着后宫；众多草木重叠累积，覆盖着山野，沿着溪谷生长，顺着山坡，直下低湿之地，放眼望去，没有边际，仔细探究，又无穷无尽。

“于是黑猿和白色的雌猴、仰鼻长尾猿、大母猴、小飞鼠、能飞的蛭、善爬树的蜩、猕猴、长得像猴的蜥胡、长的像狗的縠、像猴的蛫，都栖息在林间，有的长啸，有的哀鸣，上下跳跃，轻捷得好像飞一样，相互往来，在树枝间共同戏耍，屈曲宛转，直上树梢。于是跳越断桥，跃过奇异的丛林，接持下垂的枝条，或分散奔走，或杂乱相聚，散乱远去。

“像这样的地方有数千百处，可供往来嬉戏游乐，住宿在离宫，歇息在别馆，厨房不需要改变地方，后宫妃嫔也不用跟随，文武百官也已经齐备。

“于是从秋至冬，天子开始校猎。天子乘坐着象牙雕饰的车子，驾驭六条白色的虬龙，摇动着五彩旌旗，挥舞着云旗。前面有蒙着虎皮的车子开路，后边有导游之车护行。孙叔执辔驾车，卫公做骖乘，天子的车驾在猎场上任意驰骋，穿行于各种陪猎的警卫部队之中。森严的仪仗队敲起鼓来，陪猎的人们便纵情出击；江河是校猎的围栅，大山是指挥狩猎的望楼。车马飞奔，如雷声忽起，震天动地。猎手们四散分离，各自追逐自己的目标。出猎者络绎行进，上满山陵，下遍沼泽，像云雾密布，像大雨倾盆。

“活捉貔豹，搏击豺狼，徒手杀死熊罴，踏倒野羊，捕猎的人头戴鹖尾装饰的帽子，穿着画有白虎的裤子，披有斑纹的衣服，骑着野马。登上三层峰峦的山头，走下崎岖不平的山坡，直奔高陡险要的山峰，越过谷沟，涉水渡河。排击蜚廉，摆布解豸，空手击杀瑕蛤，用矛刺杀猛氏，用绳索绊取騕褭，射杀大野猪。箭不会随意射到野兽的非要害部位，一箭射出，就必然斩断脖子，穿裂头脑。弓不虚发，野兽皆应声而倒。于是，天子便乘着车子，徐缓徘徊，自由自在地往来遨游，观看士卒的进退，浏览将帅应变的神态。然后，车驾从慢行逐渐加快，飞速远去。用网捕捉轻捷飞翔的禽鸟，践踏敏捷狡猾的野兽。用车轴撞击白鹿，迅速捕获狡兔。这种速度之快，超越红色的闪电，把闪电的光亮抛在后边。追逐怪兽，仿佛跑出了天地之外。拉弯繁弱良弓，张满白羽之箭，射击游动的枭羊，击倒蜚虡。选好肥美的野兽射箭，命中的正是预想的地方。箭一离弦，禽兽应声倒地而死。

“然后，天子挥动马鞭对空中的飞禽发起攻击，冲破疾风，越过狂飙，升上天空，与神灵同处。践踏黑鹤，扰乱鹍鸡，就近捕捉孔雀和鸾鸟，捉取鵔鸡，击落鹥鸟，用竹竿击打凤凰，快速地打中鸳雏，掩捕焦明。

“直到道路的尽头，才掉转车头而回。逍遥徜徉，降落在上林苑的极北之地。直道前行，忽然间掉转方向。踏上石阙，经过封峦，过了鳷鹊，望着露寒。下抵棠梨宫，休息在宜春宫，再奔驰到昆明池西边的宣曲宫，划起装饰着鹢鸟的游船，在牛头池中荡漾。然后登上龙台观，到细柳观休息。观察士大夫们的辛勤与捕获，平均分配猎者所捕获的猎物。至于步卒和车驾所践踏辗轧而死的、骑兵所踏死的，大臣与随从人员所踩死的，以及那走投无路、疲惫不堪、惊惧伏地、没受刀刃的创伤就死去的野兽，它们的尸体纵横交错，填满坑谷，覆盖平原，弥漫大泽，不计其数。

“于是游乐嬉戏倦怠松懈，在上接云天的台榭摆下酒宴，在广阔无边的寰宇演奏音乐。撞击千石的大钟，竖起万石的钟架；高擎着翠羽为饰的旗帜，设置灵鼍皮制成的大鼓；奏起尧时的舞乐，聆听葛天氏的乐曲；千人同唱，万人相和；山陵被这歌声震动，河川之水被激起大波。巴俞舞曲，宋、蔡的音乐，淮南的《于遮》，文成和云南的民歌，同时响起，轮番演奏。钟鼓之声此起彼伏，铿锵叮铛，惊心震耳。荆、吴、郑、卫的歌声，《韶》《濩》《武》《象》的音乐，淫靡放纵的乐曲，鄢、郢地区的飘逸舞姿，《激楚》之音高亢激越，可以掀起回风，俳优侏儒的表演，西戎的乐妓，用来使耳目欢愉、心情快乐的事物，应有尽有。美妙悦耳的音乐在君王面前回荡，姿容秀丽的美女站立在君王身后。

“像那仙女青琴、宓妃之流的美女，超群拔俗，艳丽高雅。面施粉黛，刻画鬓发，体态轻盈，苗条多姿，柔弱美好，妩媚婀娜。身穿色彩极美的外衫，拖着衣袖，细看那长长的衣衫，非常整齐合身，轻柔飘动，与世俗的衣服不同。散发着浓郁的芳香，清美浓厚。鲜明洁白的牙齿，微露含笑，光洁动人。眉毛修长弯曲，双目含情，流盼远视。美色诱人，心魂荡漾，女乐侍立君侧使人满心喜悦。

“于是酒兴半酣，乐舞狂热，天子思念深远，若有所失，说道：‘唉，这样太奢侈了！我在理政的闲暇之时，不愿虚度时日，顺应自然规律，前来上林苑猎杀野兽，有时在此休息。生怕后代子孙奢侈淫靡，循此而行，不肯休止，这不是为后人创功立业留下好传统的行为。’于是就撤去酒宴，不再打猎，而命令主管官员说：‘凡是可以开垦的土地，都变为农田，用以供养黎民百姓。推倒围墙，填平壕沟，让乡野之民都可以来此谋生。填平池塘也不加禁止，宫馆废弃也不再整修。打开粮仓，赈济贫穷的百姓，补助不足，抚恤鳏寡，慰问孤儿和无子的老人。发布施恩德给百姓的政令，减轻刑罚，改变制度，变换服色，更改历法，同天下百姓一道从头做起。’

“于是选择好日子来斋戒，穿上朝服，乘坐天子的车驾，高举翠华之旗，响起玉饰的鸾铃。游观于六艺的苑囿，奔驰在仁义的大道之上；观览《春秋》之林，演奏《狸首》之诗，兼及《驺虞》的乐章，举行射礼；射中黑鹤，举起盾牌和大斧，尽情而舞。车上插着画有天毕星的旌旗,掩捕众多的文雅之士;为《伐檀》作者的慨叹而悲伤,读到“君子乐胥”的诗句,为朝廷拥有许多人才而快乐,在《礼》园中修饰容仪,在《书》圃中徘徊游赏，阐释《周易》的道理，放走上林苑中各种珍禽怪兽。登上明堂，坐在祖庙之中，君王遍命群臣，尽奏朝政的得失之见，使天下黎民，无不受益。正当此时，天下百姓皆大欢喜。他们顺应天子的风教，听从政令，顺应时代的潮流，接受教化。圣明之道勃然而振兴，人民都归向仁义，刑罚被废弃而不用。君王的恩德高于三皇，功业超越五帝。如果政绩达到这个地步，游猎才是可喜的事情。

“如果整天暴露身躯驰骋在苑囿之中，精神劳累，身体辛苦，废弃车马的功用，损伤士卒的精力，浪费国库的钱财，而对百姓却没有厚德大恩，只是专心个人的欢乐，不考虑众多的百姓，忘掉国家大政，却贪图野鸡兔子的猎获，这是仁爱之君不肯做的事情。由此看来，齐国和楚国的游猎之事，难道不是很悲哀吗！两国各有土地不过方圆千里，而苑囿却占据九百里。这样一来，草木之地不能开垦为农田，百姓就没有粮食可吃。齐、楚不过是诸侯那样卑贱的地位，却去享受天子的奢侈之乐，我担心百姓将遭受祸患。”

于是子虚和乌有两位先生都变了脸，怅然若失，徘徊后退，离开座席，说道：“鄙人浅薄无知，不知顾忌，却在今天聆听了您的教诲，我们恭敬地受教。”

《子虚赋》献给天子后，天子任命相如担任郎官。无是公说天子上林苑宽广博大，山谷和河流泉水世间万物，以及子虚说的楚国云梦泽拥有的珍奇之物众多，过度奢侈，而且不是讲道义的人所提倡的，所以选取其提倡节俭的重要内容，以回归正道来加以解释。

司马相如做了几年郎官，正遇到唐蒙派人打通夜郎和西僰，发动巴蜀官吏士兵数千人，经过郡城又增加运输粮草的一万多人。他又用战时紧急军事动员令为借口杀了大首领，巴、蜀百姓十分惊恐。皇上听到这种情况，就派司马相如去责备唐蒙，趁机告知巴、蜀百姓，唐蒙的所作所为并非皇上的本意。其檄文说：

告示巴、蜀太守：蛮夷自擅兵权，不服从朝廷约束，很久没有讨伐他们了，经常侵扰边境，让士大夫们蒙受劳苦。当今皇上即位，抚恤天下，使国家安宁和睦。然后集结军队兴兵，北上征讨匈奴，匈奴单于恐怖震惊，俯首称臣，跪下来求和。康居和西域各国，也都经辗转翻译沟通，请求前来朝见皇上，恭敬地磕头进贡。然后大军直指东方，闽越的君王之间相互诛杀。接着大军进发到番禺，南越王派太子入朝做人质。南夷的君王，西僰的首领，都经常进献贡物，不敢有丝毫怠慢，人人伸长脖颈，抬起脚跟，景仰朝廷，争着归心于仁义，愿意成为汉朝的臣仆，只是由于道路遥远，山河阻隔，不能亲自来朝见。如今，不顺从大汉的人已被诛杀，而一直表现好的还没有奖赏，所以派遣中郎将前往以礼安抚他们，至于征发巴、蜀的士卒百姓各五百人，只是为了供奉礼品，保卫使者不出意外，没有要打仗动武之意。现在，陛下听说中郎将唐蒙竟然动用战时法令，让巴、蜀子弟担惊受怕，巴、蜀父老和年长的人担惊，巴、蜀二郡又擅自为中郎将转运粮食，这都不是陛下的本意。至于被征发当兵的人，有的逃跑，有的自相残杀，这也不是做人臣的节操。

边疆的将士们，听到烽火点燃的消息，都拿起弓箭快马加鞭准备突击，扛着兵器奔赴战场，人们汗流浃背，唯恐落后，打起仗来，就算是身触刀锋，冒着被射中的危险，也义无反顾，从没想过调头逃跑，人人怀着愤怒的心情，如报私仇一般。他们难道愿意送死不愿意生存吗？难道他们不是大汉的子民，而和巴、蜀不是同一个君主吗？只是他们深谋远虑，一心为国家的危难着急，喜欢竭尽作为臣民的义务罢了。所以他们之中有的人被剖符拜官，有的人分珪受爵，位列诸侯，府宅在京城之东排列。他们死后可以把显贵的谥号传于后世，把封赏的土地传给后代子孙。他们做事非常忠诚恭敬，做官也很安逸，他们的名声传之无穷，他们的功业永不磨灭。所以贤德的仁人君子，情愿把生命献给中原，血液润泽野草也在所不辞。现在仅仅是承担供奉币帛的差役去到南夷，就开始自相杀害，或者因为逃跑被杀，自己死了也没留下好名声，他们的谥号应该叫“至愚”，他们的耻辱牵连到父母，被天下人所耻笑。人的气度的差距，难道不是很远吗！但这也不只是自残者和逃亡者的罪过，父母兄弟们平时没有好好教育他们，子弟们也没有很好地遵循长者的教导：人们缺少清廉的美德，不知羞耻，那么风俗也就不够忠厚淳朴了。所以他们被判刑杀戮，不也是很应该的吗！

皇上担心使者和官员们像那个样子，又伤心不贤的愚民们也会那样，所以派遣信使把征兵的事清清楚楚地告诉百姓，责备他们不能忠心为朝廷效力的罪过，斥责专爱教育工作的三老和孝悌们没能很好地对子弟进行教诲。现在正是农忙时节，不好多次烦扰百姓，我已经亲眼看到了附近县城的情况，但担心偏远的溪谷山泽间的百姓不能全部听到陛下的旨意，等这篇檄文一到，赶紧下发到各个地方，让他们全部了解陛下的心意，千万不要忽略。

相如回京向汉武帝汇报。唐蒙已经掠取并开通了夜郎，趁机要开通西南夷的道路，征发巴、蜀、广汉的士卒，参加修路的有数万人。路修了两年，道路没有完成，士卒多有死亡，耗费的钱财数以亿计。蜀地民众和汉朝当权者大多说此事不利。这时，邛、筰的君长听说南夷已经和汉朝交往，得到很多赏赐，大多想做汉朝的臣仆，请求汉朝封他们官职，按照南夷的规格给予赏赐。武帝问相如的看法，相如说："邛、筰、冉、駹等都靠近蜀地，道路也容易开通，秦朝时就已设置郡县，到汉朝建立才停止。如今真的想要重新开通，在那里设置郡县，价值要超过南夷。"武帝认为相如说得对，就任命相如为中郎将，让他拿着符节去西蜀出使。副使王然于、壶充国、吕越人等，乘坐四匹马拉着的传车，借助巴、蜀的官吏和财物去拢络西南夷。相如等到达蜀郡，蜀郡太守与其属官都到郊外去迎接他，县令背负着弓箭在前边引路，蜀人都以此为荣。于是卓王孙、临邛诸位官员都到相如门下，进献牛肉和美酒，和相如把酒言欢。卓王孙很有感触地慨叹，自以为把女儿嫁给司马相如嫁得太晚，便把一份丰厚的财物给了文君，让她和自己的儿子达到同等标准。司马相如就便平定了西南夷。邛、筰、冉、駹、斯榆的君长都请求成为大汉的臣子。他们拆除了边关的关隘，西方国土得到扩大，西边到达沫水和若水，南边到达牂柯，开通了零关道，在孙水上建桥，直通邛都。相如回京禀报武帝，武帝十分高兴。

相如出使时，蜀国的长老大多说通西南夷没有用处，大臣们也都认为是这样。相如想要进谏，可是已经形成了这样的舆论，担心受到连累没有进谏，于是写了一篇文章，借蜀国的父老乡亲的口吻进行说辞，自己进行诘难，以此来讽谏天子，而且通过文章说明自己出使的意旨，让百姓了解天子的想法。这篇赋是这样写的：

汉朝兴起七十八年了，品德风貌已经传了六代，武功盛多，皇恩浩荡，百姓受惠，恩泽还洋溢到国土以外。于是就派使者西征，一面前进，一面开拓，所到之处尽皆臣服，声势影响到的地方，没有不服服帖帖归顺的。乘势使冉族、駹族前来朝见，平定筰族，安抚邛族，略定斯榆族，攻克苞满族，然后车辆络绎返回，即将向东回朝廷报捷，到了成都。

蜀地有影响的老人和地方官员二十七人，盛气凌人地来见使者。寒暄结束，就进言说："天子对于周边的少数民族，按道理来说不断绝关系就行了。现在弄得蜀地的人都很疲惫，开通到夜郎的道路，如今已经三年，还是没能修通，不仅士兵劳苦疲倦，而且万民衣食不足；现在又接着开通西部边境，百姓的精力有限，恐怕也不能完成，这也是使者的牵累啊，我们私下为您担忧。况且邛、筰、西僰这些边境属国和中原内地并列，已经立国很多年，记都记不清了。仁慈的帝王不能凭恩德感召，强悍的帝王不能靠武力吞并，我们想这次大概也不能降服他们吧！现在却损害百姓去使边境少数民族归附，让朝廷的人力物力凋敝，去干没有功用的事。我们见识短浅，不知说的对不对。"

使者说："怎么能这么说呢？真像你们说的那样，那就是巴、蜀人不会改变从前的服装和习惯。我很讨厌你们的说法。但是这个事情关系重大，本来就不是旁观者能够了解的。我行程紧迫，就不详细和你们说了，只能简单给你们说一下。

"世间一定有不同寻常的人，然后才能有不同寻常的事；干了不同寻常的事，然后才有不同寻常的功绩。不同寻常，本来就和普通人不一样。所以说一个重大事件开头时，百姓会担心害怕；但等到它获得成功，天下就太平安然了。

"以前洪水滔天，泛滥成灾，人们就跋山涉水地迁移，历尽坎坷却不能安身。夏禹为此感到忧虑，就堵塞洪水，疏浚河流，使洪水分流，洪水向东流向大海，天下永久安宁。承担这些辛勤劳苦的，难道仅仅是百姓吗？夏禹内心忧虑，又亲自参加劳动，手脚磨起厚茧，皮肤都不长汗毛。所以他的美好功德永远那么显著，声名一直流传到今天。

“而且贤能的皇帝登基，难道只猥琐龌龊的做事，被世俗牵制，墨守成规，仿效流俗，迎合讨好当时的世俗吗？他一定会采纳好的意见，开创大业传给子孙，成为千秋万代的典范。所以他能够广泛包容，勤勉地思考天地之道。况且《诗经》不是说：‘普天之下，没有一片不是君王的土地；四海之内，没有一个不是君王的臣仆。’所以应该让天地之内，恩泽弥漫，一切生物如果有没得到恩泽浸润的，贤能的帝王就会为此感到耻辱。现在国境之内，穿着大汉衣服的人，都生活得很幸福，没有一个人不满足。但是在风俗不同的少数民族地区，辽远的地方，车船不通，人迹罕到，政治和教化没有实行，先进的习俗还很少。把他们纳入国土以内，就在边境地区损害了礼仪，不把他们纳入国土以内，他们就肆意横行，驱逐或杀害自己的首领。君臣乱了位置，上下乱了秩序，父母兄弟无辜被害，小孩成为孤儿沦为奴仆，被捆绑着号哭，向着中原内地埋怨说：‘听说中国最为仁慈，恩德普施，万物没有不相宜的，为什么只把我们抛弃不管呢？’踮起脚跟盼望，像大旱之地渴望下雨。再凶狠的人也会替他们落泪，更何况皇上圣明，又怎么能放弃不管呢？所以向北方出兵讨伐强悍的匈奴，向南方派使者谴责强劲的南越。四方传诵陛下的恩德，南方和西方各属国的君长像鱼群仰头游水一样，希望被教化的人数以亿计。所以才在沫水、若水设关口，在牂柯划疆界，凿通灵关道，在孙水上架桥。开创传播道德的通路，让仁义的道统流传下去。这将会大恩广施，长久安抚和驾驭远方，使边远地方不闭塞，阻隔严重昏暗蒙昧的地方也能得到光明，从而不再有兵戈之患，平息他们那里的自相残杀，让远近的地方实行同样的体制，国内外都幸福安康，不是更好吗？拯救水深火热中的百姓，让他们享受到陛下的美德，挽救世间的衰败，延续周代的道统，这才是陛下的当务之急。百姓虽然劳苦，又怎么可以停止呢？

“况且帝王的事业本来没有不从忧虑辛勤开始，以安康快乐结束的。既然这样，那么皇帝接受天命来治理此世的征兆，正表现在这些问题上。正准备在泰山顶上筑台祭天，在梁父山下拓场祭地，昭告天地，摇响和铃、鸾铃，高唱颂歌，和五帝之德相同，超过三王之治。可是旁观的人没看到趋向，听着的人没听出意旨，就好像鹪明鸟已翱翔在广阔的天空了，捕鸟的人还在看着草泽。多么可悲呀！”

于是各位地方官员茫然若失，忘了自己为什么来，和想要表达什么样的观点，感叹着说：“大汉的恩德确实如此，这正是我们想要听到的。百姓虽然辛劳，但请让我们成为他们的先导。”众人进退失据，手足失措地告辞了。

之后，有人上书告发司马相如出使时收受贿赂，相如丢掉了官职。在家待了一年多，又被召到朝廷做郎官。

相如口吃，却善于写文章。他患了糖尿病。他和卓文君结婚后，非常有钱。他担任官职，却不愿意和公卿们一起商讨国家大事，却借病在家闲居，不追慕官位。他曾经跟着皇上一起到长杨宫打猎，这时，天子正喜欢亲自动手击杀猎物，快马追赶野兽，相如上疏劝谏。他是这么写的：

我听说同一物种，都会有能力超凡的个体，所以，提起勇士要数乌获，论起敏捷要数庆忌，说道勇敢则必定是孟贲、夏育。我愚昧，但私自认为既然人有这种分别，野兽也是同样的。现在陛下喜欢亲身涉险，射杀猛兽，如果遇到凶猛异常的野兽，它在意想不到的地方受到惊吓，扑到陛下随从车辆所扬起的飞尘中，车子顾不上调转车辕躲避，人也来不及施展武艺，即便有乌获、蓬蒙的本领，也没有机会施展，这时连枯木朽株都成为妨害了。这就好比匈奴、百越从皇帝的车驾之下发兵，羌野、蛮夷逼近了车乘，难道不是很危险吗？即使是安全无患，然而这本来就不是天子应该靠近的地方。

况且就算是清理道路之后出行，在大路中间飞驰，有时也会发生脱衔断橛的变故，何况要穿过茂密的蓬蒿之地，驰骋在山丘上，前面有打猎的乐趣，心里却没有了防范变故的准备，这很容易造成危险！忽视了天子的尊贵，不顾安全的娱乐，出现在有危险的途中却把这当作享乐，我私下认为陛下是不会这样的。

贤明的人能预见变故没有萌发之前，有智慧的人可以在危害没有形成时规避，祸患固然大多藏匿在隐蔽细微之处，但却发生在人们疏忽大意的时候。所以俗话说“家有千金的财产，不坐在屋檐之下”。这话说的虽然是小事,却阐述了一个大道理。我希望陛下能够仔细考虑。”

皇上认为相如说得好。回来皇上又到宜春宫，相如又作赋哀叹秦二世的政治失误。他是这样说的：

登上那倾斜的长坡，走入那重重叠叠的宫殿。走近那曲江池中的长洲，眺望那参差的南山。群山高耸，山谷幽深。河水湍急地流逝，蔓延在高高的广岸。看树林茂密多荫，看竹林草木丛生。我向东在山丘上御马飞驰，我向北撩起衣服涉过溪泉。停下车子缓步前行，跟随武帝凭吊已故的秦二世。他修持自身不知恭谨，致使国家灭亡，权势尽失。听信谗言不能醒悟，终于导致先王的宗庙灭绝。呜呼哀哉！行为举止不得当,坟墓荒芜也没有人修缮,魂魄没有归处,不能享受祭祀。人迹罕至无人尊敬，随时光流逝而被世人遗忘，你的精魂恍惚直上云天而永远消逝。呜呼哀哉！

相如又官拜汉文帝的陵园令。武帝之前赞美子虚这样的事情，相如看出皇上喜欢仙道，于是说：“上林的情况不算特别好的，还有更美好的。臣曾经写过《大人赋》，还没有写完，请让我写完后献给皇上。”相如认为当时传说中的众仙人居住在山林大泽之间，外貌消瘦，这并不是帝王想象中的仙人，于是就写了《大人赋》。其文辞是这样的：

世上有位大人物，他居住在中国。住宅绵延万里，竟不值得让他稍稍停留。哀伤世俗的窘迫，他离开尘世，轻身飞举而远游。乘着红幡做装饰的白虹，踏着云气向上飘浮。将格泽星当作旗杆竖起来，系上光芒闪耀的五彩旌旗。挂着旬始星做旌旗的飘带，拖着用彗星做成的旌旗的垂羽。旌旗随风飘扬，婀娜婉转的摇荡。拿天欃、天枪二星做旌旗,旗杆上缠绕着弯曲的彩虹作为护套,天空一片深红色渐渐暗淡，狂风大作，云气汹涌。驾着应龙、乘着象车蜿蜒前行，让赤螭、青虬作为骖马弯曲行进。有时龙身屈曲起伏，昂首腾飞，恣意奔驰，有时又曲折隆起，盘绕蜷曲。时而摇头伸颈，起伏前进，时而举首不前；时而放任散漫，自我放纵，时而昂首不齐。有时忽进忽退、摇目吐舌，如趋走飞翔之鸟，左右相随；有时龙头摇动，屈曲婉转，像惊兔奔跑，如屋梁相互依靠。或缠绕喧嚣落到路上，或飞扬跳跃，奔腾狂进。或迅捷飞翔，相互追逐，疾如闪电，突然明亮，雾气消除，云气散尽。

斜渡东极而登上北极啊，与仙人们相互交游。走过曲折深远之处再向右转啊，横渡飞泉向着正东。把众仙全都召来加以挑选啊，在瑶光之上部署众神。让五方天帝做向导啊，使太一返回让陵阳子明做侍从。左边是玄冥右边是含雷啊，前有陆离后有潏湟。让王子侨当小厮，令羡门高做差役，使岐伯掌管方药。火神祝融担任警戒清道防卫啊，消除恶气然后前进。集合我的车子有万辆之多啊，杂合彩云做成车盖，树起华丽的旗帜。让句芒给我引路啊，我要前往南方去游戏。

经过崇山见到唐尧啊，在九嶷拜访虞舜。车骑纷繁纵横交错啊，众多杂乱并驰向前。骚扰相撞而混乱啊，像大水滔滔无际。像群山簇聚罗列，万物丛集茂盛啊，参差杂乱遍布大地。径直驰入雷声隆隆的雷室啊，穿过崎岖不平的鬼谷。遍览八纮而远望四荒啊，渡过九江又越过五色之河。往来于炎火之山，浮过弱水河啊，方舟横渡浮渚，涉过流沙河。忽然休息在葱岭山，在泛滥的河水中游戏啊，使女娲奏瑟，让冯夷跳起舞来。天色昏暗不明啊，召来雷师屏翳诛责风神而刑罚雨师。西望昆仑恍恍惚惚啊，径直奔驰于三危山。推开天门闯进帝宫啊，载着玉女与她同归。登上阆风山而高兴地停下歇息啊，就像乌鸟高飞而稍事休息。在阴山上徘徊，婉曲飞翔啊，到今天我才目睹满头白发的西王母。她头戴首饰住在洞穴中啊，幸而有三足乌供她驱使。一定要像这样的长生不死啊，纵然能活万世也不值得高兴。

回转车头归来啊，走到不周山道路断绝，会餐在幽都。呼吸夜间的水汽而餐食朝霞啊，咀嚼灵芝花，尝食玉树之花。抬头仰望而身体渐渐高纵啊，纷然腾跃疾飞上天。穿过闪电的倒影啊，涉过丰隆兴云制作的盛多雨水。驰骋游车和导车自长空而降啊，冲出云雾而疾驰远去。迫于人世间的狭隘啊，缓缓走出北极的边际。把随从诸骑遗留在北极之山啊，在北极之门超越先驱。下界深远而不见大地啊，上方旷远而看不到天边。视线模糊看不清，听觉恍惚无所闻。腾空而遐举飞升啊，脱离世俗之友而独自长存。

相如献上《大人赋》后，皇上非常高兴，飘飘然有了直上云霄的感觉，仿佛在天地之间游走。

相如因为生病免官，住在茂陵。皇帝说："司马相如病得很厉害，可前去把他写的东西都拿回来；否则，以后就要散失了。”当他派所忠诚的人前往茂陵时，相如已经去世，家里没有作品。询问相如的妻子，她回答说：“长卿本来就没有私藏的作品。他经常写出来，别人就随时拿走，所以家里没有了。长卿还没有去世的时候，写过一卷作品，他说如果有人来取书，就把它献给陛下。没有别的书了。”他留下来是写有关封禅的事，进献给那个前来取作品的所忠。所忠将作品进献给天子，天子很惊异。作品是这样写的：

从远古开始，苍天生人，依次数各代君王，一直数到秦朝。考察近代还有踪迹可寻，了解远古就只有凭流传下来的传闻。因而纷乱沉沦埋没不能指称的，多得数不清。继承舜、禹，崇尚生前死后的称号而封禅的人，可以说出的有七十二个君王。综观历代，没有依顺美好的而不昌盛，有谁行暴逆而能久存?

轩辕以前，太久远太渺茫了，那详情已不可能说清了。五帝三皇因《六经》典籍流传，还可以略见一斑。《尚书》说：“元首英明啊，辅佐的大臣优良啊。”由此来说，君王没有谁比唐尧兴盛，辅臣没有谁比后稷更贤能。后稷在唐尧时创立基业，他的曾孙公刘因遭戎人追逼迁居到豳地，得以发展，经周文王改革国家制度，到了周武王建立周朝就大大兴盛起来，极盛于周成王，以后逐渐衰败没落，但千年以来并无恶名，难道不是善始善终吗。然而这没有别的缘故，只是行事前后都能言行谨慎，给后人留下教训罢了。所以他们行事规范平易，容易遵循；恩泽深广，容易让人感到满意；法度显明，容易效法；世代相继的皇统顺畅和谐，容易继承。因此王业在幼年登位的成王时极盛，超过了文王、武王。但考察他的开始，直至其最后结束，并没有特异卓绝的事迹可以比较。然而他还登梁父山和泰山，举行封禅大典，建立显贵的称号，给予尊严的名称。大汉的德泽，如源泉腾涌，连绵弥漫，广被四境；如云雾布散，上通九天，下流八方。一切生物尽沾恩泽，和气横流，威名远播，近狭处如在源头畅游，远阔处也像在余波浮游；罪魁都已消灭，愚昧者都已明白；昆虫万物都感激皇上的德泽愿归依汉王朝。然后园林中出现驺虞等珍贵灵兽，围猎时获得麋鹿等奇异动物；厨房里看到一茎六穗的稻米，得到长着同根分枝角的奇兽作祭品；在岐山获得周朝遗留下的铜鼎和乌龟；在水中招来黄帝升仙时乘的似龙似马的翠黄。鬼神接待仙人灵围，让他住在安静的馆舍。神奇灵物穷尽变幻，卓异不凡。汉朝天子谦虚谨敬，祥瑞的征兆这么多，还认为德薄，不敢说要去封禅。周武王时偶然有鱼跃入渡船里，认为是美好征兆，就用火烤鱼来祭天。这是多么小的祥兆，因此登泰山封禅，不也有愧吗！勉强行事与谦让的事理，差异不是太明显了吗？

于是大司马进言说："陛下以仁爱抚育万物，凭仗正义征服不顺从的，华夏百姓乐意奉献，周边少数民族都进贡朝拜，德泽等同古代先贤，功绩没有谁可以相比，美好的事业和谐融洽，祥瑞的征兆众多且不断变化，应期相继到来，不只是出现一次。想来泰山、梁父山已安排好祭祀场地，在盼望皇上临幸。上尊号比前代尊荣，上天会赐予荣耀，陛下却谦让不去封禅。这既违背天神、地神、山神的欢心，少了王道的礼仪，也会使群臣惭愧。有人说，上天有质证也不明显，既已现出珍奇的征兆就确实不能辞让；如果辞让，就会使泰山没法得到刻石表彰、梁父山没有得到祭祀的时机。历代帝王都各顾当时的荣宠，都有济世功业却自谦不封禅，述说者还有什么向后世称道的，又说什么七十二君封禅之事呢？养成美德，上天才会赐示祥瑞，尊奉祥兆举行封禅，就不是苟进越礼。所以圣明的君王不废封禅，完备礼义敬对地神，真诚地拜见天神，到泰山刻石记功，以此来彰显皇上的尊严，宣扬洪大的德泽，给泰山之神以荣耀的称号，承受丰厚的福禄，求上天降幅泽于万民。这是多么盛大的事件啊。这是天下的雄伟景象，是帝王的巨大功业，不能低估轻视。希望陛下成全这件事。然后杂取绅士官吏的智慧谋略，使他们获得日月的余光照耀，施展才能，拓展事业；同时还考定陈述有关封禅的内容，整理他们的文章，草拟一部像《春秋》一样的封禅大典，会继原有的六经成为七经，流传无穷；使之激发万代文士，发扬隐微余波，传扬英华名声，传播丰茂成果。从前的圣贤所以能永保美名，最受称赞，都是因为封禅。应该命令主管礼乐的掌故官把封禅的内容全部奏上给您看。"

于是天子感动，露出满脸兴奋的神色，说："可以，我试一下吧！"武帝回心转意，综合官员的意见，询问封禅的事宜，作诗以歌颂汉朝德泽博大，宣传祥兆众多。于是作颂词说：

我的恩德广施天下，如云行天空。我的恩德如甘露和及时雨，我的国土上自可遨游。我的德泽如时雨普降，各种生物无不茁壮成长；嘉禾一茎六穗，庄稼怎会不丰收。

不只如降雨，还要润泽万物；不只是润泽，还要普遍广泛；让万物都欢欣，怀念仰慕汉朝天子。让泰山得到应有的显耀名位，盼望皇上光临。皇上啊皇上，为什么还不快来呢！

毛色斑斓的驺虞，乐意生活在我们国君的苑囿之中；白色皮毛黑花纹，它的外表真让人喜欢；它神态温和恭谨，如同君子的仪表。过去只听到过它的名称，现在看到它的来临。它来自何方无踪无迹，只知道这是天降的祥瑞。此瑞舜时也曾出现，虞舜的事业由此而勃兴。

肥肥胖胖的大麒麟，嬉游在皇上的祭祀之地。孟冬十月，皇上前往祭祀。它跑到皇上的车前，天帝享受祭品而赐来福祉。夏商周三代以前，未曾有过此事。

宛曲盘绕的黄龙，遇至德之人而出现升天。它色彩鲜明耀眼，灿烂辉煌如金。它在夏历四月显现，以此唤醒天下万民，事情记载在书上，只有禀受天命的帝王才能遇到这种事情。

天命符瑞显示得很清楚，不必反复多言。依此类推天意，是告诉我们应该封禅泰山。

翻阅六艺书籍来考察，天道和人事已经贯通，天上人间感应很好。圣明帝王的美德就在于敬慎恭顺。所以说“兴盛时必须思虑衰败，安乐时必须考虑危险”。因此，商汤王、周武王处于最尊严的地位，永远保持恭敬的态度；舜在高位，总是反省自己的缺失：说的就是这个道理。

相如去世五年以后，天子开始祭祀土地神。他去世后八年，天子首先祭祀中岳嵩山，然后又封禅泰山，到达梁父山，封禅肃然山。

相如的其他著作，比如《遗平陵侯书》《与五公子相难》《草本书》等篇本文没有收录，只收录了他在公卿中最为有名的作品。

太史公说：《春秋》能推究到事物的极隐微深奥的道理，《易经》是通过探讨深隐的道理来把握明显具体的事情，《大雅》说的是王公贵族之事，使他们的品德遍及于黎民百姓，《小雅》是从个人的得失说起，进而达到对上讽谏的目的。所以它们说的内容虽然不一样，但在合于德行方面是一样的。相如虽然有很多虚浮的言辞，但是关键却归结到节俭上，这和《诗经》的讽谏并没有什么区别。杨雄认为相如多是辞藻华丽的赋，劝诱帝王奢靡的言辞极多而劝谏帝王节俭的话甚少，就好比郑国和卫国的音乐，曲子结束的时候才有一点雅正的声音，这岂不是太过分了吗？我收录其中可以记载的放到了本篇列传中。

（刘　彭 译）

《史记》卷一百一十八　淮南衡山列传第五十八

淮南厉王刘长，是汉高祖的小儿子，他母亲是原来赵王张敖的妃嫔。高祖八年，刘邦从东垣路过赵国，赵王把妃嫔献给他，受到皇上宠幸，有孕在身。从此赵王张敖不敢让她进入宫内，为她在外边另外建了宫殿。等到赵相贯高等人在柏人谋弑高祖的事情败露，赵王也被牵连抓了起来，赵王的母亲、兄弟和妃嫔全被拘捕，关押在河内。厉王的母亲也被囚禁，她对狱卒说："我被陛下宠幸，已有身孕。"狱卒禀告了高祖，高祖正在生赵王的气，没有理会厉王母亲。厉王母亲的弟弟赵兼于是通过辟阳侯告诉吕后，吕后妒忌，不肯向皇上求情，辟阳侯也就不再勉强。等到厉王母亲生下厉王，心中怨恨，自杀而死。狱卒抱着厉王来到高祖面前，高祖很后悔，让吕后收养他，把厉王母亲葬在了真定。真定是厉王母亲的故乡，她的祖辈世代居住在那里。

高祖十一年七月，淮南王黥布造反，高祖就把刘长立为淮南王，在黥布的旧地称王，掌管四个郡。高祖亲自率军，消灭了黥布，厉王于是即位为淮南王。厉王早年丧母，一直跟着吕后，所以孝惠帝和吕后当政时所幸没有遭受祸患，但是，他心中一直怨恨辟阳侯，却不敢发作。等到孝文帝刚刚即位，淮南王自认为和皇上关系亲近，骄横跋扈，多次违反法律。文帝因为他是自己的亲人，经常赦免他的过失。孝文帝三年，淮南王从封国入朝。他很是骄横。他跟随皇上到上林苑打猎，和皇上同乘一辆车，还总是把皇上称为"大哥"。厉王有才智和武力，能奋力举起重鼎，于是前去求见辟阳侯。辟阳侯出来见他，他就拿出藏在袖子里的铁椎捶击辟阳侯，又让随从魏敬杀了他。事后厉王飞车来到宫中，袒身向皇上谢罪："我母亲本来不应该因为赵国的事情获罪，那时辟阳侯能够见到吕后，却不为母亲争取，这是他的第一宗罪；赵王如意母子没有罪，吕后却杀了他们，辟阳侯不劝阻，这是他的第二宗罪；吕后把自己的亲戚都进行了分封，想要和皇室争夺天下，辟阳侯还是不劝阻，这是他的第三宗罪。我只是替天下人杀了贼臣辟阳侯，报了母亲自杀之仇，现在恭谨地前来谢罪。"皇上怜悯厉王的动机，又因为是自己的兄弟，没有治罪，赦免了他。这一时期，薄太后和太子以及众位大臣都害怕厉王，所以厉王回国后更加骄横恣肆，不按照大汉的法令行事，出入都要清道戒严，还把自己发布的命令称为“制”，又自行颁布法令，与皇帝的作派相同。

孝文帝六年，厉王让男子但等七十人和棘蒲侯柴武之子柴奇暗中谋划，用四十辆马车在谷口县造反，并派使者出使闽越、匈奴。阴谋败露，被治罪，皇上派使者召见淮南王。淮南王来到了长安。

朝中的几个大臣给皇上写了奏折：“丞相臣张仓、典客臣冯敬、行御史大夫事宗正臣逸、廷尉臣贺、备盗贼中尉臣福冒死进言：淮南王刘长废弃先帝法令，不听从天子诏令，行为举止不遵循法度，制作天子所乘的黄色车驾，和皇帝比肩，擅自制定法令，不遵循大汉法令。至于他所委任的官吏，让郎中春担任丞相，广泛收纳各个诸侯国的人和有罪的逃犯，藏在自己家里，为他们修建房屋，赐给财物、爵位、俸禄和田宅，爵位有的竟然达到关内侯，俸禄高达二千石，这些逃犯不该得到这样的爵禄，淮南王这样做，是为了达到不可告人的目的。大夫但和普通士兵开章等七十人，伙同棘蒲侯之子柴奇谋反，想要危害祖宗社稷。这些人让开章暗中通报刘长，阴谋出使闽越和匈奴以让其发兵响应。开章到了淮南见到刘长，刘长多次和他一起吃饭畅谈，还为他娶了家室，供给二千石的俸禄。开章教人报告大夫但，已经告诉了淮南王。国相春也派人联系大夫但。朝中官吏察觉到这一情况，派长安县县尉奇等前去拘捕开章。刘长藏着人不交出来，和原来的中尉蔄忌密谋，杀人灭口。为开章置办棺椁、丧衣、包被，埋葬在肥陵邑，对办案的官员谎称‘不知道他在哪儿’。后来又伪造坟墓，在坟上插上标记，说‘开章死了，埋在这里’。刘长还亲自杀过无罪者一人；命令官吏论罪杀死无罪者六人；藏匿逃犯，抓捕无辜的人替他们顶罪；擅自为人定罪，给人定罪又让人无处申冤，被判罪而服四年劳役以上的有十四人；又擅自赦免罪人，免除死罪的有十八人。服四年劳役以下者五十八人；还赐了关内侯以下的爵位给九十四人。前些日子刘长得了重病，陛下替他担心，派使臣赐赠信函、枣脯。刘长不想接受赐赠，于是就不肯接见使臣。住在庐江郡内的南海人民造反，淮南的官兵前去征讨。陛下因为淮南人民贫苦，派使臣赏赐刘长布帛五千匹，让他赐给官兵中的辛苦之人。刘长不想接受，谎称‘没有辛苦的人’。南海人王织上书向皇帝进献玉璧，蕳忌烧了信，不向朝廷报告这件事。朝中官员请求传唤蕳忌论罪，刘长不听，说谎称‘蕳忌有病’。国相春又请求刘长，刘长大怒，说‘你们想背叛我归附汉朝廷吗’。刘长按罪当受弃市之刑，请陛下遵照法律论处。”

皇上批示说：“我不忍心给淮南王依法定罪，交给诸侯和二千石官员商量吧。”

几个大臣议定后，上书皇上：“臣仓、臣敬、臣逸、臣福、臣贺冒死进言：我们恭敬地和列侯以及二千石官吏臣婴等四十三人论议，大家都说‘刘长不遵从法度，不听从天子诏命，竟然暗中聚集党徒和谋反之人，厚待逃犯，想要图谋不轨’。臣等议论的结果是应该按照法律将淮南王定罪。”

皇上批示说：“我不忍心给他依法定罪，还是赦免刘长的死罪，废除王位吧。”

他们继续进谏：“臣仓等冒死进言：刘长犯有大大的死罪，陛下不忍心将其绳之以法，宠幸赦免，废除王位。臣等请求将刘长发配到蜀郡严道县邛崃山邮亭，让他的妻室子女随行同居，由县署替他们盖好房子，提供粮食、柴草、蔬菜、食盐、豆豉、炊具、食具和席蓐。臣等冒死罪进言，将求昭告天下。”

皇上批示说：“每天为刘长供给肉五斤，酒二斗。命令他的姬妾妃嫔中的十个人和他一同前去居住。其他的都按你们议定的办。”

所有参与谋反的人都被诛杀。于是发配淮南王，让他乘着辎车，在沿途各县顺序传递押解。当时袁盎劝谏皇上说：“皇上一向骄宠淮南王，没有给他安排严正的太傅和相国，才使其到了今天的地步。再说淮南王性格刚烈，现在粗暴地打击他，臣很担心他最终会辛劳染病而死。陛下也会落一个杀害自己弟弟的坏名声，为什么啊！”皇上说：“我只是让他尝尝苦头，马上就会让他回来。”沿途各县押解淮南王的人都不敢打开囚车的门，淮南王对仆人说：“谁说你老子我是好汉？我要真是好汉能像今天这个样子！我因为骄纵，所以听不到自己的过错，到了这种地步。人这一辈子，怎么能受这种窝囊气！”最终绝食身亡。囚车到了雍县，县令打开封门，把刘长的死讯上报天子。皇上哭得很伤心，对袁盎说：“我不听你的劝告，最终害死了淮南王。”袁盎说：“事情已经这样就没有办法了，希望陛下不要过度伤心。”皇上说：“怎么办好呢？”袁盎回答：“只有斩杀丞相、御史向天下人谢罪才可以。”于是皇上命令丞相、御史收捕拷问各县押送淮南王而不打开封门，不劝淮南王吃饭的，并将他们全都弃市问斩。又按照列侯的礼仪在雍县安葬了淮南王，并派了三十户人家为他守墓。

孝文帝八年，皇上怜悯淮南王，淮南王有四个儿子，年龄都在七八岁，于是就封淮南王的儿子刘安为阜陵侯，刘勃为安阳侯，刘赐为阳周侯，刘良为东城侯。

孝文帝十二年，有百姓写歌歌唱淮南厉王的事情说：“一尺麻布，还可以缝；一斗谷子，还可以舂。兄弟二人不能相容。”皇上听到后，叹息着说：“尧舜放逐自己的亲人，周公杀死管叔、蔡叔，天下人称赞他们贤明。为什么呢？不因为私人的目的危害公义，天下人难道认为我贪图淮南王的封地吗？”于是改封城阳王刘喜去淮南王的旧地为王，并且追谥去世的淮南王为厉王，按照诸侯的礼仪为他建造了陵园。

孝文帝十六年，皇上又迁徙淮南王刘喜返回城阳故地。皇上哀怜淮南厉王因废弃王法图谋不轨，不仅失去封地，而且早早去世，就封他的三个儿子：阜陵侯刘安为淮南王，安阳侯刘勃为衡山王，阳周侯刘赐为庐江王，都重新获得厉王时的封地，各得三分之一。东城侯刘良已经去世，没有后代。

孝景帝三年，吴国、楚国等七国造反，吴国使者到达淮南，淮南王想要发兵响应。淮南国相说：“大王如果一定要发兵响应吴王，臣愿意担任将领。”淮南王就把军队交给了他。淮南国相得到兵权后，占据城池防守叛军，不听淮南王的指挥，为大汉效命；汉庭也派出曲城侯蛊捷率兵援救淮南，淮南国因此得以保全。吴国使者来到庐江，庐江王刘赐不肯响应，而派人去越国出使。吴国使者又往衡山，衡山王刘勃坚守城池，毫无二心。孝景帝四年，吴楚已经被打败，衡山王入朝，皇上认为他忠贞守信，便慰劳他说：“南方之地低洼潮湿。”遂将衡山王迁徙到济水以北的地区，作为褒奖。等他去世后，谥号为贞王。庐江王的封地靠近越国，多次派遣使臣和他们沟通，因此被迁徙为衡山王，管理长江以北的地区。淮南王依然如故。

淮南王刘安喜欢读书弹琴，不喜欢射猎、遛狗跑马，他也想暗中做些好事，安抚百姓，在天下流传美名。他经常对父亲厉王之死心怀怨恨，总想造反叛逆，但是一直没有机会。到了孝武帝建元二年，淮南王入京朝见皇上。他和武安侯田蚡一向关系很好，田蚡当时担任太尉，在霸上迎接淮南王，对他说："当今皇上没有太子，大王您是高祖皇帝的亲孙子，施行仁义，天下没有人不知道的。假如有一天皇上过世，除了您又该谁继位呢！"淮南王听后很高兴，厚赠武安侯金银财物。他暗中结交宾客，安抚百姓，为谋反做准备。建元六年，彗星出现，淮南王心中感到奇怪。有人劝说淮南王道："之前吴军起兵时，彗星出现仅长数尺，尚会血流千里。现在彗星长至满天，天下战事当会大兴。"淮南王认为皇上没有太子，天下将有变动，诸侯王将一起争夺天下，就更加重视兵器和攻城器械的准备，聚集黄金钱财，贿赂各诸侯王、奇人谋士、说客。很多谋士为淮南王出谋划策，妖言惑众，阿谀奉承淮南王。淮南王很高兴，赏给他们很多钱财，而谋反之心更盛。

淮南王有个女儿叫刘陵，聪慧有口才。淮南王非常喜爱，经常多给她钱财，让她在长安刺探朝中动态，结交皇上周围的人。元朔三年，皇上赏赐淮南王很多手杖，恩准他不必入京朝见。淮南王王后名叫荼，淮南王很宠幸她。王后生了太子刘迁，刘迁娶王皇太后外孙修成君的女儿做妃子。淮南王筹划制造谋反的用具，害怕太子的妃子知道后泄密，就和太子筹划，让他假装不喜欢妃子，三个月不和她同居。淮南王假装对太子生气，把他关起来，让他和妃子一起居住三个月，太子却始终不亲近她。妃子请求离去，淮南王就上书辞谢，让她回家。王后荼、太子刘迁和女儿刘陵被淮南王宠爱，专擅封国的权力，侵夺百姓的田地房宅，随意抓人。

元朔五年，太子刘迁学习剑术，自以为没有人比得上。听说郎中雷被擅长用剑，就召他前来较量。雷被一而再的退让，终于还是失手击中了太子。太子生气了，雷被很害怕。这时有想要从军的人总是投奔京城，雷被就表示自己愿意去抗击匈奴。太子刘迁多次向淮南王说雷被的坏话，淮南王让郎中令罢免了他的官职，想通过此来禁止其他人离开淮南到长安从军。雷被逃到长安，上书陈述自己的冤情。皇上诏令廷尉、河南郡审理此事。河南郡查办此案，逮捕淮南王太子，淮南王、王后不想送太子入狱，于是想发兵造反。可是心里又犹豫，十几天都没能决定。正巧此时朝廷有诏令，就地传讯太子。就在这时，淮南国相生气寿春县丞扣下逮捕太子的命令不发，弹劾他犯有“不敬”之罪。淮南王请求国相不要追究，国相不听。淮南王就派人上书控告国相，皇上把此事交给廷尉查办。结果牵连到淮南王，淮南王派人暗中打听大臣们的意见，得知大臣们请求逮捕淮南王治罪。淮南王害怕事情败露，太子刘迁谋划说：“如果有使者来逮捕父王，父王就叫自己的亲信穿着卫士的衣服，拿着戟藏在庭院之内，父王一旦有什么不测，就刺杀他，我也派人刺杀淮南国中尉，趁这个机会起兵，也不算晚。”这时皇上没有批准公卿大臣的奏请，而改派朝中中尉殷宏前去询问淮南王。淮南王听说朝中使臣来了，就按太子的计谋进行准备。朝廷中尉来了以后，淮南王看他和颜悦色，只询问淮南王罢免雷被的事，淮南王认为没什么事了，就没有造反。中尉回朝以后，把情况回报皇上。公卿大臣中负责办案的人说：“淮南王阻挠雷被从军，违反天子命令，按罪应该处以弃市罪。”皇上不同意。公卿求情罢免他的王位，皇上还是不同意。公卿请求削减他的五县封地，皇上诏令消减了二县。朝廷派中尉殷宏去赦免淮南王，削地以示惩罚。中尉进入淮南国境，宣布赦免淮南王。淮南王起初听说朝中公卿请求杀了自己，不知道只是割地做惩罚，听说使臣来了，担心自己被抓，就和太子谋划按原计划刺杀他。等到中尉来后，立即祝贺淮南王获赦，淮南王这才没有起事。事后他很伤心，说：“我秉行仁义却被削地，太丢脸了。”虽然这样，但是淮南王被削地之后，谋反之心越来越盛。诸位使者从长安前来，如果胡说八道，说皇上没有儿子，汉家天下不太平了，淮南王听了就很高兴；如果说汉王朝很太平，皇上有儿子，淮南王就很生气，认为是胡说，说得不对。

淮南王日夜和伍被、左吴等研究地图，部署进兵的线路。淮南王说：

"皇上没有太子，一旦去世，大臣们一定会征召胶东王，要么就是征召常山王，诸侯王一起争天下，我怎么能不早做打算呢！况且我是高祖的亲孙子，一直施行仁义，陛下对我宽厚，我能忍受他的统治；陛下去世以后，我怎么能面向北侍奉那些年轻的小子们呢！"

淮南王坐在东宫，召见伍被一起商量，招呼他说："将军上殿。"伍被不高兴地说："皇上刚刚赦免了大王，您怎么能又说这种亡国的话呢！为臣听说伍子胥劝诫吴王，吴王不听他的话，于是伍子胥就说'臣将要看见麋鹿在姑苏台上出入游荡了'。现在臣也将看到宫中遍生荆棘，露水沾湿衣裳了。"淮南王很生气，把伍被的父母关押了三个月。之后淮南王又把伍被召来问道："你想通了吗？"伍被回答："不，我只是来替大王谋划谋划。臣听说听觉好的人能在没有声音的时候听出动静，视力好的人能在灾患没有形成前看出征兆，所以最智慧、最有道德的圣人做事总是万无一失。从前周文王为了覆灭商纣，一行动功业就垂及千秋万代，让周朝在夏、商之后，列入'三代'，这就是顺从天意行动的结果，所以天下人都不约而同地响应。这是千年以前的历史经验。就算以百年前的秦朝，近代的吴、楚两国，也足以证明国家存亡的道理。臣不敢逃避伍子胥一样被杀害的厄运，也希望大王不要重蹈吴王不听忠谏而至亡国的覆辙。过去秦朝舍弃孔孟之道，坑杀儒生，焚烧《诗》《书》，丢弃礼义，崇尚狡诈和暴力，滥施刑罚，强迫百姓把海边的谷子运送到西河。在那个时候，男子奋力耕作却还是吃不饱，女子努力织布还是衣不蔽体。秦始皇派蒙恬修建长城，长达数千里，长年在边境守卫、风餐露宿的士兵经常有数十万人，死去的更是数不胜数，僵尸遍地，流血千亩，百姓的元气大伤，十家中间至少有五家想要造反。秦始皇又派徐福进入东海求仙，徐福归来就编造假话说：'臣见到海里的大神了，他就问："你是西边土地上皇帝的使臣吗？"臣回道："是的。""你来找什么？"臣回答："希望求得长生不老的仙药。"海神说："你们秦王没那个造化，仙药可以看看，却不能拿取。"当即海神带着臣往东南走到蓬莱山，看到了用灵芝草建成的宫殿，有使者古铜色的皮肤，身形好像龙一样，光辉映照着天宇。于是臣拜了两拜问，说："应该用什么礼物来供奉？"海神说："进献清白人家的童男童女和百工的技艺，就可以得到仙药了。”’皇帝大喜，于是就派出童男童女三千人，并且供给海神五谷种子和各种工匠。途中徐福找到一片辽阔的原野，就住在了那里。百姓们悲痛地思念亲人，十家中有六家想造反。秦始皇又派南海郡尉赵佗越过五岭去攻打百越。赵佗知道中原民生凋敝，就住在南越称王不回朝，并且派人上书，要求朝廷征集没有婆家的妇女三万人，来替士兵缝补衣服。秦始皇同意给他一万五千人。于是百姓人心离散，十家有七家想造反。宾客对高祖皇帝说：‘时机成熟了。’高祖皇帝说：‘等一等，应该有圣人在东南方起事。’不到一年，陈胜、吴广揭竿而起。高皇帝从丰邑沛县起事，一发倡议，全天下都响应。这就是看准了时机，借秦朝的危亡起事，百姓会期盼，仿佛久旱的大地遇到雨水，所以高祖能被拥立为天子，功业比夏禹、商汤和周文王还要高，恩德流传到后世。如今大王看到了高皇帝得天下的容易，却看不到近代吴、楚灭亡的教训么？那吴王被赐为刘氏祭酒，很受重用，又被特许不用入京朝见，他掌管着四郡的民众，地域宽广到方圆数千里，在国内可以自行冶铜铸币，在东方可以煮盐贩卖，沿着长江水顺流而上，可以采集江陵的木材建造大船，一艘船上装的比得上中原数十辆车的容量，国家富足，百姓众多。吴王拿金银财宝贿赂诸侯王、贵族和大臣，就是不给皇戚窦氏。反叛之计谋划已成，吴王就发兵西进。但是吴军在大梁被打败，在狐父被击溃，吴王跑到东边，在丹徒被越人抓住，自己死掉，国家也灭亡了，被天下人耻笑。为什么吴国、楚国有那么多的军队都不能成就功业？那是因为违背了天道，不清楚局势的缘故。如今大王兵力比不上吴国、楚国的十分之一，天下比秦朝时安宁万倍，希望大王听从为臣的意见。如果大王不听为臣的劝告，我将看到您举事不成而造反的话会先被泄露出去。我听说箕子路过殷朝故都时心中很悲伤，写了一首《麦秀之歌》，这首歌就是哀痛纣王不听从比干的劝谏而导致亡国的。所以《孟子》说‘纣王是尊贵的天子，死的时候竟然比不上平民’。这是因为纣王生前早已自绝于天下人了，而不是死到临头天下人才背弃他。现在臣也暗自悲哀，大王如果抛弃了诸侯国君的尊贵，朝廷势必会赐给您让您必死的书信，让大王在群臣之前，死在东宫。”此时，伍被哀怨的感觉郁积在胸中，神色黯然，热泪盈眶而横流，说完站起来，沿着台阶走下去离开了。

淮南王有个庶出的儿子叫作刘不害，年纪最大，淮南王不喜欢他，淮南王、王后和太子都不把他当作儿子或兄长。刘不害有个儿子叫作刘建，有才华又自负，时常怨恨太子不来看望自己的父亲；又埋怨当时诸侯王都可以把子弟分封为诸侯，而淮南王只有两个儿子，一个做了太子，另一个——自己的父亲却没有被封侯。刘建暗中结交朋友，想要告发并弃掉太子，让他的父亲取代太子。太子知道了这件事，多次把刘建抓起来拷问。刘建完全知道太子想要杀害汉庭中尉的阴谋，就让和自己交好的寿春县人庄芷在元朔六年向天子上书说："毒药苦口利于病，忠言逆耳利于行。现在淮南王的孙子刘建才能高，淮南王的王后荼和荼的儿子、太子刘迁常常嫉妒迫害他。刘建的父亲刘不害没有罪，太子却擅自多次想要杀害他。如今刘建就在，可以召来问讯，他完全了解淮南王的阴谋。"上书送到皇上那里，皇上命令廷尉处理，廷尉又交给河南郡府审理。这时，原来辟阳侯的孙子审卿与丞相公孙弘交好，怨恨淮南厉王杀死自己的祖父，就极力向公孙弘构陷淮南王，公孙弘就怀疑淮南王有叛逆的阴谋，决定深入调查此案。河南郡府审问刘建，牵连到淮南王太子和他的党羽。淮南王担心事态严重，想要起事，就问伍被："汉朝太平不太平？"伍被回答："天下太平。"淮南王心里不高兴，对伍被说："您凭什么说天下太平？"伍被回答说："臣私下观察朝政的政事，君臣之间的礼义，父子之间的亲情，夫妻之间的区别，长幼之间的秩序，都合乎道理，皇上施政遵循古代的治国之道，风俗和纲纪都没有缺失。满载货物的富商周行天下，道路没有不畅通的，所以贸易之道大行。南越臣服，羌僰进献物产，东瓯内迁降汉，朝廷拓广长榆塞，开辟朔方郡，使匈奴折翅伤翼，失去援助而萎靡不振。这虽然还比不上古代的太平岁月，但还算得上安定。"淮南王大怒，伍被连忙告谢死罪。淮南王又对伍被说："崤山之东如果开战，朝廷必然派大将军卫青来镇压，您认为大将军这个人怎样？"伍被说："我有个好朋友黄义，曾经跟随大将军攻打匈奴，回来对我说：'大将军对待士大夫有礼貌，对士卒有恩德，众人都愿意为他效命。大将军骑马上下山就像飞一样迅疾，才干出众。'我认为他这么有才能，多次率兵征讨，不易抵挡。又有一次谒者曹梁出使长安归来，说大将军号令严明，遇到敌人十分勇猛，经常身先士卒。休息的时候，井还没有凿通，必须士兵人人喝上水，他才肯喝。军队出征归来，士兵全都渡过了河，他才肯渡河。皇太后赏给他的黄金丝帛，他都赐给手下的军官。就算古代名将也没人比得上他。”淮南王听完后沉默良久。

淮南王看到刘建被征召受审，担心自己的阴谋败露，想要起兵，但是伍被认为难以成事，于是淮南王又问他：“您认为当年吴王兴兵造反是对是错？”伍被说：“我认为是错的。吴王已经很富贵了，但是却去做错事，自己身死丹徒，死无全尸，而且连累得子孙没有人幸存。我听说吴王十分后悔。希望大王深思熟虑，不要做吴王那样后悔的蠢事。”淮南王说：“大丈夫为了自己说出的一句话，甘愿赴死。况且吴王根本不懂造反，竟让汉军将领一天之内四十多人闯过了成皋关隘。现在我命令楼缓先扼守成皋关口，命令周被攻下颍川郡，并且率兵堵住轘辕关、伊阙关，命令陈定率领南阳郡的军队把守武关。河南郡太守只剩下洛阳而已，不值得担心。不过，北面还有临晋关、河东郡、上党郡和河内郡、赵国。人们说‘扼断成皋关口，天下就不能通行了’。我们依仗成皋关口的险要，召集崤山以东各郡国的军队，这样起事，您认为怎么样？”伍被回答说：“我看得见它危险的后果，却看不见它成功的福运。”淮南王说：“左吴、赵贤、朱骄如都认为有福运，十有八九会成功，您偏偏认为有祸无福，这是为什么？”伍被说：“受大王宠信的群臣中平时能号令众人的，都在上次皇上的罪案中被关起来了，剩下的已经没有什么可以任用的人了。”淮南王说：“陈胜、吴广没有一点土地，却聚集了一千人，在大泽乡起事，举起手臂一吆喝，天下人就一起响应，他们西行到达戏水时已经有一百二十万人相随。现在我的领土虽然小，可是会打仗的人有十几万，他们绝对不是被迫戍边的乌合之众，武器也不是木弩和戟柄，您为什么要说有祸无福？”伍被说：“从前秦王朝残暴，残害天下百姓。朝廷征发民间万辆车驾，修建阿房宫，向百姓收取超过大半的赋税，还征调住在闾左的贫民去远戍边疆，致使父亲没有办法保护儿子的平安，哥哥不能让弟弟过上安逸的生活，政令严苛，刑法严峻，天下人忍受各种各样的熬煎几乎要枯萎，百姓都伸着脖子盼望，侧着耳朵倾听，抬着头向苍天悲哀地呐喊，捶着胸怨恨皇上，所以陈胜大叫着造反，天下人马上就响应。如今皇上在位治理天下，统一了海内，仁爱遍及百姓，广泛施展恩德。他就算不开口讲话，声音的传播也好像雷霆一样迅疾；就算不颁布诏令，而教化的推广速度也有如神助；他心里有什么想法，其威势远达万里，百姓响应皇上，就好比影子跟着身体、回音跟着声音一样。而且大将军卫青的才能不是秦国将领章邯、杨熊可比的。所以，大王您用陈胜、吴广起义来类比自己，我以为不合适。”淮南王说：“如果真像你说的那样，难道没有机会侥幸成功吗？”伍被说：“我倒有一条愚蠢的计策。”淮南王说：“怎么办呢？”伍被答道：“现在的诸侯对朝廷没有二心，百姓对朝廷没有怨气。但朔方郡的田地广阔，水草丰美，已迁徙的百姓还不足够充实那个地区。我的计策是，可以伪造丞相、御史上奏皇上的奏折，请求再次迁徙各个郡国的豪强、义士和犯罪的刑徒发配到边疆，颁布诏令赦免他们的罪行，凡是家产在五十万钱以上的人，都可以带着家属搬到朔方郡，而且调发更多的士兵，催促他们如期到达。然后伪造宗正府左右都司空、上林苑和京师各官府下达的皇上亲自颁发的办案文书，去逮捕诸侯的太子和宠幸之臣。这样一来就会民怨四起，诸侯恐惧，紧接着让善于造谣的说客去鼓动他们造反，或许可以侥幸有十分之一成功的把握吧？”淮南王说：“这个计策可行。虽然你的考虑很有道理，但我认为造反这件事并不至于这么困难。”于是淮南王命令官奴进宫，伪造了皇上的印玺，丞相、御史、大将军、军史、中二千石、京师各官府令和县丞的官印，以及邻近郡国的太守和都尉的官印、朝廷使臣和法官所戴的官帽，打算一切按照伍被的计策进行。淮南王还派人假装获罪后逃出淮南国，趁机向西进入长安，给大将军和丞相做事，想要有朝一日发兵的时候，让他们立刻刺杀大将军卫青，然后再说服丞相，造反之事就好像揭掉一块盖布那么容易了。

淮南王想要发动国内的军队叛乱，又担心国相和大臣们不听自己的命令。他就和伍被密谋先杀死国相和二千石大臣：假装宫中失火，国相、二千石大臣一定会前来救火，人一到就杀死他们。此计谋还没确定，又想派人穿着抓捕盗贼的兵卒的衣服，手里拿着羽檄，从东方跑来，大声喊着“南越兵入界了”，想要借此发兵。于是派人到庐江郡、会稽郡冒充追捕盗贼，没有立即起兵。淮南王问伍被说：“我率兵向西进发，诸侯之中一定会有响应的；要是没人响应，怎么办？”伍被回答说：“可向南与衡山国的兵力相合以进攻庐江郡，占有寻阳的战船，守住下雉的城池，集结军队于九江江边，断绝豫章河口，用强弩在江边守卫，来阻止南郡军队进攻；再向东攻占江都国、会稽郡，向南和势力强盛的越国结交，这样在长江淮河之间，还可以坚守一些时日。”淮南王说：“很好，没有更好的计策了。要是危急就逃到越国去。”

廷尉把淮南王孙子刘建供词中牵连到淮南王太子的事上报给皇上。皇上派廷尉趁机去拜访淮南国中尉，逮捕太子。到了淮南国，淮南王听说了，就和太子暗中谋划，打算召见国相和二千石大臣，杀死他们就发兵。召见国相入宫，国相来了；内史因为外出得以脱身。中尉说：“臣在迎接使臣，不能面见淮南王。”淮南王心想只杀死国相，内史、中尉不来，没有什么好处，就放走了国相。他再三犹豫，还是没有决定计策。太子想到自己所犯的罪是阴谋刺杀汉庭中尉，而参与谋划的人都已经死了，以为没人知道了，就对淮南王说：“群臣之中可以任用的人之前都被逮捕了，如今已经没有可以依靠起事的人了。您在时机不成熟时发兵，恐怕不会成功，臣甘愿前往廷尉处被捕。”淮南王心中也暗自想着停止起事，就答应了太子。太子就刎颈自杀，却没有死成。伍被独自前去拜见官吏，告发了自己参与淮南王谋反的事情，其谋反的全部情况即如前文所叙。

官吏于是逮捕了太子、王后，包围了王宫，把国中参与谋反的淮南王的部下全部抓了起来，还搜出了谋反的器材，上报给皇上。皇上把这个案子交给公卿们议论裁决，牵连出参与淮南王谋反的列侯、二千石、地方豪强数千人，全都按犯罪的轻重给于惩处。衡山王刘赐，是淮南王的弟弟，按罪应该连坐，官员请求逮捕衡山王。天子说：“诸侯各以自己的封国为根本，不应该相互牵连。有司去和诸侯王、列侯一起去同丞相商量吧。”赵王彭祖、列侯曹襄等四十三人商议后，都说：“淮南王刘安大逆不道，谋反事实清楚，按罪应该诛杀。”胶西王刘端说：“淮南王刘安罔顾国法，心怀异志，扰乱天下，蛊惑百姓，背叛祖宗社稷，造谣生事。《春秋》曾说‘臣子不能率众作乱，率众作乱就应该诛杀’。刘安的罪行比率众作乱还要严重，他谋反已经成为事实。我看见他伪造的文书、符节、印墨、地图和其他大逆不道的事实都证据确凿，按罪应该处死。至于淮南国中官阶在二百石以上和比二百石少的官吏，宗室的宠臣当中没有犯法的人，他们不能履行阻止淮南王谋反的职责，也都应该罢免官职，削除爵位，今后不准再入朝为官。那些不是官员的罪犯，可以用二斤八两黄金抵偿死罪。朝廷应该公开揭露刘安的罪行，让天下人都清楚地懂得身为臣子的本分，不敢再有背叛皇上的野心。”丞相公孙弘、廷尉张汤等人把大家讨论的内容上报天子，天子就派宗正手持着符节前去审判淮南王。宗正还没到达淮南国，淮南王刘安已经自刎。王后荼、太子刘迁和所有共同谋反的人都被满门抄斩。天子因为伍被在淮南王刘安谋反时进行了规劝，说了很多赞美朝政的话，想要免除他的死罪。廷尉张汤说：“伍被最先参与淮南王谋反，罪不可恕。”于是杀了伍被。淮南国被废除，成为九江郡。

衡山王刘赐，他的王后乘舒生了三个孩子，大儿子刘爽被立为太子，二儿子刘孝，三女儿刘无采。又有姬妾徐来生了儿女四人，美人厥姬生了儿女二人。衡山王和淮南王兄弟在礼节上相互责怪对方失礼，关系不太和睦。衡山王听说淮南王制造造反用的器具，也用心结交宾客来防备刘安，担心被他吞并。

元光六年，衡山王进京朝见，他的谒者卫庆懂得方术，想要上书事奉天子。衡山王很愤怒，故意指控卫庆犯下死罪，严刑让他认罪。衡山国内史认为这样做不对，拒绝审理此案。衡山王便指使人上书控告内史，内史被迫审理，却说衡山王无理。衡山王又多次侵占他人田产，破坏别人的坟墓来开辟粮田。管理部门的长官请求逮捕治罪衡山王，天子不同意，只收回他原本任命二百石以上官吏的权力。衡山王因此怨恨，和奚慈、张广昌谋划，寻找熟悉兵法和占卜之术的能人，日夜谋划造反。

王后乘舒去世，衡山王立徐来为王后，厥姬也被宠幸。两个人相互嫉妒，厥姬就向太子说徐来的坏话。她说：“徐来指使婢女用邪术杀害了太子的母亲。”太子于是怨恨徐来。徐来的哥哥来衡山国，太子和他一起喝酒，酒席上用刀刺伤了王后的哥哥。王后又怨恨又愤怒，多次向衡山王诋毁太子。太子的妹妹刘无采出嫁后被休回到娘家，就和奴仆通奸，又和宾客通奸。太子多次责备刘无采，无采很生气，不再和太子来往。王后得知了这件事，就经常关心无采。无采和二哥刘孝因为很小的时候就失去了母亲，难免依靠王后徐来，王后就假装爱护他们，让他们一起诋毁太子，所以衡山王多次毒打太子。元朔四年，有人刺伤了王后的继母，衡山王怀疑是太子派人干的，就又用竹板毒打太子。后来衡山王病了，太子经常借口有病不去看望。刘孝、王后、刘无采都诋毁他：“太子其实没病，却假称有病，脸上可高兴着呢。”衡山王大怒，想废掉太子，改立他的弟弟刘孝。王后知道衡山王已经下定决心废除太子，就又想乘机一起废除刘孝。王后有一个女仆擅长跳舞，衡山王宠爱她，王后打算让女仆和刘孝私通来陷害他，乘机一起废掉太子兄弟，把自己的儿子刘广立为太子。太子刘爽知道了王后的诡计，心想王后屡次诋毁自己，就算计着和她发生奸情来让他闭嘴。一次王后喝酒，太子上前敬酒祝贺，趁机坐在了王后的大腿上，想要和她睡觉。王后很生气，把这件事告诉了衡山王谋反。于是衡山王叫来太子，打算把他捆起来毒打。太子知道父王总是想废掉自己立弟弟刘孝，就对他说：“刘孝和父王宠爱的女仆通奸，无采和奴仆通奸，父王好好吃饭吧，我要去向朝廷告发。”说完就转身离开。衡山王派人去拦他，没有拦住，就亲自赶着车去追捕太子。太子说了一些更恶毒的话，衡山王就用镣铐把他关押在宫里。衡山王对刘孝越来越喜爱，看重刘孝的才能，就给他戴上了王印，号称将军，让他住在宫外的府宅中，给他很多钱财，用来招揽宾客。登门投靠的宾客，暗中知道淮南王、衡山王都有造反的计划，就日夜逢迎撺掇衡山王谋反。于是衡山王指派刘孝的宾客江都人救赫、陈喜制造战车和羽箭，刻天子印玺和将相军吏的官印。衡山王日夜寻访像周丘一样的壮士，屡次称赞吴国和楚国造反时的谋略，并以此为借鉴来部署自己的人马。衡山王不敢仿效淮南王，又害怕淮南王吞并自己，认为等待淮南王向西进发之后，自己可以趁机发兵占领长江和淮河之间的土地，他所希望的就是如此。

元朔五年的秋天，衡山王要进京朝见，路过淮南国时，淮南王竟说了些兄弟之间情谊的话，消除了之前的隔阂，约定共同制造造反的用具。衡山王于是就上书借口生病，皇上回信准许他不入朝。

元朔六年中，衡山王指使人上书皇上请求废除太子刘爽，改立刘孝为太子。刘爽听说后，就派和自己交好的白嬴前往长安上书，告发刘孝制造战车弓矢，还和淮南王的婢女通奸，想要败坏刘孝。白嬴到了长安，还没来得及上书，官吏就逮捕了他，原来是因为淮南王的事受到牵连。衡山王听说刘爽派白嬴去上书，担心他讲出自己的阴谋，就上书告发太子刘爽干了大逆不道的事，应该受弃市的惩处，朝廷把这件事交给沛郡审理。元狩元年冬，负责办案的公卿到沛郡抓捕参与淮南王造反的罪犯，没有抓到，却在衡山王的儿子刘孝家里抓住了陈喜。官吏弹劾刘孝窝藏陈喜。刘孝认为陈喜平时多次和衡山王密谋造反，害怕他告发。听说律法上规定率先自首的可以免除罪责，又担心太子指使白嬴上书告发，就抢先自首，控告参与谋反的救赫、陈喜等人。廷尉查明情况属实，公卿便请求逮捕衡山王治罪。天子说："不要逮捕。"他派遣中尉司马安、大行令李息前去责问衡山王，衡山王把事情都进行了禀报。官吏把王宫包围起来看守。中尉、大行令回到朝中，上报给皇上，公卿请求派宗正、大行令和沛郡府一起审讯衡山王。衡山王听说后就刎颈自杀了。刘孝因为主动自首谋反之事，被免除造反的罪责；但他因为和衡山王侍女通奸，仍然被处弃市罪。王后徐来也犯有用诬蛊杀害前任王后乘舒的罪，和太子刘爽一起犯了不孝的罪，都被处死弃市。所有参与衡山王谋反的人全都被满门杀尽。衡山国被废除，改为衡山郡。

太史公说：《诗经》上说"抗击戎狄，惩治楚人"，这话说得真对啊！淮南王、衡山王虽然是骨肉兄弟，拥有千里疆土，位列诸侯，但是不遵守藩臣的职责去辅佐天子，却专门想着阴谋诡计，图谋造反，致使父子相继两次亡国，人人都不能善终，被天下人耻笑。这不只是淮南王、衡山王的过错，也是当地风俗浅薄，为臣的蛊惑逐渐感染所致。楚国人勇猛凶悍，喜欢作乱，这是自古就有记载的。（刘　彭　译）

《史记》卷一百一十九　循吏列传第五十九

太史公说：法令是用来引导人民的，刑罚是用来阻止民众作恶的。法令和刑罚不完备，善良的百姓依然惊惧地自我修养，是因为做官的没有胡作非为。只要恪守职责，遵循道理，也可以让社会安定，又何必一定要严刑峻法呢？

孙叔敖是楚国的隐士。国相虞丘把他推荐给楚庄王，想要他接替自己。孙叔敖担任楚相三个月，他教化引导人民，君臣上下和睦，世间风俗淳朴和美，他执政宽松却令行禁止，官吏不做坏事，民间也没有盗贼。秋季、冬季他鼓励百姓进山采伐竹木，春夏的时候把砍伐的木材沿水路运出来。百姓都得到便利，人民安居乐业。

庄王认为楚国的钱币太轻，就下令把小钱改铸成大钱，百姓用起来不方便，都放弃了原来的生意。管理市场的官员告诉孙叔敖："市场乱套了，百姓不能安心做生意，秩序很混乱。"孙叔敖问："这种情况持续多久了？"官员回答："三个月左右了。"孙叔敖说："好了，我现在就让市场恢复。"五天后，孙叔敖上朝，对庄王劝谏说："前些日子更改钱币，是认为钱币太轻。现在管理市场的官员报告说'市场乱套了，百姓不能安心做生意，秩序很混乱'。我请求立即下令恢复原来的币制。"庄王同意了，颁布命令才三天，市场就恢复了正常。

楚国的民俗是喜欢坐矮车，楚王认为矮车不方便配马，想要下令把矮车改高。孙叔敖说："政令颁布得太频繁，百姓无所适从，不合适。如果您一定要把车改高，臣请求让大家改高门槛。乘车的人都是有身份的君子，他们不能为了过门槛多次下车，自然就把车改高了。"楚王同意了。过了半年，老百姓果然全都改高了车子。

这就是不用说教百姓就自然遵从教化，身边的人看到他的言行就会仿效他，离得远的人看看四周也会跟着效法。所以孙叔敖三次担任国相并不沾沾自喜，知道自己有这个才能；三次被免去宰相也并不悔恨，因为知道不是自己的过错。

子产，是郑国诸大夫中的一员。郑昭君在位时，任用自己宠信的徐挚担任国相，国政昏乱，官民不亲近，父子不和睦。大宫子期把这些情况告诉郑昭君，昭君就任命子产为国相。子产担任国相一年，小儿不再轻浮嬉戏，老年人不必手提重物，儿童也懂得耕田时不犯地界。二年，市场上没有货物乱涨价了。三年，人们夜不闭户，路不拾遗。四年后，耕田的器具都不用收起来。五年，男子不用服兵役，遇到丧事不用命令人们就能自动地办好丧事。子产治理郑国二十六年后去世，年轻人痛哭流涕，老人像儿童一样啼哭，说："子产离开我们死了！百姓将来依靠谁啊？"

公仪休是鲁国的博士。由于才华出众做了鲁国相国。他坚持按法律章程办事，为政不改变规制，百官各得其所。他命令当官的人不能和百姓争夺利益，得到大的好处就不能再贪图小的利益。

有位客人给他送鱼，他不接受。客人说："听说您喜欢吃鱼，给你送鱼，你为什么不要？"公仪休回答说："正因为爱吃鱼，所以才不能接受。现在我是相国，吃鱼可以自给自足；今天如果因为收了你的鱼被免职，今后谁又会给我鱼？所以我不接受。"

公仪休吃了自己家种的蔬菜后感觉很好吃，于是就把自己院子里的蔬菜全部拔下扔掉。看见自家织的布好，就立刻把妻子赶了出去，还烧毁了织机。他说"难道要让农民和织妇卖不掉他们生产的物品吗"?

石奢是楚昭王的相国，为人公正廉洁，既不阿谀，也不怕事。一次他走到属县，路上有杀人的，他前去追捕，发现竟然是自己的父亲。他放走父亲，回来后把自己关了起来。他派人对昭王说："杀人凶犯，是为臣的父亲。若把父亲关起来树立政绩，是不孝；若废弃法律纵容犯罪，是不忠；因此我该当死罪。"昭王说："你捕凶无果，不该获罪，还是接着任职吧。"石奢说："不偏私己父亲，不是孝子；不遵王法，不是忠臣。大王赦免我的罪责，是您的恩惠；服刑而死，则是为臣的职责。"他不接受楚王的命令，自杀了。

李离是晋文公的法官。因错信口供而杀人，自己把自己判处死罪。文公说："官职有贵贱，惩罚有轻重。这是你手下官员犯的错，不是你的罪过。"李离说："臣在众官中是首长，没有把位置让给下属；我的俸禄多，也不把好处分给他们。如今听信谎话错杀了人，把罪行让下属承担，没听说过这样的道理。"他拒绝文公的劝说。文公说："你认定自己有罪，这么说寡人也有罪吗？"李离说："断案有法规，错判刑就要亲自受刑，错杀人要以死偿命。您因为臣能根据细微的证据决断案情，才让我做法官。现在我听信谎言杀人，应该判处死刑。"于是他自刎而死。

太史公说：孙叔敖说了一句话，楚国的市场就恢复了。子产病死，郑国百姓号哭。公仪休看到妻子织的布好就把她赶出家门。石奢放走父亲而自杀顶罪，让楚昭王的美名确立。李离错判杀人罪而伏剑身亡，晋文公的国法得以维持其公正。

（刘　彭　译）

《史记》卷一百二十　汲郑列传第六十

汲黯，字长孺，濮阳县人。他的祖先曾是战国时卫国国君的宠臣。到他已是第十代，代代都在朝中官至公卿、大夫之职。靠父亲保举，孝景帝时汲黯当了太子洗马，因为为人庄重严肃而被人敬畏。景帝去世后，太子刘彻继位，任命他做谒者之官，专门为皇帝掌管收发、传达信息。不久，东南沿海的闽越人和瓯越人发生攻战，皇上派汲黯前往视察。他未到达东越，行至吴县便半路而返，向皇帝禀报说："两个东越小国互相攻战，是当地民俗本来就如此好斗，不值得烦劳天子的使臣去过问。"河内郡发生了火灾，火势蔓延殃及一千余户人家，皇上又派汲黯去视察。他回来报告说："那里普通人家不慎失火，由于房屋密集，火势蔓延开来才烧了那么多人家，皇帝不必多虑。倒是我路过河南郡时，眼见当地贫民饱受水旱灾害之苦，灾民多达万余家，有的竟至于父子相食，我就凭着您给我的符节，下令发放了河南郡官仓的储粮，赈济那些受灾的灾民。现在我归还符节，请求您惩治我假传圣旨的罪责。"皇上认为汲黯做得不错，并没有责怪他，而调任汲黯为荥阳县令。汲黯认为当县令不光彩，便称病辞官还乡。皇上知道后，召汲黯回朝任中大夫。由于屡次向皇上直言谏诤，他没能久留朝中，被外派出任东海郡太守。汲黯崇仰道家学说，为官为政喜好清静无为，把事情都交给自己挑选出的得力郡丞和其他属官去办。他治理政事，不过是督查下属按大原则行事罢了，并不拘泥于细枝末节。他体弱多病，经常卧床休息不出门。一年多的时间，就把东海郡治理得清明太平，深受当地老百姓的称赞。皇上得知后，又把汲黯调回朝廷担任主爵都尉，享受九卿的待遇。汲黯在朝廷为政依然是力求无为而治，办事只抓大方向，并不拘泥于繁文缛节。

汲黯为人性情高傲，不讲究礼数，常常当面驳斥别人的意见，容不得别人的过错。与自己心性相投的，他就亲切友善地对待；与自己合不来的，就不能耐烦相见，士人也因此不愿依附他。但是汲黯好学，喜游侠，从不掩饰自己的志气节操，品行高尚，还喜欢直言劝谏，屡次触犯皇上的尊严，仰慕以直言敢谏而闻名的傅柏和袁盎。他与灌夫、郑当时和掌管皇室宗族事务的宗正刘弃交好。也因为多次直言进谏而不得久居其官。

当时，王太后的弟弟武安侯田蚡担任宰相，年俸中二千石的高官来拜见他时，田蚡都不予还礼。而汲黯见田蚡时从不下拜，只是拱手作揖。当时，皇上正在招揽文学之士和崇奉儒学的儒生，刚说“我想……”，话还未出口，汲黯便答道：“陛下心里欲望很多，而只在表面上施行仁义，怎么能真正仿效唐尧虞舜治理国家呢！”皇上无言以对，心中却恼怒得很，脸色大变就罢朝了。公卿大臣都替汲黯捏了一把汗。皇上退朝后，对身边的近臣说：“汲黯这个愚直之人，也太过分了！”大臣中有人责怪汲黯，汲黯说：“皇帝设置三公九卿这些辅佐之臣，难道就是为了让我们一味地阿谀奉迎，看皇上的脸色行事，将君主陷于违背正道的窘境吗？何况我已身居九卿之位，即使自己害怕犯罪，但如果由于自己未尽职而给朝廷带来耻辱，那又怎么办呢！”

汲黯多病，每次因病休养快满三个月的时候，皇上就恩准他继续休假养病，他的病却始终不愈。最后一次病得很厉害，庄助替他请假，皇上问庄助说：“你觉得汲黯这个人怎么样？”庄助说：“让汲黯当官执事，他并没有什么过人之处。但是如果让他辅佐年少的君主，他一定能够坚守老皇帝的既定方针，一心拥护少主，即使自称像孟贲、夏育一样勇武的人也不能改变他的志节。”皇上说：“是的，古代有所谓能与国家共存亡的大臣，我看汲黯就是近于这样的人。”

大将军卫青在宫中伺应，皇上曾蹲在厕所内接见他。丞相公孙弘平时入宫求见，皇上有时连帽子也不戴。但是汲黯觐见，皇上不戴好帽子是不会接见他的。皇上有一次坐在武帐中，适逢汲黯前来上奏公事，皇上没有戴帽，望见他就连忙躲避到帐内，让别人告诉汲黯皇上同意他的意见。汲黯被皇上尊敬礼遇竟然到了这种程度。

初任廷尉之时，张汤改制新的法律条文，汲黯多次在皇上面前质问张汤，说：“你身为正卿，却对上不能弘扬先帝的功业，对下不能遏止天下人的邪恶欲念，使国家安定，人民富足，无人犯罪，这两方面你都一事无成。相反，有些事情明明不对，你却非要如此，以显示你的功绩。更有甚者，高祖皇帝定下的规章制度，你为何也要乱改？你这样做会断子绝孙的。”汲黯时常和张汤争辩，张汤熟悉典章制度，说话引经据典，思维严密。而汲黯耿直正派，所以根本辩论不过张汤。常常怒不可遏地骂张汤说："天下人都说绝不能让刀笔之吏身居公卿之位，果真如此。如果非依张汤之法行事不可，必令天下人害怕得不敢随便走动，眼睛也不敢随意张望了！"

当时，汉朝正在征讨匈奴，招抚四方各少数民族。汲黯主张清静无为，因此常借向皇上进言的机会建议与胡人和亲，不要兴兵打仗。皇上正倾心于儒家学说，尊用公孙弘，对此不以为意。及至国内事端纷起，下层官吏和不法之民都钻国家的空子，为了整治乱局，皇上就想着严明法纪，张汤等人也便不断进奏所审判的要案，以此博取皇上的宠幸。而汲黯诋毁儒学，当面批评公孙弘等人内怀奸诈，外逞智巧，以此阿谀主上取得欢心；同时斥责张汤等刀笔吏专门死抠法律，巧言加以诋毁，构陷他人有罪，使事实真相不得明了，并把断定的案例作为邀功的资本。可是皇上越来越倚重公孙弘和张汤，公孙弘、张汤则更加记恨汲黯，就连皇上也逐渐不喜欢他，想借故杀死他。公孙弘做了丞相，向皇上建议说："右内史管界内住着很多达官贵人和皇室宗亲，很难管理，不是素来有声望的大臣不能当此重任，请调任汲黯为右内史。"汲黯当了几年右内史，各种公事都处理得井井有条，从未废弛荒疏过。

大将军卫青已经越来越尊贵了，他的姐姐卫子夫做了皇后，但是汲黯仍与他行平等之礼。有人劝汲黯说："皇帝想让大将军处一人之下，万人之上，大将军如今受到皇帝的尊敬和器重，地位更加显贵，你不可不行跪拜之礼。"汲黯答道："因为大将军有拱手行礼的客人，就显得他不尊贵了吗？"大将军听到他这么说，更加认为汲黯贤良，遇到国家与朝中的疑难之事，也总是向他请教，对待汲黯胜过往日。

淮南王刘安阴谋反叛，但心理惧怕汲黯，说："汲黯爱直言相谏，固守志节宁死不屈，很难用利益诱惑他。至于游说丞相公孙弘，就像揭掉盖东西的蒙布或者把快落的树叶摇掉那么容易了。"

汉武帝多次征讨匈奴，大获全胜，汲黯主张与胡人和亲而不必兴兵征讨的话，他就更加听不进去了。

当汲黯位列九卿时，公孙弘、张汤不过还是一般小吏而已。等到公孙弘、张汤日渐显贵，和汲黯官位相当时，汲黯又时常责难诋毁他们。等到公孙弘升为丞相，封为平津侯；张汤官至御史大夫，昔日汲黯手下的郡丞、书史也都和汲黯同级了，有的被重用，地位甚至还超过了他。汲黯心胸狭窄，不可能没有一点儿不满情绪，朝见皇上时，他走上前说道："陛下使用群臣就像堆柴垛一样，越是后来者越是放在上面。"皇上沉默不语。过了一会儿，汲黯走了之后，皇上说："一个人确实不可以没有学识，听汲黯这番话，简直是越来越放肆了。"

时隔不久，匈奴浑邪王率领他的部下归降汉朝，朝廷为了迎接，要准备两万车辆。国家没有这么多马，也没有钱买，便向百姓借马。有些人不愿意把马借给国家，就把马藏起来，朝廷一时无法凑齐这么多马。皇上大怒，要杀长安县令。汲黯说："长安县令没有罪，您只要杀了我，老百姓就肯献出马匹了。况且匈奴将领背叛他们的君主来投降汉朝，朝廷可以让沿途各县提供粮草，让他们慢慢来就是了，何至于让全国都不安宁，使我中原人疲于奔命地去侍奉那些匈奴的降兵降将呢！"皇上听了，无话可说。及待浑邪王率部到来，长安有些商人因和匈奴人做买卖，有五百多人被判处死刑。汲黯求皇帝单独接见，汉武帝在未央宫的高门殿接见了他。汲黯说："匈奴人攻打我们设在往来要道上的关塞，撕毁了和亲的协议，我们才发兵征讨他们，战死疆场与负伤的人不计其数，并且耗费了数以百亿计的巨资。臣我愚蠢，原本以为陛下抓获匈奴人后，一定会把他们都作为奴婢赏给从军而死的家属，并将掳获的财物也分给他们一些，这样才能安慰他们。这一点纵然现在无法办到，现在浑邪王率领几万部众前来归降，也不该倾尽官家府库的财物赏赐那些降兵，还让老实本分的百姓去伺候他们，把他们捧得如同宠儿一般。现在老百姓只是和匈奴人做了些买卖，哪里想到就会被死抠法律条文的执法官视为走私而判罪呢？陛下即便不能把缴获来的匈奴人和物资分发出去告慰天下人，又何必用苛严的法令杀害我们五百多无知的老百姓呢！这就是所谓'保护树叶而损害树枝'的做法，我私下认为您这样的做法是不可取的。"皇上沉默不语，但是并不赞同汲黯的意见，而后说："我很久没听到汲黯的话了，今日他又一次信口胡言了。"事后数月，汲黯犯了一点小法，不过适逢皇上大赦，他就以免官完事。从此汲黯就归隐田园了。

过了几年，国家改铸钱币，使用五铢钱，老百姓私下里铸造钱币，楚地尤其严重。皇上认为淮阳郡是通往楚地的交通要道，就调任汲黯为淮阳郡太守。汲黯伏地辞谢圣旨，不肯接印，皇上屡次下诏令强迫他，他才不得已领命。皇上召见汲黯，汲黯流着泪对皇上说："我原以为到死也见不到陛下了，想不到陛下又起用了我。我的身体一向多病，难以胜任太守之职。我愿意给您当一个中郎，出入宫禁之门，为您纠正过失，补救缺漏，这才是我的心愿。"皇上说："你是看不上淮阳郡太守这个职位吗？我会很快会把你召回来的。只是因为淮阳地方官民关系紧张，我只好借助你的威望，即便你躺在床上治理，那里的局面也会好转的。"汲黯辞别皇上后，来到了大行令李息那里，他对李息说："我被打发到淮阳郡，不能参与朝廷的议政了。可是，御史大夫张汤这个人，他的智巧足以阻挠别人的进谏；他善使奸诈手段，经常文过饰非。这个人伶牙俐齿，能说会道，但是却不说一句为国为民的话，而只是一心去迎合皇上的心思。凡是皇上不同意的事，他就极力诋毁；凡是皇上想办的事情，他就极力称赞。他喜欢无事生非，搬弄法令条文。他内心奸诈，一心迎合皇上，在朝外借助一帮官吏来加强自己的威势。您位居九卿，若不及早向皇上进言，您和他都会被诛杀的。"李息害怕张汤，始终不敢向皇上进谏。汲黯治理淮阳郡，还用的是那套老方法，淮阳郡政治清明起来。后来，张汤果然身败名裂。皇上得知汲黯当初对李息说的那番话后，判处李息有罪。皇上让汲黯享受诸侯相国的俸禄待遇，继续任淮阳郡太守。七年后，汲黯逝世。

汲黯死后，皇上因为汲黯的关系，让他的弟弟汲仁官至九卿，儿子汲偃也做到了诸侯国的宰相。汲黯姑母的儿子司马安年轻时也与汲黯同为太子洗马。司马安深于巧谋，一心向上爬，其官位四次做到九卿，后来死在河南郡太守任上。司马安的弟兄们由于他的缘故，有十个人官至二千石。汲黯的同乡段宏最初侍奉过盖侯王信，王信保举段宏，段宏也两次官至九卿。但是濮阳同乡中做官的人都很敬畏汲黯，甘居其下。

郑当时，字庄，陈县人。他的祖先郑君曾是项羽手下的将领。项羽死后，郑君归顺了汉朝。汉高祖曾下令所有项羽的旧部在提到项羽时都必须直呼其名，唯独郑君偏偏不服从诏令。高祖下令把那些肯直呼项羽名字的人都拜为大夫，而赶走了郑君。郑君死于孝文帝在位时。

郑庄喜好行侠仗义，曾救梁孝王的将领张羽于危难之中，并因此在梁国和楚国一带很有声望。孝景帝在位时，任命他为太子舍人。每逢五天一次的休假日，他就预先在长安城郊区置备马匹，他骑着马去看望各位老友，邀请拜谢宾朋，夜以继日、通宵达旦，还总是担心有所疏漏。郑庄喜爱道家学说，仰慕有身份的厚道人，唯恐错过时机见不到人家。他年轻时官职低下，但结交的都是祖父一辈的天下知名的人物。武帝即位后，郑庄由鲁国中尉、济南郡太守、江都国相，一步步地升到九卿中的右内史。因在武安侯田蚡和魏其侯窦婴当朝争辩时，他不敢发表自己的意见，被贬为詹事，后来又调任大农令。

郑庄做右内史时，经常告诫他的守门人说："有来访者，不论尊贵或低贱，都不要让人家在门口等候。"因此不论来者地位高低，他都以礼相待。郑庄廉洁，又不添置私产，仅依靠官俸和赏赐所得供给宾客。因为他并不富裕，送给朋友礼物，只不过是用竹器盛些吃食。每逢上朝，遇有皇上有空闲的时候，他必向皇上推荐一些知名贤能之人。他推举士人和属下的一些官吏，饶有兴味，时常称举他们比自己贤能。他从不对吏员直呼其名，和属下谈话时，唯恐伤害了对方。听到别人有好的建议，便马上报告皇上，唯恐耽误了事情。因此，殽山以东广大地区的士人都众口一词地称赞他的美德。

郑庄被派遣视察黄河决口，他请求皇上给他五天时间准备行装。皇上说："我常听人说'郑庄出门，远行千里都不带干粮'，这次为何要这么长时间准备行装呢？"郑庄在朝中常常附和顺从皇上的意见，不敢明确地表明自己的态度。到他晚年，汉朝屡屡派兵征讨匈奴，招抚四周的少数民族，耗费很多财物，国家的财力、物力更加匮乏。郑庄保举的人及其宾客，有的给大农令承办运输，亏欠钱款甚多。淮阳郡太守司马安检举了此事，郑庄因此下狱，他自己出钱赎罪后沦为平民。不久，皇帝又让他在丞相属下做了一段时间的长史。后来皇帝认为他年事已高，不能胜任这个职位，就又派他去做汝南郡太守。几年后，郑庄在汝南郡太守任上去世。

郑庄和汲黯都官至九卿，都为政清廉，自身的品性修养高尚。这两人都因罪被免官，由于家里很穷，宾客都离他们而去。后来又都被派到外地任郡守，死后家中没有多余的财物。郑庄的兄弟子孙，由于郑庄的缘故，官至二千石者有六七个人。

太史公说：像汲黯、郑庄为人如此贤德，得势时宾客盈门，失势时宾客四散，他们尚且如此，更何况一般的人呢！下邽县翟公曾对我说过，起初他做廷尉，家中宾客挤破了门；被罢官后，门外便冷清得可以张罗捕雀。他官复廷尉之后，宾客们又想回来，翟公就在自家的大门上写道："一死一生，乃知交情。一贫一富，乃知交态。一贵一贱，交情乃见。"汲黯、郑庄也有此不幸，这个世道真是可悲啊！

（羽　渊　译）

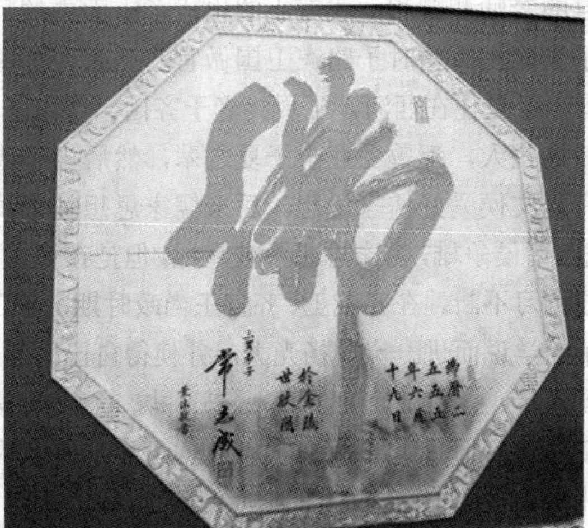

《史记》卷一百二十一　儒林列传第六十一

太史公说：我阅读朝廷考选学官的法规，读到广开奖励学官兴办教育之路时，总是禁不住放下书本来感叹一番。我在想，唉，悲哀啊！周王室一开始没落，讽刺时政的《关雎》这样的诗就出现了；周厉王、周幽王的统治衰败了，国家礼崩乐坏，从此诸侯恣意妄为，政令全由势力强大的诸侯国发布。所以孔子就是因为担忧王道废弛、邪道兴起，所以才编定《诗》《书》，整理礼仪音乐。他到齐国听到了美妙的《韶》乐，竟然陶醉得三个月想不起肉的美味。他从卫国返回鲁国之后，开始校正音乐，从此才使得《雅》乐、《颂》乐各归其位，有条不紊。由于当时世道混乱，孔子周游列国向七十几位国君求官，而没有一个人欣赏他。孔子曾说“要是有人肯用我，只需一年我就可以帮他治理好国家”。后来当鲁哀公在鲁国西郊猎获了麒麟，孔子听闻后感叹说“我的理想不能实现了”。于是他根据鲁国已有的历史记录撰写了《春秋》，用它来表达帝王的法典，《春秋》文辞简约深隐而寓意丰富博大，后代学者很多人都传抄它。

自从孔子逝世后，他的七十多位弟子纷纷去交游诸侯，成就大的当了诸侯国君的老师和卿相，成就小的也成了士大夫的师友，当然也有弟子选择了当隐士。当时子路在卫国做官，子张在陈国做官，澹台子羽住在楚国，子夏住在西河，子贡终老于齐国。像田子方、段干木、吴起、禽滑釐这些人，都曾受业于子夏之辈，然后当了诸侯国君的老师。那时只有魏文侯爱好儒家思想。后来儒家思想越来越衰落，一直到秦始皇，战国诸侯争雄，儒家思想不被重视，但是在齐国和鲁国一带，儒家学术却被传习不断。在齐威王、齐宣王当政时期，孟子、荀子等人，都继承了孔子的学说而进一步发扬光大，并使得自己的学问著称于世。

到了秦朝末年，秦始皇焚烧《诗》《书》，坑杀儒生，儒家典籍《六艺》从此残缺不全。陈涉起事反秦、自立为王后，鲁地的儒生们携带孔氏保存的礼器去投奔他。孔甲当了陈涉的博士，最终跟陈涉死在一起。陈涉出身于平民百姓，带领一群被发配镇守边境的乌合之众，一个月内就在楚地称了王，而不到半年竟又复归灭亡。他的事业十分微小浅薄，可是那些有身份的先生们却背着孔子的礼器去归顺并向他称臣，这是为什么呢？因为秦王朝焚毁了他们的书籍，砸了他们的饭碗，他们怨恨秦朝，所以投奔陈王来发泄满腔的怨恨。

等到高祖皇帝刘邦杀死项羽，率兵包围了曲阜，当时曲阜的儒生们仍在讲诵经书，演习礼乐，弦歌之声不绝于耳，这难道不是圣人教化出来的礼乐之邦么？所以孔子出游到陈国后，说："回去吧！回去吧，我家乡的那些后生们虽然志大才疏，但其行为作风和为人处世都彬彬有礼，文采熠熠生辉，我不知怎么教导他们才好。"齐鲁一带的人们自古以来就爱好诗书礼乐，这大概是他们的天性。汉朝建立后，儒生们开始获得重新研究经学的机会，又讲授演习起了大射、乡饮等各种礼仪。叔孙通就是因为给汉朝制定了一套礼仪制度，被封为太常，和他一同制定礼仪的儒生弟子们，也都优先被选为朝官，于是人们感叹儒学终于又要兴盛起来了。但是，当时天下战乱未止，皇上忙于平定四海，国家还无暇顾及兴办学校的事情。孝惠帝、吕后当政时，公卿大臣都是武艺高强战功卓著的人。到孝文帝时，才开始起用了几个儒生为官，但是孝文帝从心底里还是尊崇刑名学说。等到孝景帝当政，也不用儒生，而孝景帝的母亲窦太后又崇尚道家思想，因此只有几个儒学出身的博士在朝廷充数，徒有其名，并无人得到重用。

直到汉武帝即位，赵绾、王臧等人深明儒学，而皇上也心向往之，于是朝廷下令举荐品德贤良而且通晓经学的儒家学子。从这以后，讲《诗经》的在鲁国有申培公，在齐国有辕故生，在燕国则有韩婴太傅。讲《尚书》最早的是济南的伏生。讲《礼记》的有鲁国的高堂生。讲《易经》的是淄川的田先生。讲《春秋》的在齐、鲁有胡毋生，在赵国有董仲舒。窦太后去世后，武安侯田蚡做了丞相，他主张罢斥黄、老、刑、名等百家学说，专门聘请了几百个儒生入朝为官，而公孙弘竟以精通《春秋》步步高升，从一介平民逐渐官至三公，被封为平津侯。从此，天下学子莫不潜心钻研儒学。

公孙弘深感国家的教育体制不健全，他担心儒家学说长期被废，当了丞相后就奏请皇上说："丞相、御史启禀皇上，皇上曾下令说'听说为政者应该用礼仪教化百姓，用音乐移风易俗。婚姻之事，是一个家庭中最重要的伦理关系。现在整个国家礼崩乐坏，我深感忧虑。所以广泛延请天下品德方正、学识渊博的人入朝做官。我下令礼官劝导人们读书上进，他们自己也要学识渊博，振兴礼乐，以此作为天下人的表率。又命太常商议给博士配置弟子的问题，推崇乡里的社会教化，更加广泛地培养这方面的人才’。臣与太常孔臧、博士平等认真商议决定：听说夏、商、周三代的治国之道，是乡里之间都设有教育的场所，夏代称校、殷代称序，周代称庠。它表彰好的典型，就让他在朝中做官；它惩治作恶者，就施以刑罚。所以实现教化，首先要从京城开始，再推广到其他地方。如今皇上弘扬崇高的道德，开发人们的智慧，他的道德之高可与天地相比，根据人的本性推行各种礼仪规章，鼓励学术，讲究礼仪，提高教化，奖励贤良，以此使海内四方向善，这正是实现太平之治的根本之道啊。旧日的教化体系不完整，许多礼制也不完备，请对旧有的体系进行增补。要为博士学官配五十个弟子，免除这些入选弟子的赋税徭役。让太常从百姓中挑选十八岁以上相貌端庄的人，补充博士弟子。各郡国、县、道、邑中有喜好儒学、尊敬长上、遵守国家政令、友好睦邻并且言行一致的人，县令、侯国相、县长、县丞要向上级郡守和诸侯王国相举荐，郡守和国相认真察看，合格者与上计吏一起到京师太常处报到，接受和博士弟子相同的教育。每年对他们进行一次考试，能够精通一种经书的人，就可以让他们去充当文学掌故；其中成绩优异者可以选为郎中，由太常提出名单上奏。若是特别出类拔萃的，太常可以随时向上报告。那些不努力学习的才能低下者，或是不能通晓一种经学的人，要及时取消其学习资格，并惩罚举荐他们的不称职的官吏。我觉得皇上往日所下达的诏书和律令，阐明了天人之间的感应关系，贯穿着自古至今的道理，文章纯正，含义丰富，它恩德无量，将造福于社稷百姓。但是小官吏们见识浅薄，不能透彻地理解其中的微言大义，无法准确无误地将陛下的旨意晓谕天下。而治礼、掌故之职，是由懂经学礼仪的人担当的，他们的升迁缓慢，造成了人才积压。因此我请求挑选其中官秩比同二百石以上的人，和百石以上能通晓一种经学的小吏，让他们来给左右内史、大行令当卒史；

挑选比同百石以下的人去给郡太守当卒史：内地郡每郡有两个名额，边郡一个名额。优先选用能大量讲诵经书的人，如果人数不够，就选用掌故补中二千石的属吏，选用文学掌故补郡国的属吏，将人员备齐。请把这些作为教育和选拔人才的法规。其他事情仍依照旧有的律令。”皇上批示说：“准奏。”从此以后，上自公卿大夫，下到一般官吏，文质彬彬的经学儒生越来越多了。

申公，是鲁国人。高祖经过鲁国时，申公以弟子身份跟着老师到鲁国南宫去拜见他。吕太后执政时，申公到长安交游求学，和刘郢同在老师浮丘伯门下受业。后来刘郢被封为楚王，便让申公当他的太子刘戊的老师。刘戊不好学习，憎恨申公，等到楚王刘郢去世后，刘戊被立为楚王，就把申公捆绑着去服苦役。申公感到耻辱，就回到鲁国，隐居在家中教书，终身不出家门，又谢绝一切宾客，唯有鲁恭王刘余招请，他才前往。从远方慕名而来拜他为师的弟子有百余人。申公教授《诗经》，只讲解字意词意，而无阐发经义的论述，自己不懂的地方就空着，绝不随便附会。

兰陵人王臧向申公学《诗经》之后，用它事孝景皇帝，当了太子少傅，后被免官离朝。汉武帝刚即位，王臧就上书请求入宫做皇上的警卫官员。他不断得到升迁，一年之内就做到郎中令。代国的赵绾也曾向申公学习《诗经》，后来做了御史大夫。赵绾、王臧请示皇上，想建造明堂接受诸侯们的朝拜，但是他们不知道这件事情究竟如何办为好，就举荐老师申公。于是皇上派遣使臣携带束帛和玉等贵重的礼物，驾着驷马安车去迎请申公，赵绾、王臧二位弟子则乘坐着驿站的小马车随同前往。申公来到，拜见汉武帝。汉武帝向他询问社稷安危之事，申公当时已是八十多岁的高龄，人老了，他回答说：“治理国家不在于唱什么高调，只看当政者如何身体力行罢了。”那时候汉武帝正喜好儒生们的文词夸饰，听申公这么说，沉默不语。但是既然已经把申公招到朝中，就让他做了太中大夫，住在鲁国的驻国都事处，商议修建明堂的事宜。窦太后喜好老子学说，不喜欢儒家思想，她挑出赵绾、王臧的一些过失来指责皇上，皇上只好暂时停止建造明堂的事，并把赵绾、王臧都交付法官论罪，后二人皆自杀。申公也以病免官返回鲁国，数年后逝世。

申公的弟子被拜为博士官的有十几人：孔安国官至临淮太守，周霸官至胶西内史，夏宽官至城阳内史，砀鲁赐官至东海太守，兰陵人缪生官至长沙内史，徐偃官至胶西中尉，邹人阙门庆忌官至胶东内史。他们为官治民都有廉洁的名声，人们称赞他们好学。申公的弟子在太学当博士教出来的弟子，品行虽不完美，但是官至大夫、郎中和掌故的也数以百计。后人讲解《诗经》虽然各不相同，但是大多都依循申公的见解。

清河王刘承的太傅辕固，是齐国人。因为研究《诗经》，孝景帝时拜为博士。有一次，他和黄生在景帝面前发生争论。黄生说："商汤和周武王都不是秉承天命继位天子，而是弑君篡位。"辕固生反驳说："不对。夏桀和殷纣暴虐荒淫，天下人的心都已经归顺商汤和周武王，商汤和周武王顺从天下人的心愿而起兵讨伐桀、纣，桀、纣的百姓不肯为他们效命而归顺了汤、武，汤、武迫不得已才立为天子，这不是秉承天命又是什么？"黄生说："帽子虽然破旧，但是还是得戴在头上；鞋虽然新，但是必定穿在脚下。为什么呢？这正是上下有别的道理。桀、纣虽然无道，但他们毕竟是君主；汤、武虽然圣明，却是身为臣子而居下位。君主有了过错，臣子不直言劝谏、纠正过错以保持天子的尊严，反而借机诛杀君主，取代他自立为王，这不是弑君篡位又是什么？"辕固生答道："如果非按你的说法来断是非，那么高祖皇帝取代秦朝即位天子，也是弑君篡位？"景帝一听赶忙拦住说："吃肉不吃马肝，不算你没吃过好东西；谈学问的人不谈汤、武是否受天命继位，也不能算是愚笨。"这样两人才停止了争论。这以后学者再也不敢争辩汤、武是受天命而立还是弑君篡位的问题了。

窦太后喜欢老子的《道德经》，有一次召辕固问他读此书的体会。辕固说："这不过是下等人爱讲的玩意儿罢了。"窦太后很生气地反击说："到哪里去找那些被秦始皇焚烧掉的书呢？"于是罚辕固入兽圈刺杀野猪。景帝知道太后只是一时冲动，辕固心直口快并无罪过，于是就给了辕固一把锋利的刀子。辕固到兽圈刺杀野猪，正中其心，野猪便应手倒地。太后无语，也没办法再治他的罪，只得作罢。不久，景帝认为辕固廉洁正直，拜他为清河王刘承的太傅。过了很久，辕固因病免官。

汉武帝刚即位，认为辕固贤良，召他入朝。那些专会阿谀奉承的儒生们嫉妒、毁谤辕固，说“辕固老了”，皇帝见此情景，只好免官让他回去了。当时辕固已经九十多岁了。辕固这次被征召时，薛邑人公孙弘也在被征之列，但他却不敢正视辕固。辕固对他说：“公孙先生，务必以真正的学问论事，不要歪曲儒家学说去取媚于世俗。”自此之后，齐人讲《诗经》都依据辕固的见解。一些齐人因研究《诗经》而仕途显贵，他们都是辕固的学生。

韩婴，是燕国人。孝文帝时为当博士，景帝时任常山王刘舜的太傅。韩婴推究《诗经》的旨意而撰写了几万字的《内传》《外传》，书中的用语和齐、鲁两国有些不同，但是基本思想还是一致的。淮南国的贲生就是跟着韩婴学习的《诗经》。从此以后，燕国、赵国一带讲《诗经》都是根据韩生的见解。韩生的孙子韩商是汉武帝委任的博士。

伏胜，是济南人。在秦朝担任过博士。孝文帝即位后，想找一个能讲《尚书》的人，遍寻天下都没有找到，后来听说伏胜能讲《尚书》，就打算召用他。当时伏胜已经九十多岁，老得走不动了，文帝只好让太常派掌故晁错到伏胜家里跟他学习。秦始皇焚烧儒家书籍时，伏胜把《尚书》藏在夹壁墙里。后来天下战乱，伏胜也到处流亡，汉朝平定天下后，他回到家里寻找所藏的《尚书》，发现有几十篇不见了，还剩下二十九篇，于是他就在齐鲁一带教授残存的《尚书》。后世学者因此能讲解《尚书》，殽山以东的儒学大师们在教学生时几乎没有人不讲《尚书》。

伏胜曾教过济南人张先生和欧阳先生，欧阳先生教过千乘县的兒宽。兒宽精通《尚书》之后，以“文学”的名义被郡守推荐，前往博士官门下学习，师从孔安国。兒宽家里很穷，没有钱花，就经常给同学们做饭，还偷偷外出打工挣钱，来供给自己的衣食之需。他外出时都带着经书，一有空就拿出来读。后来通过考试，被录用为廷尉史。当时廷尉张汤正爱好儒学，就让兒宽帮助自己整理上奏皇帝的案卷。兒宽能够根据经义古法裁断疑难大案，因而张汤很看重他。兒宽性情温和善良，为人廉洁，又很聪慧，能把握自己的言行，而且擅长著书、起草奏章，文思敏捷，但是不善于言辞。张汤认为他是忠厚之人，多次赞扬他。等到张汤当了御史大夫，便又把兒宽调来当自己的助手，向皇帝推荐兒宽。汉武帝召见兒宽，问了一些话，对他很满意。张汤死后六年，兒宽也官至御史大夫，在职八年去世。兒宽身居三公之位，由于性情谦和驯良，能顺从皇上的心意，善于调解纠纷，而得以官运久长，但是他从不谏言纠正皇帝的过失。正因如此，在他做官期间，他的下属都轻视他，不为他尽力。张胜也当了博士官。伏胜的孙子也因研究《尚书》被朝廷征召，但是他并没有真正明了《尚书》的经义。

从此以后，鲁国的周霸、孔安国，洛阳的贾嘉，都很会讲授《尚书》。孔家又用先秦古文撰写了《尚书》，而孔安国能用时下的今文《尚书》来和它参照讲读，因此兴起了“古文尚书”之学。孔安国找到了十几篇失传的《尚书》，这就比当下流行的今文《尚书》的篇目多了一些。

许多学者都解说《礼经》，而鲁国高堂生的见解是最贴近本义的。《礼经》本来在孔子时就残缺不全，秦始皇焚书后，此书散失的篇目更多，今日只有《士礼》尚存，只有高堂生对此书讲解得最好。

鲁国徐生善于演习各种礼仪。孝文帝时，徐生以此出任礼官大夫。他把这种本事传给儿子徐延，徐延又传给他的儿子徐襄。徐襄具有擅长演习礼仪的天赋，但是不能通晓《礼经》；徐延很通晓《礼经》，却不善于演习礼节仪式。徐襄以擅长演习礼节仪式当了汉王朝的礼官大夫，官至广陵内史。徐延及徐家弟子公户满意、桓生、单次，都曾出任汉朝的礼官大夫。而瑕丘人萧奋以通晓《礼经》当了淮阳太守。此后能够讲解《礼经》并演习礼节仪式的人，都出自徐氏一族。

鲁国人商瞿跟随孔子学习《易经》，孔子去世后，商瞿便传授《易经》，历经六代一直传到齐国的田何，田何字子庄，这时汉朝已经建立了。田何又传授《易经》给东武人王同，王同字子仲，子仲又将《易经》

传给淄川人杨何。杨何因通晓《易经》，于元光元年被朝廷征召，官至中大夫。齐国的即墨成因通晓《易经》，官至城阳国相。广川人孟但因通晓《易经》当了太子门大夫。鲁国的周霸，莒县的衡胡，临淄县的主父偃，都是因通晓《易经》官至二千石。但是对《易经》能理解得精当的，是源自杨何一家的学说。

董仲舒是广川郡人。因研究《春秋》，孝景帝时拜为博士。他在家传授学问，上门求学的人很多，不能一一亲授，就叫弟子们以大带小、以旧传新的依次传授，因此有的弟子甚至连他的面也没见过。董仲舒足不出户，三年都没有到屋旁的园圃观赏过，他专心治学竟然到了这种程度。他出入时的仪容举止，无一不合乎礼仪规矩，弟子们都敬重他，视之为师表。汉武帝即位后，任用他为江都国相。他依据《春秋》记载的自然灾害和特异现象的变化来推算未来的灾异变化，因而求雨时隐藏种种阳气，放出种种阴气，止雨时则与之相反。这种做法在江都国实行，每次都达到了预期效果。后来他被贬为中大夫，住在家里，写下了《灾异之记》一书。当时辽东高帝庙发生火灾，主父偃嫉妒董仲舒，就偷了他的书送给皇帝。汉武帝召集众儒生，让他们看这本书，儒生们认为其中含有讥讽朝政之意。董仲舒的学生吕步舒不知道这是自己老师的著作，也认为此书是不可救药的蠢才所著。于是皇上把董仲舒交给法官论罪，该判死刑，但是皇上降诏赦免了他。于是董仲舒再也不敢倡导灾异之说。

董仲舒为人廉洁正直。当时皇帝正征讨四方少数民族，公孙弘不及董仲舒精通《春秋》，但由于他能够迎合皇上，因此也官至公卿。董仲舒认为公孙弘是阿谀奉承的小人。公孙弘也非常嫉恨他，就对皇上说："只有董仲舒可以担当胶西王的国相。"胶西王为人狠毒暴戾，但是听说董仲舒品行高洁，他对董仲舒很好。董仲舒害怕居官日久会惹祸上身，就称病辞官回家。直至逝世，董仲舒也没有治下什么产业，只是一心研究学问，著书立说。所以自汉朝开国以来，一直到汉武帝，历经五朝，只有董仲舒对《春秋》研究得最为精到，他师承传授的是《春秋》公羊学。

胡毋先生是齐国人。孝景帝时拜为博士，后因年老返归故里教书。齐国解说《春秋》的人很多都是胡毋先生的授业弟子，公孙弘也曾受过他的教诲。

瑕丘人江生研究《春秋》谷梁学。自从公孙弘受到重用，他仔细比较了谷梁学和公羊学的经义，最后采用了董仲舒所传授的公羊氏的学说。

董仲舒的弟子中有成就的人是：兰陵人褚大，广川人殷忠，温县人吕步舒。褚大官至梁王国相。吕步舒官至长史，他受皇帝的命令，手持符节去审判淮南王刘安谋反的罪案，能够据实情判案，并不事事都向皇帝请示，他根据《春秋》经义公正断案，天子认为他做得很正确。吕步舒弟子中官运通达的，做到了大夫之职；有一百多人做到了谒者、掌故。而董仲舒的儿子和孙子也都因精通儒学做了高官。

（羽　渊　译）

《史记》卷一百二十二　酷吏列传第六十二

孔子说：“用政策法令来引导百姓，用刑罚来约束百姓，百姓只求不犯罪，但却没有羞耻之心。如果用道德来引导百姓，用礼仪来约束百姓，那么百姓不仅能懂得廉耻，而且能够行为端正。”老子说：“具有高尚道德的人，看起来像是不追求道德，这才是道德的最高境界；道德层次低的人，仅仅能维持不丧失道德，所以这种人没有道德。法令越是多而严酷，盗贼反而更多。”太史公说：这些话说得太有道理了！法令是统治者治理国家的手段，而不是政治清浊的根源。以前秦朝的法网很严密，但是奸邪诈伪的事情还是层出不穷，发展到极点后，官吏和百姓竟然相互欺骗，最后导致无药可救了。到了这个地步，官吏管理政事就像抱薪救火、扬汤止沸一样，如果不采取强硬严酷的手段，问题如何能够解决呢？这时候再让那些主张以道德治理国家的人来处理，也毫无办法。所以孔子说：“如果让我来审理诉讼，我同别人也是差不多的，关键是我能够让人们不要再发生诉讼的事。”老子说：“愚蠢浅薄的人听到道德之言，就会大笑起来。”此话并非虚妄之言。汉朝建立后，废掉一些棱棱角角，免掉一切繁文缛节，对秦朝法律做了较大变动，法律由繁苛而至宽简，法网宽松得可以漏掉吞舟的大鱼，然而国家的法制却能够纯正厚道，谁也不敢为非作歹，百姓也都安居乐业。由此可见，国家政治的美好，在于讲道德，而不在法律的严酷。

吕后掌权时，酷吏只有侯封，他苛刻欺压刘氏宗室，侵犯侮辱元勋旧臣。吕氏失败后，侯封遂被灭族。孝景帝时代，晁错不仅执法严苛，而且用法家的主张治国，因而吴楚等七国叛乱时，首先把愤怒发泄到晁错身上，晁错因此被杀。晁错之后，以严刑酷法出名的有郅都、宁成等人。

郅都是杨县人，曾以郎官的身份服侍孝文帝。景帝在位时，郅都当了中郎将，他直言进谏，上朝时当面驳斥一些大臣的意见。有一次，他跟随景帝到上林苑打猎，景帝的贾姬上厕所时，一只野猪突然蹿进厕所。皇上使眼色让郅都救贾姬，郅都不去。景帝亲自抄起武器去救贾姬，郅都跪在景帝面前阻拦说："失掉一个姬妾，还会有几个姬妾进宫，天下难道会缺少贾姬这样的人吗？陛下纵然看轻自己，而祖庙和太后怎么办呢？"于是景帝回来，野猪也离开了。太后听说了这件事，赏赐郅都黄金百斤，郅都从此受到重视。

济南郡的瞯氏是个有着三百多户人家的大族，强横奸猾，前几任的济南太守都对他们毫无办法，于是汉景帝就任命郅都当济南太守。郅都一到任，就把瞯氏家族的一些首恶分子通通灭了族，其余的都吓得心惊肉跳。仅仅过了一年多，济南郡路不拾遗。周围十多个郡的郡守就像畏惧上级长官一样畏惧郅都。

郅都为人勇敢，有魄力，公正廉洁，那些私下里给他写信求情的书信他都不看，也不接受别人的送礼，不接受任何人的说情。他常常自勉："我既然离开父母来当官，就应当在官位上奉公尽职，以身殉职，终究不能顾念妻子儿女。"

后来郅都做到了掌管京城治安的中尉。那时候朝廷里地位最高、为人又最傲慢的是丞相条侯周亚夫，可是郅都见到他也只是作揖，并不跪拜。那时候民风淳朴，百姓都害怕犯罪，守法自重，而郅都却率先施行严刑酷法，他执法不畏避权贵和皇亲，连列侯和皇族之人都对他侧目而视，给他起了个"苍鹰"的绰号。

景帝的儿子临江王刘荣被召到中尉府受审，临江王想要笔墨给皇上写信说明情况，郅都不让官吏给他。魏其侯窦婴派人暗中给临江王送去笔墨。临江王给皇上写了谢罪的信后就自杀了。窦太后听到这个消息非常生气，找借口说郅都犯了法，免官回家。汉景帝派使者拿着符节任命郅都为雁门太守，并让他取便道上路，直接去雁门赴任，赋予他遇事根据实际情况随机处置的特权。匈奴人听说郅都有操节，现由他守边，便撤兵离开汉朝边境，直到郅都去世都没敢再靠近雁门。匈奴甚至做了郅都的木偶像，让骑兵们练习射箭，但居然没有人能射中，他们害怕郅都到了如此地步。匈奴人认为郅都是心腹大患。但窦太后最后竟以汉朝法律陷害郅都，景帝说："郅都是忠臣。"想宽释他。窦太后说："他是忠臣，临江王难道就不是忠臣吗？"结果郅都就这样被处死了。

宁成是穰县人，先后为郎和谒者服侍汉景帝。他为人气盛，在别人手下当差时一定要欺凌他的长官；等到自己做了长官，对待下属就像捆绑湿柴一样收拾得顺顺溜溜。他狡猾凶残，好耍威风，当他升到济南都尉时，恰巧郅都是济南太守。宁成之前的都尉都是步行走入太守府，通过下级官吏传达，然后进见太守，就像县令进见太守一样，他们都畏惧郅都。但宁成进见郅都，就径直走进去坐到上座。郅都对宁成的为人早有听闻，于是很友好地接待他，两人成了好友。郅都去世后，长安一带皇族贵戚横行不法的人又多起来，于是景帝便召来宁成当中尉。宁成仿效郅都，却不如郅都廉洁，但那些皇族贵戚和豪强暴徒也都很害怕他。

汉武帝即位后，宁成调任内史。外戚们多抓住宁成的缺点进行诽谤，他被依法判处剃发和以铁箍缚脖子的刑罚。当时官至九卿的人犯罪，一般都是一判刑就立即自杀，很少有人选择活着去遭受刑罚，而宁成却经受了这样的重刑，他认为朝廷不会再起用他，于是一等刑期满就解脱刑具，伪造了一份出关证明，出了函谷关逃回老家。他扬言道：“当官做不到二千石一级的高官，经商挣不到一千万，怎能同别人相比呢？”于是他借钱买了有池塘可灌溉的良田一千多顷，租给穷人们种，给他种地受奴役的佃户有几千家。过了几年，遇上朝廷大赦，宁成就成为无罪之人。这时他的家产已经积累了几千斤黄金，宁成以侠义为己任，知道很多官吏们的把柄，出门跟着几十个随从。他对百姓发号施令的架势超过了郡守。

周阳由的父亲赵兼因为是淮南王刘长的舅舅被封为周阳侯，于是改姓为周阳。周阳由靠着外戚的关系被任命为郎官，先后服侍过孝文帝和孝景帝。景帝在位时，周阳由官至郡守。汉武帝即位后，官员处理政事，都遵循法度，谨慎行事，只有周阳由在二千石一级的官员中是最暴虐残酷、骄傲放纵的人。他喜爱的人即便犯了死罪，也要千方百计地曲解法律而免罪；他所憎恶的人即使歪曲法令也把人家整死。

他在哪个郡当官，就一定要铲平那里的豪强。他当郡太守，就把都尉视同县令一般。轮到他当都尉，反过来必定欺凌太守，侵夺太守治郡的权力。他和汲黯一样，都是褊狭刚愎的人，和司马安一样善用法令条文坑人，他们三人都身居二千石官员的行列，可是汲黯与司马安若与周阳由同车，都不敢和周阳由平起平坐。

周阳由后来当了河东郡的都尉，经常同河东郡的太守胜屠公争权，互相攻击告状。结果胜屠公被判决有罪，由于不愿受辱，不肯接受刑罚而自杀，周阳由被处死街头。

从宁成、周阳由之后，各种案件越来越多，百姓也越来越会用敲诈的手段对付，官吏们治理政事多都效仿宁成和周阳由。

赵禹是斄县人。他以佐史的身份补任京城官府的官员，因为官廉洁而升迁令史，跟着太尉周亚夫。周亚夫当了丞相，赵禹则当丞相史，丞相府中的人称赞他廉洁公平。但周亚夫不欣赏他，说："我深知赵禹有才干，但他执法过于严酷，不能在丞相府管大事。"汉武帝即位后，赵禹因为从事文书工作有功，逐渐升为御史。武帝认为他能干，又升他为太史大夫。赵禹和张汤一起制定了各种法令，还规定了一种处置知而不报的所谓"见知法"，促使官吏互相监视，相互告发。汉朝法律越发严厉，大概就是从那时开始的。

张汤是杜县人。他父亲当长安县丞，有一次出门去，让还是小孩的张汤在家看门。父亲回家后，看到老鼠偷吃了肉，很生气，就用鞭子打了张汤一顿。张汤挖开鼠洞，找到偷肉的老鼠和没吃完的肉，对老鼠加以拷打审问，记录了老鼠的"口供"和审讯过程，把老鼠和剩下的肉取来，在罪证齐全的情况下，把老鼠在院子里剁成了碎块。张汤的父亲看到这情景，再看看张汤写的判决词就像老练的狱吏所写，不由大吃一惊，于是就让他学习断案的文书。父亲死后，张汤就在长安当了一个小官，做了很长一段时间。

周阳侯田胜官至九卿时，曾有一次因为犯罪被关押在长安狱中，张汤尽其全力加以保护。后来田胜出狱封了侯，与张汤成了莫逆之交，并把张汤引荐给当朝权贵，让张汤同他们相识。后来张汤在内史任职，是宁成的属官，宁成觉得张汤精通法令，就向丞相府推荐，于是张汤被调升为茂陵尉，主持陵墓土建工程。

武安侯田蚡当了丞相，就把张汤征调去做内史，还时常在武帝面前提起他，张汤得以被任命为御史，让他做审查工作。他主持处理陈皇后使用“巫蛊”陷害武帝案件时，彻底追查同党。于是汉武帝认为他办事能力强，逐步提拔他当了太中大夫。他与赵禹一起制定各种法律条文，务求苛刻严峻，用来约束在职的官吏。后来，赵禹被提升为中尉，又调任为九卿之一的少府，而张汤当了廷尉，两人交往很深，张汤把赵禹当作兄长一般对待。赵禹为人廉洁傲慢，当官以来，家中就没有留人吃过饭。三公九卿登门拜访，赵禹却从不回访答谢，务求断绝任何朋友和宾客的请托，能够依照个人的想法处理公务。只要狱词符合法律条文就定案，也不复查，还专门打探从属官员不为人知的罪过。张汤为人多诈，善施智谋控制别人。他开始当小官还不为人知的时候，曾和长安城的富商田甲、渔翁叔等人私下交往。待到后来官至九卿时，便开始搜罗、结交天下著名的士大夫，虽然内心和他们不和，但表面却装出仰慕他们的样子。

这时，汉武帝正心向儒家学说，张汤判决大案，就想符合古代儒家学说倡导的义理，因此就请博士弟子们研究《尚书》《春秋》，让他们担任廷尉史，在判案时让他们讨论有疑难的案件。每次上报判决的疑难案件让皇帝裁决，张汤都预先向皇上分析事情的本末，皇上认为对的，就接受并记录下来，作为判案的法规，交由廷尉府宣判，以显示皇帝的圣明。如果上奏的事情遭到皇帝的谴责，张汤就赶紧认错，顺着皇上的心意，还要举出廷尉正、廷尉监或是某个贤能的属吏，说：“他们本来为我出过这个主意，就像皇上责备我的那样，我一时愚蠢，没有采纳。”因此，他的罪责常被皇上宽恕不究。他有时向皇上汇报事情，皇上认为好，他就说：“我当初本不想这么办，是廷尉正、廷尉监或是某个贤能的属吏这么办的。”他就是这么推荐官吏，表扬人家的好处，掩蔽别人的过失。如果审理的是皇上想要加罪的人，他就有意把他们交给执法严酷的属吏去办；如果审理的是皇上想要宽恕的人，他就交给执法宽松的属吏去办理。如果审理的是豪门贵族，则想方设法将其严判重判。如果审理的是平民百姓和弱势群体，就见机在皇帝面前为他们说情，虽然按法律条文应当判刑，但还是让皇上明察裁定。而皇上往往就按照张汤所说的那样宽释了。张汤虽做到廷尉这样的要职，但还是严于修身。与宾客交往，和他们吃喝相同。对于老朋友当官的子弟以及贫穷的兄弟们，照顾得尤其周到。无论寒冬还是酷暑，他都常去拜访朝中各位公卿大臣。因此张汤虽然执法严酷，内心阴狠，处事不公平，但却有个好名声。他手下那些同样阴狠严酷的爪牙，又都同儒学之士交好。丞相公孙弘屡次称赞他的美德。后来张汤审理淮南王刘安、衡山王刘赐以及江都王刘过谋反的案件，都穷追到底。对于刘安的党羽严助和伍被，皇上本想宽恕他们，张汤坚持说："伍被是策划谋反的主要人物，严助是出入宫廷禁地、皇上亲近宠幸的护卫之臣，他们居然私交诸侯，如果不处死他们，以后就不好管理臣下了。"于是，汉武帝同意张汤的判决。张汤处理案子时常有意排挤别的大臣，以突出自己的功劳，很多时候都是这样。因而张汤更加受到尊宠和信任，很快升为御史大夫。

由于匈奴浑邪王率部投降汉朝需要赏赐，再加上汉朝连年出兵讨伐匈奴，又赶上崤山以东不是水涝就是旱灾，贫苦百姓流离失所，这些都靠国库供给，朝廷因此国库亏空。于是张汤按照汉武帝的旨意，奏请铸造银钱和五铢钱，同时垄断国家的盐铁经营权。为了打击富商大贾，张汤发布算缗令，铲除豪强大户的势力，还玩弄法律条文千方百计地诬陷人。张汤每次上朝奏事，谈论如何筹划钱粮，以供国家之用，一直讲到很晚，连皇帝都忘记了吃饭时间。丞相不过是虚有其位，天下的事情都由张汤决定。老百姓受不了这种严酷的刑罚，天下骚动不安，政府兴办的事，总是见不到实际的效果，而奸官污吏却趁机大肆侵夺公财，于是张汤只好用更加严酷的刑罚来惩办他们。从三公九卿到平民百姓，都指名恨张汤。张汤有一次生病了，皇帝都亲自前去看望他，可见张汤受到的尊宠。

匈奴来汉朝请求和亲，群臣都在皇帝跟前议论此事。博士狄山说："和亲有利。"汉武帝问他利在何处？狄山说："武器是凶险的东西，不可以轻易频繁动用。昔日高帝讨伐匈奴，被困在平城，最后还是和匈奴签订了和亲的条约。孝惠帝和高后在位期间，没有打仗，天下安定。待到孝文帝即位后，想征讨匈奴，结果北方边境骚扰不安，老百姓饱受战争之苦。孝景帝时，吴、楚等七国叛乱，骨肉相残，景帝往来于未央宫和长乐宫之间，一连几个月都忧心忡忡。平定吴楚七国叛乱后，景帝去世前都不再提打仗的事，老百姓逐渐富裕殷实。如今自从陛下发兵讨伐匈奴，闹得国库亏空，边境老百姓极为困苦。由此可见，用兵不如和亲。”皇上又问张汤，张汤说：“这都是儒生的蠢见，无知得很。”狄山说：“我固然是愚，但是真心忠诚于皇帝，御史大夫张汤却是假装忠诚。张汤当年处理淮南王和江都王的案子，就是千方百计巧用法令，放肆地诋毁诸侯，离间皇上骨肉之间的关系，使各诸侯国都惊恐不安。所以我说张汤是诈忠。”皇上一听，气得脸色大变，说：“我派你去做一个郡守，你能制止匈奴入侵么？”狄山说：“不能。”皇上说：“让你去当一个县令呢？”狄山回答说：“也不能。”皇上又说：“驻守一个边境城堡呢？”狄山思忖如果再说不行，皇上就要把自己交给法官治罪，因此说：“能。”于是皇上就派狄山去驻守一个边境城堡。结果只有一个多月，匈奴就斩下狄山的头离开了。从此以后，群臣都不敢再得罪张汤。

张汤的门客田甲虽是商人，却品行贤良。当张汤还是小吏时，就同张汤有钱财交往，张汤当了御史大夫，田甲还能指责张汤的过失，很有忠义的风度。张汤当了七年御史大夫后，垮台了。

河东人李文曾经同张汤有过节，以后他做了张汤手下的御史中丞，因为心怀旧恨，屡次从宫中文书里寻找可以用来伤害张汤的材料，必欲乘机害之。张汤有个很得他信任的下属叫鲁谒居，知道张汤对李文不满，就让人写匿名信向皇上密告李文企图谋反，皇帝恰巧把这事交给张汤处理，张汤趁机判决李文死罪，把他杀了，张汤心里明白这事是鲁谒居干的。当皇上问张汤：“李文图谋反叛的线索是如何知晓的？”张汤假装惊讶地说：“这大概是李文的老朋友怨恨他。”后来鲁谒居生了病，租住在一处平民房子里，张汤亲自去看望，还替鲁谒居按摩脚。当时，赵国人以冶炼铸造为职业，赵王刘彭祖屡次同朝廷派来主管铸铁的官员打官司，张汤在处理这些纠纷时常常打击赵王。于是赵王就私下里留意张汤的隐私之事。而鲁谒居曾检举过赵王，赵王怨恨他，于是向皇帝告发他们二人，说："张汤是朝廷大臣，他的下属鲁谒居生病，张汤竟然亲自去给他按摩脚，我怀疑两人一定共同干过坏事。"这事交给廷尉审理，鲁谒居病死狱中，他的弟弟受到牵连也被拘禁在导官署。张汤到官署审理别的囚犯，看到鲁谒居的弟弟，想暗中帮助他，所以装着不认识他。鲁谒居的弟弟不理解张汤的用意，心理怨恨张汤不救他，于是就让人上书告发张汤和鲁谒居合谋，共同匿名告发了李文。汉武帝把这事交给御史中丞减宣处理。减宣以前和张汤有矛盾，把案情查得水落石出，但暂时没有上报皇帝。正巧有人偷挖了孝文帝陵园里的殉葬钱，丞相庄青翟和张汤约好上朝时一起向汉武帝请罪。到了皇上面前，张汤心想只有丞相必须每年四季巡视陵园，出了问题丞相应当承担责任，自己与此无关，所以临时变卦，没有谢罪。丞相认错后，皇上让御史大夫张汤查办此事。张汤想按法律条文判丞相"明知故纵"的罪名，丞相心里忧虑此事。丞相手下的三个长史朱买臣、王朝、边通都恨张汤，想设法陷害他。

长史朱买臣是会稽人。他攻读《春秋公羊传》。他的同乡庄助让人向汉武帝推荐朱买臣，说朱买臣精通《楚辞》，朱买臣和庄助一并得到了皇上的宠幸，武帝把他们留在身边，从侍中升为太中大夫，主管一些事情。这时张汤只是个小官，在朱买臣等面前下跪听候差遣。后来，张汤当了廷尉，在审理淮南王谋反一案时，借故排挤杀害了庄助，为此，朱买臣早就对张汤怀恨在心。待张汤当了御史大夫而位列三公，朱买臣刚从会稽太守的职位上调任主爵都尉，位列九卿之中。几年后，朱买臣又因犯法被免官，在丞相府里权当长史，每次去拜见张汤时，张汤总是坐在椅子上不起身，他觉得朱买臣是丞史一类的属官，就不以礼对待朱买臣。朱买臣是楚地的知名人士，深深怨恨张汤对自己的无礼，常想置张汤于死地。王朝是齐国人，因为精通儒家学术而官至右内史。边通，研习纵横家的思想学说，性格刚强，为人强悍。曾经两次做济南王的丞相。他们三个人的官职都一度比张汤大，后来因为丢了官，所以才在丞相府里权当长史，屈居于张汤之下。张汤屡次兼任丞相的职务，知道这三个长史以前官职在自己之上，就常常凌驾于他们之上。因此，三位长史合谋并对庄青翟说：“开始张汤同您约定一起向皇上谢罪，不料事到临头却欺骗您；现在又想借孝文帝陵园被盗一事来控告您，这分明是想取而代之。我们可是知道张汤干了哪些见不得人的事情。”于是就派属吏逮捕审问了可以证明张汤有罪的田信，说张汤每每要向皇上奏请政事，田信则预先就知道，然后囤积物资，发财致富，同张汤分赃，此外还有很多坏事。这些说法传到武帝的耳中，武帝问张汤说：“我打算做的事情，有的商人提前知道了，提早囤积货物，很像有人把我的想法早早地告诉了他们。”张汤不请罪，却假装吃惊地说：“看来应该是有人提前泄密了。”这时御史中丞减宣也上书告发张汤和鲁谒居合谋害死李文等的事情。武帝于是认为张汤心怀巧诈，当面欺骗自己，一连派了八批官员按记录在案的罪证一一审问张汤。张汤自己说没有这些罪过，不信服这些罪证。于是武帝又派赵禹审问张汤。赵禹一来就责备张汤说：“你也太不顾自己的身份了。你审理案件时，被你诛灭九族的有多少人呢？如今人家告你的罪状，都是有根有据，皇上不忍将你下狱，给你留点面子想让你自杀了事，你又何必对证答辩呢？”张汤这才给皇帝写了一封请罪书：“张汤没有尺寸之功，起家于一介文书小吏，承蒙皇帝垂用，让我位列三公，我无法推卸罪责。但阴谋陷害我张汤有罪的人，是丞相府的三位长史。”写完后张汤就自杀了。

张汤死时，家产总值不超过五百金，都是所得的俸禄和皇上的赏赐，无其他产业。张汤的兄弟和儿子们想厚葬张汤，张汤的母亲说：“张汤是天子的大臣，遭受别人诬告而冤死，何必厚葬呢？”于是就用牛车拉着棺材，棺材外面连一个套棺都没有。武帝得悉后，感慨地说：“没有这样了不起的母亲，就养不出这样的儿子。”于是追查此案，把三个长史全都杀了。丞相庄青翟也被迫自杀。田信被释放出狱。皇上惋惜张汤之死，便逐渐提拔他的儿子张安世。

赵禹中途被罢官，后来又被起用当了廷尉。最初条侯周亚夫认为赵禹残酷狠毒，不肯重用他。后来赵禹当了少府，位列九卿。赵禹做事严酷，是个急性子，可是他晚年时，国家的案件越来越多，官吏都致力于施行严刑峻法，而赵禹却反而相对较为宽和，因此落了个判案公平的名声。王温舒等人是后起之官，办案比赵禹更加严酷。赵禹因为年老，改任燕国丞相。几年后，因为昏聩而犯罪，被免官，在张汤死后十余年，赵禹终老家中。

义纵是河东郡人。年轻时曾与张次公一起劫道杀人，并和他们结为强盗团伙。义纵有个姐姐叫姁，因为擅长医术而受到王太后的宠信。王太后问姁说：“你有适合做官的儿子或兄弟吗？”姁说：“有个弟弟，品行不好，不能当官。”太后就告诉皇上，任义姁的弟弟义纵为中郎，又改任上党郡中某县的县令。义纵敢说敢做，很少有宽和包容的情形，县里一切该办的事情总是及时处理，因此被推荐为全郡第一。后来先后调任长陵和长安的县令，他都依法办理政事，对皇亲贵族也不通融。后来因为逮捕审讯王太后的外孙修成君的儿子仲，武帝认为他办事有能力，调任他为河内郡的都尉。义纵上任伊始，就把当地的豪强穰氏等全部灭族，把河内郡治理得路不拾遗。当年和义纵一同为盗的张次公后来也做了郎官，接着又从军出战。凭着他的勇敢剽悍深入敌军，立下军功，被封为岸头侯。

宁成在武帝初年逃出长安后就一直闲居在家，武帝想起用他当太守。御史大夫公孙弘说：“我在山东当小官时，宁成时任济南都尉，他治理百姓就像恶狼牧羊一样凶。宁成这样的人不适合当地方官。”于是武帝就任命宁成当了函谷的都尉。一年以后，关东各郡国经常出入函谷关的官吏中便流传着这样的说法：“宁肯看到给幼崽哺乳的母老虎，也不要遇到宁成发怒。”义纵从河内调任南阳太守，听说宁成家住南阳，等到义纵到达函谷关，宁成恭恭敬敬地往来迎送，但是义纵趾高气扬，根本不还礼。到了南阳郡府，义纵就把宁氏一族捉拿归案，搞得他们家破人亡。宁成也受牵连有罪，和孔姓与暴姓之流的豪门逃亡了，南阳的官吏百姓都怕得要死，谨慎行事不敢有错。平氏县的朱强、杜衍县的杜周都是义纵的心腹爪牙，受到重用，都被提拔为廷史。当时朝廷多次派兵从定襄郡出兵讨伐匈奴，定襄的官吏和百姓受到搅扰，人心涣散，世风败坏，朝廷于是改派义纵做定襄太守。义纵到任后，捕取定襄狱中犯重罪而被轻判的二百多名犯人，还有私自到狱中看望他们的宾客、兄弟二百余人。义纵把他们全部逮捕起来加以审讯，罪名是“为死罪解脱”。一天之内把这四百多人都上报处死了。从此定襄郡中人人不寒而栗，连刁猾之民也都反过来帮助官吏维持地方治安。

这时，赵禹、张汤都因执法严酷而官居九卿之位，但是相比之下他们的办案手段还算宽松，总是要找点法律依据，而义纵却像鹰击老虎一样凶狠。后来朝廷起用五铢钱和白金，豪民乘机制造假钱，长安一带尤其严重，于是武帝就任用义纵做右内史，王温舒当中尉。王温舒性情凶恶，他所做的事，也不提前跟义纵讲，而义纵必定找碴欺凌他，破坏他的计划。王温舒治理政事，靠的就是杀人，结果只能得到一时的安宁，奸邪之事却层出不穷，于是朝廷开始派出绣衣直指使者到处缉捕盗贼。社会治安的维持靠的是抓人杀人，于是阎奉因为手段毒辣而被任用。义纵为官廉洁，他治理政事仿效的是郅都。武帝驾幸鼎湖，在那里病了好长一段时间，病好了突然驾幸甘泉宫，发现所行之路多半没有修整，武帝发怒说：“义纵以为我不再走这条路了吧？”从此对义纵怀恨在心。到了这年冬天，杨可正受命主持处理“告缗”案件，义纵以为这将扰乱百姓，派出官吏逮捕了一些替杨可出去干事的人。武帝听说了这件事，派杜式去查问义纵，结果给义纵加了个对抗皇帝诏命的罪名，将义纵处死。义纵死后一年，张汤也死了。

王温舒是阳陵县人。年轻时当过盗墓贼。后来当了县里的亭长，屡次被免职。再后来做了执法小吏，因善于断案升为廷史，后来在张汤手下任职，升为御史。他督捕盗贼，杀伤过很多人，逐渐升为广平都尉。王温舒到任后挑选了郡中十多个胆大敢干的人当下属，让他们当自己的心腹爪牙，王温舒掌握着这十几个人未被揭发的重大罪行，从而放手让他们去督捕盗贼，于是他想抓谁总能够抓到。他用的这些爪牙中，如果办事尽心虽然恶贯满盈他也不加以惩治；但如果不尽心办事，王温舒就依据他过去所犯的罪行杀死他，甚至灭其家族。因为这个原因，齐国和赵国一带的盗贼不敢接近广平郡，广平郡有了道不拾遗的好名声。武帝听说后，升任王温舒为河内太守。

王温舒早在广平居住时，就已经摸清了河内有哪些豪强奸猾的人家。王温舒是九月份前往广平上任的。他一到那里就下令郡府准备五十四马，从河内到长安设置了许多驿站，用在广平部署手下的官吏担任河内的下属，专门逮捕郡中豪强奸猾之人，郡中豪强奸猾相连坐犯罪的有一千余家。王温舒上书请示汉武帝，那些罪大的灭族，罪小者本人处死，家中财产全部没收，偿还从前所得到的赃物。奏书送走不过两三日，就得到皇上的准奏。王温舒按照奏报处置那些人，杀人过多以致血流十余里。河内人都奇怪为什么王温舒的奏书下批得如此神速。十二月后，郡里没有人敢说话，也无人敢走夜路，郊野连个引起狗叫的小贼也没有。少数没被抓到的罪犯，都逃到附近的郡国去了，待到把他们追捕抓回来，正赶上禁止行刑的春天了，王温舒跺脚叹息道："唉！要是冬季再延长一个月，我的事情就办完了。"他就是这样杀伐成性，好耍威武，毫不怜惜老百姓。但是武帝知道后却认为他办事有能力，把他升为中尉。到了京城，王温舒依旧效仿治理河内的那套办法，调来一些凶狠残毒的人当他的爪牙，从河内一起带来的有杨皆、麻戊，关中的有杨赣和成信等。当时义纵是京城的内史，王温舒对义纵心存几分惧怕，因此不敢恣意实行严酷之政。等到义纵被杀、张汤垮台之后，王温舒升任廷尉，尹齐接替他当了中尉。

尹齐是东郡茌平县人。从一个文书小吏逐渐升迁为御史。在他当张汤下属期间，张汤多次称赞他廉洁果敢，派他督捕盗贼。尹齐办案不回避皇亲贵族。后来他升为关内都尉，严酷的名声超过了宁成。武帝认为他办事能干，提拔他做了中尉，而官吏和平民对他的治理办法都苦不堪言。尹齐处事死板，不讲求礼仪，那些强悍狡猾的官吏都躲起来不干事，而老实的官员又都办不成什么事情，因此许多事情都被耽误了，尹齐也因此被判了罪。武帝只好又派王温舒为中尉，而杨仆凭借他的严峻酷烈当了主爵都尉。

杨仆是宜阳人。他以千夫的身份当了小官。河南太守认为他能干，推荐他当了御史，朝廷派杨仆到关东督捕盗贼。杨仆治理政事仿效尹齐，以勇猛敢干著称。因此逐渐升为主爵都尉，位列九卿之中。皇上认为他办事能干，南越反汉时，他被任命为楼船将军，因讨伐南越有功，被封为将梁侯。后来在征讨朝鲜时被左将军荀彘袭捕。又过了几年，他得病而死。

王温舒二次当了中尉。他这个人缺少才干，他一担任别的官职就昏庸无能，不辨是非，但一当中尉，则心明眼亮。他负责督捕盗贼，因为熟悉关中习俗，摸清了哪些衙役办事凶狠，哪些凶恶的衙役都甘当他的爪牙为他尽力，替他出谋划策。这些衙役严苛狠毒，盗贼恶少们投匿名举报信诬陷人，还设置“伯格长”以督察乡民互相揭发盗贼。王温舒为人谄媚，善于极力巴结有权势的人；对于那些没有权势的人，他就像对待奴仆一样侧目而视。权势大的人家，虽然所干奸邪之事堆积如山，他也不去整治；无权无势之人，即便是皇亲贵族，他也一定要欺侮。他玩弄法令条文整治奸猾的小户人家，并借此威迫大的豪强。他当中尉时就这样处理政事，对于奸猾之民的罪状，必定穷追到底，让他们烂死狱中。被他判决有罪的，没有一个人活着出来。他的那些爪牙们都像是戴着帽子的老虎。于是在王温舒中尉府管辖范围内，中等以下的奸猾之人都隐蔽得很好，那些有权有势的人都说他的好话，称赞他的治绩。他当中尉几年，他手下的爪牙多因有权而富了起来。

王温舒征讨东越回来后，因议事说了一些不合汉武帝心意的话，被加小罪免官。这时，汉武帝为求神仙想建通天台，没人愿意出力，王温舒请求清查中尉府管辖范围内逃避兵役的人，结果查出几万人，就让他们去修建通天台。武帝很高兴，任命王温舒为少府。后来又调他任右内史。王温舒处理政事还是老办法，为非作歹的人稍微有些收敛。后来他又因犯法丢掉官职，但不久即被任命为右辅，代理中尉的职务，处理政事同原来的做法一样。

过了一年多，正赶上朝廷征讨大宛，武帝下令征召那些有过失的强悍小吏充军，王温舒掩护他的下属华成。后来有人告发王温舒接受在册兵员的贿赂，还有其他作奸犯科的事情，其罪行应当灭族，王温舒只好选择了自杀。与此同时，他的两个弟弟以及弟媳的娘家，各因犯了其他的罪行而被灭族。光禄勋徐自为说：“可悲啊，自古有灭三族的事，而王温舒犯罪竟至于同时夷灭五族！”

王温舒死后，他的家产总值一千金。过了几年，尹齐也在淮阳都尉的任上病死，他的家产总值不足五十金。但是由于他在淮阳任上杀人太多，待到他死了，那些被杀的人家都想将其焚尸扬灰，家人只好偷偷地把他的尸体运回家乡安葬。

自从王温舒等人用严酷凶狠的手段处理政事得到提升后，那些郡守、都尉、诸侯和二千石的官员想要治理政事，为了求得地方安宁，大都效法王温舒，结果却是官吏和百姓都不把犯法当一回事，盗贼也越来越多。南阳郡有梅免、白政，楚地有殷中、杜少，齐地有徐勃，燕赵之间有坚卢、范生之流。大团伙达数千人，擅自称王称号，攻打城邑，抢夺兵器，释放监狱里的死罪犯人，捆缚侮辱郡太守、都尉，杀害二千石的官员，还公然发布檄文，催促各县为他们准备粮食；小团伙有上百人，抢劫乡村的数不胜数。于是武帝开始派御史中丞、丞相长史督办剿灭之事。因为还是无法制止，武帝只好再派光禄大夫范昆和三辅的都尉及曾经官至九卿张德等人，穿着特制的绣衣，手持皇帝的符节和虎符，发兵攻击，在镇压大团伙时动辄就杀上万人，以及按法律杀死那些给盗贼供应饮食的人。还牵连不少郡县，被杀的多达数千人。有些大团伙的头目，费了几年工夫才抓到。那些被打散的喽啰逃入深山，又聚集成党，官府对他们无可奈何。于是朝廷又颁行了“沈命法”，规定凡是有群盗产生而官吏没有发觉，或发觉却没有捕捉到规定的数额，负责此事的官员，上至二千石下至小衙役，都要被处死。规定一出，小衙役害怕被诛杀，即便知道盗贼也不敢上报，害怕捕不到，犯法被判刑又连累上级官府，上级官府也让他们不要上报。所以盗贼更加多起来，上下互相隐瞒，大家都做一些官样文章来逃避法律的制裁。

减宣是杨县人。因为当佐史无比能干，被调到河东太守衙门任职。有一次，大将军卫青派人到河东买马，看到减宣办事利索，把他推荐给皇上，减宣就被征召到京城当了大厩丞。由于减宣把大厩丞分内的事情办得很好，因此逐渐升任御史和中丞。武帝派他处理主父偃和淮南王造反的案件，他用穿凿附会、严刑重判，杀了很多人，却被称赞为敢于判决疑难案件。他多次被免官又再度被起用，在御史和中丞的职位上干了差不多有二十年。王温舒被免去中尉的时候，减宣任左内史。他处理政事十分烦琐，无论事大或事小，都要亲自过问，亲自部署县中各具体部门的财产器物，官吏中县令和县丞也不得擅自改动，如果谁有违背他的意思，就用重刑来惩处。在他为官期间，其他各郡都只是小有成效，唯独减宣却能把小事办成大事，能凭借他的力量加以推行，但是他的办法难以被别人推行。减宣一度被罢官，后来又被起用当了右扶风。减宣怨恨他的下属成信，成信潜逃到上林苑，减宣派郿县县令追杀成信。官吏和士卒射杀成信时，射中了上林苑的门，减宣因此获罪下狱，被判为大逆不道，应当灭族，减宣自杀了。之后杜周得到任用。

杜周是南阳郡杜衍县人。义纵当南阳太守时，杜周是他的得力爪牙，义纵荐举杜周当了廷尉史。杜周在张汤手下时，张汤屡次向武帝称赞他办事能力强，因此被提拔为御史。武帝派他审理边境士卒逃亡的事，被他判死刑的人很多。他上奏的事情合乎武帝的心意，因此受到重用，和减宣轮流做了十几年的御史中丞。

杜周治理政事与减宣风格相似，但他办事较为慎重，决断迟缓，表面上看起来很宽松，但内心苛刻到了极点。减宣当左内史，杜周当廷尉，杜周治理政事仿效张汤，而且善于窥测武帝的心思。皇上想要排挤谁，他就编织罪名加以陷害；皇上想要宽释谁，他就长期囚禁待审，并寻机向武帝显露此人受到的冤情。门客中有人责备杜周说："你为皇上断案，不遵循法律，却专以皇上的意旨来断案。法官本来应当这样吗？"杜周说："法律是怎么定出来的？从前的国君认为对的就写成法律，后来的国君认为对的就记载为法令，适合当时的情况就是正确的，何必要遵循古代法律呢！"

待到杜周当了廷尉，奉旨审理的案子也越发多了。二千石一级的官员被拘捕的一茬接一茬，不少于一百人。郡国官员和上级官府送交廷尉审理的案件，一年多达一千多件。这些上奏的案件，大的要牵连逮捕数百人，小的也要逮捕数十人；这些人，远的在几千里之外，近的也相隔数百里。案犯被押到京师会审时，法官就逼着犯人像奏章上说的那样来招供，如不服，就严刑拷打，直到承认为止。于是人们听到逮捕令，都逃跑和藏匿起来。有的案件拖得久的，中间经过几次赦免，十多年后还会被检举揭发，大多数都以大逆不道的罪名加以诬陷。廷尉及中都官奉诏办案所逮捕的人多达六七万，属官所捕又要增加十多万人。

杜周中途被罢官，后当了执金吾，负责追捕盗贼，他在逮捕查办桑弘羊和卫皇后兄弟的儿子一案时，由于执法严厉，汉武帝认为他尽心尽力办事，升任他为御史大夫。他的两个儿子，分别当了河内和河南太守。他治理政事时残暴酷烈的程度比王温舒还甚。杜周开始当廷史时，只有一匹马，连鞍都配备不全；等到他长久当官，位列三公，子孙都当了高官，家中钱财积累多达数万金。

太史公说：从郅都到杜周十个人，都以严酷暴烈而闻名。但郅都刚烈正直，他争论是非，都关系到国家大计。张汤善于揣测皇帝的喜怒哀乐而投其所好，总是照皇帝的意思发表意见，但也屡次辩论国家大事的得失，对国家的发展有一些益处。赵禹依据法律办事，坚持正道。杜周则顺从上司的意旨、阿谀奉承，以少说话来显示自己的稳重。自从张汤死后，法网越来越严密，诋毁诬告的事情越来越多，政事逐渐败坏荒废。九卿之官只求保官保命混日子，他们防止发生过错尚且来不及，谁还顾得上研究法律以外的事情呢？这十个人，廉洁的完全可以成为人们的表率，污浊的足以引以为戒，他们谋划策略，教导人们，禁止奸邪，还是能做到法礼结合，恩威并施。执法虽然严酷，但这是他们职务的要求。至于像蜀郡太守冯当凶暴地摧残百姓，广汉郡李贞擅自把人碎尸，东郡太守弥仆锯断人的脖子，天水太守骆璧椎击犯人、严刑逼供定案，河东太守褚广滥杀无辜，像京兆的无忌、冯翊殷周像毒蛇、苍鹰一样凶狠，水衡都尉阎奉拷打逼迫犯人出钱买得宽恕，简直不值一提！简直不值一提！

（羽　渊 译）

《史记》卷一百二十三　大宛列传第六十三

大宛这个地方，是张骞最早发现的。张骞是汉中人。他在汉武帝建元年间当过郎官。有一次，汉武帝问投降的匈奴人，那些人说匈奴曾经攻打并战胜了一个月氏国，把月氏王的头骨制成饮酒用的器皿，月氏国的人们只能逃亡他乡，对匈奴人非常怨恨，只是势力单薄又没有盟国一起攻打匈奴。当时汉武帝正想对匈奴人用兵，听了这话之后，就想派使者去联络月氏。但是从汉朝去月氏必须途经匈奴境内，于是汉武帝就公开招募能够出使月氏的人。张骞以郎官身份应招，出使月氏，他和堂邑氏家一个名叫甘父的匈奴奴隶一起从陇西出发了。经过匈奴境内时，被匈奴人抓到，押送给了单于。单于把张骞扣了下来，说："月氏国在我们匈奴人的北边，汉朝怎能派使者前去呢？我们要想派使者去南越，汉朝能允许我们去吗？"单于把张骞扣留了十多年，给他娶妻生子，但是张骞一直保持着汉朝使者的符节，没有丢失。

张骞留居匈奴的时间长了，匈奴人对他的看管渐渐放松了，张骞趁机带着他的随从逃往月氏，向西跑了几十天，到达大宛。大宛王早就听说汉朝物产丰富，一直想与汉朝结交，但是没有途径。如今见到张骞，心中高兴，便向张骞问道："你想到哪儿去？"张骞说："我为汉朝出使月氏，却被匈奴人扣押了十多年。如今逃了出来，希望大王派人为我引路，护送我们去月氏。如果我到了月氏，得以返回汉朝，汉朝一定会送给大王数不清的东西。"大宛王认为张骞的话有理，就让张骞出发，并给他派了向导和翻译，一直护送他到达康居。康居人又护送张骞到达大月氏。当时，月氏国王被匈奴杀死后，就立了太子为国王。后来新国王率兵征服了大夏，并在大夏定居了。大夏土地肥美，物产丰富，很少有敌人侵犯，因此人们过得舒适安逸。再加上他们觉得汉朝远在千里之外，所以根本没有向匈奴报仇的心意。张骞从月氏到大夏，终究没有得到月氏王和汉朝结盟共同出击匈奴的明确态度。

张骞在月氏住了一年多，准备返回汉朝，这次他是沿着南山往东走，想从羌人居住的地方回到长安，却不料又被匈奴人捉到了。他被扣押在匈奴一年多后，老单于死了，匈奴左谷蠡王打跑了太子，自立为单于，国内大乱，张骞乘机带着他在匈奴娶的妻子和儿女，还有那个堂邑家的胡奴一起逃回汉朝。汉朝封张骞为太中大夫，封堂邑家的胡奴为奉使君。

张骞为人坚毅果敢，心胸宽大，讲究信用，那些蛮夷人都很喜欢他。甘父是匈奴人，善于射箭，每当粮食断绝时，就射杀飞禽走兽充饥。最初，张骞出使时有一百多随从，离开汉朝十三年，只有他和胡奴甘父两个人回到汉朝。

张骞亲自到过的地方有大宛、大月氏、大夏、康居，听说这些国家周边还有五六个大国，他都详细地向汉武帝做了汇报，他说：

大宛地处匈奴西南方，在汉朝的正西面，离汉朝大约有一万里。那里的人们定居在一个地方，耕种田地，种植稻子和麦子。出产葡萄酒。那里盛产骏马，马出汗带血，据说这些马都是天马的后代。大宛的建筑是城郭房屋，辖内共有七十多座大小不等的城镇，人口大约有几十万。大宛人使用的兵器是弓和矛，长于骑马射箭。大宛往北是康居，西边是大月氏，西南是大夏，东北是乌孙，东边是扜罙、于寘。从于寘往西，所有的河水都是从东往西流，注入西海；于寘东边的河水都是从西向东流，注入盐泽。盐泽是一条地下河，它的南边就是黄河发源的地方，黄河水由此流出。那儿盛产玉石，河水流向中原地区。盐泽周边有楼兰和姑师两个国家，城镇四周都有围墙，离盐泽很近。盐泽离长安大约五千里。匈奴的右边和盐泽东面交界，西到陇西长城，南边与羌人居住区相接，因此阻隔了汉朝通往西域各国的道路。

乌孙在大宛东北大约二千里，是个游牧国家，人们赶着牲畜逐水草而居，风俗和匈奴人相同。拉弓打仗的兵卒有几万人，人人骁勇善战。乌孙以前受匈奴统治，后来强盛了，就赎回扣押在匈奴的人质，不肯去向匈奴朝拜。

康居在大宛西北大约二千里，也是个游牧国家，与月氏的风俗差不多。拉弓打仗的战士有八九万人，同大宛是邻国。因为国家小，南边被迫服侍月氏，东边被迫服侍匈奴。

奄蔡在康居西北大约二千里，同样是个游牧国家，与康居的风俗大体相同。拉弓作战的战士有十多万。它靠近一个大的水泽，无边无岸，大概就是北海吧。

大月氏在大宛西边大约二三千里，处于妫水之北。大月氏的南边是大夏，西边是安息，北边是康居。大月氏也是个游牧国家，人们赶着牲畜逐水草而居，同匈奴的风俗相同。拉弓打仗的战士有一二十万。从前强大时，瞧不起匈奴人，等到冒顿当了单于，打败了月氏，后来老上单于带领匈奴人，竟然杀死了月氏国王，用月氏王的头骨做了饮酒的器皿。以前月氏人居住在敦煌、祁连之间，待到被匈奴人打败，大部分人就向西迁徙，越过大宛，向西打败了大夏，并使大夏臣服于自己，最后在妫水的北面建立了都城，作为朝廷所在之地。还有一些小部落不愿意往西迁徙，就往南和羌人居住在一起，称为小月氏。

安息在大月氏西边大约几千里的地方。安息人过的是定居生活，耕田种地，种植稻子和麦子等作物，会酿造葡萄酒。它的城镇如同大宛一样。它管辖的大小城镇也有数百座，土地面积方圆数千里，是那一带最大的国家。靠近妫水，有集市贸易，老百姓出门做买卖，都是用车和船装运货物，有的人跨境交易，甚至到几千里以外的地方去做生意。他们用银子来铸造钱币，钱币的正面是国王的头像，国王死后，就改铸钱币，印上新国王的头像。他们的文字写在皮革上，横着写。安息的西边是条枝，北边是奄蔡、黎轩。

条枝在安息西边数千里，靠近西海。那里气候炎热潮湿。人们耕种田地，种植稻子。那里有一种大鸟，它的蛋就像瓮那么大。条枝人口众多，每个聚居的地方有个小首领，而安息管辖着他们，把他们当作附属国。条枝国的人擅长魔术。安息的老人传说条枝国有一条弱水，还有西王母，但从未见过。

大夏在大宛西南二千余里的妫水南面。人们过的也是定居生活，有屋舍城池，与大宛的风俗相同。这里没有大君长，往往是每个城镇设置自己的头目。这个国家的军队软弱，害怕打仗。人们善于做买卖。待到大月氏西迁时，打败了大夏，统治了整个大夏。大夏的民众很多，大约有一百多万。它的都城叫蓝市城，城里有贸易市场，人们贩卖各种物品。大夏东南有个身毒国。

张骞说："我在大夏时，看见过邛竹杖、蜀布，便问他们：'从哪儿得到了这些东西？'大夏国的人说：'我们的商人到身毒国买回来的。身毒国在大夏东南大约几千里。那里的人们也是过着定居生活，风俗和大夏大致相同，但地势低洼，气候炎热潮湿。那里的人民打仗时都习惯骑着大象。那个国家紧挨着一条大河。'根据我的推测，大夏离长安有一万二千里，在汉朝的西南方。身毒国又处于大夏东南几千里，有蜀郡的产品，可以推测身毒国离蜀郡不远了。现在我们出使大夏，要途经羌人居住区，那里地势险要，而且羌人很讨厌我们经过他们的境地；要是稍微向北走，又有被匈奴人俘获的危险。如果我们改从蜀地前往，应是是直道，又没有人捉拿汉朝使者。"汉武帝听后认为大宛、大夏、安息等都是大国，出产很多稀罕物产，人民过的是定居生活，与汉朝人的生活风俗很相近，而他们的军队又不强大，还很看重汉朝的财物；他们北边的大月氏、康居等国家，军队尽管强大，但可以用赠送给他们财物的办法，诱使他们来长安朝拜。如果真的能够采取适当的手段，使他们归属于汉朝，那么汉朝的疆域就可以拓展上万里，经过辗转翻译，招来不同风俗的人民，使汉朝天子的政德与威名传遍四海。汉武帝心中高兴，认为张骞的话很有道理。于是命令张骞从蜀郡、犍为郡派遣秘密行动的使者，分四路同时出发：一路从駹县出发，一路从冉起程，一路从徙出动，一路从邛僰启行。四条路线都走了一二千里后，结果走北线那一路被氐和筰堵住，南边那一路被巂和昆明人阻截。昆明那一带的少数民族没有君长，经常抢劫偷盗，常杀死和抢掠汉朝使者，因此这条路最终也没有打通。在这些活动中，使者打听到了昆明西边一千余里的地方，有个乘象国，这个国家叫滇越，蜀地的商人曾偷偷带着货物去那里交易，汉朝为了打通前往大夏的道路，开始同滇越国交往。最初，汉朝想打通到西南夷的道路，浪费了很多钱财，道路也没开通，就作罢了。待到张骞说可以由西南夷通往大夏，汉朝又重新从事开通西南夷的事情。

后来，张骞以校尉的身份跟随大将军卫青去讨伐匈奴，因为他知道哪里有水草，所以军队的给养能够跟上，回来后皇上就封张骞为博望侯。这是汉武帝元朔六年的事。第二年，张骞又以卫尉的身份，和李广将军一同从右北平出发去攻打匈奴。结果单于的大部队包围了李广的军队，李广军队损失惨重，而张骞因为误了约定的时间，按照军规该判死刑，张骞花钱赎罪，成为平民。这一年，汉朝派遣骠骑将军霍去病击败匈奴西部的几万人，一直追杀到祁连山下。第二年，匈奴浑邪王率领他的部下投降汉朝，从此金城、河西西边及南山到盐泽一带，再也没有匈奴的军队了。只是偶尔会有匈奴的探子在这一带出现，而这种事情也很少发生。又用了两年时间，汉朝就把匈奴单于赶跑到大沙漠以北。

后来，汉武帝又多次向张骞询问大夏等国的事情。这时张骞已经失去侯爵，于是就说："我在匈奴时，听说乌孙的国王叫昆莫，昆莫的父亲，是匈奴西边一个小国的君王，匈奴人进攻乌孙并杀了昆莫的父亲。昆莫一出生就被抛弃到荒野。有许多鸟儿口里叼着肉飞到他身上，给他喂食，狼跑来给他喂奶。单于感到奇怪，以为他是神，就收养了他，培养他长大。等到昆莫成年后，单于让他领兵打仗，昆莫多次立功，单于就把他父亲的老部下还给了他，让他去守卫匈奴的西面边境。昆莫收编了乌孙的百姓，带领他们攻打周围的小城镇，逐渐有了几万名能拉弓打仗的兵士，训练他们熟悉攻伐战争的本领。等到单于一死，昆莫就率领他的民众远远地向西迁移，并在各国之间保持独立，不肯去朝拜匈奴。匈奴也多次派兵去奇袭昆莫，但是都没有取胜，因而认为昆莫的军队是神兵而不再和他交战，只是在名义上管辖着他们，而不再对他们大动干戈。如今，单于刚被汉朝打败，而原来浑邪王控制的地方又没人守卫。蛮夷人总是贪图汉朝的钱物，若真能在这时用丰厚的财物去拉拢乌孙，让他们往东迁徙到原来浑邪王控制的地方，让他们同汉朝结为兄弟。从现在的情势看来，昆莫应该是能够接受的。如果他们和我们结盟，就相当于砍断了匈奴人的右臂。一旦我们和乌孙联合后，乌孙以西的大夏等国都可以招引来做汉朝的外臣属国。"汉武帝认为张骞分析得很有道理，于是封他为中郎将，再次出使西域，让他率领三百人，每人两匹马，牛羊几万只，携带价值几千亿的钱财布帛，还配备了好多个持符节的副使，如果道路打通，随时派遣他们到别的国家去。

张骞到了乌孙后，乌孙王昆莫用接见单于使者的礼节接见汉朝使者，张骞内心觉得受到了莫大的耻辱，他知道蛮夷之人贪慕汉朝的财物，就对昆莫说："天子赠送给你礼物，国王如果不拜谢，就把礼物退回来。"昆莫这才起身拜谢，接受了礼物，其他礼节照旧。张骞向昆莫说出了他出使的意图，说："如果乌孙国能向东迁移到浑邪王的旧地去，那么汉朝将送一位诸侯的女儿嫁给您做妻子。"这时乌孙国已经分裂，国王年老，因为一直远离汉朝，不知道汉朝的实力有多强，而以前归属匈奴已经很久了，而且又离匈奴近，大臣们都怕匈奴，不想往东迁移，昆莫王也不能独自决定。张骞白费了半天口舌，也没有得到乌孙王的明确态度。昆莫有十多个儿子，其中有个儿子叫大禄，为人强悍，善于打仗，他率领一万多骑兵独自居住在一个地方。大禄的哥哥是太子，太子有个儿子叫岑娶，太子早就死了。他临死前对父亲昆莫说："请您一定要立岑娶为太子，不要让别人代替他。"昆莫因为可怜儿子，就答应了他，让岑娶当了太子。大禄对父亲昆莫没有让自己继哥哥为太子，非常生气，于是把他的兄弟召集在一起，率领他的部下造反，蓄谋准备进攻岑娶和昆莫。昆莫已经年老，他担心大禄杀害岑娶，就分给岑娶一万多骑兵，到别的地方居住。他自己身边也留着一万多骑兵用以自卫。如此一来，乌孙国的势力实际上一分为三，虽然名义上都归昆莫统辖，但昆莫也不敢自作主张答应张骞的建议。

张骞于是就分派副使出使大宛、康居、大月氏、大夏、安息、身毒、于寘、扜罙及旁边的几个国家。乌孙国王派出向导和翻译送张骞回国。乌孙国派出了十几个使者，带来几十匹好马，随张骞一起返回汉朝，以答谢汉天子，顺便让这些使者查看汉朝的虚实，看看汉帝国到底有多大。

张骞回到汉朝，被封为大行令，位列九卿。又过了一年多，张骞就去世了。

乌孙国派来的使者亲眼看到汉朝人口众多，物产丰富，回去报告了国王昆莫，乌孙国王开始重视汉朝。在这以后的一年多时间里，张骞派到大夏等国的使者，多半都和所去国家的使者相继回到汉朝。从此，西北各国开始和汉朝互通往来。因为同西域各国的交往是张骞首先开创的，所以，以后前往西域各国的使者都称博望侯，以此取得这些国家的信任，西域各国也因此更加信任汉朝派来的使者。

博望侯张骞死后，匈奴听说汉朝和乌孙通好的消息，他们对乌孙的行为很恼火，打算攻打乌孙。汉朝在向乌孙国派遣使者的同时，还在源源不断地往乌孙国南边的大宛、大月氏派遣使者，乌孙国王感到害怕，派使者向汉朝献马，希望能娶汉朝诸侯的女儿做妻子，同汉朝结为兄弟之国。天子向群臣征求意见，群臣都说："应该先让他们纳聘，我们才能把诸侯女儿嫁过去。"以前，汉武帝看《易经》，书上写道"神马当从西北来"。得到乌孙国的良马后，汉武帝就把乌孙国送来的马称为"天马"。待得了大宛的汗血马，这种马更加高大神武，就把乌孙国的马改名为"西极"，给大宛马命名为"天马"。接着汉朝开始修筑令居以西的长城，在那里设置了酒泉郡，作为通往西域各国的驿站，并且派往安息、奄蔡、黎轩、条枝、身毒国的使者越来越多。汉武帝喜欢大宛国的马，所以派往大宛的使者更是络绎不绝。当时出使西域各国的使者，每批多者数百人，少者百余人，每人所携带的东西大体和博望侯所带的相同。此后出使之事习以为常，所派人数才慢慢减少。汉朝一年派出去的使者，多则十余批，少则五六批。出去的地方远，使者八九年才能回来，近的地方几年就可以返回来。

汉朝灭了南越之后，蜀地和西南夷诸国都很震恐，请求派官吏进京朝拜皇帝。于是汉朝在西南一带设置了益州、越嶲、牂牁、沈黎、汶山等郡，想从这些地方向西联通大夏。于是汉朝一年内派遣使者柏始昌、吕越人等十余批人，从这些新设的郡出发，前往大夏，结果都在昆明地区受阻，有的使者被杀，有的钱物被抢，最终也没能到达大夏。于是汉朝又调遣三辅地区的罪人，再加上巴、蜀的战士几万人，派遣郭昌、卫广两位将军领兵去昆明讨伐阻拦汉朝使者的人，杀死和俘获了几万人才告一段落。这以后汉朝又派出使者，还是被昆明人劫杀，最终也未能沟通大夏。而北边通过酒泉抵达大夏的路上，使者已经很多，汉朝的布帛财物在西域这些国家越来越多，他们不再觉得这些东西贵重了。

自从博望侯因为开辟了通往西域各国的道路而获得封侯显贵起来

后，以后那些跟随张骞出使的使者都争相上书，向皇帝讲述国外的奇闻逸事、利害得失，很积极地想要出使。汉武帝认为西域各国路途遥远，并非人人乐意前往，就接受他们的请求，赐予他们符节，招募官吏和百姓而不问他们的出身，凑够了数，就派遣他们出使，目的是想把通往西域的道路开拓得更为宽广。这些出使的使节，少不了出现私自侵吞布帛财物的情况，有的还完不成汉武帝的旨意。汉武帝考虑到他们熟悉西域的路线与风俗，于是故意按照法律深究他们的罪行，以此激怒他们，让他们出钱赎罪，再次要求充任使者。如此一来，这些使节应付朝廷的办法越来越多，也不把犯法当作什么大事。那些官吏士卒也争相反复称赞西域各国的东西，夸大其词的人往往被授予符节当正使，说得不那么夸张的人被任为副使，这使得一些专会胡说八道的无耻之徒纷纷效仿他们。那些出使者都是穷人的子弟，把官府送给西域各国的礼物占为己有，有的在国外贱价出卖谋取私利。西域各国也讨厌汉朝派去的使者说话自相矛盾，他们估计汉朝远隔千里，军队不能到达，因而断绝使者的食物，使这些使者大吃苦头。汉朝使者因为物资被断绝而生活贫困，因而对西域各国产生了积怨，以至于相互攻击。楼兰、姑师虽然是小国，但正处于通往西域的要道上，因而他们攻击汉朝使者王恢等尤其厉害。匈奴的突击部队也时时劫掠出使西域诸国的汉朝使者。回到汉朝的使者争相向汉武帝报告西域各国发生了灾害，说那里虽然筑有城墙，但是军队实力不强，很容易打败。于是汉武帝就派遣从骠侯赵破奴率领归属汉朝的少数民族的骑兵以及从各郡征调来的步兵几万人，开赴匈河水，想攻打匈奴，不料匈奴人早就撤走了。第二年，朝廷派兵攻打姑师，赵破奴率领轻骑兵七百多人提前赶到，俘虏了楼兰王，于是攻陷姑师。接着又乘势围困乌孙、大宛等国。回师之后，赵破奴受封为浞野侯。王恢屡次出使，多次在楼兰被陷害，他向汉武帝汇报了这些情况，汉武帝遂命令王恢辅佐赵破奴打败敌人，因此王恢被封为浩侯。从此，汉朝通往西域各国的边防设施，从酒泉一直修到玉门关。

乌孙王为了迎娶汉朝诸侯的女儿，用一千匹马作为聘礼，汉朝派遣皇族、江都王刘建的女儿嫁给乌孙王为妻，乌孙王昆莫把她封为右夫人。后来，匈奴也派遣公主嫁给昆莫，昆莫封其为左夫人。昆莫说："我老了。"于是就让他的孙子岑娶汉朝公主为妻子。乌孙国盛产马，有些富户人家里的马多达四五千匹。

最初，汉朝使者到达安息时，安息王总是让人率领二万骑兵在东部国境上迎接。东部国境与安息国都相隔数千里，从王都走到东要经过几十座城镇，一路上人烟稠密。汉朝使者回国，安息王也派使者随汉使去查看汉朝的虚实，把大鸟蛋和黎轩的魔术师献给汉朝。至于大宛西边的小国驩潜、大益，大宛东边的姑师、扜罙、苏薤等国，都随汉朝使者来进献贡品和拜见汉武帝。汉武帝龙颜大悦。

汉朝使者曾去探寻过黄河的源头，黄河源头在于窴国，那座山上盛产玉石，使者们采回来，汉武帝依据古代书籍的记载加以考查，把黄河发源的那座山命名为昆仑山。

那时候，汉武帝多次到东南沿海一带视察，每次出巡都让外国客人跟随其后，大凡人多的城镇都要经过，并且故意给那里的百姓散发钱财，让各地准备丰厚的礼物送给使者，以此展示汉朝的富有。他们每经过一个地方，总是要大规模举行摔跤表演，演出各种稀奇古怪的节目，招来许多人围观，天子对这些人大行赏赐，简直就像殷纣王以酒为池、以肉为林一样，汉武帝还让外国使者到各地参观仓库和钱库，以显示汉朝疆域宽广，国家富有，让他们感到惊骇。待魔术的技巧传到中原后，摔跤和各种杂耍的花样也层出不穷，这些技艺越来越兴旺发达，就是从那时候开始的。

从此西域各国到汉朝的使者，此去彼回络绎不绝。但大宛以西诸国使者，都认为自己远离汉朝，态度上比较傲慢，表现出对汉朝毫不在乎的样子。汉朝也没办法用礼节约束他们，只要在表面上是尊重汉朝就算了。从乌孙以西直到安息诸国，因为离匈奴很近，匈奴又曾统治过月氏，所以只要匈奴使者拿着单于的一封信，那些国家都要赶紧给他们提供食物，根本不敢对这些匈奴使者有丝毫为难。至于汉朝就没有这些待遇了，他们不拿出布帛财物，就不供给饮食，不买牲畜就得不到坐骑。两国使者之所以待遇不一样，就是因为汉朝遥远，军队难以对这些国家形成威胁。而汉朝又物产富饶，所以汉朝使者一定要花钱才能得到想要的东西，当然也是因为他们畏惧匈奴人更甚于畏惧汉朝使者的缘故。大宛及其周边国家都会酿造葡萄酒，有些富户家里的藏酒多达一万余石，保存时间久的几十年都不坏。当地的百姓都爱喝酒，马喜欢吃苜蓿草。汉朝使者带回葡萄、苜蓿的种子，汉武帝下令在肥沃的土地上种植葡萄、苜蓿。等到后来天马多了，外国的使者也越来越多，汉朝的离宫别苑旁边都种上葡萄、苜蓿，一望无际。从大宛以西到安息，各国虽然语言不同，但风俗习惯却大致相同，彼此可以相互沟通。西域各国人眼睛凹陷，络腮胡须，善于做生意，讨价还价，分毫必争。那里女子的地位高，女子说的话就是丈夫决断事情的准则。那里没有丝和漆器，不懂得铸钱和其他器物。等到汉朝使者的逃亡士卒投降了他们，就教他们铸造兵器和器物。他们得到汉朝的黄金和白银，就用来铸造器皿，并不铸造钱币。

汉朝使者出使西域的渐渐多起来，那些自少年时代就随着出使的人，大多都把自己熟悉的情况向天子汇报，说："大宛有好马，在贰师城，他们把马藏匿起来，不肯给汉朝使者。"汉武帝很喜欢大宛马，一听到这个消息就非常渴望得到，就派遣壮士车令等拿着千金和金马献给大宛王，希望得到贰师城的好马。大宛国已经有很多汉朝的东西，大宛王与大臣相商议说："汉朝离我们远，途经盐泽而来，容易死人；走北线的话，又有匈奴人的阻扰，南边来的那条路线又缺少水草。而且一路上来很多地方都没有城镇，吃食供应不上。汉朝使者每批几百人前来，因为缺乏食物死的人超过一半，这种情况怎能派大军前来呢？他们对我们是无计可施，况且贰师城的马，是我们大宛国的宝马，怎么能献给他们。"于是不把马给汉朝使者。汉朝使者很生气，大骂，把带去的金马也摔碎了，恨恨离去。大宛国的贵族也很生气地说："汉朝使者太轻视我们！"于是他们表面上送汉朝使者回国，却暗中命令东边的郁成国截杀汉朝使者，劫去他们的财物。汉武帝闻讯大怒。那些曾经出使大宛的人，如姚定汉等人说大宛兵力很弱，只要三千士兵用强弓劲弩射击他们，就可以全部俘获他们的军队，打败大宛。因为汉武帝曾经派浞野侯攻打楼兰，他率领七百骑兵抢先攻到楼兰，俘虏楼兰王，所以天子认为姚定汉说得对，而且他想使宠姬李夫人家得以封侯，所以汉武帝就任命李夫人之兄李广利为贰师将军，让他带着归附汉朝的少数民族的六千骑兵，和从各郡国调来的几万为非作歹的恶少，前去讨伐大宛。因为汉武帝想要得到贰师城的良马，所以封李广利为“贰师将军”。派赵始成当主管军法的军正，原来的浩侯王恢当军队的向导，李哆当校尉，主管军中的事情。此年是汉武帝太初元年，关东发生大蝗灾，蝗虫一直向西飞到敦煌。

贰师将军一直向西直到西部的盐泽，所路过的小国都害怕，各自坚守城堡，不肯给汉军提供食物。汉军攻城又不容易，而只有攻下城来才能得到饮食，攻不下来，几天内就得离开那里。这样等到汉军到达郁成地区时，李广利剩下的士兵不过数千人，且都饿得疲惫不堪。他们攻打郁成，郁成大败他们，汉军被杀伤的人很多。贰师将军与李哆、赵始成等商量，说：“我们连一个郁成部落尚且不能攻下来，又怎么能攻下大宛国的国都呢？”于是只好领兵回朝，往来历时二年。他们回到敦煌时，所剩士兵不过十分之一二。李广利派使者向汉武帝报告说：“此去大宛道路遥远，经常缺乏食物，士兵们不怕打仗，就害怕挨饿。现在剩下的兵士极少，无法战胜大宛。所以请求暂时收兵，等征调好足够的人马后再去讨伐。”天子一看奏书，勃然大怒，立派使者把他们阻止在玉门关外，说军队中有敢进入玉门关者立即杀头。贰师将军害怕，于是驻军敦煌。

这一年夏天，汉朝在和匈奴人交战中损失了浞野侯的军队两万多人。朝中公卿大臣及主事者都希望停止攻打大宛，集中力量和匈奴交战。汉武帝觉得已经派兵讨伐大宛，大宛是一个小国，都没能攻下，那么大夏等国就会轻视汉朝，并且大宛的良马也不会再进献给汉朝，乌孙和轮台这些小国也会随意整治汉朝的使者，这将被外国人嘲笑。于是汉武帝严厉惩治了建议讨伐大宛尤为不利的邓光等人，并赦免各地区的囚徒和犯了罪的士卒，征调了各地区的流氓无赖和一部分边关上的将士，一年多的时间里就有六万士兵从敦煌出发，这还不包括那些自带衣食随军参战的人。这些士兵携带着十万头牛，三万多匹马，还有无数的驴、骡和骆驼等。这次他们准备了充足的粮草，各种弓弩兵器都很齐备。当时全国骚动，相传奉命征伐大宛的校尉共有五十余人。

大宛王城中没有水井，人们都是从都城外取水，汉朝军队就派遣水工改变城市的水道，使城内无水可用。汉朝还增派了十八万甲兵，戍守在酒泉、张掖以北，并设置居延、休屠两个县以护卫酒泉。汉朝还调发全国七种犯罪之人，让他们载运干粮供应贰师将军。转运物资的人员络绎不绝，直到敦煌。又任命两位善于养马的人做执驱校尉，准备攻破大宛后去挑选贰师城的良马。

于是贰师将军再一次出征大宛，由于他所率兵士众多，沿途小国没有一个不出来迎接的，并且拿出食物供应汉朝军队。他们到达仑头国，仑头国不肯投降，李广利率兵攻下仑头国后，血洗全城。由仑头国往西，一路上再没有遇到抵抗，汉军到达大宛的有三万多人。大宛派兵迎击，汉军一阵乱箭打败了宛军，宛军退入城中依靠城墙守卫。贰师将军本想先攻打郁成，但担心滞留不进而让大宛越发做出诡诈之事，就先攻大宛城，断绝它的水源，改变水道，大宛城中百姓的生活都成了问题。汉军包围大宛城，攻打四十多天，大宛外城被攻破，并俘虏了大宛贵族勇将煎靡。大宛人非常恐惧，都跑进城中。大宛的贵族相互商议说："汉朝所以攻打大宛，是因为大宛王毋寡不愿意进献良马，又杀死了汉朝使者。如今要是杀死大宛王毋寡，把良马献给他们，汉朝军队应该会撤兵。到那时候还不撤兵，我们再和他们决一死战，也为时不晚。"大宛的贵族都觉得这个主意不错，便一起谋杀了大宛王毋寡，派遣一个贵族提着毋寡的人头去见贰师将军，并向李广利提出条件："只要汉军不再攻打我们，我们就把良马全部交给你们，任凭你们挑选，并供应汉军军粮。如果你们不答应，我们就把良马全杀死，而康居的援兵也将到来。如果他们的军队赶到了，我们的军队在城里，康居的军队在城外，我们就里应外合同汉军决一死战。请你们仔细考虑，看如何是好？"其实那时候康居的侦察兵正在窥视汉军的情况，他们见汉军兵强马壮，不敢贸然出师。贰师将军李广利和赵始成、李哆等商议道："听说大宛城里最近找来个汉人，这人熟悉打井技术，而且城中粮食还挺多。我们来这里的目的就是要杀罪魁祸首毋寡。毋寡的人头已到手，如果我们不答应大宛解围撤兵的要求，那么他们就会坚决固守，而康居军队趁汉军疲惫时再来救助大宛，那时我们恐怕要打败仗。"大家都觉得有理，答应了大宛的要求。大宛也遵守诺言，献出他们的良马，任凭汉军挑选，拿出许多粮食供给汉军。汉军选取了他们几十匹良马，中等以下的公马与母马三千多匹，又立了大宛贵族中从前对待汉使很好的名叫昧蔡的为大宛王，同他们订立盟约而撤兵。汉军始终没有进入大宛城内，就撤回到汉朝。

最初，贰师将军从敦煌向西出发，以为人多马众，沿途小国无力供给粮食，就把军队分成几队，分成南路和北路前进。校尉王申生、原鸿胪壶充国等率领一千余人，从另一条路直奔郁成部落。郁成人紧守城门，不肯向汉军供应粮食。王申生离开大军二百里，依仗汉朝大军的威势而轻视郁成，向郁成求索粮食，郁成人不肯给。郁成人已经派出探子得知王申生的军队逐日减少，就在某个早晨用三千人袭击王申生的军队，杀死了王申生等，王申生全军覆没，只有几个人得以逃脱，回到贰师将军那里。贰师将军命令搜粟都尉上官桀前去攻打郁成。郁成王逃到康居，上官桀追到康居。康居人听说汉军已攻下大宛，就把郁成王献给了上官桀，上官桀就命令四个骑兵捆缚郁成王并押解到贰师将军那里。四个骑兵互相商议说：“郁成王是汉朝所恨的人，如今押着送回去，要是让他半路逃脱了，那就要坏大事了。”于是他们想杀他，又没人敢先动手。上邽人骑士赵弟年龄最小，他拔出宝剑砍去，杀了郁成王，带上他的人头。赵弟和上官桀等追上了贰师将军李广利。

早在李广利第二次出征的时候，汉武帝就派使者告诉乌孙，让他们调兵遣将配合李广利攻打大宛。乌孙只派了二千骑兵前往大宛，但到了大宛还左右观望，不肯出击。贰师将军胜利东归，沿途各个小国，听说大宛已被打败，都派他们的子弟随汉军前往汉朝进贡，拜见汉武帝，随后就留下来给汉朝当人质。贰师将军攻打大宛，军正赵始成奋力战斗，功劳最大；上官桀敢于深入敌后，李哆善于出谋划策。李广利的军队回到玉门关的有一万多人，军马一千多匹。贰师将军这次出兵，并非缺乏食物，在战场上牺牲的人也不是很多，主要是因为手下将吏们贪污，不爱惜士兵，克扣粮饷，这样一来死的人就多了。汉武帝虑及他们远行万里讨伐大宛也不容易，也就没有追究他们的过失，而封李广利为海西侯。又封亲手杀死郁成王的骑士赵弟为新畤侯，任命军正赵始成担任光禄大夫，任命上官桀为少府，任命李哆为上党太守。其余因军功官至九卿的有三人，升任诸侯国相、郡守、二千石一级官员的共有一百多人，升为千石一级以下的官员有一千多人。那些自告奋勇去征战的人得到的封赏都出乎他们的意料，戴罪从军的囚犯都被免罪，但不计功劳。皇帝赐给士兵们的钱财总共四万金，两次讨伐大宛，历时四年才得以结束军事行动。

汉朝讨伐大宛后，临走前立昧蔡任大宛国的国王。一年后，大宛的贵族认为昧蔡向汉人阿谀奉承，大宛遭到杀戮，于是他们互相串通杀死昧蔡，拥立毋寡的兄弟蝉封为大宛国王，派遣他的儿子到汉朝做人质。汉朝也派使者向大宛赠礼物以安抚。

后来汉朝派了十多批使者到大宛西边的一些国家，去寻求奇珍异物，借机向他们宣传讨伐大宛的威武和功德。并在敦煌设置了酒泉都尉，从敦煌往西一直到盐泽，处处都有汉朝的亭鄣。汉朝在仑头驻有几百个屯田的士兵，于是汉朝在那儿设置了使者，专门负责看管田地，积聚粮食，供给出使西域的使者们。

太史公说：《禹本纪》说"黄河发源于昆仑山。昆仑山高达二千五百余里，是日月相互隐避和各自发出光明之处。昆仑之上有醴泉和瑶池"。张骞出使大夏之后，最终找到了黄河的源头，哪里看到《禹本纪》所说的昆仑山呢？所以谈论九州山川，还是《尚书》上所记载的最接近实际情况。至于《禹本纪》和《山海经》里记载的那些奇谈怪论，我是不敢引用的。

（羽　渊　译）

《史记》卷一百二十四　游侠列传第六十四

韩非子说过："儒生舞文弄墨破坏国家法度，而侠士逞强好胜违犯国家法令。"这两类人都是被韩非子批评的，但儒生却往往被世人称道。至于那些凭借儒术官至宰相和卿大夫而辅助君主、功名垂于历史的人，就不用我们说了；而像季次、原宪，原本是平民百姓，用功读书，坚守着君子的德行和道义，不随波逐流，不与世俗同流合污，曾被同代人嘲笑。所以季次、原宪一生都住在空无一物的柴门陋室，穿着粗布衣服，吃着粗糙的饭食，尽管他们已经去世四百多年了，可是他们世代相传的弟子们，还在不停地称颂他们。再看看游侠，他们的行为虽然不符合道德法律的准则，但是他们坚守诺言，做事果敢决断，答应别人的事情一定要做到，不吝惜自己的生命，救人于危难之中。他们的生命经历了生死存亡的考验，却从不夸耀自己的本领，羞于吹嘘自己的美德，大概这也是很值得赞美的地方吧。

况且危急困境，是人们时常能遇到的。太史公说从前虞舜在淘井和修仓时被其父暗算，伊尹曾沦落为厨师，傅说曾藏身傅岩服苦役，吕尚曾困居在棘津，管仲曾经当过俘虏，百里奚曾经给人放过牛，孔子曾经在匡地遭人拘囚；还在陈国和蔡国饿过肚子。这些都是儒生所称扬的有崇高道德的人，尚且经历了这些困境，何况那些才能中等又生逢乱世的人呢？他们遇到的困境，又怎么可以说得完呢？

俗话说："何必去区别仁义与否，谁对我有利可图，我就说谁是有道德的人。"所以尽管伯夷反对武王伐纣，宁肯饿死在首阳山也不吃周朝的粮食，但是文王和武王却没有因此而损害王者的声誉；盗跖和庄跻凶暴残忍，而他们的党徒却经久不息地歌颂他们。由此可见，"偷盗钩子的人被杀头，窃取国家政权的却被封侯；哪里有王侯之家，哪里就有仁义"，此话不假啊。

现在有些拘谨的学者，死守着一点小小的道义，长久孤苦贫穷地生活着，哪能比得上以微小的观点迁就世俗，随波逐流而获取功名利禄的人呢！而那些平民出身的游侠，看重符合道义、一诺千金的美德，不惜远行千里追随道义，为急人之难而不怕牺牲自己，不在乎世俗的议论，这是他们的长处，不是所有的人都能做到。所以当人们处于困顿窘迫的情况下，愿意求救于游侠，这难道不就是人们所称赞的英雄好汉么？如果真要拿民间游侠与季次、原宪比较权势和力量，和对当今社会的贡献，那是不可同日而语的，但是，从办事的效果和一诺千金的品性来看，侠客的正义行为又怎么可以缺少呢！

古代平民侠客的事迹，现在已经无法知道了。近代的孟尝君、春申君、平原君、信陵君等人，都因为是君王的亲戚，依仗他们封地的收入和卿相的俸禄，招揽天下的贤士，在各诸侯国中名声显赫，不能说他们不是贤才，这就比如顺风呼喊，声音并非更加洪亮，而听得更加清晰，这是风势使得声音传得更远的原因。至于布衣侠客，他们修行品德，提高自己的名节，扬名于天下，博得天下人的称赞，这才是难以达到的。然而儒家和墨家都排斥他们，不在他们的文献中加以记载。秦朝以前平民侠客的事迹被埋没了，后人无从知晓，我感到很遗憾啊。据我所知，汉朝建立以来，有朱家、田仲、王公、剧孟、郭解这些人，他们虽然时常违犯汉朝的法律禁令，但是他们廉洁谦让的道义品德，都是值得称赞的。他们的名声并非凭空吹嘘而来，人们依附他们也不是无缘无故的。至于那些结党营私的强宗豪族，彼此勾结，依仗财势奴役穷人，凭借权势欺凌孤独势弱的人，肆无忌惮地为所欲为来满足自己的欲望，这些都是游侠之士觉得可耻的行为。我感叹世俗之人不能明察这两种人的区别，却总是错误地认为朱家和郭解是和暴虐豪强之流一伙的人而对他们加以嘲笑。

鲁国的朱家，是高祖那个时代的人。鲁国人都以儒家思想教子传家，而朱家却以行侠仗义闻名天下。他所藏匿和救活的豪杰有几百个，其余被救的普通人就不计其数了。但他始终不夸耀自己的才能，不到处宣扬对别人的恩德，那些他曾经帮助过的人，都唯恐再见到。他救济人，首先从最穷的人开始。他自己家里的钱财并不多，穿的衣服又破又旧，每顿饭只吃一样菜，出门乘坐的是牛车。但他一心救助别人的危难，超过为自己办私事。他曾经暗中帮助季布将军摆脱了被杀的困境，等待季布将军地位尊贵之后，他却终生不肯与季布相见。函谷关往东，人们莫不仰慕他，想要同他交朋友。

楚国的田仲也是因为行侠而闻名，他喜欢剑术，像服侍父亲那样对待朱家，认为自己的品行远远不及朱家。田仲死后，洛阳出了个剧孟。洛阳人经商为生，而剧孟却因为行侠而扬名于诸侯。吴、楚七国叛乱时，条侯周亚夫任太尉，乘坐着驿站的车子到洛阳去，路上得到了剧孟，高兴地说："吴、楚七国发动叛乱而不求剧孟相助，我知道他们是成不了什么大气候的。"天下动乱，太尉得到他就像得到了一个势均力敌的国家一样高兴。剧孟的行为大致类似朱家，但他喜欢博棋，喜好少年人玩的那些玩艺儿。剧孟母亲死后，从远方来送丧的车马大概有上千辆。剧孟死时，家中十金的钱财也没有。当时还有个符离人王孟，也因为行侠扬名于江淮一带。

当时，济南的瞯氏，陈地的周庸，都以行侠而名声远扬，汉景帝听说后，派使者把他们都杀死了。后来，代县几个姓白的、梁地的韩无辟、阳翟的薛兄、陕地的韩孺，这些行侠之人又纷纷出现。

郭解，轵县人，字翁伯，是当时善于给人相面的许负的外孙。郭解的父亲因为行侠，在汉文帝时被杀。郭解个子矮小，精明强悍，不喝酒。他年少时残忍狠毒，心中稍有不如意就动手杀人，被他杀的人很多。他不惜豁出命去替朋友报仇，还经常藏匿亡命之徒，犯法抢劫，私下里锻铸钱币，盗挖坟墓，如此种种数不胜数。但却运气好，在窘迫危急时常常能够侥幸脱身，不然就是遇到朝廷大赦。郭解年纪大了之后，好像变了一个人，知道检束自己，用恩德报答别人的怨恨，总是施舍别人，不图回报。他想要行侠的愿望越来越强烈。他救了别人的命，却从不自夸功劳，但其内心仍然残忍狠毒，说不定什么时候会为小事突然怨怒行凶的事依然如故。许多年轻人仰慕他的行为，也常常为他报仇，却不让他知道。郭解姐姐的儿子依仗郭解的势力，同别人喝酒，让人家干杯，人家的酒量小，不能再喝了，他却强行灌酒。把别人逼急了，动手杀死了他，而后逃跑了。

郭解的姐姐恼恨地对他说："以你的名气，人家杀了我的儿子，凶手却捉不到。"于是她把儿子的尸体丢弃在道上，不埋葬，想让郭解难堪。郭解派人暗中打听到了凶手的去处，凶手无计可施，只好回来向郭解自首。郭解说："你杀了他，是迫于无奈，是我外甥无理取闹。"于是放走了凶手，把罪责归于姐姐的儿子，并收尸埋葬了他。人们听说这件事后，都理解他的所作所为，依附于他的人也越来越多。

郭解每次外出，人们都给他让路。只有一个人傲慢地坐在地上，看着他，郭解派人去问他的姓名。门客中有人要杀那个人。郭解说："同住在一个地方，有人不尊敬我，这是我自己道德修养还不够，他有什么罪过！"郭解暗中嘱托尉史说："这个人是我最关心的，轮到他服役时，请为他免除掉。"以后每到服役时，县中官吏都不找他。他感到奇怪，打听其中的缘由，才知道是郭解向尉史说情免除了他的差役。于是，他就袒露身体，去向郭解谢罪。少年们听说这件事后，越发仰慕郭解的行为。

洛阳有两个人结下仇恨，城中十几个贤人豪杰从中调解，始终无济于事。于是就有人来拜见郭解（请他出面替这两个人调解）。郭解晚上去会见这两个结仇的人家，双方出于对郭解的尊重，勉强听从了郭解的意见，准备和好。郭解就对这两个仇家说："我听说洛阳诸公为你们调解，你们都不肯接受。如今我三生有幸，你们听从了我的劝解，我怎能从别的县跑来侵夺人家城中贤豪大夫们的调解权呢！"于是郭解当夜离去，不让人知道，并对这两家人说："你们暂时不要听我的调解，待我离开后，让洛阳豪杰从中调解，那时你们再和好。"

郭解为人恭谨谦敬，出门从来不骑马，更不敢乘车出入县衙门。他到四周各郡和诸侯国去替人向官府说情办事，能让其完全解脱的，就让其完全解脱；办不成的，也要尽力使每个人都满意，然后自己才敢安心吃饭。因此大家都特别尊重他，争着为他效力。城中少年及附近县城的贤人豪杰，半夜上门拜访郭解的常常有十多辆车子，请求把郭解家的门客接回自家供养。

汉武帝元朔二年，朝廷要将各郡国的豪富人家迁往茂陵居住，郭解家贫，不符合迁移标准（但迁移名单中仍有郭解的名字），下面办事的官吏害怕上面怪罪，不敢不让郭解搬迁。当时卫青将军向皇上求情说："郭解家贫，不符合搬迁的标准。"皇上说："一个平民百姓居然能让将军替他说话，这就可见他家不穷。"郭解于是搬迁到茂陵。上路的时候，成千上万的人来送他。轵县人杨季主的儿子在县里为吏，是他提出让郭解搬迁的。郭解哥哥的儿子杀了杨县吏。从此郭杨两家结了仇。

郭解迁移到关中后，关中的贤人豪杰无论认识还是不认识郭解的，如今听到他的名声，都争着与他交朋友。后来又有人杀死杨季主。杨季主的家人上书状告郭解，有人又把告状的人在宫门下给杀了。皇上听说这件事后，下令抓捕郭解。郭解只好逃跑，逃跑之前把母亲和亲属安置在夏阳，自己逃到临晋。把守临晋的籍少公平素不认识郭解，郭解冒昧求见他，希望他放自己出关。籍少公仗义地放郭解出关。郭解辗转到了太原，他所到之处，就把自己的去向告诉留他食宿的人家。官吏一路上追捕郭解，追踪到籍少公家里。籍少公无奈自杀，口供断绝了。过了很久，官府才抓到郭解，并彻底追究他过去的罪行，发现郭解杀人的事情，都发生在大赦之前。一次，轵县有个儒生陪同前来查办郭解案件的使者闲坐，郭解门客称赞郭解，这个儒生说："郭解专爱作奸犯科，怎么能说他是贤人呢？"郭解门客听到这话，很快就杀了这个儒生，还割下他的舌头。官吏就这件事追问郭解，令他交出凶手，但郭解实在不知道是谁杀死了那个儒生。杀人的人始终没查出来，从此销声匿迹。官吏们只好宣布郭解无罪。御史大夫公孙弘议论道："郭解作为一介平民，因为行侠而无视权威，还常因为一点小事就动手杀人。这一次，郭解虽然不知道是谁杀死了儒生，但这个罪过比他自己杀人还严重。应当判处郭解大逆不道罪。"就这样，郭解家被满门抄斩。

此后，行侠的人依旧很多，但都傲慢无礼，没有几个值得称道的。只有关中长安的樊仲子、槐里的赵王孙、长陵的高公子、西河的郭公仲、太原的卤公孺、临淮的兒长卿、东阳的田君孺，他们行侠又兼有谦虚退让的君子风度。至于像北道的姚氏，西道的一些姓杜的，南道的仇景，东道的赵他、羽公子，南阳的赵调这些人，都不过是民间的盗贼罢了，哪里值得一提呢！这都是被从前朱家那样的人引以为耻的。

太史公说：我见过郭解本人，他的容貌赶不上中等人才，谈吐也不出众。但是天下的人，无论是贤人还是不肖之人，不管是认识他还是不认识他，都仰慕他的名声，行侠之士都标榜郭解以提高自己的名声。谚语说："人要是能以名誉作为自己的容颜，那就会长存于世了！"唉，可惜郭解落了这么个下场！

（羽　渊　译）

《史记》卷一百二十五　佞幸列传第六十五

俗语说："努力种田，不如遇上个丰年。好好为官，不如碰到赏识自己的君王。"这不是没有根据的空话。不光女子可以靠着美色媚上邀宠，士大夫和宦者中的有些人也是靠着这一套。

从前用美色邀宠获得君王宠幸的人很多。汉朝建立后，高祖刘邦是个性情刚暴的人，但是籍孺还是靠着善于巧言令色而获得高祖的宠信；到了孝惠皇帝时，有个闳孺也和籍孺一样。这两个人并没有什么特别的才能，就是因为对皇帝言听计从又善于谄媚而得到皇帝的宠爱，他们同皇上同起同卧，连公卿大臣要上奏什么事情都要经由他们转达。所以孝惠帝时，郎官和侍中都戴着用鸡翎装饰的帽子，系着用贝壳装饰的腰带，涂脂抹粉，就是因为闳孺和籍孺这样装扮。后来，闳孺和籍孺的家人都因为他们受宠而搬迁到孝惠帝的陵墓安陵——附近去住了。

汉文帝时的宫中宠臣，士人有邓通，宦官有赵同、北宫伯子。北宫伯子因为仁慈厚道而受到宠信，赵同因善于观察星象和望气而受到宠信，常常做文帝的陪乘；邓通却没有任何特殊的才能。邓通是蜀郡南安人，因为会划船当了黄头郎。有一天，汉文帝做梦想上天，上不去，这时有个黄头郎从背后推着他上了天，他回头看见那人衣衫的横腰部分，衣带在背后打了结。梦醒后，文帝前往渐台，按梦中所见暗自寻找把他推上天的黄头郎。等到见到邓通，恰巧他的衣带也是在背后打了结，和梦中所见一模一样。文帝把他召来询问他的姓名，他说姓邓名通。文帝很喜欢他，一天比一天宠爱他。邓通老实谨慎，不喜欢和外面的人交往，虽然皇帝给予休假的恩赐，他也不想外出。于是皇帝就十多次赏赐给他钱财，总共数十亿，他的官职也升到上大夫。文帝还经常到邓通家里玩。只是邓通没有什么特殊的才能，又不能推荐能人，只是一味谨慎行事，讨好皇上而已。有一次，皇上让一个算命的人给邓通相面，那人看后说："他以后会穷得饿死。"文帝说："能使邓通富有的就是我，怎能说他会贫困呢？"于是文帝把蜀郡严道的铜山赐给了邓通，并给他自己铸钱的特权，因此邓通家铸造的钱币曾一度流通到全国。邓通也因此富甲一方。

文帝曾经长了一个毒疮，邓通就经常用嘴给文帝吸血吸脓。这倒勾起了汉文帝的心思，他故作从容地问邓通说："天下谁最爱我呢？"邓通说："应该没有谁比得上太子更爱您了。"太子前来看望文帝的病情，文帝让他给自己吮吸脓血，太子虽然照办，但是脸上却明显露出很痛苦的表情。后来，太子听说邓通常为文帝吮吸脓血，心里感到惭愧，也因此而怨恨邓通。文帝去世后，太子景帝即位，邓通就被免职了，在家闲居。过了不久，有人告发邓通私自到境外铸钱。于是景帝让法吏彻查此事，结果情况属实，于是案情了结，景帝没收了邓通家的所有钱财，全部充公后，邓通还欠着国家好几亿钱。长公主刘嫖看着不忍心，就赏赐了邓通一些钱财，但随即就被官吏就没收顶债，连一只簪子也不给留下。于是长公主只好让手下的人借给邓通一些衣食的费用，以维持生计。就这样，邓通真的一点钱财也没有，最后死在别人家里了。

孝景帝时，宫中没有特别受宠的臣子，只有郎中令周仁，他受到的宠爱超过一般人，但是也不是很过分。

当今汉武帝宫中的宠臣，士大夫出身的有韩王信的孙子韩嫣，宦官身份的有李延年。韩嫣，是弓高侯韩颓当庶出的孙子。当今皇上还是胶东王时，韩嫣是皇上的伴读，两人感情很好。皇上做了太子之后，就和韩嫣的关系越来越好。韩嫣善于骑马射箭，巧言令色。皇上即位之后，准备征讨匈奴，韩嫣因为早就学过匈奴人的战术，越来越受到皇帝的尊宠，官职升为上大夫，皇上给他的赏赐都可以和邓通相比。当时，韩嫣也是常常和皇上同睡同起。一次，江都王刘非进京朝见武帝，皇帝让他一起到上林苑打猎。皇帝的车马因为清道戒严还没有出发，就先派韩嫣乘坐副车，带着上百个骑兵先去观察兽类的情况。江都王远远望见，误以为是皇上的驾辇，赶紧让随从回避，自己趴伏在路旁拜见。韩嫣因为打马急驰而过，没有看见江都王。韩嫣过去后，江都王感到愤怒，就向皇太后哭着说："请允许我把封国归还朝廷，回到皇宫当个值宿警卫，和韩嫣一样。"太后由此对韩嫣很不满。韩嫣侍奉皇上，在后宫里进进出出也不受任何限制，渐渐地他和嫔妃通奸的事情被王皇太后知道了。皇太后大怒，派使者命令韩嫣自杀。武帝亲自为他去向太后求情，皇太后不答应，韩嫣只得自杀了。案道侯韩说，是韩嫣的弟弟，也是靠着阿谀奉承而得到皇帝的宠爱。

李延年是中山国的人。他的父母、他自己以及兄弟姐妹，还有他的女儿，都是唱歌的艺人。李延年因犯法受宫刑，后来到宫里养狗。有一次，武帝的姐姐平阳公主向武帝说起李延年的妹妹能歌善舞，武帝把她叫来一看，心里很喜欢她，就把她召进了宫，后来又召李延年进宫，开始抬举他。李延年善于唱歌，他专门为皇帝创作了新的歌曲，恰好迎合了皇上修造天地庙，想创作歌词配乐歌唱。李延年善于迎合皇上的心意办事，配合乐曲唱了新作的歌词。他妹妹也得到武帝的宠幸，生了个男孩子。李延年佩带二千石官职的印章，称作“协声律”。他经常和皇上同卧同起，非常显贵，和韩嫣受宠的程度差不多。时间长了，李延年渐渐和宫女行为不轨，而他自己又仗着得宠幸而更加骄傲放纵。待到他妹妹李夫人死后，皇帝对他的宠幸越来越少，后来李延年及其兄弟们都被杀了。

从此以后，宫内被皇上宠幸的臣子，大都是外戚之家，但是这些人都不值得一谈。卫青、霍去病也因为外戚的关系而得到宠信并日益显贵，但他们一定程度上也是凭着自己的才能得到提升的。

太史公说：受到帝王宠爱和憎恶都太可怕了！从春秋时卫国弥子瑕的经历，完全可以看到后代佞幸之人的结局啊。再过上一百辈子，也还是这个样子。

（羽　渊　译）

《史记》卷一百二十六　滑稽列传第六十六

孔子说："六经对于治理国家来说都是需要的。《礼》可以节制人们的言行，《乐》可以用来促进人们和谐团结，《书》可以用来记述往古事迹和典章制度，供后世借鉴，《诗》是用来抒情达意的，《易》是用来窥探天地万物的神奇变化的，《春秋》是用来通晓微言大义、衡量是非曲直的。"太史公说：世上的道理广阔恢弘，难道不伟大么！言谈话语能偶尔切中事理，也是可以排忧解难的。

淳于髡是齐国的一个上门女婿。身高不足七尺，滑稽幽默，能言善辩，屡次出使诸侯国，从未使国家受过屈辱。齐威王在位时，喜好说隐语，他当时正日夜沉迷于酒色之中，不能自拔，把国家大事都抛在一边，委托给卿大夫去管。结果文武百官荒淫放纵，诸侯各国都趁机前来侵犯，国家危亡就在旦夕之间，齐威王身边的近臣都不敢进谏。淳于髡用隐语规劝讽谏齐威王说："有一只大鸟，落在了大王的庭院里，已经三年了，既不飞也不叫，大王知道这只鸟是怎么一回事吗？"齐威王说："这只鸟不飞则已，一飞就直冲云霄；不叫则已，一叫就使人惊异。"说完立刻诏令全国七十二个县的县令全都入朝奏事，会上奖赏一人，诛杀一人，接着又发兵御敌。此举吓得各诸侯十分惊恐，赶紧把侵占的土地归还齐国。从此齐威王称霸三十六年，详情记录在《田完世家》中。

齐威王八年，楚国派遣大军攻打齐国。齐威王派淳于髡出使赵国请求救援，让他携带黄金百斤，驷马车十辆作为礼物。淳于髡一看哈哈大笑，笑得连系帽子的带子都挣断了。齐威王说："先生是嫌礼物太少么？"淳于髡说："怎么敢嫌少！"齐威王说："那你究竟是为什么笑呢？"淳于髡说："今天我从东边来时，看到路旁有个人在祭田地，他一手拿着一个猪蹄，一手端着一杯酒，祈祷说：'请保佑我高地上收获的谷物满筐量，低田里收获的庄稼满车装；五谷丰登，粮食满仓。'我看见他拿的祭品很少，但所祈求的东西却不少呢，所以笑他。"于是齐威王就把礼物增加到黄金千斤、白璧十对、驷马车百辆。淳于髡告辞这才起行，来到赵国。赵王很快拨给他精兵十万、一千辆战车。楚国听到这个消息，连夜退兵而去。

齐威王非常高兴，在后宫摆下酒宴，请淳于髡喝酒。齐威王问他："先生喝多少酒才醉？"淳于髡回答说："我喝一斗酒也能醉，喝一石酒也能醉。"齐威王说："既然先生喝一斗酒就醉了，又怎么能喝一石呢？你倒是把这个道理说给我听听。"淳于髡说："大王当面赏酒给我喝，执法官站在旁边，御史站在背后，我战战兢兢地跪着喝酒，这样喝不了一斗就醉了。假如父母有尊贵的客人来家，我卷起袖子，躬着身子，奉酒敬客，客人也不时地赏我一些酒喝，屡次举杯敬酒应酬，喝不到两斗我就醉了。假如好朋友好久不曾谋面，忽然相遇，高兴地回顾往日的情分，互诉衷肠，大约喝五六斗就醉了。至于乡里之间聚会，男男女女坐在一起，彼此敬酒，又完全没有时间的限制，大家高兴地玩着六博、投壶等各种游戏，呼朋唤友，相邀成对，握手言欢不受处罚，眉目传情不遭禁止，身前有女人落下的耳环，背后有男人丢掉的发簪，在这种时候，我最开心，可以喝上八斗酒，也不过两三分醉意。如果夜色朦胧之际，酒席将散，大家把剩下的酒菜拼到一张桌子，男女挤坐在一起，鞋子混杂，杯盘散乱。再加上堂屋里的蜡烛已经熄灭，主人单留住我，出去送别的客人，这时女人的上衣已经解开，我隐约能够闻到她们肌肤的香气，这时我满心微醺，能喝下一石酒。所以说，酒喝得过多就容易出乱子，欢乐到极点就会发生悲痛之事。世间的事情都是这样。无论什么事情不可走向极端，到了极端就会衰败。"淳于髡以此来婉转地劝说齐威王。齐威王有所悟地说："好。"于是立刻改掉了彻夜纵酒寻欢的坏习惯，并任用淳于髡负责接待诸侯使者。从此之后，齐国宗室设置酒宴，淳于髡常常作陪。

在淳于髡以后一百多年，楚国出了个优孟。

优孟原是楚国的歌舞艺人。他身高八尺，能言善辩，通常在谈笑之中对楚王进行劝诫。楚庄王在世时，有一匹心爱的马，他给马穿上华美的彩缎，养在富丽堂皇的屋子里，睡在设有帐幔的床上，用枣干做的蜜饯来喂它。结果这匹马因为吃得太好过于肥胖而死了。楚庄王非常伤心，让大臣给这匹马治丧，在棺材的使用及安葬礼仪上，要按照大夫的规格来办。左右大臣讨论此事，认为不可以这样做。楚庄王下令说："在葬马的问题上，谁要是再进谏，一律处死。"优孟听到此事，急忙赶了过来，一进殿门就仰天大哭。庄王吃惊地问他哭的原因。优孟说："这匹马是大王的心爱之物，就凭楚国这样强大的国家，有什么事情办不到？只是用大夫的规格来埋葬它，太薄待了，请用葬人君的礼仪来埋葬它。"楚庄王问："那是怎样一种葬法？"优孟回答说："我请求用雕刻花纹的美玉做棺，用细致的梓木做椁，用楩、枫、豫、樟等名贵木材做护棺的木块，调集大批士兵给它挖掘墓穴，让老人儿童都来背土筑坟，让齐国、赵国的使臣在前面陪祭，韩国、魏国的使臣在后面护卫，还要为它建立祠庙，用牛羊猪祭祀，再划出万户大邑来供奉。让各国的诸侯知道，大王是多么的爱马，又是多么的轻贱人。"楚庄王说："我的过错竟到这种地步吗？那该怎么办呢？"优孟说："请大王准许按埋葬畜牲的办法来葬埋它：在地上堆个土灶当作椁，用大铜锅当作棺材，用姜枣来调味，再放一点木兰去腥，用粳米给它做祭品，用大火给它当衣服，最后把它埋在人的肚子里。"于是庄王立即派人把马送到宫中膳食房，并让大家以后不要再传扬此事。

楚国宰相孙叔敖知道优孟是位贤人，待他很好。孙叔敖患病临终前，叮嘱他的儿子说："我死后，你一定很贫困。到时，你就去拜见优孟，告诉他你是孙叔敖的儿子。"没过几年，孙叔敖的儿子果然贫困极了，靠卖柴为生。有一次他遇到优孟，就对优孟说："我是孙叔敖的儿子。父亲临终前，嘱咐我贫困时前往拜见您。"优孟说："你就在家里，不要出远门。"回去后，优孟立即缝制了一套孙叔敖的衣服帽子穿戴起来，模仿孙叔敖的言谈举止，音容笑貌。过了一年多，模仿得活灵活现，极像孙叔敖，甚至连楚庄王左右近臣都分辨不出真假了。一天，楚庄王设置酒宴，优孟上前为庄王敬酒祝福。庄王大吃一惊，以为孙叔敖又复活了，想要让他做楚相。优孟说："请允许我回去和妻子商量一下，三日后再来答复大王。"庄王同意了。三天后，优孟来见庄王。庄王问："你妻子怎么说的？"优孟说："我妻子让我千万别做楚相，因为楚国的宰相不值得做。像孙叔敖那样的宰相，忠正廉洁一心治理楚国，辅佐您称霸诸侯。如今他死了，他的儿子竟无立锥之地，贫困到靠卖柴糊口。如果要像孙叔敖那样做楚相，还不如自杀。”接着优孟唱道:“住在山野耕田辛苦，难以获得食物。做一个毫无廉耻贪污受贿的官，就能够日日进财，死后家室依然富足。可是这样就得担心犯法受罪，杀身灭家,贪官哪能做呢？做一个奉公守法的清官,到死都不敢胡作非为,清官又哪能做呢？像楚相孙叔敖，一生坚持廉洁的操守，现在妻儿老小却贫困到靠打柴糊口。清官实在也不值得做啊！”于是，楚庄王感谢优孟的提醒,当即召见孙叔敖的儿子,把寝丘这个四百户之邑封给他,以供祭祀孙叔敖之用。自此之后,十代没有断绝。优孟的这种聪明才智,可以说是正得其宜，善于抓住时机。

在优孟以后二百多年，秦国出了个优旃。

优旃是个侏儒，在秦国宫廷里当歌舞艺人。他擅长说笑话，然而都能合乎大道理。有一次，秦始皇在宫里举行宴会，正遇上天下大雨，在台阶上站岗的士兵都冻得瑟瑟发抖。优旃看见他们很可怜，就问他们说:“你们想下去休息一会吗？”卫士们都说:“如果能休息就太好了。”优旃说 :“等一下我叫你们，你们要马上答应我。”过了一会儿，宫殿里的大臣向秦始皇祝酒，高呼万岁。这时优旃就在栏杆边向下大声喊道:“卫士！”卫士们立即回应道:“有。”优旃说:“你们虽然长得高大,有什么好处？你们只好站在露天淋雨。我虽然长得矮小，却能够在屋里休息。”秦始皇一听，马上让卫士减半值班，轮流站岗。

秦始皇曾经计议要扩大射猎的区域，东到函谷关，西到雍县和陈仓。优旃说:“这个主意很好。多养些禽兽在里面，敌人从东面来侵犯,让麋鹿用角去顶他们就足以应付了。”秦始皇听了这话，就停止了扩大猎场的计划。二世皇帝即位,又想用漆涂饰咸阳城墙。优旃说:“好极了。皇上即使不提，我原本也打算这样做的。油漆城墙虽然浪费老百姓的钱财，可是很美呀！城墙漆得油光光，敌人来了爬不上。涂漆是一件很容易的事情，但是搭一个晾干它的棚子可是一件为难的事情。”二世皇帝一听，笑了，油漆城墙的事情也就作罢了。没过多久，二世皇帝被杀死，优旃归顺了汉朝，几年后就去世了。

太史公说：淳于髡仰天大笑，齐威王因而称霸天下。优孟摇头歌唱，打柴糊口的人因此得到了封邑。优旃靠近栏杆大喊一声，站岗的卫士得以减半值勤，轮流倒休。他们三个难道不是奇伟的人么！

褚先生说：我有幸因为读六经而当了郎官，但是我也喜欢读诸子百家的书。我也不谦让，再写六篇滑稽故事，排列在下面，让爱好者看了增长见闻，赏心悦目，并对上面太史公写的三篇做一个补充吧。

汉武帝时，有个受宠爱的艺人郭舍人，他说话虽然不合乎大道理，却能让皇上心情愉悦。武帝年幼时，东武侯的母亲曾经乳养过他，武帝长大后，就称她为“大乳母”。大乳母每月两次入朝拜见皇帝。每次入朝的通报呈送进去，皇帝就让宠臣马游卿赏给大乳母五十匹绢，还有一些吃的喝的。有一次大乳母上书说：“某处有块公田，我想借了用用。”武帝说：“乳母想得到它吗？”便把公田赐给了她。乳母无论想要什么，汉武帝没有不答应的。汉武帝还下诏乳母所乘坐的车子可以在御道上行走。一时之间，满朝大臣没人敢对她不尊敬。乳母家里的子孙奴仆等人在长安城中横行霸道，大白天拦路抢劫，夺人车马，剥人衣服。汉武帝听说后，还是不忍心对乳母家人绳之以法。主管的法官奏请把乳母一家迁移到边疆去。武帝批准了。乳母进宫去向武帝辞行。乳母先去会见郭舍人，当着郭舍人的面哭了起来。郭舍人给他出主意说：“等会儿你见过皇帝辞别后，你就边告退边回头看。”乳母照他说的做了，见了武帝辞行，快步退出，一边向外疾走一边屡屡回头看汉武帝。郭舍人大声骂乳母说：“啐！老婆子，为什么还不快滚！皇上已经长大了，难道还要等你喂奶才能活命么？还转身看什么！”一句话说得汉武帝可怜起她来，就下令免了乳母一家的搬迁，还处罚了建议让乳母搬迁的官员。

汉武帝时，齐国有个人叫东方朔，他爱读古书，精通儒家经术，阅览了大量诸子百家的书。东方朔刚到长安时，到公车府门给皇帝上书，奏书长得书写了三千个木简。公车令派两个人一起来抬他的奏章，才刚好抬得动。武帝在宫内阅读东方朔的奏章，需要停阅时，就画一个记号，读了两个月才读完。武帝下令任命东方朔为郎官，使其经常侍奉左右。汉武帝多次把他叫到跟前谈话，总是谈得很高兴的。汉武帝还经常赐他御前用饭。东方朔吃完饭后，总是把剩下的肉打包带走，以至于把衣服都弄得油乎乎的。皇上多次赏赐给他绢，他都是肩挑手提地拿走。东方朔把皇帝赏赐的钱财和绢都用在了女子身上，他在长安城中寻找年轻漂亮的女子，娶来做妻。大多娶过来一年光景便抛弃了，再娶一个。皇上赏赐的钱财，他也都用在女人身上。皇上身边的侍臣有半数都管他叫"疯子"。武帝知道后，说："假如东方朔一心为官又没有这些荒唐行为，你们谁能比得上他呢？"东方朔保举他的儿子做郎官，后来又当了使者，常常奉命出使。有一天，东方朔从殿中经过，有个郎官对他说："人们都说先生你是位狂人。"东方朔说："像我这样的人，就是所谓在朝廷里隐居的人。古时候的人，都是隐居在深山里。"有一次酒宴中，喝到酣畅痛快时，东方朔就趴在地上唱道："隐居在世俗中，避世在金马门。宫殿里可以隐居起来，保全自身，何必隐居在深山之中，茅舍里面。"所谓金马门，就是宫廷中管理官员的办公机构，因其大门前面有铜马，所以叫作"金马门"。

有一次，朝廷召集学宫里的博士先生们参与议事，大家一同诘难东方朔说："苏秦、张仪一碰到赏识他们的君王，就能官至卿相之位，他们的作为让后世普受恩泽。现在您研究了很多圣王治国御臣的方术，仰慕圣人立身处世的道理，精通《诗》《书》和诸子百家的言论，博学多才。您又著书立书，自以为天下无双，可以称得上是学问渊博、才智超群。可是您竭尽全力、忠心耿耿地事奉皇帝几十年，旷日持久，官衔还不过是个侍郎，职位不过是个卫士，看来您还有不够检点的行为吧？这是什么原因呢？"东方朔说："这本来就不是你们所能完全了解的。彼一时也，此一时也，时代不同，怎么可以相提并论呢？张仪、苏秦生活的时代，周朝衰微，诸侯都不去朝见周天子，他们互相讨伐，战乱不止，后来形成了十二个诸侯国，势力不相上下。那个时代谁能得到贤才，谁就能取得胜利；反之，就会灭亡。所以诸侯王对谋士言听计从，使他们身居高位，福禄延绵后代，子孙长享荣华。如今形势不同了。圣明的皇帝在上一统天下，恩泽遍及四海，国内诸侯臣服，威震四方。现在国内国外的疆域连成一片，一派极乐，其安稳的程度就像盆子倒扣在地上一样。现在全国各地一律平等，四海如同一家，大凡有所举动，皇帝都如同在手掌中转动一下小东西那样轻而易举就能控制。如此一来，有本事和没本事的臣子，凭什么来区别呢？当今天下疆域宽广，人口众多，殚精竭虑削尖了脑袋往上钻的人，就如辐条凑集到车毂一样，竞相集中到京城里向朝廷献计献策的人，数不胜数。有的人因为仰慕道义，仍不免被衣食所困，有的竟连进身的门路也找不到。假使张仪、苏秦生活在当今时代，他们连一个小掌故都当不上，何谈像我一样还能做到每天都陪侍皇上的郎官呢？古书上说：'天下没有灾害，即使圣人也没有地方施展才华；天下太平，即便贤人有通天本领也无法建功。'所以说，时代不同，事情也就随之而有所变化。尽管如此，怎么可以不努力提高自身的修养呢？《诗经》有言：'在屋内敲钟，声音可以传到外面。'《诗经》还说'白鹤在大泽里鸣叫，声音可以响彻云霄。'只要我们能够修身养性，何愁日后不能获得荣耀！姜太公修炼到七十二岁，才遇到周文王，才得以建功立业，封在齐国，其思想影响流传七百年而不断绝。这就是士人日夜进修，孜孜不倦研究学问，从不放松自己的原因。当今世上的隐士，即使暂时不被任用，但是他们操行孤高、性情淡泊恬静，甘于寂寞，他们的品行可与许由、接舆并列，智谋堪比范蠡，忠诚可比伍子胥，但是现在天下太平，他们只好谨守忠义，寡朋少友，这本来是件很自然的事情。你们何必对我存疑呢！”一番话说得那些博士们哑口无言，无言以对。

建章宫后门的栏杆里，有一只动物跑出来，它的形状像麋鹿。消息传到宫中，武帝前往观看，问身边群臣中熟悉事物而又通晓经学的人，群臣全都回答不上来那是什么动物。皇帝下诏让东方朔来看，东方朔说：“我知道这个东西，请赐给我美酒好饭让我饱餐一顿，我才说。”武帝说：“可以。”吃过酒饭，东方朔又说：“某处有公田、鱼池和苇塘好几顷，请您赏赐给我，我才说。”武帝说：“可以。”于是东方朔说道：“这就是通常所说的驺牙，凡是远方前来归顺，这种驺牙往往作为先兆出现。这种动物的牙齿前后一样，不分臼牙犬牙，所以叫它驺牙。”过了一年，匈奴混邪王果然带领十万人来归降汉朝。武帝于是又赏赐东方朔很多钱财。

东方朔年老快死时,规劝武帝说:"《诗经》上说'嗡嗡乱叫的苍蝇,落在篱笆上面。慈祥善良的君子,不要听信谗言。谗言没完没了,四方邻国不得安宁。'希望陛下远离巧言谄媚的人,不要听信他们的挑拨离间。"武帝说:"如今看东方朔反而说起正经话来了?"心里觉得奇怪。没过多久,东方朔就病死了。古书上说:"鸟到临死时,它的叫声特别悲哀;人到临终时,他的言辞相当友善。"东方朔大概就是这个样子吧。

汉武帝时,大将军卫青是卫皇后的哥哥,被封为长平侯。他率军讨伐匈奴,追到余吾水边才返回,斩杀大量敌兵,捕获许多俘虏,立下战功,武帝下令赏赐黄金千斤。大将军带着这些赏赐正要出宫门,齐国的东郭先生正以方士身份在公车府候差,当道拦住卫将军的车马,拜见说:"有事想禀告大将军。"卫将军停下车子,让东郭先生过来,东郭先生靠在车旁说:"王夫人新近得到皇帝的宠爱,但是她家里贫困。如今将军获得黄金千斤,如果您把其中的一半送给王夫人的父母,皇上知道了一定很高兴。这可是一个绝妙的做法。"卫将军感谢他说:"先生的这个主意很好,我一定遵从指教。"于是卫将军就把五百斤黄金送给了王夫人父母。王夫人知道后把这件事告诉了武帝。武帝说:"大将军是不会想到这样做的。"并问卫青是谁出的主意。卫青如实回答说:"是从候差的东郭先生那里得来的。"汉武帝下令召见东郭先生,任命他为郡都尉。东郭先生在公车府候差已经很久了,但家里贫穷,生活非常困难,他的衣服破旧,连一双好的鞋子也没有。冬天走在雪地里,鞋子有面无底,脚全都踩在地上。路上的人看见了都嘲笑他,东郭先生回答他们说:"谁能穿鞋走在雪地里,从上面看是穿着鞋子,而还能把脚印印在雪地上呢?"等到被任命为俸禄二千石的官,佩戴着青绶,走出宫门,去和他的老房东告别,过去和他一起在公车门共事的官吏,都聚集起来在京城郊外为他饯行。一路荣华显耀,名震一时。东郭先生就是人们通常所说的身穿破棉袄而怀里却揣着珍宝的人。当他穷困潦倒时,人们都不理睬他;等到他显贵时,就争相依附他。俗话说:"相马时因其外表消瘦而漏掉良马，看人时因其贫困而遗失人才。”东郭先生大概就是如此吧？

王夫人病重，皇上亲自探望并问王夫人：“你的儿子就要封为王，你希望把他封在哪里呢？”王夫人说：“希望封在洛阳。”汉武帝说：“不行。洛阳有国家的兵器库，还有国家的大粮仓，洛阳西面对着函谷关，是天下的咽喉要道。从高祖以来，从来没有在洛阳封王建国。函谷关以东的诸侯国，没有比齐国更大的，可以封他为齐王。”王夫人用手拍着头，感激地说：“太幸运了。”王夫人死后，就称为“齐王太后逝世”。

从前，齐王派淳于髡去楚国进献天鹅。不料一出都城门，天鹅就飞了，他只好托着空笼子，编造了一套动听的谎言，前去拜见楚王说：“齐王派我来进献天鹅，路上经过一片水域，我不忍心天鹅渴死，放它出来喝水，不料天鹅飞走了。我想要刺腹或勒脖子而死，又担心别人非议大王因为一只天鹅竟然逼得一位士人自杀。天鹅是羽毛类的东西，相似的很多，我原想买一个相似的来代替，可这既不诚实，又欺骗了大王。我想要逃到别的国家去，又痛心齐楚两国君主之间的通好由此断绝。所以想来想去还是到楚国来向您说明情况，向大王叩头，并接受您的惩罚。”楚王说：“很好，齐王竟有这样忠信的人！”于是重重地赏赐了淳于髡，得到的赏赐比进献一只天鹅得到的还多一倍。

汉武帝时，召北海郡太守到皇上出行的临时住所。北海郡有个执掌文书的府吏王先生，自告奋勇请求与太守一同前往，他说：“我跟您去，肯定会对您有好处。”太守答应了他。太守府中的许多府吏、功曹禀告说：“王先生爱喝酒，闲话多，务实少，恐怕带他去不妥。”太守说：“王先生很想去，我也不好违背他的意愿。”于是带着王先生一同前往。走到行宫，在宫府门等待召见。王先生只顾揣着钱买酒，与宫廷守门人喝酒，整天醉醺醺的，而不管他的太守在干什么。太守入宫拜见皇上。王先生对守门郎官说：“请帮我把我们太守喊回来，我跟他讲几句话。”守门郎官替他去呼唤太守。太守出来了，王先生问太守：“皇上如果问您是如何治理北海郡，使那里没有盗贼，您如何回答呢？”太守说：“选择贤能的人，按照他们的能力分别任用，奖赏才能超群的，处罚不求上进的。”王先生说：“您这样回答，是在夸耀自己的能力，不能这样回答啊。希望您回答说，这不是我的本事大，完全是陛下神明威武发生的作用。”太守说：“好吧。”太守被召进宫中，进入殿内，汉武帝果真问他：“你是怎么治理北海郡，使那里没有盗贼的？”太守叩头回答说：“这不是我的本事大，完全是陛下神明威武发生的作用。”武帝听完大笑说：“啊呀，从哪个长者那里学来的言辞称颂我呢？”太守回答说：“是我手下的一个文学卒史教给我的。”武帝说：“他现在何处？”太守回答说：“就在宫府门外。”武帝下诏召见，任命王先生为水衡丞，北海太守做水衡都尉。古书上说：“美好的言辞可以换来尊贵，高贵的品行可以换来高官。君子赠人以妙语，小人送人以钱财。”

魏文侯的时候，西门豹做邺县令。西门豹到了邺县，召集县里有名望的老人，向他们询问民间最痛心疾首的事情。老人们说：“最痛心疾首的事情就是给河神娶媳妇，因为这个缘故弄得老百姓都很穷困。”西门豹问其原因，老人们说：“邺县掌管教化的乡官、县府的群僚，每年都要向老百姓征收大量的赋税，收取的钱财多达数百万，他们把其中的二三十万用作河神娶媳妇，其余的钱则同装神弄鬼的祭师与巫婆一同瓜分了。每逢娶亲期间，巫婆祭师便四处巡游，见到穷人家里有长得好看的女子，就说应该做河神的媳妇，说罢就留下聘礼把人带走。他们给这个姑娘洗澡，给她穿上丝绸衣服，让她单独住在河边盖起的房子里，进行斋戒。在河边为该女子搭建了“斋戒”的房子，挂上大红厚绢的帐子，让女孩住在里面，又给她准备了各种饭食。十几天后，替姑娘梳妆打扮，让她坐在像出嫁女儿的床席那样的沉浮工具里，放到河中漂行。开始时还漂在水面，漂出几十里就沉没了。那些有漂亮女子的人家，害怕大巫婆替河神娶他们的女儿，都事先带着女儿逃走了。为此，县城里的居民越来越少，留下来的人也越来越穷，这种风俗已经形成很久了。民间俗话说‘如果不替河神娶媳妇，河神就要发大水，淹死这里所有的百姓。’”西门豹说：“到给河神娶亲的那天，请掌管教化的乡官、巫婆、祭师和父老乡亲都到河边给新娘送行，也希望来告诉我，我也要去送新娘。”那些老人说：“好。”

到河伯娶媳妇那一天，西门豹到河边和大家一起参加这个仪式。掌管教化的乡官、县府的群僚、豪绅以及父老乡亲都到了，连同看热闹的百姓共二三千人。大巫师是个七十多岁的老太婆，带着十几个女弟子，都穿着绸子单衣，站在大巫婆后面。西门豹说：“请河神的媳妇过来，让我看看长得美不美。”巫婆们就将新娘从帐子里扶出，来到西门豹面前。西门豹看了看，回头对巫师、三老和父老们说：“这个姑娘长得不太好看，烦劳大巫婆去向河伯汇报一下，得再找一个漂亮些的姑娘，后天给他送来。”说完就让士兵把大巫婆抬起来扔进河里。过了一会儿，西门豹说：“大巫婆怎么去了这么久，还不回来呢？让她的徒弟去催一下吧！”说罢，便让人把一个女弟子抬起来扔进河里。过了一会儿，西门豹说：“徒弟怎么也去了这么久还不回来呢？再派一个人去催一下她们！”又把一个女弟子扔进河里。总共扔进河里三个女弟子。又过了一会儿，西门豹说：“巫婆、徒弟是女人，不会禀告事由，烦劳三老替我进去禀告河神。”于是又把三老投进河里。西门豹整理了一下自己的礼服，恭敬地面对河水站着等了很长时间。这时乡里的长者、县府里的群僚和旁边看热闹的人，都吓坏了。西门豹回头说：“巫婆、三老都不回来，这可怎么办？”他想再派县吏和豪绅们下河催促一下他们。县吏和豪绅都吓得趴在地上磕头，把头都磕破了，血流在地上，面如死灰。西门豹说：“好吧，暂且等待一会儿。”待了一会儿，西门豹说：“你们都起来吧。看样子是河神想留他们多待一会，你们都各自回家吧。”邺县所有的官民都吓得心惊肉跳，从此以后，再也没有人敢提给河伯娶媳妇的事情了。

西门豹随即征调老百姓开凿了十二条沟渠，引漳河水浇灌农田，农田都得到灌溉。开始征调时，老百姓开渠难免有些劳苦，不太愿意干。西门豹说：“对于黎民百姓，只能等事成之后与他们共享成果，但是却不能共患事业开创之初的艰难。现在父老乡亲们虽然埋怨我给他们带来辛苦，但是百年以后，希望让父老子弟们再想想我所说的话。”直到现在，邺县仍在享着西门豹治水带来的好处，百姓因此富裕起来。十二条河渠横穿秦始皇时所修的御道。汉朝建立后，地方官吏认为十二条河渠上的桥梁截断了御道，彼此相距又很近，修路架桥很麻烦。想要合并渠水，并且把流经御道的那段，三条渠水合为一条，只架一座桥。邺县的百姓不同意，认为那些渠道是西门豹规划开凿的，贤良长官的法度规范是不能更改的。汉朝的地方官终于听取了老百姓的意见，放弃了并渠计划。所以西门豹做邺县县令，名闻天下，惠及子孙，永无尽头，难道能说他不是贤大夫吗？

古书上说：“子产治理郑国，老百姓谁也欺骗不了他；宓子贱治理单父县，老百姓谁也不忍心欺骗他；西门豹治理邺县，老百姓谁也不敢欺骗他。”他们三个人的才能，谁最高明呢？研究治道的人应当能够分辨出来。

（羽　渊　译）

《史记》卷一百二十七　日者列传第六十七

自古以来那些承受天命称王的人，在兴起之初哪个不是通过占卜来预测天命呢！这种占卜预测天命的方式在周朝时最为盛行，到了秦朝时也存在。代王刘恒从中都入长安继承王位时，也是先听取了占卜者的意见。太卜官的出现，在汉朝兴起时就有了。

司马季主是楚国人。他在长安东市卜卦。

有一天，时任中大夫的宋忠和博士贾谊休假，两人一同外出，边走边互相讲诵先王圣人的治理国家的方法，广泛地探究世道人情，都慨叹万分。贾谊说："我听说古代的圣人，如果不在朝廷做官，就到卜者、医师行列之中去。现在我已经见识过朝中的三公九卿及士大夫，对他们都可以说了解了。现在我们去看看卜者的风采吧。"于是二人一起乘车到长安东市去，到卜筮的馆子里去观察。由于天刚刚下过雨，路上行人不多，只见司马季主正闲坐馆中，旁边有三四个弟子陪侍着他，他们正在谈论着天地间的规律，日月运行的情形和阴阳吉凶的本源。宋忠和贾谊向司马季主拜了两拜。司马季主从他们的容貌举止即知他们是有知识的人，于是还礼作答，叫弟子们请他们就坐。宾主坐定之后，司马季主又接着疏解前面讲的内容，分析天地的起源与终止，日月星辰的运行规律，区分仁义的差别等级，列举吉凶祸福的种种征兆，洋洋洒洒讲了数千言，无不顺理成章。

宋忠、贾谊听后十分惊异而有所领悟，他们赶紧整理冠带，端正衣襟，恭敬地坐着，对司马季主说："我们看先生的容貌，听先生的谈吐，晚辈私下观察当今之世，还未曾见到过像您这样的人才。可是为什么您的地位如此低微，从事如此被人瞧不起的职业呢？"

司马季主听完捧腹大笑说："看两位大夫的样子是有学问的人，如今说出来的话显得知识浅薄、见识不广啊，怎么这么粗野缺乏文采呢！如今你们所认为的有道德有才能的是什么样的人呢？认为品德高尚的人又是谁呢？凭什么把我说得卑下污浊呢？"

宋忠、贾谊两人说："高官厚禄，在世人看来是高尚的，贤能的人应该处在那种地位。如今先生不是处在那种地位，所以我们说是低微的。如果一个人讲话不真实，做的事情经不起检验，要的钱不恰当，那他就是卑污的。你们这些以占卜为业的人，就是世俗所鄙视的。世人都说：'占卜的人总是用夸大怪诞之辞来迎合人们的心意；虚假抬高人们的禄命来取悦人心；编造灾祸以使人悲伤；假借鬼神以骗尽钱财；贪求酬谢以利于自身。'这些在我们看来都是可耻的行径，所以说您的行业是低微卑污的。"

司马季主说："二位暂且安坐下来听我说说。你们见过那些披散着头发的童子吧？有日月照着的时候，他们就出来活动；没有日月照着的时候，他们就不活动。如果问他们日食和月食的吉凶，就不能解释说明。由此看来，能够识别贤者与不肖的人太少了！

"大凡贤能者处事，都遵循正直之道以正言规劝君王，多次劝谏不被采纳就不再觐谏；他们称赞别人的时候并不图得到回报，憎恶别人的时候也不怕招来怨恨，只要是对国家对百姓有利的事情就去做。所以，不是自己所能胜任的官职就不担任，不是自己所应得到的俸禄就不接受；心术不正的人，即使居显位也得不到尊重；有污点的人，即使高居尊位也不屈居其下；得到荣华富贵也不以为喜，失去富贵荣华也不以为恨；只要不是他的过错，即使牵累受辱也不感到有什么羞愧。

"现在你们所说的贤者，都是些足以让他人为其感到羞愧的人。他们为了取得更高的地位而低声下气，过分谦恭；他们为了权势而互相勾结，以利益相诱导；他们结党营私，排斥正人君子，为的是骗取尊宠美誉，以获得更多的俸禄；他们为了谋求个人的利益不惜歪曲君主的法令，掠夺贫苦的农民；他们依仗官位和手中的权力逞威风，利用法律做工具，追逐私利，逆行残暴：好像拿着刀子威胁别人一样。在他们刚做官时，就拼命地耍弄巧诈伎俩，靠着虚报功劳、华而不实的文书去欺骗君王，以便达到更高的官位；在他们被委任官职后，不如实地陈述贤者的功劳，却自夸其功，把假的说成真的，把没有说成有，把少的说成多的，以求得更高的权势和尊位；他们吃喝玩乐，犬马声色，无所不为，置亲属于不顾；他们专做犯王法害良民的勾当，肆意挥霍国家的财产。这些人其实就是抢劫不拿弓矛，攻击他人不用刀箭，虐待父母不算犯罪，杀害国君未被讨伐的人。怎么能说他们是高明贤能者呢？

“盗贼发生时没有办法禁止，蛮夷造反时不能慑服，奸邪兴起时不能遏止，官吏腐败时不能整治，四季反常造成灾害时不能调节，年景不好时不能调理。有才学而不去做，这是不忠；没有才学而寄居官位，享受皇上的俸禄，妨碍贤能者的晋升，这是窃位；有关系的人能作官，有钱财的人能受到尊敬，这叫作虚伪。你们难道没有见过猫头鹰和凤凰一起飞翔吗？兰芷芎䓖这样的香草被遗弃在旷野里，而蒿、萧这样的杂草却长得茂密成林，如今使得正人君子隐退而不能扬名显众，正是在位诸公所致。

“只为前贤做阐发，自己不做新的开创，这是君子们的做法。如今卜者，在占卜时一定效法天地，取象四时的变化，结合仁义之道来分辨筮策，判定卦象，旋转栻盘，占卜作卦，然后给人们解说天地间的利害和人事的吉凶成败。以前的先王们在平定天下后，必先用龟策占卜日月，算出好日子后，才敢取代旧王朝；要先选准吉日，才能进入国都；家中生孩子也先占明吉凶，然后再决定是否养育这个孩子。自从伏羲氏创制了八卦，周文王将它演化成三百八十四爻，从而天下得以大治。越王勾践效仿周文王的八卦行事而大破敌国，称霸于天下。由此看来，卜筮又有什么短处呢！

“再说卜筮的人，在每一次占卜之前都要扫除洁净，摆好座位，整理好衣帽，再谈论吉凶之事，这是合礼仪的表现。经过他们的宣讲，使鬼神或许因而享用到祭品，忠臣因而能更好地事奉他的国君，孝子因而能更好地奉养他的双亲，慈父因而更好地抚育他的孩子，这是有德的表现。而问卜者按着常情花费几十、上百个钱，换来的是患病的人得到痊愈，将死的人得到重生，祸患得到免除，难办的事情办成了，嫁女儿、娶媳妇、生儿育女得以顺利进行：这样的功德，难道只值几十、上百个钱吗！这就是老子所说的‘有大德者并不以有德自居，才是真正的有德’。如今的卜筮者给别人带来的好处多，收受的报酬少，老子所说的话同卜筮者的所作所为难道有什么不同吗？

“庄子说：‘一个人如果能做到吃得饱穿得暖，在外不受他人的欺负，居上位时慎重严谨，处下位时不妒忌他人，就达到君子做人的标准了。’如今以从事卜筮为业的人，积蓄没有聚集成堆，收藏财物用不着府库，搬家用不着辎车，装备简单轻便，停留下来就能使用，也没有用完的时候。我们有着用之不尽的东西，周游于没有尽头的世上，即使是庄子的为人处世理想也不见得比我们更好。你们为什么说不可以卜筮呢？天不足于西北，所以日月星辰移向西北；地不足于东南，所以东南都成了海洋；太阳到了中午必定向西移动，月亮圆了之后必定出现亏缺；先王的圣道也是时行时不行。而二位大夫要求我们卜筮者所说的话都能实现，不也很糊涂吗！

“你们见过能言善辩的谋士吧？他们是替君主思考问题，决定计策的人，但是他们不可能用只言片语就能使君主喜悦，所以他们讲话的时候必从先王说起，引述上古；他们在思虑定谋的时候，或夸饰先王当初怎么做而取得事业的成功，或述说当时怎么做导致失败垮台，这样以失败者之所行来恐吓君主，以成功者之所行来鼓舞君主，从而实现他们的欲望。没有比他们更能夸大其词的了。然而要想使国家富强，事业成功，能够真正地效忠君主，不这样做又不行。如今的卜筮者，是启发失迷的人，教训愚昧的人。那些愚昧糊涂的人，一两句话就能使他们聪明起来吗！所以说话不厌其多。

“所以千里马是不能和劣等的驴子同驾一辆车的，凤凰也不与燕子、麻雀为群，而贤者也不跟品行不端的人同伍。因此君子常隐居不出以避开世俗之人，自己隐匿起来不与一般人为伍，但是他们也会稍微表现一点道德才干来帮助世人消除祸害，以表明上天的本性是助善乐施的，他们帮助君主养育人民，希求给社会更多的好处，而不去追求尊位与荣誉。你们两位只不过是随声附和的人而已，哪里知晓年高有德者的所作所为呢！”

宋忠和贾谊听完这番话，神情恍惚，若有所失，茫然而面无人色，一句话也说不出来。两人赶紧整衣起身，拜了又拜，辞别司马季主。二人走起路来有些不知何去何从，出门后仅能爬上自己的车子，低头趴在车厢前的横木上，好一会儿没有喘过气来。

三天之后，宋忠在殿门外碰到了贾谊，两人便凑到一个偏僻的地方以避开旁人谈论此事，相对慨叹说："道德越高就越安稳，权势越高就越危险。如果一个人居于显赫的地位，那么离他丧身的日子也就指日可待了。给人占卜即便不准确，也不会被人把付给的钱再要回去；替皇上出谋划策如果考虑不周详，就没有立身之地了。这二者相差太远了，如同天之冠、地之鞋不可同日而语一样。这就是老子所说的'道是天地万物的根源'啊。天地空阔无边，万物兴盛和乐，有的安稳，有的危险，让人不知身居何处为好啊。我和你，哪里值得去干预卜者的事情呢！他们从事卜业的时间越久就越安稳，即使是庄子的为人处世准则和他们也没有什么不同之处。"

很久之后，宋忠被派出使匈奴，没有到达那里就返回来了，因此被判了罪。贾谊做梁怀王的太傅时，梁怀王不慎从马上摔下来而死，贾谊因此感到很愧疚，吃不下饭，最后含恨而死。这两人都是追求功名而送掉了性命啊。

太史公说：我之所以没有记载古时候的卜者，是因为在文献里很少见到他们的事迹。直到有了司马季主，我才将其言行记述成篇。

褚先生说：我在做郎官时，有时候在长安城中游览，见到从事卜筮职业的贤者们，我就会观察他们的行为举止，发现他们都很是自然得体，他们即使是接待乡野之民也整理好衣服帽子，很有君子的风范。遇到性情温和、善解人意的妇人来问卜，卜筮者也态度严肃，从不露齿而笑。自古以来，贤者避开官场，有的隐居于荒芜的草泽，有的隐居于民间闭口不言，有的隐居在卜筮者中间以保全自己。司马季主是楚国的贤大夫，曾在长安游学，精通《易经》，通晓黄帝、老子之道，可谓是知识广博，远见卓识。看他与宋忠、贾谊之间的对话，引述古代明王圣人的道理，可见他不是一般见识浅薄、能力低下之辈所能望其项背之人。以卜筮为业名扬千里的，到处都有。古书上说："富是第一的，贵是第二的；已经显贵了，还须学会一技之长以立身社会之中。"黄直，是男人；陈君夫，是女人，他们都以擅长相马而扬名天下。齐国张仲和曲成侯都以擅长击剑而扬名天下。留长孺以善于相猪而出名，荥阳褚氏因善于相牛而出名。能够以一技之长而立名的人很多，他们都有高于常人的风范，难以一言说尽。所以说："不是合适的土地，种什么也不会生长；不是他想用心学的知识，教什么也难以学会。"大凡家庭教育子女，只要孩子喜好的是一种谋生之道，那么家长就可顺其爱好因势利导去造就他。所以说："通过看一个人如何管家，如何教子，就足以看出他的思想气质与为人处世之道；能让自家的孩子在社会上有安身之处，就可以称得上是贤人了。"

我做郎官的时候，与太卜待诏为郎官的同事同一衙门办公，他说："孝武帝时，曾经将各种从事占卜的人召集来询问，问他们某日可以娶媳妇吗？五行家说'可以'，风水先生说'不可以'，建除家说'不吉利'，丛辰家说'大凶'，观测星象的说'小凶'，研究天人感应的说'小吉'，太一家说'大吉'。各家各执一词，不能做出决定，只好将有关情况奏明皇上。皇上下令说：'避开死凶忌讳，以五行家的意见为准。'"这就是人主采用五行家意见的原因。

（邓小棒　译）

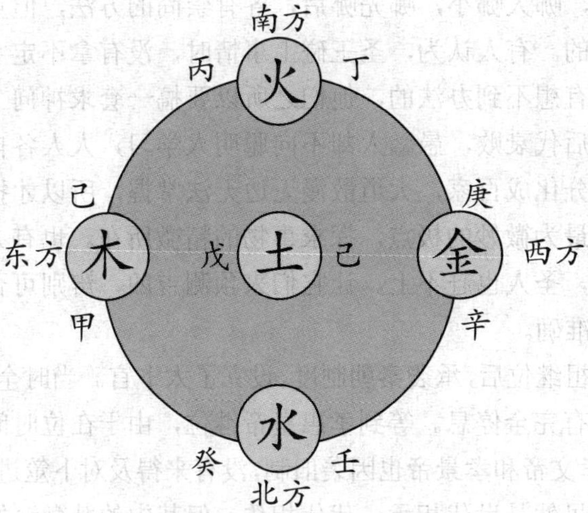

《史记》卷一百二十八　龟策列传第六十八

太史公说：自古以来的圣明君王在将要建立国家承受天命，兴办事业之时，哪个不曾用卜筮来助成善事的！唐尧虞舜以前的历史，已经不可能记述了。从夏、商、周三代兴起的情况看，都各有卜筮的吉祥之兆为根据。大禹娶涂山氏之女的卜兆为吉，于是夏启创建了夏朝；简狄吞玄鸟卵的卜兆为吉，因此殷朝兴盛；善于播种百谷的后稷蓍筮得吉，因而周朝国君终于称王天下。君王在决断各种疑难事的时候，参用卜筮的结果，以蓍草、龟甲做最终决定，这是沿袭不变的办事方法。

蛮、夷、氐、羌各少数民族虽然没有君臣上下等级秩序，但也有决断疑惑的占卜习俗。有的用金石，有的用草木，各国的占卜习俗不同。然而都可以用占卜来指导战争行动，推测战争前景，相机夺取胜利。他们各自崇信卜筮的神灵，借以预测未来的事情。

我对以下事情略有所闻：夏、殷时期的人们在将要卜筮时，才取来蓍草和龟甲，用完就把它们丢弃，因为他们认为龟甲、蓍草收藏久了就不灵验了。到周朝，卜官却珍藏蓍草、龟甲备用。另外，他们对使用龟蓍，哪大哪小，哪先哪后，各有崇尚的方法，但重要的是其目的是一致的。有人认为，圣王碰上事情时，没有拿不定主意的；解决疑难，没有想不到办法的，他们之所以要搞一套求神问卜的办法，是因为认为后代衰败，愚蠢人却不向聪明人学习，人人各自满足于自己的见识，分化成百家，大道散漫无边无法掌握，所以才把物情事理推演归纳到最为微妙的极点，探求事物的精微所在。也有人认为，灵龟所擅长的，圣人也赶不上。让它们来预测吉凶，辨别可否，往往比人的预测更准确。

到高祖继位后，承袭秦朝制度，设立了太卜官。当时全国刚刚统一，战争还没有完全停息。等到孝惠皇帝继位，由于在位时间很短，吕后是女主，孝文帝和孝景帝也因袭旧制，没有来得及对卜筮进行深入研究。所以卜官虽然是世代相承，代代相传，但其中的精微深妙却失传了不少。到当今皇帝即位之后，广开才能之士的上进之路，遍招各种学者，即使只通晓一种技能的人都有机会献力效劳，技艺非常突出的人更是得到优待，实事求是，没有偏袒，没过几年太卜官署就聚集了很多人才。正好碰上皇帝打算北击匈奴，西攻大宛，南取百越，卜筮能预测事情的发展变化，给出趋利避害的办法。等到猛将受命率兵冲锋，在疆场上取得胜利，这其中也有卜筮者和占测时日者的功劳。皇帝因而对卜筮官更加重视，赏赐有时多达数千万钱。如丘子明等人，财富暴增，大受皇帝宠幸乃至压倒满朝公卿。至于以卜筮猜测哪些人以蛊道谋害皇帝或搞巫蛊的人，也真有的能被猜中。对于平时相互有些小的矛盾，他们就寻机公报私仇，肆意迫害，以致被破族灭家的无以计数。满朝文武百官惶惶不安，但都说龟甲、蓍草说的灵验。后来卜官诬陷他人的事情败露，也被灭了三族。

由于手执蓍草以确定吉凶和烧灼龟板观察兆纹以定吉凶，兆象变化无穷，因此要选用贤人来担任卜官，这也称得上圣人对卜筮大事的重视吧！周公连卜三龟，武王的病就痊愈了。殷纣王暴虐，即使用大龟也占不到吉兆。晋文公打算恢复周襄王的王位，占卜得到黄帝战胜于阪泉的吉兆，终于成功，获得周襄王赏赐的彤弓，成为侯伯。晋献公贪图骊姬的美色，占卜得晋国将有口舌为祸之兆，这场祸患竟然延及了五代。楚灵王将要背叛周天子，占卜不吉利，终于败亡乾溪。龟兆预示出内在的趋势，而时人从外部征兆来明察事理，能不说这是两相吻合吗！君子认为那些轻视卜筮不信神明的人是糊涂的；背弃人道、只迷信吉祥之兆，鬼神也得不到应有的祭祀。所以《尚书》提出了考察疑难的正确方法，参与决策的有五种对象，卜和筮就占了其中的两种，五占中多数意见主张办的事，办起来将得吉利，这表明不放弃卜筮，但又不专信卜筮的道理。

我到江南考察时，观察了解过龟蓍的事，访问当地老者，他们说龟活到一千岁才能在莲叶上游动，蓍草一条根能长出百条枝茎。还说龟蓍生长的地方，没有虎狼一类的猛兽，草中也没有蛇、蝎一类的毒虫。江边居民常常养龟，供应其饮食，认为龟能运用导引术来增加人的元气，可助人抗衰养老，这些话难道不是真实的吗！

褚先生说：我由于通晓经学，受业于博士，研究《春秋》，由于考试成绩优秀被任命为郎官，有幸能在宫中任宿卫，出入宫殿中有十多年。我私下喜好《太史公传》。太史公的《传》里说："夏禹、商汤、周文王龟卜之法不同，四方各少数民族卜筮方法也各不相同，但都是用来占卜吉凶，我大致统观他们的要点，写了《龟策列传》。"我在长安城中反复寻找，没有找到《龟策列传》，所以就到大卜官那里，向那些年岁大、知道事情多的掌故、史学官员请教，写下了解到的龟筮事情，编在下面。

我听说五帝、三王举事之前，必先卜筮以做决断。古代占卜书说："下面有茯苓，上面有菟丝；上面有丛蓍，下面有神龟。"这里所说的茯苓，生长在菟丝下面，样子像飞鸟。第一场雨下了以后，如果天气清静无风，就可在夜里割去菟丝，拿灯笼来照此地的茯苓，如果灯笼一照火就灭掉，就在这个地方做个标记，用四丈新布把这个地方围起来，天亮了往下挖菟丝，挖到四尺到七尺之间就能挖到。超过七尺就挖不到了。茯苓是千年老松树的根，人吃了可以长生不死。据说蓍草茎长满一百根时，它下面就有神龟守护，上面有青云笼罩。古书上说："天下和平，王道实现，蓍草的茎能长到一丈长，一丛能长满一百条枝茎。"当今寻取蓍草的人，不能达到古书上的要求，找不到长满百茎、长一丈的蓍草。能寻取到八十茎以上、八尺长的蓍草已经很难得了。喜好用卦的百姓，找到满六十茎以上、长满六尺的蓍草就可以用了。古书说"能得到名龟的人，财物跟着就到，他家一定很富有，财钱多至千万。"第一种名龟叫"北斗龟"，第二种名龟叫"南辰龟"，第三种名龟叫"五星龟"，第四种名龟叫"八风龟"，第五种名龟叫"二十八宿龟"，第六种名龟叫"日月龟"，第七种名龟叫"九州龟"，第八种名龟叫"玉龟"，共有这八种名龟。古书中所画的龟图在龟腹下各有字，写明是哪种龟，我在这里只略写出它们的名称，不摹描它们的图形。要寻取这类龟，不必等到龟长满一尺二寸，民间如果得到七八寸长的，就可以视为宝贝了。珠玉宝器即使藏得再深，也会显露出光芒，显现出神灵，大概说的就是这个吧！所以美玉蕴藏在山中，山上的树木就会显得光润；深潭有珍珠，岸上草木就不会枯萎，那是因为得到了玉石珍珠的润泽。有名的明月珠出自江海，藏在蛤蚌中，上面趴着蛟龙。如果君王得到了它，就可长保天下，四方的少数民族都会来归附。如果能得到长满百茎的蓍草以及它下面的神龟用来占卜的话，那就能百言百中，足以决定吉凶。

神龟出在长江中，庐江郡每年按时给太卜官送去二十个一尺二寸的活龟。太卜官在吉日剔取龟的腹甲。龟活一千岁才能长到一尺二寸长。君王调兵遣将，必先在庙堂上钻龟甲占卜以决断吉凶。如今高祖的庙中有一个龟室，收藏着这种龟甲，并把它看作神宝。

古代占卜书上说："取龟的前足臑骨穿起来佩带在身上，在室内西北角悬挂一只龟，这样，走进深山老林时就不会迷失方向。"我在做郎官时，看过《万毕石朱方》，书中说："江南嘉林中有神龟。所谓嘉林，就是没有虎狼这样的猛兽，没有鸱枭这样的恶鸟，草中没有毒虫，野火烧不到，樵夫砍柴足迹不到的地方。龟生活在嘉林中，常在芳莲上筑巢。它的左胸上写着字：'在甲子年出现日晕现象那一天得到我的人，如果原是平民百姓，可以成为诸侯；如果原是诸侯，可以成为帝王。'在白蛇蟠杅林中寻取龟的人，都是斋戒了以后专程等候，态度恭敬，就像专程等待别人来告诉他龟的消息一样，同时敬酒祈祷，披散头发行礼，这样持续三天才能得到龟。"由此看来，寻取龟的仪式是多么庄严隆重！所以，对龟能不非常敬重吗？

南方有位老人用龟垫床脚，过了二十多年，老人去世了，移开床脚，龟依然活着。这是因为龟能用行气引导的办法来养生。有人问："龟这么神通广大，为什么太卜官得到活龟后总是杀了剔取其甲呢？"不久以前，长江边上有个人得到一只名龟，养在家里，家里因此发了大财。主人和别人商量，打算把龟放了。有人教他要把龟杀掉，不能放，放了，家要衰败。龟给他托梦说："把我放到水里去，不要杀我。"这家人最终还是把龟杀了。在杀了龟之后，这家的主人就死了，家庭也倒了霉。这样看来百姓和君王对待龟所遵循的办法应该不一样。老百姓得到名龟，看来好像不应该将其杀死。根据古代故事来说，圣明君王得到名龟都是杀了供占卜之用。

宋元王时得到一只龟，也杀掉它并用它占卜。我现在谨把此事记录在下面，供有兴趣的人阅读、参考。

宋元王二年，长江之神派神龟出使黄河。神龟游到泉阳时，被打鱼人豫且用网捞起来关在笼子里。半夜里，神龟托梦对宋元王说：“我奉长江之神之命出使黄河，但是渔网挡住我的去路。泉阳的豫且捉住了我，我无法脱身离开。身处危难之中，无处求告。听说您有德义，所以来向您求救。”元王被这个梦给惊醒了。于是召来博士卫平商量：“刚才我梦见一个男子，伸着脖子，长长的头，穿着刺绣的黑衣，乘着辎车，来给我托梦。他说：‘我奉长江之神之命出使黄河，但是渔网挡住我的去路。泉阳的豫且捉住了我，我无法脱身离开。身处危难之中，无处求告。听说您有德义，所以来向您求救。’这来托梦的是什么人物呢？”卫平拿出星盘站起来，仰天察看月光，观测北斗星斗柄的指向；估量太阳运行的位置。以圆规和矩尺为辅助工具，并加上秤锤和秤杆。先测定东、西、北、南方位，又测定东南、西南、西北、东北方位，于是布列好八卦。考察其中吉凶预兆，龟首先显现。于是对元王说：“昨夜是壬子日，太阳行至牵牛宿。正是黄河水大涨，鬼神相谋的时候。银河正处于南北走向的时候。长江之神和黄河之神原本有约，南风开始吹的时候，长江之神的使者先来拜会黄河之神。现在天象是白云堵塞了银河，万物滞留。北斗星的斗柄指向太阳所在星官，这是说长江之神的使者被囚禁了。您所梦见的穿黑衣裳、乘辎车的男子，那是龟。请您马上派人去寻找它。”元王说：“好。”

于是元王就派人乘车疾驰去泉阳，询问泉阳令：“你县有多少家渔民？有没有叫豫且的？豫且捉到了一只龟，龟托梦给元王，所以元王叫我来找它。”泉阳令就派官员查阅户籍簿和居民分布图，得知该县河边渔民共有五十五家，上游地区有间简陋的房屋，房屋的主人叫豫且。泉阳令说：“好。”就和使者乘车疾驰到那里，问豫且说：“今天你捕鱼捕到了什么？”豫且说：“半夜收网时捉到了一只龟。”使者说：“现在龟在哪里？”豫且回答说：“关在笼子里。”使者说：“元王知道你捉到了龟，所以派我来寻找龟。”豫且说：“好。”就用绳拴绑了龟，从笼里提出来，献给使者。

使者带着龟驶出泉阳城门。那时是大白天却什么也看不见，风雨大作，天地间一片昏暗。青黄五彩云罩在上空，接着雷电交加，风吹送着车子前行。使者带着龟进了国都端门，在车厢房前取出龟。龟身如流水一般，润泽有光。龟望见元王，伸出脖子往前爬，爬了三步却停住了，又缩回脖子后退到原处。元王见了龟这种举动深感奇怪，问卫平说:“这龟见了我，伸出脖子往前爬，它这样的举动是什么意思呢？而后它又缩回脖子退到原处，这又是什么意思？”卫平回答：“龟在患难中，整夜被囚禁，王有德义，派人解救了它。现在它伸脖子向前爬，是表示感谢，缩脖子后退，是希望尽快离开。”元王说：“啊！这龟神灵到如此地步，不可长久地扣留它，立即派人驾车送走龟，别耽误了它的出使期限。”

卫平回答说：“龟是天下的宝物，先得此龟的人能成为天子，而且十言十灵，十战十胜。它生于深渊，长于黄土，知晓天道，清楚上古以来的大事。这只龟游历了三千年，不曾离开过它生活的领域。它安详平稳，从容端庄，行动自然，不用拙力。它寿命比天地长久，没有人知道它的寿命极限。它顺随万物变化，随着四时的交替而变化着体色。它平时隐藏在偏僻的地方，趴在那里不吃不喝。春天呈现青色，夏天变为黄色，秋天呈白色，冬天又变成黑色。它懂得阴阳，精晓刑德。预知利害，明察祸福。用它来预测事情则必然准确，用它来卜战则作战就取得胜利，王若能宝藏住它，诸侯就都会来归附。王不要放走他，应该用它来安定国家。”

元王说:“这只龟非常神灵，从上天而降，陷在深渊。它在患难中，认为我贤明，仁德忠厚而忠诚信实，所以求救于我。如果我不放走它，那么我也成了一个渔人了。渔人看重它的肉，我贪图它的神力，臣下不仁，君上无德。君臣的行为都不符合礼仪，国家还有什么福呢？我不忍心这样做，为什么不送走它呢！”

卫平回答说：“不是这样的。我听说，恩德太大就不去报答，寄存贵重之物就不用归还，现在上天赐予你宝物你不接受，那么上天就要夺回它的宝物了。这龟周游天下，再回归原住地去，它上达苍天，下至泥地，环游九州，未曾受过屈辱，也未遇到过阻拦。而现在到了泉阳，渔民却折辱了它，把它囚禁起来。王虽然施大恩放了它，但长江之神和黄河之神必然恼怒，一定会寻机报仇。龟自认为被侵害了，要和神合谋报复。那时雨会下个不停，大水泛滥将无法治理。或者遭遇枯旱，大风扬尘，蝗虫迅猛繁衍，百姓错过农时。王即使施行了放龟的仁义，那样的惩罚也必然会降临。这没有其他的原因，祸害就出在龟身上。以后您即使因为这件事后悔，那还来得及吗！王不要放掉这只龟啊。”

元王慨叹道：“阻挡别人的使者，破坏别人的计划，这不也是凶暴吗？夺取别人的东西，当作自己的宝物，这不是强横吗？我听说，以残暴手段夺来的东西，必然也会被人残暴地夺去；强行夺取的东西日后必然一无所用。夏桀和商纣都是残暴强横不讲理的人，最后都落得自己被杀死，国家也灭亡了的下场。如果我现在听从了你的建议，这就丧失了仁义名声而有了残暴强横的行为。长江之神和黄河之神将成为商汤、周武那样的仁义圣主，而我却成为夏桀、商纣那样残暴强横的暴君。还没看到神龟带来的什么好处，恐怕要陷进灾祸之中。我现在拿不定主意，怎能侍奉好这个宝物，赶快驾车送这只龟走，不要让它在此久留。”

卫平回答说：“不是这样的，王不用忧虑。天地之间，积石成山。山虽然高耸但不坍塌，大地得以安然无恙。所以说有的东西虽然看起来很危险，其实很安全；有的东西虽然看起来很轻却无法移动。有的人虽然忠厚老实却不如大言欺诈的；有的人虽然面貌丑恶却适合于做大官；有的人虽然漂亮却是众人的祸害。除了神和圣人，没有人能说清楚这种现象。春夏秋冬四季，有时炎热有时寒冷。寒暑不调，邪气相侵。一年有不同的季节，这是根据四时冷热不同确定的。所以让植物春生夏长，秋收冬藏。有的人仁义，有的人强暴。强暴有目标，仁义有时机。万物都是如此，不能完全说明白。大王如果接受我的建议，就让我彻底把这件事说清楚。上天呈现五种颜色，是用来辨别白天黑夜。大地长出五谷，是用来分辨好坏。当初人们不懂得这样辨别，和禽兽相似。居住在山谷洞穴里，不懂得耕作，天下灾祸频生，阴阳混乱。匆匆忙忙过日子，男女交媾却不加选择。妖孽常常出现，人们传宗接代的能力薄弱。后来圣人区分万物生存特点，使他们互相无法侵害。禽兽有牝牡之分，把它们放到山区原野；鸟有雌雄之分，都把它们分布到丛林水泽；甲壳生物，安置在河流溪谷。管理人民，就为他们建立城郭，在城内设立街巷，在城外开辟道路。根据夫妻男女，给他们田宅、房屋。建立户籍，登记其姓名。设立官吏，用爵位俸禄鼓励他们。种桑麻有衣穿，种五谷有饭吃。人民辛勤耕作，于是能吃到美味的食物，看到美丽的风景，穿上遮寒保暖的衣服。由此可见，不用强力就达不到效果。所以，农民种地不强，粮食就不能丰收；商人不用强力，就赚不到钱；妇女不用强力，就织不好布；当官的不用强力，就没有威势；大将不用强力，兵就不听令；侯王不用强力，终生无名。所以说施用强力是事业的起点，是名分的根据，是万物的法则。从施用强力入手就没有得不到的东西。大王如果不认同这个说法，您难道没有听说过，那带有野雉雕饰的玉匣，本出自昆山；明月之珠，本出于四海；凿雕昆山之石制成玉匣，割剥海中之蚌取出明月之珠，把它们拿到市场上贩卖；圣人得到它们，当作宝物。谁得到了宝物，谁就是天子。现在您认为将龟留下是残暴，其实不如那些剥取明珠的残暴。那些制匣取珠的人没有罪过，宝藏匣珠的人没有祸患。现在龟因出使而落入网中，被渔人抓获，又托梦给您，自述遭遇，这是国家的宝物，您担心什么呢？”

元王说：“不是这样的。我听说，进谏是国家的福气，阿谀是国家的祸害。君主听从阿谀奉承之言，是愚蠢糊涂的表现，道理是这样，但灾祸不会无缘无故的降临，福气也不会平白无故的到来。天地相合，便会生出各种财富。阴阳别，不偏离四个季节。一年有十二个月，日子满了便为一个周期。圣人透彻明白这些道理，所以自身没有灾难。明君运用这些规律，所以没人敢来欺骗他。所以说，福气的来到，是人们自己创造的；灾祸的降临，是人们自己招致的。祸与福可能同时存在，刑与德互相关联。圣人洞察它们，用来预测吉凶。桀纣时，和天争功，断绝人与鬼神沟通，使它们不能通显其灵。这本来就很残暴无道了，而谄谀之臣又多。夏桀有一名谀臣，名叫赵梁。劝诱夏桀做无道之事，怂恿他贪婪凶戾。把商汤囚禁在夏台，杀害了关龙逢。他的左右大臣怕被杀死，在其身边苟且偷生、阿谀逢迎。国势危如累卵，大家却都说无妨。赞美欢呼万岁，或者说国运无尽。蔽遮夏桀的耳目，和他一起自欺欺人。商汤终于讨伐夏桀，使其落得身死国亡的下场。他听信阿谀之臣的教唆，以致遭受灾祸。《春秋》记载了这段史实，使人至今不忘。商纣有一位阿谀之臣，名字叫左强。此人浮夸不实，自诩目测能力强，不必借助规矩绳墨就能设计施工，教唆商纣筑造象廊，高大宏伟，直薄云天。室内又陈设玉床犀玉之器，用象牙制作的筷子吃饭。剖圣人比干的心脏，砍断壮士的小腿。箕子害怕被杀死，披头散发装疯。纣王杀死了周太子历，囚禁了周文王姬昌，将他投进石室，打算将他从早到晚囚禁。阴兢救出文王，和他一起逃亡到周国。文王得到太公望姜尚，带领军队和商纣作战。文王病死，大臣用车载着文王尸首前进。太子姬发代替文王统率军队，号为武王。和商纣在牧野作战，在华山之南击溃纣军。纣王不能取胜，兵败逃回，被武王包围在象廊。纣自杀在宣室，死后得不到安葬。头被砍下悬挂在车上，四匹马拉着车子走。我一想到桀纣的遭遇，肚子里如有开水在滚沸。他们都曾拥有天下的财富，贵为天子，但是都太傲慢了。贪得无厌，办事好高鹜远，贪婪凶狠而又骄纵。不任用忠诚老实人，听信阿谀之臣，被天下耻笑。现在我们的国家处在各诸侯国之间，小如秋毫。办事若有不当之处，怎么能够逃脱亡国的下场！”

褚先生说：渔夫提网捉到了神龟，神龟自己托梦给宋元王，宋元王召见博士卫平，把梦见神龟的情形告诉他，卫平借助占卜的器具，推定日月的位置，分辨星官关系，推测吉凶，占卜得出神龟和所观测推算的形象相同，卫平力劝元王留住神龟作为国宝，这真是美好的事情。古人谈到卜筮必然称道龟，因为龟有灵验的好名声，由来已久了。我因此写下这篇传记。

三月　二月　正月　十二月　十一月　兆的中关呈内高外低之状　四月兆的首端呈仰起之状　兆的足端呈开放之状　兆的足端呈收敛之状　兆的首端呈下俯而较大之状　五月　横吉　兆的首端呈下俯而较大之状　六月　七月　八月　九月　十月

占卜的禁忌如下：一天之中在子时、亥时、戌时不可以占卜及杀龟。白天如果遇到日食，要停止占卜。黄昏时龟混沌不明，不可以占卜。庚日、辛日可以杀龟，也可以在龟甲上钻凿。通常在每月初一给龟洗涤，以去除龟的不祥。先用清水给龟洗澡，然后用鸡蛋在龟身上摩擦以消灾祈福，然后再拿龟去占卜，这是用龟的通常方法。如果占卜不灵，都要用鸡蛋摩擦龟身以驱除不祥，面朝东方站着，用荆枝或硬木灼烧龟甲，用土捏成鸡蛋的形状指龟三遍，围着它绕三圈，祝祷说："今天是吉日，谨以精米、鸡蛋、荆木和黄绢以去除神龟的不祥。"这样，神龟必然诚实可信，了解万事的情况，什么事都能辨以兆文占卜明白。如果占卜不信不诚，就烧掉它，扬弃它的骨灰，以惩戒后来的龟甲。占卜时必须面向北方，龟甲的长度要是一尺二寸的。

在占卜的时候，先在用燃烧的荆木灼烧的地方钻凿龟甲，在龟甲的中部钻凿后，再灼烧龟的头部，钻凿、灼烧各三次；接着再灼烧正身、正首、正足，龟甲中间被钻凿的地方叫正身，被灼烧的头部和足部分别叫正首和正足，这三个部位各灼烧三次。再以荆条火绕龟甲行三周，祝祷说："借助您的神力。神龟，我用荆枝灼烧您的心，使您能预知未来。您能上行于天，下行于渊，各种蓍草都没有您灵验。今天是个好日子，请给我们一个好卜兆。我想卜问某事，如果得到吉兆就高兴，得不到吉兆就懊恼。如果我求的能得到，就呈现又长又大的兆身，首足收敛，兆文成对向上舒展。如果我求的不能得到，就呈现曲折的兆身，中心和边缘兆文不相对应，首足不现兆文。"

用神龟占卜时，祝祷说："借助您的神力，各种各样的占卜再灵验，都不如神龟您灵验，能预知人的生死。我要得个好卜兆，我想求得某物。如果能得到，请显现兆头兆足，兆象内外相应；如果得不到，就请兆头上仰，兆足收敛，兆象内外自然垂下。这样我就能得到占卜的结果了。"

为病人占卜时，祝祷说："现在某人病得厉害，如果会病死，请将兆首向上伸展，兆文内外交错，兆身曲折；如果不会病死，请将兆首上仰，兆足收敛。"为病人占卜，问是否有鬼神作祟时，祝祷说："这个病人如果中了邪祟，请不要显示兆文；如果没有中邪，就显现出兆文。如果家中有鬼神为害，兆象就呈现在内，如果家外有鬼神为害，兆象就呈现在外。"

卜问被囚的人能否出狱。如果不能出狱，兆象为横吉安；如果能出狱，兆足张开，兆首仰起，兆象有外。

卜问财物能否得到。如果能得到，显示兆首仰起，兆足分开的形状，兆象内外相应；如果不能得到，兆象就呈现首仰足敛的形状。

卜问买卖臣妾、马牛能否顺利。如果买卖顺利，显示首仰足开的形状，兆象内外相应；如果买卖不顺利，显示首仰足敛的形状，兆象为横吉安。

卜问袭击在某处聚集若干人的盗匪团伙，现在带兵若干人去袭击他们。如果能取胜，兆象为首仰足开身正，兆文内高起，外下。如果不能取胜，兆象为足敛首仰，身首内下外高。

卜问该不该出行。如果宜出行，兆象为首足开；如果不宜出行，兆象为足敛首仰，如同横吉安的兆象，安即不宜出行。

卜问出发攻打强盗，能否碰见。如果能够碰见，兆象为首仰足敛，有外；如果碰不到，兆象为足开首仰。

卜问到某处去侦察盗匪,能否见到。如果能见到,兆象为首仰足敛，敛胜有外；如果见不到，兆象为足开首仰。

卜问强盗来不来。如果来，兆象为外高内下，足敛首仰;如果不来，兆象为足开首仰，如同横吉安的形状，表示强盗会在以后来。

卜问调动职务会否丢官。如果丢官，兆象为足开肣外首仰；如果不丢官，或自己辞职才丢官，兆象为足敛，如同横吉安的形状。

卜问做官吉利不吉利。如果吉利，呈现的兆象为身正，如同横吉安的形状；如果不吉利，兆象为兆身曲折，首仰足开。

卜问平常住在家里吉利不吉利。如果吉利，呈现的兆象为身正，如同横吉安的形状；如果不吉利，兆象为兆身曲折、首仰足开。

卜问年内庄稼能否丰收。如果丰收，兆象为首仰足开，内自高起，外自下垂；如果不丰收，兆象为足敛首仰有外。

卜问年内民间有无瘟疫。如果有瘟疫，兆象为首仰足敛，身节有强外；如果没有瘟疫，兆象为身正首仰足开。

卜问年内有无战争。如果没有战争，呈现出的兆象如同横吉安的形状；如果有战争，兆象为首仰足开，身作外强情。

卜问见贵人吉利不吉利。如果吉利，兆象为足开首仰，身正，内自高起；如果不吉利，兆象为首仰，身曲折，足敛有外，如同空虚无物的样子。

卜问求见他人有无收获。如果有收获,兆象为首仰足开,内自高起;

如果没有收获，兆象为首仰足敛有外。

卜问追捕逃亡者能否追到。如果追捕得到，兆象为首仰足敛，内外相应；如果追捕不到，兆象为首仰足开，如同横吉安的形状。

卜问渔猎能否有收获。如果有收获，兆象为首兆象为仰足开，内外相应；如果没有收获，足敛首仰，如同横吉安的形状。

卜问出行会不会遇到盗匪。如果遇见强盗，首仰足开，身曲折，外高内下；如果不会遇到强盗，兆象为呈兆。

卜问老天爷下不下雨。如果下雨，兆象为首仰有外，外高内下；如果不下雨，兆象为首仰足开，如同横吉安的形状。

卜问雨天能否转晴。如果转晴，呈现的兆象为足开首仰；如果不转晴，兆象为横吉。

有一种兆象名为横吉安。卜得此兆的，病重的人一天之内不会死去；病得不重的人在占卜当天就会痊愈，不会死去。被囚禁的人，如果犯的是重罪不会获释，如果犯的是轻罪就会立即获释；如果过了一天还不获释，即使长期被囚禁也无危险。问求财物或者买臣妾、马牛能否得到，一天之内就可获得；如果过了一天就会买不到。问宜不宜出行，不宜出行。问有人要来，还来不来。要来的人很快就会来到；如果过了吃饭时候还不来，就不会来了。问要不要去攻打盗贼，不去，即使去也碰不上盗贼；听说盗贼要来，不会来。问会不会调动官职，不会调动。问在官任上、在家中生活都吉不吉利，居官、在家都很吉利。问当年年成如何，不会丰收。问民间有无瘟疫，没有瘟疫。问年内有无战争，没有战争。问去不去求见贵人，可以去。如果不去就不会有喜事。问去不去拜见人请求帮助，不去就得不到帮助。问追捕逃亡的人、渔猎结果如何，都将一无所获。问出行会不会遇到强盗，不会遇到强盗。问下不下雨，不会下雨。问天转晴不转晴，不会转晴。

有一种兆象名为呈兆。卜得此兆的，生病的人不会死。被囚禁的人将要获释。想出行的人可以出行。要来的人会来。到市场上要买的东西能买到。追捕逃亡者能追回，但是过一天再追就追不到。问出行的人能否抵达目的地，不能抵达。

有一种兆象名为柱彻。卜得此兆的，病人不会死去。被囚禁的人将要获释。想出行的人可以出行。要来的人会来。到市场上要买的东西买不到。所忧虑的事不值得忧虑。不能追回逃亡者。

有一种兆象名为首仰足敛有内无外。卜得此兆的，问病情，病情很重但不会死去。被囚禁的人将被释放。求取财物或者买臣妾、马牛的，买不到。出行者听到某种传言了不会出行。要来的人不会来到。听说有盗贼要来，但是不会来。听说某人要来但是不会来。听说要调任官职但是不会调任。居官有忧愁。居家多灾难。今年的庄稼收成中等。民间有瘟疫，多病。年内有战争，此地虽听说有战争，但是没有发生。求见贵人大吉。去拜谒他人的，不宜出行，即使去了也听不到好话。追捕逃亡者则会追不到。捕鱼打猎会没有收获。出行不会遇见盗贼。有没有雨，有雨，但是雨不会大。天能否转晴，不转晴。所有的兆文的形状都像“首备”的字形。问卜官，备是仰的意思，所以把它定为仰字。这是我私下记录的。

有一种兆象名为首仰足敛有内无外。问病情，病情虽然很重，但不会死去。被囚禁的人会被释放。求取财物或者买臣妾、牛马的均没有收获。想出行的人听到某种传言了，不会出行。要来的人不会来。要去攻打盗贼的，去攻打也碰不上盗贼。听说盗贼要来，盗贼不来。听说调动官职，但是不会调动。当官和在家不吉利。今年年成歉收。民间有疫情，多病。年内有战争，此地虽然听说有战争，但是不会发生。求见贵人大吉。求见他人或者追捕逃亡者，都会失望。丢了财物能找回，财物并没有被盗贼运走，能找回来。捕鱼打猎将一无所获。出行不会遇到盗贼。会不会下雨，不会下雨。会不会转晴，不会转晴。问吉凶如何，凶。

有一种兆象名为呈兆首仰足敛。问病情，病人不会死去。被囚禁的人还不会获释。求取财物或者买臣妾、马牛均没有收获。想出行的人不宜出行。要来的人不会来。攻打盗贼却碰不见盗贼。听说盗贼要来却不会来。想调动官职的不会调动。做官时间长了会有很多忧愁事。在家住着不吉利。今年庄稼歉收。民间有瘟疫。年内没有战争。求见贵人不吉利。拜见别人没有收获。打鱼捕猎只有少量收获。出行不会遇到盗贼。会不会下雨，不下雨。会不会转晴，不转晴。问吉凶如何，不吉利。

有一种兆象名为呈兆首仰足开。问病情，病人会因病重而死。被囚禁的人将被释放。求取财物或者买臣妾、牛马均没有收获。想出行的人可以出行。要来的人会来。攻打盗贼将碰不见盗贼。听说盗贼要来，但是没有来。想调动官职的会调迁。做官的时间不会长。住在家里不吉利。今年庄稼歉收。民间有瘟疫，但不多。年内没有战争。求见贵人没有见到，吉利。拜见别人、追捕逃亡者或者捕鱼打猎都没有收获。出行会遇见盗贼。会不会下雨，不下雨。天会转晴。小吉。

有一种兆象名为首仰足敛。问病情，病人不会死。被囚禁很久的人，没受到伤害。求取财物或者买臣妾、马牛的均没有收获。想出行的人不宜出行。将出发攻打盗贼的不宜出行，去了也遇不到盗贼。要来的人会来。听说盗贼要来，会来的。听说要调动官职，将不会调动。在家住着不吉利。今年庄稼歉收。民间有瘟疫，但得病的人不多。年内没有战争。去求见贵人能见到。去拜见别人、追捕逃亡者或者捕鱼打猎都没有收获。出行会遇见盗贼。会不会下雨，不会下雨。会不会转晴，不转晴。问吉不吉利，吉利。

有一种兆象名为首仰足开有内。问病情，病人将会死。被囚禁的人将会获释。求取财物或者买臣妾、马牛的均没有收获。想出行的人可以出行。要来的人会来。将出发攻打盗贼的不宜出行，去了也遇不到盗贼。听说盗贼要来，不会来。想调动官职的会调迁。做官的时间不会长。在家住着不吉利。今年庄稼丰收。民间有瘟疫但得病的人数少。年内没有战争。求见贵人不吉利。去拜见别人、追捕逃亡者或者捕鱼打猎都没有收获。出行不会遇见盗贼。会不会下雨？会不会转晴？转晴则为小吉利，不转晴则为吉利。

有一种兆象名为横吉内外自桥。问病情，病人在占卜当天就会不愈而死。被囚禁的人将不会判刑而无罪释放。求取财物或者买臣妾、马牛的都能得到。想出行的人可以出行。要来的人会来。去攻盗贼的，会交战，但不分胜负。听说盗贼要来，会来。想调动官职的会调迁。在家住着吉利。今年庄稼丰收。民间没有瘟疫。年内没有战争。问去见贵人，去拜见别人、追捕逃亡者或者捕鱼打猎都有收获。出行会遇见盗贼。会不会下雨？会不会转晴？下雨与转晴都为大吉。

有一种兆象名为横吉内外自吉。问病情，病人会死。被囚禁的人不会被释放。求取财物、买臣妾或马牛、追捕逃亡、捕鱼打猎都没有收获。想出行的人不宜出行。攻打盗贼将碰不见盗贼。听说盗贼要来，不会来。想调动官职的会调迁。当官会有忧愁事。在家住着、求见贵人、拜见别人都不吉利。今年庄稼歉收。民间有瘟疫。年内没有战争。出行不会遇见盗贼。会不会下雨？不下雨。会不会转晴？不会转晴。问吉不吉利，不吉利。

有一种兆象名为渔人。问病情，病人病得很重，但不会死去。被囚禁的人将会获释。求取财物、买臣妾或马牛、攻打盗贼、拜见别人、追捕逃亡者、捕鱼打猎都有收获。想出行的人可以出行。听说盗贼要来，不会来。想调动官职的不会调动。在家住着吉利。出行不会遇见盗贼。会不会下雨？不会下雨。会不会转晴？不会转晴。吉利。

有一种兆象名为首仰足肣内高外下。问病情，病人病得厉害，但不会死。被囚禁的人不会获释。求取财物、买臣妾或马牛、追捕逃亡者、捕鱼打猎都有收获。想出行的人不宜出行。要来的人会来。攻打强盗能取胜。想调动官职的不会调动。当官有忧愁事，但没有什么关系。住在家忧愁疾病多多。今年庄稼大丰收。民间有瘟疫。年内有战争，但不会波及本地。求见贵人、拜见别人不吉利。出行会遇见盗贼。会不会下雨？不会下雨。会不会转晴？不会转晴。吉利。

有一种兆象名为横吉上有仰下有柱。问病情，病人病了很久，但不会死。被囚禁的人不会获释。求取财物、买臣妾或马牛、追捕逃亡者、捕鱼打猎都无收获。想出行的人不宜出行。要来的人不会来。攻打盗贼将碰不见盗贼。听说盗贼要来，但不会来。想调动官职的不会调动。在家住着、去求见贵人都吉利。今年庄稼大丰收。民间有瘟疫。年内没有战争。出行不会遇见强盗。会不会下雨？不会下雨。会不会转晴？不会转晴。大吉。

有一种兆象名为横吉榆仰。问病情，病人不会死。被囚禁的人不会获释。求取财物、买臣妾、马牛到手了也保不住。想出行的人不宜出行。要来的人不会来。攻打盗贼将碰不见盗贼。听说盗贼要来，但不会来。想调动官职的不会调动。当官、在家住着、去求见贵人都吉利。今年庄稼丰收。年内有瘟疫，无战争。拜见别人、追捕逃亡者均没有收获。捕鱼打猎到了地点也没有收获。出行没有收获。出行不会遇到盗贼。天会不会转晴，不会转晴。小吉利。

有一种兆象名为横吉下有柱。问病情，病人病得厉害，不会好转，但也不会死。被囚禁的人将会获释。求取财物、买臣妾或马牛、拜见别人、追捕逃亡者、捕鱼打猎都没有收获。要来的人不会来。攻打强盗不会和强盗交锋。听说强盗要来，肯定来。调动官职、担任官职吉利，但持续时间不长。在家住着不吉利。今年庄稼歉收。民间没有瘟疫。年内没有战争。求见贵人吉利。出行不会遇到盗贼。会不会下雨？不会下雨。会不会转晴？转晴。小吉利。

有一种兆象名为载所。问病情，病人病情有好转，不会死。被囚禁的人将会获释。求取财物、买臣妾或马牛、拜见别人、追捕逃亡者、捕鱼打猎都会有收获。想出行的人宜出行。要来的人会来。攻击盗贼能见到，但交不了锋。听说盗贼要来，会来。想调动官职的不会调动。在家住着有忧愁事。求见贵人吉利。今年庄稼丰收。民间没有瘟疫。年内没有战争。出行不会遇见盗贼。会不会下雨？不会下雨。会不会转晴？转晴。吉利。

有一种兆象名为根格。问病情，病人不会死。问被囚的人怎样，被囚禁很久的人，没受到伤害。求取财物、买臣妾或马牛、拜见别人、追捕逃亡者、捕鱼打猎都没有收获。想出行的人不宜出行。要来的人不来。去攻击盗贼，盗贼走了，没交上锋。听说盗贼要来，但不会来。想调动官职的不会调动。在家住着吉利。今年庄稼中等收成。民间有瘟疫，但没有人死亡。去求见贵人将见不到。出行不会遇见盗贼。会不会下雨？不会下雨。大吉。

有一种兆象名为首仰足敛外高内下。问有无忧愁，有忧愁事，但没有什么关系。要来的人不会来。病人病得很久，但最后还是死去。求取财物不会得到。求见贵人吉利。

有一种兆象名为外高内下。问病情，病人不会死，但有鬼神闹灾。做买卖没有收获。在家住着不吉利。想出行的人不宜出行。要来的人不会来。被囚禁很久的人，没受到伤害。吉利。

有一种兆象名为头见足发有内外相应。问病情，病人将能起床。被囚禁的人将会获释。想出行的人可以出行。要来的人会来。求取财物会有收获。吉利。

有一种兆象名为呈兆首仰足开。问病情，病人病得厉害，将会死。被囚禁的人会获释，但有忧愁事。求取财物、买臣妾或马牛、拜见别人、追捕逃亡者、捕鱼打猎都没有收获。想出行的人不宜出行。要来的人不会来。攻打盗贼，交不上锋。听说盗贼要来，会来。调动官职、居官、在家住着都不吉利。今年庄稼收成差。民间有瘟疫，但没有人死亡。年内没有战争。求见贵人不吉利。出行不会遇见盗贼。会不会下雨?不会下雨。会不会转晴，会转晴。不吉利。

有一种兆象名为呈兆首仰足开外高内下。问病情，病人不会死，但有外鬼闹灾。被囚禁的人会获释，但有忧愁事。求取财物、买臣妾或马牛会当面错过机会。想出行的人可以出行。听说要来的人不会来。攻打盗贼能取得胜利。听说盗贼要来，不来。调动官职、在家住着、求见贵人都不吉利。今年庄稼收成中等。民间有瘟疫。有战争。拜见别人、追捕逃亡者、捕鱼打猎都没有收获。听说有盗贼，会遇上盗贼。会不会下雨，不会下雨。会不会转晴，会转晴。凶。

有一种兆象名为首仰足敛身折内外相应。问病情，病人病得厉害，但不会死。被囚禁的人将会长期关押不能获释。求取财物、买臣妾或马牛、捕渔打猎都没有收获。想出行的人不宜出行。要来的人不会来。攻打盗贼将有办法取胜。听说盗贼要来，会来。想调动官职的不会调动。在家住着不吉利。今年庄稼歉收。民间有瘟疫。今年庄稼有中等收成。有战争，但波及不到本地。求见贵人将有喜事。拜见别人、追捕逃亡者都没有收获。遇上盗贼，凶。

有一种兆象名为内格外垂。卜得此兆的，想出行的人不宜出行。要来的人不来。病人将要死。被囚禁的人不会获释。求取财物没有收获。去求见别人将见不到。大吉。

有一种兆象名为横吉内外相应自桥榆仰上柱足敛。问病情，病人病得厉害，但不会死。被囚禁的人将会关押很久，但不会被判抵罪。

求取财物、买臣妾或马牛、拜见别人、追捕逃亡者、捕鱼打猎都没有收获。想出行的人不宜出行。要来的人不会来。做官、在家住着、求见贵人吉利。想调动官职的不会调动。今年庄稼不会大丰收。民间有瘟疫，有战争，有战争但不会波及本人头上。出行会遇上盗贼。听说要见到的人见不到。会不会下雨？不会下雨。会不会转晴？会转晴。大吉。

有一种兆象名为头仰足敛内外自垂。问病情，病人因为忧愁而生病，虽然病得很厉害，但不会死。当官的人会丢掉职位。想出行的人可以出行。要来的人不会来。求取财物没有收获。寻找人将寻找不到。吉利。

有一种兆象名为横吉下有柱。问来的人来不来，要来的人会来。如果占卜当日还没有到，就不会来了。如果病人过一天还没好转就会死去。想出行的人不宜出行。求取财物没有收获。被囚禁的人会获释。

有一种兆象名为横吉内外自举。问病情，病人的病拖的时间很长，但不会死。被囚禁的人将会被关押很久，不会获释。求取财物会有收获，但很少。想出行的人不宜出行。要来的人不会来。求见贵人能见得到。吉利。

有一种兆象名为内高外下疾轻足发。卜得此兆的，求取财物没有收获。想出行的人可以出行。病人病情将有好转。被囚禁的人不会获释。要来的人会来。求见贵人将见不到。吉利。

有一种兆象名为外格。卜得此兆的，求取财物没有收获。想出行的人不宜出行。要来的人不会来。被囚禁的人不会获释。不吉利。病人将会病死。求取财物没有收获。求见贵人能见到。吉利。

有一种兆象名为内自举外来正足发。卜得此兆的，想出行的人可以出行。要来的人不会来。求取财物有收获。病人病的时间很长，但不会死。被囚禁的人不会获释。求见贵人能见到。吉利。

这是横吉上柱外内自举足肣兆。卜得此兆的，所求的就能得到。病人不会死。被囚禁的人没有受到伤害，还不能获释。想出行的人不宜出行。要来的人不会来。想见的人见不到。百事都吉利。

这是横吉上柱外内自举柱足以作兆。卜得此兆的，所求的就能得到。将要病死的人会痊愈。被囚禁的人没有受到伤害，很快就能出狱。想出行的人不宜出行。要来的人不会来。想见的人见不到。百事都吉利。可以发兵。

这是挺诈有外兆。卜得此兆的，想求取的都不能得到。病人不会死，多次有好转。被囚禁的人因祸致罪。听说了不好的传言却没有受到伤害。想出行的人不宜出行。要来的人不会来。

这是挺诈有内兆。卜得此兆的，想求取的都不能得到。病人不会死，多次有好转。被囚禁的人有祸，将要抵罪，但没有受到伤害，将会获释。想出行的人不宜出行。要来的人不会来。想见的人见不到。

这是挺诈内外自举兆。卜得此兆的，想求取的就能得到。病人不会死。被囚禁的人不会被判罪。想出行的人可以出行。要来的人会来。种地、做买卖、渔猎都会遇到喜事。

这是狐狢兆。卜得此兆的，想求取的都不能得到。病人将要死，很难好转。被囚禁的人将继续关押，不会判罪，也难获释。可以在家居住。可以娶妻嫁女。想出行的人不宜出行。要来的人不会来。想见的人见不到。虽有忧愁的事，但不值得忧愁。

这是狐彻兆。卜得此兆的，想求取的都不能得到。病人将要死。被囚禁的人将继续关押，要抵罪。想出行的人不宜出行。要来的人不会来。想见的人见不到。所谈的事将确定下来。百事都不吉利。

这是首俯足肣身节折兆。卜得此兆的，想求取的都不能得到。病人将要死。被囚禁的人将继续关押，要判罪。想出行的人宜于出行。要来的人不会来。想见的人见不到。

这是挺内外自垂兆。卜得此兆的，所求之事将会清清楚楚。病人不会死，但难于起床。被囚禁的人将继续关押，不会判刑，但也难获释。想出行的人不宜出行。要来的人不会来。想见的人见不到。不吉利。

这是横吉榆仰首俯兆。卜得此兆的，想求取的都很难得到。病人难起床，但不会死。被囚禁的人难获释，但不会受到伤害。可以在此安家居住，以娶妻嫁女。

这是横吉上柱载正身节折内外自举兆。卜得此兆的，病人在占卜当天不会死，但过一天就会死。

这是横吉上柱足肣内自举外自垂兆。卜得此兆的，病人在占卜的当天不会死，但过一天就会死。

这是首府足诈有外无内兆。卜得此兆的，病人在用龟占卜没有结束就突然死了。卜问的虽然是小事，但损失很大，一天之内不会死。

这是首仰足肣兆。卜得此兆的，想求取的都不能得到。被囚禁的人将被判刑。有人用话来恐吓但没有伤害。想出行的人不宜出行。想见的人见不到。

总结来说：卜书上说的“外”，是指他人，“内”，是指自我；有时“外”指女，“内”指男。“首俯”是忧患的意思。“大”指兆身。“小”指兆文末枝。辨别兆文的方法是，为病情占卜，如果兆文呈现“足敛”形状的话就能活，呈现“足开”形状的话就会死。为出行者占卜，如果兆文呈现“足开”形状的话能到达目的地，呈现“足敛”形状的话就到达不了目的地。为出行占卜，如果兆文呈现“足敛”的形状则不宜出行，呈现“足开”的形状就可以出行。为所求结果占卜，如果兆文呈现“足开”的形状就有收获，呈现“足敛”的形状就没有收获。为被囚禁的人占卜，如果兆文呈现“足敛”的形状就不能获释，呈现“足开”的形状就能获释。为病人占卜，如果兆文呈现“足开”的形状病人就会死去，是因为出现了“内高而外下”的兆象。

（邓小棒 译）

《史记》卷一百二十九　货殖列传第六十九

《老子》一书中说："最理想、最太平的政治局面是，邻近的国家互相望得见，鸡鸣狗吠之声互相听得到，各国人民都认为自家的饮食最甘美，本国的服饰最漂亮，安于本地的风俗，乐于从事各自的行业，以至于老死也不相往来。"如果近世仍然遵循这一套，无异于闭塞民众的视听，这几乎是行不通的。

太史公说：神农氏以前的情况，我不知晓。至于像《诗经》《尚书》上所描述的虞舜以及夏朝以来的情况，则是人们总是想要使自己的耳目尽情地得到音乐和美色的享受，口中尝遍各种肉类的美味，身体安处于舒适而快乐的环境，精神上炫耀自己的权势与才能的荣耀。人们受这种风俗浸染已久，即使用微妙的言辞逐家逐户地去劝说，终究也不能改变他们旧有的思想行为。所以，最高明的办法是顺其自然，其次是随势引导，其次是加以教诲，再其次是用典章制度来束缚他们，最愚蠢的办法是与百姓争利。

太行山以西盛产木材、竹子、楮木、野麻、旄牛尾、玉石；太行山以东多有鱼、盐、漆、丝、歌儿舞女；江南地区出产楠木、梓树、生姜、桂、金、锡、铅、朱砂、犀牛、玳瑁、珠子、象牙兽皮；龙门山、碣石山以北盛产马、牛、羊、毡裘、兽筋兽角；铜、铁则通常产于千里山峦中，如棋子般满布。以上是就其大概而言。这些都是中原人民所喜好的，百姓们日常生活中衣着饮食与养生送死所必备的东西。所以，人们要靠农民耕种来供给食物，要靠管理山林湖泽的人开发来获得物品，要靠工匠制造来取得各种器具，要靠商人贸易来流通货物。这难道是有什么政令，把它们征调安排得这么好吗？这是人们都凭借自己的本领，竭尽自己的力量，来获取自己想要的东西。因此，一种东西的价格太低廉了就要逐渐变贵，太贵了就要逐渐低廉，人们各自努力经营自己的本业，就如同水昼夜不停地从高处流向低处那样，不用号召便会自行前来，不用请求便会自己生产。这不正是符合了规律，体现了自然的法则吗？

《周书》上说："农夫不种田食物就要匮乏，工匠不做工器具就会缺少，商人不做买卖，粮食、器物、财富就要断绝，虞人不开发山林湖泽，资源就会短缺。"而缺乏资源，山泽也就不能重新得到开发。农、工、商、虞这四个方面，是人民衣食的源头。源头广大，就会富饶起来；源头窄小，物资就会匮乏。它们对上可以使国家富强，对下可以使家庭富有。或贫或富，没有谁能剥夺或施与，但聪明的人能使财富有余，而愚笨的人却往往衣食不足。想当初姜太公吕望被封在营丘，那里的土地本来是盐碱地，人口稀少，于是姜太公就鼓励女子纺织刺绣，极力提倡工艺技巧，把鱼类、海盐运到别处去销售，吸引各方的人和财物纷纷流归于齐国，像钱串一般，络绎不绝，又如车辐一般聚集于此。所以，齐国生产的帽子、带子、衣服、鞋子畅销天下，北海、东海与泰山之间的诸侯们都整好衣袖来齐国朝拜。此后，齐国一度衰落，管仲重新治理齐国，设立管理财政的九个官府，而齐桓公因此能够称霸天下，多次以霸主的雄姿会盟诸侯，使天下政治得以匡正，而管仲自己也修筑了三归台，官位虽只是陪臣，财富却胜于列国的君王。从此，齐国又富强起来，一直持续到齐威王、齐宣王时期。

所以说："仓库充实，百姓才能懂得礼节，衣食丰足，百姓才知道荣辱。"礼产生于富有而废弃于贫穷。所以，君子富有就喜欢去做仁德之事，小人富有就会横行于社会。潭渊深，鱼就在那里生存；山林深，野兽就去那儿藏身，人富有了就会有仁义的好名声。富有者得势，越加显赫；一旦失势，依附于他的宾客也就不再到来，因而心情不快，中原如此，夷狄那里这种情况更为突出。谚语说："千金之家的子弟，不会因犯法而死于市井。"这不是空话。所以说："天下之人，熙熙攘攘，为利而来，为利而往。"即使坐拥千辆兵车的国君，有万户封地的诸侯，有百户封邑的大夫，尚且担心贫穷，何况编在户口册上的平头百姓呢！

当年越王勾践被围困在会稽山上，任用了范蠡、计然。计然说："知道要打仗，就应该加强战备；了解人们什么时候使用什么东西，才算懂得商品流通了，善于将时与用二者相对照，就可以看清各种货物的供需行情。所以，岁星运行到西方时，就丰收；岁星运行到北方时，就歉收；岁星运行到东方时，就饥馑；岁星运行到南方时，就干旱。旱时就要备船，涝时就要备车，这样做符合事物发展的规律。一般六年一丰收，六年一干旱，十二年有一回大饥荒。出售粮食，每斗价格二十钱会使农民受到损害，每斗价格九十钱会使商人受到损失。商人受损失，钱财的流通就会受阻；农民受损害，土地就要荒芜。粮价每斗最高不超过八十钱，最低不少于三十钱，那么农民和商人都能获利。平价出售粮食，调整物价并维持稳定，使市场上货物充足，让税务部门也有很好的收入，这是治国之道。积贮货物，务求货物的完好牢靠，不要把货币资金滞留在手里。买卖货物，不要久藏容易腐败和腐蚀的物品，切忌冒险囤居以求高价。弄清了商品过剩或短缺的情况，就能够把握涨跌的规律。一种东西的价格贵到了极点，就会变贱；一种东西的价格贱到了极点，就要变贵。当货物价格高时，要把它及时抛出，视如粪土；当货物价格低时，要及时购进，视同珠宝。要使货币像流水那样流通起来。”越王勾践照计然的策略实行了十年，国家就富起来了，他用重赏奖励士兵，使士兵们冲锋陷阵，毫不畏惧箭矢飞石，如同渴极了找到了水喝，终于报仇雪耻，灭掉了吴国，继而出兵向中原国家示威，号称“五霸”之一。

范蠡协助越王勾践洗雪了会稽受困之耻后，深有感慨地叹息道：“计然当年提出七条策略，越王只用了其中五条就成了霸主。既然这些策略施用于治国很有效，我今后将要把它用于治家。”于是他便乘小船漂泊江湖，改名换姓，到了齐国改名为鸱夷子皮，到了宋国的陶邑又改名为朱公。朱公认为陶邑地处天下中心，与各地诸侯国四通八达，是一个从事贸易的好地方。于是就在这里采购储存货物，看准时机买进卖出，而不责求他人。所以，善于经营产业的人，要会择用贤人并把握时机。十九年间，他三次把家产积累到千金之多，而每次他富起来又把这些财产分给那些贫穷的朋友和远房同姓的兄弟。这就是所谓君子富有便喜好去做仁德之事了。后来范蠡年老力衰，就放手让子孙们去干，子孙们继承了他的事业并有所发展，终致有了上亿家财。所以后世一提到富翁总要称颂陶朱公。

子贡跟着孔子学成以后，回到卫国做官，采用卖贵买贱的方法在曹国和鲁国之间经商，孔门七十多个高徒之中，端木赐（即子贡）最为富有。孔子的另一位高徒原宪穷得连糟糠都吃不饱，隐居在一条偏僻的小胡同里。而子贡则是乘坐四马并辔齐头牵引的车子，携带束帛厚礼去访问、馈赠诸侯，所到之处，国君与他不行君臣之礼而行宾主之礼。孔子之所以名扬天下，是由于有子贡在人前人后辅助他。这大概就是人们所说的得形势之助而名声越发显扬吧？

白圭是西周人。魏文侯在位时，李克提倡发展农业并充分利用土地资源，而白圭则是注意观察市场行情及年景丰歉的变化，所以人家低价抛售时，他就收购；人家高价索求时，他就出售。丰收的年头他买进粮食，出售丝、漆；蚕丝上市的季节他买进绢帛绵絮，出售粮食。他知道：岁星运行到卯位时，五谷丰登，来年年景会不好。岁星运行到午宫时，天气干旱，第二年年景会很好。岁星运行到酉位时，五谷丰登，第二年年景会不好。岁星运行到子位时，天下大旱，第二年年景会很好，雨水充足。岁星运行到卯位时，他囤积的货物大致会比常年多一倍。要是想赚钱，他就收购下等的谷物；要是想提高产量，他就去收购上等的种子。他不讲究吃喝，节制嗜好与欲望，穿戴从简，与雇佣的奴仆同甘共苦，一旦发现商机，他的行动就会如苍鹰猛兽一般迅捷。因此他说：“我治理产业，就像伊尹、吕尚（姜太公）筹划谋略，孙子、吴起用兵打仗，商鞅推行变法那样。所以，如果一个人其智慧不能够随机应变，其勇气不能够果敢决断，其仁德不能够正确决定取舍，其刚强不能够坚持原则，这类人即使想学习我的经商之道，我终究不会教给他的。”因而，天下经商谋利之人都以白圭为祖师爷。白圭所说的这一套是经过实践检验的，在实践中体现了他的才干，绝非随便说说的。

猗顿靠经营池盐起家。而邯郸的郭纵靠冶铁成就家业，他们的财富可与王侯相比。

乌氏倮以畜牧为业，等到牲畜繁殖众多时，就把它们拿去卖掉，然后购买一批美丽的丝绸，偷偷运出境去献给少数民族的君长。给他十倍的价钱，以牲畜来抵付，乌氏倮所得的牛马多到以山谷为单位来计算。秦始皇诏令乌氏倮享受诸侯的待遇，按规定时间同诸位大臣一同进宫朝拜。巴郡有个名叫清的寡妇，她的先祖发现了一处朱砂矿，便独揽其利达好几代人，家产也多得不计其数。清作为一名寡妇，能守住她的家业，用钱财来保卫自己，不被他人侵犯。秦始皇认为她是一位贞洁女子而以客礼对待她，还为她修筑了女怀清台。乌氏倮不过是边境地区的一个畜牧主，清不过是个穷乡僻壤的寡妇，居然能够让天子对他们以客礼相待，名扬天下，这难道不是因为他们富有吗？

汉朝建立以后，天下一统，开放了关卡要道，解除了开发山林湖海的禁令，富商大贾通行天下，货物充分流通，大家各得其所，国家又下令把各地的豪杰、诸侯和大户人家迁徙到京城。

关中地区西起汧、雍二县，东至黄河、华山，膏壤沃野方圆千里。从虞氏、夏后氏以来就一直按上等田地向朝廷进贡，后来周朝的祖先公刘迁居到邠县，接着周太王、王季又迁居岐山，到周文王时建都丰邑，周武王时又迁至镐京，因而这些地方的人民仍有先王的遗风，喜好农业生产，种植五谷，乡土观念很重，不轻易为非作歹。待至秦文公、秦德公、秦穆公时代，他们建都雍邑，这里是关中和蜀郡之间的货物集散地，商人很多。后来秦献公迁都栎邑，栎邑北御戎狄，东通三晋，也有许多大商人。秦孝公、秦昭襄王建都咸阳，后来汉朝借此做为都城，因而使得长安以及周围的一些皇帝陵墓所在县成了天下交通的枢纽，这一带地少人多，所以当地百姓越来越会玩弄手段，从事商业活动。关中地区以南则有巴郡、蜀郡。巴蜀地区也是一片沃野，盛产栀子、姜、朱砂、石材、铜、铁和竹木之类的器具。巴蜀南接滇越国僰道，僰地多出童仆。巴蜀西边邻近邛、笮，笮地出产马和旄牛。巴蜀地区四面环山，但山中有千里栈道，所以也四通八达，而褒斜通道是巴蜀通往北方的咽喉，巴蜀人民常常在这里用多余之物来交换短缺之物。天水、陇西、北地和上郡等地与关中风俗相同，向西可以与羌人做买卖，向北可以购进戎狄的牲畜，畜牧业居天下之首。可是这里地势险要，京城长安处于它通往东方的通道上。总括整个关中地区，土地占天下的三分之一，而人口还不到天下的十分之三；但这里所集中的财富，却占天下的十分之六。

从前唐尧定都河东晋阳，商朝定都河内殷墟，东周定都河南洛阳。河东、河内与河南这三郡如三足鼎立般居于天下的中心，是历代帝王们更迭建都的地方，建国各有数百年乃至上千年。这里土地狭小，人口众多，是各国诸侯集中聚会的地方，所以这里民风俭朴，熟悉世故。杨县、平阳县两地人民向西可到关中和戎狄地区经商，向北可到种邑、代县地区经商。种、代在石邑以北，与匈奴相邻，经常受到匈奴的侵扰，这里的人民强直刚戾、好胜，以扶弱抑强为己任，不愿从事农业及商业活动。但由于这一带邻近北方夷狄，军队经常往来，中原运输来的物资经常会有剩余，从而使这里的人民受益。当地人桀骜不驯，不务耕耘，早在春秋时代的晋国时别国就畏惧他们的剽悍，而到了战国时期，赵武灵王更是助长了这种风气，以至于直到今天当地仍有昔日赵国的遗风。所以杨县、平阳县两地的人民经营驰遂于其间，往往可以有所得。温县、轵县地区的人民向西可到上党地区经商，向北可到赵国、中山国一带经商。中山地薄人多，当年纣王建沙丘台于此，荒淫作乐，这里留有殷人的后代，百姓性情急躁，仰仗投机取巧度日谋生。男人们常呼朋唤友，游手好闲，慷慨悲歌，白天纠合在一起杀人抢劫，晚上挖坟盗墓、制作赝品、私铸钱币。这里的许多美男子好出去当歌舞艺人。女子们则常弹琴鼓瑟，穿着舞鞋，游走献媚于权贵富豪，有的被纳入后宫，遍及各诸侯国。

然而邯郸也是漳水、黄河之间的重要都市。它北通燕都、涿郡，南接郑国、卫国。郑、卫两国风俗与赵相似，但因南接梁、鲁两国，这里的人民稳重又讲究气节。卫君曾从濮上的帝丘迁徙到野王，野王一带的人们崇尚气节，扶弱抑强，这是卫国的遗风。

燕国故都蓟也是渤海、碣石山之间的一个重要都市。它南通齐国、赵国，东北面与胡人地交界。它西起上谷，东至辽东，土地辽阔，人口稀少，经常遭受匈奴侵扰，民俗大致与赵国、代国类似，这里的人们生性剽悍，不爱动脑思考问题，当地盛产鱼、盐、枣、栗。这里北面邻近乌桓、夫余等少数民族，东面处于控扼秽貉、朝鲜、真番的有利地位。

洛阳向东可去齐国、鲁国经商，向南可去梁国、楚国经商。泰山的南面是鲁国，北面是齐国。

齐国被山海环抱，中间沃野千里，适宜种植桑麻，这里的人民多有彩色丝绸、布帛和鱼盐。临淄也是东海与泰山之间的一个重要都市。这里的人民生性宽厚豁达，足智多谋，喜欢发表议论，乡土观念很重，不轻易出外活动，怯于聚众斗殴，而敢于暗中伤人，所以多有劫道之人，这是春秋战国时期延续下来的风气。这里居住着士、农、工、商、贾等各行各业的人。

而邹、鲁两地滨临洙水、泗水，至今仍有周公的遗风，这里民风尚儒，礼数周备，所以当地百姓小心拘谨。这里颇多经营桑麻产业，缺乏山林水泽的资源。地少人多，早先人们节俭吝啬，害怕犯罪，守正避邪，等到衰败之时，这里的人也变得爱好经商逐利，比洛阳人还厉害。

从鸿沟以东，芒山、砀山以北，直到巨野，这是过去的梁国和宋国。陶邑、睢阳是这一带的重要都会。想当年，唐尧兴起于成阳，虞舜在雷泽捕过鱼，商汤曾定都于亳。这里的民俗还留有先王遗风，宽厚庄重，多君子，喜好农事，虽然没有富饶的山川物产，人们却能省吃俭用，积累家财。

越国和楚国有西楚、东楚和南楚三个地区的不同风俗。从淮北沛郡到陈郡、汝南郡、南郡，这一带属西楚。这里民俗剽悍，容易动怒，土地贫瘠，少有积蓄。江陵是当年楚国的郢都，它西通巫山、巴郡，东有云梦，物产富饶。陈郡地处楚、夏交界，是鱼盐的集散地，这里的人们多经商。徐县、僮县、取虑县一带的居民清廉苛严，信守诺言。

彭城以东，包括东海郡、吴郡、广陵郡，这一带是东楚地区。这里的风俗与徐县、僮县一带相似。朐县、缯县以北，民俗接近齐国。浙江以南民俗接近越国。当年吴王阖闾、楚国的春申君以及汉初的吴王刘濞在这一带广招天下喜好游说的子弟，这里东有丰富的海盐，西部有鄣山的铜矿，还有三江、五湖的资源，也是江东地区的一个重要都市。

衡山、九江以及长江以南的豫章、长沙二郡是南楚地区。这里的风俗与西楚地区大体相似。楚失郢都后，迁都寿春，寿春也是一个重要都市。而合肥南有长江，北有淮河，是皮革、鲍鱼、木材的集散地。因与闽中的风俗交杂，所以南楚人善于辞令，说话乖巧，可信度低。江南地区地势低下，气候潮湿，男子寿命不长。竹子木材丰富。豫章出产黄金，长沙出产铅、锡，但矿产蕴藏量非常有限，开采所得还不够抵偿支出费用。九疑山、苍梧郡以南直到儋耳，这一带与江南地区风俗大体相同，尤其是扬州和百越的风俗在此居多。番禺也是这一带的一个重要都市，是珍珠、犀角、玳瑁、水果、布匹的集散地。

颍川郡、南阳郡是原夏朝人居住的地方。夏人为政崇尚忠厚朴实，这一带还留有先王的遗风。颍川人敦厚老实。秦朝末年，曾把一批不法之民迁到了南阳。南阳西通武关、郧关，东南临汉水、长江、淮水。宛城也是一个重要都市。当地民俗混杂，好事。多以经商为业。居民以抑强扶弱为己任，与颍川地区相交往，所以这一带的人至今仍被称作“夏人”。

天下物产各地分布或多或少，各地人民的习俗各有不同，山东地区吃海盐，山西地区吃池盐，岭南和大漠以北本来也有许多地方出产盐，这方面情况大体如此。

总而言之，楚越地区，地广人稀，人们吃的是稻米和鱼类，采用火烧或灌水的方式除草，然后种植杂粮或引水种稻。这里的瓜果螺蛤无须外购就能自给自足。依托有利的地理环境，这里食物丰足，不用担心挨饿，因此人们苟且懒惰，没有积蓄，多为贫穷人家。所以长江、淮河以南既没有挨饿受冻之人，也没有千金富贵之家。沂水、泗水以北的地区，适合种植五谷桑麻，饲养六畜，这里地少人多，屡次遭受水旱灾害，因而人们养成了爱积攒的习惯，所以秦地、夏地、梁、鲁等国的统治者们喜好农事而注重民生。三河地区以及宛、陈等地也是这样，不过这些地方就要加上商业了。齐、赵地区的居民聪明灵巧，以机巧牟利。燕、代地区的居民以耕田放牧和养蚕织布为业。

由此看来，贤能之人在朝廷上运筹决策、论辩争议，守信尽节的隐士们隐居深山追求高名，他们的根本目的在哪里呢？归根结底还是为了财富。因此，为官清廉就能长久地做下去，久而久之，得到的实际利益也更多；不贪一时之利、讲信用的商人，能多赚钱而最终致富。

求富，是人的本性，不用学，就都会去追求。所以，壮士在军中，攻城时争先恐后，冲锋陷阵打退敌军，斩将夺旗，冒着箭射石击，不避赴汤蹈火，艰难险阻，这都是因为重赏驱使啊。那些市井流氓，抢劫财物，杀人焚尸，为非作歹，盗掘坟墓，私铸钱币，伪托侠义，侵吞霸占，拉帮结派，图报私仇，明抢暗夺，不避法律禁令，趋之若鹜般往死路跑，其实都是图财罢了。如今赵国、郑国的美女们，梳妆打扮，弹琴鼓瑟，舞动长袖，轻踏舞鞋，挑逗勾引，不避千里之远，不择年老年少，也是为了奔走求财而已。游手好闲的贵族公子，衣帽披挂鲜明，外出时车马成排结队，也是为摆富贵的架子。猎人渔夫，起早贪黑，冒着霜雪，奔走于沟壑溪谷，不避猛兽伤害，为的是获得各种野味。赌博赛马，斗鸡走狗，争得面红耳赤，自我夸耀，务必争取胜利，这是因为他们害怕失败而蒙受损失。医生、方士及各种靠技艺谋生的人，费尽心思，极尽其能，是为了获得更多的报酬。官府吏士歪曲法律条文，舞弊徇私，私刻公章，伪造文书，不避斫脚杀头，这是由于沉迷于他人的贿赂之中。至于农、工、商进行生产及储蓄，原本就是为了增添个人的财富。如此绞尽脑汁地索取，终究是为了争夺财物。

谚语说："没有去百里之外卖柴的，没有去千里之外卖粮的。"在某地住一年，就种植谷物；住十年，就栽种树木；住百年，就得讲德行。所谓德，是指手下有人、有钱。如今有些人虽然没有官职俸禄或爵位封地收入，而生活欢乐富足，可与有爵位俸禄的人相比，被称作"素封"。有封地的人享受租税，封地上的每户每年缴纳二百钱。一个享有千户的封君每年租税收入二十万钱，朝拜天子、访问诸侯及祭祀馈赠等花销都在这里头。平民百姓中的农、工、商、贾，家有一万钱，年利息可得二千钱；拥有一百万钱的家庭，年可得利息二十万钱，当然这里头也要拿出一些去支付租税和劳役的费用。这种家庭，吃穿方面的各种欲望都能得到很好地满足了。所以说，在陆地上放牧五十匹马，一百六七十头牛，二百五十只羊，或是在草泽里养二百五十口猪，拥有年产鱼千石的鱼塘，山头上有成材大树千株。安邑地区有千棵枣树；燕、秦地区有千棵栗子树；蜀郡、汉水、江陵地区有千棵橘树；淮北、常山以南和黄河、济水之间有千棵楸树；陈、夏一带有千亩漆树；齐、鲁地区有千亩桑麻；渭水流域有千亩竹子；以及一个万户居民的大都市郊区有亩产的千亩良田，或者千亩栀子、茜草，千畦生姜、韭菜，这类人的财富都可与千户侯匹敌。而这些使人富足的资源，不用去市场上察看，不用到外地奔波，坐在家中等候收成即可，身有处士之名，而取用丰足。那些把自家搞得很贫困，父母年老无法奉养，妻子儿女瘦弱不堪，逢年过节连祭祀祖宗、聚饮会餐的钱都没有，平时吃穿用度都难以自足，这样还不感到羞愧，那就没有什么可比拟的了。所以，没钱的就只能出卖劳力，稍有钱的就得多费心思，已经富足的便争时逐利，这是基本规律。如今做买卖不用冒着生命危险，而可以使生活富足，所以有本事的人都乐意去做。因此，靠农业致富为上，靠从事商业而致富次之，靠奸猾、甚至违法而致富是最低下的。自身倘若没有大隐士的操行，长期处于贫贱地位，还张口闭口地侈谈仁义，这样的人也足以值得羞愧了。

作为一个平民百姓，如果别人的财富是他的十倍，那么他见了人家就会感到低人一等；如果别人的财富是他的百倍，他就会惧怕人家；如果别人的财富是他的千倍，他就会被人役使；如果别人的财富是他的万倍，他就会成为人家的奴仆；这是世间的常理。要想由穷至富，务农不如做工，做工不如经商，刺绣织绵不如去市场上卖货，所以说经商是穷人致富可凭借的手段。在交通发达的大都市，每年酿一千瓮酒，一千缸醋，一千缸酱，屠宰牛羊猪千只，贩卖一千钟谷物，一千车柴草，总长千丈的船只，一千棵木材，一万根竹竿，一百辆马车，一千辆牛车，一千件木制漆器，一千件铜器，一千担原色木器、铁器及染料，二百匹马，二百五十头牛，二千只猪羊，一百个奴隶，一千斤筋角、丹砂，三万斤棉絮、细布，一千匹彩色丝绸，十二万斤粗布、皮革，一千斗漆，一千瓶酒曲、盐、豆豉，一千斤鲐鱼、鮆鱼，二万斤小杂鱼，三万斤腌咸鱼，三十六万斤枣子、栗子，一千件狐貂皮衣，十二万斤羔羊皮衣，一千领毡席，以及一千种水果蔬菜，或有一千贯放高利贷的资金，或在市场上当经纪人抽取三分之一或五分之一的佣金，这类人的收入也可与千乘之家相比，这是大概的情况。至于其他杂业，如果利润不足十分之二，那就不是我说的好的致富之业。

下面我要说一说当代千里范围内那些贤能者之所以能够致富的情况，供后世考察选择。

蜀地卓氏的祖先是赵国人，靠炼铁致富。秦国击败赵国时，迁徙卓氏，卓氏夹在一群被裹挟的人群中，夫妻二人推着车子，去往指定的迁徙地点。其他同时被迁徙的人，稍有多余钱财，便争着送给主事的官吏，请求把他们安置在较近的葭萌县。只有卓氏说："葭萌地方狭小，土地瘠薄，我听说汶山下面是肥沃的田野，地里长着许多状如蹲伏鸱鸟的大芋头，可以充饥不致饿死。那里的百姓善于做买卖，容易开展商贸。"于是卓氏请求远迁，结果被迁移到了临邛，他非常高兴，就在有铁矿的山里熔铁铸械，动脑筋巧运筹，很快就成了滇蜀地区的首富，以至于奴仆多达千人。他修池堆山，尽享射猎赏玩之乐，风光排场比得上君王。

程郑是从太行山以东迁徙来的降民，也经营冶铸业，与西南地区少数民族做买卖，其富有可与卓氏匹敌，也住在临邛。

宛县孔氏的先祖是梁国人，以炼铁为业。秦灭魏后，把孔氏家族迁到了南阳。孔氏到南阳后大规模地经营冶铸业，并修筑陂塘堤坝，他坐着车马，声势浩大地往来于各国诸侯，借此牟取经商致富之利，博得了游闲公子乐施好赐的美名。然而他所获得的经济利益，也远超那些吝啬小气的商人，以至于家中财富多达数千金，所以，南阳一带的生意人都效法孔氏的华贵大度。

鲁国的民风节俭吝啬，而曹邴氏尤其厉害，他靠炼铁起家，家财上亿。然而他家父兄子孙都遵守这样的家规：弯腰就要有所拾，仰头就要有所取，他家租赁、放债、经商的足迹遍及各地。由于这个缘故，邹、鲁地区有很多人弃学从商，这都是受了曹邴氏的影响。

齐国的风俗历来是轻贱奴仆，而刀间独独重视他们。对于狡猾的奴仆，一般的主子是不喜欢的，唯有刀间收留他们，让他们去追逐渔盐买卖的利益，他们有的甚至坐着成队的车马，去结交地方官员，越是如此刀间越信任他们。结果刀间依靠这些人的力量发家致富，家财达数千万。所以有人说："与其出外求官，不如在刀家为奴"，说的就是刀间能使奴仆们得利而心甘情愿地为他效劳。

洛阳人吝啬，而师史尤为突出，他以车载货，贩运赚钱，车辆数以百计，在各地周游经商，无所不至。洛阳地处齐、秦、楚、赵等国的中心，穷人学着富人的样子做生意，以长期在外经商为荣，相互夸耀，屡次路过乡里也不进家门。因能筹划任用这样的人，所以师史能赚得家财达七千万。

宣曲任氏的先祖，曾当过看管督道仓的小吏。秦朝被推翻后，豪杰们都去争夺金银珠宝，而任氏独自用地窖储藏粮食。后来，楚汉两军在荥阳对峙，农民无法耕种田地，米价每石涨到一万钱，豪杰们只得用金银珠宝来买任氏的粮食，任氏因此发了财。富人们争相享受奢侈，而任氏却不炫耀富有，勤俭节约，致力于农田畜牧。一般人都不顾质量争着买便宜货，任氏却专门买进贵而好的。就这样，任家一直富贵好几代。但任氏家约规定，不是自家耕种放牧出产的东西不用，公事没有办完自身不得饮酒吃肉。以此来为乡里做表率，所以任家富有而皇上也尊重他们。

汉朝对四夷用兵时，桥姚乘机经商，使家产发展到有马千匹，牛二千头，羊一万只，粟以万钟计算。

吴楚七国起兵造反时，长安城中的列侯封君要从军出征，他们向人有息贷款，放债的认为列侯封君的食邑都国均在关东，而关东胜败局势还不明朗，因此没有人肯把钱贷给他们。只有无盐氏拿出千金放贷给他们，收取十倍的利息。三个月后，叛乱就被平定了。于是一年之内无盐氏就得到了十倍于本金的利息，可与关中最富有的豪族相比了。

关中地区的富商大贾，大都是田姓人家，如田啬、田兰。此外还有韦家的栗氏、安陵和杜县的杜氏，家产也都上亿。

以上所说的都是声名显赫、与众不同的人物。他们都不靠爵位俸禄或者舞文弄法、作奸犯科而发财致富，而是凭借推测事理，进退取舍，随机应变，获得赢利，以经商起家致富，通过从事农业来守住家业，他们的做法好比是以武力夺取天下而以德守成来治理国家一样，他们变化有方，值得称道。至于那些致力于农业、畜牧、手工、山林、渔猎或经商的人，或者是凭借权势和财利而致富的，大者独霸一郡，中者独霸一县，小者独霸乡里，更是多不胜数。

精打细算、勤劳节俭，是发家致富的正道，但想要致富的人还得出奇制胜。种田务农是体力活，而秦扬却靠它成为一州的首富。盗墓本是犯法的勾当，而田叔却靠它起家。赌博原本是坏行当，而桓发却靠它致富。大丈夫穿街走巷地叫卖看起来是卑贱的行业，而雍州的乐成却靠它发财。挑着担子卖油是被人看不起的，而雍伯却由此家值千金。卖水浆本是小本生意，而张氏靠它赚了一千万。磨刀本是小手艺，而郅氏由此富到列鼎而食。卖羊肚儿可算低微的，而浊氏靠它富至骑侍成群。给马治病是小方术，而张里靠它富到击钟佐食。这些人都是专心致志做事而致富的。

由此可见，什么行业都有可能发财致富，而财富也并不专属于谁，有本领的人能够集聚财货，没有本领的人则会破败家财。一个千金之家的排场可与一个都会的封君相比，一个财产上亿的家族其享乐程度等同于国君。这难道就是所谓的"素封"者吗？还是不是"素封"者呢？

（邓小棒 译）

《史记》卷一百三十　太史公自序第七十

从前颛顼为帝的时候，任命重为南正，掌管天文；黎为北正，掌管地理。在唐尧、虞舜年代，重、黎的后代继续掌管天文地理的事务，一直延续到夏朝和商朝，重、黎氏两个家族世世代代掌管着天文地理方面的事情。到了周代，程伯休甫是重、黎氏的后代，继续掌管天文地理。周宣王时代，程伯休甫的后代司马氏不再掌管天文地理，开始掌管周朝的历史。周惠王、襄王的时候，司马氏离开周朝到了晋国。晋国内乱，晋中军官随会逃往秦国，司马一族也逃到秦国的少梁。

司马氏逃离周国到晋国以后，司马家族的人也四处逃散了，有的逃往卫国，有的留在赵国，还有的留在秦国。在卫国的一支，有人官至中山国的宰相。在赵国的一支，因为传授剑术而声名显赫，战国时的蒯聩便是这一支的后代。在秦国的司马错，因在伐蜀问题上与张仪争论，秦惠王就命司马错带兵伐蜀，攻下蜀地后，司马错便被任命为蜀地郡守。司马错的孙子司马靳，在武安君白起的手下谋事。此时少梁已更名为夏阳。司马靳和武安君在长平活埋赵国军队，回到秦国，却被赐死在杜邮（今成阳西十里），司马靳葬在华池。司马靳的孙子叫司马昌，做过秦国的铁官。秦始皇时期，蒯聩的玄孙司马卬，曾为武信君的部将，巡察朝歌（商都朝歌，故卫国都城）一带。后来项羽分封诸侯，司马卬被封为殷王。及至汉王刘邦领兵伐楚，司马卬归降了刘邦，他原有的封地，改制为河南郡。司马昌生司马无泽，无泽当过长安集市上的市长。司马无泽的儿子叫司马喜，官至五大夫。司马昌、司马无泽和司马喜三代死后都葬在华池的高门原。司马喜的儿子叫司马谈，司马谈在汉武帝时官至太史令。

太史公跟随唐都学习天文，拜杨何为师学习《易》理，追随黄子研究道家的学说。太史公曾在汉武帝建元至元封年间做过官，他痛感于当时许多学者没能弄清自家学派的思想，于是写了一篇《六家要旨》的文章，意思如下：

《易大传》说："老百姓都希望天下太平，并对实现太平有多种想法，只是实现太平的途径不一样。”阴阳家、儒家、墨家、名家、法家、道德家，他们都为当政者提供了很多意见，但是因为各家学派的立场不一样，有的容易传习，有的则难以传习。我曾经私下里研究过阴阳家的学说，此派学说注重吉凶祸福的预测，禁忌较多，使人受到束缚并有所畏忌；但阴阳家关于顺应一年四季的规律，还是很有道理的，不可丢失。儒家的学说博大而繁琐，很难找出它的要领，花费很大的力气还难得有功效；然而儒家主张的君臣父子之间的礼节、夫妻长幼之间的规矩，是不能更改的。墨家事事提倡节俭，难以遵守，因此他们的学说也不能完全实行；但是墨家提倡开源节流、节省开支，是不可以废弃的。法家主张严刑峻法，不讲恩情；但其关于君臣上下的等级差别，是无法更改的。名家过于讲究名实相称，讲究名分、礼数而容易使人弄虚作假；但是它要求名实相副的主张，不能不加以重视。道家主张精神专注，行动合乎自然之道，认为大自然赐予我们人类丰足的万物。道家的学术，吸取了阴阳家顺应自然界四时变化的规律，采纳儒家、墨家的精华，撮取了名家、法家的要点，与时俱进，随着客观事物的变化而变化，随着风俗人情的改变而见机行事，没有不适宜的。因此容易把握要点，事半功倍。儒家则不是这样，儒家认为君王应该是普天下的表率，君主提倡什么，臣下应该附和；君主在前面走，臣下应该紧随其后。这样一来，就形成君主辛劳，做臣子的反而清闲自在。道家学说的基本原则是：舍弃刚强与贪欲，隐藏聪明才智，抛弃人为的努力而顺应大自然的规律。因为一个人太过操心就会精力枯竭，事事操劳就会身体疲惫。如果精神和身体常常过于劳累，却希望与天地同寿，这是闻所未闻的。

阴阳家认为一年四季、八卦方位（震东、离南、兑西、坎北、乾西北、坤西南、巽东南，艮东北）、十二星次和二十四节气，都各有各的规律，如果人们顺守这些规律，就会昌达得福；违反这些规律，不是死就会亡。其实事情未必是这样，因为“人受到的束缚过多，干什么都会缩手缩脚”。可是阴阳家主张的春天万物出生，夏天生长，秋天收获，冬天储藏，是自然界的重要法则，如果我们不顺应自然规律就无法制定天下纲领纪要，所以说“顺应一年四季的规律，这是不可忽视的”。

儒家把《周易》《礼记》《尚书》《诗经》《乐经》《春秋》这六部经典当作法则。对《六经》的正文以及阐释六经的文本成千上万，几辈子也不能详尽其中的学问，穷尽毕生精力仍不能通晓其大意，因此说“儒家的学说博大而烦琐，很难找出它的要领，花费很大的力气还难得有功效”。然而儒家主张的君臣父子之间的礼节、夫妻长幼之间的规矩，是无论哪家学说都不能改变的。

墨家也推崇尧舜的道德，论述尧舜的德行说：“正房的地基只有三尺高，堂下的阶梯只有三层，屋顶盖的是茅草，未曾修剪整齐，屋顶上的椽子都没有刨光滑。用陶罐盛饭，用瓦罐盛汤，吃糙米饭，喝野菜汤。夏天穿葛布做成的单衣，冬天穿鹿皮。”他们死后的桐木棺材，不过三寸厚，送葬者还没有表达他们的哀痛之心而主持人就止住了人们的哭声。他们简单的丧礼，成为天下老百姓的表率。如果让老百姓都这样，就没有尊卑贵贱的区别了。然而时过境迁，所从事和经营的事情也不尽相同，因此说“事事提倡节俭，难以遵守”。但是墨家提倡开源节流、节省开支，是百姓丰衣足食的途径。这是墨家学说的可贵之处，即便是其他诸子各家也无法废除。

法家不分亲疏远近，不论贵贱，法律面前人人平等，如此一来，亲近亲属、尊重长辈的恩情伦理也就断绝了。这在适当的时机，处理某些事件，可以行得通，但决不可长久施行，所以说他们是“刻薄寡恩、不讲情感”。至于主张主尊臣卑，划清职责权限，谁也不许超越，这是诸子各家都无法改变的。

名家过于注重细节，反而容易使人不得其意，过于讲究名分，而违背了人情，所以说“名家过于讲究名实相副，讲究名分、礼数，容易使人弄虚作假”。至于名家主张名实相副，举三五个例子相互参验考证，可以得出较正确的结论，这一点，确实值得我们注意。

道家主张“无为”，又可以叫作“无所不为”，这些理论容易施行，但听起来很不好理解。道家学说以虚无为根本，讲究顺应自然。因为自然界没有一成不变的形势，所以能推究万物的情理。由于能够不失时机地贴近和顺应万物，因此就能够很好地把握万物。有法而不任法以为法，要顺应时势以成大业；有度而不恃度以为度，要根据万物之形各成其度而与之相合。所以说“圣人之所以为圣人，是能够随机应变。虚无是道的根本，顺应是君主治国的大纲”。让群臣在各自的职任中都有表现，使人尽其才。凡是行动和言论一致的就是正言，行动和言论不一致的就是空言。不听信哗众取宠的空言，那么奸邪小人就少了，贤才和不肖之徒自然就容易区分，黑白自然分明。再择贤才而用之，有什么事情办不好呢？这样才合乎大道，达到混沌未分的境界。光辉照耀天下，重又返归于无知、无识，无名。一个人活着，有赖于精神，而精神是依托在人的形体上的。精神过度使用就会衰竭，身体太劳累就会疲惫，精神和形体都过于衰竭而脱节，人只有死路一条。人死不能复生，精神离开肉体就不能回来，所以圣人特别重视养生。由此看来，精神是生命的根本，身体是生命的基础。人若不先保养好自己的精神与形体，却要说什么“我会治理天下国家”，凭什么呢？

太史公司马谈掌管天文的时候，和民事无关。他的儿子叫司马迁。

司马迁出生于龙门，曾在龙门山南过着耕种放牧的生活。十岁的时候就诵读古文书籍。二十岁开始南下江、淮一带游历。曾经登上会稽山，去探寻民间传说已久的禹穴，勘察大舜所葬的地方九疑山。渡过沅水、湘水，再北返到过汶水、泗水，到齐国旧都临淄和鲁国旧都曲阜游学，同当地的士大夫讨论学术，观瞻孔子在阙里等处留下来的风教。在邹县、峄山参加古代乡射大典；后在鄱县、薛县（属鲁国）、彭城等地遭遇到一些困难，再经过梁国、楚国回到了家乡。回来不久进京做了郎中，奉命出使巴蜀以南的地方，到过邛、笮、昆明等地，完成使命回朝。

就在这一年内，汉武帝第一次东巡，去泰山举行祭祀天地的封禅大典，可是太史公因事滞留洛阳，不能参与这一盛典，含恨将死。司马迁恰在此时结束西征使命，回来在河洛拜见父亲。太史公紧握司马迁手，流着眼泪说：“我们的祖先就是周朝的太史。更有远祖在唐尧、虞舜时就功名显赫，主管天文。后代中途衰微，祖业将会断送在我的手里么？你若能重做太史，就可以继承祖先的事业了。现在皇上承接千年以来的大统，封祭泰山，而我未能从行，这不是命么，这不是命么！我死后，你一定做太史；如做太史，切勿忘却我想要完成的著作啊。讲到孝道，自然从侍奉双亲开始，其次便是忠于君上，最后是要做一个顶天立地的大丈夫。使自己流芳万代，使父母也能分享一份光荣，这才是最大的孝道啊。自古以来人们称颂周公，是因为周公能够撰述歌颂文王武王的功德，宣扬周召二公的风教，传扬太王王季的思想，再往上一直记载到公刘，这样追述周代历史，来推尊他们的始祖后稷。可是到了幽王、厉王以后，王道不昌，礼乐崩坏，孔子不得已整理旧时的文献，振兴早已废弃的礼乐，于是整理《诗》《书》，创作《春秋》，直到今天，学术界还将这几本书奉为经典。从鲁哀公十四年捕获麒麟，孔子搁笔《春秋》以来已经有四百多年，其间各诸侯相互兼并战乱，以攻战为能事，各国的史书都已散失断绝。如今汉朝一统天下，明主贤君、忠臣义士的事迹很多，我作为太史令，却没有把他们记载下来，断绝了天下的历史文献，我内心时刻不得安宁，你该仔细地考虑考虑这件事！”司马迁叩首流着眼泪说：“儿子虽然不才，但愿意将您所收集整理的重要史料，全都加以编撰，写成著作，绝不敢有半点缺失。”

太史公司马谈死后三年，司马迁即做了太史令，开始研读历史书籍及国家收藏的档案文献。又过了五年，也就是太初元年，十一月初一即甲子日凌晨冬至，汉朝颁布了新的历法，在明堂举行颁布新历法的典礼，各地诸侯都遵从新的历法。

太史公司马迁说：“我先父说过：‘周公死后五百年，出了个孔子。孔子死后到现在又有五百年了，有谁能够继承圣人的事业，整理《易传》，续写《春秋》，遵循《诗》《书》《礼》《乐》的精义，有所著述？’大概就在我吧！大概就在我吧！我怎敢推却此事。”

上大夫壶遂问我：“从前孔子为什么要作《春秋》？”太史公回答说：“我听董仲舒先生说过：‘周室东迁以后，王纲不振，国事衰微，政事远不如西周盛世，那时，孔子担任鲁国的司寇官，想振兴鲁国，却遭到各诸侯国的嫉恨，鲁国国内的士大夫也千方百计阻止孔子方针的施行。孔子知道自己的政见无人采纳，自己的道术学说无法实行，于是写了一部《春秋》，从鲁隐公元年直到鲁哀公十四年，把这二百四十二年中的大事进行褒贬、评定，为天下树立一个天子该如何治理国家的样板。他批评那些无道的天子，斥责胡作非为的诸侯，声讨犯上作乱的士大夫，为的是国家政事的通达。’孔子说：‘与其讲些空洞的理论，不如举出在位者所作所为以见其是非美恶，这样就更加深刻显明了。’《春秋》这部著作，一直追溯到夏禹、商汤、周文王三代圣王的王道，能辨别人事的伦理纲常，能使人消除嫌疑，明断是非，论定犹豫不决之事，奖励好人好事，惩罚恶人坏事，尊重有才能的人，鄙视不正派的人，使行将灭亡的国家存在下去，使已经断绝的帝王世系再继续下去，补救衰敝之事，振兴废弛之业，这是最大的王道。《易经》将天地阴阳、四时五行等许多隐微不明的道理明确表现出来，最大的特点是长于变化；《礼经》记载伦理的纲常大法，最大的特点是教人怎么做；《书经》记叙古代圣王的事迹，最大的特点是教人如何治理国家；《诗经》记载山川溪谷禽兽草木雌雄，最大的特点是用于讽谏；《乐经》（已佚）鼓舞人们向上自立，最大的特点是让人心态平和；《春秋》辩证是非，故长于处理人事。归纳来说，《礼》可以节制人的行为，《乐》用来引发人心态平和，《书》是指导政事，《诗》是表达情意，《易》是讲究变通，《春秋》是用来论述道义。一个国家，要想拨乱反正，重回到太平盛世，没有比学习《春秋》更重要的了。《春秋》不过几万字，但它的大义便有数千条，万事万物的成败兴衰都可以从中归纳出来。《春秋》一书记载了弑君事件三十六起，遭灭亡国家五十二个，至于到处奔走流浪、不能保有自己的社稷宗庙的诸侯，则多得数不胜数。仔细分析他们灭亡的原因，都是丢掉了最要紧的礼义啊。所以《易传》说：‘在根本问题上的细微失误，可能导致巨大的差错。’因此《易传》上也说：‘臣下杀君、儿子杀父，绝不止是一朝一夕的缘故，它是逐渐发展而来的，由来已久了。’所以说一国之主，不能不读《春秋》。如果不渎，就是谗邪小人站在你的面前，你也看不清楚，乱臣贼子紧跟在你的后面，你也不会发觉；做臣子的不可以不读《春秋》，如果不读《春秋》，就会对一些常见的事务也不知道如何处理，一旦遭遇突发事件，更没有紧急应变的能力了。做君主的、做父亲的若不明了《春秋》大义的话，必然蒙受首恶的罪名。做大臣的、做儿子的如果不熟知《春秋》的大义，必然陷于篡逆诛死之罪。或许他们当时本来是怀着善意，但由于不知道如何做才符合道义，以至于被舆论谴责而不敢为自己辩解。凡是不懂得礼义的要旨，就会君不像君，臣不像臣，父亲不像父亲，儿子不像儿子。假如君不像君，臣下就敢于冒犯他；臣不像臣，就易遭杀身大祸；父亲不像父亲，就是糊涂昏聩；儿子不像儿子，就是忤逆不孝。这四种行为，都是天下最大的罪过。如果犯下最大的罪过，就只能接受而不敢推却。所以《春秋》这部书，是礼仪的根本大典。礼义是用来防止做坏事的，法律是用来惩罚已犯罪行的；法的作用显而易见，而礼的作用却难以觉察。”

壶遂又问：“孔子那个时代，没有圣明的君主，有才之士也得不到重用，所以孔子才写《春秋》，将其以礼义治世的思想宣示于世人，实际上是给世人制订了一部帝王的法典。现在先生遇到明君，自己又在供职，天下万事皆备，朝野上下各得其所，有条不紊，现在先生的撰述，究竟是想阐明什么道理呢？”

太史公回答说：“啊啊，不，我不是这个意思。我的父亲曾告诉我说：‘伏羲那个时代世风淳厚，但他还是做了《易经》的卦爻。尧舜的盛德，记载于《尚书》，后代制礼作乐来表彰他。商汤和周武王隆盛的功业在《诗经》中有诗歌颂。《春秋》褒奖善良，贬斥邪恶，推崇夏商周三代的美德，褒扬周代，并非仅仅是为了讽刺啊。’汉朝开国以来，有圣明的天子，得到了祥瑞征兆，又举行了封禅大典，又颁布了新的历法，更换服饰的颜色，皇帝承受天命，恩泽广布天下，海外不同风俗的国家，经过多次传译，请求进献朝见的，数不胜数。臣下百官尽力颂扬天子的大德，总觉得未能表达全部心意。何况有才之士若赋闲在野，这是国君的耻辱；如果天子圣明，而他的德业不能广泛宣扬出去，这是有关官员未曾尽到责任。更何况我专掌史籍，如果圣明君主的隆盛德业得不到记载，有功之士、世家、贤大夫的事迹得不到传承，毁废了我父亲的遗愿，真是没有比这再大的罪过了。我只是记述历史往事，整理有关人物的家世传记，并不是创作，足下拿来比作《春秋》，那就大错了。”

于是我开始研究史料，撰写成文。又过了七年，我因替李陵辩冤而遭到大祸，被关进监牢里。因此叹息说：“这是我的罪过么！这是我的罪过么！我的身体已经遭到毁伤（受宫刑），不会再被任用。”可是冷静地深思，说："像《诗经》《尚书》这一类的作品，微言大义，不过是想要表达一个人的心意罢了。当初周文王被纣王囚在羑里，曾推演出《周易》的卦爻；孔子困厄在陈、蔡二国，创作《春秋》；屈原放逐到江南，著有《离骚》；左丘失明后，编撰了《国语》；孙子受了膑刑，著作兵法；吕不韦流放到蜀地，写下了《吕氏春秋》；韩非被秦国囚禁，有《说难》《孤愤》等名篇问世；《诗经》三百篇，大概是先圣先贤抒发自己的悲愤而创作出来的。这些人都是心意郁闷，不能抒发自己的思想情志，才通过著作来叙述历史旧事，寄希望于后来者。"于是我决心书写叙述自唐尧以来，至汉武帝获得麒麟那一年共三千年的历史。

我们的始祖黄帝，依照天地的法则行事，此后颛顼、帝喾、尧、舜四位帝王遵守先代统序，都为后世立下法度；唐尧让帝位给虞舜，舜深感不安；舜发扬光大尧的事业，他们的功德万古不灭。作《五帝本纪》第一。

禹疏导江河立下大功，九州人民同享太平，光辉闪耀于唐尧、虞舜两代，恩德惠及子孙后代。夏桀骄奢淫逸，被放逐于鸣条。作《夏本纪》第二。

契使商代兴起，发展到成汤建立了商朝；太甲因暴虐被宰相伊尹放逐于桐，更加凸显了伊尹的美德；武丁从苦役犯中发现了傅说，傅说作为宰相辅佐武丁成为高宗；纣王沉湎于酒色，天下诸侯不再遵奉纣王。作《殷本纪》第三。

弃创立了农业，西伯道德隆盛；武王牧野一役，周朝统一天下；幽王、厉王昏庸无道、糊涂妄为，西周丧失酆、镐二都而衰败；东周逐日衰微，到了赧王，东周灭亡。作《周本纪》第四。

秦的祖先伯翳曾辅佐过大禹；秦穆公思及君义，祭悼秦国在崤山战死的将士；但是以活人为死者殉葬，诗人作《黄鸟》歌悲悼和讽刺此事；后来秦昭王、襄王才奠定了帝业。作《秦本纪》第五。

秦始皇即位后，吞灭了六国，销毁兵刃铸成钟鐻，以图停息干戈，自号为始皇帝，穷兵黩武，逞其强力；秦二世即位不久，子婴就做了降虏。作《始皇本纪》第六。

秦王丧失王道，豪杰纷纷揭竿起义；项梁聚众创业，他的侄儿项羽继起为统帅；巨鹿一战，项羽杀死宋义、救了赵国的危难，诸侯拥立他为上将军。可是他杀了已降的子婴，又背弃义帝怀王，天下人非议他，失去了诸侯的支持。作《项羽本纪》第七。

项羽残暴肆虐，汉王有功有德；以蜀汉为根据地，转而平定三秦；诛灭项羽，奠定了帝业。天下业已太平，于是改制度、易风俗。作《高祖本纪》第八。

惠帝早逝，诸吕不受欢迎；吕后提高吕禄、吕产的地位，加强他们的权力，诸侯图谋剪除他们；吕后杀害赵王如意，又因杀赵王的儿子刘友，朝中大臣人人自危，终于导致吕氏宗族覆灭之祸。作《吕太后本纪》第九。

汉朝初建，惠帝死后帝位继承人不明，众臣拥立代王刘恒即位，天下归心；孝文帝刘恒废除肉刑，开通水陆要道，博施恩惠，死后被称为太宗。作《孝文本纪》第十。

诸侯王骄横放肆，吴王刘濞率先叛乱，朝廷派兵讨伐，叛乱七国先后伏罪，天下安定，太平富裕。作《孝景本纪》第十一。

汉室传国已过五代，到武帝建元年间，天下昌盛，对外攘定夷狄，对内修正法度，举行封禅大典，改正月，颁布新的历法，更换服色。作《今上本纪》第十二。

夏、商、周三代历史久远，纪年多无据可考，只有根据记述氏族或宗族世系的书和古代文献，大略地推算罢了，作《三代世表》第一。

周幽王、厉王以后，王室逐渐衰败，诸侯各自为政，《春秋》有些也没有记载；五霸先后更替，只能依据宗族世系大致推断，为了看清周代诸侯争霸的大事，作《十二诸侯年表》第二。

春秋之后，诸侯国内的大夫专政，实力较强的诸侯国彼此称王；秦国始皇吞灭六国，废除六国封地，专号始皇帝。作《六国年表》第三。

秦王暴虐，楚人揭竿起义，项羽残暴横行，汉王仗义而起；经过八年战伐，天下政令三次变更，事件风云变幻，变故众多。因此详作《秦楚之际月表》第四。

汉室开国直到武帝太初这一百年间，诸侯有新立的，有废黜的，有分封子弟的，有削小封地的，如果不记载清楚，后世则更加不明白，为了看清楚这些诸侯所以强大或削弱的原因，作《汉兴以来诸侯年表》第五。

高祖创业时，有许多开国元勋辅佐他，他们都是汉朝立国的功勋大臣，汉朝和他们剖分符节，封赐爵位。他们子孙也受到荫袭，传世一久，分不出宗族内部的远近亲疏，有的身遭杀戮或废为庶民而国祚绝灭。作《高祖功臣侯者年表》第六。

惠、景二帝年间，重封功臣的后代，宗室子弟也被赐予爵位和郡邑。作《惠景间侯者年表》第七。

在北方曾征讨强大的匈奴，在南方诛灭过劲悍的越人，连年用兵征服蛮夷，以军功封侯的众多。作《建元以来侯者年表》第八。

诸侯强大起来，吴楚七国造反。诸侯子弟众多，却没有封爵和邑地，于是汉朝推恩爱屋及乌，分封七国的子弟，削弱诸侯的势力，使他们感戴皇帝的隆恩。作《王子侯者年表》第九。

国家的贤相、良将，是民众的表率。谱列汉室开国以来的将相名臣年表，有才能的人记取他们的政绩，不肖者的事迹也将得到披露。作《汉兴以来将相名臣年表》第十。

夏、商、周三代的礼仪，为解决不同的问题，有时减少，有时增加，总之以“合乎人情、有王道精神”为大原则，因此礼是根据人情物理予以规范，配合着古今时势的变易而变更的。作《礼书》第一。

音乐能够移风易俗，从有《雅》（贵族乐章）《颂》（庙堂乐章）乐开始，人们就喜好郑国和卫国（传说的《桑问》《濮上》靡靡入耳的音乐）的音乐，这两国的音乐对社会的影响已多有时日。能够使人感动的音乐，能够使远方不同风俗的人心生向往。历述自古以来音乐的兴盛和衰微，作《乐书》第二。

没有军队国家就不会强大，没有德政国家就不会昌盛，黄帝、商汤、周武王因明于此而兴，夏桀、商纣、秦二世因昧于此而亡，怎么可以对此不慎重呢？《司马法》产生很久了，姜太公、孙武、吴起、王子成能继承《司马法》的精神，并加以发扬，符合当世情况，极尽人事之变。作《律书》第三。

乐律处于阴而治阳，历法处于阳而治阴，律历交替相治，其间不容许有丝毫差错。黄帝、颛顼、夏、商、周的历书各不相同，只有太初元年所颁布的历法较为正确。作《历书》第四。

讲述占星望气的书，杂有许多求福去灾、预兆吉凶的内容，不合常道；推究其文辞，考察其应用，并无什么特别之处。待到武帝召集专人研讨此事，编排解释与天文有关的人事活动，验对日月星辰所运行的轨道与度数，将其记录下来。作《天官书》第五。

承受天命做了帝王，举行过封禅大典的帝王为数甚少，如果举行，那一切神鬼精灵没有不受祭祀的。考察历代祭祀天地鬼神、名山大川的礼节，作《封禅书》第六。

大禹疏通河川，九州得以安宁；及至汉武帝建立宣防宫时，又开凿疏通了许多河道沟渠。作《河渠书》第七。

国家发行钱币，是为了农业和商业的交易；其弊端竟发展到玩弄智巧，兼并发财，争相投机牟利，舍本逐末，弃农经商。作《平准书》来考察事情的变化发展，这是第八。

太伯为了让季历继位，避居南方蛮夷之地；文王、武王振兴周邦，发展了古公亶父的王业。阖庐杀了吴王僚，夺取王位，国势大振，打败楚国使其降服；夫差战胜齐国，逼杀伍子胥并投尸江中；夫差听信奸臣伯嚭的话亲近越国，最终被越国所灭。为赞许太伯让位的美德，作《吴世家》第一。

申、吕两国衰弱，尚父出身寒微，老来投归西伯，为文王、武王之师；暗中帮文王武王出谋划策，功劳为群臣之首；年高德重的尚父，受封于齐，建都营丘，成为齐国始祖。齐桓公不背弃与鲁国在柯地所订盟约，事业由此昌盛，多次会盟诸侯，霸功显赫。田常与阚止争宠，姜姓齐国于是瓦解灭亡。为赞美尚父辅佐周朝的功绩，作《齐太公世家》第二。

周朝初期政局不稳，周公都安抚他们；他努力宣扬文德，天下安乐太平；他辅佐保护成王，诸侯以周天子为天下宗主。隐公、桓公之际却屡屡发生悖德非礼之事，这是为什么呢？只因三桓争强，鲁国国运不昌。赞美周公旦的《金滕》策文，作《周公世家》第三。

武王牧野灭殷，天下还没有平定他就驾崩了。成王年岁幼小，管叔、蔡叔怀疑周公，淮夷乘机反叛，危及周室朝廷。于是召公带头遵循德义，安抚了周室内部，使东方得以保持宁静。后来燕王哙让位于奸相子之，酿成大乱。欣赏《甘棠》一诗对召公的赞美，作《燕世家》第四。

管叔、蔡叔任纣王的儿子武庚的“傅相”以监视他，无非是要安抚殷代的遗民。周公在成王年幼时摄政，管叔、蔡叔不服，伙同武庚反叛朝廷。周公大义灭亲，杀了管叔，放逐蔡叔度，乱事才平息了。文王妃子太姒生了十个儿子，有的在朝从政，有的分封各国，共同保卫周朝。欣赏蔡仲的悔过自新，作《管蔡世家》第五。

圣王的后代延继不绝，舜、禹为后继有人而高兴；他们功德美好清明，后代得以承其功业。他们百世享受祭祀，到了周朝，封有陈国、杞国，后被楚国灭掉。后来陈国的后代田氏又在齐国兴起，舜是多么了不起的人啊！作《陈杞世家》第六。

周公东征后收拢殷朝遗民，建立卫国，封康叔管理他们。周公写了《酒诰》《梓材》，用来警示康叔要牢记商朝乱德亡国的教训。到卫公子朔出生，卫国开始倾危不宁；南子憎恶蒯聩，造成儿子和父亲名分颠倒错位。周朝统治日益衰微，各诸侯国日益强大，卫国因为弱小，国君角反而后亡。欣赏《康诰》的谆谆教诲，作《卫世家》第七。

可叹啊，箕子！可叹啊，箕子！箕子的谏言没有被采纳，反被迫害装疯为奴。武庚叛变被灭，周朝封微子于宋。虽然宋襄公在泓水之战中受伤，因为重义气，却深受世人称颂。景公有谦逊爱民的美德，连火星也为之退行。剔成暴虐无道，宋国因而灭亡。赞美微子请教太师，作《宋世家》第八。

武王去世后，成王封其弟叔虞于唐，是晋国的始祖。晋穆公为儿子取名为仇，智者早就觉得不妥，后果然被武公灭而代之。献公宠爱骊姬，酿成五代的祸乱；公子重耳经历丧乱，逃亡国外，终成霸主之业。后来六卿专权，晋国被韩、赵、卫三国瓜分而衰亡。赞美文公因功得天子亲自赏赐玉璧和美酒，作《晋世家》第九。

重黎创业，吴回继承。传到殷朝末年，有家谱记述粥子为楚国始祖。周成王封熊绎为楚子，熊渠继承先世之业。楚庄王贤明，灭了陈国后又重建陈国。赦免了郑伯之罪，又因华元之言而班师回国。怀王客死秦国，怀王之子子兰变本加厉迫害屈原；楚国末期，楚幽王听信谗言杀害了春申君，导致楚国被秦国吞并。赞美楚庄王的德义，作《楚世家》第十。

少康的后代，被封在南海，他们文身断发，与龟和鳝等水族动物相处，世世代代守在封山禺山，祭祀大禹。勾践被夫差困在会稽，于是重用文种、范蠡。赞美勾践身在夷蛮能修其德，消灭强大的吴国以尊奉周室，作《越王勾践世家》第十一。

郑桓公采用周太史伯的建议，迁往东土。庄公派兵侵犯周土，割取庄稼，受到周国臣民的非议。祭仲被宋胁迫结盟，郑国长期不得昌盛。子产的仁政，后世屡称其贤明。韩、赵、魏三国互相侵犯征伐，郑国终被韩国吞并。赞美郑厉公拥立周惠王，作《郑世家》第十二。

造父善于御马，可是要有骥、騄耳这样的良马，才能够彰显造父的技能。赵夙事奉晋献公，赵衰继承他的事业，辅佐晋文公成就霸业，终于成为晋国的得力大臣。赵襄子被围困在晋阳城，愤而灭了智伯。赵武灵王被围困在沙丘宫，被活活饿死。赵王迁邪恶荒淫，贬斥迫害良将。表彰赵鞅讨平周王室之乱，作《赵世家》第十三。

毕万受封于魏，卜官预知其后代必然昌盛。及至魏绛羞辱杨干的御者，还使晋君与西北的戎狄修好讲和。魏文侯行仁慕义，拜子夏为师。魏惠王骄傲自大，受到齐国、秦国的攻打。魏王怀疑信陵君，诸侯都疏远魏国。魏国终于被秦国所灭，魏王被俘为奴。赞美魏武子佐助晋文公成就霸业，作《魏世家》第十四。

韩阙善积阴德，赵武才得以兴立。使灭国者重新振起，使废弃者得以再立，晋国的人都尊崇他。韩昭侯在诸侯中地位显要，重用申不害。韩王怀疑韩非，不予重用，后来被秦国所灭。赞赏韩厥辅佐晋君，匡正周王室，作《韩世家》第十五。

田完避难，出奔到齐国，田氏一连五代都暗施恩惠于民，齐人都尊重他。田成子夺得齐国政权，田和成为诸侯。齐王建被奸计所误，迁都于共县。赞赏齐威王、齐宣王能冲破污浊之世而独尊周天子，作《田敬仲完世家》第十六。

周王室衰败以后，诸侯越发放纵。孔子痛惜礼崩乐坏，于是研究古代典籍，宣传圣王的德行，希望重建王道政治，挽救乱世，于是著书立说，为天下后世制定伦理法则，要把《六经》当中的大义和条理永远传留给后世。作《孔子世家》第十七。

因为夏桀、殷纣的昏庸无道，汤王、武王才成就王业；周室王纲不振，孔子不得已而作《春秋》。秦朝暴虐专横，陈涉于是揭竿而起，诸侯接连响应，风起云涌，终于灭掉了暴秦。天下起义发端于陈涉，作《陈涉世家》第十八。

由于刘邦在成皋台上偶遇薄姬而宠幸她，后来尊她为皇太后，为薄氏后来的兴起奠定了基础。窦姬忍辱到了代国，后来也做了太后，窦皇后家族因为她成了贵戚。由于栗姬恃宠骄横，景帝才立王夫人为皇后。陈皇后骄横失宠，武帝把她废掉，立卫夫人为皇后。可喜汉代的皇后们有如此的道德，作《外戚世家》第十九。

汉高祖用巧计，在陈郡擒捉韩信；因为越地、楚国民风彪悍，高祖封刘交为楚王，把楚国的都城建在彭城，加强对淮水、泗水一带的监管，以拱卫汉朝的安全。到了楚王戊，因谋反事败自杀，朝廷封刘礼为楚王。嘉美游（楚元王交的字）辅佐高祖有功，作《楚元王世家》第二十。

汉高祖刚起兵时，刘贾便带兵参与；韩信被废后，其原来的封地一半封给刘贾，称为荆王，后黥布反叛，刘贾兵败被杀，丧失封地。营陵侯刘泽因为劝说吕太后大封诸吕，被封为琅邪王。后来被起兵叛吕的齐王祝午挟持到了齐国，后来他设计脱身西奔入关，因拥立文帝有功，被封为燕王。当时天下未定，刘贾、刘泽因为是汉王朝宗室，做了汉朝的藩辅。作《荆燕世家》第二十一。

天下已经太平，汉高祖的亲属较少；高祖的庶子刘肥被封为齐悼惠王，镇守东方一带。后来齐悼惠王的儿子哀王擅自兴兵，想诛灭吕氏族人，无奈因哀王的舅舅驷钧为人残暴，京师大臣不肯拥立哀王，哀王未得帝位。厉王和他的姐姐淫乱，被主父偃检举揭发，厉王畏罪自杀。赞美刘肥为高祖开国出力，作《齐悼惠王世家》第二十二。

楚兵围汉王于荥阳，楚汉对峙，历时三年；萧何坐镇关中地区，不断为高祖补充兵员和粮饷，并使关中百姓爱戴汉王，不肯为项羽出力。作《萧相国世家》第二十三。

曹参和韩信联兵平定魏地，击破赵军，攻下齐城，大大削弱了项羽的势力。后来他接替萧何担任相国，一切都遵照萧何的政策，百姓过着安康的生活。赞美曹参不夸耀自己的功勋，不张扬自己的才干，作《曹相国世家》第二十四。

运筹策划于帷幄之中，巧用妙计克敌制胜，张良谋划克敌制胜之事，没有智巧之名，没有勇武之功，从看似简单的地方着手解决难题，从小处着手成就大事。作《留侯世家》第二十五。

他使用六个奇妙的计谋，使得诸侯归服汉室；平定诸吕的祸乱，是陈平主谋的，终于使刘氏的宗庙得安，社稷稳定。作《陈丞相世家》第二十六。

诸吕结成联盟，阴谋危害刘氏政权。周勃在剪灭诸吕的事件上，背离常规而合于权变之道；吴、楚二国谋反，周亚夫驻重兵于昌邑，意在控制齐、赵，故意放弃梁国的危急不肯往救，实则借梁军以牵制吴、楚。作《绛侯世家》第二十七。

吴楚七国发动叛乱，只有梁国作为京城的屏障忠心耿耿地保卫汉室；事后梁王居功自傲，差点遭到大祸。嘉美他能抗拒吴楚七国的兵变，作《梁孝王世家》第二十八。

景帝五个后妃共生有十三个儿子，都封了王，他们相处得非常和睦。诸侯们无论官职大小，都是王室的屏藩，各得其所，越轨的事，自然也减少了。作《五宗世家》第二十九。

皇子闳为齐王，旦为燕王，胥为广陵王，三子封王时，群臣给皇帝的上表和皇帝给臣下的诏令，都写得很有文采。作《三王世家》第三十。

末世之人争权夺利，只有伯夷叔齐坚守正义；他互让君位，二人不食周粟，饿死在首阳山，天下没有人不称颂他们的。作《伯夷列传》第一。

晏子很俭朴，管仲则很奢侈。齐桓公因有管仲而称霸天下，景公也因为有晏子而得享太平。作《管晏列传》第二。

老子主张人“无为”而万物自化，人清净则万物自正。韩非主张根据客观事物的发展而采取相应措施。作《老子韩非列传》第三。

自古以来的帝王都重视兵书《司马法》，穰苴能够创造性地运用《司马法》。作《司马穰苴列传》第四。

如果没有守信、廉洁、仁慈、勇敢这四种品德，就不能够传习兵法、讨论剑术。拥有这些品德的人，对内可以修身养性，对外可以抵御强敌，君子们认为这就是武德了。作《孙子吴起列传》第五。

楚平王的太子名建遭谗被害，波及伍奢，平王囚禁伍奢。其长子伍尚回国救父，次子伍子胥仗剑奔吴。作《伍子胥列传》第六。

孔子传述文献，三千弟子前往受业，各个都可为人师表，他们尊重仁德，恪守正义。作《仲尼弟子列传》第七。

商鞅从卫国投奔秦国，用他的法家学术，辅佐秦孝公变法强国而称霸，他的新法一直为秦国后代所遵行。作《商君列传》第八。

天下诸侯都惧怕强秦的“连横”政策，因为秦蚕食东方诸国贪得无厌，苏秦能依靠合纵，共同抑制强秦保存东方六国。作《苏秦列传》第九。

六国已经订立盟约共同抵御秦国，只有张仪懂得合纵的权术，他瓦解了六国的团结阵线。作《张仪列传》第十。

秦国之所以能向东方扩张而称雄于诸侯，全靠樗里、甘茂的谋略。作《樗里甘茂列传》第十一。

席卷河山，围攻魏都大梁，使东方六国诸侯束手而臣服秦国的，是魏冉的功绩。作《穰侯列传》第十二。

在南方攻下楚国都城鄢郢，在北方击杀赵国长平军四十几万，包围了赵国都城邯郸，这是武安君白起做统帅时立下的大功；击破楚国，灭了赵国，靠的是王翦的谋略。作《白起王翦列传》第十三。

广泛阅览儒家、墨家等诸子百家的遗著，研究阐发礼义的统绪和纲要，制止梁惠王的求利之心，总结自古以来国家兴衰的历史教训。作《孟子荀卿列传》第十四。

喜好宾客，贤士齐集薛地，为齐国抵御楚、魏二国。作《孟尝君列传》第十五。

于权变争得冯亭所献上党之地，为解邯郸之围亲自赴楚救赵，使其国君又为诸侯所称道。作《平原君虞卿列传》第十六。

能以高贵之身对贫贱的人很有礼貌，不恃贤能而屈就不才之人，只有信陵君可以做到。作《魏公子列传》第十七。

冒着牺牲自己的危险，让太子逃出秦国潜回楚国，使“纵”“横”舌辩之士纷纷来到楚国，是黄歇的仁义之风所感召。作《春申君列传》第十八。

能忍受魏齐的羞辱，在秦国当宰相施展权威，后来又把相位让给贤士，这是范、蔡二子的所作所为。作《范雎蔡泽列传》第十九。

实施谋略联合五国之兵，以弱小的燕国打败强大的齐国，雪洗燕先君的耻辱。作《乐毅列传》第二十。

能在蛮横无理的秦王面前临危不惧，按照自己的意志行事却委屈自己去尊敬廉颇，二人为了国家利益而不计个人恩怨，同时受到各国的尊重。作《廉颇蔺相如列传》第二十一。

齐湣王失国逃到了莒城，田单将军在即墨击退燕将骑劫，保住了齐国社稷。作《田单列传》第二十二。

能够用巧妙的说辞，解除邯郸被围困的危急局面，轻视爵禄，喜欢过随意、潇洒的生活。作《鲁仲连邹阳列传》第二十三。

借文辞来讽喻进谏，反复用比喻来表明自己的意见，这就是屈原作《离骚》的目的。作《屈原贾生列传》第二十四。

与子楚结交，使各诸侯国的众多士人争相入秦，为秦效力。作《吕不韦列传》第二十五。

齐鲁两国在柯地盟会，曹沫用匕首威胁齐桓公，鲁国得以收回失地，齐桓公讲信义而不反悔。豫让为智伯报仇，行刺赵襄子，义无反顾。作《刺客列传》第二十六。

能申明、实施自己的谋略、计划，不失时机地帮助秦国扩张，遂使秦国吞灭六国，统一海内，自己也身居宰相，李斯是秦国的谋臣之首。作《李斯列传》第二十七。

替秦国广拓疆土，把北方的匈奴赶走，沿黄河修筑长城，顺着山形修建防守要塞，在榆中设立郡县。作《蒙恬列传》第二十八。

镇抚赵地，驻守常山，扩展河内，削弱项羽的势力，建立汉王的威信。作《张耳陈馀列传》第二十九。

魏豹率西河、上党之兵，跟随高祖攻下彭城；彭越侵掠梁地使项羽腹背受敌。作《魏豹彭越列传》第三十。

黥布据淮南一带，背叛楚国，投向汉王，还劝说楚大司马周殷降汉，最后协助汉军在垓下给项羽致命一击。作《黥布列传》第三十一。

楚军逼近京索，情势危急，韩信从北侧攻下魏、赵，平定燕、齐，帮助汉王三分天下占有二分，因而灭了项羽。作《淮阴侯列传》第三十二。

楚汉两军在巩县、洛阳一带对峙的时候，韩信镇守颍川威胁项羽右翼，卢绾占据颍川截断项羽的粮道。作《韩信卢绾列传》第三十三。

诸侯叛离项王时，齐王田横带兵数万人困项羽于城阳，使汉王乘机一举攻下彭城。作《田儋列传》第三十四。

攻城略地，屡建战功，这是樊哙、郦商的才能，他们不但随侍汉王左右，听其驱遣，还每每在生死攸关之时帮助汉王死里逃生。作《樊郦列传》第三十五。

汉朝初建，各种规章制度尚未建全，张苍做主管簿记之官，统一度量衡标准，整理律历。作《张丞相列传》第三十六。

奉命出使，以辞令结约诸侯；诸侯都亲附汉朝，成为汉朝的藩属辅臣。作《郦生陆贾列传》第三十七。

要想详细了解刘邦破秦、破楚之事，知道最详细的人莫过于周緤了，因为他作为高祖的贴身侍卫，参加平定诸侯的大小战事。作《傅靳蒯成列传》第三十八。

将豪门强族迁往京城附近，建都关中之长安，和匈奴订立和约；为朝廷制定各种礼节和祭祀宗庙的规矩。作《刘敬叔孙通列传》第三十九。

以柔克刚，最终成为汉朝显要的大臣；栾公不惧强权，宁死不背叛旧主。作《季布栾布列传》第四十。

敢正言直谏，冒犯龙颜；使君主的行为合于道义，从不考虑己身安危，为汉朝长远大计谋划。作《袁盎晁错列传》第四十一。

执法公平，不失大理之职，引述古代贤人的用人之道，使主上更加明白事理。作《张释之冯唐列传》第四十二。

为人厚重、慈爱、孝顺，不善言辞却长于身体力行，务在事必躬亲，确是长者风范。作《万石张叔列传》第四十三。

坚持操守，为人爽快，有义气可以称得上廉洁，他的行为可以鼓励有才之人，担任重要职位时，决不屈服于无理的手段。作《田叔列传》第四十四。

扁鹊讲医术，是后世医家的宗师，他医术精湛；后代遵循他的药方治病，不能变更，仓公的医术和扁鹊相接近。作《扁鹊仓公列传》第四十五。

刘仲被贬低封爵，高祖封刘仲的儿子刘濞为吴王，汉室初定，令他镇抚江淮一带。作《吴王濞列传》第四十六。

吴楚起兵作乱，皇亲国戚中只有窦婴能干且礼贤下士，士人多来投奔他，窦婴带领重兵坚守荥阳，以抗击东方作乱的诸侯。作《魏其武安列传》第四十七。

智谋可以应付近世统治者之间的各种矛盾纠纷，宽容使得他曾为国家举荐了一些人材。作《韩长孺列传》第四十八。

作战勇敢，对士兵仁爱，号令简单易行，士兵对他十分爱戴。作《李将军列传》第四十九。

从夏、商、周三代以来，匈奴常来侵犯，是中原的一大祸患，要深知匈奴发展变化的历史，随时戒备，相机讨伐。作《匈奴列传》第五十。

卫青领兵直攻河套，收复黄河以南广大地区，霍去病进攻祁连山，大破敌军，使汉朝和西域相通，使匈奴人风靡北逃。作《卫将军骠骑列传》第五十一。

汉朝的大臣和刘氏宗室，彼此炫耀豪华，只有公孙弘节衣缩食，成为百官的表率。作《平津侯列传》第五十二。

汉朝平定中原以后，南越王赵佗能安抚百越等地，坚固南方屏障，向汉朝称臣进贡。作《南越列传》第五十三。

吴王刘濞造反兵败，被东瓯首领斩杀，东瓯坚守封山、禺山为根据，称臣于汉朝。作《东越列传》第五十四。

燕太子丹的旧部逃往辽东，卫满率逃亡者建立朝鲜，屯聚海东，他安抚了真藩，坚守边塞，向汉朝称臣。作《朝鲜列传》第五十五。

唐蒙奉命出使西南，通使夜郎（西南夷以夜郎为最大），巴蜀以外的邛、筰等君长，都请求内附称臣，接受汉朝派去的官吏。作《西南夷列传》第五十六。

司马相如曾作《子虚赋》《大人赋》，这两篇赋文辞华丽，事多浮夸，但赋的宗旨，还是在讽喻谏诤，劝止皇帝不要做徒劳无益的求仙之事。作《司马相如列传》第五十七。

淮南王黥布叛乱身亡，高祖封少子刘长为淮南王，镇守江淮以南一带，安抚勇猛好斗的楚国民众。作《淮南衡山列传》第五十八。

奉行法令、遵循常理办事的官吏，不夸耀功德，也不自称有才能，尽管百姓未曾赞美他，但也从来没有过失。作《循吏列传》第五十九。

衣冠端庄整齐，他在朝廷上，群臣没人敢讲不切实际的空话，汲黯是一位矜持方正的君子；他喜欢推荐人，大家称他为直道长者，郑庄是一位有气节的先生。作《汲郑列传》第六十。

从先圣孔子逝世以后，京师里很少重视教育，只有武帝建元、元狩年间，儒学昌盛，辞采美丽。作《儒林列传》第六十一。

民俗不务本业，而变得奸猾狡诈，作奸犯科的人，钻法律的空子，要靠道德礼俗去感化他们，是毫无效果的，只有严刑重罚，才能制服他们。作《酷吏列传》第六十二。

汉朝已和大夏互派使节，西方蛮夷，都希望和中原交往，想要观瞻中原文明。作《大宛列传》第六十三。

救人于危难之中，帮人于穷困之际，这是仁人的风度；不失信，不背弃诺言，世人都钦佩他们的义行。作《游侠列传》第六十四。

事奉君主能顺君主的耳目，让君主高兴，自己也得到宠幸，这不单是凭着长相取悦于人，论才能也各有长处。作《佞幸列传》第六十五。

不和世俗同流合污，也不和别人争权夺利，对上对下都不产生任何矛盾，由于能够遵循世俗之道，所以别人也不去伤害他们。作《滑稽列传》第六十六。

齐、楚、秦、赵占卜者，各有随俗所用的不同方式。想要总览其要旨，作《日者列传》第六十七。

夏、商、周三代占卜的方法不一样，四方蛮夷占卜的风俗也各不相同，但都是为了预测凶吉。为了探究其大致情形，作《龟策列传》第六十八。

一个普通平民，他们不触犯国家的政令，也不妨害其他百姓，不失时机地买进、卖出，这样能增加他的财富，聪明的人也从事这一行当。作《货殖列传》第六十九。

想我大汉王朝继承五帝及其子孙之后，接续夏商周中断的大业。周朝王道废弛，秦朝焚书坑儒，焚毁《诗》《书》等典籍，所以国家图书馆、档案馆里收藏的各种典籍都散失殆尽了。汉朝建国以后，萧何修订法律，韩信申明军法，张苍制立章程，叔孙通确定礼仪，文化方面也有了一些发展，流散在民间的《诗》《书》等典籍也不断在各地被发现。自曹参推崇盖公，讲论黄老之道，而贾生、晁错通晓申不害、商鞅之法，公孙弘因为奉行儒学而得到重用。汉朝建立一百年之后，天下遗文古事无不汇集于太史公。太史公父子相继执掌这一职务。太史公说："呜呼！我们的先人曾职掌此事，扬名于唐虞之世，直到周朝，再次执掌其事，之后司马氏世代相继主掌天官之事。难道在我手上要终结了么？谨记在心，谨记在心啊！"我收集天下散失的旧闻，对帝王兴起的事迹溯源探终，探究其兴盛衰败的原因，考察每一个人物的行为事迹，本书对于夏商周三代及其以上的事情记载较为简略，秦汉之际则较为详备。从上古的黄帝写起，一直到现在，书中共有十二篇本纪，是各个历史时期主要大事的纲要。时代变迁，年代差误不清晰，作十篇表。各代礼乐增减，律历更改，兵法权谋，山川鬼神，天和人的关系，乘其衰败实行变革，作八篇书。像二十八宿列星环绕北辰，三十根车辐集于车毂，运转不休，得力的辅弼之臣与此相当，他们忠心耿耿，侍奉主上，作三十篇世家。有些人仗义而行，倜傥不羁，能抓住时机建功立业，作七十篇列传。全书总计一百三十篇，五十二万六千五百字，取名为《太史公书》。写这部书的目的，一方面是为了拾遗补充《六艺》，同时也要让它成为一家之言。写此书时协调了《六经》的各种不同解释，吸取了诸子百家的学说，把正本藏在名山，副本留在京师，留待后世圣人君子阅览、评析。因此我写了列传的第七十篇《太史公自序》。

太史公说：我撰述自黄帝以来，直到武帝太初年间，一共一百三十篇。

（邓小棒 译）

参 考 文 献

[1] 司马迁撰，韩兆琦主译．史记 [M]．北京：中华书局，2008,1.

[2] 刘起釪等注译．全注全译史记 [M]．天津：天津古籍出版社；北京：国际文化出版公司．1995,3.

[3] 台湾六十教授合译．白话史记 [M]．长沙:岳麓出版社,1987,3.

[4] 吴树平主编．白话二十五史精选 [M]．北京:国际文化出版公司．

[5] 韩兆琦选注．史记选注集说 [M]．南昌：江西人民出版社，1982,11.

[6] 李靖之选编．史记故事百篇 [M]．北京：新华出版社，1986，11.

[7] 韩兆琦编著．史记笺证 [M]．南昌：江西人民出版社，2004，12.